巨人重生

大战中的苏联军队 1941—1943

戴维·M.格兰茨 著

孙渤 译

江苏凤凰文艺出版社

JIANGSU PHOENIX LITERATURE AND
ART PUBLISHING

图书在版编目（CIP）数据

巨人重生：大战中的苏联军队：1941—1943：全 2
册 /（英）戴维·M. 格兰茨 (David M. Glantz) 著；
孙渤译 . — 南京：江苏凤凰文艺出版社，2021.4
书名原文：COLOSSUS REBORN: THE RED ARMY AT WAR,
1941–1943
ISBN 978–7–5594–5163–7

Ⅰ . ①巨… Ⅱ . ①戴… ②孙… Ⅲ . ①苏联红军 – 第
二次世界大战 – 史料 – 1941–1943 Ⅳ . ① E512.9

中国版本图书馆 CIP 数据核字 (2020) 第 258667 号

版贸核渝字（2017）第087号

巨人重生：大战中的苏联军队 1941—1943

［英］戴维·M.格兰茨 著　　孙渤 译

责任编辑	孙金荣
策划制作	指文图书
特约编辑	张 雪
装帧设计	周 杰
出版发行	江苏凤凰文艺出版社
	南京市中央路 165 号，邮编：210009
网　址	http://www.jswenyi.com
印　刷	重庆共创印务有限公司
开　本	787毫米 ×1092 毫米 1/16
印　张	58
字　数	720千
版　次	2021 年 4 月第 1 版
印　次	2021 年 4 月第 1 次印刷
书　号	ISBN 978-7-5594-5163-7
定　价	199.80元（全2册）

江苏凤凰文艺版图书凡印刷、装订错误，可向出版社调换，联系电话 025-83280257

序
借鉴历史经验教训，全面推进国防和军队现代化建设

我们应当怎样做才能站在新的历史起点上，进一步加强我国的国防和军队的现代化建设呢？众所周知，军事思想和与之密切相关的国防与军队建设的发展，都不是孤立的，而是具有一定的连续性。不了解过去，就不能深刻地认识现在，也就无从认识未来。只有在继承中外军事历史上一切优秀遗产的基础上，以史为鉴，坚持"不忘本来，吸收外来，面向未来"，紧密结合新的时代条件和实战要求，才能更好地、更全面地推进中国特色军事变革和具有中国特色的国防与军队现代化建设，为夺取新时代中国特色社会主义伟大胜利，为维护世界和平和共建人类命运共同体的伟大事业，做出应有的新的贡献。

此时此刻，我不禁想起近40年前，即1979年2月10日，时任中央军委副主席的徐向前元帅给军事学院（今国防大学）领导萧克、段苏权和军事科学院领导粟裕、宋时轮的那封强调学习战史重要性的信函。信中强调指出："军事学院设战史课，应视为一门主课之一，我军中高级指挥员不懂或不精通古今中外典型的各种或各个战例，尤其是第二次世界大战战史，即不能深入地、熟练地掌握战争的规律和知识，对于以后的指挥作战大为不利。军队院校停开战史课已经20年，是一件非常可惜的事。"杰出的政治家应当了解各种类型的战争，真正的军事家必须熟悉战史，我国的中高级指挥员尤其要了解乃至熟悉包括中国抗日战争在内的第二次世界大战史。本此精神，军事学院（今国防大学）政委、全国人大常委、中国第二次世界大战史研究会名誉会长段苏权于1981年12月11日向全国人大五届四次会议提交了《加强对第二次世界大战史研究方案》（即第5号提案）。该提案经审议通过后交国务院研究办理，国务院批转军事科学院和军事学院贯彻落实。军事学院抓紧编写出了我军第一部二战史著作《第二次世界大战》，并成为主课之一。军

事科学院专门成立了世界战史研究室,相继编写出具有中国特色的三卷本《中国抗日战争史》和五卷本《第二次世界大战史》。

自第二次世界大战结束,迄今已经过去整整七十多年了。当前,人类社会已进入新世纪、新时代。在信息技术迅速发展和广泛应用、信息社会新形态基本形成、人类战争形态由机械化向信息化转型等新的历史条件下,对以机械化为基本特征的"二战"史还需不需要继续研究? 新世纪新时期的"二战"史研究将呈现哪些新特点? 新世纪新时期"二战"史研究应着重把握哪些问题? "二战"史研究如何为新世纪新时期的政治、军事、经济、外交斗争服务? 新世纪新时期的"二战"史研究如何与战后的局部战争研究相结合? 如何为中央、中央军委及其各总部的战略决策,为院校教学和部队教育训练提供咨询和历史的借鉴? 诸如此类的一系列重大问题,都值得我们认真地加以思考,进一步深化、细化"二战"史研究,并做出无愧于历史、无愧于时代、无愧于先人和后代,经得起时间和实践检验的回答。

战争史以战争史实和战争规律为研究对象,是社会科学研究的永恒的课题。第二次世界大战史是 20 世纪三四十年代中、苏、美、英等同盟国和全世界反法西斯力量反抗日、德、意轴心国侵略的规模空前的全球性战争。这场史无前例的现代化战争,几乎波及世界各大洲大洋,参战国家有 61 个,卷入战争的国家和地区共 84 个,人口约 20 亿,占世界当时总人口 80% 以上。这场给人类带来空前灾难的战争,以反法西斯同盟国和世界人民的最终胜利而告终,成为现代世界历史进程中的一个重要的里程碑。为了夺取世界反法西斯战争的胜利,同盟国和全世界反法西斯力量浴血奋战,付出了巨大的牺牲。据不完全统计,在这场正义与邪恶、光明与黑暗的殊死较量中,中国伤亡 3500 余万人,苏联伤亡 4600 余万人,美国伤亡 110 余万人,英国伤亡 130 余万人,法国伤亡 85.9 万人。全世界在战争中伤亡总人数超过 1 亿,军费开支 1.3 万亿美元,经济损失 4 万多亿美元。而战争所造成的巨大的精神创伤,是无法用数字加以统计的。由此可见,世界反法西斯战争的胜利,是世界反法西斯统一战线的胜利,是秉持正义、祈望和平与自由的全世界人民共同浴血奋战的结果。中国人民抗战最早、持续时间最长,直至夺取中国抗日战争暨世界反法西斯战争的胜利,付出了巨大的民族牺牲,为中国抗日战争乃至世界反法西斯战争的胜利做出了不可磨灭的巨大贡献。

第二次世界大战是一场空前的典型的现代化战争，交战双方大量使用坦克、装甲车、飞机、火炮、军舰等现代化武器装备，并首次使用雷达、火箭炮、导弹、原子弹等新式武器和技术，引起了作战形式和方法的重大变革，出现了闪击战、大纵深作战、登陆与抗登陆作战、潜艇战与反潜艇战、航母编队作战、战略轰炸与防空作战、空降与反空降作战等新的作战形式和方法。

第二次世界大战还推动了军事思想和战略理论的发展：现代战争已经远远超过武装斗争范围，指导现代战争的高层次战略理论，即包括军事、政治、经济、外交、科技、情报、心理等诸多方面的国家战略应运而生并得到发展，联盟战略有了新的突破，反法西斯联盟各国虽然社会制度和意识形态不同，但在反对法西斯侵略的共同目标下结成强大联盟，制定和执行共同的战略并赢得最后胜利；战略突袭和预防战略突袭以及战争初期等问题得到普遍重视；由于军事行动在陆地、空中和海洋同时展开，诸军兵种战略协同作战理论更趋完善；游击战争理论有了重大发展，人民游击战争成为反侵略战争中占有重要战略地位的作战形式。

在一定意义上可以说，"二战"史就是一部人类战争的百科全书，不了解"二战"史，就不可能真正认识一般战争，就不可能真正认识机械化战争，就不能真正认识现代化战争。因此，对"二战"史的研究远未终结，还有待深化、细化，只能加强，不能削弱。第二次世界大战各参战国在战争实践中所取得的经验教训之丰富，对军事思想和战略理论的影响之深远，是以往历次战争所无法比拟的。这些以巨大代价换来的丰富经验和惨痛教训，可为各国国防和军队建设提供宝贵的历史借鉴和启示。

军事科学，不同于其他科学，在和平时期很难得到实战的检验，因此从大量的史实中正确、全面、科学地总结以往尤其是作为现代化战争的第二次世界大战的经验教训就显得尤为重要，极其珍贵。尽管今天科学技术比昔日有了飞跃的发展和进步，高科技、新材料已在军事和国防领域广泛应用，但是，昔日掌握和使用新技术、新装备进行现代化战争的基本经验和教训并没有过时。它对于今天我们以史为鉴，结合新时代新变化及未来战争发展趋势及其特点，根据我国我军实际，全面推进中国特色军事变革以及国防和军队现代化建设，捍卫二战胜利成果，防止军国主义和法西斯主义死灰复燃，防止历史悲剧重演，全面推进中国特色社会主义现代化建设等，仍具有不可替代的重要作用，不仅具有历史意义，而且具有现实意义。

前事不忘后事之师，他山之石可以攻玉。有鉴于此，指文图书公司正策划在世界范围内精选一批具有重要史料价值和学术价值的二战史著，其中大部分外文原版图书还需要购买版权并组织有资质的人员译成中文，以满足广大指战员提高军事素质和广大研究人员深化、细化"二战"史研究的需要，以及广大军事爱好者学习包括中国抗日战争在内的"二战"史知识的需要。该系列丛书统称"指文二战文库"，拟首先制作"指文苏德战场文库"（原称"东线文库"）、"指文欧洲与非洲战场文库"系列，在"指文海洋文库"当中收录有关太平洋战争的部分书籍，并在今后陆续推出"指文太平洋战争文库"和"指文亚洲战场文库"等。相信该丛书的出版将受到广大读者的欢迎，并产生良好的社会效益。

彭训厚 [1]

① 彭训厚，山东单县人，毕业于北京大学，在总参谋部工作十余载，后在中国人民解放军军事科学院任研究员至退休。曾任中国第二次世界大战史研究会秘书长。主要从事军事历史研究。主要研究成果有《毛泽东军事思想宝库》《第二次世界大战史》《第二次世界大战史教程》《解读第二次世界大战》《历史的告诫——第二次世界大战的终结与总结》等。

译者序

可能每一位苏德战争史的研究者和读者都思考过两个问题：苏联红军为什么能在1941—1943年浴火重生，从失败走向胜利，踏上通往柏林的西进征程？苏联红军在这个过程中具体又有哪些改变？不同的人会从不同角度做出解读，但很难得出公正、全面的答案，尤其是后一个问题的答案。

一方面，德国人通常认为己方是被苏联无穷无尽的人力物力优势简单地压垮，而作者认为，接受和使用"东线战争"这个词汇的人都会在某种程度上接受这个观点。另一方面，苏联人承认自己付出重大代价在战争中学习战争。例如，作家西蒙诺夫在其著作中称，朱可夫曾私下对他感叹道："只有在战争进程中学习并学会进行战争之后，我们才开始打击德国军队，但这个过程相当漫长。"20世纪90年代以前，苏联把这个学习过程和所获的经验教训当作"国家宝藏"秘而不宣，外界通过各种渠道得到的这类苏联著作，如《战争史和军事学术史》《苏军坦克兵作战经验》《从战例学战术》等，大多局限于某个领域，不能全面反映整个学习过程，有些著作还有简单化和教条化的特点，很少做出批判分析，甚至只谈胜利不谈失败。

随着俄罗斯陆续解密有关档案，作者从20世纪90年代末开始创作讲述苏联红军发展历程的三部曲——《泥足巨人》、《巨人重生》和尚未出版的《巨人凯旋》。其中，《泥足巨人》展示和分析1941年6月22日苏德战争爆发前夕苏联红军的真实面貌。《巨人重生》从论述1941—1943年战争进程入手，发掘传统历史著作所"遗忘的战役"，然后以1943年12月31日的视角回顾苏联军事学术和军兵种的发展，介绍战略层面的指挥控制、中央军事管理机关、指挥人员和普通战士的变化，分析苏联红军积累战斗经验和完善指挥体制的过程。

《巨人重生》的内容包罗万象，既涉及红军摩托雪橇营等特殊部队和纵火掷弹筒等冷门武器，又有对指挥人员和普通战士的统计分析，有别于普通的战争史和百科全书，是一部教科书般全面、深入的经典著作。阅读本书也能串联起《苏军坦克兵作战经验》等著作中的相关内容，并加以总结、归纳和补充，发挥提纲挈领的作用。书中还客观地指出，苏德战场是赢得对纳粹德国战争胜利的决定性战场，而苏联的胜利绝非偶然，不是依靠外来因素（如德国将军们指责希特勒的愚蠢和无能，某些历史著作声称的泥泞和严寒），而是主要来自苏联指挥人员水平的逐渐提高和红军战士的勇敢、毅力和奉献精神。

作者通过广泛掌握资料，积累丰富的研究成果，以一己之力成就这部独树一帜的巨著，令普通的战史作者难以望其项背，西方出版界因此盛赞："格兰茨独家运用苏联资料创作的一系列著作，已经从根本上改变了我们对第二次世界大战东线战场的认识。对于苏联所参加的这场战争，他以全面而精准的视角，几乎用一己之力纠正了西方人因片面关注德国而导致的歪曲理解。"（《斯拉夫评论》。）

近30年来，我国的苏德战争史领域很少及时引进俄罗斯解密档案材料后的最新研究成果，常见书籍仍是苏联解体之前的旧作。而随着对外开放的深入，以德国视角为主的西方著作广泛进入国内出版界，也带来了西方式的理解。从图书发行数量和销量来看，片面关注德国的情况在我国同样存在。因此，《泥足巨人》和《巨人重生》对于我们研究苏德战争史同样具有重大意义。另外，王鼎杰还在《东线文库总序》中评价："这两部著作不仅正本清源地再现了苏联红军的发展历程，而且将这个历程放在学说构造、国家建设、军事转型的大框架内进行了深入检讨，对我国今日的军事改革和军事转型研究均具有无可替代的重大意义。"

2008年，本书第一部分和第二部分合编成《1941—1943年苏联的军事奇迹：红军的复兴》（Советское военное чудо 1941–1943. Возрождение Красной Армии）在俄罗斯出版；2009年，第三部分单独编成《从灰烬中重生：1941年的红军怎样转变成胜利之师》（Восставшие из пепла [Как Красная Армия 1941 года превратилась в Армию Победы]）出版，同样引起广泛的反响和赞誉。但值得注意的是，书中的部分观点和引用资料有失偏颇，也引发相当激烈的争论。俄文版译者维克托·亚历山德罗维奇·费多罗夫（Виктор Александрович Федоров）便在其译注中提出相当多的异议和评论。他认为：第一，原著受到西方历史科学普遍接受的"极权主义理论"的影响，像绝大多数西方著作一样，相信恐惧是影响苏联红军战士的主要工具，于是把相当一部分注意力集中在国家安全机关、司法机关和惩戒部队以及军队的政治工作制度上，并把它们的职能统统归结于惩罚；第二、书中引用的某些资料（如曼加泽耶夫的著作）并不可靠，某些观点和资料（如兵力对比和租借物资数量）使用了不恰当的比较方法。

为体现俄文版译注的不同意见，中译本有选择地加以直接或间接引用，供读者参考，部分较长或分散的内容略作整理和归纳。同时，由于篇幅限制，作者将五个附录单独整理成书，称《<巨人重生>资料篇》（Companion to Colossus Reborn），2005年出版英文版。其中有些内容与本书略有出入，应是作者后续有所修订。相关内容也会在本书译注中有所体现，以弥补未能引进出版《资料篇》的遗憾。

由于创作时间和引用资料的差异，本书各章某些语句存在自相矛盾的内容，书中人名、军衔和数字等也有数百处细节错误：有的直接来自引用资料本身（如《苏联军事百科全书》"国土防空军"词条把G. M.施特恩写成G. N.施特恩），有的因为资料语境不符合本书实际（如引自《库尔斯克会战》人物生平中的军衔），有的是英语著作常见的混淆俄语人名或算术错误。为减少对阅读的干扰，译文直接订正简单的算术错误和部分人名及军衔，并在全书最后附《部分专有名词对照表》供核对，其他问题保留原文并作译注。译者以为，这样一部鸿篇巨制本非个人之力所能及，原著的细节错误既"瑕不掩瑜"，又情有可原：毕竟十几年前的网络资源和搜索引擎没有现在发达，作者查阅浩如烟海的资料实属不易，难免有随手之误，手稿的誊抄和编辑过程也会产生笔误。同样，即便译者已尽最大努力，中文版也难免有纰漏和不当之处，敬请读者海涵和批评指正。

另外，还有以下几点需要特别说明：

1. 作者姓氏"GLANTZ"的标准发音应是"格兰斯"（美 [glæns]），因"格兰茨"的译法已在国内约定俗成，本书为照顾多数读者的习惯，译为格兰茨。

2. 本书英文版 2005 年出版，原文中"第二次世界大战距今 ×× 年"等内容，均以原文时间为准。

3. 本书涉及的人名、组织机构和专用术语较多，原著经常使用英语和罗马字母转写的俄语同时表达，译文以《苏联军事百科全书》中译本（北京：战士出版社，1983 年版）为主要依据，同时，单独对照列出人名、军衔和管理局名称并勘误。

4. 苏联的"局"（及"总局"和"中央局"）是介于人民委员部和处之间的级别，相当于厅局级。《苏联军事百科全书》中译本里有不同译法，有的译为"局"，有的译为"部"。本书采用前一种译法，体现"局"应有的级别，可以避免与 1946 年人民委员部改成的"部"混淆，称呼总参谋部下属的总局时也不会出现上下两级"总部"，还可以防止混淆军兵种首长（主任或司令员）和兵种局局长这两个职务。

5. 苏联武装力量在 1943 年 7 月 24 日以前不正式使用"军官"一词（总参谋部军官团除外），而称"指挥人员"和"参谋人员"。指挥人员分成四级：初级对应军士，中级对应少尉至大尉，上级对应少校至上校，高级对应将军和元帅。1943 年 7 月以后，军衔在陆军少尉到上校之间的指挥人员和参谋人员、海军少尉以上的指挥人员和参谋人员开始被称为"军官"，这时在军内立法文件中停用"指挥人员"，但在其他文件和文献中仍继续使用。而将军和元帅直到 1967 年《苏联普遍义务兵役法》颁布以后才列入军官。因此，译文只在特定情况下才使用"军官"，以免误会。同样，译文只使用从 1918 年工农红军成立时起一直称呼的"红军战士"，而不使用 1946 年 7 月才改称的"士兵"。

6. 苏德战争前后，苏联红军的兵种命名几经变化。例如，坦克兵刚创建时称"装甲兵"，20 世纪 30 年代先后使用过"机械化兵""摩托机械化兵""坦克兵"和"汽车装甲坦克兵"，1942 年年底改称"装甲坦克和机械化兵"，并沿用至 1955 年，1955—1958 年称"装甲坦克兵"，1959 年以后改称"坦克兵"。为便于阅读，译文根据语句的实际时间使用对应名称，一般性论述使用 1943 年 12 月底时的名称。

本书翻译工作历时近一年半，能担任如此经典著作的译者，我既深感荣幸又倍受压力，为求译文准确无误，虽反复修改译稿，但唯恐不能如愿。幸而，我得到了许多帮助。在此首先感谢赵玮老师的大力支持，他分享的俄文版《苏联军事百科全书》《苏军的作战编成》《国防人民委员命令》等资料，成为核对原文的重要依据。感谢李珂在核对俄文版译注的译文时给予的积极帮助。还要感谢本书的编辑从专业角度给予的指导。另外，在查阅资料的过程中，我深深感受到译者前辈们在翻译《苏联军事百科全书》《战争史和军事学术史》等著作时的严谨和认真，特在此向他们致敬！同时，还要感谢我的家人在此期间给予的充分理解和支持，使我可以"两耳不闻窗外事"，专心投入翻译工作。

最后，希望每位读者都能够从阅读本书中有所收获。

孙渤

2020 年 3 月 3 日

目录

· 第二部分 ·
军队

· 第三部分 ·
首长和部属

导言

1941 年 6 月 22 日凌晨，300 余万轴心国军队在未经宣战的情况下突然越过苏联国界，开始实施希特勒的臭名昭著的"巴巴罗萨"行动。德国国防军（Wehrmacht，以下简称"国防军""德军"）在空中支援的严密掩护下以四个强大的装甲集群为先锋，出人意料地在不到六个月的时间里长驱直入，从苏联西部国界直抵列宁格勒、莫斯科和罗斯托夫近郊。面对德国人突如其来的大纵深、不间断推进，苏联红军和苏维埃国家都不得不为自己的生死存亡而战。

接下来发生在面积约 60 万平方英里范围内的殊死搏斗共持续近四年，直到 1945 年 4 月下旬红军把苏维埃的旗帜插在希特勒的帝国总理府废墟上，宣告取得最后胜利为止。这段被苏联人称为"伟大卫国战争"的历史是一场前所未有的浩劫。这是一场名副其实的 Kulturkampf（德语"文化之战"），是两种文化之间至死方休的斗争，多达 3500 万名苏联军人和平民、近 400 万名德国军人 [①] 和无数德国平民在这场战争中丧生，中欧和东欧大部分地区的人口及公共基础设施也遭到难以想象的损失和破坏。

到 1945 年 5 月 9 日这场致命的冲突结束时，苏联及其红军已经占领并统治中欧和东欧的大部分地区。距离这场战争的胜利不到三年，铁幕便在整个欧洲落下，把欧洲大陆划分为彼此敌对的两个阵营长达 40 余年。更重要的是，这场可怕的战争在俄罗斯民族精神中留下的深刻烙印，已在几代人当中延续，影响着战后苏联的发展，并在某种程度上促成苏联在 1991 年解体。

令人意外的是，尽管苏联伟大卫国战争的规模、波及范围、代价和对世界造成的影响都非常大，但在西方人和俄罗斯人看来，这场战争还是在很大程度上模糊不清，也难以准确认知。更糟糕的是，这种模糊和错误的认知还

---

① 俄译注：根据俄罗斯当代的研究，苏联在伟大卫国战争期间的总人口损失（包括后方的生育率降低和死亡率增加）是 2660 万人。德国最新的研究成果称，同一时期仅东线德军的损失即超过 400 万人。

会抹杀苏联红军和苏维埃国家为同盟国夺取最终胜利所做的贡献，造成第二次世界大战史在整体上的片面性。

即便某些对苏德战争多少有些了解的西方人，也只知道这是发生在曾令欧洲最痛苦的两个政治敌人之间，以及欧洲两支最强大、最可怕的军队之间的一场神秘而残酷的四年殊死搏斗。在此期间，德国国防军和苏联红军所争夺的领土面积之广大、客观环境之复杂、气候条件之恶劣，使整场战争看上去是由一系列无休止的攻防战组成，其间不时穿插着长达数月的静态阵地战，并周期性地出现一些规模宏大、激动人心的大会战，例如发生在莫斯科、斯大林格勒、库尔斯克、白俄罗斯和柏林的重大战役。因为缺少关于苏德战争的详细英语资料，所以美国人（和西方人）自然更倾向于把这场战争仅仅看作是西方各战区那些更激动人心、更引人注目的战役（诸如阿拉曼、萨勒诺、安奇奥、诺曼底和突出部等战役）的黯淡背景。

用外行眼光看待这场战争的上述歪曲观点在西方广为流传，可谓事出有因，因为西方人读到的大部分苏德战争史著作都在很大程度上参考来自德国的资料，这些资料通常将这场战争描绘成德国与一个没有相貌和具体形象，却有庞大军队和无限可消耗人力资源的敌人生死相搏。面对四年来无数场默默无闻的战斗拼接成的全景，只有真正耸人听闻的大事件才能脱颖而出，唤起人们的注意。

即便那些对这段历史多有涉猎的人，也一样会有这种常见的错误理解。虽然他们知道莫斯科、斯大林格勒和库尔斯克这几场会战，冯·曼施泰因在顿巴斯和哈尔科夫的反突击，发生在"切尔卡瑟口袋"和卡缅涅茨—波多利斯基的激战，中央集团军群的崩溃和苏联人在华沙城下"袖手旁观"，但是他们用来称呼这些艰难战斗的名称和基本术语，就像他们不断引用的"东线战争"这个词汇一样，都显示他们的认知主要根据德国资料。他们既然缺乏关于苏德战争的足够知识和透彻理解，就不能充分认识这场战争在第二次世界大战全局中的重要地位、区域意义和全球意义。

那么，出现这样偏颇的观点是谁的过错呢？显然，西方历史学家应当共同承担这个责任，尽管他们中的大部分人别无选择，只能依靠德国资料，这也是当时所能见到的唯一可信资料。况且，民族中心主义使一个民族只会欣赏自己经历的事情，也会助长双方看待这场战争时的偏颇观点。然而，更重要的是，这还是苏联和当代俄罗斯历史学家的集体过错，他们未能向西方（以及俄罗斯）的读者和学者提供有关这场战争的可信记录。究其原因，是意识形态、政治动机、冷战时期产生并延续下来的陈规陋习在共同阻碍着许多苏联和俄罗斯历史学家开展这项工作，并歪曲他们的见解。

苏联和俄罗斯历史学家尽管就这场战争和大小战役的细节，编写过许多详尽而准确得异乎寻常的学术研究著作，但迫于所处时代的形势要求，还是不得不回避或无视可能会令国家、军队或著名将帅感到难堪的事实真相和事件经过。西方读者最容易接触到的苏德战争普及著作，往往观点最为偏颇，政治色彩最浓厚，内容也最不准确。直到不久前，甚至最富有学术气息的这类书籍，仍然在出版时不得不出于政治和意识形态的原因有所删改。即使在苏联解体十多年后的今天，使用档案时的限制和政治压力还是像过去一样使俄罗斯历史学家无法研究或揭露许多原先删改或回避的事件真相。

上述不幸事实不仅削弱了苏联和俄罗斯历史学著作的可信度，使来自德国的历史学著作和观点广为流传，同时还削弱了少数西方作者在其战争记述中引用苏联史料时的可信度。这种令人无法回避的事实，既可以解释为什么关于这场战争某些方面的不公正和极不准确，甚至哗众取宠的记述著作至今还能够吸引广大西方读者的注意；又可以解释为什么关于战争趋势、进程和意义的争论仍然非常激烈。

本书是讲述苏德战争期间红军发展史三部曲当中的一部。整套三部曲是为了帮助人们厘清事实真相，其中的第一部《泥足巨人：苏德战争前夕的苏联军队》已于1998年出版，考察红军迈入第二次世界大战时的状况并得出结论：1941年6月的红军虽规模庞大、志向高远，但正如后来的战争进程所展示的那样，只是一个站在泥质双脚上的巨人。然而，这支军队尽管在1941年和1942年间多次遭受前所未有的惨败，还是能像一只浴火重生的不死鸟，1942年11月在斯大林格勒、1943年7月和8月在库尔斯克向不可一世的德国国防军还以颜色，使其遭受同样前所未有的惨败。库尔斯克会战结束后，红军从此踏上胜利征程，直到1945年4月和5月在柏林赢得对纳粹德国的最后胜利。

《巨人重生：苏德战争中的苏联军队》是这套三部曲当中的第二部，详细研究"被遗忘的战争"中极为重要并且相互关联的争论话题，并从组织和制度的角度研究战时红军。本书第一部分的名称是"战争中的苏联红军"，按照时间顺序考察战争进程，揭示其中"被遗忘的战役"，这些战役的次数约占整场战争中大小战役总次数的40%，但由于种种原因，被苏联和俄罗斯历史学家为维护名誉和民族自豪感而淡化、忽视或者掩盖。该部分还具体列举许多与战争最初30个月有关的重大争论话题，加以分析并得出新的结论。

本书第二部分和第三部分详细考察红军指挥结构的不断完善过程，以及红军如何把无数血肉之躯打造成为一支军队。本书第二部分"军队"运用新解密的苏联（俄罗斯）档案材料，从规模、实力和结构等多个角度解读红军庞大而复杂的军队结构。以此为背景，该部分还详细讲述这支军队不断发展的作战手段，极其复杂的指挥控制和行政管理机构，以及教育训练制度和方法。

第三部分"首长和部属"通过发掘最新出版的回忆录和不断解密的档案材料等宝贵财富，研究1941年至1943年间红军的领导者怎样使其从一个泥足巨人转变成一支能够夺取战争最后胜利的强大武装力量。最后也同样重要的一点是，该部分还以多重视角介绍在这支军队的队伍里并肩奋战的红军战士，无论他们是斯拉夫人还是非斯拉夫人，男性还是女性，也无论他们在这场无比残酷和暴虐的战争中死去还是生还。

揭开红军"被遗忘的战役"面纱的同时，《巨人重生》还向读者展示迄今尚未有人仔细研究过的一部分苏联武装力量，其中包括：苏联的"隐形军队"——强大的内务人民委员部部队，红军当中至关重要但至今模糊不清的工程兵（工兵）、铁道兵、汽车兵、道路兵和军事建筑部队，战时身穿军装入伍服役的大约100万名女军人，还有战争期间为确保军队内部的严格纪律，按照最高统帅部大本营命令组建的无所不在、令人生畏的纪律（惩戒）部队和拦截支队。另外，本书还针对红军主要指挥人员和政工人员在战争期间的人事变动，做出前所未有的详细评价。

本书在还原红军指挥人员和政工人员面貌的同时，还根据最新解密的档案文献和军人的个人证词，同样前所未有地描绘红军战士在日常生活中面临的艰难现实。书中详细讲述红军内部普遍存在的政治工作、军人面临的严格纪律和奖惩制度、他们在前线和后方的艰苦生活条件，以及激励他们积极战斗，并能在特定情况下保存自己和战胜敌人的动力源泉。

本书"参考书目"是书中详细注释文字的进一步补充，列出俄罗斯政府迄今已公开的主要保密资料、讲述战时红军的"经典"著作、新出版的回忆录材料，以及最新解密的关于红军组织结构、具体军事行动和整场战争其他相关事宜的苏联档案材料选集。

最后，如果希望进一步更完整地了解本书文献记录和数据统计的话，建议读者收藏和阅读《＜巨人重生＞资料篇》。该书收录关于红军军人日常生活的若干份关键文献、红军战时高级指挥人员的完整名单、战时内务人民委员部部队和红军专业兵的名称列表、红军在这场战争中使用武器装备的性能诸元、红军在 1941 年 6 月 22 日至 1943 年 12 月 31 日之间六个关键日期的详细战斗序列。①

除了感谢俄罗斯现政府坚持不懈地解密和出版有关苏德战争的重要档案材料之外，我还要特别感谢那些参加过这场战争的红军退伍军人，如今他们能坦率地为我们分享自己的战争回忆，但那段九死一生的经历常令他们倍感痛苦，他们能从中生还确属幸运。

---

① 译注：以上内容依次是《＜巨人重生＞资料篇》的"附录一"至"附录五"。本书提到的附录序号与《资料篇》实际排序不一致，应是后者出版时有修订。译文根据其实际内容订正，其他章节亦然，不再一一说明。

第一部分

战争中的苏联红军
1941—1943 年

战争第一阶段，1941 年 6 月 22 日至 1942 年 11 月 18 日

苏德战争通常被西方人称为德国的东线战争，从 1941 年 6 月 22 日持续到 1945 年 5 月 9 日，时间跨度近四年。为了研究和分析这场战争，自从战争结束以来，苏联和俄罗斯的军事理论家和历史学家根据战争总体进程和军事行动的战略特征，把这场长期的军事斗争划分成三个不同阶段。[1] 这些理论家和历史学家又进一步把战争的每个阶段细分成若干个不同的战局，每个战局对应一年中的一个或几个季节。

按照这种划分方式，战争第一阶段从 1941 年 6 月 22 日希特勒发动德国的"巴巴罗萨"行动开始，一直持续到 1942 年 11 月 18 日德国结束"蓝色"行动(即德国国防军进军斯大林格勒)的当天。这个阶段的持续时间近 18 个月，涵盖希特勒最著名和最气势恢宏的两场战略进攻：1941 年的"巴巴罗萨"行动和 1942 年的"蓝色"行动。尽管苏联红军付出巨大努力和惊人的人力物力代价之后，1941 年 12 月制止了国防军向列宁格勒、莫斯科和罗斯托夫推进，并能组织起 1941—1942 年冬季己方的战略进攻，但纵观整个战争第一阶段，战略主动权还是主要掌握在德国人手里。国防军在战役战术方面的军事技能远比红军优越，连续战斗、广袤战区和恶劣气候带来的种种考验还远未顿挫德国军事力量的锋芒。

战争第一阶段期间，苏联战前的军队和武装力量结构几乎遭到彻底破坏，迫使苏联军事首长为红军设计一套更简化，也更脆弱的军队结构，一边培养

各级司令员和指挥员，一边发展能有效抗衡更有经验之敌的更成熟军队结构。红军尽管面临重重困难，还是在1941—1942年冬季的莫斯科造就这场战争的第一个转折点。简而言之，红军的1941年12月莫斯科反攻和随后1942年1月至2月的冬季总攻宣告"巴巴罗萨"行动失败，并确保德国人不能再按照希特勒最初规定的方式赢得这场战争。

战争第二阶段开始于1942年11月19日，即红军发动斯大林格勒反攻的当天，一直持续到1943年10月至12月底红军成功突破德国人设在第聂伯河沿岸的防御，攻入白俄罗斯和乌克兰。这是红军不可阻挡和无法逆转地夺取战略主动权的转折阶段，从最终作战结果的角度来看，也是整场战争最重要的阶段。经过这个阶段几乎不间断的战斗，红军通过自我重建成长为一支现代化军队，可以更有效地抗衡并最终击败国防军。

红军的1942—1943年冬季战局开始于1942年11月中旬的两场大规模方面军群进攻战役，即勒热夫地区的"火星"行动和斯大林格勒地区的"天王星"行动；结束于德国第六集团军①1943年2月上旬在斯大林格勒投降，以及接下来1943年2月和3月红军沿几乎从波罗的海到黑海的整条战线（即德国的东线）实施大规模进攻。尽管红军未能彻底实现斯大林制定的宏伟目标，但其1942—1943年冬季战局还是成为这场战争的第二个，也是最具决定性的转折点。德国人在斯大林格勒战败之后，显然也会输掉整场战争。有待确定的只是他们会在多大范围内，按照什么条件接受战败。

接下来的1943年夏秋战局期间，红军的进攻造就了这场战争的第三个主要转折点：苏联在库尔斯克会战的胜利。从红军在库尔斯克获胜的那一刻起，德国的彻底失败显然已经不可避免，有待确定的只是失败来临之前，还要花费多长时间和多大代价。红军在库尔斯克获胜之后，又策划以数个方面军同时沿维捷布斯克至黑海的宽大正面发起一场成功的战略进攻。到1943年12月下旬，红军已乘胜进抵并渡过第聂伯河，攻入白俄罗斯和乌克兰。

1944年1月1日直到1945年5月的战争第三阶段期间，苏联几乎始终

---

① 译注：为便于区分，轴心国的师及以上番号使用大写数字，其他番号使用小写数字。

掌握着战略主动权。构成这个阶段的几个战局都包含着红军几乎不间断实施的一系列战略性进攻战役，只有苏联的战争机器为了继续前进而补充所需兵力和兵器时，才暂时出现战役间隙。这个阶段的主要特点是：德国的军事实力和命运都在不可避免地持续走下坡路；而红军在领导能力、军队结构、战役手段和战术手段等方面都趋于成熟。库尔斯克会战结束后，德国东线各集团军的实力和战斗力几乎长期持续衰退。周期性补充大批新征召士兵和新装备之后，遂行防御的德军虽然有能力发动一系列局部的反冲击和反突击，但是这些反击越来越软弱无力，实际效果也越来越差，因为苏联军人的训练水平和经验日益提高，而德国军人的训练水平和战斗力却持续下降。

　　红军的战略进攻能力在战争的这个阶段日渐成熟，表现出前所未有的精明老练，可以沿从巴伦支海到黑海的整条战线同时或先后逐次发起数场进攻战役。1944 年冬季战局 [①] 期间，红军同时和先后在列宁格勒地区、白俄罗斯、乌克兰和克里米亚发起数场进攻战役。尽管白俄罗斯进攻战役未能达成预期目的，红军还是将德国守军赶出了列宁格勒以南的大部分地区和克里米亚半岛，并在乌克兰向西进抵波兰和罗马尼亚的国界。

　　1944 年夏秋战局期间，红军先后针对防御白俄罗斯、波兰南部、罗马尼亚、波罗的海沿岸地区，以及匈牙利和巴尔干地区的几个德国集团军群，成功实施一系列规模宏大的战略性进攻战役。到 1944 年 12 月上旬，这些进攻战役已经波及从波罗的海到布达佩斯和贝尔格莱德的整条战线，红军乘胜长驱直入东普鲁士和波兰境内，并深入多瑙河冲积平原。接下来的 1945 年冬季战局期间，红军在东普鲁士、波兰、匈牙利西部和奥地利东部粉碎德国的几个集团军群，兵锋直抵距柏林仅 36 英里的奥得河和维也纳附近的多瑙河。红军 1945 年 4 月和 5 月在柏林和布拉格同时发起两场进攻战役，登上战争第三阶段也是最后一个阶段的胜利顶峰，为这场只用不到四年时间便彻底终结希特勒所谓"千年"第三帝国的战争画上一个圆满句号。

　　作为战胜纳粹德国的结局，应美国要求，红军 1945 年夏季向远东地区

---

　　① 译注：时间在1944年年初的冬季。该战局起点不在1943年，故不能写成1943—1944年冬季战局。1945年冬季战局也是这样。这种写法有别于冬季在年底的习惯，请阅读时注意分辨。

变更部署近 100 万人，1945 年 8 月和 9 月发起一场短暂但激烈的进攻战役，歼灭盘踞在中国东北地区（满洲）的日本关东军，促成太平洋战争提前结束。

1941 年夏秋战局，6 月 22 日至 12 月 5 日

1941 年 6 月下旬，希特勒的国防军以一支 300 余万人组成的军队入侵苏联，粉碎红军展开在边境地区的兵力，势不可挡地冲向列宁格勒、莫斯科和基辅，把支离破碎的红军余部抛在身后，迫使苏联政府的主要部门在 10 月疏散到古比雪夫。美国仍旧处在和平状态，国会于 10 月[①]以一票优势通过延长《征兵法案》的议案。美国陆军的总兵力达到 150 万人。截至 10 月 1 日，原有 550 万人的苏联红军已经损失至少 280 万人，并在 12 月 31 日之前进一步损失 160 万人。在此期间，红军先后拥有的兵力总共相当于 821 个师，其中有 483 个步兵师、73 个坦克师、31 个摩托化师和 101 个骑兵师，以及 266 个旅（步兵旅、坦克旅或滑雪旅），损失的兵力相当于 229 个师。11 月，国防军开始向莫斯科发起最后进军，美国向苏联提供 10 亿美元的租借贷款，英国在空中赢得不列颠战役的最初阶段，并在北非发起一场规模有限的进攻。

背景

战争不是在真空中进行的，苏德战争在这方面也不例外。1941 年 6 月 22 日德国开始入侵苏联的时候，战争已经踩踏欧洲其他地区近两年之久。1940 年 6 月希特勒的国防军将英国陆军赶出欧洲大陆之后，英国一边努力抵抗德国空军的猛烈攻击，一边在难以逾越的护城河——英吉利海峡的保护下抵御地面入侵的威胁近两年。欧洲民主势力的残余在奋力阻挡纳粹极权主义浪潮的同时，冲突也在欧洲边缘地区肆虐，从挪威冰冷的峡湾一直蔓延到北非无垠的沙地。美国得益于辽阔海洋的保护，依旧置身事外，并仍然坚守着自己由来已久但越来越不坚定的"光荣孤立"[②]国防和安全信念。

---

① 译注：原文如此。美国众议院8月12日以203：202票通过，参议院以较大优势通过议案，罗斯福于8月18日签署生效。

② 译注："splendid isolation"原指英国在19世纪晚期奉行的一项外交政策，这里借指美国的孤立主义，两者之间实际有一定差别。

　　从 1941 年 6 月 22 日直到 12 月 7 日，苏联只有衰落的英国作为一个弱小的战略军事伙伴共同奋战。在此期间，红军要独自应付希特勒的国防军主力，德国陆军所到之处都给苏联造成巨大的破坏。直到 12 月 7 日，日本不顾后果地在珍珠港发动突然袭击，才使沉睡的美利坚巨人从孤立主义睡梦中惊醒。从那时起，人们称为"大同盟"①的事物才初具雏形，起初只是希特勒的几位死敌之间不得已合作的权宜之计，后来才成为一个积极活跃地致力于首先摧毁纳粹德国，然后摧毁日本帝国的战时同盟。

　　不论根据来自德国还是苏联的资料，只要忽略其中关于大小战役的重要性和代价的具体分歧，大多数苏德战争史就都能对军事行动的分期达成共识。[2] 这个分期的根据是比较容易获得的国防军军事记录、国防军退伍军人的著作、苏联和俄罗斯的军事历史学家和回忆录作者自从战争结束以来创作的记述。对苏德战争的这种认识虽然已经持续达 50 余年，但是极不完整。由于各种各样的政治原因和军事原因，苏联（和俄罗斯）历史学界公开出版的战争记录存在巨大缺失。这些缺失要么是为了维护当时某些政治领袖或军事首长的声誉，要么是为了满足保密的嗜好，特别是要保护那些无比珍贵的独家军事经验，许多俄罗斯人和他们的苏联前辈都把这种经验当作值得悉心保护的国家宝藏。因此，关于苏德战争的传统观点没有收录红军多达 40% 的战时军事经历。任何针对战时红军的学术研究都必须首先搞清楚这场战争被传统观点所收录和所遗忘的两方面，至少就军事行动而言。

传统观点

　　历史通常把"巴巴罗萨"行动期间国防军的挺进过程，描绘成一场由连续四场进攻汇集成的名副其实的洪流，其结尾处的高潮是 1941 年 11 月下旬和 12 月上旬德国中央集团军群气势恢宏，但注定失败地试图占领莫斯科（见地图 1.1 和 1.2）。这四场连续的进攻即"巴巴罗萨"行动的四个阶段，包括：1941 年 6 月下旬至 7 月上旬的边境交战，1941 年 7 月至 8 月卢加、斯摩棱

---

　　① 译注："Grand Alliance"最初指对抗路易十四时代法军的奥格斯堡同盟，后来也用来称呼1815年反法联军组建的神圣同盟，丘吉尔在《第二次世界大战回忆录》第三卷以此称呼反法西斯同盟，卷名一般译成《伟大的同盟》。

斯克和乌曼等地的交战，1941年9月列宁格勒和基辅的交战，1941年10月至12月上旬德国人向季赫温、莫斯科和罗斯托夫等地推进。

"巴巴罗萨"行动第一阶段期间，国防军6月下旬至7月上旬摧毁红军的边境防御之后，沿西北、西和西南三个战略方向快速挺进，迫使红军长期实施战略防御。德国北方集团军群和中央集团军群打破红军西北方面军和西方面军的一线防御，将其第3、第4和第10集团军的主力合围在明斯克以西，向东突破并渡过西德维纳河和第聂伯河，也就是红军的战略第二防御地区。[3]渡过这两条主要河流障碍之后，这两个集团军群快速冲向列宁格勒和关键性城市斯摩棱斯克。位于战线南段的南方集团军群克服红军西南方面军的顽强抵抗，步步向东逼近基辅；与此同时，另一批德国军队和罗马尼亚军队突破南方面军的防御攻入摩尔达维亚，兵锋直指苏联的黑海港口城市敖德萨。

7月和8月展开的"巴巴罗萨"行动第二阶段期间，北方集团军群横扫红军的西北方面军，占领里加和普斯科夫，并向北逼近卢加和诺夫哥罗德，迫使北方面军在列宁格勒的南接近地仓促构筑防御。与此同时，中央集团军群展开为期一个月的斯摩棱斯克市区争夺战，在此过程中合围西方面军的第16、第19和第20集团军各一部于斯摩棱斯克地区，并一再抗击红军越来越猛烈和孤注一掷地试图解救孤立在市区周围友军的反击。位于战线南段的南方集团军群向东快速逼近基辅，在乌曼地区合围并歼灭西南方面军的第6集团军和第12集团军，并将苏联的部分军队封锁在敖德萨。8月下旬，德国人持续推进的第二阶段宣告结束，希特勒决定暂时停止直接进军列宁格勒和莫斯科，转而攻击并歼灭顽强保卫基辅和乌克兰中部的苏联军队。

8月下旬和9月展开的"巴巴罗萨"行动第三阶段期间，北方集团军群封锁但未能攻克列宁格勒，而中央集团军群和南方集团军群共同发起攻击，合围保卫基辅地区的红军西南方面军主力。在此过程中，国防军各部合围并歼灭西南方面军的第5、第21、第26和第37集团军于基辅及其以东地区，使苏联在乌克兰境内损失的总兵力达到惊人的100余万人。

10月上旬，国防军开始"巴巴罗萨"行动的第四阶段，即向莫斯科的最后进攻（"台风"行动）。北方集团军群和南方集团军群继续挺进北面的列宁格勒、南面的哈尔科夫和顿涅茨盆地（顿巴斯）的同时，中央集团军群以国

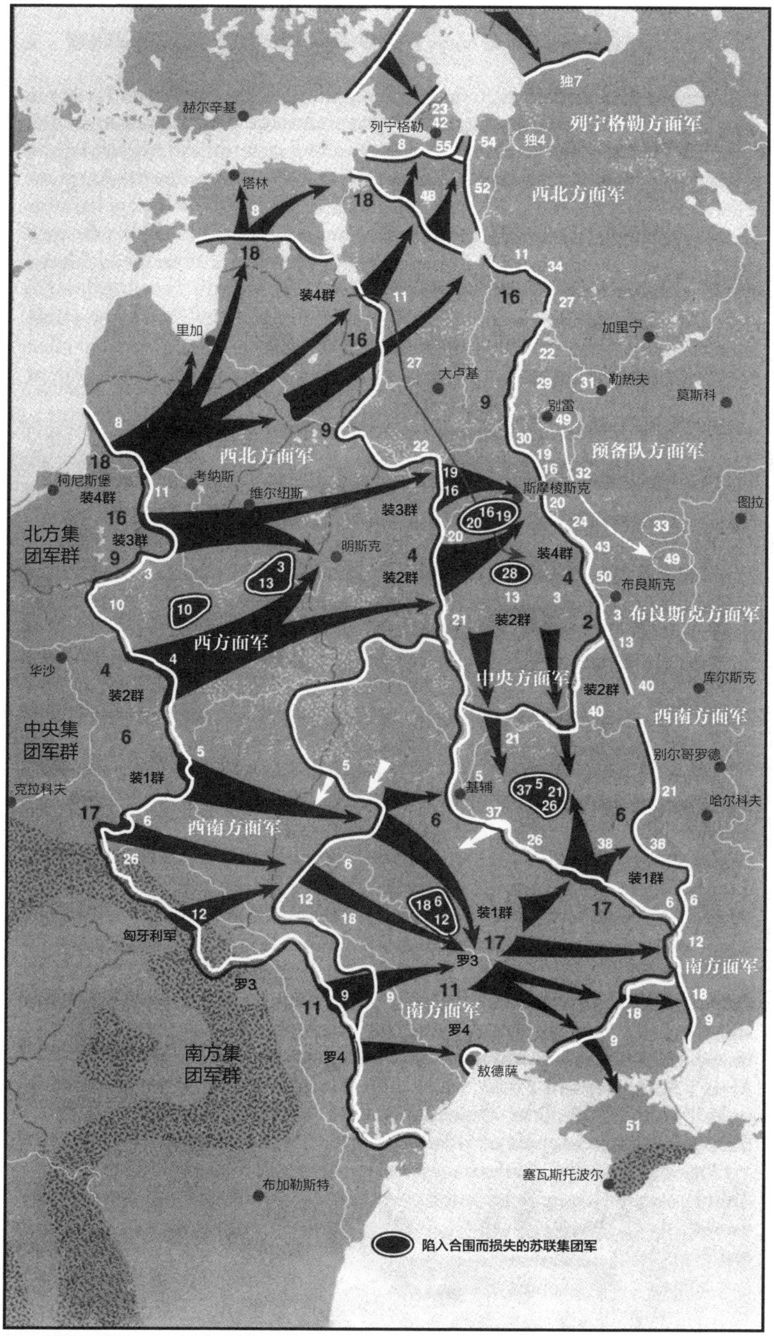

地图 1.1 夏秋战局：1941 年 6 月 22 日至 9 月 30 日

赫尔辛基
列宁格勒
塔林

独7
58
59
独4
列宁格勒方面军
西北方面军
18
北方集团军群
11 34
16
加里宁方面军
27
22 29 31
加里宁
30
9
勒热夫 装3群
大卢基
9 别雷
29 31
49
装4群
5 夏斯科
装3群 30 19 20 24 32 预备队方面军 33 43
斯摩棱斯克 16 20 49
明斯克 4 24 50 10
4 43
装4群 50 布良斯克 装2 图拉
中央集团军群 2 13 3 布良斯克方面军 3
13 61
装2群 13 沃罗涅日
基辅 40 库尔斯克 13
匈2 40
列尔哥罗德 21 西南方面军
21 6
6 哈尔科夫 38
38 南方面军
装1群 6 6 12 18 37
17 9 56 57
12 17 罗斯托夫
18
9
罗4 罗3
敖德萨 11 外高加索方面军
南方集团军群
51
11
塞瓦斯托波尔
44
47
45
46

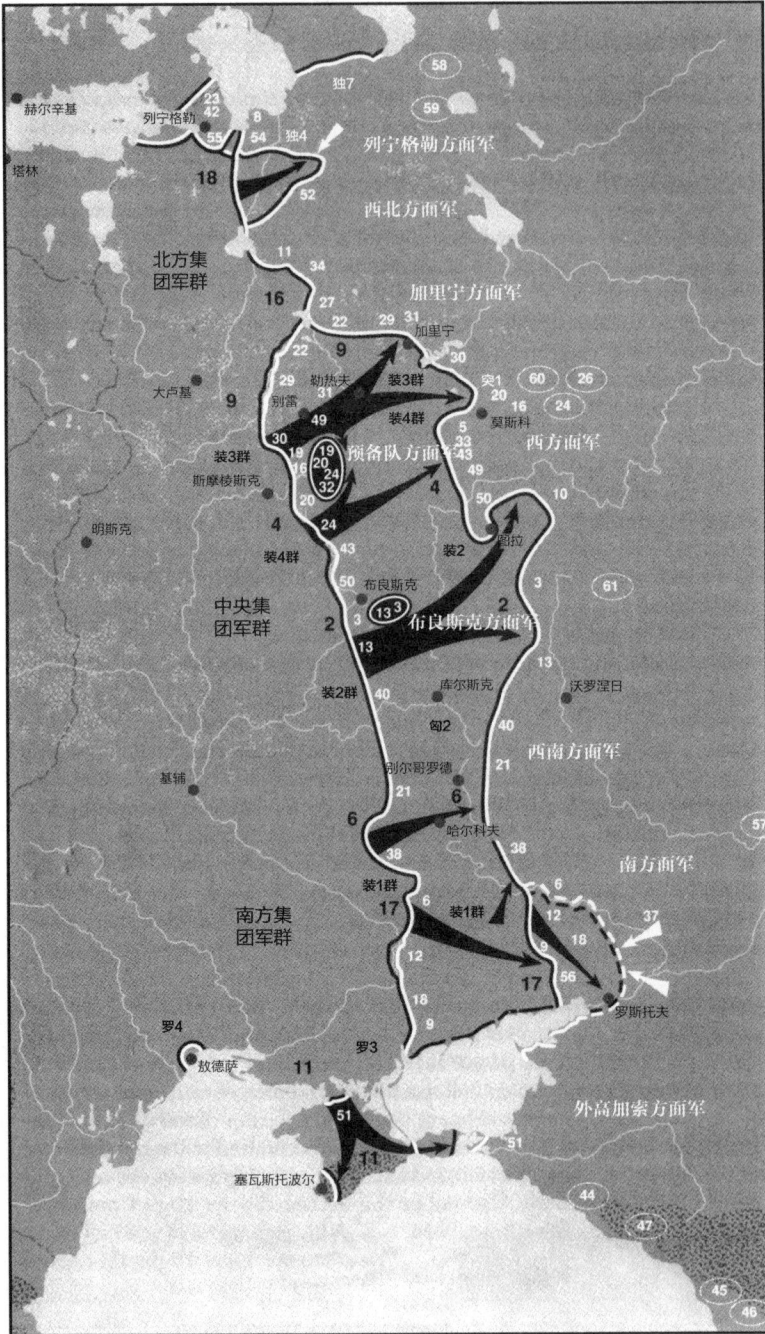

地图 1.2 夏秋战局：1941 年 10 月 1 日至 12 月 5 日

防军四个装甲集群当中的三个作为先锋,精心策划并共同发起旨在夺取莫斯科的进攻战役。遂行攻击的德国军队一举突破红军的防御,击溃西方面军、预备队方面军和布良斯克方面军,在维亚济马周围迅速合围并歼灭第16、第19、第20、第24和第32集团军,并在布良斯克以北和以南合围第50、第3和第13集团军。经历天气恶化和红军防御急剧增强造成的短暂拖延之后,"台风"行动在11月中旬达到高潮,中央集团军群同时在莫斯科南北两侧发动大规模坦克突击,试图合围保卫这座城市的红军兵力。

然而,到了1941年12月上旬,时间、空间、人力物力消耗,红军殊死抵抗和自身急转直下的命运,使国防军未能用一场凯旋为其六个月来的连战连捷画上一个圆满句号。在一个自己从未能真正了解的战区艰苦奋战数月之后,曾经不可一世的国防军已成为强弩之末,终于不得不向恶劣天气、陌生地形和顽强抵抗的敌人屈服。12月上旬,苏联最高统帅部大本营(以下简称"大本营")动用积攒下的几个预备集团军,将德国人向莫斯科的推进阻止在能够看见克里姆林宫尖顶的地点,并出人意料地发起自己的反攻,使希特勒的国防军遭受空前失败。与此同时,战线南段和北段的红军也转入反攻,向曾经令自己屡战屡败的德国人还以颜色。红军在列宁格勒以东的季赫温和南方的罗斯托夫发动进攻,并击退国防军,使希特勒虽能沿三个主要战略方向深入苏联国土纵深,但不能赢得任何一个方向的最后胜利。

如上所述,传统观点认为1941年夏秋战局期间的军事行动主要包括下列重大战役:

- 边境交战(1941年6月22日至7月上旬)
- 德国人向列宁格勒推进(1941年7月至9月)
- 斯摩棱斯克交战(1941年7月至9月)
- 乌曼合围和基辅合围(1941年8月至9月)
- 德国的"台风"行动、维亚济马合围和布良斯克合围(1941年9月30日至11月5日)
- 德国人向莫斯科推进(1941年11月7日至12月4日)
- 德国的季赫温进攻战役(1941年10月16日至11月18日)

· 德国人向哈尔科夫、克里米亚和罗斯托夫推进（1941年10月18日至11月16日）

· 苏联的罗斯托夫反突击（1941年11月17日至12月2日）

· 苏联的季赫温反突击（1941年11月至12月）

被遗忘的战争

最新解密的档案材料现在可以证明，从"巴巴罗萨"行动开始的当天起，斯大林和大本营就先后多次试图阻止甚至击退德军的洪流。[4] 从6月下旬开始，7月、8月和9月，他们一再命令红军实施各种规模的反冲击和反突击，还有一次全面反攻。所有这一切都意味着红军试图协调一致，但生搬硬套地执行己方的《1941年国防计划》。然而，战斗形势极不稳定和德国人迅速推进，使这些进攻行动显得并不协调，德国人也没有从实际情况中判断出这些行动的本来面貌。通过仔细检查最近解密的战斗文书，包括大本营和方面军下达的命令，我们可以清楚地看到大本营曾试图协调这些行动的时间、进程、初步和最终军事目标。[5]

1941年夏秋战局期间"被遗忘的战役"或者在一定程度上模糊不清的军事行动，包括下列内容：

· 苏联在凯尔梅、拉塞尼艾、格罗德诺、杜布诺的反突击（1941年6月下旬）

· 苏联在索利齐、列佩利、博布鲁伊斯克和基辅的反突击（1941年7月）

· 苏联在旧鲁萨、斯摩棱斯克和基辅的反突击（1941年8月）

· 苏联的斯摩棱斯克进攻战役、叶利尼亚进攻战役和罗斯拉夫利进攻战役（1941年9月）

· 苏联在加里宁的反突击（1941年10月）

1941年6月下旬，红军在边境地区发动的第一批反冲击和反突击，是三个作战方面军的司令员在按照各自预定的作战计划的要求，以积极的进攻行动迎击任何来犯之敌，这些行动的协同动作极差，通常收效甚微。西北方面军以机械化第3和第12军在立陶宛境内的凯尔梅和拉塞尼艾向北方集团军群发起反冲击，白俄罗斯境内的西方面军以机械化第6、第11和第14军在格罗德诺和布列斯特附近向中央集团军群发起反冲击，而乌克兰境内的西南方面军以机械化第6、第8、第9、第15、第19和第22军在布罗德和杜布诺附近向南方集团军群发起大规模反突击。由于协同动作和保障不力，这些攻击行为不但实际上毫无收获，而且常常是自杀，最终导致红军汽车装甲坦克兵主力的毁灭，共损失超过1万辆坦克。只有在战线南段，由红军总参谋长 G. K. 朱可夫大将亲自监督的大规模反突击，才多少在某种程度上对德国人的迅猛推进造成明显影响。[6]

　　7月间，红军又在三个关键地区发起一系列时间上完全同步的重大反突击。首先，位于战线北段的西北方面军于7月14日以两个突击集群在伊尔门湖西南的索利齐附近攻击作为北方集团军群第五十六摩托化军前卫的第八装甲师[①]，迟滞德国人向列宁格勒的推进近一个星期。[7]位于战线中段的西方面军和中央方面军从7月6日开始多次发起反突击，试图将中央集团军群各部阻止于第聂伯河沿岸，但均未得手。这几场收效甚微的苦战包括：西方面军机械化第5军和机械化第7军在列佩利附近的惨败、沿索日河向古德里安第二装甲集群发起的声势浩大却极度虚弱乏力的"铁木辛哥攻势"、一场发生在博布鲁伊斯克附近的失利的反突击。上述行动均未能制止中央集团军群向斯摩棱斯克继续推进。[8]位于战线南段的西南方面军在科罗斯坚一带多次发起的反冲击，尽管迟滞可是也未能制止南方集团军群向基辅推进。[9]

　　红军没有因7月的失败而气馁，而是继续在8月间向不断前进的德国人发动各种规模的还击。8月12日，位于战线北段的北方面军以第48集团军，西北方面军以第11、第34和第27集团军在旧鲁萨附近猛烈攻击北方集团军群第十军，再次迟滞德国人向列宁格勒推进达一个星期。[10]位于战线中段的西方面军从7月20日开始以五个临时编组的突击集群在斯摩棱斯克以东猛烈

---

　　① 译注：这次进攻同时针对第五十六摩托化军的第八装甲师和第三摩托化师，党卫队"骷髅"摩托化师也从7月15日起参加战斗，见曼施泰因著《失去的胜利》。

攻击中央集团军群，企图解救在这座城市周围陷入合围的友军。[11]最后，红军在基辅以西发动的小规模反冲击很快陷入失败，未能取得任何积极战果。[12]虽然红军的上述进攻行为均未得手，但是其猛烈程度足以促使希特勒下定决心推迟进军莫斯科，转而在基辅一带寻求更容易得手，也更有利可图的目标。

8月下旬，西方面军、预备队方面军和布良斯克方面军在斯摩棱斯克、叶利尼亚和罗斯拉夫利地区发动一场大规模反攻，企图阻止中央集团军群向莫斯科和基辅继续推进。尽管预备队方面军在叶利尼亚取得局部胜利，可是西方面军和布良斯克方面军的努力却换来一场血腥失败。[13]这场失败严重削弱红军沿莫斯科方向的防御能力，某种程度上直接导致10月上旬在维亚济马和布良斯克的灾难性失败，并使国防军在"台风"行动期间得以在莫斯科方向长驱直入。最后，从10月下旬开始的"台风"行动初期，西北方面军在加里宁市区附近组建一个由该方面军参谋长 N. F. 瓦图京指挥的特别战役集群，阻止德国第九集团军推进到至关重要的列宁格勒—莫斯科铁路线，并最终使该集团军未能参加国防军向莫斯科的最后冲刺。[14]

这些"被遗忘的战役"不但可以证明，红军的1941年战略防御并非像原来描述的那样是被动而随意地即兴发挥，国防军的进攻也不像原来描述的那样无懈可击和势不可挡，而且可以解释国防军为什么会在12月上旬兵败莫斯科城下。

评论

1941年6月和7月，苏联的政治领袖和军事首长及其红军在西部边境地区一败涂地，接下来的8月和9月在乌克兰和基辅遭受灾难性的惨败，10月又在维亚济马和布良斯克遭受同等规模的惨败。到11月，德国军队正沿着从波罗的海直到黑海的宽广战线高歌猛进，逼近列宁格勒、莫斯科和罗斯托夫。面对这样令人不寒而栗的现实，苏联领导阶层要么学会怎样进行战争，成功抗衡经验更丰富的国防军，要么坐以待毙。这种情况下，红军和苏维埃国家继续生存下去的迫切需要，便成为"发明之母"。

斯大林和新建成的大本营十分清楚己方遭受损失的惨重程度，也意识到希特勒"巴巴罗萨"行动带来的致命危险将会决定苏联的生死存亡，所以从战争刚开始的那几天起，他们便积极采取有力措施，企图避免灾难的发生。他们不仅命令红军克服一切困难积极进攻，还在时间、地点和目标方面努力协调这些进攻行为，但总是严重高估红军的战斗力，也先入为主地低估国防军的战斗力。因此，大本营向己方军队分配的任务根本不切实际，必然会导致灾难性结果。

使这种情况更加复杂的是，红军的指挥干部，尤其是高级指挥人员，但也包括军士（即初级指挥人员）在内的其他级别指挥人员以及普通战士，都不具备足够经验，无法抗衡指挥水平更高、运用战役战术手段更娴熟的国防军。直到 1942 年后期，大本营才充分认清这个事实，于是不可避免会导致红军在此前的防御和进攻中一再遭受挫折和失败，即使 1941—1942 年冬季的莫斯科进攻战役能够取得局部胜利，还是未能实现大本营歼灭中央集团军群于莫斯科城下这个过于雄心勃勃的目标。更糟糕的是，实践证明红军后勤保障的基础设施根本无法满足贯穿战争最初六个月始终的现代高强度运动战要求，这种情况还会一直持续 在 1942 年大部分时间。

历史学争论

1941 年夏秋战局充满了足以引起争论和辩论的话题，都与希特勒和斯大林及其主要军事幕僚在战局最关键时刻下定主要战略战役决心的理由、成效和后果有关。这些争论既有设想历史的"假如"，又有对真实历史事件及其原因的不同看法。

这些"假如"包括：

——假如希特勒不是在 1941 年 6 月下旬，而是 5 月发动"巴巴罗萨"行动？

——假如希特勒不是等到 1941 年 10 月，而是 8 月下旬或 9 月上旬就命令国防军继续向莫斯科推进？

——假如在德国发动"巴巴罗萨"行动之前，斯大林命令红军提前退却？

从本质上看，这些"假如"仅仅是猜测、推断和凭空臆想在希特勒和斯大林下定另一种决心的情况下会出现什么结果，并不是研究历史上的实际决策，所以不属于真正历史学的范畴。

另一方面，关于真实历史事件及其原因的不同看法，可以表明围绕具体事件的具体决策是否正当或有效，存在一些诚恳和合理的争论。这些争论包括：

——苏联是否策划过在1941年夏季对德国发动预防性战争？

——斯大林有没有在1945年2月下达过进攻柏林的命令？

——如果没有，那么为什么？

因为这种争论涉及历史上实际发生过的事件，所以历史证据倾向于哪种论点，将会直接决定争论的答案。即使现在我们经常很难甚至不可能确定关键人物下定这些决心时的个人动机，但这种话题本身还是战争史当中不可或缺的一个组成部分。

正如战争的其他阶段一样，1941年夏秋战局在一系列重要话题上引发旷日持久的争论，其中部分内容如下：

斯大林企图发动预防性战争的神话

1941年5月15日，红军总参谋长G. K. 朱可夫向他的上级呈报一份提案，认为有可能先发制人地进攻正在向波兰东部集中的德国军队。虽然时任苏联国防人民委员的苏联元帅S. K. 铁木辛哥草签了这份提案，但是没有任何证据表明斯大林读过它或者采取过相应行动。尽管如此，这份提案和其他零星证据的存在还是成为当代某种观点的根据，这种观点认定斯大林确实企图在1941年7月上旬发动针对德国的预防性战争，但只是因为希特勒抢先动手才未能实现。[15]

现存档案资料全部都可以驳斥这个有争议的观点。[16]正如这个证据本身和后来发生的事件所示，红军根本不具备在1941年夏季主动发起战争的条件，无论进攻还是像实际作战进程那样的防御。再者，朱可夫的提案尽管确实存在，可是只能代表一份普通应急预案的策划工作，而这是总参谋部的例行职能。最后，朱可夫的提案原件中虽有铁木辛哥的姓名缩写，但没有斯大林的类似签字或通常应有的批示，这表明斯大林可能从未看到过这份提案。[①]

———————

① 译注：关于该提案的说明，见《泥足巨人》的译者后记。

"巴巴罗萨"行动的开始时间

希特勒之所以把侵略苏联的时间向后推迟近两个月，1941年6月22日才开始实施"巴巴罗萨"行动，是因为要留下足够时间供国防军征服南斯拉夫和希腊。许多历史学家声称，事实证明这次推迟给"巴巴罗萨"行动造成致命影响。他们认为，如果德国在4月而不是6月入侵苏联，莫斯科和列宁格勒就会陷落，希特勒就会实现"巴巴罗萨"行动的目标，尤其是占领莫斯科和列宁格勒。

这种观点也不正确。[17]希特勒分兵前往巴尔干的时间正是苏联西部一年中的"泥季"（rasputitsa，指因道路泥泞、无法通行的时期），严重妨碍任何形式的大规模军事行动，特别是装甲兵快速运动。另外，希特勒投入巴尔干的军队只占他准备用于"巴巴罗萨"行动的一小部分兵力，这批军队从巴尔干返回时状况良好，可以及时完成自己在"巴巴罗萨"行动中的任务。

这种观点的一个推论是，如果希特勒把"巴巴罗萨"行动推迟到1942年夏季，国防军会表现得更好。这同样不太可能实现，因为斯大林重建、改编和重新装备红军的计划在1941年6月德国发动进攻时只完成了一鳞半爪，到1942年夏季便会彻底就绪。虽然国防军在1942年的战役战术运用依旧会比红军更娴熟，但是后者将拥有一支规模更大、实力更强的机械化军队，装备的坦克也比德国坦克更优秀。况且，希特勒那时再下决心入侵苏联，只会使德国肩负起同美国（及英国）和苏联两线作战的重任。

古德里安移师南下（基辅合围）

鉴于1941年8月红军在斯摩棱斯克以东对国防军的抵抗日趋顽强，9月，希特勒暂时停止直接进军莫斯科，派遣中央集团军群的半数装甲兵（古德里安的第二装甲集群）南下，合围并歼灭保卫基辅的苏联西南方面军。由于古德里安移师南下，国防军于9月在基辅以东歼灭整个西南方面军，使红军损失60余万人，与此同时，苏联配置在莫斯科以西的西方面军、预备队方面军和布良斯克方面军进攻斯摩棱斯克周围的德国军队，付出高昂代价但收效甚微。完成这次进军基辅的作战之后，希特勒于10月上旬发动"台风"行动，却只能看着这场进攻12月上旬在莫斯科城下垮台。有些历史学家声称，如果希特勒 9 月上旬而不是 10 月上旬实施"台风"行动，国防军本可以避开恶劣的气象条件，在冬季来临之前就到达并占领莫斯科。

只要进行仔细调查，这种观点同样站不住脚。[18] 如果希特勒 9 月上旬实施"台风"行动，中央集团军群就不得不突破苏联的大纵深防御，扼守在这里的军队也没有在斯摩棱斯克以东攻击德军防御时无谓地消耗掉。再者，中央集团军群攻向莫斯科的同时，其不断延伸的右翼会受到 60 余万大军威胁，即使在最理想情况下，也只能在 10 月中旬以后到达莫斯科城下，这恰恰是秋雨季节开始的时间。

最后，大本营拯救莫斯科的手段是组建、调遣和动用 10 个预备集团军，这些集团军先后参加 11 月的城市防御、12 月的反突击和 1942 年 1 月的反攻。无论希特勒选择什么时间实施"台风"行动，这些集团军都会投入战斗。在没有友军严重威胁敌人侧翼的情况下，它们最后尚且能在 12 月把德国的进攻阻挡在莫斯科之外，如果德国人提前一个月进攻莫斯科，那么有 60 余万友军在中央集团军群过度拉伸的右翼提供支援，它们当然可以完成同样的任务。

"假如"莫斯科在 1941 年秋季陷落

这种观点认为，假如国防军能够占领莫斯科，希特勒就会赢得这场战争，而上面提到的两种观点也都是在争取这个结果，但这种观点同样存在严重问题。如果希特勒的军队确实到达并试图占领莫斯科，那么斯大林很可能会调遣一个或几个预备集团军在城市防御战中坚守到底。[19] 德国人虽然可能会占领这座城市的大部分，但是会发现自己处在像一年后第六集团军困守斯大林格勒一样悲惨的境地。更加不祥的是，德国人占领莫斯科之后还要面临一项艰巨任务：怎样在莫斯科过冬，拿破仑军队 1812 年的惨痛经历就会成为他们挥之不去的梦魇。

1941—1942 年冬季战局，1941 年 12 月至 1942 年 4 月

1941 年 12 月 7 日，美国遭到日本突然袭击，在珍珠港损失太平洋舰队的大部，12 月 8 日美国向日本帝国宣战，12 月 11 日，德国向美国宣战。美国陆军的总兵力达到 1643477 人，共有 4 个集团军和 37 个师（其中 5 个装

甲师和 2 个骑兵师）。虽然苏联开战仅仅六个月之内便损失近 500 万人，几乎相当于其战前的整支军队，沦陷的国土相当于美国从大西洋海岸到伊利诺伊州斯普林菲尔德的整个地区，但是苏联人不仅挺过危机，还在莫斯科会战期间使希特勒的国防军遭到前所未有的失败。红军总兵力已达 420 万人，共编成 43 个集团军。

1942 年 1 月，德国非洲军以 3 个德国师和 7 个意大利师进攻 7 个英联邦师，揭开向埃及挺进的序幕。1942 年 1 月和 2 月，红军的 9 个方面军（相当于西方的集团军群）以 37 个集团军，共 350 余个师沿旧鲁萨到别尔哥罗德的 600 英里宽正面粉碎德军防御，并将其击退 80—120 英里，直到 3 月，德国人才重新稳定住自己的防御正面。

背景

1941 年 12 月那些引人注目的事件，特别是日本帝国在太平洋地区突然袭击美国和英国的势力范围，彻底改变了第二次世界大战的格局。这一系列野蛮的突然袭击把一个巨人从沉睡中唤醒，宣战浪潮随之到来，把这场主要在欧洲范围进行的战争变成一场名副其实的全球战争。虽然冲突范围不断扩大，但是苏德战争因其投入地面兵力之多、作战范围之广、战斗之激烈、作战损失的人力物力之巨大，依旧是这场冲突的重中之重。当时，美国军队正在阻挡日本决意使用其军事力量席卷太平洋的计划，大不列颠艰难地坚守着日渐缩小的北非领土，而苏联红军在沿德国的东线同国防军 80% 以上的兵力几乎不间断地展开战斗。

传统观点

国防军发起"台风"行动的时候，大本营正在全力组建和展开新锐预备队，准备迎击德国人的进攻。[20] 大本营动用一切可用资源在 1941 年 11 月和 12 月建成 10 个新的集团军①，并将其中的 6 个（第 10、第 26、第 39、第 60、第 61

---

① 译注：由于英语的"army"有多重含义，为便于西方读者理解，作者常称其为"野战集团军"或"步兵集团军"。中文直接称"集团军"或正式称谓"诸兵种合成集团军"。

和突击第 1 集团军）投入莫斯科及其周围的交战，先后参加 11 月的防御、12 月的反突击和 1942 年 1 月的反攻。尽管这些新锐集团军的实力比苏联军事理论对集团军的定义弱小得多，可是它们的出现足以证明这句名言："数量本身即代表一种质量。"特别在国防军向莫斯科的最后突击已成强弩之末的情况下，这些仓促集结的预备队便显得极有价值。截至 11 月 1 日，国防军已经损失其投入作战总兵力的 20%（68.6 万人）、原有 150 万台机动车辆总数的 2/3、坦克总数的 65%。德国陆军总司令部（OKH）评价其下属的 136 个师这时只相当于 83 个齐装满员的师。德国人的后勤也紧张到几近崩溃的程度，他们显然没有做好准备在冬季条件下作战，而红军反攻获胜无疑可以证明这一点。

恰恰在这个时刻，出乎德国人的意料，红军从 12 月 5 日开始发起反冲击，进而发展成一系列反突击，最终演化成一场全面反攻（见地图 1.3）。1941 年 12 月的反攻一直持续到 1942 年 1 月上旬，实际上包括数个集团军逐次发起，然后同时进行的一系列战役，形成的累积效果是把德国军队驱离莫斯科的近接近地。

在这场反攻初期，朱可夫指挥西方面军右翼和中央以新锐的突击第 1 集团军和 L. M. 多瓦托尔少将的骑兵军作为先锋，把德国中央集团军群第三装甲集群和第四装甲集群从莫斯科北郊向西经克林击退至沃洛科拉姆斯克地域。紧接着，I. S. 科涅夫上将指挥的加里宁方面军夺取加里宁并挺进至勒热夫北郊，使德国人的处境更加危急。在莫斯科南面，包括新锐的第 10 集团军和 P. A. 别洛夫少将的骑兵军在内的西方面军左翼，迫使古德里安的第二装甲集团军从图拉向西无秩序地溃退。紧接着，西方面军和包括新建第 61 集团军在内的西南方面军一部在卡卢加附近几乎形成对中央集团军群第四集团军主力的合围，并经过莫萨利斯克和苏希尼奇实施一次深远突击，切断该集团军与第二装甲集团军之间的联系，并迫使德国第二集团军向南退往奥廖尔。红军迅猛而坚决的突击构成对国防军承受能力的极大考验，促使希特勒发布他那"坚守不退"的命令，这很可能制止了德国军队全面崩溃。

1942 年 1 月上旬，在红军突然意外获胜导致的乐观情绪鼓舞下，斯大林命令红军沿列宁格勒地区至黑海的整条战线发起总攻。作为红军莫斯科反攻的后续阶段，西方向的总攻从 1 月 8 日开始，由几场方面军进攻战役组成，

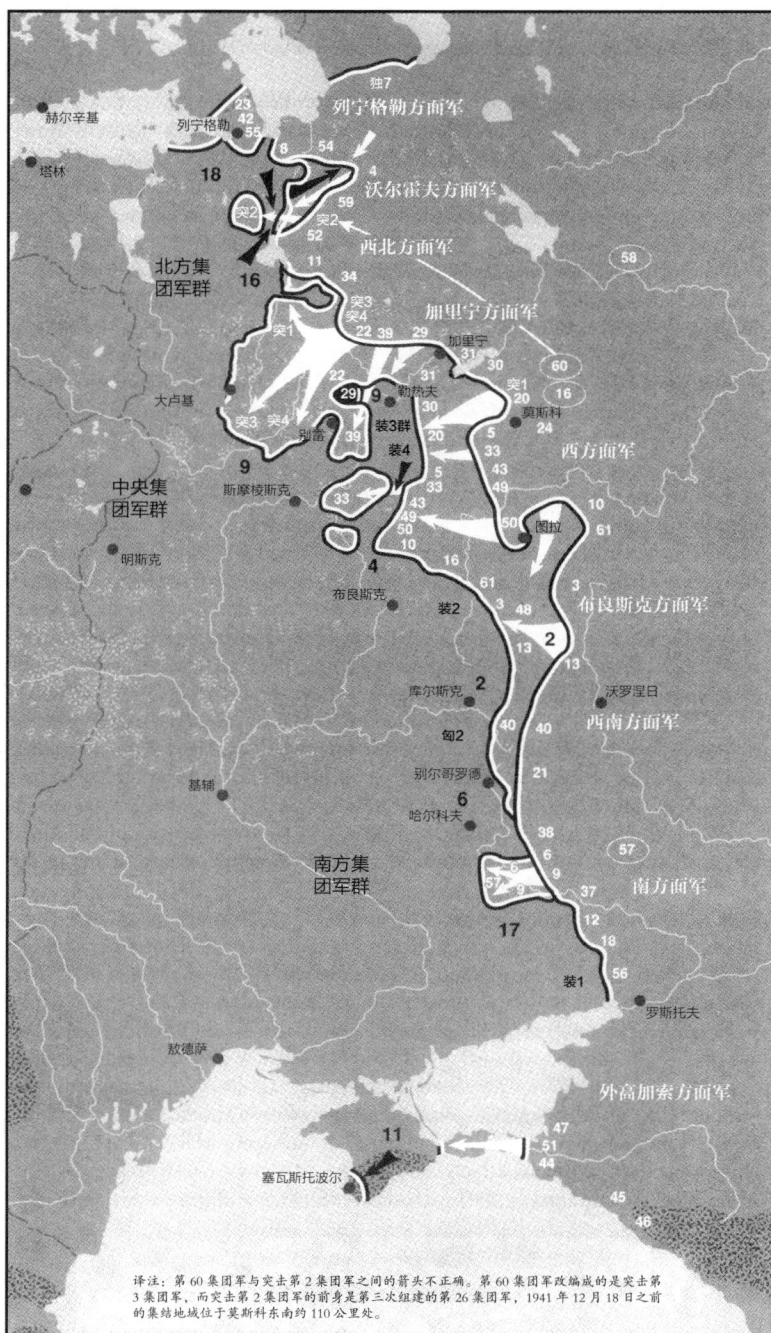

译注：第60集团军与突击第2集团军之间的箭头不正确。第60集团军改编成的是突击第3集团军，而突击第2集团军的前身是第三次组建的第26集团军，1941年12月18日之前的集结地域位于莫斯科东南约110公里处。

地图 1.3 1941—1942 年冬季战局：1941 年 12 月至 1942 年 4 月

总目标是彻底歼灭德国中央集团军群。至此，红军在莫斯科地区的进攻进入白热化，向试图恢复稳定战线的德国军队施加巨大压力。这次总攻同样也给苏联人带来巨大损失，使其到2月下旬已失去大部分进攻能力。截至这时，红军已经前出至维捷布斯克、斯摩棱斯克、维亚济马、布良斯克和奥廖尔诸城市的接近地，并在莫斯科以西的德军防御中留下巨大缺口。

加里宁方面军和西方面军在莫斯科以西猛攻中央集团军群的同时，红军的其他方面军也在列宁格勒东南和乌克兰的哈尔科夫以南发起重大进攻战役，设法突破德军防御并前出至其深远后方。然而，尽管苏联人在推进过程中沿战线整个正面夺取广大的乡村地区，但德国人还是牢牢地掌握着城市、城镇和主要道路。到2月下旬，整条战线已变得犬牙交错，苏德双方都无力战胜对方。苏联的总攻已实际上陷入停顿，即便斯大林不断地督促、请求，甚至威胁自己的下属，也不能重新激起红军的新一轮进攻浪潮。虽然莫斯科城下的局部反突击已经发展成全面反攻，并进而发展成全面的战略进攻，成为响彻整个冬季战局的主旋律，但到1942年4月下旬，莫斯科进攻战役和冬季战局都因力量耗尽而宣告结束。

因此，传统观点认为1941—1942年冬季战局主要包括下列重大战役：

- 苏联的莫斯科反攻（1941年12月5日至1942年1月7日）
- 苏联的莫斯科进攻战役（1942年1月8日至4月20日）[①]
- 苏联的季赫温进攻战役（1941年11月10日至12月30日）
- 苏联的杰米扬斯克进攻战役（1942年1月7日至2月25日）
- 苏联的托罗佩茨—霍尔姆进攻战役（1942年1月9日至2月6日）
- 苏联的巴尔文科沃—洛佐瓦亚进攻战役（1942年1月18日至31日）
- 苏联的刻赤—费奥多西亚进攻战役（1941年12月25日至1942年1月2日）

---

① 译注：这是狭义的莫斯科进攻战役，不同于苏联资料中广义的莫斯科进攻战役。后者从1941年12月5日开始计算（即包括莫斯科反攻在内），同时涵盖总攻期间西方向的一系列战役，包括下文中的托罗佩茨—霍尔姆进攻战役、勒热夫—维亚济马进攻战役、奥廖尔—博尔霍夫进攻战役、博尔霍夫进攻战役，以及本文没有提到的另一些战役。

被遗忘的战争

红军1941—1942年冬季战局的历史记录明显存在多处缺失，其中最严重的缺失出现在红军莫斯科反攻的南北两侧、列宁格勒东南部地区和克里米亚，发生在这些地区的激战本应该留下大量详细记述，但实际几乎是一片空白。苏联和德国的历史学家都视而不见的这些战役包括：红军沿莫斯科进攻战役南侧实施的三场失利的重大进攻战役、两场发生在战线北段只取得局部胜利的进攻战役，以及另一场在克里米亚失利的进攻战役。1941—1942年冬季战局期间"被遗忘的战役"或者多少受到忽视的军事行动包括下列内容：

· 苏联的列宁格勒—诺夫哥罗德进攻战役，即柳班进攻战役（1942年1月7日至4月30日）

· 苏联的杰米扬斯克进攻战役（1942年3月1日至4月30日）

· 苏联的勒热夫—维亚济马进攻战役（1942年2月15日至3月1日）

· 苏联的奥廖尔—博尔霍夫进攻战役（1942年1月7日至2月18日）

· 苏联的博尔霍夫进攻战役（1942年3月24日至4月3日）

· 苏联的奥博扬—库尔斯克进攻战役（1942年1月3日至26日）

· 苏联的克里米亚进攻战役（1942年2月27日至4月15日）

虽然记述红军1942年1月莫斯科进攻战役的著作有很多，但是发生在这场战役两侧的几场重大进攻战役却少有人知。例如，1941年1月上旬，朱可夫麾下西方面军左翼的第10集团军和别洛夫骑兵集群向西突破，前出至基洛夫市的接近地，在此过程中造成中央集团军群第四集团军和第二装甲集团军之间的防御出现巨大缺口。与此同时，位于西方面军右侧由科涅夫指挥的加里宁方面军，以突击第4集团军、第29集团军和第39集团军从勒热夫南下维亚济马，前出至中央集团军群的深远后方。苏联的这两个动作导致中央集团军群位于斯摩棱斯克以东全部兵力有遭到孤立、合围和歼灭的危险。

1942年2月上旬，斯大林迅速捕捉到这个足以使莫斯科进攻战役大获全胜的战机，命令别洛夫的骑兵和第50集团军改道北上维亚济马，与正在南下的加里宁方面军和伞降在维亚济马地区的空降兵会师，以一场大规模合围战役将中央集团军群一网打尽。同时，他还命令第 10 集团军切断德国第四集团军和第二装甲集团军之间的联系。虽然红军的进攻两钳未能在维亚济马合拢，并引发长达数月但毫无进展的拉锯战，但是第 10 集团军的推进又创造出一个新的进攻战机。

由于第 10 集团军进抵基洛夫，中央集团军群的第二装甲集团军和第二集团军便被孤立在别廖夫和博尔霍夫周围，形成一个巨型突出部，妨碍红军进一步向库尔斯克和别尔哥罗德挺进。大本营认识到能否消除这个突出部对于莫斯科进攻战役能否取得全胜至关重要，于是命令布良斯克方面军和西南方面军同时发起两场战役，企图根除这个令人讨厌的德军突出部。然而，所谓的奥博扬—库尔斯克进攻战役和博尔霍夫进攻战役均未达到预定目的，从那时起便从苏德战争编年史里彻底销声匿迹。[21]

在此期间，斯大林命令列宁格勒方面军和沃尔霍夫方面军分别渡过涅瓦河和沃尔霍夫河，向北方集团军群第十八集团军实施向心突击，以期解除对列宁格勒的封锁。沃尔霍夫方面军的突击第 2 集团军和骑兵第 13 军虽然设法成功突破德国人的防御并挺进至其纵深，但是很快孤军深陷敌后，直至 1942年 5 月到 7 月间遭到德国人的反突击而全军覆没。[22] 这场战役同样尘封了 40余年，因为这不仅是一场令人尴尬的失败，还主要因为突击第 2 集团军最后一任司令员是臭名昭著的 A. A. 弗拉索夫中将，他可耻地向德国人投降，后来又组建俄罗斯解放军（BOA），同德国人并肩作战直到战争结束。

同样，1941—1942 年冬季，红军在杰米扬斯克地区进攻北方集团军群一部的战役未能获胜，克里米亚方面军试图解救塞瓦斯托波尔市守军的进攻战役同样以失利告终，于是这两场战役也一样不见于史册。[23]

评论

1941—1942 年冬季，红军在莫斯科周围、季赫温、巴尔文科沃、罗斯托夫和克里米亚击败兵力过度分散的国防军，并出人意料地取得空前胜利。尽管这些胜利既令人陶醉又鼓舞人心，可是事实证明只是昙花一现。德国陆军总司令部在成功制止苏联的总攻之后，1942 年夏季重新发起雄心勃勃的大规模进攻——"蓝色"行动。红军在莫斯科的胜利固然挽救了苏联的国家命运，振奋了人民士气，但也让大本营滋生出过度乐观的情绪，进而从根本上促成接下来的军事失败和挫折。苏联不但未能实现 1941—1942 年冬季己方的战略目标（主要是粉碎德国中央集团军群），而且在春季过度分散己方兵力。

现在可以非常清楚地看出，1941—1942 年冬季战局期间，斯大林、朱可夫和其他大本营成员策划的一系列进攻战役，是企图协调一致地沿整条苏德战线全面摧毁德军防御。同样清楚的是，这些战略性进攻战役的目标过于雄心勃勃，严重超出红军的实际能力。正如任何一场战争开始后不久经常发生的事情一样，苏联方面几乎没有任何人真正了解自己军队的实际能力，更谈不上了解敌人的能力。

1941 年 12 月上旬反攻刚开始的时候，红军在夏季惨败的经历限制着斯大林和大本营的战略视野。例如，斯大林原本只是想试一试 1941 年 12 月能否在受德国人威胁最严重的地点，即季赫温、罗斯托夫和莫斯科近郊夺取胜利。但到 12 月中旬，红军在上述地点取得的辉煌胜利鼓舞着大本营尽情地全面扩展己方的进攻势头。在斯大林的督促下，早在 12 月 17 日，大本营便已下令动用红军的全部战略预备队和战役预备队，沿几乎整条苏德战线发动大规模进攻。红军高级领导层的进攻热情高涨，全然没有考虑到实现这些目标需要付出什么样的人力代价。可想而知，这些进攻战役都远远没有达成其战略目的。德国陆军总司令部一旦从最初挫折的震惊中恢复过来，便冷静地招架住大本营的"三板斧"，到 1942 年 4 月结束时，已彻底制止红军雄心勃勃的总攻，并在此过程中使其遭受重大伤亡。

历史学争论

1941—1942 年冬季战局同样为后人留下许多历史学的激烈争论，主要内容是斯大林采用什么样的军事战略，以及莫斯科会战 [1] 在多大程度上可以作为整场战争进程的转折点。

---

[1] 译注：1941年9月30日至1942年至4月20日西方向一系列防御战役和进攻战役的统称。

斯大林的"宽大正面"战略

苏德战争结束后，苏联和俄罗斯出现一些评论斯大林在莫斯科会战期间指挥水平的文章，其中有些还是他最亲密战友的著作，严厉批评他试图采用"宽大正面"战略击败国防军。他们认为，这种战略要求沿多个方向同时实施进攻，分散红军的有限兵力，导致没有任何一场进攻战役能够达成最终目标。这些批评者，尤其是朱可夫，认为斯大林从1942年春季开始终于能听从幕僚们的建议，放弃"宽大正面"战略，转而采取更有针对性的战略。他们声称，从那时起，斯大林和大本营会仔细选择主要突击方向，沿这些方向集中红军主力，并为突击力量合理分配任务。

然而，最新解密的档案材料和针对战时军事行动基本特点的更深入分析，可以从两个方面驳斥这种说法。第一，1941—1942年冬季，虽然斯大林确实采用的是"宽大正面"进攻战略，但是他的主要幕僚（包括朱可夫在内）都赞同和支持这个战略，并同意斯大林的观点，认为在战线任何一个具体地段彻底摧毁德军防御的最好办法，是在尽可能多的地段最大限度施加压力。[①] 第二，1942年春季以后，斯大林和大本营不是放弃这种战略，而是在1942年、1943年和1944年初期一直沿用。[24] 直到1944年夏季，他们才采取分阶段先后实施进攻战役的策略。迟至1945年1月在东普鲁士和波兰中部，稍后在匈牙利西部和奥地利实施战略进攻的时候，红军又一次采用"宽大正面"战略，尽管这时的规模较小。

莫斯科会战作为战争的转折点

历史学家多年来一直在激烈争论，哪些事件可以作为苏德战争的转折点，特别是怎样准确认定战争形势从什么时间开始变得对红军有利，转变原因又

---

① 俄译注：值得注意的是，沿宽大正面广泛施压的战略是根据原来第一次世界大战时的经验提出的，主要提出者根本不是斯大林，而是接替朱可夫担任总参谋长的B. M. 沙波什尼科夫。正如我们能从许多回忆录和最新解密的总参谋部档案看到的那样，沙波什尼科夫当时才是斯大林眼中无可置疑的军事权威，而不是朱可夫或其他任何人。客观来讲，实施这种战略也是因为德军明显更具有机动性和作战灵活性的缘故，因此对于苏联红军而言，唯一可取的做法就是同时在多个地点施加压力。另外，从莫斯科到库尔斯克，发生在战争第一阶段和第二阶段的那些战略性战役表明，德国国防军的攻击力强弱并不取决于其总人数多少，而是取决于一线突击兵团和部队的人数和状态，并且受季节的影响很大。通过把对手拖入对其条件不利的阵地战，苏联统帅部能够暂时制止德国人夺取进攻的主动权。因此，德军在南部进攻的"蓝色"行动推迟到6月，而在中央方向进攻的"风暴"（Orkan）行动彻底取消，正如它被历史学家"遗忘"了一样。

是什么。这些争论已经为转折点的"荣誉席位"指定了三个主要候选事件：莫斯科会战、斯大林格勒会战和库尔斯克会战，不久前又有第四个候选事件入选：古德里安移师南下基辅。这三场会战中有两场发生在战争第一阶段，而国防军在此期间始终掌握着战略主动权，只有 1941 年 12 月到 1942 年 4 月红军冬季进攻战局的五个月例外。所以，从"转折点"的词意出发，俄罗斯历史学家倾向于认为斯大林格勒会战是这场战争的最重要转折点，因为这场会战使德国失去战略主动权。

以事后的眼光来看，莫斯科会战也可以入选这场战争的三个转折点之一，但绝不是最决定性的转折点。红军在莫斯科得到的战果是使国防军遭受前所未有的失败，并阻止希特勒实现"巴巴罗萨"行动的目标。简而言之，莫斯科会战结束以后，德国不能再按照希特勒要求的方式击败苏联或者赢得战争。[25]

最后，古德里安移师南下和希特勒因此推迟进攻莫斯科，并不能作为一个关键性转折点。实际上，这不仅是把红军庞大的西南方面军排除在这个战局秋季部分的主要参加者之外，还为西方面军、预备队方面军和布良斯克方面军 10 月遭受同样决定性的失败埋下伏笔，从而增大国防军在莫斯科战胜红军的机会。再者，当时国防军的高级战略领导层中几乎没有人反对古德里安南下，也没有人预料到德国后来会在莫斯科战败。[26]

1942 年夏秋战局，5 月至 11 月

1942 年 6 月，英联邦军队仍在北非全面败退，大西洋会战正愈演愈烈，美国在太平洋上的中途岛挫败日本进攻。美国陆军已向海外派遣共 52 万名军人，其中 60% 位于太平洋地区，40% 位于加勒比海沿岸。1942 年 6 月 28 日，希特勒以近 200 万人的兵力发动"蓝色"行动，在俄罗斯南部粉碎红军约 180 万人组成的防御，直扑斯大林格勒和高加索。

1942 年 9 月，英联邦军队制止德国人在北非继续推进，并准备以 10 个师实施反攻。美国派遣到欧洲的兵力已达 17 万人。截至 1942 年 9 月，德国军队已经进抵斯大林格勒和高加索山麓的丘陵地带，深入苏联领土的距离相当于美国从大西洋海岸直到堪萨斯州托皮卡；然后在 10 月下旬停止前进，力求歼灭保卫斯大林格勒的苏联守军。

背景

1942 年下半年，第二次世界大战表现出更加全球化的特点，主要是因为美国在太平洋地区的局势有所改善；美国和英国在北非的势力缓慢复苏，特别是进入 1942 年 10 月以后；争夺大西洋重要海上通道的关键性战役进行得紧张而激烈。尽管如此，希特勒还是果断地把国防军主力投入德国东线的斗争中，同盟国和轴心国的全体领导人都认识到，这场斗争对于整个第二次世界大战的最终结果至关重要。即使在太平洋沿岸，日本陆军主力专心致力于占领中国大陆广大地区的同时，还是在满洲保留着依旧强大的关东军对远东红军虎视眈眈。

希特勒的军队发动其在苏德战争中第二场重大战略进攻——"蓝色"行动，并进军斯大林格勒的同时，英联邦军队在北非坚守着自己脆弱的防御阵地，抵挡埃尔温·隆美尔麾下不可一世的非洲军坦克群，美国在太平洋地区竭力阻止日本扩张的洪流。随着大西洋会战进一步肆虐，美国作为"民主国家兵工厂"与英国之间的脆弱后勤供应线受到严重威胁，纳粹德国正处在其军事命运的高潮期，而西方同盟国重返欧洲大陆的希望仍然只是一个遥不可及的梦想。截至当年秋季，西方同盟国所能取得的最好结果只是让一个美国集团军在北非海岸上站稳脚跟。

传统观点

1942 年 4 月底，红军的第一场冬季总攻结束以后，苏德战场出现一段比较平静的时期，在此期间，双方都一边重新整编和补充己方军队，一边寻找机会重新掌握战略主动权。[27] 斯大林急于实现上一个冬季失之交臂的目标，要求红军在 1942 年春末夏初重新开展总攻。然而，经过长时间辩论，大本营其他成员成功说服斯大林，希特勒肯定会在夏季重新进攻莫斯科，完成"巴巴罗萨"行动的最重要目标。到最后，斯大林尽管允许红军在夏季战局开始时沿莫斯科方向精心准备战略防御，还是命令红军在春季实施两场进攻战役，第一场在哈尔科夫地区，第二场在克里米亚，目的是"牵制"德国人向莫斯科的预期进攻，并尽可能地重新夺取战略主动权。[28]

希特勒同样没有因国防军在冬季遭受挫折而气馁。他确信自己的军队仍然可以实现"巴巴罗萨"行动预定的许多目标,他和他的陆军总司令部踌躇满志地重新策划了一场进攻,旨在抹去德国人的悲伤记忆,实现第三帝国最雄心勃勃的战略目标。希特勒于1942年5月签署《第41号元首训令》,下令国防军实施"蓝色"行动,这场大规模进攻的目标是在1942年仲夏夺取斯大林格勒和盛产石油的高加索地区,然后占领列宁格勒。但是,国防军只有等到挫败红军在俄罗斯南部实施的两场进攻战役之后,才能在6月28日开始实施"蓝色"行动。

1942年5月12日,斯大林的第一场"牵制性"进攻战役拉开序幕,S. K. 铁木辛哥元帅指挥西南方面军在哈尔科夫南北两侧攻击南方集团军群的防御阵地(见地图1.4)。然而,铁木辛哥的进攻毫无悬念地只取得有限战果便停滞不前,不到一个星期,已经集结完毕并准备实施"蓝色"行动的德国装甲兵实施反击,粉碎铁木辛哥的突击力量,打死和俘虏红军共27万余人。[29]几天之前,位于克里米亚的埃里希·冯·曼施泰因将军指挥德国第十一集团军,挫败克里米亚方面军指挥拙劣而软弱无力的进攻,随即将该方面军余部驱赶到海边,共打死和俘虏红军15万人,使苏联受到的损失雪上加霜。苏联这两场灾难性的进攻战役虽然推迟了"蓝色"行动的发起时间,但是同时也严重削弱在俄罗斯南部的己方兵力,导致其在"蓝色"行动正式开始后遭受更惨重失败。

6月28日,位于南方集团军群左翼的德国第四装甲集团军、第二集团军、第六集团军、匈牙利第二集团军组成庞大的"魏克斯"集团军集群[①],沿从库尔斯克地区到北顿涅茨河共280英里宽的正面实施攻击,粉碎布良斯克方面军和西南方面军的防御。"魏克斯"集团军集群迅速向东渡过顿河冲向沃罗涅日,随即调头南下并沿顿河右岸继续前进。位于南方集团军群右翼的德国第一装甲集团军和第十七集团军、罗马尼亚第三集团军和第四集团军于7月7日转入进攻,沿170英里宽的正面向东推进,然后改道向南穿越开阔的草

---

① 译注:原文是英语"Army Group",对应德语"Armeegruppe"(集团军集群),这是德国特有的临时编组,编有几个集团军,隶属"Heeresgruppe"(集团军群)。英语这种译法是混淆集团军集群和集团军群两个级别。《苏联军事百科全书》中"АРМЕЙСКАЯ ГРУППА"(集团军级集群)的定义,又将其与Armeeabteilung(集团军支队)混淆,故未采用该译法。

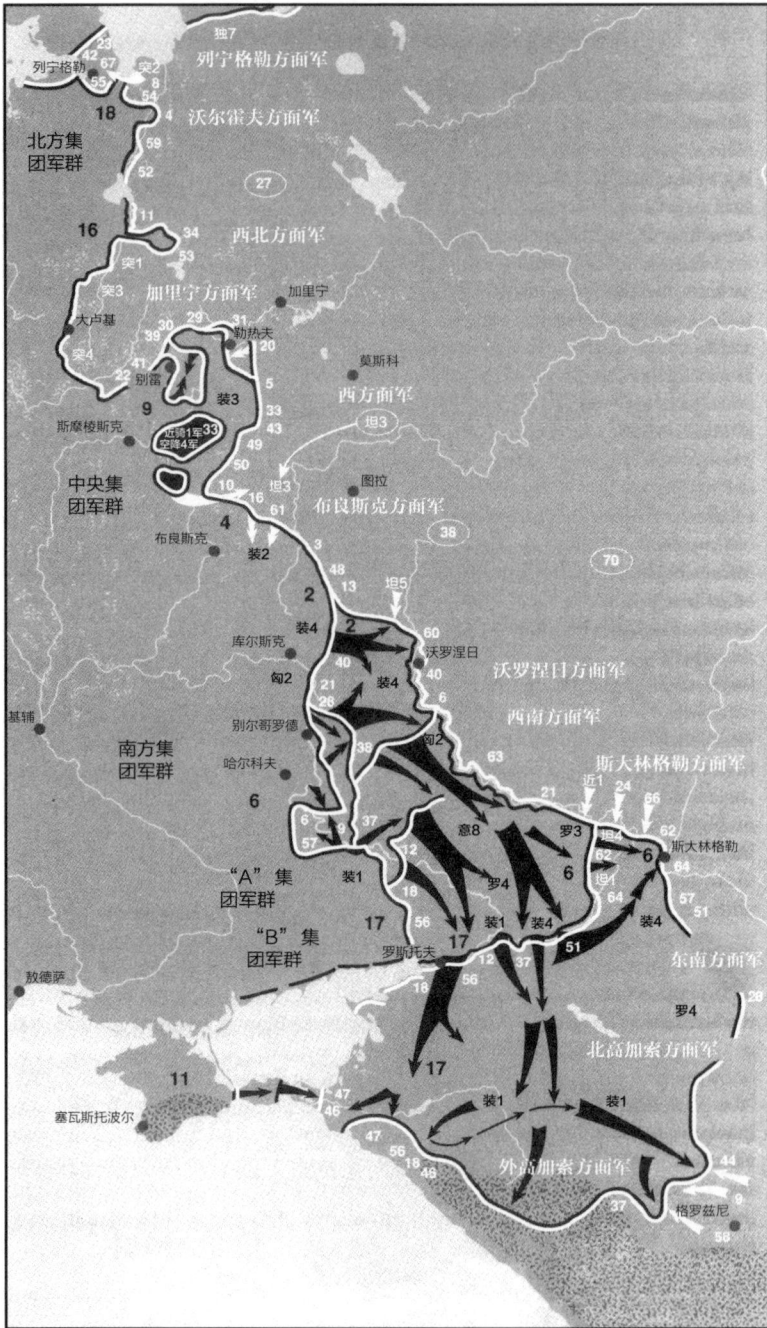

地图 1.4 1942 年夏秋战局：5 月至 10 月

原逼近罗斯托夫。短短两个星期之内，国防军的进攻就已经彻底摧毁红军在俄罗斯南部的防御，迫使大本营越来越忙乱地努力挽回损失，迟滞滚滚向前的德军洪流。为了在面积如此广大的战场上更有效指挥军队，德国陆军总司令部于7月上旬把南方集团军群改组成"A"和"B"两个集团军群。

"蓝色"行动开始一个星期之后，斯大林终于意识到德国的夏季进攻实际上发生在俄罗斯南部，于是改变自己的战略。他先是命令西南方面军和南方面军将其军队向东退往顿河、斯大林格勒和罗斯托夫，然后指示大本营新组建10个预备集团军，并选择时间和地点组织反突击和反攻，企图迟滞和制止轴心国军队前进。

7月和8月，"A"集团军群和"B"集团军群继续向东迅速推进，到达并渡过顿河，然后分别经罗斯托夫进入高加索地区和进抵斯大林格勒。7月6日占领沃罗涅日以后，"B"集团军群的第二集团军沿顿河掘壕固守，第六集团军和第四装甲集团军转向东南，经米列罗沃直扑顿河畔的卡拉奇，在此过程中合围并歼灭苏联第9、第28和第38集团军。位于其南侧的"A"集团军群第十七集团军和第一装甲集团军肃清伏罗希洛夫格勒地区的红军兵力之后调头南下，只遭到轻微抵抗，直扑顿河畔的罗斯托夫。7月24日，"B"集团军群的先头部队进抵顿河畔卡拉奇，距离东面的斯大林格勒不到50英里，而这时"A"集团军群已占领罗斯托夫，准备渡过顿河进入高加索地区。

这时，希特勒改变已方的进攻计划，以便充分利用其军队取得的辉煌战果。他不是让"B"集团军群的第六集团军和第四装甲集团军一起攻击斯大林格勒，而是命令后者改变前进方向，南下在罗斯托夫以东进抵顿河，切断尚未渡过顿河退却的红军兵力。于是，第六集团军不得不独自承担强渡顿河并进军斯大林格勒的艰巨任务。由于缺少友邻支援，再加上受到红军坚决抵抗和连续不断的反冲击，第六集团军在7月下旬和8月上旬明显放慢推进速度。

8月中旬，希特勒对第六集团军的缓慢进展感到不耐烦，于是又一次改变自己的计划，命令第四装甲集团军改道由西南向斯大林格勒推进。越是接近这座"斯大林的城市"，红军的抵抗也明显越顽强，这两个德国集团军虽一路奋战突入市郊，但兵力也急剧减弱。8月23日，第六集团军第十四装甲军终于打开一条狭窄通道，在斯大林格勒北部前出至伏尔加河。三天后，第四装甲集团军一部在斯大林格勒南部将伏尔加河纳入己方炮火射程，标志着为期两个月殊死而激烈的斯大林格勒市区争夺战正式开始，德国军队将在红军的白热化抵抗下一直战斗到彻底筋疲力尽。

上述德国军队开始激动人心的斯大林格勒市区争夺战时，"A"集团军群深入高加索地区，只留下罗马尼亚第三和第四集团军、意大利第八集团军作为"B"集团军群的预备队。由于德国第六集团军和第四装甲集团军都彻底陷入斯大林格勒市内的激烈战斗当中，"B"集团军群不得不在8月下旬和9月把这三个轴心国集团军投入到斯大林格勒南北两侧掩护自己的两翼。

轴心国军队进军斯大林格勒的时候，斯大林经过慎重考虑后命令红军向东且战且退，迟滞德国人推进，并争取时间来集结发动反攻所需的新锐战略预备队。根据这道命令，布良斯克方面军和西南方面军退却至沃罗涅日以西，沿顿河向南占领防御，南方面军经罗斯托夫退至北高加索地区，并改称"北高加索方面军"，所受领任务是保卫储量丰富的高加索油田。然后，大本营组建沃罗涅日方面军、斯大林格勒方面军和东南方面军，分别负责防御沃罗涅日地段、斯大林格勒以北和以南的接近地。斯大林格勒市区和著名工厂区的废墟里展开激烈战斗的过程中，大本营一边派出刚刚够用的兵力保持战斗力，并就地牵制住德国军队，一边为己方的决定性反攻做准备。

红军向顿河、伏尔加河、斯大林格勒和高加索地区匆忙退却期间，大本营曾多次组织规模有限的反冲击，逐次消耗国防军的兵力，并改变德国战略突破的发展趋势。这些反冲击发生在7月上旬的沃罗涅日附近、7月下旬的卡拉奇附近顿河沿岸，后来在斯大林格勒接近地和市内。整个过程中，斯大林只在7月和8月动用那10个预备集团军中的1个阻止德国人沿顿河继续前进，仍然控制着其余9个集团军准备用于将来实施反攻。

在战线南段抗击"蓝色"行动的同时，从7月上旬到9月，大本营命令位于列宁格勒地区和莫斯科以西的红军各部，分别在锡尼亚维诺和勒热夫发起规模有限的进攻，就地牵制德军兵力，阻止德国陆军总司令部从这里抽调兵力增援战线南段。

根据上述观点，这个夏秋战局主要包括下列重大军事行动：

- 苏联的哈尔科夫进攻战役（1942年5月12日至29日）
- 苏联在克里米亚的惨败（1942年5月8日至19日）
- 德国的"蓝色"行动：进军斯大林格勒和高加索（1942年6月28日至9月3日）
- 苏联的锡尼亚维诺进攻战役（1942年8月19日至10月10日）
- 苏联的勒热夫—瑟乔夫卡进攻战役（1942年7月30日至8月23日）
- 斯大林格勒市区的争夺战（1942年9月3日至11月18日）

被遗忘的战争

　　描述1942年夏秋战局军事行动的现有著作在某些重要方面非常不完整。第一，红军对国防军实施"蓝色"行动的反应远比以前认定的更有进攻性。红军不是把战略主动权拱手让给德国人，而是在1942年5月抢先在哈尔科夫和克里米亚发动重大进攻战役。即使这些进攻战役失败，德国开始"蓝色"行动之后，红军也曾多次向进军斯大林格勒的国防军发起猛烈还击。

　　第二，1942年春夏，大本营指挥的红军远比一年前那支乏善可陈的红军更有战斗力。到这时，红军不但赢得过属于自己的重大胜利，而且正在实施一项大规模改编和重建计划，力求无论夏季或冬季都可以成功抗衡国防军。六个月之前，红军尚且能在莫斯科和其他地区击败国防军，到这时，斯大林已经不愿意在1942年又一次先放弃土地给德国人，然后再耗费几个月等待时机发动大规模反攻。于是，斯大林用己方发起重大进攻战役的方式拉开这个战局的序幕。而当这些战役失败的时候，他又坚持要求红军无论在任何时间和任何地点都要尽一切可能制止国防军推进。因此，这个夏季和初秋发生在通往斯大林格勒之路和前线其他地段的战斗，远比历史记录下的内容激烈得多。

　　1942年7月和8月，红军不仅向进军斯大林格勒的国防军多次实施反冲击和反突击，还同样在战线其他地段攻击其防御，但这些都在国防军一路高歌猛进的映衬之下成为"被遗忘的战役"，其中包括发生在沃罗涅日附近的三场重大进攻战役，其中一场还与斯大林格勒以西的一场重大反突击协同动作，另外还有一些发生在战线西北段和中段锡尼亚维诺、杰米扬斯克、勒热夫、日兹德拉和博尔霍夫的进攻战役。然而，现有的俄罗斯历史记录只提到其中两场战役，即 1942 年 8 月和 9 月列宁格勒方面军和沃尔霍夫方面军针对北方集团军群的锡尼亚维诺进攻战役、1942 年 7 月和 8 月西方面军和加里宁方面军针对勒热夫突出部内中央集团军群防御的勒热夫—瑟乔夫卡进攻战役。

1942 年夏秋战局期间，"被遗忘的战役"或者多少受到忽视的军事行动包括下列内容：

· 德国人在米亚斯诺伊博尔歼灭苏联突击第 2 集团军（1942 年 5 月 13 日至 7 月 10 日）

· 德国人重创合围中的别洛夫集群，即"汉诺威"行动（1942 年 5 月 24 日至 6 月 21 日）

· 德国在勒热夫西南歼灭苏联第 39 集团军（1942 年 7 月 2 日至 27 日）

· 苏联在顿巴斯地区的防御（1942 年 7 月 7 日至 24 日）

· 苏联的沃罗涅日—顿河反攻（1942 年 7 月 4 日至 26 日）

· 苏联的日兹德拉—博尔霍夫反突击（1942 年 7 月 5 日至 14 日）

· 苏联的杰米扬斯克进攻战役（1942 年 7 月 17 日至 24 日）

· 苏联的第一次勒热夫—瑟乔夫卡进攻战役（1942 年 7 月 30 日至 8 月 23 日）

· 苏联的第二次锡尼亚维诺进攻战役（1942 年 8 月 19 日至 10 月 15 日）

· 苏联的杰米扬斯克进攻战役（1942 年 8 月 10 日至 21 日）

· 苏联的博尔霍夫进攻战役（1942 年 8 月 23 日至 29 日）[①]

· 苏联的沃罗涅日反突击（1942 年 8 月 12 日至 15 日）

· 苏联的沃罗涅日反突击（1942 年 9 月 15 日至 28 日）

· 苏联的杰米扬斯克进攻战役（1942 年 9 月 15 至 16 日）

关于红军在顿巴斯地区且战且退的现有俄罗斯记录仍然不完整。与俄罗

---

① 译注：原文如此，详见第 138 页第三章"战役机动"小节处的译注。

斯的说法相反,德国国防军在五个苏联集团军(第28、第38、第57、第9和第24集团军)退却的过程中设法合围并重创其主力。[30]另外,虽然苏联最详细的历史书上有简要提及,但是红军沿斯大林格勒方向的防御,特别是坦克第1集团军和坦克第4集团军的反突击,仍然有待进一步仔细分析,主要原因是这两个坦克集团军的进攻显然是与坦克第5集团军7月在沃罗涅日附近的反突击协同动作。最后,第六集团军从顿河推进到伏尔加河过程中一系列看似按部就班的突破交战,同样有待进一步仔细分析。[①]

7月、8月和9月,红军为击败"蓝色"行动而实施的最大规模反突击出现在沃罗涅日地区。[31]俄罗斯资料虽然简单叙述布良斯克方面军新组建的坦克第5集团军7月上旬在沃罗涅日以西的进攻失利,但是刻意压缩这场进攻的使用兵力、持续时间和雄心勃勃的企图。到最后,这几场反突击总共持续几个星期之久,参战兵力多达7个坦克军,共装备近1500辆坦克。另外,大本营还以斯大林格勒方面军坦克第1集团军和坦克第4集团军在斯大林格勒以西的顿河接近地发动大规模反突击,配合坦克第5集团军在沃罗涅日以西的攻击。

红军还调整己方在杰米扬斯克、勒热夫、日兹德拉和博尔霍夫等地区的进攻发起时间,与沃罗涅日和斯大林格勒附近的军事行动同时进行。[32]例如,西方面军和布良斯克方面军7月和8月在日兹德拉和博尔霍夫附近的进攻战役当中,先是动用几个坦克军,后来是新组建的坦克第3集团军。另一方面,西方面军和加里宁方面军8月和9月在勒热夫附近发起的进攻战役,经过朱可夫的协调获得一定战果,并实际上成为当年晚些时候在同一地域实施更大规模反攻("火星"行动)的彩排。

列宁格勒方面军和沃尔霍夫方面军1942年8月和9月发起的第二次锡尼亚维诺进攻战役,虽然以灾难性的失利告终,但是成功阻止德国人夺取列宁格勒,并牵制第十一集团军,使之不能在苏德战场其他地点发挥更大作用。[33]这场战役的结果是,7月上旬被德国人歼灭在米亚斯诺伊博尔的突击第2集

---

① 译注:见作者与乔纳森·M.豪斯合著的《斯大林格勒三部曲》。

团军，9 月在锡尼亚维诺附近又一次全军覆没。[①]

评论

对于红军（尤其是大本营）来说，1942 年夏秋战局可谓意义重大。1942 年 4 月和 5 月，斯大林和他的大本营乐观地得出结论，己方可以充分利用红军在冬季取得的胜利，在德国人重新进攻之前抢先发动进攻。然而，预期的胜利在哈尔科夫和克里米亚迅速演化成两场惨败，大本营的期望也随之化为泡影。这两场惨败明显是弄巧成拙：大本营尽管已经积累了将近一整年的作战经验，但在双方战斗力方面，还是不能做到知己知彼。

甚至在上述惨败发生以后和整个"蓝色"行动期间，从沃罗涅日、日兹德拉和博尔霍夫附近的激烈战斗可以看出，大本营仍然坚信红军能够迟滞甚至击退德国人继续推进。这些反突击失败以后，大本营认为德国陆军总司令部一定是从战线其他地段抽调军队，才能在俄罗斯南部集结如此庞大的兵力，于是顽固地坚持红军沿整个正面发动新一轮协调一致的反突击。红军在这些进攻战役中达成的数量优势，足以表明大本营对胜利的期望。直到 8 月下旬，斯大林才彻底认清这个严峻现实：红军只有学会在苏德战场上最关键的地段组织大规模战略反攻，才能赢得胜利。

斯大林格勒的激烈战斗会引起历史学家不由自主的注意，就像灯光会吸引飞蛾，所以他们自然会重点关注这个夏秋战局中一些最壮观的军事行动，特别是红军 1942 年 5 月的两场惨败、国防军气势恢宏地（但以事后回顾的眼光来看，也是冲动和鲁莽的）长驱直入斯大林格勒，以及高加索和斯大林格勒市区激烈而残酷的战斗，其他的一切行动似乎都只是陪衬。然而，"红花还需绿叶衬"，看似陪衬的事物往往意义重大。简而言之，上述和另一些相关"被遗忘的战役"给国防军造成的伤害无异于"滴水穿石"，不折不扣地累积成当年晚些时候德国陆军在斯大林格勒的灾难性失败。

---

① 俄译注：突击第2集团军这次并未"全军覆没"。根据沃尔霍夫方面军司令员1942年10月10日的报告，1942年9月25日在锡尼亚维诺附近形成合围以后，突击第2集团军和第8集团军在突围过程中因死亡和失踪导致的减员总共只有4687人。见《解密档案文献中的列宁格勒封锁》（圣彼得堡：阿斯特出版集团多边形出版社，2004年版），第547页。

红军1942年5月在哈尔科夫和克里米亚遭受的两场惨败，以及随后发生在"蓝色"行动初期的一系列失败，使斯大林和他的大本营都冷静下来。至少，这些挫折说明红军的军事教育远未完成，其军队结构仍旧不能成功地抗衡国防军，还需要规划许多创新措施。红军防御在德国装甲先头部队的打击下土崩瓦解以后，斯大林开始采纳大本营成员的建议，并且抓紧把红军改造成一支适于打现代运动战的军队。随着德国人进一步向沃罗涅日附近的顿河推进，随后又先后加速挺进斯大林格勒和高加索地区，这个改革计划也同样紧锣密鼓地展开。除了在战斗过程中试验性地投入一些新型作战力量（包括新型的坦克军、机械化军和初具雏形的坦克集团军）之外，大本营和总参谋部还致力于提高己方军队的战役战术水平，同时组建秋季实施新一轮反突击和反攻所需的预备队。

当1942年11月这些反攻最后付诸实施的时候，红军向全世界和国防军证明自己确实接受过怎样实施现代运动战的更好教育。但是，红军1942年（甚至包括年底的反攻）遭受的损失同样清楚地证明这样的教育水平还远远不够。总之，红军在夺取战争胜利之前还需要做出更多创新。

历史学争论

发生在"蓝色"行动和随后在斯大林格勒惨烈战场中震撼人心的场面，引发苏德双方相当大规模的争论。关于这个战局争论得最激烈的话题有：谁应当承担红军在哈尔科夫和克里米亚惨败的责任，希特勒为"蓝色"行动制定的战略是否明智，还有曼施泰因的第十一集团军北上列宁格勒地区对斯大林格勒会战有什么影响。

红军1942年5月惨败的责任

自从苏德战争结束以来，俄罗斯历史学家一直在努力评判由谁来承担红军哈尔科夫和克里米亚惨败的责任，这两场惨败导致了严重损失，并成为希特勒成功实施"蓝色"行动的铺路石。[34]1942年春季，斯大林和他的主要军事幕僚曾就红军在整个夏季应当采取什么样的战略姿态发生分歧。斯大林认为红军应当继续进攻，而朱可夫、华西列夫斯基等人认为红军的战斗力和经验有限，尤其欠缺夏季实施进攻的能力和经验。他们预料国防军会在莫斯科方向发动夏季进攻，于是敦促斯大林在这里实施一场战略防御。他们还认为，只有挫败德国的进攻之后，红军才能成功地重新发起进攻。

斯大林虽然接受了这些幕僚的建议，但是有所保留。为满足他自己和俄罗斯南部几位司令员的愿望，他命令红军实施这两场失败的牵制性进攻。因此，5 月这两场失败的主要责任基本上应当归咎于斯大林和具体策划实施这两场败仗的西南方向总司令铁木辛哥。另外，尼基塔·赫鲁晓夫和 I. Kh. 巴格拉米扬将军分别作为铁木辛哥的军事委员会委员和参谋长，以及南方面军司令员 R.Ia. 马利诺夫斯基将军和他的参谋长 A. I. 安东诺夫将军，同样应当对哈尔科夫的惨败负有责任。

希特勒在"蓝色"行动中的战略

鉴于"蓝色"行动造成的灾难性后果及其对德国战争能力的巨大破坏，历史学家长期争论希特勒实施"蓝色"行动是否明智，特别是他决定同时夺取斯大林格勒和进军高加索地区。有些人认为希特勒本应该命令国防军 1942 年重新发动夺取莫斯科的进攻，而不是进军斯大林格勒和高加索。[35]

对希特勒战略决策的这种批评完全正确。1942 年，他向国防军分配的任务超出后者的实际能力，这与他在 1941 年的做法如出一辙。希特勒渴望获得经济利益，特别希望征服盛产石油的高加索地区，导致他过度分散己方军队。按照定义，一个集团军群本来只能沿一个战略方向有效作战，但他却安排南方集团军群同时兼顾两个不同的战略方向（斯大林格勒方向和高加索方向）。虽然他自欺欺人地从表面上把南方集团军群拆分成"A"和"B"两个集团军群，维持着两个方向都有足够兵力作战的假象，但是这两个集团军群都没有足够能力来完成各自所受领的任务，后来也都归于失败。不出意料，希特勒别无选择，只能把缺乏训练且装备低劣的罗马尼亚第三集团军和第四集团军、意大利第八集团军和匈牙利第二集团军投入战斗第一线，它们后来全都成为易受攻击的目标而被红军歼灭。

由于若干原因，认为希特勒的国防军本可以在 1942 年夏秋占领莫斯科的说法同样荒唐。第一，国防军一旦将进攻的主要方向选在莫斯科，就会在大本营意料之中的地段硬碰硬地遭遇红军的坚固防御。红军已沿莫斯科方向建成密集的大纵深筑垒化阵地,并在其后方展开己方战略预备队和战役预备队的主力。第二,如果要向莫斯科发动进攻,国防军就不得不从战线其他地段抽调兵力,从而增加红军在俄罗斯南部等地进攻的获胜机会。[36]一言以蔽之,国防军在1942年重新进军莫斯科,很可能会重温其1941年的悲惨经历。

分兵列宁格勒的后果

希特勒计划在1942年夏季后期占领斯大林格勒之后,使用冯·曼施泰因的第十一集团军占领列宁格勒,这个集团军当时已歼灭苏联的塞瓦斯托波尔守军,并占领整个克里米亚半岛。有些历史学家认为,希特勒决定把第十一集团军抽调到列宁格勒,使俄罗斯南部的国防军丧失最急需的一支大型预备队;而另一些人认为,曼施泰因应该为未能占领列宁格勒而承担责任。[37]

第一个论断确实可以成立,但第二个完全没有根据。公正地说,希特勒只是在确信国防军将要到达并占领斯大林格勒之后,才派遣曼施泰因的集团军前往列宁格勒地区。他之所以认为占领列宁格勒的时机已经成熟,是因为斯大林格勒和高加索的大部分地区已是德国人囊中之物。事实证明,这个设想并不正确,主要原因是德国侦察机关大大低估苏联人在斯大林格勒的抵抗水平和大本营战略预备队的规模。

谈到第二种论断,德国人未能占领列宁格勒的原因其实是大本营先发制人地在该地区发动了一场进攻战役。列宁格勒方面军和沃尔霍夫方面军于1942年8月在锡尼亚维诺大举进攻北方集团军群的防御,完全出乎德国人意料之外,并差点解除对列宁格勒的封锁。[38]北方集团军群只有动用曼施泰因第十一集团军的新锐兵力,才能挫败红军的第二次锡尼亚维诺进攻战役,并在一年之内第二次歼灭突击第2集团军。曼施泰因的集团军也在这场战役中损失惨重,以至于没有能力随后实施旨在夺取列宁格勒的强击。

1942年11月,战争第一阶段宣告结束,曾经不可一世的德国第六集团军已是师老兵疲,坐困于斯大林同名城市的瓦砾堆里。希特勒和他的陆军总司令部在1942年取得决定性胜利的殷切期望,同样在伏尔加河岸边化为泡影。

利用轴心国军队的明显弱点，并精心编组己方战略预备队，大本营已做好以红军前所未有的力量和规模同时发起两场新进攻战役的周密准备。发生在莫斯科以西的勒热夫附近和斯大林格勒南北两侧的这两场进攻战役，将会使红军迅速有力地夺取战略主动权，从而宣告苏德战争的一个全新阶段从此开始。

注释

1. 苏联和俄罗斯的军事理论家坚信战争从根本上具有科学性，认为研究和运用军事经验是当前和未来改善本国军队战斗表现的宝贵工具。为此，他们在总参谋部和野战领率机关内部广泛建立一个收集、整理、运用本国和外国军队军事经验的体系。

2. 参见：厄尔·F. 齐姆克、马格纳·E. 鲍尔，《从莫斯科到斯大林格勒：东线的决策》（华盛顿特区：美国陆军军事历史主管办公室，1987年版）；阿尔伯特·西顿，《苏德战争1941—1945》（纽约：普雷格出版社，1971年版）；约翰·埃里克森，《通往斯大林格勒之路》（纽约：哈珀与罗出版社，1975年版）；P. N. 波斯佩洛夫主编，《苏联伟大卫国战争史1941—1945（六卷本）》（莫斯科：军事出版社，1960—1965年版）；A. A. 格列奇科主编，《第二次世界大战史1939—1945（十二卷本）》（莫斯科：军事出版社，1973—1982年版）；V. A. 佐洛塔廖夫主编，《1941—1945年伟大卫国战争：军事历史论文集（四卷本）》（莫斯科：科学出版社，1998—1999年版）。关于这场战争的概述（其中涉及大部分被人为隐瞒的战役，但非全部），见戴维·M. 格兰茨、乔纳森·M. 豪斯，《巨人的碰撞：红军怎样阻止希特勒》（劳伦斯：堪萨斯大学出版社，1995年版）。

3. 德军使用集团军群作为其首要战略编成单位，而红军使用方面军。方面军的规模和任务起初与集团军群大致相同，1941年夏秋战局之后，红军缩减方面军的规模并增加其数量，使之与德国野战集团军的实力大致相当。

4. 虽然斯大林和他的大本营是作用重叠的两个不同实体，但是在本质上是相同的。

5. 举例来说，作为支持这个论点的最新解密文献，见V. A. 佐洛塔廖夫主编，《最高统帅部大本营：1941年的文献与材料》（以下简称《最高统帅部大本营1941》），收录在《俄罗斯档案：伟大卫国（战争）》第16卷，第5（1）册（莫斯科：特拉出版社，1996年版）；另见《1941年6月22日至9月（含）期间苏军装甲坦克和机械化兵使用情况的若干文献》，收录在《伟大卫国战争战斗文书选集》第33册（莫斯科：军事出版社，1957年版），机密级。

6. 戴维·M. 格兰茨，《东线战争初期》（伦敦：弗兰克·卡斯出版社，1993年版）。

7. 戴维·M. 格兰茨，《1941—1945年苏德战争中被遗忘的战役，第一卷：夏秋战局（1941年6月22日—12月4日）》（宾夕法尼亚州卡莱尔：自费出版，1999年版），第19—44页；戴维·M. 格兰茨，《列宁格勒会战，1941—1944年》（劳伦斯：堪萨斯大学出版社，2002年版），第37—50页。

8. 戴维·M. 格兰茨，《被遗忘的战役，第一卷》，第47—51页；戴维·M. 格兰茨，《东线战争初期》；戴维·M. 格兰茨，《斯摩棱斯克交战（1941年7月7日—9月10日）》（宾夕法尼亚州卡莱尔：自费出版，2001年版），第11—23页。

9. 戴维·M. 格兰茨，《被遗忘的战役，第一卷》，第44—47页。

10. 同上，第51—71页；戴维·M. 格兰茨，《列宁格勒会战》，第54—59页。

11. 戴维·M. 格兰茨，《东线战争初期》；戴维·M. 格兰茨，《斯摩棱斯克交战》，第43—56页。

12. 戴维·M. 格兰茨，《被遗忘的战役，第一卷》，第71—74页。

13. 戴维·M. 格兰茨，《斯摩棱斯克交战》，第56—92页；戴维·M. 格兰茨，《巴巴罗萨：希特勒1941年入侵俄国》（南卡罗来纳州查尔斯顿：坦帕斯出版社，2001年版），第75—115页。后者还包括1941年战局中其他"被遗忘的战役"。

14. 戴维·M. 格兰茨，《巴巴罗萨》，154页；《苏联军队在加里宁方向的战斗行动（1941年10月至1942年1月7日）》，收录在《伟大卫国战争军事历史材料选集》，第7册（莫斯科：军事出版社，1952年版），机密级。

15. 持这个论点的代表性著作：维克托·苏沃洛夫，《破冰船：谁发动了第二次世界大战？》（伦敦：哈米什—汉密尔顿出版社，1990年版），以及该书的续篇：维克托·苏沃洛夫，《M日——1941年7月6日：第二次世界大战是什么时候开始的？》（Den'-M, 6 iiulia 1941: Kogda nachalas' Vtoraia Mirovaia voina?，莫斯科："一切为你"出版社，1994年版）。

16. 从军事角度对苏沃洛夫论点的反驳，见戴维·M. 格兰茨，《泥足巨人：苏德战争前夕的苏联军队》（劳伦斯：堪萨斯大学出版社，1998年版）；哈罗德·C. 多伊奇、丹尼斯·E. 肖沃尔特主编，《假如？第二次世界大战的其他战略选择》（芝加哥：皇帝出版社，1997年版），第56—60页。

17. 反方观点，见哈罗德·C. 多伊奇、丹尼斯·E. 肖沃尔特编，《假如？第二次世界大战的其他战略选择》，第67—73页。

18. 对这种观点的反驳见同上，第73—77页；戴维·M. 格兰茨，《巴巴罗萨》，第96页、第157—158页、第211—214页。

19. 对这种观点的反驳，见哈罗德·C. 多伊奇、丹尼斯·E. 肖沃尔特编，《假如？第二次世界大战的其他战略选择》，第73—81页。

20. 有许多传统著作记述这个冬季战局期间的莫斯科会战和发生在德国东线其他地点的战斗，其中可参阅：阿尔伯特·西顿上校，《莫斯科会战》（内布拉斯加州爱迪生：城堡图书，2001年版），1971年出品的再版；P. A. 日林主编，《史无前例的壮举》（莫斯科：科学出版社，1968年版）；A. M. 萨姆索诺夫主编，《希特勒进攻莫斯科的失败》（莫斯科：科学出版社，1966年版）；M. I. 哈梅托夫，《莫斯科会战》（莫斯科：军事出版社，1989年版）。

21. 更多的详情，见戴维·M. 格兰茨，《1941—1945年苏德战争中被遗忘的战役，第二卷：冬季战局（1941年12月5日—1942年4月27日）》（宾夕法尼亚州卡莱尔：自费出版，1999年版），第11—47页。

22. 同上，第63—118页；戴维·M. 格兰茨，《列宁格勒会战》，第149—183页。

23. 这两场战役的更多详情，见戴维·M. 格兰茨，《被遗忘的战役，第二卷》，第62—67页、第118—155页。

24. 例如，1943年春季，大本营命令红军沿列宁格勒地区至黑海沿岸的宽大正面发起进攻。沃罗涅日方面军、西南方面军和南方面军在顿巴斯地区攻击德国南方集团军群的同时，中央方面军和西方面军，以及后来的加里宁方面军针对德国的中央集团军群发起进攻，企图解放奥廖尔、布良斯克和斯摩棱斯克。与此同时，在朱可夫的监督下，西北方面军、沃尔霍夫方面军和列宁格勒方面军发起"北极星"行动，试图歼灭北方集团军群于列宁格勒和列宁格勒州（oblast'）。

1943年秋季，大本营又一次命令加里宁（波罗的海沿岸第1）方面军、西方面军、布良斯克方面军和中央（白俄罗斯）方面军夺取明斯克，并把中央集团军群各部赶出白俄罗斯；同时命令草原（乌克兰第2）方面军、西南（乌克兰第3）方面军和南（乌克兰第4）方面军夺取文尼察，并将德国南方集团军群和"A"集团军群赶出乌克兰。

这种宽大正面的战略并未就此结束。1944年冬季，列宁格勒方面军、沃尔霍夫方面军和波罗的海沿岸第2方面军攻击德国北方集团军群，将其赶出列宁格勒地区，并试图突破至波罗的海沿岸地区。与此同时，波罗的海沿岸第1方面军、西方面军和白俄罗斯方面军攻击中央集团军群，试图夺取维捷布斯克、博布鲁伊斯克和明斯克，但未能成功，四个乌克兰方面军则在乌克兰和克里米亚猛攻德国南方集团军群。

这些进攻战役的有关内容，可以参阅大本营发布的主要命令，见V. A. 佐洛塔廖夫主编，《最高统帅部大本营：1943年的文献与材料》（以下简称《最高统帅部大本营1943》），收录在《俄罗斯档案：伟大卫国（战争）》第16卷，第5（3）册（莫斯科：特拉出版社，1999年版）；V. A. 佐洛塔廖夫主编，《最高统帅部大本营：1944—1945年的文献与材料》（以下简称《最高统帅部大本营1944》），收录在《俄罗斯档案：伟大卫国（战争）》第16卷，第5（4）册（莫斯科：特拉出版社，1999年版）。已编写成文的记述著作，见戴维·M. 格兰茨，《1941—1945苏德战争中被遗忘的战役，第四卷：冬季战局（1942年11月19日—1943年3月21日）》（宾夕法尼亚州卡莱尔：自费出版，1999年版）；戴维·M. 格兰茨，《1941—1945年苏德战争中被遗忘的战役，第五卷的第一部和第二部：夏秋战局（1943年7月1日—12月31日）》（宾夕法尼亚州卡莱尔：自费出版，2000年版）。

25. 关于这个论点的详细说明，见戴维·M. 格兰茨，《巴巴罗萨》，第208—209页。

26. 同上，第211—213页。

27. 许多传统著作叙述了1942年夏季战局期间的斯大林格勒会战和发生在德国东线其他地点的战斗，可参阅威廉·克雷格，《兵临城下：斯大林格勒会战》（纽约：达顿出版社，1973年版）；海因茨·施罗特，《斯大林格勒：改变世界的战役》（纽约：巴兰坦出版社，1958年版）；V. E. 塔兰特，《斯大林格勒》（纽约：希波克里尼图书，1992年版），安东尼·比弗，《斯大林格勒，命运攸关的围困：1942—1943年》（纽约：维京出版社，1998年版）；A. M. 萨姆索诺夫，《斯大林格勒会战》（莫斯科：科学出版社，1960年版）；K. K. 罗科索夫斯基主编，《伏尔加河上的伟大会战》（莫斯科：军事出版社，1965年版）；A. M. 萨姆索诺夫主编，《斯大林格勒史诗》（莫斯科：科学出版社，1968年版）。

28. 1942年冬末和春季大本营内部争论战略问题的详情，见戴维·M. 格兰茨，《哈尔科夫1942：一场军事灾难的剖析》（伦敦：伊恩·艾伦出版社，1998年版），第21—59页。

29. 同上，第59—248页。

30. 戴维·M. 格兰茨，《1941—1945年苏德战争中被遗忘的战役，第三卷：夏季战局（1942年5月12日—11月18日）》（宾夕法尼亚州卡莱尔：自费出版，1999年版），第86—101页。

31. 同上，第6—86页。

32. 同上，第101—129页。

33. 详情见戴维·M. 格兰茨，《列宁格勒会战》，第213—231页。

34. 例如，参阅I. Kh. 巴格拉米扬，《我们这样走向胜利》（莫斯科：军事出版社，1977年版）；K. S. 莫斯卡连科，《在西南方向》第一卷（莫斯科：科学出版社，1969年版）；A. M. 华西列夫斯基，《毕生的事业》（莫斯科：政治出版社，1971年版）；G. K. 朱可夫，《回忆与思考》第二卷（莫斯科：进步出版社，1985年版）。这次争论的详细叙述和最新结论，见戴维·M. 格兰茨，《哈尔科夫1942》。

35. 几乎每一部根据德国材料创作的苏德战争全史和关于斯大林格勒会战的著作，都提出过这个问题。有关这个问题最有说服力的讨论，见戈特哈德·海因里希原著，约瑟夫·韦尔奇英译《俄国战局》第一卷，美国国家档案馆中的德语手稿（华盛顿特区：美国陆军G—2[①]，1954年）。

36. 关于这个问题的详细讨论，见哈罗德·C.多伊奇和丹尼斯·E.肖沃尔特编，《假如？第二次世界大战的其他战略选择》，第77—78页。

37. 例如，可参阅戈特哈德·海因里希，《俄国战局》。

38. 见戴维·M.格兰茨，《列宁格勒会战》，第213—231页。

---

① 译注：G—2是美国陆军主管情报的副参谋长办公室。

第二章

战争第二阶段，1943 年

1942—1943 年冬季战局，1942 年 11 月至 1943 年 4 月

1942 年 10 月至 12 月，10 个英联邦师（其中有 3 个装甲师，共 480 辆坦克）在阿拉曼战役中击败德国和意大利的 9 个师（其中有 2 个德国装甲师），造成德军约 6 万人的伤亡。[①] 同时，4 至 5 个同盟国师（共 10.7 万人）在"火炬"行动中登陆摩洛哥和阿尔及利亚。与此同时，苏联的 7 个集团军（83 个师，共 81.7 万人和 2352 辆坦克）在"火星"行动中进攻位于勒热夫的德国第九集团军（共 23 个师），并在这场失利的进攻战役中伤亡近 25 万人，其中近 10 万人死亡，损失约 1700 辆坦克。

1942 年 11 月至 1943 年 2 月上旬，苏联的 17 个集团军（160 余个师，共 114.3 万人和 3500 辆坦克）在斯大林格勒和顿河沿岸歼灭或重创轴心国的 5 个集团军（共 50 余个师，其中有 2 个德国集团军），打死或俘虏 60 余万名轴心国军人。1943 年 1 月 1 日，美国陆军总兵力达到 73 个师，共 540 万人，其中有 9 个师，共 100 万人进驻欧洲。

1943 年 1 月至 3 月，20 个同盟国师（近 30 万人）在北非把德国和意大利的 15 个师（共 27.5 万人）赶入突尼斯；与此同时，红军的 11 个方面军（44

---

① 译注：原文如此。轴心国参战共有12个师，6万人是德意两军伤亡和被俘的总人数。另外，这个统计数字没有考虑双方参战的旅。

个集团军, 共250余个师, 450余万人) 沿1000英里宽的正面发动大规模进攻, 直到受阻于德国人的反突击。

背景

从全球武装斗争的角度来看, 无论在广袤的太平洋战区、东南亚和中国、地中海战区还是在大西洋, 同盟国的命运都在1942年晚些时候有所好转。太平洋上的美国军队已开始执行一项漫长而艰巨的任务, 通过越岛作战突破日本人1942年为保卫其所谓"大东亚共荣圈"而建立的岛屿防御圈。同盟国在东南亚的防御软肋得到巩固, 中国大陆的战事慢慢地退化成事实上的僵局。北非局势已向同盟国一方倾斜: 英联邦军队在埃及沙漠中的阿拉曼粉碎陆军元帅埃尔温·隆美尔的非洲军, 美国军队和另一批英联邦军队奋力进军突尼斯。在大西洋战区, 同盟国军队也打破德国对其海运航道的封锁, 至关重要的租借设备和物资从此可以畅通无阻地从美国这个"民主国家的兵工厂"运往其陷入困境中的盟友。

尽管同盟国取得了上述胜利, 但苏联红军还是在地面作战中首当其冲。这时, 红军已合围并歼灭位于斯大林格勒的德国军队, 并从此踏上艰难地把轴心国军队赶出苏联领土的漫长征程。

传统观点

事实证明, 红军的斯大林格勒反攻和随后的1942—1943年冬季战局是苏德战争的关键时期。红军在斯大林格勒成功制止轴心国的重大进攻, 并成功发起己方反攻, 这是这场战争中的第二次。而规模更大、兵力更强的红军装甲坦克和机械化兵能够进入敌后方的深远纵深, 合围并歼灭敌人的整整几个集团军, 则是这场战争中的第一次。正因为这样, 斯大林格勒才成为这场战争的三个转折点之一。一年前, 莫斯科城下的失败意味着"巴巴罗萨"行动破产, 德国不能再指望以希特勒最初要求的方式赢得战争。而红军1942年在斯大林格勒的胜利证明, 德国不可能按照任何方式赢得这场战争。后来, 到1943年夏季, 规模宏大的库尔斯克会战又进一步证明德国确实会输掉战争。库尔斯克会战结束之后, 唯一有待解决的问题, 只是苏联需要花费多长时间和多大代价才能赢得最后胜利。

红军的秋季反攻和随后开始的冬季战局，从 1942 年 11 月中旬一直持续到 1943 年 3 月下旬（见地图 2.1）。整个战局从 1942 年 11 月 19 日开始，趁德国"B"集团军群第六集团军和装甲第四集团军的主力仍然深陷于斯大林格勒市区的争夺战之际，红军发起斯大林格勒反攻，即"天王星"行动。[1] 短短几天之内，苏联西南方面军、顿河方面军和斯大林格勒方面军的快速力量便击溃分别掩护该城以北和以南两侧战线的罗马尼亚第三和第四集团军，向纵深发展胜利并在斯大林格勒以西会师，把 30 万德国和罗马尼亚的军队合围在声名狼藉的"斯大林格勒口袋"里。

顿河方面军和斯大林格勒方面军准备歼灭陷入合围的第六集团军时，希特勒任命冯·曼施泰因指挥"B"集团军群（随即改称"顿河集团军群"），命令他恢复俄罗斯南部的前线态势，特别是要解救被合围在斯大林格勒的德国军队，与此同时，德国陆军总司令部奉命从高加索地区撤出"A"集团军群前出过远的兵力。曼施泰因策划在 12 月中旬发起两场解救被围军队的行动：第一场是第五十七装甲军由科捷利尼科夫斯基地区向东北实施突击，第二场是第四十八装甲军由奇尔河向东推进。然而，前者在激烈而令人沮丧的冬季战斗中止步不前，后者因红军沿奇尔河抢先发动一场进攻而流产。经过一场漫长而可怕的围困，德国第六集团军残部于 1943 年 2 月 2 日在斯大林格勒投降。

关于斯大林格勒会战①的大多数历史著作认为，曼施泰因的解围行动失败有两个原因：第一，西南方面军和沃罗涅日方面军左翼 12 月中旬强渡顿河，向意大利第八集团军发起一场代号为"小土星"的大规模进攻战役，这场战役不仅歼灭意大利第八集团军，还先发制人地阻止德国第四十八装甲军实施解围行动。第二，红军的顽强防御和 12 月中旬以强大的近卫第 2 集团军为先锋发起反突击，把第五十七装甲军的解围行动制止和击退在距离其目标仅35 英里处。有些历史学家认为，第六集团军拒绝主动突围，应当承担解围行动失败的主要责任；而另一些历史学家断言，冬季严寒的气象条件使解围行

---

① 译注：斯大林格勒会战包括防御战役（1942年7月17日—11月18日）和进攻战役（1942年11月19日—1943年2月2日）。

独7
列宁格勒方面军
列宁格勒
67 突23
55 8 突2
54
18 沃尔霍夫方面军
北方集团军群
59
16 西北方面军
52
27
11
34 预2
突1 53 68 坦1 预3
加里宁方面军 加里宁
大卢基 39 30 勒热夫
突4 22 31
装3 突4 41 20
43 别雷 29
39 30 装3 5 图拉
斯摩棱斯克 9 31 33 坦3
中央集团军群 49 49
10 50
布良斯克 4 16 61
3 布良斯克方面军
装2 48 近2 70
13 38
70 13 60 预4
坦2 55 坦1 库尔斯克 ② 沃罗涅日 沃罗涅日方面军
60 坦1 40
基辅 2 60 38
40 21 69 6
"B"集团军群 匈2 坦3 预10
别尔哥罗德 57 西南方面军
兰波集团军支队 坦3 哈尔科夫 近1 近5 21 65 顿河方面军
24 意8 66
南方集团军群 坦1 罗3 斯大林格勒
近3 ⑥ 62 斯大林格勒方面军
敖德萨 装1 51 51 64 勒 51
顿河集团军群 坦5 近2
弗雷特-皮科 突 28 装4
集团军支队 6 44 罗4
罗斯托夫 28
"A"集团军群 南方面军
塞瓦斯托波尔 58 17 37 北高加索方面军
9 56
47 56 17 装1 44
外高加索方面军 9
格罗兹尼 58

陷入合围而损失的轴心国集团军

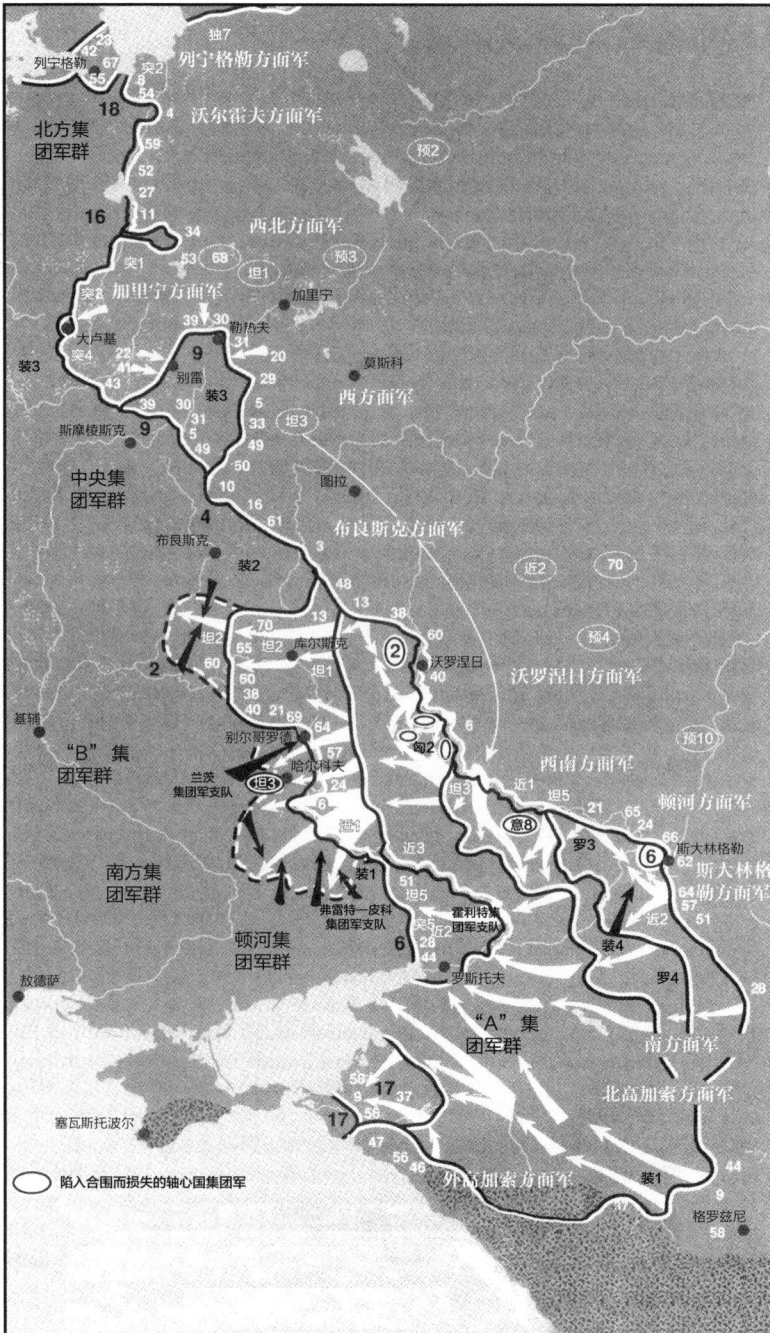

地图 2.1 1942—1943 年冬季战局：1942 年 11 月至 1943 年 4 月

动根本不可能实现。

随着德国的这两场解围行动宣告失败，1943 年 1 月上旬，顿河方面军在斯大林格勒围攻德国第六集团军，西南方面军和斯大林格勒方面军把德国军队从顿河大弯处驱赶到米列罗沃和罗斯托夫。同时，1943 年 1 月 13 日，西南方面军和沃罗涅日方面军开始针对更北面沿顿河设防的匈牙利第二集团军和意大利阿尔卑斯军，发起奥斯特罗戈日斯克—罗索什进攻战役，合围并歼灭轴心国的这两支军队，在轴心国的防御正面又打开一个巨大缺口，并威胁到保卫沃罗涅日地区的德国第二集团军侧翼。未等德国人恢复崩溃的战线，1943 年 1 月 24 日，布良斯克方面军和沃罗涅日方面军发起沃罗涅日—卡斯托尔诺耶进攻战役，在沃罗涅日以西击败并险些合围“B”集团军群的第二集团军，迫使这个集团军仓皇退向西面的库尔斯克和别尔哥罗德。与此同时，西南方面军把德国军队向西击退到北顿涅茨河和伏罗希洛夫格勒，南方面军（原斯大林格勒方面军）于 2 月 14 日占领罗斯托夫，并在 2 月 18 日之前进抵米乌斯河。[2]

为了进一步扩大战果，大本营于 1 月下旬命令西南方面军和沃罗涅日方面军实施两场新的进攻战役，攻向哈尔科夫和库尔斯克，并进入顿巴斯地区。[3]西南方面军 2 月上旬强渡北顿涅茨河以后，2 月 14 日占领伏罗希洛夫格勒，2 月 18 日以前逼近第聂伯河畔的扎波罗热（顿巴斯战役）。同时，沃罗涅日方面军先后于 2 月 8 日和 9 日占领库尔斯克和别尔哥罗德，2 月 16 日占领哈尔科夫。大本营又一次被无比高涨的乐观情绪冲昏头脑，确信德国人即将放弃顿巴斯地区，于是向己方军队分配更加深远的目标，尽管这时红军已明显呈现疲态，兵力过度分散，后勤保障也远远落在后面。

面对红军进攻规模越来越大造成的困扰，曼施泰因精心策划了一场奇迹般的壮举，在这个地区挽狂澜于既倒。2 月 20 日，他使用撤离高加索的兵力和从西线抽调的新锐兵力，在西南方面军的发展胜利梯队接近第聂伯河时打击其侧翼。几天之内，红军的整场进攻战役便垮台，不得不仓皇退回北顿涅茨河沿岸。3 月上旬，曼施泰因的军队几乎马不停蹄地继续前进，进攻并击败兵力过度分散的沃罗涅日方面军，16 日和 18 日分别重新夺回哈尔科夫和别尔哥罗德，并构成分割库尔斯克地区红军前方阵地的威胁。

通过挫败红军雄心勃勃的冬季总攻，曼施泰因的反突击在大本营内部引发一场彻底恐慌。为防止进一步失败，斯大林和大本营向库尔斯克和别尔哥罗德地区调集新锐兵力。这项措施，再加上春季气象条件的恶化，迫使曼施泰因的军队推迟后续进攻行动。这段时间里，德国人还在杰米扬斯克和勒热夫放弃两个危险而脆弱的突出部，拉直战线，以利防御。这个战局期间激烈战斗产生的后果是，在苏德战线中段形成一个向西深深插入德国战线的著名的库尔斯克突出部。

如上所述，关于1942—1943年冬季战局的传统观点主要包括下列重大战役：

· 苏联的斯大林格勒进攻战役，即"天王星"行动（1942年11月19日至1943年2月2日）

· 苏联的科捷利尼科夫斯基防御和进攻战役（1942年12月12日至30日）

· 苏联的"小土星"行动（1942年12月16日至30日）

· 苏联的罗斯托夫进攻战役（1943年1月1日至2月18日）

· 苏联的克拉斯诺达尔—新罗西斯克进攻战役（1943年1月11日至5月24日）

· 苏联的第三次锡尼亚维诺进攻战役，即"火花"行动（1943年1月12日至30日）

· 苏联的奥斯特罗戈日斯克—罗索什进攻战役（1943年1月13日至27日）

· 苏联的沃罗涅日—卡斯托尔诺耶战役（1943年1月24日至2月5日）

· 苏联的顿巴斯进攻战役，即伏罗希洛夫格勒进攻战役（1943年1月29日至2月19日）

· 苏联的哈尔科夫进攻战役（1943年2月2日至23日）

· 曼施泰因的顿巴斯反突击（1943年2月20日至3月6日）

· 曼施泰因的哈尔科夫反突击（1943年3月5日至23日）

· 苏联的杰米扬斯克进攻战役（1943年2月15日至3月1日）

- 苏联的勒热夫—维亚济马进攻战役（1943年3月2日至4月1日）

被遗忘的战争

　　描述 1942—1943 年冬季战局期间军事行动的现有著作，都彻底略过不提红军的三场重大战略性进攻战役，对另一场进攻战役简单地一笔带过，同时夸大红军在杰米扬斯克和勒热夫地区获得的战果，并歪曲斯大林和大本营在 1943 年冬季后期的战略意图。

　　按照斯大林的指示，1942 年 11 月中旬，红军对德国人的还击几乎遍及苏德战场每一个主要战略方向。除了沿南方向在斯大林格勒实施"天王星"行动以外，沿同样重要的西方向，红军的加里宁方面军和西方面军在朱可夫全面监督下,向勒热夫—维亚济马突出部内中央集团军群的防御阵地发起"火星"行动，并与友邻方面军的进攻协同动作。加里宁方面军突击第 3 集团军于 11 月 24 日攻击中央集团军群第三装甲集团军设在大卢基的防御阵地，揭开这场进攻战役的序幕，次日，加里宁方面军和西方面军的第 41、第 22、第 39、第 31、第 20 和第 29 集团军沿整个勒热夫突出部的外部轮廓猛烈进攻第九集团军防御阵地，德国和俄罗斯的著作都把这个突出部形容成"一把对准莫斯科的匕首"。作为上述一系列进攻战役的继续，11 月 28 日，西北方面军又在著名的杰米扬斯克突出部周围猛攻北方集团军群第十六集团军的防御阵地。

　　12 月中旬，朱可夫沿西方向实施的进攻失败之后，大本营把注意力转向战线南段，试图沿这个方向发展红军在斯大林格勒取得的胜利。受到 12 月下旬和 1 月上旬红军在顿河以南和罗斯托夫以东进展顺利的鼓舞，大本营于 1 月下旬和 2 月上旬命令红军同时沿西北方向、西方向和西南方向中段再发动一轮进攻，具体而言分别是"北极星"行动、奥廖尔—布良斯克—斯摩棱斯克战役和顿巴斯—梅利托波尔战役。

　　大本营决心发起这三场大规模进攻战役，说明其目标是在春季第一个月结束之前彻底击败德国的全部三个集团军群，使红军沿宽大正面推进至北起波罗的海沿岸和白俄罗斯的东部边境，并沿第聂伯河向南直到黑海沿岸一线。这三场战略性进攻战役直接或间接地波及在波罗的海与黑海之间作战的几乎每一个方面军。

1942—1943 年冬季战局中"被遗忘的战役"或者多少受到忽视的军事行动，主要包括下列内容：

· "火星"行动，即苏联的第二次勒热夫—瑟乔夫卡进攻战役（1942年11月25日至12月20日）

· 苏联的第一次顿巴斯进攻战役，即伏罗希洛夫格勒进攻战役和马里乌波尔进攻战役（1943年1月29日至2月23日）

· 苏联的奥廖尔—布良斯克—斯摩棱斯克进攻战役（1943年2月5日至3月28日）

· 苏联的"北极星"行动（1943年2月15日至3月19日）

这四场进攻战役全都规模宏大，意图深远。代号为"火星"行动的第二次勒热夫—瑟乔夫卡进攻战役是大本营为斯大林格勒反攻（即"天王星"行动）策划的一个姊妹篇。1942 年 11 月 25 日至 12 月 20 日，西方面军和加里宁方面军在朱可夫亲自指挥下发起进攻，并与西北方面军和加里宁方面军针对杰米扬斯克和大卢基两地的进攻协同动作。"火星"行动的战略目标是歼灭德国第九集团军，夺取勒热夫—维亚济马突出部，并在可能的情况下，以一场代号大概是"木星"或"海王星"行动的后续战役，击败中央集团军群并夺取斯摩棱斯克。大本营希望，即便这场进攻战役失利，也至少能阻止国防军抽调兵力增援战线南段。经过三个星期的激烈战斗之后，"火星"行动虽告失利但确实牵制了德国中央集团军群的预备队，并在战斗过程中大幅度削弱第九集团军，以至于希特勒在几个月后同意中央集团军群放弃勒热夫突出部。[4]历史已经几乎彻底忘记这场进攻战役，主要是为了维护朱可夫的崇高声誉。[5]

1943 年 2 月和 3 月，布良斯克方面军、西方面军和新组建的中央方面军发起奥廖尔—布良斯克—斯摩棱斯克进攻战役[①]，企图摧毁国防军在俄罗斯中

---

① 俄译注：苏联历史学把这场进攻战役看作三场独立的战役：布良斯克方面军的小阿尔汉格尔斯克战役（2月5日至3月2日）、中央方面军的谢夫斯克战役（2月25日至3月28日）、加里宁方面军和西方面军的勒热夫—维亚济马战役（3月2日至31日）。

部的防御，并将其驱赶到第聂伯河对岸。[6] 尽管罗科索夫斯基的中央方面军
向西突破远达杰斯纳河，可是这三个方面军未能克服奥廖尔周围的坚固防御，
到 1943 年 3 月上旬，这场进攻战役已停滞不前。这场大规模进攻战役失利
的主要原因是：向北变更部署必要兵力到库尔斯克以西地区的过程仓促而缓
慢，后勤保障不足，协同不力，气象条件恶化，以及曼施泰因的顿巴斯反突
击和哈尔科夫反突击胜利——为了制止曼施泰因的这两场反突击，大本营不
得不从库尔斯克地区抽调至关重要的战略预备队南下。这场进攻战役停滞不
前而形成的新战线，就成为著名的库尔斯克突出部北侧和西侧的轮廓。

　　为彻底解除对列宁格勒的封锁，向南解放整个列宁格勒州，并在条件
允许的情况下开始解放波罗的海沿岸地区，西北方面军、列宁格勒方面军
和沃尔霍夫方面军于 1943 年 2 月发起"北极星"行动。这个行动与 1 月突
破列宁格勒封锁的那场进攻战役（即"火花"行动）一脉相承，两者都由
朱可夫负责策划和协调。"北极星"行动预定在旧鲁萨地区突破北方集团军
群的防御，肃清德国的杰米扬斯克突出部，并向纳尔瓦和普斯科夫方向投
入一个完整的坦克集团军发展胜利，合围并歼灭北方集团军群位于列宁格
勒以南的全部兵力。[7] 朱可夫之所以安排西北方面军从旧鲁萨地区实施主要
突击，而列宁格勒方面军和沃尔霍夫方面军只需在列宁格勒地区分别以较
小规模的进攻支援西北方面军，是因为要避免在列宁格勒近接近地再度发
生代价高昂的战斗。①

　　"北极星"行动失利的一个原因是，德国人在进攻前夕主动放弃杰米扬
斯克突出部，更重要的另一个原因是大本营从朱可夫麾下抽调坦克第 1 集团
军南下，迎击曼施泰因有威胁的反突击。"北极星"行动尽管未能成功，还
是为大本营 1944 年 1 月最终解放列宁格勒全境的进攻战役做了一次彩排。

　　除了这三场"被遗忘的"重大进攻战役之外，第四场进攻战役尽管知名
度相对较高，还是在某些关键方面遭到忽视或者彻底遗忘。历史记载称西南
方面军 1943 年 2 月单独发起命运多舛的顿巴斯进攻战役。然而，实际参加

---

　　① 俄译注：苏联历史学认为西北方面军的作战是两场连续实施的战役：2月15日至28日的杰米扬斯克战役和3月4日至19
日的旧鲁萨战役。

这场进攻战役的还有南方面军，其编成内还有多达两个快速军在这个过程中意外地损失殆尽，它们突入德国人的后方纵深却无法脱险。[8][①] 最后，德国人撤出杰米扬斯克和勒热夫两个突出部时发生的战斗，同样有待进一步细致的研究和分析，俄罗斯历史学家曾夸大它们的激烈程度。[9]

评论

就其对整场战争结果的最终影响而言，以红军在斯大林格勒的辉煌胜利作为核心内容的1942—1943年冬季战局是这场战争中的最决定性战局之一。事实证明，德国在斯大林格勒战败并损失第六集团军，再加上其他三个轴心国集团军的彻底毁灭，是这场战争最决定性的转折点。总之，斯大林格勒会战结束后，希特勒已不能指望以任何方式赢得这场战争。除了这一点以外，斯大林格勒会战还是红军势不可挡的西进征程起点，而1945年4月的德国国会大厦则是这个征程的终点。相对不易察觉的是，国防军在斯大林格勒的失败还通过挑战德国人面对斯拉夫对手时根深蒂固的心理优势甚至种族优越感，严重挫伤德国人的士气。虽然德国军官和普通士兵仍在顽强有效地坚持战斗，但是一种大难临头的感觉却越来越强烈地萦绕在他们心头。

接下来冬季战局期间红军多舛的命运，再次表明大本营和许多方面军司令员仍然没有正确认识红军和国防军的战斗力对比。[②] 这就可以解释为什么红军冒失地进入顿巴斯并向第聂伯河和杰斯纳河推进，最终结果却是一系列代价高昂的不光彩退却，迫使苏联拱手让出自己三分之一的进攻战果。而曼施泰因

---

① 俄译注：南方面军从1943年2月5日开始发起罗斯托夫进攻战役，所以只能抽调右翼兵力进入顿巴斯，其中包括Ia. G.克列伊泽尔的近卫第2集团军，以及近卫机械化第3和第4军合编成的T. I. 塔纳斯奇申机械化集群。只有近卫机械化第4军被合围在米乌斯河对岸。可以在A. G. 叶尔绍夫著《顿巴斯的解放》（莫斯科：军事出版社，1973年版）一书中找到对这场战役的描述。近卫机械化第4军在合围中的战斗，详见该军的军史：V. F. 托卢布科、N. I. 巴雷舍夫，《在南侧翼》（莫斯科：科学出版社，1973年版）。

② 俄译注：作者的这个说法令人怀疑。众所周知，苏联统帅部固然严重低估了被合围在斯大林格勒的德国集团军的规模，K. K. 罗科索夫斯基向大本营报告时估计该数字是8.6万人；尽管如此，为了歼灭保卢斯的军队还是动用28万余人的整个顿河方面军，而方面军司令员罗科索夫斯基在其战后回忆录中依旧指责大本营过于谨慎。同样，12月的顿河中游进攻战役前夕，西南方面军当面的德国、意大利和罗马尼亚军队的实力也被严重低估；尽管如此，大本营还是制止瓦图京实施纵深作战和突向罗斯托夫，把"大土星"改成"小土星"。这清楚表明，大本营更倾向于高估德国军队的战斗力，而不是低估——某些方面军司令员倾向于低估对手的能力，但莫斯科不会这样。1943年2月至3月曼施泰因的反突击之所以能取得胜利，主要是因为从德国和西欧抽调新锐预备队（还有来自高加索的兵力），其中包括新组建的党卫队装甲军，该军的实力是苏联一个坦克集团军的1.5倍，并配备最新的"虎"式坦克。

的反攻表明，即使遭受严重伤害之后，国防军还是高效到足以一击致命的敌人。

最后，1942—1943 年冬季战局期间，斯大林和他的大本营开始表现出战略和战役方面的一些习惯，并将其一直保持到战争结束，其中最重要的习惯是，他们几乎总是试图在每一场战略性进攻战役中测试红军的作战极限。从红军在斯大林格勒获胜开始，经过 1943 年剩余时间直到 1944 年，大本营照例甚至经常故意向红军分配一些明显超出其实际能力的战略任务。这样做的意图，首先是为了检验国防军的承受能力，其次是要确定红军以当前兵力在当前地区到底能达成多大进攻战果。这种做法虽然造成红军兵力兵器的额外损失，但是确实有助于大本营为将来的大规模进攻行动设定更加现实的目标。

1943 年 2 月，大本营第一次表现出这种习惯，试图通过同时实施顿巴斯进攻战役、哈尔科夫进攻战役、奥廖尔—布良斯克—斯摩棱斯克进攻战役和"北极星"行动，击败或歼灭德国在其东线作战的全部三个集团军群。另外，大本营在 1943 年夏秋和随后的冬季不断追求着同一个战略目标，并要求红军沿多个战略方向同时实施进攻战役，这些战役对红军和国防军双方的承受能力都构成严峻考验。

历史学争论

德国在斯大林格勒战败的惊人惨烈和这场失败对后续战争进程的影响，在那些试图从德国视角了解苏德战争基本特点的人们当中引发激烈争论。同样，从红军在斯大林格勒的空前胜利，急转直下到 1943 年 2 月和 3 月大本营踌躇满志的冬季总攻突然垮台，同样在俄罗斯方面引发激烈争论。关于1942—1943 年冬季战局最有争议的话题包括：斯大林策划红军 11 月反攻时的战略意图是什么，德国第六集团军在斯大林格勒毁灭是否必然，大本营冬季总攻的实际发生范围有多大，曼施泰因针对红军冬季总攻所采取的军事反措施有多么重要，还有斯大林格勒会战可以在哪种程度上作为苏德战争的转折点。

斯大林的战略

斯大林和大本营在 1942—1943 年冬季期间的战略引起相当广泛的争

论。第一，大多数历史学家认为，从 1942 年 11 月起，斯大林和他的主要军事幕僚已经放弃他们曾在 1941—1942 年冬季采用过的"宽大正面"军事战略，转而开始在整个战局期间始终沿西南方向精心地集中红军的进攻力量。因此，这些历史学家把红军在其他方向的所有进攻行为都归类为单纯的牵制性战役。[10]

第二，历史学家们对斯大林在 1942—1943 年冬季的战略意图有各种不同解释。有些人认为，斯大林格勒进攻战役的后续发展并非预先安排，只是临时利用了战线南段局势对德国的不断恶化；而另一些人声称，大本营从一开始便计划让红军前出至北起克列缅丘格，南到黑海沿岸的第聂伯河一线。

关于斯大林放弃"宽大正面"战略的第一个说法并不正确，上述对斯大林所采取战略的两种解释也不完全符合他在冬季战局期间的整体意图。档案证据显示，从 1942 年 11 月到 1944 年夏季，斯大林采取的军事战略是向掩护几个不同战略方向的国防军同时发动大规模进攻。于是，1942 年 11 月，红军沿西和西南方向分别实施"火星"行动和"天王星"行动；1943 年 2 月，红军沿西北、西、西南和南方向，几乎相当于整条苏德战线的宽度，实施"北极星"行动和奥廖尔—布良斯克—斯摩棱斯克、哈尔科夫、顿巴斯、罗斯托夫、克拉斯诺达尔等进攻战役。这些进攻战役的总体目标是，在冬季战局结束之前把国防军赶回至纳尔瓦—普斯科夫—维捷布斯克—第聂伯河—黑海沿岸一线。

这种进攻方式一直沿用下来，1943 年秋季，斯大林命令红军同时在白俄罗斯和乌克兰实施战略进攻，当年冬季，他又命令红军同时在列宁格勒地区、乌克兰、罗马尼亚北部实施战略进攻，另外几个方面军猛烈攻击白俄罗斯东部的德军防御。[11] 到 1944 年夏季，进攻方式有所改变，从这时起，斯大林有意错开战略性进攻战役的发起时间，以便沿不同的战略方向连续实施进攻，但即便在这种情况下，每一场进攻战役开始的时候，上一场战役都尚未结束。[12]

解救德国第六集团军

德国第六集团军在斯大林格勒的惨痛损失引发旷日持久的激烈争论，尤其是围绕德国人解救合围圈内第六集团军和第四装甲集团军的可能性和相对重要性。许多历史学家认为，如果希特勒允许第六集团军司令保卢斯将军从斯大林格勒撤退，或者保卢斯在他的集团军覆没之前机断行事，决意突围，合围中的德国人本可以获救。这两种观点都不正确。

希特勒任命曼施泰因指挥新的顿河集团军群之后，命令他实施两场解围行动拯救保卢斯的集团军，分别由第四十八装甲军从西面，第五十七装甲军从西南发起。可是，大本营已预料到会有这样的解围行动，命令西南方面军和沃罗涅日方面军于 12 月中旬攻击沿奇尔河和顿河设防的德国和意大利军队。[13]

这两个方面军 12 月上旬沿奇尔河发动的进攻战役未能获胜之后，12 月中旬又横渡顿河实施"小土星"行动。这场进攻战役歼灭意大利第八集团军，彻底粉碎轴心国在斯大林格勒西北沿顿河的防御，迫使德国第四十八装甲军放弃其解围行动。不久之后，大本营动用强大的近卫第 2 集团军又在斯大林格勒西南的阿克赛河畔击败德国第五十七装甲军。这支强大预备队投入所谓的科捷利尼科夫斯基进攻战役，再加上保卢斯的第六集团军陷入合围后自身固有的弱点，足以保证德国的第二场解围行动失败，并导致红军随后向顿河畔罗斯托夫迅猛推进。

冯·曼施泰因 2 月反突击的影响

曼施泰因 1943 年 2 月和 3 月在顿巴斯和哈尔科夫实施反突击所实际达成的战果和未能实现的潜在战果，都有充分理由引起历史学家的极大兴趣。他们普遍认为这两场反突击为德国人挽回了俄罗斯南部的局面，并在斯大林格勒惨败可能导致国防军崩溃的情况下使德国东线恢复稳定；同时也有人断言，假如希特勒允许曼施泰因在 3 月和 4 月间继续实施反突击，德国人就不会在 1943 年 7 月的库尔斯克战败。这些历史学家明显低估曼施泰因所获得胜利的规模和重要意义，他们的上述说法也存在严重缺陷。

除了彻底终结红军 1942—1943 年冬季在俄罗斯南部取得完胜的希望之外，曼施泰因这两场反突击还与德国在战线其他地段的巧妙行动结合在一起，严重干扰红军沿西北和西两个战略方向雄心勃勃的战略进攻。简而言之，这两场反突击胜利把相当数量的红军兵力从其他关键方向吸引过来，从而避免德国的东线战场总崩溃。因此，就其范围、影响和意义而言，曼施泰因反突击的实际效果相当于一场成功的全面战略进攻。[14] 只有再经历一个重大战局和六个月艰苦战斗，红军才能完成大本营1943年2月赋予的任务。[①]

曼施泰因的反突击也已充分达成其全部潜在战果。由于入春后的泥季（rasputitsa）导致气象和道路条件恶化，加上大本营已从其他战略方向抽调强大的增援力量到库尔斯克地区，德国继续进攻的做法相当冒险，甚至可能毫无收获。简而言之，德国人进一步进攻很可能招致新的失败，或多或少会抵消曼施泰因2月和3月反突击取得的战果。

斯大林格勒会战作为战争的转折点

斯大林格勒会战确实是苏德战争最重要的转折点，因为红军的反攻胜利和随后的冬季总攻清楚表明，德国已不能按照任何方式赢得这场战争。

德国面临的严峻事实可以证实这个论断，红军在斯大林格勒和随后的冬季总攻期间完成了一项前所未有的壮举，合围并歼灭德国第六集团军和第四装甲集团军主力，歼灭或重创德国第二集团军、意大利第八集团军、匈牙利第二集团军、罗马尼亚第三集团军和第四集团军。从那时起，轴心国既没有军队能代替这几个集团军，又无法在缺少它们的情况下成功实施进攻。

1943年夏秋战局，1943年6月至12月

1943年7月和8月，美英军队共16万人入侵西西里岛，击败6万名德国守军，然后进军意大利南部。与此同时，红军的250万人在库尔斯克击败德军的100余万人，随后，600余万名红军军人沿1500余英里宽的正面攻击

---

① 俄译注：作者这里所犯的，与他批评斯大林和大本营所犯的是同一个错误——高估苏联红军的能力。即便是1941年的德军也不能连续实施进攻，需要利用战役间隙休整补充。德军发起反突击时，苏联南方面军、西南方面军和沃罗涅日方面军的军队已经连续战斗了近四个月，甚至三个月。曼施泰因是在实力和资源明显占优的情况下取得胜利，也只有孤军深入过远的小型快速部队与德军发生交战。因此，并不能认为这次反突击具有战略意义，况且，经过近一个月的反击，德军也只是迫使苏联红军退回到2月7日至10日占领过的战线。

250 万名德国军人，并向第聂伯河挺进。[①]

1943 年 10 月和 11 月，11 个同盟国师在意大利把 9 个德国师击退 16—39 英里，并由沃尔图诺河前出至卡西诺；而红军的 6 个方面军，以 37 个集团军（共 300 余个师，400 余万人）沿白俄罗斯、基辅和第聂伯河下游共 770 英里宽的正面猛攻德军防御，在四个地点突破德国的"东方壁垒"。截至 1943 年 12 月 31 日，美国陆军已派遣 17 个师，共 140 万人到欧洲，而红军有 500 余个师，共 620 万人。

背景

尽管斯大林的西方盟国 1943 年内未能在欧洲西海岸开辟真正的第二战场，但希特勒的国防军还是不得不设法应付盟军占领西西里岛和入侵意大利南部，同时意识到巴尔干半岛和法国的海岸防御也遭受威胁。1943 年夏秋季，国防军不得不从其东线抽调军队来应付西线迫在眉睫的威胁，这在第二次世界大战中尚属首次。更糟糕的是，1943 年墨索里尼的下台直接导致意大利退出罗马—柏林轴心。

在太平洋战区，美国军队已经牢牢掌握制海权，并且正着手突破日本的岛屿防御圈。随着大西洋会战获得胜利，从美国运往其欧洲盟国的关键性装备和物资与日俱增，并汇集成一股名副其实的洪流，将会彻底压倒德国军事工业生产能力。尽管如此，到这一年年底，德国的东线仍然是具有决定作用的战区，鉴于红军连续获得进攻战役的胜利，德国统帅部又一次把至关重要的战略预备队变更部署到这个战区。

传统观点

无论对于国防军还是红军来说，1943 年夏季都是苏德战争最关键的时

---

① 俄译注：实际上，仅德国东线陆军（不计武装党卫队、空军野战部队和德国的盟军）便有311.5万人（见 B. 穆勒-吉尔布兰德，《德国陆军1933—1945年》，莫斯科：军事出版社，1976年版，第160页）。虽然同一资料（第282页）称，1943年10月10日德国陆军只有256.4万人在东线，但是还应该加上位于东线的12个空军野战师和7个党卫队师（其中有5.5个摩托化师），芬兰和挪威北部还有6个德国师用于对苏对战，但列入国防军统帅部战区。综上所述，到1943年10月，德国在东线的地面部队人数大约有300万人。另外，德国陆军的人数通常并不包括划归陆军指挥官作战隶属的空军（包括高射炮兵）人员数量。考虑到德国空军的人数（1943年7月1日超过200万人）、芬兰武装力量和德国其他盟国的16个师（9个罗马尼亚师、5个匈牙利师和2个斯洛伐克师），1943年秋季以前，轴心国在东线的军队总兵力超过400万人。

期之一。在此之前，苏德战场的军事行动明显带有交替获得战略胜利的季节性特征：国防军照例会在夏季获胜，而红军只能在冬季获胜。国防军虽然在1941年夏季的"巴巴罗萨"行动和1942年夏季的"蓝色"行动中展示出娴熟的进攻手段，但是总会遭遇红军突如其来的顽强抵抗、俄罗斯的恶劣天气、己方兵力消耗和后勤保障恶化，导致国防军在这两场进攻接近胜利顶峰时功亏一篑。

同样，1941—1942年和1942—1943年的两个冬季，红军总能设法阻止国防军的进攻达成其预期目标，并强有力地发动己方的反攻，进而把反攻发展成令德军战略防御几近崩溃的大规模冬季战局。尽管如此，国防军的防线还是弯而不折。因此，国防军基本上利用大本营的疏忽、恼人的春季解冻、己方军队的技巧和韧性，总能阻止大本营实现其战略目标。

截至1943年夏季，两年来的战争经验似乎表明：夏季"属于"国防军，冬季"属于"红军。虽然这个引发持续僵局的潜规则令双方都不甘心，但是德国人会更加在意，因为他们正在越来越多的大陆战区和海洋战区进行一场全世界范围的战争。除了深陷俄罗斯的广袤领土之外，德国人还在大西洋进行一场即将失败的潜艇战，本土面临同盟国的空中攻击，北非的地面战争几近失败，还要保卫法国和挪威的海岸不受迫在眉睫的"第二战场"威胁。

总之，到1943年夏季，国防军能否取得战争胜利和希特勒帝国的未来命运，都取决于能否在其东线以某种形式夺取胜利，至少是一场能够耗尽红军实力的胜利，从而迫使斯大林按照任何可行的条件单独媾和。希特勒决定通过实施这场战争的第三场重大战略进攻，即"堡垒"行动，歼灭集中在所谓库尔斯克突出部的红军，夺取这样的胜利，[15]

1943年夏季，斯大林和他的大本营面临的挑战同样严峻，但不那么令人生畏。尽管红军在上一个冬季使轴心国军队遭受前所未有的失败，但国防军还是设法使战线稳定下来。因此，红军除非能在夏季像冬季一样击败国防军，否则便无法真正战胜它，并把它赶出俄罗斯的土地。

大本营意识到国防军很可能会集中兵力进攻库尔斯克突出部，于是决定以一场预有准备的防御开始己方的夏秋战局。大本营计划首先制止德国的进攻，然后实施一系列反攻；届时先在库尔斯克地区反攻，再扩大到库尔斯克

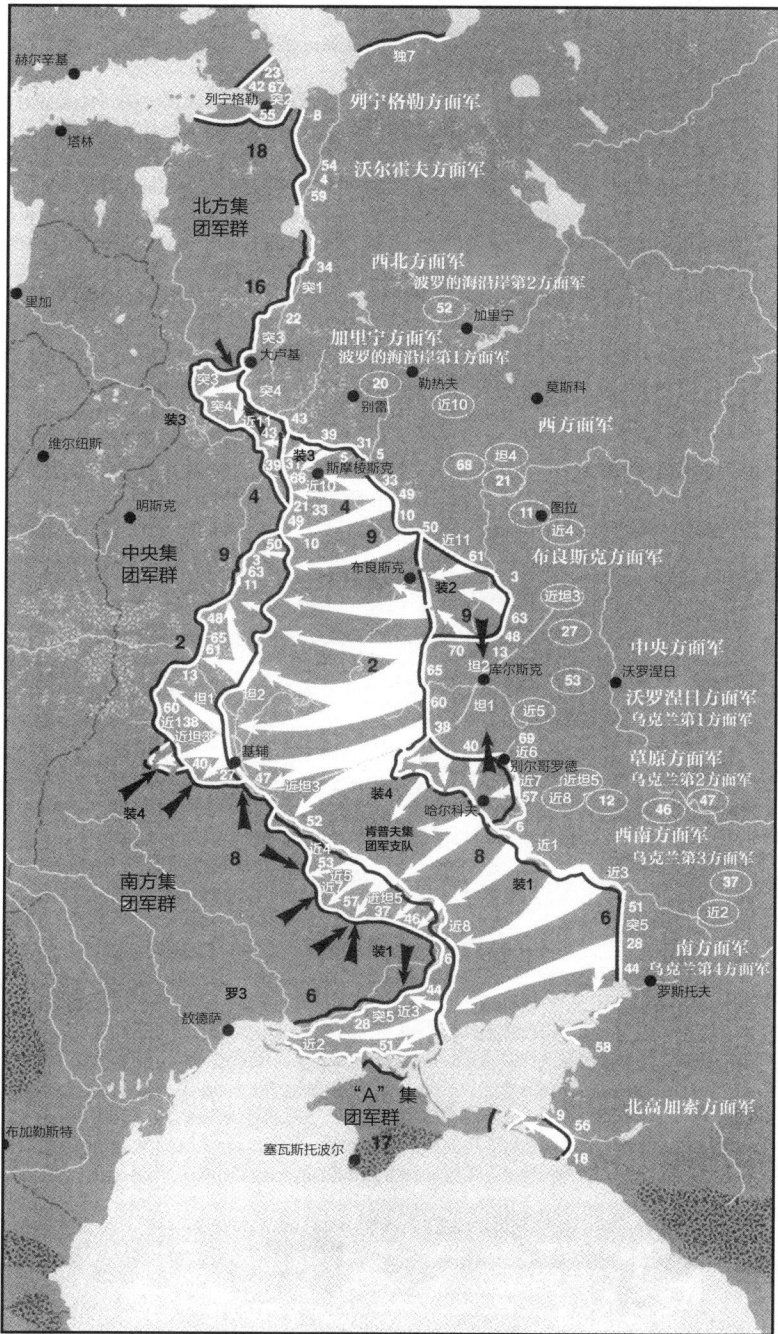

地图 2.2　1943 年夏秋战局：6 月至 12 月

突出部南北两侧。像 2 月份的上一场进攻一样，大本营的最终目标还是让红军前出至第聂伯河，并在可能的情况下进入白俄罗斯和乌克兰。[16]

这个夏秋战局可以分成三个不同阶段：库尔斯克会战本身、红军在库尔斯克突出部两侧的几场进攻战役和随后进军至（长驱直入）第聂伯河沿岸、红军强渡第聂伯河夺取登陆场的交战（见地图 2.2）。

第一阶段从 7 月 5 日开始，红军的中央方面军、沃罗涅日方面军和草原方面军制止中央集团军群第九集团军、南方集团军群第四装甲集团军和"肯普夫"集团军级支队在库尔斯克突出部两翼的进攻，从而挫败"堡垒"行动。7 月 12 日，甚至早在"堡垒"行动结束之前，西方面军、布良斯克方面军和中央方面军便已发起"库图佐夫"行动，进攻并击败奥廖尔突出部内的中央集团军群第二装甲集团军。大约两个星期后，奥廖尔周围的战斗尚未平息，沃罗涅日方面军和草原方面军于 8 月 3 日发起"鲁缅采夫"行动，进攻并击败位于库尔斯克突出部南侧的南方集团军群第四装甲集团军和"肯普夫"集团军级支队，8 月 23 日以前夺取别尔哥罗德和哈尔科夫。[17]

库尔斯克突出部以北的更远处，加里宁方面军和西方面军于 8 月 7 日发起"苏沃洛夫"行动，向西击退中央集团军群第三装甲集团军和第四集团军，解放斯帕斯杰缅斯克、叶利尼亚、罗斯拉夫利和斯摩棱斯克，10 月 2 日以前进抵白俄罗斯的东部边境。位于其南侧的布良斯克方面军于 8 月 17 日转入进攻，击败中央集团军群第九集团军并将其赶出布良斯克。在库尔斯克突出部以南，西南方面军和南方面军于 8 月 13 日转入进攻，击败南方集团军群并将其军队赶出顿巴斯地区，9 月 22 日以前进抵扎波罗热和梅利托波尔城郊。在整条战线的最南段，北高加索方面军把德国军队从高加索北部的克拉斯诺达尔地区驱赶进塔曼半岛。

红军在库尔斯克、奥廖尔和斯摩棱斯克诸地区达成战局第二阶段的全部进攻目标之后，大本营又命令红军沿库尔斯克—基辅和库尔斯克—克列缅丘格两个方向向西南和南发展胜利，并进抵第聂伯河。8 月 26 日，中央方面军、沃罗涅日方面军和草原方面军开始实施统称为切尔尼戈夫—波尔塔瓦战役的一系列进攻行动，9 月 30 日以前，已沿宽大正面将南方集团军群的第二集团军、第四装甲集团军和第八集团军赶回到北起基辅以北、南到第聂伯罗彼得罗夫斯克郊区的第聂伯河沿岸。不久，红军各部在白俄罗斯东部的戈梅利以南、基辅以北的柳捷日和切尔诺贝利一带、基辅以南的布克林、乌克兰中部的克列缅丘格以南夺取第聂伯河对岸一系列小规模但至关重要的登陆场。

10月下半月，白俄罗斯方面军（原中央方面军）和乌克兰第1方面军（原沃罗涅日方面军）巩固其在戈梅利以南和基辅南北两侧的第聂伯河登陆场，乌克兰第2和第3方面军（分别是原草原方面军和西南方面军）肃清第聂伯河东岸的国防军兵力，攻克第聂伯罗彼得罗夫斯克和扎波罗热，并在第聂伯河南岸建立登陆场。与此同时，乌克兰第4方面军（原南方面军）夺取梅利托波尔以及第聂伯河与克里米亚半岛入口之间的领土，把德国军队压缩到尼科波尔对面的第聂伯河东岸登陆场，并把德国第十七集团军孤立在克里米亚。

战局的第三阶段从11月上旬开始，乌克兰第1、第2和第3方面军从各自的第聂伯河登陆场实施进攻。乌克兰第1方面军于11月3日从基辅以北的柳捷日登陆场出发，击败南方集团军群第四装甲集团军，夺取基辅、法斯托夫和日托米尔，并在乌克兰首府基辅以西形成一个战略规模的登陆场。从11月13日到12月23日，该方面军抗击德国人在曼施泰因策划下的猛烈反突击，成功守住这个登陆场。

与此同时，乌克兰第2和第3方面军在克列缅丘格以南和第聂伯罗彼得罗夫斯克强渡第聂伯河，但未能从南方集团军群第八集团军和第一装甲集团军手中夺取自己的目标克里沃罗格。接下来的两个月里，这两个方面军一直在设法主要向西扩大登陆场，而乌克兰第4方面军在第聂伯河东岸的尼科波尔登陆场内围攻重建后的德国第六集团军一部。最后到12月下旬，乌克兰第1方面军获得增援后发动一场进攻战役，击败南方集团军群第四装甲集团军，重新占领日托米尔，并继续攻向别尔季切夫和文尼察，这场进攻战役一直持续到下一年。

记述苏德战争的大部分著作声称，大本营在整个1943年秋季一直优先考虑乌克兰第1、第2和第3方面军的作战，而不是像以前的几个战局一样，把红军兵力分散到多个战略方向上的多次进攻战役当中。这些著作把红军在其他方向的所有军事行动都贬低为次要的辅助性战役，包括10月在涅韦尔和戈梅利一带、11 月在涅韦尔和列奇察一带、12 月在戈罗多克附近和列奇察以西的几场进攻战役。[18]

因此，关于 1943 年夏秋战局的传统观点包括下列重大军事行动：

· 德国的"堡垒"行动，即库尔斯克战役（1943年7月5日至23日）

· 苏联的奥廖尔进攻战役，即"库图佐夫"行动（1943年7月12日至8月18日）

· 苏联的别尔哥罗德—哈尔科夫进攻战役，即"鲁缅采夫"行动（1943年8月3日至23日）[①]

· 苏联的斯摩棱斯克进攻战役，即"苏沃洛夫"行动（1943年8月7日至10月2日）

· 苏联的布良斯克进攻战役（1943年9月1日至10月3日）

· 苏联的切尔尼戈夫—波尔塔瓦进攻战役，即红军向第聂伯河推进（1943年8月26日至9月30日）

· 苏联的顿巴斯进攻战役（1943年8月13日至9月22日）

· 苏联的梅利托波尔进攻战役（1943年9月26日至11月5日）

· 苏联的新罗西斯克—塔曼进攻战役（1943年9月10日至10月9日）

· 苏联的涅韦尔—戈罗多克进攻战役（1943年10月6日至12月31日）

· 苏联的戈梅利—列奇察进攻战役（1943年11月10日至30日）

· 苏联的基辅进攻战役（1943年11月3日至13日）

· 苏联的第聂伯河下游进攻战役（1943年9月26日至12月20日）

· 曼施泰因的基辅反突击（1943年11月13日至12月22日）

· 苏联的日托米尔—别尔季切夫进攻战役（1943年12月24日至1944年1月14日）

---

① 译注：以上三场战役通常合称库尔斯克会战。

被遗忘的战争

记述 1943 年夏秋战局的现有著作虽含有库尔斯克会战和第聂伯河会战[①]的大量详尽细节，但仍然存在历史记录的重大缺失。尽管这些规模更大、更著名的会战令同一时期的其他军事行动全都相形见绌，可是红军确实在战线其他地段进行过极有潜在意义的重大战役。但由于政治或军事原因，俄罗斯历史学家通常故意极度贬低这些战役的意义，或者干脆闭口不谈，而他们的德国同行也对此视而不见，因为已经被战线其他地段的惨败蒙蔽了双眼。

这些"被遗忘的战役"还是大多发生在那些获胜的进攻战役后期，大本营考验红军作战极限的时候。每当作战方面军完成自己预定的战略任务，大本营照例会向它们分配一些新的进攻任务，考验或摧毁德国人新建立的防御。用事后的眼光来看，这些任务大多显得好高骛远，也超出方面军的实际能力。不过，公正地说，大本营制订这些新任务时表现的过度乐观态度即便并非必要，也完全合理，实际上是试图最大限度地利用红军的每一场战略胜利。

与苏联历史学家战后长期坚持的说法相反，斯大林和他的大本营这时不是集中红军的主要力量沿西南方向进入乌克兰，而是又一次要求红军沿多个方向在宽大正面上实施战略进攻。因此，红军在这个战局的每个阶段都沿西、西南和南方向发动重大进攻战役，同时沿西北和高加索方向实施相对次要的战役。

这个夏秋战局中"被遗忘的战役"或多少受到忽视的军事行动包括下列内容：

· 苏联的塔曼进攻战役（1943年4月4日至5月10日、5月26日至8月22日）

· 苏联的第二次顿巴斯进攻战役(伊久姆—巴尔文科沃进攻战役和米乌

[①] 译注：1943年8月25日至12月23日戈梅利以南第聂伯河沿岸各次战役的统称。

斯河进攻战役)（1943年7月17日至8月2日）

· 苏联的第六次锡尼亚维诺进攻战役（1943年9月15日至18日）

· 苏联的第一次白俄罗斯进攻战役（维捷布斯克进攻战役、奥尔沙进攻战役、戈梅利进攻战役和博布鲁伊斯克进攻战役）（1943年10月3日至12月31日）

· 苏联的第一次基辅进攻战役（切尔诺贝利进攻战役、戈尔诺斯泰波尔进攻战役、柳捷日进攻战役和布克林进攻战役）（1943年10月1日至24日）

· 苏联的克里沃罗格—尼科波尔进攻战役（克里沃罗格进攻战役、亚历山德里亚—兹纳缅卡进攻战役、阿波斯托洛沃进攻战役和尼科波尔进攻战役）（1943年11月14日至12月31日）

这些"被遗忘的战役"中的前三场，都是那些更大规模、更著名的进攻战役的组成部分或续篇。例如，北高加索方面军的塔曼进攻战役是更著名的克拉斯诺达尔进攻战役的续篇，后者发生在1943年2月9日至5月24日，旨把德国军队赶出北高加索地区。而塔曼进攻战役从1943年4月上旬一直持续到8月，一度由朱可夫负责协调，包括无数次强击克雷姆斯卡亚和摩尔达万斯科耶周围德国第十七集团军筑城工事的失利，这两个小镇是希特勒在塔曼地区最后立足点的防御依托。[19]

西南方面军和南方面军共同攻击北顿涅茨河和米乌斯河沿岸德国南方集团军群防御的第二次顿巴斯进攻战役，可以看作是库尔斯克会战的一个组成部分。这场进攻战役的动机尽管现在还不清楚，但很可能是企图粉碎顿巴斯的德军防御，并将德国人的注意力和至关重要的装甲兵预备队调离库尔斯克地区。俄罗斯历史学家故意忽略这场战役[①]，代之以大书特书这场战役的1943年8月续篇。[20] 最后，列宁格勒方面军9月中旬的第六次锡尼亚维诺进攻战役虽是一场血腥的激战，但终于成功克服锡尼亚维诺高地上的北方集团军群

---

① 俄译注：1943年7月米乌斯河和北顿涅茨河的进攻失利，在叶尔绍夫著《顿巴斯的解放》（共发行4万册）、近卫第2集团军和近卫机械化第4军的战史中都有充分而详细的描述。《苏联军事百科全书》第3卷和第5卷还分别有词条讲述7月17日至8月2日的米乌斯河战役和7月17日至27日的伊久姆—巴尔文科沃战役。

防御。这个高地是两年多来苏联人一直想要占领的目标，尽管他们这次如愿以偿，但俄罗斯历史学家还是故意忽略不提这场代价高昂的战役，因为原先尝试占领高地的失败次数实在太多。[21]

这个战局中规模最大的"被遗忘的战役"开始于 10 月上旬，加里宁（波罗的海沿岸第 1）方面军、西方面军、布良斯克方面军和中央（白俄罗斯）方面军在白俄罗斯东部实施旨在占领明斯克的进攻战役，沃罗涅日（乌克兰第 1）方面军在基辅南北两侧实施夺取第聂伯河对岸的新登陆场和拓展现有登陆场的交战，而草原（乌克兰第 2）方面军、西南（乌克兰第 3）方面军和南（乌克兰第 4）方面军艰难地肃清第聂伯河大弯处（从克列缅丘格到尼科波尔）的德国军队。

第一次白俄罗斯进攻战役开始于 10 月上旬，并持续到当年年底，在此期间，加里宁（波罗的海沿岸第 1）方面军、西方面军、布良斯克方面军和中央（白俄罗斯）方面军试图突破中央集团军群在白俄罗斯东部的防御，并占领涅韦尔、维捷布斯克、奥尔沙、博布鲁伊斯克和明斯克。经过三个月代价高昂的激烈战斗，加里宁方面军占领涅韦尔，在北方集团军群和中央集团军群之间打入一个楔子，加里宁方面军和西方面军前出至维捷布斯克和奥尔沙的接近地，中央方面军占领白俄罗斯南部的戈梅利和列奇察。[22] 然而，这几个方面军全都无法更进一步。现有历史著作只描述了这场大规模进攻战役的一些小片段，比如涅韦尔战役和戈梅利—列奇察战役，但故意避而不谈整场进攻战役的规模和宏伟意图。

现有历史著作照例也没有提到 1943 年 10 月中央方面军和沃罗涅日（乌克兰第 1）方面军在基辅南北两侧横渡第聂伯河，尝试夺取战略规模登陆场的艰苦战斗。经过三个星期血腥但收效甚微的战斗，沃罗涅日方面军的第 38、第 60、第 40、近卫坦克第 3、第 27 和第 47 集团军，与中央方面军的第 13、第 60 集团军[①]一起，未能击退南方集团军群第四装甲集团军和第八集团军的守军，红军的登陆场局限于切尔诺贝利、戈尔诺斯泰波尔、柳捷日和大

---

① 译注：原文如此，两度出现第60集团军，可能与该集团军11月从中央方面军转隶沃罗涅日方面军有关。

布克林几个地点。[23] 在这种情况下，沃罗涅日方面军 11 月在基辅取得的辉煌胜利便从历史和人们的记忆中抹去了这几场失利。[①]

最后，1943 年 11 月和 12 月，乌克兰第 2、第 3 和第 4 方面军发起旨在将南方集团军群第一装甲集团军和第十七集团军赶出顿河下游地区的克里沃罗格—尼科波尔进攻战役[②]，结果同样令人沮丧。尽管这三个方面军多次尝试重新发动进攻，并在数个地点大幅度击退德国守军，但后者还是坚守下来，并把克里沃罗格和尼科波尔牢牢控制在自己手里，直到 1944 年年初。[24]

评论

红军在库尔斯克取得重大胜利并随后向西进军第聂伯河，可以印证早些时候斯大林格勒会战对整场战争胜负的判定，也彻底终结德国人对战争结果的任何幻想。库尔斯克会战结束后，德国人甚至无法自称还能掌握东线的战略主动权，仿佛是为了证明这一点，红军在战争后续阶段一直在连续进攻。如果说斯大林格勒庄严宣告德国将会输掉这场战争，那么库尔斯克则向全世界证明，这场战争将会以第三帝国的彻底毁灭告终。有待确定的只是需要花费多少时间和多大代价。

像 1942—1943 年冬季战局一样，苏德战场这个夏秋战局期间发生的激烈斗争远比历史所呈现的内容更加复杂。简而言之，从 1943 年仲夏开始，红军获得的每一场重大胜利之前、同时或之后，几乎都会有一次重大挫折。因为这些"被遗忘的战役"发生在红军辉煌胜利的背景下，所以俄罗斯人很容易掩盖这些战役，而德国人也没有注意到它们。

就像 1942 年 11 月的"天王星"行动可以掩盖失利的"火星"行动一样，1943 年 7 月红军在库尔斯克的胜利同样能掩盖顿巴斯和塔曼地区的失败，到秋季，红军 11 月在基辅的胜利又能掩盖 10 月在基辅、11 月和 12 月在克里

---

① 俄译注：切尔诺贝利、柳捷日和布克林等登陆场的战斗描述可以在多次再版的K. S. 莫斯卡连科回忆录第二卷中找到，参战军团和兵团（如近卫坦克第3集团军和第13集团军、坦克第10军和近卫坦克第6军）的战史中也有这些战斗的历史记录。巩固基辅附近登陆场的作战在1946年出版的《沃罗涅日（乌克兰第1）方面军1943年在基辅方向的进攻战役》中有详细描述，该书原是机密级文献，1964年解密。

② 译注：原文如此。1.这是第聂伯河下游。2.与第一装甲集团军共同防御该地区的是重建的第六集团军，另有第八集团军在基洛夫格勒附近，而第十七集团军在克里米亚。

沃罗格和尼科波尔的失败。同样，红军 1943 年秋季第聂伯河下游进攻战役和 1944 年夏季"巴格拉季昂"行动的辉煌胜利，掩盖着 1943 年秋季和随后的冬季在白俄罗斯进攻中央集团军群的失利。实际上，这种模式自始至终贯穿 1944 年全年，直至 1945 年战争结束。[25]

整个 1943 年夏秋季和 1944 年上半年，大本营组织和实施的重大进攻战役几乎遍及每一个战略方向，从而沿整条战线向国防军施加巨大压力。从 1943 年 8 月上旬到 12 月，北起大卢基地区南到黑海沿岸的每一个方面军都在进攻，1944 年 1 月，列宁格勒方面军和沃尔霍夫方面军也转入进攻。虽然这种持续不断的进攻手段不能像 1942 年和 1943 年之交在斯大林格勒那样击败并歼灭轴心国的整个集团军，但是这样的"千刀万剐"能严重削弱国防军实力，并为其 1944 年将要遭受的灾难性失败埋下伏笔。

这个夏秋战局期间，红军终于学完从 1941 年 6 月开始的漫长、艰苦、代价高昂的现代战争教育课程，成长为一支适应现代运动战的军队。虽然 1944 年和 1945 年还有后续课程要继续学习，但在库尔斯克，红军已经成功证明自己有能力抗衡欧洲最有成就的军队。

从政治角度看，这个夏秋战局也有非常重要的意义。由于证明苏联将会击败德国，并能在必要的情况下单独击败德国，红军获得库尔斯克会战胜利引发的政治影响极其深远，既增加了苏联在同盟国阵营中的重要性，又使苏联能够在划定战后欧洲的未来政治格局时发挥关键作用，无疑还促使同盟国迅速决定在西欧开辟第二战场。这个夏秋战局结束后不久，斯大林便把红军战略进攻的重点转移到乌克兰，并在攻克乌克兰之后的 1944 年 4 月和 5 月又试图进军罗马尼亚和巴尔干半岛，这并非一时心血来潮。

历史学争论

1943 年夏秋战局中德国在库尔斯克战败和红军向第聂伯河推进，为后人留下一系列重大历史学争论的话题，其中最有争议的是希特勒决定发动"堡垒"行动是否明智，斯大林采用的是哪种战略，以及库尔斯克会战在多大程度上可以作为这场战争的转折点。

希特勒实施"堡垒"行动的时机和可行性，以及是否明智

许多历史学家质疑希特勒优先考虑实施"堡垒"行动的决定是否明智。另一些人认为，他应当在 3 月曼施泰因的反突击结束后，立即开始进攻，还有一些人批评他决定在这场进攻战役达成全部潜在战果之前便半途而废。[26]

第一，用事后的眼光看，1943 年夏季红军作战军队和战略预备队的强大实力、红军在库尔斯克突出部内的坚固防御、对德国会进攻库尔斯克突出部的预判，看上去足以确保红军在库尔斯克获胜。但是，以"巴巴罗萨"行动和"蓝色"行动为背景，希特勒和他的将军们也有充分理由认为库尔斯克的胜利指日可待，因为国防军总能"掌握"夏季，红军也从未把国防军协调一致的进攻阻挡在其战略纵深之外，更何况战役纵深。这个严峻现实也可以解释，为什么斯大林和大本营会选择以预有准备的防御迎来库尔斯克会战。

第二，希特勒倘若在 1943 年 3 月或 4 月开始实施"堡垒"行动则非常草率，因为国防军需要相当长时间才能弥补红军冬季总攻造成的损失，并集中保证"堡垒"行动获胜所需的兵力和兵器。况且，1943 年 3 月和 4 月，大本营已向库尔斯克和沃罗涅日地区调集包括 9 个新锐集团军在内的大批战略预备队，很可能会使德国的新一轮进攻面临灭顶之灾。[27]

第三，希特勒 7 月 14 日中止"堡垒"行动是别无选择的无奈之举。到那时，国防军的突击力量经过近两个星期的激烈战斗已遭到严重削弱，占有极大优势的红军正在奥廖尔、北顿涅茨河和米乌斯河沿岸粉碎德军防御。红军的这两场进攻战役不仅意味着库尔斯克突出部两翼的德军防御有崩溃危险，还成功将德军关键兵力调离库尔斯克的战斗焦点。对德国人来说，更糟糕的是，正当曼施泰因麾下装甲先锋在著名的普罗霍罗夫卡战场上与沃罗涅日方面军近卫第 5 集团军和近卫坦克第 5 集团军展开殊死搏斗的同时，红军新锐的第 27 集团军、第 53 集团军、近卫坦克第 4 军和机械化第 1 军已经在德国人不知情的情况下准备就绪，可以随时投入战斗。[28]

斯大林的"宽大正面"战略

像 1942—1943 年冬季战局一样，关于斯大林放弃"宽大正面"战略，改用"狭小正面"战略的说法显然是错误的。库尔斯克会战结束之后，特别是红军随后向第聂伯河沿岸推进期间，大本营沿从大卢基地区到黑海沿岸的整条战线向德军防御持续施加压力。到这个战局结束时，红军的 9 个方面军，共近 600 万人已沿这条战线积极实施多场进攻战役。不过，这个战局期间，大本营经常错开进攻战役的发起日期，令德国人措手不及，并削弱他们在不同地段之间及时变更部署战役预备队的能力。[29]

库尔斯克作为战争的一个转折点

虽然斯大林格勒会战是这场战争最重要的转折点，但是库尔斯克会战在两个重要方面也可以作为一个转折点。第一，这场会战是国防军以任何形式赢得战略胜利的最后机会。第二，会战结果令人信服地证明，战争将以德国彻底失败告终。[30] 库尔斯克会战结束后，红军的最后胜利已经确定无疑。

战争的影响，1941—1943 年

两年半以来的战争使苏联政治领袖、军事首长、指挥人员和红军战士都要学习怎样实施现代战争，并为这个教育课程付出高昂代价，在其间备受折磨，但最终受益匪浅。这个课程几乎涵盖战争和军事行动的方方面面，包括战争的战略指导，战役战术层面的战斗组织，保证作战军队能够在运动战中战斗、生存和获胜的编制结构，以及怎样组织后勤，足以保障和维持高强度战斗行动。

尽管敌对行动开始时的一系列灾难性失败曾经造成混乱和困惑，斯大林还是在几天之内恢复镇静，并开始精心打造一个战略指挥控制机构，即（最高）统帅部大本营，这个机构将会证明自己有能力高效地管理各种战争行为。与此同时，由于红军的方面军司令员没有能力有效策划和指挥战略性战役，大本营还要派遣高级指挥人员协调具体战略方向（轴线）上若干个方面军的行动。但是，由于缺少足够数量的参谋人员、必要的权威和称职的方向总司令，事实证明这些新组建的方向总指挥部同样收效甚微。于是，大本营从 1942 年开始派遣大本营代表协调重大的防御战役和进攻战役，这种做法一直沿用到战争结束，效果越来越显著。

希特勒的"巴巴罗萨"行动不但充当一个真正的"撞击锤"，在战争初

期砸碎红军的军队结构，而且证明红军没有做好实施现代运动战的充分准备。战争开始后的短短几个星期之内，国防军便把红军规模庞大的集团军和步兵军，臃肿笨拙的机械化军、坦克师和摩托化师，落伍过时的大型骑兵军，以及大型反坦克旅都变成徒有其表的空壳。六个月之后，这些编制结构已经成为人们记忆中的事物。

总之，战争最初六个月的推进过程中，国防军共打死或俘虏红军开战时总兵力的一半以上。截至 1941 年年底，作战消耗和大本营颁布的命令已经把昔日强大的红军变成缩编的步兵师（旅）、实力微不足道的坦克旅和脆弱的骑兵师混编成的一系列小型诸兵种合成集团军。这几种新的编成单位因为在战斗中比其前辈更有效率，也更容易被缺少经验的指挥人员掌握，所以可以用来培养红军的新一代野战首长，但要付出巨大伤亡做代价。

国防军在战争最初几个星期里严重破坏红军军队结构的同时，还清楚地揭露红军的大量缺点，迫使大本营为了避免军队彻底覆灭只能在激烈战斗的同时实施改革。因此，红军在"巴巴罗萨"行动期间的全面失败，不知不觉地迫使大本营和总参谋部在两个相互关联的领域内，即怎样实施军事行动和怎样构建成功实施军事行动所需的军队，进行大规模创新。

因为认识到进行改革是苏联国家和红军继续生存下去的必由之路，所以大本营和总参谋部别无选择，只能跟在国防军造成的严重破坏后面亡羊补牢。从 1942 年春季开始，大本营便根据前两个战局的经验，构建一支更有战斗力并能成功抗衡国防军的新型红军。

大本营从 1942 年 4 月开始改革红军的军队结构，组建 15 个规模类似德国装甲师的新型坦克军 ①，供方面军司令员和集团军司令员实施战役机动，并把战术胜利发展成战役胜利。这些新型坦克军虽然在 1942 年 5 月的哈尔科夫和接下来的夏季战绩不佳，但是表现出的战斗力足以促使大本营在 1942 年夏末又组建 8 个新型机械化军，作为实施运动战的"试验台"。

---

① 俄译注：实际上，1942年的苏联坦克军只是在坦克数量上与德国装甲师相当，而人员数量只有后者的一半，汽车和火炮的数量与后者相比甚至更少。更恰当地说，苏联坦克军由于独立作战的能力明显较小，可以看作是德国装甲师的大约一半。后来出现的苏联机械化军，特别是得到加强的近卫机械化军，方可与德国装甲师的实力相当。

　　1942 年夏季国防军开始实施"蓝色"行动后，大本营又组建 4 个新的坦克集团军，用来与德国人引以为傲的摩托化军（装甲军）一较高下。这批第一代坦克集团军虽然是由履带（汽车装甲坦克兵）、马蹄（骑兵）和人脚（步兵）组成的古怪混合物，实际拥有的炮火保障和后勤保障也很少，但是能作为未来构建规模更大、效率更高的坦克集团军的"试验台"。大本营在 1942 年年内广泛使用这几个集团军，先是 7 月下旬和 8 月在日兹德拉、沃罗涅日和斯大林格勒接近地，后来更有效地用于 11 月的斯大林格勒反攻和 1943 年 2 至 3 月失利的奥廖尔—布良斯克—斯摩棱斯克进攻战役。

　　1942 年和 1943 年期间，红军的结构还在另一些方面趋于成熟。例如，1942 年后期，大本营开始在诸兵种合成集团军中编入新的步兵军，并且充实集团军建制内的炮火保障和后勤保障。大本营除了全新组建或扩建炮兵、反坦克炮兵、自行火炮的兵团（军、师和旅）和部队（团）充实红军的作战方面军和大本营预备队之外，还在关键性的坦克和机械化军（兵）团建制内建立一套更加成熟的修理、修复和后勤机构，并在 1942 年后期组建用于保障作战方面军的空军集团军。总之，经过激烈战斗并付出巨大代价之后，大本营已在 1943 年夏季到来之前构建完成一支新型红军，并完成其在实战中的验证和测试。

　　大本营和总参谋部同样没有忽视关键性技术兵器的研制。尽管苏联的军用武器设计师和设计局在战争爆发前因肃反遭受严重损失，但战争爆发后，国防人民委员部还是充分利用战前在武器研制方面积累的高超技艺，大批量生产出一系列新式武器，其中包括 T-34 中型坦克和 KV 重型坦克、新式的反坦克武器和火炮、"喀秋莎"多管火箭炮、先进的作战飞机。

　　从作战角度看更重要的是，这两年半的战争期间，大本营和总参谋部必须选拔、教育和培训红军指挥人员，不但在战争的战略领导，而且在贯彻战役法和战术方面，都能与更有经验、更娴熟的国防军军官相媲美。至少从战略上看，德国人贪功致败的固有习惯可以明显减轻大本营 1941 年和 1942 年的任务。例如，"巴巴罗萨"行动期间，希特勒试图用过少兵力完成过多任务，他追求的战略目标也不明确，这在很大程度上可以弥补红军生疏的战略领导及其司令员和指挥员的拙劣战役战术水平，并导致德国人在莫斯科战败。下一年"蓝色"行动期间的事实证明，国防军为失败付出的代价更高，因为德国领导层犯下的错误与1941年相同，而红军领导层的战略战役水平明显提高。结果导致斯大林格勒会战和轴心国后来损失5个集团军。

大本营1943年面临的挑战与前两年完全不一样。到这时，大本营已意识到如果红军要取得对国防军的最后胜利，就要使所有级别的司令员和指挥员都学会如何更有效作战。红军也必须表现出前所未有的作战手段，能将国防军的进攻阻挡于战略纵深之外，然后用自己的进攻在盛夏时节击败德国人。1943年仲夏，红军终于在库尔斯克完成这些任务。

红军之所以能转变成一支现代战斗力量，主要是因为能够从自身经历中吸取教训。战争最初18个月的实践中，红军总参谋部先是在方面军内成立一个正规机构，然后又在更高的指挥级别设置同类机构，负责全方位收集、整理和分析作战经验。后来，总参谋部于1942年11月正式确定整个流程，在其下属的军事历史局内成立战争经验运用处，再后来又把这个处扩编成一个局。

上述研究战争经验的专职部门，与伏罗希洛夫总参军事学院、伏龙芝军事学院一道作为创新过程的带头人，负责整理出版战斗文书选集、坦率的评论、案例分析、最新军事行动的全方位研究报告。上述所有著作都是红军为了改正自身众多缺陷而制订具体训令、命令和教令的主要依据。[31] 截至1943年年中，德国人和苏联人都意识到红军战场表现的改善可以见证总参谋部研究战争经验的工作成效。虽然红军在1941年和1942年遭受过惊人的失败，但到1942年后期和1943年，红军已经从这个惨痛的教育课程中毕业，并在斯大林格勒和库尔斯克击败世界上最专业、最有战斗力的军队。到1943年年中，经历过红军在莫斯科、斯大林格勒和库尔斯克的胜利，苏联领导层中很少还有人会怀疑战争的最后结果。胜利已志在必得，但没有人敢断言红军还要为赢得胜利花费多长时间，付出多大代价。

注释

1. 研究战争第二阶段期间作战（尤其是斯大林格勒会战）的主要著作，见第一章注释27。

2. 叙述这几场战役的最详尽著作有：V. P. 莫罗佐夫，《沃罗涅日以西》（莫斯科：军事出版社，1956年版）；弗里德里希·舒尔茨，《南翼的逆转（1942—1943），MS #T-15》（美国陆军欧洲司令部历史部总部，出版日期不详）；H. 沙伊贝特，《顿河与第聂伯河之间的德国装甲兵：1942—1943年的冬季战斗》（弗赖堡：波尊—帕拉斯出版社，1979年版）。

3. 详细叙述红军在哈尔科夫和顿巴斯这几场战役的唯一苏联著作是A. G. 叶尔绍夫的《顿巴斯的解放》。另见较新出版的研究著作：戴维·M. 格兰茨，《从顿河到第聂伯河：1942年12月至1943年8月的苏联进攻战役》（伦敦：弗兰克·卡斯出版社，1991年版）。这部著作不仅提供红军在哈尔科夫和顿巴斯的几场进攻战役，还发掘出红军冬季总攻期间许多"被遗忘"的内容。

4. 有关"火星"行动的详情，见戴维·M. 格兰茨，《朱可夫的最大失败：红军1942年在"火星"行动中的史诗般失败》（劳伦斯：堪萨斯大学出版社，1999年版）；戴维·M. 格兰茨，《被遗忘的战役，第四卷》，第17—67页。俄罗斯人的反驳意见，见A. S. 奥尔洛夫，《"火星"行动：不同的道路》，刊登在《世界历史》第4期（2000年4月刊），第1—4页；V. V. 古尔金，《"天王星"和"土星"轨道上的"火星"：1942年的第二次勒热夫—瑟乔夫卡进攻战役》，刊登在《军事历史杂志》第4期（2000年4—8月刊），第14—19页。这两篇文章是俄罗斯军事出版物上首次出现，也是关于"火星"行动的仅有文章。[①]

5. 斯大林1953年去世以前，苏联历史学家避免编写任何涉及红军失败的著作。后来，在赫鲁晓夫的"去斯大林化"过程（1958—1964年）中，由于朱可夫与赫鲁晓夫不和，大多数历史著作都认为华西列夫斯基和叶廖缅科是斯大林格勒胜利的缔造者，但仍没有只言片语提到"火星"行动。1964年赫鲁晓夫不再担任苏共第一书记和苏联领导人以后，部分是因为军队的默许，甚至是全力支持，历史著作开始将策划斯大林格勒胜利的功劳几乎全部归于朱可夫，同时继续对"火星"行动保持沉默。

6. 大本营于1943年2月上旬组建中央方面军，编有刚刚完成歼灭斯大林格勒合围圈中德国军队的原顿河方面军第65集团军和第21集团军，来自大本营预备队的坦克第2集团军和第70集团军。方面军司令员是原顿河方面军司令员K. K. 罗科索夫斯基上将。奥廖尔—布良斯克—斯摩棱斯克战役的详情，见

---

① 俄译注：苏联和俄罗斯编写的历史里并没有彻底回避"火星"行动。K. N. 加利茨基大将在其回忆录《严峻考验的岁月》（莫斯科：科学出版社，1977年版，第164—170页）首次提到该行动代号，并简要描述参战部队及其任务，以及这些任务在战役准备过程中的变化。两年后，A. I. 拉济耶夫斯基大将在其著作《突破》（莫斯科：军事出版社，1979年版，第49—50页）中对该行动进行了粗略描述，并分析失败原因。除此之外，多年来还有各种分析和回忆录性质的出版物描述该行动的某些方面，例如，《战争经验研究材料选集》第9册（莫斯科：1944年版）有一篇名为《骑兵—机械化集群进入突破口》的文章，机械化第1军和坦克第6军当时的军长还创作过描写该军战斗历程的军史，分别是M. D. 索洛马京，《克拉斯诺格勒人》（莫斯科：军事出版社，1963年版）和A. L. 格特曼，《坦克开向柏林》（莫斯科：科学出版社，1973年版）。2005年（即《巨人重生》英文版在美国出版的同时），一本名为《"火星"行动中的加里宁方面军》的小册子在特维尔出版，共58页，由M. D. 赫奇科纳撰写，主要根据是苏联国防部中央档案馆TsAMO的档案文献。这部著作的参考书目部分（第54—57页）提到至少五篇1998—2003年期间专门针对"火星"行动发表的出版物，尚不包括翻译著作。最后，还不能忽视原内务人民委员部第4局局长P. A. 苏多普拉托夫在回忆录《特别行动：卢比扬卡和克里姆林宫1930—1990年》（莫斯科，1997年版）中的说法。他声称，在总参谋部知情但朱可夫不知情的状态下，11月在勒热夫附近发动进攻的计划通过间谍渠道"泄露"给敌人，从而转移德国人对斯大林格勒进攻准备工作的注意力。

戴维·M. 格兰茨，《被遗忘的战役，第四卷》，第213—311页；戴维·M. 格兰茨，《库尔斯克的前奏：苏联1943年2月—3月的战略性战役》，刊登在《斯拉夫军事研究杂志》总第8年第1期（1995年3月刊），第1—35页；V. A. 佐洛塔廖夫主编，《库尔斯克会战的前奏》，收录在《俄罗斯档案：伟大卫国（战争）》，第15卷，第4（3）册，（莫斯科：特拉出版社，1997年版）。

7. 详情见戴维·M. 格兰茨，《被遗忘的战役，第四卷》，第381—430页；戴维·M. 格兰茨，《列宁格勒会战》，第286—298页。

8. 南方面军在第一次顿巴斯（马里乌波尔）进攻战役中的作用，详见戴维·M. 格兰茨，《被遗忘的战役，第四卷》，第83—183页。

9. 苏联军事历史声称，在德国人有计划退却的整个过程中都发生过激烈战斗，而实际上，只有德国人完成退却，红军各部试图突破他们建立的新防线时才发生激烈战斗。同上，第311—381页。

10. I. Kh. 巴格拉米扬主编，《战争史和军事学术史》（莫斯科：军事出版社，1970年版），第207—208页。

11. 具体来说，位于白俄罗斯的红军各方面军攻击莫济里、卡林科维奇、普季奇和维捷布斯克，企图前出至博布鲁伊斯克和明斯克。

12. 红军先后在白俄罗斯针对中央集团军群（1944年6月23日）、在波兰针对北乌克兰集团军群（1944年7月16日）、在罗马尼亚针对南乌克兰集团军群（1944年8月20日）实施多场进攻战役。

13. 详情见戴维·M. 格兰茨，《从顿河到第聂伯河》，第10—82页。

14. 同上。

15. 根据德国资料创作的库尔斯克会战综述包括：杰弗里·朱克斯，《库尔斯克：装甲的碰撞》（伦敦：珀内尔氏第二次世界大战史，1968年版），是战役丛书第七部；亚努斯·皮耶卡尔凯维茨，《"堡垒"行动：库尔斯克和奥廖尔：第二次世界大战中最大规模的坦克战》（加利福尼亚州诺瓦托：普雷西迪奥出版社，1987年版）；马克·希利，《库尔斯克1943：东线的变局》（伦敦：鱼鹰出版社，1992年版）。从德国角度最透彻分析这场会战的著作是，戈特哈德·海因里希，《堡垒：攻击俄国的库尔斯克突出部》，未出版的手稿（华盛顿特区：美国国家档案馆，无出版日期）。

16. 从俄罗斯角度记述库尔斯克会战的最翔实著作有：G. A. 科尔图诺夫、B. G. 索洛维耶夫，《库尔斯克会战》（莫斯科：军事出版社，1983年版）；戴维·M. 格兰茨、哈罗德·S. 奥伦斯坦，《库尔斯克会战：苏联总参谋部研究报告》（伦敦：弗兰克·卡斯出版社，1999年版）。

17. 关于库尔斯克会战的较新记述著作有：戴维·M. 格兰茨、乔纳森·M. 豪斯，《库尔斯克会战》（劳伦斯：堪萨斯大学出版社，1999年版），根据德国和苏联的档案材料对这场会战做出公平的重新评价；尼可拉斯·泽特林、安德斯·弗兰克森，《库尔斯克1943：统计分析》（伦敦：弗兰克·卡斯出版社，2000年版），该书重点关注这场会战原先无法获得的统计数据。

18. 无论是从德国观点还是从俄罗斯观点来编写，几乎所有苏德战争全史和有关1943年秋季具体战斗的记述著作都声称在此期间的重大战役仅仅发生在西南和南两个方向，即在乌克兰境内。

19. 详情见戴维·M. 格兰茨，《被遗忘的战役，第五卷第一部》，第107—159页。

20. 同上，第19—61页。

21. 同上，第159—170页。

22. 同上，第171—407页；及该书第五卷第二部，第408—563页。

23. 同上，第五卷第二部：第564—673页。

24. 同上，第674—818页。

25. 例如，红军的乌克兰第2和第3方面军1944年4月和5月发起第一次雅西—基什尼奥夫进攻战役，比这两个方面军1944年8月—9月成功的第二次雅西—基什尼奥夫进攻战役整整早四个月。同样，红军1944年10月试图突入东普鲁士纵深，也比其1945年1月成功的东普鲁士进攻战役早三个月。最后，1945年2月上旬，红军开始向柏林发起最后攻击，但经过大约一个星期的激烈战斗后便停止进攻。然而，这一次似乎是斯大林主动叫停，以便将预备队调往匈牙利并在该地区发起进攻，目的是确保占领维也纳和多瑙河冲积平原上的立足点。他这样做的原因至少在一定程度上是罗斯福和丘吉尔已经在1945年2月4日至11日的雅尔塔会议上向他保证，红军可以占领柏林和德国东部。后来，红军开始发起柏林进攻战役的日期是1945年4月16日，即其占领维也纳后的第二天。见戴维·M.格兰茨，《历史编纂学的失败：1941—1945年苏德战争中被遗忘的战役》，刊登在《斯拉夫军事研究杂志》总第8年，第4期（1995年12月），第768—808页。

26. 见第一章注释19中提到的资料来源。

27. 其中包括第21集团军（4月改编为近卫第6集团军）、第24集团军（4月改编为近卫第4集团军）、第62集团军（4月改编为近卫第8集团军）、第63集团军、第64集团军（4月改编为近卫第7集团军）、坦克第1集团军、第27 集团军、第53集团军和第47集团军。见戴维·M.格兰茨，《库尔斯克的前奏》，第1—35页；戴维·M.格兰茨，《战争中的苏联军队侦察》（伦敦：弗兰克·卡斯出版社，1990年版），第172—283页。

28. 见戴维·M.格兰茨、乔纳森·M.豪斯，《库尔斯克会战》。

29. 另见戴维·M.格兰茨，《战争第二阶段（1942年11月—1943年12月）的苏联军事战略：一次重新评价》，刊登在美国《军事历史杂志》第60期（1996年1月刊），第115—150页。

30. 1943年夏季以后，国防军进行过许多次战役规模的反突击。其中包括1943年12月在白俄罗斯的博布鲁伊斯克东南，1943年10月在乌克兰的克里沃罗格，1944年5月在特尔古弗鲁莫斯、德涅斯特河沿岸和罗马尼亚北部的雅西，1944年4月在乌克兰西部的布恰奇（解救陷入合围的第一装甲集团军），1944年8月在立陶宛的希奥利艾，1944年10月在东普鲁士的贡宾嫩，1945年1月在匈牙利的布达佩斯周围各发起过一次反突击。另一方面，1945年3月，希特勒还试图在匈牙利的巴拉顿湖沿岸发起他在东线的唯一一次战略反攻。

31. 例如，根据对战争经验的研究，到1943年年初，红军总参谋部已开始从根本上改变其军队结构（例如发布组建新的步兵军、坦克集团军和空军集团军的若干训令），并改进战役战术手段（例如适当集中兵力、创立炮兵进攻和航空兵进攻的概念、协调使用装甲坦克和机械化兵的若干训令和命令）。

▲ 集结在红场上的红军战士（1941 年）

▲ 红军宣传海报："在列宁的旗帜下，走向胜利！"（1941 年）

▲ 红军宣传海报"以铁钳还击铁钳"（莫斯科，1941 年）

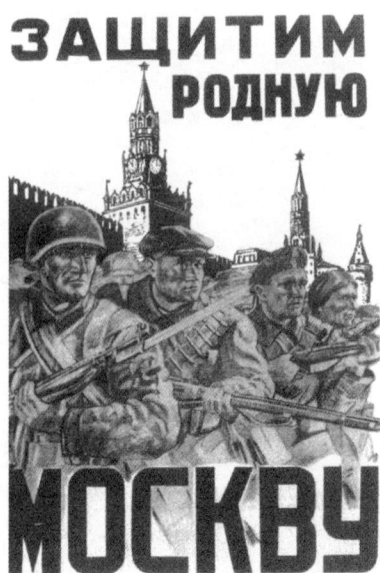

ЗАЩИТИМ РОДНУЮ МОСКВУ

▲ 红军宣传海报 "我们保卫祖国的莫斯科"
（1941 年）

▲ 冲击中的坦克（1941 年）

▲ 强击中的坦克和步兵

▲ 强击中的步兵

▲ 团属炮兵展开战斗队形

▲ 策划攻击

▲ 普罗霍罗夫卡的惨烈战场

第三章

苏联军事学术

军事战略

　　苏德战场的军事行动规模宏大、持续时间漫长，复杂程度令人眼花缭乱，再加上战斗的空前激烈和极度残酷，不仅拓展着苏联军事学术和军事战略的极限，还构成对苏联战略领导层，特别是以 I. S. 斯大林为首的国防委员会（GKO）和（最高）统帅部大本营的严峻考验。面对欧洲最强大军事力量突然侵略，斯大林要为苏联国家和红军的生存而战，战争开始后的 18 个月里，他把动员国家资源抗击希特勒的德国国防军当作自己的头等大事。同时，他还致力于建立一个国际的反纳粹德国联盟，特别是 1941 年 12 月美国参战以后，从那时起，他便不断向自己的盟友施加压力，要求在欧洲大陆开辟第二战场。

　　1941 年在莫斯科城下和 1942 年在斯大林格勒两度击败国防军之后，斯大林都指挥红军在接下来的三个月时间里大举进攻，试图使战争天平继续向有利于红军的方向倾斜。虽然国防军不但能够制止红军 1942—1943 年的冬季总攻，而且还能在 1943 年夏季策划自己的又一场战略进攻，但是红军 1943 年 7 月在库尔斯克的胜利却预示着国防军的末日以及整个纳粹德国的末日终将来临。1943 年下半年红军发起新一轮大规模进攻战役的时候，斯大林一边让这些战役与盟军在西欧战区和地中海战区的战役更密切地配合，一边不断催促同盟国军队在欧洲大陆开辟第二战场。到这时，斯大林已经确信，无论能否得到同盟国帮助，红军都可以彻底击败纳粹德国。

根据苏联的定义，军事战略承担的任务非常广泛。例如，在战争爆发前制定武装力量的动员计划、建设计划和战略展开计划，组织国家的对空防御，做好军事行动的战区准备。战争开始后，军事战略决定怎样在战略层面使用兵力和兵器，策划并实施战争中的战局和战略性战役，提供武装力量的战略领导，组建军队的战略性突击集团，组建、训练和使用战略预备队，根据战争进程确定最有效作战手段和方式，组织军兵种战略协同动作，并且有效运用国家的军事能力和经济能力战胜敌人。[1]

希特勒发动"巴巴罗萨"行动之后，斯大林在接下来18个月战争中的军事战略不可避免从根本上具有防御性，唯一目的是从国防军手中夺取战略主动权：

战争第一阶段，敌人掌握着战略主动权，军事战略的重点是组织积极的战略防御，采取的主要方法有：依托原有、现地构筑和天然的阵地实施顽强战术抵抗以疲惫敌人；以坚决的反突击挫败敌企图；实施局部进攻战役（集团军进攻战役和方面军进攻战役）。在此过程中，我军的1941年战略防御通常是在敌人主动实施的进攻战役过程中被迫组织的；我军的1942年［战略］防御是预有准备的，而我军实施1943年［战略防御］已是有计划地疲惫敌人和转入反攻……1941—1942年冬季苏联军队在莫斯科附近实施战略反攻，并将其扩大为全面的冬季总攻，是苏联军事战略取得的重要成就。[2]

但后来，斯大林的战略一直具有进攻性，直到战争结束。"战争第二阶段，苏军①夺取并始终牢固地掌握战略主动权。苏联军事战略后来的发展都与战略行动的主要形式——战略进攻联系在一起。"[3]

战略指挥和控制

战争开始时，苏联面临令人望而生畏的艰巨挑战，迫使斯大林把战争的

---

① 译注："苏军"（Советская Армия）是苏联武装力量的主要部分从1946年起使用的正式名称，不包括海军、边防军和内卫部队，1946年以前称"红军"（Красной Армии）。

战略指挥权集中到少数几个指挥控制部门，其中最重要的是国防委员会、大本营、国防人民委员部和红军总参谋部，以及一些很少有人关注的监管部门（见第十章）。这些部门面临的最艰巨任务是构建一个新的军队指挥控制体系，能够有效地在战略防御中协调红军的多个方面军。虽然苏联战前的军事理论曾经设想每个战略方向只使用一个方面军实施防御或进攻，但是"巴巴罗萨"行动证明方面军并不能胜任这样的任务。

因此，战争刚刚开始，大本营即着手在 1941 年夏秋季的防御和 1941—1942 年冬季的进攻中尝试使用有能力协调多个方面军作战的新型指挥机构。鉴于这些指挥机构的实际工作效率低下，大本营又从 1942 年秋季开始使用个人作为大本营代表控制方面军群作战，这个战略指挥控制体系一直沿用到战争结束。

按照这个指挥控制体系的要求，大本营以训令方式明确规定由哪一个司令部何时、何地、以何种方式和动用多少兵力实施战役，从而将其战略决定传达到作战方面军和海军舰队。[4] 总参谋部和国防人民委员部各局、红军的军种（空军）和兵种（装甲坦克和机械化兵、炮兵、工程兵等）首长照例也要在这些训令中补充各自的内容；每场战役开始前，方面军司令员甚至集团军司令员都可以质疑这些决定，并提出具体行为的替代方案。大本营正式发布战役训令之后和战役进行过程中，会视情况需要再发布个别命令和预先号令，额外向作战方面军分配任务。[5]

战争第一阶段期间，大本营向其下属的方向总指挥部和方面军（有时甚至集团军）发布战役训令时，通常将其司令员召回莫斯科当面下达。但到战争第二阶段，大本营越来越经常通过派驻方面军群的大本营代表发布战役训令，协调策划和实施重大的进攻战役或防御战役。虽然大本营自行起草大多数战役训令，但是通常会征求大本营代表和方面军司令员的意见，方面军司令员也可以就未来的战役自行草拟方案。在这种情况下，方面军司令员应当首先在方面军军事委员会（司令员、参谋长和军事委员会委员）内部交换意见，如有大本营代表派驻该方面军，还要征求他的意见，再向大本营书面呈报方案。然后，大本营经过研究和修改，会批准或驳回这份方案；一旦批准，就发布相应的战役训令。

战略策划

1942 年秋季之前，大本营只策划过具体的战役，其中大多数战役的性质是防御和反攻，并没有为连续的一系列战役或整个战局制定过计划。[6] 但到 1942 年秋季，大本营在这场战争中第一次制定出全面统筹的战局计划，其中明确而广泛地指明战略目标，并要求参战的数个方面军首先在大卢基、勒热夫和斯大林格勒几个地区几乎同时发起进攻战役，然后以另两场进攻战役夺取维亚济马和罗斯托夫，并在最低限度上确定接下来冬季战局的第一阶段。[7] 红军在斯大林格勒地区的进攻战役获胜之后，1943 年 1 月和 2 月上旬，大本营更详细地制定出这个战局的分阶段计划。这份计划要求红军各方面军在占苏德战场总宽度三分之二的正面上沿数个方向实施进攻，3 月底以前应进抵从波罗的海沿岸地区东部边界向南，沿第聂伯河直到黑海沿岸的一系列目标。然而，到这个战局的最后阶段，大本营放任自己的攻击力量过度分散，导致整个战局因德国人的娴熟抵抗而未竟全功。从积极角度看，这个战局期间遭受的挫折，促使大本营制定 1943 年春季和夏季的战略时转而采用一种更加现实和谨慎的方式。

规定红军 1943 年夏季和秋季各场战役的战局计划，虽然从根本上是进攻，但是要求作战方面军在战局开始时先实施防御，主要是在大本营判断国防军将会攻击的库尔斯克地区。大本营不仅详细地制定这个地区的防御计划，还策划随后在库尔斯克周围及其相邻地区发起进攻，并准备一旦首轮进攻战役获胜，就沿更宽大正面继续进攻，要求有关方面军前出至维捷布斯克地区，渡过索日河和第聂伯河。然而，红军各部 10 月上旬达成各自的战局目标之后，大本营又一次好高骛远地命令它们夺取明斯克和文尼察。虽然随后展开的进攻战役未能取胜，但是大本营当时的战局策划仍然带有一种正当而合理的意图，即试图最大限度地发展红军已取得的胜利，而这种做法会一直沿用到战争结束。

战略协同动作

策划和实施 1941 年和 1942 年一系列战役的过程中，大本营认识到在作战方面军、战略预备队和其他保障力量之间有效地组织战略规模的协同

动作（vzaimodeistvie），是夺取战局、战略性防御战役或战略性进攻战役胜
利的重要保证：

　　大本营和总参谋部根据具体的任务、方向和行动方案，组织沿不同战
略方向作战的苏联武装力量集团之间的战略协同动作；战略方向总指挥部和
最高统帅部大本营代表在具体某一场战略性防御战役的范围内，组织武装力
量各军兵种的战略战役军（兵）团各组成部分之间的战略协同动作和战役
协同动作。[8]

　　1941 年和 1942 年，由于国防军在"巴巴罗萨"行动和"蓝色"行动期
间均能达成进攻的突然性并掌握战略主动权，大本营在这两个行动的初期未
能有效组织战略协同动作；但后来，能够以某些协同动作干扰德国人执行其
进攻计划。例如，这两场进攻刚刚开始，大本营立即使用位于侧翼的军队攻
击推进中的德军两翼，牵制其注意力并阻止其加强主要方向的兵力。[9] 大本
营还多次组织反冲击和反突击，某些情况下甚至组织反攻，试图击败、干扰
或者仅仅削弱遂行进攻的国防军兵力。[10] 另外，列宁格勒、莫斯科、敖德萨
和塞瓦斯托波尔的防御期间，大本营不仅从次要地段抽调航空兵，加强主要
战略方向的防御力量，还要求地方防空部队（MPVO）和海军兵力参加与地
面目标的交战，从而将其纳入陆军的防御配系。

　　1941—1942 年冬季战局期间，大本营策划的战略进攻期间未能有效地组
织作战方面军之间的战略协同动作，但在部分成功的 1942—1943 年冬季战
局期间能较大程度实现这一点。例如，后一个战局中的 1942 年 11 月，大本
营共协调 5 个方面军实施进攻，1943 年 1 月有 8 个方面军，1943 年 2 月和 3
月有 11 个方面军，进攻范围最终波及整个苏德战场。[11]

　　1943 年夏秋战局初期，大本营在这场战争中首次采用"方面军群"的方
式组织作战方面军之间的协同动作，首先实施防御，然后在多个战略方向上
实施进攻。[12] 另外，在这些战役之前和期间，大本营还在这场战争中首次使
用远程作战航空兵和方面军航空兵进行大规模的空中战役，结合地面作战一
起破坏德国人的交通运输，并进一步削弱德国空军日渐衰弱的实力。[13] 大本

营还在国防军的后方地区实施大规模游击战役，干扰其交通并限制其预备队的自由机动。[14]

最后，到 1943 年夏秋战局后期，大本营组织 3 个方面军群之间的协同动作，并下达给它们进抵并渡过第聂伯河的任务，具体是以 3 个方面军攻入白俄罗斯，2 个方面军攻入乌克兰的基辅地区和文尼察地区，另外 3 个方面军攻入乌克兰东部的克里沃罗格地区。[15] 这些由大本营协调的大规模空中—地面战役不仅能够取得重大战略成果，更重要的是还为 1944 年和 1945 年规模更大、协调程度更高的战略性战役铺平了道路。

个人的作用

战争的前两个阶段期间，大本营在有效控制和协调其军队方面遇到过许多问题，固然可以归咎于国防军达成的突然性、军事行动的复杂性，苏联许多指战员经验不足和缺乏训练，并缺少必要的武器装备；可是这些问题还能反映斯大林的个人因素对战略决策的影响，以及大本营其他成员缺少经验。[16]

战争爆发之前，苏联最有经验、最富有想象力的军事首长或死于非命或被逮捕，苏联军事理论失去连续性，红军最积极活跃的因素遭到抹杀，苏联军事战略也在战争前夕摇摆不定。[①] 战争刚开始，斯大林便在战争第一阶段始终亲自主导所有战略决策。他的判断或是即兴之作，或根据先入为主的偏见，往往脱离客观事实。另外，斯大林的参与尽管一方面有利于战略策划在某种程度上实现协调一致，可是另一方面也使总参谋部和高级军事首长行事畏首畏尾。

斯大林一再要求红军坚守不利于防御的"孤城死地"，并干涉具体的战略决策和战役决策，对红军 1941 年在乌曼、基辅、维亚济马等地遭受惨败

---

① 俄译注：20世纪30年代中期红军指挥人员的整体水平未必会高于后来40年代的那批。20年代和30年代的指挥人员不但几乎没有在现代大规模战争中指挥大兵团作战的经验，而且教育水平极低。30年代末参军的指挥人员至少拥有一个完整的中等或高等教育背景，并在哈拉哈河、波兰和芬兰参加过现代战争。更接近事实的说法是，苏联军事理论遭到严重破坏。而要评估其破坏程度，便至少需要研究这种理论在30年代前后期和40年代上半叶的相对状态。尽管1937年和1938年，"歼灭战略"的支持者M.N.图哈切夫斯基和他的反对者——"消耗战略"的创始人A.A.斯韦钦都先后离世，但在策划未来战争时，苏联领导人还是明显有意识和坚定地采纳斯韦钦的设想。

负有直接责任。① 他的影响限制了大本营的整体主动性和战略视野，使之单纯为恢复战线的稳定性而被动地制订计划。但是，他专心致志地坚持组建预备队，坚决果断但往往吝啬地使用这些预备队，最终从战略上增强了红军的实力。因此，红军在列宁格勒、莫斯科和罗斯托夫等战役中的顽强抵抗，接下来在冬季战局中焕发出的活力、坚韧不拔和牺牲精神，都可以反映斯大林钢铁般的意志。虽然斯大林在战略上犯过失，但是损兵折将的红军仍在 1941 年 12 月勇猛顽强而孤注一掷地战斗，无疑能折射出这位最高统帅的坚决和果断。

斯大林的错误判断还导致红军 1942 年 5 月在哈尔科夫和克里米亚的惨败，以及 1942 年夏季和初秋通往斯大林格勒之路上的一连串失败。"1942 年夏季战局失败的主要原因是，统帅部错误地决定为所有参加战略防御的方面军都'强行安排'了无数场相互孤立的进攻行动。以这种方式分散兵力和过早消耗战略预备队，必然会导致斯大林的计划受挫。"[17]

但是，在 1942 年秋季的斯大林格勒，斯大林又一次发挥出像一年前的那种积极作用，仅仅因为他开始听从自己最信任的主要军事幕僚如朱可夫、华西列夫斯基、安东诺夫和沃罗诺夫等人的建议。从那时起，斯大林在 1942 年剩余时间和整个 1943 年继续遵循幕僚们的建议，不过依旧对所有军政下属保持着严密管理。像战争初期的做法一样，他会在自己认为必要的情况下用严格纪律措施惩治背叛，而他经常搞不清楚到底是纯粹的战败，还是野战司令员蓄意背叛而表现出的无能。[18]

为保证全体指挥人员的政治觉悟，斯大林还从战争初期开始实施政治委

---

① 俄译注：这种说法明显带有意识形态的色彩，既是"事后聪明"，其根据又是20世纪60年代苏联政治和媒体制造的神话。例如，赫鲁晓夫把1941年基辅惨败归咎于斯大林，而最新解密的文献清楚显示，禁止撤离基辅的命令是总参谋长B. M. 沙波什尼科夫下达的。下达这个命令是基于如下情况：没有收到克莱斯特的第一装甲集群在克列缅丘格建立登陆场的消息，同时预计A. I. 叶缅缅科的布良斯克方面军在第二装甲集群倒翼和后方实施有力突击，将会迫使古德里安停止进攻。因此，这场惨败的责任主要不能归咎于斯大林，甚至也不能算上沙波什尼科夫，而应归咎于军队侦察部门和A. I. 叶缅缅科个人，因为他当面向斯大林发誓要"打败古德里安那个恶棍"。

进一步的讨论是，红军的胜利与斯大林对他的将领们日益重视有关（而这也是战争转折点）的观点，只能反映在战后这些将领希望把胜利归功于自己，不愿承担失败责任的如意打算。实际上，我们只能认为，斯大林仅在1942年春季B. M. 沙波什尼科夫生患病之后才亲自掌控总参谋部，并在确保有经验丰富的新领导人能够代替老元帅再把军队指挥权交给他。哈尔科夫和刻赤的两场惨败恰好发生在总参谋部没有首长的时候——斯大林期待沙波什尼科夫能够康复，于是没有任命另一个人来代替他。

员制，加强整支军队的纪律和可靠性。尽管政治委员制在 1942 年后期撤销，但在战争后续阶段，各级司令部中的军事委员会委员（实际上的政治委员）还是要共同签署司令员的命令，[①] 所有较低级的指挥部中政治副指挥员负责监督指挥员的行为，他们也有权在司令员、指挥员和其他指挥人员没有执行最高层的命令时使用调查和逮捕等措施。

斯大林的确率领红军走向胜利，但归根到底，他的坚决果敢也是导致红军巨大减员的原因之一。

战略防御

从战略角度看，大本营和红军在战争最初 30 个月里面临的最关键和最艰巨挑战，是必须有效地组织和实施战略性防御战役，迟滞、制止并最终击退 1941 年夏季实施"巴巴罗萨"行动、1942 年夏季实施"蓝色"行动和 1943 年夏季实施"堡垒"行动的德国军队。除了策划和协调这些战役之外，大本营还不得不在诸如基辅、列宁格勒、莫斯科，后来的斯大林格勒和库尔斯克等主要城市的前方和周围构筑战略防御地区，组建和展开战略预备队，并为红军夺回战略主动权而策划、协调反突击和反攻。更糟糕的是，战争最初两年期间，苏联国家和红军还不得不在领土、工业设施、农业耕地、人力、技术兵器和其他物资遭受灾难性损失的情况下，以大范围防御抗击看似不可战胜的国防军。

1941 年的"巴巴罗萨"行动期间，红军实施战略防御的正面从巴伦支海到黑海，总宽度超过 2500 公里，纵深从苏联西部国境线直抵摩尔曼斯克、列宁格勒、莫斯科和罗斯托夫等城市的接近地，距离为 50—950 公里。其中最激烈的交战发生在波罗的海和黑海之间近 1200 公里宽的地段。[②] 这场战略防御开始时，红军各作战方面军和集团军共有 20 个机械化军和 103 个师，

---

① 俄版注：从这段话只能看出，如果没有军事委员会成员签署同意，方面军司令员或集团军司令员的命令便不能生效。而实际上，如果要提出相反的意见，就需要两个人——军事委员会委员和参谋长共同提出异议。因此，军事委员会委员的职务可以保证集体指挥。

② 译注：1.宽度公里数偏小，可能指直线距离，苏德战场的实际正面宽度远远大于这些数字。例如，"巴巴罗萨"行动前夕，苏联西部的陆地国境线和海岸线从巴伦支海到黑海全长4500公里，从波罗的海到黑海的陆地国境线总长3375公里。2.原文前两章使用英里，从本章起改用公里，译文照此处理。

另有 5 个机械化军和 42 个师作为预备队（即统帅部预备队 RGK），共有 1.7 万余辆坦克。五个多月的防御期间，大本营共使用 291 个师和 94 个独立旅加强红军的防御力量；扣除损失数量，截至 1941 年 12 月 1 日，已将防御兵力增加到作战方面军和集团军的 274 个师，另有 57 个师作为预备队（已改称最高统帅部预备队 RVGK）。（见《＜巨人重生＞资料篇》的附录五。）

1941 年 12 月上旬制止德军的滚滚洪流之前，大本营曾经先后组织过一至三场相互独立、协调程度极低的战略性防御战役，并沿深入苏联腹地的三个主要战略方向不时发起短暂的反冲击、反突击和反攻。1941 年年内，红军在这片广阔空间内沿 300—1100 公里宽的正面共实施过 11 场不同的战略性防御战役，纵深达 50—600 公里，持续时间 20—100 个昼夜（见表 3.1）。[19]

1942 年的"蓝色"行动期间，红军沿 600—2100 公里宽的正面实施战略防御，正面起初从库尔斯克东北绵延至塔甘罗格，最后从沃罗涅日地区经斯大林格勒绵延至高加索山区，纵深达 150—800 公里。防御开始时，红军的兵力包括各作战方面军中的 11 个坦克军、111 个师和 62 个坦克旅，最高统帅部预备队中的 38 个师，共有大约 5000 辆坦克。近五个月的防御期间，大本营共向遂行防御的方面军调派 11 个坦克军和机械化军、2 个骑兵军、72 个步兵师和 38 个坦克旅；扣除损失数量，截至 1942 年 12 月 1 日，已使防御兵力增加到各作战方面军中的 9 个坦克军、3 个机械化军、6 个骑兵军、203 个步兵师和 60 个坦克旅，最高统帅部预备队中的 4 个坦克军、2 个机械化军、8 个步兵师和 1 个坦克旅。[20]

1942 年 11 月中旬制止国防军的进攻之前，大本营沿沃罗涅日和斯大林格勒两个战略方向（后来增加高加索方向）实施阵地防御和运动防御，同时沿苏德战场其他方向或者保持防御，或者发起局部反冲击或全面反突击。大本营的战略防御包括三场不同的防御战役，实施的正面宽度是 250—1000 公里，纵深达 150—800 公里，持续时间 50—125 个昼夜（见表 3.2）。

与 1941 年和 1942 年不同，1943 年年内大本营只有两次要求红军实施战略性防御战役：第一次是 2 月和 3 月国防军发起反攻时被迫如此，第二次是 7 月主动实施防御战役明显有利于实现已方战略进攻的整体目的。1943 年 2 月和 3 月间，大本营在顿巴斯、哈尔科夫、谢夫斯克和库尔斯克几个地区实施的第一场战略性防御战役，正面宽度有 500 公里，纵深 50—210 公里，目的是抗击国防军协调一致的反攻，保卫红军 1942—1943 年冬季总攻的战果。7 月在库尔斯克地区实施的第二场战略性防御战役，正面宽度有 550 公里，纵深 10—35 公里，目的是实施己方的全面战略进攻之前，先以预有准备的战略防御消耗国防军的进攻力量。

大本营 1943 年 2 月和 3 月实施的战略防御可以划分成三场方面军防御战役，其正面宽度在 200—300 公里之间，纵深 50—210 公里，持续时间 10—22 个昼夜。大本营 7 月的战略防御包括唯一的一场战略性防御战役，由两个方面军和第三个方面军之一部在库尔斯克地区实施（见表 3.3）。[21] 因此，大本营 1942 年和 1943 年实施的战略性防御战役远比 1941 年的更加复杂，也更有效（见表 3.4）。

大本营 1941 年、1942 年和 1943 年策划的战略防御期间，红军综合运用阵地防御和运动防御的手段，沿预设的纵深梯次防御地区连续交战，并在任何可能的情况下多次发起反冲击和反突击，个别情况下发起全面反攻。[22]

随着战略防御的强度、稳定性和效果在战争开始以来的 30 个月里不断提高，很大程度上也得益于国防军的进攻力量越来越弱，战略防御的正面宽度和纵深都明显减小。例如，"巴巴罗萨"行动初期，国防军几乎沿整条战线向前推进，并在至关重要的西北方向、西方向和南方向都取得最大程度的进展，兵锋直指列宁格勒、莫斯科和罗斯托夫。尽管大本营一开始只使用西北方面军、西方面军和西南方面军（再加上后来的南方面军）沿这几个方向实施战略防御，可是从 7 月到 10 月又陆续在这几个方向上展开中央方面军、预备队方面军和布良斯克方面军，到 12 月上旬已达到 8 个作战方面军（列宁格勒、西北、加里宁、西、布良斯克、西南、南和外高加索）。

国防军 1942 年 6 月下旬和 7 月开始"蓝色"行动的时候，起初认为其进攻范围只有一个南方向。但到 7 月，其兵力实际上已在两个战略方向作战，第一个方向通往沃罗涅日，第二个通往斯大林格勒；而 11 月又出现深入高加索地区的第三个战略方向。起初，大本营使用布良斯克方面军、西南方面军和南方面军抗击国防军的进攻，但随着进攻形势的发展，夏末和秋初又改组并重新命名方面军，11 月中旬共使用 6 个方面军（布良斯克、沃罗涅日、西南、顿河、斯大林格勒、外高加索）[①]掩护沃罗涅日方向、斯大林格勒方向和高加索方向。

国防军为了阻止红军沿中央方向、西南方向和南方向的冬季总攻，1943年2月和3月间发起实质上的全面反攻时，大本营共使用4个方面军（布良斯克、中央、沃罗涅日和西南）沿中央方向和西南方向实施战略防御。

最后，国防军1943年7月沿中央方向（即库尔斯克—沃罗涅日方向）发起"堡垒"行动的时候，大本营使用中央方面军和沃罗涅日方面军以及后方的草原军区（方面军）实施战略防御；后来沿这个方向初步实施反攻时，共使用4个方面军（布良斯克、中央、沃罗涅日和草原）和另外2个方面军（西、西南）的一部分。

防御的梯次配置

按照苏联战前的军事理论，1941年、1942年和1943年夏季期间实施战略防御时，大本营和总参谋部都试图在大范围、大纵深的筑垒化防御地区掩护下，纵深梯次配置己方兵力，并保留强大的战略预备队作后盾。例如，总参谋部1941年制定的《1941年国防计划》（DP-41）设想红军各部应实施积极防御，"防止敌人从地面和空中侵犯军区辖境"，并在敌人入侵的情况下，"做好准备，一旦情况对我有利，即按照统帅部（未来的最高统帅部大本营）的命令向敌人发起决定性打击。"[23]

因此，红军1941年6月实施防御时，使用北、西北、西、西南和南方面军作为位于各边境军区的战略第一梯队，沿第聂伯河展开预备集团军组成的集群作为战略第二梯队，动员后组建的另一批集团军组成战略预备队，掩护战略纵深。1941年国界沿线和纵深处的1939年国界沿线有预先构筑的筑垒地域，分别组成两个防御地区，掩护方面军向前方展开；第一梯队方面军和集团军编成内强大的机械化军应做好实施反冲击和反突击的准备。第二梯队的预备集团军已在战争开始前完成局部动员，同样编有强大的机械化兵力，

---

　①　译注：原文的6个方面军是"布良斯克、沃罗涅日、斯大林格勒［西南］、斯大林格勒、南、北高加索"。其中，南方面军和北高加索方面军分别在1942年7月28日和9月1日撤销，1943年1月1日和24日重建；1942年11月中旬均不存在。

其任务是防止敌军突破并渡过第聂伯河，并与第一梯队方面军协同动作，以强有力的反突击击退任何来犯之敌。

然而，红军在国防军的突然进攻面前措手不及，根本无法执行总参谋部的国防计划。由于国防军在"巴巴罗萨"行动初期的推进远比预料中的迅猛，红军第一梯队方面军来不及占领防御阵地，事先准备就绪的防御工事也迅速沦陷，训练、战备和装备水平都很低下的机械化军不得不仓促发起反冲击，并在此过程中遭到重创，红军随后的动员也陷入彻底混乱。结果，国防军这场强有力的进攻，令人惊讶地在短短 7—10 天之内粉碎红军的战略第一梯队及其机械化力量，进而在 15—20 天之内迎战并击败其战略第二梯队，迫使大本营依靠仓促动员的几个集团军在深远后方占领仅部分就绪的防御工事，仓促地组成临时防御配系。

后来，从 7 月中旬到 9 月，大本营尝试在国土纵深处实施战略防御，以 7 个方面军（北［列宁格勒］、西北、西、布良斯克、中央、西南和南）组成战略第一梯队，基本由缺乏训练的预备役军人和征召人员组成的后备方面军（预备队方面军）和许多个缩编的小型集团军在后方组成战略第二梯队，沿关键的列宁格勒方向、莫斯科方向和基辅方向依次占领一道道薄弱的野战防御地带。

尽管如此，国防军 7 月和 8 月向东推进时，还是相对容易地突破红军的第一梯队方面军和后方作为战略第二梯队的一系列集团军，同时在斯摩棱斯克和乌曼两地合围红军的大量兵力。8 月下旬和 9 月，国防军继续向前推进，粉碎列宁格勒和基辅前方的防御，进抵并开始围困列宁格勒，在基辅附近合围并歼灭整个西南方面军。

德国国防军 9 月向列宁格勒和基辅、11 月向莫斯科和罗斯托夫的快速挺进彻底破坏了苏联战略防御的稳定性，迫使大本营一边重新建立有足够兵力保卫连续正面的战略第一梯队，一边在上述关键城市的前方和周围构筑新的战略防御地区，同时还要组建用于制止德国人前进并在必要时实施反冲击和反突击的新战略预备队。在此期间，大本营试图通过下列措施重新建立切实可行的战略防御：在继续进行军事行动的同时休整补充部分军队，在作战方面军内部和之间变更部署大批兵力，从远东地区抽调一些训练有素的师，并在内地军区组建新的预备集团军。[24]

举例来说，斯摩棱斯克和基辅陷落以后，大本营9月下旬保卫莫斯科时，使用西方面军和布良斯克方面军各集团军组成战略第一梯队，以预备队方面军各集团军作为战略第二梯队，新动员的兵力在更后方占领部分竣工的莫扎伊斯克防御线。然而，尽管表面上是纵深双梯队的梯次配置，可是大本营布置在莫斯科以西的整体防御纵深还不到80公里[①]，最终在莫斯科和苏德战场其他地点力挽狂澜的是大本营组建和使用战略预备队的能力——从1941年10月至12月，共组建和使用11个预备集团军。有了这批预备队，再加上国防军的力量消耗和冬季的严寒天气，大本营不仅能够守住莫斯科和罗斯托夫，1941年12月甚至还能在莫斯科等地成功发起反攻。

1942年，大本营同样试图构建大纵深的梯次战略防御，但错误地估计国防军会在夏季重新进攻莫斯科。这场防御的范围覆盖整条苏德战线，以9个展开在前方的方面军（列宁格勒、沃尔霍夫、西北、加里宁、西、布良斯克、西南、南和高加索）组成战略第一梯队；同时以列宁格勒防御地幅和莫斯科防御地幅，掩护沃罗涅日、斯大林格勒和罗斯托夫诸城市接近地的广大防御地区，1942年5—6月组建的10个预备集团军和至少1个坦克集团军，共同组成战略第二梯队和潜在的大本营预备队。

但是，像1941年一样，国防军在"蓝色"行动期间突然而快速的推进又一次发生在大本营的战略防御措施就绪之前，重创红军战略第一梯队西南方面军和南方面军各集团军，攻占仅部分竣工的防御地区，迫使大本营重新为沿沃罗涅日、斯大林格勒和高加索诸方向实施防御的军队打造战略防御配系。到最后，大本营沿顿河和伏尔加河并在高加索地区纵深建立新的战略第一梯队，共由6个方面军（布良斯克、沃罗涅日、西南、斯大林格勒、东南和北高加索）组成，经过秋季晚些时候的一些改组之后，实施战略防御并发起11月中旬的斯大林格勒反攻。

1943年2月和3月，国防军的反攻迫使红军在谢夫斯克、哈尔科夫和顿

---

① 译注：应指当时有军队防守的实际纵深。仅从战线到莫扎伊斯克的实际距离已接近200公里，而按照表3.1，整场战役的实际纵深是300—350公里。

巴斯地区转入防御时，已在此前的战斗中歼灭沃罗涅日方面军和西南方面军发展突破的大批兵力[①]，并迫使其余部无秩序地溃退，大本营别无选择，只能把中央、沃罗涅日和西南方面军展开成唯一的一个战略梯队实施防御。但到3月和4月，大本营不仅为这些方面军加强几个新锐的预备集团军（如第21集团军、第62集团军、第64集团军）和坦克第1集团军（由苏德战场其他地段变更部署），还同时把第63集团军、第24集团军和第66集团军沿顿河上游配置在更深远的防御位置，相当于建立新的战略第二梯队。后来，到3月下旬和4月，大本营以布良斯克（奥廖尔）、中央、库尔斯克（短期存在）和沃罗涅日方面军组成战略第一梯队，以新组建的预备队方面军作为战略第二梯队，最终建立起新的纵深梯次战略防御。[25]

经过两年来实施战略防御的经验积累，大本营从1943年夏季开始使用密切协同动作的方面军群，按照一个总体防御计划的规定实施战略性防御战役：“〔战略性防御战役〕是为了按照同一个设想达成战略目的，方面军编成内各军团实施的若干场防御战役，与远程航空兵、国土防空军和海军舰队编成内各军团和兵团实施的若干场战役和战斗行动相互关联而成的综和。”[26]

1943年夏季，即使红军已经在数量上形成对国防军的优势，并有能力在任何时间夺取战略主动权，大本营还是谨慎地决定先以预有准备的战略防御开始夏季战局，然后再转入己方的战略进攻。除了在预计希特勒即将发动下一场进攻的库尔斯克地区构筑大纵深、密集的梯次防御之外，大本营还沿从莫斯科到黑海沿岸的整个正面同样加强防御。

大本营开始其1943年7月战略防御时，共使用12个方面军（北、列宁格勒、沃尔霍夫、西北、加里宁、西、布良斯克、中央、沃罗涅日、西南、南、北高加索）沿苏德战场的整个正面展开成战略第一梯队；沿库尔斯克方向和沃罗涅日方向展开草原军区的6个集团军，作为战略第二梯队；另外4个集团军留作大本营的战略预备队。大本营命令战略第一梯队的方面军周密准备纵深梯次防御，精心构筑复杂的大纵深防御工事配系，使用若干个集团军组成

---

① 俄译注：1943年3月德国反攻期间，中央、沃罗涅日和西南方面军损失的兵力大致相当于其原有兵力的四分之一。

方面军的预备队①，妥善防御各自负责的地段。另外，大本营不仅在受到威胁的库尔斯克地区把方面军编组成两个梯队，还布设多道防御地区和防御地带，从防御前沿向东一直绵延至顿河。

最后，大本营计划在第一梯队方面军击败预料中的国防军进攻以后，把强大的草原军区改编成正规方面军投入作战，与作为第一梯队方面军预备队的集团军一道，首先在库尔斯克地区发动战略反攻和进攻，然后扩展到整条战线。

大本营在库尔斯克地区的防御发展进程完全符合预定计划，这是苏德战争中的第一次。国防军发起"堡垒"行动之后大约一个星期，大本营已经能够首先迟滞，然后彻底制止国防军的进攻；随即先后于7月12日和8月5日结束战略防御，发起己方的战略进攻。从最初的战略防御转入这场战争中迄今为止己方最大规模的战略进攻，大本营仅仅花费了几个星期。

防御手段

随着红军战略性防御战役的范围和规模在战争最初30个月里不断扩大，再加上大本营对这些战役的策划、协调和控制越来越有效，大本营领导下作战方面军单独或集体运用的具体防御手段也得到明显改善。这些改善最明显地表现在红军战略防御的稳定性提高，方面军和方面军群实施防御战役时表现出更多积极性（进攻精神）。

大本营的战略防御稳定性主要取决于其作战方面军战役布势的效果、组织作战的水平、实施阵地防御的顽强程度、大本营构筑防御地区和防御阵地的坚固程度；鉴于国防军装甲兵的强大实力，还需要考虑防御力量能在多大程度上抗击德国坦克造成的致命威胁。

防御的战役布势

从整体上看，战争最初的六个月里，缺少兵力兵器迫使红军各作战方面

---

① 译注：原文把作为方面军预备队的集团军也称作预备集团军，不符合苏联对预备集团军的定义。另外，苏联1943年不再专门建立预备集团军，详见《苏联军事百科全书》中译本，第2卷，第880页。

军只能使用单梯队的战役布势实施防御，只保留极少数兵力作为预备队。但随着国防人民委员部 1941 年后期组建和投入新锐兵力，方面军逐渐具备以单个集团军组成第二梯队的能力，不过通常会使用这个集团军实施进攻。1942 年夏季，作战方面军之所以又一次把遂行防御的集团军编成单梯队，是因为大本营 5 月实施的进攻战役失利，挥霍掉己方可动用的预备队。另外，国防军 6 月下旬和 7 月的迅速推进还使大本营来不及动用 10 个预备集团军中的任何一个加强前方的作战方面军，或者充当其战役布势中的第二梯队。

1943 年夏季，随着可动用预备队数量的增加，这种情况大有改观。于是，1943 年 7 月在库尔斯克和战线其他地段的战略防御期间，红军各作战方面军能够根据具体情况把遂行防御的集团军编成单梯队或双梯队的战役布势。另外，这些方面军也能够动用数量更多、实力更强的坦克预备队和反坦克预备队，并组建更强大的炮兵群，保障己方防御。事实上，尽管库尔斯克会战结束之后，国防军已很少再有机会迫使红军采取预有准备的防御，可是一旦这种情况发生，红军各方面军经常可以依托准备完善的防御阵地，精心布设大纵深梯次防御布势，并保留强有力的方面军预备队。[27]

战略防御地区和阵地防御

战争最初 30 个月当中，红军战略防御的稳定性还直接取决于大本营（或作战方面军）构筑战略防御地区和作战方面军实施阵地防御的力度、意图和效果。总的来讲，防御工程构筑之所以能在 1941 年和 1942 年年初得到明显改善，很大程度上是因为国防人民委员部增加作战方面军和集团军建制内工程兵和工兵的数量，也是因为组建和使用的工兵集团军能在每场防御战役之前和期间构筑后方防御地区，可供战役预备队和战略预备队占领。

早在战争刚开始的几个星期内，国防军在俄罗斯拉瓦、佩列梅什利、沃伦斯基新城和科罗斯坚遭遇西南方面军各筑垒地域时明显放慢进攻速度。于是，大本营在接下来的四个月里先后下令构筑 5 个主要防御地区和若干次要防御地区，掩护列宁格勒、莫斯科、斯大林格勒和罗斯托夫的接近地（见表 3.5）。[28]

国防军 6 月下旬粉碎红军的前沿防御以后，大本营下令在国界以东 200

公里处构筑一个新的战略防御地区，沿西北方向和西方向阻挡德国人前进，并沿西南方向构筑另一些防御地区，掩护基辅和敖德萨两座城市、克里米亚和顿巴斯地区的接近地，以及斯大林格勒市区和后来的高加索地区接近地（见第九章）。[29] 最后到 1941 年后期，大本营在平民劳动力的帮助下建成这些精心设计的后方防御地区和野战筑城工事，纵深绵延 200—400 公里。

尽管红军 1941 年年底在莫斯科获得胜利，但大本营还是在 1942 年继续构筑新的防御地区。工兵集团军和平民劳动力 1942 年年初建成的这些新防御配系，可以巩固莫斯科防御地幅，掩护顿河、斯大林格勒和高加索地区的接近地。[30] 总体上看，大本营 1942 年建成的防御地区和筑城工事深入苏联西部国土纵深多达 600 公里。

这项规模庞大的工程构筑虽然取得成功，但是也受到下列问题的困扰：第一，极度缺乏所需工程装备、材料和经验丰富的工程人员，导致建设工程无法按期完工；第二，没有用来占领这些防御地区的军队；第三，防御地区经常尚未竣工便被国防军攻陷。例如："1941 年夏季，最高统帅部大本营派往作战军队的 291 个步兵师和 66 个步兵旅当中，仅有 66 个师（占 22.6%）和 4 个旅（占 6%）能及时占领后方防御地区。"[31]

除了构筑和使用战略防御地区和防御地幅以外，大本营还要求遂行战略性防御战役的作战方面军，无论在开放的野战条件下，还是保卫主要城市（如 1941 年的斯摩棱斯克、列宁格勒、基辅、莫斯科和罗斯托夫，1942 年的斯大林格勒）时，都要预有准备地实施阵地防御。虽然作战方面军实施阵地防御的能力在战争最初 30 个月中有明显改善，但是斯大林一再要求它们坚守"孤城死地"，造成"巴巴罗萨"行动和"蓝色"行动期间的战略惨败，并带来毫无必要和不可原谅的损失。

例如，"巴巴罗萨"行动期间的这类事件发生在 7 月上旬莫吉廖夫和第聂伯河沿岸的防御、7 月下旬的斯摩棱斯克防御和 9 月的基辅防御当中。"蓝色"行动期间的类似事件发生在 1942 年 7 月，红军本可以在国防军的洪流涌向斯大林格勒时且战且退。坚持阵地防御导致的这几次灾难性惨败，经常导致红军有大批兵力陷入合围并损失殆尽。国防军固然会为清除这些合围圈而推迟或暂时中断下一步推进，可是这也会严重削弱大本营的战略防御能力。[32]

对坦克防御

国防军的装甲师、装甲军（摩托化军）和装甲集群（装甲集团军）在1941年夏秋造成红军战略防御的巨大破坏，凸显出对坦克防御将直接关系到接下来1942年和1943年两个夏季期间大本营及其作战方面军的战略防御稳定性。甚至早在战争爆发之前，国防人民委员部便已经从战略角度认识到对坦克防御的重要性，并为此组建大型反坦克旅，准备战时在防御和进攻中与强大的机械化军协同动作。

国防军在战争最初几个星期里歼灭红军各反坦克旅之后，大本营和方面军司令员都在不遗余力地想方设法改善己方的对坦克防御。但是，缺少反坦克武器，野战首长习惯于分散使用这种武器，再加上大口径火炮和航空兵攻击德国坦克时的糟糕效果，迫使作战方面军越来越依赖己方坦克击败德国坦克。即使到1942年和1943年年初，不顾国防人民委员部三令五申，要求红军装甲坦克和机械化兵应主要用于对付敌步兵，方面军司令员还是倾向于依靠它们实施对坦克防御。

但是与此同时，红军的作战方面军首先从战术上，然后在战役层面逐渐开始把反坦克炮和其他火炮真正当作反坦克武器使用，并让这些武器与步兵结合在一起，打造出更加细致和有效的对坦克防御配系。战争开始后的六个月里，可供方面军司令员使用的反坦克炮数量有限，平均分配到每公里正面尚不够5门，这个数字显然不足以使集团军司令员在制定作战计划时将它们考虑在内，更何况方面军司令员。不过，这种状况在1942年有所改善。

截至1942年夏季，由于可以使用的反坦克武器数量激增，集团军司令员终于开始沿德国人可能使用坦克的前进方向，布设纵深梯次配置的防坦克支撑点和防坦克枢纽部。反坦克炮数量在1942年后期的进一步增长，更为集团军司令员在其下属步兵军和步兵师内建立和使用反坦克预备队创造了条件，从而提高其对坦克防御的密度、机动性和效果。

最后，根据1941年和1942年取得的经验，到1943年夏季，红军的作战方面军终于能够建立起强有力的对坦克防御，向后一直覆盖到方面军第一防御地区的全部纵深。这种对坦克防御由密集而复杂，并能相互支援的连级防坦克支撑点和营级防坦克枢纽部组成，并得到炮兵的密集拦阻射击和步兵掩护，成为 1943 年和以后两年红军防御手段中的战役武器和战略武器。

积极性

归根到底，红军在整场战争期间实施战略防御的效果，还在很大程度上直接取决于大本营及其遂行防御的方面军表现出多大"积极性"。这个术语是俄语的 aktivnost'，含义最接近的英语词汇是 dynamism（活力），具体用来形容大本营和作战方面军以多大程度在其战略性防御战役中注入强有力的进攻行动，如反冲击、反突击和反攻。历史著作虽然记载着大本营 1941 年、1942 年和 1943 年分别在莫斯科、斯大林格勒和库尔斯克成功实施反攻，从而胜利结束其战略防御，但是基本上忽略不提红军在"巴巴罗萨"行动和"蓝色"行动期间面对国防军推进时充满活力的积极抵抗，主要是因为这种抵抗经常组织不力、徒劳无功，并招致惨重的人力损失。[33] 然而，这种直指德国人软肋的大量进攻行动却如同"水滴石穿"，能够蚕食国防军的进攻力量，并在很大程度上最终导致国防军 1941 年 9 月在列宁格勒、1941 年 12 月在莫斯科和罗斯托夫、1942 年在斯大林格勒遭受的失败。

例如，从"巴巴罗萨"行动第一天起，红军各作战方面军和刚刚成立的大本营便以积极行动还击入侵的国防军，并在这场进攻的整个过程中始终积极抵抗。然而，历史却一直忽视这种抵抗的重要意义，部分原因是其组织、协调和控制都乏善可陈，另一部分原因是这种抵抗通常以失败告终，并招致红军的惨重损失。

按照总参谋部的战略防御计划规定，红军各作战方面军在国防军的"巴巴罗萨"行动期间多次实施反冲击和反突击，还至少有过一次全面反攻。另外，大本营下令实施这些行动的时候，不止一次地试图在时间和地点上加以协调。其中最重要的行动包括 6 月下旬在凯尔梅、拉塞尼艾、格罗德诺、杜布诺、布罗德附近，7 月上旬在索利齐、列佩利、博布鲁伊斯克和科罗斯坚，8 月在旧鲁萨，10 月在加里宁的一系列反突击；7 月下旬和 8 月上旬在斯摩棱斯克，8 月下旬和 9 月上旬在斯摩棱斯克、叶利尼亚和布良斯克以西的一系列反攻（见第一章）。[34]

这些反突击和反攻虽然全都未能达成预定目的，但是有许多对"巴巴罗萨"行动的进程和结果造成重大影响。例如，西南方面军 6 月下旬在杜布诺和布罗德地区实施的机械化反突击，明显迟滞德国南方集团军群攻向基辅的速度。同样，西北方面军7月在索利齐、8月在旧鲁萨的两次反突击也迟滞北方集团军群向列宁格勒的推进近两个星期。后来，西方面军、预备队方面军和布良斯克方面军7月和8月在斯摩棱斯克的反攻，在某种程度上促成希特勒决定推迟继续进军莫斯科，转而发起夺取基辅的进攻，这个决定进一步在相当大程度上导致国防军后来在莫斯科城下遭受失败：

第二次世界大战当中，德国法西斯军队［在斯摩棱斯克］第一次被迫停止其沿主要方向的进攻，并转入防御。斯摩棱斯克交战的一个重要结果是，为在莫斯科方向重新建立战略防御的正面，为准备首都的防御，并为随后在莫斯科的前方击败希特勒赢得了时间。[35]

大本营及其作战方面军在"蓝色"行动的整个过程中同样积极抗击遂行进攻的国防军。这场进攻开始后大约一个星期，大本营及其作战方面军曾组织和实施过一次重大反突击，打击进犯的国防军；后来又在其进攻的整个过程中继续实施反突击，有时还会达到反攻的规模。另外，大本营1942年组织、控制和协调这些行动的成效也比1941年更加显著。沿斯大林格勒方向的这类行动当中，最重要的一系列大规模坦克反突击分别发生在7月的沃罗涅日和顿河沿岸（其中有一次在规模和意图上等同于一场全面反攻），8月和9月的沃罗涅日，7月和8月顿河沿岸的谢拉菲莫维奇和克列茨卡亚，8月、9月和10月的斯大林格勒城市周围（见第二章）。[36]

另外，随着"蓝色"行动的展开，大本营还在苏德战场其他地段组织进攻战役，将德国人的注意力和预备队调离斯大林格勒方向和高加索方向。其中包括7月在杰米扬斯克、日兹德拉和博尔霍夫，8月在锡尼亚维诺、杰米扬斯克、勒热夫、瑟乔夫卡、格扎茨克、维亚济马和博尔霍夫，9月在杰米扬斯克等一系列进攻战役。

大本营沿斯大林格勒方向组织的这些反突击和反攻虽然均告失利或者只取得有限战果，但是同其他方向组织的进攻战役结合在一起，对"蓝色"行动的进程和结果造成重大影响。举例来说，大本营从7月到10月沿斯大林格勒方向组织的许多次反突击，不仅从整体上削弱德国第六集团军的实力，还挫败其夺取斯大林格勒市区的努力。另外，红军 8 月成功强渡顿河并占领两个登陆场，而德国人未能夺回，这两个登陆场后来成为红军 11 月发起攻击的理想出发阵地。最后，大本营在苏德战场其他地段组织的多场进攻战役，同样使德国人无法抽调兵力前往急需增援的斯大林格勒。

战争最初的 30 个月里，作战方面军在大本营组织和协调下实施的最积极、最有效的战略防御发生在 1943 年 7 月抗击国防军的"堡垒"行动期间。虽然防御正面宽度和纵深有限，也没有必要长时间、大范围地持续实施防御，但是库尔斯克防御在几个重要方面同样表现出相当大的积极性。首要一点是，大本营在这场战争中第一次按计划将防御仅仅当作己方重大战略进攻的前奏。因此，早在起初策划防御的时候，大本营便已经向遂行防御的方面军分配了接下来在进攻中的任务。

另外，库尔斯克会战防御阶段期间，大本营不但命令遂行防御的方面军实施战术预备队和战役预备队的机动，发起反冲击和反突击，从而提高其防御的积极性，而且机动自己的战略预备队，进一步提高防御效果。其中最重要的行动有：德军初步达成突破时，红军沿整个防御正面发起战术反冲击；德军进攻进一步发展时，就地或在其侧翼发起协调一致的反突击；防御交战的高潮阶段，大批大本营预备队在普罗霍罗夫卡发起强有力的反突击。最后，普罗霍罗夫卡激战正酣的同时，大本营使用整整两个方面军[①]向国防军据守奥廖尔突出部的兵力发起全面反攻。[37]

总之，到 1943 年夏季，经过两年来组织实施战略防御和战略性防御战役时经常付出高昂代价的艰难历程，大本营及其作战方面军已经发展出一套积极的防御手段，并一直成功运用到战争结束。

战略进攻

根据战后苏联军事理论家的定义，战略进攻包括"按照最高指挥机关

---

① 译注：7月12日参战的是西方面军左翼和布良斯克方面军，中央方面军右翼7月15日转入进攻。

的统一企图，为实现某个战局的具体军事—政治目的，统筹实施的一系列进攻战役"。[38] 但是，即使苏联军事理论通常认为这个定义早在 1941 年之前便已存在，大本营及其作战方面军还是需要经历 18 个月以上几乎不间断的战斗，才能成功实施完全符合这个定义的战略进攻。虽然它们曾在 1941 年 12 月的莫斯科、1942 年 11 月的勒热夫和斯大林格勒发起过与这个定义相当的战略性进攻战役，但这两次转入进攻的前提都是首先制止国防军强大而坚决的战略进攻。

紧接在莫斯科和斯大林格勒获胜之后的两场战略性进攻战役和总攻战局都只是胜负参半，最后直到 1943 年 7 月，大本营及其作战方面军才在库尔斯克精心策划战略性进攻战役，并随后将其成功扩展到苏德战场的大部分地段，成为红军在战争剩余的两年里实施战略进攻的实际样板。

记录红军成功实施战略进攻的漫长纪年表中，缺失的那部分是大本营在"巴巴罗萨"行动、"蓝色"行动和 1943 年夏秋季战局期间试图实施的另一些战役。例如，战争第一阶段缺失的战役包括：1941 年 7 月和 8 月期间在斯摩棱斯克地区失利的战略性进攻战役、1942 年 7 月在沃罗涅日和斯大林格勒接近地失利的进攻战役，最后是斯大林格勒进攻战役的战略姊妹篇——1942 年 11 月失利的第二次勒热夫—瑟乔夫卡进攻战役。战争第二阶段缺失的战役包括：1943 年 2 月流产的"北极星"行动、1943 年 2 月和 3 月场面宏大但未能取胜的奥廖尔—布良斯克—斯摩棱斯克进攻战役、1943 年 10 月至 12 月被遗忘的白俄罗斯进攻战役、1943 年 10 月未能夺取基辅的进攻战役、1943 年 4 月至 6 月未能夺取塔曼半岛的一系列进攻战役。

"巴巴罗萨"行动和随后的 1941—1942 年冬季战局期间，大本营共有 7 次实施或者试图实施战略性进攻战役，其中多次以反突击的方式开始。这些进攻战役发生在 50—550 公里宽的地段上，红军各部在进攻期间向德军后方纵深地区推进 50—250 公里，直至战役沉寂（见表 3.6）。

1941 年 7 月和 8 月在斯摩棱斯克地区的前两场战略性进攻战役失利之后，大本营 1941 年年底和 1942 年年初共实施 5 场进攻战役：首先由 3 个方面军（列宁格勒、南和西）先后逐次在季赫温、罗斯托夫和莫斯科实施；然后由 9 个方面军（列宁格勒、沃尔霍夫、西北、加里宁、西、布良斯克、西南、南和克里米亚）同时在苏德战场约一半宽的正面上实施。到最后，这些战略性进攻战役蔓延到近 2000 公里宽的正面，约占苏德战场正面总宽度 4000 公里的一半左右。

这些进攻战役均未达成大本营的预期目的，部分原因是大本营过于雄心勃勃，向作战方面军分配的任务脱离实际，部分原因则是作战方面军没有足够的兵力，并且缺少支援的航空兵、坦克、炮兵和其他保障。这些战略性进攻战役的过程和结果使大本营清楚地认识到，想要学会如何妥善处理目标与现实，当前的道路还很漫长。

像战略性防御战役一样，1942 年底和 1943 年由大本营组织和协调，作战方面军具体实施的战略性进攻战役范围、规模和复杂程度也都明显增大。因此，它们同样能取得更大的成功。在此期间，大本营共实施 20 场战略性进攻战役，8 场发生在 1942—1943 年冬季战局期间，其余 12 场在 1943 年夏秋战局期间。冬季战局各进攻战役的正面宽度为 45—850 公里，纵深为 500—600 公里；夏秋战局各进攻战役的正面宽度为 200—400 公里，纵深为 4—300 公里（见表 3.7）。

大本营在 1942—1943 年冬季战局期间实施的前两场战略性进攻战役，发生在 1942 年 11 月的勒热夫和斯大林格勒，共动用 5 个方面军（加里宁、西、西南、顿河和斯大林格勒）和 18 个集团军，攻击正面宽度约有 1200 公里，纵深为 10—200 公里。随后，从 1943 年 1 月至 3 月上旬，大本营精心策划另外 6 场战略性进攻战役，共动用 11 个方面军（列宁格勒、沃尔霍夫、西北、加里宁、西、布良斯克、中央、沃罗涅日、西南、南、北高加索）和 60 余个集团军，正面宽度约为 3000 公里，约占当时苏德战场正面总宽度的一半，纵深为 5—600 公里。

大本营在 1943 年夏季战局中进攻战役的开山之作，是沿库尔斯克突出部两翼实施的 2 场战略性进攻战役，动用 4 个方面军（布良斯克、中央、沃罗涅日和草原）的全部和 2 个方面军的一部（西和西南），共计 24 个集团军，攻击正面的宽度为 700—800 公里，纵深为 140—150 公里。随后，大本营又在夏季的剩余时间和秋季发起另外 2 场战略性进攻战役，最终动用 10 个方面军〔加里宁（波罗的海沿岸第 1）、西、布良斯克、中央（白俄罗斯）、沃罗涅日（乌克兰第1）、草原（乌克兰第2）、西南（乌克兰第3）、南（乌克兰第4）和北高加索〕，共计40个诸兵种合成集团军和5个坦克集团军，正面宽度为1800公里，纵深为150—300公里。

红军虽然在1942—1943年冬季战局期间远未完成大本营雄心勃勃地分配的任务，但到1943年夏秋战局确实已能完成所受领的大部分任务。

战争的前30个月当中，大本营的战略性进攻战役同样越来越成功，第一个原因是大本营能更有效地策划和协调这些进攻战役，第二个原因是红军的实力稳步增长，第三个原因则是红军指挥人员和普通战士都已具有实施高强度运动战的经验（见表3.8和3.9）。

目的和方向

虽然红军战略性进攻战役的范围和规模在战争前30个月中不断扩大，只有"巴巴罗萨"行动期间实施的战役例外，但是大本营在这些战役中的战略目标却惊人地保持一致，并至少在1943年夏季之前都显得不切实际。策划已方战略性进攻战役时，大本营通常会将目标确定为国防军的重兵集团，彻底歼灭它们将导致"军事—政治条件在某个战区，沿某个战略方向，或者沿整个战略正面的根本性改变"，这是大本营一系列战略行为的焦点。[39]

例如，"巴巴罗萨"行动期间，大本营7月和8月在斯摩棱斯克地区发起的反攻，是试图击败并歼灭国防军沿西战略方向作战的大部分兵力，制止其向莫斯科前进，迫使其停止全面进攻。大本营12月在莫斯科发起的进攻起初是一场低调的反突击，最终演变成将德国军队赶出莫斯科近接近地的努力。

继莫斯科反攻挫败"巴巴罗萨"行动之后，大本营在自己策划和实施的每一场战略性进攻战役中都试图最大限度地歼灭国防军的兵力，并在此过程中沿一个或几个战略方向彻底摧毁国防军的大部分防御。例如，勒热夫—维亚济马进攻战役和随后1941—1942年冬季战局期间，大本营的首要战略目标是歼灭德国的中央集团军群并解放斯摩棱斯克，次要目标是解除对列宁格勒的封锁，并迫使南方集团军群将其军队从顿巴斯、哈尔科夫和克里米亚地区撤回到第聂伯河沿线。

同样,1942年11月下旬"蓝色"行动的尾声,大本营发起第二次勒热夫—

瑟乔夫卡进攻战役和斯大林格勒进攻战役的初步战略目标是，击败并歼灭分别沿西、斯大林格勒和高加索方向作战的中央、"B"和"A"集团军群的大部，将其军队驱离莫斯科、斯大林格勒和高加索地区，并占领斯摩棱斯克和罗斯托夫。斯大林格勒进攻战役获胜之后，大本营急剧扩大其在随后冬季战局中的战略目标：起初试图在1943年1月击败位于俄罗斯南部的顿河集团军群和"A"集团军群，并将其军队击退至第聂伯河，同时解除对列宁格勒的封锁；然后在2月把参加进攻的范围扩大到红军几乎所有的作战方面军，试图沿西北、西和西南三个方向彻底摧毁国防军的防御，并将其军队击退至波罗的海沿岸地区和白俄罗斯的东部边境以及第聂伯河沿线。

1943年夏季的战略进攻期间，大本营同时和先后实施一系列战略性战役，力图实现1943年2月和3月未能达成的目标。保卫库尔斯克突出部的战略性防御战役结束后，大本营针对位于库尔斯克突出部两翼的德国守军发起两场战略性进攻战役，夺取奥廖尔和哈尔科夫。然后，大本营又在8月和9月通过实施多场战略性进攻战役，将其作战范围扩大到从大卢基到黑海沿岸的整个正面，力求彻底摧毁中央集团军群和南方集团军群的防御，迫使其军队退出第聂伯河以东的全部地区，占领维捷布斯克、莫吉廖夫和第聂伯河沿线，并夺取第聂伯河对岸的登陆场。这些战役获胜之后，大本营又在9月下旬和10月上旬命令遂行进攻的方面军攻入白俄罗斯东部、乌克兰的中部和东部，并夺取明斯克、基辅、文尼察和克里沃罗格，而作战方面军只完成了这批任务中的一部分。

因此，1942年1月至1943年7月大本营策划和实施的所有战略性进攻战役期间，分配给作战方面军的战略目标明显具有一致性，因为每一次都试图解放斯摩棱斯克地区，并把德国军队赶出第聂伯河以东的国土。然而，目标尽管一致，可是脱离这个时期大部分时间段的现实。总之，直到1943年9月，大本营才实现自己1942年1月分配给各作战方面军的战略目标，其根本原因有二：第一，在此之前，大本营没有能力策划如此复杂和高要求的战役；第二，作战方面军也没有强大到足以成功实施这些战役的程度。

1943年夏秋战局的最后阶段和随后的1943—1944年冬季战局期间，大本营继续向作战方面军分配明显超出其能力的战略目标。然而，到这个时候，大本营只是在简单地测试国防军抵抗能力的极限，所根据的前提是，国防军的防御可能会在这样无情的重压之下某一时刻彻底崩溃。

进攻策划

战争最初的 30 个月期间和以后，红军实施战略性进攻战役的战果大小，直接取决于大本营和作战方面军、方面军群能否有效地策划这些战役。策划工作包括以下几个至关重要的方面：为实施进攻战役创造有利条件，正确计算双方的兵力对比，适当选择主要突击方向，及时地变更部署、集中和使用进攻兵力和战略预备队，确定最有效的战略性进攻战役布势，选择最有利的进攻时机，确保隐蔽性并在可能的情况下达成突然性。正如其战略进攻的结果所显示的那样，大本营和方面军策划的效果在上述方面全都得到不断改善。

时间和地点

战争的前 30 个月当中，德国国防军的行为，具体是其进攻战役的基本特点和进程，始终准确地决定着大本营实施战略进攻的时间和地点，并在较低程度上决定着进攻的具体方式和兵力大小。例如，1941 年 7 月和 8 月大本营在斯摩棱斯克仓促组织实施的进攻战役，纯粹是孤注一掷地临时拼凑一些兵力，试图阻止国防军继续向莫斯科推进。1941 年 11 月，为了保卫列宁格勒和斯大林格勒接近地，大本营又如法炮制，尽管这次组织实施的季赫温进攻战役和罗斯托夫进攻战役比较成功，但其策划过程还是同样仓促。最后，大本营在莫斯科城下发起的进攻战役也是以一场孤注一掷的反突击开始，目的只是为了阻止德国人合围这座城市。这场反突击得手之后，大本营充分利用德国人面临的困境，先是将反突击扩大为进攻战役，进而将其扩大为全面进攻（总攻）的冬季战局。

至少在一定程度上，国防军的进攻行为同样决定着 1942 年后期大本营实施其战略进攻的时间和地点。因为国防军仅在南面沿斯大林格勒方向和高加索方向实施"蓝色"行动，而在北面仍然据守着威胁莫斯科的阵地，所以大本营可以组织两场战略性进攻战役在南北两个地区同时击败轴心国军队。尽管如此，斯大林格勒及其周边地区的局势还是最终决定着两场进攻战役的

时机。但与 1941 年不同的是，大本营在 1942 年秋季有足够时间，不但可以
更妥善地策划当前的进攻战役，并为此调动、集中和展开己方进攻力量，而
且能策划后续的进攻战役，并最低限度地粗略策划接下来的冬季战局。然而，
随着冬季战局进一步发展，大本营变得更加雄心勃勃和过度自信，策划后续
进攻战役时变得更加仓促和草率。这就在很大程度上可以解释德国人为什么
能够在 1943 年 2 月和 3 月制止这些进攻。

　　大本营在 1943 年夏秋战局期间实施的战略性进攻战役与前两年有根本
区别。首先，大本营可以充分利用整个苏德战场从 4 月到 6 月出现的战役间
隙，比以前更仔细地制定进攻战役计划。另外，1943 年的红军远比 1941 年
和 1942 年更加强大，苏联侦察工作的改善也使大本营可以在国防军的"堡垒"
行动实际发生之前确定其具体时间和地点。因此，即使大本营要根据德国预
定的进攻时间表策划己方的进攻战役，还是相当详细地制定己方第一轮进攻
战役的计划，并勾勒出后续一系列进攻战役的大纲。另外，国防军开始夏季
进攻之前，大本营能够安排己方军队的战略性变更部署，并将大部分军队集
中和展开到进攻出发阵地。因此，大本营几乎未作停顿便从战略防御转入战
略进攻，进而转入一个进攻战局。

　　简而言之，取得库尔斯克会战胜利之后，大本营能够在自己选择的时间
和地点发起多场战略性进攻战役，几乎直至战争结束。

兵力配置和协同动作

　　"巴巴罗萨"行动期间，国防军夺取并掌握着战略主动权的同时，损兵
折将的红军没有必要兵力和兵器，无法按照战前军事理论建议的规模实施战
略进攻。因此，大本营 7 月和 8 月在斯摩棱斯克组织进攻时，把遂行进攻的
三个方面军（西、预备队和布良斯克）展开成浅纵深的单梯队战役布势，集
团军及其下属各师都没有第二梯队，只有数量微不足道的预备队。这种进攻
兵力配置可以最大限度地增加首轮突击力量，但在进攻过程中无法进一步加
强力量。更糟糕的是，遂行进攻的方面军内部和之间的协同动作仍很薄弱，
这几个方面军唯一使用过的机动力量是西方面军的一个小型骑兵集群，用来
向德军后方地区发动深远袭击，破坏其交通线。[40]

莫斯科进攻战役期间的情况没有出现很大改观。莫斯科附近不断恶化的局势，迫使大本营在战役开始时投入其战略预备队中的一小部分（突击第1集团军），在莫斯科以北多次发起规模有限的反冲击。事实证明这些最初的反冲击能够获胜之后，大本营才首先将其扩大为西方面军在莫斯科南北两侧实施的一系列反突击，进而扩大为加里宁方面军、西方面军和西南方面军沿更宽大正面的几场进攻战役。最后，大本营命令其所有的作战方面军都投入到这场覆盖苏德战场一半以上宽度，已发展成为总攻的冬季战局。

这个冬季战局从局部反冲击发展成总攻具有相当大的偶然性，以至于大本营根本无法有效协调己方进攻力量。像在斯摩棱斯克的做法一样，所有的方面军都将其编成内的集团军和师编组成单梯队，只留下有限兵力作为预备队。大本营也同样使用几个加强骑兵军向德军后方纵深发展，这次还与空降兵军和空降兵旅实施的大规模伞降协同动作。然而，遂行进攻的方面军无法长期维持大纵深进攻作战，截至2月下旬，这场进攻战役所到之处都因力量耗尽而难以为继。

红军的规模扩大和实力增强，再加上有更充裕时间制订计划，使大本营能够更加细致有效地策划和协调1942年11月的战略性进攻战役和随后的1942—1943年冬季战局。大本营负责整体协调11月和12月在勒热夫和斯大林格勒的两场进攻战役，而其代表下到在每个地区遂行进攻的方面军群，协调具体作战。[41] 这些代表虽然仍旧将遂行进攻的方面军配置成单梯队战役布势，但是不仅建立更强大的预备队，还大量使用主要由独立作战或互相协调的坦克军、机械化军和骑兵军组成的快速集群（podvizhnye gruppy），向德军防御纵深实施战役机动。[42]

但是，到1942—1943年冬季战局后续阶段，越来越紧迫的时间限制使大本营在策划和实施后续进攻战役时变得更加仓促，协调程度也更低。沃罗涅日方面军、西南方面军和斯大林格勒方面军发起这一轮进攻战役时，仍然组成只有少量预备队的单梯队战役布势。而到1月，大本营为其加强坦克第3集团军，并安排布良斯克方面军在其右侧发起一场新的进攻战役。另外，大本营还安排列宁格勒方面军和沃尔霍夫方面军于1月发起一场试图打破德国人对列宁格勒严密封锁的进攻战役。然后，大本营于2月命令西方面军和布良斯克方面军转入进攻，攻击奥廖尔突出部的德军防御，并在这场战争中第一次组建一个新的方面军①——中央方面军，用于向布良斯克和斯摩棱斯克实施进攻。与此同时，大本营还命令列宁格勒方面军、沃尔霍夫方面军和西北方面军实施"北极星"行动，解除对列宁格勒的封锁，并向波罗的海沿岸地区的东部边境推进。[43]

尽管仓促地策划和扩大2月的进攻，遂行进攻的方面军也依旧组成单梯队的战役布势，但在这场战争中，大本营还是第一次有能力在这些方面军内部组建更强大的第二梯队或者快速集群。[44] 但是，侦察和协同动作不力、兵力的严重消耗，再加上德国人娴熟而坚决的抵抗，使上述几场雄心勃勃的进攻战役全都以失败告终。

从每一个角度看，1943年夏秋战局期间大本营及其代表策划、协调和实施的战略性进攻战役，都在策划、组织和实施方面大有改善，于是远比以前的任何一场进攻战役更加成功。尽管遂行进攻的方面军依旧编为单梯队的战役布势，可是继两个方面军群向奥廖尔和哈尔科夫的德国守军发动进攻之后，大本营趁这两场进攻战役尚未结束，又使用其他几个方面军群向防御斯摩棱斯克的德国军队发起新的进攻战役。最后到8月下旬和9月上旬，从维捷布斯克地区到黑海沿岸的所有作战方面军都陆续参加了这场总攻。大本营代表不仅在所有的进攻战役过程中始终策划和协调方面军群的行动，还通常使用一个或几个坦克集团军以及坦克军、机械化军和骑兵军向纵深发展，并使用多个集团军组成更强大的方面军第二梯队和预备队，为正在进行的进攻增添力量。因此，这些进攻战役要成功得多，并成为大本营在战争后续阶段实施进攻战役的实际样板。[45]

战略突然性和伪装

"巴巴罗萨"行动和"蓝色"行动期间，国防军均能达成战略突然性，并夺取和掌握战争的主动权，从而在两个战局的初期即造成红军的瘫痪和重

---

　　① 译注：原文如此。组建方面军用于进攻并非第一次，中央方面军的番号以前也出现过，这次是在顿河方面军的基础上重建。

大损失，并影响着战局的大部分进程和基本特点。但在这两个战局期间，红军有时也会获得突然因素带来的益处，"巴巴罗萨"行动期间出现的这种情况纯属偶然，而在"蓝色"行动期间更多出自人为设计。

例如，红军在"巴巴罗萨"行动期间遭受惨败的同时，还以其6月下旬在乌克兰的猛烈坦克反突击，7月和8月在波罗的海沿岸地区和斯摩棱斯克的顽强抵抗、强有力的反突击和反攻，10月下旬和11月在季赫温地区和罗斯托夫地区的反攻、在莫斯科接近地的顽强防御，令国防军感到突然。许多情况下，这种突然因素足以使希特勒的进攻战役计划做出重大变更。最后，大本营在莫斯科实施的进攻战役恰好发生在德国侦察机关估计红军只剩下"其最后几个营"的时候，导致国防军措手不及，被迫在接近恐慌的状态下撤退。[46]

整个"蓝色"行动期间，红军的强有力抵抗同样在许多场合下都使国防军感到突然。例如：红军7月在沃罗涅日和顿河沿岸的反突击，8月夺取顿河南岸登陆场的战斗，9月和10月间在斯大林格勒市区的顽强防御和这座城市周围的多次反突击。尽管这些战斗行动多数以失利告终，可是红军达成的突然性经常迫使希特勒变更其进攻战役计划。最后在1942年11月的斯大林格勒和勒热夫，大本营终于可以在己方的重大进攻战役中达成战略突然性（后者的突然程度较低），并通过这种手段造成国防军和其他轴心国军队的瘫痪和重大损失。

最重要的是，"巴巴罗萨"行动和"蓝色"行动期间，大本营都能在德国侦察机关未能察觉的情况下组建大批战略预备队，并在德国人得知其存在之前，使用这些预备队巩固己方的战略防御并实施战略进攻，从而达成战略上的突然性。

最后，到1942年后期和1943年，大本营越来越有效地采用战略伪装措施，为己方的战略进攻创造更有利条件，就像1942年11月在斯大林格勒发起进攻之前的做法一样：秘密地变更部署和集中进攻力量，隐蔽进攻的大部分准备工作。7月和8月的库尔斯克会战期间，通过秘密变更部署和集结大批战略预备队，多次向国防军散布关于一系列战略进攻的时间、地点和兵力的错误消息，一边隐蔽己方军队，一边实施阳动和模拟，大本营同样在发起进攻之前卓有成效地完成了伪装工作。通过这种方式，大本营和红军在斯大林格勒和库尔斯克这两场战略性进攻战役中都能明显达成突然性。[47] 后来，1943 年秋季规模进一步扩大的进攻期间，大本营曾数次使用伪装措施达成突然性，其中最引人注目的一次是 1943 年 11 月在基辅附近夺取第聂伯河对岸的战略规模登陆场。

进攻手段

像战略防御的情况一样，大本营及其作战方面军实施战略进攻时运用的手段也明显随着战争进程日渐成熟，并在战争最初的 30 个月里变得越来越有效果和杀伤力。这方面的最重要变化表现在大本营怎样组织作战方面军实施战略性进攻战役，怎样安排进攻战役的时机和先后顺序，以及怎样使用方面军和方面军群实施进攻战役。

组织

"巴巴罗萨"行动的大多数阶段，由于战前理论和红军普遍缺陷的限制，大本营只使用一个方面军相对孤立地实施战略性进攻战役，即便在几个方面军沿着相邻方向进攻时也是如此，就像 7 月和 8 月在斯摩棱斯克地区、11 月在季赫温和罗斯托夫、12 月在莫斯科等进攻战役中的做法一样。从这几场进攻战役得出的经验使大本营认识到，未来实施战略进攻时应当安排多个方面军在作战中密切协同动作，因为"战局期间的重大军事—政治目标，应通过若干个方面军的军队与武装力量其他军兵种的协同动作予以实现"。[48] 从此以后，大本营都使用多个方面军实施战略性进攻战役，并越来越经常使用大本营代表协调其行动。

举例来说，1942 年 11 月和 12 月在勒热夫和斯大林格勒两个地区实施战略性进攻战役时，大本营使用两个方面军群在大本营代表的监督下作战，并在随后的冬季战局中始终沿用这个做法。然而，到 1943 年 2 月和 3 月，随着红军兵力越来越分散，再加上师老兵疲，这种协调也开始削弱并逐渐失去效力，结果导致这场战略进攻最终未能达到预期目的。

大本营在 1943 年夏秋战局期间策划和实施的战略进攻之所以比原先几

个战局的更见成效，至少在一定程度上是因为完全依靠方面军群在大本营代表监督之下协调其进攻。除了少数例外，从 1943 年的剩余时间起直到战争结束，大本营一直使用密切协调的方面军群实施战略进攻。

时间次序

"巴巴罗萨"行动的整个夏季阶段期间，红军的薄弱实力使大本营始终不具备同时实施一场以上战略性进攻战役的可能。后来在"巴巴罗萨"行动的后续阶段，大本营第一次有能力策划两场战略性进攻战役是在 11 月的季赫温和罗斯托夫。然而，这两场进攻战役的动机都只是由于战略上的必要和适量战略预备队的出现，而不是任何整体战略设计。

再后来，到 1942 年 1 月和 2 月，大本营终于能够沿多个战略方向同时策划和实施战略性进攻战役。不过，这些进攻战役的动机同样是由于必要，大本营也没有能力实施下一轮的进攻战役，不能积小胜为大胜并达成更重大的战略目的。

这场战争中，大本营第一次能够有计划地同时和先后逐次实施战略性战役是在 1942 年秋季，即当年 11 月在勒热夫和斯大林格勒实施的两场进攻战役。这一次，除了起初同时实施代号为"火星"行动和"天王星"行动的两场进攻战役以外，大本营还相当详细地策划了两场后续的战略性进攻战役，并以大纲的形式勾勒出接下来的战局。

尽管"火星"行动失利，可是斯大林格勒地区的进攻战役胜利却使大本营可以首先沿西南和南两个方向策划和实施一系列连续的进攻战役，扩大己方在斯大林格勒取得的战果，然后同时沿西北和西两个战略方向策划和实施战略进攻，并最终扩大到整个苏德战场的大部分正面。然而，除了遇到德国人出乎意料的抵抗之外，大本营协调不力，再加上未能向遂行进攻的方面军提供增援并弥补其进攻过程中的损失，使大本营无法将冬季总攻进行到底，直至实现其预定目标。

1943 年夏季期间，大本营在这场战争中第一次证明自己有能力同时和先后逐次实施战略性战役。1943 年 7 月中旬和 8 月上旬开始的战略进攻，起初是在奥廖尔地区和哈尔科夫地区遂行作战的方面军先后和同时实施的两场战略性进攻战役；8 月上旬和下旬又有几个方面军在斯摩棱斯克地区和顿巴斯地区实施新的进攻战役；最后到 9 月上旬和下旬，大本营命令在斯摩棱斯克地区和黑海沿岸之间作战的所有方面军，首先同时实施追击，进抵白俄罗斯东部边境和第聂伯河，然后连续发起进攻战役，在白俄罗斯和第聂伯河对岸夺取战略规模的登陆场。

尽管到这几场进攻战役的后期，红军的推进已步履蹒跚，但这些战役叠加起来的整体效果还是把德国军队赶出白俄罗斯东部地区和第聂伯河东岸，并为 1943—1944 年冬季的下一轮进攻战役开辟关键性登陆场。更重要的是，它们为大本营在战争后续阶段同时和先后实施更具毁灭性的进攻战役铺平了道路。

方式和方法

虽然大本营的战略性进攻战役方式，即方面军实施它们的方式，在战争最初的 30 个月里惊人地保持一致，但是其具体实施方法却有巨大的改变，特别是怎样集中进攻兵力，以及在战役的突破阶段和发展阶段怎样实施机动。总的来说，除了某些例外，大本营总是以尽可能简单的方式实施进攻，依靠程度越来越高的集中兵力实施正面冲击，突破德军防御，并使用其快速力量沿特定的直接方向实施简单机动，将突破发展到战役纵深。特别是，除了 1942 年 11 月在斯大林格勒之外，大本营总是避免实施精心设计的迂回或合围，因为这要求快速力量实施复杂而协调的大纵深战役机动。

例如"巴巴罗萨"行动期间，大本营缺少必要的时间和兵力来组建用于实施突破的突击集团，其快速力量也过于薄弱，无法在任何可观的纵深内持续实施机动。因此，遂行进攻的方面军通常把军队沿正面平均铺开，很少集中兵力，使用的突击集团一般由几个步兵师或步兵旅临时编组，有时会有几个不满员的独立坦克师、坦克旅或坦克营提供支援，负责实施方面军的主要突击。最后，大本营还使用力量薄弱并且易受损失的骑兵师、骑兵集群或加强骑兵军支援突破交战或发展胜利。[49]

1942 年 11—12 月实施的战略性进攻战役和随后的 1942—1943 年冬季战局中，遂行进攻的方面军在突破交战期间能够更有效地集中兵力，并向更大范围发展突破。除了在率领己方主要突击的第一梯队中使用坦克集团军之外，方面军还组建用于突破交战的突击集团，这种突击集团由若干个步兵师和步兵旅编成，并加强有支援步兵的坦克旅，有时是坦克集团军或其他快速军派出的先头坦克旅或机械化旅；这些突击集团应集中攻击越来越狭窄的主要突击地段。另外，方面军还使用一个（有时是几个）独立坦克军、机械化军或骑兵军，某些情况下还是一个完整的坦克集团军，彻底完成己方的突破并在随后的发展阶段担任先锋。

虽然 1942 年 11 月在斯大林格勒，以及随后 12 月沿顿河中游、奇尔河和阿克塞河的进攻战役期间，大本营刻意策划和实施合围，但是方面军在这几场进攻战役中使用多个坦克军、机械化军和骑兵军沿多个彼此独立的方向发展胜利时，都在协同动作和持续实施机动方面遇到困难。因此，从 1943 年 1 月起，大本营不再实施合围战役，取而代之以更直线化的攻击方式。与此同时，大本营开始将其快速军编组成各种不同的集群（例如"波波夫"集群），力求改善其实施和维持大纵深作战的能力。尽管做出这些改善，大本营还是继续使用坦克集团军加入方面军的第一梯队实施主要突击，并使用快速军组成的集群发展方面军的突破。这些坦克集团军在突破交战中遭受的损失，再加上坦克集团军、快速集群或快速军在发展突破阶段的消耗都会削弱其实力，限制其持续作战的纵深，并给德国军队留下发起反击，将其各个击破的可乘之机。[50]

尽管红军的总人数激增，军队的结构编制也更加复杂，出现了更加强大的快速力量，其中包括 5 个坦克集团军和众多的坦克军、机械化军、骑兵军，但在实施 1943 年夏秋战局期间的战略进攻时，大本营还是避免出现复杂的大规模迂回或合围战役，继续组织简单而直线化的正面突破交战，发展突破阶段虽能达到更大纵深，但从本质上看也是直线化和直接的。

1943 年夏季和秋季的进攻战役中，方面军最经常使用的方式是所谓的纵深分割突击（glubokii rassekaiushchii udar）。这种进攻方式主要是在越来越狭窄的主要突击地段上集中使用步兵师、支援的坦克和工兵部队，并通常在步兵军的控制下凭借炮兵和航空兵越来越大规模的火力保障，以组织严密和高度复杂的正面攻击手段突破国防军防御的战术地幅。然后，方面军及其下属的集团军应当使用坦克集团军，独立的坦克军和机械化军，或者独立坦克军、机械化军和骑兵军组成的骑兵机械化集群，把成功的战术突破发展到防御的战役纵深。[51]

　　然而，即使大本营要求遂行进攻的方面军不得随便动用宝贵的坦克集团军、独立的坦克军和机械化军，只能用于发展胜利，但在相当多的情况下，国防军防御稳定性的不断提高还是迫使方面军使用其坦克集团军的先头旅和独立快速军来达成突破。这样过早使用坦克兵力虽然通常能够保证成功突破，但是也会极大限制随后发展突破阶段的规模和战果。这种进攻方式造成的主要后果是，1943 年夏季和秋季遂行进攻的方面军不但未能合围任何规模的德国军队，而且在大部分战略性进攻战役中，国防军的战役预备队经过变更部署都能设法把红军发展突破的快速集群阻挡在较深远的战役纵深之外。

　　另外，对于缺少坦克集团军支援的方面军群来说，它们实施战略性进攻战役的效果更差，例如 1943 年 8 月加里宁方面军和西方面军的斯摩棱斯克进攻战役，1943 年 10 月至 12 月加里宁（波罗的海沿岸第 1）方面军、西方面军和中央（白俄罗斯）方面军在白俄罗斯实施的进攻战役。上述事例中，进攻战役会在不同的阶段持续发展几个星期甚至几个月之久，但取得的进展小得多。[52]

　　1943 年夏末和秋季实施的几场战略性进攻战役期间，通过多个方面军群沿多个战略方向在宽大正面上实施强有力的攻击，大本营能够最大限度地向已经摇摇欲坠的国防军防御施加压力，达成多次突破并彻底粉碎这些防御。通过沿平行方向或离心方向多次发展突破，进入国防军的战役纵深，遂行进攻的方面军能够将德国守军分割成几个彼此孤立的集团，并迫使全体德国军队向沿索日河和第聂伯河的绵亘防线实施战略退却。尽管这场战略进攻确实规模宏大，战果也相当辉煌，可是红军的进攻势头从 10 月上旬开始减弱。后来，大本营需要整整一个月的时间，才能集中足够兵力在这两条河流的西岸夺取战略规模的登陆场。

战略预备队

　　大本营在战争的前 30 个月里成功实施战略防御和战略进攻的最重要原因，是其有效组建、配置和运用战略预备队的能力。大本营在“巴巴罗萨”

行动、"蓝色"行动和"堡垒"行动期间实施的战略防御能够首先迟滞，进而制止国防军的推进，战略预备队居功至伟；而大本营在1941—1942年冬季、1942—1943年冬季和1943年夏秋季策划战略进攻时，事实证明战略预备队同样至关重要。其重要作用表现在：加强遂行防御的方面军，建立新的防御地区，恢复被国防军突破的防御正面，并为大本营及其作战方面军实施反突击、反攻和进攻提供大部分兵力。

战争开始时的统帅部预备队（缩写为RGK），1941年8月更名为最高统帅部预备队（缩写为RVGK），其规模大小每天都有变化。战争最初的六个月当中，其编成内的集团军数量不超过8个，步兵师不超过47个，步兵旅不超过7个。实力最强的时候是7月1日的7个集团军和47个步兵师，12月1日的8个集团军、44个步兵师和7个步兵旅；实力最弱的时候是8月1日没有集团军或步兵师，9月和10月也没有集团军，只有4至5个步兵师。[53]在此期间，大本营一共从其战略预备队调拨给作战方面军291个步兵师和94个步兵旅，其中150个步兵师和44个步兵旅派往沿西方向作战的方面军，141个步兵师和50个步兵旅派往沿西北和西南方向作战的方面军。[54]这些师和旅当中，有85%是在战略后方仓促组建的新兵团，经常严重不满员且战斗力有限；另有15%是因改编和休整补充而从作战方面军撤回的兵团。

1941年内，大本营先后动用其战略预备队7月至11月间迟滞国防军在"巴巴罗萨"行动中的迅猛推进，11月和12月在季赫温、罗斯托夫和莫斯科，以及随后的冬季战局期间实施进攻。尽管战略预备队主要用于最关键的战略方向，强化该方向各方面军的防御能力和进攻能力，可是也有一部分预备队前往优先程度较低的方向，在那里参加了不少于40场局部的进攻战役或反冲击，牵制并阻止国防军抽调兵力到更关键的方向。

例如，6月下旬和7月，大本营动用约60个步兵师组成的首批14个预备集团军，加强西方面军和西北方面军，并协助组建预备队方面军和外高加索方面军。[55]其中大多数集团军参加8月和9月上旬大本营在斯摩棱斯克地区组织的进攻战役。这场进攻战役失败之后，从9月到12月，大本营又组建12个集团军作为其战略预备队，并将其调拨给各作战方面军，首先用于11月制止国防军的进攻，然后11月和12月期间在列宁格勒、莫斯科和罗斯托夫地区，以及随后的冬季战局期间沿整条战线实施进攻。[56] 通过巧妙运用这种措施，大本营几乎使西方面军的兵力增加一倍，从 10 月 1 日时的 30 个步兵师、1 个步兵旅、3 个坦克旅和 3 个骑兵师，增加到 12 月 5 日的 50 个步兵师、16 个步兵旅、22 个坦克旅和 16 个骑兵师。[57]

继 1941—1942 年冬季战局期间明显缩减预备队之后，大本营又在 1942 年 5 月至 7 月大幅扩充其规模，目的是加强战略防御能力，并为将来的战略进攻筹备新的兵力。[58] 接下来的六个月当中，大本营预备队的编成内通常有 2 至 11 个集团军，2 至 11 个坦克军、机械化军或骑兵军，8 至 65 个步兵师或骑兵师，2 至 28 个步兵旅、摩托化步兵旅、坦克旅或空降兵旅。在此期间，大本营预备队实力最强的时候是 7 月 1 日的 11 个集团军、6 个坦克军或骑兵军、65 个步兵师或骑兵师、28 个各种类型的旅；实力最弱的时候是 9 月 1 日的 4 个集团军、3 个坦克军、18 个步兵师和 24 个各种类型的旅。这批大本营预备队包括 1 个坦克集团军（第 3）和 10 个预备集团军（其番号从第 1 至第 10），其中 7 个预备集团军组建于 6 月 1 日以前，另外 3 个组建于 7 月 1 日以前。总体上看，大本营 1942 年组建的这批预备集团军，在组织、训练和装备方面远胜于 1941 年组建和使用的那一批。

大本营使用这些预备队的做法与 1941 年基本相同，主要参加 1942 年 5 月在哈尔科夫和克里米亚的失利的进攻战役；在夏末和秋初的"蓝色"行动期间巩固战略防御，并向不断推进的德国军队发起反冲击和反突击；最后参加 11 月和 12 月以及随后的冬季战局期间在勒热夫地区和斯大林格勒地区的战略性进攻战役。例如，1942 年夏秋季期间，先后共有 189 个步兵师、30 个坦克军或机械化军、78 个步兵旅和 159 个独立坦克旅编入最高统帅部预备队。其中有 72 个步兵师、11 个坦克军或机械化军、2 个骑兵军、38 个坦克旅，以及 100 个炮兵团和 10 个航空兵团被用于加强沿斯大林格勒方向作战的方面军；同时以几乎相同的兵力加强其沿西北和西方向作战的方面军。相应地，在斯大林格勒地区作战的方面军以其中的 25 个步兵师、3 个坦克军和 3 个机械化军加强在斯大林格勒进攻战役中担任先锋的主要突击集团。[59]

因此，大本营在战争第一阶段中派往作战方面军的战略预备队，不仅能增加红军战略防御的强度和纵深，还为红军最终在 1941 年 12 月和 1942 年

11 月两度成功转入进攻提供必要的数量优势：

最高统帅部大本营的战略预备队在1941年和1942年的两个夏秋战局期间及时而巧妙的运用，是战争第一阶段期间实现战略防御目标的最重要因素之一。这两个战局期间，战略预备队不但使敌人的突击集团精疲力竭、大伤元气，被迫停止进攻，而且保证苏联军队能够成功地转入反攻，并发展为总攻。[60]

最高统帅部预备队在 1943 年 7 月的库尔斯克战略防御中发挥的作用固然举足轻重，可是在当年早些时候和库尔斯克会战获胜后的战略进攻中起到的作用却有过之而无不及。例如，准备实施 1942—1943 年冬季战局时，大本营从作战方面军撤回并休整补充 1 个坦克集团军（第 5）、10 个坦克军和 71 个步兵师，并开始组建另外 5 个新的集团军；到这个战局开始时，已在其预备队编成内有 5 个诸兵种合成集团军、1 个坦克集团军（第 3）、8 个坦克军和 2 个机械化军。[61] 后来准备 1943 年夏秋战局时，大本营 7 月上旬以前将最高统帅部预备队扩大到 8 个诸兵种合成集团军（近卫第 4、近卫第 5、第 11、第 27、第 47、第 52、第 53 和第 68）、2 个坦克集团军（近卫第 3 和近卫第 5）和 1 个空军集团军。大本营 4 月使用其中的 3 个诸兵种合成集团军、1 个坦克集团军和 1 个空军集团军，再加上 6 个坦克军（机械化军）和 3 个骑兵军组成由其直接指挥的新的预备队方面军，后来改称草原军区，7 月 9 日改编成草原方面军。[62]

1943 年全年，大本营在其战略预备队中重新组建共 5 个集团军、6 个军、64 个步兵师和骑兵师、55 个各类旅；另外从作战方面军撤回 31 个集团军、44 个军、204 个师和 50 个独立旅，加以改编和补充。[63] 在此期间，最高统帅部预备队编成内通常有 2 至 12 个诸兵种合成集团军、坦克集团军或空军集团军，2 至 26 个步兵军、坦克军、机械化军或骑兵军，12 至 78 个步兵师、骑兵师或筑垒地域，9 至 30 个步兵旅、摩托化步兵旅、坦克旅或空降兵旅。实力最强的时候是 7 月 1 日的 12 个集团军，25 至 26 个步兵军、坦克军或骑兵军，78 个步兵师、骑兵师或筑垒地域，10 至 22 个各类旅；实力最弱的时候是 1 月 1 日的 2 个集团军、2 个坦克军、18 个步兵师和 9 个旅。[64]

大本营 1941 年和 1942 年的做法是，先在后方地区从无到有地组建战略预备队，然后用于实施战略进攻。相比之下，到 1943 年，红军既在数量上占有对国防军的优势，又在斯大林格勒和库尔斯克夺取战略主动权，从而使大本营有能力采取另一种做法：从正在实施进攻的作战方面军撤回大批兵团，并将其编入最高统帅部预备队进行休整补充，然后再将其派往作战方面军参加后续的进攻。因此，这段时间里，大本营有 70% 的战略预备队是从作战方面军撤回的兵团，只有 30% 是新组建的。由于大多数这些兵团的建制都保持得比较完整，还有一批训练有素、经验丰富的老战士作为核心（平均每个步兵师有 3000 人），实战中能表现出强大得多的战斗力。[65] 这种做法进而可以缩短实施新的战略性进攻战役之前必要的准备时间，也使大本营可以在当前的进攻战役中加强红军的力量。

更重要的是，与 1941 年和 1942 年相比，大本营直接指挥下的战略预备队中的军团和兵团数量，尤其是地面快速兵种和空军的军（兵）团的数量几乎翻了一番。大多数情况下，大本营可以动用这些预备队实施更大规模的战略性防御战役或战略性进攻战役，或者为正在进行的战略性进攻战役补充兵力。例如，在库尔斯克实施的战略性防御战役期间，大本营使用最高统帅部预备队的军团和兵团建立大纵深梯次战略防御，加强己方遂行防御并抗击国防军进攻的方面军，组建用于实施己方反攻和进攻的突击集团。随后，大本营又在秋季使用其预备队加强正在攻向并强渡第聂伯河的各方面军。[66] 总之，红军 1943 年 7 月在库尔斯克取得的惊人防御胜利，以及在 1943 年夏末和秋季几场越来越大纵深的进攻战役中连续取得同样惊人的胜利，都直接来源于大本营大力扩充并巧妙地运用战略预备队。

战役法

苏联的军事理论家认为，战争的战役层面是介于战术和战略之间的重要环节；因此，他们同样认为，战役法的成功实践是方面军司令员和集团军司令员把战术胜利转化为战略胜利的必由之路。根据这样的定义，红军在“巴巴罗萨”行动、“蓝色”行动和“堡垒”行动期间成功实施防御的能力和转入己方战略进攻时成功实施进攻的能力，都直接取决于作战方面军和集团军在战役层面有效实施防御和进攻的能力。[67]分析红军的方面军战役和集团军战役实际效果的最佳方法，是仔细考察这些战役的范围和规模、方面军司令员和集团军司令员实施战役时采用的战役布势和战役手段，尤其是他们怎样实施战役机动。就上述几方面的内容，方面军司令员和集团军司令员显然在1941年和1942年期间实施防御和进攻的过程中都实实在在地接受过残酷教育。不过，这样的教育最终可以帮助他们在1943年更有效地作战。

范围和规模

防御战役

1941年和1942年的两个夏秋战局期间，红军的作战方面军在大本营或战略方向总指挥部的领导下，集团军在方面军或大本营的领导下实施防御战役，抗击国防军的"巴巴罗萨"行动和"蓝色"行动。因为这些战役全都是针对国防军进攻行为的被动反应，再加上它们都是在大本营主导下战略防御的组成部分，所以它们的范围和规模往往与整体的战略性防御战役融为一体。而实际上，红军的方面军司令员和集团军司令员在此期间独立组织的少数几场战役都基本上具有进攻的性质。[68]

总的来说，战争刚开始的几个月和1941年的大部分时间里，方面军和集团军实施的防御相当薄弱，到1942年则在几个重要方面有所加强。例如，1941年夏季和秋季，方面军和集团军实施防御战役的正面通常分别是300—500公里和70—120公里宽。战役纵深取决于国防军在每场战役中的推进距离，通常延伸到整体战略性防御战役的全部纵深，或者相应方面军或集团军覆没时的纵深。[69]另一方面，由于红军规模和实力的增长，1942年夏季方面军和集团军实施防御战役的正面宽度略有减少，分别是250—450公里和50—90公里。而1942年的战役纵深同样延伸到整体战略性防御战役的全部纵深，或者相应集团军覆没时的纵深，不过，遭遇这种可怕命运的集团军已寥寥无几。[70]

随着红军1943年的发展壮大，在能够预先策划战略性防御战役的情况下，方面军和集团军会在越来越窄的防御地段上更大程度地集中兵力，以此增加防御的力度和稳定性。然而，中央方面军、沃罗涅日方面军和西南方面军1943年2月和3月实施的防御却显然是这条规则的例外，因为这一次是国防军在顿巴斯突然发起的毁灭性反攻和在库尔斯克以西的另几场反突击，迫使这三个方面军从进攻转入防御。因此，这三个方面军实施的防御战役与 1941 年和 1942 年一样发生在宽大的正面上，并依靠其现有兵力或大本营提供的增援进行防御。

但到 1943 年 7 月的库尔斯克，由于有充分的策划时间，参加战略防御的作战方面军和集团军能够在比以往更窄的地段上实施有充分准备的防御战役。库尔斯克防御期间，方面军和集团军的防御地段正面分别是 250—300 公里和 40—70 公里宽，防御的持续时间仅有几个昼夜，纵深也极其有限。从那时起，红军在库尔斯克的防御战役就成为方面军和集团军在战争后续阶段实施防御战役的典型范例。

进攻战役

1941 年全年和 1942 年的大部分时间，红军方面军和集团军实施的一些进攻战役是以大本营组织下多个方面军或单个方面军的战略性进攻战役作为背景，例如 1941 年 8 月的斯摩棱斯克进攻战役和 1942 年 1 月—4 月的莫斯科进攻战役；另一些是按照大本营的指示独立实施的，例如 1941 年 8 月北方面军的索利齐进攻战役[①]、1942 年 1 月沃尔霍夫方面军的柳班进攻战役、1942 年 1 月南方面军的巴尔文科沃—洛佐瓦亚进攻战役。尽管 1941 年夏季和秋季的大部分方面军进攻战役和集团军进攻战役纯属偶然事件，可是随着时间的推移，红军的实力越来越强大，方面军司令员和集团军司令员越来越有作战经验，这些进攻战役也变得更加复杂，效果更加显著。

红军 1941 年夏季实施的少数几场进攻战役期间，方面军和集团军的攻击正面宽度分别是 90—250 公里和 20—50 公里，前进距离最多达 50 公里。[71]1941 年 12 月和 1942 年 1—4 月规模最大的莫斯科进攻战役期间，方面军和集团军的攻击正面分别是 300—400 公里和 20—80 公里，方面军的预定目标位于纵深

---

① 俄译注：1941年7月14日至18日在索利齐的进攻规模有限。没有，也不可能事先为此制订计划，因为这是北方面军司令部针对曼施泰因的第五十六摩托化军过分自信而鲁莽前进采取的反措施。战役中发挥主要作用的是位于该地区的方面军预备队（步兵第70和第237师），大本营没有参与其中。

120—350 公里处，集团军则是 30—35 公里，计划完成时间为 6—8 个昼夜。[72] 它们虽然未能实现这样的目标，但是确实能在德国人制止这场进攻战役之前取得前所未有的进展。[73]

这个冬季战局期间，因为方面军司令员和集团军司令员经常会把进攻兵力分散到宽大正面，从而削弱自己的突击力量和效果，所以大本营 1942 年 1 月上旬命令全体各级司令员和指挥员均应通过组建突击集团，将自己的兵力集中在更狭窄的主要突击地段内。[74] 从那时起，实施主要突击的时候，方面军应选择 30 公里宽的突破地段，集团军应选择 15 公里宽的突破地段。这样就使方面军和集团军在主要突击地段上的炮兵战役密度，从 1941 年的每公里正面 7—12 门火炮和迫击炮，增加到 1942 年每公里正面的 45—65 门火炮和迫击炮。[75]

1942 年后期的进攻战役和 1942—1943 年冬季战局期间，红军方面军和集团军的攻击正面分别是 250—350 公里和 50—80 公里宽，而集团军的突破地段只有 12—14 公里宽，从而确保集团军和方面军可以完成分别突破至 20—28 公里和 100—140 公里纵深的当前任务。但是，红军在这个冬季战局期间令人喜忧参半的经历，促使大本营在 1943 年夏季的进攻战役中更大幅度地集中兵力。于是，1943 年中后期的进攻战役中，方面军和集团军的攻击正面宽度分别缩小到 150—200 公里和 20—35 公里，组织突破的地段分别缩小到方面军的 25—30 公里和集团军的 6—12 公里。结果是，步兵师的突破地段宽度缩小到 2.5—3 公里，方面军和集团军实施主要突击的突破地段上，炮兵和坦克的战役密度增加到每公里正面 150—180 门火炮和迫击炮、30—40 辆坦克。[76] 按照这种配置，大本营希望集团军可以在 12—15 公里的纵深完成其当前任务，作为其上级的方面军可以完成突入国防军防御纵深 80—100 公里的当前任务。不过，直到 1944 年年中，很少有方面军和集团军能够完成这样雄心勃勃的任务。

战役布势
防御战役

1941 年和 1942 年的夏秋期间实施防御战役时，方面军（编 4 至 6 个集团军）和集团军（编 4 至 5 个步兵师）均组成单梯队、浅纵深的防御战役布势，只保留少量预备队。[77] 例如，方面军通常以 3 至 5 个集团军组成第一梯队，以 1 至 2 个步兵师作为预备队，防御宽度 300—500 公里和纵深 30—35 公里的地段；集团军以 3 至 4 个步兵师组成第一梯队，以最多 1 个步兵师作为预备队，防御宽度 70—120 公里和纵深 13—24 公里的地段。这样的防御往往不堪一击，防御兵团经常各自为战，预备队也很少沿防御正面和纵深方向实施机动。

但到 1942 年夏季，可动用兵力的增多已经为方面军和集团军建立更加坚固和更大纵深的防御战役布势创造了条件。例如，方面军（编 4 至 6 个集团军、1 至 2 个坦克军或机械化军、1 至 2 个骑兵军）展开成双梯队的战役布势，以 3 至 5 个集团军组成第一梯队，1 个集团军和几个快速军组成第二梯队或预备队。与此同时，方面军防御正面的宽度减少到 250—450 公里，防御纵深增大到多达 50—150 公里。

方面军编成内的集团军（编 4 至 6 个步兵师或步兵旅、1 至 2 个坦克旅）组成双梯队防御 50—90 公里宽的地段，以 3 至 4 个师或旅组成第一梯队，以 1 至 2 个师或旅组成位于纵深约 15—25 公里处的第二梯队。另外，集团军第一次能够建立炮兵群和高射炮兵群，以及相当规模的炮兵预备队和反坦克预备队。结果是，遂行防御的集团军可以把炮兵的战役密度增加到每公里正面 15—25 门火炮和迫击炮。

随着红军在 1942 年秋季后期巩固其防御，方面军的防御纵深增加到 40—50 公里，在某些能够构筑后方防御地区的情况下还会多达 75—150 公里。集团军呈单梯队展开到主要防御地带时，占领的防御纵深是 12—15 公里，如果能组织第二防御地带的话，防御纵深可以增加到 25 公里。与此同时，通过在第一防御地带内建立数量越来越多的营防御地域，该防御地带的稳定性也得到提高。[78] 根据所防御的是主要方向还是次要方向，集团军炮兵和坦克的战役密度增加到每公里正面 15—27 门火炮和迫击炮、6—7 辆坦克。

随着红军的防御手段在 1943 年进一步完善，方面军和集团军的防御正面宽度进一步减小，而防御纵深进一步增大，兵力和兵器的战役密度、防御的整体稳定性都大幅度增加。1943 年夏季期间，方面军（编 4 至 9 个集团军、最多 1 个坦克集团军、最多 5 个坦克军或机械化军）的防御正面宽度是

250—300 公里，纵深 120—150 公里，以 3 至 6 个集团军组成第一梯队，以 1 至 3 个集团军、坦克集团军和几个快速军组成第二梯队，以 1 个步兵军和几个快速军组成预备队。方面军编成内的集团军（编 1 至 3 个步兵军、3 至 12 个步兵师或步兵旅、最多 7 个坦克或自行火炮的旅或团）的防御正面宽度是 40—70 公里，纵深 30—40 公里。以 2 个步兵军、3 至 6 个步兵师或步兵旅、几个坦克旅或坦克团组成第一梯队，占领集团军的第一和第二防御地带；以 1 个步兵军、3 至 6 个步兵师或步兵旅组成第二梯队，以 1 至 2 个步兵师、几个坦克或自行火炮的旅或团作为预备队，配置在集团军第三防御地带，即后方防御地带。

中央方面军和沃罗涅日方面军 1943 年 7 月在库尔斯克精心策划的防御，成为有效实施战略防御和战役防御的典范，并在战争剩余时间里一直作为方面军和集团军实施防御战役的标准。[79] 最后，从防御稳定性的角度来看，截至 1943 年夏季，方面军防御地区的纵深已经达到 1941 年和 1942 年的 3—6 倍，集团军防御地区的纵深达到 2 倍。因此，炮兵、坦克和自行火炮的战役密度达到每公里防御正面 30—80 门火炮和迫击炮、7—27 辆坦克和自行火炮。[80]

实施防御时，方面军司令员通常使用其第二梯队中的坦克集团军以及预备队中的坦克军或机械化军，制止和击退德国装甲兵的突破。另外，集团军和步兵军还组建和使用各种各样的炮兵群、高射炮兵群、反坦克预备队，用于挫败战术突破，并使用快速障碍设置队迟滞敌人实施的战场机动。最后，当一场漫长的进攻战役进入尾声，需要临时组织防御时，方面军司令员通常会将其诸兵种合成集团军和坦克集团军展开成单梯队的战役布势，使用坦克集团军沿主要前进方向实施防御。[81]

进攻战役

1941 年实施进攻战役时，方面军和集团军发起主要突击的突破地段过于宽大，也不够明确，并且依靠步兵兵团或者脆弱的骑兵师、骑兵集群，或后来使用的加强骑兵军发展突破。方面军（一般编 3 至 6 个集团军，但 1941 年 12 月至 1942 年 1 月的西方面军共有 9 至 10 个集团军）通常将遂行进攻的集团军大部分或全部展开成单梯队的战役布势，以 2 至 3 个步兵师、1 至 2 个坦克师或坦克旅作为预备队，正面宽度是 300—400 公里，纵深达 30—40 公里。同一时期，集团军（编 3 至 10 个步兵师或步兵旅、1 个骑兵军和最多 8 个坦克师或坦克旅）将大部分兵力展开成单梯队，正面宽度为 50—80 公里，纵深 12—16 公里，以 1 个骑兵军作为第二梯队，同少量预备队一起发展突破。集团军集中兵力攻击一两个主要突击地段，宽度最多是 15—20 公里。

随着 1942 年春季和夏季红军实力增强，方面军和集团军虽然继续以单梯队的战役布势发起攻击，但是其掌握预备队的数量有所增加，并为支援突破交战而组建各种炮兵群，以及反坦克、坦克和工程兵的预备队。另外，春季期间，方面军开始使用由一个或几个坦克军组成的快速集群（podvizhnye gruppy），作为第二梯队发展战役胜利；夏季和秋季期间，又开始使用坦克集团军作为率领第一梯队攻击的先锋。[82] 因此，方面军和集团军进攻地段的宽度分别减少到 250—350 公里和 50—80 公里，纵深分别增加到 30—40 公里和 15—20 公里。[83]

随着大本营从 1942 年 11 月开始，并在 1943 年全年沿越来越宽的正面组织越来越多的进攻战役，红军的方面军和集团军使用精心编组的突击集团组成更大纵深的梯次进攻战役布势，在大批火炮和坦克的支援下突破国防军防御的战术地幅。具有高度机动性的坦克军或机械化军组成集团军快速集群，1 至 2 个坦克集团军（有时再加上 1 个骑兵军）组成方面军快速集群，负责向国防军防御的战役纵深发展胜利。因此，随着红军的方面军司令员和集团军司令员的进攻本领不断提高，其进攻战役的规模、复杂程度、推进速度和纵深都在这个时期持续增加。

例如，1942—1943 年冬季实施进攻战役时，方面军一般展开成更强有力的单梯队战役布势，常常使用 1 个坦克集团军实施主要突击，以 1 至 2 个步兵师作为预备队，并以 1 至 2 个坦克军、机械化军或骑兵军作为预备队，单独或者组成骑兵机械化集群发展突破。[84] 方面军编成内的诸兵种合成集团军在攻击时通常将步兵军或步兵师展开成双梯队的战役布势，并使用通常只有一个独立坦克军、机械化军或骑兵军组成的集团军快速集群提供支援。

随着国防军在 1943 年夏季通过增大防御纵深和强度完善其战役防御，方面军和集团军相应地对自己的战役布势做出调整，方面军通常会将集团军展开成两个梯队，集团军也会将步兵军和步兵师展开成两个梯队，并使用第二梯队或预备队中的快速集群提供支援。方面军会将突击力量展开在宽度150—250公里和纵深20—25公里的地段上；其编成内集团军的攻击地段则是宽度40—55公里和纵深25公里。每个方面军使用1个坦克集团军组成快速集群，每个集团军使用1个坦克军或机械化军组成快速集群，在方面军和集团军主要突击方向上实施突破的第一梯队后方跟进，通常使用自己的先头旅协助突破交战，然后向国防军的防御纵深发展战役胜利。另外，集团军还会建立各种炮兵群和高射炮兵群、快速障碍设置队，以及诸兵种合成预备队、反坦克预备队和坦克预备队。

战役手段

红军成功实施防御战役和进攻战役不可或缺的诸多战役手段当中，最重要的是其运用战役机动的能力，其反坦克歼击炮兵、其他炮兵和空军的发展和使用，以及如何运用战役伪装达成突然性，尤其是达成进攻的突然性。

战役机动

正如只有通过实施具体的战役才能取得战略胜利一样，战役胜利也取决于快速军团和兵团具体实施战役机动，特别是大型坦克、机械化、骑兵军团和兵团的战役机动。虽然德国人不使用战役机动这个名称，但是国防军就是使用装甲集群、装甲集团军和装甲（摩托化）军实施快速大纵深战役，赢得"巴巴罗萨"行动和"蓝色"行动期间最引人注目的胜利。红军尽管1941年和1942年年初实施己方的实际战役机动时不具备堪与国防军相媲美的机动能力，可是确实已在紧锣密鼓地开展一项计划，到1942年春季和夏季打造出可以实现这个目标的快速力量。继1942年夏季和秋季实施战役机动取得微乎其微的成功之后，红军1942年11月在斯大林格勒第一次运用快速力量取得重大胜利。从斯大林格勒会战起，直到战争结束，无论战略规模还是战役规模，红军取得的所有进攻胜利都在很大程度上来自其快速力量在进攻战役和防御战役中有效实施战役机动的能力。简而言之，坦克集团军所到之处，红军即接踵而至；坦克集团军徘徊不前，红军亦难有进展，这将成为颠扑不破的准则。[85]

　　防御性战役机动主要涉及大股快速兵力（特别是快速预备队）在防御战役之前和过程中的变更部署和机动，使其能够制止国防军装甲兵的突击，并实施己方的反冲击和反突击。1941 年和 1942 年期间，红军的方面军和集团军实施的防御性战役机动大多数都乏善可陈。

　　例如，"巴巴罗萨"行动的第一个星期里，红军遂行防御的三个方面军全都试图运用其机械化军的机动，制止并击退国防军的进攻。然而，无一例外，指挥控制不力和后勤缺陷造成的瘫痪结合在一起，使这些机械化军几乎一触即溃并最终损失殆尽。[86]红军的机械化军在战争开始后几个星期便已不复存在，军队结构中缺少大型的快速兵团，使红军的方面军和集团军在"巴巴罗萨"行动的后续阶段始终无法再实施任何防御性战役机动。

　　1942 年春季和夏初，红军打造出新型快速力量的核心之后，又一次试图运用防御性战役机动在"蓝色"行动的最初几个星期击败国防军。正如 1941 年 6 月下旬的情况一样，红军在俄罗斯南部遂行防御的方面军试图使用其编成内的新型坦克集团军和坦克军，向推进中的德国军队发起协调一致的反攻。可是，糟糕的指挥控制又一次使战役机动实际上陷入混乱，结果导致快速力量的失败、削弱和彻底毁灭。[87]

　　战争的前 30 个月里，红军第一次也是唯一一次有效运用防御性战役机动，出现在 1943 年 7 月库尔斯克的战略防御期间。这一次，参加库尔斯克防御的方面军通过成功机动自己的集团军和独立坦克军，干扰、迟滞并能最终制止国防军装甲兵的突破；首先使用坦克集团军进行实际上的阵地防御，然后以独立坦克军大范围、多批次实施机动，从两翼打击正在发展的突破，最后到防御交战正酣的时候，大本营又机动一个加强的坦克集团军在普罗霍罗夫卡迎头痛击最危险的突破，并制止其前进。[88]

　　最后到 1943 年秋季后期，方面军和集团军经常运用坦克集团军、坦克军和机械化军的有效防御性战役机动，制止国防军在红军成功的进攻战役后期实施的反冲击和反突击。这种情况发生在 1943 年 10 月克里沃罗格以北的几个地点和 1943 年 11 月和 12 月的基辅以西地区。[89]

　　根据 1943 年中后期成功运用防御性战役机动的经验，从这时起，方面军和集团军通常会在其实施的所有防御战役中预先策划快速力量的机动，并在自己成功实施进攻战役之后的防御期间随机应变地实施机动。

由于机械化军在"巴巴罗萨"行动初期即遭到国防军的歼灭，红军几乎没有能力实施进攻性战役机动，即便是莫斯科进攻战役和随后的冬季战局期间。这段时间内，方面军和集团军经常使用骑兵军、骑兵师、空降兵军和空降兵旅，有时再加强若干坦克旅，作为追击作战的先锋并向纵深发展。然而，这些兵团不但火力有限，乏善可陈的后勤保障使重新补给非常困难，甚至不可能，而且它们无法把作战行动持续到任何预定纵深。另外，因为大本营和作战方面军无法使用步兵跟进并配合这种大纵深的战斗行动，所以它们都不可避免地归于失败。

与1941年的情况截然不同，国防人民委员部1942年春夏组建和使用的新型独立坦克军和机械化军、混合编成的坦克集团军，已比自己的前辈们更有能力实施进攻性战役机动。因此，根据大本营的指示，方面军和集团军从1942年春季开始将其编组成快速集群，用于将突破发展到国防军的战役纵深。然而，刚开始时，这些初出茅庐的坦克集团军和坦克军的编成既不平衡又不完善：坦克军缺乏足够的摩托化步兵伴随，而坦克集团军不仅是人脚（步兵）、马蹄（骑兵）和履带（坦克）组成的奇怪混合物，还很难与其他军兵种协同动作，脱离支援的步兵和炮兵单独战斗时极为脆弱。更糟糕的是，正如5月在哈尔科夫、7月在沃罗涅日和顿河沿岸、8月在日兹德拉[①]的几场失败所表明的那样，这些快速力量的司令员和指挥员并不知道应当怎样运用自己的军队。[90]

10月16日，经过对夏季期间快速力量全部失败的分析，国防人民委员

---

① 译注：1942年8月11日，德国第二装甲集团军使用3个装甲师（以及另1个装甲师之一部）、1个摩托化步兵师和4个步兵师，近500辆坦克，进攻苏联第16和第61集团军的接合部，企图削平基洛夫—苏希尼奇突出部，战役代号是"旋风"（Wirbelwind）行动。西方面军使用其预备队坦克第3、第9和第10军以及若干个独立坦克旅参加防御和实施反冲击，到8月18日已成功制止德军前进。随后，得到坦克第3军加强的坦克第3集团军，在坦克第9和第10的配合下于8月22日（原计划19日）发起反突击，虽进展缓慢，未能合围和歼灭德军突出集团，但迫使其为免遭合围而由日兹德拉河南撤，基本拉直战线。详见《苏军坦克兵》中译本第74—76页和附图6，《坦克突破：1937—1942年苏联坦克》（Танковый прорыв. Советские танки в боях, 1937–1942 гг.）中的"'旋风'行动"章节。苏联资料中没有正式命名这场战役，一般笼统地称之为"科泽利斯克以南的战斗行动"。这应是一次成功的防御性战役机动，上文注释88所在段落第一句的结论不成立。

另外，根据第十二章"方面军司令员·1943年"小节的巴格拉米扬生平简述，可以看出作者误以为"旋风"行动发生在7月，因此把8月科泽利斯克以南的反突击称作"失败的博尔霍夫进攻战役"；把第16和第61集团军7月5日至14日在坦克第3和第10支援下进攻博尔霍夫和日兹德拉的进攻性战役称为"日兹德拉—博尔霍夫反突击"，全书多处文字与这个错误有关，如第一章"1942年夏秋战局·被遗忘的战争"小节，敬请留意。

部颁布其第 325 号命令，该命令通过分析 1942 年春季和夏季期间快速集群的失败，要求坦克军和机械化军的军长应当完整地保留自己的军，仅用于发起"强有力的冲击和反冲击"，并禁止"分散使用这些宝贵的战役兵团"。[91]

由于这道命令和另一些命令，所谓的快速集群（podvizhnaia gruppa）便在战争第二阶段期间凭借其使用次数和作战效率，成为方面军和集团军战役布势中最重要的组成部分。快速集群的主要任务是实施战役机动，加快突破进程；在成功达成突破的情况下，向国防军的后方纵深地区发展胜利；实施大纵深的追击。[92] 从 1942 年 11 月的斯大林格勒开始，直到战争结束，方面军和集团军通常将坦克集团军、一个或几个坦克军和机械化军编入各自的快速集群，从而增大进攻战役的规模和范围，延长战役的持续时间。

1942 年后期和 1943 年，方面军快速集群的最重要组成部分是国防人民委员部组建的坦克集团军：混合编成的坦克集团军 1942 年夏季首次参加战斗，并从 1942 年 11 月到 1942—1943 年冬季一直在实践验证；新型的坦克集团军 1943 年前期和中期投入使用。与此同时，集团军使用独立的坦克军和机械化军作为其快速集群。方面军和集团军从 1942 年 11 月到 1943 年 3 月广泛地验证这两种坦克集团军、不同编成的独立坦克军和机械化军，力求形成不间断地向国防军战役后方纵深发展的能力。

例如，斯大林格勒反攻期间，西南方面军以坦克第 5 集团军作为方面军快速集群，展开到第一梯队，在这座城市以北突破罗马尼亚人的防御，随后向纵深发展。与此同时，斯大林格勒方面军以几个坦克军和机械化军作为方面军快速集群，在这座城市以南突破罗马尼亚人的防御，向纵深发展并与坦克第 5 集团军会师。但在这个战例中，即使组成快速集群的各军能够成功合围德国第六集团军，它们还是因损失过大而无法进一步进攻。

随后的 1942—1943 年冬季战局期间，有些遂行进攻的方面军继续使用其坦克集团军作为第一梯队中的快速集群，另一些方面军和集团军单独使用其独立坦克军和机械化军，或将其编成快速集群，作为第二梯队用于发展胜利。[93] 然而，快速力量的指挥控制不力、后勤的困难，再加上恶劣的天气和德国人高效率的抵抗，降低了战役机动的效果，使这些进攻战役在达成预定目的之前就归于失败。

虽然红军在 1942—1943 年冬季运用战役机动只能取得有限的成功，往往也是昙花一现的成功，但是大本营、方面军和集团军在这个战局里获得的经验却为 1943 年夏季和秋季实施战役机动打下坚实的基础。简而言之，到 1943 年 7 月，国防人民委员部已开始使用能更持久实施战役机动的军团和兵团，方面军和集团军也发展出更有效实施战役机动的战役手段和战术手段。从那时起，无论对方面军还是集团军来讲，快速集群的进攻性战役机动都已成为成功实施进攻的最有用工具，甚至是至关重要的工具。

1943 年 7 月以后的几乎每一场重大进攻战役中，方面军和集团军都在发起进攻前仅几小时之内将其快速集群（方面军编成内的坦克集团军，集团军编成内的独立坦克军或机械化军）集中在各自的进攻出发地位，并在进攻当天晚些时候安排其快速集群进入交战，或者彻底达成战术突破，或者向战役纵深发展突破。[94]①

1943 年夏末和秋季，方面军和集团军的快速集群（有时甚至是步兵军）实施的战役机动更有成效。除了可以实施越来越大纵深的作战以外，它们还经常在发展突破阶段变更下属兵团和部队的前进方向到另一个更加有利的方向，或者前去挫败国防军的反冲击或反突击。它们也越来越有能力隐蔽自己的机动，从而避开德国侦察机关的窥探。

为了成功实施战役机动和战术机动，方面军和集团军在 1943 年发展出的最重要和最有效作战手段是组建和使用先遣支队（peredovye otriady），作为快速集群和第一梯队步兵军向前推进时的先锋。从 1943 年 7 月起，方面军和集团军的快速集群、遂行进攻的诸兵种合成集团军第一梯队步兵军都开始组建和使用先遣支队，加快自己的突破、发展和追击进程。先遣支队通常以几个独立坦克旅为核心组建，并且精心配属适当的加强兵力，以半独立的方式率领自己所属的军团和兵团前进，打乱国防军的防御部署，占领诸如河流渡口和道路交会处等关键的地形要点，加快进攻的整体进度，并尽可能地

---

① 译注：苏联官方资料称，快速集群进入交战的时间是：集团军快速集群"在战役的头一两天内即进入交战，而方面军快速集群则通常在战役的第二、三天才进入突破口，但有时也以其部分兵力协同第一梯队的诸兵种合成集团军突破敌人防御的战术地幅"。

向纵深发展。[95]

　　虽然先遣支队独立作战的基本特点经常招致国防军的反冲击和反突击，有时会使它们损失殆尽，但是事实最终证明它们是有效实施进攻性战役机动时不可或缺的工具。

对坦克防御

　　大本营、国防人民委员部和总参谋部同样在整场战争中不断提高红军的反坦克能力，但具体到 1943 年，仅仅是因为只有这样做，红军的方面军和集团军才能战胜强大的德国装甲兵。事实证明，对坦克防御之所以在 1941 年和 1942 年年初丝毫未见成效，主要是因为红军的反坦克旅在战争刚开始的几个星期里便已不复存在，反坦克武器全面短缺，还因为司令员和指挥员总是倾向于将他们拥有的反坦克武器平均分散在整个防御正面上。迫不得已，司令员和指挥员从 1941 年秋季开始也使用地面炮兵和高射炮兵（经常以直射火力的方式）加强自己的对坦克防御并同德国坦克交战。[96]

　　虽然直到 1942 年中期反坦克炮都始终供不应求，方面军和集团军只能在每公里宽的正面配置 2—5 门反坦克炮，但是从 1941 年后期和 1942 年上半年起，它们开始沿德国坦克可能的前进方向布设纵深梯次配置的防坦克枢纽部和防坦克地域。另外，到 1942 年夏季和秋季，方面军和集团军已有能力向下级兵团配属反坦克部队，使它们可以建立自己的反坦克预备队，从而提高对坦克防御的整体密度和机动性。

　　鉴于对坦克防御在"巴巴罗萨"行动和"蓝色"行动期间的负面经验，1942 年 11 月以后，方面军和集团军对坦克防御的基本特点出现翻天覆地的变化，主要表现在反坦克武器供应数量增加，反坦克武器更好地融入方面军和集团军的战役布势，以及全体各级司令员和指挥员都能更熟练地使用它们。例如，1942—1943 年冬季战局期间，虽然方面军和集团军内反坦克兵力和兵器的战役密度依旧很低，导致国防军可以制止红军的进攻并迫使其退却，但是从 1943 年 7 月到年底，反坦克兵力和兵器已全面充实到作战方面军和集团军内，使其在面对德国坦克的攻击时能够建立起更稳固的防御，并且提高其进攻战役的可持续性。[97]

简而言之，1943 年中后期，通过越来越大幅度地增加第一梯队集团军和步兵军各防御地带内防坦克枢纽部和防坦克地域的数量，并增加反坦克预备队和快速障碍设置队的数量，遂行防御的方面军和集团军有能力提高自己防御性战役布势的稳定性，使其更难被突破。因此，方面军和集团军主要防御地段上反坦克武器的战役密度增加到每公里正面 20—25 门反坦克炮，与1942 年中期相比增加了 4—10 倍。[98]另外，更多种类的高射炮（85 毫米）和炮兵武器（甚至包括"喀秋莎"火箭炮）以更大的数量广泛应用于对坦克防御，再加上更多使用工程防坦克障碍物，更灵活地机动反坦克兵力，这些都有利于提高红军的对坦克防御的稳定性和效果。

最后，在进攻方面，随着编成内出现规模更大、数量更多的反坦克歼击炮兵团和旅，方面军和集团军实施进攻时的反坦克能力得到加强。值得注意的是，从 1943 年中期到战争结束，这些反坦克武器造成的德国装甲车辆损失，比红军越来越庞大的装甲坦克和机械化兵造成的损失还多。①

炮火保障和航空兵保障

主要因为红军的炮兵和空军在"巴巴罗萨"行动初期遭到国防军的重创，1941 年整个夏季和秋季，方面军和集团军得到的炮火保障和航空兵保障充其量只能断断续续，也基本没有发挥什么效果。举例来讲，进攻战役期间，主要突击地段的炮兵战役密度只有每公里正面 20—80 门火炮和迫击炮。更糟糕的是，相对难以移动的炮兵无法跟上坦克甚至步兵的前进速度，迫使后者在没有炮火保障的情况下展开后续作战。

1942 年 1 月，大本营着手改善这种状况，发布确立"炮兵进攻"概念的训令。根据这个概念，方面军和集团军应当集中自己的所有炮兵力量支援主要突击，并在整个进攻期间提供不间断的炮火保障。[99]这个概念不仅要求方面军在整个进攻过程中使用全部可以动用的火炮，提供统一策划、统一控制和听召唤的火力，还把原来笨拙和反应迟钝的集团军炮兵群，划分成各种更

---

① 俄译注：坦克不是反坦克武器，只能在特殊情况下用于反坦克，这正是斯大林在国防人民委员1942年11月16日的第325号命令中指出的。

灵活、反应更迅速的炮兵群，在战役的所有阶段保障进攻兵力。[①]

随着红军长期推行这个概念，方面军、集团军、军和师的炮兵都集中实施充分协调和分阶段的炮火保障，诸如在步兵和坦克突破防御战术地幅的过程中，冲击前和伴随冲击过程的弹幕射击、一次或逐次集中射击，达成突破后并向战役纵深发展过程中较小规模的炮火保障。由于采取上述措施和另一些措施，炮兵的战役密度急剧上升，到1943年每公里正面已超过数百门火炮和迫击炮。与此同时，炮火准备的持续时间从1941年和1942年的80—90分钟，增加到1943年中期的140—175分钟，压制的防御纵深从2.5—5公里增加到10—15公里。[100] 最后，国防人民委员部1943年在坦克集团军、坦克军、机械化军和骑兵军的编成内增加装备自行火炮、卡车牵引式反坦克炮、"喀秋莎"火箭炮和高射炮的部队和分队，可为其提供发展突破阶段的炮火保障。

战争的第一年期间，红军空军（VVS）约有60%的航空兵分散地下放到集团军指挥，鉴于空军在战争初期遭受的巨大损失，方面军和集团军只能"断断续续地"集中使用航空兵，并沿整个正面以相对分散的方式保障已经打响的具体战役。显然，这导致大部分重大战役都不能得到充分的航空兵保障[②]，无论防御还是进攻。

为解决这个问题，大本营1942年秋季提出"航空兵进攻"的概念，作为国防人民委员部组建军集团军并将其划归方面军指挥的附加措施，当年11月在勒热夫和斯大林格勒的两场进攻战役中首次加以运用。航空兵进攻要求集中指挥、集中使用作战方面军的全部飞机。像炮兵进攻一样，航空兵进攻同样规定在陆军的突破和发展过程中，通过实施越来越精心安排的航空火力准备和不间断的航空火力支援，分阶段为遂行进攻的陆军提供航空兵保障。为促进航空兵保障与向战役纵深推进的协同动作，1943年年底以前，方面军的空军集团军还指派具体的航空兵兵团在发展突破期间保障具体的坦克集团军和骑

---

① 译注：苏联将炮兵进攻分为三个时节：冲击前的炮火准备、冲击时的炮火支援、在敌防御纵深内战斗时对步兵和坦克的炮火保障（后改为炮火护送）。为区别狭义的"artillery support"即冲击时的炮火支援，广义的"artillery support"按照《苏联军事百科全书》的译法称"炮火保障"。

② 译注：航空兵保障是航空兵根据陆军和海军遂行战斗任务的需要，所采取的战斗行动的总称。这是苏联在苏德战争以前和期间使用的术语，包括航空兵火力准备、航空火力支援、航空兵护送、航空兵掩护。

兵机械化集群。

总体来看,炮兵和航空兵战役使用方式的上述变化,把前者转变为进攻期间最有效和最可怕的力量,也成为方面军和集团军稳步拓展其进攻战役"波及范围"的一种手段。

战役伪装和突然性

大本营和红军的方面军同样试图在 1941 年和 1942 年的许多场进攻战役中,通过实施战役伪装(maskirovka)达成突然性;但是,除了少数明显的例外,事实证明这种措施大多未见成效。[101] 尽管有这样一个糟糕的开端,通过主动和被动的伪装措施达成战役突然性还是变得越来越重要,因为方面军和集团军不得不突破国防军更坚固和更大纵深的防御。

从 11 月在勒热夫和斯大林格勒的两场进攻战役开始,方面军和集团军在严格保密措施下隐蔽己方战役计划,更广泛、更有效地使用阳动和模拟,并且通常使用主动和被动的伪装措施达成攻击时间、地点和方式的突然性。再加上苏联人能更透彻地领会德国人的作战方法,这些措施不仅使方面军和集团军能够更迅速地克服国防军的防御,并在此过程中减少己方的伤亡,久而久之,还能帮助遂行进攻的方面军预先防止或抗击国防军发起预料之中,通常也不可避免的反冲击和反突击。

苏联成功利用战役伪装达成突然性的最佳实例,发生在 1943 年 8 月沃罗涅日方面军和草原方面军的别尔哥罗德—哈尔科夫进攻战役、1943 年 11 月乌克兰第 1 方面军的基辅进攻战役之前。另外,大本营和作战方面军还曾多次蓄意发起具有牵制性的全面进攻,分散国防军的注意力,并将其战役预备队等力量调离苏联的真正进攻目标。[102]

战术

按照苏联的定义,"战术是实现战役飞跃的阶梯;战略指明胜利的途径。"[103] 战略、战役法和战术三者之间的这种关系表明,无论进攻还是防御,方面军战役和集团军战役的胜利都取决于其下属军、师、旅和团运用战术的效果。

防御战术

战争开始时，红军的战术也遇到过与战役法相同的问题。像方面军和集团军的情况一样，位于一线的某些军和师能够达到或接近满员，但大多数师都只有 0.7—1.1 万人，而不是编制规定的 1.4 万人；另一些师，特别是二线师，只有 5000—6000 人。所有的军和师都缺少至关重要的各种专业兵，许多指挥员和战士都缺少训练，现代化的重武器也供不应求。更糟糕的是，二线师和动员师缺少武器和训练有素人员的程度更加严重。战争开始后，混乱的动员过程只会使这些问题雪上加霜。

实施战斗时，步兵军和步兵师都展开成呆板的线性战斗队形，经常按部就班地战斗，基本不实施机动，也不随机应变。遂行防御的步兵军应以 2 至 3 个步兵师作为第一梯队，并保留相当于 1 个团的预备队，编成单梯队战斗队形，理论上应占领 25 公里宽的正面（但实际是 20—60 公里）和 15—20 公里的纵深（但实际是 20—40 公里）。按照理论，步兵师应当在 8—12 公里宽的正面和 5—8 公里的纵深将各团展开成两个梯队。但实际情况是，步兵师在 14—20 公里宽的正面和仅 3—5 公里的纵深将 3 个步兵团并肩展开成单梯队的战斗队形，仅保留相当于 1 个营的小型预备队。军和师的预备队不仅规模较小，还缺乏有效实施反冲击所需的快速力量；军和师编成内用于支援步兵的炮兵群即便存在，也因力量过于薄弱而无法充分提供炮火保障。

于是，步兵和支援兵器的战术密度大致只有平均每公里宽的防御正面 1/2—2/3 个步兵营、3 门火炮和迫击炮，不足以有效地实施防御。更糟糕的是，步兵师的防御通常由几个孤立的营防御地域组成，防坦克措施和工程保障极其薄弱。[104]

随着 1941 年后期和 1942 年红军实力的不断增长，步兵师的防御能力也得到提高。例如，到 1941 年后期，工程保障的改善已经保证步兵师师长能构筑相互连通的堑壕带，并使用更多相互关联的营防御地域组成更复杂的第一防御阵地。1942 年年初，兵力和兵器数量的进一步增加，使步兵师可以加大第一梯队团当中的营防御地域密度，并在前沿各团的第二梯队中构筑新的营防御地域，在某些情况下甚至还能建立师的第二梯队、小型坦克预备队和反坦克预备队，以及更强大的炮兵群。到 1942 年后期，步兵师已经能够建立完整的第二防御阵地和第三防御阵地。

尽管做出这些改善，但在 1942 年的大多数情况，步兵师的防御战斗队形还是相对较浅。正常情况下，组成双梯队的步兵师以 2 个团作为第一梯队，以 1 个团作为第二梯队，师教导营作为预备队，防御 12—14 公里宽的正面和 4—6 公里的纵深。采用这种战斗队形遂行防御的步兵师把 1942 年步兵和支援兵器的战术密度增加到每公里正面 1 个步兵营、20 门火炮和迫击炮，但显然仍不足以有效地实施防御。[105] 尽管这种防御包含多达三个防御阵地组成的一个基本防御地带，但国防军的进攻胜利证明，师的炮火保障和反坦克能力还是相当薄弱。

1942—1943 年冬季战局期间，步兵师的防御稳定性始终不断提高。虽然步兵师的防御正面宽度略微扩大到约 16—20 公里，但是防御纵深增加到 5—7 公里，师也开始在其第一梯队团中布设更多的防坦克枢纽部，建立更强大的团预备队、师预备队，并组建师远战炮兵群，协助现有支援步兵的炮兵群共同支援第一梯队步兵团。[①]

红军战术防御中最重要的改善发生在 1943 年夏季，一方面是因为军队编制中广泛出现步兵军，另一方面是因为兵力和兵器的数量增加。简而言之，1943 年夏季期间，步兵军和步兵师把自己的防御配系从一系列相互孤立的营防御地域、防坦克枢纽部和常常互不连通的堑壕，转变为依托复杂的堑壕体系、相互关联的营防御地域和防坦克枢纽部的密集纵深梯次防御，可以为防御中的步兵提供更好的掩护，并更妥善地隐蔽兵力兵器沿正面和纵深方向机动。因此，步兵军和步兵师的防御虽然正面宽度略有增加，但是坚固程度、纵深和稳定性都明显增大。

1943 年夏季和秋季的库尔斯克会战期间，遂行防御的步兵军组成双梯队的战斗队形，以 2 个步兵师作为第一梯队，占领第一防御地带，以 1 个步兵师作为第二梯队，配置在第二防御地带，正面宽度是 15—30 公里，纵深 14—20 公里。军编成内步兵师的防御正面宽度各不相同，位于最有威胁地段的师是 8—

---

① 译注：按照苏联1937年版《炮兵战斗条令》，远战炮兵群应由步兵军建立。因这时没有军一级编制，故由步兵师建立。支援步兵的炮兵群由步兵师按照步兵团的数量建立。

15 公里，次要地段的师可达 25 公里；位于库尔斯克地区的师防御纵深是 5—6 公里，其他地区的师 6—8 公里。师通常组成单梯队或双梯队的战斗队形，有时以 3 个步兵团作为第一梯队，有时以 2 个步兵团作为第一梯队，1 个步兵团作为第二梯队。师编成内的步兵团，通常把步兵营编为双梯队的战斗队形实施防御。另外，步兵军和步兵师还经常组建各种类型的炮兵群、防坦克枢纽部或完整的防坦克地域、反坦克歼击炮兵预备队和快速障碍设置队，进一步加强其防御力量。[106]

更重要的是，步兵军和步兵师通过更有效地运用其坦克和反坦克资源，提高防御的坚固程度、稳定性和效果。例如，除了把数量越来越多、实力越来越强大的反坦克枢纽部和防坦克地域遍布到防御的全部纵深之外，它们还使用独立的坦克旅和坦克团、自行火炮团组成坦克预备队，加强给第一梯队的师和团，有时也会将其展开成固定火力点或移动火力点，或者实施反冲击或反突击。

总之，红军的战术防御在 1943 年下半年变得更加稳定，也更灵活多变。截至这时，各级指挥员已经学会怎样将所有种类的兵力和兵器纳入自己的防御配系，怎样运用步兵和快速兵种更频繁地实施反冲击和反突击，支援在前沿遂行防御的军、师和团，从而使自己的防御变得更加积极。因此，步兵军和步兵师在 1941 年和 1942 年的防御当中固然未能把国防军的攻击力量阻止在战役纵深甚至战略纵深之外；但到 1943 年夏季，它们已能经常把这样的攻击限制在战术纵深之内。

进攻战术

在进攻方面，步兵军和步兵师 1941 年面临的残酷战斗现实，迫使其严重背离战前战术条令规定的进攻手段。至少在理论上，这些条令要求预定实施集团军主要突击的步兵军，应当将其编成内的步兵师展开成单梯队的战斗队形，沿 8—12 公里宽的正面推进至多达 20 公里的纵深。步兵师应建立双梯队的战斗队形，以 2 个团作为第一梯队，1 个团作为第二梯队，沿 3.5—4.5 公里宽的正面实施冲击，推进至多达 8 公里的纵深。

但是遂行防御的红军在"巴巴罗萨"行动遭到国防军的重创并被迫解散

步兵军之后，1941 年和 1942 年的大部分时间里，步兵师仍然在进攻战斗中采用双梯队的战斗队形。例如，1941—1942 年冬季战局期间，组成双梯队战斗队形的步兵师，以 2 个团在前，1 个团在后，展开在 5—6 公里宽的正面（有时甚至多达 10 公里宽），预计推进纵深为 5—12 公里（在个别情况下多达 20 公里）。随着 1942 年年初国防军防御配系的完善，步兵师的冲击地段缩小到 3—4 公里宽，并试图在几个昼夜内向纵深推进 5—7 公里。因此，兵力和兵器的进攻战术密度，从 1941—1942 年冬季战局期间的每公里正面 1 至 2 个步兵营、20—30 门火炮和迫击炮、2—3 辆坦克，增加到 1942 年夏季的每公里正面 2 至 4 个步兵营、30—40 门火炮和迫击炮、10—14 辆坦克。[107]

遂行冲击的步兵师得到的炮火保障之所以在此期间也有所改善，是因为它们有能力组建更多支援步兵（podderzhka pekhoty，缩写为 PP）的炮兵群，在某些情况下还能组建远战（dal'nye deistviia，缩写为 DD）炮兵群。这时，师属炮兵通常按照集团军的策划集中参加炮火准备，然后分散用于提供炮火支援，每个炮兵连支援一个遂行冲击的步兵营。

然而，因为这些师通常仍然使用 2 个团在前进攻、1 个团在后跟进，其下属各团同样也以 2 个营作为第一梯队，1 个营作为第二梯队，所以每个师的 27 个步兵连中，只有 8 个连直接参加冲击。鉴于大多数师的实力薄弱，事实证明这种战斗队形不但毫无用处，而且容易遭到国防军炮兵和航空兵的攻击。更糟糕的是，遂行冲击的步兵师、步兵团和步兵营得到的坦克支援仍然相当薄弱，而协同动作极差，经常导致坦克的严重损失。由于这个原因，步兵师在 1942 年秋季以前实施的进攻通常会失利。

到 1942 年 10 月，国防人民委员部最终开始改变这种状况，下令改变战术进攻中的战斗队形和在进攻期间使用坦克的方法。首先，10 月 8 日颁布的《国防人民委员第 306 号命令》，要求从步兵连到步兵师的全体指挥员均应将自己的兵力展开成单梯队的战斗队形，并在进攻期间建立和使用战术预备队，其兵力应占总兵力的九分之一。[108] 于是，这道命令实际上要求师使用其全部战斗力量的 80% 向前推进，以利达成战术突破。其次，10 月 16 日颁布的《国防人民委员第 325 号命令》，要求集团军司令员、军长和师长将其下属的独立坦克旅、坦克团和坦克营作为完整的实体，而不是拆散之后分散支援冲击中的步兵，还必须经过适当的侦察，并与相应的步兵、炮兵和航空兵的指挥员保持密切协同动作。[109]

1942 年 11 月红军在勒热夫和斯大林格勒实施进攻时，第 306 号命令业已生效。根据该命令的规定，步兵师以 3 个步兵团并排展开在 4—5 公里宽的地段上，成单梯队的战斗队形实施冲击。师编成内的步兵团同样以 3 个步兵营组成单梯队并排展开在 1.5—2 公里宽的地段上，每个步兵营在 500—700 米宽的地段上实施冲击。这种冲击队形可以使步兵师的 27 个步兵连中，有不少于 16 个连直接与敌接触，而不是原来的 8 个。因此，尽管师的冲击地段比战争开始时宽 1.5 倍，可是单梯队的冲击队形使步兵师可以将几乎全部战斗力量集中用于冲击，而不是原来的仅仅三分之二。[110]

国防人民委员部 1942 年颁布的战斗条令要求，步兵师在得到炮火保障和配属独立坦克旅或坦克团派出坦克直接支援的情况下，应以向纵深推进 4—5 公里作为当前任务，以推进 10—12 公里作为后续任务（即其所谓的当日任务）。这就意味着步兵师应当在一天之内突破敌人防御的整个战术地幅。可是，事实证明这种任务分配根本不切实际，尤其是对于冲击队形这么浅的师来说，所以很少有步兵师能在 1942—1943 年冬季的实际战斗中完成其受领的任务。

1943 年春季和夏季期间，随着国防军的防御越来越坚固，纵深也越来越大，大本营和总参谋部断然采取措施，纠正已在红军当中发现的进攻战术缺陷：首先，削减分配给军和师的任务，使之更加切合实际；其次，加大进攻战斗队形的纵深，从而保证能更持续地进攻。例如，当年 7 月，步兵师受领的任务有所削减，当前任务的纵深是 3—4 公里，当日任务的纵深是 12—15 公里。[①] 与此同时，大本营和总参谋部命令步兵军、步兵师和步兵团组成双梯队的战斗队形实施冲击，分别以 2 个步兵师、步兵团、步兵营作为第一梯队，以 1 个师、团、营作为第二梯队。步兵军和步兵师的冲击地段宽度分别减少到 4—5 公里和 2—3 公里，而其战斗队形的纵深分别增加到 4—5 公里和 6—

---

① 译注：当日任务指当日日终前完成的战斗任务，从1943年夏季开始用于称呼完成后续任务之后的战斗行动。战争第三阶段正式规定战斗任务区分为当前任务、后续任务和当日任务。帕诺夫主编的《战争艺术史》称这时的"后续任务纵深5—7公里"。

10 公里。①很自然，这种新的战斗队形也大大增加了进攻兵力和支援兵器的战术密度。[111]

从 1943 年 7 月开始，直到当年年底，步兵军和步兵师在每场进攻战役之前都会系统地运用战斗侦察（razvedka boem）。另外，进攻期间，它们还会比以前更有效地运用战术机动，特别是先遣支队的战术机动，并更有效率地发挥炮兵和坦克的作用。例如，每次发起进攻之前的几天里，第一梯队步兵师中的每个第一梯队步兵团通常会派出一个加强步兵营，作为所谓的先遣营，实施战术上的战斗侦察，以查明德军第一防御阵地的准确兵力分布和兵器集中情况，并判明德军是否打算坚守这些阵地，从而避免将炮火准备浪费在防御薄弱或者已被放弃的阵地上。另外，步兵军（甚至步兵师）也开始使用搭乘卡车的若干个加强步兵营组成小型先遣支队，率领全军推进，特别是在追击期间。

步兵军和步兵师也以远比原先更复杂的方式使用其建制内或配属的火炮、坦克和自行火炮。虽然步兵军仍然使用远战炮兵群提供远程炮兵火力，步兵师仍然使用支援步兵的炮兵群支援其第一梯队步兵团，但是到 1943 年后期步兵师已经开始将支援步兵的炮兵群直接转隶于步兵团长。当年夏季，集团军、步兵军和步兵师开始用更多的坦克和自行火炮支援在主要突击方向上率先前进的第一梯队步兵团。[112] 同样，1943 年，国防人民委员部把步兵师工程兵和工兵的保障能力增加一倍，可以帮助步兵师完善进攻出发地位，也有利于清除德军防御阵地前方和内部的障碍物、地雷和地雷场。

国防人民委员部还向这些规模越来越大的战术兵团提供更多的无线电台（有些还是车载式电台），使每一级指挥员都可以用它们建立起固定式和移动式甚至空中的指挥所，从而改善其指挥和控制。另外，方面军、集团军或坦克集团军会向预定脱离主力独立作战的坦克军、机械化军和骑兵军派出携带无线电台的参谋作战组，控制快速作战的节奏，并保证各军与其上级军团的通信联系。最后，发起进攻战役之前，从方面军到团级的大多数司令员和指

---

① 译注：原文如此。

挥员通常会将执行某个具体作战任务的下属指挥员召集到同一个指挥所里，以便他们做出最终协调，并确定军队的协同动作。

改善的指挥控制、增强的炮火保障和更有效的战术手段，使步兵军和步兵师能够独立克服德军的第一和第二防御阵地。然而，长期缺少直接支援步兵的坦克，炮兵在较大射程上射击效果的减弱，往往使敌人的第三防御阵地完好无损。于是，步兵军和步兵师不得不继续依靠集团军快速集群编成内独立坦克军和机械化军（有时是骑兵军）的帮助，突破德军第一防御地带的第三防御阵地和整个第二防御地带。因此，有必要在1943年以后对步兵军和步兵师这两级的战术做出进一步完善。

结论

战争最初的18个月期间，希特勒迄今战无不胜的国防军对苏维埃国家造成严重破坏，并使红军遭到灾难性的惨败，深入苏联领土的纵深相当于北美洲从大西洋海岸到密西西比河之间的距离。德国军事力量共征服苏联欧洲部分大约80%的领土，以及这些领土上的大量人口和富饶的工农业基地，并造成红军近1200万人的伤亡，其中包括600余万人死亡、失踪和被俘。红军和红海军在1941年的"巴巴罗萨"行动期间共损失300余万人，大致相当于其和平时期总兵力的三分之二和实际动员总兵力的三分之一；而在"蓝色"行动期间又损失320万人，大致相当于其1942年年初总兵力的三分之一。

1941年和1942年期间，红军两度身处绝境，不得不完成击败国防军这两场重大进攻的伟大壮举，而在进攻中担任先锋的德国装甲兵和摩托化兵，不但规模庞大、训练有素、经验丰富、血气方刚，而且迄今为止战无不胜。更糟糕的是，要实现上述壮举，红军却只能依靠一支结构臃肿的军队，这支军队尽管规模庞大到经常能形成对敌人的数量优势，可是在大多数情况下，领导能力、训练水平和装备质量都很低劣，还缺乏装甲坦克或机械化的有生力量。这个巨大挑战迫使大本营、国防人民委员部和总参谋部从零开始，为红军重新打造一个全新的结构编制，组建、训练、装备新的军队充实这个编制，并培养一支能够有效领导这支军队的指挥干部队伍，这一切都发生在红军为生死存亡而奋斗的同时。可想而知，想要完成这样令人生畏的壮举，就要付出大量时间和血汗。

红军及其指挥干部在 1941 年和 1942 年大部分时间的惨淡作战表现，生动地展示红军如果要彻底战胜国防军，就必须发生什么样的转变。红军 1941 年和 1942 年期间遭受的无数次战略、战役和战术规模的失败既令人痛苦又代价高昂，但在两个重要方面成为红军最终转变为一支高效率、现代化作战军队的必要前提。第一，这些失败是对红军指挥干部的考验、教育和淘汰，从而使之更加精干有效；第二，这些失败凸显出只有进行军队结构和军事理论的改革，才能在战术、战役和战略上击败国防军。战争后期 30 个月中率领红军走向胜利的方面军司令员、集团军司令员、军长和师长，都经历过此前 18 个月的大浪淘沙，并且从中学到夺取胜利所必需的军事手段。

战争最初 18 个月里红军接受怎样实施现代化战争教育的同时，大本营、国防人民委员部和总参谋部也在利用红军的多次军事惨败，改革其指挥控制机关，重整其军队结构，并制定和实施新的战役和战术手段，使每一级指挥机关都能指挥军队更有效地作战。与此同时，苏联各武器设计局和整个工业也都动员到全面的战争状态，千方百计地为军队提供足够数量的现代化武器，使之能够更成功地抗衡规模较小，但领导更有力、训练更完善、武器更精良的国防军。

于是，从 1942 年年初到 1943 年上半年，通过分阶段的集体努力，大本营、国防人民委员部和总参谋部设法打造并建成一支更有战斗力的新红军，由经历过战火培训和考验的指挥干部领率，装备的现代化武器数量也越来越多，这些武器的性能可以同德国工业提供给国防军的武器相媲美，有时甚至更加优越。事实证明，同盟国根据《租借法案》提供的必要军事物资也在这方面发挥着特别重要的作用。有了重新焕发活力的指挥干部、更训练有素的战士、数量更充足的现代化武器，这支新红军不但从 1941 年的麻木状态中复苏，而且在斯大林格勒和库尔斯克取得标志性胜利，从而使战争胜负的天平向有利于苏联的方向倾斜。

事实证明，1943 年这一年对于苏联战争努力具有决定性作用。红军一旦在斯大林格勒和库尔斯克夺取战略主动权，就再也不会失去。从这时起，斯大林、大本营和总参谋部毫不动摇地公开宣称，自己的目标是彻底战胜纳粹德国。在更专注的军事政策和战略的指引下，有一支完成彻底改革、重建和振兴的红军，并由越来越称职的指挥干部率领，苏联的最终胜利到 1943 年夏季已成为大势所趋。具体表现在下列几个方面：

第一，红军成功地在库尔斯克实施预有准备的防御，并在整个 1943 年夏季和秋季同样成功实施大规模战略进攻，证明从方面军司令员到师长的各级指挥干部都已学会怎样有效地作战，无论防御还是进攻，也无论阵地战还是运动战。红军在 1943 年下半年取得的胜利，确保红军会一直把进攻进行到战争结束，只有个别情况例外。

第二，大本营坚持要求红军 1942 年后期和 1943 年全年同时和先后实施的战略性进攻战役，虽然有时候不能实现全部预定目标，但是为红军 1944 年和 1945 年更大规模的战略性进攻战役奠定了基础。事实证明，这些同时和先后实施的战略性进攻战役越来越能实现预定目标，对国防军来说也越来越致命。

第三，1942 年后期和 1943 年期间大本营和总参谋部提出，红军的作战方面军、集团军、军和师验证实施的一系列新战役战术手段，将成为 1943 年、1944 年和 1945 年越来越成功地实施战略性进攻战役的必要条件。如果把红军在 1941 年、1942 年和 1943 年从国防军手中经历的教育过程分别比喻成小学、中学和大学，那么红军 1944 年和 1945 年驾驭战争的能力堪称是研究生的水平。

红军的作战能力虽然一直稳步提高，1943 年夏季和秋季甚至日新月异，后来还会得到进一步完善，但仍受到某些具体问题的困扰，并将一直持续到战争结束。其中最严重的问题涉及某些高级指挥干部在战争第一阶段期间养成，直到战争结束时都未能改正的具体"坏习惯"。

其中，最糟糕的坏习惯是某些司令员和指挥员（特别是大本营代表、方面军司令员和集团军司令员）不必要地浪费宝贵的人力和装备，特别是在突破交战期间，策划和实施明知代价高昂却无法达成突破的正面强击，有时竟然三番五次，全然不顾其他用较小代价就可能达成突破的方法。许多高级将领先入为主地认为苏联的人力会一直像战争第一阶段那样取之不尽用之不竭，于是漠不关心战斗减员。

尽管大本营经常命令作战方面军尽量减少损失，但其减员人数直到战争结束时还是居高不下，至少部分原因是斯大林、大本营其他成员和许多方面军司令员经常鄙视甚至以更糟糕的态度对待战斗失败和失败的司令员和指挥员。[113] 伤亡过大的现象也不仅限于最高的指挥级别。例如，当有人问及他的步兵团 1941 年至 1945 年在突破交战期间的减员时，一位当年的红军团长回答道："无论在战争的哪个阶段，我们都要损失总人数的近 50%。"[114] 简而言之，许多红军高级指挥人员因他们在战争第一阶段和第二阶段的成功作战而获得崇高声望，其中许多人也在战后的苏联身居高位，从而保护他们不因遭受重大损失而受批评。因此，今天有许多俄罗斯人仍认为某些元帅和将军是"嗜血者"，而另一些是"仁者"，并不足为奇。[115]

红军直到战争结束时都表现出的另一个问题是，集团军级的指挥干部明显缺乏灵活性和主动性，而军级和以下尤其明显。然而，这个问题并不难解释，是方面军和集团军怎样组织突破交战的直接结果。为了成功达成突破，军队的每一个指挥级别在进攻时都要按照计划精确而严格地完成任务和命令，就像某种巨型机械装置中的单个齿轮。任何一个军、一个师、一个团，乃至一个步兵营偏离计划，都可能会打乱全局。因此，方面军司令员和集团军司令员并不鼓励下属表现得"过于"主动，以免打乱进攻战役的整体安排。① 结果，整场战争期间，作战方面军和集团军下属的步兵、炮兵和专业兵（占红军总人数的 80% 以上）就像一台体量巨大的蒸汽压路机，不论损失多少人，都要在国防军的防御中碾压出一条道路。这台蒸汽压路机徘徊不前时的伤亡数字固然会最高，但即便它能够完成这个致命的任务，伤亡数字也同样居高不下。

描绘战时红军特点的这种刻板形象虽然在某种程度上是正确的，但是没有注意到从 1942 年 5 月开始出现在这支军队中的一个全新组成部分，也是

---

① 俄译注：与作者的看法相反，缺乏主动性在军队结构的基层环节（团、营、连）表现得最为明显。首先，这是由于大多数校级和尉级指挥人员的中等教育水平较低（这不能再归咎于战前的肃反）；其次，这是由于红军中没有培养专业军士的高等专科学校，而这是德国军队早已（从18世纪开始）存在的传统。另一方面，受过良好教育的"职业知识分子"的代表可能会在指挥职务上明显表现出勇敢和主动精神，而他们同时也明显缺少军队纪律的概念。这种情况的客观存在，导致更高级别的指挥人员试图在即将到来的战役中尽可能严格地约束其下属部队和分队。

值得注意的是，作者本人在下文非常正确地指出苏联装甲坦克和机械化兵具有更高水平的战斗力。这种战斗力不但取决于其高级指挥人员的才干，而且还取决于较低级指挥人员和战士的基本素质，装甲坦克和机械化兵从一开始就根据兵员的教育程度加以选拔，并深入地开展战术训练。因此，军队能否具备上述素质并不取决于高级指挥人员，而是取决于国家长期以来的教育水平、心理素质和军队的训练条件。

1943 年夏季及此后最重要的成员：红军的快速力量。这个新组成部分包括坦克集团军、坦克军、机械化军、骑兵军和独立坦克旅，到 1943 年年中已在红军军队结构中占大约 20% 的比例，从 1943 年 7 月直到战争结束，对红军成功地实施进攻做出最大贡献。这些快速力量的表现与长期存在的刻板形象大相径庭。为了夺取战役胜利和战略胜利，红军需要快速力量灵活运用其进攻能力，达成并发展突破，进入敌人纵深和实施追击。快速力量的司令员和指挥员不得不在实施这些复杂战斗行动时表现出高度的灵活性和个人主动性，而红军 1944 年和 1945 年那些令人赞叹的胜利证明，他们的表现也确实如此。

直到战争结束的时候，还有一个严重困扰红军的问题是怎样维持红军指战员的政治觉悟、良好秩序和纪律（参阅第十二章和第十三章）。国防人民委员部虽然在 1942 年废除政治委员制，但是依旧保持对军队的严格政治领导，主要措施有：在战争期间继续甄别和逮捕指挥干部，不过实施方式比战前更加隐蔽，范围也较小；在全部指挥级别任命政治副指挥员；通过内务人民委员部管理和运作一套严格的安全制度，审查指战员的任何叛国行为。

除了上述手段之外，红军继续使用一系列严厉措施保证团队的纪律和战士的可靠战斗表现。这些措施包括组建和使用排乃至军规模的惩戒部队[①]，使用拦截支队防止临阵脱逃，并由国防人民委员部反间谍总局（SMERSH，又称"间谍之死""除奸部"）监督和调查苏联的指战员，这多少会他们心中惶惶不安。

上述措施可以唤醒红军战士心中潜在的俄罗斯民族主义、他们对祖国（rodina）的传统热爱和对战后更美好未来的憧憬，再加上他们对德国侵略者的明显仇恨，从而有利于鼓舞红军战士不惜一切代价战斗到底。可想而知，严格的纪律措施同时也会增加红军在某个时刻可能直接崩溃的风险，就像其前身沙皇军队在 1918 年土崩瓦解那样，或者受到这些措施威胁的指挥干部可能铤而走险发动政变。但是这两种假设都从未在现实中发生过，这个事实本身就可以无声地证明上述措施确实可以发挥应有效果。

---

① 译注：原文如此，惩戒部队只有惩戒营和惩戒连，见本书第十三章。

数据表

表 3.1 红军 1941 年内的战略性防御战役

战略方向	战役名称和持续时间	规模（公里）	
		宽度	纵深
北	北极地区和卡累利阿诸防御战役，6月29日至10月10日	800	50—150
西北 （列宁格勒）	波罗的海沿岸诸防御战役，6月22日至7月9日 列宁格勒防御战役，7月10日至9月30日 季赫温防御战役，10月10日至11月10日	350—450 450 300—350	400—450 270—300 100—120
西 （莫斯科）	白俄罗斯诸防御战役，6月22日至7月9日 斯摩棱斯克交战，7月10日至9月10日 莫斯科防御战役，9月30日至12月5日	450—800 600—650 700—1100	450—600 200—250 300—350
西南 （基辅）	乌克兰西部诸防御战役，6月22日至7月6日 基辅防御战役，7月7日至9月26日	600—700 300	300—350 600
南	顿巴斯—罗斯托夫防御战役，9月29日至11月16日 塞瓦斯托波尔的围困，1941年10月5日至1942年7月4日	400—670 不明	150—300 不明

资料来源：《有关 1941—1945 年伟大卫国战争中战略性战役问题的讨论结果》，刊登在《军事历史杂志》第 10 期（1987 年 10 月刊），第 14—16 页。

表 3.2 红军 1942 年内的战略性防御战役

战略方向	战役名称和持续时间	规模（公里）	
		宽度	纵深
西南	沃罗涅日—伏罗希洛夫格勒防御战役，6月28日至7月24日 斯大林格勒（伏尔加河沿岸）防御战役，7月17日至11月18日	900 250—500	150—400 150
南	北高加索防御战役，7月25日至12月31日	320—1000	400—800

资料来源：《有关 1941—1945 年伟大卫国战争中战略性战役问题的讨论结果》，刊登在《军事历史杂志》第 10 期（1987 年 10 月刊），第 17 页。

表 3.3 红军 1943 年内的战略性防御战役

战略方向	战役名称和持续时间	规模（公里）	
		宽度	纵深
西南和中央 （顿巴斯、哈尔科夫、谢夫斯克、奥廖尔—布良斯克）	顿巴斯、哈尔科夫和谢夫斯克—库尔斯克诸防御战役，2月21日至3月28日* 库尔斯克防御战役，7月5日至27日	500 550	50—200 10—35
南 （哈尔科夫—基辅）	顿巴斯—哈尔科夫防御战役	300—350	100—150

*苏联（俄罗斯）资料并不认为顿巴斯、哈尔科夫和谢夫斯克—库尔斯克诸防御战役共同构成一场大本营策划的全面战略性防御战役。

资料来源：《有关 1941—1945 年伟大卫国战争中战略性战役问题的讨论结果》，刊登在《军事历史杂志》第 10 期（1987 年 10 月刊）：第 17—20 页；戴维·M. 格兰茨，《苏德战争 1941—1945 年：神话与现实：一篇概述论文》（宾夕法尼亚州卡莱尔：自费出版，2001 版）；戴维·M. 格兰茨，《1941—1945 年苏德战争中被遗忘的战役，第四卷：冬季战局（1942 年 11 月 19 日—1943 年 3 月 21 日）》。

表 3.4 大本营的战略性防御战役对比（1941 年的莫斯科、1942 年的斯大林格勒、1943 年的库尔斯克）

兵力和兵器	莫斯科防御战役	斯大林格勒防御战役	库尔斯克防御战役
人数（万人）	16 [①]	125	190.9
火炮和迫击炮（门）	2200	7600	26499
坦克（辆）	400	990	4995
飞机（架）	454	677	2172

资料来源：R. A. 萨武什金编，《苏联武装力量和军事学术在 1941—1945 年伟大卫国战争期间的发展》，第 111 页。

表 3.5 红军 1941 年的防御地区

大本营命令的颁布日期	防御地区名称	任务
6月24日	卢加河沿岸防御地区	掩护列宁格勒接近地
6月25日	涅韦尔—维捷布斯克—莫吉廖夫—克列缅丘格防御地区	掩护战略第二梯队
6月28日	维亚济马防御线	掩护莫斯科远接近地
7月中旬	莫扎伊斯克防御线	掩护莫斯科近接近地
10月12日	莫斯科防御地幅 [②]	掩护莫斯科市区
10月	伏尔加河沿岸防御地区 （雅罗斯拉夫尔—萨拉托夫—斯大林格勒—阿斯特拉罕）	掩护战略后方

资料来源：《筑垒地域的战斗经验》，收录在《战争经验研究材料选集，第 3 册（1942 年 11 月—12 月）》（莫斯科：军事出版社，1942 年版），第 122—132 页。

表 3.6 红军 1941 年夏秋战局和 1941—1942 年冬季战局期间的战略性进攻（反攻）战役

战略方向	战役名称	规模（公里）	
		宽度	纵深
北	无	/	/
西北	季赫温进攻战役，1941年11月10日至12月30日	300—350	100—120
西	斯摩棱斯克进攻战役，1941年7月21日至8月7日	450—500	0
	斯摩棱斯克—叶利尼亚—罗斯拉夫利进攻战役，1941年8月17日至9月12日	600—650	0—30
	莫斯科进攻战役，1941年12月5日至1942年1月7日	1000	100—250
	勒热夫—维亚济马进攻战役，1942年1月8日至4月20日	650	80—250
西南	无	/	/

---

① 译注：原文如此。

② 译注：又作"莫斯科防御区"，指防御工事配系。不同于作为战役军团于1941年12月2日组建的莫斯科防区。

		170	80
南	罗斯托夫进攻战役，1941年11月17日至12月2日	170	80
	刻赤—费奥多西亚进攻战役，1941年12月25日至1942年1月2日	250	100—110

资料来源:《有关1941—1945年伟大卫国战争中战略性战役问题的讨论结果》,刊登在《军事历史杂志》第10期（1987年10月刊），第14—16页。

表3.7 红军1942—1943年冬季战局和1943年夏秋战局期间的战略性进攻（反攻）战役

战略方向	战役名称	规模（公里）	
		宽度	纵深
北	无	/	/
西北	突破列宁格勒封锁（"火花"行动），1943年1月12日至30日	45	60
	旧鲁萨—普斯科夫进攻战役（"北极星"行动），1943年2月15日至28日和3月4日至19日	200	5—10
西（莫斯科—斯摩棱斯克—维捷布斯克）	第二次勒热夫—瑟乔夫卡进攻战役（"火星"行动），1942年11月25日至12月20日	350	10—35
	斯摩棱斯克进攻战役（"苏沃洛夫"行动），1943年8月7日至10月2日	400	200—250
	白俄罗斯进攻战役（维捷布斯克、奥尔沙、波洛茨克—维捷布斯克、戈梅利—列奇察、新贝霍夫—普罗波伊斯克、戈罗多克、卡林科维奇—博布鲁伊斯克），1943年10月3日至12月31日	500	40—25[3]
中央（库尔斯克—奥廖尔—布良斯克）	奥廖尔—布良斯克—斯摩棱斯克进攻战役，1943年2月5日至3月28日	200—300	30—100
	奥廖尔进攻战役（"库图佐夫"行动），1943年7月12日至8月18日	400	150
西南（斯大林格勒—哈尔科夫—基辅）	斯大林格勒进攻战役（"天王星"行动和"小土星"行动），1942年11月19日至1943年2月2日	850	150—200
	沃罗涅日—哈尔科夫进攻战役（奥斯特罗戈日斯克—罗索什、沃罗涅日—卡斯托尔耶、哈尔科夫），1943年1月13日至3月3日	250—400	360—520
	别尔哥罗德—哈尔科夫进攻战役（"鲁缅采夫"行动），1943年8月3日至23日	300—400	140
	切尔尼戈夫—波尔塔瓦进攻战役（切尔尼戈夫—普列皮亚季河、苏梅—普里卢基、波尔塔瓦），1943年8月26日至9月30日	600	250—300
	基辅进攻战役（切尔诺贝利—拉多梅什利、戈尔诺斯泰尔、柳捷日、布克林），1943年10月1日至24日和11月3日至13日	320—500	150
	日托米尔—别尔季切夫进攻战役，1943年12月24日至1944年1月14日	250—480	100—150
西南	顿巴斯进攻战役，1943年1月31日至2月23日	300	10—120
	顿巴斯进攻战役，1943年8月13日至9月22日	450	250—300
	第聂伯河下游进攻战役（克里沃罗格、亚历山德里亚—兹纳缅卡、阿波斯托洛沃、尼科波尔），1943年9月26日至12月20日	750—800	100—300
高加索	北高加索进攻战役，1943年1月1日至2月4日	840	300—600
	克拉斯诺达尔—新罗西斯克进攻战役，1943年2月8日至3月16日	250	50—190
	塔曼进攻战役，1943年4月4日至17日、4月29日至5月10日、5月26日至6月7日	250	4—12
	新罗西斯克—塔曼进攻战役，1943年9月10日至10月9日	80	150

③ 译注：原文如此，可能是40—250，或本书俄文版的25—40。俄文版补充译注：苏联军队在戈梅利—列奇察进攻战役期间（11月10日至30日）前进130公里；在戈罗多克战役期间（12月13日至31日）前进60公里。另外，表中没有提到加里宁方面军的涅韦尔战役（10月6日至10日），共前进25—30公里。

资料来源：《有关 1941—1945 年伟大卫国战争中战略性战役问题的讨论结果》，刊登在《军事历史杂志》第 10 期（1987 年 10 月刊），第 17—20 页；戴维·M. 格兰茨，《苏德战争 1941—1945 年：神话与现实：一篇概述论文》；戴维·M. 格兰茨，《1941—1945 年苏德战争中被遗忘的战役，第五卷：夏秋战局（1943年 7 月 1 日—12 月 31 日）》。

表 3.8 红军 1941—1942 年战略性进攻（反攻）战役的规模对比

军队	战略性进攻战役		
	斯摩棱斯克[1]	莫斯科	斯大林格勒[2]
方面军（个）	3	3	3
集团军（个）	11	15	10
坦克集团军（个）	0	0	1
空军集团军（个）	0	0	4
师（个）[3]			
红军	约60	110	83
轴心国军队	34	74	50
独立坦克军和机械化军（个）	9（师）	0	9
人数（万人）			
红军	约120	102.17（38.8）[4]	110.3
轴心国军队	约90	170.8（24）	101.1
火炮和迫击炮（门）			
红军	不明	7652（5635）	15501
轴心国军队	不明	13500（5350）	10290
坦克和自行火炮（辆）			
红军	不明	（500）	2778
轴心国军队	不明	1170（600）	675
作战飞机（架）			
红军	不明	1100	1350
轴心国军队	不明	615	1210

[1] 指 1941 年 8 月至 9 月西方面军、预备队方面军和布良斯克方面军实施的斯摩棱斯克进攻战役。

[2] 斯大林格勒战略性进攻战役不属于战争的第一阶段，列入此表仅供对比。

[3] 包括骑兵师，步兵旅按照两个旅相当于一个师计算。

[4] 括号内的数字来自原机密级书籍：B. M. 沙波什尼科夫编，《德国军队在莫斯科的失败（第 1—3 部）》（莫斯科：军事出版社，1943 年版）。这些数字仅指可参加战斗的兵力和兵器。①

资料来源：R. A. 萨武什金编，《苏联武装力量和军事学术在 1941—1945 年伟大卫国战争期间的发展》，第 65 页；戴维·M. 格兰茨，《斯摩棱斯克交战，1941 年 7 月 7 日—9 月 10 日》。

---

① 俄译注：该著作列出的战斗兵员数量仅指西方面军（轴心国军队的数量是估计的）。1941年12月5日，西方面军共有748700人。按照编制，战斗兵员的人数大约占红军总人数的40%，大约占德国军队的70%。发生激烈战斗时，战斗兵员人数的下降速度远远快于总人数的下降速度。

表 3.9 红军 1942—1943 年战略性进攻（反攻）战役的规模对比

军队	战略性进攻战役		
	斯大林格勒	勒热夫—瑟乔夫卡	库尔斯克
方面军（个）	3	2	5
集团军（个）	10	9	19
坦克集团军（个）	1	1	5
空军集团军（个）	4	2	5
师（个） 红军 轴心国军队	65[1] 36	64[1] 24	134 55
独立坦克军和机械化军（个）	9	11	14
人数（万人） 红军 轴心国军队	110.3① 101.1[3]	63.177[2] （83.07）[1] 约25	222.6 90
火炮和迫击炮（门） 红军 轴心国军队	15510 10290	18000 不明	33000 10000
坦克和自行火炮（辆） 红军 轴心国军队	1560[1] 675	2352[1] 约400	4800 1800
作战飞机（架） 红军 轴心国军队	1350 1210	1100 不明	4300 2100

[1] 所列兵力仅指进攻的第一阶段。

[2] 该数字是指官方提供的"火星"行动参战兵力，但不包括相关的大卢基进攻战役。

---

① 俄译注：就上述表格中的军队人数做出如下注释：

德军步兵师的编制人数约有1.6万人。同时，编入各师的人数只占军队总人数的大约三分之二，平均到每个师约有2.4万人。战争开始时，红军步兵师的编制人数有1.4万人，但大多数师的实际人数在0.8万人至1.2万人之间。同时，编入各师的人数只占军队总人数的四分之三，平均到每个师有1.1万至1.6万人。发生敌对行动时，这个数字不断减少，尤其是经过激烈战斗后剧减少，并在战斗平息后恢复。

根据作者提供的表格，我们可以对不同战役期间双方平均到每个师的人数加以对比（坦克军和机械化军按照步兵师计算，坦克集团军按照3个军计算）：

	斯摩棱斯克	莫斯科	斯大林格勒	勒热夫—瑟乔夫卡	库尔斯克
红军师的人数	17400	9300	9600	8400	13900
德国师的人数	26500	23000	20200	10400	16400

可见，作者低估了参加勒热夫—瑟乔夫卡战役的德军人数，明显高估参加斯摩棱斯克交战的苏联兵力（考虑到以前的损失）。同样，参加库尔斯克会战的德军人数也可能被低估了，理由是：根据B. 穆勒—吉勒布兰特（B. Muller-Gillebrant）的说法，德国国防军（不包括德国空军和党卫队）这时在东线的总人数是311.5万人，平均到168个师，即每个师18542人。而军队在主要突击方向上集结的兵力密度，不可能低于整个战线的平均密度。尤其是，在突出部南线参加进攻的3个党卫队装甲师各有2.2万—2.3万人。

另外还可以补充一点，1943年7月10日参加库尔斯克会战的3个苏联方面军（中央、沃罗涅日和草原）的兵力共150万人，而作者提供的人数（222.6万人）包括布良斯克方面军和西方方面军的部分兵力，但其当面的德军没有参加库尔斯克的进攻交战，作者没有考虑到这一点。苏联的这3个方面军共有117个步兵师和17个坦克（机械化）军（出处《苏军的作战编成，第三部（1943年1月—12月）》，莫斯科：军事出版社，1972年版，第159—164、第175—176页；《库尔斯克会战》，莫斯科：科学出版社，1970年版，第479、第491、第492页。）再加上2个步兵旅，共可以换算成136个师，平均每个师11320人。

[3] 该数字包括罗马尼亚军队和意大利军队在内，其中德国军队约为 60 万人。

资料来源：R. A. 萨武什金编，《苏联武装力量和军事学术在 1941—1945 年伟大卫国战争期间的发展》，第 65 页；V. V. 古尔金，《苏联武装力量在 1941—1945 年的人员损失：新的面貌》，刊登在《军事历史杂志》第 2 期（1999 年 3—4 月刊），第 6 页；戴维·M. 格兰茨，《朱可夫的最大失败：红军 1942 年在"火星"行动中的史诗般失败》。

注释

1. R. A. 萨武什金，《苏联武装力量和军事学术在1941—1945年伟大卫国战争期间的发展》（莫斯科：列宁政治学院，1988年版），第48—49页。

2. N. V. 奥加尔科夫撰"军事战略"（Strategiia voennaia）词条，收录在A. A. 格列奇科主编，《苏联军事百科全书（八卷本）》（莫斯科：军事出版社，1976—1980年），第七卷，第562页。

3. 同上。

4. 大本营训令应规定战役的地点、目标、发起时间和持续天数，使用的具体兵力和兵器，军队的集中地域和主要战役方向，关于与友邻方面军、舰队、区舰队和支援航空兵协同动作的明确指示，方面军策划和实施战役时全部各阶段的具体时间限制。训令还规定方面军的当前任务和后续任务、预定突破地段的宽度、兵力密度、建议采用的战役布势，以及关于怎样使用快速集群和第二梯队的指示。

5. 个别命令和预先号令通常与当前遂行的战役后续阶段有关。

6. 苏联把战局定义为，在一年的一个或几个季节内先后或同时实施的若干场防御战役或进攻战役的总和。

7. 例如，沿莫斯科和斯大林格勒两个方向作战的方面军分别实施"火星"和"天王星"行动，企图夺取勒热夫和斯大林格勒，下一步再以类似代号的行动夺取维亚济马和罗斯托夫。然而，后者均未实现，"火星"行动的失败迫使大本营推迟针对维亚济马的后续进攻，而德国人的抵抗则使大本营中断向罗斯托夫的进攻。

8. 同上。

9. 1941年的这类进攻包括西北方面军7月和8月在索利齐和旧鲁萨的反突击，列宁格勒方面军1941年8月和9月在列宁格勒以南、11月在季赫温的反冲击，南方面军11月在罗斯托夫的反突击。1942年的这类进攻包括西方面军和加里宁方面军1942年7月、8月和9月在博尔霍夫、日兹德拉、勒热夫地区和瑟乔夫卡地区的反突击。详情见戴维·M. 格兰茨，《被遗忘的战役，第一至三卷》。

10. 例如，"巴巴罗萨"行动期间，大本营的几个一线方面军6月下旬实施若干次反突击，当事实证明这些反突击未见成效以后，8月和9月上旬又在斯摩棱斯克附近发起重大进攻。"蓝色"行动期间，大本营安排沿主要方向遂行防御的方面军7月和8月在沃罗涅日附近和奇尔河沿岸，后来的8月和9月在顿河以南的谢拉菲莫维奇地区和克列茨卡亚地区、斯大林格勒市区附近发起几场重大进攻。这些进攻迫使德国人变更部署德国第六集团军一部、罗马尼亚第三集团军和意大利第八集团军到受威胁的顿河前线，因此明显削弱正在斯大林格勒市区及其周围陷入苦战的国防军兵力。

11. 1942年11月参加进攻的有加里宁、西、西南、顿河和斯大林格勒方面军，1943年1月参加进攻的有列宁格勒、沃尔霍夫、布良斯克、沃罗涅日、西南、顿河、南和北高加索方面军，1943年2月和3月参加进攻的有列宁格勒、沃尔霍夫、西北、加里宁、西、布良斯克、中央、沃罗涅日、西南、南和北高加索方面军。

12. 例如，中央、沃罗涅日和草原方面军实施的库尔斯克防御战役，沃罗涅日方面军和草原方面军实施的别尔哥罗德—哈尔科夫进攻战役，西、布良斯克和中央方面军实施的奥廖尔进攻战役，加里宁方面军和西方面军实施的斯摩棱斯克进攻战役，西南方面军和南方面军实施的顿巴斯进攻战役。

13. 《库尔斯克会战期间的航空兵作战》（Deistviia aviatsii v Kurskom srazhenii），收录在《战

争经验研究材料选集》第11册（1944年3—4月）（莫斯科：军事出版社，1944年版），第160—187页，机密级。

14. R. A. 萨武什金主编，《苏联武装力量和军事学术的发展》，第82页。这些游击战役包括"铁道战"和"音乐会"两场战役。

15. 其中，加里宁（波罗的海沿岸第1）方面军、西方面军和中央（白俄罗斯）方面军在白俄罗斯作战，沃罗涅日（乌克兰第1）方面军和中央方面军一部在基辅方向作战，草原（乌克兰第2）方面军、西南（乌克兰第3）方面军和南（乌克兰第4）方面军在克里沃罗格地区作战。

16. 战争第一阶段期间，大本营始终专心致力于积累战略预备队，并将其投入最危险的地点，以此弥补自己的经验不足。之所以这样做，是因为大本营认识到苏联的庞大人口数量是这个国家的天然实力，相对于德国最明显的弱点是人力资源相对有限并且无法合理确定战略优先次序，这是一个可以蓄意利用的优势。通过以苏联之长击德国之短，即使红军遭受无数次惨败，大本营也能够保持一种适当的兵力对比，并最终达成自己的首要战略目的，即实施切实可行的战略防御并制止德国人的推进，尽管这并不是大本营最初的战略目的。

大本营经常果断和鲁莽地使用苏联看似取之不尽用之不竭的新锐人力供给，使红军能从一连串前所未有的战略失败中幸免于难，并能弥补红军一系列其他明显弱点。大本营成员、那些经历过无数失败的方面军级和集团军级的红军指挥人员，始终都在不断积累着必要的作战经验，首先能够阻挡德国人的攻击，并最终开始自己的战略进攻。

17. N. 帕夫连科，《战争第一阶段期间》，刊登在《共产主义者》第9期（1998年6月刊），第92页。

18. 可参见《关于梅列茨科夫元帅遭受酷刑的档案文献》（Archives Document the Torture of Marshal Meretskov），收录在《JPRS-UMA 88-O19》[①]（1988年8月19日）第21页，引用1989年4月20日《文学报》（Literaturnaia gazeta）第13页的一篇文章。

19. 苏联人最近一次讨论如何划分战争期间的战略性防御战役，见V. V. 古尔金、M. I. 戈洛夫宁，《关于1941—1945年伟大卫国战争的战略性战役问题》，刊登在《军事历史杂志》第10期（1985年10月刊），第10—23页；V. S. 什洛明，《关于1941—1945年伟大卫国战争的战略性战役问题》，刊登在《军事历史杂志》第4期（1986年4月刊），第49—52页；A. I. 米哈廖夫、V. I. 库德里亚绍夫，《关于1941—1945年伟大卫国战争的战略性战役问题》，刊登在《军事历史杂志》第5期（1986年5月刊），第48—51页；Kh. M. 杰劳霍夫、B. N. 彼得罗夫，《关于1941—1945年伟大卫国战争的战略性战役问题》，刊登在《军事历史杂志》第7期（1986年7月刊），第46—48页；P. T. 库尼茨基，《论战局和战略性战役中主要突击方向的选择》，刊登在《军事历史杂志》第7期（1986年7月刊），第29—40页；《有关1941—1945年伟大卫国战争中战略性战役问题的讨论结果》，刊登在《军事历史杂志》第10期（1987年10月刊），第8—24页。

20. 这些数字包括若干个歼击师、3个独立歼击旅和若干个相当于步兵师的筑垒地域。

21. R. A. 萨武什金主编，《苏联武装力量和军事学术的发展》，第112页。

---

① 译注：JPRS是美国"联合出版物研究处"（Joint Publications Research Service）的缩写。

22. 同上，第112页。

23. Iu. A. 戈里科夫、Iu. N. 肖明，《谎言：当基辅还没有遭到轰炸的时候：以西部各边境军区1941年作战计划为证：苏联并未准备先手进攻德国》（Lzhi: Kogda Kiev eshche ne bombili: Operativnye plany zapadnykh prigranichnykh voennykh okrugov 1941 goda svidetel'stvuiut: SSSR ne gotovilsia k napadeniiu na Germaniiu），刊登在《军事历史杂志》第4期（1996年7—8月刊），第3页。

24. R. A. 萨武什金主编，《苏联武装力量和军事学术的发展》，第102页。例如，10月和11月莫斯科的防御期间，大本营一共休整补充西方面军的23个步兵师和西南方面军的27个步兵师的全部或一部。与此同时，大本营还使用主要从西方面军和西南方面军抽调的14个步兵师、16个坦克旅和40余个炮兵团加强位于莫斯科以西的莫扎伊斯克防御线。

25. 后来，在准备夏季战略防御时，大本营把预备队方面军改称草原军区，赋予该军区的任务是在后方支援位于库尔斯克地区防御前沿的方面军。

26. R. A. 萨武什金主编，《苏联武装力量和军事学术的发展》，第102页。

27. 战争后期方面军防御战役的最佳实例是，1944年8月间波罗的海沿岸第1方面军在立陶宛的希奥利艾防御、1945年3月间乌克兰第3方面军在匈牙利的巴拉顿湖防御。

28. 《筑垒地域（FR）的作战经验》，收录在《战争经验研究材料选集》第3册（1942年11—12月），第122—132页；《防御》，收录在《伟大卫国战争战斗文书选集》，第1册（莫斯科：军事出版社，1947年版），第54—61页，机密级。

29. 1941年6月27日至7月10日期间，大本营命令红军使用战略预备队当中5个集团军的兵力，从普斯科夫和奥斯特罗夫向南，沿西德维纳河和第聂伯河构筑并占领一个防御地区。通过该措施，大本营设法在7月20日之前沿西北方向恢复连续的防御正面。虽然国防军最终会突破这个防御地区，但是实施突破的过程，以及红军随后于7月中旬和8月中旬在索利齐地区和旧鲁萨地区发起的反突击，共迟滞德国人前进至少两个星期，从而破坏其通过奇袭从行进间夺取列宁格勒的计划。详见戴维·M. 格兰茨，《被遗忘的战役，第一卷》，第19—44、第51—70页。

30. 大本营1942年前期构筑的主要防御地区从莫斯科东北方开始，经莫斯科以东和东南的弗拉基米尔和坦波夫，向南绵延到斯大林格勒地区。其他防御地区由北向南沿奥斯克尔河和顿河，并沿捷列克河掩护高加索地区。

31. R. A. 萨武什金主编，《苏联武装力量和军事学术的发展》，第99页。

32. 自从苏德战争结束以来，许多俄罗斯的军事理论家和历史学家都一口咬定红军1941年经历的大量战略性合围战役，例如那些发生在明斯克、乌曼、基辅、维亚济马和布良斯克的合围，都能实际起到迟滞国防军推进的作用，从而有利于大本营实施战略防御。然而，这种说法很大程度上是文过饰非。

33. 苏联（俄罗斯）历史学家之所以会忽视或者直接掩盖这些失败的反措施，要么是因为失败本身令人尴尬，要么是为了维护策划并实施这些反冲击、反突击和反攻的高级指挥人员和全体红军的声望。德国历史学家忽视这些反措施的原因则是在己方更大规模进攻的背景下，它们看上去只是微不足道的小意外。见戴维·M. 格兰茨，《被遗忘的战役，第一卷》。

34. 戴维·M. 格兰茨，《被遗忘的战役，第一卷》。

35. 戴维·M. 格兰茨，《被遗忘的战役，第一卷》，第101—106页；V. A. 安菲洛夫，《希特勒

1941年进攻莫斯科的破产》（莫斯科：科学出版社，1989年版），第196—270页；戴维·M. 格兰茨，《斯摩棱斯克交战》；戴维·M. 格兰茨，《斯摩棱斯克交战地图集，1941年7月7日—9月10日》（宾夕法尼亚州卡莱尔：自费出版，2001年版）。

36. 这些被遗忘的红军进攻战役，详见戴维·M. 格兰茨，《被遗忘的战役，第三卷》。

37. 详情见戴维·M. 格兰茨、乔纳森·M. 豪斯，《库尔斯克会战》。

38. R. A. 萨武什金主编，《苏联武装力量和军事学术的发展》，第64页。

39. 同上，第68页。

40. 戴维·M. 格兰茨，《斯摩棱斯克交战》。

41. 朱可夫在"火星"行动期间负责协调加里宁方面军和西方面军在勒热夫地区的行动，华西列夫斯基在"天王星"和"小土星"行动期间负责协调西南、顿河和斯大林格勒方面军在斯大林格勒地区的行动。

42. 这些快速集群的编成方式，既有像在勒热夫那样由坦克军和骑兵军组成的骑兵机械化集群，又有像在勒热夫和斯大林格勒那样独立作战的坦克军、机械化军和骑兵军。

43. 更多详情，见戴维·M. 格兰茨，《被遗忘的战役，第四卷》。

44. 例如：大本营使用坦克第1集团军和第68集团军建立一个特别突击集团，编入西北方面军的第二梯队，命令该集团向普斯科夫快速发展；在中央方面军内部建立一个骑兵—步兵集群，命令这个集群与该方面军的坦克第2集团军协同动作，向布良斯克和维捷布斯克发展胜利。与此同时，大本营还建立两个新的快速集群，用于率领西南方面军向顿巴斯地区发展胜利。其中第一个是下辖四个不满员坦克军的波波夫集群，第二个包括齐装满员的近卫坦克第1军、坦克第25军和近卫骑兵第1军。

45. 更多详情，见戴维·M. 格兰茨，《被遗忘的战役，第五卷》。

46. 见戴维·M. 格兰茨，《斯摩棱斯克交战》；戴维·M. 格兰茨，《巴巴罗萨》，第137—159页。

47. 斯大林格勒防御期间，大本营秘密组建西南方面军，并在德国人没有察觉的情况下，将坦克第5集团军和其他军队变更部署至其进攻出发地位。库尔斯克会战的防御阶段，大本营将5个集团军（第27、第53、近卫第5、第47和近卫坦克第5）秘密变更部署到位于库尔斯克以东的战略预备队，并掩盖己方所做的大量防御准备工作。库尔斯克会战的进攻阶段，大本营沿北顿涅茨河和米乌斯河遂行牵制性战役，同时安排在别尔哥罗德地区广泛模拟进攻行为，以迷惑德国人。关于大本营和红军在战争期间运用伪装措施和达成突然性的更多详情，见戴维·M. 格兰茨，《第二次世界大战中苏联的军事欺骗》（伦敦：弗兰克·卡斯出版社，1989年版）；M. M. 基里扬，《伟大卫国战争进攻战役中的突然性》（Vnezapnost' v nastupatel'nykh operatsiiakh Velikoi Otechestvennoi voiny，莫斯科：科学出版社，1986年版）；V. A. 马楚连科，《军队的战役伪装》（Operativnaia maskirovka voisk，莫斯科：军事出版社，1975年版）；V. N. 洛博夫，《战争史上的军事计谋》（Voennaia khitrost' v istorii voin，莫斯科：军事出版社，1988年版）。

48. R. A. 萨武什金主编，《苏联武装力量和军事学术的发展》，第85—86页。

49. 例如：西方面军7月进攻斯摩棱斯克时使用5个特别组建的战役突击集团，8月，西方面军、预备队方面军和布良斯克方面军针对同一目标使用几个军级集群（由集团军指挥，若干个师组成的集群）和一个小型骑兵集群。同样，大本营直接指挥的独立第4集团军11月间使用几个特别集群实施季赫温进攻战役，西方面军使用的两个骑兵军（近卫第1和近卫第2）由于得到若干个坦克部队的加强，能够在莫斯科会战初期更长时间地实施机动。1941—1942年冬季战局中红军实施战略进攻期间，遂行进攻的方面军虽然能够更有效地集中自己的兵力，并使用几个骑兵军实施纵深作战，但是其冲击队形基本上是线性的，也无法持续实施机动到足以产生重大成果的纵深。

50. 例如，11月在斯大林格勒发起进攻时，西南方面军以坦克第5集团军的2个坦克军和1个骑兵军实施主要突击，而顿河方面军和斯大林格勒方面军则为实施主要突击的集团军各分配1个坦克军或1个机械化军，用于发展胜利。12月的"小土星"行动期间，遂行进攻的沃罗涅日方面军和西南方面军共使用4个坦克军和2个机械化军完成突破并发展胜利。因为几个军的实力在这次战役中遭到严重削弱（达80%），所以大本营2月命令西南方面军将4个坦克军合编成战役集群（"波波夫"集群），作为挺进顿巴斯的先锋。

除此之外，沃罗涅日方面军1月下旬进攻罗索什和2月进攻哈尔科夫时，使用新锐的坦克第3集团军作为第一梯队，南方面军2月挺进顿巴斯东部时使用几个机械化军。一般说来，上述坦克集团军和快速军全部都无法长期维持纵深内的作战，或迟或早地在某个阶段成为国防军反冲击或反突击的牺牲品，并基本上损失殆尽。[①]

51. 例如，沃罗涅日方面军和草原方面军1943年8月在别尔哥罗德—哈尔科夫进攻战役中使用纵深分割突击。起初使用5个集团军粉碎别尔哥罗德以西的德军防御，并立即使用坦克第1集团军和近卫坦克第5集团军以及1个坦克军和1个机械化军发展突破；后来，又使用4个新锐的集团军和2个坦克军在突破地段的两侧进入交战；最后，又增派2个集团军和2个快速军加强发展突破梯队。这样一来，遂行进攻的两个方面军就建立起战术上8:1的压倒性优势，战役上超过3:1的优势，能够迅速突破德国的防御并随后在短短七天的时间里向德军防御的120公里纵深处发展。见戴维·M.格兰茨，《从顿河到第聂伯河》，第215—365页。

同样，沃罗涅日方面军1943年11月攻占基辅时，起初动用2个集团军、1个坦克军和1个坦克集团军一部在基辅以北突破德军防御，并使用该坦克集团军和1个骑兵军实施初步发展。后来，又趁进攻战役尚未结束时，使用3个集团军加强进攻力量。该方面军在德军防御后方纵深约80公里处遭遇德军反冲击的时候，已经是发起进攻后的第十天。最后，南方面军起初单独使用机械化军、坦克军和骑兵军，后来使用几个骑兵机械化集群，率领其在顿巴斯地区的进攻。

52. 大本营试图在1943年秋季以大规模战略性合围中央集团军群的方式向白俄罗斯发起进攻，以加里宁方面军和中央方面军从东北和东南攻向明斯克，西方面军从东面压迫这个德国的集团军群。然而，这三个遂行进攻的方面军都没有足够的快速力量，无法向足够的纵深实施作战并保证进攻取得成功。见戴维·M.格兰茨，《被遗忘的战役，第五卷》。

53. 《苏军的作战编成：第一部（1941年6月—12月）》（莫斯科：伏罗希洛夫总参军事学院，

---

① 俄译注：这个说法是根据德国资料得出的，它虽然使用绝对句式，但很大程度上是凭空臆想。举例来说，实际情况是，坦克第3集团军在进攻的第二阶段（1943年2月2日至28日）损失原有57557名军人中的19258人，其中包括5804人死亡和失踪。在此期间，集团军抓获27038名俘虏，缴获12辆坦克、35门火炮、1391辆汽车，参见苏联国防部中央档案馆的ЦАМО, ф. 3 TA, оп. 4487, д. 66, лл. 63-64。苏联红军进行纵深作战的能力主要受到军队主力的机动能力制约，后者无法及时跟上坦克集团军和坦克军的前进速度，也无法充分巩固它们在纵深进攻中取得的胜利。

1963年版）。

54. R. A. 萨武什金主编，《苏联武装力量和军事学术的发展》，第104—106页；V. 泽姆斯科夫，《关于组建和使用战略预备队的若干问题》，刊登在《军事历史杂志》第10期（1971年10月刊），第14页；A. G. 霍里科夫，《伟大卫国战争开始时苏联武装力量战略展开的若干问题》，刊登在《军事历史杂志》第1期（1986年1月刊），第13页。大本营向方面军派遣的291个步兵师当中，有194个是新组建的，70个从各内地军区抽调，27个从远东、外贝加尔和中亚抽调；94个步兵旅则都是新组建的。

55. 其中包括第28、第29和第30集团军，用于加强西方面军在斯摩棱斯克以东的防御；第24、第31、第32、第33、第34和第43集团军，编为预备队方面军；第44、第45、第46和第47集团军于7月加强外高加索军区[①]；第48、第49和第50集团军于8月分别加强北、预备队和布良斯克方面军。除了上述集团军以外，大本营还组建第51集团军和第52集团军作为独立的预备集团军，使用前者保卫克里米亚，后者用于西北方向。最后，大本营8月中旬将第34集团军转隶西北方面军。见R. A. 萨武什金主编，《苏联武装力量和军事学术的发展》，第105页；《统帅部大本营和红军总参谋部的若干文献》（Dokumenty Stavki Verkhovnogo Komandovaniia i General'nogo shtaba Krasnoi Armii），收录在《战争经验研究材料选集》，第37册（莫斯科：军事出版社，1947年版），第11—13页；V. A. 佐洛塔廖夫主编，《最高统帅部大本营1941》。该书收录有组建第29集团军至第33集团军的命令，主要使用内务人民委员部内卫部队、正规军和莫斯科军区的民兵。

56. 例如，大本营在11月的季赫温进攻战役中使用独立第4集团军，莫斯科防御中使用第5集团军和新的第33集团军，并先后使用第5、第33、突击第1、第10和第20集团军发起并发展在莫斯科的反突击和进攻。

57. R. A. 萨武什金主编，《苏联武装力量和军事学术的发展》，第105页。西方面军的实力增长如下：

军队类型	1941年10月1日	1941年12月5日
步兵师	30	50
步兵旅	1	16
航空兵师	5	8
骑兵师	3	16
坦克旅	3	22
（最高统帅部预备队）炮兵团	28	53
近卫火箭炮兵营	1	30
独立高射炮兵营	11	16

---

① 译注：1.作者略去7月14日至25日后备方面军存在的短暂过程，直接讲述7月30日建立的预备队方面军。2.正文中提到的是14个预备集团军，而这里只给出13个集团军的番号，剩下一个可能指重建的第3集团军，也可能指原定加入预备队方面军，后实际留在远东的第35集团军。详见《泥足巨人》中译本第16页。3.原文此处有第48集团军，无第46集团军，应是笔误，下文的第48集团军才是正确的。

另外，莫斯科防御战役之前和期间，大本营组建和使用的预备队相当于一个完整的方面军，而莫斯科防区编成内的兵力实际上又相当于一个方面军，都可以支援在前方遂行防御的第一梯队方面军。

58. 例如，按月统计，1941—1942年冬季期间，最高统帅部预备队的规模从2至3个集团军、8至27个步兵师和骑兵师、4至23个旅不等。

59. R. A. 萨武什金主编，《苏联武装力量和军事学术的发展》，第104—106页；V. 泽姆斯科夫，《关于组建和使用战略预备队的若干问题》，第14页；A. G. 霍里科夫，《伟大卫国战争开始时苏联武装力量战略展开的若干问题》，第13页。（这189个步兵师当中，有72个是大本营从作战方面军撤回的，有67个是重建的，有50个是全新组建的。）[1]

60. R. A. 萨武什金主编，《苏联武装力量和军事学术的发展》，第107页。

61. V. 泽姆斯科夫，《关于组建和使用战略预备队的若干问题》，第16页。

62. 同上。另外，大本营1943年4月至7月从大本营预备队派遣共14个步兵师、5个反坦克歼击炮兵旅、24个反坦克歼击炮兵团、30个炮兵团和迫击炮兵团、4个炮兵旅、12个坦克旅和7个独立坦克团加强在库尔斯克遂行防御的中央方面军和沃罗涅日方面军。见R. A. 萨武什金主编，《苏联武装力量和军事学术的发展》，第107页。

63. V. 戈卢博维奇，《战略预备队的建立》（Sozdanie strategicheskikh reservov），刊登在《军事历史杂志》，第4期（1977年4月刊），第13—14页。

64. 《苏军的作战编成：第三部（1943年1月—12月）》。

65. R. A. 萨武什金主编，《苏联武装力量和军事学术的发展》，第78页。

66. 例如，库尔斯克会战之前，大本营秘密地从西北方面军和北高加索方面军变更部署共9个集团军，并将其展开在莫斯科和伏罗希洛夫格勒之间的战略防御地区，德国侦察机关未能发现其中的7个。另外，大本营还安排近卫坦克第3集团军、坦克第4集团军和近卫坦克第5集团军的变更部署和休整，准备在库尔斯克防御后期使用近卫坦克第5集团军，并在后来的进攻中使用这3个集团军的全部，与已经参加库尔斯克防御的坦克第1集团军和坦克第2集团军共同担任先锋。最后，大本营安排近卫第5集团军和近卫坦克第5集团军在防御交战尚未结束的时候，由草原方面军转隶沃罗涅日方面军；还安排草原方面军进入交战，首先是在战略性防御战役的后期制止国防军的进攻[2]，然后8月上旬在别尔哥罗德—哈尔科夫进攻战役中担任先锋。

别尔哥罗德—哈尔科夫进攻战役开始后，大本营又从最高统帅部预备队派遣第47集团军和近卫第4集团军加强两个遂行进攻的方面军，增强攻击力量，掩护其侧翼，并击退德军的反冲击。另外，1943年秋季期间，大本营一共派遣最高统帅部预备队的9个诸兵种合成集团军、2个坦克集团军、1个骑兵军、2个坦克军和3个骑兵师加强沿第聂伯河两岸作战的各方面军。关于库尔斯克会战更多的细节，见戴维·M. 格兰茨，《战争中的苏联军事情报工作》，第172—284页；戴维·M. 格兰茨、乔纳森·M. 豪斯，《库尔斯克会战》。

---

① 译注：括号内的部分原来出现在第96号注释处，但与该处正文无关。本章正文仅这里有"189个师"，故移动至此。
② 译注：这种说法不准确。草原方面军7月18日接到参战训令，德军已于7月17日下午13时许奉命停止进攻并退向别尔哥罗德，见I. S. 科涅夫，《方面军司令员笔记》；戴维·M. 格兰茨、乔纳森·M. 豪斯，《库尔斯克会战》。

67. N. V. 奥尔加科夫主编，《军事百科词典》（莫斯科：军事出版社，1983年版）第514页，将战役法定义为："研究武装力量各军种的军团实施合同战役和独立战役（战斗行动）的理论和实践。"虽然这个定义提出的比较晚，但是早在20世纪20年代后期，亚历山大·斯韦钦等苏联军事理论家就已提出这个概念，而其他一些理论家则在战争爆发前又对其做出过重大改进。见哈罗德·S. 奥伦斯坦编译，《苏联战役法的演变，1927—1991年：文献依据，第一卷：战役法，1927—1964年》（伦敦：弗兰克·卡斯出版社，1995年版）。

68. 这些战役包括西北方面军1941年7月和8月在索利齐和旧鲁萨的反突击、加里宁方面军1941年10月在加里宁的反突击，以及西方面军1942年7月和8月在勒热夫和日兹德拉附近的进攻。

69. 例如，国防军在9月的基辅防御战役期间歼灭西南方面军，在10月的维亚济马—布良斯克防御战役期间歼灭预备队方面军，以及西方面军和布良斯克方面军的大部。另外，国防军还在战争初期6月下旬和7月上旬白俄罗斯的边境交战中歼灭西方面军的第3、第4和第10集团军，在8月的乌曼防御战役期间歼灭西南方面军和南方面军的第6和第12集团军。

70. 尽管苏联历史学家和当代俄罗斯历史学家声称，红军在1942年夏季并未损失整个集团军，可是西南方面军的第28、第38和第40集团军以及另外几个集团军都在"蓝色"行动期间7月的退却过程中几乎全军覆没或遭到重创，还有加里宁方面军第39集团军8月在勒热夫西南全军覆没。见戴维·M. 格兰茨，《被遗忘的战役，第三卷》。

71. 例如，8月的旧鲁萨进攻战役期间，北方面军和西北方面军的攻击正面宽度分别是90公里和130公里，前者几乎立即陷于停顿，毫无进展，而后者却在被德军反冲击击退之前，推进多达50公里。8月在斯摩棱斯克，西方面军、预备队方面军和布良斯克方面军的攻击正面宽度分别是250公里、100公里和近150公里，只略有进展便被击退。不过，预备队方面军的第24集团军在斯摩棱斯克进攻战役期间推进约25公里之后夺取叶利尼亚，并坚守该地直至10月上旬。

72. A. A. 斯特罗科夫主编，《军事学术史》（莫斯科：军事出版社，1966年版），第391页。

73. 西方面军的右翼12月期间在莫斯科以北的推进达38—90公里，其左翼在莫斯科以南的进展则是30—约200公里。1月期间，整个西方面军的推进距离达60—120公里。

74. 1942年1月10日颁布的大本营第03号训令全文，见V. A. 佐洛塔廖夫主编，《最高统帅部大本营：1942年的文献与材料》（以下简称《最高统帅部大本营1942》），收录在《俄罗斯档案：伟大卫国（战争）》第16卷，第5（1）册（莫斯科：特拉出版社，1996年版），第33—35页；A. 拉济耶夫斯基，《战争第一阶段的防御准备工作》（Proryv oborony v pervom periode voiny），刊登在《军事历史杂志》第3期（1972年3月刊），第17—18页。

75. A. A. 斯特罗科夫主编，《军事学术史》，第390—391页。

76. 同上，第110页。

77. R. A. 萨武什金主编，《苏联武装力量和军事学术的发展》，第159—160页；I. Kh.巴格拉米扬主编，《战争史和军事学术史》，第187页。

78. I. Kh.巴格拉米扬主编，《战争史和军事学术史》，第187—188页。A. A. 斯特罗科夫主编，《军事学术史》第390页引用的数据略有不同，例如：集团军的平均纵深为20公里，每个师占领20公里宽的正面，兵器密度为每公里正面15—25门火炮。

79. 见《库尔斯克登陆场的防御准备工作》（Podgotovka k oborone Kurskogo platsdarma），

收录在《战争经验研究材料选集》第11册（1944年3—4月），第24—37页；戴维·M. 格兰茨，《苏联在库尔斯克的防御战术（1943年7月）》（宾夕法尼亚州卡莱尔：自费出版，1998年版）；戴维·M. 格兰茨、乔纳森·M. 豪斯，《库尔斯克会战》。红军在库尔斯克取得的胜利，原因在于其防御的基本特点和谨慎而巧妙地运用优势兵力，特别是战役预备队和战略预备队。在库尔斯克，大本营和遂行防御的方面军在战争中第一次能够在国防军发起进攻之前，规划和构筑完成所有的防御地带，并全面占领前两个防御地带。中央方面军和沃罗涅日方面军遂行防御的第一梯队集团军共构筑五至六个防御地带，并使用其第一梯队的步兵军占领两个战术防御地带，第二梯队的步兵军占领集团军防御地带，其余三个则是方面军防御地区，由方面军的预备队和快速兵种加以占领。作为最高统帅部预备队的草原军区（方面军），又使用下属各集团军在后方绵延到很远的地方建立起另一批防御地带，其后方还有沿顿河西岸布设的国家防御地区。这次防御的每个战术防御地带纵深绵延15—20公里，而整个战略防御的纵深是300公里，超过红军1941年和1942年准备最充分的防御两倍以上。这次防御中的三个方面军防御地区各有可达70公里的纵深，由一系列沿预期的德军主要突击方向布设于纵深处的强大筑城工事组成，并配备空前密度的兵力兵器。每公里宽正面的地雷多达2000枚，这个密度是1941年和1942年红军最充分准备防御的两至三倍。因此，国防军的装甲先锋在库尔斯克突出部的南北两翼分别仅突破至35公里和12公里的纵深。另外，这也是红军在战争中第一次能将国防军精心策划的进攻阻挡在战役纵深和战略纵深之外。

80. I. Kh.巴格拉米扬主编，《战争史和军事学术史》，第245页。

81. 同上，第246页。

82. 例如，西南方面军使用坦克第21军和坦克第23军在1942年5月的哈尔科夫进攻战役实施发展，布良斯克方面军和斯大林格勒方面军使用坦克第5、坦克第1和坦克第4集团军以及几个独立坦克军1942年7月在沃罗涅日以西的顿河沿岸率先发起进攻和实施发展，西方面军8月使用坦克第3集团军在日兹德拉率先发起进攻，西南方面军使用坦克第5集团军在11月的斯大林格勒进攻战役期间作为第一梯队率领其攻击行动。

83. S. 洛托茨基，《从伟大卫国战争期间实施集团军进攻战役的经验谈起》，刊登在《军事历史杂志》第12期（1965年12月刊），第3—14页。

84. 例如，11月在勒热夫的进攻战役中，加里宁方面军在2个集团军的突击地段使用2个机械化军作为快速集群，西方面军起初在1个集团军的地段使用1个坦克军和1个骑兵军组成骑兵机械化集群，后来又在同一地段上使用2个坦克军作为快速集群。在斯大林格勒，西南方面军使用坦克第5集团军率先发起攻击，并使用骑兵第8军和该坦克集团军的2个坦克军发展胜利，该方面军和斯大林格勒方面军都把独立的坦克军、机械化军和骑兵军作为下属集团军的快速集群。

85. 关于红军在战时实施战役机动的详情，见戴维·M. 格兰茨，《大纵深攻击：苏联实施的战役机动》（宾夕法尼亚州卡莱尔，自费出版，1998年版）。

86. 这些实施防御性战役机动的早期尝试包括，西北方面军和西方面军先后使用4个机械化军（第3、第12、第6和11）在凯尔梅、拉塞尼艾和格罗德诺地区的反突击中失利；西南方面军试图依靠6个机械化军（第4、第8、第15、第22、第9和第19）协调一致的战役机动，在杜布诺和布罗德地区组织一次反攻。

87. 试图实施防御性战役机动的这个实例，涉及布良斯克方面军使用其坦克第5集团军在沃罗涅日附近发起的反突击，并与斯大林格勒方面军使用其坦克第1集团军和坦克第4集团军在斯大林格勒以西顿河沿岸发起的反突击协调一致。

88. 这个实例中，沃罗涅日方面军使用坦克第1集团军实施阵地防御，使用近卫坦克第2军、近卫坦克第5军、坦克第2军和坦克第10军实施防御性战役机动，大本营则使用原来隶属草原方面军的近卫坦克第5集团军在普罗霍罗夫卡实施防御性战役机动。

89. 乌克兰第1方面军使用近卫坦克第3集团军编成内的几个快速军，方面军直属的近卫坦克第4军、近卫坦克第5军和近卫骑兵第1军在基辅以西实施防御性战役机动，乌克兰第2方面军使用近卫坦克第5集团军编成内的几个快速军、方面军直属的近卫机械化第1军和机械化第7军在克里沃罗格以北实施防御性战役机动。

90. 其中包括下列几场失败的战例：坦克第21军和坦克第23军在哈尔科夫，坦克第5集团军、坦克第1集团军、坦克第4集团军和几个独立坦克军在沃罗涅日和顿河沿岸，坦克第3集团军和几个独立坦克军在日兹德拉。上述各部全都作为方面军或集团军的快速集群使用。例如，可以阅读戴维·M. 格兰茨，《哈尔科夫1942》；戴维·M. 格兰茨，《被遗忘的战役，第三卷》，第11—66页。

91. 第325号命令的全文，见《国防人民委员1942年10月16日的第325号命令》（Prikaz NKO no. 325 ot 16 oktiabria 1942 g.），刊登在《军事历史杂志》第10期（1974年10月刊），第68—73页；V. A. 佐洛塔廖夫主编，《国防人民委员1941年6月22日—1942年的命令》（以下简称《国防人民委员1941》）（Prikazy narodnogo komissara oborony SSSR 22 iiunia 1941 g.–1942 g.），收录在《俄罗斯档案：伟大卫国（战争）》第13卷，第2（2）册（莫斯科：特拉出版社，1997年版），第334—338页。

92. 战争爆发之前，苏联人将快速集群称为"发展胜利梯队"[①]（eshelon razvitiia uspekha）。快速集群是苏军20世纪70年代后期提出的"战役机动集群"概念的前身。

93. 例如，沃罗涅日方面军和南方面军使用坦克第3集团军和坦克第5集团军作为快速集群担任1月进攻中的先锋，西南方面军使用临时编组的"波波夫"集群作为2月进攻中的先锋。同一时期，其他方面军和集团军依靠独立的坦克军、机械化军或骑兵军作为快速集群率领其发展突破。最后，中央方面军在2月下旬和3月失利的奥廖尔—布良斯克—斯摩棱斯克进攻战役中使用新组建的坦克第2集团军作为先锋。总参谋部对1942—1943年冬季期间快速集群（特别是坦克军和机械化军）作战的分析结果，可见戴维·M. 格兰茨，《苏联战争经验：坦克战》（宾夕法尼亚州卡莱尔：自费出版，1998年版）中所做的概括。关于中央方面军基本上无人知晓的奥廖尔—布良斯克—斯摩棱斯克进攻战役详情，见戴维·M. 格兰茨，《被遗忘的战役，第四卷》，第213—381页。

94. 战斗条令要求，方面军和集团军只有在诸兵种合成集团军已经彻底突破国防军防御战术地幅之后才能让其快速集群进入交战，以便保留快速集群的实力用于至关重要的发展突破阶段。可是1943年的大部分时间里，德军防御力量的增强往往迫使方面军司令员和集团军司令员将其快速集群的一部或全部用于达成战术突破，这就在很大程度上增加了发展突破阶段的难度。

95. 关于先遣支队的演化过程和所起作用的详情，见戴维·M. 格兰茨，《苏联战术机动的实施方

---

① 译注：也称作"发展突破梯队"。

法：进攻的先锋》（伦敦：弗兰克·卡斯出版社，1991年版）。

96. A. A. 斯特罗科夫主编，《军事学术史》，第390—391页。

97. 想要充分了解反坦克能力的改善，可以用中央、西南和沃罗涅日方面军1943年2月和3月的进攻战役和防御战役的过程和结果，对比乌克兰第1方面军1943年11月和12月在基辅以西的战役。

98. 同上。

99. R. A. 萨武什金主编，《苏联武装力量和军事学术的发展》，第140页。关于阐述炮兵进攻概念的大本营第03号训令详情，另见V. A.佐洛塔廖夫主编，《最高统帅部大本营1942》。

100. R. A. 萨武什金主编，《苏联武装力量和军事学术的发展》，第142—143页。

101. 最值得注意的例外是1941年12月南方面军的罗斯托夫进攻战役、1942年1月加里宁方面军的托罗佩茨—霍尔姆进攻战役、1942年1月西南方面军和南方面军在哈尔科夫以南的巴尔文科沃—洛佐瓦亚进攻战役。颇为古怪的是，西南方面军有效地策划和实施战役伪装，成功隐蔽苏联1942年哈尔科夫进攻战役的准备工作，不料却因德国人居然更成功地实施代号为"克里姆林宫"的战略伪装计划，反而落入圈套成为牺牲品。关于苏联在整场战争中战役伪装的更多详情，见戴维·M. 格兰茨，《苏联的军事欺骗》，第105—292页。

102. 例如，1943年7月，西南方面军和南方面军沿北顿涅茨河和米乌斯河发起牵制性进攻，把德国人的注意力引离预定于8月上旬沿别尔哥罗德—哈尔科夫方向展开的进攻。

103. 戴维·M. 格兰茨，《苏联军队的战役法：寻求大纵深战役》（伦敦：弗兰克·卡斯出版社，1991年版），第23页，引用苏联"战役法之父"亚历山大·斯韦钦的论述。

104. A. A. 斯特罗科夫主编，《军事学术史》，第192页；I. Kh.巴格拉米扬主编，《战争史和军事学术史》，第391—392页。

105. A. A. 斯特罗科夫主编，《军事学术史》，第192—193页；I. Kh.巴格拉米扬主编，《战争史和军事学术史》，第391页。

106. A. A. 斯特罗科夫主编，《军事学术史》，第429页。

107. I. Kh.巴格拉米扬主编，《战争史和军事学术史》，第245—246页；S. 洛托茨基，《从伟大卫国战争期间实施集团军进攻战役的经验谈起》，第4—8页。

108. 第306号命令的全文，见V. A.佐洛塔廖夫主编，《国防人民委员1941》，第323—326页；以及《国防人民委员1942年10月8日的第306号命令》，刊登在《军事历史杂志》第9期（1974年9月刊），第62—66页。

109. V. A.佐洛塔廖夫主编，《国防人民委员1941》，第334—338页。

110. A. A. 斯特罗科夫主编，《军事学术史》，第427页。

111. 同上；另见V. 马楚连科，《进攻战斗的战术发展》，刊登在《军事历史杂志》第2期（1968年2月刊），第28—30页。

112. 例如，集团军司令员和步兵军军长开始将独立坦克旅和坦克团（如有可能还包括自行火炮团）组成纵深梯次队形，向遂行进攻的步兵军和步兵师提供直接的炮火支援和掩护射击。

113. 例如，朱可夫元帅指挥的白俄罗斯第1方面军在1945年4月柏林战役期间遭受的伤亡率，与西方面军1942年11月和12月"火星"行动期间和1941年年底到1942年年初莫斯科会战期间的伤亡率一样居高不下。[①]现在也很清楚,至少有过几次,大本营确实曾经因伤亡过大而调查过某些方面军司令员。例如,1944年2月,大本营解除V. D. 索科洛夫斯基上将的方面军司令员职务(他曾在1943年和1944年年初担任西方面军司令员,后来到20世纪60年代成为苏联元帅),其原因是索科洛夫斯基的方面军在1943年秋季和1943—1944年冬季白俄罗斯东部的奥尔沙和维捷布斯克地区多次鲁莽地发起徒劳的进攻,招致10余万人的伤亡。[②]关于西方面军1943年秋季和1944年冬季的进攻失败和大本营解除索科洛夫斯基职务的训令等详情,见M. A. 加列耶夫,《关于苏联军队在伟大卫国战争中若干失败的进攻战役。根据未公布的国防委员会文献》,刊登在《新闻与当代史》,第1期(1994年1月刊),第2—28页。大本营1944年夏末解除P. A. 罗特米斯特罗夫上将的近卫坦克第5集团军司令员职务,同样可能是因为他的坦克集团军在白俄罗斯进攻战役期间遭受过大的损失,特别是与德国第五装甲师沿别列津纳河展开的苦战,以及随后争夺维尔纽斯市区的激烈战斗有关。

114. 1989年在莫斯科采访K. A. 鲍里索夫上校的记录。更多详情,见戴维·M. 格兰茨,《红军军官的言论:1945年1月—2月维斯瓦河—奥德河战役参战人员访谈录》(宾夕法尼亚州卡莱尔:自费出版,1997年版)。

115. 例如,见V. E. 科罗利,《胜利的代价》,刊登在《斯拉夫军事研究杂志》总第9卷第2期(1996年6月刊),第417—426页。科罗利称:"有相当多的高级指挥人员,包括著名的G. K. 朱可夫、I. S. 科涅夫、N. F. 瓦图京、F. I. 戈利科夫、A. I. 叶廖缅科、G. I. 库利克、S. M. 布琼尼、K. E. 伏罗希洛夫、S. K. 铁木辛哥、R. Ia. 马利诺夫斯基、V. D. 索科洛夫斯基、V. I. 崔可夫和另一些较低级的指挥人员都认为战士只是"炮灰",总是在作战中遭受最大的损失。另一方面,K. K. 罗科索夫斯基、A. A. 格列奇科、A. V. 戈尔巴托夫、E. I. 彼得罗夫、I. D. 切尔尼亚霍夫斯基和另一些人就能以最少的伤亡达到应有的专业水平。不幸的是,后者是少数。"

---

① 俄译注:这句话不正确。柏林进攻战役中白俄罗斯第1方面军的减员人数比"火星"行动红军参战兵力的减员人数少四分之一,不可归队的减员是后者的一半;与西方面军在莫斯科反攻第一阶段相比,减员人数是其三分之二,不可归队的损失则是其三分之一。同时,1945年4月白俄罗斯第1方面军的总兵力也大大超过1941年12月的西方面军和1942年11月"火星"行动红军参战兵力,战役的最终结果更没有可比性。

② 俄译注:实际上,从1943年10月12日至1944年4月1日,西方面军在半年的作战中减员共计281745人,其中62326人死亡和失踪;再加上方面军未主动进攻的其他地段,战斗减员总数达到330587人。相比之下,该方面军在1943年全年的减员人数接近这个数字的三倍之多——939575人,其中222399人死亡和失踪。因此,这样的战斗相对于类似第一次世界大战般"绞肉机"式的阵地战来说非常典型,索科洛夫斯基之所以被解除职务,与其说是因为减员过多,不如说是因为没有战果。不过,后来发生的事情表明,正是1943—1944年之交一系列看似毫无进展的战斗蚕食了中央集团军群的战斗力,这也是导致其在1944年夏季彻底崩溃的原因之一。总的来说,什么样的减员人数是可以接受的,这个观念在战争期间一直都有变化:1942年甚至1943年期间可以接受的减员,从1944年开始就成为不可接受的。

第二部分

军队

第四章

军队实力和主要成分

武装力量

截至 1943 年 1 月 1 日，18 个月以来激烈而常常令人感到沮丧的战争已经彻底改变苏联红军的面貌。红军在此期间遭受的灾难性战斗减员不仅把 1941 年 6 月现役军人中的大部分一笔勾销，还占后来入伍的数百万补充兵员中的相当一部分。1941 年 6 月 22 日，红军共有约 550 万人，其中约 270 万人服役于驻扎在西部各（边境）军区的作战军队。当时，苏联的可动员人力资源共有约 1200 万人，其中许多人是接受过全面训练或部分训练的预备役军人。这样的动员能力不仅可以造就足够兵力，弥补 1941 年和 1942 年的损失，甚至还能增加红军的总人数。

因此，尽管 1941 年的减员人数达到 4473820 人（其中 3137673 人属于不可归队的减员，指死亡、被俘、失踪或因残退伍），1942 年又减员 7369278 人（其中 3258216 人属于不可归队的减员），红军的作战实力还是先后增长到 1943 年 2 月 2 日的 610.1 万人，1943 年 7 月 9 日的 672.4 万人，1943 年 12 月 31 日的 616.5 万人（见表 4.1）。[1] 从 1941 年 7 月 1 日到 1943 年 12 月 31 日，作战军队和大本营预备队中的方面军（相当于西方的集团军群）由 5 个增至 11 个，集团军和坦克集团军由 23 个增至 63 个，相当于师的兵团由 281 个增至 603 个。（关于红军各组成部分的全部数据，见表 4.2 和《＜巨人重生＞资料篇》附录五的红军战斗序列。）

这些枯燥的数字可以生动地从数量和整体构成的角度，立体折射出红军这次转型的广度和深度。从更加抽象的角度看，它们还是这支军队经历场面空前宏大和激烈的战斗之后，仍然坚不可摧的有力见证。这些冷冰冰和极度不近人情的数字同样可以作为确凿证据，证明红军战士在艰苦条件下似乎有无穷无尽的生存能力。源自民族主义或对敌仇恨，与适度有益的严格纪律和官方强制性措施综合在一起，再加上俄罗斯人传统固有的宿命论，共同推动红军屹立在战场上，并在经历过几乎不间断的战斗后依旧完好无损。

但是，这些数字尽管令人难以置信，还是不足以充分体现红军内部转型的广度，正是这次转型使红军能抗衡并最终战胜不可一世的德国国防军。虽然从纸面上看，1941年红军的军队结构庞大而壮观，但战争实践证明这是一支结构臃肿、动作笨拙、装备低劣的军事力量，无法与更加训练有素、更富有实战经验的国防军相提并论。仅靠军队的巨大体量无法弥补缺乏远见的战略指挥、按部就班的动员、僵化的战役和战术指挥控制、战场上装备低劣而疏于训练的战士。因此，国防军得以在战争开始后的六个月之内重创红军，摧毁的也不仅仅是其军事力量，还包括红军战前对战争可能面貌的基本设想。在看似无休无止降临的灾难面前，红军不得不节节后退，以国土和军人的生命换取时间。

归根结底，是下列几个因素使苏联国家和红军得以艰难挺过这场可怕的战争。第一，因为德国陆军试图在这场横跨欧亚大陆的大规模战争中继续沿用其更适合西欧和中欧较小地区的战略战役手段，所以严重缺乏对苏联独特地形和气候条件的应对措施和作战准备，对苏联领土的广袤程度更谈不上有所准备。

第二，德国人的野心过大，且一贯过度自信，再加上作为统帅机关的国防军统帅部（OKW）和陆军总司令部（OKH）几乎始终未能明确规定切实可行的战略目的，即使是德国最有才华的野战指挥官也于事无补。于是，国防军所到之处总是一次次超出其力所能及的范围。

第三，苏联的动员制度尽管运作缓慢，烦冗复杂，可是一旦动作起来便势不可挡。新组建的一波又一波集团军虽然常常名不副实，但总能在德国人确信苏联只剩下"最后几个营"的时候充实红军残破的战斗序列。事实证明，从物质和心理的角度看，数量确实可以发挥重要的作用。苏联新建的集团军无论多么弱小，其存在和突然出现都足以令德军指挥官不知所措，并且印证"数量本身即代表一种质量"。

红军能够生存下来的第四个因素，也是最重要的因素，是苏联政治领袖和军事首长应付各种极端艰难现实的能力。以斯大林和（最高）统帅部大本营为首的苏联战略领导层尽管从一开始就犯下严重错误，但在严峻形势的推动下还是认识到大规模变革是己方策划和实施战争活动的必由之路。

苏联人所谓的这场"伟大卫国战争"期间，国防人民委员部（Narodnyi komissariat oborony，缩写为NKO）领导下的苏联武装力量由陆军和空军的四个主要部分组成。第一个也是最重要的成分，是积极同纳粹德国及其轴心盟国作斗争的那部分地面武装力量，其正式名称是"作战军队"（deistvuiushchaia armiia），实际指积极同敌军交战的红军作战方面军和独立集团军（或军）组成的"野战军"。①

第二个作战成分的名称是"国土防空军"（Voiska PVO territorii strany），或者更经常简单写成"国土防空"（PVO Strany），英语称作"Force for the Air Defense of the Country's Territory"，有时也写成"National Air Defense Forces"。国土防空军是用于掩护作战军队和保卫苏联境内主要潜在军事目标的防空力量。其他防空力量作为作战军队中陆军各军团、兵团和部队编成内的一部分，可笼统地称为"军队防空"（PVO voisk）。

对于有组织的战争行为来说，同样重要的是武装力量的第三个组成部分——最高统帅部大本营预备队（Reserv Stavki verkhovnogo glavnokomandovaniia），通常也简称为"大本营预备队"或者缩写为RVGK。这支预备队包括大本营直接掌握之下，用于影响未来作战进程的大到方面军，小到营的各种力量。大本营预备队的实力在整场战争期间变化相当大，但通

---

① 译注：按照苏联的定义，作战军队不限于地面力量，还包括海军、作战方面军和舰队编成内的航空兵和防空部队，以及在这些方面军和舰队执行任务时隶属于它们的，在作战方面军后方分界线范围内或在海军作战军队作战区距水线100公里以内的军团、兵团、部队、后勤及其他部队和机关。国土防空军部队、远程航空兵兵团和部队及其他不隶属作战方面军的军队，在作战方面军后方分界线范围内直接参加战斗行动和执行保障任务时也列为作战军队。因此，作战军队的涵盖范围比野战军大，而作者用野战军来替换作战军队，只是为了方便西方人阅读。鉴于野战军并非苏联的术语，译文其他处仍称作战军队。

常以红军实施防御并准备反攻时最为强大。大本营预备队驻扎在前线接近地带或紧邻该地带的军区。

武装力量的第四个即最后一个成分是军区和非作战方面军（voennye okruga i nedeistvuiushchie fronty）。这个组成部分包括不属于战区和前线作战地带的各军区和独立方面军编成内军队。非作战方面军负责掩护未来有可能爆发战争的某些地区，例如远东和中亚细亚，其编成内的军队类型与作战方面军相同。军区是苏联武装力量的动员基地。因此，在整场战争期间，军区编成内始终都有正在动员的军队（规模从集团军到独立旅）和正在休整补充的军队，有时还有作为预备队的军队。

除了隶属国防人民委员部的地面和空中力量之外，其他人民委员部下属的军队同样参加或者协助苏联的整体战争行为。其中包括海军人民委员部（NKVMF）领导的海军（VMF）、内务人民委员部（NKVD）领导下各种国内警卫部队组成的一支庞大的"隐形"军队。海军在大本营领导下主要在海上或滨海战区密切配合国防人民委员部下属军队作战；而内务人民委员部部队承担战争的作战史所经常忽略的多种职能。

内务人民委员部部队负责执行一系列不同类型的警卫任务，包括使用边防军保卫边境，维持苏联劳动改造营地（即"古拉格"GULAG）体系的正常运作，守卫方面军后方地区、道路运输、铁路运输、主要军事目标和政治目标。另外，内务人民委员部部队还使用数量众多的歼击营和歼击团与德国在苏联领土上的破坏—侦察行为作斗争，并在苏联后方地区执行根除德国阿勃韦尔（Abwehr）间谍和间谍小组的反间谍任务。最后，内务人民委员部部队还以阻止红军战士个人或集体开小差（经常使用恶名远扬的"拦截支队"）、强化军队纪律等方式，支援作战军队的行动，有时也作为一线部队积极参加战斗。

1943 年 2 月 2 日，红军及其空军的实际出勤人数（领取口粮份数）为945.5 万人，另有 89 万人在苏联各地住院。前者中，有 610.1 万人隶属作战军队，103 万隶属非作战方面军，232.4 万人隶属军区[①]。住院人数中，有 65.9

---

① 俄译注：这个数字不仅包括军人，还有在后方组织机构中工作并为军事部门服务的平民（主要是女性）。

万人位于作战军队的卫生设施，0.6 万人位于非作战方面军的卫生设施，32.5 万人位于军区的卫生设施。

除了红军之外，海军有 40 万人，另有 1.6 万人住院；同样属于武装力量成分的内务人民委员部作战部队和各类警卫部队有 51.6 万人，另有 0.46 万人住院。最后，还有 72.09 万人在苏联的各个中央管理部门承担其他工作，其中，国防人民委员部有 67.2 万人，海军人民委员部有 2.59 万人，内务人民委员部有 2.3 万人 ①。[2]

截至 1943 年 7 月 9 日，红军及其空军的实际出勤人数已升至 1030 万人，另有 81.9 万人住院治疗。非住院人数当中，有 672.4 万人在作战军队服役，139.8 万人隶属非作战方面军，217.8 万人隶属各军区。住院人数当中，有 446445 人位于作战军队的医院，7 万人位于非作战方面军的医院，302555 人在军区的卫生机构康复。截至这时，苏联海军的人数已上升到 41 万人，另有 1.66 万人住院。另一方面，到 7 月，内务人民委员部的人数已降至 47.3 万人，另有 0.6 万人住院，这是由于国防委员会（GKO）已经将内务人民委员部的许多兵团改编为红军的正规兵团。1943 年 7 月 9 日这天，还有 80.16 万人在苏联的各个中央管理部门工作，其中国防人民委员部有 71.26 万人，海军人民委员部有 2.6 万人，内务人民委员部有 6.3 万人。[3]

规模宏大而漫长的 1943 年夏秋战局结束之后，到 12 月 31 日，红军及其空军的实际出勤人数大致保持在 1020 万人左右，另有近 100 万人住院治疗。其中，有 616.5 万人在作战方面军和集团军服役，近 100 万人在方面军或集团军的医院住院。

作战军队
实力

苏联战争行为的先锋是分配到红军作战军队中的 600 余万人，他们按照大本营的战略优先次序，不规则地展开在苏德战场从巴伦支海到黑海的整个

---

① 译注：原文这里也是25900人，显然是笔误，根据表3.1订正。

正面。1943 年 2 月，作战军队中大约 40% 的兵力位于沃罗涅日市和黑海沿岸之间的西南方向和南方向，大约 34% 的兵力位于霍尔姆镇和沃罗涅日之间的西方向，大约 20% 的兵力位于拉多加湖和霍尔姆之间的西北方向，其余 6%位于北极地带内的科拉半岛和卡累利阿地区，并掩护摩尔曼斯克和阿尔汉格尔斯克的接近地。

1942—1943 年冬季战局期间，作战军队的兵力逐渐向位于西方向和西南方向接合部的库尔斯克地区和奥廖尔地区集中。截至 1943 年 7 月 1 日，红军作战军队的兵力已有 54% 位于南方向和西南方向，24% 位于西方向，17% 位于西北方向，5% 位于北极地带。[4] 作战军队分布位置的这个变化，可以反映大本营在库尔斯克会战及其所在的夏秋战局前夕有计划地变更部署和集中兵力。

编成

1943 年 2 月 1 日，红军的作战军队和国土防空军共编成 13 个诸兵种合成方面军、1 个防空方面军、1 个独立集团军，还有部分兵力隶属莫斯科防区；其中有 64 个诸兵种合成集团军、3 个坦克集团军、13 个空军集团军、2 个防空集团军、2 个战役集群和 1 个防区。这足以表明经历过 1941 年秋季的最低点之后，红军的实力始终在不断增长。

1942—1943 年冬季战局结束后，红军作战军队的规模有所削减，因为大本营把大批兵力编入其预备队，准备即将到来的夏秋战局。另外，大本营还改编国土防空军，以便组建更多规模更大的军团。因此，到 1943 年 7 月 1 日，作战军队和国土防空军共编为 12 个诸兵种合成方面军、3 个防空方面军（另有 2 个防空集团军和 1 个防空歼击航空兵集团军）、4 个防空地区和 1 个独立集团军。作战军队本身有 60 个诸兵种合成集团军、2 个坦克集团军、12 个空军集团军和 1 个战役集群。

库尔斯克会战结束之后的六个月里，随着步兵军、突破炮兵军、各种专业兵兵团的数量急剧增加，而大本营又将其中大部分派遣到作战方面军，红军的编成在军队规模、复杂程度和火力方面都不断增长。截至 1943 年 12 月1 日，作战军队和国土防空军共编有 11 个诸兵种合成方面军、2 个防空方面军（另有 3 个防空集团军）、4 个防空地区和 1 个独立空军集团军。作战军队本身有 57 个集团军、3 个坦克集团军和 12 个空军集团军。虽然与 7 月 1 日相比，作战军队中各作战方面军编成内集团军、坦克集团军、独立坦克军和机械化军的整体数量没有明显增加，但这些数字只是表面现象，因为大本营预备队的规模和战斗力都有大幅度增长（见下文）。

　　1942—1943 年的整个冬季，红军的军队结构始终处在全面转型的过渡期。通过这次转型，1941—1942 年冬季战斗在莫斯科的那支缺兵少将又经常墨守成规的军队，到 1943 年夏秋季已初步显露出诸军兵种合成军队的雏形。一般而言，这次转型不但涉及每个战役战术实体的兵力增加和火力增长，而且表现在整体军队结构越来越复杂。与此同时，更有效的战斗保障（炮兵、航空兵和工程兵）和战斗勤务保障（后勤和保养）体系不断发展，[1] 成为在敌人的更大纵深内持续战斗的先决条件。而在此过程中，大本营始终致力于打造一支结构足够灵活的军队，能满足其战略优先次序的需要。这就意味着，这支军队的各个组成部分必须经过精心的编组，可以在这个广袤战区的不同战略方向上因地制宜地按照具体条件和要求作战。它们还必须达到一定的标准化水平，才能在最关键方向的激烈战斗中成功地抗衡仍然更娴熟，也更富有战斗经验的德国军队。

方面军

　　1943 年，红军的主要战略战役军团（ob'edenenie）是方面军，其规模大致相当于西方的集团军群。苏德战争前夕，苏联统帅部希望红军的方面军在战时能够沿各自所在的战略方向（西北、西和西南）实施决定性军事行动，承担能直接促成战争胜利的战略任务。然而，更富有经验的国防军早在战争初期便已重创红军的作战方面军，这样令人警醒的经历使大本营确信，以这样糟糕的指挥、组织和装备水平，方面军无法单独完成这样至关重要的任务。

　　于是，"巴巴罗萨"行动开始后不久，大本营即尝试将每个战略方向上

---

　　① 译注：这是美国的划分方式，苏联把后者细分成专业保障、后勤保障和技术保障，并与战斗（战役）保障一起统称为战斗行动保障。

的若干个方面军编组成集团，每个集团承担各自的战略战役任务，实际上是介于战略和战役两者之间的任务。这种尝试最早出现在 1941 年 7 月 10 日，为了领导作战方面军，大本营组建三个战区级别的战略司令部，并命名为"战略方向总指挥部"（Glavnye komandovaniia voisk napravleniia）。这些总指挥部统一指挥沿单个战略方向作战的全部方面军和武装力量的其他军兵种。第一批成立的三个总指挥部是 K. E. 伏罗希洛夫元帅任总司令的西北方向总指挥部、S. K. 铁木辛哥元帅任总司令的西方向总指挥部和 S. M. 布琼尼元帅任总司令的西南方向总指挥部。后来，到 1942 年 4 月，大本营又在北高加索地区建立第四个方向总指挥部，并委派布琼尼元帅担任总司令。

然而，1941 年后期和 1942 年初期的战斗过程表明，这些总指挥部的表现与单个方面军相比并没有多少改善，众所周知的部分原因是斯大林安排的几位方向总司令都是他的爱将。另外，总指挥部既没有完整的司令部（参谋部），又根本没有后勤保障，并在实践中证明，即便司令员有足够的经验和能力，也会因颇多掣肘而难以有效指挥军队。因此，大本营先后于 1941 年 8 月 27 日，1942 年的 5 月 2 日、5 月 19 日和 6 月 21 日分别解散西北方向、西方向、北高加索方向和西南方向的总指挥部。从这时起，大本营把承担具体战略任务的若干个方面军编组成方面军群，并指派大本营信任的特别代表协调这些方面军群实施重大战役。

鉴于方面军是红军最重要的战略战役军团，大本营通常会根据其所在具体战役方向上的某个地理名称为其命名。例如，西方面军沿西方向（莫斯科方向）作战，列宁格勒方面军沿列宁格勒方向作战，沃罗涅日方面军在沃罗涅日地区作战。除了陆军的方面军之外，1943 年 7 月，大本营还把国土防空军按照所在地区编组成防空方面军，分别称西防空方面军、莫斯科防空方面军和东防空方面军。方面军本身没有标准的编制表，根据所在作战地区和战役背景不同，其具体实力和编成有很大差异。一般来说，经历过 1941 年夏末和秋季的严重缩编之后，方面军编成内军队的数量、实际能力和复杂程度都在 1942 年和 1943 年当中不断提高。另外，沿更重要战略方向作战的方面军会拥有最强大的兵力。[5]

1943 年 2 月 1 日，从编成内集团军的个数来看，红军最强大的方面军是沿关键性的莫斯科方向作战的西方面军。该方面军有 11 个诸兵种合成集团军、1 个空军集团军、3 个坦克军。不过，其编成内每个集团军的实力各不相同：步兵师和步兵旅的个数多则 9 个，少则 4 个；拥有的坦克多则超过 3 个齐装满员的坦克旅，少则只有 1 个坦克营。最弱小的方面军是卡累利阿、列宁格勒、北高加索和外高加索方面军，都只有 4 个诸兵种合成集团军和 1 个空军集团军。况且，卡累利阿方面军掩护的广大地段从北极地带的摩尔曼斯克一直绵延到拉多加湖北岸。而 2 月 1 日的西南方面军虽然只有 3 个诸兵种合成集团军，比西方面军少 8 个，但是有 1 个坦克集团军、1 个编有 3 个坦克军的快速集群、6 个独立坦克军和 1 个独立机械化军，共计 12 个快速军，比西方面军多 9 个。

红军各方面军编成内的坦克、炮兵和专业兵数量也有很大差异。举例来说，卡累利阿、列宁格勒、沃尔霍夫、西北、顿河、北高加索和外高加索方面军的坦克实力不超过 1 个坦克旅，加里宁方面军也仅有 1 个机械化军。另一方面，每个方面军拥有的坦克数量也随着其任务的重要程度而各不相同。因此，1943 年 2 月，西方面军有 3 个坦克军，布良斯克方面军有 2 个坦克军，沃罗涅日方面军有 1 个坦克集团军、1 个独立坦克军和 1 个骑兵军，西南方面军有 1 个坦克集团军、1 个编有 3 个坦克军的快速集群、6 个独立坦克军和 1 个机械化军，南方面军有 1 个坦克集团军、1 个独立坦克军和 4 个独立机械化军。炮兵和工程兵的保障能力差异则更加明显。

随着大本营向预期德国将会进攻的库尔斯克地区集中兵力，到 1943 年 7 月，红军单个方面军的实力对比又出现某种程度的变化。西方面军编成内有 9 个集团军、1 个空军集团军和 2 个坦克军，总兵力 78.7 万人，仍然是最强大的方面军；而防御库尔斯克突出部和至关重要的沃罗涅日方向的 3 个方面军也几乎同样强大。中央方面军和沃罗涅日方面军各编有 6 个集团军（其中各有 1 个坦克集团军）、1 个空军集团军和 2 个坦克军，分别有 71.1 万人和 62.5 万人。

鉴于库尔斯克地段的战略重要性，大本营还在原来防御该地段的 2 个方面军后面展开草原军区（方面军），其编成内有 5 个诸兵种合成集团军、1 个坦克集团军、1 个空军集团军、6 个坦克军和机械化军，总兵力超过 57 万人。在这种情况下，大本营继续保持西方面军强大实力的决定，足以说明其越来越谨慎的态度。与 1942 年春季不同，大本营 1943 年初夏小心谨慎地掩护莫斯科方向，可以充分避免自己误判德国人的意图而铸成大错。

1943 年 7 月 1 日在战线的其他地段，掩护哈尔科夫和北顿涅茨河地段的西南方面军有 7 个集团军、1 个空军集团军、3 个坦克军和机械化军，共 70 万人。另一个极端是沃尔霍夫、西北和加里宁方面军，各有 3 至 4 个集团军、1 个空军集团军，近 40 万人，编成内也没有快速军。[6]

随着红军在库尔斯克转入战略进攻，随后向第聂伯河推进，突破沿第聂伯河和索日河的德军防御（"东方壁垒"），攻入白俄罗斯东部和乌克兰中部，红军的兵力分布重点在一定程度上向南方转移。西方面军的编成从 9 个集团军和 2 个坦克军，缩减到 5 个集团军和 1 个坦克军，10 月 10 日，大本营把布良斯克方面军的大部分兵力并入白俄罗斯（原中央）方面军，布良斯克方面军的野战领率机关则用于组建新的波罗的海沿岸方面军（后改称"波罗的海沿岸第 2 方面军"）。因此，白俄罗斯（中央）方面军的实力从 7 月 1 日的 5 个诸兵种合成集团军、1 个坦克集团军、1 个空军集团军和 2 个坦克军，增长到 11 月 1 日的 7 个诸兵种合成集团军、1 个空军集团军、2 个坦克军和 2 个骑兵军。

1943 年整个秋季，红军最强大的几个方面军始终是白俄罗斯（中央）方面军、乌克兰第 1（沃罗涅日）方面军和乌克兰第 2（草原）方面军，紧随其后的是波罗的海沿岸第 1 方面军和西方面军。

集团军

红军的军队结构中，陆军和空军的基本组成部分是诸兵种合成集团军和空军集团军，其番号按照数字顺序依次排列，作为战役军团（ob'edenenie）独立或者按照战时方面军的指派与其他集团军共同遂行作战任务。[7] 大本营还把集团军分配到大本营预备队（即最高统帅部预备队 RVGK）、军区和非作战方面军。

像方面军一样，集团军也没有标准的编制表，无论其类型，还是规模大小和实力强弱都有相当大的差异，取决于其受领的任务和所在的战役地段。到 1943 年，集团军已出现诸兵种合成（野战）集团军、坦克集团军、空军集团军和防空集团军几个类型。另外还有直接隶属大本营预备队的预备集团军，例如 1942 年组建的 10 个预备集团军，专门充当红军整体的动员渠道。大本营曾在 1942 年前期组建过当时第四种类型的集团军——工兵集团军。然而，事实证明，这种集团军结构臃肿、运转不灵，难以有效作战，大本营遂在当年晚些时候将其解散。

　　大本营还授予具体某些诸兵种合成集团军以"突击"称号，并授予某些诸兵种合成集团军和坦克集团军（也包括其他军兵种的军团、兵团和部队）以"近卫"荣誉称号。"突击"称号可以追溯到 20 世纪 30 年代，苏联军事理论家当时设想使用突击集团军沿关键的进攻方向实施突破交战。顾名思义，突击集团军应当全方位地比普通诸兵种合成集团军更加强大，尤其是其坦克和炮兵的实力①。按照苏联战前的军事理论，大本营 1941 年 11 月和 12 月组建突击第 1 集团军，并将其派往莫斯科以北，在红军的 12 月反攻中担任先锋。

　　随后，大本营又组建三个突击集团军，其中两个（突击第 3 和突击第 4）集团军在 1941—1942 年冬季战局中充当红军拓展进攻势头的先锋。另一个是突击第 2 集团军，同年冬季在列宁格勒以南实施命运多舛的柳班战役，但由于该集团军司令员 A. A. 弗拉索夫中将不仅率领陷入合围的集团军投降，后来还变节效忠德国人，令整个集团军长期蒙羞。一年后的斯大林格勒反攻期间，大本营在红军的战斗序列里又增加了突击第 5 集团军。然而，到 1943 年初，这个称号已没有多少实际意义，除了名称之外，突击集团军和普通的诸兵种合成集团军几乎没有区别。

　　1941 年后期和 1942 年初期，大本营向许多在战斗中有卓越表现的师、军、旅和较小的部队授予"近卫"荣誉称号。按照这种做法，大本营从 1942 年 8 月的斯大林格勒会战初期开始把同样的荣誉称号授予集团军，其中第一个是近卫第 1 集团军。到同年 12 月，近卫第 2 集团军和近卫第 3 集团军已经组建完毕，并在斯大林格勒反攻不同阶段的激烈战斗中发挥关键性作用。与"突击"集团军的称号不同，"近卫"称号带有荣誉性质，近卫集团军的编制往

---

　　① 俄译注：并非总是这样，例如，突击第2集团军在柳班战役开始时只有2个独立坦克营和2个集团军属炮兵团。

往比其他集团军更庞大，实际战斗力也更强。

1941 年夏季和秋季战斗的灾难性后果，使大本营确信战前规定的诸兵种合成集团军结构和编成不符合现代化运动战的要求。有鉴于此，再加上许多集团军已经惨遭国防军歼灭的严峻现实，从 1941 年夏季开始并持续到整个秋季，大本营新动员的集团军规模缩小，但数量更多，因而可以比其前辈更灵便高效地加以指挥和使用。然而，这显然只是权宜之计，由此造成的可悲事实是，面临德国人的坚决突击时，这些集团军无论实施防御还是进攻，都没有足够的实力保存自己或长期持续战斗。因此，一旦条件具备，大本营和总参谋部就会尽快使用更多的作战兵团和部队、更新式和更有效的技术兵器（尤其是坦克、火炮和反坦克炮）加强这些集团军。从 1942 年中后期开始，大本营重新在集团军内建立作为中间环节的步兵军，以便集团军可以更好地指挥更庞大的兵力。

1941—1942 年冬季战局和 1942 年其余月份，大本营命令红军实施进攻战役时，一般会指定具体若干个集团军担任进攻战役的先锋，它们通常也是实力最强大和指挥最得力的集团军。例如，这个冬季战局期间，第 4 集团军、后来的突击第 2 集团军和第 54 集团军是红军在列宁格勒地区的季赫温和柳班进攻的先锋；突击第 3 集团军和突击第 4 集团军是进攻旧鲁萨和斯摩棱斯克的先锋。在俄罗斯南部，第 37 集团军是罗斯托夫进攻战役中的主要突击力量；后来，第 6 集团军和第 57 集团军担任在哈尔科夫以南攻击巴尔文科沃的主力。而在至关重要的莫斯科地区，突击第 1 集团军和第 16 集团军在第 5、第 20、第 30 和第 33 集团军的支援下率先转入反攻。

1942 年春季期间，第 28 集团军和第 6 集团军率领红军发起哈尔科夫进攻战役；同年夏季，第 30、第 20 和第 16 集团军以及新组建的坦克第 3 集团军成为西方向各场军事行动（勒热夫—瑟乔夫卡进攻战役和日兹德拉进攻战役）中的主要突击力量。再后来，1942 年 11 月，第 41 集团军和第 20 集团军在大本营策划的莫斯科以西的进攻战役（"火星"行动）中担任先锋；而第 65、第 21 和第 51 集团军以及坦克第 5 集团军在斯大林格勒的进攻战役（"天王星"行动）中扮演最关键角色。最后，红军新组建的 3 个近卫集团军（第 1、第 2 和第 3）又在把斯大林格勒进攻战役扩大为全面总攻的冬季战局时发挥了重大作用。

到 1943 年年初，所有类型的集团军大多数都远比其前辈强大得多。然而，像方面军的情况一样，具体集团军的实力和编成也各不相同，取决于其所在战役方向的基本特点和重要程度。举例来说，1943 年 2 月 1 日，红军已有 16 个诸兵种合成集团军和全部近卫集团军编有少则 1 个、多则 3 个步兵军，作为集团军与师（旅）之间承上启下的中间环节；所有集团军也拥有种类更多、结构更复杂的战斗力量和保障力量。1943 年 2 月，每个诸兵种合成集团军的兵力从 5 万人到 10 万人不等，支援兵器有多达 400 辆坦克和自行火炮、2500 门火炮和迫击炮。

到 1943 年 7 月，集团军之间规模和实力的差别变得更加明显，因为许多集团军编成内军级指挥机关和专业兵的数量急剧增加，而另一些在次要地段作战的集团军仍然编制较小。截至这时，红军当中已有 35 个诸兵种合成集团军拥有作为中间环节的军级指挥机关。诸兵种合成集团军的兵力从 6 万人到 13 万人不等，支援兵器有多达 450 辆坦克和自行火炮、2700 门火炮和迫击炮。

1943 年年底以前，大本营始终在继续拉大作战集团军之间兵力、编成和复杂程度的差距，使之更能满足其所受领的任务和作战地形的实际要求。到 1943 年 12 月，集团军之间规模和实力的差异已变得更加明显，因为这时红军的 57 个诸兵种合成集团军当中，已有 48 个集团军的编成内出现军级指挥机关。诸兵种合成集团军的兵力从 5 万人到 13 万人不等，支援兵器有多达 500 辆坦克和自行火炮、3000 门火炮和迫击炮。[①]

集团军在兵力和编成上的巨大差异体现在 1943 年苏德战场的整条正面。按照惯例，位于主要进攻地段或者支援主要进攻的集团军，通常会比其他集团军强大；位于次要进攻地段和主要防御地段的集团军稍逊一筹。到 1943 年，大本营已经透彻理解节约兵力的战斗原则，并将己方最弱小的集团军配置在

---

① 俄译注：有些集团军的规模更小。例如，乌克兰第 2 方面军第 52 集团军在 1943 年 11 月 5 日只有 25090 人，10 辆坦克和自行火炮、539 门各种口径（37 至 152 毫米）的火炮和迫击炮、24 辆 M-13 式火箭炮。该集团军只有 3 个步兵师，但分别隶属 2 个军。

次要方向和不活跃的前线地段，具有讽刺意味的是，这里的德国军队往往会在数量上多于其苏联对手。

编制组织

红军的作战方面军和诸兵种合成集团军以及大本营预备队、非作战方面军和军区的编成内有大量以"兵团"（soedinenie）、"部队"（chast'）、"分队"（podrazdelenie）等通用术语命名的军队组织。兵团是战役战术组织或者战术组织，有的是临时组建，有的是固定编制，其中包括各种类型（例如步兵、坦克、摩托化和骑兵）的军和师（divizii）。部队是红军的基本战术组织，包括各种类型的旅和团。分队包括所有类型的营和连。[①] 大多数兵团、部队和分队按照统一的固定方式编组，其依据是大本营批准的《编制表》（shtat），相当于美国陆军的《编制装备表》（table of organization and equipment，缩写为 TO&E）和英国陆军的《编制表》（establishment）

苏联武装力量的全部四个组成部分中都有这几种军队组织，将在下文进一步做出详细说明。这些军队组织在战争最初的 30 个月里同样处在急剧转型的过渡期，一般来说，像方面军和集团军一样，随着 1941 年红军被迫缩编，这些军队组织的实力越来越弱小，结构也越来越简单，因此在战斗中更容易指挥，但战斗力有所削弱。整个 1942 年和 1943 年前六个月，随着编制的无数次变化和新型兵力兵器的编入，所有兵团和部队的复杂程度和战斗力都有所改善。不过，如果这些战术组织要在战场上与更有经验的国防军对手一决雌雄，还需要做出进一步完善。

国土防空军

国土防空军为红军作战军队和整个国家提供对空防御。具体来说，负责防空的这个军队组织是保护苏联的大型政治机关、政治中心、经济中心、重要军事目标、作战军队集团和关键交通线免遭敌人空中攻击的主要手段。国

---

① 译注：原文如此。1.原文有时称旅是部队，有时称其为兵团。译文按苏联官方定义订正为兵团，不再一一说明。2.不在团建制内的独立营，不在团、营建制内的独立连都是部队，而不是分队。

土防空军编成内的航空兵还协同红军空军一起争夺制空权，并参加红军的所有防御战役和进攻战役。

大本营在战争最初的 18 个月里几次改组国土防空军的编制，力求提高其防御效果和响应红军作战方面军需要的速度。整体而言，具体措施主要涉及组建防空地域（起初是旅级防空地域，后来是师级和军级防空地域），加强要地的具体防空手段（高射炮兵和歼击航空兵），并组建防空旅和防空军为红军的作战方面军提供对空防御。从 1943 年年初开始，随着防空集团军和防空方面军的组建，国土防空军的编制复杂程度进一步提高，响应更加迅速。

配置

1943 年年初，国土防空军由三个部分组成：防空方面军和防空集团军、掩护作战军队行动地带内目标的防空部队、掩护全国重要政治和经济目标的防空部队。第一个组成部分包括负责掩护国家重要中心城市的 1 个防空方面军和 2 个防空集团军，其中的莫斯科防空方面军、列宁格勒防空集团军和巴库防空集团军均组建于 1942 年 4 月，前身分别是莫斯科军级防空地域、防空第 2 军和防空第 3 军。每个方面军和集团军都编有若干个高射炮兵（高射机枪）团、探照灯兵团、对空情报（VNOS）团和拦阻气球团，以及合编成歼击航空兵军的数个歼击航空兵团。[8] 方面军与集团军的差别仅仅是其编成内的军队数量多少。

负责在野战条件下掩护红军的防空部队，编组成军级防空地域和师级防空地域，根据方面军作战地区的规模大小和重要程度支援一个或几个方面军。1943 年 2 月 1 日，这部分军队共有 1 个军级防空地域和 7 个师级防空地域。像防空方面军和防空集团军的情况一样，军级防空地域和师级防空地域也混编有高射炮兵团、专业兵的团和一些歼击航空兵。但不同的是，防空方面军和防空集团军编成内各有 1 个歼击航空兵军，而防空地域只有 1 至 2 个歼击航空兵师。防空地域编成内的军队隶属于所在方面军的司令员，莫斯科防空方面军还为西方面军提供对空防御。

位于苏联境内其他地区的国土防空军，按照具体所在军区和非作战方面军编组，并隶属于各自的军区司令员和方面军司令员。这部分军队也编组为军级、师级和旅级防空地域。相应地，防空地域根据各自所面临的威胁（多数情况下微乎其微）编有一系列的高射炮兵和专业兵的团和营。除了不需要防空歼击航空兵的乌拉尔军区和中亚细亚军区之外，每个军区、方面军或者防空地区同样编有1个歼击航空兵师。

从1943年6月10日开始，为改善指挥控制和防空配系的效能，国防委员会又一次改编国土防空军的组织结构。这次改编撤销国土防空军司令员的岗位，解散他下属的管理局，把全体防空部队划归红军炮兵主任领导；同时解散原有的防空方面军和防空集团军，重新设置2个新的防空方面军（西防空方面军和东防空方面军）掩护苏联欧洲部分的全境；另外，把原有的另外几个防空集团军以及军级、师级和旅级防空地域全部划归4个新的防空地区，每个防空地区隶属于相应的军区司令员。到1943年7月1日，改编后的新结构尚未完全成型，莫斯科防空方面军仍然存在。

到1943年8月1日，改编工作全部完成。莫斯科防空方面军及其编成内的防空歼击航空兵第1集团军已改编成莫斯科特别防空集团军，并入西防空方面军。大本营还调整每个方面军编成内防空地域的数量和名称，使之更加符合不断变化的军事形势和所在战区的战斗激烈程度。不过，列宁格勒防空集团军仍然作为一个独立的实体，未参加改编。像以前一样，军级、师级和旅级防空地域编成内高射炮、航空兵和对空情报的部队和分队数量各不相同。

大本营预备队

除了作战军队之外，红军军队结构中最重要的组成部分是大本营预备队。这支力量作为大本营直接控制的战略预备队，是斯大林和大本营影响重大军事行动（尤其是战略防御和战略进攻）进程和结果的主要手段。整场战争期间，这支预备队由新动员或经过改编的军队，以及撤离前线进行改编、休整补充的富有作战经验的军团和兵团组成。

例如，1941年夏秋季莫斯科会战之前和期间、1942年夏秋季斯大林格勒会战之前和期间，大本营预备队的规模相当大，是大本营制止德国的战略进攻并实施大规模反突击和反攻的主要手段。另一方面，1941—1942年冬季和 1942—1943 年冬季红军进攻的过程中，大本营预备队的规模较小。

编成

1943 年年初，由于斯大林格勒的激烈战斗和红军在这场会战之后大举进攻的消耗，大本营预备队相当弱小。例如，2 月 1 日，大本营预备队只有 1 个诸兵种合成集团军的野战领率机关（第 24 集团军）和仅有若干象征性部队的第 57 集团军，以及作为红军动员渠道的预备第 2 集团军（编有 2 个步兵师和 1 个步兵旅）。从另一种角度看，这时的大本营预备队只有 2 个骑兵军、31 个（步兵、空降兵和骑兵）师和 30 个（步兵、坦克和滑雪）旅，以及一大批专业兵和保障部队。

大本营预备队编成内最重要的力量并未出现在 2 月 1 日红军的主要官方文献里，因为它当时正在由内务人民委员部转隶红军的过程中。这个军团是 1942 年 10 月至 1943 年 2 月之间新组建的内务人民委员部集团军，其人员主要来自外贝加尔地区和远东地区的内务人民委员部内卫部队和边防军（见第五章）。这个内务人民委员部集团军于 2 月 5 日移交大本营指挥，随后被命名为第 70 集团军（这是红军战斗序列中番号最大的集团军）。2 月上旬，该集团军编成内的 6 个步兵师集结到叶列茨附近，并在这里接收若干专业兵和保障部队。大本营认为第 70 集团军是一支精锐的劲旅，至少是因为其中有许多军人是联共（布）党员和共青团员，他们的积极性和纪律性不言而喻。于是，这个集团军奉命编入罗科索夫斯基新组建的中央方面军，准备在冬季总攻的高潮阶段发挥重要作用。

另外，大本营还在 2 月第一个星期安排新组建的坦克第 2 集团军从布良斯克方面军转入大本营预备队。这个集团军已于 1 月和 2 月上旬以富有作战经验的坦克第 11 军和坦克第 16 军为核心，在布良斯克方面军原预备第 3 集团军的基础上组建完毕。大本营也把这个集团军编入罗科索夫斯基的方面军，准备在即将到来的进攻中扮演关键角色。

尽管 1943 年 2 月大本营预备队的规模相对较小，但大本营还是准备在规模越来越大的冬季总攻中使用其中最重要的组成部分。具体而言，第 70 集团军、坦克第 2 集团军和近卫骑兵第 2 军，应加入 2 月 15 日新组建的中央方面军共同作战；而大部分新的近卫空降兵师用于增援不久前组建的"霍津"集群，该集群负责在西北方面军雄心勃勃的"北极星"行动中发展突破。

从 1943 年 3 月下旬红军的冬季总攻结束到 6 月下旬的这段时间里，大本营大幅度扩充其预备队的规模。这样做有两个目的：首先是建立必要的战略预备队，准备防御预计德国将会发起的夏季进攻；其次是建立突击集群，以便在红军制止意料之中的德国夏季进攻之后，立即实施己方雄心勃勃的一系列夏季进攻战役。

1943 年 3 月 11 日，大本营开始组建新的战略预备队，下令解散布良斯克方面军（次日生效）并将其编成内的第 61 集团军转隶西方面军，第 3、第 48 和第 13 集团军转隶中央方面军，其野战领率机关编入大本营预备队。大本营这是在双管齐下地做两手准备：一方面通过改善中央方面军和西方面军的指挥控制，试图挽回进攻奥廖尔之敌时逐渐显露的颓势；另一方面着手建立一支新战略预备队的核心，为防止红军的进攻一旦失败，德国人重新发起进攻而未雨绸缪。从 3 月 13 日起，大本营在原布良斯克方面军领率机关的基础上组建新的预备队方面军，共编有第 24 集团军、第 66 集团军和预备第 2 集团军，外加 3 个坦克军（第 3、第 10 和近卫第 4）。然而，预备队方面军还未来得及接收新集团军，战斗局面就已经向有利于德国的方向急转直下。[9]

3 月 19 日，罗科索夫斯基麾下中央方面军的进攻已告失利，当面的德国军队开始发起反突击，并与曼施泰因针对别尔哥罗德的反攻协同动作。大本营下令预备队方面军自 3 月 23 日起改称"库尔斯克方面军"，展开在中央方面军左侧。库尔斯克方面军编有第 60 集团军和第 38 集团军，并准备在第 63 集团军和第 66 集团军准备就绪后再接收这两个集团军。这个新组建的库尔斯克方面军负责沿库尔斯克—沃罗涅日方向实施防御，抗击德国人由西面向库尔斯克的任何进攻，而沃罗涅日方面军负责掩护库尔斯克以南的接近地并抗击曼施泰因的军队。[10]

不久之后，局势又一次发生变化。曼施泰因的进攻 3 月 23 日结束，而罗科索夫斯基设法使库尔斯克以西和西北的战线稳定下来。于是，大本营再次调整对方面军的安排，这一次是为了建立完善的防御配系，挫败德国人未来在库尔斯克地区重新发动战略进攻的任何企图。为此，大本营 3 月 24 日下令解散库尔斯克方面军（三天后生效），将其第60集团军和第38集团军分别归还中央方面军和沃罗涅日方面军，并新组建由西方面军的第61集团军、中央方面军的第3集团军，以及空军第15集团军组成的奥廖尔方面军。该方面军的任务是防御正对奥廖尔以东德军突出部顶端的正面。最后，大本营3月28日做出这轮匆忙变更部署的最后一步，把奥廖尔方面军改称为布良斯克方面军。[11]

4月6日，在前沿防御得到保证的情况下，大本营下令在沃罗涅日地区组建一个新的预备队方面军（自4月30日起生效）。该方面军编有第24、第53、第66、第47和第46集团军，预备第2集团军，近卫坦克第5集团军和8个快速军（近卫坦克第1、第3和第4军，坦克第3、第10和第18军，机械化第1和第5军），并得到原外高加索方面军的空军第5集团军支援。这批军队大多是从西北方面军和北高加索方面军变更部署，或者来自大本营原有的预备队。[12]大本营4月13日下令预备队方面军改称草原军区（自4月15日起生效），并安排该军区负责位于沃罗涅日、库尔斯克、坦波夫和罗斯托夫诸地区的全部军队。[13]

草原军区的领率机关设在沃罗涅日，其任务是在顿河前方从利夫内向南到米列罗沃构筑一个防御地区，阻止德国军队突破顿河东岸的防御，并在其突破防御的情况下，以反突击歼灭该敌并随后转入进攻。[14]到5月1日，草原军区编成内已有第24、第27、第46、第47、第53和第66集团军，近卫坦克第5集团军和空军第5集团军。后来，大本营陆续将这些军队中的一部分调往各作战方面军，并使用从战线其他地段抽调的军队替换它们。

库尔斯克会战期间和之后的战斗中，大本营先后动用包括草原军区（7月7日改称"草原方面军"）在内的大部分战略预备队。这些预备队构成红军实施反攻，秋季率领红军进抵和渡过索日河和第聂伯河，并进军白俄罗斯和乌克兰的核心力量。尽管如此，大本营还是始终致力于重新建立一支新的战略预备队，其中包括在反攻中遭到重创的几个坦克集团军，并安排它们在完成休整补充之后，为红军1943—1944年冬季的持续进攻增添力量。

因此，1943年后期的情况与前两年有所不同，大本营在夏末和秋季持续实施进攻战役的同时，也不断设法积累新的战略预备队。其结果是，大本营有能力让这些进攻战役在接下来的冬季连续不断，并一直持续到来年春季。

军区和非作战方面军

军区

1943 年年初，除了红军作战军队的 600 余万名军人之外，还有 300 余万人在各军区和非作战方面军服役。1943 年 2 月 2 日，位于战区或潜在战区之外的苏联领土共划分成 7 个军区，有 232.4 万名军人。[15] 到 1943 年 7 月 1 日，军区的数量已增加到 8 个，再加上莫斯科防区，总兵力达 217.8 万人。[16] 最后，到 1943 年 12 月 1 日，军区的数量已增加到 10 个，总兵力超过 240 万人。

军区的主要作用是作为红军的动员基地，其次是作为新型兵团、部队和分队的组建地点。因此，军区在整场战争期间为红军和海军组建、装备、训练数以百计的军、师、旅、团和营等各种军队组织，并将其输送到前线。仅1941 年 7 月至 12 月之间，便有 291 个师和 94 个旅。

战争爆发后，1941 年 6 月 22 日原有的 16 个军区急剧减少。西部各边境军区立即改编成战争状态下的作战方面军，而随着时间的推移，位于受到威胁边境地段的其他军区也改编成非作战方面军。到 1942 年年底，仍旧存在的 7 个军区已不再向方面军派遣完整的兵团和部队，转而将工作重点改为向现有军队提供新动员的补充兵员。从 1943 年年中开始，随着红军解放更大面积的德占领土，军区的个数也开始增加。

整场战争期间，军区的个数和每个军区的编成变化很大，取决于战争每个阶段的军事形势和每个军区的战略重要性。1941 年 6 月 22 日，编成内军队数量最多的军区不是与苏联西部边境的三个特别军区（也就是战时将成为方面军的军区）相邻，就是位于苏联南部和东部边境。这些军区境内驻扎着数量众多的步兵军、机械化军和空降兵军，以及其他专业兵和保障部队，准备在战前动员期间增援遂行展开的集团军。

后来，莫斯科军区成为整场战争期间实力最强的军区，因为这里不仅在政治和军事上非常重要，还紧邻前线。该军区是新型专业兵的军团（如工兵集团军）、新型兵团（如空降兵军），以及近卫火箭炮兵、自行炮兵、反坦克歼击炮兵、大威力炮兵和特别威力炮兵部队最重要的集结地域之一。1943 年年初，该军区还成为独立女步兵第 1 旅的常驻基地，这个旅是为全体红军训练和派遣狙击手的教导兵团。从 1942 年 7 月到 1943 年 2 月,伏尔加沿岸军区、斯大林格勒军区和北高加索军区也相当强大，主要是因为这些军区要为斯大林格勒会战、高加索会战和接下来的冬季战局积蓄力量。

随着红军 1943 年后期向西进军，大本营开始在新解放的德占领土上建立新的军区，如奥廖尔军区、白俄罗斯军区和哈尔科夫军区，并为它们分配足够的防御力量，例如空军和工程兵。

非作战方面军

在战争期间，除了在军事行动中与国防军和其他轴心国军队积极交战的作战方面军以外，大本营还在面临最严重威胁的边境地段，例如与土耳其和日本占领的伪满洲国接壤的地段，把军区改编成非作战方面军。甚至早在德国开始"巴巴罗萨"行动的侵略行动之前，苏联国防人民委员部已于 1938 年 6 月把红旗远东特别集团军改编成远东方面军。

战争开始后，大本营于 1941 年 9 月把外贝加尔军区改编成外贝加尔方面军，帮助掩护苏联国界免遭日本由内蒙古和西满发起的进攻。大约一个月以前的 1941 年 8 月，大本营同样在外高加索军区的基础上组建外高加索方面军，并赋予其掩护分别由北面的顿河流域、南面的土耳其和伊朗通往高加索地区的接近地。该方面军 1941 年 12 月改称高加索方面军，其编成内既有作战部分又有非作战部分，这在方面军当中是独一无二的。作战部分负责掩护高加索地区不受德国来自北方的任何入侵，非作战部分驻防南高加索地区，并占领租借物资途经伊朗时的关键性运输通道[①]。

1943 年全年，这 3 个非作战方面军始终在掩护苏联南部和东部的国界。外高加索方面军的非作战部分使用位于高加索山脉以南和伊朗境内的军队，与中亚细亚军区的军队共同掩护红军作战军队的南侧翼。外贝加尔方面军和远东方面军分别在东西伯利亚地区和远东地区承担类似的任务，掩护这些地区不受日本军队由满洲、朝鲜、萨哈林岛（库页岛）和千岛群岛的攻击，同时也作为红军整体的动员基地。这些非作战方面军的总兵力从 1943 年 2 月

---

① 俄译注：途径伊朗的运输只是从 1941 年 11 月至 12 月开始，随着 1942 年 5 月途径摩尔曼斯克的运输量急剧减少，途径伊朗的运输量大幅度增加，从每月 60 吨增加到每月 9 万吨。

2 日的 103 万人（另有 0.6 万人住院），增加到 1943 年 7 月 1 日的 139.8 万人（另有 7 万人住院），进而增加到 1943 年 12 月 1 日的大约 140 万人。[17] 像苏联西部的作战方面军一样，非作战方面军编成内也有集团军、军、独立的兵团和部队。

这些非作战方面军是完全具备战斗力的军事力量，其编成随着战略形势变化而变化。例如，战争刚开始时，远东红军的兵力特别强大，因为 1938 年和 1939 年红军和日本关东军曾在哈桑湖和哈拉哈河发生过激烈的边境交战。斯大林担心日本人会通过入侵远东的方式来为 1938 年和 1939 年的失败报仇雪恨，也许会伙同其轴心国盟友德国一起。然而，当 1941 年 4 月斯大林与日本人谈判并签订中立条约之后，远东发生敌对行动的可能性已大大降低，使大本营可以在 1941 年 11 月和 12 月国防军威胁到苏联首都的时候，将相当数量的军队从该地区调遣到苏联的西线战场保卫莫斯科。[①]

德国开始"巴巴罗萨"行动的时候，远东红军的兵力大致相当于 32 个师。从 1941 年 7 月到 11 月，大本营从远东地区和外贝加尔地区西调 12 个师；尽管如此，大规模的持续动员仍然使远东红军的兵力大致保持在相当于 39 个师的水平。[18] 尽管 1942 年大本营又抽调 23 个师和 19 个旅到西线战场，可是远东红军的兵力仍然在 1942 年 11 月 19 日增加到相当于 46 个师。1941 年和 1942 年从远东向西抽调的军队，的确为红军在莫斯科和斯大林格勒的胜利做出了重大贡献。

但到 1943 年夏季，向西抽调军队的行为戛然而止。随着红军在西线战场转入进攻，军队开始向东调动，尽管刚开始非常缓慢。截至 1943 年 7 月 1 日，远东两个非作战方面军的兵力和实际战斗力已经大幅度增加到 45.5 个师。而这种变化趋势并未到此为止。到 1944 年 1 月 1 日，位于远东地区和外贝加尔地区的红军兵力已经达到 55 个师，部分原因是同盟国试图推动红军参加对日作战。

---

① 译注：原文如此。苏联显然并没有低估日本发动突然袭击的可能，从远东抽调大量军队的前提其实是得到日本决意"南进"的情报，而非一纸和约。

数据表

表4.1 苏联武装力量的实力（按人数统计），1941—1943年

军队	日期和人数（出勤/住院/合计，单位：万人）							
	1941年7月1日	1941年9月11日	1942年5月5日	1942年7月5日	1942年10月7日	1943年2月2日	1943年7月9日	1943年12月31日
红军	550	740	895/ 85/ 980	920.5/ 77.245/ 1097.745	925.4/ 90/ 1015.4	945.5/ 89/ 1034.5	1030/ 81.9/ 1111.9	1020/ 100/ 1120
作战方面军	270	346.3	544.9898/ 41.44/ 586.4298	564.7/ 29.848/ 594.548	591.2/ 47.667/ 638.867	610.1/ 65.9/ 676	672.4/ 44.6445/ 717.0445	616.5
非作战方面军	未统计	未统计	118.7303/ 2.02/ 120.7503	159/ 4.621/ 163.621	110/ 0.7/ 110.7	103/ 0.6/ 103.6	139.8/ 7/ 146.8	不明
军区	280	342.6	331.2799/ 51.54/ 382.8199	196.8/ 42.776/ 239.576	224.2/ 41.633/ 265.833	232.4/ 32.5/ 264.9	217.8/ 30.2555/ 248.0555	不明
海军	不明	不明	55	54/ 1.9/ 55.9	45/ 1.6/ 46.6	40/ 1.6/ 41.6	41/ 1.66/ 42.66	不明
内务人民委员部部队	17.19	不明	51	51.9/ 0.43/ 52.33	50.6/ 0.6/ 51.2	51.6/ 0.46/ 52.06	47.3/ 0.6/ 47.9	不明
各人民委员部机关	不明	51.1	不明	68.8783	62.015	72.09	80.16	不明
国防人民委员部	不明	不明	未统计	66.4148	58.6	67.2	71.26	不明
海军人民委员部	不明	不明	未统计	2.4635	2.465	2.59	2.6	不明
内务人民委员部	不明	不明	未统计	不明	0.95	2.3	6.3	不明

注：1941年6月22日，红军总兵力约为516.46万人，其中约有270万人在西部各军区。见A. G. 连斯基，《战前年代的工农红军陆军》（圣彼得堡：出版者不详，2000年版），第58页。

资料来源：上述日期的人员数字来自苏联马列主义中央党务档案馆（TsPA UML）收藏的《国防委员会法令》，档案号分别是f. 644, op. 1, d. 9, l. 第50页, f. 644, op. 1, d. 33, ll. 第48—50页, f. 644, op. 1, d. 41, ll. 第163—165页, f. 644, op. 1, d. 61, ll. 第88—91页, f. 644, op. 1, d. 100, l. 第95页和f. 644, op. 1, d. 125, ll. 第35—36页。

表4.2. 红军作战军队和大本营预备队的实力（按军团和兵团数量统计），1941—1943年

军团或兵团	1941年7月1日（单位：个）			1943年2月1日（单位：个）			1943年12月1日（单位：个）		
	作战军队	大本营预备队	合计	作战军队	大本营预备队	合计	作战军队	大本营预备队	合计
方面军	5	0	5	13	0	13	11	0	11
集团军	16	7	23	64	3	67	57	6	63
坦克集团军	0	0	0	3	0	3	3	2	5
空军集团军	0	0	0	13	0	13	12	1	13
规模相当于师的兵团*	216	65	281	531	50	581	566	37	603

* 统计方式是把每两个（各种类型的）步兵旅和空降兵旅计为一个师，三个坦克旅或空降兵旅计为一个师，每个坦克军和机械化军计为一个师，三个独立坦克旅或四个独立坦克团计为一个师。①

资料来源：《苏军的作战编成：第一部（1941年6月—12月）》、《苏军的作战编成：第三部（1943年1月—12月）》。由总参谋部军事科学局编写，机密级。

① 俄译注：即使1942—1943年步兵师的编制人数减少之后（每个师10000人），这个人数还是可以用来组建1.5个坦克军、9个坦克旅或30个坦克团。

注释

1. 不可归队的减员包括阵亡、作战失踪，或者因伤病彻底丧失战斗力的各类人员。1943年2月2日和1943年7月9日的人员数字来自苏联马列主义中央党务档案馆（TsPA UML）收藏的《国防委员会法令》，档案索引号分别是f. 644, op. 1, d. 100, l. 第95页和f. 644, op. 1, d. 125, ll. 第35—36页。这些数字不包括住院的伤病员：1943年2月2日有65.9万人，1943年7月9日有44.6445万人，1943年12月31日约有90万人。

2. TsPA UML, f. 644, op. 1, d. 85, ll. 第95—96页。该文献是保存在苏联马列主义中央党务档案馆的1943年2月2日颁布的《国防委员会法令》。

3. TsPA UML, f. 644, op. 1, d. 125, ll. 第35—36页。

4. B. G. 索洛维耶夫主编，《第二次世界大战史1939—1945》（Istoriia vtoroi rnirovoi voiny 1939-1945，莫斯科：军事出版社，1976年版），第六卷，第31—35页；第七卷，第120页。

5. 关于战时红军方面军的结构、编成和战斗运用的更多细节，见M. M. 基里扬主编，《方面军进攻：根据伟大卫国战争的经验》（莫斯科：科学出版社，1987年版）。

6. B. G. 索洛维耶夫主编，《第二次世界大战史1939—1945》，第七卷，第114、120、140、159、194、221、241页。

7. 关于红军集团军的结构、编成和战斗运用的更多细节，见P. A. 库罗奇金主编，《诸兵种合成集团军进攻：根据1941—1945年伟大卫国战争的经验》（莫斯科：军事出版社，1966年版）；A. I. 拉济耶夫斯基主编，《集团军战役（来自伟大卫国［战争］经验的战例）》（莫斯科：军事出版社，1977年版）；《集团军战役：伟大卫国战争中诸兵种合成集团军的战斗行动》（莫斯科：伏龙芝军事学院，1989年版），仅供教员使用。

8. 见《苏军的作战编成，第三部》，第46页。

9. 戴维·M. 格兰茨，《被遗忘的战役，第四卷》，第345—348页。关于规定这些变动的命令全文，另见V. A.佐洛塔廖夫主编，《库尔斯克会战的前奏》。

10. 同上，第362—364页。

11. 同上，第365—366页。

12. 关于规定这些变动的命令全文，见V. A. 佐洛塔廖夫主编，《最高统帅部大本营1943》，收录在《俄罗斯档案：伟大卫国（战争）》第16卷，第5（3）册（莫斯科：特拉出版社，1999年版），第114—115页。

13. 同上，第116页。

14. 同上，第127—128页。

15. 《苏军的作战编成，第三部》，第50—53页。人员数字见TsPA UML, f. 644, op. 1, d. 85, ll. 第95—96页。该文献是保存在苏联马列主义中央党务档案馆的国防委员会1943年2月2日颁发的法令。

16. TSPA UML, f. 644, Op. 1, d. 125, ll. 第35—36页。

17. TSPA UML, f. 644, op. 1, d. 85, ll. 第95—96页、TsPA UML, f. 644, Op. 1, d. 125, ll. 第35—36页。这两份文献是保存在苏联马列主义中央党务档案馆的国防委员会1943年2月2日和7月9日颁

发的两项法令。

18. 见戴维·M. 格兰茨，《1945年苏联在满洲的战略进攻："八月风暴"》（伦敦：弗兰克·卡斯出版社，2003年版），第8—9页。

第五章

隐形军队：内务人民委员部部队

任务和规模

1941 年规模庞大、看似强势的红军虽然肩负着保卫苏联的主要责任，但并非保卫苏维埃国家的唯一武装力量。除了国防人民委员部领导下的红军之外，内务人民委员部（通常按照首字母缩写为 NKVD）还拥有一支结构复杂的保卫部队，其名称是"内务人民委员部部队"（voiska NKVD）或者"内卫部队"（vnutrennie voiska）。①

斯大林和联共（布）中央政治局从 1941 年年初开始打造这种新的保卫部队，其明确意图是在发生战争的情况下，使用它们支援红军，保卫国家的安全。这个过程从 2 月 3 日开始，苏联最高苏维埃主席团把原来的内务人民委员部拆分成内务人民委员部和一个新的国家安全人民委员部（Narodnyi komissariat gosudarstvennoi bezopasnosti，缩写为 NKGB）。几天后，该主席团又于 2 月 8 日把负责保障苏联武装力量内部安全的部门，即内务人民委员部下属的特别处（osobye otdely），划归国防人民委员部和海军人民委员部直接领导。随后，国防人民委员部和海军人民委员部各自在其内部成立第三局来

---

① 译注：1.这两个词的涵盖范围有区别：前者是内务人民委员部部队的总称（包括边防军）；后者原指1942年1月内务人民委员部作战部队（Оперативные войска НКВД）改用的名称，后来泛指内务人民委员部下属保卫国家设施和其他战勤任务的部队（但不包括边防军），译文把狭义概念写作"作战（内卫）部队"以做区别。2.这里的voiska按通用译法译作"部队"，不同于苏联术语"部队"（chast'）。

履行这个至关重要的内部保卫职能，并相应地在其下属的全部军区和集团军，以及下至团一级的全体兵团和部队成立第三处，即特别处。[1]

2月的这次改组期间，苏联人民委员会还授权内务人民委员部下属分别负责边防、押运、守卫、铁路设施、军事建筑、机场建设、主要道路、军事供应和地方防空的九个（总）局，继续领导各自现有的边防军和内卫部队。最后，苏联人民委员会2月28日指示内务人民委员部成立第十局（即作战局），并组建隶属该局的新保卫部队。

6月22日战争开始时，内务人民委员部部队的总兵力有334900人，其中173900人属于内卫部队，161000人属于边防军。后来在整场战争期间，内务人民委员部部队的规模和战斗力持续增长，1942年3月7日达到493379人，1943年2月2日达到516000人，1944年3月12日达到540000人。[2]

国防委员会向内务人民委员部及其下属的边防军和内卫部队安排的战时任务是，保卫关键的"国家目标"，例如重要的党政官员、政府机关和行政中心、建筑物和设施、交通干线和通信枢纽、主要的工业中心和经济中心，并完成"其他不明确规定的战勤任务"。这些不明确的任务包括保卫苏联国界，看守和管理苏联境内庞大的劳动改造营地（"古拉格"）体系，打击敌人（德国的"阿勃韦尔"）在苏联领土上的侦察、反间谍、破坏—侦察活动，并开展己方的反间谍行动。另外，内务人民委员部内卫部队还负责防止红军军人临阵脱逃，加强军队纪律，帮助红军在新解放的敌占区完成"征集"平民（经常使用强制手段）的行动，并在必要时参加积极的战斗行动，支援红军的正规作战军队。

国防委员会1942年1月向内务人民委员部部队额外分配后方警卫任务，包括卫戍红军解放的所有城市和乡镇，并协助其他内卫部队共同根除和消灭潜伏的敌方特务和纳粹同情者。[3]最后在1942年4月间，国防委员会组建一个规模更大的管理局，负责保卫红军作战方面军的后方，其名称是保卫作战苏军后方的内务人民委员部部队局，并于1943年5月将其扩编成一个独立的总局。同时，国防委员会还向这个新成立的管理局分配更加广泛的新任务：

内务人民委员部部队应紧密配合作战军队维护前线接近地带（prifrontovaia polosa）的秩序，与敌侦察和破坏小组进行斗争，参加防御地区［地幅］的建设，疏散工业企业，保卫和防守主要交通线和重要设施，押送和看守战俘以及因严重罪行被军事法庭判刑的罪犯。[4]

1941 年的军队结构

战争开始时，内务人民委员部下属的保卫部队不但规模庞大，而且组织结构极其复杂。其主要组成部分包括边防军、作战部队（1942 年 1 月改称"内卫部队"）、铁路保卫部队、守卫重要经济目标的设施保卫部队、押运部队（同样负责看守劳动改造营地），以及驻守国家安全密码电报（VCh）通信网的部队[①]。1941 年 6 月 1 日，内务人民委员部部队的主要组成部分实力如下：

边防军	167582人（某些资料称161000人）
作战部队	27300人（不计军事学校中的人数）
铁路保卫部队	63700人
押运部队	38300人
设施保卫部队	29300人
其他部队	44600人
合计	379782人[5]

边防军

边防军作为内务人民委员部下属一线精锐力量的代表，编成若干个边防总队，分布在从巴伦支海到黑海的苏联西部边境，以及外高加索地区、中亚细亚和远东的边境。1941 年 6 月，这些边防总队共有 167582 人（其中 3020 人来自数个航空兵部队），主要配备轻型武器，负责驻守边防哨所，并与红军的筑垒地域（ukreplennye raiony，按英语缩写为 FR）密切配合，共同保卫苏联国界。

---

① 译注：最后这支部队根据内务人民委员部1943年6月10日的第00970号命令成立，名称是"政府密码通信部队"「войска правительственной ВЧ-связи」。

内务人民委员部边防军编为 17 个 [①] 边防区（okrugi），共有 96 个陆地边防总队、6 个海上边防总队、18 个独立边防大队（komendatury）、1 个歼击航空兵团和 6 个歼击航空兵大队；另外还有 52 个特别部队和分队，包括护卫舰艇支队、舟艇营、航空兵支队、边防检查站、通信营（连）、工兵连、建筑连、培养初级和中级指挥人员的学校和短期训练班。[6]

1941 年 6 月，内务人民委员部边防军的主要组成部分是沿苏联西部国界配置的 127300 人。他们编成 8 个边防区、47 个陆地边防总队、6 个海上边防总队（归海军人民委员部作战隶属）、9 个独立边防大队和 11 个内务人民委员部作战部队的团（见表 5.1）。

边防军大多只配备轻型步兵武器、反坦克枪和 50 毫米迫击炮，但那些配置在最有威胁边境地区的边防总队还拥有坦克、火炮和骑兵的分队。驻守远东、中亚细亚南部和外高加索地区的边防军人尤其如此，因为那里几乎没有能够支援他们的内务人民委员部作战部队。例如：毗邻伪满洲国东部的边防第 58 和第 59 总队各有 1 个坦克连，位于哈萨克斯坦、中亚细亚和外贝加尔地区的边防第 43、第 48 和第 54 总队各有数个骑兵中队，位于外贝加尔地区和哈萨克斯坦的边防第 54 和第 67 总队各有 1 个炮兵连。[7]

另外，沿苏联西部边境配置的 14 个边防总队（番号是第 86 至第 88、第 90 至第 95、第 97、第 98、第 105 至第 107）编成内还有名称是“作战反应边防小队”（zastavy operativnogo reagirovaniia）的特别机动队用于掩护国界。[②] 因此，其中许多个边防总队的人数可达 2265 人。最后要提到的是边防第 97、第 105、第 106 和第 107 总队比其兄弟单位多编 15 个边防小队（每个边防小队编制 42 人），每个总队的人数实际接近 3000 人。[8]

作战部队

战争前夕，内务人民委员部作战部队的编成内有 1 个摩托化步兵师（即驻扎在莫斯科的 F. E. 捷尔任斯基独立特种摩托化步兵师）、18 个内务人民委

---

① 译注：《苏联军事百科全书》称18个。

② 译注：《苏联军事百科全书》称“机动队”（маневренная группа）。

员部独立团（有 13 个摩托化步兵团、1 个步兵团和 4 个骑兵团。西部各军区有其中 11 个团）、4 个独立步兵营（西部各军区有其中 1 个营）和 1 个独立交通连（见表 5.2）。其任务是在敌人侵犯国界的情况下增援红军的正规军。内务人民委员部作战部队的总兵力从 1941 年 2 月 28 日的 27840 人，增加到 1941 年 6 月 22 日的 41589 人。[9]

以 F. E. 捷尔任斯基命名的特种摩托化步兵师，1924 年作为步兵师组建，1937 年 9 月改编成摩托化步兵师，1941 年 2 月共有 6725 人。该师最初由 3 个摩托化步兵团、1 个骑兵团、1 个坦克营、1 个炮兵营、1 个独立通信连和 1 个独立工兵连组成。但在战争开始前，内务人民委员部把该师的坦克营和炮兵营都扩编成完整的团。[10] 战争开始后，捷尔任斯基师还在 1941 年 7 月向组建中的内务人民委员部摩托化步兵第 2 师提供干部。20 世纪 30 年代，内务人民委员部在其作战部队的结构中组建摩托化步兵团之后，按照地域划分把这些团配置在与其名称相应的大城市附近，例如基辅摩托化步兵第 4 团、罗斯托夫摩托化步兵第 5 团和阿拉木图摩托化步兵第 13 团。然而，在战争爆发之前的两年里，内务人民委员部把这些团中的大部分向西调遣并变更其番号。例如，基辅第 4 团改称内务人民委员部利沃夫摩托化步兵第 6 团，罗斯托夫第 5 团改称内务人民委员部别洛斯托克摩托化步兵第 1 团。[11]

每个内务人民委员部摩托化步兵团的确切编制取决于其受领的任务。例如，内务人民委员部摩托化步兵第 13 团和第 14 团于 1940 年春季在列宁格勒边防区境内的维堡、凯克斯霍尔姆①和索尔塔瓦拉等地区组建并就地驻扎，各只编 2 个摩托化步兵营；而 1940 年后期配置在拉脱维亚境内的独立摩托化步兵团编有 4 个摩托化步兵营、1 个坦克连和 1 个炮兵营，其编制大致相当于红军的 1 个正规步兵旅。内务人民委员部经常使用国防人民委员部提供的特殊武器加强这些团，包括额外数量的迫击炮、BT-7 坦克、BA-10 装甲车和最大口径达 152 毫米的各种火炮。[12] 因此，截至 1941 年 6 月，这些团共有 167 辆 BT-7 轻型坦克。

①　译注：Keksholm，即瑞典语的Kexholm，芬兰语称凯基萨尔米（Käkisalmi），1948年改称普里奥焦尔斯克（Priozersk）。

1941 年 6 月上旬，内务人民委员部开始把位于西部各军区的 11 个摩托化步兵团改编成 3 个完整的作战师：位于列宁格勒军区的内务人民委员部摩托化步兵第 21 师、位于波罗的海沿岸特别军区的内务人民委员部摩托化步兵第 22 师、位于基辅特别军区的内务人民委员部摩托化步兵第 23 师。[①] 但直到战争开始时，这次改编仍未完成。由于这些团的实力差别较大，新改编成的师的实力也从每个师 4000 人到 8000 人不等，没有一个能够达到红军正规步兵师的编制水平。

德国的入侵刚一开始，国防人民委员部便在 6 月 23 日把内务人民委员部作战部队中这 3 个摩托化步兵师的指挥权，从内务人民委员部移交给红军各方面军负责后方警卫的首长（见表 5.3）。[13] 与此同时，国防人民委员部还把位于西部边境地区的许多内务人民委员部警卫部队和铁道兵转隶红军的作战方面军，不过由于国防军快速推进引发的混乱，这项措施基本上未见成效。大约在同一时期，内务人民委员部通过征集预备役和征召人员，使捷尔任斯基摩托化步兵师达到齐装满员的战时水平。

到 1942 年 7 月 5 日，内务人民委员部作战（内卫）部队的实力已达到 189800 人，其军队结构也得到扩充。但到这时，内务人民委员部边防军的实力已降至 96900 人，主要是因为入侵的德国国防军已经歼灭了边防军沿苏联西部国界驻守的大多数部队。[14]

铁路保卫部队

战争前夕，内务人民委员部拥有一支庞大的保卫部队，负责保卫国家的关键交通网（特别是铁路网），确保战俘的收押和运送体系，守卫主要政府设施，看守和管理苏联的劳动改造营地体系。内务人民委员部的各种保卫部队在 1941 年 6 月共编成 13 个师和 18 个旅，其中有 7 个师和 2 个旅位于西部各军区（见表 5.4）。

内务人民委员部的铁路保卫部队负责保卫 1679 个关键目标，重点是主

---

① 译注：原文第21师是在波罗的海沿岸特别军区，第22师在西部特别军区，根据下文和表5.3订正。

要铁路干线和支线、关键性的铁路枢纽和终点站。其中编有 8 个内务人民委员部铁路保卫师和 5 个独立铁路保卫旅，共有 63700 名铁道兵，共编成 50个内务人民委员部装甲列车分队，主要装备是 25 列装甲列车、32 台装备火炮的重型装甲轨道车、36 台轻型（摩托化）装甲轨道车和 7 台装甲汽车。[15]这些装甲列车分队及其下级分队都使用与其所属团相同的数字番号，而若干个团再编组成一个内务人民委员部铁路保卫师。

　　例如，1941 年 6 月，内务人民委员部铁路保卫第 2 师各团编成内的装甲列车和轻型装甲轨道车分队共有 11200 人，负责保卫基洛夫—十月城—列宁格勒铁路干线。各有 15000 人的内务人民委员部铁路保卫第 3 师和第 9 师负责保卫苏联西部地区的铁路，内务人民委员部铁路保卫第 4 师和第 10 师有大致相同的兵力，负责保卫苏联西南地区的铁路。其中，内务人民委员部铁路保卫第 3 师的组织结构，可以作为这种师的典型，其编成内有装甲列车第29、第 53、第 58、第 76 和第 78 营。[①] 最后，内务人民委员部铁路保卫第 5、第 6 和第 7 师负责保卫苏联东部更远处的铁路交通。[16]

　　尽管内务人民委员部铁路保卫部队在 1941 年遭到国防军的重创，但到1942 年 5 月 7 日，这支部队的实力还是增至 12 万人。[17]

押运部队

　　战争前夕，除了边防军、作战部队和铁路保卫部队之外，内务人民委员部还有一支庞大的部队负责押运和看守战俘和罪犯[②]，并看守和管理苏联内务人民委员部营地总局精心设计的劳动改造营地体系。押运部队本身隶属独立的押运部队总局，该总局 1939 年 2 月成立，由红军和内务人民委员部共同

---

① 译注：1.此处不应有"营"字。1941年6月22日，第3师编成内有第53、第73、第76和第79团，前三个团分别有第53、第73和第76号装甲列车，归各团直属。该师第78团1941年4月解散，战争开始后在第73团第1营的基础上重建。第58团及其第58号装甲列车属第9师。2.师的正式名称是"保卫铁路设施的内务人民委员部部队师"（дивизия войск НКВД по охране железнодорожных сооружений），简称"铁路设施保卫师"（дивизий по охране железнодорожных сооружений），后来根据国防委员会1941年12月14日第1024-сс号决议以及相应的内务人民委员部1941年12月25日第001711号命令，改称"铁路保卫师"（дивизия по охране железных дорог）并重新授予番号，原铁路设施保卫第2—8师依次改称"铁路保卫"第23—29师。3.根据本书《资料篇》，第5师在哈尔科夫组建，分布在哈尔科夫军区和伏尔加河沿岸军区，下一句不应有第5师，应有在外贝加尔军区的第8师。

② 俄译注：这句解释不符合本段最后一句的引用文字。该部队只负责押运和外部警卫，另由招募的准军事部队负责直接看守。

管理，其任务是"押运罪犯、战俘和被判驱逐出境者，并为战俘营和监狱以及需要使用'特别队伍'的施工项目提供外部警卫"。[18]

1941 年 6 月，内务人民委员部领导下的押运部队共有 2 个师和 7 个旅，负责执行这种任务的总人数有 38311 人。其中已知的有驻扎在乌克兰西部的内务人民委员部押运第 13 师、驻扎在莫斯科地区的内务人民委员部押运第 14 师，以及另外 6 个独立押运旅。这些旅当中，押运第 41 旅配置在西北方向，第 42 旅在西方向，第 43 旅在西南方向。

内务人民委员部在整场战争期间不断增强其押运部队的实力。例如，到 1942 年 8 月，内务人民委员部已共有 4 个押运师和 5 个押运旅，而其押运部队的总兵力从 1941 年 6 月 1 日的 38300 人，增加到 1943 年 7 月 5 日的 44800 人，1945 年 8 月 15 日又增至 151200 人（见表 5.5）。[19]

设施保卫部队

战争期间，负责保卫关键性政治和经济目标的内务人民委员部部队虽然人数越来越多，但是实际编成却各不相同，取决于其保卫目标的规模大小、重要性和易受攻击的程度。总体上看，内务人民委员部组建这样的部队是越俎代庖，因为红军正规军的使命本来应当涵盖这种保卫任务，而这种做法的根据则是国防委员会 1941 年 8 月颁布的一道训令，正式规定内务人民委员部负责保卫具体的关键性目标。

战争开始后，内务人民委员部的特别设施保卫第 11 师和第 12 师，[①] 负责保卫莫斯科地区的设施，特别设施保卫第 20 师保卫列宁格勒及其周边地区的同类设施。至少在战争初期，内务人民委员部特别设施保卫第 20 师下辖内务人民委员部特别设施保卫第 1 旅和第 56 旅，每个旅编有若干个团。同时，内务人民委员部特别设施保卫第 57 旅和第 71 旅保卫乌克兰境内的目标，而另一个未知番号的旅保卫斯大林格勒地区的目标。[20]

这支保卫部队中的相当一部分隶属内务人民委员部地方防空（MPVO）

---

① 译注：正式名称是"保卫特别重要工业企业的内务人民委员部部队师"（дивизий войск НКВД по охране особо важных предприятий промышленности）。

总局。总体上看，战争初期，内务人民委员部的设施保卫部队共使用 29300 人，保卫 145 个重要目标。这支部队同样在战时得到扩充，到 1942 年 7 月 5 日已有 66200 人。[21]

战时的发展

"巴巴罗萨"行动前夕，联共（布）中央政治局指示国防人民委员部加强预定在发生战争时使用的四个方面军（具体是北、西北、西和西南方面军），组建第五个方面军（南方面军），并建立一个独立的司令部以便领导几个所谓"第二线集团军"。这个新司令部 6 月 25 日由大本营命名为"预备集团军集群"，其领率机关设在布良斯克，负责从后方协助红军在苏联西部国界实施前沿防御。[22] 大本营 6 月 29 日委派内务人民委员部中将 I. A. 波格丹诺夫指挥这个新的集群，他的政治委员是 S. N. 克鲁格洛夫三级国家安全政委级。[23]

苏德战争前夕，联共（布）中央政治局命令内务人民委员部组建一支新保卫部队，负责红军一线作战方面军的后方警卫。根据这一指示，内务人民委员部应当向位于前线的每个作战方面军派出一支精心编组的混合队伍，包括边防军、作战部队、铁路保卫部队、押运部队的师、团、营和支队（见表5.6）。最后，大本营 6 月 29 日委派五位内务人民委员部的将军指挥这些方面军和"第二线集团军"的后方警卫部队，第六位将军指挥莫斯科军区。[24]

尽管国防军 6 月 22 日以后的迅猛推进造成巨大混乱，并给红军的动员带来严重困难，但内务人民委员部还是坚决努力履行联共（布）中央政治局的命令。德国的侵略刚刚开始，内务人民委员部便使用其驻扎在北、西北和西南方面军辖境的 11 个作战团，组建完成内务人民委员部摩托化步兵第 21、第 22 和第 23 师，另有 1 个摩托化步兵团单独驻扎在西方面军辖境。

随后开展的动员在内务人民委员部部队的编制中又新增加 41500 人，其中 16000 人来自各边境军区。同时，位于苏联各内地军区的内务人民委员部指挥机关按照动员计划充实现有的内务人民委员部兵团，并组建新的兵团。然而，由于红军始料未及地在战争初期即遭受灾难性损失，大本营在别无选择的情况下只能要求内务人民委员部提供额外人力、兵团和指挥干部，补充红军的力量。[25]

例如，1941 年 6 月 29 日，大本营命令内务人民委员部"立即组建 15 个新的师，包括 10 个步兵师和 5 个摩托化步兵师"，并为每个师配备来自内务人民委员部边防军和作战部队的 1500 名内务人民委员部指挥干部，作为这些新师的核心。[26] 内务人民委员 L. P. 贝利亚个人应当为组建这些新师负责。这是国防人民委员部要求内务人民委员部在 1941 年 7 月 17 日之前组建共 25 个师中的第一批。内务人民委员部按照该要求组建的一部分师有：投入西战略方向的步兵第 243、第 244、第 246、第 247、第 249、第 250、第 251、第 252、第 254 和第 256 师，投入西北方向的步兵第 257、第 259、第 262、第 265 和第 268 师，投入南方向的山地步兵第 12、第 15、第 16、第 17 和第 26 师。[27]

1941 年 8 月和 9 月，当列宁格勒受到合围威胁的时候，内务人民委员部下令在列宁格勒方面军辖境使用现有边防军和内卫部队组建 3 个内务人民委员部步兵师、1 个内务人民委员部独立旅和若干个内务人民委员部的团。其中包括内务人民委员部步兵第 1、第 20 和第 21 师，它们积极参加这座被围困城市 1941 年 9 月和 10 月的防御。[28]

12 月上旬，国防军一部占领哈尔科夫并威胁罗斯托夫之后，西南方面军使用边防第 91、第 92、第 94 和第 98 总队的余部，再加上内务人民委员部摩托化步兵第 6、第 16 和第 28 团，组建内务人民委员部摩托化步兵第 8 师。这个新的师在西南方面军第 21 集团军编成内参加 1941 年 12 月和 1942 年别尔哥罗德附近的各场进攻战役，后来于 1942 年 7 月转入红军，改称步兵第 63 师。[29]

1941 年 10 月红军在维亚济马和布良斯克遭到惨败之后，内务人民委员部部队总局[①] 使用作战部队、其他内卫部队和边防军的人员组建 5 个步兵师和 3 个摩托化步兵师。[30] 这些师的番号是内务人民委员部步兵第 5 和第 6 师，内务人民委员部摩托化步兵第 7、第 8 和第 9 师，内务人民委员部步兵第

---

① 译注：原文如此，仍应称"作战部队局"。内卫部队局1942年1月19日在作战部队局的基础上改组而成，4月28日成为总局。

10、第 11 和第 12 师，组建地点是季赫温、加里宁、图拉、沃罗涅日、罗斯托夫、斯大林格勒、克拉斯诺达尔和萨拉托夫，负责掩护红军和内务人民委员部驻军，并同敌方特务作斗争。然而，不断恶化的作战形势迫使大本营把内务人民委员部步兵第 10 和第 11 师、内务人民委员部摩托化步兵第 8 和第 9 师改编为红军的正规师，分别改称步兵第 181 师、近卫步兵第 2 师、步兵第 63 和第 41 师，并将其投入积极的战斗行动。[31][①]

　　随着国防军在 1942 年夏季的"蓝色"行动中逼近斯大林格勒并进军高加索地区，国防委员会指示内务人民委员部组建另一批步兵师，主要负责保卫受威胁地区的主要经济目标和交通干线。这些师包括斯大林格勒内务人民委员部步兵第 10 师和内务人民委员部内卫部队的奥尔忠尼启则步兵师。后者奉命保卫其同名城市和关键性的格鲁吉亚军路，这条公路是连接外高加索地区和北高加索地区之间至关重要的脐带。同一时期，内务人民委员部还组建内务人民委员部内卫部队的格罗兹尼步兵师、苏呼米步兵师和马哈奇卡拉步兵师，负责在高加索地区的其他部分执行类似的任务。

　　整场战争期间，内务人民委员部先后在其自身军队结构当中编成 53 个师、20 个旅、数百个不同类型部队组成的团，或者独立执行任务，或者编入红军的方面军和集团军；另外还有数百支较小的部队和分队，例如营、支队和 30 列装甲列车（内务人民委员部的全部兵力见《＜巨人重生＞资料篇》中的附录三）。[32] 另外，内务人民委员部还向红军输送相当数量的兵力，其中 1941 年 8 月有 10.3 万人，1942 年有 7.5 万人，1942 年后期还有 3 个完整的内务人民委员部师；到 1943 年年初，又把国防委员会和大本营 1942 年 10 月组建的内务人民委员部特别集团军转入红军。[33] 该集团军编有 6 个内务人民委员部步兵师，由来自东部 6 个军区的边防军人组成，1943 年 2 月改称红军第 70 集团军（见表 5.7）。

　　[①] 译注：根据本书《资料篇》，这段文字中的时间略有提前，内容也有出入。内务人民委员部步兵第 10 师就是下段提到的斯大林格勒步兵第 10 师，1942 年 1 月至 7 月组建，10 月转入红军并改称第三次组建的步兵第 181 师。内务人民委员部步兵第 11 师 1942 年 1 月组建，12 月解散，余部并入塔曼近卫步兵第 2 师。内务人民委员部摩托化步兵第 8 师 1942 年 1 月组建，7 月转入红军并改称步兵第 63 师，11 月成为近卫步兵第 52 师。内务人民委员部摩托化步兵第 9 师 1942 年 1 月组建，8 月转入红军并改称步兵第 31 师。

1941 年夏季，遂行进攻的德国陆军歼灭或重创内务人民委员部布置在苏联西部边境的大部分边防总队，有幸从这场猛攻中幸存下来的人数微乎其微。于是，内务人民委员部 9 月中旬解散尚存的 13 个边防总队、2 个预备团和 4 个独立边防大队，9 月 26 日组建每团编有 1394 人的新型边防团来代替它们。[34] 例如列宁格勒地区，内务人民委员部边防第 104、第 106、第 6 和第 99 团分别代替原来的边防第 8、第 106、第 6 和第 99 总队。[35]

因为这些新的团在实战中证明同样容易遭到损失，无法有效地执行警卫任务和战斗任务，所以内务人民委员部为其中一些团加强若干个装备火炮、迫击炮、反坦克枪和冲锋枪的分队，并把另一些团扩充为完整的旅或师。例如，内务人民委员部步兵第 6 团独立作战的同时，也在内务人民委员部第 21 师指挥下作战。[36] 这些团不参加积极战斗行动的时候，负责警卫作战方面军的后方，与德国"阿勃韦尔"间谍和间谍小组作斗争，并组成拦截支队防止红军军人开小差。

1943 年上半年，内务人民委员部中央根据其下属部队所受领的任务，将其编入四个主要的分支机构，分别是边防军总局（边防军指挥部）、内卫部队总局（指挥原作战部队改称的内卫部队，以及押运部队、铁路保卫部队和建筑部队）、歼击营指挥部和消防局。另外，内务人民委员部还成立一个独立的特别处（osobye otdely，缩写为 OO）管理局，负责领导作战方面军和集团军编成内所有的特别处，并组织和领导在国防军后方开展反间谍行动和特务行动。

同时，内务人民委员部把边防军改编成大队、团和总队，并安排它们负责保卫苏联边境地区的安全。每个边防团编有 3 个营（每营有 6 至 7 个连）、1 个侦察连、1 个化学防护排、1 个卫生排和 1 个运输排，每团人数为 800 至 1000 人，作为内务人民委员部新型边防军的基本组成部分。德国情报机关估计，到 1943 年 1 月 1 日，内务人民委员部已在边防军中编入 10 万至 16 万人。

1943 年后期和 1944 年，内务人民委员部组建更多的边防团和边防总队，用于保卫苏联的新边境，并在新解放的德占区确保内部治安，特别是在波罗的海沿岸各共和国、白俄罗斯和乌克兰。例如，1944 年 8 月，白俄罗斯第 1 方面军在波兰东部使用边防第 157、第 127 和第 18 团打击波兰民族解放委员会的军队，而乌克兰第 1 方面军在乌克兰西部使用边防第 2、第 16 和第 83 团以类似方式同乌克兰民族主义分子作斗争。[37] 另一方面，随着战争最后一年中作战正面宽度的缩小，内务人民委员部经常通过合并其下属各团的方式来精简军队结构。[38]

1943 年年中，内务人民委员部内卫部队总局负责领导内务人民委员部中最重要的作战力量，包括内卫部队、押运部队、铁路保卫部队和设施保卫部队。该总局把它们编组成师、旅和团，各团或独立作战，或编入师。这些内务人民委员部师、旅和团都是完全具备战斗力的兵团和部队，用于支援红军方面军，或者在内务人民委员部中央的领导下独立作战。

内务人民委员部编组其步兵师和摩托化步兵师的方式较为灵活多变，每个师最多可以编有 8 个团，有时还编有摩托化团或骑兵团以及各种独立营。另外，有些师还配属 1 个炮兵营或完整的炮兵团，所有的师中还编有若干个较小的分队，包括反坦克营和工兵营（其编成与红军步兵师中的相应分队类似），以及 1 个独立的侦察连或狙击手连。这些师的兵力在 8000 至14000 人之间。

战争时期，内务人民委员部的独立旅起初由团组成，但后来改编为不同数量的独立营和保障分队，各旅的人数大约有 5000 人。另一方面，每个内务人民委员部步兵团除了有 1 个侦察排、1 个化学侦察排、1 个工兵排和 1 个情报连组成的团部直属队，还编有 3 个步兵营、1 个装备 4 门 45 毫米炮的反坦克炮兵连、1 个装备 4 门 82 毫米和 8 门 50 毫米迫击炮的迫击炮兵连、1 个摩托化工兵连，以及小型的后勤保障分队。内务人民委员部步兵团的平均实力是 1651 人、4 门 45 毫米反坦克炮、4 门 82 毫米迫击炮、8 门 50 毫米迫击炮和 27 支反坦克枪。作为基层指挥级别，步兵团编成内的每个步兵营有至少 3 个步兵连（但有时多达 9 个）和 1 个机枪排，每营至少有 397 人。

除了内卫部队、铁路保卫部队、押运部队、设施保卫部队的师、旅和团之外，内务人民委员部还有几个独立兵团，在整场战争期间执行重要和高度专业化，但比较秘密的任务。其中最重要的兵团是所谓的“独立特种摩托化步兵旅”（Otdel'naia motostrelkovaia brigada osobogo naznacheniia，首字母缩写为 OMSBON，全称的缩写是 OMSBON NKVD SSSR）。

独立特种摩托化步兵旅的发展历程从 1941 年 6 月 27 日开始，联共（布）中央委员会和国防人民委员部要求内务人民委员部成立一个特别集群，用于派出"主要任务是在法西斯分子后方实施侦察和破坏活动"的支队。起初，这个集群由 2 个旅、1 个工兵—爆破连、1 个汽车运输连和 1 个通信连组成。但到 1941 年 10 月，内务人民委员部把这个集群改编成 1 个独立特种摩托化步兵旅，即 OMSBON，其中编有 2 个摩托化步兵团、1 个独立战斗警卫连、1 个工兵连、1 个通信连、卫生和空降（登陆）的勤务部门、几所学校和 1 个航空兵支队。1943 年 10 月，内务人民委员部又把独立特种摩托化步兵旅改编成 1 个独立特别总队，受领内务人民委员部中央和国家安全人民委员部，以及内务人民委员部摩托化步兵第 2 师（该旅一度在 1941 年 10 月至 12 月之间归该师隶属）赋予的任务。[39]

组建完毕之后，这个特别总队使用人数在 1000 至 1200 人之间的支队支援红军的作战方面军，使用 30 至 100 人组成的特别支队、3 至 10 人组成的小组进入敌人深远后方实施侦察和破坏行动。整场战争期间，特别总队及其下属的各种支队和小组沿整条战线执行上述任务，保障大本营和总参谋部总侦察局（GRU）的工作。另外，它们还通过完成同类任务保障 1941 年 10 月至 12 月的莫斯科防区、1941 年和 1942 年的西方面军及其编成内的第 16 集团军，1942 年和 1943 年的北高加索方向总指挥部、北高加索方面军、布良斯克方面军和外高加索方面军，1943 年的中央方面军，1943 年和 1944 年的白俄罗斯第 1 方面军，并在 1944 年和 1945 年保障红军的几乎所有方面军。[40]

整场战争期间，内务人民委员部中央赋予独立特种摩托化步兵旅以及特别总队的任务有许多类型，其中最常见的任务有在前沿实施侦察和诸兵种合成战斗，特别任务包括：使用新技术手段在前沿构筑工程地雷障碍物和建立障碍物配系，在重要国家目标周围布雷或扫雷，并在敌人深远后方以分队、小组和单兵实施空降、战斗—破坏和侦察。[41]

从 1941 年后期到 1944 年，独立特种摩托化步兵旅以及特别总队训练和使用一大批侦察—破坏的专家，通常称为 SPETSNAZ（Spetsial'naia naznachenie，即"特种部队"），其中包括 84 位中级指挥人员、519 名初级指挥人员（军士）、803 名无线电操作员、534 名爆破教员、5255 名爆破专家、

126 名车辆驾驶员、107 名迫击炮手、350 名狙击手和 3000 余名伞兵。这支训练有素的专家级精英队伍进而组建、训练和使用 212 个特别支队和小组，共计 7316 人，在前线和敌人后方执行各种各样的任务。

独立特种摩托化步兵旅的骨干还为大本营直接领导下作战的其他特别部队培养出 580 名爆破和破坏手段的专家，并且为支援游击队培养数百位专家。[42] 例如，1943 年 2 月、3 月和 4 月期间，独立特种摩托化步兵旅编成内的若干个特别地雷工兵支队在哈尔科夫等新解放城市的关键性地点排除地雷，并使用共 500 人组成的 3 个集群修理和重建沃罗涅日、库尔斯克和奥廖尔等地区的交通线路。

除了独立特种摩托化步兵旅和特别总队之外，红军总军事工程局领导的其他部队也在内务人民委员部监督下进入德军后方实施破坏和牵制性作战。这些部队包括莫斯科军区近卫地雷工兵第 1 旅下属的破坏—侦察部队、红军具体作战方面军下属的独立近卫地雷工兵营。大本营 1942 年 8 月组建近卫地雷工兵第 1 旅，并于同年 9 月将其编入莫斯科军区；同时，还把第一批近卫地雷工兵营中的两个（第 13 和第 15 营）派往沃罗涅日方面军和北高加索方面军。而到 1943 年年底，几乎每一个红军作战方面军编成内都已有其专属的近卫地雷工兵营。

除了这些破坏—侦察部队之外，大本营还在战争初期要求内务人民委员部组建和使用准军事部队，协助内务人民委员部正规内卫部队的工作。具体而言，大本营 1941 年夏季命令内务人民委员部组建由其中央和地方指挥部领导的特别歼击（istrebitel'nyi）营和歼击团。这些特别歼击部队一旦成立就应主要负责"保护后方不受敌方特务的阴谋破坏"。后来颁发的几道训令中，内务人民委员部还要求这些部队与在德军后方活动的游击队配合作战，完成与独立特种摩托化步兵旅下属支队和小组相同类型的任务。[43] 每个歼击营各有 100 至 200 人，装备小型武器、手榴弹和轻型步兵武器。① 到最后，主要

---

① 俄译注：实际上，歼击营是地方民兵的非常设部队，由非役龄（18 岁以下和 50 岁以上）的男性组成，其任务是协助正规内卫部队和执法机关打击破坏分子和敌人伞兵。这种营通常不执行任何战斗任务，但预定在当地沦陷后成为组建游击队的核心。

是在战争的第一年，内务人民委员部共组建数百个这种营，遍及内务人民委员部设在苏联境内各共和国、边疆区和州的每一个指挥部。

除了在劳动改造营地体系中负责的行政管理和警卫任务之外，内务人民委员部部队在战时执行最繁重，也最不受人欢迎的任务是维持红军作战方面军和集团军的内部纪律，主要是防止开小差和增加红军作战军队的兵力。具体而言，早在1941年年底开始，到1943年已成为惯例，大本营要求内务人民委员部组建并使用拦截支队（zagraditel'nye otriady），具体负责防止红军战士开小差，并在红军新解放的地区征集役龄公民入伍，必要时可使用强制手段（详情见第十三章）。

虽然苏联内务人民委员部部队的人数众多又无所不在，在战时执行的任务也至关重要，但是历史记载中却很难找到有关它们的只言片语，这实在令人惊讶。尽管这些部队在战役战术级别的作战中只能起到次要作用，可是它们深入敌人后方进行的破坏—侦察行动却有广泛而重要的影响，对于保卫红军作战方面军和国家整体的后方安全，也起到同样重要的作用。另外，这些"黑衫军"在红军内部强制推行的严厉措施[①]，有利于红军在生死存亡的危难时期团结成为一个战斗集体，从根本上为红军夺取最后胜利做出相当大的贡献。

---

① 俄译注：根据现在公开的统计数字，所谓拦截支队"严厉措施"中的90%是收容和运送掉队的红军战士到收容站。

数据表

表5.1 内务人民委员部边防军，1941年6月22日

边防区名称（领率机关驻地）	司令员	边防总队和独立边防大队	
		第一线（1939年后的新国界）	第二线（预备队）（1939年前的旧国界）
摩尔曼斯克（摩尔曼斯克）	K. E. 西尼洛夫少将	里斯蒂肯特边防第82总队 奥泽尔科边防第100总队 库奥洛亚尔斯克边防第101总队 北方海防第1大队 独立边防第17大队 独立边防第20大队	
卡累利阿—芬兰（彼得罗扎沃茨克）	V. N. 多尔马托夫少将	乌赫京斯克边防第1总队 索尔塔瓦拉边防第3总队 奥拉内斯克边防第72总队 列博利斯克边防第73总队 基普兰—米亚斯克边防第80总队	
列宁格勒（列宁格勒）	G. A. 斯捷潘诺夫中将	红旗恩索边防第5总队 维堡边防第33总队 汉科海防第99大队 波罗的海海防第1总队 埃利森瓦拉边防第102总队	金吉谢普边防第7总队 普斯科夫边防第9总队 谢别日边防第11总队 列姆佩塔边防第103总队
波罗的海沿岸（塔林）	K. I. 拉库京少将	拉克韦雷边防第6总队 哈普萨卢边防第8总队 库雷萨雷边防第10总队 利耶帕亚边防第12总队 波罗的海海防第2总队 独立航空兵第12大队（10架SB、2架MBR-2）	
白俄罗斯（别洛斯托克）	I. A. 波格丹诺夫中将	红旗布列斯特边防第17总队 奥古斯图夫边防第86总队 沃姆扎边防第87总队 舍佩托夫卡边防第88总队 克雷廷加边防第105总队 陶拉格边防第106总队 马里亚姆波列边防第107总队	别列津纳边防第13总队 捷列任斯克边防第16总队 日特科维奇边防第18总队 别洛斯托克边防第22总队 斯洛博德卡边防第83总队 独立航空兵第4大队
乌克兰（利沃夫）	V. A. 霍缅科少将	弗拉基米尔—沃伦基边防第90总队 拉瓦罗斯卡亚边防第91总队 佩列梅什利边防第92总队 斯科列边防第94总队 切尔诺夫策边防第97总队 柳博姆利边防第98总队	斯摩棱斯克边防第20总队 沃洛奇斯克边防第89总队 利斯科夫斯克边防第93总队 纳德沃尔纳亚边防第95总队 斯拉武塔边防第96总队 独立航空兵第5大队
摩尔达维亚（基什尼奥夫）	N. P. 尼科利斯基少将	卡拉拉什边防第2总队 红旗利普卡内边防第23总队 别利齐边防第24总队 卡胡尔边防第25总队 伊兹梅尔边防第79总队	独立边防第2大队 独立边防第3大队 独立边防第4大队 独立边防第5大队 独立边防第6大队
黑海沿岸（辛菲罗波尔）	P. I. 基谢廖夫旅级	敖德萨边防第26总队 克里米亚边防第32总队 黑海海防第1总队 黑海海防第2总队 黑海海防第4总队	独立边防第23大队 独立边防第24大队 独立边防第25大队 独立航空兵第6大队 独立航空兵第7大队
格鲁吉亚（第比利斯）	不详	巴统边防第27总队 阿哈尔齐赫边防第28总队 苏呼米边防第30总队 穆盖斯克边防第34总队 泽布拉伊利斯克边防第35总队 黑海海防第3总队	

亚美尼亚 （埃里温）	西多罗夫上校	埃奇米阿津边防第36总队 别利亚苏瓦尔边防第37总队 梅格林边防第38总队 列宁纳坎边防第39总队	
阿塞拜疆 （巴库）	拉绍夫斯基上校	奥克滕贝良斯克边防第40总队 纳希切万（巴赫京斯克）边防第41总队 加桑库利伊斯克边防第42总队 里海沿岸边防第1总队	
土库曼 （阿什哈巴德）	D. I. 巴杰伊诺夫少将	塔赫塔巴扎尔边防第44总队 梅尔夫边防第45总队 阿什哈巴德边防第46总队 格奥克泰佩边防第47总队 克孜勒阿特雷克边防第49总队 巴哈尔登边防第71总队 高尔达克独立边防第1大队	
中亚细亚 （塔什干）	M. M. 伦久恩斯基少将	塔什干边防第4总队 帕米尔边防第48总队 克尔基边防第50总队 库洛布边防第81总队 穆尔加布独立边防第26大队	
哈萨克 （阿拉木图）	不详	阿莱古利钦边防第43总队 纳坎钦边防第67总队	
外贝加尔	P. V. 布尔马克少将	米努辛边防第29总队 达翰里亚边防第53总队 特洛茨科拉夫边防第55总队 贾林达边防第64总队 曼谷塔边防第68总队 希尔金边防第74总队	恰克图边防骑兵第51大队 涅尔琴斯克边防骑兵第54大队
红旗哈巴罗夫斯克	A. A. 尼基福罗夫少将	荣获列宁勋章的萨哈林岛海防第52大队 布拉戈维申斯克边防第56总队 乌苏里斯克边防第63总队 比罗比詹边防第75总队 兴安边防第76总队 比金边防第77总队 亚历山德罗夫卡边防第78总队	
滨海	济里亚诺夫上校	兴凯湖边防第55总队 红旗伊曼边防第57总队 红旗格罗杰科沃边防第58总队 哈桑湖边防第59总队 纳加耶夫湾边防第61总队 符拉迪沃斯托克边防第62大队 荣获列宁勋章的堪察加海防第64大队 尼古拉耶夫斯克边防第65总队 纳霍德卡边防第66总队	
边防军中央指挥部直辖		边防歼击航空兵第1团	

资料来源：K. A. 拉什尼科夫、V. I. 费西科夫、A. Iu. 奇梅哈洛和 VI. I. 戈利科夫，《1941 年 6 月的红军》，第 161—162 页；A. G. 连斯基，《战前年代的工农红军陆军》，第 186—187 页；A. I. 丘贡诺夫，《边防战斗》（Granitsy srazhaiutsia，莫斯科：军事出版社，1989 年版），第 1—284 页。

表 5.2 内务人民委员部作战部队，1941 年 6 月 22 日

边防区名称	作战部队
摩尔曼斯克	独立内务人民委员部步兵第181营

列宁格勒	内务人民委员部摩托化步兵第13团 红旗内务人民委员部摩托化步兵第14团 内务人民委员部摩托化步兵第15团 内务人民委员部摩托化步兵第35团 内务人民委员部步兵第8团
波罗的海沿岸	内务人民委员部摩托化步兵第1团 内务人民委员部摩托化步兵第3团 内务人民委员部摩托化步兵第5团 内务人民委员部摩托化步兵第23团
白俄罗斯	内务人民委员部摩托化步兵第4团 某个番号不明的内务人民委员部摩托化步兵团
乌克兰	内务人民委员部摩托化步兵第6团 内务人民委员部摩托化步兵第16团 内务人民委员部摩托化步兵第28团 内务人民委员部骑兵第21团
摩尔达维亚	独立内务人民委员部步兵第172营
土库曼	内务人民委员部骑兵第10团
滨海	独立内务人民委员部步兵第25营
内务人民委员部中央	荣获列宁勋章的捷尔任斯基内务人民委员部特种摩托化步兵第1师

资料来源：K. A. 拉什尼科夫、V. I. 费西科夫、A. Iu. 奇梅哈洛和 VI. I. 戈利科夫，《1941 年 6 月的红军》，第 161—162 页；A. G. 连斯基，《战前年代的工农红军陆军》，第 186—187 页；A. I. 丘贡诺夫，《边防战斗》，第 1—284 页。

表 5.3 红军方面军编成内的内务人民委员部作战部队，1941 年 6 月 23 日

方面军	内务人民委员部作战部队
北	内务人民委员部摩托化步兵第21师 内务人民委员部摩托化步兵第13团 内务人民委员部摩托化步兵第14团 内务人民委员部摩托化步兵第35团 总兵力：5915人
西北	内务人民委员部摩托化步兵第22师 内务人民委员部摩托化步兵第1团 内务人民委员部摩托化步兵第3团 内务人民委员部摩托化步兵第5团 总兵力：3904人
西	内务人民委员部摩托化步兵第4团 总兵力：1191人
西南	内务人民委员部摩托化步兵第23师 内务人民委员部摩托化步兵第6团 内务人民委员部摩托化步兵第16团 内务人民委员部摩托化步兵第28团 总兵力：8193人
南	独立内务人民委员部步兵第172营 总兵力：300人①

资料来源：K. A. 拉什尼科夫、V. I. 费西科夫、A. Iu. 奇梅哈洛和 VI. I. 戈利科夫，《1941 年 6 月的红军》，第 21 页；A. G. 连斯基，《战前年代的工农红军陆军》，第 187—188 页；A. I. 丘贡诺夫，《边防战斗》，第 1—284 页。

---

① 译注：原文30，缺一个0，按表5.6补。

表 5.4 内务人民委员部的各类保卫部队，1941 年 6 月 22 日

类别	编成	已知番号
铁路保卫部队	8 个师、5 个旅	内务人民委员部铁路保卫第2师（列宁格勒地区） 内务人民委员部铁路保卫第3师（西部地区） 内务人民委员部铁路保卫第4师（西南地区） 内务人民委员部铁路保卫第5师（东部地区） 内务人民委员部铁路保卫第6师（东部地区） 内务人民委员部铁路保卫第7师（东部地区） 内务人民委员部铁路保卫第9师（西部地区） 内务人民委员部铁路保卫第10师（西南地区）
押运部队	2 个师、7 个旅	内务人民委员部押运第13师（乌克兰西部） 内务人民委员部押运第14师（莫斯科地区） 内务人民委员部押运第41旅（西北方向） 内务人民委员部押运第42旅（西部方向） 内务人民委员部押运第43旅（西南方向） 内务人民委员部押运第44旅（古比雪夫） 内务人民委员部押运第45旅（斯维尔德洛夫斯克） 内务人民委员部押运第46旅（驻地不详） 内务人民委员部押运第47旅（塔什干）
设施保卫部队	3个师、6个旅	内务人民委员部特别设施保卫第11师（莫斯科） 内务人民委员部特别设施保卫第12师（莫斯科） 内务人民委员部特别设施保卫第20师（列宁格勒） 内务人民委员部特别设施保卫第57旅（乌克兰） 内务人民委员部特别设施保卫第71旅（乌克兰） 某个番号不明的内务人民委员部旅（斯大林格勒）

资料来源：K. A. 拉什尼科夫、V. I. 费西科夫、A. Iu. 奇梅哈洛和 VI. I. 戈利科夫，《1941 年 6 月的红军》，第 21 页；A.G. 连斯基，《战前年代的工农红军陆军》，第 188—191 页；A. I. 丘贡诺夫，《边防战斗》，第 1—284 页。

表 5.5 内务人民委员部押运部队，1942 年 8 月

番号	驻地
内务人民委员部押运第35师	鲍里索格列布斯克（沃罗涅日）
内务人民委员部押运第36师	米努辛斯克（克拉斯诺亚尔斯克）
内务人民委员部押运第37师	马尔菲诺（沃洛达尔斯克）
内务人民委员部押运第38师	伊尔库茨克
内务人民委员部押运第41旅	沃洛格达
内务人民委员部押运第43旅	皮亚季戈尔斯克（斯塔夫罗波尔）
内务人民委员部押运第44旅	古比雪夫
内务人民委员部押运第45旅	斯维尔德洛夫斯克
内务人民委员部押运第47旅	塔什干

资料来源：A. G. 连斯基，《战前年代的工农红军陆军》，第 188—191 页。

表 5.6 内务人民委员部按计划展开的内务人民委员部后方警卫部队，1941 年 6 月

方面军（人数）	内务人民委员部部队（人数）
北方面军 （50735人）	14 个边防总队（17082人） 1个预备边防团（2153人） 2 个预备边防营（1322人） 1 个作战部队的摩托化步兵师（5915人） 1个铁路保卫师（11164人） 1 个特别设施保卫师（9490人） 1 个押运旅（3509人）
西北方面军 （10073人）	3 个边防总队（3580人） 1个作战部队的摩托化步兵师（3904人） 1 个铁路保卫旅（1447人） 2 个押运营（1142人）
西方面军 （19177人）	2 个边防总队（1577人） 1 个预备边防团（2153人） 1 个作战部队的摩托化步兵团（1191人） 4 个铁路保卫团（8520人） 1个押运旅（5736人）
西南方面军 （60052人）	9个边防总队（15000人） 1 个预备边防团（2153人） 2个铁路保卫师（15068人） 2 个特别设施保卫旅（10676人） 4 个押运团（7820人） 2 个独立营（1142人）
南方面军 （14227人）	5 个边防总队（8800人） 1个预备边防团（2153人） 1 个作战部队的营（300人） 2 个押运团（2974人）
红军特别军队集群（支援"第二线"集团军）[2]	3 个边防总队（2076人） 2个铁路保卫团（4931人） 1 个预备铁路保卫营（517人） 1 个押运团（1600人）

　　资料来源：A. G. 连斯基，《战前年代的工农红军陆军》，第 191 页。

表 5.7 内务人民委员部独立集团军（后改称第 70 集团军）的编成

原名称	驻地	改编后的名称
远东内务人民委员部步兵师	哈巴罗夫斯克	步兵第102师
外贝加尔内务人民委员部步兵师	赤塔	步兵第106师
乌拉尔内务人民委员部步兵师	斯维尔德洛夫斯克	步兵第175师
西伯利亚内务人民委员部步兵师	新西伯利亚	步兵第140师
斯大林格勒内务人民委员部步兵师	车里雅宾斯克	步兵第181师
中亚细亚内务人民委员部步兵师	塔什干	步兵第162师

　　资料来源：G. P. 谢奇金，《伟大卫国战争中的边防军》（莫斯科：荣获列宁勋章的苏联克格勃红旗高级边防军指挥进修班，1990 年版），第 91—92 页。

---

　　② 译注：原文如此，应指正文提到的"预备集团军集群"。

注释

1. K. A. 拉什尼科夫、V. I. 费西科夫、A. Iu. 奇梅哈洛和VI. I. 戈利科夫，《1941年6月的红军》，第19页。

2. TSPA UML，f. 664, Op. 1, d. 23, ll. 第127—129页；f. 664, Op. 1, d. 1, l. 第85页；f. 664, Op. 1, d. 218, ll. 第103—104页。关于内务人民委员部1941年6月22日的兵力，见A. G. 连斯基，《战前年代的工农红军陆军》（圣彼得堡：出版者不详，2000年版），第185页。这个数字包括边防军航空兵部队的大约3000人。

3. V. F. 涅克拉索夫，《内卫部队对苏联人民在伟大卫国战争获胜的贡献》，刊登在《军事历史杂志》第9期（1985年9月刊），第35页。

4. I. K. 雅科夫列夫撰"内卫部队"（Vnutrennie voiska）词条，见A. A.格列奇科主编，《苏联军事百科全书》第二卷，第165页。

5. A. G. 连斯基，《战前年代的工农红军陆军》，第185页。

6. 同上，20世纪30年代中后期开始组建时，边防总队的番号从第1到第107，共有108个总队。[①] 但1939年9月苏联国界西移时，有12个边防总队（包括第14、第15、第19、第21、第31、第84、第85和第104总队）解散，战争前夕依旧存在96个边防总队。另见S. V. 斯捷帕欣主编，《伟大卫国战争中的苏联国家安全机关：文献选集，第1卷：战争前夕，第2册（1941年1月1日—6月21日）》（莫斯科：图书与商业出版社，1995年版），第270—271页；K. A.拉什尼科夫等，《1941年6月的红军》，第19页。

7. K. A.拉什尼科夫等，《1941年6月的红军》，第21页。

8. A. G.连斯基，《战前年代的工农红军陆军》，第185页。

9. 同上，另见K. A.拉什尼科夫等，《1941年6月的红军》，第21页。

10. A. G.连斯基，《战前年代的工农红军陆军》，第185页。

11. 同上。

12. 同上。[②]

13. 这是1941年6月23日颁发的《国防人民委员部第1756cc—1762cc号命令》。见K. A.拉什尼科夫等，《1941年6月的红军》，第21页；A. G.连斯基，《战前年代的工农红军陆军》，第188—188页；A. I. 丘贡诺夫，《边防战斗》，第1—284页。

14. A. G.连斯基，《战前年代的工农红军陆军》，第185页。

15. 同上，第188页。

16. 同上，第189页。

17. 同上。

---

① 译注：原文如此。
② 俄译注：在该书第187页，并非第185页；该资料未提及152毫米火炮，只有76毫米地面火炮和45毫米反坦克炮。

18. 同上，第190页。[①]

19. 同上。

20. 同上，第189页。

21. 《1922—1941年社会主义和平建设时期的内卫部队》（莫斯科：法律专题文学出版社，1977年版），第507—508页；N. 拉马尼切夫，《红军，1940—1941年：神话与现实》（莫斯科，未出版的手稿，1996年），第106页。

22. 大本营的预备集团军集群起初由第19、第21和第22集团军组成，由苏联元帅S. M. 布琼尼指挥。

23. V. A. 佐洛塔廖夫主编，《最高统帅部大本营1941》，收录在《俄罗斯档案：伟大卫国（战争）》第16卷，第5（1）册，第31页。这是《大本营第0097号命令》。

24. 同上，第32页。这是《大本营第0098号命令》。正式任命下列内务人民委员部的将军担任方面军的后方首长：G. A. 斯捷潘诺夫中将（北方面军）、K. I. 拉库京少将（西北方面军）、V. A. 霍缅科少将（西南方面军）、N. P. 尼科利斯基少将（南方面军）、I. S. 柳贝少将（第二线诸集团军）。同时，大本营任命P. A. 阿尔捷米耶夫内务人民委员部中将指挥莫斯科军区。

25. N. 拉马尼切夫，《红军》，第177—178页。

26. V. A.佐洛塔廖夫主编，《最高统帅部大本营1941》，第32—33页。这是《大本营第00100号命令》。

27. 《苏联内务人民委员部关于本人民委员部组建15个步兵师并划归作战军队的命令》（Prikaz NKVD SSSR o formirovanie narkomatom piatnadtsati strelkovykh divizii dlia peredachi v deistvuiushchuiu armiiu），收录在V. V. 杜申金主编，《1941—1945年伟大卫国战争中的内卫部队：档案与材料》（莫斯科：法律专题文学出版社，1975年版），第544页；G. P. 谢奇金，《伟大卫国战争中的边防军》，第86—87页。

28. 例如，由S. I. 东斯科夫上校指挥的内务人民委员部步兵第1师，是在边防第3、第7、第33和第102总队以及驻列宁格勒内卫部队的基础上组建。见G. P. 谢奇金，《伟大卫国战争中的边防军》，第100页。

29. 同上，第78—84页。另见戴维·M. 格兰茨，《被遗忘的战役，第二卷》，第11—21页。内务人民委员部步兵第57旅在第3集团军编成内也参加了奥廖尔以东的战斗。

30. 这是《内务人民委员部第24/9829号训令》。

31. V. V. 杜申金主编，《1941—1945年伟大卫国战争中的内卫部队》，第704页。

32. V. F. 涅克拉索夫，《内卫部队对苏联人民在伟大卫国战争所获胜利的贡献》，第29页。

33. A. 阿列克谢延科夫，《内卫部队：真理与幻想——在三条战线上》，刊登在《军事知识》第1期（1991年1月刊），第29页。

34. 解散的是边防第2、第12、第20、第32、第83、第86、第88、第94、第95、第97、第105、第106和第107总队，预备边防第42和第43团，独立边防第2、第3、第4和第5大队。关于战争期间边

---

① 俄译注：引文是所述任务的节选，并非原文。

防总队和边防大队作战记录的文献，见A. I. 丘贡诺夫主编，《1941—1945年伟大卫国战争中的边防军：文献选集》（莫斯科：科学出版社，1968年版）。

35. G. P. 谢奇金，《伟大卫国战争中的边防军》，第97页。

36. V. S. 维诺格拉多夫主编，《红旗波罗的海沿岸边防军》（里加：阿博茨出版社，1988年版），第141页。

37. 详情见《保卫作战军队后方的内务人民委员部部队》，刊登在《军事历史杂志》第6期（1998年11—12月刊），第16—25页。

38. 同上。例如，1944年年中在白俄罗斯北部的作战期间，保卫白俄罗斯第3方面军后方的内务人民委员部边防第218团，把内务人民委员部第99团吸收到其编制内。

39. 关于该旅战时组织结构和职能的更多详情，见《1941年6月27日至1945年6月27日特种摩托化步兵旅战斗行动的摘要》（Iz otcheta o boevoi deiatel'nosti otdel'noi motostrelkovoi brigady osobogo naznacheniia za period 27 iiunia 1941 g.-27 iiunia 1945 g.），收录在V. V. 杜申金主编，《1941—1945年伟大卫国战争中的内卫部队》，第517—525页。

40. 同上，第518页。

41. 同上，第517—518页。

42. 同上，第518页。

43. 见S. I. 维连科，《守卫祖国的后方：1941—1945年伟大卫国战争中的歼击营和歼击团》（莫斯科：科学出版社，1988年版）。

第六章

步兵和空降兵

苏德战争期间，红军作战方面军和集团军的编组方式始终相当灵活，其具体编成由大本营根据已方军事战略，以及方面军和集团军作战地区实际受到威胁的大小、地形和气象条件精心制定。这个普遍规律的唯一例外是红军的坦克集团军，大本营1942年夏季和秋季组建和使用的4个坦克集团军是其编成内坦克军、步兵师和骑兵军临时拼凑而成的混合物，在实战中证明结构臃肿而且运转不灵，无法有效地实施现代化运动战。因此，大本营从1943年1月开始组建新型坦克集团军取而代之（见第七章）。

红军的作战方面军、集团军、军区和非作战方面军编成内存在着大批战斗、战斗保障和战斗勤务保障的兵团（军、师和旅）、部队（团）和分队（营、中队和各种连），它们大多按照规定的，但又不断变化的《编制表》［相当于美国陆军的《组织装备表》（TO&E）］进行编组。

虽然苏联人通常把上述军团、兵团和部队按照军兵种的名称分类，如步兵、装甲坦克和机械化兵、骑兵、炮兵、工程兵和空军（航空兵），但是每个类别里面都包含一些看似不符合这种简单分类方法的例外。例如，步兵当中包括空降兵的师和旅、海军陆战旅、海军步兵旅、滑雪旅和其他类型的旅，经过特殊编制用于抗击敌军坦克的歼击师和歼击旅,由数个机枪—炮兵营（机炮营）组成的筑垒地域。同样，除了坦克（机械化）兵团和部队之外，红军装甲坦克和机械化兵还包括罕见而昙花一现的摩托雪橇营、摩托车部队和装甲列车；红军炮兵也包括反坦克歼击炮兵和高射炮兵的兵团和部队。

因此，红军的军队分类方式归根到底是根据其实际受领的任务和使用的武器。红军之所以把空降兵与步兵归类在一起，是因为即便空降兵搭乘飞机到达战场，也只能使用轻型步兵武器与敌人进行近距离战斗。同样，尽管歼击兵团和部队受领的任务是抗击敌军坦克，而筑垒地域主要装备机枪和火炮，但鉴于两者都在前沿参加近距离战斗，红军还是将其归类为步兵。

步兵

步兵军

战争期间，红军组建的集团军以下规模步兵组织中，只有步兵军（strelkovyi korpus）没有可以参照的固定编制表。战争开始时，红军的集团军全都编有若干个步兵军，但经过六个月的战斗之后，大本营取消了集团军和师之间的这个中间指挥级别，因为军的作用仅仅是纸上谈兵，无法在实践中实现积极效果。然而，到1942年夏季，随着红军在莫斯科获胜之后渐趋成熟，大本营也开始在战斗经验最丰富的集团军当中重新编入步兵军。

正如1941年的步兵军一样，大本营1942年组建的步兵军也是红军中规模最大的战术兵团。进攻时，步兵军的编制使它们能够突破敌人战术防御地幅的全部纵深。反之，防御时，步兵军应负责阻止敌人突破红军防御地幅的战术纵深，并使用支援的装甲坦克和机械化兵及骑兵，配合步兵实施反冲击。像其他兵种的兵团和部队一样，红军也把步兵军分为普通步兵军和近卫步兵军。

步兵军的实力在整场战争期间变化很大，不过大多数步兵军都编有2至3个步兵师、3至5个步兵旅，或者两者兼有，还有一支经过精心编组，使其能够完成所受领任务的炮火保障和后勤保障力量。军直属的保障部队通常包括1个炮兵团、1个独立通信营和1个独立工兵营，有时还有相当有限的后勤保障部队（见表6.1）。近卫步兵军的规模比正规步兵军略大，其拥有的保障力量通常也更加强大。[1]

1941年6月，红军共有62个步兵军，但到1942年1月1日，红军的军队结构中只剩下6个步兵军。（红军全部步兵兵团见《＜巨人重生＞资料篇》

的附录五。）从 1942 年年初大本营重新组建步兵军开始，步兵军的数量急剧增长至 1942 年 7 月 1 日的 19 个，进而增至 1943 年 2 月 1 日的 34 个、1943 年 7 月 1 日的 82 个、1943 年年底的 161 个。然而，红军步兵军的数量增长虽然能明确显示其军队结构日益复杂化，但是也意味着步兵师的实力在不断下降，到 1943 年年中已降至每个师约 6000 至 8000 人。因此，按照每个步兵军编 2 至 3 个步兵师计算，到 1943 年年中，每个军的平均人数约有 12000 至 24000 人，大致与美军或英军的一个满员步兵师相当。

步兵师

整场战争期间，步兵师（strelkovaia diviziia）始终是红军步兵中最广泛存在的、有固定编制的最大型兵团（soedenenie）。因此，师是红军步兵军和诸兵种合成集团军的基本战术组成部分，尽管有时也会在方面军直接指挥下战斗。战争开始时，步兵师编成内有 3 个步兵团和 2 个炮兵团，以及各种专业兵和保障的营和连，按照编制应有 1.4 万余人和 16 辆轻型坦克（见表 6.2）。

但是，像红军军队结构中的其他成分一样，由于指挥干部经验不足，在战斗中无法有效地指挥，步兵师在实践中证明结构过于臃肿，后勤保障也不能满足现代化运动战的要求。因此，国防人民委员部 1941 年夏末和秋季缩减步兵师的结构编制，开始组建小型的步兵旅（实际上相当于半个师，或者轻型化的师）取而代之。步兵旅虽然因规模较小，有利于作为理想工具，用来训练红军指挥干部指挥控制师和师以下规模的兵团，但是也因比步兵师的实力更弱，缺少足够火力和机动性，无法实施或长期维持高强度的运动防御或进攻行动，结果导致它们往往在经验更丰富、实力更强大的国防军面前遭受灾难性损失。

因此，到 1942 年春季，国防人民委员部已停止组建步兵旅，开始把步兵旅扩编成完整的师，并逐渐在步兵师编制中增加新式武器和保障分队，以此增强步兵师的火力和后勤保障。

作为这项措施的结果，到 1943 年 2 月，步兵师已编有 3 个步兵团、1 个炮兵团、1 个教导营，以及包括反坦克炮兵营和工兵（工程兵）营在内的一批小型专业兵和保障分队。步兵团编有 3 个步兵营、1 个装备 4 门 76 毫米步兵野战炮的炮兵连、1个装备6门45毫米反坦克炮的炮兵连、1个装备6门120毫米迫击炮的迫击炮兵连和1个自动枪连。相应地，步兵营编有3个步兵连、1个机枪连、1个装备9门82毫米迫击炮的迫击炮兵连、1个装备2门45毫米反坦克炮的炮兵排。师属炮兵包括20门76毫米加农炮和12门122毫米加农炮，编为3个炮兵营。

按照上述编制，步兵师的总实力是9435人、32门76毫米和12门122毫米加农炮、160门82毫米和122毫米（有时还有50毫米）迫击炮、48门37毫米或45毫米反坦克炮、212支反坦克枪、6474支步枪和卡宾枪、727挺冲锋枪、494挺轻机枪、111挺重机枪、123台车辆和1700匹马。[2]1943年上半年，国防人民委员部略微削减步兵师的兵力，但把冲锋枪的数量增加50%，从而增强全师的火力。从整体上看，红军步兵师的数量从1941年6月22日的198个增加到1943年12月31日的489个。

为了表彰在战斗中表现突出的步兵师，国防人民委员部1941年夏季向首批4个步兵师授予近卫称号。随着国防人民委员部继续推行这项措施，到同年12月31日，原步兵第100、第127、第153、第161、第107、第120、第64、第316、第78和第52步兵师已分别获得近卫步兵第1至第10师的称号。新的近卫步兵师有10670人，并在1942年12月新编入1个有36门火炮的炮兵团，所以全师实力比普通的师有所增强。但无论其称号如何，整场战争期间，大多数红军步兵师始终都在严重减员的情况下战斗，有时只剩下1500人和极少的炮火保障。红军近卫步兵师的数量在1943年全年持续增加，2月1日有99个，7月1日有96个，12月31日有97个[①]。

战争开始时，红军只有3个摩托化步兵师。其中1个是著名的莫斯科摩托化步兵第1师，隶属驻扎在莫斯科的机械化第7军，另外2个师驻扎在远东。莫斯科摩托化步兵第1师1941年7月上旬在奥尔沙和斯摩棱斯克的战斗中覆没之后，国防人民委员部1941年8月将该师余部改编成坦克第1师，9月又重新改编成新的摩托化步兵第1师，此后不久又改称近卫摩托化步兵第1

---

① 译注：原文如此。

师，并使用该番号直至 1943 年年中 [①]。

　　战争开始时，外贝加尔军区编成内的摩托化步兵第 82 师虽然使用摩托化步兵师的名称，但是实际结构是摩托化师。该师 1941 年 10 月西调至莫斯科以后，国防人民委员部将其改编成标准编制的步兵师。后来，国防人民委员部 1941 年 9 月下旬把坦克第 108 师改编成摩托化步兵第 107 师，但到 1942 年年中又将其改编成标准的步兵师。[②]1941 年 6 月红军原有的另 2 个摩托化步兵师，即摩托化步兵第 36 和第 57 师，是原来 1940 年组建的机械化军解散后的余部，将会留在远东直至战争结束。因此，到 1943 年年初，红军只有 3 个摩托化步兵师：近卫莫斯科摩托化步兵第 1 师（可以看作是摩托化版本的近卫步兵师）和位于远东的 2 个摩托化步兵师。

　　1941 年 6 月，红军还有专用于山地作战的山地步兵师，其结构比标准的步兵师略有精简，装备的武器也更适于在多山地形实施战斗。这种师共有 19 个，分布在西南方面军、北高加索军区、外高加索军区、中亚细亚军区、远东军区和位于克里米亚的独立第 9 集团军 [③]。山地步兵师由 4 个山地步兵团、2 个山地炮兵团、1 个反坦克炮兵连、1 个工兵营和若干个勤务保障分队组成。为了替代步兵师使用的普通武器，山地步兵师配备 25 门 122 毫米驮载榴弹炮、16 门 76 毫米山炮、60 门 50 毫米迫击炮、16 门 82 毫米迫击炮、12 门 107 毫米山地迫击炮、8 门 45 毫米反坦克炮和 8 门 37 毫米高射炮。[3] 与标准的步兵师相比，山地步兵师虽有同样多的人数但战斗力弱小很多。

　　"巴巴罗萨"行动期间，推进中的国防军歼灭大部分山地步兵师之后，国防人民委员部把剩下的师或者解散，或者改编成标准的步兵师，只在高加索山区保留少数几个。另外，红军编成内还有一小批山地步兵的旅、团或支队。红军山地步兵师数量从 1941 年 6 月 22 日的 19 个减少到 1943 年 12 月 31 日的 4 个。

---

　　① 译注：应是 1943 年 1 月，这时改编成近卫莫斯科步兵第 1 师。该师即莫斯科—明斯克无产阶级步兵师。

　　② 译注：坦克第 108 师一直作为坦克师参加莫斯科防御，改编成摩托化步兵第 107 师的是坦克第 107 师。见《泥足巨人》中译本第 277 页。由于这个错误，第七章"独立坦克师"小节给出的 100 系列坦克师番号也发生错误，见 271 页。

　　③ 译注：独立第 9 集团军驻防敖德萨以西的边境地区，编成内有 1 个山地步兵师。驻防克里米亚境内的独立步兵第 9 军没有山地步兵师。

步兵旅及其变种

与步兵旅类似的几种旅有学员旅（kursantnaia brigada）、海军步兵旅（brigada morskoi pekhoty）、海军陆战旅（morskaia strelkovaia brigada）和滑雪旅（lyzhnaia brigada），它们都相当于半个师，编有 3 至 4 个步兵营、2 个（82 毫米和 120 毫米）迫击炮兵营、1 个炮兵营、1 个自动武器营、1 个反坦克营、1 个反坦克步兵连和各种保障分队。从 1941 年 9 月到 1942 年 4 月，为了节约使用极度短缺的武器，并帮助红军解决指挥控制中的严重问题，国防人民委员部组建了一大批这样的旅；但到 1942 年夏秋和 1943 年年初，便把其中的大部分旅扩编成完整的步兵师。按照其类型不同，每个旅的兵力少则 3800 人，多达 5100 人，而武器数量只有标准步兵师的一半左右（见表 6.3）。

为了充分利用红海军（Voenno-morskoi flot，缩写为 VMF）的可用兵员，国防人民委员部 1941 年夏季要求各舰队组建许多个海军陆战旅（以及后来的海军步兵旅），这种旅的结构与标准的步兵旅非常相似。例如，波罗的海舰队 1941 年组建海军陆战第 1 至第 7 旅（另外还有 1 个学员旅），1942 年又组建 2 个旅。黑海舰队 1941 年组建 4 个、1942 年组建 3 个这样的旅；而从 1941 年到 1942 年，北方舰队和太平洋舰队各组建 3 个旅（见表 6.4）。

起初，每个海军陆战旅编有 4 至 6 个步兵营、1 至 2 个火炮营、2 个迫击炮营和数个小型勤务保障分队。由于组建过程极为仓促，这些旅的实际编成、人数和战斗力差别很大。但到 1941 年秋季，国防人民委员部便把它们全部按照标准步兵旅的编制加以改编。战争期间，海军共组建 21 个海军陆战旅和数个海军陆战团，全部在红军指挥下参加战斗。[4]

除了这种海军陆战旅之外，1941 年 10 月 18 日国防人民委员部还命令海军组建海军步兵旅，其编制与标准的步兵旅大致相同（见表 6.5）。海军步兵旅编有 3 个步兵营（每个营有 715 人）、1 个装备 8 门 76 毫米野战炮的独立火炮营、1 个装备 12 门 57 毫米炮的独立反坦克营、1 个装备 16 门 82 毫米和 8 门 120 毫米迫击炮的独立迫击炮营、1 个侦察连、1 个反坦克步兵连、1 个自动枪连、1 个高射机枪排、1 个独立通信营、1 个工兵连、1 个汽车运输连和 1 个卫生连。按照这种编制，全旅的实力是 4334 人、8 门 76 毫米加农炮、12 门 57 毫米反坦克炮[①]、16 门 82 毫米和 8 门 120 毫米迫击炮、149 挺轻机枪、48 挺重机枪、612 挺 PPSh 冲锋枪、48 支反坦克枪、178 台车辆和 818 匹马。[5]

后来，海军步兵旅经历与普通步兵旅同样的编制变化，有数个旅因在战斗中有突出表现而荣膺"近卫"称号。国防人民委员部 1942 年后期和 1943 年初期大幅减少红军中的海军步兵旅个数，解散许多个这种旅，并和其余的旅改编成完整的步兵师。国防人民委员部在战争期间总共投入 38 个海军步兵旅。[6]

为了利用大多数红军战士优秀的冬季技能，国防人民委员部从 1941 年后期开始组建滑雪部队，以便红军能够在即将到来的冬季数月里更有效地战斗。国防人民委员部 1941 年 12 月在作战方面军中组建并使用 84 个滑雪营，1942 年 1 月又新增 77 个营。此后的 1942 年 3 月和 4 月间，方面军和集团军把这些滑雪营整编成滑雪旅，从而增强其突击力。举例来讲，在此期间，西方面军突击第 1 集团军组建的滑雪第 1 和第 2 旅各编有 5 个营；而卡累利阿方面军组建的滑雪第 2 至第 8 旅各编有 3 个营。

这种滑雪旅由 3 个滑雪营、1 个反坦克营、1 个侦察连、1 个自动枪连、1 个迫击炮连、1 个高射机枪排、1 个卫生连和 1 个供应连组成，曾在 1941—1942 年冬季战局期间广泛地发挥了重要作用。滑雪旅的平均兵力有 3800 人，共装备 6 门 82 毫米迫击炮、9 门 50 毫米迫击炮、12 门 45 毫米反坦克炮、45 支反坦克枪、18 挺轻机枪和 3 挺重型 DShK 高射机枪。

然而，滑雪旅的实际编成确实存在较大差异。例如，滑雪第 3 旅编有 1 个迫击炮营，而不是通常情况下的 1 个迫击炮连，其下属各滑雪营装备 82 毫米迫击炮而非 50 毫米迫击炮，而 50 毫米迫击炮装备到步兵连，其反坦克营有多于正常数量的反坦克枪，还编有 1 个通信连。因此，该旅共有 51 门 82 毫米迫击炮、27 门 50 毫米迫击炮和 54 支反坦克枪。[7] 除了这些旅之外，国防人民委员部还使用过若干个独立滑雪营。1942—1943 年冬季战局结束后，

---

① 译注：此处的 57 毫米反坦克炮显然应是 45 毫米。

国防人民委员部在 1943 年剩余时间里把这些滑雪旅和营全部改编成其他类型。红军编成内步兵旅和其他类型旅的总数在 1943 年 2 月 1 日以前激增至 231 个，但到 1943 年 12 月 31 日已下降至 59 个。

歼击兵团

除了标准的步兵师和步兵旅及其众多变种之外，红军还使用过另一些诸如歼击（istrebitel'nye）师和歼击旅、筑垒地域、空降兵军和空降兵旅之类的其他兵团，在前线执行更专业化的战斗任务。歼击师和歼击旅尽管按照官方归类属于步兵，可实际上是反坦克能力高于正常水平的诸兵种合成兵团，承担同敌军装甲兵战斗的任务。

按照最初的编制，歼击旅编有 1 个八连制的反坦克炮兵团（其中 4 个炮兵连各有 4 门 76 毫米加农炮，3 个炮兵连各有 4 门 45 毫米反坦克炮，另 1 个连是装备 4 门 37 毫米高射炮的高射炮兵连）、2 个三连制的反坦克步兵营（每个连有 24 支反坦克枪）、1 个三连制的工程—地雷营、1 个三连制的坦克营（其中 2 个中型坦克连各有 10 辆 T–34 坦克，1 个轻型坦克连有 11 辆 T–40 或 T–60 轻型坦克）、1 个三连制的迫击炮兵营（其中 2 个连各有 4 门 82 毫米迫击炮，另 1 个连装备 4 门 120 毫米迫击炮）。

按照这种编制，歼击旅的兵力有 1791 人，共装备 16 门 76 毫米加农炮、12 门 45 毫米反坦克炮、4 门 37 毫米高射炮、4 门 120 毫米迫击炮、8 门 82 毫米迫击炮、144 支反坦克枪、21 辆中型坦克、11 辆轻型坦克、177 台车辆和 20 台摩托车。[8]

歼击师由 2 个歼击旅、1 个独立通信连、1 个独立卫生营和 1 个独立汽车运输连组成，总兵力接近 4000 人，装备 56 门加农炮和反坦克炮、8 门高射炮、24 门迫击炮和 64 辆坦克。

歼击师和歼击旅的主要任务虽然是同敌装甲兵交战，但是同样包括一系列进攻性任务，包括掩护在敌防御纵深内作战的快速发展突破梯队（快速集群），抗击敌坦克兵团的反冲击，并在发生遭遇交战时掩护红军坦克兵团。

从 1942 年 4 月和 5 月组建第一批歼击兵团开始，国防人民委员部在当年剩余时间内共组建 3 个歼击师和 13 个独立歼击旅。但实践证明，这些兵团在抗击敌军坦克时基本上毫无建树。于是，1943 年年底之前，国防人民委员部便把这些师和旅全部解散。

筑垒地域

1941 年 6 月，红军编成内唯一有能力建立并占领防御性筑城工事的军事力量是筑垒地域（ukreplennyi raion，缩写为 UR）。战争前夕，红军的庞大筑垒地域网不但掩护苏联国界，而且会在战时掩护红军主力的动员和展开。从 1928 年到 1937 年，国防人民委员部建成第一批 19 个筑垒地域，1938 年和 1939 年又建成 8 个，用于保卫列宁格勒、基辅和苏联东西两侧的国界。

1939 年和 1940 年苏联占领波兰东部和波罗的海沿岸诸国之后，为了掩护毗邻芬兰、德占波兰和罗马尼亚的新国界，国防人民委员部 1940 年和 1941 年着手建立另一批筑垒地域，但未能在德国人入侵之前完成这项建筑工作。截至国防军发起"巴巴罗萨"行动的时候，红军编成内共有 57 个筑垒地域，其中 41 个隶属西部的作战方面军和集团军，16 个隶属各内地军区和位于高加索、远东的非作战方面军。1941 年 6 月，红军的筑垒地域是规模相当于旅或团的兵团，由不同数量的独立机炮营（通常是 3 个）组成，只有少量支援的步兵和后勤保障，负责占领既设的混凝土和土木筑城工事。因为筑垒地域不具有机动性，在现代化运动战中难以生存，所以 1941 年夏季阻挡在国防军进攻道路上的筑垒地域基本上损失殆尽。

按照大本营的防御计划，国防人民委员部 1942 年春季和夏季开始组建新的筑垒地域，用来在国土纵深处占领新的防御地区，并作为节约兵力的主要手段，腾出红军正规兵团执行野战任务。与其前身相比，这些新筑垒地域的人数较少但火力较强，平均兵力为 4100 人，由 1 个 85 人的指挥部、每营 667 人的若干个（通常 5 至 10 个）机炮营，以及负责支援的步兵、坦克和工兵组成。平均实力水平的筑垒地域编有 6 个机炮营，共有 48 门 76 毫米加农炮、48 门 50 毫米和 48 门 82 毫米迫击炮、48 门 45 毫米反坦克炮、168 支反坦克枪、78 挺冲锋枪、192 挺轻机枪和 192 挺重机枪。[9]

机炮营由 1 个指挥班、1 个通信排、1 个工兵班、4 个机炮连，以及保障分队组成；而机炮连由 1 个小型连部、若干个机枪排、1 个装备轻型 50 毫米和中型82毫米迫击炮的迫击炮排、1个火炮连（编有1个45毫米反坦克排和1个76毫米野战炮排）组成。[10]为了最大限度地节约人力，机炮营的人数仅能满足操作机枪和野战炮的需要（见表6.6）。

1942年后期，红军扩充其快速力量的同时，国防人民委员部开始组建和使用所谓的野战筑垒地域。这种兵团的规模比标准的筑垒地域略大，拥有更多辆卡车，机动能力有所增强，从而使其能更有效地参加灵活多变的进攻战斗。红军军队结构中筑垒地域的数量从1941年6月22日的57个减少到1942年1月1日的19个，但后来又增加到1943年12月31日的48个。

空降兵

作为发展空降兵的先驱，红军在战争前夕拥有一支庞大的空降兵。空降兵隶属于红军的空军司令员[①]，其编成内有空降兵第1至第5军，分别隶属苏联西部的波罗的海沿岸特别军区、西部特别军区、基辅特别军区、哈尔科夫军区和敖德萨军区，另外还有独立空降兵第202旅驻扎在远东。

空降兵军由3个空降兵旅、1个共有50辆（后改为32辆）轻型坦克的三连制空降轻型坦克营、1个数架指挥飞机组成的航空兵小队、1个远程无线电排和1个共有15辆摩托车的摩托车排组成。至少在纸面上，每个军有10419人，装备50辆坦克、18门野战炮和18门迫击炮。空降兵旅编有4个伞兵营、共有6门76毫米加农炮和12门45毫米反坦克炮的旅属炮兵[②]、1个有113辆自行车的侦察连、1个有6门82毫米迫击炮的迫击炮连、1个有6挺12.7毫米机枪的高射机枪连和1个通信连，总人数约为3000人。[11]

德国入侵造成的混乱以及后来红军防御几乎突然间彻底崩溃，使大本营别无选择，只能把宝贵的空降兵当成步兵在作战方面军编成内参加地面战斗。[③]结果，截至1941年9月下旬，推进中的国防军已经歼灭或重创红军的

---

① 译注：苏联1941年6月29日设置空军司令员一职，由副国防人民委员兼任。

② 译注：这是一个营。

③ 俄译注：战争开始时，空降兵得到的运输机数量远远不能满足要求，只能作为训练有素的步兵兵团使用；再加上只有最低限度的后勤保障，因此造成空降兵兵团的主要优点是——想送到哪里就能送到哪里。结果，屡次出现空降兵兵团首当其冲地处在敌人攻击地段的最前沿。

大多数空降兵军。

在这场灾难面前，国防人民委员部 6 月下旬把空降兵撤出方面军的编成，改为隶属新成立的空降兵局（UVDV）。后来，国防人民委员部 1941 年 9 月设置空降兵司令员的职务，把原来的空降兵局改编成空降兵司令员管理局，并由新任命的空降兵司令员统一指挥当时所有的空降兵，而他得到的严格指示是，只有得到大本营明确批准的情况下方可动用空降兵。不久，国防人民委员部还组建专门的运输航空兵兵团，用于运送空降兵参加战斗。

1941 年初秋，国防人民委员部补充和加强从 1941 年夏季的惨败中幸存下来的空降兵旅，并在原有各军余部的基础上又组建 5 个新的空降兵军，从而使空降兵军的总数达到 10 个。1941—1942 年冬季总攻期间，大本营使用新的空降兵第 4、第 5 和第 10 军在莫斯科以西实施空中突击行动，致使这 3 个军遭受严重损失。[12]1942 年 4 月冬季总攻结束后，国防人民委员部把 10 个空降兵军改编成 8 个，并组建 5 个新的空降机动旅，负责实施伞降和地面的诸兵种合同战斗。这些机动旅中的 3 个参加过西北方面军粉碎杰米扬斯克合围圈内德国军队的失败尝试，同样损失惨重。[13]

1942 年 7 月，国防军开始其"蓝色"行动期间横跨俄罗斯南部气势恢宏的大进军之后，国防人民委员部把各空降兵军和空降机动旅改编成 10 个近卫步兵师（番号从第 32 至第 41）和 5 个近卫步兵旅（番号从第 5 至第 9），并将其调拨给鏖战在斯大林格勒地区的方面军。然而，大本营仍然坚信空降兵能在现代化运动战中扮演关键角色，所以 8 月下旬命令国防人民委员部在莫斯科军区再组建由 8 个空降兵军和 5 个空降机动旅组成的新空降兵，并继续沿用空降兵原有的编制和番号。[14]

但是，当 1942 年 12 月下旬红军开始扩大其新的冬季总攻时，作为对大本营要求额外提供兵力的响应，国防人民委员部把空降兵改编成近卫空降兵第 1 至第 10 师，首先派往西北方面军，后来又派往库尔斯克地区，又一次作为精锐的步兵参加地面战斗。因此，1943 年 1 月 1 日红军编成内仅剩下唯一的空降兵兵团是配置在远东的空降兵第 202 旅。

1943 年夏季战局准备阶段当中，大本营命令国防人民委员部组建 20 个新的近卫空降兵旅，其中第 1 至第 7 旅于 4 月、第 8 至第 20 旅于 6 月先后编入大本营预备队。[15] 随着战斗的激烈程度在整个夏季不断加剧，到9月，大本营已把近卫空降兵第1、第3和第5旅派往沃罗涅日方面军，把第4、第6和第7旅派往南方面军，但仍保留其余的14个近卫空降兵旅作为大本营预备队。[16]

再后来，大本营1943年10月把近卫空降兵第1、第2和第11旅派往波罗的海沿岸第1方面军，并成立番号是近卫空降兵第8军的暂编空降兵军，计划在1943年11月进攻白俄罗斯北部时使用该军插入维捷布斯克和波洛茨克两地德国守军的后方。然而，德国人的顽强抵抗和恶化的气象条件迫使大本营不得不取消这场战役。[17]

从这时起，国防人民委员部在红军的军队结构中一直保持着20个近卫空降兵旅，直至1943年12月将其改编成近卫步兵第11至第16师。[①] 截至1943年年底，红军军队结构中仅有的空降兵旅是大本营预备队中的近卫空降兵第3和第8旅、位于远东的空降兵第202旅。[18]

1943年的空降兵旅比其1941—1942年的前身有所加强，编成内有4个伞兵营、1个反坦克营、1个高射机枪连、1个通信营和1个侦察连，总兵力为3553人。旅属的伞兵营编有3个伞兵连（每个连装备9挺轻机枪和3门50毫米迫击炮）、1个装备27支反坦克枪的反坦克连、1个装备12挺马克沁机枪的机枪连、1个工兵连、1个通信排、1个卫生排，每营有715人。为了提供对坦克防御和对空防御，空降兵旅的反坦克营编有2个炮兵连（每连4门45毫米反坦克炮）和1个反坦克步兵连（共有18支反坦克枪），旅属高射机枪连有12挺DShK机枪。最后要提到的是，旅属通信营[②]有6部便携式RB型无线电台和2部远程RSB型无线电台，旅属侦察营有91辆自行车。[19]

作战实力

像全体红军的情况一样，红军步兵兵团和部队的实际出勤人数（野战口粮份数）在战争最初的30个月里很少能够达到其编制表规定。虽然诸兵

---

① 译注：应是近卫空降兵师。这几个近卫步兵师的番号早在1942年1—2月即已存在。

② 译注：原文如此。本段第一句称通信连和侦察连。

种合成集团军、步兵军、步兵师和步兵旅拥有的武器装备有时会多于其编制数，但人力短缺即便不是普遍现象，也可谓司空见惯。实际上，尽管国防人民委员部和总参谋部在实施重大进攻战役或防御战役之前，会安排方面军和集团军进行休整补充，但这样的人力短缺还是不可避免。更糟糕的情况还会出现在持续时间较长的进攻战役期间，因为斯大林、大本营、大多数方面军司令官和集团军司令员在努力完成各自所受领任务的时候并不在乎损失多少人员，所以人力短缺会变得更加严重。大本营不是定期撤出严重减员的兵团休整补充，而是要求方面军司令官和集团军司令员推动他们的部下继续前进，直到其力量消耗殆尽，有时名副其实地只剩下"最后一个营"。

尽管苏联人从天性上不愿意透露红军作战军队的实际战斗力[①]，但零星的证据还是记载着红军步兵的真正实力（见表 6.7）。例如，文献显示在"巴巴罗萨"行动开始时，红军首批 4 个作战方面军下属步兵师的平均兵力为 9648人，约合其编制兵力 14483 人的 67%。[20]

1941 年夏季和秋季，红军沿整条战线实施纵深防御并实施动员的时候，红军步兵师所能集结的兵力很少能超过战前编制人数的 30%—35%，或者超过 1941 年 7 月修订版编制表规定的 11000 人的 50%。另外，原有的师和新动员的师都严重缺少武器和其他战斗装备。[21]

1942 年初春，国防人民委员部和总参谋部设法增强步兵的实力，特别是那些即将参加重大进攻战役或沿关键战略方向展开的兵团，使之达到编制人数的约 70% 并接近编制武器数的 100%。然而，与此同时，沿次要方向作战的师和旅的满员率仍旧只有 50% 或更低。

国防军 5 月下旬重新发起重大进攻，7 月和 8 月扩大进攻范围的时候，又一次歼灭许多个刚补充过的红军步兵兵团，主要是沿西南方向和南方向。1942 年夏季和秋季，尽管红军损失惨重，国防人民委员部和总参谋部还是有

---

① 俄译注：值得注意的是，德国历史学家对己方军队数量的问题更加沉默。他们通常不讲，有时只提及战斗兵员（即"战壕中"）的人数，而忽略警卫、后勤、训练、运输和其他辅助部队以及统帅部预备队和空军的人数——尽管这些非战斗兵员占德国国防军总人数的三分之二。对近年来解密的德国文献的鉴定表明，德国历史学家（和德国的"同情者"）有时使用直接伪造的方式来压低国防军的实际兵力。一般来说，直到20世纪60年代苏联公开出版物上出现红军的实际人数之后，德国研究人员才更加坦率地估计己方军队的人数——同时，反复夸大敌军数量。

能力组建和使用许多个新的预备集团军，其下属步兵师的满员率往往达到或超过90%，不过，这些师还是经常缺少武器和其他装备。

发生在"蓝色"行动夏季阶段的激烈战斗和秋季在斯大林格勒废墟中更加激烈的战斗，使红军许多个师和旅都遭到重创。经常出现这样的情况，有些7月上旬刚参加战斗的步兵师原来超过12000人，7月间损失90%的人员，8月得到补充之后，又在9月和10月间损失90%的人员[①]。与之形成鲜明对比的是，预定在红军11月反攻时担任先锋的步兵师，例如坦克第5集团军、第65集团军、近卫第1和第3集团军编成内的步兵师，平均能够达到其编制人数的75%—80%。

1942—1943年冬季沿主要进攻方向作战的红军步兵师平均可以达到其编制人数的55%—95%（具体取决于其所在的集团军），远比参加1941—1942年冬季总攻的红军步兵师强大得多，后者的平均人数在大多数情况下还不到其编制人数的50%。但是，消耗又一次造成可怕的减员，激烈战斗把许多步兵兵团蚕食到只剩下原有人数的一小部分，这在很大程度上可以解释为什么曼施泰因能够在1943年2月和3月制止红军冬季总攻的洪流。[②]

1943年，红军在这场战争中第一次有意愿，也有能力在夏季成功实施进攻，至少部分原因是红军指战员的战斗技能有所提高，步兵的实力也得到充实。1943年7月沿主要突击方向作战的大多数红军步兵师已达到其编制人数的75%—80%，少数情况下能超过90%。实力的增强有利于步兵师突破国防军的防御地幅，向敌战术纵深和战役纵深发展，并把己方的进攻战役持续到前所未有的纵深。

即使红军赢得库尔斯克会战的胜利之后，8月和9月又发起许多场成功但代价高昂的进攻战役，到秋季还是有足够力量继续进攻，直到进抵第聂伯河。其原因之一是红军步兵能够保持30%—60%的兵力，另一个原因是作战

---

① 俄译注：损失90%的情况只发生在7月和8月上旬陷入合围的师，到9月和10月的斯大林格勒防御期间，这些师实际上不可能损失总人数的90%，因为其后勤部门位于伏尔加河对岸。

② 俄译注：举例来说，坦克第3集团军这两个月一直处在（德军）主攻方向的最前沿，1943年2月减员相当于其原有兵力的三分之一，即6万人中有1.9万人伤亡；而大部分减员发生在坦克单。但苏联军队在曼施泰因发动攻击时人数不足的主要原因不是这个，而是几乎没有车辆的步兵远远落在后面。于是，曼施泰因的打击力量都落在前方的快速兵团身上。

方面军现有人员筋疲力尽的时候，大本营会从其战略预备队中调拨新锐兵力，加强作战方面军。

因此，虽然国防人民委员部不断削减红军步兵师的编制人数，从战争前夕的每师 14000 余人一直削减到 1943 年 12 月的 9380 人，但是至少从每个季节的同比来看，这些师的满员率在持续增长。与此同时，由于步兵师编制和实际拥有的武器数量增加和质量改善，其火力也明显强化。结果，尽管每个红军步兵师依旧远比德国步兵师弱小，可是 1943 年红军使用的步兵师数量之多足以弥补个体上的弱点。于是，国防军从 1943 年 7 月开始经历一大批接踵而至的失败，最终发展成为 1945 年 5 月的彻底覆灭。

步兵武器

战争最初的 30 个月里，红军所需工具（即作战武器）的数量和质量都得到很大改善。这些改善能使步枪手、炮手、骑兵、坦克手（tankist）、工兵（工程兵）和通信兵同样受益。按照传统，苏联各武器设计局在为红军研制武器时强调简单、可靠和低制造成本。这种做法虽然可以满足一支大规模军队对手枪、步枪、冲锋枪、机枪和火炮等高质量、耐用和可靠武器的需求，但是导致更大型和更复杂武器系统的可靠性下降，并频繁出现机械故障。

手枪和步枪

红军步兵参加这场战争时装备的步兵武器数量超出实际需要。然而，生产的拖延和武器型号的多样性却成为战争爆发时存在的主要缺陷。这两个缺陷加上红军 1941 年遭受的灾难性损失共同造成严重的武器短缺频繁出现。但这种短缺只是暂时的，到 1942 年后期，通过不择手段地为武器生产活动提供必要资源，苏联工业的产量已经远远可以填补武器数量的短缺。供各级指挥人员随身佩戴的武器当中，产量和使用量最大的武器是托卡列夫 TT2 型 1933 年式 7.62 毫米自动手枪和重量更重[①]的纳甘 1895 年式 7.62 毫米左轮手

---

① 译注：原文如此。《资料篇》第139页给出前者重量是0.94千克，后者重量是0.88千克，显然后者更轻。

枪。1941 年交付红军 120903 支自动手枪和 118453 支左轮手枪之后，1942 年苏联工业开足马力生产和制造出 161485 支自动手枪和 15485 支左轮手枪，并在 1943 年生产更多支手枪（红军各种步兵武器的性能诸元，见《＜巨人重生＞资料篇》的附录四）。[22]

红军的制式步兵武器是弹仓供弹、手动枪栓的莫辛—纳甘 1891/1930 年式 7.62 毫米步枪，该枪还有一个狙击步枪改型，而骑兵装备莫辛—纳甘 1938 年式 7.62 毫米卡宾枪。苏联步兵不得不忍受这种相当笨重的制式步枪，直到 1944 年年初开始换装一种重量更轻的卡宾枪，即莫辛—纳甘 1944 年式 7.62 毫米卡宾枪。[23]

经过 20 世纪 30 年代后期的广泛测试，国防人民委员部还在 1940 年把托卡列夫 SVT–40 式 7.62 毫米半自动步枪列装部队，该枪配备可容纳 10 发子弹的弹仓，有效射程达 1500 米；1942 年夏季，该枪又有一种全自动改型列装，作为制式轻机枪的替代品。然而，这种武器结构复杂，并被普遍认为可靠性低、射击精度差，导致国防人民委员部在战争期间停止其生产，转而强调研制和列装能提供凶猛火力的冲锋枪。

冲锋枪

20 世纪 30 年代后期对冲锋枪进行广泛的验证之后，国防人民委员部首先研制和列装杰格佳廖夫 PPD 型 1934/38 式冲锋枪，但因其诸多缺陷而于 1939 年停产；其次是配备弹鼓的杰格佳廖夫 PPD 型 1940 式冲锋枪；最后是红军最著名和最广泛使用的步兵武器——什帕金 PPSh 型 1941 年式（PPSh–41 型）7.62 毫米冲锋枪，通常简称为 PPSh（"波波沙"）冲锋枪。什帕金 PPSh 的火力凶猛，使用容纳在弹鼓中成本低廉、容易获得的手枪弹，作为步兵手中制式莫辛—纳甘步枪的补充。至少在理论上，国防人民委员部为每个步兵团中的 1 个步兵连（自动枪连）配备 PPSh 冲锋枪；另外，还为每个红军步兵营的步兵第 1、第 4 和第 7 连各配备 1 个装备该枪的自动枪排。

PPSh 冲锋枪的广泛应用，促使苏联工业在 1943 年研制出一种更廉价、更可靠的替代品。1943 年年初试制苏达耶夫 PPS 型 1942 年式冲锋枪之后，同年夏季，苏联工业研制并开始列装重量更轻、成本更低、效果更好的苏达耶夫 PPS 型 1943 年式冲锋枪。随着战争的进行，冲锋枪的产量出现比步枪和卡宾枪更加迅猛的增长。例如，从 1941 年 7 月到 12 月，苏联工业共生产出 1567100 支步枪和卡宾枪、89700 挺冲锋枪；1942 年生产 4049000 支步枪和卡宾枪、1506400 挺冲锋枪；1943 年生产 3436200 支步枪和卡宾枪、220 余万挺冲锋枪[①]。整场战争期间，苏联总共生产 18313200 支步兵武器，其中有 6173900 挺冲锋枪，占总数的 34%。[24] 另外，美国还按照《租借法案》共向红军提供 137729 挺汤普森 .45 口径冲锋枪。

机枪

苏德战争的大部分时间，红军步兵的制式轻机枪都是配备到步兵排和班的杰格佳廖夫 DP 型 7.62 毫米机枪。这种轻机枪有一个大型弹盘，所以又被战士们称为"留声机"，它一直在这个武器类型中占据统治地位，直到 1944 年国防人民委员部用现代化的 DPM 型 1944 年式机枪取代它。

红军步兵机枪分队最普遍装备的协同操作机枪，是安装在各种轮式枪架上的马克沁水冷 1910 年式 7.62 毫米机枪。这种武器既笨重又古老，于是，国防人民委员部 1943 年 5 月使用更简单、重量更轻的戈留诺夫 SG–43 型机枪将其替代。另外，国防人民委员部还列装过 DS 型 1939 年式 7.62 毫米重机枪[②]。

苏联的制式重型机枪是杰格佳廖夫 DShK 型 12.7 毫米机枪，这种机枪虽然最初为对空防御而设计，但是不时也会安装在轮式枪架上用于支援步兵。作为上述武器的补充，《租借法案》还向红军提供 2487 挺布伦机枪和 5403 挺勃朗宁 .30 口径轻机枪。

反坦克武器

红军在战争爆发时最严重的缺点之一是其步兵缺少有效的反坦克武器。试验过几种步兵反坦克武器都未能取得理想效果之后，国防人民委员部从

---

① 译注：原文此处数字写成 2,2023,600，中间多一位数。
② 译注：俄文版在这里删去了这个"重"字。苏联通常称这些机枪是中型机枪。

1941 年 8 月开始列装单发式的杰格佳廖夫 PTRD 型 14.5 毫米反坦克枪和弹仓式的西蒙诺夫 PTRS 型反坦克枪，这两种枪都需要两人小组操作。虽然反坦克枪有其局限性，但是截至 1942 年 12 月 31 日，苏联工业已经生产出202488 支结构较为简单、便于大批量生产的 PTRD 和 63385 支 PTRS。从 1942 年 1 月 1 日到 1943 年 1 月 1 日，红军实有武器清单中反坦克枪的实际数量从 8116 支增加到 118563 支。[25]

　　这些反坦克枪在战争第一年尚属有效，但到 1943 年，装甲技术的进步已使它们在正常情况下无法击穿大多数德国坦克的前装甲。从那时起，为了摧毁德国坦克，红军步兵不但要在极近距离内使用反坦克枪，而且只能瞄准坦克侧装甲和后装甲的最薄弱位置，即便对于最有经验的步兵来说，这也是一项极其危险的任务。尽管反坦克枪有上述明显缺点，但在战争的剩余时间里，红军步兵始终还是非常依赖它们。

　　作为反坦克枪的补充，苏联人还列装 RPG-40 型 1940 年式反坦克手榴弹。但是，这种武器在实战中证明对大多数现代化型号的德国坦克也没有什么效果。于是，苏联人只能凑合着使用所谓的“莫洛托夫鸡尾酒”——装满汽油的燃烧瓶，其中有数千种不同版本的即兴创作，也有大批量生产的所谓“KS瓶”①。1941 年和 1942 年的较短时间内，红军还试验过一种类似于迫击炮的武器，名叫“纵火掷弹筒”（ampulomet），用来发射充满混合燃烧剂的纵火弹。然而，出于各种技术原因，包括它对炮手自身带来的危险，国防人民委员部 1942 年后期停止生产这种别出心裁的武器。另外，国防人民委员部还组建和使用反坦克军犬部队，装备和训练携带爆炸物的军犬接近并摧毁德国坦克，颇有意思的是，这些军犬通常是德国牧羊犬。

---

① 译注：“KS溶液”是指白磷和硫黄的二氧化硫溶液，是一种自燃燃烧剂。

数据表

表 6.1 红军步兵军的编制，1941 年 6 月至 1944 年 6 月

编成内的兵团和部队 （单位：个）	1941年6月	1942年6月	1943年12月	1944年6月
步兵师	3	2—3个师或 3—5个步兵旅	3	3—4
炮兵旅	0	0	0	1
军属炮兵团	2	0	1	0
自行火炮旅	0	0	0	1
近卫火箭炮兵团	0	0	0	1
独立高射炮兵营	1	0	0	1
工兵营	1	0	1	1
通信营	1	0	1	1

注：1944 年 6 月的栏目仅供比较。

资料来源：Iu. P. 巴比奇、A. G. 巴耶尔，《伟大卫国战争中苏联陆军武器和组织结构的发展》，第 35 页。

表 6.2 红军步兵师的实力对比，1941 年 4 月 5 日至 1944 年 12 月 18 日

类别	1941年 4月5日	1941年 7月29日	1941年 12月6日	1942年 3月18日	1942年 7月28日	1942年 12月10日	1943年 7月15日	1944年 12月18日
步兵团（个）	3	3	3	3	3	3	3	3
炮兵团（个）	1	1	1	1	1	1	1	1
榴弹炮兵团（个）	1	0	0	0	0	0	0	0
迫击炮兵营（个）	0	0	1—2	0	0	0	0	0
近卫火箭炮兵营 （个）	0	0	1	0	0	0	0	0
机枪营（个）	0	0	0	1	1	0	0	0
侦察营（个）	1	0	0	0	0	0	0	0
侦察连（个）	0	1	1	0	1	1	1	1
反坦克营（个）	1	0	1	1	1	1	1	1
高射炮兵营（个）	1	1	0	0	0	1	0	0
高射炮兵连（个）	0	0	1	1	1	0	0	0
高射机枪连（个）	0	0	0	0	0	0	0	1
工兵营（个）	1	1	1	1	1	1	1	0
通信营（个）	1	1	1	1	0	1	1	1
通信连（个）	0	0	0	0	1	1	1	1

类别								
汽车运输营（个）	1	0	0	0	0	0	0	0
汽车运输连（个）	0	1	1	1	1	1	1	1
防化（化学防护）连（个）	1	0	1	1	1	1	1	1
防化（化学防护）排（个）	0	1	0	0	0	0	0	0
卫生营（个）	0	1	1	1	1	1	1	1
教导营（个）	0	0	0	0	1	1	1	1
轻型坦克营（非固定编制）（个）	1	0	0	0	0	0	0	0
总人数（人）	14483	10859	11626	12725	10386	9435	9380	11706

续表 6.2

类别	1941年4月5日	1941年7月29日	1941年12月6日	1942年3月18日	1942年7月28日	1942年10月12日	1943年7月15日	1944年12月18日
火炮和迫击炮总数（门）	228	144	198	214	232	204	204	191
火炮								
76毫米加农炮（门）	34	28	28	32	32	32	32	44
122毫米加农炮（门）	32	8	8	12	12	12	12	20
152毫米榴弹炮（门）	12	0	0	0	0	0	0	0
迫击炮								
50毫米迫击炮（门）	84	54	72	76	85	56	56	0
82毫米迫击炮（门）	54	18	72	76	85	83	83	89
120毫米迫击炮（门）	12	6	18	18	18	21	21	38
四联装高射机枪（挺）	15	18	0	0	0	0	0	0
37毫米高射炮（门）	8	6	6	6	6	0	0	12
76毫米高射炮（门）	4	4	0	0	0	0	0	0
37毫米和45毫米反坦克炮（门）	54	18	18	30	30	48	48	36
57毫米反坦克炮（门）	0	0	12	0	0	0	0	18
反坦克枪（支）	0	0	89	279	228	212	212	107
轻型坦克（辆）	16	0	0	0	0	0	0	0
装甲汽车（辆）	13	0	0	0	0	0	0	0
步枪和卡宾枪（支）	10420	8341	8565	9375	7241	6474	6274	6330
冲锋枪（挺）	1204	171	582	655	711	727	1048	3594

轻机枪（挺）	392	162	251	352	337	434	434	337
中型机枪（挺）	166	108	108	114	112	111	111	166
DShK机枪（挺）	18	9	12	9	9	0	0	18
车辆（汽车和卡车）（辆）	558	203	248	154	149	123	124	342
拖拉机（台）	99	5	0	15	15	15	15	0
马（匹）	3039	2478	2410	1804	1804	1719	1700	1700

资料来源：Iu. P. 巴比奇、A. G. 巴耶尔，《伟大卫国战争中苏联陆军武器和组织结构的发展》，第 34 页；A. I. 拉济耶夫斯基主编，《从战例学战术（师）》，图表 1；史蒂文·J. 扎洛加、利兰·S. 内丝，《1939—1945 年红军手册》，第 35 页。

表6.3 红军步兵旅的实力对比，1941 年 10 月至 1942 年 7 月

编成内的分队（单位：个）	1941年10月	1941年12月	1942年4月	1942年7月
步兵营	3	3	4	4
侦察连	1	0	1	1
炮兵营	1	1	1	1
迫击炮兵营（82毫米）	1	1	1	0
迫击炮兵营（120毫米）	1	1	1	1
反坦克营	1	1	1	1
反坦克步兵连	1	1	0	0
自动枪连	1	1	1	1
工兵连	1	1	1	1
通信连	0	0	0	0
通信营	0	0	1	1
汽车运输连	1	1	1	1
卫生连	1	1	1	1
总人数（人）	4356	4480	5200	5125
76毫米加农炮（门）	12	12	12	12
50毫米迫击炮（门）	24	24	24	48
82毫米迫击炮（门）	24	24	24	24
120毫米迫击炮（门）	0	0	8	8
45毫米反坦克炮（门）	12	12	12	12
反坦克枪（支）	48	48或更多	80	80

冲锋枪（挺）	397	100	598	621
轻机枪（挺）	59	72	73	144
中型机枪（挺）	36	36	48	48
重型机枪（挺）	3	0	3	3
车辆（台）	90	163	91	不详

资料来源：史蒂文·J. 扎洛加、利兰·S. 内丝，《1939—1945 年红军手册》，第 37—42 页；Iu. P. 巴比奇、A. G. 巴耶尔，《伟大卫国战争中苏联陆军武器和组织结构的发展》，第 36 页。

表 6.4 红军海军陆战旅的组建，1940 年至 1942 年

旅番号	组建时间	所属舰队	已知编成
第1旅	1940年6月	波罗的海舰队	不详
第2旅	1941年6月	波罗的海舰队	3个营，后改为5个营
第3旅	1941年6月	波罗的海舰队	4个营，共5205人
第4旅	1941年6月	波罗的海舰队	编为1个学员支队
第5旅	1941年7月	波罗的海舰队	不详
第6旅	1941年9月	波罗的海舰队	4980人
第7旅	1941年9月	波罗的海舰队	不详
第56旅	1942年	波罗的海舰队	不详
第260旅	1942年	波罗的海舰队	不详
学员旅	1941年6月	波罗的海舰队	不详
第7旅	1941年8月	黑海舰队	不详
第8旅	1941年8月	黑海舰队	不详
第9旅	1941年11月	黑海舰队	6个营，在刻赤覆没
第9旅（第二次组建）	1941年12月	黑海舰队	4个营，在刻赤覆没
第9旅（第三次组建）	1942年春季	黑海舰队	在塞瓦斯托波尔覆没
第83旅	1942年	黑海舰队	不详
第255旅	1942年	黑海舰队	不详
第12旅	1941年秋季	北方舰队	不详
第63旅	1941年秋季	北方舰队	不详
第254旅	1941年秋季	北方舰队	不详
第13旅	1941—1942年	太平洋舰队	不详

| 第14旅 | 1941—1942年 | 太平洋舰队 | 不详 |
| 第15旅 | 1941—1942年 | 太平洋舰队 | 不详 |

资料来源：Kh. Kh. 卡马洛夫，《为祖国而战的海军陆战队》，第7—19页。

表6.5 红军海军步兵旅的组建，1941年至1942年

旅番号*	组建时间	组建地点	人员来自	隶属
第61旅	1941年10月	乌拉尔军区	太平洋舰队	卡累利阿方面军
第62旅	1941年10月	乌拉尔军区	太平洋舰队	西方面军突击第1集团军
第63旅	1941年10月	乌拉尔军区	太平洋舰队	阿尔汉格尔斯克军区
第64旅	1941年10月	乌拉尔军区	太平洋舰队	西方面军第20集团军
第65旅	1941年10月	乌拉尔军区	太平洋舰队	卡累利阿方面军
第66旅	1941年10月	伏尔加河沿岸军区	太平洋舰队、阿穆尔河区舰队	卡累利阿方面军
第67旅（步兵第45师）	1941年10月	伏尔加河沿岸军区	太平洋舰队	卡累利阿方面军
第68旅	1941年10月	北高加索军区	里海舰队、中央局	南方面军第56集团军
第69旅	1941年10月	西伯利亚军区	太平洋舰队、中央局	独立第7集团军
第70旅	1941年10月	西伯利亚军区	太平洋舰队海军学校	独立第7集团军
第71旅	1941年10月	西伯利亚军区	太平洋舰队海军学校	西方面军突击第1集团军
第72旅	1941年10月	西伯利亚军区	太平洋舰队	卡累利阿方面军
第73旅	1941年10月	西伯利亚军区	太平洋舰队	独立第7集团军
第74旅	1941年10月	中亚细亚军区	里海舰队和太平洋舰队	莫斯科防区
第75旅（近卫步兵第3旅，近卫步兵第27师）	1941年10月	中亚细亚军区	黑海舰队指挥人员训练班	莫斯科防区
第76旅	1941年10月	北高加索军区	里海舰队和太平洋舰队的海军学校	南方面军第56集团军
第77旅	1941年10月	北高加索军区	黑海舰队海军学校	卡累利阿方面军
第78旅	1941年10月	北高加索军区	黑海舰队海军学校	南方面军第56集团军
第79旅	1941年10月	北高加索军区	黑海舰队海军学校	塞瓦斯托波尔
第80旅（步兵第45师）	1941年10月	北高加索军区	黑海舰队海军学校	卡累利阿方面军
第81旅	1941年10月	北高加索军区	黑海舰队海军学校	南方面军第56集团军
第82旅	1941年10月	北高加索军区	黑海舰队海军学校	阿尔汉格尔斯克军区
第83旅	1941年10月	北高加索军区	黑海舰队海军学校	克里米亚方面军第51集团军
第84旅	1941年10月	北高加索军区	黑海舰队海军学校	西方面军突击第1集团军
第85旅	1941年10月	北高加索军区	黑海舰队海军学校	卡累利阿方面军

★括号内的番号是后来改编成的步兵师。

资料来源：V. 什洛明，《二十五支海军步兵》，刊登在《军事历史杂志》第 7 期（1970 年 7 月刊），第 96—99 页。

表 6.6 红军机炮营的实力对比，1942 年至 1943 年

类别	1942年3月	1943年3月至11月
人员（人）	667	669
76毫米加农炮（门）	8	12
50毫米迫击炮（门）	8	8
82毫米迫击炮（门）	8	8
45毫米反坦克炮（门）	8	8
反坦克枪（支）	28	28
冲锋枪（挺）	13	不详
轻机枪（挺）	32	32
中型机枪（挺）	32	32
车辆（辆）	7	7
马拉大车（辆）	16	16

资料来源：《红军的机枪—炮兵营》（Die M.G.-Artillerie-Bataillone der Roten Armee），中央集团军群司令部情报处 / 集团军司令部 / 外军，1944 年 4 月 27 日（Obkdo der Heeresgruppe Mitte, Abt. Ic/A.O./Ausw., 27.4.1944），收录在《东线外军处（IIc）整理的红军作战概述》（Kriegsgliederungen der Roten Armee, Abteilung Fremde Heere Ost (IIc)），附录 4（Anl. 4），现存于 NAM（美国国家档案馆微缩胶卷）第 T-78 系列，第 549 卷；史蒂文·J. 扎洛加·利兰·S. 内丝，《1939—1945 年红军手册》，第 56 页。

表 6.7 部分红军集团军、步兵军、步兵师和步兵旅的人数，1941 年 6 月 22 日至 1944 年 1 月 1 日

军团和兵团（隶属关系）	编制人数	实际人数	注释（%指满员率）[1]
1941年6月22日			
列宁格勒军区各步兵师	14483	11985	平均人数（83%）
西北方面军各师	14483	8712	平均人数（60%）
西北方面军第8集团军	105508	82010	5个步兵师、1个机械化军、1个反坦克炮兵旅（12285人，85%）
步兵第10军	32057	25480	2个步兵师（88%）

① 译注：装备数量中的分子为实有数，分母为应有数。

步兵第11军	32507	23661	2个步兵师（82%）
西方面军各师	14483	9327	平均人数（64%）
西方面军第4集团军	不详	68700	4个步兵师、1个筑垒地域、1个机械化军（11625人，80%）
西方面军第4集团军步兵第6师	14483	11592	（80%）
西方面军第4集团军步兵第42师	14483	11505	（79%）
西方面军第4集团军步兵第49师	14483	11690	（81%）
西方面军第4集团军步兵第75师	14483	11712	（81%）
西南方面军各师	14483	8712	平均人数（60%）
西南方面军第5集团军	不详	102431	5个步兵师、3个筑垒地域、1个机械化军、1个反坦克炮兵旅（9838人，68%）
西南方面军第5集团军步兵第45师	14483	10010	（69%）装备：火炮84/82，迫击炮150/150，坦克16/16，车辆264/558
西南方面军第5集团军步兵第62师	14483	9973	（69%）装备：火炮80/82，迫击炮152/150，坦克0/16，车辆464/558
西南方面军第5集团军步兵第87师	14483	9872	（68%）装备：火炮82/82，迫击炮152/150，坦克18/16，车辆536/558
西南方面军第5集团军步兵第124师	14483	9426	（65%）装备：火炮82/82，迫击炮141/150，坦克11/16，车辆248/558
西南方面军第5集团军步兵第135师	14483	9911	（68%）装备：火炮80/82，迫击炮149/150，坦克0/16，车辆276/558
西南方面军第6集团军步兵第41师	14483	9912	（68%）装备：火炮74/82，车辆222/558
西南方面军第26集团军步兵第173师	14483	7177	（50%）装备：火炮59/82，车辆251/558
西南方面军第12集团军山地步兵第60师	14483	8313	（57%）装备：37毫米以上火炮56/57

1941年7月至9月

列宁格勒方向

北方面军第7集团军步兵第168师	14483	14233	（98%）
列宁格勒军区民兵第1师（7月15日）	14926	12102	（81%）9739支步枪，机枪197/570，火炮9/72，迫击炮0/150
列宁格勒军区民兵第2师（7月15日）（步兵第85师）	11739	8721	（74%）8500支步枪，机枪248/537，火炮7/70，迫击炮138/147
列宁格勒军区民兵第3师（7月15日）	12154	10094	（83%）9650支步枪，机枪219/546，火炮25/70，迫击炮108/150
列宁格勒军区近卫民兵第1师（8月1日）（步兵第80师）	10815	10538	（97%）步枪2577/5741，机枪10/550，火炮0/34，迫击炮0/72
列宁格勒军区近卫民兵第2师（8月1日）	10836	11489	（106%）步枪4355/8947，机枪10/183，火炮6/28，迫击炮38/72
列宁格勒军区轻型民兵第4师（8月1日）（步兵第86师）	不详	4267	
列宁格勒军区近卫民兵第3师（8月20日）（步兵第44师）	10800	10334	（96%）
列宁格勒军区近卫民兵第4师（8月20日）（近卫民兵第5师，步兵第13师）	9961	8924	（90%）
列宁格勒军区民兵第6师（9月15日）（步兵第189师）	10800	8189	（76%）

列宁格勒军区民兵第7师（9月15日）（步兵第56师）	10800	8454	（78%）
西北方向			
西北方面军第34集团军（8月10日）	**	54912	5个步兵师，2个骑兵师（5883人，41%）
西北方面军第34集团军（8月26日）		22043	5个步兵师，2个骑兵师（2362人，16%）
斯摩棱斯克—布良斯克方向			
西方面军第16集团军步兵第34军（7月18日）		1400	2个步兵师
西方面军第20集团军各师（8月1日）	14483	4000—6500	人数范围（28%—45%）
预备队方面军第30集团军各师（8月1日）	14483	4000—5000	人数范围（28%—35%）
预备队方面军第28集团军各师（8月1日）	14483	4000—5000	人数范围（28%—35%）
奥廖尔军区第50集团军步兵第279师（9月1日）	14483	11454	（79%）
奥廖尔军区第50集团军步兵第290师（9月1日）	14483	10902	（75%）
奥廖尔军区第50集团军步兵第260师（9月1日）	14483	10479	（72%）
奥廖尔军区第50集团军步兵第258师（9月1日）	14483	11354	（78%）
莫斯科军区民兵第1师	11600	10000	（86%）2000支步枪，30挺机枪，11门火炮和迫击炮，15辆轻型坦克。9月改编为步兵第60师
莫斯科军区民兵第2师（8月15日）	11600	8385	（72%）9月改编为步兵第2师
莫斯科军区民兵第4师（8月15日）	11600	11775	（102%）10月31日有7260人，6625支步枪，472挺机枪，29门火炮。9月已改编为步兵第110师
莫斯科军区民兵第5师（8月15日）	11600	11700	（101%）10月31日有7291人，6961支步枪，271挺机枪，29门火炮。9月已改编为步兵第113师
莫斯科军区民兵第6师（8月15日）	11600	9000	（78%）9月改编为步兵第160师
莫斯科军区民兵第7师（8月30日）	11600	15000	（>100%）9月改编为步兵第29师
莫斯科军区民兵第8师（8月30日）	11600	7500	（65%）9月改编为步兵第8师
莫斯科军区民兵第9师（8月30日）	11600	10500	（91%）9月改编为步兵第139师
莫斯科军区民兵第13师（9月15日）	11600	8010	（69%）9月改编为步兵第140师
莫斯科军区民兵第17师（9月15日）	11600	10000	（86%）9月改编为步兵第17师
莫斯科军区民兵第18师（9月30日）	11600	10000	（86%）9月改编为步兵第18师
莫斯科军区民兵第21师（9月30日）	11600	7660	（66%）9月改编为步兵第173师
基辅方向			
西南方面军第5集团军步兵第31军步兵第135师（7月9日）	14483	3500	38门火炮和迫击炮
西南方面军第5集团军步兵第31军步兵第193师（7月9日）	14483	3500	30—35门火炮和迫击炮

西南方面军第5集团军步兵第15军步兵第87师（7月9日）	14483	1059	11门火炮
西南方面军第5集团军步兵第31军步兵第195师（7月18日）	14483	700—800	
西南方面军第5集团军步兵第31军步兵第195师（7月22日）	14483	250—300	
西南方面军第5集团军步兵第31军步兵第135师（7月22日）	14483	500	
西南方面军第5集团军步兵第15军（6月22日）		5000—6000	人数范围（步兵第45和第62师）
西南方面军第5集团军步兵第124师（7月24日）	14483	1600	
西南方面军第5集团军步兵第124师（7月31日）	14483	2800	包括1500名补充人员
西南方面军第5集团军步兵第228师（8月14日）	10859	2429	
西南方面军第5集团军步兵第31军各师（8月19日）		4200—4500	人数范围（步兵第193、第195和第200师）
西南方面军第5集团军步兵第15军各师（8月19日）		4200—4500	人数范围（步兵第45、第62和第135师）
西南方面军第5集团军步兵第124师（8月19日）	10859	1200	
西南方面军第5集团军步兵第228师（8月19日）	10859	2000	
西南方面军第5集团军步兵第15军（8月28日）	不详	15312	步兵第62和第200师，92门火炮和迫击炮
西南方面军第5集团军步兵第135师、空降兵第1军、反坦克炮兵第1旅、步兵第15军（9月10日）		1000	突出合围的幸存者
西南方面军第5集团军步兵第15军步兵第45和第62师（9月10日）		500	突出合围的幸存者
西南方面军第5集团军步兵第31军（9月10日）		2000	100门火炮和迫击炮，突出合围的幸存者
西南方面军第5集团军步兵第31军步兵第193师（9月10日）	10859	300	突出合围的幸存者
西南方面军第5集团军步兵第31军步兵第195师（9月10日）	10859	300	突出合围的幸存者
西南方面军第5集团军步兵第31军步兵第200师（9月10日）	10859	450	突出合围的幸存者
西南方面军第5集团军步兵第31军步兵第295师（9月10日）	10859	300	突出合围的幸存者
西南方面军第5集团军步兵第31军步兵第228师（9月10日）	10859	200	突出合围的幸存者
敖德萨—克里米亚方向			
滨海集团军（敖德萨）（7月15日）		45387	2个步兵师、1个骑兵师（12500人，86%）
滨海集团军步兵第95师（7月15日）	14483	14373	（99%）
滨海集团军步兵第25师（7月15日）	14483	10535	（73%）
第51集团军（克里米亚）（8月20日）		30000	4个步兵师（5625人，39%）

1941年10月至1942年3月

列宁格勒地区

列宁格勒方面军第42集团军（1941年10月12日）		38000	4个步兵师、1个反坦克炮兵旅（7125人，66%）
西北方向			
西北方面军突击第3集团军（1942年1月3日）		51600	3个步兵师、6个步兵旅（6450人，59%）
西北方面军突击第3集团军步兵第33师（1942年1月3日）	10859	10100	（93%）
西北方面军突击第3集团军各师（1942年3月15日）		4100	平均人数（38%）
维亚济马—布良斯克方向（1941年10月）			
西方面军各师（10月1日）		8500	平均人数（78%）
西方面军第30集团军（10月1日）		37500	4个步兵师
西方面军第16集团军（10月15日）		56590	4个步兵师
西方面军第16集团军步兵第112师（10月1日）	10859	10091	（93%）
西方面军第16集团军步兵第108师（10月1日）	10859	10095	（93%）
西方面军第16集团军步兵第38师（10月1日）	10859	9836	（91%）
预备队方面军第43集团军（10月1日）		51100	4个步兵师、2个坦克旅
预备队方面军第43集团军步兵第222师（10月1日）	10859	9446	（87%）
预备队方面军第43集团军步兵第211师（10月1日）	10859	9673	（89%）
预备队方面军第43集团军步兵第53师（10月1日）	10859	12236	（113%）
布良斯克方面军第50集团军步兵第217师（10月1日）	10859	11953	（110%）
布良斯克方面军第50集团军步兵第260师（10月1日）	10859	9755	（90%）
布良斯克方面军第50集团军步兵第279师（10月1日）	10859	7964	（73%）
布良斯克方面军第13集团军（10月15日）		28460*	7个步兵师
莫斯科方向（1941年10月）			
加里宁方面军各师（10月17日）		4000—5300	人数范围（37%—49%）
加里宁方面军第31集团军步兵第252师（10月23日）	10859	7000	（64%）
西方面军第50集团军步兵第194师（10月24日）	10859	4200	（39%）
西方面军第50集团军步兵第290师（10月29日）	10859	2119	（20%）
西方面军第50集团军步兵第258师（10月29日）	10859	634	（6%）
西方面军第50集团军步兵第154师（10月29日）	10859	1930	（18%）
西方面军第50集团军步兵第217师（10月29日）	10859	1428	（13%）
西方面军第50集团军步兵第260师（10月29日）	10859	674	（6%）

西方面军第50集团军步兵第279师 （10月29日）	10859	843	（8%）
西方面军第50集团军步兵第299师 （10月29日）	10859	825	（8%）
西方面军第50集团军步兵第413师 （10月30日）	10859	13649	（125%）
西方面军第16集团军步兵第316师 （10月31日）	10859	8249	（76%）
莫斯科方向（1941年11月）			
加里宁方面军第22集团军各师 （11月11日）		3000— 4000	人数范围（28%—37%）
西方面军第5集团军步兵第32师 （11月1日）	10859	7680	（71%）
莫斯科军区工人第3师（11月15日）	不详	9753	12月改编为步兵第130师①
莫斯科军区工人第4师（11月15日）	不详	7260	12月改编为步兵第155师
莫斯科军区工人第5师（11月15日）	不详	7294	12月改编为步兵第158师
西方面军第30集团军（11月16日）		23000	3个步兵师、1个骑兵师、2个坦克旅
西方面军第16集团军（11月16日）		61000	4个步兵师、4个骑兵师、4个坦克旅、1个坦克师
西方面军第5集团军（11月16日）		31000	4个步兵师、1个摩托化步兵师、3个坦克旅
西方面军第5集团军步兵第144师 （11月16日）	10859	7601	（70%）
西方面军第50集团军（11月16日）		28000	6个步兵师
西方面军第10集团军（11月16日）		85000	8个步兵师、3个骑兵师
西南方面军第3集团军步兵第239师 （11月17日）	10859	11817	（109%）
西方面军第50集团军步兵第299师 （11月22日）	10859	230	（2%）
西方面军突击第1集团军（11月29日）		36950	8个步兵旅、12个滑雪营
西方面军第33集团军步兵第222师 （11月30日）	10859	6714	（62%）
西方面军第33集团军步兵第113师 （11月30日）	10859	4025	（37%）
西方面军第33集团军步兵第110师 （11月30日）	10859	6637	（61%）
莫斯科方向（1941年12月）			
加里宁方面军各师（12月1日）		5800	平均人数（53%）
加里宁方面军第31集团军各师 （12月6日）		4344— 9230	人数范围（40%—85%）
加里宁方面军第31集团军步兵第365师 （12月6日）	10859	9230	（85%）

---

① 译注：以下3个师的改编是在1942年1月。

西方面军第30集团军（12月5日）		72000	7个步兵师、4个骑兵师、2个坦克旅
西方面军第16集团军（12月5日）		55000	5个步兵师、4个步兵旅、4个坦克旅、2个骑兵师
西方面军突击第1集团军（12月5日）		40000（28000）*	1个步兵师、1个骑兵师、8个步兵旅、2个海军步兵旅、11个滑雪营
西方面军第5集团军（12月6日）		35000	7个步兵师、1个摩托化步兵师、3个骑兵师
西方面军第20集团军步兵第331师（12月6日）	10859	8000	（74%）
西方面军第50集团军各师（12月6日）		4760*	平均人数（44%）
西方面军第50集团军（12月6日）		40000	6个步兵师、1个骑兵师、1个坦克师、3个坦克旅
西方面军第10集团军（12月6日）		94000	8个步兵师、3个骑兵师、1个坦克旅
西方面军第10集团军的7个步兵师（12月6日）		10641	平均人数（98%）
西方面军第10集团军步兵第239师（12月6日）	10859	5538	（51%）
西方面军突击第1集团军（12月26日）		25000	8个步兵旅、3个海军步兵旅、2个骑兵师、10个滑雪营
西方面军突击第1集团军（1942年3月15日）		24219	3个步兵师、3个步兵旅
西方面军突击第1集团军步兵第29旅（12月26日）	4356	1123	（26%）
西方面军突击第1集团军步兵第55旅（12月26日）	4356	700	（16%）
西方面军第50集团军步兵第340师（12月29日）	10859	2300	（21%）
西方面军第50集团军步兵第290师（12月29日）	10859	900	（8%）
西方面军第50集团军步兵第154师（12月29日）	10859	440	（4%）
西方面军第50集团军步兵第258师（12月29日）	10859	850	（8%）

勒热夫—维亚济马方向（1942年1月—3月）

加里宁方面军第39集团军（1月5日）		68238	7个步兵师
加里宁方面军第29集团军（1月5日）		27879	4个步兵师
西方面军第50集团军（1月5日）		37500*	6个步兵师、1个坦克师、1个骑兵师
西方面军第10集团军（1月5日）		48250*	8个步兵师
西方面军突击第1集团军（1月6日）		18571（13000）*	6个步兵旅、2个海军步兵旅、6个滑雪营
西方面军第5集团军步兵第32师（1月6日）	11626	5000	（46%）48门火炮、47门迫击炮，加强有摩托车第36团
西方面军第50集团军步兵第173师（1月20日）	10859	3578	（33%）
西方面军第33集团军步兵第113、第160、第338师（2月2日）		2500—3000	平均人数
西方面军第33集团军步兵第113、第160、第338师（2月5日）		8500	
加里宁方面军第39集团军（2月28日）		24643	7个步兵师、2个骑兵师

加里宁方面军第39集团军步兵第252师（2月28日）	10859	3386	（31%）
加里宁方面军第39集团军步兵第256师（2月28日）	10859	5013	（46%）
加里宁方面军第39集团军步兵第262师（2月28日）	10859	3030	（28%）
加里宁方面军第39集团军步兵第361师（2月28日）	10859	4189	（39%）
加里宁方面军第39集团军步兵第355师（2月28日）	10859	1942	（18%）
加里宁方面军第39集团军步兵第357师（2月28日）	10859	2466	（23%）
加里宁方面军第39集团军步兵第373师（2月28日）	10859	2274	（21%）
西方面军第50集团军（3月25日）		53000*	9个步兵师、1个坦克旅

奥廖尔—叶列茨方向（1941年11月—1942年3月）

布良斯克方面军第3集团军（1941年11月11日）		7548*	（70%）4个步兵师、1个骑兵师，共5939支步枪、74挺机枪、119门火炮
布良斯克方面军第13集团军*（1941年11月11日）		19799	6个步兵师、1个骑兵师、1个摩托车团，共12014支步枪、158挺机枪、140门火炮
布良斯克方面军第13集团军（1941年12月6日）		40000	7个步兵师、4个骑兵师、1个摩托化步兵旅、1个内务人民委员部旅，共24500支步枪、1102挺机枪、156门火炮、89门迫击炮、16辆坦克

南方向

高加索方面军第44集团军步兵第9军山地步兵第63师（1941年12月28日）	9000	6365	
西南方面军第6集团军（1942年1月18日）		43601	5个步兵师、1个骑兵师，共27395支步枪
克里米亚方面军第51集团军步兵第390师（1942年2月）	10859	10738	其中有10185名亚美尼亚人

1942年4月—5月

杰米扬斯克方向

西北方面军突击第1集团军步兵第44旅（4月30日）	4480	52	（1%）
西北方面军突击第1集团军步兵第41旅（4月30日）	4480	50	（1%）
西北方面军突击第1集团军步兵第116旅（4月30日）	4480	115	（3%）
西北方面军突击第1集团军步兵第27旅（4月30日）	4480	150	（3%）
西北方面军突击第1集团军步兵第47旅（4月30日）	4480	44	（1%）

哈尔科夫方向

西南方面军各师（5月12日）	12725	8000—10000	平均人数（63%—79%）
西北方面军第28集团军（5月12日）		62470	6个步兵师
西南方面军第6集团军（5月12日）		101000	8个步兵师、2个坦克军、4个坦克旅

南方面军各师（第9和第57集团军） （5月12日）	12725	5000— 7000	平均人数（39%—55%）
克里米亚方向			
克里米亚方面军第47集团军 （4月1日）		40000	3个步兵师、1个骑兵师
克里米亚方面军第51集团军 （4月1日）		95000	6个步兵师、3个步兵旅、4个坦克旅
克里米亚方面军滨海集团军（4月1日）		93000	7个步兵师、1个海军步兵旅、2个海军陆 战旅、1个骑兵师

1942年6月—7月

日兹德拉—博尔霍夫方向			
西方面军第61集团军（7月5日）		103000	7个步兵师、5个步兵旅、1个坦克军、2 个坦克旅（7607人，60%）
斯大林格勒方向			
斯大林格勒方面军第64集团军 （7月23日）		61600	6个步兵师、2个坦克旅（8727人， 69%）
斯大林格勒方面军第62集团军 （7月23日）		83500	6个步兵师、2个坦克旅（12260人， 96%）
斯大林格勒方面军第62集团军步兵第 192师（7月23日）	12725	12517	（98%）
斯大林格勒方面军第62集团军近卫步兵 第33师（7月23日）	12725	11467	（90%）
斯大林格勒方面军第62集团军步兵第 181师（7月23日）	12725	12699	（100%）
斯大林格勒方面军第62集团军步兵第 147师（7月23日）	12725	12494	（98%）
斯大林格勒方面军第62集团军步兵第 196师（7月23日）	12725	11464	（90%）
斯大林格勒方面军第62集团军步兵第 184师（7月23日）	12725	12920	（102%）
克里米亚方向			
海军步兵第79旅，塞瓦斯托波尔 （7月7日）	5200	3500	（67%）

1942年8月—10月

勒热夫—瑟乔夫卡方向			
西方面军第31集团军（8月1日）		89000	7个步兵师、4个坦克旅（9539人， 75%）
斯大林格勒方向			
斯大林格勒方面军第21集团军的7个步 兵师（8月1日）		5180	平均人数（50%）
斯大林格勒方面军第62集团军 （8月1日）		53965	6个步兵师、1个坦克旅
斯大林格勒方面军第64集团军 （8月1日）		61603	6个步兵师、1个海军步兵旅、2坦克旅
东南方面军第51集团军（8月16日）		3342	2个步兵师、1个骑兵师、3个坦克旅 （1014人，10%）
斯大林格勒方面军第62集团军 （9月13日）		52632	9个步兵师、6个步兵旅、1个坦克军、1 个坦克旅

斯大林格勒方面军第62集团军中的5个步兵师（9月13日）		2000—3000	（19%—28%）
斯大林格勒方面军第62集团军中的4个步兵师（9月13日）		700—800	（7%—8%）
斯大林格勒方面军第64集团军（9月13日）		38000	8个步兵师、2个步兵旅、1个坦克军（2450人，24%）
第62集团军步兵第112师（9月13日）	10386	7000	（67%）
第62集团军近卫步兵第35师（9月13日）	10670	660	（6%）
第62集团军近卫步兵第39师（9月13日）	10670	3900	（36%）
第62集团军步兵第138师（9月13日）	10386	2281	（22%）
第62集团军近卫步兵第13师（9月15—16日）	10670	10600	（99%）
第62集团军近卫步兵第35师（9月21日）	10670	80	（1%）
第62集团军步兵第193师（9月27—28日）	10386	5000	（48%）
第62集团军步兵第95师（9月27—28日）	10386	7000	（67%）
第62集团军步兵第112师（9月29日）	10386	250	（2%）
第62集团军近卫步兵第37师（10月2—3日）	10670	7000	（66%）
斯大林格勒方面军第62集团军（10月9日）		55000	9个步兵师、6个步兵旅、1个筑垒地域
第62集团军步兵第193师（10月8日）	10386	350	（3%）
第62集团军步兵第95师（10月8日）	10386	3075	（30%）
第62集团军步兵第112师（10月9日）	10386	2300	（22%）
第62集团军步兵第42旅（10月9日）	5200	937	（9%）
第62集团军步兵第95师（10月14日）	10386	500	（5%）
第62集团军近卫步兵第13师（10月15日）	10670	300	（3%）
第62集团军近卫步兵第37师（10月15日）	10670	250	（2%）
第62集团军步兵第138师（10月16日）	10386	9000	（87%）
斯大林格勒方面军第51集团军（10月21日）		13765	2个步兵师
斯大林格勒方面军第51集团军步兵第91师（10月21日）		2100	（20%）
斯大林格勒方面军第51集团军步兵第302师（10月21日）		2100	（20%）

1942年11月—12月

杰米扬斯克方向

西北方面军突击第1集团军近卫步兵第23师（11月2日）	10670	9651	（90%）

大卢基方向

西北方面军突击第3集团军 （11月23日）	95608	7个步兵师、1个步兵旅、1个机械化 军、1个坦克旅（8394人，81%）

勒热夫—瑟乔夫卡方向

西方面军第20集团军（11月25日）	114176	7个步兵师、3个步兵旅、1个坦克军、1 个骑兵军（8453人，81%）
加里宁方面军第22集团军 （11月25日）	80000	4个步兵师、1个步兵旅、1个机械化军 （10000人，98%）
加里宁方面军第39集团军 （11月25日）	90000	6个步兵师、4个步兵旅（8166人， 78%）
加里宁方面军第41集团军 （11月25日）	105000	6个步兵师、4个步兵旅、1个机械化军 （8166人，78%）
西方面军第20集团军（12月11日）	112411	10个步兵师、3个步兵旅、2个坦克军、 1个骑兵军（6000人，58%）

斯大林格勒方向

西南方面军近卫第1集团军各师 （11月19日）	8200	平均人数（79%）
西南方面军坦克第5集团军 （11月19日）	103627	6个步兵师、2个坦克军、1个骑兵军、1 个坦克旅（7750人，75%）
西南方面军坦克第5集团军各师 （11月19日）	7750	平均人数（75%）
西南方面军第21集团军各师 （11月19日）	7850	平均人数（76%）
斯大林格勒方面军第57集团军 （11月19日）	36200	2个步兵师、2个步兵旅、1个筑垒地域、 1个机械化军、1个坦克旅

顿河中游方向

沃罗涅日方面军第6集团军 （12月16日）	60200	5个步兵师、1个坦克军（7530人， 73%）
西南方面军近卫第1集团军 （12月16日）	110796	7个步兵师、3个坦克军（8442人， 81%）
西南方面军近卫第3集团军 （12月16日）	100000	7个步兵师、2个步兵旅、1个机械化军 （8948人，86%）

1943年1月—3月

列宁格勒地区

列宁格勒方面军第67集团军 （1月12日）	100000	8个步兵师、5个步兵旅或滑雪旅、3个坦 克旅（6300人，67%）

奥斯特罗戈日斯克—罗索什方向

沃罗涅日方面军步兵第18军步兵第291 师（1月12日）	9435	7199	（76%）
沃罗涅日方面军步兵第18军步兵第270 师（1月12日）	9435	6138	（65%）
沃罗涅日方面军步兵第18军步兵第161 师（1月12日）	9435	5162	（55%）
沃罗涅日方面军步兵第18军步兵第309 师（1月12日）	9435	7839	（83%）
沃罗涅日方面军步兵第18军步兵第129 旅（1月12日）	5125	4426	（86%）

沃罗涅日—卡斯托诺尔耶方向

布良斯克方面军各师（1月24日）	5000—6000	人数范围（53%—64%）
布良斯克方面军各旅（1月24日）	3000	平均人数（59%）
布良斯克方面军第13集团军各师（1月24日）	8500—9500	平均人数（90%—101%）
沃罗涅日方面军各师（1月24日）	5000—6000	人数范围（53%—64%）
沃罗涅日方面军各旅（1月24日）	3000	平均人数（59%）

哈尔科夫方向

沃罗涅日方面军第40集团军（1月31日）	90000	8个步兵师、1个步兵旅、1个坦克军（6500人，69%）
沃罗涅日方面军第69集团军（1月31日）	40000	4个步兵师、1个步兵旅（6300人，67%）

顿巴斯方向

西南方面军第6集团军（2月1日）	40000	4个步兵师、1个步兵旅（6300人，67%）
西南方面军近卫第1集团军（2月1日）	70000	7个步兵师（7000，70%）
西南方面军近卫第3集团军（2月1日）	100000	9个步兵师、3个坦克军、1个机械化军、1个骑兵军（3889人，41%）

别尔哥罗德—库尔斯克方向

西南方面军第6集团军近卫步兵第41师（3月21日）	10954	3000	（27%）
沃罗涅日方面军坦克第3集团军步兵第350师（3月22日）	10954	3361	（31%）
沃罗涅日方面军坦克第3集团军步兵第350师（4月17日）	10954	2557	（23%）

奥廖尔—斯摩棱斯克方向

中央方面军第70集团军各师（2月24日）		9000—11000	人数范围（95%—117%）
中央方面军第65集团军近卫步兵第37师（2月24日）	10670	10000	（94%）
中央方面军第65集团军步兵第69师（2月24日）	9435	7600	（81%）
中央方面军第65集团军步兵第193师（2月24日）	9435	9000	（95%）
中央方面军第65集团军步兵第149师（2月24日）	9435	6800	（72%）
中央方面军第65集团军步兵第354师（2月24日）	9435	7500	（79%）
沃罗涅日方面军第60集团军步兵第121师（3月25日）	9435	7025	（74%）
沃罗涅日方面军第60集团军步兵第248旅（3月25日）	5125	2389	（47%）

1943年7月—8月

库尔斯克方向

中央方面军各师（7月5日）	7000—7500	平均人数范围（70%—75%）

中央方面军第13集团军（7月5日）	114000	12个步兵师、1个坦克旅（6650人，71%）
中央方面军第70集团军（7月5日）	96000	8个步兵师（8400人，90%）
中央方面军第48集团军（7月5日）	84000	7个步兵师（8400人，90%）
沃罗涅日方面军各师（7月5日）	7000—8000	平均人数范围（70%—80%）
沃罗涅日方面军近卫第6集团军（7月5日）	79700	7个步兵师、1坦克旅（7970人，75%）
沃罗涅日方面军近卫第7集团军（7月5日）	76800	7个步兵师、2个坦克旅（7680人，72%）
沃罗涅日方面军近卫第7集团军近卫步兵第78师（7月5日） 10670	7854	（74%）
沃罗涅日方面军第40集团军（7月5日）	69000	7个步兵师（7079人，76%）
沃罗涅日方面军第38集团军（7月5日）	60000	6个步兵师、2个坦克旅（7000人，75%）
西南方面军近卫第1集团军（7月5日）	145000	12个步兵师、2个坦克军、4个坦克旅（7292人，68%）

奥廖尔方向

西方面军近卫第11集团军（7月10日）	135000	12个步兵师、2个坦克军（6708人，67%）
西方面军第50集团军（7月10日）	54062	7个步兵师、1个坦克旅（5406人，57%）

别尔哥罗德—哈尔科夫方向

沃罗涅日方面军各师（8月3日）	7180	平均人数
沃罗涅日方面军近卫第5集团军（8月3日）	62802	7个步兵师、1个坦克旅（6280人，59%）
草原方面军各师（8月3日）	6070	平均人数
草原方面军第53集团军（8月3日）	77000	7个步兵师、1个机械化军（6500人，69%）
西南方面军第57集团军近卫步兵第21师（8月25日） 10670	2845	（30%）

斯摩棱斯克方向

加里宁方面军各师（8月7日）	6700	平均人数（71%）
加里宁方面军突击第3集团军各师（8月7日）	6000—6500	人数范围（64%—69%）
加里宁方面军突击第4集团军各师（8月7日）	6500—7000	人数范围（69%—75%）
加里宁方面军第43集团军各师（8月7日）	7000—7200	人数范围（75%—77%）
加里宁方面军第39集团军各师（8月7日）	6800—7000	人数范围（72%—75%）
加里宁方面军各旅（8月7日）	4243	平均人数（83%）
加里宁方面军突击第3集团军各旅（8月7日）	3800	平均人数（74%）
加里宁方面军突击第4集团军各旅（8月7日）	4430	平均人数（86%）

加里宁方面军第43集团军各旅 （8月7日）	4243	平均人数（83%）
加里宁方面军第39集团军各旅 （8月7日）	5140	平均人数（100%）
西方面军各师（8月7日）	7200	平均人数（77%）
西方面军第31集团军各师（8月7日）	6500— 7000	人数范围（69%—75%）
西方面军第5集团军各师（8月7日）	7000— 7400	人数范围（75%—79%）
西方面军近卫第10集团军（8月1日）	75000	6个步兵师、1个坦克旅（8250人，77%）
西方面军近卫第10集团军各师 （8月1日）	8200— 8300	人数范围（77%—78%）
西方面军近卫第10集团军各师 （8月7日）	8000— 8200	人数范围（75%—77%）
西方面军第33集团军各师（8月7日）	7000— 7400	人数范围（75%—79%）
西方面军第49集团军各师（8月7日）	7000— 7200	人数范围（75%—77%）
西方面军第10集团军各师（8月7日）	6900— 7100	人数范围（74%—76%）
西方面军第50集团军各师（8月7日）	5000— 5300	人数范围（53%—57%）
西方面军第68集团军各师（8月7日）	7000— 7400	人数范围（75%—79%）
西方面军第21集团军各师（8月7日）	7500— 8000	人数范围（80%—85%）
西方面军近卫第10集团军（8月20日）	38400	7个步兵师、1个坦克旅（3840人，36%）
西方面军近卫第10集团军各师 （8月20日）	3840	平均人数（36%）
西方面军近卫第10集团军近卫步兵第29师（8月28日）	10670 8000	（75%）
西方面军近卫第10集团军（9月7日）	50235	4个步兵师、1个坦克旅（5024人，47%）
近卫第10集团军近卫步兵第56师 （9月7日）	10670 5400	（51%）
近卫第10集团军近卫步兵第22师 （9月7日）	10670 4300	（40%）
近卫第10集团军近卫步兵第65师 （9月7日）	10670 4200	（39%）
近卫第10集团军近卫步兵第29师 （9月7日）	10670 6300	（59%）
近卫第10集团军近卫步兵第85师 （9月7日）	10670 6900	（65%）
近卫第10集团军近卫步兵第30师 （9月7日）	10670 4600	（43%）
近卫第10集团军近卫步兵第7军步兵第208师（9月7日）	9380 4700	（50%）

1943年9月—10月

前出至第聂伯河

中央方面军第18集团军步兵第28军 （9月30日）	23700	3个步兵师

第18集团军步兵第28军步兵第148师（9月30日）	9380	6200	（66%）
第18集团军步兵第28军步兵第181师（9月30日）	9380	7300	（78%）
第18集团军步兵第28军步兵第211师（9月30日）	9380	7500	（80%）
草原方面军第37集团军近卫步兵第92师（9月24日）	10670	8472	（79%）
草原方面军第37集团军近卫步兵第110师（9月24日）	10670	8818	（83%）
草原方面军第37集团军近卫空降兵第1师（9月24日）	10670	8256	（77%）
草原方面军第37集团军近卫空降兵第10师（9月24日）	10670	7818	（73%）
草原方面军第37集团军步兵第188师（9月24日）	9380	7044	（75%）
草原方面军第37集团军近卫步兵第89师（9月24日）	10670	3864	（36%）
草原方面军近卫第7集团军步兵第25军近卫步兵第72师（9月24日）	10670	3152	（30%）
草原方面军近卫第7集团军步兵第25军近卫步兵第81师（9月24日）	10670	2963	（28%）

涅韦尔方向

加里宁方面军突击第3集团军各师（9月30日）	3000	平均人数（32%）
加里宁方面军突击第3集团军各师（10月6日）	6000	平均人数（64%）
加里宁方面军突击第3集团军各旅（10月6日）	3500—4000	平均人数（68%—78%）

梅利托波尔方向

南方面军第51集团军步兵第54军（10月10日）	25452	3个步兵师（7635人，81%）
南方面军第51集团军步兵第54军步兵第91师（10月10日）	9380	7511	（80%）
南方面军第28集团军步兵第55军步兵第216师（10月10日）	9380	7748	（83%）
南方面军第28集团军步兵第55军步兵第315师（10月10日）	9380	7648	（82%）

1943年11月—12月

戈梅利—列奇察方向

白俄罗斯方面军（11月15日）	485293	（含方面军预备队中的27488人）
白俄罗斯方面军第3集团军（11月15日）	42072	7个步兵师（4207人，49%）
白俄罗斯方面军第11集团军（11月15日）	63167	9个步兵师（4913人，52%）
白俄罗斯方面军第48集团军（11月15日）	60335	8个步兵师（5279人，56%）
白俄罗斯方面军第50集团军（11月15日）	39394	7个步兵师（3939人，42%）
白俄罗斯方面军第61集团军（11月15日）	50049	7个步兵师（5004人，53%）

白俄罗斯方面军第63集团军（11月15日）	60587	8个步兵师（5310人，57%）
白俄罗斯方面军第65集团军（11月15日）	142201	10个步兵师、1个步兵旅、2个坦克军、3个骑兵军（6244人，67%）
基辅方向		
乌克兰第1方面军第38集团军（11月3日）	137000	11个步兵师、1个坦克军（8082人，86%）
克里沃罗格—基洛夫格勒方向		
乌克兰第2方面军第52集团军（11月3日）	26327	3个步兵师（6143人，65%）
乌克兰第2方面军第52集团军各师（11月3日）	6000—6300	人数范围（64—67%）
尼科波尔方向		
乌克兰第4方面军近卫第2集团军近卫步兵第49师（12月16日）	10670　5986	（56%）

★仅指战斗人员数量。

1. 如非特别注明，火炮数量仅统计76毫米以上口径。

2. 根据战争阶段的不同，一线战斗兵团（师、军和旅）通常占集团军总人数的70%—85%，占步兵军总人数的90%。从1941年6月到1942年后期，这个比例通常是75%—85%；但到1943年，由于集团军内部专业兵和保障部队数量的急剧增加，这个比例下降到70%左右。如上表所述，计算集团军下属各师的平均人数时，根据这一大致的比例。为了便于计算，骑兵师计为步兵师，1942年春季以后的坦克军和机械化军编制人数分别计为1万人和1.5万人。

资料来源：

B. M. 沙波什尼科夫主编，《德国军队在莫斯科的失败（第1—3部）》；A. A. 扎巴卢耶夫、S. G. 戈里亚切夫，《加里宁进攻战役（莫斯科：伏罗希洛夫总参军事学院，1942年版）、《叶列茨战役（1941年12月6日—16日）》（莫斯科：军事出版社，1943年版）《巴尔文科沃—洛佐瓦亚战役（1942年1月18日—31日）》（莫斯科：军事出版社，1943年版）；A. I. 拉济耶夫斯基主编，《集团军战役》；K. V. 瑟切夫、M. M. 马拉霍夫，《步兵军进攻》（莫斯科：军事出版社，1958年版）；R. M. 波图加尔斯基、P. Ia. 齐甘科夫，《斯大林格勒会战中苏联军队的军事学术》（莫斯科：伏龙芝军事学院，1983年版）；R. M. 波图加尔斯基、L. A. 扎伊采夫，《列宁格勒会战中苏联军队的军事学术》（莫斯科：伏龙芝军事学院，1989年版）；B. I. 涅夫佐罗夫，《莫斯科会战中防御稳定性的完善和从行进间发起进攻的特色（1941年11月至12月）》（莫斯科：伏龙芝军事学院，1982年版）；P. D. 阿列克谢耶夫、V. B. 马科夫斯基，《伟大卫国战争开始时第4集团军的初步防御行动》（莫斯科：伏龙芝军事学院，1992年版）；O. N. 库德里亚绍夫、N. M. 拉马尼切夫，《伟大卫国战争初期苏联军队的作战行动》（莫斯科：伏龙芝军事学院，1989年版）；B. P. 弗罗洛夫，《第13集团军在1943年9月的切尔尼戈夫—普里皮亚季河战役中强渡杰斯纳河和第聂伯河及解放切尔尼戈夫》（莫斯科：伏龙芝军事学院，1989年版）；O. N. 库德里亚绍夫，《坦克第5集团军各兵力突破敌防御并在战役纵深的发展胜利。粉碎敌人解救被合围集团的企图》（莫斯科：伏龙芝军事学院，1987年版）；E. K. 卢卡合夫、V. I. 库兹涅佐夫，《近卫第5集团军在协同方面军快速集群发起库尔斯克反攻时的进攻准备工作和实施》（莫斯科：伏龙芝军事学院，1991年版）；Iu. P. 巴比奇，《第62集团军与外线之敌接触时的防御准备工作，暨面对更具机动性之敌实施的一次防御行动（根据斯大林格勒会战的经验）》（莫斯科：伏龙芝军事学院，1991年版）；Z. A. 舒托夫，《伟大卫国战争期间防御稳定性和积极性的发展历程》（莫斯科：伏龙芝军事学院，1990年版）；《伟大卫国战争军事历史材料选集》，第2册（莫斯科：军事出版社，1949年版)；《伟大卫国战争军事历史材料选集》，第7册；《伟大卫国战争军事历史材料选集》，第9册（莫斯科：军事出版社，1953年版)；《伟大卫国战争军事历史材料选集》，第12册（莫斯科：军事出版社，1953年版)；《伟大卫国战争军事历史材料选集》，第13册（莫斯科：军事出版社，1954年版)；《伟大卫国战争军事历史材料选集》，第 14 册（莫斯科：军事出版社，1954 年版）；《战争经验研究材料选集》，第 5 册（1943 年 3 月），（莫斯科：军事出版社，1943 年版）；《战争经验研究材料选集》，第 10 册（1944 年 1—2 月），（莫斯科：军事出版社，1944 年版）；《战争经验研究材料选集》，第 14 册（1944 年 9—10 月），（莫斯科：军事出版社，1945 年版）；A. A. 沃尔科夫，《关键性的序幕：伟大卫国战争中第一批战局中未完成的方面军进攻战役》（莫斯科：航空出版社，1992 年版）；戴维·M. 格兰茨，《1941—1945 年苏德战争中被遗忘的战役，第 5 卷第 2 部：夏秋战局（1943 年 7 月 1 日—12 月 31 日）》；G. I. 别尔德尼科夫，《突击第 1（集团军）》（莫斯科：军事出版社，1985 年版）；F. D. 潘科夫，《火线：第 50 集团军在伟大卫国战争中的战斗历程》（莫斯科：军事出版社，1984 年版）；S. M. 萨尔基相，《第 51 集团军》（莫斯科：军事出版社，1983 年版）；G. G. 谢莫诺夫，《突击集团军攻击》（莫斯科：军事出版社，1998 年版）；P. K. 阿尔图霍夫编，《难忘的道路：近卫第 10 集团军的战斗历程》（莫斯科：军事出版社，1974 年版）；D. Z. 穆雷耶夫，《"台风"行动的失败》（军事出版社，1966 年版）；《第二次世界大战中的军事学术》（莫斯科：伏罗希洛夫总参军事学院，1973 年版）；A. V. 瓦西里耶夫，《加里宁方面军和西方面军的勒热夫—维亚济马战役（1942 年 1—2 月）》（莫斯科：伏罗希洛夫总参军事学院，1949 年版）；V. P. 伊斯托明，《斯摩棱斯克进攻战役（1943）》（莫斯科：军事出版社，1975 年版）；《军事历史杂志》第 10 期（1982 年 10 月刊）；A. V. 弗拉基米尔斯基，《在基辅方向》（莫斯科：军事出版社，1989 年版）。

注释

1. Iu. P. 巴比奇、A. G. 巴耶尔，《伟大卫国战争中苏联陆军武器和组织结构的发展》（莫斯科：学院出版社，1990年版），第34—35页。

2. 同上，第35—40页。

3. 史蒂文·J. 扎洛加、利兰·S. 内丝，《1939—1945年红军手册》（英国格罗斯特郡：萨顿出版社，1998年版），第44—45页。

4. Kh. Kh. 卡马洛夫，《为祖国而战的海军陆战队》（莫斯科：军事出版社，1966年版），第7—19页。

5. V. 什洛明，《二十五支海军步兵》，刊登在《军事历史杂志》第7期（1970年7月刊），第96—99页。

6. Kh. Kh.卡马洛夫，《为祖国而战的海军陆战队》，第7—19页。

7. 史蒂文·J. 扎洛加、利兰·S. 内丝，《1939—1945年红军手册》，第50—52页。

8. 这种组织结构按照第04/270号编制表（shtat）。歼击兵团的更多详情，见A. N. 扬钦斯基，《伟大卫国战争中最高统帅部预备队反坦克歼击炮兵的战斗使用》（莫斯科：伏罗希洛夫总参军事学院，1951年版），第18—22页。机密级。

9. 史蒂文·J. 扎洛加、利兰·S.内丝，《1939—1945年红军手册》，第55—56页。

10. 同上。

11. 戴维·M. 格兰茨，《苏联空降兵史》（伦敦：弗兰克·卡斯出版社，1994年版），第44—45页。

12. 同上，第104—228页。

13. 同上，第228—262页。

14. 《苏军的作战编成，第二部（1942年1月—12月）》（莫斯科：军事出版社，1966年版），第181页。

15. 《苏军的作战编成，第三部（1943年1月—12月）》，第122、第176页。

16. 同上，第242—269页。

17. 同上，第290—298页。

18. 国防人民委员部1944年2月解散近卫空降兵第3和第8旅，并将其兵力编入红军各近卫空降兵师。红军的近卫空降兵师1944年7月减少到14个。同年8月，国防人民委员部把这些师中的9个合并成3个近卫空降兵军，即近卫空降兵第37、第38和第39军，这3个军成为后来1944年10月组建独立空降兵集团军的核心，并在1945年1月成为精锐的近卫第9集团军。由于认识到这支军队的精锐性质，大本营下令只能在重大地面进攻战役中使用它们作为突击力量。因此，1944年12月，红军共有3个近卫空降兵军和18个近卫空降兵师。

20. 列宁格勒军区每个师的平均人数最多，有11985人（满员率83%）；而波罗的海沿岸特别军区、西部特别军区、基辅特别军区每个师的平均人数少得多，分别是8712人（满员率60%）、9327人（满员率64%）和8712人（满员率60%），主要原因是德国的入侵扰乱苏联按预定计划实施动员。这些师拥有编制武器数量的80%—90%，运输车辆的25%—30%。见A. A. 斯特罗科夫主编，《军事学术史》，第356页。

21. 这条规律的例外是列宁格勒和莫斯科等地组建的一系列民兵师（DNO），这些师的人数众多，但大部分人员未经训练，拥有的武器也往往不堪使用。另外，大本营从远东调遣的正规师（包括第一流的步兵第32和第78师）以及国防人民委员部在晚秋季节动员并派往突击第1集团军、第10集团军等预备集团军的步兵师和步兵旅，更加接近满员状态。尽管红军的兵力严重不足，还是能在莫斯科反攻和随后的冬季战局中取得重大胜利，其原因是国防军的减员同样非常严重。

22. 史蒂文·J. 扎洛加、利兰·S.内丝，《1939—1945年红军手册》，第189页；A. B. 茹克，《步兵武器》（Strelkovoe oruzhie，莫斯科：军事出版社，1992年版），第51、第255页。

23. A. B.茹克，《步兵武器》，第544页。

24. Iu. P.巴比奇、A. G. 巴耶尔，《伟大卫国战争中苏联陆军武器和组织结构的发展》，第84页。

25. 同上，第9页。

第七章

装甲坦克和机械化兵及骑兵

20 世纪 20 年代后期和 30 年代的大多数年份，苏联花费大量时间、资源和精力，发展红军在战略、战役和战术层面更有效实施运动战所需的先进理论、手段和军队。因此，到 1938 年，红军的军队结构中已涌现出一大批快速坦克兵团，其中包括 4 个强大的坦克军和为数众多的坦克旅，准备在战时将高度完善的"大纵深战斗"和"大纵深战役"理论付诸实践。

出人意料的是，就在德国向其西线发动毁灭性的闪击战之前不到六个月，即 1939 年 11 月，苏联却解散羽翼未丰但具有强大潜在战斗力的红军坦克军，似乎放弃了对大纵深战役理论的热忱，表面原因看起来是苏联人训练的坦克兵在西班牙内战期间表现拙劣。但真正原因是红军中大纵深战役理论的主要支持者大多已在 20 世纪 30 年代后期死于非命。①

1940 年春季，德国的陆军和空军运用闪击战手段，空前轻而易举地击败英法两国军队。这样辉煌的胜利使苏联的政治领袖和军事首长感到震惊和恐慌。1939—1940 年冬季期间红军在苏芬战争中的惨淡表现本来已经令人深感

---

① 俄译注：这两种解释都不符合事实。解散坦克军的主要原因是西班牙、哈桑湖和哈拉哈河的实战经验。在这些地方，小型坦克兵团（旅和师）的效率得到了证明，它们能够直接支援步兵或突破敌军战术纵深。同时，坦克军的运输车辆数量有限，无法完成战役任务，这点在1941年得到充分证明。可以肯定的是，德国闪击战1940年在西欧的战果对重新组建新型机械化军固然有相当大影响，但采取该措施的主要原因是大量坦克部队和兵团分散在步兵当中引发的技术问题和供应困难。况且，苏联红军的大型坦克兵团并没有彻底解散，坦克第20军还参加过苏芬战争，不过它仍然需要与兄弟兵团协同动作。

不安，随着德国在西线取得摧枯拉朽般的胜利，从 1940 年到 1941 年，国防人民委员部近乎疯狂地试图组建一支由新型机械化军组成的强大力量，改造红军的军队结构，从而使红军在希特勒一旦动用国防军进攻苏联的情况下能够抗衡经验更丰富的国防军。

1941 年 6 月 22 日"巴巴罗萨"行动开始时，国防人民委员部正在陆续组建 29 个新型机械化军，每个军编有 2 个坦克师和 1 个摩托化师，总兵力有 36000 人和 1031 辆坦克。虽然这些庞大的军在纸面上是庞然大物，但是没有一个军能按照编制配齐全部坦克和其他车辆；从指挥控制、人员训练、通信和后勤保障的角度看，也没有一个军适合实施和持续进行高强度战斗，或者从这样的战斗中生存。

"巴巴罗萨"行动开始后的第一个月里，国防军便像一个名副其实的"破坏锤"，歼灭或重创红军的大多数机械化军，并击毁 2.3 万余辆坦克中的 1 万辆以上，只留下屈指可数的几个军在可怜巴巴地提醒人们，红军曾经拥有多么壮观的快速力量。鉴于"巴巴罗萨"行动造成的破坏性影响，大本营 1941 年 8 月解散当时幸存的机械化军，先是用小型坦克师代替它们，后来又改为规模更小，但数量更多的坦克旅和坦克营，其初衷是让己方缺乏经验的指挥员能够在战斗中更有效地指挥、控制和运用这些小型的兵团和部队。

大本营解散红军大型坦克兵团的决定固然正确，但也在实战中证明代价高昂，因为这个决定极大削弱红军的战斗力，并增加人力和物力损失。1941 年夏季和秋季，红军不断向国防军发起最终徒劳的反冲击、反突击和反攻，1941—1942 年冬季又在莫斯科实施战果较大的反攻，直到这时，大本营才意识到如果没有足够强大的汽车装甲坦克兵，红军就无法击败国防军的摩托化兵和装甲兵，也无法进入敌方战略纵深持续战斗 [1]。

简单来说，1941—1942 年冬季战局期间莫斯科周围和战线其他地段的几场进攻战役中，红军用来实施纵深发展的骑兵、空降兵和滑雪部队，向苏德

---

① 俄译注：值得注意的是，根据国防人民委员部 1942 年 10 月 16 日发布的第 325 号命令，禁止使用坦克同敌方坦克交战。也就是说，苏联并没有把坦克看作抗击德军装甲兵的手段。再者，因为大纵深运动战受到气象条件和地形条件以及缺少运输车辆的制约，所以在此期间组建大型坦克兵团的必要性值得怀疑。

双方都生动地展示这样的快速力量是多么不堪一击，也使大本营确信有必要组建新型的汽车装甲坦克兵兵团和军团，使红军能够完成未来要受领的战略任务。根据这种经验，大本营和国防人民委员部从 1942 年年初开始在红军内部打造快速力量的新编制结构，使之有能力在战场上夺取胜利，并能在敌方纵深内持续战斗。

这场战争中德国的第二场重大进攻——"蓝色"行动之前和期间，红军先后组建和使用新型坦克军、坦克集团军和机械化军，旨在使己方具备成功实施大纵深战役的能力。经过大量试验和许多场战役失败之后，这种新的编制结构才在斯大林格勒会战和红军的 1942—1943 年冬季总攻中证明自己是切实可行的。

截至 1943 年 1 月 1 日，红军编成内已有一支由 2 个坦克集团军、20 个坦克军和 8 个机械化军组成的庞大力量，专门用于实施战役层面的快速作战；还有一大批坦克（机械化）旅和团，用于在战术层面支援红军步兵。红军的坦克集团军是其战役层面的主要装甲力量。按照定义，坦克集团军是规模大致相当于德国装甲军的战役军团（ob'edineiia），但机动性差得多；坦克军和机械化军是规模相当于德国装甲师和装甲掷弹兵师的战役战术兵团（soedineniia），但编成内的摩托化步兵数量明显较少。[1]

坦克集团军有时单独作战，有时作为红军作战方面军编成内的快速集群（podvizhnye gruppy）参加合同作战，到 1943 年年初已肩负起实施战役机动的任务，负责把战术突破发展到敌方防御的战役纵深，进而率领向敌方战略纵深的追击。红军的坦克军和机械化军有时三两成群地编入坦克集团军，有时在作战方面军和诸兵种合成集团军编成内独立作战，到这时也肩负起把战术胜利转化成战役胜利的任务，发展战术突破，并率领向敌方防御的浅近战役纵深发展胜利。

红军诸兵种合成集团军和步兵军编成内的独立坦克旅、坦克团和坦克营

---

① 俄译注：1943年初的苏联坦克军的人数大约相当于德国国防军装甲师人数的1/3，而机械化军相当于其2/3。德国武装党卫队摩托化师（装甲掷弹兵）师的人数更是普通装甲师的近1.5倍，坦克数量也毫不逊色。

负责提供直接支援的坦克，加强其所属步兵军团和兵团的防御①，并在进攻时帮助它们突破敌方防御。然而，在现实中，红军诸兵种合成集团军 1943 年年初相对弱小的实力和国防军防御配系的强大实力，经常迫使红军的方面军司令员和集团军司令员为了达成彻底突破，过早使用其下属的坦克集团军、坦克军和机械化军，通常导致这些宝贵的快速力量付出相当大的人力和物力代价。于是，随着时间的推移，国防人民委员部不断增加红军坦克集团军、坦克军、机械化军、直接支援步兵的坦克团数量和实力，但同时也大幅度减少独立坦克旅和坦克营的数量。

装甲坦克和机械化兵

机械化军

战争前夕，红军汽车装甲坦克兵的核心是国防人民委员部从 1940 年 7 月 6 日开始组建的 9 个机械化军和 1941 年 3 月至 6 月间组建的另外 20 个机械化军。[1] 德国国防军在低地国家和法国取得胜利之后，国防人民委员部立即着手组建这种强大的军，是为了红军在一旦发生战争的情况下有能够抗衡并击败德国摩托化军和装甲军的装甲力量。

这种机械化军的编制远比 1938 年曾在红军中出现过的 4 个坦克军大得多，每个军编有 2 个坦克师、1 个摩托化师、1 个摩托车团、1 个通信营、1 个摩托化工程兵营、1 个航空兵大队和若干个小型后勤分队，编制人数 36080 人，装备 1031 辆坦克（其中有 126 辆 KV 坦克和 420 辆 T-34 坦克）、358 门火炮和迫击炮、268 辆装甲汽车、5165 台车辆和 352 台拖拉机。[2]

军编成内的每个坦克师编有 2 个坦克团、1 个摩托化步兵团、1 个炮兵团、1 个反坦克炮兵营、1 个高射炮兵营、1 个通信营、1 个侦察营、1 个舟桥营和若干个小型后勤分队，编制人数 11343 人（1941 年减至 10940 人），装备 60 门火炮和迫击炮、375 辆坦克（其中有 63 辆 KV 坦克和 210 辆 T-34 坦克②）。每个摩托化师编有 2 个摩托化步兵团、1 个坦克团、1 个炮兵团，另

---

① 俄译注：只有极端情况下，才考虑使用坦克实施防御，特别是对坦克防御。
② 译注：原文 T-34 的数量是 270 辆，这处笔误与《泥足巨人》第 133 页完全相同。

外还有与坦克师同样的一些保障分队，编制人数 11650 人，装备 98 门火炮和迫击炮、275 辆轻型坦克和 49 辆装甲汽车。

国防人民委员部原计划到 1942 年夏季完成新型机械化军的组建工作，但迫于 1941 年 5 月和 6 月国际形势的恶化，不得不加快组建工作进度。战争开始时，这些军当中的大多数仍然严重缺少坦克等武器装备，操作这些武器装备的战士和指挥人员也大都未经训练。即使最强大的几个军，即配置在西部各军区的第一批 9 个军，还是遭到诸多这类问题的困扰，而正如战争进程所示，它们还没有能力有效地实施战斗行动。因此，"巴巴罗萨"行动开始后仅三个星期之内，国防军便已在战场上歼灭或重创大多数机械化军。

独立坦克师

1941 年 7 月 19 日，国防人民委员部继 7 月 15 日解散从国防军的猛攻中幸存下来的机械化军之后，又把这些军下属的坦克师改编成番号为 100 系列的坦克师。最初的一批这种师包括坦克第 101、第 102、第 104、第 105、第 108、第 109 和第 110 师，摩托化步兵第 103 和第 106 师，以及国防人民委员部 1941 年晚些时候组建的坦克第 111 和第 112 师。[3][①] 因为这种师中的每个坦克排只有 3 辆而不是 5 辆坦克，其三三制的步兵连只有 3 个排，每排 3 个班，武器数量也有所减少，所以这种坦克师的编制远比原先机械化军的坦克师精简得多。

这种新型的独立坦克师编有 1 个师部直属队、1 个有 10 辆 T-40 轻型坦克的侦察营、2 个各由 1 个中型坦克营和 2 个轻型坦克营组成的坦克团（每个团有 90 辆坦克）、1 个摩托化步兵团、1 个炮兵团、1 个高射炮兵营，以及 1 个运输营、1 个修理营和 1 个卫生营等后勤保障分队，全师按编制共有 180 辆坦克。[4][②] 师下属坦克团的中型坦克营有 1 个重型坦克连（有 10 辆 KV 坦克）和 2 个中型坦克连（每个连有 10 辆 T-34 坦克），全营共 30 辆坦克；坦克团的轻型坦克营编有 3 个轻型坦克连，每个连有 10 辆 T-26 或 BT 坦克，全营共 30 辆坦克。

---

① 译注：这里只有9个坦克师的番号，缺少摩托化第69师改编的坦克第107师，作者在第五章"步兵师"小节把这个师同坦克第108师混淆，导致少一个坦克师。

② 译注：原文如此。按上下文提到的坦克数量之和是190辆，而罗特米斯特罗夫著《时代与坦克》中译本第83页则称："每个师编217辆坦克。"本书第776页的注释13也是217辆。

除了 3 个步兵营之外，坦克师的摩托化步兵团还有 1 个 6 门 45 毫米反坦克炮组成的反坦克炮兵连、1 个 4 门 120 毫米迫击炮组成的迫击炮兵连、1 个 4 门 76 毫米团属火炮组成的野战炮兵连。坦克师的炮兵团编有 3 个营，每营编有 2 个 76 毫米加农炮的炮兵连（每个连有 4 门炮）和 1 个 122 毫米加农炮的炮兵连（有 4 门炮）。最后，师下属的高射炮兵营由 3 个连组成，每个连有 4 门 25 毫米或 37 毫米高射炮。[5]

然而，坦克和其他战斗武器的短缺导致这些师无法达到或接近齐装满员，到 8 月中旬，国防人民委员部便把大部分这种师或者解散，或者改编成规模较小的新型坦克旅。1941 年组建的 10 个这种师当中，到 1941 年 10 月只剩下 3 个，具体是：西方面军编成内的坦克第 112 师（1942 年年初改编成坦克旅）和保留在远东地区直至战争结束的坦克第 61 和第 111 师。（红军装甲坦克和机械化兵及骑兵的全部军团和兵团，见《＜巨人重生＞资料篇》的附录五。）[①]

独立坦克旅和摩托化步兵旅

鉴于红军战前的机械化军和战时的坦克师都不能发挥预期作用，国防人民委员部从 1941 年 8 月 12 日开始组建红军的第一批独立坦克旅，取代那些业已覆没或解散的机械化军，并且为红军苦战中的步兵提供必要支援。国防人民委员部下达这道命令的依据是国防委员会更早下达的命令，要求国防人民委员部在 1941 年 8 月至 12 月间组建番号从第 1 到第 120 的 120 个坦克旅，每个旅编 91 辆坦克，其中有 7 辆 KV、20 辆 T-34 和 64 辆 T-60 坦克，人数为 3268 人。[6] 但不久之后，国防人民委员部又在坦克旅的编制中增加 2 辆 T-34 坦克，大概是作为指挥坦克，并将旅的人数减少到更现实的水平。

最终，这种新的坦克旅编有 1 个坦克团（由 1 个混编中型坦克和重型坦克的营、2 个轻型坦克营组成）、1 个摩托化步兵营、1 个高射炮兵营、1 个侦察连、1 个修理连、1 个汽车运输连和 1 个卫生连[②]，总人数 1943 人，装备

---

① 译注：有 1 个 100 系列坦克师在 9 月解散，2 个改编成摩托化步兵师，4 个改编成坦克旅。10 月剩下的三个师是坦克第 108、第 111 和第 112 师。外贝加尔方面军的坦克第 61 师系战前建成，并不属于这批坦克师。

② 译注：应是卫生排，共 28 人和 7 辆汽车，该排采用第 010/83 号编制表。这种坦克旅使用的编制表是第 010/75—010/83 号。

93辆坦克，其中有7辆重型的KV、22辆中型的T-34和64辆轻型的T-40坦克（1941年至1943年坦克旅的编制和实力见表7.1）。[7]

　　然而，因为下设团的这种坦克旅在指挥控制方面过于复杂，战斗实践证明这种旅结构臃肿、效率低下，所以国防人民委员部又在9月改编坦克旅，取消团级指挥机关和旅的1个轻型坦克营[①]。新型坦克旅直辖2个轻型、中型和重型坦克混编的坦克营，1个摩托化步兵营、1个侦察连、1个修理连、1个汽车运输连和1个卫生连，共装备67辆坦克，其中有7辆重型的KV、22辆中型的T-34和39辆轻型的T-40坦克。[8]1941年9月全月，国防人民委员部共组建完成20个这样的独立坦克旅。

　　由于对1941年8月和9月组建独立坦克旅的实战表现不满意，并在试验更适合独立作战，或者支援步兵和骑兵作战的新型坦克旅之后，国防人民委员部从1941年12月开始组建更加简化的坦克旅。新型的坦克旅编有2个混编坦克营和1个摩托化步兵营，由1个侦察连、1个修理连、1个汽车运输连和1个卫生排提供保障。旅下属的坦克营包括1个共5辆KV坦克的两排制重型坦克连，1个编有共10辆T-34坦克的三排制中型坦克连，1个共8辆坦克的两排制轻型坦克连。[②] 每个坦克营有23辆坦克，而其所属旅的实力是1471人和46辆坦克，其中包括10辆KV坦克、16辆T-34坦克和20辆T-60坦克。尽管实践证明这种坦克旅比原来的旅更加灵活有效，但重型、中型和轻型坦克混编还是不利于发挥战斗力。

　　除了1941年12月以前组建完成的众多坦克旅之外，国防人民委员部还在1942年1月尝试组建另一种结构独特的坦克旅，用于支援步兵师和骑兵师。这种坦克旅不编摩托化步兵营，只有2个混编坦克营，共有372人；用于支援步兵的坦克旅有10辆KV、16辆T-34和20辆T-60坦克，用于支援骑兵的坦克旅有20辆T-34和26辆T-60坦克。[9]但是，坦克短缺使国防人民委

---

　　① 译注：9月13日用单独颁布的坦克团第010/87编制表替换原来的第010/78号，减少1个轻型坦克营。取消坦克团是在12月9日。下一句的卫生连仍是卫生排，T-40的数量应是38辆，才符合上文总数和表7.1以及《从战例学战术（团）》第325页和《诸兵种合成集团军进攻》第286页。

　　② 译注：这种坦克旅使用12月9日颁布第010/303—010/310号编制表，坦克营采用其中的第010/306号。每个坦克营有1个编有共7辆T-34坦克的两排制中型坦克连，1个共10辆T-60坦克的三排制轻型坦克连，再加上重型坦克连的5辆KV-1和营长的1辆T-34。原文的中型和轻型坦克分布有误。

员部最后组建起的这种坦克旅却没有几个。①

1942年春季，国防人民委员部开始组建新型坦克军的同时，也在组建实力更强大、结构更精简、组织更完善的坦克旅。到7月这种新型坦克旅全面做好战斗准备时，共编有2个坦克营（1个营装备中型坦克，1个营混编中型和轻型坦克）和1个采用新编制的摩托化步兵营，并为提高反坦克能力而新增1个有4门76毫米反坦克炮的反坦克炮兵连。

这种新型坦克旅的中型坦克营共有151人，由2个中型坦克连组成，每连编有3个排，每排有3辆T–34坦克，再加上连部和营部的3辆指挥坦克，全营共计21辆T–34坦克。混编坦克营由3个连组成：1个三排制的中型坦克连，每排有3辆T–34坦克；2个轻型坦克连各编有3个排，每排装备3辆T–70坦克；再加上3辆指挥坦克②，全营共有10辆T–34和21辆T–70坦克。再加上旅长的1辆坦克，整个坦克旅的实力是1038人和53辆坦克，其中有32辆T–34和21辆T–70坦克。[10]

同一时期，国防人民委员部还在组建新型的独立摩托化步兵旅，用于在红军坦克军的建制内提供摩托化步兵支援，并在少数情况下单独作战。最初版本的摩托化步兵旅编有3个摩托化步兵营、1个迫击炮兵营、1个炮兵营、1个高射炮兵营、1个自动枪连、1个反坦克枪连和若干个后勤保障分队。摩托化步兵旅的实力是3162人③、12门76毫米加农炮、12门45毫米反坦克炮、12门37毫米高射炮、30门82毫米迫击炮、4门120毫米迫击炮和54支反坦克枪（见表7.2）。[11]

1942年剩余时间和1943年年初，国防人民委员部始终在运用红军的实战经验，修改红军坦克旅和摩托化步兵旅的编制并使其合理化，提高这两种旅的野战生存能力和战斗力。其中最重要的变化是，国防人民委员部决定坦

---

① 译注：前者共有3个旅，采用第010/317号编制表；后者共有4个旅，采用第010/318号编制表，人数应是342人。另外，还有两种坦克旅：支援骑兵军的独立坦克旅采用1月颁布的第010/320—010/321号编制表，有356人，坦克数与第010/318号相同，共建成3个旅；最后一种是《苏军坦克兵作战经验》第45页提到的"编有282人和27辆坦克的坦克旅，并归步兵师建制"，采用1942年2月8日颁布的第010/343号编制表，共建成6个旅。

② 译注：应是4辆。营部和2个轻型坦克连各有1辆轻型指挥坦克，中型坦克连还有1辆T–34指挥坦克。这种坦克旅采用1942年7月31日颁布的第010/270—277号编制表。

③ 译注：应是3152人。这是采用1942年4月颁布的第010/370—010/380号编制表。

克旅下属的每个坦克营只装备一种坦克，要么都是中型坦克，要么都是轻型坦克。国防人民委员部还调整摩托化步兵旅的组织结构，到 1942 年年底，这种旅已统一编为 3 个摩托化步兵营、1 个炮兵营、1 个迫击炮兵营、1 个高射炮兵营和各种后勤保障分队。继 1941 年 9 月开始组建 20 个独立坦克旅之后，国防人民委员部在 1942 年 1 月 1 日以前将其总数增加到 76 个。后来，国防人民委员部一边通过组建新型坦克军，扩充和加强红军的坦克实力，一边着手将独立坦克旅的个数增加到 1942 年 7 月 1 日前的 125 个。

　　1943 年，国防人民委员部在扩充和加强红军快速力量的同时，继续增加坦克旅的数量和实力；但同时也减少独立坦克旅和独立坦克营的数量，增加独立坦克团的数量和种类，并扩大这种团受领任务的范围。独立坦克旅数量减少的主要原因是国防人民委员部将其中的许多个旅编入新的坦克集团军、坦克军和机械化军。于是，独立坦克旅从 1942 年 7 月 1 日的 125 个先后减少到 1943 年 2 月 1 日的 104 个、1943 年 7 月 1 日的 101 个和 1943 年 12 月 31 日的 83 个；而坦克集团军、坦克军和机械化军编成内的坦克旅，从 1943 年 2 月 2 日的 69 个先后增加到 7 月 1 日的 81 个和 12 月 31 日的 83 个。

　　1943 年全年，国防人民委员部始终在加强坦克旅的实力，主要是用中型坦克代替轻型坦克，无论这种旅编入新的坦克军和机械化军，还是独立作战。按照国防人民委员部 1943 年 11 月颁布的新版坦克旅编制表，坦克旅编有 1 个包括 2 辆 T–34 在内的旅部直属队、3 个中型坦克营（每个营有 21 辆 T–34 坦克）、1 个摩托化自动枪营、1 个高射机枪连、1 个辎重连和 1 个卫生排。

　　这种新型坦克旅的中型坦克营由 2 个坦克连组成，每个连装备 10 辆 T–34 坦克，再加上营长的 1 辆指挥坦克，全营共有 21 辆 T–34 坦克；旅属自动枪营由 3 个三排制的自动枪连组成，取代原来的摩托化步兵营。这些变化使坦克旅的实力增加到 1354 人和 65 辆 T–34 坦克，并通过以冲锋枪手替代装备步枪的步兵，大幅度加强全旅的火力。[12]

独立坦克营

　　战争初期，鉴于红军作战方面军和集团军在后勤方面很难保障较大规模的坦克旅，国防人民委员部从 1941 年 8 月 23 日开始组建用于直接支援步兵的独立坦克营。首批这种坦克营编有 1 个共 2 辆 T-34 坦克的营部，1 个共 7 辆 T-34 坦克的两排制中型坦克连，2 个共 20 辆 T-40 或 T-60 坦克的三排制轻型坦克连，全营共有 130 人，29 辆坦克。

然而，实践证明这种营尽管能够有效实施防御，但由于营里的大部分坦克是轻型坦克，很容易遭到损失，还是无法成功实施进攻。有鉴于此，国防人民委员部从 1941 年 11 月开始组建更重型的独立坦克营，每个营编 1 个有 1 辆 T-34 坦克的指挥连，1 个共 5 辆 KV 坦克的两排制重型坦克连，1 个共 10 辆 T-34 坦克的两排制中型坦克连，2 个共 20 辆 T-40 或 T-60 坦克的轻型坦克连。这种新型坦克营共有 202 人，装备 36 辆坦克，包括 5 辆重型的 KV、11 辆中型的 T-34、20 辆轻型的 T-40 或 T-60 坦克。[13]1941 年 9 月以前，国防人民委员部共组建完成 52 个独立坦克营，1942 年 1 月 1 日又将其总数增加到 100 个，从这时起，独立坦克营逐渐减少，到 1942 年 7 月 1 日只剩下 80 个。

1943 年年初，独立坦克营仍然编有 1 个重型、1 个中型和 2 个轻型坦克连，共有 36 辆坦克，包括 5 辆 KV、11 辆 T-34 和 20 辆 T-70 坦克，全营的指挥人员（含军士）共有 198 人[①]。然而，随着国防人民委员部在 1942 年后期和 1943 年组建直接支援步兵的新型坦克团，独立坦克营的作用逐渐降低，国防人民委员部先后将其数量减少到 1943 年 2 月 1 日的 63 个，7 月 1 日的 45 个，12 月 31 日的 26 个。后来，这种营主要用于规模更大的坦克部队难以发挥作用的卡累利阿、列宁格勒、沃尔霍夫、高加索等地区和内地军区。

独立坦克团

1943 年，红军独立坦克旅减少的另一个原因是，国防人民委员部为专门支援步兵而精心编组许多个新型的独立坦克团来代替它们，尤其是用于突破交战。虽然国防人民委员部早在 1942 年年初就组建过几个试验性的独立坦克团，但是直到这年 9 月才开始认真地加以推广。这时，独立坦克团的编成

---

① 译注：原文如此，应是全营人数。

与机械化旅和机械化军下属的坦克团完全相同，也就是说，同样编有 2 个中型坦克连（每个连有 11 辆 T–34 坦克）、1 个有 16 辆 T–70 坦克的轻型坦克连，再加上团部的 1 辆指挥坦克，共计 339 人和 39 辆坦克，其中包括 23 辆 T–34 坦克和 16 辆 T–70 坦克（1941 年至 1943 年坦克团的编成和实力见表 7.3）。

　　国防人民委员部从 1943 年 1 月开始加强红军装甲坦克和机械化兵的同时，也用统一的编制改组坦克团。新型坦克团编有 1 个有 2 辆 T–34 坦克的指挥连、3 个中型坦克连（每个连有 10 辆 T–34 坦克）、1 个有 7 辆 T–70 坦克的轻型坦克连、1 个有 94 人的自动枪连、1 个有 18 支反坦克枪的反坦克枪排，全团实力为 572 人和 39 辆坦克，其中包括 32 辆 T–34 坦克、7 辆 T–70 坦克和 3 辆装甲汽车。[14][①]

　　像坦克旅的情况一样，国防人民委员部也从 1943 年年中开始用 T–34 坦克取代坦克团的轻型坦克，这项工作最终持续到 1944 年 2 月完成。截至这时，机械化旅下属的坦克团和某些独立坦克团已改编成三连制，共有 35 辆 T–34 坦克和 401 人，而其他独立坦克团仍旧采用 39 辆坦克的编制。[15]

　　除了常规的坦克团之外，国防人民委员部从 1942 年后期和 1943 年开始还组建特种使命坦克团，专门用于执行某种重要的战斗任务，如粉碎敌军的野战筑垒工事和清除地雷场等，以利红军快速部队前进。例如，国防人民委员部从 1942 年 10 月开始撤出坦克旅和独立坦克营的 KV 重型坦克，将其编入新的近卫独立突破重型坦克团。国防人民委员部计划在突破敌军预有准备的防御时，使用这种新的重型坦克团作为"地堡破坏器"支援步兵，企图以此避免在这类交战时通常发生的灾难性坦克损失。这种突破重型坦克团编 1 个有 1 辆重型指挥坦克的团部直属队、4 个各装备 5 辆 KV–1 或 KV–2 坦克的重型坦克连、1 个技术保障连、1 辆供团长及其参谋使用的装甲汽车，全团共有 215 人、21 辆 KV 坦克和 1 辆轻型装甲汽车。[16][②]

　　后来，1943 年 6 月，国防人民委员部将某些独立坦克团改编为工程坦克

---

① 译注：按照1943年1月颁布的第010/414号编制表，总人数应是524人，自动枪连有75人。

② 译注：这是1942年10月颁布的第010/267号编制表。装备KV–1S重型坦克时，全团有214人，装备"丘吉尔"重型坦克时，全团有251人。

团，其任务是沿红军的主要突击方向清除地雷场和其他人工障碍物。这种团装备 22 辆 T-34 坦克（其中 16 辆配备滚轮式扫雷器）和 18 辆可以跨越小型水障碍的 PT-3 水陆坦克。[①]从 1942 年 9 月到 12 月，国防人民委员部一共建成 77 个独立坦克团，其中包括 15 个突破重型坦克团。后来，红军坦克团的数量从 1943 年 2 月 1 日的 94 个，增加到 7 月 1 日的 110 个，进而增加到 12 月 31 日的 115 个，其中包括 34 个突破重型坦克团和数个工程坦克团。

坦克军

1941—1942 年冬季战局结束后不久，大本营指示国防人民委员部 1942 年春夏季期间改编和扩充红军汽车装甲坦克兵。这个过程可以分成两个阶段，第一个阶段组建坦克军，主要从 1942 年 3 月到 7 月；第二个阶段组建机械化军，主要从 1942 年 9 月到 11 月。

1942 年 3 月 21 日，国防人民委员部组建红军的首批 4 个坦克军，其番号从第 1 到第 4。这种坦克军在没有增加任何火力和后勤保障的情况下，只是简单地把现有的坦克旅和摩托化步兵旅拼凑在一起，每个坦克军编有 2 个坦克旅和 1 个摩托化步兵旅，编制人数 5603 人和 100 辆坦克，包括 20 辆 KV、40 辆 T-34 和 40 辆 T-70 坦克（1942 年和 1943 年红军坦克军的编制和实力见表 7.4）。

然而，初步的实战验证表明这种坦克军实力薄弱，无法完成所受领的任务，国防人民委员部 4 月为每个坦克军编入第三个坦克旅，并随即开始为每个军增加火力和后勤保障。因此，到 1942 年 7 月，红军已有几个类型的坦克军，实力从 146 辆到 180 辆坦克不等，有一种军的编制当中还出现过 1 个主要装备 KV 重型坦克的坦克旅，而至少在理论上，所有的军都有 8 辆储备的 T-34 坦克。另外，国防人民委员部还在 6 月为每个坦克军增加 1 个油料运输连，7 月增加 1 个近卫火箭炮兵营和 1 个侦察营。从 1942 年 4 月上旬到

---

① 译注：本句应是"这种团装备22辆T-34坦克和18具PT-3滚轮式扫雷器"。按照第010/472号编制表，这种团采用三连制，团长和连长的坦克不挂扫雷器，其余坦克各有一具扫雷器。PT-3是1943年3月投产，供T-34坦克使用的4.8吨滚轮式扫雷器，并非水陆坦克。

12月31日，国防人民委员部总共组建完成28个坦克军，其中包括3月组建的4个、4月的9个、5月的6个、6月的4个、7月的3个和12月的2个（见表7.5）。1942年后期国防人民委员部把其中若干个坦克军改编成机械化军以后，到1943年1月1日，红军还剩下20个坦克军。

1943年年初，红军坦克军编有1个装备3辆T-34坦克的军部、3个坦克旅、1个摩托化步兵旅、1个侦察营、1个近卫火箭炮兵营、1个地雷工兵连、1个油料运输连、2个分别负责修理火炮和坦克的修理连，共有7853人、168辆坦克（其中有98辆T-34和70辆T-70坦克）、38门火炮（其中有24门76毫米野战炮、12门45毫米反坦克炮和2门37毫米高射炮）、52门迫击炮（其中有48门82毫米和4门120毫米迫击炮）和8辆"喀秋莎"多管火箭炮，以及至少在纸面上应有的20辆装甲汽车。这种坦克军比其前身更加强大，但仍然缺少足够的炮火、反坦克、防空和工程保障力量。

坦克军下属的坦克旅编有1个旅部、1个装备1辆T-34坦克的指挥连、1个有31辆T-34坦克的中型坦克营、1个有21辆T-70坦克的轻型坦克营、1个摩托化步兵营、1个有4门76毫米反坦克炮的反坦克歼击炮兵连、1个连级规模的技术保障支队、1个卫生所（排），共计1038人和53辆坦克，包括32辆T-34和21辆T-70坦克。

坦克旅的中型坦克营编有1个营部、1个装备1辆T-34坦克的指挥排、2个中型坦克连（每个连有10辆T-34坦克）、1个保障排，共计151人和21辆T-34坦克；而旅的轻型坦克营编有1个营部、1个装备1辆T-70坦克的指挥排、2个坦克连（每个连有10辆T-70坦克）、1个技术保障排，共计146人和21辆坦克。最后，坦克旅的摩托化步兵营编有1个营部、1个指挥排、2个各有112人的步兵连、1个自动枪连、1个有6门82毫米迫击炮的迫击炮兵连和1个卫生排，共有403人。[①]

坦克军的摩托化步兵旅编有1个旅部班、3个摩托化步兵营、1个82毫

① 译注：上段和本段均有错误。这种坦克旅采用1942年7月31日颁布的第010/270—277号编制，中型坦克营（第010/271号编制表）只有21辆T-34，原文所谓"轻型坦克营"实际是混编坦克营（第010/272号编制表），除2个T-70轻型坦克连之外，还有1个10辆T-34组成的中型坦克连。再加上旅的指挥连（第010/275号编制表）有1辆T-34，因此，全旅共有32辆T-34和21辆T-70。

米迫击炮兵营、1 个 76 毫米加农炮兵营、1 个 37 毫米高射炮兵营、1 个反坦克枪连、1 个自动武器连、1 个侦察连、1 个工程地雷连、1 个指挥连、1 个技术保障连和 1 个卫生排。全旅有 3537 人 [①]，装备 12 门 76 毫米野战炮、12 门 45 毫米反坦克炮、12 门 37 毫米高射炮、30 门 82 毫米和 4 门 120 毫米迫击炮、54 支反坦克枪。由于这种摩托化步兵旅缺少履带式装甲输送车，旅的步兵不得不徒步或搭载在伴随坦克的车体上战斗。

1943 年的前六个月里，国防人民委员部始终不遗余力地加强坦克军及其下属各旅的编制，积极消除坦克军存在的明显缺陷。例如，1 月 10 日，国防人民委员部下令为每个坦克军增加 1 个迫击炮兵团、1 个自行火炮团和 1 个储备坦克支队，并为每个坦克旅增加 1 个由 4 门 37 毫米高射炮和 4 挺 DShK 机枪组成的高射炮兵连。这些新的迫击炮兵团编有 2 个 120 毫米迫击炮兵营，每个营有 3 个连，每个连有 6 门迫击炮，全团共计 36 门迫击炮。自行火炮团编有 6 个炮兵连，共 17 辆 SU-76 或 8 辆 SU-122 自行火炮 [②]。分配给每个坦克军的储备坦克支队尽管在理论上应该有 147 人和 40 辆储备坦克，包括 33 辆 T-34 和 7 辆 T-70 坦克，可是很少能达到齐装满员。最后，国防人民委员部还提高坦克军编成内油料运输连的能力。

通过分析红军在斯大林格勒会战和随后冬季总攻中得到的经验，特别是其快速力量的经验，国防人民委员部从 1943 年 2 月开始改变坦克军和坦克旅的编制，使之能够更有效地在敌军后方纵深作战。具体分成几步实施：首先在 2 月把坦克军直属的工程地雷连扩充为工程工兵营，然后在 3 月将各旅下属高射炮兵连中的高射炮合并成 1 个装备 16 门 37 毫米炮的军直属高射炮兵营 [③]，并将军直属的通信连扩充为通信营。

国防人民委员部 4 月继续推进这个过程，为坦克军增加 1 个有 20 门 45 毫米反坦克炮的反坦克歼击炮兵团、1 个装备 Po-2 [④] 飞机的航空通信支队、1 个车载式野战面包房和 1 个卫生排；5 月又为坦克军增加 1 个有 12 门 76 毫

---

① 译注：1942年4月颁布第010/370—380号编制表给出的人数是3152人。
② 译注：原文如此，"或"应是"和"，这是有25辆自行火炮的混编团，按照1942年12月颁布的第08/158号编制表。
③ 译注：应是团。见《苏军坦克兵作战经验》中译本第63页。
④ 译注：这时仍称作U-2，1944年为了纪念设计者N. N. 波利卡尔波夫去世才改称Po-2。

米或 85 毫米反坦克炮的反坦克歼击炮兵营，并把军直属的混编自行火炮团改编成重型自行火炮团，每个团装备 12 辆 SU–152 自行火炮。[17]

8 月下旬，国防人民委员部用 2 个自行火炮团取代坦克军直属的牵引式反坦克歼击炮兵团和反坦克歼击炮兵营，其中一个是装备 21 辆 SU–76 自行火炮的轻型自行火炮团，另一个是装备 16 辆 SU–122 自行火炮和 1 辆 T–34 坦克的中型自行火炮团。最后，为了提高坦克军的侦察能力，国防人民委员部 11 月将军直属的装甲汽车营改编为摩托车营，每个营编有 2 个摩托车连、1 个坦克连、1 个装甲汽车连和 1 个反坦克歼击炮兵连。[18]

上述措施的叠加效果是：坦克军的人员、坦克和自行火炮的数量翻了一番，军的坦克型号也从 4 种（KV、T–34、T–60 和 T–70 坦克）减少到 1 种（T–34–85 坦克），不但降低技术保障的难度，而且增强坦克的火力和装甲防护力，从而显著提高整个军的战斗力和持续作战能力。不过，这些措施是逐步实施的，1943 年全年仍有许多坦克军在尚未因此完善编制的情况下参加战斗。

机械化军和机械化旅

红军新组建的 2 个坦克军在 1942 年 5 月哈尔科夫交战中的糟糕表现，以及另外多达 14 个坦克军在 1942 年 7 月和 8 月"蓝色"行动初期的类似表现，证明这种军尚不具备持续进攻的能力。不但坦克军编成内的摩托化步兵只有 15 个小型步兵连，缺少足够的运输车辆，实力远不能充分掩护坦克，而且更糟糕的是，坦克军的炮兵也实力薄弱并缺乏机动性，不能在近距离战斗和发展突破时向其所属的军提供炮火保障。

为了解决上述问题，国防人民委员部从 1942 年 9 月开始组建机械化军，这种军的摩托化步兵、炮兵和反坦克支援力量远远超过现有的坦克军。首批 2 个机械化军于 9 月 2 日组建，国防人民委员部 1942 年 12 月 31 日以前又建成 6 个。因为新机械化军的组成部分来自不同途径，并且要根据截然不同的作战地形因地制宜，所以其实际编成也有明显差异（见表 7.6）。

到 1942 年 12 月 31 日，国防人民委员部已建成三种不同类型的机械化军，其核心全部都是围绕 3 个机械化旅、1 个反坦克歼击炮兵团、1 个高射炮兵团、

1个近卫火箭炮兵营、1个侦察（装甲汽车）营、1个工兵营、1个卫生营、1个技术保障（修理和保养）营、1个工程地雷连、1个油料运输连（有些资料认为是移动式修理基地）和1个野战面包房。另外，机械化军的每个机械化旅建制内都有1个坦克团，每个团有39辆T-34坦克。

除了这个共同的核心之外，根据其类型不同，机械化军还有1至2个坦克旅或2个坦克团。第一种类型的机械化军编1个有53辆坦克的坦克旅，全军共有175辆坦克；第二种类型的军有2个坦克旅，每个旅有53辆坦克，全军共有224辆坦克；第三种类型的机械化军有2个独立坦克团，全军共有204辆坦克（1942年和1943年机械化军的编成和实力见表7.7）。[19] 除了1942年组建的前8个机械化军之外，国防人民委员部1943年1月还在坦克第13军的基础上组建近卫机械化第4军，该军1942年10月已按照机械化军的编制完成改编，下辖3个机械化旅和2个独立坦克团，以及通常应有的保障部队和分队。[20]

国防人民委员部1942年9月组建的机械化旅也有两种类型，第一种是独立旅，第二种编入机械化军。所有的机械化旅都编有3个摩托化步兵营、1个或没有坦克团、1个技术保障排、1个汽车运输排和1个管理排（1942年和1943年机械化旅的编成和实力见表7.8）。与坦克军编成内的摩托化步兵旅不同，机械化旅的摩托化步兵营多1个机枪连，反坦克枪连的规模也更大。国防人民委员部起初只在独立机械化旅中编入1个坦克团，但随后在机械化军编成内的机械化旅中也增加坦克团。

无论是在机械化旅建制内，还是作为独立团，坦克团都编有2个三排制的中型坦克连（每个连有11辆T-34坦克）、1个三排制的轻型坦克连（有16辆T-70坦克）、1个反坦克歼击炮兵连、1个侦察排、1个汽车运输连和1个勤务保障排。再加上团部的1辆指挥坦克，这种坦克团的实力是339人和39坦克，其中有23辆T-34和16辆T-70坦克。[21]

像对待坦克军的做法一样，国防人民委员部也在1943年实施重大的编制改革，提高机械化军和机械化旅的战斗力。这个过程开始于1月1日，国防人民委员部规定坦克团是机械化军编成内机械化旅的固定组成部分，并减少坦克团的轻型坦克、增加中型坦克的数量。这种新型坦克团编有3个中型坦克连（每个连有1辆指挥坦克和3个排，每个排有3辆T-34坦克，全连共 10 辆 T-34 坦克）和 1 个轻型坦克连（有 1 辆指挥坦克和 2 个排，每个排有 3 辆 T-70 或 T-60 坦克，全连共 7 辆 T-70 或 T-60 坦克）；再加上团部的 2 辆指挥坦克，全团共有 339 人和 39 辆坦克，其中包括 30 辆 T-34、9 辆 T-70 或 T-60 坦克。[①] 这种新编制还在每个坦克团中增加 1 个自动枪连和 1 个反坦克枪排。1 月下旬，国防人民委员部还在每个机械化军中增加 1 个迫击炮兵团、1 个装备 25 辆 SU-76（或混编 17 辆 SU-76 和 8 辆 SU-122）自行火炮的自行火炮团，以及 1 个储备坦克支队。[22]

　　然而，正如前文所述坦克军的情况一样，因为这些改编工作需要分步骤实施，所以采用新旧几种编制的机械化军和坦克团共同存在数月之久。况且，1943 年 2 月红军机械化军的编制本来就已经是五花八门。虽然全部机械化军都编有 3 个机械化旅、1 个高射炮兵团、1 个反坦克歼击炮兵团、1 个近卫火箭炮兵营、1 个摩托车营或装甲汽车营、1 个修理营、1 个卫生营、1 个工程地雷连和 1 个供应连，但是有些军编 1 至 2 个坦克旅，而另一些军编 2 个独立坦克团。于是，机械化军的实力因其采用的具体编制而各不相同，人数从 13559 人到 15018 人不等，坦克数量从 175 辆到 224 辆不等，支援兵器有 98 门火炮、148 门迫击炮、8 辆"喀秋莎"多管火箭炮。最常见类型的机械化军编有 204 辆坦克，包括 162 辆 T-34 和 42 辆 T-70 坦克。

　　这年 2 月，机械化军编成内的机械化旅编有 1 个旅部和 1 个指挥连、3 个摩托化步兵营、1 个三连制的坦克团、1 个迫击炮兵营、1 个炮兵营、1 个侦察连、1 个自动枪连、1 个反坦克枪连、1 个高射机枪连、1 个工兵地雷连、1 个辎重连和 1 个卫生排。如上文所述，机械化旅的坦克团有 39 辆坦克，因此，机械化旅的总实力达到 3558 人、39 辆坦克、60 门火炮和迫击炮、

　　从 1943 年 2 月开始，国防人民委员部采用类似坦克军和坦克旅的方式改编机械化军和机械化旅。例如，同年 3 月，军直属的高射炮兵团取代国土防空军配属到军的防空团，每个高射炮兵团编有 16 门 37 毫米高射炮和 16 挺

---

　　① 译注：原文如此。339 人是原来的人数，下一句提到人数增加，全团人数是 524 人。团部的 2 辆指挥坦克是 T-34，而不是轻型坦克，全团共有 32 辆 T-34 和 7 辆 T-70。这是 1943 年 1 月颁布的第 010/414 号编制表。原来 339 人的团采用 1942 年 9 月颁布的第 010/292 号编制表。

DShK 高射机枪，军直属的通信连也扩充成完整的营。继 4 月军直属的反坦克炮兵团简单地改称反坦克歼击炮兵团之后，国防人民委员部 5 月在机械化军内编入独立反坦克歼击炮兵营，8 月把军直属的 SU–76 和 SU–122 混编自行火炮团替换成 3 个自行火炮团，其中 1 个团装备 SU–76，1 个团装备 SU–85，1 个团装备 SU–152。到 1943 年年底，这些自行火炮团已全部改编成 21 辆自行火炮的标准编制。[23]

坦克集团军

到 1942 年年中，坦克集团军已成为红军最重要的坦克军团（ob'edinenie），经过专门编组在红军作战方面军的领导下执行战役任务。国防人民委员部从 1942 年 5 月 2 日开始组建这种集团军，起初是带有试验性地尝试建立己方的坦克军团，有能力抗衡和击败令人感到棘手的国防军摩托化（装甲）军。6 月下旬编入大本营预备队的坦克第 3 和第 5 集团军，7 月上旬派往斯大林格勒方面军的坦克第 1 和第 4 集团军，都是以现有诸兵种合成集团军的野战领率机关为核心临时组建的军团。由于没有正式的通用编制表，它们通常编有 2 个坦克军、1 至 2 个步兵师和各种各样的保障部队，有时甚至还编有 1 个骑兵军（见表 7.9）。

1942 年 7 月，为了制止国防军在"蓝色"行动初期向顿河和斯大林格勒推进，大本营安排这 4 个坦克集团军参加战斗。坦克第 5 集团军 1942 年 7 月上旬作为布良斯克方面军的先锋在沃罗涅日以西地区实施反突击，但未能阻止德国人占领这座城市。然后在 7 月下旬，大本营动用 3 个新的坦克集团军（坦克第 5、第 1 和第 4 集团军）在沃罗涅日以西和斯大林格勒接近地实施协调一致但极其失败的反突击。[24] 再后来，1942 年 8 月，大本营又动用坦克第 3 集团军的坦克第 12 和第 15 军，并加强以坦克第 3 军，在朱可夫麾下西方面军第 16 和第 61 集团军在奥廖尔以北的日兹德拉河沿岸发起一场失利的进攻战役 [①] 时担任先锋。

---

① 译注：这是一场成功的反突击，详见第三章"战役机动"处的译注。

红军这 4 个新的坦克集团军全都在战斗中表现不佳，主要原因不仅是其司令员缺少实施大规模坦克战的经验，还有这种集团军古怪地混编着履带式装甲车辆和徒步的步兵，有时还有马背上的骑兵，使得其在快速运动战中很难有效地指挥控制和协同。因此，按照大本营的指示，国防人民委员部 9 月解散坦克第 1 集团军，使用其野战领率机关组建新的西南方面军，11 月将坦克第 4 集团军的余部改编为新的第 65 集团军。

尽管 1942 年 7 月和 8 月遭到失败，可是大本营在这年后期和 1943 年年初使用坦克第 3 和第 5 集团军却获得较大的成功。经过 8 月上旬的解散和 9 月的重新组建，坦克第 5 集团军的坦克第 1 和第 16 军在斯大林格勒反攻期间作为西南方面军推进时的先锋，在合围德国第 6 集团军于斯大林格勒时发挥重要作用。继 1942 年 12 月上旬未能突破德国人沿奇尔河布设的防御之后，1942 年 12 月下旬，经过重新编组的坦克第 5 集团军的近卫坦克第 1 军、坦克第 1 军、机械化第 5 军和骑兵第 8 军作为西南方面军的主要突击力量前出至米乌斯河。[25]1943 年 4 月中旬，大本营在坦克第 5 集团军的快速军转隶其他军团之后，将其改编成新的第 12 集团军。[26]

经过 8 月战败后的几个月休整补充，坦克第 3 集团军在 1943 年 1 月的奥斯特罗戈日斯克—罗索什进攻战役期间率领西南方面军推进，2 月率领沃罗涅日方面军穿过哈尔科夫向前推进。然而，1943 年 3 月曼施泰因的反攻期间，坦克第 3 集团军遭到合围并被歼灭，大本营将其余部改编为新的第 57 集团军。①

大本营 1943 年 1 月 10 日组建坦克第 2 集团军，这是第五个也是最后一个采用旧编制的坦克集团军，编有坦克第 11 和第 16 军，步兵第 60、第 112 和第 194 师，步兵第 115 旅、滑雪第 28 旅、近卫坦克第 11 旅和若干个保障部队。[27] 这个坦克集团军在 1943 年 2 月和 3 月失利的奥廖尔—布良斯克—斯摩棱斯克进攻战役期间担任中央方面军向库尔斯克以西进攻的先锋。

---

① 译注：坦克第3集团军改编成第57集团军是苏联官方的说法，见《苏联军事百科全书》。但俄译者提出一种新说法：4月确实做出过把坦克第3集团军改编为第57集团军的决定，但一个月后，斯大林与集团军首长（司令员 P. S. 雷巴尔科和军事委员会委员 S. I. 梅利尼科夫）个人交谈之后撤销了该决定。根据大本营5月14日的命令，坦克第3集团军按照坦克集团军的新版编制表改编成近卫坦克第3集团军，同时保留主要首长（仅更换了参谋长）以及核心成分的坦克第12和第15军。有关该集团军改编的更多详情，请参阅：S. I. 梅利尼科夫，《雷巴尔科元帅》（基辅：乌克兰政治出版社，1980年版）；D. 沙因，《雷巴尔科指挥的坦克》（莫斯科：Яуза，Эксмо，2007年版）。

首批五个临时编组坦克集团军的战斗表现之所以不能令大本营感到满意，主要是因为其编成内军队的机动能力不统一，这些集团军也没有足够的炮火保障和后勤保障。因此，经过总参谋部对 1942 年下半年坦克集团军战役的研究和分析，国防委员会 1943 年 1 月 28 日命令国防人民委员部组建新型坦克集团军，它们普遍采用的结构编制应当解决上述问题。

这种集团军应编有：

作战兵团和部队，包括1个坦克军、1个机械化军、1个摩托车团、1个反坦克歼击炮兵团、1个榴弹炮兵团、1个近卫火箭炮兵团和1个高射炮兵营；保障部队，包括1个通信团、1个（装备Po-2飞机的）航空通信团和1个工程兵营；后勤部队和分队，包括1个汽车运输团、2个修理（技术保障）营；若干个执行医疗卫生、给养供应、物资运输、收集、装配和抢救车辆等勤务的支队和部队；以及供应油料（燃油和润滑材料）、弹药、通信设备和化学防护装备的野战设施。

坦克集团军的编制人数为46000人，其坦克数量为648辆至654辆。[28]

然而，就像战争最初两年里屡见不鲜的事情一样，大本营并没有足够资源按照其 1 月训令的内容组建很多个坦克集团军，只能先命令国防人民委员部 1 月 30 日在西北方面军编成内组建第一个新型坦克集团军，即第二次组建的坦克第 1 集团军；然后又命令国防人民委员部 1943 年 7 月前再组建 5 个坦克集团军；但到 2 月和 3 月又将其中的 1 个，即刚组建不久的近卫坦克第 4 集团军解散（见表 7.10）。因此，国防人民委员部只能在条件允许的情况下组建新坦克集团军，并尽可能地为其配齐编制人员。不过，战争的剩余时间里，这些集团军很少能够达到国防委员会 1943 年 1 月训令所规定的理想编制。到 1944 年 1 月，国防人民委员部才建成第六个，也是战时的最后一个坦克集团军。

红军的 5 个坦克集团军在 1943 年 7 月以后的实际编成有很大变动，特别是其编成内坦克军和机械化军的数量和番号，而战斗保障和后勤保障部分保持相对稳定（见表 7.11）。

　　1943 年下半年，坦克集团军通常以 2 至 3 个坦克军或机械化军为核心，支援和保障力量包括 1 个独立坦克旅或 1 至 2 个坦克团、1 个或几个自行火炮团、1 个摩托车团、1 个近卫火箭炮兵团、1 个至 2 个反坦克歼击炮兵团（在较少情况下是其他类型的炮兵团）、1 个高射炮兵师、1 个摩托化工程兵营、1 个独立通信团、1 个航空通信团和若干个后勤保障分队。

　　独立坦克旅和（或）坦克团（通常拥有近卫称号）充当坦克集团军司令员掌握的坦克预备队，并在战役发展阶段协助发展胜利，加强在前方战斗的快速军，掩护集团军的薄弱侧翼，或编入集团军先遣支队（peredovoi otriad）担任追击行动的先锋。坦克集团军直属的摩托车团（个别情况下是 1 个摩托车营或装甲汽车营）为坦克集团军及其编成内各军实施侦察。最后，高射炮兵师负责掩护坦克集团军免遭空中突击，自行火炮团、近卫火箭炮兵团和反坦克歼击炮兵团在坦克集团军向前沿开进和发展突破时提供伴随的炮火保障。

　　像红军的其他军团和兵团一样，国防人民委员部也在 1943 年年底之前大幅度增加坦克集团军的实际炮火保障能力。除了如上所述加强坦克军和机械化军以及其编成内坦克旅、机械化旅和坦克团的实力之外，国防人民委员部还在 1943 年 4 月 10 日的训令中为坦克集团军新编入许多炮火保障部队，力求改善集团军的持续战斗能力。这些部队包括 2 个反坦克歼击炮兵团（每个团有 20 门 76 毫米加农炮）、2 个迫击炮兵团（每个团有 36 门 120 毫米迫击炮）、2 个混编自行火炮团（每个团有 9 辆 SU–76 和 12 辆 SU–122 自行火炮）、至少 2 个高射炮兵团（每个团有 16 门 37 毫米高射炮和 16 挺 DShK 机枪，这 2 个团最终合并扩充成 1 个完整的高射炮兵师）、1 个有 24 辆 BM–13 多管火箭炮的近卫火箭炮兵团。这些部队使整个坦克集团军的炮火保障能力增加到 700 余门火炮和迫击炮。[29]

　　到 1943 年年底，战斗经验已充分表明坦克集团军编成内只有 1 个摩托化工程兵营，其编成内的 3 个连和 1 个技术排在不得到额外加强的情况下无力完成横渡河流等复杂任务，因此，国防人民委员部 1944 年用完整的独立工程兵旅取代这种营。[30]坦克集团军的独立通信团负责为整个集团军提供全部通信，编有 2 个独立线路连、1 个独立电报架设连或 1 个独立电报管理连。另外，每个坦克集团军还编有 1 个装备 Po–2 轻型侦察机的航空通信团，负责为坦克集团军提供与其他集团军、上级方面军和下级各军之间的空中通信。[31]

坦克集团军无论有多少辆坦克，都需要大量的后勤保障才能有效而持久地战斗，特别是汽车运输和技术保障，燃油、润滑材料和备件的供应，损坏装甲车辆和卡车等装备的收集、后送和修理。为了满足运输和供应的需要，到 1943 年 7 月，坦克集团军已编有 2 至 4 个汽车运输营（后来是 1 个完整的汽车运输团），并根据其编成内军的个数，编有 2 至 3 个油料（GSM）运输连，向它们提供燃油和润滑材料的后续供应。尽管如此，由于红军长期缺少卡车等运输车辆，坦克集团军及其编成内各军还是只能得到其编制车辆的 70%—80%，具体是每个坦克集团军的直属部队应有 1849 台卡车和其他车辆，实有 1300—1400 台；其编成内的每个军应有 1456 台，实有 1100—1150 台。[32]而拖拉机的供应量甚至更少，以至于许多坦克集团军下属的军和旅根本就没有列装。

战斗行动之前和期间，坦克集团军需要一些分队来控制其下属军队沿道路运动，并为其供应长时间纵深战斗所需的燃油、润滑材料、弹药和其他关键物资。因此，国防人民委员部从 1943 年 1 月开始在坦克集团军的编制中增加管理坦克、火炮、汽车、工程设备、给养、化学防护装备、技术、卫生、兽医、被装、战利品（缴获物资）和道路警备勤务（道路保障和交通指挥）的支队，通信、燃油和润滑材料的设施，以及集团军基地（仓库）分队，来履行这些重要的后勤职能。[33]

同样重要的是损坏坦克、自行火炮、火炮和卡车的收集、后送、修理和抢救工作，特别是在战斗期间。同样从 1943 年 1 月开始，国防人民委员部为坦克集团军配备 2 个综合修理（技术保障）营、2 至 3 个装备重型拖拉机的后送连、1 至 2 个用于装配和保护损坏战斗车辆的收集站。同年下半年，这些分队共完成坦克集团军所需全部野战小修和中修的 85%。

坦克集团军的编制虽然出现上述改变，但是国防人民委员部推行这些措施的进度缓慢而不同步。因此，尽管坦克集团军的平均实力每年都在增加，从 1943 年的 450—500 辆坦克和近 4.6 万人增加到 1945 年的 700 辆坦克和 5 万人，但具体到任何一年之内，坦克集团军之间的实力差别还是相当大（见表 7.12 和 7.13 ）。

摩托雪橇营

红军装甲坦克和机械化兵编制中最别出心裁的部队之一是摩托雪橇（aerosanyi）营，这是国防人民委员部从 1942 年 1 月开始组建的一种营，用来为滑雪部队加强火力和装甲防护。国防人民委员部在 1942 年 1 月之前共建成 18 个摩托雪橇营，同年 5 月之前共有 49 个。

摩托雪橇营编有 1 个装备 10 台货运雪橇的指挥供应连、3 个各装备 10 台战斗摩托雪橇的战斗连。摩托雪橇连由连部的 1 台雪橇和 3 个摩托雪橇排组成，每个排有 3 台摩托雪橇。因此，摩托雪橇营的总兵力约有 100 人，装备约 45 台 NKL–16 式或 NKL–26 式摩托雪橇。NKL–16 式摩托雪橇由 1 个安装在 4 条滑雪板上的装甲机枪塔组成，配备 1 挺 7.62 毫米机枪；由 1 台后置的飞机发动机和螺旋桨提供动力，可以搭载 4 至 5 名乘员。NKL–26 式摩托雪橇配备同样的武器，但动力更强大，装甲更厚。

在冬季积雪条件下难以通行的地形战斗期间，红军的作战方面军和集团军使用摩托雪橇营实施冬季袭击战，与敌军滑雪部队交战，运送给养物资，并且经常与标准的滑雪营和滑雪旅保持密切协同动作。[34]1942 年 7 月 1 日以前，国防人民委员部解散全部的摩托雪橇营，因为当时温暖的天气已使它们毫无用武之地；而到 1942 年秋季后期又一次组建这种营。后来，这种营只在冬季通常被大雪覆盖的森林地区使用。摩托雪橇营的编制和实力从未改变，而它们在红军中的数量从 1943 年 2 月 1 日的 62 个，减少到同年年底的 57 个，到 1944 年 6 月已不复存在。

装甲汽车和摩托车部队

战争前夕，红军计划在战时使用装甲汽车、摩托车的部队和分队，加强作战方面军和集团军编成内常备步兵和骑兵侦察部队的侦察力度。由于苏联工业在战争开始前未能生产出可靠的装甲汽车，摩托车是大多数侦察部队的首选车辆。尽管如此，战争开始后，国防人民委员部还是在 1941 年使用过时的旧式装甲汽车建成若干个装甲汽车营。依靠这些旧式车辆和缴获的德国车辆，红军 1942 年 1 月 1 日建成的装甲汽车营有 1 个，1942 年 7 月 1 日有 5 个，1943 年 1 月 1 日有 20 个。

如果说装甲汽车的供应在战争前夕不能满足红军需要，那么摩托车就另当别论。"巴巴罗萨"行动开始时，红军在29个机械化军中各编有1个摩托车团，而到1941年8月国防人民委员部解散机械化军之后，仍有12个摩托车团留在大本营预备队当中。后来，红军摩托车团的数量先后降至1942年1月1日的7个，1942年7月1日的5个，1943年1月1日的1个。

到1942年后期，红军摩托车团编有3个摩托车步兵连、1个装备18门50毫米迫击炮的迫击炮兵连、1个有4门45毫米炮的反坦克歼击炮兵连、1个有4辆装甲汽车的装甲汽车连和若干个小型的后勤保障分队，全团约有900人。每个摩托车步兵连编有3个步兵排和1个自动枪排，共有180人，装备54挺冲锋枪、9挺轻机枪和4挺中型机枪。

国防人民委员部还在1942年组建独立摩托车营，其主要任务是实施侦察和巡逻，确保快速兵团之间的通信联系，并提供道路警备勤务（指挥和调度交通）。这种实力略显薄弱的营由2至3个摩托车步兵连和1个有287人的装甲汽车连组成。[35]国防人民委员部在1942年3月至9月之间共建成19个这种营，但后来将其中的大多数编入红军的坦克军和机械化军。红军的摩托车营数量从1942年1月1日的1个，增加到1942年7月1日和1943年2月1日的16个。

最后，国防人民委员部还在1942年5月组建过1个摩托车旅，并将其编入西方面军，苏德战争期间只组建过一个这样的旅。这个三营制的旅只存在较短时间，国防人民委员部1943年2月便将其解散。[36]

像摩托雪橇营一样，高强度的战争也使红军实力薄弱的装甲汽车营毫无用武之地。虽然1943年2月1日红军还编有20个这种分队，但到同年年底，这个数字已降至仅8个。国防人民委员部从这些解散的分队中抽出大部分装甲汽车，重新分配给新的坦克军和机械化军。

另一方面，国防人民委员部1943年加强坦克集团军、坦克军、机械化军、独立坦克旅、独立摩托化步兵旅、独立机械化旅和独立坦克团的同时，也不断强化摩托车部队的实力。例如，国防人民委员部从1943年3月开始使用新编制组建3个新型摩托车团。这种团编有1个由3个摩托车步兵连组成的摩托车营、1个三连制的反坦克歼击炮兵营（其中2个炮兵连各有4门45毫米反坦克炮，1个炮兵连有4门76毫米反坦克炮）、1个有16辆T-70轻型坦克（后改成 10 辆 T–34 中型坦克）的坦克连、1 个工兵连和 1 个装备租借 M3A1 侦察车的装甲人员输送车连。[37] 从 1943 年 2 月 1 日到 1943 年 12 月 31 日，红军摩托车团的数量从 5 个增加到 8 个。

1943 年夏季，国防人民委员部还改编和加强摩托车营，把坦克连改编成 10 辆 T–34 坦克，并把摩托车营中的 1 个摩托车步兵连替换成装甲人员输送车连，使全营人数增加到 451 人。[38] 尽管采取上述措施，红军的摩托车营个数也从 1943 年 2 月 1 日的 16 个增加到 1943 年 7 月 1 日的 19 个，但到 1943 年 12 月 31 日这个数字还是锐减至 4 个。

装甲列车

除了适合执行野战任务的装甲坦克和机械化兵之外，红军还在整场战争期间使用相当数量的独立装甲列车营和独立装甲列车。尽管从国内战争期间的广泛运用来看，这种营和独立列车已经落后于时代，但苏联不发达时公路网还是足以证明它们有存在的必要。

战争开始后，国防人民委员部通常为每个作战方面军配属 1 至 2 个装甲列车营，有时还为个别集团军配属 1 个营。1941 年 6 月红军只有 7 个装甲列车营，而在这年年底之前，国防人民委员部又新建成 33 个营和 3 列独立装甲列车。后来，装甲列车营的数量激增至 1942 年 7 月 1 日的 64 个，1943 年 2 月 1 日的 62 个，1943 年 7 月 1 日的 66 个和 1943 年 12 月 31 日的 61 个。

每个装甲列车营编有 1 列装甲列车，由 1 台装甲机车、2 节或更多节装甲轨道车厢或装甲火炮平台、2 节或更多节装甲指挥与控制轨道车厢组成。[39] 每列装甲列车通常配备 1 至 2 门高射炮和 4 至 8 挺重型高射机枪。虽然装甲列车营通常会向陆军提供全般火力支援，但其主要任务是掩护重要铁路设施和枢纽免遭德国空军的空中打击。某些情况下，装甲列车也会安装多管火箭炮，向陆军提供全般面积火力支援。

骑兵

尽管骑兵同样看起来落伍过时，但红军在战争初期还是严重依赖骑兵，特别是要发挥其进攻作用，因为红军汽车装甲坦克兵这时已陷入混乱，骑兵后来又证明自己有能力通过崎岖地形有效战斗。于是，骑兵为红军1941—1942年冬季在莫斯科、1942年11月和12月在斯大林格勒、1943—1944年冬季在乌克兰、1944年夏季在白俄罗斯和1945年8月在满洲取得的胜利都做出了重大贡献。

至少在某种程度上，这种现象的原因之一来自斯大林对骑兵的钟爱，这种钟爱可以一直追溯到国内战争时期他在著名的S. M. 布琼尼骑兵第1集团军担任政治委员。[①]更重要的是，战斗经验证明，骑兵在得到巧妙指挥和坦克加强的情况下是一种强有力的进攻工具，特别是与大型坦克兵团和机械化兵团实施合同战斗的时候。另外，骑兵的机动能力使自己能够克服苏联欠发达的道路网，更有效地实施机动，特别是在冬季、崎岖地形和恶劣气象条件下。因此，红军在整场战争期间都保留规模庞大的骑兵，并有效地加以运用，特别是在不可能使用大型坦克兵团和机械化兵团的地区实施进攻。

战争前夕，红军的军队结构中有4个骑兵军和13个骑兵师，共8万人。其中，骑兵第2、第5和第6军共有6个骑兵师，是苏联西部作战军队的一部分，编有3个骑兵师的骑兵第4军驻扎在中亚细亚军区，其余4个骑兵师归各内地军区或非作战方面军直属。最后要提到的是，上述骑兵师当中，有4个师采用山地骑兵师的编制。

像1941年6月红军军队结构中的其他组成部分一样，红军的骑兵军和骑兵师虽然纸面上看起来是堂堂之师，但是实力相当薄弱。标准的骑兵军编有2个骑兵师、1个通信中队和非常有限的保障部队，总人数有19430人，装备16020匹马、128辆BT-5轻型坦克、36至44辆装甲汽车、64门76毫米野战炮、32门45毫米或76毫米反坦克炮、40门37毫米高射炮、128门50毫米和82毫米迫击炮、1270台车辆和42台拖拉机（1941年—1943年骑兵军的编制和实力见表7.14）。[40]

骑兵军编成内的骑兵师或独立骑兵师都编有4个骑兵团（每个团有5个骑兵中队和1个机枪中队）、1个编有3个中队的轻型坦克团、1个骑炮兵营、

---

① 译注：原文如此。斯大林担任的是该集团军所属方面军的革命军事委员会委员。

1个高射炮兵营、1个反坦克炮兵营、1个侦察营、1个通信中队、1个工兵中队，以及负责对化学防御、运输和供应的分队，总实力为9240人、7940匹马、64辆BT-5轻型坦克、18辆装甲汽车、32门76毫米或122毫米野战炮、16门45毫米反坦克炮、20门37毫米高射炮、64门50毫米或82毫米迫击炮（1941年—1943年骑兵师的编制和实力见表7.15）。[41]山地骑兵师的编制比正规骑兵师略小，只编3个骑兵团和1个轻型坦克中队，而不是4个骑兵团和1个完整的坦克团。

"巴巴罗萨"行动开始后的几天之内，国防军便在比亚韦斯托克以东歼灭骑兵第6军，并在乌克兰重创骑兵第5军。这场大屠杀之后，国防人民委员部1941年7月6日通过缩减骑兵军的规模、实力、数量和骑兵师规模，大幅度削减红军骑兵。具体措施是从骑兵师的编制中撤销1个骑兵团、坦克团、高射炮兵营和全部非战斗保障分队，师直属的炮兵营和通信中队也缩减一半。

新型的骑兵师编有3个骑兵团、1个骑炮兵营、1个通信中队、1个工兵中队、1个弹药中队、1个供应中队、1个化学防护中队和1个卫生中队，总人数约4200人。师属骑兵团编有4个骑兵中队、1个机枪中队、1个有4门76毫米野战炮和4门45毫米反坦克炮的炮兵连、1个防空排、1个工兵排、1个通信排、1个运输排、1个卫生排和1个兽医排，总人数约900人。师属骑炮兵营有2个76毫米炮兵连和2个120毫米迫击炮兵连。虽然独立骑兵师按照编制应有1个由10辆T-40轻型坦克和装甲汽车组成的坦克中队，但是严重缺少坦克导致这个中队实际上并未建成。

1941年12月31日以前，为了节约人力和马匹，国防人民委员部还组建过一些新型的轻骑兵师，每个师有3447人。这种轻骑兵师同样编有3个骑兵团、1个三连制炮兵营（1个连装备4门M-27型76毫米火炮、1个连装备4门M-39型76毫米火炮、1个连装备4门82毫米迫击炮）、1个规模减半的通信中队和少数后勤保障分队。师属轻骑兵团编有4个骑兵中队、1个装备128挺冲锋枪的自动枪中队、1个装备4门76毫米炮和2门45毫米炮的炮兵连、1个有7支反坦克枪的反坦克枪排、1个工兵排、1个卫生班和1个供应班。[42]

从 1941 年 7 月到 12 月，国防人民委员部共组建 82 个新的骑兵师，其中有 6 个是轻骑兵师，并在当年年底之前把许多个骑兵师合编成新的骑兵军。这使红军骑兵军的个数在 1942 年 1 月 1 日达到 7 个，而骑兵师达到 82 个。另外，1942 年 1 月 1 日以前，国防人民委员部还建成 7 个独立骑兵团，其中大部分团用于在不适合动用整个骑兵军和骑兵师的地区战斗。实践证明，这些骑兵军和骑兵师在 1941 年夏末的战斗、接下来的莫斯科会战和 1941—1942 年红军冬季总攻期间发挥的作用无可估量，它们作为更重型快速力量的替代品在进攻战役中担任先锋，并向国防军后方纵深发展突破。[43] 红军骑兵军、骑兵师和骑兵团的数量在这次冬季总攻的后期，即 1942 年 2 月达到最高峰，共有 17 个骑兵军、87 个骑兵师和 2 个独立骑兵团。

1942 年全年，国防人民委员部始终致力于充实骑兵军和骑兵师的结构。当年 6 月，平均每个骑兵军编有 3 个骑兵师、1 个有 12 门 76 毫米野战炮的骑炮兵营、1 个有 12 门 37 毫米高射炮的高射炮兵营、1 个有 12 门 45 毫米反坦克炮的反坦克炮兵营、1 个有 20 门 120 毫米迫击炮的迫击炮兵团、1 个通信营、1 个卫生排、1 个兽医排、1 个供应排和 1 个化学防护排，外加 1 个小型教导营，总兵力约有 14000 人。同时，骑兵师编有 3 个骑兵团、1 个有 12 门 76 毫米野战炮的骑炮兵营、1 个有 12 门 45 毫米反坦克炮的反坦克炮兵营、1 个有 6 门 37 毫米炮的高射炮兵连、1 个通信中队、1 个工兵中队和若干个保障分队，总兵力为 4619 人。[44]

根据 1941 年和 1942 年获得的经验，大本营 1943 年通常赋予骑兵军及其编成内骑兵师的任务是向敌军纵深发展突破，通常与发展突破的坦克兵团和机械化兵团协同动作。根据国防人民委员部 1943 年 2 月颁布的新编制表，5 月以前，骑兵军统一改编成下设 1 个军部、3 个骑兵师、1 个反坦克歼击炮兵团、1 个自行火炮团、1 个高射炮兵团、2 个迫击炮兵营、1 个通信中队、1 个卫生排、1 个化学防护排、1 个内务人民委员部的排、1 所野战医院、1 所兽医医院、1 个教导营和若干个小型的保障分队，编制实力为 21000 人、19000 匹马和 117 辆坦克。[45]

2 月版的编制表同样加强骑兵师的力量。至少从纸面上看，骑兵师应编有 1 个师部、3 个骑兵团、1 个坦克团、1 个火炮—迫击炮团（装备 8 门 76

毫米野战炮、18 门 120 毫米迫击炮和 10 挺 DShK 机枪）、1 个有 18 挺 DShK 机枪的高射机枪营、1 个侦察营、1 个工兵中队、1 个通信中队、1 个卫生排、1 个化学防护排、1 个兽医排和若干个小型的保障分队，整体实力为 6000 人、4770 匹马、23 辆 T–34 坦克和 16 辆 T–70 坦克、44 门 76 毫米野战炮、12 门 45 毫米反坦克炮、18 门 120 毫米迫击炮、36 门 82 毫米迫击炮、28 挺 DShK 机枪和 112 支反坦克枪。[46]

同时，骑兵团编有 4 个骑兵中队、1 个装备 4 门 76 毫米野战炮的炮兵连、1 个有 4 门 45 毫米反坦克炮的反坦克歼击炮兵连、1 个有 12 门 82 毫米迫击炮的迫击炮兵连、1 个侦察排、1 个工兵排、1 个通信排、1 个卫生排、1 个化学防护排和 1 个保障排，总人数为 1138 人。坦克团编有 2 个中型坦克连（共 23 辆 T–34 坦克）和 1 个有 16 辆 T–70 坦克的轻型坦克连，全团人数为 352 人。

按照 2 月的训令，国防人民委员部 1943 年全年都在加强骑兵军和骑兵师的实力，例如，4 月和 5 月骑兵军的编制新增加 1 个高射炮兵团，6 月增加 1 个近卫火箭炮兵团，8 月又增加 1 个自行火炮团。与此同时，军直属的侦察和通信分队也分别扩充为完整的营，并增加新的后勤分队和 1 所移动式野战医院。作为上述加强措施的结果，1943 年后期，骑兵军的平均实力达到 21000 人和 18000 匹马。

然而，由于马匹和其他装备的长期短缺，国防人民委员部无法及时将上述措施付诸实施。结果，许多骑兵军和骑兵师仍然按照旧编制作战长达数月之久。为了弥补坦克力量的不足，大本营或作为上级的方面军和集团军，经常为骑兵军加强独立坦克团或坦克旅。从 1943 年秋季开始，骑兵军往往与机械化军组成骑兵机械化集群，或者与步兵师和步兵旅组成骑兵—步兵集群，通常在骑兵军军长的指挥下共同作战。

由于红军骑兵军容易遭受国防军火炮、坦克和飞机的火力袭击，再加上可用人员和马匹的数量逐渐减少，国防人民委员部 1942 年 7 月 1 日把骑兵的规模缩减到 12 个骑兵军、46 个骑兵师和 7 个骑兵团；1943 年 2 月 1 日又减到 10 个骑兵军、30 个骑兵师和 3 个骑兵团；进而是 1943 年 12 月 31 日的 8 个骑兵军和 26 个骑兵师。尽管数量有所减少，但战争的剩余时间里，骑兵还是红军快速诸兵种合成战斗集体中不可或缺的重要组成部分。

作战实力

装甲坦克和机械化兵

正如步兵的情况一样，战争的前 30 个月里，红军的快速力量也经常在没有按建制配齐武器装备的状况下战斗。但与步兵不同的是，"巴巴罗萨"行动前夕，红军的 29 个机械化军和 4 个骑兵军大部分都能达到满员，有时还能超过编制规定。尽管如此，除了明显的几个例外，这些机械化军及其编成内的坦克师和摩托化师全都严重缺少编制规定的武器，特别是坦克、卡车、拖拉机和机动车辆。

国防人民委员部向机械化军分配坦克和其他装备时，显然会考虑每个军的番号和所处地理位置的战略重要性（见表 7.16）。例如，番号较小的机械化军（如第 1 至第 8 军）实有坦克一般能达到较大满编率，而番号较大的机械化军（如第 17、第 20、第 21 和第 26 军）满编率要小得多。[47] 同一个军区内，机械化军番号与坦克数量之间的这种反比关系同样成立。[48] 这种反比关系也适用于新式 KV 重型坦克和 T-34 中型坦克的分布，因为番号较小的机械化军似乎能优先分配到新坦克（见表 7.17）。[49]

另外，尽管这些机械化军的编制很大，可是全都缺少必要的后勤保障和接受过训练的人员。油料和弹药供应不足，许多坦克炮没有校靶，不能射击，大多数机械化军的坦克驾驶员只接受过极短时间的训练，甚至干脆没有。结果，战争开始两天后，机械化第 3 军坦克第 2 师的某 KV 坦克营在立陶宛的拉塞尼艾与德国第六装甲师交战时，只能奉命撞击敌军坦克，因为该营的 30 辆 KV 坦克都没有校靶，无法开火。[50] 这个师，乃至分别在白俄罗斯的格罗德诺附近和乌克兰的利沃夫以北参加战斗的机械化第 6 和第 4 军，全都很快耗尽燃料油和弹药。[51] 在乌克兰的另一个地方，机械化第 22 军坦克第 41 师的 31 辆 KV 坦克误入沼泽地带并损失殆尽 [①]，而拥有 56 辆 KV 和 100 辆 T-34 坦克的机械化第 8 军坦克第 12 师在杜布诺附近进攻时耗尽燃料油和弹药。[52] 上述每一个战例中，缺乏经验的指挥员、训练水平低下的战士和极其糟糕的

---

① 俄译注：作者有所误会，坦克第 41 师陷入沼泽的这批坦克是 T-26，后来平安脱险。

后勤保障都成为给机械化军带来厄运的原因之一。

仅在战争最初的四个星期之内，国防军的装甲兵就已在推进过程中重创红军的快速力量。大本营 8 月解散幸存机械化军的决定是这个悲惨事实的直观反映。破坏的程度是如此严重，以至于大本营都无法为夏季后期新组建的 100 系列坦克师、小型的坦克旅和坦克营配齐装备。结果，到 1941 年 10 月 1 日，红军大多数坦克师、坦克旅和坦克营的坦克数量都远远少于编制数量的 50%（见表 7.18）。接下来红军在 10 月上旬维亚济马和布良斯克的惨败只会使这种状况雪上加霜，迫使大本营只能使用屈指可数的几个坦克旅和坦克营保卫莫斯科，它们的平均坦克数量只能达到编制数的 6%—40%。

大本营只有付出巨大努力，才能建成少量独立坦克旅和坦克营，在红军 1941 年 12 月的莫斯科反攻中担任先锋。这些小型坦克兵团和部队平均能够达到其编制实力的约 60%，虽然足以支援步兵推进到一定程度，但是远不能满足在国防军防御纵深持续战斗的需要。因此，1941—1942 年冬季总攻期间，红军方面军司令员和集团军司令员在进攻中主要依赖脆弱的骑兵军和空降兵军实施纵深发展，结果只是证明这两种军同样不能长时间维持纵深战斗。

红军艰难挺过 1941—1942 年冬季战局之后，国防人民委员部开始在红军内建立更大规模的坦克力量。尽管 1942 年春季新组建的坦克军、独立坦克旅和坦克营能够达到或接近齐装满员，但正如红军在 5 月的哈尔科夫和"蓝色"行动开始阶段的惨败明确显示，这些兵团和部队虽有强大的坦克实力，但仍旧缺少经验丰富的指挥员和训练有素的战士。

随着"蓝色"行动的展开，大本营开始使用其新组建的坦克集团军和坦克军正面迎击推进中的国防军。例如，7 月和 8 月上旬，布良斯克方面军的坦克第 2、第 7 和第 11 军在新组建的坦克第 5 集团军统一指挥下，与另外几个独立坦克军一起在沃罗涅日附近实施收效甚微的反突击，并与斯大林格勒方面军编成内坦克第 1 和第 4 集团军的坦克第 1、第 13、第 23 和第 28 军在斯大林格勒以西顿河沿岸的失利反突击协同动作。8 月，位于更北面的西方面军独立坦克第 3 和第 10 军、坦克第 3 集团军编成内的坦克第 12 和第 15 军在日兹德拉和博尔霍夫附近实施反突击，坦克第 6 和第 8 军在勒热夫西南担任西方面军进攻中的先锋。上述全部战例中，指挥控制不力、军队训练和后勤保障的不足，不仅限制红军未能取得更大的胜利，还造成严重的坦克损失。

1942 年 11 月中旬，虽然在勒热夫附近和斯大林格勒参加红军两场重大反攻的大多数坦克集团军、坦克军、机械化军和骑兵军都能达到齐装满员，但是其实力在战役初期便迅速削弱。例如，坦克第 5 集团军的坦克第 1 军担任西南方面军在斯大林格勒以西进攻中的先锋，其坦克实力从 11 月 19 日的 170 辆锐减至 11 月 25 日的 20 辆；经过补充，到 12 月 1 日回升至近 100 辆坦克，12 月第一个星期里又在奇尔河沿岸的战斗中损失这些坦克的半数以上。同样，沃罗涅日方面军和西南方面军的坦克第 17、第 18、第 24、第 25 军和近卫机械化第 1 军在 1942 年 12 月红军沿顿河中游的进攻中担任先锋，战斗两个星期便已损失 90% 的坦克，主要原因是机械故障和后勤问题，而不是德国人的抵抗。[53]

1943 年 1 月中旬，在奥斯特罗戈日斯克—罗索什进攻战役中担任沃罗涅日方面军的先锋的坦克第 3 集团军，原有的 479 辆坦克在两个星期的战斗中损失 314 辆，大部分都是正常使用造成的简单损耗。这个坦克集团军 1 月 29日向哈尔科夫重新发起进攻时有 165 辆坦克（还有 122 辆各种程度损坏待修的坦克），到 2 月 27 日已减少到 27 辆，3 月上旬遭到曼施泰因麾下党卫队装甲军实施的反突击而全军覆没 [①]。同一时期，西南方面军把 4 个严重减员的坦克军合编为"波波夫"战役集群（以其司令员的姓氏命名），该集群 1 月 28日开始向顿巴斯地区发起进攻时尚有 212 辆坦克，到 2 月 16 日已降至 145辆坦克，2 月 19 日只剩下 40 辆坦克，随后，遂行反击的德军装甲兵只经过不到一个星期的激烈战斗便彻底歼灭波波夫的集群。

同样是 1943 年 2 月中旬，新组建的坦克第 2 集团军在中央方面军由库尔斯克地区向西发起的奥廖尔—布良斯克—斯摩棱斯克进攻战役中担任先锋。2 月 15 日战役开始时，该集团军的坦克第 11 和第 16 军齐装满员，共有408 辆坦克，冬季的艰难战斗和德国人的娴熟抵抗使该集团军的坦克实力先

---

① 译注：俄文版译者在本段添加两条较长的译注，简述如下：1.如果不明确具体日期的待修和在途车辆的数量和状况等信息，2 月 13 日还有 66 辆坦克随独立坦克第 179 旅调离该集团军，单纯谈论可用于战斗的坦克数量没有多大意义。2.根据坦克第 3 集团军司令部的总结报告，该集团军在 2 月和 3 月的战斗共减员 3.4 万人（包括约 1.6 万人死亡和失踪），略多于其最初兵力的一半，其中 2 月减员 1.9 万人，3 月（25 日之前）减员 1.5 万人。考虑到该集团军在此期间还得到补充人员和康复归队人员，很难称其为"全军覆没"（annihilated）。

后减少到 2 月 24 日的 182 辆，3 月 12 日的 162 辆，最终使这场战役失利。

分析冬季战局并投入更强大的坦克和机械化力量之后，1943 年 7 月红军开始夏秋战局时，其坦克集团军、坦克军和机械化军都能达到或超过齐装满员的水平。随后在库尔斯克会战期间，红军虽损失大批的坦克，但也表现出补充这些军团和兵团的非凡能力（往往还是在进行战斗的同时），从而避免削弱其整体战斗力。例如，沃罗涅日方面军的坦克第 1 集团军 7 月 4 日在库尔斯克突出部开始防御作战时共有 563 辆坦克和自行火炮，到 7 月 15 日已损失其中的 70%。但到两个星期之后的 8 月 3 日，经过补充的坦克第 1 集团军又以 542 辆坦克和自行火炮的实力在进攻哈尔科夫时担任沃罗涅日方面军的先锋。接下来三个星期的激烈战斗中又损失大约 1000 台装甲车辆之后，8 月 25 日大本营将其撤离前线休整时，该集团军仍有 162 辆坦克和自行火炮。

同样，打响普罗霍罗夫卡那场著名的遭遇战之前，沃罗涅日方面军的近卫坦克第 5 集团军 7 月 9 日共有 630 辆坦克和自行火炮，只经过一个星期的激烈战斗便已损失超过半数装甲车辆。尽管如此，8 月 3 日，近卫坦克第 5 集团军还是以 503 辆坦克和自行火炮的实力在进攻哈尔科夫时担任草原方面军的先锋。进一步损失数百辆坦克之后，8 月 25 日大本营将其撤回大本营预备队时，这个集团军尚有 153 辆坦克和自行火炮。从这两个事例中可以明显看出坦克集团军在进攻时遭到的消耗相当严重，但同样显示出红军能够在进攻过程中补充其实力。[54]

库尔斯克会战结束后，红军坦克集团军、坦克军、机械化军、骑兵军和独立坦克（机械化）旅、团和营在重大战役开始前都按编制能配齐全部或绝大多数坦克和其他主要武器系统，尽管依旧缺少卡车和其他运输工具，而这种情况实际上会持续到战争结束。不过，就像原先的几个战局一样，这些军团、兵团和部队的坦克实力在每场战役过程中都会遭到明显削弱，只是削弱程度不像原先那么严重。

例如，沃罗涅日（乌克兰第 1）方面军的近卫坦克第 3 集团军 9 月 19 日进抵第聂伯河时，共有 686 辆坦克和自行火炮。经过在第聂伯河对岸布克林登陆场内数个星期的激烈战斗，这个坦克集团军的实力先后减少至 10 月 3 日的 514 台、10 月 28 日的 345 台装甲车辆。在南面的克里沃罗格方向，草原（乌克兰第2）方面军的近卫坦克第5集团军10月3日开始进攻时有300辆坦克和自行火炮，11月11日增加到358辆坦克和自行火炮，然后减少至12月3日的295辆和12月8日的164辆。

红军独立坦克军（机械化军）和独立坦克旅（坦克团）的战斗消耗甚至更高，因为大本营经常把坦克军和机械化军留在前线支援其所属的集团军和方面军。因此，许多个军连续作战长达数星期乃至数月之久，只剩下原有实力的一小部分，作为旅级或营级集群继续战斗（见表7.9）。这里仅列举坦克第10军的经历作为1943年秋季这种现象的典型代表。

1943年7月12日参加库尔斯克会战时，坦克第10军共有185辆坦克和自行火炮，但经过普罗霍罗夫卡附近为期四天的激烈战斗，实力降至50辆坦克[①]。先后补充到7月19日的93辆、8月6日的170辆坦克和自行火炮之后，该军在支援第40集团军攻向哈尔科夫的十天内共损失76台装甲车辆。尽管遭到这样的损失，但9月9日坦克第10军还是以72辆坦克和自行火炮的实力在该集团军进军第聂伯河的过程中担任先锋，9月15日进抵该河时只剩下19辆可用的坦克；又经过一次补充，10月11日达到102辆坦克和自行火炮。该军后来支援沃罗涅日方面军试图从布克林登陆场突破的血腥战斗，并在此过程中减少到只剩41辆坦克。直到这时，大本营才把这个军撤离前线休整。

骑兵

红军骑兵军和骑兵师虽然在数量上比机械化军和坦克师少得多，但是同样是在严重缺编的状况下作战，特别是战争初期（见表7.19）。尽管兵力和火力薄弱，但骑兵还是能凭借其独特的机动能力1941年7月在博布鲁伊斯克地区、1941年8月在斯摩棱斯克以北袭击德军后方纵深。大本营对这些袭击战印象深刻，于是动用完整的骑兵军（如近卫骑兵第1、第2和第5军）在莫斯科地区和随后冬季战局期间在哈尔科夫以南的进攻中担任先锋。然而，

[①] 译注：本句时间和地点不正确。该军7月5日有185辆坦克和自行火炮，7月8日上午在普罗霍罗夫卡附近投入战斗，军主力从7月9日凌晨开始向西变更部署并转隶坦克第1集团军，7月11日有100辆，7月14日抗击德国第四十八装甲军的反击后剩下50辆。车辆数字引自戴维·M.格兰茨和乔纳森·M.豪斯合著《库尔斯克会战》中译本第354页第31号注释。

骑兵军虽机动能力极强但非常脆弱，遇到坚决抵抗时总是遭到严重损失并很快失去进攻能力。

1942 年春季和夏季，像红军的坦克兵团和机械化兵团一样，大多数骑兵军和骑兵师在开始进攻之前都能达到或接近齐装满员，但撤离前线休整之前早已损失惨重。因此，从 1941 年 12 月开始直到 1942 年全年，方面军司令员通常为这些骑兵军加强坦克和火炮，从而提高其生存能力。然而，崎岖的地形和后勤困难通常会使骑兵和坦克相互脱节。[55]

1942 年的剩余时间里，大本营和方面军司令员经常安排骑兵军在作战时隶属装甲坦克和机械化兵，或者密切协同动作，力求减少其损失。例如，骑兵第 8 军在 7 月沃罗涅日附近的进攻中支援坦克第 5 集团军，并在 11 月的斯大林格勒进攻战役期间隶属该集团军。同样是 11 月，近卫骑兵第 2 军在勒热夫附近的进攻中与坦克第 6 军协同动作。1943 年 2 月和 3 月，编成内已有 2 个完整坦克团的近卫骑兵第 2 军，又在库尔斯克以西的进攻中与坦克第 2 集团军协同动作。与此同时，骑兵第 8 军在攻入顿巴斯地区时也与 2 个机械化军保持密切协同动作。

尽管如此，骑兵军还是经常遭受重大损失。1943 年年底，大本营开始组建由 1 个骑兵军和 1 个机械化军组成的骑兵—机械化集群，并由骑兵军军长统一指挥。通过与坦克、摩托化步兵和炮火保障的密切结合，骑兵军的损失才最终得以减少。

装甲车辆和卡车

坦克

1941 年的红军尽管拥有数量惊人的装甲车辆，可是不会在战场上有效使用它们，从而在某种程度上导致 1941 年夏季和 1942 年春夏一系列场面宏大和代价高昂的惨败。后来，1942 年年底和 1943 年红军取得的胜利不仅可以直接反映苏联生产坦克和研制新型坦克的能力得到改善，还可以反映国防人民委员部组建的新型坦克和机械化军团（兵团）能够更有效地在野战条件下使用这些新型装甲武器。

1941 年 6 月 22 日战争开始时，红军的大多数坦克是基本上过时的旧型号，大约是其坦克总数 23767 辆中的 2060 辆①。[56]这些旧式坦克包括装备 1 门 45 毫米炮的 T-26 轻型步兵坦克、分别装备 37 毫米炮和 45 毫米炮的 BT-2 和 BT-5 轻型骑兵坦克、装备 1 门 76 毫米炮的 T-28 中型坦克、装备 1 门 76 毫米炮和 2 门 45 毫米炮的 T-35 多炮塔重型坦克。另外，红军还有装备机枪的 T-37 和 T-38 轻型侦察坦克，升级火炮版本的 T-38 则有 1 门 20 毫米炮（战时红军和租借坦克的技术参数见《＜巨人重生＞资料篇》中的附录四）。

鉴于这些坦克已经过时，国防人民委员部从 1940 年开始设计和列装新一代坦克来代替这些旧型号。其中包括：T-40 轻型水陆坦克，用来代替 T-37 和 T-38；T-50 步兵坦克，用来代替 T-26 轻型坦克；装备 76 毫米炮的 T-34 中型坦克，用来代替 BT-2 和 BT-5 坦克；分别装备 76 毫米炮和 152 毫米榴弹炮的 KV-1 和 KV-2 重型坦克，用来代替 T-28 中型坦克和 T-35 重型坦克。

虽然红军 1941 年 6 月 22 日有 2000 余辆新式坦克（不计 T-50 轻型坦克），但是推进中的国防军在 1941 年夏秋战局期间击毁或缴获它们当中的大多数。对红军来说，更糟糕的是，国防军在战争最初的六个月里便已占领或严重破坏苏联许多个主要的坦克生产设施，例如位于哈尔科夫和列宁格勒的坦克制造厂，从而严重影响苏联坦克产量。

1942 年年初，疏散到乌拉尔山脉以东和新建的坦克制造厂投产以后，苏联的 T-34 和 KV 坦克产量终于开始增长。随着苏联将其坦克产量从 1941 年下半年的 4800 辆增加到 1942 年上半年的 11200 辆，进而增加到 1943 年 1 月 1 日以后的每月约 2000 辆，红军实有的坦克总数也从 1941 年 12 月 1 日的 1731 辆先后增加到 1942 年 5 月 1 日的 3160 辆，1942 年 11 月 1 日的 3088 辆，1943 年 7 月 1 日的 8200 辆。[57]②

---

① 译注：原文如此，缺一位数字，本章注释1和《泥足巨人》提到的旧式坦克数量是23100辆。但这个数字明显不符合下文的新式坦克数量。

② 俄译注：这些数字仅指作战军队可以使用的坦克，不包括正在修理的坦克，也不包括大本营预备队、训练部队和正在组建的部队、军区和非作战方面军的坦克。苏联的坦克总数依次是1941年6月22日的22600辆，1942年1月1日的7700辆，1943年1月1日的20600辆，1944年1月1日的24400辆。见 G. F. 克里沃舍耶夫主编，《20世纪战争中的俄罗斯和苏联及其武装力量的损失》（莫斯科：奥尔马出版社，2001年版），第574—479页。（根据该书2010年的修订版第510页，补充1941年并改正1944年的数字。）

就具体某个日期而言，截至1942年11月2日，红军共有13798辆坦克，其中有1310辆重型坦克、3878辆中型坦克、8169辆轻型坦克和440辆特种坦克。上述全部坦克中，有7567辆坦克属作战军队，537辆属最高统帅部预备队，5694辆属军区和非作战方面军。见《苏联武装力量在1941—1945年伟大卫国战争中的作战与编成数据：统计资料汇编第5号》（莫斯科：军事历史研究所，1997年版），第19页。

1941 年，红军对坦克的需求不断增长，而苏联的坦克产量起初却在下降，迫使国防人民委员部在 1942 年内尽可能暂停坦克设计工作，以便最大限度提高坦克产量。1942 年全年，国防人民委员部虽然几度修改 T-34 和 KV 坦克的基本设计，但是谨慎地避免研制和列装全新型号的坦克。例如，国防人民委员部在 1942 年型 T-34 坦克上使用简化的车体设计，在 1943 年型 T-34 坦克上使用更容易生产的六角形铸造炮塔。另外，因为实践证明 T-50 轻型步兵坦克和 T-40 轻型水陆坦克的生产成本几乎与 T-34 坦克相当[①]，所以国防人民委员部采用造价更低、非水陆两用的 T-60 坦克来代替这两种坦克。T-60 的装甲较薄，装备的火炮口径也只有 20 毫米。[58]

尽管这些措施可以使生产更有效率，可是苏联当时的坦克型号却存在明显缺陷。例如，T-34 坦克的窄小乘员舱要求坦克车长同时兼任炮长，这种坦克还缺少观察装置，其糟糕的舱盖设计使坦克车长无法在战斗条件下把头部探出坦克轮廓之外。最后，与多数德国坦克不同，红军的坦克大都没有无线电设备，并因此在复杂战斗条件下难以保证协同动作。这些问题经常导致红军遭受高于正常水平的坦克损失，并抵消苏联在坦克产量方面的明显优势。

然而，到 1943 年年初，苏联坦克产量的提高和红军对更多更好坦克的持续需要，促使国防人民委员部允许其坦克设计师有更大的自由空间来研制和列装新坦克型号。到这个时候，红军的 KV 重型坦克已经在战场上失去大部分优势，这一方面是因为大多数德国坦克当时已经换装 75 毫米炮，另一方面是因为 KV 无法有效地与机动性更好的 T-34 一起战斗。另外，T-60 坦克的乘员组认为这种装甲和火力都很薄弱的坦克无异于死亡陷阱。因此，到 1943 年年初，国防人民委员部开始从坦克旅的编制中取消 KV 重型坦克，转而将其编入直接支援步兵的独立坦克团。与此同时，KV-1S 坦克（作为 KV 坦克减轻重量和提高机动性的改进版本）和 T-70 轻型坦克（比原来的 T-60 坦克稍大，安装威力较大但仍显不足的 45 毫米炮）也相继问世。另外，苏联设计师 1942 年后期在 T-34 坦克上加装车长用的指挥塔，从而改善车长观

---

① 俄译注：这是用试制或小批量生产的样品，与大批量生产成千上万辆的坦克进行成本比较，这种做法根本不合理。况且，单台 T-40 的成本从未超过 T-34。

察战场的能力。最后到 1943 年年初，国防人民委员部已把苏联的大多数旧式坦克替换成数量更多、战斗力更强的新式坦克。

1943 年全年和战争的后两年，国防人民委员部在不断改进现有坦克的同时列装更先进的坦克。这些新型号包括：1944 年 4 月列装、配备 85 毫米炮和三人炮塔的 T-34-85 中型坦克，1943 年夏末列装、配备 85 毫米炮的 KV-85 重型坦克和 KV-1S 坦克，1943 年后期研制但从未列装、配备 85 毫米炮的 IS-1（约瑟夫·斯大林）重型坦克，以及 1944 年 4 月列装、配备 122 毫米炮的 IS-2 重型坦克。

除了这些标准的一线战斗坦克之外，国防人民委员部还生产过一些特殊改装的坦克，用来执行专业任务。第一批改型坦克是配备 AT-41 型火焰喷射器的 T-034 喷火坦克及其改进型，后者换用 1942 年列装的 ATO-42 型火焰喷射器[①]。另外，国防人民委员部还在 1942 年列装 KV-8 重型喷火坦克，这种坦克同时安装 ATO-42 型火焰喷射器和 45 毫米炮代替原来的 76 毫米炮，但由于火力薄弱和机动性降低，国防人民委员部 1942 年后期将其停产，并在 1943 年列装有 ATO-42 型火焰喷射器的 T-034-85 坦克。国防人民委员部还改装 T-34 坦克，用来架设桥梁和牵引（收集）损坏坦克。例如，某种改型的 T-34 可携带 7.7 米长的桥节，而另一种改型安装 1 台扫雷器，能够在地雷场中清理出两条 1.2 米宽的通道。[59]

最后要提及的是，苏联 1941 年 9 月 6 日同意接受美国提供的军事援助之后，红军还按照《租借法案》从西方盟国手中接收并使用一大批型号繁多的坦克。[60] 整场战争期间，美国共运往苏联 1683 辆轻型坦克和 5488 辆中型坦克，再加上英国和加拿大提供的 5218 辆坦克，总共相当于战时苏联坦克工业总产量（99150 辆）的大约 16%。[61]

英国向红军提供的坦克型号有：少量（20 辆）配备 2 磅（40 毫米）炮的 Mk-VII"小君主"轻型坦克，分别配备 2 磅（40 毫米）、6 磅（57 毫米）

[①] 译注：这两种坦克型号都是 OT-34，前者的火焰喷射器是 ATO-41。下一句中的改型坦克是 OT-34-85，列装时间不是 1943 年而是 1944 年。

和 75 毫米炮的 Mk–III、Mk–VIII 和 Mk–XI "瓦伦廷" 轻型步兵坦克 [①]，配备 6 磅（57 毫米）炮的 Mk–III 和 Mk–IV "丘吉尔" 重型步兵坦克，配备 2 磅（40 毫米）炮的 Mk–II "玛蒂尔达" 重型步兵坦克。美国提供的坦克型号包括配备 37 毫米炮、火力偏弱的 M3 "斯图亚特" 轻型坦克，苏联人认为这是一种经典的骑兵坦克，另外还有配备 75 毫米炮的 M3 "李" 中型坦克、配备 37 毫米炮的 M3A1 "斯图亚特" 轻型坦克，以及 1943 年提供的分别安装 75 毫米和 76 毫米炮的 M4A2 和 M4A3 "谢尔曼" 中型坦克。

　　1942 年，国防人民委员部把租借坦克和苏联坦克混编到独立坦克旅和坦克团，但 1943 年后期改为使用外国坦克编成整个坦克旅和坦克团，特别是 "谢尔曼" 坦克。不过，早期型号的租借坦克常常招致苏联人的鄙视。从整体上来看，红军战士对租借坦克褒贬不一。例如，他们为 "李" 坦克起的绰号是 "七兄弟之墓"，并批评 "玛蒂尔达" 和 "斯图亚特" 坦克的主炮威力太小。[62] 另一方面，他们认为 "瓦伦廷" 坦克是杰出的侦察坦克，并称赞 "谢尔曼" 坦克可靠性高，机动能力强。

　　除了上述坦克之外，红军还按照《租借法案》从美国接收过一小批其他型号的坦克、反坦克歼击车、训练坦克和坦克抢救车。其中包括 5 辆较新的 M5 "斯图亚特" 坦克、2 辆 M24 "查菲" 轻型坦克、1 辆 M26 "潘兴" 坦克、52 辆在 "谢尔曼" 坦克底盘上安装 75 毫米炮的 M10 反坦克歼击车（SAU）、115 辆使用 M3 "李" 底盘的 M31 装甲抢救和修理车。另外，英国还提供过 25 辆使用 "瓦伦廷" 底盘的架桥坦克。[63]

装甲人员输送车、装甲汽车和卡车

　　红军在整场战争中的最严重物力缺陷之一是其军队结构中缺少有战斗力的装甲汽车和装甲人员输送车。战争开始时，红军的装备清单里面有 BA–10 和 BA–20 型装甲运输车，而它们实际上是装甲汽车。然而，这两种车辆都不能在实际战斗中发挥作用，国防人民委员部在 1941 年后期将其停产，并

---

　　① 俄译注：提供苏联的大部分 "瓦伦廷" 都装备 40 毫米炮，少数是装备 57 毫米炮的 Mk–IX。装备 75 毫米炮的 Mk–XI 型号并未提供给苏联。总体上，这种坦克在英国运往苏联的坦克占总数的四分之三。

先后在 1942 年列装后续型号的 BA-64 型轻型装甲汽车，1943 年列装现代化的 BA-64B 型装甲汽车，但这两个型号在实战中的表现也都乏善可陈。因此，红军只能通过《租借法案》得到数量有限的装甲运输车，直到战争结束。

红军没有研制和列装装甲人员输送车，就不能像国防军那样行之有效地组建坦克和步兵的合成战斗群，这种战斗群至少在某种程度上可以解释为什么德国人的战术造诣能够一直持续到战争结束。由于没有装甲人员输送车，红军的摩托化步兵要么搭乘卡车投入战斗，要么攀附在伴随坦克的车体上，要么徒步支援坦克。这就不可避免地造成红军摩托化步兵部队的重大伤亡，因为其前进速度很难跟上自己本应掩护和支援的坦克。

红军步兵（特别是坦克军和机械化军编成内摩托化步兵）的机动能力和全部作战军队（特别是快速力量）的后勤保障效果，直接取决于其拥有卡车和其他运输车辆的总量多少。战争前夕，红军使用的卡车属于两个基本车族：GAZ 和 ZIS 车族。前者包括双轴的 GAZ-AA 和三轴的 GAZ-AAA 轻型卡车，均由美国福特汽车公司授权生产，占红军战前卡车总数的 85%。后者包括双轴的 ZIS-5 和三轴的 ZIS-6 中型卡车，同样是授权生产的美国奥托卡公司 Autocar-2 系列，占卡车总数的 15%。苏联工业还生产过数量更少、同样由美国公司授权生产的其他型号卡车和车辆，其中包括 GAZ-61 指挥车。[64]

国防军在"巴巴罗萨"行动期间的推进，使红军原本拥有的 26.7 万辆卡车和其他车辆急剧减少，而大本营和国防人民委员部以牺牲卡车产量为代价，集中资源生产装甲车辆又使这种情况无异于雪上加霜。虽然动员民用车辆可以弥补车辆减产数量的 30%，但是远远不能满足红军的战时需要。

后来，苏联工业在修改战前设计的基础上研制和生产几个系列的车辆，例如，重新设计的 ZIS-5V 卡车使用预制的木质驾驶室代替 ZIS-5 的金属驾驶室，而 GAZ-55 是 GAZ-AA 卡车的直接改进型。与此同时，苏联人还充分利用各种现有型号车辆建造各式各样的特种车辆，例如救护车和通信车。另外，相当于美国吉普车的 GAZ-67B 轻型卡车是苏联生产的极少数军用车辆之一。[65]

国防人民委员部以牺牲卡车产量为代价、优先生产作战武器和装甲车辆的决定，迫使红军要依靠租借物资的交付才能得到大多数卡车和轻型车辆。

苏联工业在战时共生产大约20.5万台卡车和其他车辆，其中15.04万辆交付红军使用，而《租借法案》提供40.1万辆，其中包括77972辆"威利斯"吉普车、24902辆3/4吨"道奇"卡车、以1/4吨"史蒂倍克"为主的351715辆中型卡车。[66][①]

总的来说，红军战士称赞上述租借车辆和水陆两用的"鸭子"等其他车辆质量精良，可靠耐用，认为它们远胜于苏联生产的型号。归根到底，租借卡车在1943年至1945年红军胜利西进的征程中发挥了关键性作用。因此，战争结束之后的相当长时间内，"威利斯""史蒂倍克"和"鸭子"一直都是俄语的常用词汇。

如果红军认为其数量众多的步兵是"战争女王"，炮兵是"战争之王"，那么红军装甲坦克和机械化兵理应享有同样崇高的王室地位，至少在实施现代高强度的机械化运动战方面。整场战争期间，特别是从1942年后期开始，红军的进攻能否取胜直接取决于其装甲坦克和机械化兵的战果大小，这已成为不言而喻的准则。

根据红军1941年和1942年取得的战斗经验，大本营和总参谋部正确地得出结论：己方装甲坦克和机械化兵以及较小程度上的骑兵是赢得现代进攻战役胜利的最重要因素。因此，经过1942年和1943年前期的大量验证之后，到1943年夏季，国防人民委员部终于建成一支足够庞大并有战斗力的快速力量，足以征服不可一世的国防军装甲兵并赢得这场战争的最后胜利。

---

① 译注：1."史蒂倍克"的载重量是2.5吨。2.俄译者认为这种对比不正确，租借汽车的数量从未超过红军汽车总数的三分之一，例如1945年5月1日，作战军队共有664400辆汽车，其中只有218100辆来自租借。原因是统计口径不一致：第一，租借汽车的大约10%在1945年5月13日之后发运，其他90%也并未在苏德战争结束前全部到货并投入使用；第二，原文只拿苏联战时的汽车产量做比较，没有考虑军队战前原有的数量（上文的坦克对比也一样）和从国民经济领域征用的汽车，以及缴获的大约6万辆战利品。从战争开始到1945年5月，红军从工业和动员获得的汽车总数约为80万辆；第三，还有部分租借汽车供国民经济使用。

数据表

表 7.1 红军坦克旅的实力对比，1941—1943 年

下属部队和分队（个）	1941年8月	1941年9月	1941年12月	1942年7月	1943年1月	1943年11月
坦克团	1	0	0	0	0	0
坦克营	3（1个中型/重型、2个轻型）	2（1个中型/重型、1个轻型）	2	2	2	3
摩托化步兵营	1	1	1	1	1	1
侦察连	1	1	0	0	0	0
反坦克（歼击）炮兵连	1	0	0	1	1	0
高射炮兵营	1	0	0	0	0	0
高射机枪连	0	0	0	0	0	1
反坦克枪连	0	0	0	0	0	1
防空连	0	0	1	0	1	1
修理连	1	1	0	0	0	0
汽车运输连	1	1	0	0	0	0
修理运输连	0	0	0	1	1	1
卫生排	1	1	1	1	1	1
人数（人）	1943	1471	1471	1038	1058	1354
坦克和自行火炮（辆）	93	67	46	53	53	65
重型	7	7	10	0	0	0
中型	22	22	16	32	32	65
轻型	64	38	20	21	21	0
火炮和迫击炮（门）	22	22	10	10	14	10
76毫米反坦克炮	0	0	0	4	4	0
82毫米迫击炮	6	6	6	6	6	6
45毫米反坦克炮	8	8	0	0	0	4
37毫米高射炮	8	8	4	0	4	0
DShK机枪（挺）	0	0	0	0	4	9
反坦克枪（支）	0	0	6	6	6	18

资料来源：O. A. 洛西克主编，《伟大卫国战争时期苏联坦克兵的组建和战斗运用》（莫斯科：军事出版社，1979 年版），第47、第53、第65 页；I. M. 阿纳尼耶夫，《坦克集团军进攻》（莫斯科：军事出版社，1988 年版），第78—79 页；史蒂文·J. 扎洛加、利兰·S. 内丝，《1939—1945 年红军手册》，第68—81 页。

表 7.2 红军摩托化步兵旅的实力对比，1942—1943 年

下属分队（个）	1942年4月	1942年11月	1943年1月	1943年11月
摩托化步兵营	3	3	3	3
侦察连	1	1	1	1
自动枪连	1	1	1	1
反坦克枪连	1	1	1	1
迫击炮兵营	1	1	1	1
炮兵营	1	1	1	1
高射炮兵营	1	1	1	0
高射机枪连	0	0	0	1
运输连	1	1	1	1
工兵排	1	1	1	0
工程地雷连	0	0	0	1
卫生排	1	1	1	1
人数（人）	3151	3162	3537	3500（估计）
火炮和迫击炮（门）	70	70	72	72
76毫米加农炮	12	12	12	12
82毫米迫击炮	30	30	30	30
120毫米迫击炮	4	4	6	6
45毫米反坦克炮	12	12	12	12
37毫米高射炮	12	12	12	12
DShK机枪（挺）	0	0	0	9
反坦克枪（支）	54	54	54	54

资料来源：I. M. 阿纳尼耶夫，《坦克集团军进攻》，第 79 页；史蒂文·J. 扎洛加、利兰·S. 内丝，《1939—1945 年红军手册》，第 75—80 页。

表 7.3 红军坦克团的编制和实力，1942 年 9 月至 1943 年 12 月 31 日

下属分队（个）	标准			重型		工程
	1942年9月	1943年1月	1944年1月	1942年10月	1943年2月	1943年6月
重型坦克连	0	0	0	4	4	0
中型坦克连	2	3	3	0	0	3
轻型坦克连	1	1	0	0	0	1

反坦克（歼击）炮兵连	1	1	1	0	0	1
侦察排	1	1	1	0	0	1
工兵排	0	0	0	0	1	0
自动枪连	0	1	1	0	1	1
反坦克枪排	0	1	0	0	0	1
汽车运输排	1	1	1	0	1	1
修理连	0	0	0	1	0	0
勤务保障排	1	1	1	0	0	1
人数（人）	339	572	401	215	374	572
坦克（辆）	39	39	35	21	21	39
KV-1	0	0	0	21	21	0
T-34	23	32	35	0	0	32
T-60或T-70	16	7	0	0	0	7
滚轮式扫雷器（个）	0	0	0	0	0	16
反坦克枪（支）	0	18	0	0	0	18

资料来源：O. A. 洛西克主编，《伟大卫国战争时期苏联坦克兵的组建和战斗运用》，第56—71页；史蒂文·J. 扎洛加、利兰·S. 内丝，《1939—1945年红军手册》，第90—92页。

表 7.4 红军坦克军的实力对比，1942 年 4 月至 1944 年 1 月 1 日

下属兵团、部队和分队（个）	1942年 3月31日	1942年 4月15日	1942年 12月31日	1943年 1月10日*	1943年 11月
坦克旅	2	3	3	3	3
摩托化步兵旅	1	1	1	1	1
自行火炮团	0	0	0	1	3
迫击炮兵团	0	0	0	1	1
反坦克（歼击）炮兵团	0	0	0	1 （4月—8月）	0
反坦克（歼击）炮兵营	0	0	0	1 （5月—8月）	0
高射炮兵营	0	0	0	1	1
高射炮兵团	0	0	0	0	1
独立近卫火箭炮兵营	0	1（7月）	1	1	1
侦察营	0	1（7月）	1	1	1
工兵营	0	0	0	0	1

通信营	0	0	0	0	1
工程地雷连	0	1	1	1	0
坦克营	4	6	6	6	6
摩托化步兵（自动枪）营	5	6	6	6	6
航空兵中队	0	0	0	0	1 (3架PO-2)
（汽车）修理连	0	0	1	1	1
（坦克）修理连	0	0	1	1	1
油料供应连	0	1（6月）	1	1	1
化学防护连	0	0	0	0	1
卫生排	0	0	0	0	1
储备坦克支队	8辆T-34	8辆T-34	8辆T-34	33辆T-34和 7辆T-70	
人数（人）	5603	7200—7600	7853	7800	10977
坦克和自行火炮（辆）	100	146—180	170 (162+储备8)	202 (162+储备 40)	257
重型坦克	20	30—65	0	0	1或0
中型坦克	40	46—56	107 (99+储备8)	132 (99+储备33)	207 或208
轻型坦克	40	60	63	70 (63+储备7)	0
SU-76	0	0	0	0	21
SU-85	0	0	0	0	16
SU-122	0	0	0	0	0
SU-152	0	0	0	0	12
火炮和迫击炮（门）	98			108	160
76毫米加农炮	20	20	24	24	12
82毫米迫击炮	42	42	48	48	52
120毫米迫击炮	4	6	4	4	42
57毫米反坦克炮	0	0	0	0	16
45毫米反坦克炮	12	12	0	12 32 (3月—8月)	12
85毫米反坦克炮	0	0	0	12 (5月—8月)	0
37毫米高射炮	20	0	12	20	18

多管火箭炮（台）	0	8（7月）	8	8	8
装甲汽车（辆）	0	20（7月）	20		

★ 根据1943年1月10日国防人民委员部命令的规定，改编的过渡期持续至11月。侦察营1943年由装甲汽车营改为摩托车营。1943年，坦克军的编制中起初增加、后来又撤销的有下列部队和分队：1个SU-76和SU-122混编的自行火炮团、1个储备坦克支队、1个反坦克歼击炮兵团和1个反坦克歼击炮兵营。

资料来源：P. A. 库罗奇金主编，《诸兵种合成集团军进攻》，第208页；O. A. 洛西克主编，《伟大卫国战争时期苏联坦克兵的组建和战斗运用》，第64—69页；I. M. 阿纳尼耶夫，《坦克集团军进攻》，第81页；史蒂文·J. 扎洛加、利兰·S. 内丝，《1939—1945年红军手册》，第75—82页。

表 7.5 首批组建的红军坦克军，1942 年 3 月—12 月

月份	组建坦克军的数量	坦克军的番号
3	4	第1—第4
4	9	第5—第8、第10、第21—第24
5	6	第9、第11—第15
6	4	第16—第18、第27
7	3	第25、第26、第28
12	2	第19、第20

资料来源：O. A. 洛西克主编，《伟大卫国战争时期苏联坦克兵的组建和战斗运用》，第52页。

表 7.6 红军机械化军的组建和编成，1942 年 9 月—12 月

军的番号	组建月份	前身	最终编成
第1	9	坦克第27军	3个机械化旅和2个坦克旅
第2	9		3个机械化旅和2个坦克旅
第3	9—10	坦克第8军	3个机械化旅和2个坦克旅
第4	11	坦克第28军	3个机械化旅和2个坦克团
第5	11	坦克第22军	3个机械化旅和2个坦克团
第6	11	坦克第14军	3个机械化旅和2个坦克团
近卫第1	11	近卫步兵第1师	3个机械化旅和2个坦克团
近卫第2	11	近卫步兵第22师	3个机械化旅和2个坦克团

资料来源：《苏军的作战编成，第二部（1942年1月—12月）》，第186—250页。[1]

① 译注：1.数据来自该资料中1942年10月1日、11月1日和12月1日的红军战斗序列。各军的编成与O. A. 洛西克主编《伟大卫国战争时期苏联坦克兵的组建和战斗运用》（中译本《苏军坦克兵作战经验》，第54页）不一致，作者未采用后者的说法。2.按照本书《资料篇》，组建各军的准确日期依次是1942年的9月8日（第1和第2）、9月18日（第3）、9月10日（第4）、11月2日（第5）、9月26日（第6）、11月2日（近卫第1）和10月15日（近卫第2）。

表 7.7 红军机械化军的编制和实力对比，1942 年 9 月至 1944 年 1 月

下属兵团、部队和分队（个）	1942年9月8日	1943年1月1日*	1944年1月1日
机械化旅	3	3	3
坦克旅	1—2个旅或2个团	1**	1
坦克团	3—5	3	3
自行火炮团	0	1	3
迫击炮兵团	0	1	1
防空（PVO）团	1	0	0
高射炮兵团	0	1	1
反坦克（歼击）炮兵团	1	1	1
反坦克（歼击）炮兵营	0	1（5月—8月）	0
独立近卫火箭炮兵营	1	1	1
侦察营	1	1	1
工兵营	1	1	1
工程地雷连	1	1	1
通信营	0	0	1
通信连	1	1	0
坦克营	2—4	2	3
摩托化步兵（自动枪）营	10	10	10
航空兵中队	0	0	1（3架PO-2）
修理营	1	0	1
油料供应连	1	0	1
化学防护连	0	0	1
人数（人）	13559	15018	16442
坦克和自行火炮（辆）	175（204）	229	246
重型坦克	0	0	0
中型坦克	100	162	183
轻型坦克	75	42	0
SU-76	0	17或25	21
SU-85	0	0	21
SU-122	0	0 或8	0

SU-152	0	0	21
火炮和迫击炮（门）	266	246	252
76毫米加农炮	40	36	36
82毫米迫击炮	102	94	100
120毫米迫击炮	48	54	54
57毫米反坦克炮	0	0	8
45毫米反坦克炮	36	36	36
37毫米高射炮	40	26	18
DShK机枪（挺）	0	16	18
多管火箭炮（台）	8	8	8

＊根据 1943 年 1 月 10 日国防人民委员命令的规定，改编的过渡期持续至 11 月。侦察营于 1943 年由装甲汽车营改为摩托车营。1943 年，坦克军的编制中起初增加，后来又撤销的有下列部队和分队：1 个 SU-76 和 SU-122 混编的团、1 个储备坦克支队、1 个反坦克歼击炮兵团和 1 个反坦克歼击炮兵营。[①]

＊＊把各坦克团整编成坦克旅的过程分步骤实施，在某些情况下，直到 1945 年才完成。

资料来源：O. A. 洛西克主编，《伟大卫国战争时期苏联坦克兵的组建和战斗运用》，第 70 页；I. M. 阿纳尼耶夫，《坦克集团军进攻》，第 79—85 页；史蒂文·J. 扎洛加、利兰·S. 内丝，《1939—1945 年红军手册》，第 82—89 页。

表 7.8 红军机械化旅的编制和实力对比，1942 年 9 月至 1944 年 1 月 1 日

下属分队（个）	1942年9月	1942年11月	1943年2月	1944年1月
摩托化步兵营	3	3	3	3
坦克团	1	1	1	1
迫击炮兵营	1	1	1	1
炮兵营	1	1	1	1
高射炮兵营	1	1	0	0
侦察连	1	1	1	1
自动枪连	1	1	1	1
反坦克枪连	1	1	1	1
高射机枪连	0	0	1	1
工程地雷连	0	0	1	1

[①] 译注：原文如此。尽管机械化军的编制变化确实与坦克军基本同步，可是本段文字显然是从表7.4复制而成，"坦克军"几个字不适用。

修理运输连	0	0	1	1
卫生排	1	1	1	1
人数（人）	3728	3491	3558	3354
坦克和自行火炮（辆）	39	39	39	39
重型坦克	0	0	0	0
中型坦克	23	23	32	39
轻型坦克	16	16	7	0
火炮和迫击炮（门）	68	70	60	60
76毫米加农炮	12	24	12	12
82毫米迫击炮	30	30	30	30
120毫米迫击炮	6	4	6	6
45毫米反坦克炮	12	0	12	12
37毫米高射炮	8	12	0	0
DShK机枪（挺）	0	0	9	9
反坦克枪（支）	81	81[②]	81	81

　　资料来源：O. A. 洛西克主编，《伟大卫国战争时期苏联坦克兵的组建和战斗运用》，第70页；I. M. 阿纳尼耶夫，《坦克集团军进攻》，第79—80页；史蒂文·J. 扎洛加、利兰·S. 内丝，《1939—1945年红军手册》，第82—89页。

表7.9 红军坦克集团军的编成，1942年5月—9月

番号（组建时间）	组建核心	隶属关系	编成
第3（5月）	第58集团军指挥机关	大本营预备队	坦克第12和第15军、步兵第154和第264师、坦克第179旅、摩托车第8团、反坦克炮兵第1172团、近卫火箭炮兵第62团、高射炮兵第226团、摩托车第54营、摩托化工程兵第182营、高射炮兵第470营、通信第507营，以及其他后勤分队。8月新增近卫摩托化步兵第1师
第5（5月）	无	大本营预备队、布良斯克方面军	坦克第2和第11军、步兵第340师、独立坦克第19旅、轻型炮兵第611团、近卫火箭炮兵第66团、独立工程兵第1382营，以及其他后勤分队。7月上旬新增坦克第7军
第1（7月）	第38集团军指挥机关	斯大林格勒方面军	坦克第13和第28军、步兵第131和第399师、独立坦克第158旅、反坦克歼击炮兵第397和第398团、高射炮兵第1261和1262团、独立工程兵第56营、独立工兵第516营，以及后勤分队

---

② 译注：原文此处空白。

第4（7月）[3]	第28集团军 指挥机关	斯大林格勒方面 军	坦克第22和第23军、步兵第18师、坦克第133旅、独立歼击兵第5旅、反坦克歼击炮兵第1253旅、高射炮兵第223和1264团、独立工程兵第12营、工兵第1414和第1570营，以及后勤分队
第5（9月） （第2次组建）	无	大本营预备队、 布良斯克方面军	坦克第1、第22和第26军，步兵第119师，高射炮兵第226团，工兵第17和第19旅，以及后勤分队。10月新增骑兵第8军
第5（12月） （第3次组建）	无	大本营预备队、 西南方面军	近卫坦克第1军，坦克第1军，机械化第5军，骑兵第8军，近卫坦克第8旅，近卫摩托车第3团，坦克第510和第511营，独立摩托车第56营，近卫步兵第40、第47和第54师，步兵第321、第333和第346师，集团军属炮兵第396团，榴弹炮兵第152团，加农炮兵第312和第518团，反坦克歼击炮兵第83、第150、第174、第179、第481和第534团，迫击炮兵第107团，近卫火箭炮兵第35和第75旅，近卫火箭炮兵第307营，高射炮兵第3师，高射炮兵第247和第586团，独立高射炮兵第227营，特种工程兵第44旅，独立工程兵第181和第269营，舟桥第101和第130营，以及后勤分队

资料来源：《苏军的作战编成，第二部（1942年1月—12月）》；I. M. 阿纳尼耶夫，《坦克集团军进攻》，第55—60页；A. M. 兹瓦尔采夫，《近卫坦克第3：近卫坦克第3集团军的战斗历程》（莫斯科：军事出版社，1982年版），第6页。

表7.10 红军坦克集团军的编成或改编，1943年1月至7月

番号（组建时间）	组建核心	隶属关系	编成
坦克第1集团军 （1—2月）	第29集团军 指挥机关	西北方面军	坦克第6军，机械化第3军，独立坦克第112旅，独立坦克第7、第62、第63和第64团，近卫空降兵第6和第9师，滑雪第14、第15、第20、第21、第22和第23旅，近卫火箭炮兵第79和第316团，榴弹炮兵第395和第989团，反坦克歼击炮兵第552、第1008和第1186团，高射炮兵第11营，工程工兵第59旅，摩托化工程兵第71和第267营，通信第83团，以及后勤分队
坦克第2集团军 （1—2月）	预备第3集团 军指挥机关	中央方面军	坦克第3和第16军、近卫坦克第11旅、近卫步兵第6师、步兵第16师、近卫火箭炮兵第37团、独立摩托车第54营、独立摩托化工程兵第357营，以及后勤分队
坦克第2集团军 （2—3月）（改编）		中央方面军	坦克第11军和第16军，近卫坦克第11旅，步兵第60、第112和第194师，步兵第115旅，滑雪第28旅，近卫坦克第29团，独立摩托车第51营，反坦克歼击炮兵第563和第567团，近卫火箭炮兵第37团，独立摩托化工程兵第357营，以及后勤分队
坦克第3集团军 （2—3月）		西南方面军	坦克第12和第15军，独立装甲汽车第179和第39营，近卫步兵第62师，步兵第25、第48、第111、第160和第184师，炮兵第8师，反坦克歼击炮兵第481、第1172和第1245团，独立近卫火箭炮兵第15旅，近卫火箭炮兵第62、第97和第315团，高射炮兵第71、第319和第470团，工程地雷第15旅，独立工程兵第182营，以及后勤分队

[3] 俄译注：1942年7月下旬组建的坦克第1和第4集团军实际上是临时编组、编成不固定的战役集群。它们从来没有固定的组成部分，也几乎没有后勤，还极其缺少运输工具。

近卫坦克第3集团军 （5—6月）	大本营预备队	坦克第12和第15军、独立坦克第91旅、独立摩托车第50团、独立侦察第39营、摩托化工程兵第182营、独立通信第138团、独立航空通信第372团（装备PO-2），以及后勤分队
近卫坦克第4集团军 (2—3月)(3月解散)	西南方面军	近卫坦克第2军、坦克第23军、近卫机械化第1军
坦克第4集团军 (6月)（第2次组建）	莫斯科军区	坦克第11军、乌拉尔志愿者坦克第30军、近卫机械化第6军、重型自行火炮第1545团、摩托车第51团、装甲汽车第51营、摩托化工程兵第88营、通信第118团，航空兵第593大队，以及后勤分队
近卫坦克第5集团军 （2—3月）	西南方面军	近卫坦克第3军、坦克第29军、近卫机械化第5军
近卫坦克第5集团军 （3月）（改编）	大本营预备队	坦克第29军、近卫机械化第5军、近卫独立坦克第53团、近卫摩托车第1团、榴弹炮兵第678团、反坦克歼击炮兵第689团、近卫火箭炮兵第76团、高射炮兵第6师、摩托化工程兵第377营、通信第4营，（后来增加）航空通信第994团，以及后勤分队

资料来源：I. M. 阿纳尼耶夫，《坦克集团军进攻》，第66—69页；《苏军的作战编成，第三部（1943年1月—12月）》，第31—169页。后者是由总参谋部军事科学局编写的机密级文献。

表 7.11 进攻战役期间红军坦克集团军编成内坦克军和机械化军的数量，1943 年 1 月 1 日至 1945 年 5 月

坦克集团军番号	实施战役的次数		
	总数	两军制	三军制
第1（近卫第1）	9	7	2
第2（近卫第2）	8	4	4
近卫第3	12	0	12
第4（近卫第4）	11	7	4
近卫第5	12	5	7
第6（近卫第6）	12	9	3
合计	64	32	32

资料来源：I. M. 阿纳尼耶夫，《坦克集团军进攻》，第70页。

表 7.12 进攻战役期间红军坦克集团军兵力兵器的最大和最小数量，1943—1945 年

坦克集团军番号	兵力（人）	坦克和自行火炮（辆）	火炮和迫击炮（门）	多管火箭炮（台）（M-8和M-13）	高射炮（门）
第1（近卫第1）	30626—48958	257—752	266—558	25—64	80—133
第2（近卫第2）	28000—58299	101—840	107—667	8—78	33—132
第3（近卫第3）	31660—55674	309—924	266—690	32—98	57—112
第4（近卫第4）	30003—49992	276—732	390—580	8—44	34—126
第5（近卫第5）	26704—43904	146—585	126—755	20—55	44—131

第6（近卫第6）	25363—75000	86—984	126—611	8—46	20—165

资料来源：I. M. 阿纳尼耶夫，《坦克集团军进攻》，第 84 页。

表 7.13 红军坦克集团军的平均实力，1943—1945 年

	1943年	1944年	1945年
人数（人）	46000	48000	50000
坦克（辆）	450—560	450—620	最多700
自行火炮（辆）	25	98—147	最多250
火炮和迫击炮（门）	500—600	650—750	最多850
总吨数（吨）	1000—1200	1800—2100	2400—2800

资料来源：A. I. 拉济耶夫斯基主编，《坦克突击》（Tankovyi udar，莫斯科：军事出版社，1977 年版），图表 1。

表 7.14 红军骑兵军的实力对比，1941 年 6 月 22 日至 1943 年

下属兵团、部队和分队（个）	1941年6月	1941年12月	1942年6月	1943年7月
骑兵师	2	2	3	3
轻骑兵师	0	1	0	0
通信营	1	1	1	1
炮兵营	0	0	1	0
炮兵团	0	0	0	1
自行火炮团	0	0	0	1
反坦克（歼击）炮兵营	0	0	1	0
近卫火箭炮兵团	0	0	0	1
高射炮兵团	0	0	1	1
高射炮兵营	0	0	1	0
迫击炮兵团	0	0	1	0
迫击炮兵营	0	0	0	2
卫生排	0	0	1	1
兽医排	0	0	1	1
防化（化学防护）排	0	0	1	1
供应排	0	0	1	1
教导营	0	0	1	1

人数（人）	19430	（12000）	（14000）	（21000）
坦克（辆）	128	0	0	117
BT-5	128	0	0	0
T-34	0	0	0	69
T-70	0	0	0	48
装甲汽车（辆）	36	0	0	0
自行火炮（辆）	0	0	0	12
火炮（门）	136	90	126	200
野战炮（76毫米和122毫米）	64	0	48	132
反坦克炮（45毫米和76毫米）	32	0	48	56
高射炮（37毫米）	40	0	30	12
迫击炮（门）	128	36	74	（78）
多管火箭炮（BM—13）（台）	0	0	0	24
DShK机枪（挺）	0	0	0	（84）
车辆（辆）	1270	不详	（1200）	（1400）
卡车（辆）	42	不详	0	0
马（匹）	16020	不详	16937	18000

资料来源：《伟大卫国战争初期》（莫斯科：伏罗希洛夫总参军事学院，1989年版），第53页；Iu. P. 巴比奇、A. G. 巴耶尔，《伟大卫国战争中苏联陆军武器和组织结构的发展》，第61—63页；史蒂文·J. 扎洛加、利兰·S. 内丝，《1939—1945年红军手册》，第107—116页。

表 7.15 红军骑兵师的实力对比，1941—1943 年

下属部队和分队（个）	1941年6月	1941年12月*	1942年6月	1943年7月
骑兵团	4	3	3	3
坦克团	1	0	0	1
火炮—迫击炮团	0	0	0	1
炮兵营	1	0—1	1	0
高射炮兵营	1	0	0	1
高射炮兵连	0	1	1	0
侦察营	1	0	0	1
工兵排	1	1	1	1
通信排	1	0—1	1	1

防化（化学防护）排	1	1	1	1
运输排	1	0	1	1
卫生排	0	1	1	1
供应排	1	1	1	1
兵力（人）	9240	3447—4200	4619	6000
坦克（辆）	64	0	0	39
BT-5	64	0	0	0
T-34	0	0	0	23
T-70	0	0	0	16
装甲汽车（辆）	18	0	0	0
火炮（门）	68	16—32	30	66
野战炮（76毫米和122毫米）	32	20	12	44
反坦克炮（45毫米）	16	6—12	12	12
高射炮（37毫米）	20	0	6	0
DShK机枪（挺）	0	0	0	28
迫击炮（门）	64	16—20	18	18
车辆（辆）	555	118	332	0
马（匹）	7940	4242	4770	4770

★ 前一个数字指轻骑兵师，后一数字指普通骑兵师。

资料来源：《伟大卫国战争初期》，第53页；Iu. P. 巴比奇、A. G. 巴耶尔，《伟大卫国战争中苏联陆军武器和组织结构的发展》，第61—63页；史蒂文·J. 扎洛加、利兰·S. 内丝，《1939—1945年红军手册》，第107—116页。

表 7.16 红军机械化军的实力对比，1941 年 6 月 22 日

番号/位置	坦克满编率（%）	番号/位置	坦克满编率（%）
机械化第1军/列宁格勒军区	101	机械化第16军/基辅特别军区	69
机械化第2军/敖德萨军区	50	机械化第17军/西部特别军区	7
机械化第3军/波罗的海沿岸特别军区	73	机械化第18军/敖德萨军区	50
机械化第4军/基辅特别军区	91	机械化第19军/基辅特别军区	44
机械化第5军/外贝加尔军区	93	机械化第20军/西部特别军区	9
机械化第6军/西部特别军区	99	机械化第21军/莫斯科军区	10
机械化第7军/莫斯科军区	93	机械化第22军/基辅特别军区	69

机械化第8军/基辅特别军区	94	机械化第23军/奥廖尔军区	40
机械化第9军/基辅特别军区	29	机械化第24军/基辅特别军区	22
机械化第10军/列宁格勒军区	45	机械化第25军/哈尔科夫军区	29
机械化第11军/西部特别军区	30	机械化第26军/北高加索军区	18
机械化第12军/波罗的海沿岸特别军区	63	机械化第27军/中亚细亚军区	35
机械化第13军/西部特别军区	29	机械化第28军/外高加索军区	84
机械化第14军/西部特别军区	46	机械化第30军/远东军区	100
机械化第15军/基辅特别军区	63		

资料来源：K. A. 卡拉什尼科夫、V. I. A. Iu.、A. Iu. 奇梅哈洛、V. I. 戈利科夫，《1941 年 6 月的红军》，第 144 页；A. G. 连斯基，《战前年代的工农红军陆军：手册》(Sukhoputnye sily RKKA v predvoennye gody: Spravochnik，圣彼得堡：出版者不详，2000 年版)；戴维·M. 格兰茨，《泥足巨人：苏德战争前夕的苏联军队》，第 156 页。

表 7.17 红军机械化军实有的现代化坦克数量，1941 年 6 月 22 日

番号/位置	新式坦克（辆）	番号/位置	新式坦克（辆）
机械化第4军/基辅特别军区	460	机械化第9军/基辅特别军区	0
机械化第6军/西部特别军区	352	机械化第10军/列宁格勒军区	0
机械化第8军/基辅特别军区	229	机械化第12军/波罗的海沿岸特别军区	0
机械化第15军/基辅特别军区	135	机械化第13军/西部特别军区	0
机械化第3军/波罗的海沿岸特别军区	109	机械化第14军/西部特别军区	0
机械化第16军/基辅特别军区	76	机械化第17军/西部特别军区	0
机械化第2军/敖德萨军区	60	机械化第18军/敖德萨军区	0
机械化第11军/西部特别军区	44	机械化第20军/西部特别军区	0
机械化第22军/基辅特别军区	31	机械化第21军/莫斯科军区	0
机械化第23军/奥廖尔军区	21	机械化第24军/基辅特别军区	0
机械化第25军/哈尔科夫军区	20	机械化第26军/北高加索军区	0
机械化第1军/列宁格勒军区	15	机械化第27军/中亚细亚军区	0
机械化第7军/莫斯科军区	9	机械化第28军/外高加索军区	0
机械化第19军/基辅特别军区	7	机械化第30军/远东军区	0
机械化第5军/外贝加尔军区	0	合计	1568

资料来源：K. A. 卡拉什尼科夫、V. I. 费瑟科夫、A. Iu. 奇梅哈洛、V. I. 戈利科夫，《1941 年 6 月的红军》，第 144 页；A. G. 连斯基，《战前年代的工农红军陆军：手册》；戴维·M. 格兰茨，《泥足巨人：苏德战争前夕的苏联军队》，第 155 页。

表 7.18 部分红军坦克集团军、坦克军、机械化军、坦克师、独立坦克旅、独立机械化旅和独立坦克营的坦克数量，1941 年 6 月 22 日至 1944 年 1 月 1 日

军团、兵团和部队 （隶属关系）	坦克和自行火炮 数量（辆）		组成 （满编率%）
	编制数	实有数	
1941年6月22日			
列宁格勒军区机械化第1军	1031	1037	15辆KV（101）
坦克第1师	375	370	（99）
坦克第3师	375	381	（101）
摩托化第163师	275	275	（100）
列宁格勒军区机械化第10军	1031	469	（45）
坦克第21师	375	200	（53）
坦克第24师	375	230	（61）
摩托化第185师	275	39	（14）
波罗的海沿岸特别军区机械化第3军	1031	749	77辆KV、32辆T-34（73）
坦克第2师	375	不详	30辆KV
坦克第5师	375	不详	25辆KV、52辆T-34
波罗的海沿岸特别军区机械化第12军	1031	651	（63）
坦克第23师	375	333	（89）
坦克第28师	375	210	（56）
摩托化第131师	275	108	（39）
西部特别军区机械化第6军	1031	1021	114辆KV、238辆T-34（99）
坦克第4师	375	300	63辆KV、88辆 T-34（80）
坦克第7师	375	368	51辆KV辆、150辆T-34（98）
西部特别军区机械化第11军	1031	305	10辆KV、34辆T-34（30）
坦克第29师	375	228	6辆KV、22辆T-34（61）
坦克第33师	375	37—47	4辆KV、12辆T-34（10—13）
摩托化204师	275	30—40	（11—15）
西部特别军区机械化第13军	1031	294	（29）
坦克第25师	375	200	（53）
坦克第31师	375	0	
西部特别军区机械化第14军	1031	478	（46）

坦克第22师	375	235	（63）
坦克第30师	375	189	（50）
摩托化第205师	275	51	（19）
西部特别军区机械化第17军	1031	36	（3）
西部特别军区机械化第20军	1031	93	（9）
基辅特别军区机械化第4军	1031	938	101辆KV、359辆T-34（91）
坦克第8师	375	325	50辆KV、124辆T-34（87）
坦克第32师	375	338	49辆KV、173辆T-34（90）
摩托化第81师	275	275	（100）
基辅特别军区机械化第8军	1031	969	119辆KV、100辆T-34、750辆旧式坦克（94）
坦克第12师	375	不详	56辆KV、100辆T-34
坦克第34师	375	不详	不详
摩托化第7师	275	不详	不详
基辅特别军区机械化第9军	1031	300	（29）
坦克第20师	375	36	30辆T-26、3辆BT、3辆喷火坦克（10）
坦克第35师	375	142	141辆T-26、1辆喷火坦克（38）
摩托化第131师	275	122	104辆BT、18辆T-37（44）
基辅特别军区机械化第15军	1031	717	64辆KV、71辆T-34、582辆旧式坦克（70）
坦克第10师	375	365	63辆KV、38辆T-34（97）
坦克第37师	375	315	1辆KV、32辆T-34（81）
摩托化第212师	275	37	（13）
基辅特别军区机械化第16军	1031	608	11辆KV、65辆T-34（50）
基辅特别军区机械化第19军	1031	450	5辆KV、2辆T-34、443辆旧式坦克（44）
坦克第40师	375	158	19辆T-26、139辆T-37（42）
坦克第43师	375	237	5辆KV、2辆T-34、230辆T-26（63）
摩托化第213师	275	55	42辆T-26、13辆T-37（20）
基辅特别军区机械化第22军	1031	707	31辆KV（69）
坦克第19师	375	163	26辆BT、122辆T-26、7辆喷火坦克（43）
坦克第41师	375	415	31辆KV、342辆T-26、41辆喷火坦克（111）
摩托化第215师	275	129	129辆BT（47）

基辅特别军区机械化第24军	1031	222	（22）
敖德萨军区机械化第2军	1031	517	10辆KV、50辆T-34（50）
敖德萨军区机械化第18军	1031	282	（27）
哈尔科夫军区机械化第25军	1031	300	4辆KV、16辆T-34（29）
奥廖尔军区机械化第23军	1031	413	8辆KV、13辆T-34（40）
莫斯科军区机械化第7军	1031	959	4辆KV、5辆T-34（93）
莫斯科军区机械化第21军	1031	98	（10）
北高加索军区机械化第26军	1031	184	（18）
外高加索军区机械化第28军	1031	869	（84）
中亚细亚军区机械化第27军	1031	356	（35）
外贝加尔军区和西方面军的第16集团军机械化第5军	1400	1300+	（>93）
坦克第13师	375	238	（63）
坦克第17师	375	255	（68）
坦克第57师	375	300+	（>80）
摩托化第109师	275	300+	（>80）
远东军区机械化第30军（含坦克第59师和摩托化第69师）	1675	2969	（177）

1941年6—9月

西北方向

西北方面军机械化第1军（7月11日）	1031	100	（10）
西北方面军机械化第12军（7月11日）	1031	80	（8）
西北方面军机械化第21军（7月11日）	1031	41	25辆KV、2辆T-34（4）

斯摩棱斯克—布良斯克方向

西方面军机械化第7军（7月5日）	1031	715	（69）
西方面军第20集团军坦克第17师（7月26日）	375	29	（8）
西方面军第20集团军坦克第13师（7月26日）	375	29	（8）
西方面军第20集团军坦克第57师（7月26日）	375	7-8	（1）
西方面军第22集团军坦克第48师（8月1日）	375	113	（30）
布良斯克方面军第13集团军坦克第50师（8月10日）	375	30	（8）
预备队方面军第24集团军坦克第102师（8月28日）	190	20	（11）
布良斯克方面军第3集团军坦克第108师（8月28日）	190	62	5辆KV、32辆T-34（33）

布良斯克方面军第3集团军坦克第108师（9月6日）	190	16	2辆KV、10辆T-34（3）
布良斯克方面军第3集团军坦克第141旅（9月6日）	93	38	3辆KV、14辆T-34（41）
布良斯克方面军"叶尔马科夫"集群坦克第121旅（9月15日）	93	20	（22）
布良斯克方面军"叶尔马科夫"集群坦克第150旅（9月15日）	93	18	（19）
基辅方向			
西南方面军机械化第9军摩托化第131师（6月26日）	275	51	（19）
西南方面军第19机械化军坦克第43师（6月26日）	375	87	（23）
西南方面军机械化第22军坦克第19师（6月24日）	375	45	T-26（12）
西南方面军机械化第22军坦克第19师（6月29日）	375	16	T-26（4）
西南方面军机械化第9军（6月29日）	1031	32	（3）
西南方面军机械化第9军（7月7日）	1031	164	（16）
西南方面军机械化第9军（7月10日）	1031	66	25辆T-26、34辆T-37、7辆BT-5（6）
西南方面军机械化第9军（7月15日）	1031	32	7辆BT、25辆T-26（3）
西南方面军机械化第9军（7月17日）	1031	38	10辆BT、24辆T-26、4辆T-40（4）
西南方面军机械化第9军（7月31日）	1031	40	（5）
西南方面军机械化第9军（8月19日）		0	
西南方面军机械化第19军（7月7日）	1031	66	（6）
西南方面军机械化第19军（7月10日）	1031	78	35辆T-26、13辆T-26喷火、30辆T-34（8）
西南方面军机械化第19军（7月15日）	1031	33	4辆KV、7辆T-34、22辆T-26（3）
西南方面军机械化第19军（7月17日）	1031	77	31辆T-34、46辆T-26（7）
西南方面军机械化第22军（6月29日）	1031	153	16辆KV、137辆T-26（15）
坦克第19师	375	16	16辆T-26（4）
坦克第41师	375	122	16辆KV、106辆T-26（30）
摩托化第215师	275	15	15辆T-26（5）
西南方面军机械化第22军（7月7日）	1031	340	（33）
西南方面军机械化第22军（7月10日）	1031	33	33辆T-26（3）
西南方面军机械化第22军（7月15日）	1031	30	2辆BT、28辆T-26（3）
西南方面军机械化第22军（7月17日）	1031	40	（4）
西南方面军机械化第22军（7月31日）	1031	40	（4）
西南方面军机械化第22军（8月19日）	不详	2	/

西南方面军机械化第15军（6月26日）	1031	325	（32）
坦克第10师	375	39	（10）
坦克第37师	375	219	（58）
摩托化第212师	275	2	（1）
西南方面军机械化第15军（7月6日）	1031	30	（3）
坦克第10师	375	20	（5）
坦克第37师	375	10	（3）
摩托化第212师	275	0	（0）
西南方面军机械化第15军（7月7日）	1031	66	（6）
西南方面军机械化第15军（7月15日）	1031	6	（1）
西南方面军机械化第15军（7月17日）	1031	10	1辆T-34、9辆BT（1）
西南方面军机械化第16军（7月15日）	1031	87	（8）
西南方面军机械化第16军（7月17日）	1031	73	（7）
西南方面军机械化第4军（7月7日）	1031	126	（12）
西南方面军机械化第4军（7月15日）	1031	68	6辆KV、39辆T-34、23辆BT（7）
西南方面军机械化第4军（7月17日）	1031	100	10辆KV、49辆T-34、23辆BT、18辆T-26（10）
西南方面军机械化第24军（7月5日）	1031	10	（1）
西南方面军机械化第24军（7月7日）	1031	100	（10）
西南方面军机械化第24军（7月17日）	1031	100	100辆T-26（10）
西南方面军机械化第8军（7月7日）	1031	43	（4）
西南方面军机械化第8军（7月17日）	1031	57	14辆KV、14辆T-34、16辆BT、13辆T-26（6）
西南方面军坦克第14旅（9月30日）	67	25	（37）
南方向			
南方面军机械化第2军（7月15日）	1031	468	（45）
南方面军机械化第18军（7月15日）	1031	297	（29）

1941年10月至1942年3月

列宁格勒地区

列宁格勒方面军第42集团军坦克第51营（10月12日）	29	27	（93）

维亚济马—布良斯克方向（10月）

西方面军坦克第101师（10月1日）	190	35	（13）

西方面军坦克第107师（10月1日）	190	153	（56）
西方面军坦克第126、127、128、143和某个不明的旅（10月1日）	268	256	大多数是BT和T-26（96）
西方面军坦克第126和128旅（10月1日）	134	115	（89）
西方面军摩托化步兵第1师坦克团（10月1日）	不详	35	
布良斯克方面军第43集团军坦克第145和148旅（10月1日）	134	84	（63）
布良斯克方面军第3集团军坦克第108师（10月6日）	190	20	（14）
布良斯克方面军第3集团军坦克第42旅（10月8日）	67	18	（27）

莫斯科方向（10月）

加里宁方面军第30集团军坦克第8旅（10月14日）	67	61	7辆KV、22辆T-34、32辆T-40（91）
西方面军第5集团军坦克第18、19和20旅（10月15日）	201	53	（26）
西方面军第16集团军步兵第78师（10月17日）	不详	23	23辆T-26
西方面军坦克第28旅（10月22日）	67	32	5辆KV、11辆T-34、16辆T-60（48）
加里宁方面军第30集团军坦克第58师（10月30日）	190	78	（41）
西方面军第50集团军坦克第32旅（10月30日）	67	31	（46）

莫斯科方向（11月）

西方面军第16集团军坦克第27和28旅（11月10日）	134	52	（39）
西方面军第16集团军坦克第4（近卫第1）旅（11月10日）	67	23	（34）
布良斯克方面军坦克第32旅（11月10日）	67	18	（27）
布良斯克方面军第3集团军坦克第108师（11月10日）	190	30	（16）
加里宁方面军第30集团军坦克第21旅（11月11日）	67	20	（30）
加里宁方面军第30集团军坦克第58师（11月18日）	190	15	（8）
加里宁方面军第30集团军摩托化步兵第107师（11月23日）	不详	15	
西方面军第16集团军（11月16日）	0	191	
西方面军预备队坦克第58师、坦克第17、18、20和24旅（11月16日）	458	125	11月15日转隶第16集团军作为快速集群（27）
西方面军第30集团军坦克第8旅（11月16日）	67	20	（30）
西方面军第30集团军坦克第21旅（11月16日）	67	0	
西方面军第16集团军近卫坦克第1旅（11月14日）	67	15	（22）
西方面军第16集团军坦克第27旅（11月15日）	67	17	（25）

西方面军第16集团军坦克第19旅（11月16日）	67	23	（34）
西方面军第5集团军坦克第18、20和22旅（11月16日）	201	65	（32）
西方面军第50集团军坦克第108师（11月16日）	190	30	（16）
西方面军第16集团军近卫坦克1旅、坦克第23、27和28旅（11月21日）	268	15	（6）
西方面军第30集团军摩托化第107师（11月23日）	不详	15	
西方面军第16集团军坦克第25旅（11月23日）	67	11	（16）
西方面军第5集团军坦克第20旅（11月24日）	67	16	（24）

莫斯科方向（12月）

西方面军第33集团军步兵第18旅（12月1日）	不详	18	3辆KV、6辆T-34、9辆BT
西方面军第33集团军坦克第5旅（12月1日）	46	11	（24）
西方面军第5集团军坦克第20旅（12月1日）	46	6	（13）
西方面军第5集团军坦克第22旅（12月1日）	46	21	（46）
西方面军第33集团军坦克第136和140营（12月2日）	72	21	（29）
西方面军第33集团军坦克第5旅（12月3日）	46	9	（20）
西方面军第5集团军坦克第20旅（12月3日）	46	9	（20）
西方面军第30集团军坦克第3和21旅（12月3日）	92	35	（38）
西方面军第20集团军坦克第24和134旅（12月3日）	92	60	（65）
西方面军第16集团军坦克第17、33、145和146旅（12月3日）	184	125	（68）
西方面军突击第1集团军坦克第123和133营（12月3日）	72	50	（69）
西方面军第33集团军坦克第136和140营（12月3日）	72	21	（29）
西方面军第30集团军坦克第3和21旅、摩托化步兵第107师（12月6日）	不详	35	有资料称21辆
西方面军突击第1集团军坦克第123和133营（12月6日）	72	50	（69）
西方面军第20集团军坦克第24和31旅（12月6日）	92	16	（17）
西方面军第20集团军坦克第134营（12月6日）	36	16	（44）
西方面军第20集团军坦克第135营（12月6日）	36	33	（92）
西方面军第16集团军的4个坦克旅（12月6日）	184	125	（68）
西方面军第33集团军坦克第5旅（12月6日）	46	50	（>100）

西方面军第43集团军坦克第26旅（12月6日）	46	50	（>100）
西方面军第16集团军坦克第33旅（12月7日）	46	9	（20）
西方面军第5集团军近卫骑兵第2军坦克第22旅（12月11日）	46	12	（26）
西方面军第20集团军坦克第31旅（12月12日）	46	10	（22）
加里宁方面军第31集团军坦克第123和149营（12月14日）	72	34	（47）
西方面军第43集团军坦克第26旅（12月14日）	46	30	14辆T-34、16辆T-60（65）
西方面军第43集团军坦克第26旅（12月18日）	46	50	（>100）
西方面军第50集团军坦克第112师（12月13日）	190	17	（9）
西方面军第50集团军坦克第131营（12月18日）	36	15	（42）

奥廖尔—叶列茨方向（1941年12月—1942年3月）

西南方面军第3集团军坦克第129旅（12月4日）	46	16	另有24辆需要修理（35—87）
西南方面军第3集团军坦克第150旅（12月4日）	46	0	
西南方面军第3集团军坦克第150旅（3月1日）	46	38	2辆KV、19辆BT和T-26、17辆T-60（83）

莫斯科方向（1942年1—3月）

西方面军第5集团军坦克第20旅（1月1日）	46	45	（98）
西北方面军突击第3集团军坦克第170营（1月1日）	36	35	（97）
西方面军第20集团军近卫坦克第1旅、坦克第145、31和22旅（1月6日）	184	100	（54）
西方面军第50集团军坦克第112旅（1月6日）	46	34	（74）
西方面军第43集团军坦克第18和26旅（1月9日）	92	40	（43）
西方面军"别洛夫"集群（近卫骑兵第1军）近卫坦克第2旅（1月31日）	46	8	8辆T-60（17）
西方面军第43集团军坦克第18旅（2月4日）	46	9	1辆KV、3辆T-34、5辆T-60（18）
加里宁方面军第30集团军坦克第28旅（3月21日）	46	43	10 KV, 22 T-34, 11 T-37（93）

杰米扬斯克方向（1—2月）

西北方面军的8个坦克营（1月3日）	288	186	（65）

罗斯托夫方向（1941年10—11月）

北高加索方面军第56集团军坦克第6旅（11月20日）	67	105	T-26（>100）
南方面军第9集团军坦克第2和132旅（11月5日）	134	50	（37）

南方面军第37集团军坦克第132旅 （11月15日）	67	32	1辆KV、14辆T-34、15辆BT、2辆T-26（48）
南方面军第37集团军坦克第3旅 （11月15日）	67	30	（45）
南方面军第37集团军坦克第2旅 （11月15日）	67	30	其中23辆T-34、5辆BT（45）
南方面军第9集团军坦克第142旅 （11月15日）	67	28	23辆T-34、5辆BT（42）
南方面军第57集团军坦克第6旅 （11月15日）	67	105	4辆KV、10辆T-34（>100）

巴尔文科沃方向（1942年1月）

西南方面军第6集团军坦克第7和13旅 （1月28日）	92	66	（72）
南方面军第57集团军坦克第6、12和130旅 （1月28日）	138	138	（100）
南方面军第37集团军坦克第2和3旅 （1月28日）	92	92	（100）
南方面军第12集团军坦克第54旅 （1月28日）	46	48	（>100）
南方面军近卫骑兵第5军坦克第15和132旅 （1月28日）	92	72	（78）

克里米亚方向（2—3月）

克里米亚方面军第51集团军坦克第39、40和55旅，坦克第229营（2月1日）	174	200	（>100）
克里米亚方面军第44集团军坦克第124和126营（2月1日）	72	36	（50）

1942年4—5月

大本营预备队坦克第10军（4月）	177	177	24辆KV、90辆T-34、63辆T-60（100）
坦克第10军坦克第178旅（4月）	45	45	24辆KV、21辆T-60（100）
坦克第10军坦克第183旅（4月）	65	65	44辆T-34、21辆T-60（100）
坦克第10军坦克第186旅（4月）	65	65	44辆T-34、21辆T-60（100）
大本营预备队坦克第10军（5月15日）	146	132	24辆KV、60辆MK II、48辆T-70（91）

哈尔科夫方向

西南方面军坦克第21军（5月10日）	146	134	5月25日覆没（92）
西南方面军坦克第23军（5月10日）	146	135	5月25日覆没（92）
西南方面军第38集团军坦克第13、36和133旅（5月10日）	138	125	（91）
西南方面军第28集团军近卫坦克第6旅，坦克第57、84和90旅（5月10日）	184	181	（98）
西南方面军第21集团军坦克第10旅、坦克第8营（5月10日）	80	48	（60）
西南方面军"鲍勃金"集群坦克第7旅（5月10日）	46	40	5月25日覆没（87）
西南方面军第6集团军近卫坦克第5旅，坦克第37、38和48旅（5月10日）	184	166	5月25日覆没（90）
西南方面军坦克第8、7和132营（5月10日）	108	96	（89）

南方面军第9集团军坦克第15和21旅（5月16日）	92	52	5月25日覆没（57）
克里米亚方面军坦克第39、40、55和56旅， 坦克第79、229、124和126营（5月8日）	328	213	（另有70辆需要修理）（65）5月25日覆没
克里米亚方面军坦克第55旅（5月8日）	46	47	（>100）5月25日覆没

1942年6—7月

大本营预备队坦克第157旅（6月2日）	53	53	32辆T-34、21辆T-70（100）
大本营预备队坦克第26军（6月5日）	180	161	24辆KV、68辆T-34、69辆T-70（89）
大本营预备队坦克第17军（6月15日）	180	180	23辆KV、91辆T-34、67辆T-60（100）
坦克第17军坦克第66旅（6月15日）	53	50	23辆KV、27辆T-60（94）
坦克第17军坦克第67旅（6月15日）	65	65	45辆T-34、20辆T-60（100）
坦克第17军坦克第174旅（6月15日）	65	65	45辆T-34、20辆T-60（100）
西方面军坦克第3集团军坦克第12军（6月30日）	180	172	20辆KV、112辆T-34、10辆T-70、30辆T-60（96）
坦克第12军坦克第30旅（6月30日）	65	60	10辆KV、40辆T-34、10辆T-70（92）
坦克第12军坦克第86旅（6月30日）	53	55	5辆KV、35辆T-34、15辆T-60（>100）
坦克第12军坦克第97旅（6月30日）	53	55	5辆KV、35辆T-34、15辆T-60（>100）
坦克第3集团军坦克第12军坦克第106旅（7月31日）	53	53	32辆T-34、21辆T-70（100）
坦克第3集团军坦克第12军坦克第195旅（7月31日）	53	53	32辆T-34、21辆T-70（100）

日兹德拉—博尔霍夫方向

西方面军第16集团军坦克第10军（7月4日）	180	152	85辆KV和T-34、25辆MK-II、20辆T-60（84）
西方面军第16集团军坦克第94、112和148旅（7月4日）	159	131	75辆KV和T-34、56辆轻型坦克（82）
布良斯克方面军第61集团军坦克第3军（7月4日）	180	192	（>100）
布良斯克方面军第61集团军坦克第68和192旅（7月4日）	106	107	32辆KV和T-34（>100）

沃罗涅日方向

布良斯克方面军第21集团军坦克第13军（6月28日）	180	180	（100）
布良斯克方面军坦克第2、16和17军（6月28日）	540	>500	（100）
布良斯克方面军坦克第5集团军（7月4日）	540	600	（>100）
坦克第5集团军坦克第2军（7月4日）	180	180	（100）
坦克第5集团军坦克第11军（7月4日）	180	180	（100）
坦克第5集团军坦克第7军（7月4日）	180	180	（100）

坦克第5集团军坦克第19旅（7月4日）	65	60	（92）
沃罗涅日方面军第60集团军坦克第17军坦克第67和174旅（7月7日）	130	67	60辆T-34、7辆T-70（52）
沃罗涅日方面军第40集团军坦克第14旅（7月7日）	46	35	（76）
沃罗涅日方面军第60集团军坦克第25军（7月18日）	168	166	103辆T-34、63辆T-60和T-70（99）
沃罗涅日方面军坦克第25军（9月1日）	168	53	45辆T-34（32）
沃罗涅日方面军坦克第1军（8月12日）	168	108	（64）
沃罗涅日方面军坦克第7军（8月12日）	180	173	（96）
沃罗涅日方面军坦克第11军（8月12日）	168	98	（58）

斯大林格勒方向

斯大林格勒方面军坦克第1集团军坦克第13和28军（7月13日）	336	250	（74）
斯大林格勒方面军第62集团军坦克第13军（7月13日）	168	123	74辆T-34、49辆T-60和70（73）
第62集团军坦克第13军坦克第163旅（7月13日）	53	41	（77）
第62集团军坦克第13军坦克第166旅（7月13日）	53	41	（77）
第62集团军坦克第13军坦克第169旅（7月13日）	53	41	（77）
斯大林格勒方面军第62集团军坦克第28军（7月13日）	168	125	（74）
斯大林格勒方面军第62集团军坦克第13、23和28军（7月23日）		322	20辆KV、161辆T-34、141辆T-70
斯大林格勒方面军第62集团军坦克第644、645、648、649、650和651营(7月23日)	216	168	（78）
斯大林格勒方面军第62集团军坦克第40和138旅（7月23日）	106	91	（86）
斯大林格勒方面军第64集团军坦克第121和137旅（7月23日）	106	69	（65）
斯大林格勒方面军第62集团军坦克第40旅和坦克第849营（7月22日）	91	51	10辆KV、41辆T-34（56）
斯大林格勒方面军坦克第1集团军坦克第13军（7月22日）	168	123	（73）
斯大林格勒方面军坦克第1集团军坦克第13军（7月24—25日）	168	150	（89）
斯大林格勒方面军坦克第1集团军坦克第13军（7月27日）	168	27	（16）
斯大林格勒方面军坦克第1集团军坦克第13军（7月30日）	168	27	（16）

1942年8—9月

杰米扬斯克方向

西北方面军突击第1集团军坦克第103营（9月27日）	36	12	12辆T-34（33）

勒热夫—瑟乔夫卡方向

加里宁方面军第30集团军坦克第28旅（8月15日）	53	14	9辆T−34、5辆T−60（26）
西方面军第20集团军坦克第6军（8月1日）	170	169	24辆KV、46辆T−34、30辆T−70、69辆T−60（99）
西方面军第20集团军坦克第8军（8月1日）	170	165	83辆KV和T−34（97）
西方面军第20集团军坦克11、17、20、188和213旅（8月1日）	265	255	（96）
西方面军第20集团军坦克第17旅（8月8日）	53	20	（38）
西方面军第30集团军坦克第28军（9月9日）	53	15	15辆T−34（23）

日兹德拉—博尔霍夫方向

西方面军第16集团军坦克第10军（8月12日）	170	156	48辆KV、44辆MK−II、64辆T−60（92）
西方面军第16集团军坦克第10军（8月13日）	170	121	（71）
西方面军第16集团军坦克第10军（8月29日）	170	56	（33）
西方面军第16集团军坦克第9军（8月12日）	170	约150	（88）
西方面军第16集团军坦克第9军（8月29日）	170	50	（28）
西方面军坦克第3集团军（8月21日）		436	48辆KV、223辆T−34、162辆T−60/70、3辆T−50
西方面军第61集团军坦克第3军（8月12日）	180	180	（100）

斯大林格勒方向

第40集团军坦克第25军（9月1日）	170	73	45辆T−34（另有20辆需要修理）（43）
东南方面军第64集团军坦克第13军（8月6日）	168	132	114辆T−34、18辆T−60和T−70（79）
第64集团军坦克第13军近卫坦克第6旅（8月6日）	53	44	44辆T−34（83）
第64集团军坦克第13军坦克第13旅（8月6日）	53	44	44辆T−34（83）
第64集团军坦克第13军坦克第254旅（8月6日）	53	42	30辆T−34、12辆T−60和T−70（79）
东南方面军第64集团军坦克第13军（8月11日）	168	76	（45）
东南方面军第64集团军坦克第13军坦克第56旅（9月2日）	53	22	20辆T−34、2辆T−60（42）
东南方面军第64集团军坦克第13军（9月12日）	168	16	11辆T−34、5辆T−60（10）
第64集团军坦克第13军坦克第56旅（9月12日）	53	6	4辆T−34、2辆T−60（11）
第64集团军坦克第13军坦克第13旅（9月12日）	53	10	7辆T−34、2辆T−60（19）
东南方面军第64集团军坦克第13军（9月27日）	168	6	（4）
东南方面军第64集团军坦克第13军（10月2日）	168	16	（10）

1942年11—12月

杰米扬斯克方向

| 西北方面军突击第1集团军坦克第167团（11月1日） | 39 | 24 | 全部是T-34坦克（62） |

大卢基方向

| 加里宁方面军突击第3集团军机械化第2军（11月20日） | 224 | 215 | （96） |
| 加里宁方面军突击第3集团军机械化第2军（11月24日） | 224 | 161 | 另有54辆需要修理（72） |

勒热夫—瑟乔夫卡方向

加里宁方面军第41集团军机械化第1军（11月24日）	224	224	10辆KV、119辆T-34、95辆T-70（100）
加里宁方面军第41集团军机械化第47和48旅（11月24日）	78	82	（>100）
加里宁方面军第22集团军机械化第3军（11月24日）	224	232	（>100）
西方面军第20集团军坦克第6军（11月24日）	170	120	85辆T-34（71）
西方面军第20集团军坦克第6军（11月27日）	170	50	（29）
西方面军坦克第5军（12月10日）	170	131	（77）
西方面军第20集团军坦克第6军（12月11日）	170	100	7辆KV、64辆T-34、12辆T-70、17辆T-60（59）
西方面军坦克第10军（12月20日）	180	177	25辆KV、66辆T-34、9辆MKⅡ、35辆T-70、42辆T-60（98）

斯大林格勒方向

斯大林格勒方面军机械化第4军（11月4日）	204	220	（>100）
斯大林格勒方面军坦克（机械化）第13军（11月15日）	204	205	（>100）
西南方面军坦克第5集团军（11月19日）		380	70辆KV、135辆T-34、175辆T-70
西南方面军坦克第5集团军（12月2日）		182	
西南方面军坦克第5集团军坦克第1军（11月19日）	170	136	（80）
西南方面军坦克第5集团军坦克第1军（11月25日）	170	20	（12）
西南方面军坦克第5集团军坦克第26军（11月19日）	170	161	（95）
西南方面军第21集团军坦克第4军（11月19日）	170	143	29辆KV、57辆T-43、57辆T-70（84）
西南方面军第21集团军近卫坦克第1、2和3团（11月19日）	63	56	56辆KV（89）
西南方面军第24集团军坦克第16军（11月19日）	170	103	（61）
斯大林格勒方面军第51集团军机械化第4军和坦克第254旅（11月20日）	257	198	（77）

斯大林格勒方面军第51集团军机械化第4军（11月20日）	204	109	（53）
斯大林格勒方面军第57集团军坦克第13军（11月19日）	204	113	（55）
斯大林格勒方面军第57集团军坦克第90旅（11月19日）	53	53	（100）
顿河方面军第21集团军坦克第4军（11月19日）④	170	159	（94）

顿河中游方向

沃罗涅日方面军第6集团军坦克第17军、坦克第115旅、坦克第32和212团(12月15日)	310	250	（83）
沃罗涅日方面军第6集团军坦克第17军（12月15日）	170	168	98辆T-34、70辆T-70（99）
沃罗涅日方面军第6集团军坦克第115旅（12月15日）	53	41	（77）.
西南方面军近卫第1、近卫第3、坦克第5集团军的坦克第1、18、24、25军、近卫坦克第8和15旅、坦克第114、119、126、141和243团、坦克第510和511营(12月15日)	1053	920	（87）
西南方面军近卫第1集团军坦克第18、24和25军，坦克第126和141团（12月15日）	588	504	（86）
西南方面军近卫第1集团军坦克第18军（12月15日）	170	160	（94）
西南方面军近卫第1集团军坦克第24军（12月15日）	170	159	（94）
西南方面军近卫第1集团军坦克第24军（12月24日）	170	54	36辆T-34、18辆T-70（32）
西南方面军近卫第1集团军坦克第24军（12月28日）	170	58	39辆T-34、19辆T-70（34）
西南方面军近卫第1集团军坦克第24军（12月29日）	170	25	（15）
西南方面军近卫第1集团军坦克第25军（12月15日）	170	131	73辆T-34（77）
西南方面军近卫第1集团军坦克第25军（12月28日）	170	25	（15）
西南方面军近卫第3集团军近卫机械化第1军，坦克第114、119和243旅（12月15日）	321	234	（73）
西南方面军近卫第3集团军近卫机械化第1军（12月12日）	204	163	（80）
近卫机械化第1军近卫坦克第17团（12月12日）	39	27	10辆KV、9辆T-34、8辆T-70
西南方面军坦克第5集团军坦克第1军、近卫坦克第8和15旅、坦克第510和511营(12月15日)	348	182	（52）
西南方面军坦克第5集团军坦克第1军（12月7日）	170	72	（42）

④ 译注：原文如此，11月19日顿河方面军编成内的应是坦克第16军，计划在第24集团军的进攻地带内进入战斗。西南方面军第21集团军坦克第4军的数据见上。

部队			
西南方面军坦克第5集团军机械化第5军（12月9日）	204	193	（95）（未计入上述统计）

科捷利尼科夫斯基方向

部队			
斯大林格勒方面军第51集团军坦克第13军（12月4日）	204	49	这些坦克在坦克第44和163团（24）
斯大林格勒方面军突击第5、第51和第28集团军（12月12日）	不详	369	
斯大林格勒方面军突击第5集团军坦克第7军和机械化第4军（12月12日）	374	252	（67）
斯大林格勒方面军第51集团军坦克第13军、坦克第85、235和254旅、坦克第234团（12月12日）	402	77	（19）
斯大林格勒方面军第28集团军近卫坦克第6旅和坦克第565营（12月12日）	89	40	（45）
斯大林格勒方面军坦克第41、139、189和198团（12月12日）	156	147	（94）
斯大林格勒方面军近卫第2集团军机械化第6（近卫机械化第5）军（12月16日）	204	195	117辆T-34、73辆T-70（96）
斯大林格勒方面军近卫第2集团军坦克第7军（12月16日）	170	92	20辆KV、41辆T-34、31辆T-70（54）
斯大林格勒方面军近卫第2集团军机械化第4（近卫第3）军（12月16日）	204	107	（52）
斯大林格勒方面军第51集团军坦克第13军（12月28日）	204	14	（7）

1943年1—4月

列宁格勒地区

部队			
列宁格勒方面军第67集团军坦克第61、231、220和152旅，坦克第119和189营（1月1日）	231	222	（96）
沃尔霍夫方面军突击第2集团军坦克第16、98、122和185旅，坦克第50、501、503和507营（1月1日）	395	217	（55）

奥斯特罗戈日斯克—罗索什方向

部队			
沃罗涅日方面军坦克第4军（1月12日）	202	219	（>100）
沃罗涅日方面军第38、60和40集团军，坦克第3集团军，步兵第18军、骑兵第7军（1月12日）		896	112辆KV、405辆T-34，87辆MZS、263辆T-60/70、29辆MZL
沃罗涅日方面军第40集团军坦克第86、159、116和150旅（1月12日）	159	133	（84）
沃罗涅日方面军第38集团军坦克第150旅（1月12日）	53	29	（55）
沃罗涅日方面军第60集团军坦克第14和180旅（1月12日）	106	70	（66）
沃罗涅日方面军步兵第18军坦克第192旅（1月12日）	53	51	51辆MS-3（96）
沃罗涅日方面军步兵第18军坦克第96旅（1月12日）	53	49	49辆T-34（92）

部队（日期）			
沃罗涅日方面军步兵第18军坦克第262旅（1月12日）	21	20	20辆KV（95）
沃罗涅日方面军骑兵第7军坦克第201旅（1月12日）	53	65	（>100）
沃罗涅日方面军坦克第3集团军（1月10日）		479	
沃罗涅日方面军坦克第3集团军（1月12日）		371	另有122辆需要修理
坦克第3集团军坦克第12军坦克第106旅（1月15日）	53	16	（30）
坦克第3集团军坦克第15军坦克第88旅（1月17日）	53	20	（38）
坦克第3集团军坦克第12军坦克第113旅（1月19日）	53	8	（15）
坦克第3集团军坦克第12军坦克第195旅（1月19日）	53	10	（19）
西南方面军近卫第1集团军坦克第10军坦克第183旅（1月21日）	53	40	（75）

沃罗涅日—卡斯托尔诺耶方向

部队（日期）			
布良斯克方面军第13集团军，沃罗涅日方面军第38、60和40集团军（1月24日）		640	
布良斯克方面军第13集团军坦克第118和129旅，坦克第42、43和193团（1月24日）	223	251	（>100）
沃罗涅日方面军第38集团军坦克第180旅，坦克第14和150营（1月24日）	125	91	（73）
沃罗涅日方面军第60集团军坦克第14、86和150旅（1月24日）	159	51	（32）
沃罗涅日方面军第40集团军坦克第4军坦克第96和192旅（1月24日）	308	247	（80）
西南方面军近卫第1集团军坦克第10军（1月26日）	170	41	另有超过100辆需要修理（24）
近卫第1集团军坦克第10军坦克第186旅（1月26日）	53	7	（13）

哈尔科夫方向

部队（日期）			
沃罗涅日方面军坦克第3集团军（1月29日）	0	165	另有140辆需要修理
沃罗涅日方面军坦克第3集团军坦克第12军（2月1日）	170	85	（50）
沃罗涅日方面军坦克第3集团军坦克第15军（2月1日）	170	80	（47）
坦克第3集团军坦克第12军坦克第106旅（2月8日）	53	10	（19）
沃罗涅日方面军坦克第3集团军（2月14日）	0	100	
沃罗涅日方面军坦克第3集团军（2月18日）	0	110	
沃罗涅日方面军坦克第3集团军（2月27日）	0	39	
坦克第3集团军坦克第12军坦克第106旅（2月28日）	53	12	（23）
坦克第3集团军坦克第12军坦克第106旅（3月3日）	53	11	（21）
坦克第3集团军坦克第12军坦克第106旅（3月5日）	53	5	（9）

顿巴斯方向

单位			
西南方面军"波波夫"集群近卫坦克第4军，坦克第3、10和18军（1月27日）	680	212	（31）
西南方面军"波波夫"集群坦克第10军（1月27日）	170	101	（59）
西南方面军"波波夫"集群近卫坦克第4军（1月27日）	170	40	28辆T-34、12辆T-70（24）
西南方面军"波波夫"集群近卫坦克第4军（2月4日）	170	37	（22）
西南方面军"波波夫"集群坦克第3军（2月4日）	170	23	（14）
西南方面军"波波夫"集群（2月16日）	680	145	（21）
西南方面军"波波夫"集群近卫坦克第4军（2月18日）	170	17	（10）
西南方面军"波波夫"集群（2月19日）	680	40	（6）
西南方面军"波波夫"集群近卫坦克第4军（2月24日）	170	32	T-34（19）
西南方面军近卫坦克第1军（2月19日）	170	150	（88）
西南方面军坦克第25军（2月15日）	170	156	90辆T-34、66辆T-70（92）

别尔哥罗德—库尔斯克方向

单位			
沃罗涅日方面军近卫坦克第3军（3月1日）	170	150	（88）
沃罗涅日方面军近卫坦克第2军（3月1日）	170	175	（>100）

奥廖尔—斯摩棱斯克方向

单位			
中央方面军坦克第2集团军（2月18日）		408	
中央方面军坦克第2集团军坦克第11军（2月15日）	202	192	（95）
中央方面军坦克第2集团军坦克第16军（2月15日）	202	161	（80）
中央方面军坦克第2集团军近卫坦克第5311旅（2月15日）	53	55	（>100）
中央方面军坦克第2集团军（2月24日）	0	182	
中央方面军坦克第2集团军坦克第11军（2月24日）	202	102	11辆KV、1辆T-34、41辆T-60/70、49辆MK-II和III（50）
中央方面军坦克第2集团军坦克第16军（2月24日）	202	47	33辆T-34、14辆T-60/70（23）
中央方面军坦克第2集团军近卫坦克第5311旅（2月24日）	53	40	25辆T-34、15辆T-70（75）
中央方面军坦克第2集团军近卫坦克第2129团（2月24日）	21	15	15辆KV（71）
中央方面军坦克第2集团军坦克第11军（2月28日）	202	135	（67）railhead
中央方面军坦克第2集团军坦克第16军（2月28日）	202	70	（35）forward assembly area
中央方面军坦克第2集团军坦克第11和16军（3月12日）	404	162	可作战的100辆，按总数计算（40），可作战（25）

罗斯托夫—米乌斯河方向

南方面军近卫第2集团军机械化第6军⑤	204	150	（74）
南方面军突击第5集团军近卫机械化第4军（2月12日）	204	76	76辆T-34（37）
南方面军突击第5集团军近卫机械化第4军（2月17日）	204	20	（10）
草原军区近卫坦克第1军（4月24日）	202	216	21辆KV、132辆T-34、63辆T-70（>100）
草原军区近卫第4集团军近卫坦克第3军（4月24日）	202	197	（98）
南方面军预备队近卫机械化第4军（4月30日）	229	192	170辆坦克、22辆SU-152（94）

1943年7—8月

库尔斯克方向

沃罗涅日方面军坦克第1集团军坦克第31军（6月15日）	202	196	155辆T-34、41辆T-60/70（97）
草原军区近卫第5集团军坦克第10军（6月15日）	223	185	1辆KV、99辆T-34、64辆T-70、21辆自行火炮（83）
大本营预备队坦克第87团（7月2日）	39	39	12辆T-34、27辆T-70（100）
中央方面军坦克第2集团军（7月3日）	0	456	435辆T-34、21辆自行火炮
沃罗涅日方面军坦克第1集团军（7月3日）	0	563	542辆坦克、21辆自行火炮
沃罗涅日方面军坦克第1集团军机械化第3军（7月3日）	229	211	（92）
沃罗涅日方面军坦克第1集团军坦克第6军（7月3日）	223	198	177辆坦克、21辆自行火炮（89）
沃罗涅日方面军坦克第1集团军坦克第31军（7月3日）	202	154	113辆T-34、41辆T-70（76）
沃罗涅日方面军坦克第1集团军坦克第6军（7月18日）	223	52	（23）
沃罗涅日方面军坦克第1集团军坦克第31军（7月9日）	202	68	（34）
坦克第1集团军坦克第31军坦克第242旅（7月9日）	53	20	（38）
坦克第1集团军坦克第31军坦克第100旅（7月9日）	53	27	（51）
坦克第1集团军坦克第31军坦克第237旅（7月9日）	53	19	（36）
坦克第1集团军坦克第31军坦克第100旅（7月10日）	53	6	（11）
坦克第1集团军坦克第31军坦克第59团（7月10日）	39	10	8辆T-34、2辆T-60（26）
草原军区近卫第5集团军坦克第10军（7月7日）	223	185	1辆KV、99辆T-34、64辆T-70、21辆自行火炮（83）

---

⑤ 译注：已改编为近卫机械化第5军（1月1日）。

沃罗涅日方面军坦克第10军（7月11日）	223	50	（22）
沃罗涅日方面军坦克第10军（7月13日）	223	86	56辆T-34、30辆T-70（39）
沃罗涅日方面军近卫第6集团军坦克第10军（7月16日）	223	58	（26）
沃罗涅日方面军近卫第6集团军坦克第10军（7月19日）	223	93	（42）
沃罗涅日方面军近卫坦克第5军（7月11日）	241	50	（21）
沃罗涅日方面军坦克第2军（7月12日）	202	168	（83）
草原军区近卫坦克第5集团军（7月9日）	0	630	593辆坦克、37辆自行火炮
近卫坦克第5集团军坦克第18军（7月9日）	202	187	103辆T-34、63辆T-70、21辆MK-IV（93）
近卫坦克第5集团军坦克第29军（7月9日）	223	237	1辆KV、130辆T-34、85辆T-70、21辆自行火炮（>100）
近卫坦克第5集团军近卫机械化第5军（7月9日）	229	228	212辆坦克、16辆自行火炮（100）
沃罗涅日方面军近卫坦克第5集团军（7月11日）	0	830	501辆T-34、261辆T-70、31辆MK-IV、37辆自行火炮（含坦克第2军和近卫坦克第2军）
近卫坦克第5集团军"特鲁法诺夫"集群（7月11日）		100	71辆T-34、29辆T-70
草原军区近卫第4集团军近卫坦克第3军（7月9日）	223	178	（80）
草原方面军近卫坦克第4军（7月15日）	223	189	168辆坦克、21辆自行火炮（85）
草原方面军机械化第1军（7月15日）	229	204	（89）
沃罗涅日方面军近卫坦克第5集团军近卫机械化第5军（7月20日）	229	92	68辆T-34、24辆T-70（89）
顿巴斯方向（7月）			
西南方面军近卫第1集团军坦克第23军（7月16日）	202	180	多数是T-34，少数是MK-II（89）
西南方面军近卫第8集团军近卫机械化第1军（7月16日）	204	194	120辆T-34（95）
南方面军近卫第2集团军近卫机械化第2军（7月16日）	229	200	120辆T-34（87）
南方面军近卫第2集团军近卫机械化第4军（7月16日）	229	192	170辆T-34、22辆SU-152（84）
南方面军近卫第2集团军近卫机械化第2军（8月5日）	229	49	（21）
南方面军突击第5集团军近卫坦克第32旅（7月16日）	53	46	（87）
奥廖尔方向（7—8月）			
西方面军第50集团军坦克第196旅（7月12日）	65	66	（100）
西方面军坦克第1军（7月12日）	218	184	168辆坦克、16辆自行火炮（84）
西方面军坦克第5军（7月12日）	218	184	168辆坦克、16辆自行火炮（84）
布良斯克方面军近卫坦克第1军（7月12日）	218	207	（95）

布良斯克方面军第61集团军坦克第20军（7月13日）	218	184	（84）
西方面军近卫第11集团军坦克第25军（7月17日）	202	196	（97）
布良斯克方面军近卫坦克第3集团军（7月18日）	0	730	473辆T-34、225辆T-70、32辆自行火炮
近卫坦克第3集团军坦克第12军（7月18日）	218	225	209辆坦克、16辆自行火炮（>100）
近卫坦克第3集团军坦克第15军（7月18日）	218	225	209辆坦克、16辆自行火炮（>100）
近卫坦克第3集团军机械化第2军（7月18日）	229	204	（89）
布良斯克方面军近卫坦克第3集团军（8月4日）	0	417	
西方面军坦克第4集团军（7月18日）	0	652	
坦克第4集团军近卫机械化第6军（7月18日）	218	216	（99）
坦克第4集团军坦克第11军（7月18日）	218	204	（94）
坦克第4集团军坦克第30军（7月18日）	218	216	（99）
中央方面军坦克第2集团军（8月25日）	0	265	

别尔哥罗德—哈尔科夫方向

沃罗涅日方面军坦克第1集团军（8月2日）	0	542	417辆T-34、27辆自行火炮
坦克第1集团军坦克第6军（8月2日）	223	200	（90）
坦克第1集团军坦克第31军（8月2日）	202	142	93辆T-34（70）
坦克第1集团军机械化第3军（8月2日）	229	185	（81）
沃罗涅日方面军坦克第1集团军（8月11日）	0	295	268辆坦克、27辆自行火炮
坦克第1集团军坦克第31军（8月11日）	202	35	（17）
坦克第31军坦克第242旅（8月11日）	53	13	10辆T-34、3辆T-70（25）
坦克第31军坦克第100旅（8月11日）	53	15	（28）
坦克第31军坦克第237旅（8月11日）	53	5	（9）
坦克第1集团军坦克第31军（8月13日）	202	27	（13）
坦克第31军坦克第237旅（8月13日）	53	15	（28）
坦克第31军坦克第242旅（8月13日）	53	9	（17）
坦克第31军坦克第100旅（8月13日）	53	1	（2）
沃罗涅日方面军坦克第1集团军（8月18日）	0	120	
坦克第1集团军机械化第3军（8月18日）	229	88	59辆T-34、19辆T-50、4辆T-60、6辆自行火炮（38）
坦克第1集团军坦克第31军坦克第242旅（8月19日）	53	10	（19）

沃罗涅日方面军坦克第1集团军（8月25日）	0	162	
草原方面军近卫坦克第5集团军（8月3日）	0	543	503辆T-34、40辆自行火炮
近卫坦克第5集团军坦克第18军（8月3日）	202	180	（89）
近卫坦克第5集团军坦克第18军（8月18日）	202	50	（25）
近卫坦克第5集团军坦克第29军（8月3日）	223	180	（81）
近卫坦克第5集团军坦克第29军（8月18日）	223	80	（36）
草原方面军第53集团军机械化第1军（8月3日）	229	212	（93）
沃罗涅日方面军第27集团军坦克第10军（8月3日）	223	93	60辆T-34、23辆T-70、5辆SU-76、5辆SU-122（42）
沃罗涅日方面军第40集团军坦克第10军（8月6日）	223	170	（76）
沃罗涅日方面军第27集团军坦克第10军（8月16日）	223	94	（42）
沃罗涅日方面军第27集团军近卫坦克第4军（8月3日）	223	180	（81）
沃罗涅日方面军第27集团军近卫坦克第4军（8月9日）	223	97	（43）
沃罗涅日方面军第40集团军坦克第2军（8月3日）	223	170	（76）
沃罗涅日方面第6集团军近卫坦克第5军（8月3日）	202	180	（89）
草原方面军近卫坦克第5集团军（8月11日）	0	106	含自行火炮
近卫坦克第5集团军近卫机械化第5军（8月11日）	229	29	25辆T-34、4辆T-70（13）
草原方面军近卫坦克第5集团军（8月24日）	0	111	97辆T-34、14辆T-70
草原方面军近卫坦克第5集团军（8月25日）	O	153	
沃罗涅日方面军近卫第5集团军坦克第93旅（8月1日）	53	49	23辆T-34、21辆T-70（92）
沃罗涅日方面军近卫第5集团军近卫坦克第28团（8月1日）	21	19	19辆KV（90）
沃罗涅日方面军近卫第5集团军近卫坦克第57团（8月1日）	21	21	21辆KV（100）
沃罗涅日方面军第47集团军近卫机械化第3军（8月12日）	229	213	164辆T-34、49辆T-70（93）

斯摩棱斯克方向

加里宁方面军突击第3集团军坦克第78旅（8月13日）	53	52	另有2辆不能正常使用（100）
加里宁方面军第43集团军坦克第105团（8月13日）	39	32	另有7辆不能正常使用（100）
西方面军第31集团军近卫坦克第42旅（8月7日）	53	48	7辆KV、22辆T-34、18辆T-60、4辆T-70（91）
西方面军第31集团军近卫坦克第42旅（8月10日）	53	14	（26）
西方面军近卫第10集团军机械化第5军（8月15日）	229	193	182辆外国型号（84）
西方面军近卫坦克第2军（8月15日）	202	201	131辆T-34、70辆T-70（100）

顿巴斯方向

南方面军近卫机械化第4军（8月13日）		210	（92）

1943年9—10月

进抵第聂伯河

莫斯科军区机械化第7军（9月1日）	229	238	（>100）
沃罗涅日方面军坦克第10军（9月9日）	223	72	30辆T-34、20辆M-ZI、10辆T-70、12辆自行火炮（32）
沃罗涅日方面军第40集团军坦克第10军（9月22日）	223	19	（9）
沃罗涅日方面军近卫坦克第3集团军近卫坦克第6军近卫坦克第53旅（9月8日）	53	53	（100）
沃罗涅日方面军近卫坦克第3集团军机械化第9军（9月15日）	229	206	（90）
沃罗涅日方面军近卫坦克第3集团军（9月10日）		686	

斯摩棱斯克方向

西方面军第21集团军坦克第23和248旅（9月15日）	106	15	（14）
西方面军第21集团军近卫坦克第2军（9月15日）	202	184	（91）
西方面军第21集团军近卫骑兵第3军坦克第104、193和207团（9月15日）	117	117	（100）
西方面军第21集团军近卫坦克第2军（9月16日）	202	110	（54）

基辅（布克林）方向

沃罗涅日方面军第38集团军近卫坦克第5军（10月11日）	223	90	50辆T-34、15辆MK-IV、35辆T-70（40）
沃罗涅日方面军近卫坦克第3集团军（10月3日）		514	430辆坦克、84辆自行火炮
沃罗涅日方面军近卫坦克第3集团军近卫坦克第7军（10月6日）	223	127	1辆KV、99辆T-34、19辆SU-76、8辆SU-152（57）
沃罗涅日方面军近卫坦克第3集团军近卫坦克第6军（10月6日）	223	140	（63）
沃罗涅日方面军近卫坦克第3集团军近卫坦克第6军近卫坦克第53旅（10月15日）	53	25	（47）
沃罗涅日方面军第40集团军近卫坦克第8军（10月10日）	223	130	（58）
沃罗涅日方面军第40集团军坦克第10军（10月10日）	223	102	（46）
沃罗涅日方面军第47集团军近卫机械化第3军（10月11日）	229	150	（66）
沃罗涅日方面军第40集团军坦克第10军（10月12日）	223	41	（18）
沃罗涅日方面军近卫坦克第3集团军近卫坦克第6军（10月13日）	223	33	（15）
乌克兰第1方面军近卫坦克第3集团军（10月23日）	0	345	

乌克兰第1方面军近卫坦克第3集团军（10月31日）	0	400	

维捷布斯克—奥尔沙方向

西方面军第31集团军和近卫第10集团军的近卫坦克第2军、近卫坦克第42旅、坦克第153旅和坦克第119团（10月20日）	347	172	（50）

戈梅利—列奇察方向

中央方面军第13集团军坦克第129旅（9月18日）	53	16	（30）
白俄罗斯方面军近卫坦克第1军（10月12日）	283	269	218辆Т-34、51辆自行火炮（95）

克里沃罗格方向

草原方面军近卫坦克第5集团军（10月30日）		300	
草原方面军近卫坦克第5集团军近卫机械化第5军近卫机械化第10旅近卫坦克第51团（10月19日）	39	28	28辆Т-34（72）
草原方面军近卫坦克第5集团军坦克第18军（10月23日）	223	49	（22）
草原方面军近卫坦克第5集团军坦克第29军（10月23日）	223	26	（12）
乌克兰第2方面军近卫第7集团军近卫机械化第5军（10月23日）	229	75	（33）
乌克兰第2方面军近卫第7集团军近卫机械化第1军（10月23日）	229	65	（28）
乌克兰第2方面军近卫坦克第5集团军坦克第18军（10月28日）	223	23	（10）

梅利托波尔方向

南方面军突击第5、44、近卫第2、28和51集团军（9月26日）	0	759	各快速军共有667辆坦克、92辆自行火炮
南方面军突击第5集团军坦克第140和238旅（9月26日）	106	27	（25）
南方面军第44集团军近卫坦克第32旅和近卫坦克第62团（9月26日）	74	46	（62）
南方面军近卫第2集团军近卫坦克第33旅、近卫坦克第1团和坦克第510营（9月26日）	110	16	（15）
南方面军第28集团军坦克第502营（9月26日）	36	7	（19）
南方面军第51集团军（9月26日）	0	3	
南方面军近卫机械化第2和4军、坦克第11、19和20军、近卫坦克第6旅和近卫坦克第22团（9月26日）	1201	678	586辆坦克、92辆自行火炮（56）

1943年11—12月

维捷布斯克—奥尔沙方向

波罗的海沿岸第1方面军近卫第11集团军坦克第1军（12月13日）	257	97	（38）

近卫第11集团军近卫坦克第10旅（12月13日）	65	46	（71）
近卫第11集团军近卫坦克第2团（12月13日）	21	17	（81）
波罗的海沿岸第1方面军突击第4集团军坦克第5军（12月13日）	257	91	（35）
突击第4集团军近卫坦克第34旅（12月13日）	65	24	（37）
突击第4集团军坦克第203团（12月13日）	21	14	（67）
突击第4集团军近卫骑兵第3军近卫坦克第3团（12月13日）	39	30	（77）
波罗的海沿岸第1方面军第43集团军坦克第60旅、坦克第105团、机械化第46旅坦克团（12月13日）	142	60	（42）
波罗的海沿岸第1方面军第39集团军近卫坦克第28和29旅，机械化第47旅(12月13日)	169	100	（59）
西方面军近卫第10、31、5和33集团军的近卫坦克第2军，坦克第153和256旅，近卫坦克第42和23旅，坦克第119、63、248团，近卫坦克第63和64团（11月14日）	608	410	（67）
西方面军第31、5、33集团军和近卫第10集团军的近卫坦克第42旅，坦克第27、29和153旅，近卫坦克第63和64团，坦克第119和248团（11月30日）	332	284	（86）
波罗的海沿岸第1方面军近卫第11集团军坦克第1军（12月13日）	257	97	（38）
波罗的海沿岸第1方面军近卫第11集团军近卫坦克第110旅（12月13日）	65	46	（71）
波罗的海沿岸第1方面军近卫第11集团军近卫坦克第2团（12月13日）	21	17	17辆KV（81）
西方面军第33集团军近卫坦克第2军，近卫坦克第23旅，坦克第2、213和256旅，坦克第5团（12月23日）	644	147	（23）

戈梅利—列奇察方向

白俄罗斯方面军第3、11、48、50、61和65集团军（11月15日）	0	493	
白俄罗斯方面军第3集团军坦克第36团（11月15日）	39	10	（26）
白俄罗斯方面军第11集团军坦克第42、231和253团（11月15日）	117	20	（17）
白俄罗斯方面军第48集团军坦克第193团（11月15日）	39	10	（26）
白俄罗斯方面军第50集团军坦克第233团（11月15日）	39	10	（26）
白俄罗斯方面军第61集团军坦克第68旅和近卫坦克第29团（11月15日）	92	33	（36）
白俄罗斯方面军第63集团军近卫坦克第26团（11月15日）	21	10	（48）
白俄罗斯方面军第65集团军坦克第9军、坦克第45和255团（11月15日）	303	200	（64）
白俄罗斯方面军近卫坦克第1军（11月15日）	239	210	（88）

白俄罗斯方面军近卫坦克第1军 （11月24日）	239	177	（74）

基辅—文尼察方向

乌克兰第1方面军近卫坦克第3集团军 （11月2日）	0	389	
乌克兰第1方面军近卫坦克第3集团军 （11月3日）	0	621	
乌克兰第1方面军近卫骑兵第1军近卫骑兵 第7师坦克第87团（11月3日）	39	20	（51）
乌克兰第1方面军近卫坦克第3集团军近卫 坦克第6军（11月10日）	257	21	（8）
乌克兰第1方面军近卫坦克第3集团军 （12月24日）	0	419	270辆T-34、45辆T-70、104辆 自行火炮
乌克兰第1方面军近卫坦克第1集团军 （12月24日）	0	546	
乌克兰第1方面军第60集团军近卫坦克第4 军 （12月5日）	257	210	150辆坦克、60辆自行火炮（82）
乌克兰第1方面军近卫坦克第3集团军 （1944年1月8日）	0	85	59辆坦克、26辆自行火炮

克里沃罗格—基洛夫格勒方向

乌克兰第2方面军近卫坦克第5集团军 （11月11日）	0	358	253辆T-34、70辆T-70、35辆自 行火炮
乌克兰第2方面军近卫第5集团军机械化 第8军（11月20日）	229	123	（54）
近卫坦克第5集团军坦克第29军坦克第31 旅 （11月25日）	65	13	（20）
近卫坦克第5集团军坦克第29军坦克第31 旅 （11月28日）	65	7	（11）
乌克兰第2方面军近卫坦克第5集团军 （12月3日）	0	295	
乌克兰第2方面军近卫第7集团军机械化 第1军（12月5日）	229	152	（66）
乌克兰第2方面军近卫坦克第5集团军 （12月8日）	0	164	
近卫坦克第5集团军坦克第18军 （12月8日）	257	37	（14）
近卫坦克第5集团军坦克第29军 （12月8日）	257	22	（9）
近卫坦克第5集团军机械化第8军 （12月8日）	229	52	（23）
近卫坦克第5集团军近卫机械化第5军 （12月8日）	229	53	（23）
乌克兰第2方面军近卫坦克第5集团军坦克 第29军坦克第181旅（12月9日）	65	32	（49）
乌克兰第2方面军近卫坦克第5集团军近卫 机械化第5军（12月15日）	229	23	（10）
乌克兰第2方面军坦克第25军坦克第175旅 （12月23日）	65	66	（100）

阿波斯托洛方向

乌克兰第3方面军第46集团军坦克第23军 （11月14）	223	100	（45）

乌克兰第3方面军近卫第8集团军坦克第23军（11月21日）	223	25	14辆T-34、3辆T-70、8辆自行火炮（11）
乌克兰第3方面军近卫第8集团军近卫坦克第5团、坦克第141团（11月21日）	61	23	（38）

注释：坦克军的编制实力包括1943年1月之前的8辆储备坦克、1943年1月至11月的40辆储备坦克。MK-II型是英国的"玛蒂尔达"坦克，MK-IV是英国的"丘吉尔"坦克，MK-III是美国的"李"坦克。MZL可能是英国的"瓦伦廷"轻型坦克，MZS可能是美国的"格兰特"坦克，MS-3可能是英国的"丘吉尔"坦克。①

资料来源：A. G. 连斯基，《战前年代的工农红军陆军》；戴维·M. 格兰茨，《泥足巨人：苏德战争前夕的苏联军队》，第116—145、第209、第223—233页；K. A. 卡拉什尼科夫、V. I. 费埃科夫、A. Iu. 奇梅哈洛、V. I. 戈利科夫，《1941年6月的红军》；V. I. 加内申，《莫斯科战役中的坦克兵》（莫斯科：伏罗希洛夫总参军事学院，1948年版）；B. M. 沙波什尼科夫主编，《德国军队在莫斯科的失败（第1—3部）》；D. Z. 穆雷耶夫，《"台风"行动的失败》；《巴尔文科沃—洛佐瓦亚战役（1942年1月18日—31日）》；《罗斯托夫战役，1941年11月—12月》（莫斯科：军事出版社，1943年版）；戴维·M. 格兰茨，《哈尔科夫1942：一场军事灾难的剖析》；戴维·M. 格兰茨，《1941—1945苏德战争中被遗忘的战役，第2卷：冬季战局（1941年12月5日—1942年4月）》；戴维·M. 格兰茨，《1941—1945年苏德战争中被遗忘的战役，第3卷：夏季战局（1942年5月12日—11月18日）》；戴维·M. 格兰茨，《1941—1945年苏德战争中被遗忘的战役，第4卷：冬季战局（1942年11月19日—1943年3月21日）》；戴维·M. 格兰茨，《大纵深攻击：苏联人实施的战役机动》（宾夕法尼亚州卡莱尔，自费出版，1998年版）；戴维·M. 格兰茨，《朱可夫的最大失败：红军1942年在"火星"行动中的史诗般失败》；戴维·M. 格兰茨，《从顿河到第聂伯河：1942年12月至1943年8月的苏联进攻战役》；戴维·M. 格兰茨、乔纳森·M. 豪斯，《库尔斯克会战》；L. M. 桑达洛夫，《波戈列洛耶戈罗季谢战役》（莫斯科：军事出版社，1960年版）；P. D. 阿列克谢耶夫、V. B. 马科夫斯基，《伟大卫国战争开始时第4集团军的初步防御行动》；O. N. 库德里亚绍夫、N. M. 拉马尼切夫，《伟大卫国战争初期苏联军队的作战行动》；O. N. 库德里亚绍夫，《坦克第5集团军各兵团突破敌防御并在战役纵深的发展胜利。粉碎敌人解救被合围集团的企图》；Iu. M. 苏希宁、Iu.N. 亚罗文科，《坦克第1集团军在库尔斯克的防御（1943年7月6日—11日）》（莫斯科：伏龙芝军事学院，1989年版）；E. K. 卢卡舍夫、V. I. 库兹涅佐夫，《近卫第5集团军在协同方面军快速集群发起库尔斯克反攻时的进攻准备工作和实施》；Iu.P. 巴比奇，《1943年8月19日至20日库尔斯克反攻中机械化第3军各兵团在阿赫特尔卡地域的遭遇战》（莫斯科：伏龙芝军事学院，1990年版）；Iu. P. 巴比奇，《第62集团军与外线之敌接触时的防御准备工作，暨面对更具机动性之敌实施的一次防御行动（根据斯大林格勒会战的经验）》；P. Ia. 叶戈罗夫、I. V. 克里沃博尔斯基、N. K. 伊夫列夫、A. I. 罗加列维奇，《胜利之路：近卫坦克第5集团军的战斗历程》（莫斯科：军事出版社，1969年版）；A. F. 斯米尔诺夫、K. S. 奥格洛布林，《坦克跨过维斯瓦河：维斯瓦河坦克第31军的战斗历程》（莫斯科：军事出版社，1991年版）；V. A. 杰明、R. M. 波图加尔斯基，《坦克群进入突破口：坦克第25军的战斗历程》（莫斯科：军事出版社，1988年版）；N. G. 涅尔谢夫，《基辅—柏林：近卫坦克第6军的战斗历程》（莫斯科：军事出版社，1974年版）；A. M. 兹瓦尔采夫，《近卫坦克第3：近卫坦克第3集团军的战斗历程》；A. P. 梁赞斯基，《在坦克战的火焰中》（莫斯科：科学出版社，1975年版）；S. A. 波格列布诺伊，《排山倒海般的钢铁与火焰中：荣获列宁勋章和苏沃洛夫勋章的红旗新乌克兰卡—兴安机械化第7军的战斗历程》（莫斯科：军事出版社，1980年版）；K. A. 马雷金，《在战斗队形中央》（莫斯科：军事出版社，1986年版）；M. F. 帕诺夫，《在主要突击方向》（莫斯科：出版者不详，1995年版）；A. V. 库济明、I. I. 克拉斯诺夫，《坎捷米罗夫卡人：荣获列宁勋章的近卫红旗坎捷米罗夫卡坦克第4军的战斗历程》（莫斯科：军事出版社，1971年版）；I. M. 克拉夫琴科、V. V.

① 译注：MK-III应是英国的"瓦伦廷"；MZL和MZS其实是西里尔字母的M3л和M3с（把数字3错当成字母转写成Z，л指轻型，с指中型），前者是美国的"斯图亚特"坦克，后者是美国的"李"坦克；MS-3也应是M3с的异写，表中1943年1月12日坦克第192旅这时的主要装备是"李"。

布尔科夫，《第聂伯河坦克第 10：荣获苏沃洛夫勋章的第聂伯河坦克第 10 军的战斗历程》（莫斯科：军事出版社，1986 年版）；V. F. 托卢布科、N. I. 巴雷舍夫，《在南侧翼：近卫机械化第 4 军的战斗历程（1942—1945 年）》；A. M. 萨姆索诺夫，《从伏尔加河到波罗的海：1942—1945 年近卫机械化第 3 军的历史研究》（莫斯科：科学出版社，1973 年版）；《伟大卫国战争军事历史材料选集》第 1 册（莫斯科：军事出版社，1949 年版）；《伟大卫国战争军事历史材料选集》第 7 册；《伟大卫国战争军事历史材料选集》第 9 册；《伟大卫国战争军事历史材料选集》第 13 册；《军事历史杂志》第 10 期（1986 年 10 月刊），第 11 期（1976年 11 月刊），第 12 期（1962 年 12 月），第 1 期（1991 年 1 月刊），第 12 期（1971 年 12 月刊）；《军事历史档案》第 1 期（1997 年）；V. P. 伊斯托明，《斯摩棱斯克进攻战役（1943 年）》；《军事历史杂志》第 8期（1992 年 8 月刊）；O. A. 奥列霍夫，《伟大卫国战争中鲜为人知的一页：大卢基进攻战役》（莫斯科：根据档案材料的未发表研究作品，日期不详）；《军事历史杂志》第 9 期（1971 年 9 月刊），第 5 期（1972年 5 月刊），第 10 期（1982 年 10 月刊），第 9 期（1975 年 9 月刊），第 7 期（1977 年 7 月刊），第 9 期（1963年 9 月刊）；戴维·M. 格兰茨，《1941—1945 年苏德战争中被遗忘的战役，第 5 卷第 1 部和第 2 部：夏秋战局（1943 年 7 月 1 日—12 月 31 日）》。

表 7.19 部分红军骑兵军和骑兵师的人数，1941 年 6 月 22 日至 1943 年 12 月 31日

兵团 （隶属关系）	人数（人）		编成 （满员率%）
	编制	实际	
1941年6月22日			
红军的骑兵军（6月22日）	19430	14000	（72）
红军的骑兵师（6月22日）	9240	6000	平均人数（65）
西南方面军"科斯坚科"集群骑兵第5军（12月6日）	12000	5796	（48）
"科斯坚科"集群骑兵第5军骑兵第32师（12月6日）	4200	2390	（57）
1942年			
加里宁方面军骑兵第11军（1月5日）	12600	5800	骑兵第18、24和82师(46)
加里宁方面军第31集团军骑兵第46师（1月5日）	4,200	1164	（28）
加里宁方面军第31集团军骑兵第54师（1月5日）	4,200	1462	（35）
加里宁方面军第31集团军骑兵第54师（1月18日）	4,200	782	（19）
西方面军近卫骑兵第1军（1月27日）	17515	7500	近卫骑兵第1和2师，骑兵第41、57和75师（43）
西方面军近卫骑兵第1军（1月20日）	17515	28000	近卫骑兵第1和2师，骑兵第1、41、57和75师，步兵第325和239师，5个滑雪营，1个坦克旅（共8辆坦克）（86）
加里宁方面军骑兵第11军（2月6日）	12600	4937	骑兵第18、24和82师（39）
骑兵第11军骑兵第18师（2月6日）	4200	3186	（76）
骑兵第11军骑兵第24师（2月6日）	4200	891	（21）
骑兵第11军骑兵第82师（2月6日）	4200	860	（20）

加里宁方面军骑兵第11军（3月1日）	12600	4298	骑兵第18、24和82师（34）
西方面军近卫骑兵第1军（3月13日）	17515	6252	近卫骑兵第1和2师，骑兵第41、57和75师（36）
南方面军骑兵第1和5军（1月17日）	35030	10966	骑兵第34、60、79、35、56、68师，2个坦克旅（共90辆坦克）（31）
西南方面军骑兵第6军（1月15日）	17515	8550	骑兵第26、28和49师，近卫坦克第5旅（6辆T-34、5辆T-60）（49）
西南方面军骑兵第6军（2月12日）	17515	6888	骑兵第26、28和49师，近卫坦克第5旅（6辆T-34、5辆T-60）（39）
西方面军第20集团军近卫骑兵第2军（11月24日）	17515	14000	近卫骑兵第3和4师、骑兵第20师（80）
西方面军第20集团军近卫骑兵第2军（12月18日）	17515	7283	近卫骑兵第3和4师、骑兵第20师（42）
斯大林格勒方面军第63集团军近卫骑兵第3军（11月1日）	22488	22526	近卫骑兵第5和6师、骑兵第32师（>100）
近卫骑兵第3军近卫骑兵第5师（11月1日）	7191	6149	（86）
近卫骑兵第3军近卫骑兵第6师（11月1日）	7191	6774	（94）
近卫骑兵第3军骑兵第32师（11月1日）	4951	6310	（>100）
西南方面军坦克第5集团军骑兵第8军（11月7日）	18008	16134	骑兵第21、55和112师（90）
顿河方面军第21集团军近卫骑兵第3军（11月8日）	22488	22512	近卫骑兵第5和6师、骑兵第32师（>100）
斯大林格勒方面军骑兵第4军（11月7日）	11456	10284	骑兵第61和81师（90）
顿河方面军第21集团军近卫骑兵第3军（11月10日）	22488	22322	近卫骑兵第5和6师、骑兵第32师（99）
西南方面军坦克第5集团军骑兵第8军（12月2日）	18008	10152	骑兵第21、55和112师（56）
西南方面军坦克第5集团军近卫骑兵第3军（11月26日）	22488	13204	近卫骑兵第5和6师、骑兵第32师（59）
斯大林格勒方面军第51集团军骑兵第4军（12月18日）	11456	4114	（36）
斯大林格勒方面军近卫第2集团军骑兵第4军（12月31日）	11456	3599	（31）

1943年

沃罗涅日方面军骑兵第7军骑兵第83师（1月1日）	4951	4702	8辆T-70坦克（95）
西南方面军近卫第3集团军骑兵第8军（2月7日）	18008	9904	骑兵第21、55和112师（55）
西南方面军近卫第3集团军骑兵第8军（2月10日）	18008	9304	骑兵第21、55和112师（52）
西南方面军近卫第3集团军骑兵第8军（2月23日）	18008	2791	骑兵第21、55和112师（15）
沃罗涅日方面军近卫骑兵第6军（2月1日）	16000	15980	近卫骑兵第8和13师（100）
沃罗涅日方面军近卫骑兵第6军（2月15日）	16000	11985	近卫骑兵第8和13师（75）
沃罗涅日方面军近卫骑兵第6军近卫骑兵第13师（3月1日）	6000	2500	（42）
沃罗涅日方面军近卫骑兵第6军（3月13日）	16000	3956	近卫骑兵第8和13师（25）

沃罗涅日方面军近卫骑兵第6军近卫骑兵第13师（3月15日）	6000	1387	（23）
西方面军近卫第11集团军近卫骑兵第2军骑兵第20师（7月28日）	6000	5906	39辆T-34和T-70（98）

资料来源：基尔皮奇尼科夫中将，《大型骑兵兵团进入敌人后方时的作战基地》（莫斯科：伏罗希洛夫总参军事学院，1944年版）；A. V. 瓦西里耶夫，《加里宁方面军和西方面军的勒热夫—维亚济马战役（1942年1—2月）》；《巴尔文科沃—洛佐瓦亚战役（1942年1月18日—31日）》；《战争经验研究材料选集》，第6册（1943年4—5月）（莫斯科：军事出版社，1943年版）；《战争经验研究材料选集》，第7册（1943年7—8月）（莫斯科：军事出版社，1943年版）；A. N. 谢克列托夫，《近卫军人的步伐》（杜尚别：多尼什出版社，1985年版）；苏联国防部中央档案馆（TsAMO）f. 3474, op. 1, d. 20, ll. 129-52和f. 3474, op. 1, d. 20, ll. 1-8；《叶列茨战役（1941年12月6日—16日）》。

注释

1. 关于这些机械化军的组建、编制和配置的更多细节，请参阅戴维·M. 格兰茨，《泥足巨人》，第116—145页。组建这批机械化军的第一阶段，国防人民委员部在军队结构中保留25个坦克旅，用于向步兵提供坦克支援；但1941年的第二阶段期间，为了向新的机械化军提供装备，又解散全部坦克旅和坦克营，导致步兵军、步兵师和骑兵师没有剩下任何坦克。1941年6月，按照新的机械化、步兵、骑兵和空降兵团的编制，共应编有37895辆坦克，实际只有23100辆旧式坦克，而且其中只有18700辆做好战斗准备。另外，这些坦克中有3600辆是只装备机枪的T-37、T-38和T-40。更多细节见N. 拉马尼切夫，《红军1940—1941：神话与现实》，第92页，引用苏联国防部中央档案馆（TsAMO）f. 38, op. 11353, d. 909, ll. 第2—18页和f. 38, op. 11353, d. 924, ll. 第135—138页。

2. 关于机械化军编成的资料很多，可参阅《伟大卫国战争初期》，第45—47页；O. A. 洛西克主编，《伟大卫国战争时期苏联坦克兵的组建和战斗运用》，第44页。（以下按中译本书名称《苏军坦克兵作战经验》。）

3. 见V. A.佐洛塔廖夫主编，《国防人民委员1941》，第29页。

4. 史蒂文·J. 扎洛加、利兰·S.内丝，《1939—1945年红军手册》，第70—71页。

5. 同上，第71页。

6. 命令全文见V. A.佐洛塔廖夫主编，《国防人民委员1941》，第51—53页。

7. A. I. 拉济耶夫斯基主编，《从战例学战术（团）》（莫斯科：军事出版社，1974年版），附图2。

8. P. A. 库罗奇金主编，《诸兵种合成集团军进攻》，第206页。[①]

9. 同上，第49页。

10. 同上，第53页。

11. I. M. 阿纳尼耶夫，《坦克集团军进攻》，第79页。

12. 史蒂文·J. 扎洛加、利兰·S.内丝，《1939—1945年红军手册》，第82—83页。

13. O. A. 洛西克主编，《苏军坦克兵作战经验》，第48—49页。

14. I. M. 阿纳尼耶夫，《坦克集团军进攻》，第79页。

15. 同上。

16. 同上。国防人民委员部1944年2月修改这种团的编制，增加1个94人的自动枪连、1个工兵排和1个后勤保障排，并用新型IS-2（约瑟夫·斯大林）重型坦克替换旧的KV坦克。截至1944年2月，重型坦克团的实力是374人和21辆IS-2坦克。

17. I. M. 阿纳尼耶夫，《坦克集团军进攻》，第81页。

18. 同上，第81—82页。坦克军编制的持续完善并未在1943年底停止。1944年全年，国防人民委员部进一步完善坦克军的编制：2月增加3个自行火炮团（每个团有21辆自行火炮），5月增加1个完整的卫生营，6月增加1个炮兵指挥排，8月增加1个装备24门76毫米炮的轻型炮兵团，9月增加1个军直属

---

① 译注：相应内容在该书中译本附录2。以下两条注释9和10没有相应内容，应分别出自《苏军坦克兵作战经验》中译本第45页和第50页。

的车辆积换站。最后，国防人民委员部11月在坦克军增加移动坦克修理基地和移动汽车修理基地，从而明显提高军内修理工作的数量和质量。

19. O. A. 洛西克主编，《苏军坦克兵作战经验》，第56—57页；阿纳尼耶夫，《坦克集团军进攻》，第82页。

20. O. A. 洛西克主编，《苏军坦克兵作战经验》，第57页；V. F. 托卢布科、N. I. 巴雷舍夫，《在南侧翼：近卫机械化第4军的战斗历程（1942—1945年）》（莫斯科：科学出版社，1973年版），第47页。坦克第13军编有机械化第17、第61和第62旅，独立坦克第35和166团，高射炮兵第398团，反坦克炮兵第565团，独立近卫火箭炮兵第348营（M-13），独立工兵第214营，某个独立侦察营，独立工程地雷第34连和野战修理基地第84号。

21. O. A. 洛西克主编，《苏军坦克兵作战经验》，第79页。

22. 同上，另见史蒂文·J.扎洛加、利兰·S.内丝，《1939—1945年红军手册》，第85—86页。

23. I. M. 阿纳尼耶夫，《坦克集团军进攻》，第82—83页。

24. 正当坦克第5集团军的坦克第2、第7和第11军在布良斯克方面军指挥下向沃罗涅日以西进攻的同时，坦克第1和第4集团军在斯大林格勒方面军指挥下沿斯大林格勒以西的顿河进攻。然而，这3个坦克集团军全都在这些战役中表现不佳，大本营随后解除坦克第5集团军司令员的职务，而坦克第4集团军损失大批坦克，以至于该集团军内部自称是"只有4辆坦克的集团军"。

25.《苏军的作战编成，第三部》，第16页。

26. I. M. 阿纳尼耶夫，《坦克集团军进攻》，第55—60页。

27. 大本营使用预备第3集团军的领率机关作为组建坦克第2集团军的核心。

28. 同上，第64页。这是国防委员会第2791号训令。

29. 同上，第75页。后来到1944年年初，国防人民委员部在每个坦克集团军中新编入1个有60辆SU-76自行火炮和5辆T-70坦克组成的轻型自行火炮旅、1个有48门76毫米炮和20门100毫米炮的轻型炮兵旅。

30. 每个工程兵旅编有3个摩托化工程兵营和1个舟桥营。然而，实践证明，即使是这样的一个旅还是不敷使用，方面军不得不向其编成内的每个坦克集团军提供更多工程保障和舟桥保障，直至战争结束。

31. 这条规则的例外是有1个航空通信大队的坦克第2集团军。见阿纳尼耶夫，《坦克集团军进攻》，第76—77页。

32. 同上，第77页。

33. 同上，第78页。

34. 史蒂文·J.扎洛加、利兰·S.内丝，《1939—1945年红军手册》，第97—98页。

35. 同上，第97页。

36.《苏军的作战编成，第三部》，第3页、第31—169页。

37. 史蒂文·J.扎洛加、利兰·S.内丝，《1939—1945年红军手册》，第97页。

38. N. V. 奥尔加科夫主编，《苏联军事百科全书》第五卷，第438页。

39. M. A. 莫伊谢耶夫主编，《苏联军事百科全书》（莫斯科：军事出版社，1990年版），第一卷，第505页。

40. 见Iu. P.巴比奇、A. G. 巴耶尔，《伟大卫国战争中苏联陆军武器和组织结构的发展》，第61

页；《伟大卫国战争初期》，第53页。骑兵军在战时应编有3个骑兵师。

41.《伟大卫国战争初期》，第53页；K. 马拉宁，《伟大卫国战争中陆军组织方式的发展》，刊登在《军事历史杂志》第8期（1967年8月刊），第31页。

42. 另见史蒂文·J. 扎洛加、利兰·S. 内丝，《1939—1945年红军手册》，第109—110页。

43. 例如，1941年7月中旬，由骑兵第32、第43和第47师组成的骑兵集群向博布鲁伊斯克西南的德军后方实施一次虽最终失利但气势磅礴的袭击战；8月由骑兵第50和第53师组成的另一个骑兵集群又在斯摩棱斯克西北实施类似的行动。以同样的方式，骑兵第2、第3和第5军在莫斯科会战和顿巴斯地区证明自己的能力，并因其取得的战果于1941年12月分别改编成近卫骑兵第1、第2 和第3军。

44. 史蒂文·J. 扎洛加、利兰·S. 内丝，《1939—1945年红军手册》，第112—113页。

45. Iu. P. 巴比奇、A. G. 巴耶尔，《伟大卫国战争中苏联陆军武器和组织结构的发展》，第63页；史蒂文·J. 扎洛加、利兰·S. 内丝，《1939—1945年红军手册》，第113—114页。

46. Iu. P. 巴比奇、A. G. 巴耶尔，《伟大卫国战争中苏联陆军武器和组织结构的发展》，第62页；史蒂文·J. 扎洛加、利兰·S. 内丝，《1939—1945年红军手册》，第115—116页。

47. 这条通用规则的例外是外高加索军区的机械化第28军和远东方面军的机械化第30军，这两个军的实力更强大，主要是因为它们位于苏联所受威胁最大的国界附近，战略位置至关重要。

48. 例如，西部特别军区以机械化第6军的实力最强，其装备的满编率达到99%，然后依次是机械化第11、第14、第13、第20 和第17军。同样，机械化第4军是基辅特别军区实力最强的军，然后依次是机械化第8、第15、第22、第16、第19、第9和第24军。机械化第9军因为隶属军区预备队，所以成为最弱小的军之一。其他军区的情况也大同小异，列宁格勒军区机械化第1军的实力是机械化第10军的两倍，波罗的海沿岸特别军区的机械化第3军也比机械化第12军强大。

49. 举例来说，其中包括波罗的海沿岸特别军区的机械化第3军，西部特别军区的机械化第6和第11军，基辅特别军区的机械化第4、第8、第15和第16军，敖德萨军区的机械化第2军。一般情况下，作为边境军区预备队的机械化军和驻扎在内地军区的机械化军只有少量新式坦克，甚至根本没有。

50. 戴维·M. 格兰茨，《列宁格勒会战》，第32—33页。

51. 戴维·M. 格兰茨，《东线战争初期》，第212—216、第260—261页。

52. 同上，第276—279页。

53. 戴维·M. 格兰茨，《苏联战争经验：坦克战》。

54. 库尔斯克会战结束后，大本营8月下旬和9月上旬把坦克第1、近卫坦克第3和近卫坦克第5集团军编入预备队，进行休整和改编，但仍在谢夫斯克和切尔尼戈夫附近的进攻战役中使用坦克第2集团军。后来，近卫坦克第3集团军9月下旬和10月上旬率领沃罗涅日方面军冲向第聂伯河，近卫坦克第5集团军10月担任草原方面军进抵并强渡第聂伯河时的先锋，而坦克第1集团军12月中旬参加基辅以西的交战。

55. 例如：后来改编成坦克第112旅的坦克第112师，1941年12月支援"别洛夫"集群的近卫骑兵第1军；1个独立坦克旅在1942年1月的袭击战中伴随"别洛夫"集群行动，直至严冬和崎岖地形迫使别洛夫把这个旅抛在后面。同样，有几个坦克旅在1942年5月命运多舛的哈尔科夫交战中支援"鲍勃金"骑兵集群的骑兵第6军。

56. 更多细节，见K. A. 卡拉什尼科夫、V. I. 费瑟科夫、A. Iu. 奇梅哈洛、V. I. 戈利科夫，《1941年6月的红军》，第144页。

57. I. G. 帕夫洛夫斯基，《苏联陆军》（莫斯科：军事出版社，1985年版），第105—107页。关于坦克产量的更多数据，见史蒂文·J. 扎洛加、利兰·S.内丝，《1939—1945年红军手册》，第180—181页。

58. 这个改善过程的更多细节，见史蒂文·J. 扎洛加、利兰·S.内丝，《1939—1945年红军手册》，第162—165页。

59. 同上，第176—179页；G. L. 霍利亚夫斯基主编，《坦克百科全书：1915—2000年世界坦克百科大全》（莫斯科：出版者不详，1998年版），第268—278页。

60. 美国总统富兰克林·D. 罗斯福1940年12月提出《租借法案》，1941年3月11日通过美国国会批准，1941年11月扩大到苏联。美国和英国根据这项法案提供的军事援助包括大批各式各样的武器和物资，包括卡车、坦克和飞机，以及其他对苏联战争活动至关重要的原材料、食物等物资。

61. 史蒂文·J. 扎洛加、利兰·S.内丝，《1939—1945年红军手册》，第180页。以俄罗斯视角看待苏联坦克产量与租借坦克数量之间对比关系，更多细节见G. L. 霍利亚夫斯基主编《坦克百科全书》，第289—293页。按照G. L. 霍利亚夫斯基的说法，1941年12月，红军的作战部队共使用1731辆苏联生产的坦克，其中1214辆是轻型的T-26、BT、T-40和T-60。从1941年9月到12月，同盟国共向红军提供466辆英国坦克和180辆美国坦克，远不及红军坦克总数的一半。[1]

62. 史蒂文·J. 扎洛加、利兰·S.内丝，《1939—1945年红军手册》，第174页。

63. G. L. 霍利亚夫斯基主编，《坦克百科全书》，第293页。

64. 史蒂文·J. 扎洛加、利兰·S.内丝，《1939—1945年红军手册》，第186—187页。

65. 同上，第187页。

66. 同上。

---

[1] 译注：俄文版译者认为这里混淆了两个概念：作战军队在具体某一天的实有坦克数不等于这4个月里红军可用于战斗的坦克总数；反过来，这4个月里收到的930辆租借坦克也不可能同一天都在使用；因此，用坦克总数和某天实有数比较的方法不合理。另外，1941年下半年共有5600辆坦克进入红军服役；截至1942年1月1日，包括大本营预备队、训练部队、军区和非作战方面军的坦克以及正在修理的坦克在内，红军的坦克总数不是1731辆，而是7700辆，其中仅中型坦克和重型坦克便有1400辆。见G.F.克里沃舍耶夫主编，《20世纪战争中的俄罗斯和苏联及其武装力量的损失》，第475页。

另外，不同资料给出的租借坦克数量并不一致，作者并没有使用美国的原始材料，而使用了经过编译的俄语作品。根据R. N. 琼斯，《通往俄罗斯之路：美国的对苏租借》（俄克拉荷马大学出版社，1969年版）的美国数据，截至1945年9月20日，共向苏联交付1239辆轻型坦克（"斯图亚特"）和4957辆中型坦克（"李/格兰特"和"谢尔曼"），共计6196辆。俄罗斯权威著作《二十世纪国产装甲车辆（第2卷），1941-1945年》（莫斯科：Eksprint，2005年版）给出的另一组数字是美国的6907辆坦克和英国的4691辆坦克，总计11598辆坦克，另外还有美国的52辆履带式自行火炮M10"狼獾"。该资料还称，苏联从1942年7月1日到1945年9月1日共生产103170辆坦克。考虑到战争前夕苏联还有23000辆坦克，按照租借法案收到的坦克还不到苏联坦克总数的9%。即使按照作者引用的数字和方法也不能算出16%，而是12.5%。

第八章

炮兵和空军

炮兵

与后来在 1943 年占据统治地位的毁灭工具相比，1941 年 6 月的红军炮兵还远远没有那么令人敬畏和举足轻重。战争前夕，国防人民委员部错误地撤销红军炮兵主任的岗位，并将他的管理局并入国防人民委员部自己的总炮兵局，导致红军炮兵丧失集中领导，指挥控制不力，相对缺少机动性，没有充分的后勤保障，战争开始时基本上没有多少战斗力。德国人在"巴巴罗萨"行动期间充分利用这些弱点，依靠其炮兵的优越机动性和灵活性，彻底粉碎红军炮兵。直到两年之后，国防人民委员部才能恢复炮兵作为"战场之王"的原有地位。

国防人民委员部从 1941 年 7 月 19 日开始改革炮兵，通过重新设置炮兵主任的方式，为劫后余生的炮兵改善指挥控制。红军及其相对薄弱的炮兵成功经受住前六个月的战争考验之后，国防人民委员部从 1942 年年初开始组建规模更大、实力更强、数量更多的炮兵，把其中大部分集中在大本营的有效指挥之下，只有实际情况确实必要时，才将其分配到红军的作战方面军和集团军。这些改革措施在实践中发挥了作用，到 1943 年年中，大本营及其作战方面军几乎能在其实施的每一场战役中形成针对国防军的火炮数量优势。这种优势远比红军其他兵种所能形成的数量优势大得多，从 1943 年年中的 5：1 增加到 1944 年的 10：1，战争结束时更是达到 30：1。从根本上说，国防军的彻底崩溃至少在一定程度上可以归结于红军炮兵的强大火力。

战争开始时，红军炮兵包括三个不同的组成部分，分别隶属国防人民委员部的两个总局。前两个组成部分，即红军作战方面军编成内的队属炮兵和大本营预备队炮兵，隶属国防人民委员部总炮兵局；另一个部分是国土防空军炮兵，俄语称"artilleriia protivo-vozhdushnoi oborony strany"，隶属国防人民委员部的红军国土防空总局，该总局领导下除了这部分炮兵外，还有一部分航空兵（见第十一章）。

队属炮兵

队属（voiskovaia）炮兵是指作战方面军和集团军下属各军、师、团、营建制内的全体炮兵部队和分队，构成战争开始时红军炮兵的主力，主要包括全体步兵师建制内的炮兵团和94个军属炮兵团。这些军属炮兵团当中，有52个编入作战方面军，13个编入大本营预备队，29个编入军区和非作战方面军。

按照指挥级别从低到高，红军队属炮兵首先包括步兵营中的1个有2门45毫米反坦克炮的反坦克炮兵排和1个有2门82毫米迫击炮的迫击炮兵连[①]；其上级步兵团中的1个有6门45毫米反坦克炮的反坦克炮兵连、1个有6门76毫米加农炮的加农炮兵连和1个有4门120毫米迫击炮的迫击炮兵连。更高一级的步兵师当中编有1个两营制的轻型炮兵团（其中每个营有8门76毫米加农炮和4门122毫米榴弹炮，全团共24门火炮）、1个三营制的榴弹炮兵团（其中2个轻型榴弹炮兵营各有12门122毫米榴弹炮、1个中型榴弹炮兵营有12门152毫米榴弹炮，全团共36门榴弹炮）、1个有18门45毫米反坦克炮的反坦克炮兵营、1个有12门37毫米高射炮的高射炮兵营，全师共有294门口径不小于50毫米的火炮和迫击炮。[1]

作为诸兵种合成集团军以下最高指挥级别的步兵军，编有1至2个军属炮兵团（每个团由2至4个装备107毫米、122毫米或152毫米炮的炮兵营

---

① 译注：原文如此。这是1941年7月缩编后的数量，每营这时只有2门82毫米迫击炮，全师18门；战争开始时的编制是每营6门，全师54门。全师的兵器数见表6.2。

编成）、1 个炮兵仪器侦察营和 1 个中口径高射炮兵营。因为国防人民委员部未能按计划向每个步兵军提供 2 个直接支援的军属炮兵团，所以通常改为向每个诸兵种合成集团军额外配属 1 个军属炮兵团。

1941 年 6 月，队属炮兵中的军属炮兵团有三种类型。第一种是国防人民委员部 1937 年和 1938 年组建的标准团，编有 3 个炮兵营，其中 2 个营各装备 12 门 107 毫米或 122 毫米加农炮，1 个营装备 12 门 152 毫米榴弹炮或加农榴弹炮，全团共 36 门火炮。第二种同样组建于 1937 年和 1938 年，编有 3 个炮兵营，每个营有 12 门 152 毫米榴弹炮或加农榴弹炮，全团共 36 门火炮。第三种是 1939 年红军急剧扩充时，国防人民委员部认识到没有足够火炮，无法为每个步兵军配齐 2 个完整炮兵团的情况下作为标准团的修订版组建，这种团编有 4 个营，其中 2 个营各有 12 门 122 毫米加农炮，2 个营各有 12 门 152 毫米榴弹炮或加农榴弹炮，全团共 48 门火炮。[2]

战争开始时，虽然队属炮兵占红军火炮总数的 90% 以上，大多数队属炮兵的兵团和部队也能按编制在兵力兵器方面达到或接近齐装满员，但是它们全都严重缺少用来牵引火炮和运输物资的卡车和拖拉机。总参谋部制定的动员计划要求队属炮兵和整支红军都要从民用部门征用所需的车辆，但国防军后来的迅猛纵深突破干扰这些计划的实施，从而使队属炮兵只有极少甚至根本不具备运输能力。举例来讲，1941 年 6 月 22 日，西南方面军第 5 集团军各军属炮兵团的武器数量虽能达到编制规定的 82%，但卡车和拖拉机寥寥无几。[3]

"巴巴罗萨"行动最初两个月里的高强度运动战重创红军队属炮兵，并迫使国防人民委员部大幅缩减队属炮兵的编制。例如，7 月 24 日，榴弹炮兵团和反坦克炮兵营从臃肿的步兵师编制中撤销，每个师只留下唯一的两营制炮兵团，每个营编有 2 个 76 毫米加农炮兵连、1 个 122 毫米榴弹炮兵连、1 个小型的侦察班、1 个测地排、1 个通信排、1 个弹药供应排和 1 个小型的后勤队，而每个师编成中的炮兵连总数从 15 个减至 6 个。这项措施使步兵师的编制炮兵实力从 294 门火炮和迫击炮（其中包括 34 门 76 毫米加农炮、32 门 122 毫米榴弹炮和 12 门 152 毫米榴弹炮）减至 142 门火炮和迫击炮（其中包括 28 门 76 毫米加农炮和 8 门 122 毫米榴弹炮）。[4] 更糟糕的是，从指挥控制角度看，炮兵营的无线电台数量从 12 部减至 7 部，于是在其支援的步兵提出火力需求时，炮兵的响应速度受到限制。[5]

1942 年 3 月对步兵师编制做出下一轮重大改变之前，国防人民委员部还在 1941 年 12 月为步兵师编入 1 个近卫火箭炮兵营（至少理论上如此）；把全师的 82 毫米和 120 毫米迫击炮集中到团和师两级新建立的大型迫击炮兵营里，并为更有效协调炮兵射击增加 1 个炮兵指挥机关；师炮兵的实力也从 142 门火炮和迫击炮，增加到 234 门。后来，国防人民委员部又在 1942 年 3 月颁布的新版步兵师编制表中为炮兵团增编第三个炮兵营，这是只编有 1 个加农炮兵连和 1 个榴弹炮兵连的小型营。因此，步兵师的地面炮兵实力从 234 门火炮和迫击炮（其中包括 28 门 76 毫米加农炮和 8 门 122 毫米榴弹炮）增加到 250 门（其中包括 32 门 76 毫米加农炮和 12 门 122 毫米榴弹炮）。[6]

从这时直到 1944 年 12 月，尽管步兵师的地面炮兵实力基本保持不变，可是数量越来越多的近卫步兵师却在不断加强炮兵实力，国防人民委员部 1942 年 12 月 10 日为这种师的第三个炮兵营增编 1 个装备 76 毫米加农炮的第三连，从而使近卫步兵师的炮兵实力增加到 268 门火炮和迫击炮，其中包括 36 门 76 毫米加农炮和 12 门 122 毫米榴弹炮。[7]

1941 年 8 月解散步兵军之后，国防人民委员部把尚存的军属炮兵团划归大本营预备队，但又从 1942 年年初开始组建新的军属炮兵团，以便为重新组建的步兵军提供充分炮火保障。国防人民委员部先是在 1942 年 7 月以前建成 11 个军属炮兵团，每个团有 16 门 76 毫米加农炮和 12 门 152 毫米榴弹炮；然后，1943 年 2 月 1 日以前又把这种团的总数增加到 15 个，每个团编有 1 至 2 个 122 毫米加农炮兵营和 1 个 152 毫米榴弹炮兵营。再后来，国防人民委员部在 1943 年剩余时间逐步把这些团下属各营改编成四连制，每个连装备 4 门 122 毫米加农炮，或者 2 门 122 毫米加农炮和 2 门 152 毫米榴弹炮。[8]

因此，红军队属炮兵的实力在 1941 年急剧减弱，然后在 1942 年略有增强。与此同时，各级指挥部拥有最高统帅部预备队炮兵的数量和威力有所增加，其增幅在 1941 年和 1942 年年初尚小，到 1943 年明显变大。大本营和国防人民委员部相信按照固定的编制表，步兵师、坦克军、机械化军和骑兵军的建制炮兵足以保障它们在相对平静的地段作战，或者实施局部进攻或防御；而到 1942 年后期红军准备实施大规模进攻战役或防御战役的时候，大本营越来越多借助最高统帅部预备队炮兵使力量对比的天平向有利于红军的方向倾斜。

统帅部 / 最高统帅部（大本营）预备队炮兵

1942 年年底以前，最高统帅部预备队（Reserv Verkhovnogo Glavno-komandovaniia，缩写为 RVGK）炮兵已成为红军炮兵最强大的组成部分；但战争开始时，这部分炮兵的名称还是"统帅部预备队"（Reserv Glavnokomandovaniia，缩写为 RGK）炮兵，实力也远比队属炮兵弱小。这支炮兵当中，既有集中在大本营直接指挥下的全部地面炮兵，由其配属到红军的作战方面军、军区和非作战方面军，或者留在大本营预备队；还有特殊类型的迫击炮兵、反坦克（歼击）炮兵、自行炮兵、近卫火箭炮兵和高射炮兵，一般编成独立的兵团和部队使用。

战争开始时，统帅部预备队地面炮兵由三个部分组成：第一部分是由 14 个加农炮兵团和 61 个榴弹炮兵团组成的 75 个炮兵团，第二部分是包括 11 个装备 210 毫米加农炮、203 毫米和 305 毫米榴弹炮、280 毫米迫击炮的特别威力（osoboi moshnosti）炮兵营在内的 13 个炮兵营，第三部分是战争开始前仅几个星期刚建成的 10 个反坦克炮兵旅（见下文反坦克炮兵小节）。统帅部预备队地面炮兵在苏联全境分布得相对比较均匀：有 35 个炮兵团（9 个加农炮兵团和 26 个榴弹炮兵团）和 7 个炮兵营配属红军作战方面军，4 个炮兵团（1 个加农炮兵团和 3 个榴弹炮兵团）编入统帅部预备队，36 个炮兵团（3 个加农炮兵团和 33 个榴弹炮兵团）和 6 个炮兵营配属军区和非作战方面军。因此，1941 年 6 月 22 日，分布在师级以上军团和兵团的红军炮兵共有 169 个炮兵团和 13 个独立炮兵营（红军地面炮兵和其他炮兵见《＜巨人重生＞资料篇》的附录五）。

统帅部预备队有两种类型的加农炮兵团：第一种是四营制的标准加农炮兵团，每个营有 12 门 122 毫米加农炮，全团共 48 门；第二种是四营制的重型加农炮兵团，每个营有 6 门 152 毫米加农榴弹炮，全团共 24 门。1941 年 6 月 22 日，统帅部预备队编成内有 13 个 122 毫米的加农炮兵团和 1 个 152

毫米的加农炮兵团。另外，统帅部预备队还有三种类型的榴弹炮兵团：第一种是四营制的标准榴弹炮兵团，每个营有 12 门 152 毫米榴弹炮，全团共 48 门；第二和第三种是分别装备 203 毫米榴弹炮的大威力榴弹炮兵团和 305 毫米榴弹炮的特别威力榴弹炮兵团，同样采用四营制，每个营有 6 门炮，全团共 24 门榴弹炮（见表 8.1）。[9]1941 年 6 月 22 日，统帅部预备队编成内有 29 个榴弹炮兵团、31 个大威力榴弹炮兵团和 1 个特别威力榴弹炮兵团。不过，战争开始后不久，这个唯一的特别威力榴弹炮兵团（驻扎在奥廖尔军区的第 281 团）即告解散，其编成内各营（第 322、第 328、第 330 和第 331 营）成为独立营。

战争前夕，统帅部预备队炮兵存在下列严重问题：第一，红军的司令员和高级指挥员普遍对炮兵的战役作用认识不够，特别是忽视沿关键战略战役方向大纵深集中使用炮兵的必要性。第二，大多数统帅部预备队炮兵团和炮兵营虽然在兵力兵器方面都能达到或接近齐装满员，但是像队属炮兵一样，缺少多达 80% 的卡车、拖拉机和其他编制车辆，无法适应快速多变的高强度运动战。[10]更糟糕的是，炮兵的侦察和目标搜索能力薄弱，通信非常不可靠，无法保证射击指挥的协调一致。

国防军充分利用这些弱点，1941 年 6 月和 7 月势不可挡地重创红军及其支援炮兵。这场灾难发生后，国防人民委员部 1941 年 8 月缩减红军的结构编制时，只留下一小部分炮兵满足作战军队的需要，把大部分炮兵集中到大本营预备队，作为统帅部预备队炮兵（即后来的最高统帅部预备队炮兵）。从那时起，新动员和训练的大多数炮兵部队也由大本营直接指挥，并根据战役需要分配给作战方面军。

国防人民委员部 8 月大幅度缩减红军的军队结构之后，用于直接支援步兵师和步兵军的队属炮兵急剧减少，而夏末和秋季的实践证明，无论持续实施防御还是进攻都不够用。最高统帅部预备队炮兵也无法弥补炮兵的这种缺陷，因为其自身同样受到这次缩编的影响。例如，1941 年 9 月，国防人民委员部把最高统帅部预备队炮兵团的每个炮兵连从 4 门火炮减至 2 门，从而使全团实力减少一半。

与此同时，国防人民委员部开始按照每个连 2 门炮的方式组建两种新型最高统帅部预备队炮兵团。第一种是三营制的加农炮兵团，其中 2 个营是三连制的 122 毫米加农炮兵营，1 个营是三连制的 152 毫米加农榴弹炮兵营；第二种是三营制的榴弹炮兵团，编成内各营是三连制的 152 毫米榴弹炮兵营。[11] 从 1941 年 7 月到 12 月，国防人民委员部共建成 12 个加农炮兵团、24 个 152 毫米集团军属炮兵团和 2 个 152 毫米榴弹炮兵团，并把许多个原来的军属炮兵团改编成集团军属炮兵团或加农炮兵团。到 1942 年 1 月 1 日，最高统帅部预备队编成内共有 157 个炮兵团和 26 个各种类型的独立炮兵营。[12]

1942 年年初，国防人民委员部继续进行改编，以便节约人力，并使最高统帅部预备队炮兵团更能满足作战军队的需要。从 4 月 19 日开始，加农炮兵团改编为两营制或三营制，每个营编 3 个连，每个连有 2 门加农炮，全团有 12 至 18 门 107 毫米或 122 毫米加农炮或 152 毫米加农榴弹炮。同时，榴弹炮兵团从三营制改为两营制，每个营仍然编 3 个连，每个连有 4 门炮，全团有 24 门 152 毫米或 122 毫米榴弹炮；另外，还有一种裁撤 1 个炮兵连的缩编版榴弹炮兵团，全团有 20 门 122 毫米或 152 毫米榴弹炮。最后到 4 月 2 日，大威力榴弹炮兵团从四营制改为两营制，并把每个营的实力减少到 12 门 203 毫米榴弹炮，与此同时，大威力榴弹炮兵团的个数有所增加。

作为上述措施的结果，最高统帅部预备队炮兵的实力增加到 1942 年 7 月 1 日的 323 个炮兵团和 26 个不同类型的独立炮兵营，然后略微减少到 1943 年 2 月 1 日的 301 个炮兵团和 23 个独立炮兵营。[13]

随着 1942 年后期苏联的武器产量急剧增长，为组建更多最高统帅部预备队炮兵团和炮兵营创造了条件，国防人民委员部这时面临的新挑战是创建炮兵的新结构编制，使红军野战司令员能够更有效地指挥其炮兵，特别是 1942 年 11 月大本营计划实施的大规模进攻战役期间。针对这个挑战，国防人民委员部采取的对策是在 10 月 31 日把许多个独立的最高统帅部预备队炮兵团合并成 18 个新的炮兵师，并组建 18 个高射炮兵师。

起初，这种炮兵师编 8 个炮兵团，其中有 3 个三营制的榴弹炮兵团（每个团有 20 门 122 毫米榴弹炮）、2 个两营制的加农炮兵团（每个团有 18 门 152 毫米加农炮）、3 个三营制的反坦克炮兵团（每个团有 24 门 76 毫米加农炮），另外还有 1 个独立炮兵侦察（观察）营。如果不编反坦克炮兵团，就改用 2 个高射炮兵团（每个团有 24 门 85 毫米高射炮）代替。全师总人数共 7054 人，编反坦克炮兵团时共有 168 门火炮，编高射炮兵团时共有 144 门火炮。[14]

然而，冬季总攻初期的实践证明，采用八团制的师难以指挥控制。于是，国防人民委员部从 12 月 14 日开始组建四旅制的新型炮兵师来代替八团制的师。四旅制的师编 1 个三团制的轻型（反坦克）炮兵旅（共 72 门 76 毫米加农炮）、1 个三团制的榴弹炮兵旅（共 60 门 122 毫米或 152 毫米榴弹炮）、1 个两团制的重型加农炮兵旅（共 36 门 122 毫米加农炮或 152 毫米加农榴弹炮）、1 个四团制的迫击炮兵旅（共 80 门 120 毫米迫击炮），并由 1 个炮兵侦察营、1 个航空兵大队和若干个后勤分队提供保障；全师总实力是 9124 人、168 门加农炮和榴弹炮、80 门迫击炮。[15] 另外，国防人民委员部还建成 1 个重型加农炮兵师（第 19 师），编有 5 个加农炮兵团、1 个大威力榴弹炮兵团和 1 个特别威力炮兵营。[16]

为了在防御和进攻两方面保障和支援红军，大本营和国防人民委员部除了 1943 年全年继续充实最高统帅部预备队炮兵的师、旅、团和营之外，还开始组建完整的炮兵军。通过把这些炮兵集中到大本营直接指挥之下，根据进攻或防御局面的具体需要调整其编成，并及时调拨到作战方面军和集团军，大本营不但可以越来越灵活地向全体红军提供炮火保障，而且几乎能在每一场重大进攻战役中形成红军对国防军的空前炮火优势。

1943 年年初，最高统帅部预备队中规模最大的地面炮兵兵团是 1942 年 10 月组建，同年 12 月完成改编的炮兵师及其编成内的炮兵旅。另外，最高统帅部预备队炮兵还包括一些独立炮兵旅（例如装备 152 毫米加农炮的旅），通常编 2 至 3 个炮兵团、1 个射击指挥营、1 个通信营和 1 个负责弹药后续供应的运输分队。1943 年年初的红军当中最常见的炮兵部队是炮兵团，有些团编入保障诸兵种合成集团军、步兵军和步兵师的队属炮兵，有些团编入最高统帅部预备队。

截至 1943 年年初，国防人民委员部建成的炮兵团共有五种类型。其中第一种是三营制的加农炮兵团，每个营编 3 个连，每个连有 2 门炮，全团共有 1120 人、19 门 107 毫米或 122 毫米加农炮或 152 毫米加农榴弹炮、35 台拖拉机；第二种是两营制的加农炮兵团，每个营编 3 个连，每个连有 2 门炮，全团共有 758 人、12 门 107 毫米或 122 毫米加农炮、24 台拖拉机；第三种是两营制的榴弹炮兵团，每个营编 3 个连，每个连有 4 门炮，全团共有 947 人、24 门 122 毫米或 152 毫米榴弹炮、36 台拖拉机；第四种是两营制的榴弹炮兵团，其中一个营编 3 个连，每个连有 4 门炮，另一个营编 2 个连，每个连有 4 门炮，全团共有 864 人、20 门 122 毫米或 152 毫米榴弹炮、30 台拖拉机；第五种是两营制或三营制的军属炮兵团，其中一个营有 12 门 152 毫米加农榴弹炮，其他一或两个营各有 3 至 6 门 122 毫米加农炮。[17]

最高统帅部预备队的最重型火炮在 1943 年年初分别编入 "重型"（tiazhelyi）、"大威力"（bol'shoi moshnosti）和 "特别威力"（osoboi moshnosti）的炮兵团和营。"重型" 炮兵团和营装备 BR-2 型 152 毫米加农炮，"大威力" 炮兵团和营装备 B-4 型 203 毫米榴弹炮，"特别威力" 炮兵团和营装备口径不小于 210 毫米的加农炮或者口径不小于 280 毫米的榴弹炮。大威力榴弹炮兵团编有 2 个火力营，共有 904 人、12 门 B-4 型榴弹炮、26 台拖拉机和 36 辆卡车；独立重型炮兵营有 8 门 152 毫米榴弹炮；独立大威力炮兵营有 6 门 203 毫米榴弹炮；独立特别威力炮兵营有 6 门重型的加农炮或榴弹炮。[18]

作为整编和扩充最高统帅部预备队炮兵的最后步骤，国防人民委员部从 1943 年 4 月 13 日开始组建 5 个突破炮兵军，同时组建编入这种军或者独立使用的突破炮兵师。突破炮兵军编有 2 个突破炮兵师、1 个近卫火箭炮兵师和 1 个炮兵侦察营，共有 712 门口径从 76 毫米到 203 毫米的火炮和迫击炮、864 部 M-31 型多联装火箭发射架。突破炮兵师编有 6 个炮兵旅和 1 个炮兵侦察营，其中有：1 个轻型炮兵旅，编有 3 个加农炮兵团，每个团有 24 门 76 毫米加农炮；1 个榴弹炮兵旅，编有 3 个榴弹炮兵团，每个团有 28 门 122 毫米榴弹炮；1 个重型加农炮兵旅，下辖 2 个加农炮兵团，每个团有 18 门 152 毫米加农炮；1 个重型榴弹炮兵旅，下辖 4 个榴弹炮兵营，每个营有 8 门 152 毫米榴弹炮；1 个大威力榴弹炮兵旅，下辖 4 个榴弹炮兵营，每个营有 6 门 203 毫米榴弹炮；1 个迫击炮兵旅，下辖 3 个迫击炮兵团，每个团有 36 门 120 毫米迫击炮。每个突破炮兵师共有 10869 人，356 门加农炮、榴弹炮和迫击炮，其中有 72 门 76 毫米加农炮、84 门 122 毫米榴弹炮、32 门 152 毫米榴弹炮、36 门 152 毫米加农炮、24 门 203 毫米榴弹炮和 108 门 120 毫米迫击炮。[19]

另外，国防人民委员部从 1943 年 6 月开始试验性地组建重型炮兵师，用来实施对炮兵连斗争。这种师编 4 个旅，每个旅编 3 个营，每个营编 3 个连，每个连有 4 门加农榴弹炮；每个旅有 48 门，全师共有 144 门 152 毫米加农榴弹炮。首批建成的两个师是近卫重型炮兵第 4 和第 6 师，1943 年 10 月又组建第三个师，即近卫第 8 师，这是个编制与重型炮兵师类似的加农炮兵师，但把每个炮兵旅中的 1 个 152 毫米炮兵营，替换成 1 个四连制（每连 4 门炮）的 76 毫米炮兵营。[20]

国防人民委员部 1943 年 7 月 1 日以前共建成 5 个突破炮兵军、12 个突破炮兵师、13 个三旅制或四旅制的标准炮兵师；到 1943 年 12 月 31 日共有 5 个突破炮兵军和 26 个炮兵师，其中包括 17 个突破炮兵师、6 个采用 1942 年 12 月编制的炮兵师、3 个用于对炮兵连斗争的炮兵师。

正如 1943 年中后期红军成功实施的进攻所示，最高统帅部预备队炮兵在规模和威力方面的急剧增长明显改善了红军突破德军战术防御地幅的能力。具体表现是，从 1942 年 10 月到 1943 年年底，红军在预有准备的进攻中所使用火炮数量增加到原来的四倍以上，并能形成压倒性优势。[21]

迫击炮兵

虽然迫击炮的射程有限，战斗作用相对较小，但是红军在整场战争期间始终拥有一支强大的迫击炮兵，主要用于防御或在突破交战期间近距离支援步兵。战争开始时，除了作战军队建制内的迫击炮兵之外，统帅部预备队还有 8 个迫击炮兵营，其中 2 个配属作战方面军，其余 6 个配属军区和非作战方面军。这些迫击炮兵营由 3 个迫击炮兵连（每个连有 12 门 120 毫米迫击炮）和 1 个运输连组成，全营有近 350 人、36 门迫击炮、36 辆运输迫击炮和炮手的 5 吨卡车。但战争开始时，这些营并未配齐编制规定的全部卡车。[22]

尽管遭受 1941 年夏季和秋季的严重损失，国防人民委员部还是在 1942 年 1 月 1 日以前想方设法把最高统帅部预备队迫击炮兵营增加到 15 个，另外还临时组建 1 个迫击炮兵旅，用来支援独立第 7 集团军。不过，因为这些编制复杂的营和旅效率低下，实力薄弱，无法在防御或进攻中发挥积极作用，所以国防人民委员部从 1942 年年初开始加强其迫击炮兵。

国防人民委员部从 1942 年 1 月开始组建新的迫击炮兵团，从而拉开这项工作的序幕。这种团编有 1 个四连制的中型迫击炮兵营（共 16 门 82 毫米迫击炮），1 个四连制的重型迫击炮兵营（共 6 门 120 毫米迫击炮），全团共有 800 人、32 门迫击炮、273 匹马、116 辆大车和 14 辆汽车。然而，这些迫击炮兵团在 1941—1942 年红军的冬季总攻期间表现不佳，国防人民委员部随后在 4 月尝试组建摩托化和骡马挽曳两种版本的新型迫击炮兵团。前者编 3 个营，每个营编 3 个连，每个连有 4 门 120 毫米迫击炮；全团共有 848 人、36 门迫击炮和 125 辆汽车。后者编 5 个连，每个连有 4 门 120 毫米迫击炮；全团共有 477 人、20 门迫击炮、252 匹马、91 辆大车和 7 辆汽车。[23] 另外还有一种版本的迫击炮兵团是五连制的山地（驮载）迫击炮兵团，每个连装备 4 门 107 毫米山地迫击炮，全团共有 20 门。这些部队比较容易组建，成本也不高，因此，到 1942 年 7 月 1 日，国防人民委员部已建成 75 个最高统帅部预备队迫击炮兵团，并在 1943 年年初继续大幅度增加这种团的个数。

另外，除了军队结构中原来临时编组的那个迫击炮兵旅之外，国防人民委员部从 1942 年 10 月开始组建新的迫击炮兵旅，其中有些是独立旅，但大多数旅编入新组建的炮兵师。这种迫击炮兵旅 1942 年 12 月组建完毕，编有 4 个摩托化迫击炮兵团，每个团有 20 门 120 毫米迫击炮，全旅共有 80 门迫击炮。1943 年 4 月，国防人民委员部还组建另外两种迫击炮兵旅，其中一种旅编入突破炮兵师，编有 3 个摩托化迫击炮兵团，每个团有 36 门 120 毫米迫击炮，全旅共有 108 门；另一种是四团制的独立旅，每个团同样有 36 门 120 毫米迫击炮，全旅共有 144 门。[24]

上述措施的结果是，最高统帅部预备队迫击炮兵的实力从 1943 年 1 月 1 日的 7 个旅和 102 个独立团，先后增加到 1943 年 2 月 1 日的 12 个旅、121 个独立团和 11 个独立营，1943 年 7 月 1 日的 11 个旅、133 个独立团和 4 个独立营，然后减少到 1943 年 12 月 31 日的 11 个旅和 129 个独立营。

反坦克（歼击）炮兵

鉴于德国人严重依赖装甲兵，以闪击战的形式夺取战争胜利，红军只有建立一支庞大而有效的反坦克（歼击）炮兵，才能彻底战胜国防军并赢得战争。

正如"巴巴罗萨"行动和"蓝色"行动明确显示的那样，1941 年和 1942 年的红军并不具备这样一支炮兵。

战争开始时，除了作战方面军和集团军编成内的小型反坦克炮兵部队和分队之外，从战役层面来看，红军最重要的反坦克炮兵是结构臃肿的反坦克炮兵旅。国防人民委员部 1941 年 4 月在统帅部预备队内组建 10 个这种旅，并在战争开始前不久将其分配到各边境军区。另外，6 月下旬和 7 月上旬，国防人民委员部还组建过另一个反坦克炮兵旅，但其存在只是昙花一现。[25]这种反坦克炮兵旅编有 2 个反坦克炮兵团、1 个用于埋设地雷的工程工兵营、1 个汽车运输营和 1 个小型后勤队。全旅共有 5309 人、120 门火炮（其中有48 门 76 毫米反坦克炮、48 门 85 毫米高射炮和理论上应有的 24 门 107 毫米反坦克炮）、16 门 37 毫米高射炮、12 挺 DShK 机枪、706 辆卡车和其他车辆、10 辆摩托车、180 台拖拉机（其中 60 台有牵引拖车）和 2 辆装甲汽车。[26]

这种旅编成内的反坦克炮兵团编 5 个反坦克炮兵营和 1 个高射炮兵营，其中第一个和第二个反坦克炮兵营装备 76 毫米反坦克炮，第三个反坦克炮兵营装备 107 毫米反坦克炮，第四个和第五个反坦克炮兵营装备执行反坦克任务的 85 毫米高射炮。[27]但由于国防人民委员部当时尚未列装 107 毫米反坦克炮，第三个营实际同样装备 76 毫米炮。这 5 个反坦克炮兵营都采用三连制，每个连有 4 门反坦克炮，全营共 12 门。高射炮兵营编 3 个连，其中 2 个连各装备 4 门 37 毫米高射炮，另 1 个连是装备 6 挺 12.7 毫米 DShK 重型机枪的重型机枪连。全团共有 60 门火炮（其中有 24 门 76 毫米反坦克炮、24 门85 毫米高射炮和理论上的 12 门 107 毫米反坦克炮）、8 门 37 毫米高射炮和 6挺 DShK 机枪。[28]

反坦克炮兵旅虽在纸面上看似强大，但实践中受到诸多问题的困扰，包括这种旅没有能力实施侦察和搜索目标，严重缺少拖拉机和其他车辆，营的个数过多导致不可能有效地指挥控制，85 毫米炮在抗击德国坦克时也未见成效[①]。结果，战争最初的几个星期之内，推进中的国防军便已重创反坦克炮兵

---

① 俄译注：这种说法令人惊讶。1941 年，85 毫米高射炮可以在 1 公里或更远距离击穿任何一种德国坦克的装甲。

旅，在边境交战期间彻底歼灭其中的 4 个旅，并迫使国防人民委员部把其他旅的残部改编成 7 个反坦克炮兵团。

最初的惨败发生后，国防人民委员部增加作战军队内反坦克枪和反坦克炮的数量，并在（最高）统帅部预备队内大量组建小型的反坦克炮兵团和反坦克炮兵营，以此一步步重新打造红军的反坦克能力。这个过程从 6 月下旬和 7 月开始，共建成 20 个反坦克炮兵团，采用与原来反坦克炮兵旅属反坦克炮兵团同样的编制。然而，鉴于这种团的实战表现与原来的旅一样糟糕，国防人民委员部于 7 月中旬组建 15 个新型反坦克炮兵团，每个团编有 5 个连，每连有 4 门炮，全团共 20 门反坦克炮，主要是旧型号的 85 毫米炮，因为 76 毫米炮仍然供应不足。[29] 而国防人民委员部将在反坦克（歼击）炮兵中继续沿用这种让炮兵连直接隶属团的非常规做法，直到战争结束。

因为实践证明这种五连制的反坦克炮兵团实力太弱，无法在与国防军装甲兵的战斗中生存下来，所以国防人民委员部从 1941 年 9 月开始组建两种新型反坦克炮兵团，一种是重型团，一种是轻型团。重型反坦克炮兵团采用六连制，共有 20 门 76 毫米反坦克炮、4 门 25 毫米或 37 毫米反坦克炮；轻型反坦克炮兵团采用四连制，共有 8 门 85 毫米炮、8 门 37 毫米或 45 毫米炮。[30] 截至这年年底，国防人民委员部共建成 37 个这样的团。

国防人民委员部 1941 年组建的 72 个反坦克炮兵团共有 2396 门火炮（其中有 960 门 85 毫米高射炮），占这年红军新增火炮总数[①] 的 57%，这足以表明国防人民委员部对反坦克炮兵的重视程度（见表 8.2）。[31] 但到这年年底，国防军已经歼灭 28 个反坦克炮兵团，1942 年 1 月 1 日最高统帅部预备队编成内还剩下 57 个反坦克炮兵团、1 个反坦克炮兵旅和 1 个独立反坦克炮兵营。[32] 尽管反坦克炮兵团的个数增加到原来的三倍，但红军的反坦克炮总数还是从 6 月 22 日的 1360 门减少到 12 月 31 日的 1188 门，反坦克炮占红军火炮武器总数的比例相应地从 17.5% 减少到 11%。[33] 大本营当然不会容忍这种局面继续下去。

---

① 俄译注：1941 年 6 月 22 日至 12 月 31 日，红军总共接收 11800 门口径 76 毫米及以上的火炮。参见《二十世纪战争中的俄罗斯和苏联》，第 473—474 页。原文这里和下文显然指具体口径的反坦克炮，但未加以说明。

不过，苏联新式ZIS-3型76毫米反坦克炮的产量在1941年后期有所增长，使国防人民委员部能够为新组建的反坦克炮兵团装备这种武器，替换团里反坦克效果相当差的大批37毫米和85毫米高射炮，并把替换下来的85毫米高射炮分配给团属高射炮兵分队，加强其实力。为了在莫斯科反攻期间向红军提供更强有力的反坦克支援，国防人民委员部12月使用新的ZIS-3型76毫米炮组建1个新型反坦克炮兵团，并把另外9个团也改编成这样的编制。这种团编有6个连，每个连有4门炮，其中5个连装备76毫米反坦克炮，1个连装备25毫米或37毫米高射炮，全团共有24门炮。

红军结束其冬季战局之后，国防人民委员部1942年4月和5月解散最后一个反坦克炮兵旅，并把反坦克炮兵团全部改编成五连制，每个连有4门76毫米或45毫米反坦克炮，以此统一最高统帅部预备队反坦克炮兵的编制。[34]国防人民委员部之所以保留装备45毫米炮的团，是因为没有生产出足够的76毫米炮，不能为全部反坦克炮兵团配齐装备。但到1942年7月上旬，为了弥补这个缺陷，国防人民委员部在每个有突出战斗表现的反坦克炮兵团中增编第六个炮兵连，从而使某些反坦克炮兵团的实力增加到564人和24门火炮。[35]

1942年5月，国防人民委员部下令反坦克炮兵团全部改称"轻型炮兵团"，以便与1942年4月和5月步兵结构中出现的歼击团、旅和师加以区别，后者同样肩负抗击敌军装甲车辆的任务（见第六章）。然而，这次改称生效的时间很短，到1942年7月1日，国防人民委员部便统一把反坦克炮兵和轻型炮兵全部改称"反坦克歼击炮兵"（istrebitel'no-protivotankovaia artilleriia）。[36]

1942年年内，尽管国防人民委员部努力统一反坦克炮兵团的编制，但为了执行特殊任务或者根据当地的实际条件因地制宜，红军的作战方面军和国防人民委员部本身还是组建过若干种不同版本的反坦克炮兵团。例如，列宁格勒方面军组建的11个最高统帅部预备队反坦克炮兵团采用四营制，全团共有36门76毫米炮和18门45毫米炮。[37]另外，外高加索方面军1942年11月组建的2个反坦克歼击炮兵团采用四连制，全团共有12门45毫米炮。[38]与此同时，国防人民委员部还组建了两种专业化的新型反坦克歼击炮兵团和营。第一种是1942年6月新建成的3个最高统帅部预备队重型反坦克歼击炮兵团，这种五连制的团经过特别编组，专门用于抗击德国重型坦克，共有 15 门 107 毫米反坦克炮。第二种是 1942 年 8 月建立的 4 个反坦克歼击炮兵营，采用三连制，共有 12 门 76 毫米反坦克炮，用于向步兵提供近距离反坦克支援。[39]

除了国防人民委员部大力振兴最高统帅部预备队反坦克歼击炮兵的上述措施之外，大本营还认为红军需要实力更强、效率更高的更大型反坦克歼击炮兵兵团，确保计划在 1942 年 11 月发动的进攻战役获胜。因此，国防人民委员部从 10 月 31 日开始组建 18 个新型炮兵师，每个师编有 3 个六连制的反坦克歼击炮兵团，每个团有 24 门 76 毫米炮。[40]

1942 年年内，国防人民委员部总共建成 192 个最高统帅部预备队反坦克歼击炮兵团和 4 个营，但年底之前又把这 4 个营合并成团；到 1943 年 1 月 1 日，已把最高统帅部预备队反坦克歼击炮兵的实力增加到 249 个团，其中有 171 个独立团，另外 78 个团编入炮兵师。国防人民委员部把 95 个最高统帅部预备队反坦克歼击炮兵团派遣到作战方面军。同一时期，国防人民委员部还为最高统帅部预备队新增 4117 门反坦克炮，占最高统帅部预备队新增火炮总数的 60%，尽管在战斗中损失 31 个反坦克歼击炮兵团，但红军反坦克歼击炮兵的总实力还是增加到原来的五倍以上。[41]

1942 年 11 月 15 日，红军各作战方面军编成内最高统帅部预备队反坦克歼击炮兵团的个数多少和地理分布，可以准确表明大本营正策划从哪里发动这年秋季己方最重大的战略进攻（反攻）：加里宁方面军和西方面军在莫斯科防区的支援下沿勒热夫—维亚济马方向进攻；西南方面军、顿河方面军和斯大林格勒方面军沿斯大林格勒方向进攻。与此同时，大本营还把其预备队编成内 60 个反坦克歼击炮兵团当中的 55 个集中到紧邻西战略方向的莫斯科炮兵训练中心和高尔基炮兵训练中心（见表 8.3）。

除了加强反坦克歼击炮兵之外，国防人民委员部还在 1942 年 4 月 1 日和 9 月 30 日之间组建 49 个新的独立反坦克步兵（反坦克枪）营，加强己方的反坦克步兵。前 33 个营采用三连制，每个营装备 72 支反坦克枪，其他的营采用四连制，每个营装备 108 支反坦克枪，这些营共有 4212 支反坦克枪。[①][42]

---

① 译注：原文如此，按本段内容计算应是4104。

红军军队结构中反坦克炮兵的急剧扩充虽然未能阻止国防军在"蓝色"行动初期取得成功，但是确实帮助红军在 10 月制止国防军的推进，并且成功实施 11 月的斯大林格勒进攻战役和随后的冬季总攻。而冬季总攻在 1943 年 3 月的突然失败使大本营相信，如果红军要在 1943 年晚些时候实施进攻并将其延续到更大纵深，就需要数量更多、实力更强的反坦克歼击炮兵。

1943 年 1 月 1 日，最高统帅部预备队反坦克歼击炮兵共有六种类型的 249 个反坦克歼击炮兵团，每个团编有 4 至 6 个连，全团的反坦克炮数量从 15 门到 54 门不等。其中有 171 个独立团和分别编入 26 个炮兵师的 78 个团，由大本营根据己方战略的优先顺序和地形条件分配给作战方面军（见表 8.4）。[43] 另外，最高统帅部预备队还有 4 个反坦克歼击炮兵营（每个营有 12 门反坦克炮）和 53 个反坦克枪营（有三连制和四连制两种类型，分别有 72 支或 108 支反坦克枪）。[44]1943 年 1 月 1 日，最高统帅部预备队共有 3224 门反坦克炮，其中有 45 门 107 毫米炮、2276 门 76 毫米炮和 1502 门 45 毫米炮，[①] 占最高统帅部预备队火炮武器总数的 60%；另外还有 4412 支反坦克枪。除此之外，1943 年 1 月 1 日诸兵种合成集团军建制内的 83 个反坦克歼击炮兵团还可以为红军的反坦克武器库进一步增添 1992 门反坦克炮。[45②]

1943 年全年，国防人民委员部继续不遗余力地加强红军的反坦克歼击炮兵：在诸兵种合成集团军和坦克集团军中编入独立反坦克歼击炮兵团，在最高统帅部预备队中组建反坦克歼击炮兵旅并增加独立反坦克歼击炮兵团的火炮数量，并且加强所有反坦克歼击炮兵团的实力和改善其机动性。

这个过程从 1943 年 4 月 10 日开始，国防人民委员部为每个诸兵种合成集团军编入 1 个新的重型反坦克歼击炮兵团，为每个坦克集团军编入 1 个轻型反坦克歼击炮兵团，并在最高统帅部预备队中组建反坦克歼击炮兵旅。重型反坦克歼击炮兵团采用六连制，共有 24 门 76 毫米炮；轻型反坦克歼击炮兵团采用五连制，共有 20 门 45 毫米炮。到最后，国防人民委员部把所有装

[①] 译注：原文如此，后三个数字之和是3823。

[②] 俄译注：这里仅指反坦克歼击炮兵团的炮，不包括更小的编制。根据 G. F. 克里沃舍耶夫主编《二十世纪战争中的俄罗斯和苏联》第473—474页的说法，红军1943年1月1日共有44800门76毫米及以上火炮（含8000门高射炮）、14300门45毫米和57毫米的反坦克炮。

备 76 毫米炮的最高统帅部预备队反坦克歼击炮兵团都统一到前一种编制，把所有装备 45 毫米炮的同类团都统一到后一种编制。[46]

最重要的是，国防人民委员部 4 月的命令导致新型最高统帅部预备队反坦克歼击炮兵旅的组建。这种旅是战争期间红军反坦克歼击炮兵的最大编制，每个旅编有 3 个反坦克歼击炮兵团（每个团有 20 门炮）、1 个机枪排、1 个侦察营、1 个测地—工程兵排、1 个通信排和 1 个小型运输队。这种旅编成内的两个反坦克歼击炮兵团各编 5 个连，每连有 4 门 76 毫米炮；另一个团同样编 5 个连，每连有 4 门 45 毫米炮。全旅共有 1297 人、40 门 76 毫米反坦克炮、20 门 45 毫米反坦克炮、60 支反坦克枪、30 挺轻机枪、115 辆卡车和 75 台拖拉机。[47]

1943 年全年，国防人民委员部继续完善这些旅和团的编制。例如，随着苏联工业开始大批量生产新型的 ZIS-2 型 57 毫米反坦克炮，反坦克歼击炮兵旅从 6 月开始把威力弱小的 45 毫米炮更换成这种火炮，并于 9 月完成换装。[48] 不久之后，最高统帅部预备队独立反坦克歼击炮兵团也用 57 毫米炮替换 45 毫米炮。

国防人民委员部从 6 月开始削减许多个特殊用途和就地组建的最高统帅部预备队反坦克歼击炮兵团中的人员和运输汽车数量，从 6 月到 9 月解散红军诸兵种合成集团军当中尚存的歼击师和歼击旅，主要是因为集团军司令员和军长会将其当作普通的步兵兵团使用，共有 15 个歼击旅改编成标准的反坦克歼击炮兵旅。与此同时，国防人民委员部还解散最高统帅部预备队中的歼击营和独立反坦克步兵营，首先是因为这些部队抗击德国重型坦克时收效甚微，其次，更有战斗力的反坦克炮当时已能充足供应。

最后，鉴于红军 1943 年下半年的战斗经验无可辩驳地证明反坦克歼击炮兵旅和团是同国防军装甲兵战斗的最有效手段，国防人民委员部在这年 12 月为某些反坦克歼击炮兵旅的每个团增编第六个连，从而把全旅的火炮数量从 60 门提高到 72 门。[49]

作为上述措施的结果，到 1943 年 12 月 31 日，红军最高统帅部预备队编成内已有 50 个反坦克歼击炮兵旅、135 个独立反坦克歼击炮兵团和 4 个独立反坦克歼击炮兵营（见表 8.5）。最高统帅部预备队的反坦克炮总数已增至

6692 门，其中包括 30 门 107 毫米、5228 门 76 毫米、1132 门 57 毫米和 302 门 45 毫米反坦克炮，占其炮兵武器总数的 37.8%。这时，最高统帅部预备队的反坦克炮总数已是 1943 年 1 月 1 日（3224 门）的两倍多，是 1941 年 6 月 22 日（1360 门）和 1942 年 1 月 1 日（1188 门）的近六倍。

从 1942 年 1 月到 1943 年 12 月 31 日，最高统帅部预备队反坦克歼击炮兵的数量、规模和战斗力都有大幅度增长，再加上红军装甲坦克和机械化兵的发展壮大，使红军转变成一支强有力的进攻性力量，并在一定程度上促成德国国防军、其装甲兵和闪击战的末日即将来临。

自行炮兵

战争最初的 18 个月里，红军军队结构的最明显缺点之一是缺少可以快速移动的火炮，无论在防御还是进攻中都不能保证炮兵伴随和支援装甲坦克兵、机械化兵和骑兵。因为机械牵引和骡马挽曳的火炮都不能跟上这些快速力量，也不能可靠地向它们提供直接或间接炮火保障，所以导致它们很容易被德国更有机动性的普通火炮、突击炮和威力强大的反坦克炮（在德语中称为 Panzerabwehr Kanonen，缩写为 Pak）摧毁。

因此，国防人民委员部从 1942 年后期开始研制和生产新的自行火炮车族，并组建在战斗中使用这种车辆的部队，弥补这个缺陷。因为这些新自行火炮是充分利用现有的坦克和火炮技术，把现有坦克底盘与现有火炮系统结合在一起，所以它们在机动性、火力和最薄装甲防护等方面可以综合吸收坦克和火炮的积极因素，用于支援装甲坦克和机械化兵甚至骑兵向敌方防御纵深的发展突破，生产成本也相对较低。装备重型火炮时，它们不仅有能力抗击和摧毁敌方坦克，还能用来强击筑城工事和加固防御阵地。

1942 年 12 月 7 日，国防委员会命令国防人民委员部在其总炮兵局内成立一个新的负责研制、测试和列装新型自行火炮系统的机械化拖拉机和自行火炮局。[50] 此后不到三个星期，即 12 月 27 日，国防人民委员部下令在最高统帅部预备队中组建 30 个新型自行火炮团。这种团编有 4 个连，其中 2 个连各有 4 辆安装 76 毫米加农炮的 SU-76，其余 2 个连各有 4 辆安装 122 毫米榴弹炮的 SU-122，团长还有 1 辆 SU-76；全团共有 307 人、17 辆 SU-76

和 8 辆 SU-122 自行火炮、48 辆卡车、11 台拖拉机。⁵¹①SU-76 是用一个小型炮塔把 76 毫米加农炮安装在 T-70 坦克底盘上，而 SU-122 则是在 T-34 坦克的底盘上安装 122 毫米榴弹炮。

　　1943 年 1 月和 2 月，国防人民委员部在各个炮兵训练中心建成 4 个这种类型的团，2 月把其中 2 个团派往沃尔霍夫方面军进行实战测试和训练，另 2 个团派往西方面军并在 3 月间接受战斗的洗礼。不过，直到 1943 年 4 月，国防人民委员部才开始大量组建这种新型的团。⁵²3 月进行实战测试的同时，国防人民委员部下令组建 16 个重型自行火炮团，每个团编有 6 个连，每个连装备 2 辆安装 1937 年式 152 毫米加农榴弹炮的 SU-152，再加上 1 辆 KV 指挥坦克，全团共有 273 人、12 辆 SU-152 自行火炮和 1 辆 KV 坦克。②国防人民委员部仅用 1943 年 1 月中的 25 天时间，便在 KV-1S 重型坦克底盘的基础上完成 SU-152 的全部研制工作，并从 2 月开始批量生产这种武器。

　　尽管这些新型自行火炮的机动能力足以有效地伴随和支援快速力量，但 1943 年年初的实战经验表明，多个型号混编还是带来后勤供应和修理保养的困难。为了解决上述问题，国防人民委员部 4 月 23 日把全部自行炮兵划归红军装甲坦克和机械化兵司令员及其管理局领导；更重要的是，同时下令组建两种新的自行火炮团，一种是轻型自行火炮团，另一种是中型自行火炮团，每个团只装备一种型号的自行火炮，作为现有重型自行火炮团的补充。⁵³轻型自行火炮团编 4 个连（每个连有 5 辆 SU-76）和 1 辆 SU-76 指挥车，全团共有 259 人和 21 辆 SU-76 自行火炮；中型自行火炮团编 4 个连（每个连有 4 辆 SU-122）和 1 辆 T-34 指挥坦克，全团共有 248 人、16 辆 SU-122 自行火炮和 1 辆 T-34 坦克。1943 年夏季，国防人民委员部使用 1 月在列宁格勒缴获的德国"虎"式坦克测试己方所有火炮型号，结果发现 85 毫米高射炮和 122 毫米军属火炮攻击这辆德国新式坦克时远比 SU-76 的加农炮和 SU-

----

　　① 译注：原文连的个数有误，导致自行火炮数量对不上。按照注释中的第08/158号编制表，这种团实际上是六连制，其中4个SU-76连。最初计划按这种编制组建30个团，但因缺少自行火炮，只建成少数几个团便改用五连制的第08/191号编制表（共8辆SU-76和12辆SU-122，全团共21辆自行火炮，289人），最初几个团也改编成五连制。作者没有提到这种缩编的自行火炮团。

　　② 译注：这是1943年4月改用的第010/454号编制表，是SU-152重型自行火炮团的第二版编制表。此前采用第08/218号编制表，六连制，全团共有361人和12辆SU-152。

122 的榴弹炮更有效。因此，国防人民委员部从 8 月开始列装把 85 毫米高射炮安装在 T-34 坦克底盘上的 SU-85 自行火炮，并停止生产 SU-122 自行火炮。新的 SU-85 中型自行火炮团编 4 个连，每个连有 4 辆自行火炮，全团共有 16 辆 SU-85 自行火炮和 1 辆 T-34 坦克。[54]

国防人民委员部 9 月继续加强自行炮兵，研制出一种新的 152 毫米自行火炮系统，不再使用过时和易被击毁的 KV 坦克底盘来安装 152 毫米加农榴弹炮。这种新式武器是 ISU-152，是把一门 ML-20s 型 152 毫米加农榴弹炮安装到 IS（即约瑟夫·斯大林）重型坦克的底盘上，比原来的 SU-152 更有机动性，装甲防护也好得多，另外还加装一挺用于同敌机战斗的 DShK 机枪。1943 年 12 月 ISU-152 开始列装之后，国防人民委员部便停止生产 SU-152。[55]

然而，由于苏联工业未能生产出足够数量的 152 毫米加农榴弹炮，国防人民委员部又开始研制新型自行火炮，弥补 ISU-152 数量的不足。这种新型自行火炮是 ISU-122，在 IS 坦克底盘上安装一门 A-19 型 122 毫米加农炮，后来改为在同一底盘上安装 D-25S 型 122 毫米加农炮，同样称为 ISU-122，两者都安装一挺 DShK 机枪。国防人民委员部从这年 12 月开始用这种新型自行火炮替换其重型自行火炮团的 SU-152。最后，继 12 月下旬决定为 T-34 坦克换装 85 毫米炮之后，国防人民委员部开始研制与 T-34-85 坦克具有同样动力和行程的自行火炮，即 SU-100。不过，直到 1944 年 4 月以后，国防人民委员部才开始列装 T-34-85 坦克和 SU-100 自行火炮。[56]

除了研制、测试和列装更新、更有效的自行火炮系统之外，国防人民委员部还在 1943 年努力简化自行火炮团的编制。例如，所有自行火炮团都在 10 月改编成四连制，同时保持每个团的车辆数量不变，即轻型自行火炮团有 21 辆 SU-76、中型自行火炮团有 16 辆 SU-122（或 SU-85）和 1 辆 T-34 坦克、重型自行火炮团有 12 辆 SU-152（或 ISU-152）和 1 辆 KV（或 IS-2）坦克。[57]

截至 1943 年 12 月 31 日，最高统帅部预备队编成内共有 41 个独立自行火炮团，而苏联工业已生产和交付 1200 辆不同口径的自行火炮。①

---

① 俄译注：实际上，苏联工业在 1943 年年内共生产 4400 辆自行火炮，其中重型 1300 辆、中型 800 辆、轻型 2300 辆。参见 G. F. 克里沃舍耶夫主编《二十世纪战争中的俄罗斯和苏联》。

高射炮兵

战争开始时，红军作战军队各步兵团、步兵师和步兵军建制内的高射机枪连和高射炮兵营，以及各军区编成内的独立高射炮兵营，负责掩护红军不受空中攻击。另外，一个名称是国土防空军的大型复杂组织负责掩护整个国家不受空中攻击，包括其主要政治、经济和工业中心，关键的交通枢纽和道路（见第十一章）。

从作战军队内部看，步兵团直属的高射机枪连采用两排制，其中一个是有 8 挺四联装 7.62 毫米机枪的重型高射机枪排，另一个是有 3 挺 12.7 毫米重机枪的轻型高射机枪排，全连共有 8 挺四联装 7.62 毫米机枪和 3 挺 12.7 毫米机枪。步兵师直属的高射炮兵营采用三连制，其中两个是各有 4 门 37 毫米高射炮的轻型高射炮兵连，另一个是有 4 门 76 毫米高射炮的重型高射炮兵连，全营共有 287 人、8 门 37 毫米和 4 门 76 毫米高射炮、33 辆卡车和 1 辆装甲汽车。虽然高射炮兵营的轻型高射炮兵连有 2 部无线电台，重型高射炮兵连有 4 部无线电台，但是这些电台并不可靠，报务员也往往缺乏训练，更糟糕的是，这些营都没有按编制配齐全部高射炮。[58]

独立高射炮兵营按照每个步兵军有 1 个营的方式向步兵军提供防空，每个营编 3 个火力连，每个连装备 4 门 76 毫米或 85 毫米高射炮，全营共有 12 门高射炮。但在 1941 年 6 月 22 日，红军的 61 个步兵军中只有 40 个军按要求编有高射炮兵营。虽然在仅有的这个独立高射炮兵营支援下，一个三师制的典型步兵军总共应当得到 48 门高射炮、72 挺四联装 7.62 毫米高射机枪和 27 挺 12.7 毫米机枪的掩护，但是战争开始时几乎没有哪个军能配齐全部高射兵器。[59]

除了上述高射炮兵之外，红军还在整场战争期间把装甲列车营和独立装甲列车当作防空平台使用，主要编入国土防空军（见第七章）。

像红军的整体情况一样，进攻中的国防军在"巴巴罗萨"行动期间彻底粉碎红军高射炮兵：

由于我方飞机遭受的严重损失和无法集中使用我方飞机，我军的对空防御主要通过高射兵器和适于射击空中目标的炮兵武器实施。这类战斗行动期间，我高射炮兵遭受严重的装备损失。另外，还有相当数量的高射炮兵武器用于加强反坦克炮兵部队。由于我国工业企业刚刚开始疏散，高射炮兵武器的生产受到严重限制。所有这一切都导致防空部队严重缺少武器。例如，战争第二个月的月底，西南方面军总共只有232门76.2毫米高射炮和176门37毫米高射炮，分别相当于该方面军这类武器编制数量的70%和40%。[60]

国防人民委员部在1941年那个可怕的夏季裁撤红军编制的时候，除了彻底解散步兵军之外，还削减步兵团和步兵师编成内的高射炮兵数量，把防空任务交给诸兵种合成集团军直属的独立高射炮兵营。例如，1941年12月以前，国防人民委员部把步兵团直属的高射机枪连缩编成装备3挺12.7毫米重型高射机枪的排，把步兵师直属的高射炮兵营缩编成装备6门37毫米高射炮和9辆卡车的高射炮兵连。[61]到12月下旬，国防人民委员部又解散步兵团的高射机枪排和步兵师的高射炮兵连，从而彻底完成这个裁撤过程，主要原因是德国的空中威胁减小，而1942年1月1日最高统帅部预备队的108个独立高射炮兵营看上去足以掩护红军作战军队，直到更大型的最高统帅部预备队高射炮兵部队组建完毕。

国防人民委员部从1942年年初开始扩充最高统帅部预备队高射炮兵，组建用于掩护诸兵种合成集团军的小型高射炮兵团。这种团编有3个高射炮兵连（每个连有4门37毫米高射炮）和2个高射机枪连（1个连编有3个排，每个排有4挺马克沁机枪；1个连编有2个排，每个排有4挺DShK机枪），全团共有326人、12门37毫米高射炮、12挺7.62毫米马克沁机枪和8挺12.7毫米DShK机枪。[62][①]国防人民委员部1942年6月把35个这种团分配到作战方面军，其中西方面军得到18个团，布良斯克方面军和西南方面军各8个团，北高加索方面军1个团。[63]另外，国防人民委员部还在6月2日简化防空力量的指挥控制，把作战方面军和集团军编成内所有高射炮兵部队、高射炮和高射机枪，实施对空观察、目标识别和通信的全部工具都隶属于红军

---

① 译注：这种高射炮兵团又称作"集团军防空团"。

炮兵主任，以及作战方面军和集团军新设置的负责防空的炮兵副司令员。[64]

为了进一步加强对空防御，国防人民委员部还在 1942 年 8 月上旬和中旬组建两种新型高射炮兵营，第一种编有 3 个连，每个连有 4 门 76 毫米或 85 毫米炮和 1 挺 DShK 机枪；第二种的编制和武器装备基本相同，但增加 1 个有 6 部探照灯的连，全营共有 514 人。最后，到 8 月下旬，国防人民委员部组建另一种更大型的高射炮兵团，每个团编有 2 个营，每个营有 12 门炮，但截至该年年底只建成 8 个这种团。[65]

尽管做出上述改善军队防空的尝试，但红军作战方面军和集团军的司令员还是在实施重大战役时难以集中必要的高射兵器掩护其下属军队。因此，1942 年 10 月 22 日，国防人民委员部颁布一道由斯大林签署的命令，要求所有方面军和集团军都应建立高射炮兵群，通过与方面军航空兵的协同动作在重大战役期间掩护其军队：

1. 使用集团军高射炮兵团、沿次要方向作战的步兵兵团和其他兵团编成内的高射炮兵连和高射机枪连，组建高射炮兵群。

编入高射炮兵群的高射兵器数量，应占方面军（或集团军）队属高射兵器总数的二分之一至三分之一。

高射炮兵群应配属并掩护集团军或方面军的突击集团。［斯大林用这句话来代替原来的一句：“突击集团编成内各部队的所有高射兵器，均应纳入突击集团的整体对空防御配系当中。”］

2. 军队停留和运动的时候，应特别仔细地组织对空观察和识别勤务，以便［高射炮兵群］有时间做好准备，及时向敌机开火［和组成拦阻射击的弹幕］，并使军队有时间采取必要措施，减少敌机轰炸和机枪扫射造成的损失。

3. 集团军司令员应委托负责防空的集团军炮兵副司令员指挥集团军进攻过程中的对空防御，并为其配备一切必要的通信设备。

4. 高射炮兵群的高射炮兵连和高射机枪连在攻击部队后方运动时，各军兵种的全体指挥干部应向其提供必要的支援和帮助。让其行军纵队优先通过交叉路口，允许其超越道路上的其他行军纵队、并在防空部队离开道路和进入射击阵地时予以协助。[66]

为响应斯大林的命令，国防人民委员部 1942 年 10 月 31 日把许多个高射炮兵团合并成 18 个新的最高统帅部预备队高射炮兵师。这种师编有 1 个师部、4 个高射炮兵团（与集团军高射炮兵团类似，每个团编 3 个连，每个连有 4 门炮）和 1 个小型后勤分队，全师共有 1345 人、48 门 37 毫米高射炮、48 挺马克沁机枪和 32 挺 DShK 高射机枪。[67]因此，最高统帅部预备队编成内高射炮兵的实力在 1942 年急剧增长，从 1942 年 1 月 1 日的 108 个团增加到 1943 年 1 月 1 日的 27 个新型高射炮兵师、123 个独立高射炮兵团和 109 个独立高射炮兵营，然后是 1943 年 2 月 1 日的 30 个师、94 个独立团和 95 个独立营。[68]

这种实力扩充之所以能够实现，是因为苏联武器工业 1942 年生产出 3499 门 37 毫米高射炮和 2761 门 85 毫米高射炮；1943 年又生产出 5472 门 37 毫米炮和 3713 门 85 毫米炮。然而，尽管产量有所增长，但由于 85 毫米中型高射炮长期短缺，红军的防空力量还是无法攻击在 3000 米以上高度飞行的飞机。

1943 年，国防人民委员部进一步加大扩充和整编高射炮兵的力度。第一项措施是在 2 月下半月改编高射炮兵师，新增 1 个指挥控制连，解散师直属的 1 个轻型高射炮兵团，并使用该团的高射炮在其他 3 个轻型高射炮兵团中各组建 1 个第四连，每个师重新编入 1 个装备 85 毫米中型高射炮的第四团，使之可以同飞行高度大于 3000 米的敌机交战。这些措施到位之后，高射炮兵师编有 3 个四连制的轻型高射炮兵团（每个连装备 4 门 37 毫米高射炮，每个团共 16 门）、1 个四连制的中型高射炮兵团（每个连 4 门 76 毫米或 85 毫米高射炮，全团共 16 门）和规模更大的后勤保障力量，全师共有 64 门高射炮。[69]另外，国防人民委员部解散所有步兵师中的高射炮兵连，使用腾出来的装备充实最高统帅部预备队编成内新组建的最高统帅部预备队高射炮兵师，并把许多个高射炮兵团和营合并成新的高射炮兵师。

第二，国防人民委员部还在同一时期组建两种专业化用途的新型高射炮兵团。从 2 月开始组建的第一种团用来掩护机场，每个团有 12 门 37 毫米炮、12 挺马克沁和 8 挺 DShK 机枪，其编制与 1942 年型的团基本相同，只是没有这种团的运输车辆，全团共有 270 人。国防人民委员部从 4 月开始组建的第二种团用来掩护诸兵种合成集团军，其编制与高射炮兵师属的团类似，每个团有 420 人、12 门 37 毫米炮、12 挺马克沁机枪、12 挺 DShK 机枪（组成 4 个排，而不是 2 个排）。1943 年，国防人民委员部总共建成 38 个保卫机场的团和 52 个新的独立高射炮兵团，后者当中除了 4 个团之外，全都采用每个团 12 门炮的现有编制。[70]

第三，国防人民委员部还从 1943 年 4 月开始组建新的独立高射炮兵营。这种营编有 3 个连，每个连有 4 门 76 毫米或 85 毫米炮和 1 挺 DShK 机枪，全营共有大约 380 人、12 门 76 毫米或 85 毫米高射炮、3 挺 DShK 机枪。然而，76 毫米高射炮的短缺迫使国防人民委员部只能建成 2 个这种营，每个营实际编有 2 个各有 4 门 37 毫米炮的连和 1 个有 4 门 85 毫米炮的连。[71]

通过上述改革措施，国防人民委员部能够把红军高射炮兵几乎全部集中到最高统帅部预备队指挥之下，使用高射炮兵团和高射炮兵师掩护编入集团军和方面军的作战军队，并使用中口径高射炮兵营掩护关键性的后方目标。另外，1943 年全年，红军还使用其 60 余列装甲列车中的大部分执行对空防御任务。例如，共有 35 列装甲列车在库尔斯克会战期间支援红军各部。[72]

通过艰苦努力，国防人民委员部把红军高射炮兵的实力增加到 1943 年 7 月 1 日的 48 个师、159 个独立团和 98 个独立营，进而达到 1943 年 12 月 31 日的 60 个师、157 个独立团和 96 个独立营。因此，截至 1943 年年中，红军空军能够在苏德战场上赢得对德国空军的全面空中优势，至少部分得益于这时的红军高射炮兵可以协助它们从空中清除德国飞机。

火箭炮兵

红军炮兵武器中最与众不同，也最可怕的武器是多联装火箭炮，这种武器的官方名称是"近卫迫击炮"，但通常俗称为"喀秋莎"。1941 年 7 月中旬，这种"秘密武器"初次以营的规模面世，到 1943 年年初，红军已有数以百计的近卫火箭炮兵师、旅、团和独立营。[73] 战争爆发后不久，国防人民委员部便开始组建火箭炮兵部队，先是 7 月组建装备 BM-13 型火箭炮的 3 个连，然后是 8 月上旬的 5 个连，8 月下旬的 2 个连，以及 8 月和 9 月装备 BM-8 型或 BM-13 型火箭炮的 8 个团，这些部队全都刚刚建成就立即参加战斗。[74] 国防人民委员部从 8 月下旬开始把独立近卫火箭炮兵连合并成独立营，前两个营的番号是第42营和第43营。

第一批带有试验性质的近卫火箭炮兵连编有1个指挥排、3个火力排（有7门使用卡车底盘的BM-13型火箭炮和1门用于校正射击的122毫米榴弹炮）①和数个小型勤务供应队，后者有44辆卡车，可以运输600枚火箭弹、3个基数的油料和7天的给养。每个连可以在单次齐射中发射112枚M-13式高爆火箭弹。[75]然而，战斗经验表明，这种由6至9门BM-13型火箭炮组成的独立近卫火箭炮兵连在战斗中很难指挥，其火力密度也不能对敌人造成重大杀伤，那门122毫米榴弹炮更是毫无用处。因此，大本营8月8日命令国防人民委员部开始组建装备BM-13型和轻型BM-8型火箭炮的8个新团。[76]

国防人民委员部把这种新型多联装火箭炮的团命名为"近卫迫击炮兵团"，每个团编有3个装备M-13型或M-8型火箭炮的营（每个营下辖3个火力连，每个连有4门火箭炮）、1个高射炮兵营和若干个小型保障队，全团共有36门火箭炮。装备BM-8型火箭炮的团可以在单次齐射中向敌军发射576枚各携带1.4磅炸药的82毫米火箭弹，而BM-13型火箭炮的团可以单次齐射1296枚各携带10.8磅炸药的132毫米火箭弹。这些火箭炮虽然射击精度很低，但是非常适合以密集、强大、尽管通常不准确的火力覆盖大片区域。火箭炮在夜间发射时产生巨大而独特的声音和壮观的尾焰，以及它们如雨点般劈头盖脸的火力，足以在敌人心中制造恐怖。[77]

国防人民委员部组建这种新型团的进度很快，到9月下旬，共计已向前线派出9个团。[78]红旗莫斯科第1炮兵学校以及后来的"组建近卫火箭炮兵部队的莫斯科中心和鞑靼中心"负责组建这些团，国防委员会9月8日设置近卫火箭炮兵部队司令员的职务（兼任副国防人民委员），并为其配备一个完整的司令部和国防人民委员部直属的近卫火箭炮兵部队总局，负责管理近卫火箭炮兵。[79]紧接着，国防人民委员部10月和11月共建成14个近卫火箭炮兵团和19个独立近卫火箭炮兵营。

从9月到11月，在斯摩棱斯克和莫斯科之间一系列混乱而常常孤注一

---

① 译注：第一个火力排有3门火箭炮，第二排和第三排各有2门。122毫米榴弹炮单独编成1个试射排。

掷的战斗中，方面军司令员和集团军司令员零敲碎打地使用手中的火箭炮，很大程度上没有发挥出它们应有的威力。因此，大本营 9 月和 10 月命令作战方面军组建近卫火箭炮部队作战组，以改善其战斗表现，1942 年 1 月 11 日又下令把该措施推广到全部作战集团军。[80] 然而，上述措施仍然不能解决问题。更糟糕的是，11 月和 12 月，国防人民委员部还解散了这 14 个团当中的 9 个，并组建 28 个两连制的独立近卫火箭炮兵营来代替这些团，进一步削弱近卫火箭炮兵的战斗力。[81] 因此，到这年年底，红军编成内总共还有 8 个近卫火箭炮兵团和 73 个独立近卫火箭炮兵营。

1942 年 1 月 10 日，大本营颁布著名的 1 月 10 日训令，严厉批评红军炮兵在莫斯科反攻期间的表现，要求作战方面军和集团军的司令员全都应在未来所有的进攻行动中集中己方炮火，实施"炮兵进攻"。四天之后的 1 月 14 日，国防人民委员部最终采取措施，更有效地集中使用近卫火箭炮兵。[82] 具体是新组建 20 个装备 BM–8 型和 BM–13 型的近卫火箭炮兵团，每个团有能力在单次齐射中发射 384 枚 M–13 式或 864 枚 M–8 式火箭弹。这种团编有 3 个营，每个营有 2 个火力连，全团共有 20 门火箭炮。[83] 另外，2 月 25 日，国防委员会命令国防人民委员部生产 1215 辆火箭炮，其中包括 405 辆 BM–8 型和 810 辆 BM–13 型，并在 3 月到 5 月之间再组建 50 个团；不久之后，又命令苏联武器设计师开始研制两种新式火箭弹，即 132 毫米的 M–20 式和 300 毫米的 M–30 式。[84]

这些措施使红军的近卫火箭炮兵团从 1942 年 1 月 1 日的 8 个增加到 7 月 1 日的 70 个；6 月 26 日支援作战方面军的近卫火箭炮兵团达到 57 个，是 1 月 1 日的十一倍。但在同一时期，独立营的个数从 74 个减少到 42 个，因为其中许多个营编入新的坦克军、机械化军和骑兵军。[85]

6 月 4 日，国防人民委员部又一次改编近卫火箭炮兵，使之能够在夏秋战局期间更有效地支援红军，把团直属的高射炮兵排扩编成装备 4 门 37 毫米高射炮的高射炮兵连，同时，新组建 20 个重型近卫火箭炮兵营，装备威力更大的 M–30 型 300 毫米火箭炮。这种重型近卫火箭炮兵营编有 1 个营部和 3 个火力连，全营共装备 32 门四联装的火箭炮。每枚新型 300 毫米火箭弹装有 64 磅炸药，而整个新型营可向 1.74 英里的射程单次齐射 384 枚火箭弹。[86] 到

7月1日，红军近卫火箭炮兵已有70个近卫火箭炮兵团和52个独立近卫火箭炮兵营，其中包括数个装备M-30型的营。

1942年夏季战局开始后，国防人民委员部7月又组建44个M-30型独立近卫火箭炮兵营，每个营编有2个火力连，每个连有24辆火箭炮，全营的48门火箭炮可以单次齐射288枚火箭弹。[87] 新的重型近卫火箭炮兵营也开始合并成重型近卫火箭炮兵团，每个团由4个重型近卫火箭炮兵营组成，9月1日以前共建成2个这样的团。10月1日，红军共有79个M-8型和M-13型近卫火箭炮兵团、77个M-30型独立近卫火箭炮兵营、36个M-8型或M-13型独立近卫火箭炮兵营，营的总数达到350个。[88]

继在"蓝色"行动期间的防御战斗中发挥有限作用之后，大本营1942年11月在勒热夫和斯大林格勒两地实施进攻时向近卫火箭炮兵分配更重要的任务。例如，大本营共向西方面军和加里宁方面军派遣108个近卫火箭炮兵营，其中包括47个M-30型的营，供"火星"行动使用；共向西南、顿河、斯大林格勒和外高加索方面军派遣130个营，其中包括20个M-30型的营，供"天王星"和"土星"行动使用。[89]

这两场进攻战役的前夕和期间，苏联多联装火箭炮系统产量的增长为组建近卫火箭炮兵的旅和师创造了条件。起初，近卫火箭炮部队指挥部和作战方面军下属的近卫火箭炮部队作战组在进攻战役开始前建成10个重型近卫火箭炮兵旅，每个旅编有5个M-30型重型近卫火箭炮兵团，但只有很少的后勤保障。

11月的进攻开始后，根据大本营的一道训令，国防人民委员部11月26日命令其下属的近卫火箭炮部队总局在1943年1月10日以前组建3个新的重型近卫火箭炮兵师，后来又组建另1个师，这4个师的番号是从第1到第4。这种师编有1个师部、2个三营制的M-30型重型近卫火箭炮兵旅、4个装备M-20型或M-13型火箭炮的M-13型近卫火箭炮兵团，以及1个射击指挥队。全师共有576具M-30型发射架和96门BM-13型火箭炮，可以单次齐射3840枚火箭弹，其中有2304枚M-30式和1536枚M-13式火箭弹，战斗部装药量合计230吨。[90] 与此同时，国防人民委员部还把M-30型重型近卫火箭炮兵旅的编制改成与这种师编成内的旅一样。[91]

　　1942 年 12 月以前，国防人民委员部共建成 11 个新的 M-30 型近卫火箭炮兵旅和 47 个新的 M-13 型近卫火箭炮兵团，并在 1943 年 1 月 1 日之前把近卫火箭炮兵的总实力增加到 4 个师、11 个旅、91 个独立团和 51 个近卫火箭炮兵营。这时，国防人民委员部还为近卫火箭炮兵研制出新型火箭炮——M-31 式。这种火箭炮的威力比 M-30 式更大，射程增至 4325 米，爆炸半径增至 7 到 8 米，从 1943 年年初开始投入大批量生产。[92]

　　1943 年，国防人民委员部继续努力增加近卫火箭炮兵的实力和数量。例如，1 月和 2 月，国防人民委员部又组建 3 个近卫火箭炮兵师，即第 5、第 6 和第 7 师。这些师比原来的师更强大，也更便于指挥，每个师编有 3 个 M-30 型或 M-31 型重型近卫火箭炮兵旅，每个旅有 4 个营，每个营有 4 个连，全师共有 864 具发射架。每个旅可以单次齐射 1152 枚火箭弹，而全师可以用 864 具发射架单次齐射毁灭性的 3456 枚火箭弹，虽比原来的师少 474 枚，但战斗部装药量合计 320 吨，比原来的师增加 90 吨。[93] 同时，国防人民委员部批准把坦克集团军、坦克军、机械化军和骑兵军建制内 M-13 型和 M-8 型近卫火箭炮兵团改编成统一的新编制，

　　1943 年 4 月 29 日，为了按照"炮兵进攻"的概念集中炮兵火力，国防委员会根据冬季战局的战斗经验把近卫火箭炮部队司令员和他管理的总局划归红军炮兵主任指挥，并安排近卫火箭炮部队司令员担任红军炮兵副主任。同样，每个作战方面军的近卫火箭炮部队主任也成为方面军炮兵副主任。[94]

　　1943 年下半年，国防人民委员部把许多个近卫火箭炮兵师编入突破炮兵军，但保留一些师作为独立师。例如，1943 年 7 月，最高统帅部预备队编成内的 7 个近卫火箭炮兵师中，有 4 个师编入突破炮兵军（第 2 师编入第 7 军，第 3 师编入第 2 军，第 5 师编入第 4 军，第 7 师编入第 5 军），而另外 3 个师（第 1、第 4 和第 6 师）仍然是独立师或者由大本营直接指挥。[95]

　　与此同时，近卫火箭炮兵的团和营仍然是最高统帅部预备队近卫火箭炮兵的基本组成部分。近卫火箭炮兵团编有 3 个近卫火箭炮兵营（每个营有 2 个连，每个连有 4 具发射架）和 1 个高射炮兵营，仍然是红军近卫火箭炮兵的基本组成部分。[96] 近卫火箭炮兵营则有两种，一种是原来的 M-8 型和 M-13 型轻型近卫火箭炮兵营，每个营有 8 具发射架，以及最低限度的防空和后勤

保障；另一种 M–30 型重型近卫火箭炮兵营编有 3 个连，每个连有 32 具四联装火箭发射架。[97]

1943 年 12 月 31 日，红军编成内共有 7 个近卫火箭炮兵师、13 个近卫火箭炮兵旅、108 个近卫火箭炮兵团和 6 个独立近卫火箭炮兵营。到这时，身处战地的大本营代表和方面军司令员在策划保障重大战役的"炮兵进攻"时，通常会把近卫火箭炮兵集中射击直接纳入进攻的射击计划表，特别是所有进攻行动开始前的炮火准备阶段。达成突破之后，发展胜利的坦克集团军、坦克军、机械化军和骑兵军编成内的近卫火箭炮兵，应在进攻全过程不间断地为快速发展胜利梯队提供炮火护送。

空军

战争开始时，红军空军（Voenno–vozdushnye sily，缩写为 VVS）主要由四个部分组成，分别是统帅部航空兵 [Aviatsiia Glavnogo komandovaniia，缩写为 AGK，又称远程轰炸航空兵（Dal'nebombardirovochnaia aviatsiia），缩写为 DBA]、方面军航空兵（Frontovaia aviatsiia，缩写为 FA）、集团军航空兵（Armeiskaia aviatsiia，缩写为 AA）和军队航空兵（Voiskovaia aviatstia，缩写为 VA），全部由国防人民委员部的红军空军总局（Glavnoe upravlenie Voenno–vozdushnykh sil Krasnoi Armii，缩写为 GUVVSKA）指挥。[98]远程轰炸航空兵主要由统帅部预备队编成内的战略轰炸机组成，而方面军航空兵、集团军航空兵和军队航空兵的飞机负责直接支援作战方面军、集团军和军。

红军空中力量的第五个组成部分是国土防空军航空兵，由国防人民委员部的红军国土防空总局（Glavnoe upravlenie protivovozdushnoi oborony strany Krasnoi Armii，缩写为 GUPVO Strany KA）指挥，负责国家的整体防空（见第十一章）。

远程轰炸航空兵

战争前夕，远程轰炸航空兵是红军空军的一个独立组成部分，其军队由统帅部预备队远程航空兵指挥部指挥，共有 5 个远程轰炸航空兵军（番号是第 1 到第 5 军）和 3 个独立远程轰炸航空兵师（第 18、第 26 和第 30 师）。

远程轰炸航空兵军编有 1 个军部、2 个轰炸航空兵师和 1 个歼击航空兵师，轰炸航空兵师编有 1 个师部和 2 个远程轰炸航空兵团，轰炸航空兵团编有 5 个轰炸航空兵大队（每个大队装备 3 架 TB-7 轰炸机）和 1 个用来掩护轰炸机的歼击航空兵大队（有 10 架 IaK-1 或 LaGG-3 歼击机）。每个轰炸航空兵团有 15 架 TB-7 轰炸机和 10 架歼击机，每个轰炸航空兵师有 30 架轰炸机和 20 架歼击机，每个轰炸航空兵军则有 60 架轰炸机和至少 40 架歼击机。[99]

1941 年 6 月，远程轰炸航空兵共有 13 个远程轰炸航空兵师（共编有 44 个远程轰炸航空兵团）和 5 个歼击航空兵师，但其中的 4 个歼击航空兵师尚未组建完毕。这时，远程轰炸航空兵把各远程轰炸航空兵军配置在战略位置最重要的军区，其中远程轰炸航空兵第 1 军驻扎在列宁格勒军区，第 2 军在哈尔科夫军区，第 3 军在西部特别军区，第 4 军在敖德萨军区，尚在组建中的第 5 军在远东方面军。独立远程轰炸航空兵第 18 师驻扎在基辅特别军区，第 26 师在外高加索军区，第 30 师在外贝加尔军区。

大本营虽然保留远程轰炸航空兵作为统帅部预备队，但是迫于战争初期不断恶化的战斗局面，不得不使用这些轰炸机直接支援红军作战方面军，而不是用它们来完成攻击敌人后方纵深目标的更重要任务。结果，远程轰炸航空兵在战争初期航程较近的交战中遭受严重损失，大本营也无法通过从苏联东部地区抽调飞机的方式弥补这种损失。

更糟糕的是，战争最初几个月的空中交战表明，红军空军全面暴露出结构臃肿和难以指挥控制的缺点，特别是在装备严重短缺和遭到德国空军重创的情况下。因此，大本营在 1941 年 8 月最艰难的战斗局面下改编空军整体的同时，也把远程轰炸航空兵军的个数从 5 个削减至 3 个。经过秋季的激烈战斗，到 1941 年 12 月 31 日，远程轰炸航空兵只剩下 135 架可用于作战的飞机。[100]

1942 年年初，国防委员会和大本营开始尝试解决空军和远程轰炸航空兵的指挥控制问题，并提高远程轰炸航空兵的远程轰炸能力。作为这个过程的第一步，国防委员会 1942 年 3 月 5 日下令远程轰炸航空兵改称"远程作战航空兵"（Aviatsiia dal'nego deistviia，缩写为 ADD），并将其划归大本营直接指挥，任务是攻击敌方战役战略目标。随着国防人民委员部列装更多新轰炸机，到 1942 年 12 月 31 日，远程作战航空兵的实力已增至 11 个远程作战航空兵师和 1 个远程作战航空兵团。[101] 最后，国防人民委员部 1943 年 4 月 30 日把 11 个独立远程作战航空兵师中的大部分整编成 8 个远程作战航空兵军，并把远程作战航空兵的实力增加到共 700 架作战飞机。[102]

作为上述改革的结果，到 1943 年 7 月 1 日，远程作战航空兵编成内共有 8 个两师制的远程作战航空兵军、18 个三团制的远程作战航空兵师（1944 年改为四团制），这些军和师下属的每个远程作战航空兵团有 32 架 Il–4 或 Pe–8 轰炸机，并由许多个外场勤务营、前方航空仓库和修理机构提供保障。

尽管远程作战航空兵具有潜在的战略重要性，但前线的激烈地面战斗还是迫使大本营动用远程作战航空兵的绝大多数飞机攻击战役目标和战术目标，而不是战略目标，特别是 1943 年第一季度期间。尽管从 1943 年 5 月开始，远程作战航空兵已经有能力以整个团、师和军的兵力攻击敌人后方纵深的战略目标，但这种战役和战术使用方式还是一直持续到这年年底。[103]

方面军航空兵、集团军航空兵和军队航空兵

战争开始时，红军空军的方面军航空兵、集团军航空兵和军队航空兵负责在平时和战时支援作战军队。方面军航空兵包括所有军区（其中包括将在战时改编成方面军的军区）编成内的每一个歼击、轰炸和混成航空兵师，混成航空兵旅，歼击、轰炸和混成航空兵团，以及侦察航空兵团。1941 年 6 月 22 日，方面军航空兵共有 58 个航空兵师（其中有 19 个歼击航空兵师、11 个轰炸航空兵师和 28 个混成航空兵师）、5 个混成航空兵旅、5 个航空兵团（其中有 2 个歼击航空兵团、1 个轰炸航空兵团和 2 个混成航空兵团）和 11 个侦察航空兵团。

国防人民委员部从 1941 年夏初开始组建的集团军航空兵，由列宁格勒军区各集团军编成内的 3 个混成航空兵师组成。因此，6 月 22 日，方面军航空兵和集团军航空兵共有 61 个不同类型的航空兵师、5 个航空兵旅和 16 个不同类型的航空兵团。作为红军空军第四个组成部分的军队航空兵，6 月 22 日仍处于初创阶段。虽然按计划应当有 95 个独立校射侦察航空兵大队用于支援步兵军、机械化军和骑兵军，但是只有极少几个大队在 6 月 22 日之前组建完毕。

方面军航空兵和集团军航空兵编成内的航空兵师是红军空军的基本战术兵团，由 4 到 5 个航空兵团组成，共有 240 至 300 架轰炸机、强击机、歼击机和侦察机。轰炸、强击、歼击和侦察航空兵团编有 4 到 5 个航空兵大队，每个大队有 12 至 15 架飞机，再加上 1 至 3 架指挥飞机，全团共有 61 至 63 架飞机。混成航空兵团编有 2 个轰炸航空兵大队和 1—2 个歼击航空兵大队，共有 25 架轰炸机和最多 31 架歼击机。用于支援步兵军、机械化军和骑兵军的独立航空兵大队有 10 架侦察机和 6 架通信联络机。[104]

因此，6 月 22 日的红军空军总共有 79 个航空兵师（其中 5 个尚在组建）和 5 个航空兵旅。师属或独立的各种类型航空兵团共有 355 个，共 20662 架飞机，其中有 15559 架作战飞机，大部分都是过时的型号。国防人民委员部评定其中有 218 个团已做好充分战斗准备，另外 50 个团虽已配齐飞机和装备，但仍在接受训练，其余团的飞机、装备和人员实有数量与编制相差甚远。[105]

战争初期红军空军遭受的严重战斗损失和装备持续短缺，促使国防委员会在 7 月中旬把航空兵团的编制缩减到 3 个航空兵大队，每个大队有 10 架飞机，再加上 2 架指挥飞机，每个团共有 32 架飞机；8 月又把红军空军的航空兵师从 79 个（其中 74 个已完全建成）减少到 69 个。8 月 20 日，随着空军在夏季后期开始接收数量有限的新式 Il–2、Pe–2 和 IaK–1 飞机，国防人民委员部把装备这些新式飞机的航空兵团缩减到编有 2 个航空兵大队，每个大队有 9 架飞机，再加上 2 架指挥飞机，全团共有 20 架飞机。[106]

这年夏末和秋季，由于严重缺少训练有素的飞行员和空勤组，国防人民委员部不得不在某些新组建的团中编入女军人。例如，10 月 8 日，组建分别装备 Il–2 歼击机、Su–2 轰炸机和 U–2 轰炸机的歼击航空兵第 586 团、近程轰炸航空兵第 587 团和夜间轰炸航空兵第 588 团时，国防人民委员部下令："红军空军司令员负责组建上述航空兵团，并从空军、红军、民用航空队、国防及航空化学建设促进会（OSOAVIAKhIM）的女干部当中选拔飞行员和飞行技术人员。"[107]

另外，国防人民委员部在试验性地组建分别采用两团制、三团制和四团制的航空兵第 81、第 82、第 87、第 90、第 103 和第 110 师之后，又在夏季后期把每个师都改编成两团制，并从 9 月 28 日开始组建 15 个强击航空兵师，作为红军空军编成内现有歼击航空兵师和轰炸航空兵师的补充。10 月建成的这批强击航空兵师都在现有强击航空兵团的基础上组建，每个师编有 1 个装备 Il-2 强击机的强击航空兵团和 2 个装备 MiG-3、IaK-1 或 LaGG-3 歼击机的歼击航空兵团，其中许多歼击机都可以携带航空火箭弹。[108] 最后，鉴于指挥控制仍然比较困难，国防人民委员部 1942 年 1 月和 2 月解散方面军和集团军编成内的全部航空兵师，其下属各团改由方面军空军直接指挥。[109]

这些改革措施确实能解决一些问题，但又制造出一些新问题，其中最糟糕的是全面分散航空资源，导致作战方面军无法沿决定性方向集中空中力量，尤其是进攻的时候。大本营只能随机应变，采取各种临时措施来解决这些问题。例如，鉴于战争最初几个月的严重损失导致备用飞机极度短缺，1941 年 8 月，大本营命令国防人民委员部和空军组建 6 个预备航空兵群（RAG）用于支援作战军队。预备航空兵群的规模类似于得到加强的航空兵师，每个群编有 5 至 8 个不同类型的航空兵团，有 80 至 100 架飞机。后来在 11 月的莫斯科防御期间，大本营成立 1 个由红军空军司令员领导的特别航空兵战役集群，负责协调西方面军、加里宁方面军、莫斯科防区和该战役集群直接指挥的预备航空兵群，共同实施空中战役。

因为上述航空兵群和战役集群没有充分发挥作用，所以国防人民委员部 1942 年 1 月 14 日在作战方面军的集团军编成内建立特别航空兵群，另外，还使用民用航空队的飞机在莫斯科建立 1 个由大本营直接指挥的特种航空兵群。[110] 这些集中指挥空军和民用航空队飞机的临时措施虽然没有充分发挥作用，但是都成为后来 1942 年改编空军时效仿的对象。

1941 年和 1942 年苏联飞机产量的持续增长，有利于扩大空军编制的一系列努力。例如，飞机产量从 1941 年 12 月的 693 架先后增加到 1942 年 1 月的 976 架、2 月的 822 架、3 月的 1532 架和 4 月的 1432 架，实际用于支援红军作战军队的飞机数量从 1941 年 12 月的 2495 架，增加到 1942 年 5 月的 3164 架。到这时，包括 LaGG-3、IaK-1、IaK-76、Tu-2 和 IaK-9 在内的新式现代化飞机，已经占红军前线航空兵实力的 50%。[111]

1942 年年初，国防人民委员部运用临时编组的航空兵战役集群和预备航空兵群的经验，并借助飞机产量增长，组建规模更大、战斗力更强的航空兵兵团。例如，从1942年3月到5月上旬，共组建10个混编的突击航空兵群（udarnye aviatsionnye gruppy，缩写为UAG），每个群编有2至8个航空兵团，编入最高统帅部预备队，用来在1942年5月中旬红军实施进攻期间加强方面军航空兵。[112]

1942年5月5日，航空兵战役集群、预备航空兵群和突击航空兵群的验证工作趋于结束，根据空军司令员（1942年4月27日起兼任副国防人民委员）A. A. 诺维科夫中将的建议，大本营命令国防人民委员部使用方面军航空兵和集团军航空兵的现有力量组建新型空军集团军，代替各种各样的航空兵战役集群、预备航空兵群和试验性的突击航空兵群。

国防人民委员部组建的第一个空军集团军是西方面军的空军第1集团军，编有歼击航空兵第201师和第202师、混成航空兵第203师和第204师、独立教导航空兵第3团、1个远程作战航空兵大队（2个航空兵中队，共6架飞机），1个通信航空兵大队（有10架U–2飞机）、1个夜间轰炸航空兵大队（有20架U–2飞机）。空军第1集团军的每个歼击航空兵师编有4个歼击航空兵团，每个混成航空兵师编有2个歼击航空兵团、2个强击航空兵团和1个轰炸航空兵团。[113] 最后，1942年11月前新组建的17个空军集团军都编有2至3个歼击航空兵师、1至2个轰炸航空兵师和1个强击航空兵师，并由各种独立航空兵部队提供支援，平均每个集团军有400架不同类型的飞机（见表8.6）。[114]

另外，国防人民委员部从1942年7月1日开始组建2个歼击航空兵集团军和1个轰炸航空兵集团军，各编有3至5个航空兵师、200至300架飞机，但最终只建成1个，即基地位于叶列茨的歼击航空兵第1集团军。"蓝色"行动期间，大本营7月上旬使用这个仓促组建的集团军支援新的坦克第5集团军在沃罗涅日附近实施反突击。因为这个空军集团军首次参战即表现出结构臃肿，难以机动和指挥的缺陷，经过几个星期的激烈战斗便已损失其213架飞机中的142架，所以大本营在7月下旬将其解散，并把剩余飞机编入其他空军集团军。[115]

组建新型空军集团军的同时，国防人民委员部还开始组建单一机种组成的轰炸航空兵师、强击航空兵师和歼击航空兵师，每个师都采用两团制（1944年夏季增加第三个团）。由于只有一个机种，这些师的组建、使用、保养和供应都比较容易。航空兵团的编制在 1942 年秋季固定成 32 架飞机之后，歼击航空兵团和强击航空兵团就可以在一个航空兵中队中使用四机编队，即两个双机小队飞行。[116]

国防人民委员部在 1942 年 8 月 26 日迈出改编空军的最后一步，开始把航空兵师合编成航空兵军，每个军编有 2 至 3 个航空兵师，共有 120 至 270 架作战飞机，作为空军集团军与其下属各师之间至关重要的中间指挥环节。最初组建的军当中，既有单一机种的歼击航空兵军、强击航空兵军和轰炸航空兵军，又有混成航空兵军，但后来国防人民委员部主要通过为其列装新式飞机的方式，把混成航空兵军改编成单一机种的军。1941 年 12 月 31 日以前，国防人民委员部共建成 13 个航空兵军，其中有 4 个歼击航空兵军、3 个强击航空兵军、3 个轰炸航空兵军和 3 个混成航空兵军；其中有 9 个军编入作战方面军，包括 2 个歼击航空兵军、2 个强击航空兵军、2 个轰炸航空兵军和 3 个混成航空兵军。

1941 年 9 月 6 日苏联接受《租借法案》之后，西方盟国按照该法案向苏联提供的飞机数量逐渐增长，有利于国防人民委员部 1941 年和 1942 年完成对空军的改革。运往苏联的飞机在 1941 年后期还为数不多，到 1942 年后期和 1943 年已达相当大的规模。这些飞机大多通过波斯走廊或阿拉斯加运送，其中有道格拉斯运输机、波音 B–25 轰炸机、A–20 "波士顿" 轰炸机、P–40E "小鹰" 歼击机和 P–39 "空中眼镜蛇" 歼击机。到最后，根据《租借法案》运送到苏联的飞机约有 1.4 万架，大致相当于苏联在战争期间约 10 万架飞机总产量的 11%。[117][①]

到 1943 年年中，红军空军的集团军航空兵和军队航空兵均已合并到方面军航空兵当中，其中的轰炸、歼击、强击（对地攻击）、混成和侦察航空兵也整合成空军集团军及其编成内的航空兵军、师和团，用于支援作战军队。空军集团军通常在每个方面军中各有一个，其编成内有 2 至 3 个歼击航空兵师、1 至 2 个轰炸航空兵师或夜间轰炸航空兵师、1 个强击航空兵师，以及各种独立歼击、强击、轰炸、轻型轰炸、混成、运输和侦察航空兵团，多数

---

① 译注：原文如此，用10万架无法算出11%，注释130给出的详细数字是125655架。

情况下还有 1 个校射航空兵大队。[118]

　　虽然空军集团军的实际编成各不相同，但是随着时间推移，其实力普遍越来越强大，与苏联日益提高的飞机产量和新组建航空兵军的个数成正比。例如，从 1943 年 2 月 1 日到 7 月 1 日，红军编有航空兵军的空军集团军从 6 个增加到 8 个，航空兵军的总数从 13 个增加到 22 个；与此同时，红军全部 17 个空军集团军的平均飞机数量也从 400 架增加到 500 架。在得到大本营预备队航空兵兵团加强的情况下，7 月 1 日飞机数量最多的空军集团军可达 1000 架飞机。[119]

　　空军集团军编成内的轰炸、歼击和强击航空兵军，通常编有 1 个军部和 2 个航空兵师，共有 132 架作战飞机；混成航空兵军编有 2 至 3 个混成航空兵师，共有 132 至 198 架飞机。这些军下属的轰炸、轻型轰炸、歼击和强击航空兵师，编有 1 个师部和 2 个航空兵团，共有 66 架作战飞机。混成航空兵师的编制稍大，有 1 个师部、2 个歼击航空兵团（每个团有 20 架 IaK-1 歼击机）、1 至 2 个强击航空兵团（每个团有 20 架 I-15 飞机，如果是近卫团则有 32 架 Il-2 强击机）、1 至 2 个轰炸航空兵团（每个团有 20 架 SB 和 Su-2 轰炸机，如果是近卫团则有 32 架 Pe-2 轰炸机），全师共有 80 至 144 架飞机。

　　位于最低指挥级别的航空兵团是整个空军结构的基本组成部分。轰炸、强击和歼击航空兵团编有 1 个有 2 架指挥飞机的团部和 3 个航空兵大队，每个大队有 10 架飞机，全团共有 32 架飞机。普通轰炸航空兵大队装备的飞机是 SB、Su-2 或 Pe-2 轰炸机，夜间轰炸航空兵大队装备 SB、Il-4、R-5 或 Po-2（U-2）轰炸机，歼击航空兵大队装备 IaK-1、IaK-7 或 La-5 歼击机，强击航空兵团装备 Il-2 "斯图莫维克" 强击机。混成航空兵团编有 1 个团部、2 至 3 个航空兵大队，共有 24 至 32 架各种类型的飞机；侦察航空兵团下设 3 个大队，每个大队有 12 架侦察机。

　　到 1943 年年中，新型飞机和无线电台的生产和列装已经大幅度改善红军空中力量的面貌和战斗力。例如，新式飞机的平均月产量从 1942 年的 2100 架增加到 1943 年的 2900 架，使空军有条件淘汰大多数旧式飞机。到这时，大多数歼击航空兵团已换装新式 La-5fn 和 IaK-9 歼击机的几种改进型，强击航空兵团已全部装备 Il-2 "斯图莫维克"，主要是双座型；除夜间轰炸航空兵团之外，轰炸航空兵团也已全部装备 Pe-2 轰炸机。[120] 因此，到 7 月中旬，只剩下夜间轰炸航空兵团还在很大程度上使用过时的飞机。[121]

更重要的是，从 1942 年秋季开始，随着国防人民委员部研制和列装新型无线电台，空中—地面通信和航空兵部队的内部通信得到明显改善。例如，1942 年 10 月，国防委员会下令空军的半数歼击机应配备无线电台。后来到 1943 年年底，空军的每一架作战飞机都已配备无线电台。更重要的是，随着空中—地面无线电站的数量从 1942 年的 180 个增加到 1943 年的 420 个，空中—地面通信同样得到改善，到这时，几乎每一个方面军、集团军和许多个快速军基本上都能与支援它们的航空兵不间断地保持无线电联系。[122]

红军空军内部发生的这一系列质变无疑使其更有能力抗衡德国空军，但最终注定德国空军末日的因素是红军空军的量变。例如，战争的前 18 个月里，红军空军的编制从 5 个航空兵军、74 个师、5 个旅和 16 个团，大幅度扩充到 10 个空军集团军、2 个航空兵群、10 个军、107 个师和 235 个独立团。这样的扩充使红军空军能够经受住国防军 1941 年和 1942 年两个夏季的猛烈攻击，1942 年 11 月又有效地支援红军成功发起决定性反攻。总之，虽然德国空军在战争最初几天内成功夺取制空权，并在战争的前 18 个月里长期保持相对于红军空军的空中优势，但是在 1942 年 11 月之前已缓慢而不可阻挡地失去这个优势，而到 1943 年夏季又要应付对手掌握的制空权。

虽然盟军对德国本土的空中攻击猛烈而残酷，也越来越有破坏性，的确有利于削弱德国空军在其东线的制空权，但是只有像传说中的不死鸟一样，从 1941 年的灰烬中重新崛起的红军空军，才是最终在苏德战场上征服德国空军的根本力量。

火炮和飞机

火炮

红军把炮兵分成地面炮兵、反坦克炮兵、高射炮兵、火箭炮兵和自行炮兵几大类。因其在战场上的统治地位，红军炮兵当之无愧地被公认是"战争之王"，其数量、复杂程度和战斗力在战争的前两年里都有明显增长（红军地面炮兵、反坦克炮兵、自行炮兵、高射炮兵、火箭炮兵和迫击炮兵使用的火炮系统性能诸元，见《＜巨人重生＞资料篇》的附录四）。

地面炮兵的装备包括团、师、军、集团军、方面军、最高统帅部预备队各兵团和部队使用的全部迫击炮、加农炮、榴弹炮和加农榴弹炮。迫击炮虽射程相对较短，但由于成本低廉而易于大批量生产，并在实战中证明是最有效、后来也最常见的步兵支援兵器。战争开始时，红军的连级分队装备37毫米和50毫米迫击炮，营级分队装备82毫米迫击炮，团级及以上的部队和兵团装备107毫米和120毫米迫击炮。

战争开始时，1940年式37毫米和50毫米迫击炮在红军武器总数中占相当大的比例，但在1941年的实战中证明威力太小，不能有效支援步兵。于是，国防人民委员部在1942年淘汰这两种迫击炮中的大多数，但还保留一些用于装备轻骑兵、空降兵和游击队。另一方面，1941年和1942年年初的实战表明，82毫米、107毫米和120毫米迫击炮是非常有效的炮兵武器。因此，国防人民委员部1941年和1943年两度现代化改进1937年式82毫米迫击炮，将其作为营属的制式迫击炮，而较重型的1937年式107毫米和120毫米作为团属的制式迫击炮。这类武器中最常见的120毫米迫击炮，也成为最高统帅部预备队迫击炮兵旅的制式武器。最后，国防人民委员部1944年1月又为步兵军及其以上的军团列装MT-13型1943年式160毫米后装迫击炮。

战争的前两年里，步兵团属制式火炮是短身管的1927年式76毫米加农炮，国防人民委员部1936年和1939年两度对其进行现代化改造，后来还列装过几个改进型号。1943年，国防人民委员部为这种武器安装与45毫米反坦克炮相同的大架和框架，组成机动性更强的1943年式76毫米团属火炮。

步兵师属制式火炮是各种型号的76毫米加农炮、122毫米和152毫米榴弹炮。1942年2月，国防人民委员部用新的、重量更轻的ZIS-3型1942年式76毫米加农炮，代替1927式76毫米加农炮，尽管前者的射程比后者有所减少，可是威力更大并能用于反坦克作战。国防人民委员部在战争前夕列装的M-30型1938年式122毫米榴弹炮，一直是师属火炮的主要型号。另外，国防人民委员部还列装过M-10型1938年式152毫米榴弹炮，鉴于实践证明其生产成本太高，重量过大并难以操作，遂在1943年将其替换成D-1型1943年式152毫米榴弹炮，后者使用与M-30型相同的炮架。而在步兵军一级，除了执行反炮兵连任务的 D–1 型 1943 年式 152 毫米榴弹炮之外，国防人民委员部还列装 A–19 型 1931 年式 122 毫米军属加农炮和 ML–20 型 1937 年式 152 毫米加农榴弹炮。

最高统帅部预备队地面炮兵的装备包括从 76 毫米到 280 毫米不同口径的各种武器。除了上述型号之外，国防人民委员部还列装五个型号的大口径武器，其中包括大威力炮兵部队的 B–4 型 1931 年式 203 毫米榴弹炮、重型炮兵部队的 BR–2 型 1935 年式 152 毫米加农炮、特别威力炮兵部队的 BR–17 型 1939 年式 210 毫米加农炮和 BR–5 型 1939 年式 280 毫米迫击炮，这四个型号安装在相似的履带式炮架上；最后一个型号是特别铁道炮兵部队和海岸炮兵部队装备的 BR–18 型 1939 年式 305 毫米榴弹炮。

战争开始时，红军反坦克炮兵的制式武器是 1937 年式 45 毫米反坦克炮，是德国 PaK 36 式 37 毫米反坦克炮的衍生型号，苏联工业得到德国授权并于 1931 年将其投产。这种火炮重量较轻，生产成本低廉，起初在实战中证明是非常理想的步兵支援兵器，也足以摧毁早期的德国坦克。但到 1942 年抗击装甲较厚的德国新式坦克时就远没有那么有效，因此，红军各部队只能主要使用这种火炮支援步兵，而不是同坦克交战。经过广泛试验 57 毫米、85 毫米和 107 毫米反坦克炮之后，国防人民委员部 1942 年 4 月改装现有的 45 毫米反坦克炮，为其配发新式炮弹，并命名这种新式武器是 1942 年式 45 毫米反坦克炮。经过 1943 年的进一步现代化改进，这种火炮在战争后续阶段仍然是红军的主要反坦克武器。

为了更有效地应对德国坦克的严重威胁，国防人民委员部还为 76 毫米师属火炮和 122 毫米加农炮配发反坦克炮弹，用于同坦克交战。而到库尔斯克会战结束之后，85 毫米高射炮也采用与著名的德国 88 毫米高射炮相同的方式进行改装，用于对坦克防御。[123]

战争开始后的相当长一段时间内，红军严重缺少高射炮，特别是在团和营两级。由于缺少有效的防空手段，红军各部在抗击德国飞机时只能简单拼凑一些步枪和机枪，或者使用像托卡列夫 1931 年式 7.62 毫米机枪这样的简易武器系统，后者是把四联装 1910 年式马克沁机枪安装在诸如卡车之类的代用移动平台上。然而，这种武器系统受到自身重量的限制，只能用于静态防御。

师属的小口径高射炮（MZA）包括源自瑞典博福斯高射炮的 61–K 型

1939 年式 37 毫米高射炮和重量较轻的 72-K 型 1940 年式 25 毫米高射炮，国防人民委员部主要把后者分配到国土防空军，偶尔也会装备诸兵种合成集团军编成内的部队，用来代替 37 毫米高射炮。中口径高射炮（SZA）包括 1931 年式和 1938 年式 76 毫米高射炮、KS-12 型 1939 年式 85 毫米高射炮，国防人民委员部把 76 毫米炮分配到负责高空防御的国土防空部队，并按照每个师 4 门炮分配到步兵师，而 85 毫米炮主要装备国土防空军，但在库尔斯克会战开始之前也配发给红军的反坦克部队。[124] 除了上述型号之外，苏联还按照《租借法案》接收大量英国和美国的高射炮，其中有 5511 门英国生产的博福斯高射炮和 251 门美国的 90 毫米高射炮。

这场战争中红军使用的最不寻常、最引人注目，也最著名的炮兵武器是多联装火箭发射系统（MRLs）。这种武器的正式名称是"近卫迫击炮"，而红军战士因它们在齐射时发出的尖啸声，按照当时的一首流行歌曲把这种可怕的武器命名为"喀秋莎"。[①] 战争开始之前，国防人民委员部已秘密研制出第一种火箭炮，1941 年 7 月列装部队，这种 BM-13-16 型火箭炮使用安装在 ZIS-6 卡车上的导轨，发射 16 枚 M-13 式 132 毫米火箭弹；不久之后，又列装 BM-8-36 型火箭炮，使用安装在同型卡车上的导轨发射 36 枚 M-8 式 82 毫米火箭弹。经过在各种各样的卡车底盘上安装这些火箭炮之后，到 1943 年年中，国防人民委员部已改用租借卡车安装火箭炮，主要是美制的"史蒂倍克"卡车。BM-13-16 和 BM-8-36 这两种武器以及另外一种远射程改型的 BM-13，能够打击 6—12 公里射程内的目标。

国防人民委员部在战争期间不断改进火箭炮和火箭弹战斗部。例如，1942 年后期列装的 M-30 式重型火箭弹可以用类似德国"烟雾发生器"（Nebelwerfer）工程火箭—迫击炮的方式，从安装木质发射架的牵引式运输工具上发射。这种火箭弹把 M-13 的火箭发动机和加大的 300 毫米战斗部结合在一起，能够打击 2.8 公里射程内的目标。后来，国防人民委员部又列装 BM-31-12 型火箭炮，这是把 12 个发射单元的 M-31 式 300 毫米火箭弹集成

---

① 译注：这种解释未免有些牵强。一般认为，出于保密原因，火箭炮上没有标识名称，只在发射架上标有字母"K"，代表以共产国际命名的沃罗涅日工厂。因此，这个字母开头的人名昵称就流传成为武器的绰号。

在一起，能够从发射架或发射车上发射，射程为 4.3 公里。[125] 多联装火箭炮作为一种制造成本低廉而性能优越到令对手感到恐怖的武器，能够发射毁灭性的区域火力，但攻击点状目标时的精度要差得多。

鉴于战斗经验表明，步兵和坦克在攻防战斗中需要更有机动性和灵活性的直接炮火保障，国防人民委员部从 1942 年后期开始列装自行火炮（samokhodno-artilleriiskie ustanovlci，缩写为 SAU 或 SU）。这些自行式直射火力的火炮是模仿德国著名而高效的三号突击炮（StuG III Sturmgeschutz），并最终划归装甲坦克兵管理[①]。与坦克相比，自行火炮的装甲重量更轻，但火力更猛，生产成本也低得多。经过早期在轻型装甲拖拉机上安装 ZIS-30 型 1938 年式 57 毫米火炮的试验失败，国防人民委员部最终从 1942 年后期开始列装能达到预期效果的自行火炮。[126]

1942 年 10 月 19 日，国防委员会命令国防人民委员部组建装备 37 毫米和 76 毫米炮的轻型自行火炮团、装备 122 毫米炮的中型自行火炮团。第一批也最常见的轻型自行火炮是 SU-76M，重量为 10.5 吨，是用顶部敞开式的轻型装甲战斗室把一门 ZIS-3 型 76 毫米师属火炮安装在 T-70 轻型坦克底盘的后部，但因为不受乘员组欢迎而得到"荡妇"（Suka）[②] 的绰号。[127] 这种自行火炮的主要任务是伴随步兵，并向其提供直接的炮火保障。

1943 年年初，国防人民委员部定型和列装的中型自行火炮是 SU-122，重量为 30.3 吨，是把一门 M-30 型 122 毫米榴弹炮安装在 T-34 坦克底盘上。SU-122 采用封闭式战斗室，但国防人民委员部并未大批量生产这种自行火炮，而是在这一年晚些时候列装重量更大的 45.5 吨型号，采用 KV-1S 重型坦克的底盘安装 122 毫米榴弹炮。最后，到 1943 年年中，国防人民委员部还列装 45.5 吨的 SU-152 重型自行火炮，是把庞大的 152 毫米榴弹炮安装在 KV-1S 重型坦克底盘上。这种武器因为巨大的威力和杀伤力，成为红军炮兵武器库中最受欢迎的自行火炮。库尔斯克会战期间，这种武器赢得了"猎兽人"（Zverboi）的绰号，

---

① 译注：德国的 "assault gun" 按惯例译成 "突击炮"，按苏联用语应译作 "强击火炮"。

② 俄译注：这种车辆的俗称其实是 "сушкой"（烘干机），作者引用的传统英语译名来自转译过程中以讹传讹，并能满足西方历史学者的猎奇心理。从严格意义上讲，SU-76M 并不是强击武器，也就是说，并不准备让它直接加入步兵的战斗队形并直接攻击敌防御阵地，因为其装甲防御过于薄弱。

因为它们是当时唯一有能力摧毁德国"豹"式和"虎"式坦克的自行火炮。[128]

最后，随着德国新式坦克的火力不断增强，国防人民委员部又在 1943 年后期列装 29.6 吨重的 SU–85 中型自行火炮，由安装在 T–34 坦克底盘上的 85 毫米炮组成，1944 年年初又列装 31.6 吨重的 SU–100 中型自行火炮，是把 100 毫米炮同样安装在 T–34 坦克底盘上。除了掩护步兵和摧毁地堡，这些武器主要作为反坦克歼击车使用。[129]

飞机

尽管国防人民委员部从战争前夕开始生产和列装新一代现代化作战飞机，包括 IaK–1、LaGG–2 和 MiG–3 歼击机，Pe–2 和 Pe–8 轰炸机，Il–2 强击机，其中大多数在技术上优于其德国对手，但到 1941 年 6 月 22 日，红军空军飞机总数的 80% 还是过时的旧式飞机。正如红军汽车装甲坦克兵的情况一样，国防军在"巴巴罗萨"行动期间迅猛而极具破坏性的推进，重创红军空军，并严重干扰苏联的飞机生产。

然而，到 1942 年年初，国防委员会和国防人民委员部通过付出巨大努力，已能扭转上述局面，苏联的飞机产量直线上升。后来，苏联工业在 1942 年共生产出 25436 架各种型号的新式飞机，1943 年又生产出 34884 架（红军空军和租借飞机的性能见《＜巨人重生＞资料篇》的附录四）。[130] 另外，同盟国的《租借法案》也为红军空军的战时成就做出相当大贡献。例如，从 1941 年 6 月 22 日到 1945 年 9 月 20 日，《租借法案》共向苏联提供 14589 架飞机，大约相当于苏联战时飞机总产量的 11%。[①]

到 1943 年年初，苏联工业和《租借法案》已为红军空军生产和列装足够数量的高性能作战飞机，至少能够保持空中均势，有时还能在具体战斗行动中夺取空中优势。随着飞机产量进一步增长，到 1943 年夏季，红军空军已能在大多数进攻战役中夺取并保持全面空中优势。

---

① 俄译注：根据 W. 杰克逊的著作，共有 15661 架飞机按照《租借法案》从美国运往苏联，其中包括 10696 架单引擎歼击机。但到 1945 年 5 月，供应量略有下降。另外，根据国防人民委员部 1944 年 4 月 30 日所做的总结，1943 年底以前，美国共交付 8872 架飞机，英国交付 3384 架飞机。因此，这意味着苏联在本作品所述时间段内获得的租借飞机数量，实际占整场战争期间获得总数的大约三分之一。

数据表

表 8.1 统帅部预备队炮兵团和独立炮兵营的数量和编制实力，1941 年 6 月 22 日

	数量（个）	人数（人）	拖拉机（台）	卡车（辆）	武器
加农炮兵团	13	2565	112	308	48门122毫米加农炮
重型加农炮兵团	1	2598	104	287	24门152毫米加农榴弹炮
榴弹炮兵团	29	2318	108	202	48门152毫米榴弹炮
大威力榴弹炮兵团	31	2304	112	252	24门203毫米榴弹炮
特别威力榴弹炮兵团	1	2304	112	252	24门305毫米榴弹炮
特别威力炮兵营	11	740—912	0—95	32—86	210毫米加农炮、203毫米或305毫米榴弹炮

资料来源：A. G. 连斯基，《战前年代的工农红军陆军：手册》，第 52 页；史蒂文·J. 扎洛加、利兰·S. 内丝，《1939—1945 年红军手册》，第 134—136 页；《苏军的作战编成，第一部（1941 年 6 月—12 月）》，第 7—14 页。

表 8.2 1941 年组建最高统帅部预备队预备队反坦克炮兵团的数量和地点

方面军或军区	第08/55号编制表	第08/56号编制表	第08/70号编制表	第04/133号编制表	合计
莫斯科军区	1	11	32	7	51
基辅特别军区	0	0	0	8	8
奥廖尔军区	0	1	4	3	8
列宁格勒军区	0	1	0	0	1
西南方面军	0	0	0	1	1
南方面军	0	0	0	1	1
哈尔科夫军区	0	1	0	0	1
北高加索军区	0	1	0	0	1
组建月份					
6月	0	0	0	5	5
7月	0	14	0	15	29
8月	0	1	8	0	9
9月	0	0	4	0	4
10月	1	0	24	0	25
合计	1	15	36	20	72

资料来源：A. N. 扬钦斯基，《伟大卫国战争中最高统帅部预备队反坦克歼击炮兵的战斗使用》，第 13 页。

表 8.3 最高统帅部预备队反坦克歼击炮兵团的数量和分布（按战略方向和类型），1942 年 11 月 15 日

方面军或集团军	编制表（单位：个）						
	第08/107号（五连制）	第08/107号（六连制）	第08/135号（重型）	第08/100号	第08/166号（就地组建）	第08/84号（就地组建）	合计
西部方向							
西方面军	9	15	0	1	0	0	25
加里宁方面军	14	5	0	4	0	0	23
莫斯科防区	3	0	0	0	0	0	3
小计	26	20	0	5	0	0	51
斯大林格勒方向							
西南方面军	7	6	0	10	0	0	23
顿河方面军	0	6	0	2	0	0	8
斯大林格勒方面军	12	0	0	7	0	0	19
小计	19	12	0	19	0	0	50
沃罗涅日—库尔斯克方向							
布良斯克方面军	4	4	0	3	0	0	11
沃罗涅日方面军	6	7	0	2	0	0	15
小计	10	11	0	5	0	0	26
高加索方向							
外高加索方面军	10	0	0	12	2	0	24
小计	10	0	0	12	2	0	24
列宁格勒方向							
列宁格勒方面军	2	0	0	0	0	11	13
沃尔霍夫方面军	1	3	0	0	0	0	4
西北方面军	7	0	0	0	0	0	7
小计	10	3	0	0	0	0	24
卡累利阿方向							
卡累利阿方面军	4	0	0	0	0	0	44
独立第7集团军	2	0	0	0	0	0	2
小计	6	0	0	0	0	0	6

大本营预备队

高尔基炮兵训练中心	0	24	0	4	0	0	28
莫斯科炮兵训练中心	0	6	3	18	0	0	27
斯大林格勒炮兵训练中心	0	3	0	0	0	0	3
莫斯科军区	0	0	0	1	0	0	1
伏尔加河沿岸军区	0	0	0	1	0	0	1
小计	0	33	3	24	0	0	60
合计	81	79	3	65	2	11	241

资料来源：A. N. 扬钦斯基，《伟大卫国战争中最高统帅部预备队反坦克歼击炮兵的战斗使用》，第 27 页。

表 8.4 最高统帅部预备队反坦克歼击炮兵团的分布（按战略方向和类型），1943 年 1 月 1 日

方面军、集团军或军区	编制表（单位：个）					
	第08/84号编制表	第08/107编制表（五连制）	第08/107编制表（六连制）	第08/100编制表	第08/166编制表	合计
西部方向						
加里宁方面军	0	14	5	5	0	24
西方面军	0	10	8	2	0	20
莫斯科防区	3	3	0	2	0	8
小计	3	27	13	9	0	32
斯大林格勒方向						
西南方面军	0	5	0	9	0	14
顿河方面军	0	10	0	5	0	15
南方面军	0	5	0	7	0	12
小计	0	20	0	21	0	41
高加索方向						
外高加索方面军	0	10	0	12	2	24
小计	0	10	0	12	2	24
沃罗涅日—库尔斯克方向						
布良斯克方面军	0	3	1	4	0	8
沃罗涅日方面军	0	6	1	2	0	9

小计	0	9	2	6	0	17
西北方向						
列宁格勒方面军	11	1	0	0	0	12
沃尔霍夫方面军	0	1	0	0	0	1
西北方面军	0	1	0	0	0	1
小计	11	3	0	0	0	14
卡累利阿方向						
卡累利阿方面军	0	4	0	0	0	4
独立第7集团军	0	2	0	0	0	2
小计	0	6	0	0	0	6
远东	0	1	0	0	0	1
小计	0	1	0	0	0	1
大本营预备队						
莫斯科炮兵训练中心	0	0	0	12	0	12
高尔基炮兵训练中心	0	0	0	4	0	4
小计	0	0	0	16	0	6
合计	14	76	5	64	2	171

资料来源：A. N. 扬钦斯基，《伟大卫国战争中最高统帅部预备队反坦克歼击炮兵的战斗使用》，第51—52页。

表8.5 最高统帅部预备队反坦克歼击炮兵旅、独立反坦克歼击炮兵团和营的分布（按战略方向和类型），1943年12月31日

方面军、集团军或军区	编制表编号（单位：个）								合计		
	旅 08/530	旅 08/595*	团 08/547	团 08/586	团 08/548	团 08/549	团 08/868	营 08/585	旅	团	营
西北方向											
列宁格勒方面军	0	0	0	1	0	9	2	0	0	12	0
波罗的海沿岸第2方面军	2	0	0	0	0	0	6	0	2	6	0
小计	2	0	0	1	0	9	8	0	2	18	0
白俄罗斯方向											
波罗的海沿岸第1方面军	2	0	0	0	0	0	4	0	2	4	0

西方面军	4	0	0	0	0	0	6	0	4	6	0
白俄罗斯方面军	7	0	0	1	0	0	8	0	7	9	0
小计	13	0	0	1	0	0	18	0	13	19	0
西南方向											
乌克兰第1方面军	8	0	4	0	0	0	32	0	8	36	0
乌克兰第2方面军	6	0	0	0	0	0	16	0	6	16	0
乌克兰第3方面军	3	0	2	0	0	0	4	1	3	6	1
小计	17	0	6	0	0	0	52	1	17	58	1
南方向											
乌克兰第4方面军	4	0	3	0	0	0	8	0	4	11	0
滨海集团军	1	0	0	0	0	0	2	0	1	2	0
小计	5	0	3	0	0	0	10	0	5	13	0
高加索方向											
外高加索方面军	0	0	2	0	0	0	0	0	0	2	0
小计	0	0	2	0	0	0	0	0	0	2	0
远东方向											
远东方面军	0	0	0	0	0	0	13	0	0	13	0
外贝加尔方面军	0	0	0	0	0	0	3	0	0	3	0
小计	0	0	0	0	0	0	16	0	0	16	0
卡累利阿方向											
卡累利阿方面军	0	0	0	0	0	0	1	0	0	1	0
独立第7集团军	0	0	0	0	0	0	2	0	0	2	0
小计	0	0	0	0	0	0	3	0	0	3	0
大本营预备队											
哈尔科夫炮兵训练中心	0	6	0	0	0	0	0	0	6	0	0
高尔基炮兵训练中心	0	3	0	0	0	0	1	0	3	1	0
科洛姆纳炮兵训练中心	0	3	0	0	0	0	0	3	3	0	3
坦波夫炮兵训练中心	0	0	0	0	0	0	3	0	0	3	0
雷宾斯克炮兵训练中心	0	0	0	0	0	0	0	0	1	0	0
莫斯科军区	0	0	0	0	2	0	0	0	0	2	0

	小计	0	13	0	0	2	0	4	3	13	6	3
合计		37	37	11	2	2	9	37	4	50	135	4

＊含第 08/596—598 号编制表。

资料来源：A. N. 扬钦斯基，《伟大卫国战争中最高统帅部预备队反坦克歼击炮兵的战斗使用》，第 51—52 页。

表8.6 红军空军集团军的编成和隶属关系，1942年5月至11月

空军集团军	组建时间	所属方面军	编成
第1	1942年5月	西方面军	歼击航空兵第210、第202、第203、第234和第235师，强击航空兵第214、第224、第231、第232和第233师，轰炸航空兵第204师，夜间轰炸航空兵第213师，混成航空兵第215师，轻型轰炸航空兵第901团，侦察航空兵第1大队
第2	1942年5月	布良斯克方面军	歼击航空兵第205和第207师、轰炸航空兵第225和第227师、夜间轰炸航空兵第208师
第3	1942年5月	加里宁方面军	歼击航空兵第209和第210师，混成航空兵第211和第212师，轻型轰炸航空兵第684和第695团，混成航空兵第195、第708、第881、第882、第883、第884、第885和第887团，侦察航空兵第3大队
第4	1942年5月	南方面军	歼击航空兵第216、第217和第229师，强击航空兵第230师，轰炸航空兵第219师，夜间轰炸航空兵第218师，歼击航空兵第192团，轻型轰炸航空兵第889团
第8	1942年5月	西南方面军	歼击航空兵第206、第220、第235、第268和第269师，强击航空兵第226和第228师，轰炸航空兵第221和第270师，夜间轰炸航空兵第271和第272师，近卫轰炸航空兵第13团，歼击航空兵第43和第44团，侦察航空兵第8团
第5	1942年6月	北高加索方面军	轰炸航空兵第132师，歼击航空兵第236、第237和第265师，强击航空兵第238师，侦察航空兵第742团，轻型轰炸航空兵第763团
第6	1942年6月	西北方面军	歼击航空兵第239和第240师，轰炸航空兵第241师，夜间轰炸航空兵第242师，强击航空兵第243师，轻型轰炸航空兵第514和第645团，混成航空兵第642、第644、第649和第677团，运输航空兵第699团，侦察航空兵第6团
第14	1942年7月	沃尔霍夫方面军	歼击航空兵第278和第279师，轰炸航空兵第280师，强击航空兵第281师，轻型轰炸航空兵第258和第935团，混成航空兵第660、第662、第689、第691和第696团，侦察航空兵第8团，校射航空兵第33大队
第15	1942年7月	布良斯克方面军	强击航空兵第225师，轰炸航空兵第284师，歼击航空兵第286师，轻型轰炸航空兵第638、第640和第701团，混成航空兵第876和第879团
第16	1942年8月	大本营预备队	强击航空兵第291师，轰炸航空兵第99和第779团、轻型轰炸航空兵第714团、歼击航空兵第929团
第12	1942年8月	外贝加尔军区	轰炸航空兵第30和第247师、歼击航空兵第245和第246师、强击航空兵第247师、侦察航空兵第12团、轻型轰炸航空兵第846和第849团
第9	1942年8月	远东方面军	歼击航空兵第32、第249和第250师，轰炸航空兵第33和34师，强击航空兵第251和252师，侦察航空兵第6团
第10	1942年8月	远东方面军	歼击航空兵第29师，轰炸航空兵第53、第83和第254师，强击航空兵第253师，侦察航空兵第7团
第11	1942年8月	远东方面军	歼击航空兵第96师，轰炸航空兵第82师，混成航空兵第296师、侦察航空兵第140大队

第7	1942年11月	卡累利阿方面军	歼击航空兵第258和第259师、轰炸航空兵第260师、强击航空兵第261师、轻型轰炸航空兵第668和第679团、歼击航空兵第152和第839团、侦察航空兵第42和第118大队
第13	1942年11月	列宁格勒方面军	歼击航空兵第275师、轰炸航空兵第276师、强击航空兵第277师、侦察航空兵第13团、校射航空兵第12大队、近卫轰炸航空兵第32团、轰炸航空兵第897团、正在组建的歼击航空兵第196和第286团
第17	1942年11月	西南方面军	混成航空兵第1军（强击航空兵第267师和歼击航空兵第288师）、轰炸航空兵第221师、夜间轰炸航空兵第262师、歼击航空兵第282师、强击航空兵第208和第637团、混成航空兵第282团、轻型轰炸航空兵第371团、侦察航空兵第10大队、校射航空兵第34和第45大队
歼击航空兵第1	1942年7月	大本营预备队	歼击航空兵第287和第288师
歼击航空兵第2	1942年7月	大本营预备队	歼击航空兵第274、第282和第283师，强击航空兵第291和第292师
轰炸航空兵第1	1942年7月	大本营预备队	轰炸航空兵第221和第222师

资料来源:《苏军的作战编成，第二部（1942年1月—12月）》，第79—252页。这是由总参谋部军事科学局编写的机密文献。

注释

1. Iu. P. 巴比奇、A. G. 巴耶尔，《伟大卫国战争中苏联陆军武器和组织结构的发展》，第50页；B. I. 涅夫佐罗夫，《伟大卫国战争中炮兵战斗使用工具的发展》（Razvitie sposobov boevogo primeneniia artillerii v Velikoi Otechestvennoi voine，莫斯科：伏龙芝军事学院，1984年版），表3。与术语diviziia（师，指步兵、坦克、摩托化步兵、炮兵和航空兵的师）和batal'on（营，指步兵、坦克和其他类型的营）不同，红军使用术语divizion（营）来称呼各种类型的炮兵营。

2. 史蒂文·J. 扎洛加、利兰·S. 内丝，《1939—1945年红军手册》，第132页。修改后的这种标准军属炮兵团实力存在一些不同认识。史蒂文·J. 扎洛加和利兰·S.内丝认为这种团采用四营制，共48门火炮；A. G. 连斯基所著《战前年代的工农红军陆军》第52页称第三种类型的军属炮兵团采用两营制，每个营各有12门152毫米加农榴弹炮，全团共24门炮；而涅夫佐罗夫的《伟大卫国战争中炮兵战斗使用工具的发展》根本没有提到第三种类型的团。国防人民委员部计划使用1个标准的军属炮兵团支援每个步兵军，并用2个标准团（或者1个第二或第三种团）支援驻扎在西部各军区的每个步兵军。但战争开始时，只有32个步兵军编有2个军属炮兵团，其余的军只有1个团。详情请参阅K. A. 卡拉什尼科夫、V. I. 费瑟科夫、A. Iu. 奇梅哈洛、V. I. 戈利科夫，《1941年6月的红军》，第16页。

3. A. V. 弗拉基米尔斯基，《在基辅方向》，第31页。

4. Iu. P.巴比奇、A. G. 巴耶尔，《伟大卫国战争中苏联陆军武器和组织结构的发展》，第34页；A. I. 拉济耶夫斯基主编，《从战例学战术（师）》（莫斯科：军事出版社，1976年版），图表1。与此同时，步兵师的3个步兵团下属的76毫米加农炮总数从18门减少到12门。

5. 史蒂文·J. 扎洛加、利兰·S.内丝，《1939—1945年红军手册》，第12页；Iu. P.巴比奇、A. G. 巴耶尔，《伟大卫国战争中苏联陆军武器和组织结构的发展》，第34和第52页；拉济耶夫斯基主编，《从战例学战术（师）》，图表1。与此同时，3月的编制表为每个步兵师增加5台拖拉机，代替马匹牵引师属的122毫米榴弹炮。

6. Iu. P.巴比奇、A. G. 巴耶尔，《伟大卫国战争中苏联陆军武器和组织结构的发展》，第52页。团属火炮的总数仍然是12门76毫米加农炮。

7. 拉济耶夫斯基主编，《从战例学战术（师）》，图表1。

8. 史蒂文·J. 扎洛加、利兰·S.内丝，《1939—1945年红军手册》，第132—133页。

9. A. G.连斯基，《战前年代的工农红军陆军》，第53页。

10. 同上。

11. 根据其隶属关系，这种新型最高统帅部预备队炮兵团有的简称为"炮兵团"，有的命名为"集团军属炮兵团"。

12. A. G.连斯基，《战前年代的工农红军陆军》，第53—54页。这份资料称，1941年12月31日共有215个最高统帅部预备队炮兵团。最高统帅部预备队炮兵编成内的这159个炮兵团和26个独立炮兵营当中，包括8个军属炮兵团、57个炮兵团、34个加农炮兵团、52个榴弹炮兵团和7个大威力榴弹炮兵团[①]，

---

① 译注：本处正文是157个团，团的个数之和是158。

以及7个炮兵营、18个特别威力炮兵营、1个大威力炮兵营。

13. 1942年7月1日，最高统帅部预备队炮兵共有323个炮兵团和22个炮兵营[①]，其中有8个军属炮兵团、74个集团军属炮兵团、3个炮兵团、98个加农炮兵团、86个榴弹炮兵团和54个大威力榴弹炮兵团；以及12个特别威力炮兵营和10个炮兵营。1943年2月1日的301个炮兵团和23个炮兵营当中，包括61个集团军属炮兵团、15个军属炮兵团、87个加农炮兵团、59个榴弹炮兵团和51个大威力榴弹炮兵团；以及13个特别威力炮兵营、1个加农炮兵营、1个重型加农炮兵营、2个大威力加农炮兵营和6个重型炮兵营。从1942年秋季起，随着国防人民委员部开始组建炮兵师和炮兵旅，后来又组建炮兵军，最高统帅部预备队炮兵中的炮兵团和独立炮兵营数量急剧减少。

14. V. A.佐洛塔廖夫主编，《国防人民委员1941》，第353—357页。另见Iu. P.巴比奇、A. G.巴耶尔，《伟大卫国战争中苏联陆军武器和组织结构的发展》，第53页。

15. 史蒂文·J.扎洛加、利兰·S.内丝，《1939—1945红军手册》，第140页；Iu. P.巴比奇、A. G. 巴耶尔，《伟大卫国战争中苏联陆军武器和组织结构的发展》，第53—54页；N. E. 梅德韦杰夫，《战争初期的最高统帅部预备队炮兵》，刊登在《军事历史杂志》第11期（1987年11月刊），第81—87页。

16. 史蒂文·J.扎洛加、利兰·S.内丝，《1939—1945年红军手册》，第139页。这个师在斯大林格勒参战，1943年4月改编成一个标准的炮兵师。

17. Iu. P.巴比奇、A. G. 巴耶尔，《伟大卫国战争中苏联陆军武器和组织结构的发展》，第53—54页；史蒂文·J.扎洛加、利兰·S.内丝，《1939—1945年红军手册》，第137—138页。

18. 史蒂文·J.扎洛加、利兰·S.内丝，《1939—1945年红军手册》，第136—137页。

19. Iu. P.巴比奇、A. G. 巴耶尔，《伟大卫国战争中苏联陆军武器和组织结构的发展》，第57页；史蒂文·J.扎洛加、利兰·S.内丝，《1939—1945年红军手册》。

20. 史蒂文·J.扎洛加、利兰·S.内丝，《1939—1945年红军手册》，第140页。

21. Iu. P.巴比奇、A. G. 巴耶尔，《伟大卫国战争中苏联陆军武器和组织结构的发展》，第53页。

22. 史蒂文·J.扎洛加、利兰·S.内丝，《1939—1945年红军手册》，第130页。

23. 同上，第131页。

24. 同上。

25. A. N. 扬钦斯基，《伟大卫国战争中最高统帅部预备队反坦克歼击炮兵的战斗使用》，第7页。第十一个反坦克炮兵旅组建于西北方面军。

26. 同上。这种旅的编制表是第04/132号。

27. 同上，这种团的编制表是第04/133号。

28. 史蒂文·J.扎洛加、利兰·S.内丝，《1939—1945年红军手册》，第119页。

29. A. N. 扬钦斯基，《伟大卫国战争中最高统帅部预备队反坦克歼击炮兵的战斗使用》，第11页。这种团的编制表是第08/56号，每个团有30台拖拉机、10台拖车、10挺冲锋枪、66辆卡车和其他车辆。

---

① 译注：正文是26。

30. 同上。这两种团使用的编制表分别是第08/55号和第08/70号。重型团下辖6个炮兵连，其中6个连各有4门76毫米加农炮，另1个连有4门25毫米或37毫米高射炮；全团共有545人、20门76毫米加农炮和4门25毫米或37毫米高射炮、10挺轻机枪、57台车辆、30台拖拉机和10台拖车。轻型团下辖4个连，其中2个连各有4门37毫米或45毫米炮，另2个连各有4门85毫米高射炮；全团共有364人、8门37毫米或45毫米炮、8门85毫米高射炮、4挺轻机枪、46台车辆、12台拖拉机和4台牵引车。

31. 同上，第13页。

32. 这种团大多在6月下旬和7月上旬的边境交战、10月和11月的莫斯科会战当中损失殆尽。大多数都装备37毫米和85毫米炮。

33. A. N.扬钦斯基，《伟大卫国战争中最高统帅部预备队反坦克歼击炮兵的战斗使用》，第16页。1941年6月22日的1360门火炮当中，包括24门107毫米炮、480门85毫米炮、480门76毫米炮和160门37毫米炮；同年12月31日的1188门炮当中，包括48门107毫米炮、660门85毫米炮、236门76毫米炮、48门45毫米炮和196门37毫米炮。

34. 同上，第17页。按照4月15日颁布第08/107号编制表编组的反坦克炮兵团编有5个连，每个连有4门76毫米炮，全团共有489人、20门76毫米炮、20支反坦克枪、10挺轻机枪、47台车辆和25台拖拉机。按照5月15日颁布第08/100号编制表编组的反坦克炮兵团编有5个连，每个连有4门45毫米炮，全团共有260人、20门45毫米炮、20支反坦克枪、10挺轻机枪和39台车辆。

35. 修改后的第08/107号编制表，新增加第六个炮兵连。

36. V. A.佐洛塔廖夫主编，《国防人民委员1941》，第264—265页。国防人民委员1942年7月1日颁布的第0528号命令将最高统帅部预备队轻型炮兵团和反坦克炮兵团、步兵师和步兵团建制内的反坦克炮兵营和反坦克炮兵连全部改称反坦克歼击炮兵。另外，该命令规定，每击毁一辆德国坦克，炮兵连的连长和炮手班成员应获得奖金和其他奖励，奖金分别是500卢布和200卢布。

37. A. N.扬钦斯基，《伟大卫国战争中最高统帅部预备队反坦克歼击炮兵的战斗使用》，第22页。这种团按照第08/84号编制表编组，共有4个三连制的营，其中3个营下属的每个连有4门76毫米炮，另1个营下属的每个连有6门45毫米炮，全团共有964人、54门火炮（36门76毫米炮和18门45毫米炮）、19挺轻机枪、6辆摩托车、125辆卡车和其他车辆。

38. 同上。这种团按照第08/166号编制表编组，编有4个45毫米加农炮兵连、1个反坦克枪连和1个自动武器连。这种团下属的加农炮兵连有3门45毫米炮、8挺DShK机枪（分成2个排）和16支反坦克枪；反坦克枪连编有3个排，每个排有12支反坦克枪；自动武器连编有2个排；全团实力为484人、12门45毫米炮、36挺大口径机枪、100支反坦克枪、50挺冲锋枪、25台车辆和18辆装甲运输车。

39. 同上，第43页。重型的团按照第08/135号编制表编组，编有5个炮兵连，每个连装备3门107毫米炮和10支反坦克枪，全团共有551人、15门火炮、50支反坦克枪、10挺轻机枪和62辆卡车。直接支援步兵的反坦克歼击炮兵营，按照第08/148号编制表编组，编有3个炮兵连（每个连有4门76毫米炮）、1个三排制（每排3门82毫米迫击炮）的迫击炮兵连、1个三排制（每排9支反坦克枪）的反坦克步兵连；全营共有585人、12门76毫米炮、9门82毫米迫击炮、27支反坦克枪、109挺冲锋枪、3挺轻机枪、48辆卡车和3台拖拉机。

40. 同上，第44页。炮兵师的每个反坦克歼击炮兵团有557人、24门76毫米炮、24支反坦克枪、12挺轻机枪、46辆卡车和30台摩托化拖拉机。国防人民委员第00226号命令的详情，另见V. A.佐洛塔廖夫主编,《国防人民委员1941》,第355—356页。

41. 1942年期间的详细损失情况,见A. N. 扬钦斯基,《伟大卫国战争中最高统帅部预备队反坦克歼击炮兵的战斗使用》,第25—26页。1942年7月和8月国防军攻向斯大林格勒时,红军反坦克歼击炮兵团的损失最为严重。例如,在这个时期,西南方面军、斯大林格勒方面军和北高加索方面军分别损失4个、13个和8个团。

42. 同上,第25页。按照第08/102号编制表编组的三连制反坦克步兵营,共有192人和72支反坦克枪,按照第08/140号编制表编组的四连制反坦克步兵营,共有332人、108支反坦克枪和61挺冲锋枪。

43. 同上,第50页。其中包括按照第08/135、08/84、08/107(五连制)、08/107(六连制)、08/100和08/166号编制表编组的团。

44. 同上,第50—51页。其中包括按照第08/148号编制表编组的反坦克歼击炮兵营、按照第08/102和08/140号编制表编组的反坦克枪营。

45. 同上,第51页。配属诸兵种合成集团军的反坦克歼击炮兵团,1943年1月1日按照第08/115号编制表组建,采用六连制,共有24门ZIS-3型76毫米反坦克炮。

46. V. A. 佐洛塔廖夫主编,《国防人民委员1943—1945年的命令》[Prikazy narodnogo komissara oborony SSSR (1943-1945 gg.)],收录于《俄罗斯档案:伟大卫国(战争)》(莫斯科:特拉出版社,1996年版)第13卷,第2(3)册,第114—115页。(以下简称《国防人民委员1943》)这份国防人民委员命令的编号是第0063号,新的编制表是第08/115号。重型反坦克歼击炮兵团共有496人、24门76毫米反坦克炮、24支反坦克枪、12挺轻机枪、39辆卡车和30台拖拉机。轻型反坦克歼击炮兵团共有274人、20门45毫米炮、18辆卡车和22台拖拉机。

47. 同上,第115页。这种反坦克歼击炮兵旅采用的编制表是第08/530号。这种1943年型的旅与1941年型的旅在实力上有很大差别,1941年型的旅有5309人和136门火炮。

48. A. N. 扬钦斯基,《伟大卫国战争中最高统帅部预备队反坦克歼击炮兵的战斗使用》,第54页。到9月国防人民委员部完成这个过程时,最高统帅部预备队反坦克歼击炮兵旅已全部采用第08/595号编制表编组,每个旅有40门76毫米炮和20门57毫米炮。

49. 同上,第55和第87页。这种加强反坦克歼击炮兵旅按照第08/596号编制表编组,下属各团改为六连制,全旅共有1492人、72门反坦克炮(48门76毫米炮和24门57毫米炮)、36挺轻机枪、72支反坦克枪、133辆卡车和90台拖拉机。按照第08/586号编制表编组的反坦克歼击炮兵旅,下属各团采用五连制,全旅有60门76毫米反坦克炮。按照第08/580号编制表编组的反坦克歼击炮兵旅有40门76毫米炮和20门57毫米炮,共60门反坦克炮。

50. 12月21日设置这个新局的命令,见V. A.佐洛塔廖夫主编,《国防人民委员1941》,第381—382页。

51. A. N. 扬钦斯基,《伟大卫国战争中最高统帅部预备队反坦克歼击炮兵的战斗使用》,第24页。这种自行火炮团的编制表是第08/158号。

52. N. 波波夫,《自行火炮的发展》,刊登在《军事历史杂志》第1期(1977年1月刊),第27—31页。

53. 变更该局隶属关系的命令,见V. A.佐洛塔廖夫主编,《国防人民委员1943》,第136—137页。

54. N. 波波夫，《自行火炮的发展》，第28—29页。

55. 同上，第29页。

56. 同上，第29—30页。1944年6月，国防人民委员部命名这种新式自行火炮为SU-100自行火炮，作为配备100毫米加农炮的专用反坦克歼击车，从1944年9月开始列装。

57. 同上；另见史蒂文·J.扎洛加、利兰·S.内丝，《1939—1945年红军手册》，第92—93页。1944年2月以前，国防人民委员部已完成这次改编的全过程，将所有反坦克歼击炮兵团都改编成四连制的统一编制，每个连有5辆自行火炮，再加上团部直属的1辆，全团共有21辆自行火炮。

58. 详见M. 图尔，《伟大卫国战争时期军队防空的发展》，刊登在《军事历史杂志》第1期（1962年1月刊），第15页；史蒂文·J. 扎洛加、利兰·S.内丝，《1939—1945年红军手册》，第9—10页。

59. M. 图尔，《伟大卫国战争时期军队防空的发展》，第15页。

60. 同上，第17页。

61. 史蒂文·J. 扎洛加、利兰·S.内丝，《1939—1945年红军手册》，第18页。这次改编撤销步兵师笨重的76毫米炮和步兵团的四联装12.7毫米机枪。

62. 同上，第127页；K. 拉夫连季耶夫，《战争年代的军队防空》，刊登在《军事通报》第10期（1989年10月刊），第49页.

63. 国防人民委员第0442号命令的详细内容，见V. A.佐洛塔廖夫主编，《国防人民委员1941》，第247—248页。该命令要求按照每四个集团军配两个团的方式，把各防空团配属给西南方面军。

64. 同上，第248页。

65. 史蒂文·J. 扎洛加、利兰·S.内丝，《1939—1945年红军手册》，第128页。

66. 国防人民委员第0841号命令的详细内容，见V. A.佐洛塔廖夫主编，《国防人民委员1941》，第347—348页。

67. 同上。大本营将高射炮兵第1至第13师派往队属高射炮兵训练中心，第14师和第17师派往西方面军，第16师派往布良斯克方面军，第15师和第18师派往顿河方面军。其中有8个师1942年11月20日之前已做好战斗准备，这个日期也就是红军预定发起重大进攻行动的时间，其余的师应在这年年底之前完成组建工作。

68. M. 图尔，《伟大卫国战争时期军队防空的发展》，第19页；Iu. P.巴比奇、A. G. 巴耶尔，《伟大卫国战争中苏联陆军武器和组织结构的发展》，第60—61页。

69. M. 图尔，《伟大卫国战争时期军队防空的发展》，第20页。

70. 史蒂文·J. 扎洛加、利兰·S.内丝，《1939—1945年红军手册》，第129页；拉夫连季耶夫，《战争年代的军队防空》，第49页。

71. 史蒂文·J. 扎洛加、利兰·S.内丝，《1939—1945年红军手册》，第129页。

72. N. 科尔尼延科，《防空装甲列车的战斗使用》，刊登在《军事历史杂志》第4期（1979年4月刊），第31—32页。这时，标准的防空装甲列车营由2列列车组成，每列配备3门76毫米和2门37毫米高射炮、3挺12.7毫米DShK重型机枪、1部防空探测仪和1台立体测距仪。每列列车本身包括1个基本单元和1个战斗单元，基本单元由1台机车、提供住宿和物资的若干节保障车厢组成，战斗单元由7节安装在20吨双轴铁路平车上的装甲平台组成，装甲平台的侧面装甲有12—15毫米厚和1米高，其地板上也铺设装甲板。从编制上看，每列列车的战斗单元下辖1个直属队、1个指挥排、2个武器排（1个排负责3门中型的76毫米炮，1个排负责轻型的37毫米炮）、1个机枪排和若干个小型后勤分队。这些枪炮安装在装甲平台上，其中5节平车每节各安装1门76毫米炮，其他2节平车每节各安装1门37毫米炮和1挺DShK机枪。[①]

73. 关于近卫火箭炮兵发展和参战过程的最详细记述作品，见P. A. 杰格佳廖夫、P. P. 约诺夫，《战场上的"喀秋莎"》（莫斯科：军事出版社，1991年版）。

74. 同上，第10—11页。第一个火箭炮兵连1941年7月14日投入战斗，在斯摩棱斯克以西支援西方面军的第20集团军。7月22日，西方面军把装备9门火箭炮的第二个火箭炮兵连派往支援第19集团军；几天后，又把装备3门火箭炮的第三个连派往斯摩棱斯克以东支援"罗科索夫斯基"集群。第四、第五和第六个连（其中两个连有4门火箭炮，另一个连有5门）8月上旬在叶利尼亚同第一个连一起参加战斗。各有4门和6门火箭炮的第七和第八个连8月也分别在列宁格勒地区和西南方面军投入战斗。

75. 同上，第8页。

76. 同上，第14页。

77. 同上。

78. 同上。第一和第二个火箭炮兵团分别于8月12日和19日抵达前线，前八个团都在9月12日以前展开就绪，到9月下旬，第九个团也已抵达前线。

79. 同上，第17—18页。这项措施使红军炮兵主任和国防人民委员部总炮兵局不再负责组建近卫火箭炮兵部队。

80. 这道命令的编号是第008号，全文见V. A.佐洛塔廖夫主编，《国防人民委员1941》，第137页。这个过程的第一步是大本营11月和12月命令第30集团军、突击第1集团军和骑兵第2军将其编成内的近卫火箭炮兵合编成战役集群，力求改善它们在莫斯科进攻战役中的表现。

81. P. A. 杰格佳廖夫、约P. P. 诺夫，《战场上的"喀秋莎"》，第19页。另见Iu. P.巴比奇、A. G. 巴耶尔，《伟大卫国战争中苏联陆军武器和组织结构的发展》，第50—51页；史蒂文·J. 扎洛加、利兰·S.内丝，《1939—1945年红军手册》，第141页。

82. V. A.佐洛塔廖夫主编，《国防人民委员1941》，第33—35页。

83. P. A. 杰格佳廖夫、P. P. 约诺夫，《战场上的"喀秋莎"》，第46页。每个团还编有1个装备2挺DShK机枪的高射机枪排、1个装备2门37毫米高射炮的高射炮兵排，团属各营的每个连有4门火箭炮。

84. 同上，第51页。使用新式发射车辆的M-30型300毫米火箭炮5月投产。另外，国防委员会还组建近卫火箭炮兵教导第1旅，该旅在年底之前共为近卫火箭炮兵部队培训出1.8万以上各级指挥员和驾驶员。最后，苏联工业在年底之前设法生产出一共648辆M-8型和1542辆M-13型火箭炮。

85. 同上，第52页。

86. 同上。

87. 同上，第53页。最初类型的M-30型近卫火箭炮兵营中，有8个营7月上旬在博尔霍夫和日兹

---

① 译注：原文如此，按照最后一句计算的枪炮数量与上文不符。

德拉附近支援第61集团军的进攻。最后，到1942年8月20日，国防人民委员部一共向前线展开74个M-30型近卫火箭炮兵营，另有6个营驻扎在莫斯科附近，隶属最高统帅部预备队。

88. 同上，第54页。

89. 同上。

90. 同上，第79页。国防人民委员部使用15个M-13型近卫火箭炮兵团、14个M-30型独立近卫火箭炮兵营、来自其他近卫火箭炮兵部队的5000人、来自海军的5000名水兵，以及近卫火箭炮兵教导第1旅和第2旅的人员组建3个师。大本营把近卫火箭炮兵第1师派往西北方面军，参加清除德国杰米扬斯克突出部的战斗和"北极星"行动，把近卫火箭炮兵第2师和第3师派往顿河方面军，参加歼灭德国第6集团军于斯大林格勒的战斗，并把近卫火箭炮兵第4师派往沃罗涅日方面军，支援该方面军攻向哈尔科夫。

91. 这道命令的编号是第00244号，全文见V. A.佐洛塔廖夫主编，《国防人民委员1941》，第370—371页。

92. P. A. 杰格佳廖夫、P. P. 约诺夫，《战场上的"喀秋莎"》，第78页。

93. 同上，第79—80页。

94. 同上，第93页。国防人民委员第0082号命令要求实施这次改编，全文见V. A.佐洛塔廖夫主编，《国防人民委员1943》，第152页。

95. 同上，第106页。

96. 近卫火箭炮兵团编有1个团部、3个近卫火箭炮兵营（每个营编2个各有4门火箭炮的连、1个有2挺DShK机枪的机枪排，全营有191人、8门火箭炮）、1个有4门37毫米高射炮的高射炮兵连，全团实力约为620人和24门BM-8型或BM-13型火箭炮。

97. 同上，第18—56页；Iu. P.巴比奇、A. G. 巴耶尔，《伟大卫国战争中苏联陆军武器和组织结构的发展》，第50—51页；史蒂文·J. 扎洛加、利兰·S.内丝，《1939—1945年红军手册》，第142页。

98. 关于空军编制的细节，见M. P. 佩夫涅韦茨，《伟大卫国战争期间苏联空军的战斗使用》（莫斯科：伏龙芝军事学院，1984年版），第7—9页。

99. 1941年7月15日颁布的国防人民委员第0052号命令，要求按照轰炸航空兵师原来的第015/140号编制表组建远程轰炸航空兵第81师。该命令的内容，见V. A.佐洛塔廖夫主编，《国防人民委员1941》，第25页。第81师是第一个远程袭击柏林的师，具体实施时间是1941年8月10—11日夜间。波罗的海舰队航空兵此前已于8月7—8日夜间首次空袭柏林。见V. A.佐洛塔廖夫主编，《国防人民委员1941》，第48、第61—62页。

100. M. P. 佩夫涅韦茨，《伟大卫国战争期间苏联空军的战斗使用》，第10页。

101. 同上，第11页。A. E. 戈洛瓦诺夫航空兵少将担任远程作战航空兵司令员。

102. M. N. 科热夫尼科夫，《1941—1945年伟大卫国战争中苏军空军的首长和司令部》（莫斯科：科学出版社，1977年版），第120页。

103. M. P. 佩夫涅韦茨，《伟大卫国战争期间苏联空军的战斗使用》，第10—11页。1944年年底，远程作战航空兵改编成空军第18集团军，隶属于红军空军司令员，其编成内的军从两师制扩编到四师制。1945年5月以前，空军第18集团军共编有4个航空兵军和3个独立航空兵师。

104. M. P. 佩夫涅韦茨，《伟大卫国战争期间苏联空军的战斗使用》，第8页。

105. 更多详情，见K. A. 卡拉什尼科夫、V. I. 费瑟科夫、A. Iu.奇梅哈洛、V. I. 戈利科夫，《1941年6月的红军》，第18页。红军空军在战争前夕面临的最严重问题是，西部各军区的航空兵团所得到飞机和空勤组的比例失调，一般来说，得到的飞机数量几乎是空勤组数量的两倍。更糟糕的是，这些飞机中有许多是过时的型号。例如，第12集团军歼击航空兵第64师下属的歼击航空兵第149团有67架旧式的I-16和I-153飞机以及64架新式的MiG-3飞机；独立第9集团军混成航空兵第20师下属的歼击航空兵第55团有54架I-16和I-153飞机以及62架62 MiG-3飞机。

106. M. P. 佩夫涅韦茨，《伟大卫国战争期间苏联空军的战斗使用》，第8页。国防人民委员第0305号命令的全文，见V. A.佐洛塔廖夫主编，《国防人民委员1941》，第70—71页。

107. 这是国防人民委员第0099号命令，全文见V. A.佐洛塔廖夫主编，《国防人民委员1941》，第112—113页。这些团在恩格斯和卡缅卡两地的机场组建，指挥干部和领航员主要在当地或伊万诺沃第2高级领航员学校接受训练。这3个团按照标准的团编组，没有任何特殊称号，后来总共出动数千架次飞机，其中两个团，即第587团和第588团最终荣膺"近卫"称号，并分别改编成近卫俯冲轰炸航空兵第125团和近卫夜间轰炸航空兵第46团。有关这些团作战记录的更多详情，见雷娜·彭宁顿，《机翼、女性和战争：战斗在第二次世界大战中的苏联女飞行员》（劳伦斯：堪萨斯大学出版社，2001年版），第2页；卡济米耶拉·J. 科塔姆，《战争中的女性与抵抗：苏联女军人传记选》（加拿大内皮恩：新军事出版社，1998年版）。

108. 这是国防人民委员第0090号命令，全文见V. A.佐洛塔廖夫主编，《国防人民委员1941》，第107—108页。

109. M. P. 佩夫涅韦茨，《伟大卫国战争期间苏联空军的战斗使用》，第8页。

110. 这是国防人民委员第0030号命令，全文见V. A.佐洛塔廖夫主编，《国防人民委员1941》，第138页。1941年6月23日国防委员会下令把民用航空队划归国防人民委员部隶属，随后，国防人民委员部于7月9日发布关于战时民用航空队资源战役运用的命令，第0030号命令可以看作是前面两道命令的合理延续。另见M. P. 佩夫涅韦茨，《伟大卫国战争期间苏联空军的战斗使用》，第19—20页。

111. M. N. 科热夫尼科夫，《1941—1945年伟大卫国战争中苏军空军的首长和司令部》，第83页。

112. 同上，第82—83页。最终，每个突击航空兵群的确切编成取决于当时可供使用的飞机数量。例如，突击第1航空兵群起初编有2个装备Pe-2飞机的轰炸航空兵团、2个装备Il-2对地攻击机的强击航空兵团、2个装备LaGG-3和IaK-1歼击机的歼击航空兵团、2个装备DB-3f轰炸机的远程作战航空兵团。

113. 组建空军第1集团军的国防人民委员第0081号命令全文，见V. A.佐洛塔廖夫主编，《国防人民委员1941》，第224—225页。

114. M. N. 科热夫尼科夫，《1941—1945年伟大卫国战争中苏军空军的首长和司令部》，第82—83页。

115. 同上，第85页。在前线的其他地点，轰炸航空兵第1集团军一部于7月沿西方向攻击德国人的交通线，但到8月，大本营命令空军解散这个集团军，并将其编成内各师转隶远程作战航空兵和西方面军的空军第1集团军。歼击航空兵第2集团军1942年7月27日解散时仍在组建当中，空军将其编成内尚不完整的各师重新分配给空军第1和第3集团军。

116. 同上。

117. 美国和英国通过从伊朗沿海的阿巴丹通往苏联南部的波斯走廊，或者沿阿拉斯加—西伯利亚空运航线（在英语中缩写为ALSIB）运送租借飞机到苏联。更早时期，少量租借物资通过更加危险的海运航线到达苏联的摩尔曼斯克，但由于德国的空中攻击遭受惨重损失。后来，大部分物资都改道经过伊朗或苏联远东地区运送。

为了保障这项工作，并确保这些来之不易的飞机达到空军各部队，国防人民委员部组建特别的航空兵旅，负责沿至关重要的波斯走廊和阿拉斯加—西伯利亚航线运送飞机。例如，1942年8月3日，国防人民委员部命令空军在8月15日之前组建克拉斯诺亚尔斯克空运指挥部及其下属的航空兵第1旅。这个新指挥部设在西伯利亚东部的雅库茨克，航空兵第1旅驻扎在西伯利亚西部的克拉斯诺亚尔斯克。这两个组织负责接收沿阿拉斯加—西伯利亚航线运输的飞机，并转场到莫斯科东北150英里处伊万诺沃的空军预备航空兵第6旅所属各机场，后者再把飞机交付空军作战部队。

这个新的航空兵第1旅从9月中旬开始组建，主要使用来自沃尔霍夫方面军、沃罗涅日方面军、斯大林格勒方面军和阿尔汉格尔斯克军区的6个歼击航空兵团和轰炸航空兵团，以及空军干部局和远东方面军提供的320余个空勤组，并抽调已经在运作的南方（伊朗）运输航线的人员。组建完毕之后，该旅编有1个"波士顿-3"飞机的航空兵大队（共6个小队，每个小队2架飞机）、1个两大队制的混成航空兵团（1个飞B-25的大队和1个飞"波士顿-3"的大队）、1个六大队制的"波士顿-3"航空兵团、2个八大队制的航空兵团（分别飞"空中眼镜蛇"和P-40E飞机）。这个旅和配置在苏联南部的几个同型运输旅在工作中表现得非常出色，截至战争结束时，共帮助空军转场超过1万架新飞机。更多细节，见叶夫根尼·阿尔图宁，《ALSIB：阿拉斯加—西伯利亚运输航线史》，刊登在《斯拉夫军事研究杂志》总第10年第2期（1997年6月），第85—97页；V. A.佐洛塔廖夫主编，《国防人民委员1941》，第279—280页。关于按照《租借法案》向苏联提供的飞机和苏联飞行员使用美国"空中眼镜蛇"飞机的体验，详见德米特里·洛扎，《空中眼镜蛇的攻击：苏联王牌飞行员、美国P-39与对德空战》（劳伦斯：堪萨斯大学出版社，2002年版）。

118. 规模较小的空军集团军（如支援卡累利阿方面军的空军第7集团军和支援列宁格勒方面军的空军第13集团军）各编有4个航空兵师、2至3个独立航空兵团或航空兵大队；规模较大的空军集团军（如加里宁方面军的空军第3集团军）编有3个航空兵军、8个独立航空兵师、11个独立航空兵团或航空兵大队。

119. 德米特里·洛扎，《空中眼镜蛇的攻击》，第9页。

120. M. N. 科热夫尼科夫，《1941—1945年伟大卫国战争中苏军空军的首长和司令部》，第143页。

121. V. A.佐洛塔廖夫主编，《国防人民委员1943》，第111—112页。1943年4月8日颁布的国防人民委员第0062号命令，要求6月5日以前组建共有896架U-2飞机的28个夜间轰炸航空兵团，组建工作分成4个阶段完成：4月15日前组建7个，4月25日前组建7个，5月15日前组建10个，6月5日前组建4个。国防人民委员部还命令空军5月1日以前组建3个航空兵师的领率机关，用于领导这28个团。

122. 同上。

123. 最后，经过对85毫米和100毫米炮反坦克效果的评价，国防人民委员部1944年选择BS-3型

100毫米反坦克炮进行批量生产，同时还列装某些特殊的反坦克武器，如ChK-M1型1944年式37毫米反坦克炮，主要供空降兵部队使用。

124. 国防人民委员部1944年还进行85毫米高射炮的现代化改装，成为KS-12A型1944年式高射炮。

125. 史蒂文·J.扎洛加、利兰·S.内丝，《1939—1945年红军手册》，第214—215页。

126. 国防人民委员部从1942年4月15日开始这个阶段的试验，命令总炮兵局、兵器工业人民委员部和各武器制造厂共同研制一种能够更好伴随和支援步兵的自行式强击火炮。更多细节，见G. L. 霍利亚夫斯基主编，《坦克百科全书》。

127. 史蒂文·J.扎洛加、利兰·S.内丝，《1939—1945年红军手册》，第174页；另见N. 波波夫，《自行火炮的发展》，第27—31页。

128. 史蒂文·J.扎洛加、利兰·S.内丝，《1939—1945年红军手册》，第174页。

129. 国防人民委员部还在1944年列装重型的ISU-122S自行火炮（安装1门由A-19型改进而成的D-25S型122毫米炮）和ISU-152自行火炮（安装1门由ML-20型改进成的ML-20S型152毫米加农榴弹炮），这两种自行火炮都使用"约瑟夫·斯大林"（IS）重型坦克的底盘。

130. Iu. P.巴比奇、A. G. 巴耶尔，《伟大卫国战争中苏联陆军武器和组织结构的发展》，第20页。另见M. P. 佩夫涅韦茨，《伟大卫国战争期间苏联空军的战斗使用》。苏联工业在1944年共生产40241架飞机，1945年5月10日以前又生产15317架；整场战争期间，共计生产125655架。到1945年年底，总数更是达到134000余架这样惊人的数字。战争结束以前，苏联的战时飞机总产量中包括大约5.5万架歼击机、3.5万架强击机和1.6万架轰炸机。

▲ 手持 PPSh 冲锋枪的步兵

▲ PTRD 式 14.5 毫米反坦克枪

▲ PM-1910式7.62毫米重机枪

▲ 45毫米反坦克炮

▲ T-26 轻型坦克

▲ T-35 重型坦克

▲ T-60 轻型坦克

▲ T-70 轻型坦克

▲ KV-1S 重型坦克

▲ 1943 年型 T-34 中型坦克

▲ KV-2 重型坦克（左）和 1940 年型 T-34 中型坦克（右）

▲ 美制 M3 "李 / 格兰特" 租借坦克

▲ 英制"丘吉尔"租借坦克

▲ SU-76 自行火炮

▲ SU-152 自行火炮

▲ 76 毫米地面火炮

▲ ML-20 型 152 毫米榴弹炮

▲ 37 毫米高射炮

▲ "喀秋莎"多管火箭炮

▲ I-16 "拉塔"歼击机 ①

① 译注：I-16有许多绰号，Rata是西班牙语的"老鼠"，是西班牙内战期间国民军起的绰号，共和军则称之为"苍蝇"（Mosca），苏联飞行员自己起的绰号是"驴子"（Ishak）或"骡子"（Ishachok），芬兰人则称"鼹鼠"（Siipiorava）。

▲ LaGG-3 歼击机

▲ MiG-3 歼击机

▲ Pe-2 轰炸机

▲ Il-2 "斯图莫维克" 强击机

▲ Pe-8（TB-7）轰炸机

第九章

专业兵

工程兵（工兵）

工程兵（工兵）团和营

　　整场战争期间，红军工程兵由作战方面军建制内的队属工程兵和（最高）统帅部预备队工程兵组成，后者归大本营统一指挥，并根据实际作战需要，配属作战方面军和集团军。这两部分工程兵负责在进攻和防御期间构筑和完善防御工事，并提供各种形式的工程保障。[1]

　　红军作战军队中的队属工程兵包括：步兵军和骑兵军的工兵营和工兵中队，机械化军的摩托化工程兵营，步兵师和骑兵师的独立工兵营和工兵中队，坦克师的 N2P 舟桥营，摩托化师的轻型工程兵营，步兵团、骑兵团、坦克团和旅、摩托化步兵团和旅的工兵连和工兵排，以及统帅部预备队炮兵团和军属炮兵团的工兵排。[2]

　　步兵军和步兵师建制内的工兵营都编有 3 个三排制的工兵连、1 个架桥排、1 个秘密武器排和若干个小型后勤队，军建制内的营还有 1 个技术连，全营有 901 人，师建制内的营有 1 个技术排，全营有 521 人。[3] 根据所属师的类型，这些工兵营的行军方式或徒步，或者摩托化，或通过骡马挽曳。1941 年 6 月 22 日，红军作战军队共有超过 200 个工兵营，这些营全都保持战前编制，直到 1941 年 12 月国防人民委员部将其缩编成两连制为止，这次改编的主要原因是最高统帅部预备队编成内正在组建规模更大、更有战斗力的工程工兵部队。

当时的统帅部预备队工程兵包括分布在各军区的 19 个工程兵团和 15 个舟桥团，1941 年上半年由国防人民委员部分别在 22 个独立工程兵营和 21 个独立舟桥营的基础上组建。其中，10 个工程兵团、8 个舟桥团、7 个工程兵营和 2 个工兵营配属作战方面军，2 个工程兵营和 2 个工兵营直接隶属统帅部预备队，其余的团和营则负责保障各军区和非作战方面军。

统帅部预备队工程兵团编有 1 个团部、2 个工程兵营（其中 1 个营实现摩托化）、1 个技术营（下设 1 个电工技术连、1 个电障碍物连、1 个水工技术连和 1 个伪装连）、1 个轻型舟桥纵列（NPL），以及 1 所拥有专业工程装备、35 台工程车辆、48 辆卡车和 21 台拖拉机的指挥员学校。[4] 舟桥团编有 1 个团部、3 个舟桥营（其中 1 个营只有基干人员）、1 个技术连（下辖 1 个道路—工事排、1 个桥梁排、1 个木工排、1 个电工技术排和 1 个野战给水排）、1 个 N2P 舟桥纵列，以及 1 所配备舟桥和技术装备的指挥人员学校。[5]

战争前夕，总参谋部的战争计划要求国防人民委员部在每个诸兵种合成集团军中编入不少于 1 个独立摩托化工程兵营、1 个摩托化舟桥营、1 个独立野战给水连、1 个伪装（maskirovka）连、1 个电工技术保障连、1 个水工技术保障连、1 个钻探大队、1 个装备 N2P 舟桥的独立预备舟桥纵列。另外，该计划还指示国防人民委员部为每个诸兵种合成集团军编入 1 个预备工程兵团和 1 个负责执行特种工程任务的独立预备专业技术连。然而，除了工程兵普遍存在的人员短缺现象之外，1941 年 6 月 22 日已经建成的统帅部预备队工程兵团和工程兵营，还缺少其编制数量 35—60% 的指挥干部、20—70% 的军士、35% 的战士和大约 50% 的装备。[6]

战争前夕，除了队属工程兵和统帅部预备队工程兵之外，国防人民委员部还下设 25 个主管军事建筑工作的管理局（UNS，见下文），其中有 23 个局正在同未来战时方面军建制内的大多数工程兵和工兵部队一道忙于在西部各军区构筑野战防御工事和筑垒地域。因此，战争开始的时候，红军的大多数作战部队都没有得到必要的工程保障。[7]

国防军在"巴巴罗萨"行动期间重创红军的同时，也摧毁原本已经非常脆弱的红军工程兵和工兵。国防人民委员部匆忙做出反应，从零开始组建新的工兵营和工程兵营，并将其编入统帅部预备队和后来的最高统帅部预备队，然后再配属作战方面军使用。例如，1941 年 7 月，国防人民委员部解散全部的统帅部预备队工程兵团和舟桥团，使用这些部队的余部组建 100 个只配备步枪等轻武器、土木工具、爆破器材和防坦克地雷的小型工兵营，并将其中的 25 个营编入步兵军，75 个营编入步兵师。因此，红军的工程工兵营和舟桥营个数从 1941 年 7 月 1 日的 20 个不断增加到同年 11 月 1 日的 178 个，其中有 140 个营编入作战方面军。[8] 但与此同时，步兵师的工程保障力量明显削弱。例如，7 月 29 日，国防人民委员部解散步兵师直属工兵营的技术排、架桥排和秘密装备排；12 月，把这种营从三连制缩编成两连制；1942 年 7 月，又从工兵营的编制中裁撤 60 人，并大幅度减少防坦克地雷和防步兵地雷的数量。[9]

然而，国防人民委员部从 1942 年年初开始着手弥补队属工程兵的缺陷，向每个作战方面军和集团军派出 1 至 2 个新的独立工程兵营或工兵营，并向每个方面军派出 1 至 2 个新的舟桥营。无论徒步还是摩托化的独立工程兵营，都编有 3 个工程兵连（每个连编 3 个工程兵排或摩托化工程兵排）和 1 个技术排（下设发电站班、木工班和运输班），全营共有 405 人。独立工兵营编有 2 至 3 个工兵连，全营共有约 320 人。红军的独立工程兵营和舟桥营分别从 1942 年 1 月 1 日的 82 个和 46 个，增加到 1944 年 1 月 1 日的 184 个和 68 个；与此同时，独立工兵营从 78 个减少到 3 个。（红军的全部专业兵见《＜巨人重生＞资料篇》的附录五）

工兵集团军和工兵旅

"巴巴罗萨"行动初期，虽然国防人民委员部在削减红军队属工程兵实力的同时，组建新的独立最高统帅部预备队工程兵营和工兵营，但是大本营还要按照国防委员会的命令构筑新的战略防御地区和防御地幅，迟滞国防军继续推进。[10] 例如，国防委员会 6 月 24 日下令沿列宁格勒以南的卢加河构筑一个战略防御地区，6 月 25 日下令沿涅韦尔—维捷布斯克—戈梅利—第聂伯河沿岸—第聂伯罗彼得罗夫斯克构筑第二个，6 月 28 日又下令沿奥斯塔什科夫—奥列尼诺—多罗戈布日—叶利尼亚—杰斯纳河沿岸—布良斯克以西 50

公里处的茹科夫卡构筑第三个。

随着国防军加快推进速度，国防委员会命令大本营 7 月中旬再构筑两个主要防御地区，第一个掩护敖德萨、克里米亚半岛和塞瓦斯托波尔，第二个掩护莫斯科接近地。莫斯科防御地区用于阻止国防军沿沃洛科拉姆斯克、莫扎伊斯克和小雅罗斯拉维茨三个方向推进，由两条防御线组成，第一条是由勒热夫绵延至维亚济马的勒热夫—维亚济马防御线，第二条是由莫斯科水库沿拉马河向南延伸，经博罗季诺和卡卢加到图拉的基洛夫—莫扎伊斯克防御线。

大本营安排国防人民委员部的总军事工程局（Glavnoe voenno-inzhenernoe upmvlenie）和内务人民委员部的水利技术作业总局（Glavgidrostroi）负责构筑这些防御地区。前者应使用各方面军（集团军）军事野战建筑局下属的军事建筑营在各自负责的地段构筑防御地区；后者应使用其建筑部队在更深远后方构筑防御地区。由于实践证明这种安排收效甚微，国防委员会 8 月 22 日把内务人民委员部水利技术作业总局改组成内务人民委员部防御作业总局（Glavnoe upraolenie vozdushno–desantnykh voisk[①]，缩写为 GUOBR），并安排这个总局负责协调后方防御地区的构筑施工。[11]

尽管国防委员会和大本营做出最大的努力，国防军的快速推进还是重创红军的队属工程兵，使其未能及时参加防御构筑工作，并抢先挫败大本营的大部分防御建设活动。德国军队 8 月和 9 月一举攻占红军的维捷布斯克、戈梅利和卢加河诸防御地区，10 月上旬又在维亚济马和布良斯克两个地段突破红军的战略防御，合围并歼灭大批军队。大本营对德国人攻向莫斯科的迅猛势头深感不安，于是在 10 月 12 日建立莫斯科防御地幅，包括一系列围绕莫斯科的环形防御地带，其中主防区从赫列布尼科沃开始，经过斯霍德尼亚、兹韦尼哥罗德、库宾卡、纳罗福明斯克，并沿帕赫拉河到莫斯科河一线。[12]

鉴于红军缺少构筑这些和其他防御地区所需的工程兵和军事建筑部队，国防委员会 10 月 13 日命令国防人民委员部在 1941 年 11 月 1 日以前组建 6

---

① 译注：这个罗马字母转写的名称是错的，写成"空降兵总局"，正确名称应是"Главное управление оборонительных работ"。内务人民委员部防御作业总局按照内务人民委员部1941年8月23日的第001127号命令组建，按照内务人民委员部1941年10月27日的第001504号命令移交国防人民委员部，即第十一章注释26处的国防人民委员部防御作业总局。

个由工兵旅组成的工兵集团军，并把红军工程兵、作战方面军和后方的建筑部队全部划归内务人民委员部防御作业总局指挥。这些工兵集团军的番号从第 1 依次排到第 6，分别在沃洛格达、高尔基、乌里扬诺夫斯克、萨拉托夫、斯大林格勒和阿尔马维尔组建，总兵力共有 30 万人。[13] 国防委员会指定防御作业总局负责在 12 月 10 日以前构筑所有的后方防御地区和防御阵地，特别是莫斯科以西，并命令该总局训练新建工兵集团军和其他红军工程兵部队所需的全部人员。[14]

新型工兵集团军应编有 5 个工兵旅，每个旅约有 5000 人，主要由 45 岁以下的预备役军人、从方面军作战地区撤回的工程兵和军事建筑人员、后方原有的其他专业人员组成。每个工兵旅应编有 19 个工兵营、1 个汽车—拖拉机营、1 个机械化大队。国防委员会还命令国防人民委员部为这些工兵集团军配备 3000 辆卡车、90 辆轻型车辆、1350 台履带式拖拉机、2350 台拖拉机和拖车、12000 车皮的建筑材料，以及所需的大批建筑工具；并且命令其他人民委员部下属各局和平民支援这项工作：[15]

根据国防委员会的命令，为构筑防御地区，我军在地方居民中实施一次动员。动员人员基本上是妇女、老人、中小学生和役龄前青年。按照方面军和军区军事委员会、州和区党政机关的命令，我军在他们当中组建工人营，随后把这些营编入工兵集团军。[16]

最终，国防人民委员部 1941 年 11 月 1 日以前共建成 9 个工兵集团军，其番号从第 1 到第 9[①]，共编有 30 个工兵旅，合计 570 个工兵营，各营的番号是第 1200—第 1465、第 1467—第 1541、第 1543—第 1771，总兵力为 299730 人；并在 12 月下旬以前建成第 10 个工兵集团军——工兵第 1 集团军（见表 9.1）。但是，工程兵和军事建筑部队的人员短缺严重制约着工兵集团军和工兵旅的实际规模和人数。[17]

---

① 译注：显然有误，应是"第2到第10"，见本句下半句和表9.1。

第一批建成的 9 个工兵集团军各编有 1 个司令部和 2—4 个独立工兵旅。工兵旅编有 1 个旅部、19 个独立工兵营（每个营有 3 个连，每个连有 4 个排，全营共有 497 人）、1 个机械化大队（下设 1 个道路排、1 个桥梁排、1 个木工排、1 个阵地建筑排和 1 个四班制的汽车拖拉机排。[18] 虽然每个工兵旅按编制应有 9979 人，但是大多数旅远远达不到满员的水平。[19] 因此，虽然这些集团军、旅和营中的工兵每天应当用 12 个小时进行建筑施工，另外用 2 小时开展军事训练，但是大多数营实际上每天要花费 12—14 个小时构筑防御阵地，根本没有时间训练。第 10 个组建的工兵第 1 集团军 1942 年 1 月完成展开，用于支援西方面军，编有 10 个工兵旅，每个旅有 8 个工兵营，整个集团军共有 80 个工兵营和 45160 人。[20]

起初，工兵集团军隶属内务人民委员部防御作业总局，但在国防人民委员部总军事工程局的直接监督下施工。然而，实践证明这种指挥方式并不能达到预想的效果，大本营 11 月 28 日把这些集团军划归红军工程兵主任指挥。1941 年 12 月，工程兵主任把 9 个工兵集团军和 29 个工兵旅派往军区和非作战方面军，并把其他 3 个旅派往作战方面军，其中 2 个旅到西方面军，1 个旅到卡累利阿方面军。到 1942 年 1 月中旬，红军工程兵的编成已扩大到 10 个工兵集团军、40 个工兵旅、3 个工程兵团、82 个独立工程兵营、78 个工兵营和 46 个舟桥营。

这些工兵集团军和工兵旅主要负责在红军的深远后方构筑战略防御地区。其中第一批防御地区（诸如位于莫斯科军区、斯大林格勒军区、北高加索军区和伏尔加河沿岸军区的防御地区）具有连绵不断的特点，包括在主要城市周围和沿德国人可能的进攻方向精心布设的一系列筑垒化营防御地域和连防御支撑点。然而，1941 年 12 月 27 日，随着红军在莫斯科取得胜利，国防委员会下令停止莫斯科周围的防御施工，以便节约更多资源运送难民，向贫困人口运送粮食和面包，并在其他战略防御地区进行有限规模的建筑施工。[21]

除了承担建筑职责之外，工兵集团军还是全体红军工程兵的训练基地。例如，1941 年 11 月和 12 月期间，国防人民委员部指定每个工兵旅当中的 2 个营（后来是 3 个营）作为教导营，并最终把这些营当中的 90% 以上转隶作战方面军。这些营作为标准的工程兵营、舟桥营或路桥营接受训练，配备经验最丰富的人员，一旦确定调往前线，就应立即停止全部防御施工，并接受高强度的野战训练。这些营向前线开进之后，工兵旅再组建新的营来代替它们，以此循环，不断增强红军工程兵的实力。另外，工兵旅还负责为新组建的步兵（骑兵）军和师建制内工兵营和工兵连提供接受过训练的人员。尽管如此，工兵集团军和作战方面军之间人员和部队的不断流动还是引发一些动荡，给工兵集团军的表现造成负面影响。

1941—1942 年红军的冬季总攻期间，这 10 个工兵集团军虽然能通过参加后方警卫，增强方面军工程兵和工兵战斗力的方式证明自身存在价值，但是也在实战中暴露出结构臃肿、效率低下、难以指挥的缺点，特别在急剧变化的战斗局面下。因此，1942 年 2 月，国防委员会命令国防人民委员部解散半数的工兵集团军和工兵旅，利用腾出来的人员组建新的步兵师和步兵旅，并把保留下来的集团军和旅派往作战方面军。2 月和 3 月，国防人民委员部解散工兵第 2、第 4、第 5、第 9 和第 10 集团军以及 6 个工兵旅；把西南方面军工兵第 7 集团军和南方面军工兵第 8 集团军的实力分别增加到 5 个和 10 个工兵旅；并向各作战方面军和莫斯科防区派出 4 个工兵集团军、3 个独立工兵旅和许多新组建的专业工程兵部队。[22]

与此同时，国防人民委员部的红军军队组建与补充总局从工兵集团军和工兵旅当中撤出一部分指挥干部，并将其派往作战方面军，同时缩减工兵旅建制内工兵营的数量和规模。[23] 国防人民委员部 4 月采取上述缩减措施，把工兵营的人数从 497 人减少到 405 人，汽车拖拉机营缩编成汽车拖拉机连，每个连编有 4 个汽车排和 1 个拖拉机排；从而把工兵旅的编制缩减到 7 个工兵营和 1 个汽车拖拉机连，全旅共有 3138 人。[24]

6 月下旬，即完成上次改编两个月之后，国防人民委员部又面临着迟滞国防军新一轮夏季进攻（"蓝色"行动）的艰巨任务。除了向遂行防御的方面军提供工程保障之外，国防人民委员部还不得不使用工兵第 1、第 3、第 6、第 7 和第 8 集团军巩固莫斯科以西的防御地区，构筑掩护斯大林格勒接近地和高加索地区接近地的新防御地区，并向消耗殆尽的红军各部提供补充兵员。

正在这 5 个工兵集团军努力施工、构筑上述防御地区的同时，7 月 26 日，国防委员会又命令国防人民委员部在 8 月 20 日以前从非战斗兵种中抽调 40 万人加强战斗兵团，其中包括 6 万名工兵，并且缩编现有的工兵集团军和工兵旅，因为"其编制过于庞大和不灵活，无法有效完成向我军战斗行动提供工程保障的任务，特别是在进攻中"。[25] 国防委员会的意图是创建更灵活和更有效率的工程兵力量，能供大本营在 1942 年夏末和秋季沿最关键的方向实施防御和进攻。国防人民委员部采取的对策是决定解散当时尚存的工兵集团军和许多个工兵旅，并把一些工兵旅改编成专业化的工程兵旅，用于支援作战方面军。

国防人民委员部在 8 月 17 日颁布的一道命令中，开始把这 5 个工兵集团军和 27 个工兵旅改编成防御建筑局（缩写为 UOSs，见下文"军事建筑部队"小节），把 6 个工兵旅改编成配属作战方面军的最高统帅部预备队工程兵旅，解散其余的 8 个工兵旅，并派遣原属工兵第 1、第 7 和第 8 集团军的 3 万人充实新组建的步兵师。[26] 后来，国防人民委员部还在 9 月把工兵第 1、第 3、第 6 和第 7 集团军分别改编成防御建筑局，10 月把工兵第 8 集团军也改编成防御建筑局，并把 12 个工兵旅改编成工程兵旅，用于保障作战方面军（见表 9.1）。[27] 10 月 15 日以前改编并配属作战方面军的这 18 个工兵旅要承担双重任务，一方面要为方面军提供工程保障，另一方面作为组建更专业化的新型工程兵旅和营的基础。[28]

工兵集团军和工兵旅在其存在的过程中通过预先准备防御地区，向红军作战方面军提供不可或缺的工程保障，并作为组建作战方面军所需更专业化工程力量的基础，为红军在列宁格勒、莫斯科和斯大林格勒取得的胜利做出了重大贡献。例如，1941 年，工兵第 2—第 10 集团军共组建、训练和向作战方面军派出 150 余个专业化的工程兵营，而各工兵集团军和工兵旅 1942 年又组建 27 个专业化的最高统帅部预备队工程兵旅，其中有 23 个旅一直战斗到战争结束，有 5 个旅更是保留至今。[29] 最后，工兵集团军还为组建和充实新的步兵师提供 15 万以上补充兵员。

工程兵旅

1942 年春季解散工兵集团军的同时，国防人民委员部也开始应方面军司令员的要求组建各种新型工程兵旅和营，用这些专业化和灵活机动的工程兵力量来满足他们的需要。例如，应西方面军工程兵主任 3 月提出的要求，国防人民委员部从 4 月 18 日开始组建特种工程兵旅（SDEB）。其中 5 月建成的第一个旅是西方面军的特种工程兵第 33 旅，其前身是工兵第 1 集团军工兵第 33 旅，编有 6 个工程障碍营、2 个电工技术营、1 个探照灯营、1 个电气化大队、1 个发电机队、1 个特别技术工程连、1 个汽车拖拉机连和 4 个配属的电工技术连，全旅共有 4757 人。[30] 最终，国防人民委员部在 7 月 1 日以前共建成 6 个特种工程兵旅，11 月 1 日以前又建成另外 8 个旅，并按照每个作战方面军 1 个旅的方式将其派往作战军队。[31]

这些特种工程兵旅的编成虽各不相同，但大多数编有 1 个旅部、1 个汽车拖拉机连、5 至 8 个工程障碍营（其中 1 营在 1942 年 10 月改编成特别坑道工程兵营）、1 个电工技术营和 1 个电气化大队；1 个五营制的旅共有 3097 人。这种旅的主要使命虽然是执行专业任务，如埋设和清扫地雷场，布设遥控地雷场，建造电障碍物和其他类型的障碍物，但是常常不得不执行更加危险的战斗任务。例如，1943 年 1 月突破列宁格勒封锁的强击战斗中，沃尔霍夫方面军的特种工程兵第 39 旅就曾使用其编成内的数个工程障碍营作为强击支队。[32]

除了这些特种工程兵旅之外，1942 年 4 月，国防人民委员部还组建独立工程地雷营，并按照每个旅一个营的方式将其编入红军的每个歼击旅，其受领的任务是构筑防坦克障碍物，并与炮兵一道摧毁敌方坦克。[33]

国防人民委员部在 1942 年夏末继续这个过程，开始组建和使用近卫地雷工兵营，这是最令人感兴趣的，当然也是专业性质最秘密的工程兵部队。继 8 月向沃罗涅日方面军和北高加索方面军派出 2 个近卫地雷工兵营之后，国防人民委员部在 10 月 1 日以前又建成并向作战军队派出另外 10 个营，通常每个作战方面军获得 1 个营。[34] 这种营专门为在敌人后方实施牵制和破坏行动而组建，具体作战的方式是建立和使用小型的牵制—破坏小组。

除了近卫地雷工兵营之外，8 月 17 日国防人民委员部还在莫斯科军区组建 1 个近卫地雷工兵旅，由大本营直接指挥。近卫地雷工兵第 1 旅是在工兵第 1 集团军工兵第 37 旅编成内 2 个工兵营的基础上组建，编有 1 个旅部直属队、1 个指挥连和 5 个近卫地雷工兵营，全旅共有 2281 人。[35] 像独立近卫地雷工兵营一样，这个旅的任务也不仅仅是埋设和清扫地雷，还包括建立和派出小组实施牵制和破坏行动，并经常与游击队密切配合，共同打击德国人的后方交通线等重要目标。

1942 年夏季期间，国防人民委员部还组建过一系列规模较小的专业化工程兵分队，其中包括 5 个独立液体燃料（fugasse）喷火器连、数个野战给水连和 1 个为作战军队提供水源的钻探大队。

准备红军 1942 年 11 月的重大反攻和随后冬季战局的同时，大本营还命令国防人民委员部组建规模更大、更专业化的工程兵兵团保障进攻。国防人民委员部采取的相应措施是 10 月把许多现有的工程兵营合编成工程工兵旅（ESB），每个旅编有 4 至 5 个工程工兵营、1 个轻型 NLP 舟桥纵列和 1 个负责侦察的摩托化工程兵连；其中有几个旅是能够在山区有效作战的山地工程兵旅，每个旅编有 4 个山地工程工兵营。[36]

11 月 12 日，根据红军工程兵主任 M. P. 沃罗比约夫少将的请求，国防人民委员部把一些工兵旅改编成 15 个工程地雷旅（EMB），其番号从第 1 到第 15，以便更有效地保障作战方面军。[37] 这种旅负责构筑战役障碍物配系，编有 1 个旅部、1 个指挥连和 7 个工程地雷营，全旅共有 2903 人。[38]

另外，国防人民委员部 11 月 26 日还下令在 11 月和 12 月间把外高加索方面军的 5 个工兵旅改编成最高统帅部预备队山地工程地雷第 1 至第 5 旅。[39] 这些山地工程地雷旅（MEMB）建成之后，一般编有 5 个山地工程地雷营，其下属各连和排主要装备马和驴，而不是拖拉机，全旅共有 2344 人。[40]

国防人民委员部还从 1942 年秋季开始组建规模更大、更有效率的舟桥部队，主要是因为大本营认为更大型的舟桥部队对于成功实施更大规模的进攻战役至关重要。继初秋使用 11 个最高统帅部预备队独立舟桥纵列加强作战方面军和集团军之后，国防人民委员部 11 月又组建 2 个舟桥旅并将其派往斯大林格勒方面军，供斯大林格勒反攻使用。[41] 这种旅编有 1 个指挥连、3 至 7 个（通常 4 个）N2P 摩托化舟桥营、1 个承载能力为 50 吨的 DMP–42 舟桥营和负责水下作业的数个大队。随着进攻的发展，国防人民委员部还在 1943 年 1 月向列宁格勒方面军派出第 3 个舟桥旅，2 月以前又建成 4 个新的重型舟桥团作为这些旅的补充，每个团编有 2 个营，装备承载能力 100 吨的新型 TMP 舟桥。[42]

1942 年期间，除了组建和使用上述各种新型工程兵旅和营之外，国防人民委员部还在全年向作战方面军派出包括工程兵部队在内的新型兵团，进一步加强队属工程兵,例如,在每个新的近卫步兵军和机械化军编入 1 个工兵营,每个新的坦克军编入 1 个工程地雷连。[43] 因此,截至 1943 年 2 月 1 日,红军工程兵的结构规模已经扩大到 13 个特种工程兵旅、1 个工兵旅、17 个工程工兵旅(其中 5 个是山地旅)、15 个工程地雷旅、185 个独立工程兵营、10 个独立工兵营、16 个地雷工兵营、1 个近卫地雷工兵营、11 个近卫地雷工兵营、3 个舟桥旅、4 个舟桥团和 78 个舟桥营。

根据其受领的任务不同,国防人民委员部在具体进攻战役的全过程因地制宜地确定每个特种工程兵旅、工程工兵旅、工程地雷旅、舟桥旅和近卫地雷工兵旅,舟桥团,地雷工兵营、近卫地雷工兵营和舟桥营的具体编成,有的用于保障作战方面军和集团军,有的独立使用。

1943 年,国防人民委员部并未满足现有成就,而是继续扩充和完善工程兵的编制。例如,从 2 月开始组建 5 个后方障碍旅,每个旅编有 5 至 7 个工程兵营,其任务是在新解放的德占区清除地雷和障碍物。[44] 经过漫长的组建过程,大本营 1943 年 12 月向莫斯科军区派出其中的 1 个旅,向新成立的哈尔科夫军区派出 2 个旅,并向北高加索军区和乌拉尔军区各派出 1 个旅。

更重要的是,鉴于地面交战日益激烈和国防军防御配系不断巩固,国防人民委员部从 5 月 30 日开始组建强击工程工兵旅。这种新型旅由原来的工程工兵旅改编而成,编有 1 个旅部、5 个强击工程工兵营、1 个摩托化工程侦察连、1 个轻型渡河器材纵列、1 个扫雷连(装备有装甲保护的探雷犬)和若干个轻型的后勤保障分队。[45] 这种新型旅负责协助坦克和步兵克服敌人预有准备的防御地区和筑城工事。

随着红军在 1943 年夏末和秋初扩大进攻范围,清扫地雷变得远比埋设地雷更加重要。所以,国防人民委员部开始用最高统帅部预备队工程工兵旅替换最高统帅部预备队工程地雷旅,并改编新旧两批工程工兵旅,从而提高其战斗力。[46] 因此,工程地雷旅的个数从 2 月 1 日的 15 个减少到 7 月 1 日的 12 个,进而到 12 月 31 日已不复存在,而工程工兵旅的个数从 2 月 1 日的 12 个增加到 7 月 1 日的 13 个,最终达到 12 月 31 日的 22 个。另外,国防人民委员部还在 7 月 1 日以前建成 15 个新的强击工程工兵旅,12 月 31 日以前总共建成 20 个。

最后要提到的是工程坦克团，虽然它们不属于工程兵编制中的正式成员。国防人民委员部从 1943 年 6 月开始组建这种新型坦克团，每个团装备 22 辆 T-34 坦克和 18 具 PT-3 铲刀式扫雷器①，用于在德军防御配系内不计其数的地雷场中开辟通路。[47]

由于国防人民委员部的努力，红军工程兵的编制在规模和多样性方面都出现急剧增长，从 1942 年 1 月 1 日的 32 个工兵旅、3 个工程兵团和 206 个各种类型的营，增加到 1943 年 12 月 31 日的 68 个各种类型的旅、6 个舟桥团、270 个工程兵营和舟桥营。红军发起 1944 年的战役时，其庞大的工程兵编制无疑能满足急剧增加的战役需要。

通信兵

"巴巴罗萨"行动前夕，由于装备低劣，人员严重短缺，没有能力执行战时的主要任务，通信兵是红军整体结构中最薄弱的组成部分。战争开始前，红军通信兵主要由作战军队中的通信团和通信营组成，国防人民委员部将其实力保持在和平时期编制的 40%—45% 之间；还有一部分通信部队负责保持总参谋部和作战军队之间的通信联系，国防人民委员部计划在战争前夕加以动员。

国防委员会在战前进行的通信研究表明，广泛的无线电通信对于确保可靠和有效地指挥控制红军各部之间的协同动作至关重要。然而，红军的各级军队却在战争前夕极度缺少无线电设备。总参谋部和预定在战时改编成方面军的军区缺少编制数量 65% 的无线电台，集团军和军缺少编制数量的 89%，而师、团和营分别缺少编制数量的 38%、23% 和 42%。更糟糕的是，方面军司令部有 75% 的无线电台是过时的旧型号，集团军、师和团的无线电台也分别有 22%、89% 和 63% 也已过时。而当这些领率机关严重依赖乘坐汽车的通信员和野战邮政保证通信的时候，又发现汽车和摩托车同样供应不足，而野战邮政远远不能满足时间要求。

---

① 译注：原文如此，PT-3 不是铲刀式（plows），而是滚轮式，见《苏联军事百科全书·军事技术》第572—573页。本书第七章"独立坦克团"小节也提到是滚轮式。

从理论上讲，战时的每个方面军应当有 1 个通信团、1 个无线电通信营、5 至 6 个有线通信营、3 个电报架设连、3 个电报管理连、3 个线路连、1 个特种无线电营和 1 个军用信鸽站，以及若干个仓库和修配所。每个集团军应当有 1 个通信团、1 个有线通信营、2 个电报通信连、1 个电报管理连、4 个线路连和 1 个军用信鸽站，以及若干个仓库和修配所。然而，每个军区和集团军都只有 1 个通信团，其中许多在战争开始时只有 1 个营。[48]

集团军编成内所有的军和师（骑兵军除外）都有 1 个通信营，所有的团（骑兵团除外）都有 1 个通信连，所有的营有 1 个通信排。骑兵师和骑兵团分别有 1 个和半个通信中队；筑垒地域有 1 个通信营或若干个通信连。1941 年 6 月 22 日，红军总计有 19 个通信团（其中 14 个用于保障军区和 5 个具体的集团军）、25 个独立有线通信营、16 个独立无线电营（包括为总参谋部和国防人民委员部服务的 OSNZ3 式特种无线电营）和 4 个独立通信连。[49]

至少在纸面上，方面军和集团军的通信团编 1 个指挥保障群、1 个无线电营、1 个电话电报营、1 个摩托化有线电报连和 1 个配备运动通信设备的连。通信团中的电话电报营编 2 个三排制的连和若干个电话电报站。无线电营编 2 个连。有线电报连编 3 个有线电报排和 1 个电报架设排。运动通信连编 1 个野战传令排、1 个功能不明的 PSS 排 ① 和 1 个对空情报观察哨。最后，军属和师属的通信营编 1 个营部、1 个指挥连（下设若干个无线电排、电话排和运动通信排）和 2 个电话连，以及若干个小型保障队。[50]

1941 年 6 月，因为红军通信兵的实力薄弱，所以总参谋部及其战时方面军别无选择，只能利用国家通信网来弥补军队通信手段的不足。国防人民委员部通信局只是简单地从邮电人民委员部（Narodnyi komissariat sviazi，缩写为 NKS）拥有和运营的通信网中租用通信线路。

积极的战斗行动很快暴露出红军通信工作的诸多缺陷。国防军在"巴巴罗萨"行动期间的快速推进重创红军原有的独立通信营，并先发制人地阻止后者按计划动员更多通信部队，而无论大本营还是方面军和集团军，都没有

---

① 译注：PSS 是 подвижные средства связи（活动通信工具）的缩写，指传递作战文书和其他勤务文书用的交通工具。

能力在快速多变的运动战中有效维持通信。疏于训练的报务员操作着陈旧的固定式无线电台，导致指挥和控制陷入瘫痪；有线通信也经常中断，一方面是因为司令员经常移动自己的指挥所，另一方面是德国空军和陆军的破坏部队会把目标对准通信线路和通信中心并加以摧毁。通信装备的巨大损失只会加剧这些问题，造成短期或长期的指挥控制混乱。

1941 年 7 月 23 日，国防委员会试图解决上述问题，任命时任邮电人民委员的 I. T. 佩列瑟普金上将[①]兼任红军通信兵主任，并命令国防人民委员部颁布改善军队无线电操作程序的新教令。[51] 国防人民委员部随后颁布的命令这样坦率地描述当时面临的问题：

> 战争经验表明，军队指挥和控制之所以不能令人满意，相当程度上是因为通信工作组织不力，首要原因是忽视作为最有效通信手段的无线电通信。军队指挥和控制主要建立在电话的基础之上，便会非常脆弱和不可靠，因为电话线一旦遭到破坏，指挥和控制就会长时间中断。
>
> 这种忽视无线电通信作为最可靠通信手段和主要指挥控制手段的做法，是我军指挥机关因循守旧和认识不到无线电通信在现代化运动战中重要性的结果。
>
> 我们违反了电话通信的每一条原则，实施作战通话时公开提到部队和兵团的名称、任务和位置，以及指挥员的姓名和军衔。绝密信息就这样落到敌人的手里。[52]

国防人民委员部的命令严厉批评全体指挥机关的渎职行为，要求他们学会有效运用无线电通信，并使用密码本（SOI）在严格时间限制之内加密作战消息，责成佩列瑟普金在方面军和集团军两级建立安全的"博多"（BODO）电传打字通信，并立即建立特别学校培训无线电报务员。[53] 然而，这一切说起来容易做起来难。尽管国防人民委员部千方百计地劝告和威胁，但其中许

---

① 译注：这里的"General"是多余的笔误，苏德战争爆发时他仍是上校。原文第十一章"通信"小节是正确的。

多通信问题还是会持续很长时间。

　　为了确保野战领率机关对有效的通信给予必要重视，国防人民委员部 7 月 28 日成立红军通信总局（Glavnoe upravlenie sviazi Krasnoi armii，缩写为 GUSKA），并指定该总局负责建立和监督大本营、各作战方面军和集团军、各军兵种之间的通信。[54] 这个新的总局使用步兵军和机械化军解散后腾出的通信人员，组建师、集团军和方面军编成内的新通信部队和分队。8 月 23 日，方面军直属独立通信团只有编制实力的 60%—70%，集团军直属通信营只有编制实力的 60%—70%。国防人民委员部这天下令红军可以把一切能够得到的民用无线电通信设备用于军事目的，特别是属于地方政治机关和政府机关的无线电台，这道命令可以进一步体现红军遭遇无线电通信危机的严重程度。[55]

　　国防人民委员部和邮电人民委员部 1941 年秋季加强红军通信兵的措施卓有成效。1941 年 12 月 1 日以前，国防人民委员部建成许多个独立修理营、电报电话营、线路营、无线电营、电报管理连、线路通信营和独立线路连，邮电人民委员部建成 6 个修复—管理营及通信列车、37 个电报电话连、35 个电报管理连、8 个建筑纵队、6 个大队和 135 个军事作战通信中心。国防人民委员部主要利用这些部队在大本营、方面军和集团军三级建立预备通信中心，建成市级和州级的通信网，并改善国家、总参谋部、方面军级和集团军级的通信。[56]

　　1941 年 12 月和 1942 年年初，尽管通信力量得到加强，网络有所拓展，但作战方面军内部和之间的通信还是可谓捉襟见肘，并经常陷入混乱，特别是步兵军在夏季解散之后，集团军司令员不得不直接指挥下属多达 12 至 15 个兵团，这是一项不可能完成的任务。集团军还缺少必要的通信装备来建立用于指挥这些兵团的辅助指挥所。师级的局面同样乏善可陈。虽然改编后的步兵师规模较小，但是无线电台从旧编制的 63 部减少到只有 12 部，电话线总长从 473 公里减少到 100 公里，电话机从 32 部[①]减少到 100 部，而国防人民委员部利用节约下来的大多数旧通信装备，与新通信装备一起用于组建新的步兵师和步兵旅。[57]

―――――――――――――――

　　① 译注：原文如此，应缺一位数字。

组建新通信部队和分队的同时，国防人民委员部还努力增加训练合格的通信人员数量。因为作战部队要占用全部可用兵员，所以国防人民委员部1942年4月12日批准动员3万名女性，并实施通信操作培训，随后将其分配到方面军和后方的通信部队。这次动员分三个阶段进行，1942年9月1日以前全部完成。[58]

1941—1942年和1942—1943年的两个冬季，红军的进攻两度把军队通信拉扯到濒临崩溃的极限，并使国防人民委员部相信，如果想要在敌方纵深持续作战，就必须把方面军、集团军和军的运动式无线电台数量增加到原来的两倍至三倍。国防人民委员部从1942年开始加强军队的通信能力，并最终在1943年10月以前实现这个目标。例如，1942年年底和1943年年初在集团军编成内重新组建步兵军时，国防人民委员部为每个步兵军编入1个独立通信营，尽管这是以步兵师直属的通信营缩编成仅有的一个通信连作为代价。[59]1943年6月，国防人民委员部向每个方面军分配9个独立无线电营和5个独立无线电连，秋季又增派1个独立后方通信连和1个装备32架通信飞机的航空通信团。[60]

在方面军以下的各个级别，国防人民委员部1943年为每个诸兵种合成集团军增加1个通信营，为每个坦克集团军增加1个完整的通信团、1个航空通信团、2个线路连和1个电报管理连，为每个步兵军增加1个电报架设连和1个线路连，并为集团军通信主任掌握的预备队增加1个通信连；与此同时，还把步兵师和步兵团中的战术无线电台数量增加到原来的两倍到三倍，使大多数师编成内的步兵营和炮兵连有条件通过无线电与师部直接联系。

总之，国防人民委员部1943年一共建成和派出464个通信部队和分队，其中包括11个独立通信团和175个独立通信营；1941年7月至1945年5月之间，总共建成和派出300余个通信团和1000余个通信营。[61]

化学兵

战争前夕，在国防人民委员部军事化学防护局（Upravlenie voenno-khimicheskoi zashchity，缩写为UVKhZ）监督下开展工作的红军化学兵，是这支军队中规模最小的兵种。这个兵种由作战军队中的化学分队、军事化学防护局直接指挥的统帅部预备队部队和分队组成。后者中的大多数将会在作战时划归未来的战时方面军隶属。战争开始时，化学兵的所有部队和分队都严重不满员，得到的装备也质次量少。

作战军队中的化学部队和分队主要由两部分组成：第一部分是 1940 年年初红军军队结构中 3 个喷火坦克团解散留下的喷火坦克营，其中有些营在 1941 年年初编入新的坦克师；第二部分是步兵军、师和团编成内小型的对化学防御连和排，简称"防化连"和"防化排"。所有这些分队都由军区和集团军的化学处指挥，其处长负责实施化学训练并向其下属提供一切必要的化学装备。

集团军或军区编成内的步兵军有若干个防化连，每个连有 2 个装备监测和除毒车辆的排、1 个地面除毒排；所有步兵师都有 1 个除毒连，每个连有 1 个化学侦察和观察排、1 个地面除毒排和 1 个装备除毒排。在师级以下，每个步兵团有 1 个防化排（每个排有若干个化学侦察班和除毒装备）和 1 个特别喷火小队（编 2 个班，每个班有 10 具 ROKS–2 背囊式喷火器；每个步兵营设置 1 名固定的化学指导员）。

坦克师编成内的喷火坦克营有两种版本：旧版本的营装备 30 至 45 辆喷火坦克，新版本的喷火坦克营采用四连制，其中 2 个连各有 10 辆 KV 坦克，另外 2 个连各有 16 辆 T–34 坦克，全营共有 52 辆喷火坦克，其中许多坦克装备 ATO–41 式坦克自动喷火器。另外，每个独立坦克旅还有 1 个喷火器连，负责喷射火焰和施放烟幕，以及装备和地面的除毒。

军事化学防护局直接指挥的统帅部预备队包括执行普通任务的若干个独立除毒营和独立防化营，执行专业任务的化学坦克营、化学装甲汽车营、化学迫击炮兵营和喷火器营。[62] 除毒营负责就地实施地面、武器和被服的除毒，采用三连制，每个连有 15 台除毒、管理和供应车辆；防化营负责当地地形的除毒、施放烟幕、释放毒气和制造污染区，编有装备化学车辆的三个连。

更加专业化的化学坦克营采用三连制，每个连有 15 辆化学坦克；化学装甲汽车营采用三连制，每个连有 15 辆装甲汽车，负责喷射火焰、施放烟幕和地面除毒。最后，化学迫击炮营同样采用三连制，每个连有 12 门迫击炮，负责歼灭敌军和施放烟幕。

总之，1941 年 6 月 22 日，红军共有 50 个不同类型的统帅部预备队独立化学兵营。其中一些被称作"除毒营"，另一些被称为"防化（对化学

防御 protivo–khimicheskaia oborona，缩写为 PKhO）营"或者"化学防护
（khimicheskaia otpora，缩写为 KhO）营"。[63]

红军化学兵在"巴巴罗萨"行动初期遭受巨大损失，主要原因是各级司
令员和指挥员经常将其当作步兵使用。为此，国防人民委员部 8 月 13 日连
颁三道命令，强调化学战的危险性，并彻底改编化学兵。[64] 第一道命令把所
有的防化（PKhO）营改称化学防护（KhO）营，化学防护营不再由方面军和
集团军指挥，而是集中到最高统帅部预备队，接受国防人民委员部总军事化
学局（Glavnoe voenno–khimicheskoe upravlenie，缩写为 GVKhU）的直接指挥。
另外，这道命令还把步兵师直属化学兵连中的喷火器排重新分配到师属步兵
团，使其能发挥更大作用。

国防人民委员部的第二道命令把红军军事化学防护局改组成总军事化学
局，并任命 P. G. 梅利尼科夫技术兵少将担任局长。这个新的总局下设化学
防护局、化学防御局 ①、化学供应局和化学装备局，负责训练化学兵干部，组
建和派遣必要的化学兵部队。

国防人民委员部的第三道也是最重要的命令，要求改编化学兵，组建新
型化学兵部队，加强师和团两级的对化学防御能力。除了把每个作战集团军
编成内的 1 个除毒营改编成化学防护营之外，这道命令还要求组建 10 个新
的最高统帅部预备队化学防护营，直接隶属总军事化学局，并由总参谋部决
定其未来分配去向。国防人民委员部在 1941 年 9 月 1 日以前共建成 39 个这
种新型最高统帅部预备队独立化学防护营，每个营编有 1 个指挥排、3 个除
毒连、1 个战斗保障连和 1 个侦察排，

第三道命令还把步兵师和骑兵师属的全部化学兵连、步兵团属的防化
排改编成化学防护连和排，并为其增加若干个监测和侦察班。最后，这道命
令明确禁止各级指挥员在未经批准的情况下把化学防护力量挪用于其他目的
（例如当成步兵使用）。这种化学防护力量的基本编制在战争的前 30 个月里
几乎没有再发生改变。

---

① 译注：原文如此。

除了改编化学防护力量的基本编制之外，国防人民委员部还在战争的前18 个月里改编和加强独立背囊式喷火器部队和喷火坦克部队。起初，独立喷火坦克营在1941 年年内改编成由最高统帅部预备队指挥的新型营和团。[65] 后来，1942 年夏季改革普通坦克营和旅编制的同时，国防人民委员部也组建更强大的新型喷火坦克营和旅。这种喷火坦克营采用三连制，其中有2 个重型喷火坦克连，每个连装备5 辆KV 坦克，另1 个连是装备11 辆T-34 坦克的中型喷火坦克连，全营共有21 辆坦克。独立喷火坦克旅采用三营制，全旅共有59 辆坦克。喷火坦克营和旅负责迎击和毁伤敌方坦克，摧毁敌方地堡和其他轻型筑城工事。[66]

改编喷火坦克部队的同时，国防人民委员部1941 年8 月又组建50 个独立地雷式喷火器连，并将其派往作战方面军；每个连编有3 个排，每个排有3 个班，每个班装备20 具FOG-1 式喷火器，全连共有180 具喷火器。由于这种连在莫斯科会战期间大显身手，国防人民委员部在1942 年4 月之前又组建93 个连。[67] 后来到1942 年夏季，国防人民委员部又在化学兵编成中新增11 个更重型的背囊式喷火器连。这种重型连采用三排制，每个排有40 具ROKS-2 式喷火器，全连共有120 具喷火器。[68] 另外，国防人民委员部还为每个新组建的筑垒地域编入1 个喷火器连，每个连有300 具FOG-1 式喷火器。

1941 年年底和1942 年年初，国防人民委员部还组建过一种新颖而独特的纵火掷弹筒（ampulemet）连，这种连装备的纵火掷弹筒是一种安装在车架上的后装迫击炮，用来发射充满混合燃烧剂的纵火弹。然而，因为这种奇怪而往往不可靠的武器既会对炮手造成危险，又存在生产问题，所以国防人民委员部从1942 年7 月起停止组建这种连。[69]①

因为红军1942 年11 月和12 月在勒热夫和斯大林格勒的反攻，以及接下来的1942—1943 年冬季战局显示，其化学兵编成内没有一个地雷式喷火器连具有足够的机动能力跟得上装甲坦克和机械化兵的推进速度，所以国防人民委员部1943 年4 月组建5 个独立摩托化反坦克喷火器营。这种营编有3 个摩

---

① 译注：苏联人定义纵火掷弹筒是"使用特殊玻璃弹药（装有KS自燃液体燃烧剂的纵火弹）的简化迫击炮"。从现有资料看，纵火弹是前装的，后装的部分是作为抛射药的12号猎枪弹。这种武器1942年12月正式退出战斗部队，但小部分继续使用到1943年，还有一部分用来抛射特制的宣传弹，向德国士兵投掷传单。

托化喷火器连和 1 个汽车运输连，全营共有 540 具 FOG-1 式喷火器。与此同时，国防人民委员部还组建骡马挽曳的独立喷火器营，起初编有 3 个喷火器连，全营共装备 648 具 FOG-1 式喷火器，用于伴随骑兵军和骑兵师推进。[70]

1943 年夏季，战争形势已经明显有利于红军，大本营担心国防军有可能会使用化学武器，因此，于 7 月 1 日命令国防人民委员部把军队中的化学防护营增加到 77 个，并加强全体化学兵部队和分队的侦察能力。国防人民委员部采取的措施是，一边缩减化学防护分队规模，一边改善化学装备的性能，并增加坦克部队和工程兵部队中的化学防护分队个数。与此同时，所有喷火器部队和分队还改为直接隶属最高统帅部预备队，由后者根据大本营的具体指示将其派往作战方面军和集团军。

由于对 1942 年和 1943 年年初做出的改善比较满意，从 1943 年夏季后期开始，国防人民委员部很少再改动红军化学兵的编制。[71] 截至 1943 年 12 月 31 日，红军编成内共有 28 个独立喷火器营和 19 个独立背囊式喷火器连，其中有 3 个营编入最高统帅部预备队。

铁道兵

战争前夕，铁道兵有一批具体负责保养、建筑、修复、遮断或保卫铁路线等任务的专业化部队，共同保障红军作战军队。然而，这个兵种的指挥控制却因隶属不同的上级而混乱无序。例如，国防人民委员部的军事交通勤务部门（Sluzhba voennykh soobshchenii，缩写为 VOSO）负责组建独立铁路团和营，但没有自己的管理局；1939 年 1 月 1 日建成的 5 个铁路旅组成铁道兵特别军，具体行动时又归交通人民委员部（Narodnyi komissariat putei soobshcheniia，缩写为 NKPS）指挥（见第十一章）。另外，保卫铁路设施的内务人民委员部部队总局指挥其下属的铁路保卫部队（师）负责保卫铁路安全，并帮助战时的方面军司令员承担修复地方铁路的任务。

让这种混乱局面进一步加剧的是，总参谋部的军事交通局（Upravlenie voennykh soobshchenii，缩写为 UVS）也负责监督铁路网中用于军事用途的那部分。该局战时的首任局长是 N. I. 特鲁别茨科伊技术兵中将，1941 年 7 月由 I. V. 科瓦廖夫一级军事工程师接替。

战争开始后，这种混乱局面并没有结束。例如，8月1日，国防委员会成立国防人民委员部下属的红军后勤总局，并设置后勤总局局长的职务；总参谋部军事交通局划归红军后勤总局隶属，名称仍是军事交通局（Upravlenie voennykh soobshchenii，缩写改为 UP VOSO）。[72]1943年1月3日，国防委员会把所有铁道兵划归交通人民委员部（NKPS），才最终打破上述混乱局面，实现管理的有序化。[73]

战争前夕，国防人民委员部正在把独立铁路团和营合并成完整的铁路旅。这个过程从1941年2月开始，到6月以前，已建成13个新的铁路旅。每个旅编有3个铁路线路营、1个铁路桥梁营和1个独立铁路管理连。[74]"巴巴罗萨"行动开始时，这些旅当中的10个正在保障进出西部各军区及其内部的铁路运输。[75]

战时，这些旅负责在动员期间和之后掩护红军战略第一梯队的集中和展开，疏散铁路车辆装备和最重要的设施，限制、阻塞或遮断可供敌人使用的所有铁路，并短期和永久性修复铁路，从而保障红军实施的进攻战役。这些旅虽然因工作繁重而处于高度战备状态，但是全都严重缺少卡车和其他车辆。更糟糕的是，在所有边境地段，国界苏联一侧的铁路运输能力都比德国、芬兰和罗马尼亚一侧小很多。[76]

国防军在"巴巴罗萨"行动期间的快速推进，不仅摧毁苏联的许多铁路线和桥梁，还重创配置在前方的红军铁路旅，迫使幸存的铁道兵作为步兵参加战斗，并且打乱铁道兵的进一步动员。为了在这场灾难发生后恢复剩余铁路的秩序，国防委员会于9月命令交通人民委员部建立一个中央军事修复局，并成立一批新的军事修复勤务部门，负责所有作战方面军和集团军后方的短期和永久性修复工作。交通人民委员部共建立19个这样的部门，管理其管辖范围之内的修复队。[77]

1942年1月3日，国防委员会进一步理顺所有铁路的建筑，短期和永久性修复施工，指定交通人民委员部负责方面军作战地区和后方的全部相关工作；同时要求交通人民委员部向所有方面军派出代表，作为方面军军事委员会的正式成员。这些代表与所在方面军的司令员一起负责监督方面军辖境内的所有铁路施工。另外，国防委员会还要求国防人民委员部的红军军队组建与补充总局组建 5 个铁路旅、20 个铁路营、5 个桥梁营、6 个独立机械化营、11 个独立管理连和 2 个独立预备铁路团，并将其移交给交通人民委员部。[78]

后来，到 1943 年年初，交通人民委员部将其下属全部铁道兵都改编成铁路旅，每个旅编有 1 个旅部、4 个轨道营（每个营有若干个负责侦察铁路线的专业队）、1 个桥梁营、1 个机械化营和 1 个后勤保障连，全旅大约有 2500 人。应交通人民委员部的要求，国防人民委员部又在 1943 年剩余时间里为每个铁路旅中增编 1 个交通修复连（后来扩充为 1 个完整的营）和 1 个水工连，后来增编 1 个桥梁修复队、1 个独立木工和重型起重机连。这些新增加的分队使每个旅的人数增加到大约 3000 人。战争后续阶段，交通人民委员部最终共建成 35 个铁路旅。

汽车兵和道路兵

战争前夕，由于苏联的公路网极不发达，公路运输在兵力兵器和其他重型装备的战略战役输送和展开过程中，远不能像铁路运输那样发挥显著作用。尽管如此，公路运输还是对人员和装备的战术输送具有重大意义，特别是沿现有少数几条碎石铺砌的公路干线（俄语称之为 shosse，德语称为 rollbahn）和沿其他类型从后方直通前线的所有道路（通常只是土路）的运输。

像铁道兵的情况一样，没有一个中央局全面负责建筑、修复和掩护道路，并训练和领导汽车兵和道路兵。相反，总参谋部后方与物资计划局的汽车道路处、国防人民委员部的红军总汽车装甲坦克局共同负责修理和供应汽车装备，而国防人民委员部训练道路建筑部队，内务人民委员部训练保卫道路安全的部队。

战争前夕，红军的公路运输力量当中既有负责汽车运输的汽车兵，又有负责道路建筑和修复的道路兵。汽车兵共有 19 个汽车团、38 个独立汽车营（其中有 4 个教导营）和 2 个独立汽车连；其中 9 个团和 14 个营驻扎在西部各军区。[79] 因为国防人民委员部在和平时期只保留这些部队的基干力量，再加上没有确切地规定其战时编制，所以它们只拥有所需战时装备数量的大约 41%，其车辆和其他装备的数量和类型可谓千差万别。例如，每个汽车团实有的车辆从 180 台到 1090 台不等，每个汽车营实有的车辆从 113 台到 610

台不等，每个汽车连大约有 62 台车辆。另外，总汽车装甲坦克局还管理着 65 个汽车仓库，一旦开始动员就使用这些汽车仓库组建新的汽车营。

与此同时，红军道路兵共有 43 个道路管理团和 8 个道路管理教导团，其中 23 个团驻扎在西部各军区。国防人民委员部在和平时期只保留这些部队的基干力量，每个团只有 1 个可使用的营。战时动员期间，这些团应当作为基础，组建新的道路部队，例如道路管理团、道路修建营、桥梁建筑营和前方道路基地，并分配给国防人民委员部和内务人民委员部公路干线总局。[80] 这些团、营和基地完成动员之后，应负责建筑、修复和保养重要的军用汽车路。然而，战争开始时，国防人民委员部同样未能确定这些部队的确切战时编制，也没有一支部队得到应有的装备。[81]

6 月 22 日以前国防委员会命令红军实施的局部动员，再加上这天以后国防军在"巴巴罗萨"行动期间的迅速推进，共同导致红军汽车兵和道路兵陷入彻底混乱，许多部队损失殆尽，其余部队被迫作为步兵战斗。

为了挽回这种局面，国防委员会 7 月 16 日重新组织汽车兵和道路兵的指挥控制，下令组建汽车兵和道路兵的各种新型部队和分队。[82] 总参谋部内成立一个新的汽车道路局（Avtomobil'no-dorozhnoe upravlenie，缩写为 ADU），任命 Z. I. 孔德拉季耶夫少将担任局长，同时，国防委员会还在红军作战方面军内设立新的汽车道路处，并由孔德拉季耶夫少将统一监督。另外，国防委员会还沿关键性的战役方向组织 6 条军用汽车路（voenno-avtomobil'nye dorogi，缩写为 VAD），并命令国防人民委员部在 7 月 25 日以前组建 35 个汽车营、8 个道路管理团、11 个军用道路和桥梁营，同时组建 4 个汽车修理基地，负责修理分配给这些新部队的拖拉机和其他车辆。[83] 在命令的最后部分，国防委员会委派孔德拉季耶夫负责组建和调派这些新部队。后来，也就是 8 月 1 日，国防委员会把汽车道路局划归红军后勤主任隶属，不久又把汽车道路局升级为总局，即总汽车道路局（Glavnoe avtomobil'no-dorozhnoe upravlenie，缩写为 GADU）。[84]

总汽车道路局成立之后，1941 年夏季动员民用车辆先后组建 120 个汽车运输和道路建筑的团、营和连，其中许多用于组建新的旅。[85] 该总局还建立新的军用汽车路，作为 7 月那批的补充，并新组建一批采用数字番号的军用道路局（voenno-dorozhnie upravlenie，缩写为 VDU），负责保养这些公路并规范沿途交通。后来，总汽车道路局及其领导的各军用道路局与其他人民委员部下属各局一起通过苦心经营，建成一个由大本营军用汽车路、方面军军用汽车路和集团军军用汽车路共同构成的复杂网络，能更有效地服务于红军的全部作战方面军。[86] 为了把整个军用道路体系连接在一起，总汽车道路局还在苏联国土纵深内建立一条中央军用汽车路，从而将国家最重要的经济区与发生积极军事行动的战区直接联系起来。

为了在这个庞大的军用道路运输系统中建立秩序，1941 年后期和 1942 年，总汽车道路局把军用汽车路划分成一系列独立的道路警备段，每个道路警备段编有数量各不相同但固定的道路管理连，负责维持和控制沿这些军用道路的交通。这些道路管理连使用交通控制勤务人员和总汽车道路局下属各道路勤务（管理）团派出的交通控制小组，共同控制双向交通流量，采取的主要措施是设立交通调度站。[87]

国防委员会 1942 年 5 月 8 日进一步改善汽车兵和道路兵的效率，命令国防人民委员部建立一个新的红军汽车运输与道路勤务总局（Glavnoe upravlenie avtotransportnoi i dorozhnoi sluzhby Krasnoi Armii, 缩写为 GUADSKA），并相应地在作战方面军和集团军内建立负责汽车运输、道路勤务和道路修复基地的局和处，管理所有汽车运输和道路勤务的部队和业务。红军汽车运输与道路勤务总局 5 月 12 日成立之后，统一管理原来的总汽车道路局及其下设在方面军和集团军中的局和处，以及原属内务人民委员部有关道路勤务和基地的各局。[88] 这次改组的结果之一是，红军汽车运输与道路勤务总局在 1942 年和 1943 期间成功地向每个作战方面军派出 3 至 6 个独立汽车运输营，并向每个集团军派出 1 至 2 个营。

1943 年 1 月上旬，国防人民委员部在上述改革的基础上指定红军汽车运输与道路勤务总局负责监督所有军用道路的修复和保养，而红军汽车运输与道路勤务总局下属的总汽车道路局也将其许多个汽车运输营扩编成完成的团，并为每个团配属 1 个教导营。

1943 年 6 月 9 日，改革道路勤务的工作达到顶峰，国防委员会命令国防人民委员部把红军汽车运输与道路勤务总局划归红军后勤主任隶属，并在方面军和集团军内建立相应的道路管理局和处。国防人民委员部 7 月 17 日的命令进而把红军汽车运输与道路勤务总局一分为二，拆分成红军总汽车局和红军总道路局（见第十一章）。这两个总局虽职能明显不同，但在战争后续阶段一直保持着密切合作。

作为 6 月这次改编工作的一个组成部分，国防人民委员部开始组建更多的汽车旅，并向每个作战方面军派出 1 个旅。这种旅编有 3 个团，每个团最多有 6 个营，旅有时还编有几个独立汽车营。与此同时，国防人民委员部还把方面军编成内的汽车教导营扩编成三营制的教导团，并向每个作战方面军和集团军各派出 1 个独立汽车修理营。到这时，每个诸兵种合成集团军的编成内已有 2 至 3 个汽车运输营。[89]

国防人民委员部还在 1943 年进一步改善其军用道路体系，首先要求在军用汽车路上设置采用数字番号的独立支队（otriady）负责具体路段的道路施工，6 月又把许多个结构臃肿的旧式道路勤务管理团改编成更多个更灵活的新式道路勤务管理营。通过这种方式，国防人民委员部能够在 1943 年 12 月 31 日以前建立起内容更广泛、效果更明显的汽车兵和道路兵编制。同盟国按照《租借法案》向苏联提供的卡车供应量日益充足，也在相当程度上使红军道路勤务在 1943 年和战争剩余阶段的全面发展成为可能（见下文）。[90]

军事建筑部队

战争前夕，红军还有一批专业化的军事建筑部队（更恰当的称呼是劳动部队），负责建造和修复军事建筑、军事设施和民用的军事保障设施。这些军事建筑部队及其设施隶属国防人民委员部的防御建筑总局（Glavnoe upravlenie oboronitel'nogo stroitel'stva，缩写为 GUOS），1941 年 6 月 22 日分别由红军各军区和集团军下属的 23 个建筑主任管理局（upravlenie nachal'nika stroitel'stva，缩写为 UNS）直接指挥。这些建筑主任管理局又进一步划分成 138 个独立军事建筑段（其中 110 个配置在西部各军区），每个段编有若干个军事建筑营、工兵营和一些技术保障专业分队。[91] 另外，战争前夕，有 2 个建筑主任管理局和 3 个独立军事建筑段负责直接保障苏联人民委员会。

除了这些有正式编制的建筑部队之外，战前和战争期间，红军还拥有仓促组建的各种建筑营、纵队和大队，用于构筑主要防御地区，并承担各种普通的例行建设任务。这些分队通常临时建立，主要成员来自征召的非斯拉夫族裔和宗教少数群体，国防委员会和国防人民委员部认为这些人在政治上不可靠，甚至无法执行最简单的战斗任务。这些特别建筑部队当中既有男性又有女性，既有役龄前青年又有超过正常役龄的老年人。共有330余个这样的部队在整场战争期间参加过防御建筑工作，其中陆军有100余个[①]，海军有60个，空军有100个。

红军工程兵或建筑勤务部门通常会向独立建筑营和建筑大队派出行政管理人员和技术干部，而建筑纵队只有就地征集的建筑工人。军队的汽车大队、汽车纵队、重型机械化大队、民用汽车纵队和大队负责为这些特别建筑部队提供交通工具和其他机械化装备。

战争开始时，红军建制内的大部分建筑部队正在西部各军区协助工程兵构筑新的筑垒地域。德国的入侵在短短几天之内便让这些部队化为乌有，为了在后方建立更多防御地区，国防人民委员部不得不几乎从零开始组建新建筑部队。6月下旬和7月上旬，国防人民委员部将其下属的防御建筑总局改编成军事野战建筑局（Upravlenie voenno–polevogo stroitel'stva，缩写为UVPS），并把16个尚存的军区和集团军建筑主任管理局改编成方面军或集团军的军事野战建筑局（Upravleniia voenno–polevogo stroitel'stva，缩写为UVPSs）。[92]同时，国防人民委员部还改编原建筑主任管理局下属相对不灵活的军事建筑段，起初改成军事建筑大队，后来又改成军事建筑营。

1941年9月1日，红军编成内共有59个军事野战建筑局和66个军事建筑营，前者当中有13个方面军军事野战建筑局（每个方面军有1至2个）和46个集团军军事野战建筑局（每个方面军共有1至7个）。[93]另外，内务人民委员部的水利技术作业总局（Glavgidrostroi）还有13个军事野战建筑局，负责围绕关键的政治目标和经济目标修筑防御工事。

国防军以摧枯拉朽之势突破红军的边境防御之后继续快速推进，迫使大本营仓促构筑掩护列宁格勒、莫斯科、基辅和苏联纵深处其他重要目标接近地的新防御地区。这时，红军建筑部队的严重短缺迫使国防人民委员部不得

---

① 译注：《苏联军事百科全书》中是150个。

不依赖动员起来的大量平民劳动力，组成工农"旅"和大队来完成大部分建筑工作。但鉴于战争最初几个月里的许多建筑工作既混乱无序又常常效率低下，国防人民委员部别无选择，只能改编军事建筑部队。

为了挽回局面，国防委员会 10 月上旬[①]建立由内务人民委员部领导的防御作业总局（GUOBR），并指派该总局负责在红军总军事工程局的指导下建筑后方防御地区和防御阵地。新的防御作业总局吸收并取代原来的北、西北、西、西南和南（方面军）防御作业局，但并未取代作战方面军和集团军的军事野战建筑局（UVPSs），只是互为补充。然而，国防军 10 月下旬向莫斯科的突然挺进，迫使国防委员会又一次尝试由总参谋部和作战方面军集中管理和理顺建筑工作，从而使之能够更好地保障总参谋部的防御计划。

10 月下旬，国防委员会命令内务人民委员部成立一个新的防御建筑总局（GUOS），并命令国防人民委员部组建 10 个工兵集团军。国防委员会要求这些工兵集团军不仅要组建工程兵部队和训练工程人员，还要在内务人民委员部防御建筑总局的监督下协调和开展全部防御建筑施工。然而，这种安排未能发挥应有的效率，工兵集团军也有负众望，于是，国防委员会 11 月下旬将其划归红军工程兵主任隶属，并从 1942 年年初开始解散工兵集团军，将其职能和下属各部划归作战方面军。（见上文。）[94]

因为使用工兵集团军的尝试未能满足大本营的大规模防御建设需要，国防委员会命令国防人民委员部从 1942 年年初开始组建新的防御建筑局（UOSs），编入大本营预备队，用来代替方面军和集团军的军事野战建筑局（UVPSs），但执行的基本任务不变。随后，国防人民委员部整合原属内务人民委员部的防御作业总局（GUOBR）、7 个方面军军事野战建筑局和 20 个集团军军事野战建筑局的资源，在 1942 年 4 月以前建成 7 个防御建筑局。每个新的防御建筑局下设 3 至 7 个军事野战建筑局，共计 35 个军事野战建筑局；而每个新的军事野战建筑局下设 4 个军事建筑作业段（uchastka voenno-stroitel'nykh rabot，缩写为 UVSR），共计 140 个军事建筑作业段。全面建成后，

---

① 译注：原文如此，应是 8 月下旬，10 月下旬移交国防人民委员部，详见上文注释 11 处。

每个防御建筑局编有 8 至 20 个建筑纵队，每个纵队约有 1000 人；全部军事建筑部队共有大约 100 个纵队，总人数有大约 10 万人。[95]

1942 年 4 月以前建立的 7 个防御建筑局（UOSs）隶属国防人民委员部防御建筑局（1943 年成为总局），并在红军工程兵主任的监督下开展工作。一旦划归作战方面军和集团军，这些防御建筑局就负责使用军事建筑部队和平民劳动力在方面军和集团军后方构筑筑垒化防御地区和防御阵地。到 1942 年 4 月，国防人民委员部已向作战方面军派出 2 个，向诸兵种合成集团军派出 27 个防御建筑局。另外，大本营还经常从其预备队中抽调障碍物设置队加强这些防御建筑局。

虽然国防委员会和国防人民委员部 1941 年后期和 1942 年初期对红军建筑部队的改编能够满足军队防御的需要，但是到 1942 年后期和 1943 年红军发动大规模进攻战役时，已不能为红军提供足够的保障。简而言之，更积极灵活的建筑工作（如清扫地雷、掩护作战军队的侧翼和接合部、沿受到威胁的战役方向迅速建立防御）这时已经变得比相对被动的建筑工作（如构筑预有准备的防御地区、防御地幅和支撑点）更加重要。这使国防人民委员部有必要建立更加快速和积极灵活的建筑部队，保障作战方面军和集团军。

为了满足这个需要，1943 年初期和中期，国防人民委员部命令作战方面军和集团军使用其建制内的工程兵组建和使用更多个快速障碍设置队。另外，国防人民委员部 1943 年 7 月又改编和扩充建筑部队，在作战方面军内部组建更多的防御建筑局，每个局编有 4 个军事建筑大队；同时，还把一些防御建筑局改编成最高统帅部预备队防御建筑局（RVGK UOSs），每个局下设 2 至 3 个军事野战建筑局（UVPS），并向每个军事野战建筑局分配各自负责的地段及其下属的若干个建筑纵队（每个纵队下设 3 个各有 700 人的军事建筑总队）、1 个汽车纵队和 1 个货运大队。这种新编制把劳动力和技术监督结合在一起，远比原来分段负责的编制更加机动灵活，也更有能力和独立性。[96]

只经过细微的编制变化，这种新的最高统帅部预备队防御建筑局能越来越有效地继续向红军作战方面军提供防御和进攻中的建筑保障，直到战争结束。

工程、通信和化学武器

工程装备

　　战争前夕，虽然红军在实施工程保障方面有杰出的理论基础，但是其工程兵却缺少把理论付诸实践的经验和装备。可是到 1943 年年初，红军在国防军手中接受的残酷教育已经教会苏联各级军事首长怎样才能保证有效实施工程保障。到这时，国防人民委员部已经确定自己所需工程设备的基本特点和数量，而苏联工业大批量生产的工程设备也能满足现代化运动战的要求。

　　首先，德国闪击战的基本特点使大本营和国防人民委员部相信有必要研制和大批量生产有杀伤力的地雷，特别是防坦克地雷。国防人民委员部战时列装的第一批防坦克地雷，是装药量为 5 公斤的 IaM-5 式木质防坦克地雷和装药量为 4 公斤的 TM-41 式金属防坦克地雷。后者在 1941 年 8 月完成研制，采用新的 MB-5 式压发引信引爆（红军工程、通信和化学武器装备的性能，见《＜巨人重生＞资料篇》的附录四）。继研制和列装同样有 5 公斤装药，但采用低成本纸质雷壳的 TMB 式地雷之后，国防人民委员部在下一年，即 1942 年列装 TMD 式防坦克地雷，并大批量配发红军各部；这种地雷的改进型号——TMD-44 式地雷在 1944 年年初列装，同样有 5 公斤的装药量。

　　注重生产防坦克地雷的同时，国防人民委员部也研制出改进型的防步兵地雷，包括装药量分别是 0.2 公斤、0.07 公斤和 0.07 公斤的 PMD-6、PMD-7 和 PMD-7ts 式木质防步兵地雷，后者采用 MUV 式发火机构。另外，国防人民委员部还列装 POMZ-2 式破片—障碍型拉发防步兵地雷和 OZM 式破片—障碍型地雷，按照设计，两者都可以使用炮弹抛射。

　　1942 年秋季，红军重新把主要注意力转向进攻，推动国防人民委员部研制新一代扫雷装备，其中包括大批量生产的 VIM-203、VIM-203m、VIM-625、VIM-625m 和 VIM-625v 式探雷器。VIM-203 系列的型号可以连续工作达 35 小时，VIM-625 系列的型号可达 70 小时，都能探测到埋在 60 厘米深处的地雷。最后，国防人民委员部 1944 年年初列装的 DIM-186 式探雷器，能够探测到埋在 75 厘米深处的地雷。整体而言，苏联工业在战争期间总共生产和交付 246112 具各种型号的探雷器。[97]

　　战争结束以前，红军工程兵还使用过 UZ-1 式标准爆破筒在有刺铁丝网等障碍物中开辟通道，其设计类似于美国的"班加罗尔鱼雷"。最后，红军1942 年还采用 T–34 坦克清扫地雷，在其底盘上加装一具 PT–3 式滚轮式扫雷器。装备该滚轮式扫雷器之后，一辆 T–34 扫雷坦克能够在敌方地雷场中开辟出两条 1.2 米宽的通道，而装备这种扫雷器的扫雷坦克可以沿道路以每小时 25 公里的速度清扫地雷场，离开道路时的速度是每小时 10—12 公里。[98]

由于俄罗斯欧洲部分的广大地区遍布众多江河、溪流和其他水障碍，红军成功实施军事行动的前提之一是列装高效率的架桥和渡河装备。不幸的是，1941 年和 1942 年年初的这支军队并没有这种装备，于是不得不采用就便措施（po ruchnoi）跨越水障碍，这个俄语词汇的意思是利用手边的一切手段。然而，随着时间的推移，苏联的设计局想方设法研制出一大批成本相当低廉的工程桥梁和舟桥纵列。

国防人民委员部战时列装的第一种舟桥纵列，是 1941 年 10 月研制的木质DMP–41 式预制舟桥纵列，从 1942 年春季开始配发到工程兵部队。这种重型舟桥纵列由 20 节木质通用门桥（实际上是木筏）组成，可以用来漕渡材料，也可以用来架设 64—129 米长，承重能力 16—30 吨的浮桥。对于普通宽度的河流来说，这种门桥可以在 35 分钟内漕渡 30 吨的材料，也可以在更长时间内装配成完整的浮桥。1942 年年底以前，国防人民委员部把 DMP–41 式舟桥纵列更新换代成 DMP–42 式舟桥纵列，每节门桥的漕渡载重增加到 50 吨。这种新式门桥可以在 4 小时内组装成长达 620 米的桥梁，组装更短桥梁所需时间更短。[99]

1942 年国防人民委员部还列装另外两种舟桥纵列。与上文提到的两种木质门桥不同，有一种 MdPA–3 式重型舟桥纵列采用部分金属部件来提高强度。其门桥可以在大约 70 分钟之内组装成 46 米、90 米和 111 米长，载重量最多达 14 吨的浮桥。另一种 UVS–A–3 式舟桥纵列由 10 艘充气舟组成，可以在相对更短的时间内组装成 114 米长、载重量达 14 吨的浮桥，或者用于漕渡。

国防人民委员部 1943 年继续改进军用桥梁，列装 DLP 式轻型木质舟桥纵列，与原来的型号（特别是 MdPA–3 和 UVS–A–3 式）相比，这种舟桥纵列更加轻便耐用。DLP 式舟桥纵列共有 20 节门桥，每节门桥可以运载 48 人，是强渡河流时的理想选择。它还可以用于漕渡或在 2 小时之内组装成 160 米长、载重量达 34 吨的浮桥。

除了列装上述新型架桥设备之外，国防人民委员部还从 1941 年 12 月和 1942 年 1 月开始把 1941 年研制的 N2P 式重型舟桥纵列改造成现代化的 N2P–41 式。这种新式舟桥的门桥可以用来保障强渡河流，漕渡人员和材料，或者组装成 75 米长、载重量达 60 吨的浮桥。后来，国防人民委员部 1942 年夏季列装最大型的 TMP 式舟桥纵列，1942 年 9 月间在斯大林格勒首次使用它们横渡伏尔加河。这种新式舟桥纵列能够在 3 至 5 小时之内组装成 450 米长、载重量达 80 吨的浮桥，横跨像伏尔加河这样宽阔的河流。

尽管国防人民委员部大力研制和列装军用桥梁和舟桥，但在整场战争期间，还是未能向红军提供任何摩托化的强渡器材，只能把各种小艇和内河船只作为替代品使用，它们在实施强渡时的用处比较有限。

最后，国防人民委员部还研制和列装大批专业化装备（包括伪装网、人工地形遮蔽材料、坦克和火炮等大型武器的各种模型）和其他伪装装置，以隐蔽等方式伪装部队、人员和武器装备。国防人民委员部把大部分这种器材分配到伪装（maskirovka）连，然后根据具体战役需要把这些连派往红军的作战方面军。

通信设备

战争第一年当中，红军面临着可靠通信设备的严重短缺，特别是无线电设备短缺。战争前夕，国防人民委员部虽然研制和测试过一大批各种各样的新式无线电器材和其他通信设备，但是列装数量不够，不能满足红军的战役战术需要。因此，到"巴巴罗萨"行动的最关键阶段，红军拥有的每一种通信工具都不敷使用，尤其缺少确保在快速多变的军事行动中有效指挥控制军队必需的运动通信工具。

国防人民委员部试图通过 1942 年研制并列装"金刚石"式无线电电传打字机，1944 年研制并列装"电石"式无线电电传打字机的方式，解决红军高级指挥机关的通信问题。然而，这两种通信工具都很难变更部署，并不适合在运动战条件下使用。

在战略战役两级，1941 年和 1942 年年初，大本营和总参谋部使用最大有效作用距离可达 2000 公里的 RAT 式无线电台，联系其下属各方面军和集团军；集团军使用最大有效作用距离分别是 600 公里和 60 公里的 RAF 式和 RSB 式无线电台，联系其下属各军、师和旅。

国防人民委员部 1942 年夏秋两季和 1943 年年初设法在某种程度上改善战略战役级的无线电通信，列装供大本营与作战方面军之间使用的"博多"式电传打字机，供方面军和集团军两级使用的中功率 RAF-KV 式无线电台和小功率"北方"式无线电台，供集团军使用的 ST-35 式电传打字机，供军和师两级使用的 12RP 式和 13R 式无线电台。[100]

后来，国防人民委员部有能力在 1943 年向红军作战军队提供更大数量、更新型号的无线电通信器材。例如，苏联工业 1943 年全年共生产 192 部 RAT 式无线电台、188 部 RB 式无线电台和 320 部"博多"式电传打字机，并把野战电话的产量提高 130%。

战争开始后，有些红军师使用 RB 和 6PK 便携式无线电台实施战术通信，其有效作用距离可达 10 公里，不过这种无线电台的供应量一直不足。红军最有效的战术无线电通信工具是国防人民委员部从 1942 年开始列装的 RBM 便携式无线电台，这种电台很快成为红军使用的标准战术无线电通信工具，也是红军大部分师长、军长和集团军司令员的个人无线电台，其有效作用距离可达 30 公里。[101]

另外，国防人民委员部还在 1943 年后期研制出其他型号的战术无线电台，包括预定供步兵营和炮兵营使用的 A-7 式无线电台原型机，并批量生产供战斗坦克使用的 12PT 式无线电台，这种电台在静止状态下的作用距离为 5—20 公里，在行军状态下的作用距离为 3—14 公里。[102]

这些新式通信工具列装之后，方面军和集团军的无线电通信台数量增加到原来的三倍，战术级无线电台的数量增加到原来的两至三倍，使各级司令员和指挥员有条件建立远比 1942 年更大纵深的梯次无线电通信网。因此，到 1943 年年底，国防人民委员部已有能力为红军的几乎每一个坦克集团军、坦克军和机械化军，最高统帅部预备队的每一个重要组成部分配备足够的无线电通信工具。[103]

战争开始后，红军在固定线路和有线通信方面全方位依赖 TAI-43 式磁石电话机、PK-30 式和 PK-10 式电话交换机。当然，这种通信方式在灵活多变的战斗局面下所能发挥的作用相当有限。直到 1942 年后期战线稳定下来之后，红军的指挥机关、兵团和部队才常常更依靠有线通信；再后来，只有在红军停止进攻的时候才是这样。

总之，到 1943 年年底，可靠的无线电通信和有线通信已经把红军指挥机关及其下属战斗部队基本上全部联系起来。这时，大多数快速力量也装备足够数量的无线电台。后来，随着战争继续进行，国防人民委员部最终把这样的通信能力扩展到所有战术部队，甚至包括单台坦克这样的战斗车辆。

最后，红军还使用军团、兵团、部队和分队中的报告收集所和徒步（或滑雪）通信员，以及通信军官、通信犬、轻型 U-2（Po-2）飞机、汽车、摩托车、BA-10 和 BA-64 装甲汽车作为无线电通信和有线通信的补充。具体采用上述哪种活动通信工具，取决于指挥机关级别、运动速度和传递方式的要求，以及通信距离和这一级军队的使用频次。

化学武器和喷火武器

战争前夕和整场战争期间，出于对德国人意图的怀疑，红军已做好实施防御性化学战的准备，使用化学兵及其装备保卫己方军队不受德国人的化学攻击，并在遭到化学攻击的情况下为军队和装备除毒；同时准备使用各种喷火武器和发烟武器实施进攻性化学战。尽管国防军并未打算实施化学战，但红军的化学防护部队还是始终保持高度戒备状态，直到战争结束。与此同时，红军还研制、列装和使用各式各样的喷火燃烧武器，以及用来遮蔽军队运动和作战的发烟器材。

红军战时的化学武器种类繁多，从结构简单、粗制滥造、无所不在、价格低廉的自燃式燃烧瓶，到苏联工业大批量生产的比较精致的喷火器和燃烧弹。自燃式燃烧瓶使用 KS 混合燃烧剂，1939 年和 1940 年被芬兰人命名为"莫洛托夫鸡尾酒"，红军战士在苏德战争中大量使用。战争开始时，红军的喷火燃烧武器清单当中既有喷火油料贮量 10 升、射程 30—35 米的 ROKS-2 背囊式喷火器，又有更重的喷火油料贮量 25 升、射程 60—140 米的 FOG-1 式喷火器。

作为背囊式喷火器的补充，国防人民委员部在 1941 年秋末研制和列装一种安装在车架上的纵火掷弹筒，可以发射纵火弹在 250—300 米的射程上迎击敌坦克；大约同一时间，还列装过一种能够发射 KS 燃烧瓶的线膛迫击炮。另外，国防人民委员部还在 1943 年大量列装新的 FOG-2 式和 ROK-3 式喷火器。FOG-2 的喷火油料贮量为 25 升，射程可达 100 米，与原来的型号相比，FOG-2 的定向管有所缩短，可以覆盖更大范围的地面。ROKS-3 背囊式喷火器比 FOG-2 更轻，存放在背囊油瓶中的喷火油料贮量达 10 升，射程为 30—35 米。

战争前夕，红军武器清单中已有的坦克喷火器包括：安装在 T-26 坦克上的 360 升大油料贮量的 OT-26、OT-130 和 OT-133 式喷火器[①]，安装在 T-34 坦克上 100 升贮量的 ATO-41 式喷火器。但是这两种喷火器在战斗中都很难操作，使用效果也很差，于是，国防人民委员部后来在战争期间列装一些现代化改进型号，其中包括可安装在 T-34 和 KV 两种坦克上的 ATO-42 式自动喷火器。这些改进型坦克喷火器的油料贮量为 200—570 升，射程为 100—120 米。

国防人民委员部从 1941 年 8 月开始为红军作战方面军配备发烟武器，主要用于伪装和欺骗目的。这项措施之所以实施得这么晚，是因为国防人民委员部主观地认为烟幕武器只能在进攻中发挥作用，红军战士也没有实际使用经验，况且这种武器的供应极为短缺。因此，战争最初的几个月里，各级指挥员需要经过特别批准才能使用发烟武器。

后来，红军的主要发烟武器是发烟弹和发烟手榴弹。国防人民委员部 1941 年后期列装的 PDM 式和 PDG-2 式发烟手榴弹，分别施放白烟和黑烟，前者用于产生烟幕，后者用于模拟燃烧的坦克、车辆、建筑物和其他设施。PDG-2 式发烟手榴弹重 0.5 公斤，可以发烟 5—6 分钟。更现代化和体型更大的型号是国防人民委员部 1942 年和 1943 年列装的 DM-II 式、DM-B 式和 DSh-2 式发烟弹，节约金属的使用量，但总体效果很差。1943 年后期推出的 DM-II-3 式发烟弹，具有更强的发烟能力，实际效果也好得多。

最后到 1944 年年初，国防人民委员部又推出坦克用 TDP-MDSh 式发烟器，这种发烟器在战争的剩余时间得到广泛应用。

---

① 译注：原文如此，这三个都是喷火坦克的型号。

数据表

表9.1　工兵集团军的组建、编成、任务和最终去向，1941—1942年

番号	组建、存在时间和隶属关系	编成（下属各旅）	任务	最终去向
第2	阿尔汉格尔斯克军区（沃洛格达）：1941年10月27日至1942年2月27日	工兵第1、第2和第3旅（集团军野战建筑第6、第7和第8局）	工兵第2和第3旅：维捷格拉、切列波韦茨、波舍霍沃、沃洛格达诸防御地幅，工兵第1旅（共10个营）：梅德韦日戈尔斯克—普多普日—维捷格拉诸障碍配系（卡累利阿）	解散
第3	莫斯科军区（雅罗斯拉夫利）：1941年10月29日—1942年9月12日	工兵第4—7旅，欠工兵第5旅（4月）和第7旅（5月）	波舍霍沃—雷宾斯克—伊万诺沃—高尔基—切博克萨雷防御防御线和弗拉基米尔防御线（1941年12月），莫扎伊斯克防御线（1942年）	防御建筑第34局
第4	伏尔加河沿岸军区（古比雪夫）：1941年10月—1942年5月18日	工兵第8—11旅，欠工兵第9旅（4月）和第8旅（5月）	工兵第8和第9旅：切博克萨雷—喀山—乌里扬诺夫斯克—塞兹兰—赫瓦伦斯克防御线，喀山防御地幅和古比雪夫诸工幅；工兵第10和第11旅：古比雪夫工幅	解散
第5	斯大林格勒军区和北高加索军区（斯大林格勒）：1941年10月15日—1942年3月1日	工兵第12—15旅（内务人民委员部的作业第5局，集团军野战建筑第5、第16、第18和第19局）	赫瓦伦斯克—萨拉托夫—卡梅申—斯大林格勒防御线，斯大林格勒诸防御地幅，阿斯特拉罕防御（扎莫斯季—博古恰尔段），阿斯特拉罕防御地幅和罗斯托夫防御地幅（1942年1月）	解散
第6	伏尔加河沿岸军区（奔萨），布良斯克方面军：1941年10月—1942年9月13日	工兵第16—19旅，欠工兵第16旅（5月）	伏尔加河河—苏尔斯克防御线（瓦西里苏尔斯克—萨兰斯克—奔萨—彼得罗夫斯克—阿特卡尔斯克，1941年），顿河，沃罗日巴和斯大林格勒诸防御地幅，战斗保障（1942年）	防御建筑第35局
第7	伏尔加河河沿岸军区和斯大林格勒军区和南方面军和顿河方面军（萨拉托夫），西南方面军：1941年10月—1942年9月15日	工兵第20—22旅（军事野战建筑第2、第15、第17和第19局），工兵第12、第14、第15、20和第21旅（3月）	伏尔加河河—苏尔斯克防御线（彼得罗夫斯克—阿特卡尔斯克—弗罗洛沃段，1941年），顿河，奥斯科尔，斯大林格勒诸防御地幅，战斗保障（1942年）	防御建筑第36局
第8	北高加索军区（萨利斯克），南方面军、外高加索方面军：1941年10月30日—1942年9月15日	工兵第23—26旅，防御建筑第8局（煤炭工业人民委员部特别局），工兵第23—30旅（3月），工兵第11、第23—26、第28—30旅（6月），第23—26、第28—30旅（8月）	斯大林格勒防御地幅和罗斯托夫防御线（1941年），伏罗希洛夫格勒，罗斯托夫、斯大林格勒、北高加索、奥尔忠尼启则、格罗兹尼、阿克塞、矿水城和捷列克河诸防御地幅，战斗保障（1942年）	防御建筑第24局
第9	北高加索军区（克拉斯诺达尔）：1941年10月—1942年3月1日	工兵第27和第28旅	皮亚季戈尔斯克—克拉斯诺达尔—刻赤海峡防御线	解散
第10	北高加索军区（格罗兹尼）：1941年10月26日—1942年3月5日	工兵第29和第30旅	皮亚季戈尔斯克—格罗兹尼—里海沿岸防御线	解散
第11	西方面军：1941年12月25日—1942年9月1日	工兵第31—40旅，欠工兵第35旅（3月）和第33旅（5月），方面军军事野战建筑第5局，集团军野战建筑第2、第4、第5、第6、第11—13、第20—22、第24和第26局	清扫道路，地雷和障碍物（1941年12月），莫扎伊斯克防御（1942年）	防御建筑第33局

资料来源：G. V. 马利诺夫斯基，《伟大卫国战争初期的工兵集团军及其作用》，刊登在《军事历史档案》第2（17）卷，第153—165页。

注释

1. 战时工程兵发展历程的全面叙述，见S. Kh. 阿加诺夫主编，《苏军工程兵1918—1945年》（莫斯科：军事出版社，1985年版），第254—276页；A. A. 索斯科夫，《伟大卫国战争期间工程兵组织结构的完善》，刊登在《军事历史杂志》第12期（1985年12月），第66—70页。

2. A. D. 齐尔林、P. I. 比留科夫、V. P. 伊斯托明、E. N. 费多谢耶夫合编，《为苏维埃祖国而战的工程兵》（莫斯科：军事出版社，1970年和1976年版），第72—73页。

3. K. A. 卡拉什尼科夫、V. I. 费瑟科夫、A. Iu. 奇梅哈洛、V. I. 戈利科夫，《1941年6月的红军》，附录3.2。

4. 同上。

5. A. D. 齐尔林等编，《为苏维埃祖国而战的工程兵》，第72页。该资料称，6月22日，红军共有18个工程兵团和16个舟桥团，但是官方战斗序列中的数字分别是19个和9个。

6. 同上，第17页。

7. 同上，第77页。

8. 同上，第78页。

9. Iu. P. 巴比奇、A. G. 巴耶尔，《伟大卫国战争中苏联陆军武器和组织结构的发展》，第69页。

10. G. V. 马利诺夫斯基，《伟大卫国战争初期的工兵集团军及其作用》，刊登在《军事历史档案》第2（17）卷（莫斯科：谷神星出版社，2001年版），第147页。该资料称："1941年夏秋战局的过程当中，苏军战斗行动工程保障的首要任务之一是军队和后方防御地区的建设，以及其他各种障碍物的构筑。鉴于当时德国法西斯军队突击集群的快速推进，有必要沿敌人可能攻击的主要方向，按照总参谋部的计划构筑有战略意义的后方防御地区。所有这些防御地区都是为了尽可能长时间沿这些方向在某种程度上制止法西斯军队，并争取时间在国土纵深处集结能够沿最重要方向展开的军队和组建预备队。"

11. 同上，第148页。

12. 同上，第149页。

13. 同上，第150页。

14. 同上，第149—150页提供国防委员会命令的全文，编号分别是782cc和782cc。[①]

15. 同上。

16. 同上，第153页。

17. 同上，第157页。这570个工兵营当中，有两个营的番号相同，即工兵第1485营。截至1941年10月，首批9个工兵集团军只得到其所需装备数量的5%。另外，各工兵集团军在其存在期间始终严重缺少军服、其他必要的冬季装备、武器和建筑设备。

18. 同上，第151页。工兵集团军、工兵旅和工兵营的编制表编号分别是第012/91、012/92和012/93号。

---

① 译注：原文如此。

19. 同上。

20. 同上，第159—160页。国防人民委员部1941年11月7日下令组建工兵第1集团军，在卡累利阿的梅德韦日戈尔斯克地区建设筑城工事。然而，国防人民委员部紧接着在11月19日下达的命令缩减这项工作的规模，只单独派出一个独立工程兵战役集群（第1）到该地区。不到一个月以后，即12月21日，西方面军认识到其下属的80个独立工兵营缺少足够的指挥控制和资源，无法在莫斯科以西构筑必要的防御地区，该方面军工程兵主任M．P．沃罗比约夫少将向国防人民委员部请求组建另一个工兵第1集团军。这个集团军建成之后，共编有10个工兵旅，每个旅编8个工兵营，整个集团军共有80个工兵营和45160人。与其他9个工兵集团军不同，工兵第1集团军以进行防御性和进攻性施工的方式保障西方面军，主要是清理通往方面军后方的交通线。

21. 同上，第153页。具体来讲，《国防委员会关于缩短防御地区的决议》停止从雷宾斯克到阿斯特拉罕的伏尔加河防御地区、伊万诺沃和奔萨周围防御地幅的施工，但继续在阿斯特拉罕和罗斯托夫周围的防御地幅、从维捷格拉经切列波韦茨到雷宾斯克的弗拉基米尔防御地区、沿关键战略方向的局部防御地幅施工。

22. 同上，第166页。2月1日颁布的国防委员会第1229ss号决议《关于组建50个新步兵师和100个学员步兵旅》，要求国防人民委员部解散工兵第2、第3、第4、第5、第6、第7和第9集团军，并使用其中的164150人、大量马匹和车辆组建50个新的步兵师和100个学员步兵旅。然而，国防委员会2月4日颁布的第1239ss号决议，撤销前一道命令，要求国防人民委员部解散工兵第2、第4、第5、第9和第10集团军，工兵第5、第7—11、第13、第16和第22旅；并将工兵第1、第2和第3旅派往卡累利阿、列宁格勒和沃尔霍夫方面军，工兵第14、第15和第27—30旅派往工兵第7和第8集团军。同一道命令还将工兵第7和第8集团军派往西南方面军和南方面军，工兵第6集团军的工兵第17、第18和第19旅派往布良斯克方面军，工兵第3集团军的工兵第4和第6旅派往莫斯科防御区，完善莫扎伊斯克防御线。另外，工兵第3和第17—19旅各自组建1个舟桥营，并于3月转隶各作战方面军；要求国防人民委员部4月和5月将工兵第27和第33旅改编成特种工程兵旅。剩下的5个工兵集团军共向卡累利阿、列宁格勒、沃尔霍夫、西北、加里宁、布良斯克、西南和克里米亚方面军派出67个专业营。

23. 同上，第167页。例如，工兵第2、第3和第12旅的规模缩减到各有6个工兵营，工兵第21旅缩减到3个营，工兵第8集团军的工兵第23—26旅共抽调9625人，用于组建预备步兵团。

24. 同上。见国防人民委员1942年4月19日颁布的第0294号命令，要求按照第012/155号、第012/156号和其他新版编制表组建工兵部队。

25. 同上，第171页。

26. 同上。这是国防人民委员第00176号命令。

27. 同上，第172—173页。国防人民委员部9月1日把工兵第1集团军改编成防御建筑第33局，解散该集团军下属的工兵第38、第39和第40旅，并将工兵第36和第37旅转入最高统帅部预备队，从工兵第32、第34、第38、第39和第40旅抽调8000人派往莫斯科军区，把剩余的工兵编入工兵第32和第34旅，这两个旅与工兵第31旅一起，继续由西方面军指挥。不久之后，国防人民委员部又把工兵第34旅改编成为3个营。

9月12日，国防人民委员部把工兵第3集团军改编成防御建筑第34局，把该集团军下属的工兵第4和第6旅转入最高统帅部预备队，并在那里解散；把工兵第6集团军改编成防御建筑第35局，次日又将其下属工兵第10和第18旅派往沃罗涅日方面军和布良斯克方面军。

9月15日，国防人民委员部把工兵第7集团军改编成防御建筑第36局，解散该集团军下属的工兵第14和第15旅，从其下属工兵第12、第14、第15和第20旅抽调6000人前往伏尔加河沿岸军区，把剩余的工兵编入工兵第12和第20旅，并把这两个旅划归斯大林格勒方面军隶属。

最后，10月15日，国防人民委员部把工兵第8集团军改编成防御建筑第24局，解散工兵第28、第29和第30旅，从工兵第11、第23、第25、第26、第28、第29和第30旅抽调16000人前往外高加索方面军，把剩余的工兵编入工兵第11、第23、第25和第26旅，并把这4个旅划归外高加索方面军（工兵第24旅已在该方面军编成内）。

28. 同上，第173—174页。10月15日红军编成内剩下的18个工兵旅有工兵第2、第7、第9—12、第17、第18、第20、第23—26、第31、第32、第34、第36和第37旅。另外，国防人民委员部9月29—30日把工兵第36旅的7个工兵营改编成集团军工程兵营，10月间又将其派往西方面军的各集团军，同时又在工兵第36旅编成内，使用新接收的人员另外组建7个营。

29. 同上，第177—179页。保留至今的5个旅是当代俄罗斯陆军的近卫强击工程工兵第1旅、工程工兵第1旅和工程工兵第12旅，白俄罗斯陆军近卫摩托化强击工程工兵第2旅和乌克兰陆军强击工程工兵第15旅的前身。

30. 同上，第174页。

31. 同上，第168—169页。

32. 同上，第175页。

33. A. A. 索斯科夫，《伟大卫国战争期间工程兵组织结构的完善》，第66页。

34. 国防人民委员部最初向卡累利阿方面军派出两个近卫地雷工兵营。

35. 《旅》（Brigada）词条，收录在 I. I. 罗季奥诺夫主编，《军事百科全书（八卷本）》（莫斯科，军事出版社，1997年版），第一卷，第580页。这是国防人民委员第0634号命令。

36. 同上。

37. G. V. 马利诺夫斯基，《伟大卫国战争初期的工兵集团军及其作用》，第176页。这是《国防人民委员关于把工兵旅改编成最高统帅部预备队工程地雷旅的第00232号命令》。该命令把工兵第3、第10、第12、第18、第19、第20、第21、第31、第32、第35和第36旅，以及第二次组建的工兵第7、第9、第17和第34旅，依次改编成最高统帅部预备队工程地雷第1至第15旅。

38. 同上，第175—176页。

39. A. A. 索斯科夫，《伟大卫国战争期间工程兵组织结构的完善》，第66页。5个改编成山地工程地雷旅的旅是工兵第11、第23、第24、第25和第26旅。

40. G. V. 马利诺夫斯基，《伟大卫国战争初期的工兵集团军及其作用》，第177页。

41. A. A. 索斯科夫，《伟大卫国战争期间工程兵组织结构的完善》，第67页。

42. Iu. P. 巴比奇、A. G. 巴耶尔，《伟大卫国战争中苏联陆军武器和组织结构的发展》，第71页。

43. 同上，另见 G. V. 马利诺夫斯基，《伟大卫国战争初期的工兵集团军及其作用》，第175页。

44. A. A. 索斯科夫，《伟大卫国战争期间工程兵组织结构的完善》，第67页。

45. 同上，第67页，"旅"词条，见 A. A. 格列奇科主编，《苏联军事百科全书》，第580页。

46. A. A. 索斯科夫，《伟大卫国战争期间工程兵组织结构的完善》，第67页。

47. 同上。

48. Iu. P.巴比奇、A. G. 巴耶尔，《伟大卫国战争中苏联陆军武器和组织结构的发展》，第72—73页。

49. K. A. 卡拉什尼科夫、V. I. 费瑟科夫、A. Iu.奇梅哈洛、V. I. 戈利科夫，《1941年6月的红军》，第17页。

50. 同上，附录3.2。

51. A. I. 列昂诺夫编，《战争与和平时期的军事通信兵》（莫斯科：军事出版社，1968年版），第140页。A. I. 列昂诺夫的研究作品是关于红军战时通信工作的最详尽著作。

52. 《关于改善红军通信工作》的第0243号命令全文，见V. A. 佐洛塔廖夫主编，《国防人民委员1941》，第34—35页。

53. 同上。

54. 国防人民委员第0251号命令的细节，见同上，第38—39页。

55. 同上，第72—73页。这是国防人民委员第0316号命令。

56. 同上，第74页；A. I. 列昂诺夫编，《战争与和平时期的军事通信兵》，第140—141页。

57. 国防人民委员部对红军糟糕通信工作做出的定期批评（1942年4月和5月），见V. A. 佐洛塔廖夫主编，《国防人民委员1941》，第221—224、第245—246页。

58. 这道命令的编号是第0284号，全文见同上，第212—213页。

59. 直到1944年，步兵师才建立完整的通信营。

60. A. I. 列昂诺夫编，《战争与和平时期的军事通信兵》，第177页。

61. V. 索科洛夫，《战争年代通信兵组织结构的发展》，刊登在《军事历史杂志》第4期（1981年4月刊），第25页。另外，到1945年1月，最高统帅部预备队中已有7个完整的独立通信旅。

62. Iu. P.巴比奇、A. G. 巴耶尔，《伟大卫国战争中苏联陆军武器和组织结构的发展》，第75—76页。

63. 同上。

64. 这几道国防人民委员命令编号是第0065、第0066和第0285号。见V. A. 佐洛塔廖夫主编，《国防人民委员1941》，第53—57页。

65. Iu. P.巴比奇、A. G. 巴耶尔，《伟大卫国战争中苏联陆军武器和组织结构的发展》，第77页。

66. 同上。

67. 国防人民委员部虽然在1942年1月把喷火器连的喷火器数量减少到135具，但确实为每个连配备5辆汽车。

68. Iu. P.巴比奇、A. G. 巴耶尔，《伟大卫国战争中苏联陆军武器和组织结构的发展》，第77—78页。

69. "纵火掷弹筒"（Ampulemet）词条，见莫伊谢耶夫主编，《苏联军事百科全书》，第1卷，第125页。

70. Iu. P.巴比奇、A. G. 巴耶尔，《伟大卫国战争中苏联陆军武器和组织结构的发展》，第78页。1943年12月，国防人民委员部为每个骡马挽曳的营增加1个机枪连。

71. 同上，第79页。国防人民委员部确实在1944年5月为工程工兵旅增加背囊式喷火器营。这种新的喷火器营编有2个喷火器连，每个连有120具ROKS-2式喷火器，全营共有35台车辆。同时，国防人民委员部还在某些强击工程兵旅中编入喷火坦克团，每个团有20辆坦克。到这时，大本营已经解散红军的独立喷火坦克营。

72. 见V. A. 佐洛塔廖夫主编，《国防人民委员1941》，第41—44页。这是国防人民委员第0257号命令。

73. A. M. 克留科夫，《铁道兵》（Zheleznodorozhnye voiska），收录在A. A. 格列奇科主编，《苏联军事百科全书》第三卷，第321—323页。

74. 例如，铁路第28旅编有独立铁路第11、第12和第27营，独立铁路桥梁第20营，独立铁路管理第13连；1943年年初增加独立铁路桥梁第5营；1944年4月增加通信第2营，独立铁路管理第13连也扩编成独立机械化作业第21营。见K. P. 捷廖欣、A. S. 塔拉洛夫，《近卫铁道兵》（莫斯科：军事出版社，1966年版），第10、第80和第105页。

75. 见K. A. 卡拉什尼科夫、V. I. 费瑟科夫、A. Iu.奇梅哈洛、V. I. 戈利科夫，《1941年6月的红军》，第17、第22和第162—163页。该资料列出的铁路旅数量与其他资料略有区别，可能是对西部各军区的定义不一样。这部最可靠的资料称铁路第1旅在莫斯科军区，第6、第9和第17旅在西部特别军区，第4、第5、第13、第19和第27旅在基辅特别军区，第11旅在列宁格勒军区，第28旅在哈尔科夫军区，第29旅在敖德萨军区，第3旅在名称不详的某个内地军区。另见，A. Ia. 波诺马廖夫、V. G. 斯米尔诺夫，《战争第一阶段铁路的遮断》，刊登在《军事历史杂志》第3期（1986年3刊），第77—81页。

76. K. A. 卡拉什尼科夫、V. I. 费瑟科夫、A. Iu.奇梅哈洛、V. I. 戈利科夫，《1941年6月的红军》，第22页。例如，国界两侧铁路运输能力的对比是：列宁格勒军区每天通行77对列车，国界另一侧为127对，即77比127；波罗的海沿岸特别军区87比192，西部特别军区120比216，基辅特别军区132比366，敖德萨军区29比91。

77. F. F. 古萨罗夫、L. A. 布塔科夫，《对铁路的技术掩护》，刊登在《军事历史杂志》第4期（1988年4月刊），第52—53页。

78. 这是第018号命令，内容见V. A. 佐洛塔廖夫主编，《国防人民委员1941》，第135—137页。

79. K. A. 卡拉什尼科夫、V. I. 费瑟科夫、A. Iu.奇梅哈洛、V. I. 戈利科夫，《1941年6月的红军》，第22页。

80. 同上，第21页。

81. V. K. 维索茨基主编，《苏军后勤》（莫斯科：军事出版社，1968年版），第92页。

82. 这是第163ss号命令，相关的国防人民委员命令是第0055号，内容见V. A. 佐洛塔廖夫主编，《国防人民委员1941》，第26—27页。

83. 同上。这些新的军用汽车路包括从列宁格勒到普斯科夫，从莫斯科到雅罗斯拉夫利，从莫斯科经图拉、奥廖尔和布良斯克到戈梅利，从库尔斯克经格卢霍夫到科泽列茨，从哈尔科夫经波尔塔瓦和卢布内到基辅，从基辅到敖德萨的道路。

84. 同上，第41—44页。

85. N. 波波夫，《战争年代运输保障体系的完善》，刊登在《军事历史杂志》第8期（1982年8月刊），第22页。

86. 这个体系由三种军用汽车路组成，其中包括：位于一个或几个方面军辖境之内以及连接几个方面军的大本营军用汽车路；从大本营军用汽车路通往方面军，或者从方面军后方分界线及其附近的配送站和配送区（即方面军的总物资堆积所所在地）通往诸兵种合成集团军仓库的方面军军用汽车路；以及从方面军军用汽车路和诸兵种合成集团军物资仓库的前方仓库通往师物资堆积所的集团军军用汽车路。

87. 同上。

88. 这道命令的编号是第0370号，内容见V. A. 佐洛塔廖夫主编，《国防人民委员1941》，第227—228页。

89. N. 马柳金，《战争年代方面军和集团军的汽车运输》，刊登在《军事历史杂志》第2期（1971年2月刊），第87页。

90. I. V. 科瓦廖夫，《伟大卫国战争中的运输》（莫斯科：科学出版社，1981年版），第381页。后来，国防人民委员部在战争的剩余时间里，借助租借卡车等车辆的持续供应，建立起数百个汽车兵和道路兵的兵团、部队和分队。例如，1945年8月红军的满洲进攻战役期间，3个红军方面军在进攻中共使用1个完整的道路管理局、1个道路管理团、17个道路管理营、26个道路建筑营和12个桥梁建筑营。各方面军及其下属集团军中的汽车兵共有3个汽车旅、5个汽车团和35个独立汽车运输营。

91. A. D.齐尔林等编，《为苏维埃祖国而战的工程兵》，第77页；S.Kh. 阿加诺夫主编，《苏军工程兵1918—1945年》，第186页。

92. A. D.齐尔林，《伟大卫国战争中的军事建设者》，刊登在《军事历史杂志》第5期（1968年5月刊），第107页。例如，国防人民委员部把建筑主任第16和第23管理局改编成军事野战建筑局，另外2个合并成方面军军事野战建筑第8局，并解散其他5个建筑主任管理局。

93. S.Kh. 阿加诺夫主编，《苏军工程兵1918—1945年》，第277页。

94. A. A. 索斯科夫，《伟大卫国战争期间工程兵组织结构的完善》，第66—70页。

95. S.Kh. 阿加诺夫主编，《苏军工程兵1918—1945年》，第278页。

96. 同上，第279页。

97. Iu. P.巴比奇、A. G. 巴耶尔，《伟大卫国战争中苏联陆军武器和组织结构的发展》，第23和第99页。

98. 同上，第23—24页。

99. 关于红军架桥方法的更多资料，见同上，第23—25页。

100. 关于全部这类通信器材的详情，见A. I. 列昂诺夫主编，《战争与和平时期的军事通信兵》，第123、第128—129和第168—170页。

101. 另外，国防人民委员部从1944年年初开始列装A-7系列无线电，供军、师、团和营以及所有各级炮兵指挥部使用。首先列装的A-7式和A-7a式无线电台有效作用距离可达20公里，而1944年列装野战部队的A-7b式无线电台将作用距离扩大到50公里。

102. 同上，第180页。

103. 同上，第179页。

《巨人重生》前传

★ ★ ★

苏联是否曾策划对德发动"先发制人的战争"？

解析苏德战争爆发前的苏联红军

★ ★ ★

"东线文库" 总策划 王鼎杰

STUMBLING COLOSSUS
THE RED ARMY ON THE EVE OF WORLD WAR

泥足巨人
—— ·苏德战争前夕的苏联军队· ——

[美] 戴维·M. 格兰茨 著

孙渤 译

巨人重生

大战中的苏联军队 1941—1943

戴维·M.格兰茨 著

孙渤 译

江苏凤凰文艺出版社
JIANGSU PHOENIX LITERATURE AND
ART PUBLISHING

图书在版编目（CIP）数据

巨人重生：大战中的苏联军队：1941—1943：全2
册 /（英）戴维·M.格兰茨（David M. Glantz）著；
孙渤译 . —— 南京：江苏凤凰文艺出版社，2021.4
书名原文：COLOSSUS REBORN: THE RED ARMY AT WAR,
1941-1943
ISBN 978-7-5594-5163-7

Ⅰ . ①巨… Ⅱ . ①戴… ②孙… Ⅲ . ①苏联红军 – 第
二次世界大战 – 史料 – 1941-1943 Ⅳ . ① E512.9

中国版本图书馆 CIP 数据核字 (2020) 第 258667 号

版贸核渝字（2017）第087号

巨人重生：大战中的苏联军队 1941—1943

〔英〕戴维·M.格兰茨 著　孙渤 译

责任编辑　孙金荣
策划制作　指文图书
特约编辑　张 雪
装帧设计　周 杰
出版发行　江苏凤凰文艺出版社
　　　　　南京市中央路 165 号，邮编：210009
网　　址　http://www.jswenyi.com
印　　刷　重庆共创印务有限公司
开　　本　787毫米 × 1092 毫米 1/16
印　　张　58
字　　数　720千
版　　次　2021 年 4 月第 1 版
印　　次　2021 年 4 月第 1 次印刷
书　　号　ISBN 978-7-5594-5163-7
定　　价　199.80元（全2册）

江苏凤凰文艺版图书凡印刷、装订错误，可向出版社调换，联系电话 025-83280257

第三部分

首长和部属

第十章

战略领导层和监管部门

战略领导层

苏联国家的核心是指一些统称为"中央"（tsentr）的个人、部门和机关，他们控制着苏联内部的权力杠杆，单独或集体地规划和指导国家的几乎每一项职能，包括策划和实施战争，确保人民和武装力量保持对国家的忠诚。"中央"一词在英语中通常用来形容国家的中央情报机关，但在这里也指苏联国家权力中心内部所有在各自管辖范围内行使绝对权力的其他个人和组织，其中首屈一指的是约瑟夫·斯大林。

斯大林

就苏联进行的武装斗争而言，全苏最高领袖约瑟夫·维萨里昂诺维奇·斯大林无疑是一个伫立着的巨人。1922年，斯大林在列宁的推荐下当选俄共（布）中央总书记这个相对默默无闻的职务之后，20世纪20年代后期充分利用这个职务当时没有发挥出的各种能量，以一种独特方式角逐最高权力，20世纪30年代初，通过果断的雷霆手段击败所有实际存在和臆想的潜在政治竞争对手，成为苏联无可争议的领导人。继1939年成为社会主义劳动英雄以后，斯大林本人于1941年5月担任苏联人民委员会（Sovet narodnykh komissarov，缩写为SNK）主席。

国防军开始入侵苏联后，斯大林接连在1941年6月下旬担任国防委员会主席和国防人民委员①，7月担任总统帅部大本营主席，8月担任苏联武装力量最高统帅；战争后期的1943年2月6日成为苏联元帅，1945年7月27日又成为苏联大元帅。尽管德国的突然袭击引发瘫痪性休克和毁灭性影响，国防军在"巴巴罗萨"行动后续阶段又对他的国家及其武装力量造成巨大杀伤和破坏，可是斯大林从未丝毫放弃过他对苏联内部权力杠杆的铁腕控制。

像他的德国对手阿道夫·希特勒一样，除了全面彻底地承担领导苏联全部战争行为的责任之外，斯大林也参与有关实施战争和军事行动的几乎每一项关键性政治决策和军事决策。但不同之处在于，随着战争继续进行，希特勒越来越专横和琐碎地参与军事决策，但常常拒不接受明智的军事建议，逐渐扼杀德国军事指挥官的积极主动性，并妨碍军事行动的有效实施；而斯大林尽管从未放弃对权力统治的严格掌控，可是更加谨慎地倾向于听从自己最信任的军事幕僚的建议并相应行事。因此，与希特勒不同，斯大林能够在战争中毫发无损地崛起，成为苏联无可争议的领袖（vozhd'），并被本国同胞看作是胜利的唯一缔造者。

国防委员会

按照官方说法，通过担任苏联国防委员会（GKO）主席，斯大林在整场战争期间享有几乎不受限制的最高权力，该委员会实际上是一个战时内阁：

战争需要动员国家的一切力量和资源，集中使用它们以便夺取战争胜利，最大限度地集中国家领导权，并将所有权力集中在一个全权机关手里。1941年6月30日，根据联共（布）中央委员会、苏联最高苏维埃主席团和苏联人民委员会的决定，在联共（布）中央总书记I. V. 斯大林主持下成立的国防委员会就是这样的机关。全方位的国计民生、所有政府机关和社会团体的工作都集中由国防委员会统一领导。该委员会就一切事务做出的决议即成为法律。[1]

---

① 译注：担任国防人民委员的实际日期是7月19日。

除了担任主席的斯大林之外，这个"苏联伟大卫国战争时期始终掌握全权的特设最高国家机关"还有下列创始成员：担任副主席的外交人民委员 V. M. 莫洛托夫、斯大林的爱将（原国防人民委员和未来的方向总司令）苏联元帅 K. E. 伏罗希洛夫、内务人民委员 L. P. 贝利亚和联共（布）高级领袖 G. M. 马林科夫。[2] 战争后续阶段，斯大林先后在 1942 年增补 N. A. 沃兹涅先斯基、L. M. 卡冈诺维奇和 A. I. 米高扬，1944 年增补 N. A. 布尔加宁加入这个委员会。

国防委员会采用集体负责制，但由斯大林就所有事务做出最后决定，指导、监督和支持人民委员会及其下属相应人民委员部的工作，特别是国防人民委员部、最高统帅部大本营等所有与武装斗争有关的军政部门和机关的工作。另外，国防委员会的每一位成员还都是"各自职权范围内"负责具体事务的专员。[3] 国防委员会的决议"具有充分的战时法律效力，各级苏维埃国家机关、工会、党务、经济和军事机关都必须无条件地执行国防委员会的一切决定和命令"。[4] 战争结束后，苏联最高苏维埃主席团于 1945 年 9 月 4 日解散国防委员会。

最高统帅部大本营

国防委员会通过大本营对苏联的武装斗争实施战略领导，而大本营是"伟大卫国战争时期对苏联武装力量实施战略领导的最高机构"。[5] 1941 年 6 月 23 日组建时的名称是"统帅部大本营"（Stavka Glavnogo Komandovaniia，缩写为 Stavka GK），其创始成员包括：担任主席的国防人民委员苏联元帅 S. K. 铁木辛哥、前任国防人民委员苏联元帅 K. E. 伏罗希洛夫、外交人民委员 V. M. 莫洛托夫、红军总参谋长 G. K. 朱可夫、国内战争年代斯大林的骑兵爱将和未来的方向总司令苏联元帅 S. M. 布琼尼、海军人民委员兼海军司令员 N. G. 库兹涅佐夫，以及斯大林本人。[6]

国防委员会还设立一个由顾问组成的常设咨询机构，向大本营提供必要的建议。这个咨询机构的创始成员包括：副国防人民委员兼国防人民委员部总炮兵局局长 G. I. 库利克元帅、原来和未来的红军总参谋长 B. M. 沙波什尼科夫、前任红军总参谋长 K. A. 梅列茨科夫、国防人民委员部空军总局局长 P. F. 日加列夫、红军总参谋部作战局局长和未来的方面军司令员 N. F. 瓦图京、国防人民委员部国土防空总局局长和未来的红军炮兵主任 N. N. 沃罗诺夫、内务人民委员 L. P. 贝利亚、国家监察人民委员兼红军总政治局局长 L. Z. 梅赫利斯、联共（布）列宁格勒州委和市委第一书记 A. A. 日丹诺夫，以及联共（布）领袖 A. I. 米高扬、L. M. 卡冈诺维奇和 N. A. 沃兹涅先斯基。[7]

"巴巴罗萨"行动开始后几个星期内的 7 月 10 日，斯大林把统帅部大本营改组成总统帅部大本营（Stavka Verkhovnogo Komandovaniia，缩写为 Stavka VK）并亲自担任主席，增补沙波什尼科夫为新的成员。[8] 后来，8 月 8 日斯大林接受（或者按更恰当的说法是授予他自己）苏联武装力量最高统帅的头衔，并改称总统帅部大本营为最高统帅部大本营（Stavka VGK）。大本营及其咨议机构成员在整场战争期间都有所变化，但在不同时期先后增补联共（布）领袖和未来的方面军军事委员会委员 N. A. 布尔加宁、未来的红军总参谋长 A. I. 安东诺夫将军，以及另一位未来的红军总参谋长兼副国防人民委员 A. M. 华西列夫斯基将军（也是后来的苏联元帅）。[9]

根据派驻战地的大本营代表和方面军司令员的具体建议，在斯大林、联共（布）中央政治局和国防委员会的战略指导下，大本营负责就战局和战略性战役的策划、准备、实施和保障，以及战略预备队的组建和使用做出所有决定。[10] 红军总参谋部作为大本营的主要工作机关，负责制定实施具体战局和战役的全部战略战役计划；而大本营在同大本营代表、各作战方面军和所有相关人民委员部密切协商的情况下协调和修改这些计划，并经斯大林和国防委员会认可之后加以批准。一旦这些计划得到批准，大本营及其代表和各方面军就应在斯大林、党和国防委员会的持续指导下协调和实施全部战局和战役，并为之提供必要的物资保障和后勤保障。

按照上述职责范围，大本营直接领导红军全部作战方面军、非作战方面军、军区、海军舰队（Voenno-morskoi flot，缩写为 VMF）和远程航空兵；另外还通过其下设在莫斯科的游击运动中央司令部广泛创建、发展和指挥德占区的游击运动。

大本营通常使用诸如电传打字机、无线电台和地面线路等常规通信器材，与总参谋部、作战方面军、舰队和其他海军部队以及远程航空兵保持密切联系，但在战争初期，也在莫斯科或者方面军通过近距离个人接触的方式与方向总司令或方面军司令员沟通。例如，大本营这时经常召集方向总司令、方面军司令员和舰队司令员到莫斯科开会；而到 1942 年中期以后，通常会派遣大本营代表下到具体的方面军和舰队，指挥协调方面军群战役、方面军战役和舰队战役的组织和实施。

整场战争期间，曾有许多位将帅担任过大本营代表，其中战绩最突出的有 G. K. 朱可夫、A. M. 华西列夫斯基、K. E. 伏罗希洛夫、S. K. 铁木辛哥、B. M. 沙波什尼科夫、A. I. 安东诺夫、负责空军事务的 A. A. 诺维科夫、负责海军事务的 N. G. 库兹涅佐夫、负责炮兵事务的 L. A. 戈沃罗夫和 N. N. 沃罗诺夫。而 L. Z. 梅赫利斯等另一批人发挥的监督作用带有政治色彩，并旨在震慑，实际效果自然大为逊色。[11]

国防人民委员部

战争开始时，苏联最高级别的中央军事指挥机关是以国防人民委员为首的国防人民委员部（NKO），负责领导和指挥控制苏联全体武装力量，包括和平时期的军区和独立集团军，以及战时的全部方面军。[12] 另外，国防人民委员部还得到一个名叫军事委员会的军政咨议机关协助，国防人民委员兼任军事委员会主席，负责批准该委员会的全部决定，委员会成员由苏联人民委员会任命。

国防人民委员部下设若干个中央局、较小的局和其他机关，包括红军总政治局（Glavnoe politicheskoe upravlenie Krasnoi Armii，缩写为 GlavPU RKKA，1940 年 6 月以前称红军政治局，1941 年 7 月以前称红军政治宣传总局）、战斗训练（战备）局、空军局、海军局、行政管理局、红军干部局、动员局、红军监察局和其他各局，以及红军总参谋部。[13]

国防人民委员部不仅通过其中央机关，还通过广泛存在的地方军事机关网开展工作，其中包括苏联全境内各加盟共和国、自治共和国、州（oblasti）、市和区（raiony）的行政机关和兵役委员会。这些机关同样隶属各自军区的军事委员会，负责执行国防人民委员部赋予的任务，例如通过定期征集、军事演习和预备役的军事义务训练等方式进行征集前训练和入伍训练。

1941 年 6 月 23 日，联共（布）中央政治局成立统帅部大本营，并指派大本营在国防委员会直接监督下负责武装力量的战略领导，而连同国防人民委员及其几位副职在内的国防人民委员部、海军人民委员部和总参谋部担任大本营的工作机关，并在各种不同职能领域内支持大本营的工作。战时的第一任国防人民委员是苏联元帅 S. K. 铁木辛哥，他在红军赢得苏芬战争惨胜 ①后的 1940 年 5 月接替 K. E. 伏罗希洛夫担任这个职务。斯大林于 1941 年 7月亲自接任国防人民委员，直到 1947 年 3 月卸任，并在此期间的 1943 年成为苏联元帅，1945 年成为苏联大元帅。[14]

战争开始后，国防委员会在国防人民委员部内部成立几个新的局，承担原先由红军各中央机关履行的关键职能（见第十一章）。例如，7 月 29 日，国防委员会把红军干部局扩编成国防人民委员部干部总局，并委派该总局负责选拔、登记和委派红军指挥干部。[15] 不久之后，国防委员会于 8 月 1 日成立国防人民委员部的红军后勤总局，负责监督和协调为红军作战方面军和集团军提供后勤保障的复杂事务。[16]

红军总参谋部

红军总参谋部（General'nyi shtab Krasnoi Armii，缩写为 GShKA）也简称为总参谋部，在战时直接隶属大本营，并在制定战略计划和指挥在前方作战的全体武装力量时只对斯大林负责。[17] 战争开始时，总参谋部下设 12 个局（1939 年从处升级而成）和 3 个独立的处，单独或集体负责与战时武装力量的动员、组织和作战有关的所有事务。其中包括作战局、侦察局、组织局、动员局、军队补充与建设局、军事交通局、汽车道路局、后方组建与供应局、军事地形测量局、战役后方组建局、筑垒地域建设局和密码勤务局，以及总务处、干部处和军事历史处。[18]

国防委员会 8 月 10 日颁布的一道训令比较详细地规定总参谋部的具体战时责任，宣布总参谋部是 "国防人民委员部为保卫国家而训练和使用武装力量的中央指挥机关"。该训令具体责成总参谋部就武装力量在各战区的战役使

---

① 译注：原文这里用的词是 "debacle" ——崩溃、彻底失败。

用，编写最高统帅部大本营的作战计划、训令和命令，组织和监督所有侦察活动，发展对空防御，规划和领导筑垒地域的建设，领导红军的军事测绘勤务并向全军提供军用地图，监督全体军队、指挥部、勤务部门和后勤机关的作战训练，组织和监督作战军队的战役后方，搜集、分析和运用战争经验资料并制定其使用程序，组织和监督红军的密码勤务并确保军队的隐蔽指挥。[19]

战争开始后，国防委员会和国防人民委员部对总参谋部的内部结构做过一些实质性调整，主要是撤除所有与策划和实施军事行动无关的部门。[20] 经过 1941 年和 1942 年年初一系列零星的这种调整之后，到 1942 年 4 月 25 日，总参谋部已改组成 7 个局、3 个处和派驻红军作战军队的总参谋部军官组，这种结构将一直保留到战争结束，基本未作进一步改动。经过这次改组，总参谋部下设作战局（第一局）、总侦察局（第二局）、组织局（第三局）、战役后方组建局、筑垒地域建设局、军事地形测量局和密码勤务局，以及军事历史处、干部处、总务处和总参谋部军官组。[21]

总参谋部曾派出一些特别代表，协助方面军司令员及其参谋人员制定战役计划。为了加强这项工作，总参谋部又从 1942 年开始直接派出小型军官组，常驻作战方面军司令员、集团军司令部和军指挥部，向每个作战方面军派出 3 人，每个集团军 3 人，每个军 2 人，个别情况下甚至派驻到师。这些军官组一旦进驻，就应核实该军团或兵团的战斗状况和局势，向总参谋部报告它们完成所受领战斗任务的情况，并协助这些司令部和指挥部协调、指挥和控制其下属军队。[22]

随着战争的进行，国防委员会和国防人民委员部还向总参谋部分配 1941 年 8 月 10 日训令并未具体规定的一系列重要任务。其中包括一些作战任务，例如策划、组织和监督军队的战役运输，与国防人民委员部各总局和中央局一起协调武装力量所有军兵种司令部及其下属各级指挥部的活动。在后勤方面，总参谋部与国防人民委员部、红军后勤总局和海军共同制定对苏联国防工业生产武器装备的具体要求，提交这些要求供国防委员会和大本营批准和实施，并与国家生产计划组织（GOSPLAN）等负责按照大本营战略计划保障苏联武装斗争的政府机关保持密切联系。

另外，总参谋部还直接负责检查红军的军队状况，特别是军队的物资保障和战斗力，并向国防人民委员部提出有关军队编制的指导意见；还根据大本营的决定和计划领导预备力量的组建、训练和及时使用。最后，在最高级的国家层面，总参谋部还要起草有关军事问题的建议、报告和其他材料，供苏联领导人与同盟国领导人会晤时召开专题会议讨论，特别是关于红军和盟军之间的军事合作。[23]

在学术和实践方面，总参谋部战时最重要的任务之一是收集、分析和运用（总结）己方军队的军事经验，并利用这些经验编写命令、教令、条令和旨在改善红军战斗表现的其他材料。总参谋部以出版发行的研究报告、情况通报、运用战争经验的材料选集（sborniki materialov）、战斗文书选集和战例选集等方式，把这种整理归纳的经验传播到全体武装力量。大量经过整理的战争经验数据还可以作为理论依据和现实依据，供测试和建立更有效的新型战斗力量和军队编制，以及发展新型战役战术手段。[24]

战争时期先后担任过红军总参谋长的将帅有：首任战时总参谋长朱可夫；苏联元帅 B. M. 沙波什尼科夫 1941 年 7 月接任，直到 1942 年 5 月因健康原因辞职；A. M. 华西列夫斯基上将（1943 年 1 月 18 日起为大将，1943 年 2 月 16 日晋升苏联元帅）1942 年 5 月接替沙波什尼科夫担任总参谋长，直到 1945 年 2 月；A. I. 安东诺夫大将接替华西列夫斯基，并担任总参谋长直到 1946 年。[25] 至关重要的作战局局长先后是：华西列夫斯基担任该职直到 1942 年 4 月升任第一副总参谋长；他的继任者是从 1942 年 4 月到 12 月担任局长的 P. I. 博金中将[①]；安东诺夫接任该职后，于 1943 年 5 月卸任，以便全力履行第一副总参谋长的职责；最后是 S. M. 什捷缅科中将，他原来是安东诺夫的副职，后来领导该局直到战争结束。

游击运动中央司令部

国防军 1941 年下半年横扫苏联西部和 1942 年又一次横扫苏联南部的时候，在其后方留下数百万因红军主力撤退而陷入孤立的红军军人。俄罗斯人

---

① 译注：详见第十一章"总参谋部·作战"小节处（第567页）译注。

承认，1941 年有 230 余万名军人在这种孤军奋战的状态下被俘或直接失踪，1942 年又有 150 万人。不过，他们当中有许多人逃脱了被俘的命运，继续抵抗德国人的占领，成为未来强大游击力量的核心。这些游击队虽然起初因组织不力，只能进行一些象征性的抵抗活动，但是随着时间的推移，规模逐渐发展壮大，组织也更加完善。通过从废弃的红军供应站搜集武器，或者缴获德国士兵的武器武装自己，游击队从 1942 年年初开始针对国防军后方设施、交通线和通信线路发起更有效的骚扰和破坏活动。

德国人在占领区施行严酷的政策，他们经常看待自己新征服的臣民充其量只是一种动产，顶多也是注定要为其德国主人服务的劣等人类。一段时间之后，成千上万的德占区居民要么加入游击队的行列，要么组成地下抵抗小组反抗德国占领当局。到 1942 年年中，这种游击和抵抗活动已扩大到既有对纳粹统治的消极抵抗，又有破坏和武装攻击国防军后方设施形式的武装抵抗。[26]

斯大林和大本营没有马上认识到游击队的潜在能力可以对国防军的武装斗争造成负面影响。不过，大本营最终亡羊补牢，从 1941 年后期和 1942 年年初开始采取措施帮助游击队的活动，为其提供更有效的武器，在游击队内部建立更有力的领导，在各游击队之间建立统一指挥和控制，使其能够有效配合红军的战斗行动。[27] 这个过程的最重要一步是国防委员会于 1942 年 3 月 30 日成立游击运动中央司令部（Tsentral'nyi shtab partizanskogo dvizheniia，缩写为 TsShPD）。①

这个新的司令部直接隶属大本营，其任务是"与各游击兵团建立联系，指导和协调它们的活动，总结和推广游击斗争经验，向游击队提供武器、弹药和医药器材，培训干部，组织游击兵团与作战军队的协同动作"。[28] 该司令部成立后，在执行上述全部任务的过程中始终要与苏联各加盟共和国、州和区的地下党组织以及红军作战方面军和集团军的军事委员会保持密切协同动作。游击运动中央司令部和整个游击运动的首任也是唯一的司令员，是白俄

① 译注：应是 1942 年 5 月 30 日，可能"May"和"March"之间的笔误。名称又译作"游击运动总司令部"，但"Tsentral'nyi"明显是"中央"，故未采用。

罗斯共产党（布）的领袖 P.K. 波诺马连科中将。[①]

1942 年 10 月，游击运动中央司令部下设作战局、侦察—情报局、政治局、供应局，以及独立的交通处、破袭战术技术处、干部处、密码勤务处、财务处、保密（战役安全）处和行政管理处。为了密切游击队与红军作战方面军之间的协同动作，游击运动中央司令部派出特别代表常驻作战方面军，保证紧密联络。相应地，方面军也经常从其司令部派出高级参谋人员到关键的游击队，特别是在发起进攻战役之前。[29]

整场战争期间，游击运动中央司令部有过一段曲折的发展历程，部分原因是斯大林经常质疑游击队在政治上是否可靠，部分原因是他预见到红军解放游击队战斗过的地区之后重建苏联政权将会遇到困难。具体来讲，1943 年 3 月，国防委员会曾一度解散游击运动中央司令部，但又于 5 月重建。后来，该司令部继续领导游击运动并监督游击战争，直到 1944 年 1 月 13 日斯大林下令将其彻底解散。[30] 游击运动中央司令部在其存在的整个过程中，成功组织起远比过去更有效和更可靠的游击运动，从而打造出一支非常规军队，这支军队将在 1944 年对国防军的军事命运造成深远的负面影响。

监管部门

无论在战时还是和平时期，斯大林管理军队的鲜明特点之一是，联共（布）和国家安全机关在红军和武装力量其他军种内全面掌控和频繁干预从方面军级到营级甚至连级的日常活动。除了国防委员会全体成员和大本营的部分成员是联共（布）高级领袖之外，斯大林还经常使用几位人民委员执行纪律，确保每一级军队绝对忠诚于苏联国家。

国家安全机关

保障苏联境内国家安全和苏联武装力量内部安全的职能分别由几个人民委员部承担。首先是 1940 年成立，1941 年 6 月由 L.Z. 梅赫利斯领导的苏联

----

① 译注：他是白俄罗斯共产党（布）中央委员会书记，1943年3月25日直接授衔中将。

国家监察人民委员部（Narkom Goskontrolia SSSR），该人民委员部行使全面监察职能，拥有在联共（布）和苏联国家内部执行纪律的特别权力，必要时也适用于军队内部。[31] 其次甚至更重要的是，1941 年 6 月由 L. P. 贝利亚领导的内务人民委员部（NKVD），该人民委员部凌驾于包括军队在内的苏联国家整体结构之上，几乎可以不受限制地运用权力。除了负责"组织苏维埃政权的地方机关，维持社会秩序和国家安全，保卫社会主义财产，防御边境和登记民事行为"之外，该人民委员部第三局还凭借其特别处的活动，充当专门针对军队的监察机关（见下文"军事安全机关"）。[32]

如本书第五章所述，除了其安全职能之外，内务人民委员部还指挥边防军、内卫部队、工农民兵和消防指挥部，并通过（劳动）营地总局（Glavnoe upravlenie lagerei，缩写为 GULAG）管理苏联的劳动改造营地体系。由于担心贝利亚手中掌握的权力过重，斯大林于 1941 年 2 月 3 日下令把内务人民委员部不断膨胀的权力削减掉一部分，让当时负责国家安全职能的国家安全总局（Glavnoe upravlenie gosudarstvennoi bezopasnosti）独立出去，成立新的国家安全人民委员部（Narodnyi komissariat gosudarstvennoi bezopasnosti，缩写为 NKGB）。与此同时，他还把领导军队中特别处的内务人民委员部第三局划归国防人民委员部。作为缓冲手段，斯大林任命贝利亚为苏联人民委员会副主席，并任命与贝利亚关系密切的一级国家安全政委级 V. N. 梅尔库洛夫担任国家安全人民委员，I. A. 谢罗夫担任副国家安全人民委员。[33]

从 1941 年 2 月 3 日到 7 月 20 日，国家安全人民委员部及其地方分支机关负责国家安全、对敌情报收集和针对敌方间谍的反间谍活动。战争爆发后，斯大林在 7 月 20 日又把国家安全人民委员部合并到内务人民委员部，贝利亚继续担任内务人民委员，谢罗夫担任他的副职。而到 1943 年 4 月，国家安全人民委员部再次独立，成为一个羽翼丰满的国家安全机关和反间谍机关。[34] 最后在战争结束后的 1946 年，斯大林又把国家安全人民委员部和内务人民委员部合并成国家安全部（Ministerstvo gosudarstvennoi bezopasnosti，缩写为 MGB）。[35] 整场战争期间，国家安全人民委员部和内务人民委员部的工作机关密切配合武装力量中的特别处和反间谍处，在各自负责的领域内有效而经常无情地铲除叛国行为，并在军队、联共（布）党内和整个国家中加强国家权威。

484

政治机关

战争开始时，有两个强力机关负责在苏联武装力量内部维持严格纪律。第一个是 A. I. 扎波罗热茨领导的红军政治宣传总局（Glavnoe upravlenie politicheskoi propagandy Krasnoi Armii），第二个是与之相应的海军政治宣传总局。为了提高这两个机关的效率，战争爆发后不久，斯大林于 7 月 16 日把前者改组成 A. S. 谢尔巴科夫[①]领导的工农红军总政治局（GlavPU RKKA）；7 月 21 日把后者改组成海军总政治局（Glavnoe politicheskoe upravlenie Voenno-Morskogo Flota，缩写为 GlavPU VMF）。

这两个总局受领的任务是，负责"领导陆海军的党、政、团组织，保证党对战士［和水手］生活各方面的影响，解决好党的建设、思想工作以及适应战争需要的政治机关和党团组织的结构等最重要的问题……并执行联共（布）中央委员会和国防委员会的决议，大本营和国防人民委员部的命令"。[36]为此，这两个总局下设复杂的军事委员会（voennye sovety）网和其他政治机关，以及几乎遍布各级指挥机关的党团组织和委员会。

在最高一级，红军总政治局和海军总政治局在方向总指挥部、方面军、舰队和集团军的司令部中任命政治委员作为军事委员会委员。虽然从表面上看，这些委员负责"帮助"同样作为军事委员会成员的司令员及其参谋长做出适当决定，但实际上是"检查"这些决定是否得当。在方面军以下，这两个总局在集团军、军、师、团和营各级以及军事学校等其他军队设施任命政治委员或政工干部，并在连和中队一级任命政治指导员（politruki），履行与方面军军事委员会委员类似的职能。[37]

按照官方定义，军事委员会（voennye sovety）是军事和政治首长为讨论（有时也决定）有关军事建设，组织战斗行动，以及军队指挥控制、训练和保障等原则性问题而设立的会议性指导机构。[38]组建完毕之后，军事委员会应当是由三位成员组成的指挥三人团（troika），包括：作为主席的司令员或军兵种首长、军事委员会委员（政治委员或政工人员，往往是加盟共和国或州的

---

① 译注：应是 L. Z. 梅赫利斯。他在6月21日，即战争爆发的前一天兼任红军政治宣传总局局长，并在7月领导该总局的改组。

党委书记）、参谋长或第一副司令员。军事委员会成员集体就其下属军队内部的一切事务向联共（布）中央委员会和苏联政府负责。

军事委员会委员应共同承担其司令员对军队状况和战斗行动所负的全部责任，并帮助司令员制定作战计划和命令。除了负责分管所在军队内特定领域的职能以外，军事委员会委员还单独管理其下级指挥机关中存在的"政治委员"体系，通过其上级总政治局由莫斯科领导和管理的独立通信网收发，并向上下级指挥机关上传和下达命令、指示、报告和消息。

军事委员会各成员及其整体还要向联共（布）中央委员会汇报其下属军人的政治、体格、士气和纪律状况，军队的战斗准备和表现，党政培训水平，以及军队本身在必要时代表苏联国家权力和权威的表现。另外，军事委员会还负责向军队提供技术保障和物资保障，监督德占区游击运动的发展，并密切游击队和红军的协同动作。尽管如此，军事委员会的全部决定终究还是要通过司令员颁布的命令付诸实施。

整体来说，这两个总政治局及其下设在方面军和集团军两级的军事委员会在整场战争期间获得越来越大的权力和责任。例如，1942 年 6 月，斯大林安排红军总政治局局长 A. S. 谢尔巴科夫出任联共（布）中央政治局候补委员兼联共（布）中央书记，可以看作是该总局的权力无可置疑的证据。[39][①]另外，许多有威望的联共（布）领袖也在整场战争期间担任各级军事委员会委员和政工人员，其中包括苏联未来的两位政治领袖 N. S. 赫鲁晓夫和 L. I. 勃列日涅夫。

这种司令员（指挥员）和政治委员（政治指导员）的双重领导制虽然旨在改善决策和指挥的效果，但实际上是一种权力制衡制度，用来保证军队的全体指战员严格遵守党纪国法，并忠诚于苏联国家。尽管如此，政治委员制还是起到某种负面作用，除了在队伍内部制造一些分歧之外，还往往使决策过程复杂化，降低指挥和控制的效率，特别是在集团军以下各级。

以红军 1942 年夏秋在"蓝色"行动中的失败为背景，斯大林决定改进

---

① 译注：原文如此，担任职务的先后颠倒。谢尔巴科夫早在1941年2月21日已成为联共（布）中央政治局候补委员，1941年5月4日兼任联共（布）中央书记，1942年6月4日兼任红军总政治局局长。

政治委员制比较冗赘的缺陷，以便改善红军的指挥控制，提振红军指战员的士气和战斗精神。而这时，斯大林和联共（布）中央也已得出结论，认为苏联武装力量中的指挥干部已经在政治上足够可靠，军队的政治委员和政治指导员也具有足够军事经验，废除政治委员制和恢复一长制（edinonachalie）的条件已经成熟。因此，苏联最高苏维埃主席团于10月9日下令废除政治委员制，并代之以一种新制度，从而标志着重新采用一长制的原则。[40]

这项决定生效后，各级司令员和指挥员对部属生活和工作的各个方面负完全责任，集团军以下各级指挥机关中的政治委员成为主管政治事务的副指挥员，主要负责战士的士气和福利。[41] 不过，虽然政治委员制在1942年后期正式废除，但是这两个总政治局并未放松对军队的严密监管。

司法机关

除了通过指挥和政治双重渠道对武装力量实施指挥控制之外，斯大林、联共（布）、国防委员会和大本营还使用其他国家、政治和军队机关确保对军队的绝对领导。这些监管机关都是当时苏联制度的产物和具体反映。

司法工作的主要手段是由军事总检察长领导的军事检察制度和广泛而普遍存在的军事法庭网。从表面上看，苏联军事司法体系中所有部门和机关的宗旨都是"监督执法，并与犯罪行为作斗争"。[42] 但战时还包括一些新任务，比如"有责任提供最严格的监督，确保战时法律得到准确遵守和无条件执行，并协助军事指挥机关使用兵力兵器满足国防的需要"。[43] 简而言之，总军事检察长在其权力范围之内必须确保社会秩序和国家安全，另外还要"采取紧急措施，通过重建法律和秩序的方式，在新解放的被占领土上实现法律和秩序的重新建立"。[44]

早在1941年6月22日，苏联最高苏维埃主席团就已扩大军事法庭的管辖权，并相应增加军事检察机关的检察权。[45] 从这时起，军事检察长及其下属检察员负责处理触犯国家法律的犯罪、匪盗行为、蓄意谋杀、暴力劫狱、逃避兵役、非法挪用物资、非法持有武器、军人犯下的所有各种罪行，以及宣布处于军事管制状态地区的其他事务。[46]

军事检察体系及其相关法庭平行于苏联武装力量战时指挥的组织结构。

像和平时期一样，苏联总检察长、军事总检察长、红军和海军的检察长属于最高级司法人员。其次是设在方面军、集团军和军这一级的军事检察院，也包括 1942 年 1 月任命的运输部队检察长，他负责领导铁路运输和流动性建筑部队的检察院。这个司法体系中的最低一级是下到作战军队的师级检察院，以及派驻航空兵基地、工兵兵团、预备兵团、教导（预备）师和旅、筑垒地域的独立检察员。另外，军事总检察长还把所有工作在毗邻前线的后方地区和运输地区的检察员也纳入军事检察。

整场战争期间，军事检察机关负责确保国防委员会、人民委员会、国防人民委员部和军队的命令和训令得到不折不扣地执行，并实施初步的法律（实际往往超出法律权限）调查和咨询，监督反间谍机关的调查，并监督军事法庭、监狱、禁闭室和惩戒部队的工作。

军事法庭体系在军区、方面军、舰队、集团军、军、某些独立兵团和其他军事机构中军事检察员的直接监督下开展工作，为这个无所不在的检察网提供服务。军事法庭通常由三名成员组成，有时还会从相应的工人代表委员会中选出一名人民法学家，其管辖范围和责任通常与相应的军事检察员相同。举例来说，军事法庭有权判处所有的刑罚，包括死刑（委婉说法是"剥夺生命"）。然而，方面军司令员和集团军司令员有权在不同意法庭判决时，立即向苏联最高法院军事审判厅或红军（海军）总检察长发出电报或派遣代表，从而推迟执行死刑判决。这时，只有在上级主管机关收到电报后 72 小时内没有下令暂停执行判决的情况下，才执行判决（见第十三章）。

从 1942 年 10 月开始，被判犯有罪行的指战员如果在惩戒（shtrafnye）部队里服役时有突出表现（并生还），就可以免除或撤销其刑罚。苏联各级司令员和指挥员会在最危险的前线地段使用惩戒部队和分队执行最艰巨的任务（见第十三章）。[47]

军事安全（侦察与反间谍）机关

除了上述国家安全机关、政治机关和司法机关之外，还有两个机关的职能也通常具有严格的军事特征，并在维持战时红军和武装力量整体的管理、正常秩序和纪律方面发挥着辅助但极其关键的作用。这两个机关在不同时期分别由内务人民委员部、国防人民委员部和总参谋部领导，分别是总侦察局（GRU，即"格鲁乌"）和后来成立的反间谍总局（GUK，后改称 SMERSH）。

总侦察局在战争开始时是总参谋部下属的第二局，但 1942 年 10 月 23 日移交国防人民委员部指挥。移交完成之后，总侦察局只负责谍报侦察，而国防人民委员部在总参谋部内又成立一个新的军队侦察局（Upravlenie voiskvoi razvedki，缩写为 UVR），专门负责军队侦察（见第十一章）。然而，总侦察局和军队侦察局及其下设在方面军、集团军和师级的侦察处和侦察科（razvedivatel'nye otdely 和 razvedivatel'nye otdelenie，缩写均为 ROs）在主要负责情报收集、整理和分析的同时，也会发挥类似于内务人民委员部和国防人民委员部反间谍机关（尤其是其下属特别处和反间谍处）的监管和威慑作用。[48]

另一个监管机关是特别处（bobyeotdely，缩写为 OOs），1943 年 4 月以前在内务人民委员部和国防人民委员部共同管理下开展工作，从 1943 年 4 月起到战争结束改称反间谍处（otdely kontrrazvedki，缩写为 OKRs），由国防人民委员部反间谍总局管理。反间谍处建立在从方面军到师的每一级，除了执行反间谍行动（kontrrazvedka）的主要任务之外，还在实践中证明有利于维持苏联国家和联共（布）对武装力量的监管。[49]

特别处在其存在期间始终隶属国防人民委员部第三局，但在作战时由内务人民委员部第三局及其两任局长 A. N. 米赫耶夫和 V. S. 阿巴库莫夫指挥。[50]除了执行类似于方面军和集团军侦察处的正常情报收集和评估职能之外，派驻方面军和集团军的特别处还负责防止德国人收集情报、招募间谍和实施牵制—破坏活动，保卫红军和红海军的军队内部安全。不过，像侦察处一样，特别处也负责查处军队内部高级指挥员、指挥干部和普通战士真真假假的叛国、流言挑拨和蓄意破坏等行为。

1943 年 4 月 14 日，国防委员会正式承认反间谍工作越来越重要，把特别处改编成反间谍处并划归国防人民委员部反间谍总局（Glavnoe upravlenie kontrrazvedki）隶属。这个新总局广为人知的俗称是"锄奸部"（SMERSH 是 smert' shpionam 的缩写，字面意思是"间谍之死"），局长是当时的二级国家安全政委级阿巴库莫夫。[51]

反间谍总局及其下属反间谍处出现在红军内部从方面军到师的每一级，

其影响遍及从巴伦支海到黑海的整条前线上和苏联国土全部纵深内的全部军队。反间谍总局在实施常规反间谍活动的同时，还调查红军指战员经常被指控的蓄意破坏、叛国和渎职行为，特别是那些未能完成自己所受领任务、未经命令擅自撤退或者向敌人投降的指战员。[52] 更重要的是，从整体监管武装力量的角度来看，内务人民委员部和国防人民委员部的特别处（反间谍总局反间谍处）在红军指挥干部和战士当中全面采取措施，打击挑拨离间、散布流言和叛国行为。至少有 35 位将军和一大批更低军衔的人物因此遭到惩处。[53]

上述国家安全、政治、司法和军事监管机关尽管既有专制性又无所不在，可是履行的是与保卫苏联及其红军的安全和切身利益有关的合法使命和职能，其工作也卓有成效。但在此过程中，它们还在保证苏联国家的极权性质和斯大林的绝对权力时扮演着截然不同的另一种角色。从这个意义上看，这些机关并不受战争的影响，仍然与和平时期一样是积极有效的监管工具。

著名人物

斯大林的亲密战友

像所有极权主义国家一样，在战略层面领导苏联进行武装斗争的军事首长各有不同的能力、才干和个性。担任这个职务的首要前提是对联共（布）、苏联国家和斯大林本人表现出无限忠诚，诸如专业军事能力和良好品格这样的优点显然退居次席①。因此，那些担任战时苏联政治和军事权力核心主要领导职务的人在上述几方面表现得参差不齐，这是可以理解的。

这个事实的具体表现之一是联共（布）中央政治局、国防委员会、大本营、国防人民委员部、内务人民委员部、红军高级司令部和其他关键权力机关的任职人员当中存在一个以斯大林为中心的小圈子，具体来说是同他关系

---

① 俄译注：对于第一句话，所谓的非极权主义国家也不会有什么区别。对于第二句话，无论一个政权的"自由"程度如何，都几乎不可能安排一个不忠于自己国家和国家领袖的人担任军事首长。发生这种情况的地方（例如20世纪30年代的挪威），下场往往非常悲惨。

另外，客观评价每位特定军事首长的才能或平庸程度固然很难，而比较不同国家军事首长的才能更加困难，因为他们所处的环境差异很大。然而，值得注意的是，第二次世界大战期间，每个国家的军事首长都时常会有不称职的行为，并导致可耻的失败。在这种背景下，1941年年底和1942年年初，英美军队在马来亚和菲律宾的指挥官步步受制于日本军队并招致一系列惊人的损失，而导致这种失败的原因在很大程度上不是来自军事，而是心理，这种表现才是最糟糕的。

最密切的政治、军事伙伴和幕僚。从战争初期到战争结束，斯大林最依赖的人是曾在国内战争时期忠诚为他服务的亲密战友和同事。首要的一批人是属于一个名称是"骑兵派系"的小圈子，这些人曾在斯大林担任 S. M. 布琼尼著名的骑兵第 1 集团军军事委员会委员时作为战友或下属效力，或者在 1918 年至 1919 年帮助他成就著名的察里津（即后来的斯大林格勒）保卫战胜利。除了布琼尼、伏罗希洛夫和铁木辛哥三位元帅之外，这个"骑兵派系"还包括国内战争结束后进入这个小圈子的较低级指挥员，例如 G. K. 朱可夫、K. K. 罗科索夫斯基、I. Kh. 巴格拉米扬、A. I. 叶廖缅科、R. Ia. 马利诺夫斯基、P. S. 雷巴尔科、K. S. 莫斯卡连科和 K. A. 梅列茨科夫。[①]

因为国防委员会实际上是一个政治机关，所以在整场战争期间只有一位成员来自军队。这位军人是斯大林最忠诚的战友之一——苏联元帅克利缅特·叶夫列莫维奇·伏罗希洛夫。有一部斯大林的传记对伏罗希洛夫颇多微词，称他"平庸、刻板"和"智力低下"，是"重视服从、勤勉、坚决和执着的制度产物"，特别是在 20 世纪 30 年代后期的军队内部动荡时期。[54]1939—1940 年苏芬战争期间，伏罗希洛夫作为国防人民委员的表现根本不称职。虽然斯大林默认这个事实，并于 1940 年 5 月安排 S. K. 铁木辛哥接替伏罗希洛夫，但是伏罗希洛夫在 1941 年继续蹩脚地担任国防委员会的成员、西北方向总司令和列宁格勒方面军司令员，1943 年期间又多次担任大本营代表，到最后斯大林把他贬黜到次要岗位上，直到战争结束。

与国防委员会不同，先后共有七位军人在战争不同阶段成为大本营成员，包括来自陆军的铁木辛哥、伏罗希洛夫、布琼尼、朱可夫、华西列夫斯基和安东诺夫，以及来自海军的库兹涅佐夫，其中前四人属于"骑兵派系"。另外，斯大林还在"巴巴罗萨"行动初期的 7 月 10 日任命自己最信任的三位战友伏罗希洛夫、铁木辛哥和布琼尼，指挥三个新成立的方向总指挥部（他们的生平见第十二章）。[55] 因为这三个人都在 1941 年和 1942 年红军屡战屡败的过

---

① 译注：1.斯大林没有担任骑兵第1集团军的军事委员会委员，而是其上级方面军的军事委员会委员。2."骑兵派系"的名单中还可以增加本书提到的一系列重要人物，如夏坚科、阿帕纳先科、秋列涅夫、库利克、赫鲁廖夫、费多连科、日加列夫等等。

程中证明自己不适于指挥大兵团作战，所以斯大林解除他们的指挥职务并解散方向总指挥部。

　　1942 年以后，斯大林基本上不再仰仗自己的老战友，而是更多依靠相对年轻的新一代军人提供战略战役建议。除了吸收他们进入大本营之外，斯大林还经常安排他们担任大本营特别代表，策划、领导和协调方面军或方面军群实施的战略性战役。这些通常比较年轻的新一代指挥员当中，有作为大本营成员的朱可夫、华西列夫斯基和安东诺夫，作为大本营代表派驻一线的朱可夫、华西列夫斯基、诺维科夫、戈沃罗夫和沃罗诺夫等人，以及在总参谋部工作的沙波什尼科夫、华西列夫斯基和安东诺夫。事实证明，这些人全都比自己的前任更有能力，因而可以获得更大成功。

大本营成员和总参谋部成员

　　国内战争时期和 20 世纪 20—30 年代，格奥尔基·康斯坦丁诺维奇·朱可夫曾在红军骑兵部队服役，1939 年 8 月在哈拉哈河指挥特别步兵第 57 军击败不可一世的日本关东军的两个步兵师团，用一场辉煌胜利赢得斯大林的青睐。为了表彰这个战绩，斯大林于 1940 年 6 月提拔这位"骑兵派系的晚辈"担任基辅特别军区司令员，1941 年 1 月又安排他担任红军总参谋长兼副国防人民委员。[56]

　　战争开始后，斯大林立即任命朱可夫为大本营成员，1942 年 8 月又擢升他为第一副国防人民委员兼副最高统帅，直至战争结束。战争开始后不久的 6 月 22 日至 26 日，朱可夫曾作为大本营代表前往西南方面军，针对进攻中的德国军队组织过一次徒劳无功的机械化反突击。继 1941 年 8 月和 9 月在斯摩棱斯克指挥预备队方面军、1941 年 9 月和 10 月指挥列宁格勒方面军之后，朱可夫从 1941 年 10 月开始指挥西方面军直到 1942 年 8 月，并在 1942 年 2 月至 5 月之间指挥西方向总指挥部。

　　战争第一年当中，朱可夫在 1941 年 9 月的列宁格勒、1941 年 10 月和 11 月的莫斯科成功实施防御，并组织莫斯科反攻和随后的 1941—1942 年冬季总攻，为自己赢得不朽的声望。他虽然未能实现大本营为冬季战局规定的全部目标，但是坚韧不拔而经常坚决果断发起战役，使国防军遭受前所未有的失败，并彻底挫败"巴巴罗萨"行动。第二年夏季和秋季，当国防军又一次在俄罗斯南部高歌猛进的时候，朱可夫指挥西方面军于 1942 年 7 月和 8 月期间在日兹德拉和博尔霍夫地区，8 月和 9 月在勒热夫地区发起进攻并取得一定战果，从而在相当程度上有利于红军实施斯大林格勒防御。

1942 年 11 月下旬红军发起新一轮进攻战役时，朱可夫策划并协调加里宁方面军和西方面军攻击大卢基和勒热夫地区德军防御的战役。这场进攻战役虽然失败①，但是严重削弱中央集团军群的力量，使德国人不得不在两个月之后放弃勒热夫附近的防御阵地。[57]1943 年 1 月间，朱可夫成功组织战役，解除对列宁格勒的封锁，并晋升苏联元帅；2 月，他策划和指挥针对德国北方集团军群的"北极星"行动，但因故中止；后来，他作为大本营代表帮助策划和指挥红军 7 月和 8 月夺取库尔斯克会战的胜利，以及 9 月直扑第聂伯河的追击和 11 至 12 月间第聂伯河对岸登陆场的争夺战。

后来，朱可夫在 1944 年 1 月协调红军取得科尔孙—舍甫琴柯夫斯基进攻战役的胜利，从 1944 年 3 月到 5 月指挥乌克兰第 1 方面军，从 1944 年 6 月下旬到 9 月参与协调红军成功实施的白俄罗斯进攻战役和利沃夫—桑多梅日进攻战役。在此期间，他的方面军在乌克兰西部和波兰取得辉煌胜利。也许是为压制这位大本营首席代表迅速崛起的权力和声望，斯大林于 1944 年 11 月任命朱可夫担任白俄罗斯第 1 方面军司令员，直至 1945 年 6 月。在此期间，朱可夫对柏林发起规模宏大但代价高昂的强击，进一步提高自己的声望。[58] 除担任司令员和大本营代表之外，朱可夫还以副最高统帅的身份参与策划和实施许多场不同规模的战役，其中最著名的是斯大林格勒进攻战役。

朱可夫是一位精力充沛但固执的指挥员，实施军事行动时具有顽强的决心。他的顽强意志力和偶尔表现出的冷酷无情和无视伤亡，使苏联红军经受住战争初期代价高昂的考验，稳定了列宁格勒和莫斯科的防御，并从 1942 年底到 1944 年率领红军踏上胜利征程，帮助红军在 1945 年取得最后胜利。像美国

---

① 译注：这是两场战役。原文的失败指"火星"行动，即苏联的第二次勒热夫—勒热夫卡进攻战役。从战略和战役角度看，大卢基战役应该是苏联的胜利：合围并歼灭德国守军7000余人，攻占大卢基，重创德军解围兵力，并牵制德军向该地区增兵6个师。

内战时期的格兰特将军一样，朱可夫了解现代战争的可怕本质，并从心理上做好准备接受这样的战争。他要求而且只允许下属绝对服从自己的命令，善于发现人才并当成关键下属加以保护，有时还为此挺身而出并招致斯大林的愤怒。

虽然在朱可夫指挥的战役里少有策略可言，但是他娴熟而合理地把红军当成"大棒"，并能充分发挥其全部作战效果。他的作战方式完全符合苏德战场的战争特点，而斯大林也知道这一点。正是由于这个原因，斯大林和红军才能赢得胜利，尽管伤亡巨大。因此，朱可夫作为一位"俄罗斯"伟大军事统帅的声望，首先源自他作为一位久经考验的顽强斗士而应当得到的赞誉。这种赞誉，再加上他的"骑兵派系"成员身份，使他不会因明显的失败而受到批评，并使他成为斯大林最信任的两位将领之一。

斯大林最信任的另一位将领也堪称业务水平最熟练的大本营成员，是亚历山大·米哈伊洛维奇·华西列夫斯基。尽管出身步兵，不能享受"骑兵派系"专属的优待，华西列夫斯基还是凭借自身的优点脱颖而出，并在1937年提前毕业于总参军事学院之后进入总参谋部工作。华西列夫斯基是沙波什尼科夫元帅在总参谋部最钟爱的下属，也是后者指定的总参谋长接班人，于是，他在短短四年之内便从上校晋升为上将。

主要得益于沙波什尼科夫的钟爱，华西列夫斯基在1940年5月成为总参谋部作战局副局长，并在战争前夕的几个月里参与制定苏联的国防计划和动员计划。战争开始后的1941年8月，斯大林任命华西列夫斯基为总参谋部作战局局长兼副总参谋长。后来，华西列夫斯基在1942年6月接替沙波什尼科夫担任总参谋长，1942年10月起兼任副国防人民委员。[59]

参与策划红军大多数最重大战役的同时，华西列夫斯基还作为大本营代表前往各作战方面军，指挥许多场重大战役的实施。例如，1941年10月，红军陷入维亚济马和布良斯克的灾难性合围之后，他曾参与恢复莫斯科以西的红军防御；而就在他担任总参谋长之前的1942年4月和5月，他协调西北方面军粉碎德军杰米扬斯克突出部的尝试失败。尽管1942年5月未能说服斯大林取消在哈尔科夫和克里米亚发动命运多舛的进攻战役，可是他的睿智忠告可能促成他担任总参谋长这个关键职务的任命提前到来。

1942年夏季和秋季，华西列夫斯基在制定迟滞国防军向斯大林格勒推进的大本营战略时发挥重要作用，也是红军 1942 年 11 月和 12 月斯大林格勒进攻战役的主要缔造者之一。作为大本营代表，他适时把成功的斯大林格勒反攻发展成冬季总攻，粉碎国防军在俄罗斯南部的防御，并使红军向西长驱直入顿巴斯并进抵第聂伯河。

华西列夫斯基在 1943 年 1 月晋升苏联元帅之后，1943 年 2 月上旬在南方取得的巨大成就，鼓舞着朱可夫向大本营建议沿整个苏德战场的正面实施一场全面总攻，由华西列夫斯基在南方、朱可夫在北方协调军队的行动。这次总攻虽然目标雄心勃勃，企图粉碎德国人从列宁格勒向南直到黑海的全部防御，并使红军各部进抵普斯科夫、维捷布斯克和第聂伯河沿岸，但是几乎在每一个地段都遭到国防军坚决而娴熟的抵抗而以失败告终，朱可夫和华西列夫斯基别无选择，只能在 1943 年 3 月和 4 月把红军的防御稳定在库尔斯克地区。

1943 年 7 月和 8 月，华西列夫斯基与朱可夫一起策划和协调红军在库尔斯克地区的防御、反攻和总攻。后来，1943 年 9 月和 10 月朱可夫协调红军攻向基辅的同时，华西列夫斯基协调一系列作战，把德国军队赶出顿巴斯地区。1943 年 11 月渡过第聂伯河之后，华西列夫斯基继续协调乌克兰第 3 和第 4 方面军在乌克兰东部的行动，领导克里米亚的解放并于 1944 年 5 月在该地负伤。甚至在他康复期间，华西列夫斯基还在策划红军的 1944 年白俄罗斯进攻战役时发挥重要作用，并在这场战役中协调白俄罗斯第 3、波罗的海沿岸第 1 和第 2 方面军的行动。

1945 年 1 月和 2 月上旬成功策划和协调红军的东普鲁士进攻战役之后，斯大林于 2 月下旬接纳华西列夫斯基成为最高统帅部大本营成员，很大程度上是为了表彰他作为大本营代表长期以来做出的杰出贡献。同时，斯大林还在战时第一次授予华西列夫斯基野战指挥权，任命他为白俄罗斯第 3 方面军司令员，接替已于 2 月 18 日围攻柯尼斯堡时阵亡的前任司令员——才华横溢的 I. D. 切尔尼亚霍夫斯基大将。华西列夫斯基担任方面军司令员的同时，他的副职和"门徒" A. I. 安东诺夫接替他担任总参谋长。

1945 年 7 月，华西列夫斯基达到其军旅生涯的巅峰，斯大林任命他在战争最后阶段的对日作战中领导苏联红军远东总指挥部，以示对他的信任。[60]

他的总指挥部随后发动规模宏大、过程复杂、战果辉煌的满洲进攻战役，证明华西列夫斯基无愧于斯大林对他的信任，并为促成日本政府决定向同盟国无条件投降做出了重大贡献。

因为性格平和、思维敏捷的华西列夫斯基，能够同强势生硬、坚决果断的朱可夫形成互补，所以这两位个性截然不同的人珠联璧合，成为大本营最有效的难题解决专家、代表和司令员的组合。作为苏联首屈一指的总参谋部军官，没有人能比华西列夫斯基为打败纳粹德国和日本帝国所做的贡献更多。[61]

华西列夫斯基的"伯乐"——苏联元帅鲍里斯·米哈伊洛维奇·沙波什尼科夫是"红军总参谋部之父"、一位技艺高超的总参谋部军官、当之无愧的杰出理论家和军事历史学家。沙波什尼科夫原来是沙皇军队中的军官，正如一位传记作家所指出的那样：他遵守的是前一代人的军官行为准则，这在他的同龄人中并不常见。[62] 沙波什尼科夫的正派举止和独立思想，同他的理论才能一样出名，他是国内战争之后新型红军的缔造者之一，曾在 1920 年图哈切夫斯基指挥的华沙战役失败前，因对战况做出不同判断与后者发生过激烈冲突。这次据理力争，再加上他作为一位"无比博学、业务熟练、才智过人的顶级军事指挥员"的声望，以及对骑兵的热爱，使他不仅可以留在军队里，还在 1937 年春季脱颖而出成为红军总参谋长。[63]

沙波什尼科夫担任这个关键性职务的时间一度在 1940 年 8 月中断，当时斯大林任命他为副国防人民委员。沙波什尼科夫从 1927 年到 1929 年撰写博学而有洞察力的鸿篇巨制《军队的大脑》，为 1935 年红军总参谋部的组建做出重大贡献。沙波什尼科夫 1939 年被接纳加入联共（布）[①]，但在意识形态上不持立场，他也经常不认同斯大林的国防战略（包括苏联战前的国防计划），可是依然得到重用，大概是因为斯大林并不讨厌这位博学的参谋人员，并且实际上尊重他没有威胁性的直言不讳。沙波什尼科夫与斯大林保持着一种特殊的关系：他是少数几位斯大林只用本名和父名（imia i otchestvo）来尊称的人之一。

---

① 译注：官方生平称他的入党时间是1930年，1939年是在联共（布）第十八次代表大会上当选为中央候补委员的时间。

1940 年沙波什尼科夫被解除总参谋长职务，显然是受到苏芬战争中红军拙劣表现的拖累，而到 1941 年 7 月，斯大林又一次任命他担任总参谋长。从这时起直到 1942 年 5 月因健康原因离职，沙波什尼科夫是改造新型总参谋部的设计师，使之能够引导战争走向胜利。战争期间，他证明自己对斯大林具有温和的影响力，虽然对 1941 年 9 月基辅战役的惨败也负有一定责任，但是他的影响最终促使斯大林更多听从总参谋部对武装斗争的建议。更重要的是，沙波什尼科夫还在华西列夫斯基、安东诺夫和瓦图京青云直上的过程中起到重要作用。

与战争开始时担任关键性参谋职务的华西列夫斯基不同，战时红军总参谋部最具统治地位和影响力的领军人物——阿列克谢·因诺肯季耶维奇·安东诺夫，在战争爆发时并不引人注目。作为参加过第一次世界大战和国内战争的老兵，安东诺夫始终比较默默无闻，直到 20 世纪 30 年代初几次进入伏龙芝军事学院学习后才崭露头角。他在学院期间的表现，为自己赢得"一位优秀的作战参谋工作者"的评价。[64]1935 年的基辅军区大演习期间，时任哈尔科夫军区作战处处长的安东诺夫表现出色，赢得国防人民委员伏罗希洛夫的褒奖，并被安排去总参军事学院深造。1937 年毕业后，安东诺夫先是担任莫斯科军区参谋长，在斯大林最宠爱的元帅布琼尼手下工作，不久又调到伏龙芝军事学院去替换那些离职的教员。

安东诺夫在 1940 年 6 月与华西列夫斯基等人一起晋升少将，1941 年 1 月的指挥干部大调动期间接替 G. K. 马兰金中将担任基辅特别军区副参谋长，并在这个岗位上迎来战争的开始。此后，安东诺夫经历 1941 年夏季在基辅周围和 1942 年 5 月在哈尔科夫的惨败，1942 年 12 月，华西列夫斯基把他调到总参谋部担任作战局局长兼第一副总参谋长。1943 年 5 月，安东诺夫把作战局局长职务移交给 S. M. 什捷缅科，全力履行第一副总参谋长的职责，直到 1945 年 2 月接替华西列夫斯基担任总参谋长。[65]

任职总参谋部期间，安东诺夫参加了 1942 年 12 月以后红军实施每一场重大战役的策划和监督工作，作为对他的杰出表现的奖励，1945 年 2 月他和华西列夫斯基一起成为大本营成员。同时，安东诺夫还陪同斯大林出席同盟国巨头的大多数重大会议，包括 1945 年 2 月的雅尔塔会议和 7 月至 8 月的波茨坦会议。安东诺夫堪称楷模的业务能力和透彻全面的战略判断力不但赢得斯大林的尊重，而且赢得所有同事和下属的尊敬。另外，曾与他会晤过的外国人也同意美国总统杜鲁门的看法，认为他是一名精明能干的参谋军官和行政人员。[66]

大本营成员当中唯一的飞行员亚历山大·亚历山德罗维奇·诺维科夫是战时苏联最杰出的空军高级首长。[67] 他是参加过国内战争的老兵，1922 年毕业于步兵训练班，1927 年毕业于伏龙芝军事学院。就学于伏龙芝军事学院期间，诺维科夫学习 M. N. 图哈切夫斯基元帅讲授的战略学和 V. K. 特里安达菲洛夫讲授的战役学，并充分领会通过大规模使用装甲坦克兵、航空兵、炮兵和空降兵实施大纵深战役和大纵深战斗的双重概念。继在白俄罗斯军区司令员 I. P. 乌博列维奇手下短期服役之后，诺维科夫转入红军航空兵并开始接受飞行训练。

然而，1936 年晋升上校军衔之后，诺维科夫却被强制退伍并遭到逮捕，可能是与乌博列维奇等人被捕有关。诺维科夫奇迹般地从这个事件中全身而退，并先后担任列宁格勒军区空军的参谋长和司令员，并在后一职务上迎来"巴巴罗萨"行动的开始。

1941 年，诺维科夫先是在 7 月指挥北方面军和西北方向总指挥部的空军，8 月和 9 月艰苦的列宁格勒防御期间指挥列宁格勒方面军空军。尽管这个时期他的司令员伏罗希洛夫元帅明显不称职，可是诺维科夫表现良好，以至于接替伏罗希洛夫担任司令员的朱可夫不吝笔墨专门记录下他的才华和出色表现。为了表彰诺维科夫对成功防御列宁格勒的贡献，朱可夫于 1942 年 2 月选择诺维科夫担任西方面军第一副司令员，并赋予他改编和重建西方面军空军的任务。[①]

不久，斯大林也开始认识到诺维科夫的指挥才能，并任命他担任大本营代表，监督红军 1942 年 3 月和 4 月在列宁格勒和杰米扬斯克周围的作战。后来，斯大林于 1942 年 4 月晋升诺维科夫为航空兵中将，并担任红军空军

① 译注：原文如此，官方生平中没有诺维科夫在西方面军任职的说法。有资料称他在朱可夫推荐下2月5日至4月11日担任红军空军第一副司令员。

司令员直到战争结束。1942 年和 1943 年期间，诺维科夫在担任这个职务的同时，还兼任分管航空事务的副国防人民委员，主持整合当时支离破碎的红军方面军航空兵和集团军航空兵，使之成为能够有效保障现代化军事行动的新型有力工具。

担任空军司令员期间，诺维科夫创建现代化的空军集团军编制和用于支援的预备航空兵集团军，并监督全新一代现代化飞机的研制和列装。同时，他还在许多场重大战役中担任过大本营代表，包括斯大林格勒会战，1943 年的"北极星"行动、库尔斯克会战和斯摩棱斯克进攻战役，1944 年的科尔孙—舍甫琴柯夫斯基进攻战役、乌克兰和卡累利阿的数场战役以及白俄罗斯进攻战役，1945 年的维斯瓦河—奥得河进攻战役和柏林战役。作为他的军旅生涯的顶峰，诺维科夫在 1945 年 8 月和 9 月的满洲进攻战役期间前往远东总指挥部，担任华西列夫斯基的空军司令员。

战争结束后不到一年，诺维科夫就被卷入 L. P. 贝利亚的"胜利者大逮捕"，与许多最杰出的红军司令员一起被捕。诺维科夫在身心两方面遭到贝利亚手下 V. S. 阿巴库莫夫的摧残。羁押六年后的 1953 年，即斯大林去世后仅几个月，诺维科夫最终获释并恢复名誉。诺维科夫原先在担任红军空军司令员时有出色表现，像 20 世纪 30 年代的许多杰出同僚一样，这场磨难也只是"木秀于林，风必摧之"。[68]

大本营的首席炮兵专家是尼古拉·尼古拉耶维奇·沃罗诺夫，他在炮兵中的地位与诺维科夫在航空兵中的地位相当。由于他作为炮兵的声名显赫，大本营经常在重大战役中派遣他担任大本营代表之一，这不仅说明沃罗诺夫作为一名炮兵的业务水平和专长，还可以反映炮兵作为诸兵种合成集体的关键组成部分，在斯大林和红军高级将领心目中的重要地位。[69]

作为一名 1918 年加入红军的老战士，沃罗诺夫经历过国内战争，1924 年毕业于高级炮兵指挥学校，1927 年毕业于伏龙芝军事学院。20 世纪 20 年代期间，他先后指挥过炮兵连和炮兵营，最后指挥莫斯科无产阶级步兵师的炮兵团。1933 年和 1934 年担任该师炮兵主任之后，国防人民委员部派遣他到列宁格勒军区担任列宁格勒炮兵学校校长兼政治委员。

西班牙内战爆发后，苏联政府派遣沃罗诺夫到西班牙，1936 年和 1937

年担任共和国政府军的顾问。沃罗诺夫既获得了最新的战争经验，又没有卷入与其任务有关的危险政治纠葛，于是斯大林在 1937 年任命他为红军炮兵主任，直到 1940 年。

作为炮兵主任，沃罗诺夫监督第二次世界大战前夕红军急剧扩充期间炮兵的改编和技术换装。在朱可夫的密切配合下，他还参加过 1939 年 8 月在哈拉哈河的对日作战，并积累策划和指挥集团军群规模炮兵作战的丰富经验。1939 年后期和 1940 年，红军进军波兰东部和比萨拉比亚时，他执行同样的任务，并在苏芬战争期间突破芬兰强大的"曼纳海姆防线"时指挥炮兵的战斗行动。苏芬战争结束后，国防人民委员部任命沃罗诺夫为红军总炮兵局副局长，"巴巴罗萨"行动开始时，他仍在担任这个职务。

战争爆发后不久，大本营先后任命沃罗诺夫担任红军炮兵最有威望的两个职务——6 月下旬[①] 担任的国土防空总局局长和 7 月担任的红军炮兵主任。同时，沃罗诺夫还成为副国防人民委员和大本营咨询机构的成员。后来，从 1943 年 3 月起直到 1950 年，他一直担任红军炮兵司令员[②]。在此期间，他参与研究在大规模战斗行动中运用炮兵的理论基础和实践基础，特别是实施炮兵进攻和系统化反坦克战的概念。同时，他监督组建诸如炮兵师和军这样的大型炮兵兵团，并负责发展最高统帅部预备队炮兵，作为实施突破交战和发展胜利的关键因素。

除了担任严格意义上的炮兵角色以外，沃罗诺夫还多次担任大本营代表，作为高级炮兵顾问和诸兵种合成协调员参加过许多场战役。例如，他曾协助策划和协调列宁格勒、沃尔霍夫、西南、顿河、沃罗涅日、布良斯克、西北、西、加里宁、乌克兰第 3 和白俄罗斯第 1 诸方面军的战役，包括斯大林格勒进攻战役、在斯大林格勒粉碎德国第 6 集团军、1943 年 7 月和 8 月的奥廖尔进攻战役；并在 1944 年和 1945 年的白俄罗斯进攻战役和柏林进攻战役期间监督炮兵的使用。

尽管远不如他的杰出同事们那样出名，列昂尼德·亚历山德罗维奇·戈

---

① 译注：应是1941年6月14日，即战争爆发前的6月中旬。
② 译注：原文如此，官方生平称苏联武装力量炮兵司令员。

沃罗夫还是有一系列担任大本营代表和方面军司令员的长篇记录，主要是在西北战区。作为第一次世界大战和国内战争时期的老兵，以及像沃罗诺夫一样的炮兵，戈沃罗夫先后毕业于红军炮兵进修班（1927年）、高级军事速成班（1930年）、伏龙芝军事学院（1933年）和总参军事学院（1938年），也是总参军事学院自1937年以后第一个全班毕业班级的成员。20世纪20年代和30年代，戈沃罗夫先后担任过炮兵营长、著名的彼列科普步兵第51师炮兵团长、某筑垒地域的炮兵主任、步兵第14军和第15军的炮兵主任。[70]

从苏芬战争期间担任第7集团军炮兵司令部参谋长开始，戈沃罗夫与西北战区结下漫长的不解之缘。他的上级，主要是沃罗诺夫，称赞戈沃罗夫在突破"曼纳海姆防线"时发挥了重大作用。1940年苏芬战争结束后，他先后担任红军炮兵副总监和捷尔任斯基炮兵学院院长[1]，并晋升炮兵少将。

"巴巴罗萨"行动期间，戈沃罗夫在战争初期的混乱中担任西方向炮兵主任，并在9月获胜的叶利尼亚战役、10月维亚济马的悲剧性合围和惨败中担任预备队方面军炮兵主任。他奇迹般地从这场磨难中生还之后，由于认识到他对叶利尼亚战役胜利所做的贡献，大本营于10月中旬任命他为重要的莫扎伊斯克防御线副司令员，10月下旬又改任西方面军第5集团军司令员，他在整个莫斯科会战期间出色地指挥这个集团军。根据他在莫斯科的成功表现，大本营于1942年4月派他前往列宁格勒，起初指挥列宁格勒方面军军队集群，后来从1942年6月开始指挥整个列宁格勒方面军，直到战争结束。

担任列宁格勒方面军司令员期间，戈沃罗夫策划和实施1943年1月的锡尼亚维诺进攻战役，部分解除德国人的封锁，2月参加朱可夫未能取胜的"北极星"行动。后来，他策划和协调列宁格勒地区所有的方面军群战役，包括1944年1月把德国军队赶出列宁格勒地区的列宁格勒—诺夫哥罗德进攻战役、1944年6月和7月迫使芬兰军队远离列宁格勒的维堡进攻战役和卡累利阿进攻战役、1944年后期和1945年从波罗的海沿岸地区和库尔兰击退德国军队的各场战役。

---

[1] 译注：原文"捷尔任斯基政治学院炮兵主任"，据第十二章和官方生平订正。俄译者称有些资料称他担任的前一个职务是红军炮兵总监。

斯大林之所以选择戈沃罗夫担任方面军司令员和大本营代表，是因为后者一贯有敏锐的判断力，以及作为一名策划者和军队激励者的出色技巧。总参谋部的一位同僚说："他在军队中享有崇高而当之无愧的威望……戈沃罗夫过于沉默寡言，甚至表面上看起来还有一点阴沉，第一次见面时会给人留下不太好的印象，但是所有在他手下工作过的人都知道，在严厉的外表下隐藏着豁达而善良的俄罗斯性格。"[71] 戈沃罗夫是荣获苏联最高军事勋章——胜利勋章的 11 位红军将领之一。[72]

大本营成员和大本营代表当中唯一来自苏联海军的人员是尼古拉·格拉西莫维奇·库兹涅佐夫。他在国内战争时期作为一名水兵在阿尔汉格尔斯克地区的北德维纳河区舰队服役。1926 年被提拔为海军指挥员之后，他的第一个任务是担任黑海舰队"红色乌克兰"（Chervona Ukraina）号巡洋舰上的低级指挥职务。1929 年到 1932 年在列宁格勒海军学院学习之后，他又一次来到黑海舰队。后来担任"红色乌克兰"号舰长期间，他的军舰于 1935 年获得"海军最佳舰艇"荣誉称号。

这样的优异表现，再加上 1937 年以后海军指挥员的大批流失，使库兹涅佐夫从此一路青云直上。继 1937 年担任驻西班牙共和国的海军武官之后，库兹涅佐夫于 1937 年 8 月担任太平洋舰队第一副司令员，并从 1938 年 11 月起接替基列耶夫成为太平洋舰队司令员。后来，斯大林于 1939 年 2 月任命库兹涅佐夫为海军第一副总司令，1939 年 4 月又任命时年 36 岁的他为海军总司令兼海军人民委员，直到 1946 年。为了与上述职务保持一致，斯大林还在 1941 年 6 月晋升库兹涅佐夫为海军上将。[73]

战争期间，库兹涅佐夫指挥苏联海军的所有战役，在 1944 年 9 月解放保加利亚和 1945 年 8 月的满洲进攻战役中担任大本营代表，并出席 1945 年的雅尔塔会议和波茨坦会议。但是，他经常挑起足以威胁到自己前途的争端。库兹涅佐夫虽然是苏联武装力量这个年轻军种极为称职的司令员，但是固执己见地不断为捍卫海军利益而与陆军针锋相对。这使他同数位红军主要将领、船舶工业人民委员部，甚至斯大林本人都发生过直接冲突。例如，"巴巴罗萨"行动前夕，库兹涅佐夫直接违反斯大林的命令，下令波罗的海舰队和黑海舰队采取预防措施，防止德国人的突然袭击。尽管受到斯大林的批评，但这些措施拯救了这两个舰队，库兹涅佐夫还是成为新组建的大本营成员之一。

整场战争的事实证明，库兹涅佐夫始终是非常出色的军事首长。与红军普遍存在的许多将军因不称职或更严重罪名而遭到撤职甚至枪决的情况不同，库兹涅佐夫挑选的大多数部属都很称职，在战争结束之前一直与他并肩战斗。[74]

战争结束后，库兹涅佐夫对上级和同事的直率和坦诚最终让他付出了代价。也许是作为迟来的报复，斯大林于 1946 年下令逮捕库兹涅佐夫及其几位直接部属，并指控他们泄露苏联的军事机密给英国人。他的许多同事被判长期监禁，而库兹涅佐夫本人遭到撤职，军衔也降为海军少将。然而，像诺维科夫一样，库兹涅佐夫也在斯大林去世后东山再起，但到 1956 年又因与赫鲁晓夫发生冲突而遭到撤职，并被迫退休，时年 51 岁。

监管部门成员

担任大本营成员、大本营代表和其他关键监管部门首长的许多人当中，有些人堪称是"爪牙和耳目"。他们的存在能像"黏合剂"一样确保苏联政权的团结，尤其是在艰难的战争条件下。这些人制造和维持着保持苏联内部严格纪律和忠诚所必需的威严气氛，尽管这种气氛常常与武装斗争的需要背道而驰。

没有人能比列夫·扎哈罗维奇·梅赫利斯更合适作为这种人的代表，他是苏联将领眼中当之无愧的"扫把星"。梅赫利斯在 1911 年应征加入沙皇军队，第一次世界大战期间是一名炮兵。国内战争时期，他加入红军后在乌克兰服役，历任旅政委和师政委，并因此与斯大林发展了密切的工作关系。战争结束后，梅赫利斯开始他作为军内党务活动家的长期生涯，并最终于 1944 年晋升上将军衔。1930 年毕业于红色教授学院后，他任联共（布）中央委员会作家（宣传）处成员①，并同时兼任联共（布）机关报《真理报》编辑委员会委员。

---

① 译注：官方生平称担任联共（布）中央委员会出版局局长。

　　梅赫利斯在 1937 年至 1940 年期间担任大权在握的红军政治总局局长 ①，并获得一级集团军政委级的军衔，在此期间，他和他管理的这个局直接负责红军内部的调查和逮捕，而梅赫利斯以特有的效率和冷酷来执行这项任务。继 1940 年和 1941 年担任苏联国家监察人民委员之后，他重新担任红军总政治局局长并兼任副国防人民委员，而他在这个职务上继续监视红军的指挥人员。[75]

　　整场战争期间，梅赫利斯曾多次担任大本营代表和斯大林的个人代表派驻许多个方面军，在此过程中多次表现出自己欠缺军事方面的才能。例如，1942 年 5 月担任驻克里米亚方面军的大本营代表期间，该方面军在他主持下遭受 1942 年春季的惨败。斯大林尽管召回和训斥梅赫利斯，并解除他的大本营代表和总政治局局长的职务，还是继续任用他担任较低级的职务。

　　梅赫利斯虽然对克里米亚的惨败负有责任，但是从 1942 年 7 月起担任第 6 集团军军事委员会委员，后来又担任过沃罗涅日方面军、沃尔霍夫方面军、布良斯克方面军、波罗的海沿岸第 2 方面军、西方面军、白俄罗斯第 2 方面军和乌克兰第 4 方面军的军事委员会委员。梅赫利斯能继续任职和他的漫长职业经历可以证明他对斯大林毋庸置疑的绝对忠诚，以及他在对待苏联国家和政权遭受所谓威胁时具有的坚决执行力，这远远比他拙劣的军事才能更重要。总之，仅仅他的存在就足以保证红军指挥人员能令行禁止。战争结束后，斯大林虽然安排梅赫利斯重新出任监察人民委员，但到 1950 年免除他的一切官方职务。三年后，梅赫利斯又在斯大林去世之前神秘死去，这表明他可能已经变得过于危险，甚至对于斯大林来说也是如此。②

　　虽然战争期间和战争刚结束的几年里，很少有红军高级将领感到足够自信或安全，敢于批评梅赫利斯，但是随着斯大林去世，这种情况急转直下。朱可夫在他的回忆录里对梅赫利斯几乎没说过好话，而什捷缅科后来尖刻地写道：

---

　　① 译注：该局此时仍是红军政治局，1940年6月以前升级为红军总政治宣传局，1941年7月改称红军总政治局。这个错误系作者直接引用的《苏联军事百科全书》俄文版"梅赫利斯"词条。

　　② 俄译注：梅赫利斯1950年辞职和后来终年64岁去世是严重疾病的结果，他患有心脏病，最终引发心力衰竭。

他上送的报告常常通过我转呈，总是使我看过报告后留下一种酸苦的印象。他的报告把事情描绘得像夜一样漆黑一团。他利用手中掌握的巨大权力，从指挥岗位上撤换了几十个人，并立即把他自己带的人换上去。他要求枪毙师长维诺拉多夫，因为后者失去了对师［属苏芬战争时的第9集团军］的指挥。后来，我不止一次接触到梅赫利斯，并得出这样的结论，这是个爱采取极端措施的人。[76]

以当时苏联的环境，什捷缅科如此直率地写出梅赫利斯这次和其他几次使用的小伎俩，这个事实一方面折射出红军的许多首长是如何鄙视和仇恨像梅赫利斯这样的人，反过来也从另一方面证明梅赫利斯对红军的监视卓有成效。[①]

像梅赫利斯一样，亚历山大·谢尔盖耶维奇·谢尔巴科夫于1942年5月接替梅赫利斯担任红军总政治局局长后，也以同样的活力执行纪律。谢尔巴科夫的漫长联共（布）领袖和政治官员生涯也从国内战争期间开始，他先是参加赤卫队，组织雷宾斯克市的工人运动，并参加过雅罗斯拉夫尔省（guberniia）的战斗。1918年加入联共（布）以后，谢尔巴科夫先后在土耳其斯坦的党团组织中工作，1921—1924年就学于斯维尔德洛夫共产主义大学，1924—1930年在下诺夫哥罗德省担任区党委会书记，并负责编辑该省的党报，1930年至1932年进入红色教授学院学习。

从1937年到1940年，谢尔巴科夫开始迅速崛起，先后担任列宁格勒州、伊尔库茨克州和顿涅茨克州的联共（布）州委第一书记，并最后在

---

① 俄译注：什捷缅科的这段话固然非常正确，但在很大程度上也反映许多苏联军事首长希望通过把过错和失败转移给他人来减轻自己的责任，或者更好的是将其与斯大林和"个人崇拜"联系起来。请注意，作者在下文就把因在剿赤附近战败而降职的所有军人都归类为"政权的受害者"（见注释82处）。

L. Z. 梅赫利斯固然是一个残忍且不太令人愉快的人，但更能清楚说明他在军队中实际角色的是，1942年春季克里米亚方面军汽车装甲坦克兵局某位首长在其回忆录中写作的典型段落。这部回忆录中除了针对梅赫利斯的常见批评之外，还有一个令人感兴趣的观点——坦克手们遇到紧急困难时不是求助于他们的直接上级，而是专门向梅赫利斯求助。值得注意的是，出于某些原因，曾经在劳动营地服刑过的A. V. 戈尔巴特夫将军，在其回忆录《岁月与战争》中有一些针对梅赫利斯的"善意之词"，后者担任过他所属方面军的军事委员会委员。

1941 年担任联共（布）莫斯科州委和市委第一书记。[①] 他在 1941 年 6 月达到自己的权力巅峰，斯大林任命他接替梅赫利斯担任红军总政治局局长，同时兼任副国防人民委员和作为联共（布）宣传机关的苏联新闻局（SOVINFORMBURO）局长。

谢尔巴科夫的官方生平称他在 1941 年年底的莫斯科保卫战中发挥了重要作用，他"在贯彻落实联共（布）中央委员会和国防委员会的决议，执行大本营和国防人民委员部的命令，动员苏联军人奋勇杀敌以及粉碎德国法西斯侵略者等方面，完成了大量的工作"。[77] 什捷缅科补充道：

> 谢尔巴科夫负责苏联新闻局，这是一个非常庞大和事务繁忙的部门。我经常和他打交道，每次我都想知道这个病得很重的人是怎么应付这么繁重工作的，他从哪里发现能量，同时又是怎样设法在处理周围人际关系时表现得如此富有人情味和体贴……
>
> 谢尔巴科夫不但原则性强、坚决果断、工作认真负责，而且是一个坦率和热心的人……但是，他在世的日子已经不多了。他在1945年5月10日与世长辞，终年44岁。他的去世就发生在我军的伟大胜利到来之际，他为这场胜利贡献出自己的全部精力和健康。[78]

然而，什捷缅科没有提到的是，谢尔巴科夫的总局还与其他国家安全机关、政治机关、司法机关和军队监管部门一道，领导维护红军队伍纯洁性和确保联共（布）对全体指战员绝对领导的斗争。因此，谢尔巴科夫和他的总局仍然是一个重要政治工具。

这类人物当中的另一位典型代表是内务人民委员部的一位首长，也是战时的国防人民委员部反间谍总局（SMERSH）局长——维克托·谢尔盖耶维奇·阿巴库莫夫。[79] 他的个人职业生涯并不太明朗，从 1925 年以前莫斯科的

---

① 译注：官方生平中担任联共（布）莫斯科州委和市委第一书记的时间是1938年10月，1941年是开始担任联共（布）中央书记的时间。下一句中的时间应是1942年6月，"SOVINFORMBURO"在《苏联军事百科全书》中译本"谢尔巴科夫"词条中误译作"苏联情报局"，该局主管宣传报道和反宣传，见"苏联新闻局"词条。

一个普通"蓝领"工人开始，阿巴库莫夫参加过保卫工厂的工人纠察队和共青团组织，后来在 1933 年成为内务人民委员部国家政治保安总局（OGPU）[①]的一名工作人员，负责为保卫工作提供技术保障。

1935 年和 1936 年，这位年轻的契卡分子在内务人民委员部营地总局（GULAG）的工作给贝利亚留下深刻的印象。1937 年，贝利亚任命阿巴库莫夫为内务人民委员部安全处某分支机构的负责人[②]。1938 年贝利亚取代 N. I. 叶若夫成为内务人民委员之后，于次年[③]任命阿巴库莫夫为内务人民委员部的罗斯托夫地区负责人，军衔为内务人民委员部大尉。阿巴库莫夫在他的新岗位上工作得很出色。为了奖励阿巴库莫夫在罗斯托夫地区有效完成所受领的任务，贝利亚于 1940 年晋升他为少校，1941 年 2 月又任命他为副内务人民委员，负责组建并管理民兵和消防部队。[80]

战争开始三个月后的 1941 年 9 月，红军特别处（OOs）管理局局长 A. N. 米赫耶夫在基辅附近的战斗中牺牲，经斯大林批准，贝利亚任命阿巴库莫夫担任该局局长并兼任副国防人民委员。最后，当国防委员会 1943 年 4 月把特别处改编成国防人民委员部反间谍总局的反间谍处（OKRs）时，斯大林任命阿巴库莫夫担任反间谍总局局长，由 I. I. 莫斯卡连科担任他的副职。[81] 阿巴库莫夫在这两个职务上都工作得很出色。阿巴库莫夫的新总局及其下设在红军方面军和集团军中的反间谍处，除了承担法定的反间谍职能之外，还负责确保军队对党和国家的忠诚，铲除一切可疑的挑拨离间和破坏行为。

反间谍总局比较出名的工作包括：甄别和起诉与 A. A. 弗拉索夫将军有牵连的红军将领和其他指挥人员，逮捕和处决弗拉索夫本人及其同伙，起诉向德国人投降或在战斗中有其他"渎职"行为的其他红军高级首长。战争期间，遭到阿巴库莫夫逮捕的高级首长当中至少有 35 位将军，他们都被控犯有叛国罪，而大多数只是莫须有的罪名。[82] 有一次，阿巴库莫夫还开始毫不留情

---

① 译注：从1923年起，国家政治保安总局直接隶属苏联人民委员会。1934年并入内务人民委员部，并改称国家安全总局。

② 俄译注：贝利亚在1938年8月以前担任格鲁吉亚共产党（布）中央委员会第一书记，因此，他很难对阿巴库莫夫1937的这次调动有所帮助。

③ 俄译注：应是1938年12月5日。

地调查朱可夫，因为他相信朱可夫已经成为又一个图哈切夫斯基，构成对斯大林和苏联国家的威胁。虽然朱可夫设法摆脱了阿巴库莫夫的纠缠，但是他手下的西方面军参谋长 V. S. 戈卢什科维奇将军却遭到逮捕。

战争结束后，阿巴库莫夫的工作并未结束。例如，1945 年后期和 1946 年，阿巴库莫夫和他的同伙调查、逮捕、审判和定罪一大批红军将领，有些人刚从德国战俘营获释，有些则是被阿巴库莫夫认为对国家构成潜在威胁的现役将军。[83] 后者当中包括航空兵主帅 A. A. 诺维科夫，而阿巴库莫夫希望通过他继续查找有关朱可夫的证据。1941 年至 1952 年期间，共有 101 位陆海军将领沦为阿巴库莫夫的牺牲品。

1946 年 5 月，斯大林任命当时已是上将军衔的阿巴库莫夫取代贝利亚最可靠的追随者之一 V. S. 梅尔库洛夫，领导原国家安全人民委员部和内务人民委员部合并而成[①] 的国家安全部(MGB)。阿巴库莫夫迅速用自己在反间谍总局的大批手下为这个新成立的部配齐人员，并大幅度增加这个安全机关的权力。阿巴库莫夫的作为引起贝利亚的担心，认为这个新的部实际上对自己的权力构成真正威胁。[84]

无论如何，权力之争，非我即敌。在这方面，阿巴库莫夫也不能例外。被他疏远的贝利亚和内务部（MVD）部长谢罗夫联名检举揭发阿巴库莫夫是人民的敌人，并加以逮捕和关押，最终在 1954 年 12 月经审判和定罪，处以死刑。一贯为别人罗织罪名的阿巴库莫夫，最后下场也是被别人"请君入瓮"，而他为自己赢得的"荣誉"是斯大林时代任职时间最长的安全监察人员。[85]

当时在苏联政治、国家、司法和军事的监管部门担任重要职务的其他人物数以百计，他们的经历至今才逐渐从默默无闻的状态浮现出来，其中最主要的三个人：I. A. 谢罗夫、V. S. 梅尔库洛夫和 V. V. 乌利奇，可以作为这类人物的代表。I. A. 谢罗夫的职业经历比较丰富多变，曾历任内务人民委员部的民兵副主任和主任、乌克兰内务人民委员部委员、副国家安全人民委员（副内务人民委员）、第一副国家安全人民委员（第一副内务人民委员）、内务人

---

① 译注：原文如此，这两个人民委员部1946年分别改称国家安全部和内务部。但1947到1952年之间国家安全部陆续从内务部转走多项权力和人员。

民委员、内务部副部长和部长、战后的国家安全委员会（KGB，即"克格勃"）第一任主席和总侦察局（GRU，即"格鲁乌"）局长。[86] 战争期间，谢罗夫曾代表内务人民委员部作为事实上的大本营代表，参加 1941 年 8 月遣送伏尔加河沿岸日耳曼人，1941 年 10 月和 11 月莫斯科的防御组织工作，1943 年和 1944 年外高加索地区的"非伊斯兰化"（包括强制遣送车臣人和卡尔梅克人），以及 1944 年和 1945 年波兰的"苏维埃化"。

战争结束后，谢罗夫负责"处理"关押在德国劳动营中的苏联公民，并粉碎德国对苏联统治的抵抗。1946 年春季，已是上将军衔的谢罗夫返回莫斯科，先后担任内务部副部长和第一副部长，并在斯大林去世后继续担任内务部副部长。1953 年帮助镇压东德起义之后，谢罗夫成为新成立的国家安全委员会首任主席，但在 1958 年将这个职务交给 A. N. 谢列平之后改任总侦察局局长。谢罗夫的职业生涯在 1960 年后急转直下，1990 年 7 月去世。

1941 年新成立国家安全人民委员部的时候，V. S. 梅尔库洛夫担任国家安全人民委员，并兼任战时的第一副内务人民委员。他后来在安全机关的任职经历包括：1941 年夏季作为国家安全人民委员部的大本营代表前往危险的列宁格勒地区，1943 年和 1944 年参加外高加索地区的"非伊斯兰化"。作为对他突出贡献的奖励，斯大林于 1945 年晋升梅尔库洛夫为大将军衔，1946 年又安排他担任国家安全部长，不久后又升任部长会议主席。最后，梅尔库洛夫的仕途也变得艰难起来，因为同样遭到贝利亚的猜忌。尽管如此，1946 年 5 月把国家安全部长的职务交给阿巴库莫夫之后，同年 10 月①，梅尔库洛夫还是接替梅赫利斯担任国家监察部长。[87]

V. V. 乌利奇曾担任苏联最高苏维埃军事管理委员会主席，这个组织在战争期间充当"合法恐怖活动的主要工具"。他还作为组织者参加过 1941 年夏季杀害原波兰军官的卡廷事件。虽然人们对他的职业生涯知之甚少，但是一位研究苏联安全机关及其职责的专家指出："战争的前两年里，红军各级军事法庭发出的死刑判决超过 15 万份，远远多于内务人民委员部。"[88]

---

① 译注：梅尔库洛夫起初赋闲，1947年4月25日起担任苏联部长会议下属的苏联国外财产管理总局局长。1950年10月27日担任国家监察部长。

注释

1. R. A. 萨武什金主编，《苏联武装力量和军事学术在1941—1945年伟大卫国战争期间的发展》，第50页。

2. V. A. 佐洛塔廖夫主编，《国防人民委员1941》，第387页。

3. "国防委员会"词条，见A. A. 格列奇科主编，《苏联军事百科全书》第三卷，第621—627页；另见1975年5月5日出版的《红星报》（Krasnaia zvezda）。关于国防委员会的组织结构和战时职能等详情，见尤里·戈里科夫，《国防委员会决议（1941—1945年）：数字与文献》（莫斯科：奥尔马出版社，2002年版）。

4. V. A. 佐洛塔廖夫主编，《国防人民委员1941》，第387页。

5. 同上，第386页。

6. 更多详情，见V. D. 丹尼洛夫，《最高统帅部大本营，1941—1945年》，刊登在《保卫祖国》第12期（1991年12月），第1—39页；V. D. 丹尼洛夫，《伟大卫国战争初期战略领导机关的体系完善》，刊登在《军事历史杂志》第6期（1987年6月刊），第25—30页；A. M. 迈罗夫，《伟大卫国战争中的战略领导》，刊登在《军事历史杂志》第5期（1985年5月刊），第28—40页；M. 扎哈罗夫，《武装力量的战略领导》，刊登在《军事历史杂志》第5期（1970年5月刊），第23—34页；V. 库拉科夫，《武装力量的战略领导》，刊登在《军事历史杂志》第6期（1975年6月刊），第12—24页。

7. 关于组建统帅部大本营的苏联人民委员会命令的内容，见V. A. 佐洛塔廖夫主编，《国防人民委员1941》，第20页。

8. 关于成立总统帅部的国防委员会第83号决议的内容，见同上，第62—63页。

9. S. M. 什捷缅科，《战争年代的总参谋部，1941—1945年（两卷本）》（莫斯科：进步出版社，1970年版），第一卷：第37页。

10. 大本营的具体职责包括评估政治军事形势和战略形势，做出战略战役决定，组建军队集团，组织方面军群、方面军、独立集团军、诸兵种合成集团军和游击队之间的协同动作并协调其行动，组建和训练战略预备队并将其分配到各作战方面军和集团军，确保武装力量的物资保障和技术保障，解决与军事行动的实施直接或间接相关的其他一切问题。

11. 在许多关于大本营代表的文章当中，可以参阅I. 维罗多夫，《最高统帅部大本营代表在战争年代中的作用：他们的组织和工作方法》，刊登在《军事历史杂志》第8期（1980年8月刊），第25—33页；M. 彼得罗夫，《大本营代表》，刊登在《军事历史杂志》第2期（1981年2月刊），第50—56页。

12. 根据联共（布）中央委员会和苏联人民委员会的法令，国防人民委员部1934年6月成立，取代原来的陆海军人民委员部。

13. 详情可参阅M. M. 科兹洛夫编撰"国防人民委员部"词条，见《伟大卫国战争1941—1945年：百科全书》（莫斯科：苏联百科全书出版社，1985年版），第480页。1937年12月30日以前，国防人民委员部下设一个独立的红军海军局。但是，苏联人民委员会于该日成立海军人民委员部，并将红军海军局及其下属舰队和区舰队划归这个新人民委员部管理。

14. 1946年2月25日，斯大林把国防人民委员部和海军人民委员部合并成一个全联盟统一的国防人民委员部。稍后，随着苏联1946年3月改为部制，联共（中央）政治局把国防人民委员部改称苏联武装力量部，斯大林继续担任部长，直到1947年他任命N. A. 布尔加宁元帅担任这个职务。

15. V. A. 佐洛塔廖夫主编，《国防人民委员1941》，第40—41页。

16. 同上，第41—45页。

17. 红军总参谋部（GShKA）1935年组建，取代原来的工农红军司令部（Shtab RKKA）。

18. 详见S. M.什捷缅科，《战争年代的总参谋部》，第一卷，第180—211页；第二卷，第15—19页。

19. V. A. 佐洛塔廖夫主编，《伟大卫国战争中的总参谋部：1942年的文献与材料》，收录在《俄罗斯档案：伟大卫国（战争）》第23卷，第12（1）册（莫斯科：特拉出版社，1997年版），第8页；V. A. 佐洛塔廖夫主编，《国防人民委员1941》，第389—390页。其他资料可参阅N. 洛莫夫、V. 戈卢博维奇，《关于总参谋部的组织结构与工作方法》，刊登在《军事历史杂志》第2期（1981年2月刊），第12—19页；G. 米哈伊洛夫斯基、I. 维罗多夫，《指挥战争的高级机关》，刊登在《军事历史杂志》第4期（1978年4月刊），第16—26页。这道国防委员会训令的标题是《总参谋部的地位》。

20. 例如，7月28日，国防委员会把总参谋部的组织局和动员局划归国防人民委员部，并将其合并成红军军队组建与补充总局（Glavnoe upravlenie formirovaniia i ukomplektovaniia Krasnoi Armii，缩写为GUFUKA）。由于实践证明这项措施施行不通，国防委员会于1942年4月在总参谋部内又成立一个新的组织局，并指派该局负责跟踪军人的分配和损失情况，并在遍布苏联全境的庞大军事院校系统中培训指挥干部。

21. V. A. 佐洛塔廖夫主编，《国防人民委员1941》，第216—217页。这次改编还从总参谋部作战局划出其下属的三个处：组织登记处、作战训练处和战役运输处。组织登记处划归组织局，作战训练处改编成战争经验运用处，战役运输处成为总参谋部的直属处。同时，这道命令还解散作战局下属的汽车装甲坦克兵处和通信处，并将其职能和人员移交组织局和战争经验运用处。

22. N. D. 萨尔特科夫，《总参谋部代表》，刊登在《军事历史杂志》第9期（1971年9月刊），第56—59页；N. D. 萨尔特科夫，《胜利（伟大卫国战争中总参谋军官代表团）》，刊登在《军事历史杂志》第12期（1988年12月刊），第23—28页；《红军总参谋部军官代表团工作的条例和细则》，刊登在《军事历史杂志》第2期（1975年2月刊），第62—66页。

23. S. M.什捷缅科，《战争年代的总参谋部》，第二卷，第26—31页。

24. 对总参谋部战争经验研究作品和其他材料的分析，见戴维·M. 格兰茨，《有关红军的最新出版著作，1918—1991年》，刊登在《斯拉夫军事研究杂志》第8年第2期（1995年6月），第319—332页。

25. B. M. 沙波什尼科夫从1941年7月起担任总参谋长，接替战时的第一任总参谋长G. K. 朱可夫大将。沙波什尼科夫后来因健康原因辞职，1945年去世。

26. 关于游击运动的最优秀资料，见列昂尼德·格连克维奇，《1941—1944年的苏联游击运动》（伦敦：弗兰克卡斯出版社，1999年版）。

27. 莫斯科会战和随后的冬季战局期间，大本营开始对游击战持欣赏态度，因为游击集群和团能够协助红军骑兵和空降兵发展突破，特别是别洛夫的骑兵集群和骑兵第11军在维亚济马附近的作战。

28. V. A. 佐洛塔廖夫主编，《最高统帅部大本营1943》I，收录在《俄罗斯档案：伟大卫国（战争）》第16卷，第5（3）册，第403页。

29. "游击运动中央司令部"（Tsentral'nyi shtab partizanskogo dvizheniia）词条，见M. M. 科兹洛夫主编，《伟大卫国战争百科全书》，第776页。

30. 尽管游击运动中央司令部1944年解散，游击队还是在各加盟共和国和州的中央委员会领导下继续积极作战，并受到内务人民委员部的长期影响，与红军作战方面军的协同动作也越来越密切。

31. "梅赫利斯，列夫扎哈罗维奇"（Mekhlis, Lev Zakharovich）词条，见A. A. 格列奇科主编，《苏联军事百科全书》第五卷，第273页。

32. "内务人民委员部"（Narodnyi komissariat vnutrennikh del）词条，见N. V. 奥尔加科夫主编《军事百科词典》，第475页。关于内务人民委员部的运作和下属机关的更多详情，请参阅迈克尔·帕里什，《较小的恐怖：苏联国家安全，1939—1953年》（康涅狄格州韦斯特波特：普雷格出版社，1996年版）；迈克尔·帕里什，《最后的遗物：I. E. 谢罗夫大将》，刊登在《斯拉夫军事研究杂志》第10年第3期（1997年9月），第109—129页。

33. 迈克尔·帕里什，《最后的遗物》，第112—113页；I. I. 库兹涅佐夫，《斯大林的部长V. S. 阿巴库莫夫，1908—1954年》，刊登在《斯拉夫军事研究杂志》第12年第1期（1999年3月），第149—165页。

34. 详见A. I. 科尔帕基季、D. P. 普罗霍罗夫，《俄罗斯的对外侦察》（莫斯科：奥尔马出版社，2001年版），第39—50页。合并这两个安全机关的命令全文，见《开端，1941年6月22日至8月31日》共2卷，第1册收录在《伟大卫国战争中苏联的国家安全机关》（莫斯科：罗斯出版社，2000年版），第373页。

35. "国家安全人民委员部"（Narodnyi komissariat gosudarstvennoi bezopasnosti）词条，见N. V. 奥尔加科夫主编，《军事百科词典》，第475页。

36. "工农红军总政治局"（Glavnoe politicheskoe upravlenie raboche-krest'ianskoi Krasnoi armii）、"海军总政治局"（Glavnoe politicheskoe upravlenie Voenno-morskogo flota）词条，见M. M. 科兹洛夫主编，《伟大卫国战争百科全书》，第208—209页。

37. 国防委员会还在红军空军、国土防空军、汽车装甲坦克兵（装甲坦克和机械化兵）中设立军事委员会。

38. "军事委员会"（Voennyi sovet）词条，见M. M. 科兹洛夫主编，《伟大卫国战争百科全书》，第164页；A. A. 叶皮谢夫撰"军事委员会"（Voennyi sovet）词条，见A. A. 格列奇科主编，《苏联军事百科全书》第二卷，第272—274页。战争前夕，红军和海军各自设有总军事委员会，每个军区、集团军、舰队和区舰队有军事委员会。战争开始后，国防委员会1941年6月23日解散红军和海军的总军事委员会，改为在所有作战方面军成立独立的方面军军事委员会。

39. "亚历山大·谢尔盖耶维奇·谢尔巴科夫"词条，见M. M. 科兹洛夫主编，《伟大卫国战争百科全书》，第800页。

40. 该法令的编号是307号，内容见V. A. 佐洛塔廖夫主编，《国防人民委员1941》，第326—327页。

41. M. N. 季莫费耶切夫撰"一长制"（Edinonachalie）词条，见A. A. 格列奇科主编，《苏联军事百科全书》第三卷，第301—302页。

42. "军事监察机关"（Voennaia prokuratura）词条，见M. M. 科兹洛夫主编，《伟大卫国战争百科全书》，第145页。

43. 同上。

44. 同上。

45. 该命令的编号是218号，详情见V. A.佐洛塔廖夫主编，《国防人民委员1941》，第14—16页。

46. "军事监察机关"（Voennaia prokuratura）词条，见M. M.科兹洛夫主编，《伟大卫国战争百科全书》，第145页。

47. "军事法庭"（Voennye tribunaly）词条，见M. M.科兹洛夫主编，《伟大卫国战争百科全书》，第162—163页。

48. 关于总侦察局的组织结构和职能的现有资料，充其量只有粗略的概括。见S. M.什捷缅科，《战争年代的总参谋部》，第一卷，第194页；戴维·M.格兰茨，《战争中的苏联军队侦察》，第114—115、第210—214、第215—216页。

49. 布尔什维克国家的缔造者V. I.列宁和他的第一任安全首长F. E.捷尔任斯基在国内战争期间建立第一批特别处（OOs）。起初，这些处作为著名的全俄肃反委员会（Vserossiiskaia chrezvychainaia komissiia，缩写为VChK，即"契卡"）的一部分，同反革命分子、投机倒把者和公职犯罪者作斗争，1918年以前还包括同反革命分子和阴谋破坏者作斗争。1923年以后，特别是在20世纪30年代，由国家政治保安局（Ob'edinennoe gosudarstvennoe politicheskoe upravlenie，缩写为OGPU）领导的特别处分布在陆海军所有级别，坚决铲除针对苏联国家和军队的实际或潜在的内部颠覆活动，并在此过程中镇压苏联军事领导层中的许多重要人物。关于特别处和反间谍处的资料不多，可参阅"反间谍总局"（Glavnoe upravlenie kontrrazvedki）词条，见N. V.奥尔加科夫主编，《军事百科词典》，第195页；"苏联军事反间谍"（Sovetskaia voennaia kontrrazvedka）词条，见M. M.科兹洛夫主编，《伟大卫国战争百科全书》，第662页；戴维·M.格兰茨，《战争中的苏联军队侦察》，第91、第94、第115、第117、第125、第202和第266页；迈克尔·帕里什，《较小的恐怖》。

50. 迈克尔·帕里什，《较小的恐怖》，第111—113页；I. I.库兹涅佐夫，《斯大林的部长V. S.阿巴库莫夫》。1941年9月，米赫耶夫在基辅合围圈中牺牲后，副内务人民委员V. S.阿巴库莫夫成为特别处管理局局长。

51. "苏联军事反间谍"（Sovetskaia voennaia kontrrazvedka）词条，见M. M.科兹洛夫主编，《伟大卫国战争百科全书》，第662页。

52. 例如，反间谍总局在揭露A. A.弗拉索夫将军的同情者时发挥重大作用。弗拉索夫曾指挥1942年6月和7月在列宁格勒以南柳班附近陷入合围的突击第2集团军，后来向德国人投降，进而为德国人服务。另外，反间谍总局还调查和起诉（通常在本人缺席的情况下）在战争中被德国人或芬兰人俘虏的红军高级指挥员，通常指控的罪名是叛国罪。见亚历山大·A.马斯洛夫，《被俘的苏联将军：1941—1945年被德国人俘虏的苏联将军之命运》（伦敦：弗兰克卡斯出版社，2001年版）。

53. I. I.库兹涅佐夫，《斯大林的部长V. S.阿巴库莫夫》。

54. 迪米特里·沃尔科戈诺夫，《克利缅特·叶夫莫维奇·伏罗希洛夫》，收录在哈罗德·舒克曼主编《斯大林的将军们》（伦敦：韦登费尔德与尼科尔森出版社，1993年版），第313页。关于伏罗希洛夫生平的详情，也可参阅"伏罗希洛夫，克利缅特·叶夫列莫维奇"（Voroshilov, Klement

Efremovich）词条，见A. A. 格列奇科主编，《苏联军事百科全书》第二卷，第362—363页。

55. 这些指挥部的正式名称是方向总指挥部（glavnye komandovaniia napravlenii），目的是统一指挥沿单个战略方向作战的所有方面军或其他军兵种的力量，这时共成立西北、西、西南三个方向总指挥部。另外，斯大林最得力的三个政治助手：A. A. 日丹诺夫、N. A. 布尔加宁和N. S. 赫鲁晓夫分别担任这三个方向总指挥部的军事委员会委员，他们将会在战后时期取得更大的政治成就。详见V. D. 丹尼洛夫，《伟大卫国战争中的方向总指挥部》，刊登在《军事历史杂志》第9期（1987年9月刊），第17—23页；S. P. 伊万诺夫、N. 舍霍夫佐夫，《战区总指挥部的工作经验》，刊登在《军事历史杂志》第9期（1981年9月刊），第11—18页；M. N. 捷列先科，《在西部方向：方向总指挥部怎样组建和运作》，刊登在《军事历史杂志》第5期（1993年5月刊），第17页。

56. 朱可夫接替K. A. 梅列茨科夫担任总参谋长。

57. 大多数1964年以后创作的苏联资料认为朱可夫策划的斯大林格勒进攻战役，尽管这年之前的许多资料将其归功于华西列夫斯基和叶廖缅科。当然，作为副最高统帅，朱可夫理应在大本营的所有战略策划工作中发挥相当大的作用。

58. 除了朱可夫的回忆录《回忆与思考》之外，还可以参阅维克托·安菲洛夫，《格奥尔基·康斯坦丁诺维奇·朱可夫》，收录在哈罗德·舒克曼主编《斯大林的将军们》，第343—360页；M. A. 加列耶夫，《朱可夫元帅：指挥艺术的伟大和独特》（莫斯科和乌法：东方大学，1996年版）。

59. 除了华西列夫斯基的回忆录《毕生的事业》之外，还可以参阅杰弗里·朱克斯，《亚历山大米哈伊洛维奇华西列夫斯基》，收录在哈罗德·舒克曼主编《斯大林的将军们》，第275—285页。

60. 远东总指挥部是苏联在战争期间组建的第一个完整的战区指挥部。因此，华西列夫斯基指挥广大远东地区的全部陆地、空中和海上力量。

61. 华西列夫斯基"庇护的门徒"主要有瓦图京和安东诺夫。

62. 奥列格·雷日舍夫斯基，《鲍里斯·米哈伊洛维奇·沙波什尼科夫》，收录在哈罗德·舒克曼主编《斯大林的将军们》，第229页。

63. 同上，第221页。

64. 理查德·沃夫，《阿列克谢·因诺肯季耶维奇·安东诺夫》，收录在哈罗德·舒克曼主编《斯大林的将军们》，第14页。

65. 同上，第11—23页。

66. 更多详情，见理查德·沃夫，《阿列克谢·因诺肯季耶维奇·安东诺夫》，收录在哈罗德·舒克曼主编《斯大林的将军们》，第11—24页；I. I. 加格洛夫，《安东诺夫将军》（莫斯科，军事出版社，1978年版）。

67. 更多详情，见约翰·埃里克森，《亚历山大·亚历山德罗维奇·诺维科夫》，收录在哈罗德·舒克曼主编《斯大林的将军们》，第155—174页；A. M. 霍罗布雷赫，《航空兵主帅A. A. 诺维科夫》（莫斯科：军事出版社，1989年版）。

68. 约翰·埃里克森，《亚历山大·亚历山德罗维奇·诺维科夫》，收录在哈罗德·舒克曼主编《斯大林的将军们》，第173—174页；迈克尔·帕里什，《最后的遗物》，第121—122页。

69. 更多详情，可参阅"沃罗诺夫，尼古拉·尼古拉耶维奇"（Voronov, Nikolai Nikolaevich）词条，见A. A. 格列奇科主编，《苏联军事百科全书》第二卷，第362—363页。

70. "戈沃罗夫，列昂尼德·亚历山德罗维奇"（Govorov，Leonid Aleksandrovich）词条，见A. A. 格列奇科主编，《苏联军事百科全书》第二卷，第582—583页。

71. S. M.什捷缅科，《战争年代的总参谋部》第一卷，第368页。

72. 同上，第448页。

73. "库兹涅佐夫，尼古拉·格拉西莫维奇"（Kuznetsov，Nikolai Gerasimovich）词条，见A. A. 格列奇科主编，《苏联军事百科全书》第四卷，第511页。另见现在未经删改的库兹涅佐夫自传：N. G. 库兹涅佐夫，《胜利之路》（莫斯科：声音出版社，2000年版）。

74. 另见杰弗里·朱克斯，《尼古拉·格拉西莫维奇库·兹涅佐夫》，收录在哈罗德·舒克曼主编《斯大林的将军们》，第109—115页。

75. "梅赫利斯，列夫·扎哈罗维奇"（Mekhlis，Lev Zakharovich）词条，收录在A. A. 格列奇科主编，《苏联军事百科全书》第五卷，第273页。虽然他的官方生平避免做出任何批评，但梅赫利斯是高级将领们各自在回忆录中严厉批评的极少数战时首长之一。

76. S. M.什捷缅科，《战争年代的总参谋部》第一卷，第24—25页。

77. "谢尔巴科夫，亚历山大·谢尔盖耶维奇"（Shcherbakov，Aleksandr Sergeevich）词条，见A. A. 格列奇科主编，《苏联军事百科全书》第八卷，第551—552页。

78. S. M.什捷缅科，《战争年代的总参谋部》第一卷，第199和第214页。

79. 可以理解，鉴于阿巴库莫夫的地位和作用，1991年以前的苏联官方历史文献中很少提到他。这种情况最近有所改变，得益于有几位作者把阿巴库莫夫的职业生涯重现于世。关于他的更多详情，见迈克尔·帕里什，《较小的恐怖》；I. I. 库兹涅佐夫，《斯大林的部长V. S. 阿巴库莫夫》。

80. 迈克尔·帕里什，《较小的恐怖》，第26页；I. I. 库兹涅佐夫，《斯大林的部长V. S. 阿巴库莫夫》，第150—151页。

81. I. I. 库兹涅佐夫，《斯大林的部长V. S. 阿巴库莫夫》，第151页。

82. 阿巴库莫夫经手惩处的人物有：在旧鲁萨战败的西北方面军第34集团军司令员K. M. 卡恰诺夫少将因在作战中玩忽职守被执行死刑、列宁格勒防御期间的列宁格勒方面军第42集团军司令员F. S. 伊万诺夫中将、布良斯克合围期间的布良斯克方面军第50集团军司令员A. N. 叶尔马科夫少将、维亚济马合围期间的西方面军第43集团军司令员（原西北方面军司令员）P. P. 索边尼科夫少将因在作战中玩忽职守遭到逮捕；①克里米亚方面军司令员D. T. 科兹洛夫中将因在克里米亚的战役期间不称职而降低军衔；克里米亚方面军第44集团军司令员S. I. 切尔尼亚克中将，因在克里米亚的拙劣表现而降为上校；克里米亚方面军第47集团军司令员K. S. 科尔加诺夫少将，因在克里米亚的拙劣表现而降为上校；朱可夫的西方面军作战处长V. S. 戈卢什科维奇少将，1942年年初因叛国活动被捕，1952年获释②；乌克兰第4方面军第44集团军司令员V. A. 霍缅科中将负伤后被德国人俘虏并因伤去世，但仍被控变节投

---

① 译注：原文称伊万诺夫、叶尔马科夫、索边尼科夫都被处以死刑。实际情况是：伊万诺夫1942年2月被捕，1946年1月获释；叶尔马科夫被判有期徒刑5年，缓期执行，后来撤销，1943年担任第20集团军司令员；索边尼科夫被判有期徒刑5年，旋即撤销判决，但降职降衔，后来主要担任第3集团军副司令员，1945年撤销处分。

② 译注：被捕时间应是7月19日，职务是正文中的西方面军参谋长。他在1942年1月25日之前担任作战处长，该日至5月4日担任参谋长。

敌。另外还有几位少将：G. A. 阿尔马杰罗夫、F. S. 布尔拉奇科、G. S. 季亚科夫、F. S. 库济明、N. I. 普柳斯宁、A. Ia. 索科洛夫和A. G. 希尔马赫尔，他们都是伏龙芝军事学院的教授，因叛国罪分别被判10—25年的监禁。见I. I. 库兹涅佐夫，《斯大林的部长V. S. 阿巴库莫夫》，第155页。

83. 被俘的红军将领有的在战俘营中丧生，有的生还，他们命运的详情见亚历山大·A. 马斯洛夫，《被俘的苏联将军》。①

84. I. I. 库兹涅佐夫，《斯大林的部长V. S. 阿巴库莫夫》，第158—159页。

85. 同上，第163—165页。

86. 关于谢罗夫的更多详情，见迈克尔·帕里什，《较小的恐怖》。

87. 更多详情，迈克尔·见帕里什，《较小的恐怖》。

88. 迈克尔·帕里什，《较小的恐怖》，第123页。迈克尔·帕里什提供的文字是目前关于梅尔库洛夫和乌利奇所作所为的唯一可信描述。关于他们职业生涯更详尽的细节，见迈克尔·帕里什，《较小的恐怖》。

---

① 译注：俄译者称有35位将军从德国战俘营生还，还有16位死于战俘营，5位在战争期间成功逃脱。35位生还者中有25位恢复军衔，另外10位因曾与德国人合作而受到审判，其中9位被判处死刑，1位在监禁期间去世。1943年和战争结束时还有2位曾与德国人合作的将军在德军后方被抓获，1人在战后被判处死刑，另1位在1945年5月8日被捷克起义者击毙。但俄译者误以为正文注释53处提到的35位将军是指战俘营的生还者，故把这条译注放在该处。

516

▲ I. V. 斯大林

▲ G. K. 朱可夫

▲ A. M. 华西列夫斯基

▲ B. M. 沙波什尼科夫

▲ A. I. 安东诺夫

▲ N. N. 沃罗诺夫（中）

▲ A. A. 诺维科夫

▲ L. A. 戈沃罗夫

▲ N. G. 库兹涅佐夫

▲ L. Z. 梅赫利斯

第十一章

中央军事管理机关

国防人民委员部

国防人民委员部的主要工作机关可以分成两类：第一类是负责履行红军进行战争所需具体职能的总局和中央局，通常统称为"中央"；第二类是为红军各军兵种（如炮兵、空军、装甲坦克和机械化兵、工程兵）首长服务的军兵种总局，其中大多数在战争开始后的六个月之内成立（见表11.1）。军兵种首长通过其领导的总局监督与该军兵种有关的一切事务，并在工作中与其他总局、中央局、局和处的负责人密切协调。另外，1942年8月，国防委员会还设置苏联武装力量副最高统帅的职务，作为斯大林的助手，帮助协调军兵种首长的工作，并使之与大本营和总参谋部保持一致，并且委派朱可夫担任这个具有崇高威望的职务。

国防人民委员部各总局和中央局，与总参谋部各局和处一起作为大本营的主要工作机关，单独或集体开展工作。战争时期，国防人民委员部下属的军兵种（总）局分别负责炮兵、汽车装甲坦克兵（装甲坦克和机械化兵）、工程兵、空降兵、空军和国土防空军；职能（总）局分别负责动员、军队补充、干部、军事教育与训练、通信、军事交通（铁路运输、道路运输、江河运输和空中运输）、后勤保障（军需、卫生和兽医），以及最重要的政治事务、侦察和反间谍工作。

正如其名称所示，国防人民委员部各总局和中央局的主要战时任务是：开展动员、军队补充、军事教育和训练，测试和列装武器装备，发展战役战术手段，实施其他具体的军兵种活动，并在通信、军队调动、侦察、反间谍和后勤等领域保障红军及其各军兵种。[1]

国防人民委员部的总局和中央局由负责监督其工作的一位局长和几位副局长领导，下设由局、处、基地设施和军事科学（研究）部门组成的复杂网络，在许多情况下，还包括负责教育培训军兵种的专业指挥干部和参谋干部、初级指挥人员（即军士）和特长战士的军事院校。其中许多总局和中央局还在业务上领导红军作战方面军和集团军编成内相应的局和处。[2]另外，国防人民委员部内有关作战、侦察和反间谍等重要作战职能的总局和中央局，还在总参谋部的密切监督下开展工作。

炮兵

战争最初的几个月里，由于战况所迫，国防人民委员部不得不想方设法改善红军炮兵、汽车装甲坦克兵、工程兵和通信兵的战斗表现，首要措施是任命指挥这些兵种的首长，同时监督国防人民委员部内相应兵种（总）局的工作。这项措施从 1941 年 7 月 19 日开始实施，重新设置曾在 1940 年撤销的红军炮兵主任，并安排 N. N. 沃罗诺夫炮兵上将担任该职务。[3]沃罗诺夫曾在 1937 年至 1940 年担任过红军炮兵主任，苏芬战争结束后，这个职务被斯大林撤销，沃罗诺夫改任国防人民委员部总炮兵局局长 G. I. 库利克元帅的副职，并于 1941 年晋升炮兵上将[①]。战争爆发后不久，斯大林任命为沃罗诺夫为国土防空总局局长，7 月 19 日又改任红军炮兵主任。

沃罗诺夫的主要工作机关是国防人民委员部总炮兵局（GAU）[②]，这是红军最早成立的管理局之一，战时首任局长是苏联元帅（也是苏联英雄）G. I. 库利克，战争开始后不久，由 N. D. 雅科夫列夫中将接替他的这位不称职的前任，成为新任局长。[4]雅科夫列夫是位参加过第一次世界大战和国内战争的老战士，先后毕业于炮兵训练班和指挥干部进修班，20 世纪 30 年代指挥

---

① 译注：应是1940年。1940年3月23日由军级晋升二级集团军级，同年6月4日改授炮兵上将。

② 译注：总炮兵局的工作更侧重火炮武器和弹药的生产和供应，故《苏联军事百科全书》译作"总军械部"。而7月19日成立的炮兵主任管理总局（Главное управление начальника артиллерии），缩写为ГУНАРТ，才是炮兵的兵种管理机关。

过炮兵连、炮兵营和炮兵团，并先后历任波洛次克筑垒地域炮兵主任，白俄罗斯军区、北高加索军区和基辅特别军区的炮兵主任。雅科夫列夫参加 1939 年 9 月进军波兰东部和 1939—1940 年的苏芬战争之后，1941 年 6 月晋升中将军衔，并在战争开始后不久担任总炮兵局局长。[①]

战争最初的几个月里，沃罗诺夫和总炮兵局面临的问题有很多。红军开始仓促撤退时丢弃大部分供应基地和仓库，武器弹药供应体系也几乎彻底崩溃。更糟糕的是，苏联的军事工业设施随后不得不疏散到国内比较安全的中东部地区，进一步严重削弱总炮兵局充分供应军队的能力。[5]因此，到 1941 年夏季后期，红军的作战军队缺少足够火炮和弹药，而这在一定程度上促使国防人民委员部缩减红军的军队编制，并削减所有种类物资的供应标准（消耗标准）。

沃罗诺夫积极采取措施解决这些问题：首先，改组总炮兵局，在其编成内成立弹药生产局、武器研制与供应局、弹药供应局和组织计划局；然后，由总炮兵局统一领导在作战军队内组织一个复杂而越来越有效的供应和保障机构网。到最后，这个机构网当中既有方面军的炮兵供应局和修理营，集团军的炮兵供应处，军、师和团的小型炮兵供应部门，又有一个由仓库（供应站）、基地、修理厂和弹药存放站组成，遍布红军内从方面军到营各级的庞大网络。[6]

到 1943 年年初，总炮兵局在沃罗诺夫的领导下不但已全面克服供应困难，而且能够在许多其他方面提高红军炮兵的战斗力。例如，在此期间，总炮兵局把弹药产量从 44346 车厢提高到 114057 车厢，几乎达到原来的三倍，并且克服苏联的恶劣道路条件，建立起一个复杂而有效的弹药供应基地体系。[7]截至 1943 年中期，总炮兵局也已研制和列装数量充足、种类繁多的新式火炮武器，保证苏联炮兵在战争后续阶段占据优势；并在一大批火炮设计师的支持下成立一个火炮委员会，进行科学研究和设计新式火炮。[②]另外，总炮兵局监督 1000 多个军工厂的武器生产，建立一套复杂的方面军和集团军野战仓库体

---

① 译注：雅科夫列夫1940年6月4日晋升炮兵中将，1941年2月22日晋升炮兵上将。任命他担任总炮兵局局长的日期是1941年6月14日。按照他的回忆录《炮兵和我自己》（Об артиллерии и немного о себе），他6月21日下午赶到莫斯科，当晚在彻夜召开的会议上迎来战争爆发。

② 译注：这个委员会在战争爆发之前便已存在，其前身是1918年成立的火炮特别试验委员会，不久改称"火炮委员会"。

系，保证这些武器到达作战方面军和集团军，并组织中央修理厂和部队修理厂保养、修理这些武器。[8] 最后，总炮兵局还负责编印下发与所有苏制火炮武器系统和许多外国火炮武器系统有关的大量技术手册、说明书、射表、修理指南和其他书面材料。

国防人民委员部 1941 年 7 月 29 日同时成立的弹药供应局（Upravlenie snabzheniia boepripasami，缩写为 USB）和火炮武器供应局（Upravlenie snabzheniia artilleriiskim vooruzheniem，缩写为 USAV），无疑是总炮兵局下属最重要的两个局。这两个局管理着一大批各式各样的中央火炮基地、仓库（供应站）、修理机构、工厂和军械库，数以亿计的火炮和迫击炮炮弹要按照总参谋部的计划，通过这两个局从苏联工业部门向下分发到作战方面军和集团军。[9]

像国防人民委员部其他局的情况一样，总炮兵局也管理着一个复杂的军事学院校网，用来教育和培训炮兵指挥员。最高级别的炮兵院校是战争时期位于莫斯科和撒马尔罕的捷尔任斯基军事技术学院。该学院最重要和最杰出的毕业生有未来的苏联元帅 L. A. 戈沃罗夫和 K. S. 莫斯卡连科，炮兵主帅 M. I. 涅杰林，炮兵元帅 Iu. P. 巴扎诺夫、V. I. 卡扎科夫、P. N. 库列绍夫、G. F. 奥金佐夫和 M. H. 奇斯佳科夫。[10]

为了突出近卫火箭炮兵武器日益提高的重要性及其有别于常规火炮的特点，国防委员会于 1941 年 9 月 9 日单独设置近卫火箭炮兵部队司令员的职务，并任命 V. V. 阿博连科夫一级军事工程师担任该职。[11] 同时成立的还有近卫火箭炮兵部队总局（Glavnoe upravlenie guardeiskikh minometnykh chastei，缩写为 GUGMCh），并相应地在红军作战军队中建立方面军（集团军）近卫火箭炮兵部队作战组。阿博连科夫新成立的近卫火箭炮兵部队领率机关平行于沃罗诺夫领导的炮兵领率机关，单独负责组建和调遣近卫火箭炮兵部队，并监督其在红军全军中的使用。

后来，阿博连科夫和近卫火箭炮兵部队总局完善红军近卫火箭炮兵的编制体制，制定在作战时使用近卫火箭炮兵的战役战术概念。然而，这个过程结束之后，国防人民委员部就从 1943 年 5 月开始缩编近卫火箭炮兵部队总局，并将其领导的全部近卫火箭炮兵部队改为直接隶属于红军炮兵主任沃罗诺夫，这次改组到 1944 年 8 月全部完成。从这时起，由沃罗诺夫手下分管近卫火箭炮兵部队的副职负责管理在方面军一级作战的近卫火箭炮兵。[12]

汽车装甲坦克兵

战争开始时，红军总汽车装甲坦克局（Glavnoe avtobronetankovoe upravlenie Krasnoi Armii，缩写为 GABTU KA）负责红军全部装甲坦克兵、机械化兵和汽车兵的发展和保障。[13] 该总局的局长是 Ia. N. 费多连科装甲坦克兵中将，他 1918 年参加红军，20 世纪 20—30 年代先后毕业于高级炮兵指挥员学校、干部进修班、列宁政治学院一长制指挥员党务和政治训练班、伏龙芝军事学院。费多连科的军旅生涯从黑海舰队的一名水兵开始，他在二月革命期间担任某革命委员会的水兵代表，并在十月革命期间领导赤卫队水兵支队，帮助布尔什维克占领敖德萨市。[14]

费多连科在国内战争时期曾先后担任集团军司令部政委、装甲列车车长兼政委，并在 20 世纪 20 年代历任装甲列车营长和团长。鉴于这样的经历，他顺理成章地在 20 世纪 30 年代初转入崭露头角的装甲坦克兵，1934 年和 1935 年先后指挥莫斯科军区的一个坦克团和一个机械化旅。从 20 世纪 30 年代后期，费多连科开始青云直上，很可能是由于当时指挥人员大批流失的结果。斯大林先是在 1937 年任命他担任基辅军区（1938 年起为特别军区）汽车装甲坦克兵主任，1940 年任国防人民委员部汽车装甲坦克局局长，1941 年任总汽车装甲坦克局局长。1942 年 12 月，斯大林提升费多连科担任红军装甲坦克和机械化兵司令员，兼任副国防人民委员。从这时起，费多连科在改革红军装甲坦克和机械化兵结构编制，发展该兵种的战役战术运用手段的过程中起到至关重要的作用。与此同时，他还在莫斯科会战、斯大林格勒会战和库尔斯克会战等多场战役期间担任大本营特别代表，并于 1944 年晋升装甲坦克兵元帅。[15]

战争爆发后，总汽车装甲坦克局的主要任务是监督汽车装甲坦克兵指挥干部的动员工作，组建和派出汽车装甲坦克兵的兵团和部队，并处理正确使用、修理和抢救汽车装甲坦克装备，计算并向军队供应汽车装甲坦克器材，培训专业人员等方面的一切问题。[16] 虽然费多连科的总局在战争开始之前把红军的坦克总数增加到 2.3 万辆以上，其中有 892 辆新式 T–34 中型坦克和

504 辆新式 KV 重型坦克，但不幸的是，红军在战争最初两个星期内损失的坦克便已超过 1.1 万辆，截至 1941 年 12 月 31 日共损失 2.05 万辆，1942 年又损失 1.5 万辆。[17] 因此，费多连科和他的总汽车装甲坦克局可谓任重而道远，要在 1941 年后期和 1942 年几乎从零开始重建红军汽车装甲坦克兵，而费多连科非常出色地完成了这项艰巨任务。

由于 1942 年红军轮式车辆和履带车辆数量的急剧增长，汽车装甲坦克兵编制结构也日新月异，国防人民委员部不得不改组和扩建总汽车装甲坦克局。因此，国防委员会和国防人民委员部于 1942 年 12 月把总汽车装甲坦克局改组成红军装甲坦克和机械化兵司令员管理局（Upravlenie komanduiushchego bronetankovymi i mekhanizirovannymi voiskami KA，缩写为 UKBMV KA），并晋升费多连科为上将军衔。该管理局下设两个总局：一个是装甲坦克兵组建与战斗训练总局，另一个是由 B. G. 韦尔希宁装甲坦克兵中将担任局长的总装甲坦克局（Glavnoe bronetankovoe upravlenie，缩写为 GBTU），统一隶属费多连科的管理局。[18] 后来，1943 年 1 月 15 日，国防人民委员部把汽车部门划离韦尔希宁的总局，并脱离费多连科的管辖范围，成立一个独立的总汽车局（Glavnoe avtomobil'noe upravlenie，缩写为 GLAVTU），负责与汽车和拖拉机装备有关的一切事务。[19]

费多连科的管理局及其下属两个总局负责监督一个由红军方面军和集团军的装甲坦克局、坦克供应处和坦克修理处组成的庞大网络。这些局和处又进而领导一大批各式各样的保障部队和分队，包括技术保障连和排、移动式坦克修理基地、独立坦克修理营、移动式坦克组装厂和坦克修理厂、抢救营和连、装甲坦克器材仓库，这些部队和分队呈梯次配置，可以有效地向几乎每个指挥级别提供保障。另外，所有旅、团和营当中负责技术事务的指挥员助理（1944 年起为副指挥员）直接监督该级指挥机关下属的坦克分队。[20]

汽车装甲坦克兵（装甲坦克和机械化兵）的最高级教育机构，是战争期间位于莫斯科和乌兹别克斯坦的红军装甲坦克和机械化兵军事学院①。该学院

---

① 译注：1943 年以前称"工农红军机械化和摩托化学院"。

毕业生中涌现出许多位杰出的军事首长，例如未来的苏联元帅 V. I. 崔可夫，装甲坦克兵元帅 S. I. 波格丹诺夫、P. P. 波卢博亚罗夫、M. E. 卡图科夫，大将 P. A. 别利克、A. L. 格特曼、A. A. 叶皮谢夫、S. K. 库尔科特金 ①、V. F. 托卢布科、I. D. 切尔尼亚霍夫斯基、S. M. 什捷缅科和 I. E. 沙夫罗夫。[21]

工程兵

战争开始时，由 L. Z. 科特利亚尔工程兵少将担任局长的红军总军事工程局（Glavnoe voenno-inzhernernoe upravlenie Krasnoi Armii，缩写为 GVIU KA），负责监督红军的全部工程兵和工兵。[22] 科特利亚尔 1920 年参加红军，20 世纪 20 年代在几支工程兵部队服役之后，1930 年毕业于捷尔任斯基军事技术学院。科特利亚尔 1940 年担任总军事工程局局长之后，1941 年 6 月晋升工程兵少将军衔。[23]②

科特利亚尔的总军事工程局及其下属部门和相关部门，主要负责向红军提供全面工程保障，其中包括向作战军队提供关于如何使用工程兵的建议，组织和实施工程兵干部和部队的训练，预先实施战区准备，构筑防御地区和防御地幅，为红军作战军队供应和修理工程武器装备。

为此，总军事工程局下设三个局。第一个局负责工程兵培训、战斗训练、埋设地雷、清扫地雷和伪装，其中有一个处专门负责战区的工程准备；第二个局负责所有防御性建筑施工和修筑训练，以及筑垒地域的组建和使用；第三个局的名称是工程供应局 ③，负责研制和采购工程武器装备，将其分发到红军作战军队并监督使用情况。[24] 另外，还有一个 1940 年成立的咨询机构，其名称是技术委员会，由总军事工程局局长兼任主席，负责向总军事工程局提供建议和技术协助。总军事工程局内部还下设军事工程监察局，该监察局通过与红军总监察局的密切合作，共同监督工程兵的训练水平。当时由 M. P. 沃罗比约夫少将担任工程兵第一总监。

---

① 译注：引用的资料出版时是大将，后来1983年成为苏联元帅。
② 译注：晋升工程兵少将军衔在1940年6月4日。1940年7月起担任总军事工程局的防御建筑局局长，1941年3月成为总军事工程局局长。
③ 译注：名称应是军事工程供应和采购局（Управлением военно-инженерного снабжения и заказов）。

像其他总局一样，总军事工程局与军区工程局局长、红军从军到团各级的工程处处长和工程科科长的工作联系非常密切。另外，军区工程兵主任及其下属的军区工程局还要负责后勤事务，以及参加防御性建设的独立处如何开展工作。

战争最初几个月的实践证明，总军事工程局的这种结构明显存在几方面缺陷。由于该总局完全不具备在战斗中指挥控制工程兵和实施工程侦察的能力，作战方面军和集团军在战争初期得到的工程保障根本不能满足需要。更糟糕的是，像炮兵的情况一样，事实证明国防人民委员部在战争最初几天里撤销军区工程兵主任编制的决定完全是一步昏招，只会使工程保障的危险局面更加恶化。到1941年秋季，国防人民委员部已认识到，如果不从根本上改组工程兵的整体指挥结构，就无法纠正这些严重问题。

1941年11月28日，斯大林和沙波什尼科夫在批示一份报告时严厉批评各级军事首长未能有效组织工程保障，从而为大本营实施这次改组奠定基础。除要求方面军司令员和集团军司令员沿最重要的方向大规模集中使用工程兵，并且只能按照其训练科目使用工程兵之外，该批示还责成国防人民委员部建立工程兵的新型指挥控制结构，以便能有效地制定作战计划，机动使用工程兵的兵力，组建、管理和掩护工程兵预备队，并能更好满足地面部队的工程需要。[25]

与此同时，斯大林还设置红军工程兵主任的职务，任命科特利亚尔将军担任该职，为他配备一个小型司令部，并授权他统一指挥总军事工程局、国防人民委员部防御作业总局、新组建的工兵集团军、军事工程学院、所有工程兵学校和训练班的全部资源。为了帮助科特利亚尔开展工作，该命令在军区重新设置工程兵主任的职务，并指出战争开始时撤销这个职务是错误的。[26]

1942年，国防委员会和国防人民委员部继续改善工程兵的指挥控制结构。首先，斯大林于1942年4月晋升沃罗比约夫为工程兵元帅[①]并让他担任红军

[①] 译注：他的军衔在1942年始终是工程兵少将。

工程兵主任，5 月上旬又兼任副国防人民委员。原总军事工程局局长科特利亚尔先是改任工程兵总监，后来担任沃罗涅日方面军、西南方面军和乌克兰第 3 方面军的工程兵主任，直到战争结束。

沃罗比约夫从这时起接手工程兵的大部分改进工作。他的军旅生涯开始于第一次世界大战期间沙皇军队的一名准尉[①]，1917 年当选为团革命委员会成员之后，他在国内战争时期先后任旅和师的工程兵主任，在南方面军、西方面军和高加索方面军参加作战。1929 年毕业于捷尔任斯基军事技术学院，1932年 3 月起任该院工程系教员，同年 7 月起任工程系主任，并编写大量关于工程兵战斗运用的著作。为了表彰他的成就，国防人民委员部于 1936 年任命沃罗比约夫为列宁格勒军事工程学校校长，四年之后又改任红军工程兵总监。[27]

战争开始后仅几天，国防人民委员部任命沃罗比约夫为西方面军工程局局长，几个月后改任西方面军工程兵主任兼该方面军工兵第 1 集团军司令员。沃罗比约夫在 1941 年 10 月和 11 月构筑强大的莫斯科防御配系时发挥了决定性作用，并为西方面军 12 月的反攻和冬季总攻有效提供工程保障，这项成就促使斯大林在 1942 年 4 月任命他为红军工程兵主任。

后来，沃罗比约夫在斯大林格勒会战期间和 1943 年解除列宁格勒封锁的战役中，有效地协调红军各部的工程保障；在库尔斯克会战和其他几场重大战役期间，预先实施防御工程构筑，并做出突出贡献。沃罗比约夫于 1944年晋升工程兵元帅，并继续担任红军工程兵主任直到战后若干年。[28]

在沃罗比约夫的领导下，总军事工程局及其下属的三个局和相关各军事委员会，以及红军方面军和集团军的工程兵都明显提高工作效率。举例来说，到 1942 年夏季，总军事工程局下属的三个局已设有几个专门的处，分别负责收集情报、培训工程兵指挥干部、补充工程兵指战员、在战斗中使用工程兵、规划新式装备在战斗部队工程保障中的应用、研制和生产新式工程装备。另外，沃罗比约夫还把负责所有大规模防御性建筑施工的防御建筑局扩编成一个独立的总局。

---

① 译注：1916年应征入伍时是列兵，1917年毕业于准尉学校。

到 1943 年，沃罗比约夫已在红军投入作战的方面军和集团军内部建立起一套复杂而有效的工程兵指挥控制体系。在方面军一级，有这个体系中的工程局，下设作战处、技术处、障碍物处、供应处和干部科，在负责工程兵事务的方面军参谋长助理的指导下开展工作，该参谋长助理还负责方面军的全部工程侦察。在集团军一级，有这个体系中负责建筑和修复道路桥梁、进行野战筑城、布设和清除障碍物的工程处，在负责战役工程事务的集团军参谋长助理及其全面负责工程兵供应的两名助手指导下开展工作。库尔斯克会战期间，红军工程保障的一丝不苟，可以明确展示沃罗比约夫所做改革的广度和力度。

工程兵最高级别的教育机构，是战争期间位于莫斯科和伏龙芝的古比雪夫军事工程学院。

空降兵

战争开始时，空降兵局（UVDV）领导下的红军空降兵（vozdushno-desantnye voiska，缩写为 VDV）按照独立兵种编组，但仍处于初创阶段。[29] 战争最初的几个月里，空降兵主要在方面军编成内作为步兵战斗，国防人民委员部从夏季后期开始改编空降兵，以便能够发挥其专业化的作用。1941 年 8 月 29 日，国防人民委员部把空降兵余部撤出方面军的编制，统一划归新设置的红军空降兵司令员管理局（Upravlenie komanduiushchego vozdushno-desantnykh voisk Krasnoi Armii，缩写为 UKVDV KA）指挥，并任命 V. A. 格拉祖诺夫少将担任红军的第一任空降兵司令员，他担任这个职务直到 1943 年。[30]

此后不到一个星期，即 1941 年 9 月 4 日，国防人民委员部命令空降兵司令员管理局新组建 10 个空降兵军、5 个空降兵旅和 2 个预备空降兵团，同时还要建立一套训练空降兵的新制度。[31] 一个月后，国防人民委员部组建装备 U–2、R–5、DB–3、TB–3 和 PS–84（即后来的 Li–2）飞机的 10 个独立运输航空兵大队和 5 个独立航空兵中队，不久又将其合并成 2 个滑翔机航空兵团和 2 个运输航空兵团。这些航空兵部队专门负责运送改编后的空降兵进入交战，从而使空降兵真正具备翱翔蓝天的机动能力。[32]

　　1941 年 12 月的莫斯科反攻和随后的冬季总攻期间，大本营开始使用空降兵执行空降突击的任务。例如，继 1941 年 12 月在莫斯科以西实施较小规模的空降突击之后，空降兵先后 1942 年 2 月在维亚济马地区、1943 年在第聂伯河沿岸实施旅级和军级的空降战役；1942 年 3 月和 4 月在杰米扬斯克附近实施陆空合同战役，1942 年 2 月和 3 月在尤赫诺夫和勒热夫附近实施小规模的战术突击。后来，大本营曾在 1943 年 11 月为保障波罗的海沿岸第 1 方面军攻入白俄罗斯北部而两度策划过大规模空降战役，但均最终取消。在此期间，空降兵还以 20 至 500 人不等的小组，实施过数百次战术空降和侦察—破坏空降。

　　空降兵在整场战争期间的频繁改编可以反映大本营对怎样使用空降兵举棋不定，特别是纠结于是让空降兵执行空降任务，还是将其当作地面的精锐兵力使用[①]。战争结束以前，大本营把当时剩余的空降兵以及重新成立的空降兵局划归红军空军司令员隶属，可以反映这种态度和空降兵的战时经验。

空军

　　战争开始时，红军空军（VVS）是红军不可分割的组成部分之一，尽管在战争期间进行过多次大范围改编，这一点始终没有发生变化。1941 年 6 月 22 日，由 P. F. 日加列夫航空兵中将担任局长的空军总局（Glavnoe upravlenie voenno-vozdushnykh sil，缩写为 GUVVS）领导和管理着空军。1941 年 4 月 12 日接替 P. V. 雷恰戈夫航空兵中将担任该职的日加列夫，1927 年毕业于飞行学校，1932 年毕业于茹科夫斯基空军学院，20 世纪 30 年代曾指挥过航空兵大队和航空兵旅，以及红旗远东独立第 2 集团军的空军。斯大林先后于 1940 年 12 月任命日加列夫担任空军总局副局长，1941 年 4 月担任空军总局局长，从而结束自 1937 年以来空军领率机关长期存在的人事动荡。[33]

　　空军总局下设若干个职能局和独立的处，空军指挥部也同样下设若干个

---

　　① 俄译注：造成这种情况的基本原因很简单——空军没有足够飞机来执行大规模空降战役。但必须建设空降兵，确保未来能实施这类战役。因此，建立的空降兵师当作"普通"精锐使用，而采用完全不同编制和装备的空降兵旅留在大本营预备队，只用于实施空降。

处，其中以负责准备战役战术手段和人员培训的作战处最为重要。然而，无论日加列夫的空军总局，还是空军指挥部，建制内都没有任何后勤部门。空军的作战力量主要包括直属统帅部的远程轰炸航空兵（DBA）和隶属各军区的方面军航空兵，另外还有集团军航空兵和军属航空兵。[34]

国防军在"巴巴罗萨"行动最初几个星期里给红军空军造成的破坏和削弱是空前的，大量飞机被毁，大批飞行员和空勤人员牺牲，空军的结构编制也从根本上动摇，更糟糕的是，红军的作战军队得不到任何值得一提的空中保障。在"巴巴罗萨"行动导致的惨败面前，大本营和国防人民委员部一边努力重建、改编和重新装备空军，培训新的指挥人员、参谋人员和空勤组，一边还要扭转苏联飞机产量日益减少的颓势，而这一切都要在最艰难的条件下进行。

战争开始后的第二天，苏联人民委员会把苏联民用航空队划归国防人民委员部和空军指挥；不到一个星期，即6月29日，大本营又设置红军空军司令员的职务，任命日加列夫担任空军司令员兼副国防人民委员，并为他配备一个军事委员会和司令部。[35] 大本营通过任命日加列夫担任有专属军事委员会和司令部的空军司令员，使他同时肩负起领导空军和空军总局的双重责任。斯大林还进一步扩大日加列夫的管理范围和作战责任，改善空军的指挥和控制（特别是关于空军的战役战略运用），提升航空兵的战备水平和后勤保障，并理顺和加快飞机的生产。

莫斯科会战和随后的冬季战局期间，日加列夫和他的司令部协调空军实施空中战役，取得的战果远远胜过此前的历次防御战役。尽管如此，国防军1941年10月中旬逼近莫斯科时，大本营还是像对待总参谋部一样，把日加列夫的空军领率机关分成两个梯队，第一梯队和军事委员会留在莫斯科，第二梯队前往比较安全的古比雪夫市。[36] 莫斯科会战结束后，大本营于1942年4月26日改派日加列夫指挥远东方面军空军，任命A. A. 诺维科夫航空兵中将接替日加列夫担任空军司令员，而诺维科夫一直担任这个职务直到战争结束（诺维科夫的生平见第十章）。

根据诺维科夫的建议，国防人民委员部在1942年3月进一步改编空军，把远程轰炸航空兵（DBA）撤出方面军的编成，改称远程作战航空兵（ADD）

并由大本营直接指挥，任命 A. E. 戈洛瓦诺夫航空兵中将担任远程作战航空兵司令员。[37] 时年 38 岁的戈洛瓦诺夫此前曾在远程轰炸航空兵有一系列令人生畏的服役记录，1941 年 2 月至 8 月间指挥远程轰炸航空兵第 212 团，从 8 月起指挥新成立的远程轰炸航空兵第 81 师直到担任远程作战航空兵司令员。戈洛瓦诺夫的军衔从 1941 年 6 月的中校一路令人目不暇接地晋升到 1944 年的航空兵主帅，他的职务也在 1944 年 12 月改为空军第 18 集团军司令员。[38]

在诺维科夫的领导下，空军的组织结构和战斗表现在 1942 年和 1943 年期间迅速得到明显改善。例如，根据诺维科夫的建议，国防人民委员部从 1942 年 5 月开始组建和派出负责保障作战方面军的空军集团军，并在最高统帅部预备队中编入独立的航空兵军；截至该年年底，已有 17 个空军集团军和 13 个独立航空兵军建成。与此同时，诺维科夫还制定和贯彻执行航空兵进攻的概念。诸如此类在组织结构和战役手段方面的措施，为红军空军能够在 1943 年仲夏从德国空军手中夺取战略制空权创造条件。

空军有一个庞大的教育院校和训练设施网，战争时期最高级别的空军学院是位于莫斯科和奥伦堡的红军空军指挥员和领航员学院。该学院的战时毕业生占红军飞行员和领航员总人数的 70% 以上，空军的大多数高级首长也来自该学院。[39]

国土防空军

战争前夕，红军国土防空总局（GUPVO Strany KA）管理和指挥红军的全部防空力量和对空情报系统。时任局长的 G. M. 施特恩上将是在 1941 年 3 月接替该总局首任局长 D. T. 科兹洛夫中将担任该职。[40] 防空部队在作战时由总参谋部指挥，而国土防空总局负责规划国家的防空体系，指导全体防空部队的战斗准备和战斗使用，并提前做好战区在发生战争情况下的防空准备。[41]

战争开始时，国防人民委员部正在改组红军的国土防空部队，针对德国征服西欧时其空军展示出的巨大毁灭力和苏联防空部队在苏芬战争中的拙劣表现亡羊补牢。[42] 因此，联共（布）和苏联人民委员会于 1941 年 2 月 14 日发布指示，要求国防人民委员部改组国家的防空体系和对空情报系统。[43]

接下来的四个月里，国防人民委员部把全部国土防空部队重新划分成若干个防空地区，每个防空地区对应一个军区，由新组建的防空军和防空师负责保卫；防空地区下设防空地域和防空要地，后者使用新组建的独立防空旅为大型城市和重要的政治经济目标提供防空。在防空地区内作战的全部空中和地面防空兵力虽然编入国土防空部队，但是都隶属于该军区负责防空的副司令员①，只有直接编入空军的防空歼击航空兵部队和该军区驻军建制内的高射炮兵除外。[44] 根据这样的安排，防空地区司令员承担保卫本防空地区内全部潜在目标的任务，而军区司令员下属的防空军军长、防空师师长和防空旅旅长负责保卫各自的防空地域。[45]

除了从整体上改编国土防空部队之外，1941年的训令还改组相关的对空观察、报知和通信勤务（统称对空情报勤务，VNOS），由特别编组的对空情报团（营和连）和对空情报无线电营组成，多数在国土防空部队的指挥下作战，但有些也隶属红军作战军队（战时的方面军和平时的集团军、军和师）。[46] 作战时，这些对空情报部队负责使用一个精心布置的对空情报观察哨和无线电定位雷达站（radiolokatsionnye stantsii，缩写为RLS）体系，观察、探测和报知敌机接近的情况。1941年6月，对空情报勤务由密集展开在苏联国界内150—250公里纵深处和国土纵深重点目标周围60—120公里处的目视对空观察哨网组成。全国共有6个对空情报团、35个独立对空情报营、5个对空情报连和4个独立对空情报无线电营；其中有1个对空情报团、19个独立对空情报营和3个对空情报连管理着分布在苏联西部各军区的对空情报观察哨。[47]

不计对空情报部队，1941年6月，国土防空部队共有13个防空地区、3个防空军、2个防空师、9个独立防空旅、28个独立高射炮兵团、109个高射炮兵营和若干个小型部队。[48] 包括对空情报部队在内，国土防空部队共有18.2万人、3329门中口径高射炮、330门小口径高射炮、650挺高射机枪、1500部探照灯、850个拦阻气球和多达45个无线电定位雷达站，并得到装备近1500架作战飞机的40个歼击航空兵团支援。[49] 尽管1941年的改组确实

---

① 译注：应是军区司令员助理，由防空地区司令员担任。

能提高防空体系的整体战斗力并简化指挥控制，可是指挥控制方面的问题仍然存在，再加上长期缺少装备和严重的训练缺陷，都困扰着战争前夕的国土防空部队及其相关的对空情报部队，而战争开始之后愈演愈烈。

这些问题在德国人开始入侵后立即暴露出来。首要问题是，因为防空地区隶属于各方面军司令员，所以不可能按照实际需要把防空部队机动到最有威胁的地区提供对空防御。其次是防空歼击航空兵及其飞机同时隶属于方面军空军司令员和防空地区司令员。令这种指挥控制局面进一步复杂化的是，斯大林于 6 月 14 日下令逮捕国土防空总局局长施特恩将军，并安排沃罗诺夫接替他，而此后不到一个月，又改派沃罗诺夫担任其他职务，从而在国土防空部队指挥结构中造成不必要的混乱。[50] 由于各种各样的问题，再加上苏联西部的对空防御已经在事实上崩溃，国防委员会在"巴巴罗萨"行动期间始终只能把国土防空部队的兵力兵器集中起来用于保卫几个最重要的地区，其中包括列宁格勒、莫斯科、雅罗斯拉夫尔工业区、高尔基工业区和顿巴斯地区，以及横跨伏尔加河的主要桥梁。[51]

1941 年 11 月 9 日，国防委员会颁布改组苏联整个防空体系的决议，从而最终解决国土防空部队面临的最严重问题。这项决议设立国土防空军司令员的职务，任命 M. S. 格罗马金少将担任司令员并兼任副国防人民委员，并为他配备军事委员会和完整的司令部，以及新成立的国土防空军司令员管理局（Upravlenie komanduiushchego voiskami PVO Stratny，缩写为 UKVPVO Strany），这个管理局下设分别负责防空歼击航空兵和高射炮兵的两个局。更重要的是，这项决议还把除列宁格勒地区之外各军区和作战方面军的所有要地防空部队统一划归格罗马金指挥。[52]

这项决议从编制上解散苏联欧洲部分的防空地区，代之以位于莫斯科和列宁格勒的 2 个军级防空地域、遍布全国的 13 个师级防空地域；但在外高加索地区、中亚细亚、西伯利亚和远东仍保留原来的防空地区。[53] 此后不久，国防委员会于 11 月 24 日进一步提高国土防空军的战斗效率，按照所受领的任务把防空部队（主要是高射炮兵）的职能划分成两个独立部分：负责国家要地防空的国土防空和负责掩护军队的军队防空。

1942 年，国防委员会和国防人民委员部继续理顺和加强国土防空军的组织编制，首先是 1 月 22 日把全国范围内积极致力于保卫关键目标的所有歼击航空兵军、师和团全部划归国土防空军司令员隶属。[54] 这项措施不仅能集中和改善国土防空军的指挥和控制，还有利于改善不同防空配系之间的协同动作。不久之后，国防人民委员部又把 56 个外场勤务营分配给支援国土防空军的歼击航空兵军、师和独立团。因此，到 1942 年 4 月 1 日，国土防空军的地面防空力量共编为 2 个防空军、2 个防空师和 2 个防空旅，以及 1 个军级防空地域、15 个师级防空地域和 14 个旅级防空地域。同时，国土防空军的空中力量编为 3 个歼击航空兵军、13 个歼击航空兵师和 9 个独立防空歼击航空兵团。[55] 最后，国防委员会于 4 月 5 日扩大国土防空军的军兵团编制，把莫斯科军级防空地域扩编成莫斯科防空方面军，列宁格勒和巴库两个军级防空地域各自扩编成防空集团军，而某些师级防空地域也扩编成完整的军级防空地域。[56]

1942 年，国防委员会还开始用大批女军人替换国土防空军中的男军人，部分原因是为了建立用于补充前线战斗部队的人力储备。例如，1942 年 3 月 25 日的国防委员会决议要求国防人民委员部在 1942 年 4 月 10 日之前为国土防空军征集 10 万名女军人和女共青团员。[57] 其中应有 4.5 万人前往高射炮兵部队担任观测手、无线电报务员、电话接线员、测距手和仪器操作手，3000 人担任高射机枪部队的观测手、炮手和通信员，7000 人担任探照灯部队的通信员和操作手，5000 人担任拦阻气球部队的通信员和操作手，4 万人担任对空情报部队的观测手和电话接线员。

尽管 1941 年和 1942 年年初对国土防空军的指挥控制和组织结构做出全面改编，可以集中防空资源，并改善作战方面军及其后方的对空防御，但防空力量不断发展壮大还是使指挥控制变得越来越复杂，尤其是保卫关键工业目标和行政目标的时候。因此，国防人民委员部 1942 年 5 月 31 日解散国土防空总局，将其下属各局和处全部划归国土防空军司令员格罗马金隶属，并设置两位国土防空军副司令员协助格罗马金的工作，其中一位负责训练和训练设施，另一位负责武器和物资保障。[58]

仅仅几天之后，即 6 月 2 日，国防人民委员部把作战方面军和集团军编成内的所有防空部队和对空情报部队划归红军炮兵司令员沃罗诺夫及其总炮兵局管理。相应地，总炮兵局内成立1个防空处，后来在1942年11月升级成一个完整的管理局。[59] 沃罗诺夫还成立1个新的防空部队中央指挥部、1个歼击航空兵中央指挥部、1个对空情报中央哨所、1个总监察局和1个作战训练局，全部隶属总炮兵局。实际上，6月的这次改革在红军内正式确立两种不同类型的组织措施和防空战斗行动——军队防空（PVO voisk）和国土防空（PVO Strany）。最后，国防人民委员部还要求格罗马金向负责军队防空的全体部队提供指挥干部。[60] 后来到10月，国防人民委员部又命令格罗马金领导的国土防空和内务人民委员部的地方防空（MPVO）加强在整个国家防空领域的合作。[61]

随着红军在1942—1943年冬季发起一系列进攻战役，前线稳步向西推移，显然有必要对全国的防空组织方式做出进一步变革。因此，1943年6月10日，国防委员会把在苏联欧洲部分作战的国土防空军划分成西防空方面军和东防空方面军，前者由格罗马金在莫斯科指挥，后者由G. S. 扎希欣将军在古比雪夫指挥。[62] 与此同时，远东、外贝加尔和中亚细亚这三个防空地区重新划归各自所在的方面军和军区指挥，而列宁格勒防空集团军和拉多加湖沿岸防空地域仍旧在作战时归列宁格勒方面军隶属。[63]

不久之后，国防委员会解散国土防空军司令员管理局，并将其所有职能转交给位于莫斯科的国土防空中央指挥部。各防空方面军、负责军队防空的全部兵团和部队都继续直接隶属于红军炮兵主任，而国土防空中央指挥部负责协调两个防空方面军的行动，这两个防空方面军之间的作战分界线从白海沿岸的阿尔汉格尔斯克，经科斯特罗马和克拉斯诺达尔，一直延伸到黑海沿岸的索契。

由于面临较大威胁，西防空方面军的规模也较大，编有莫斯科特别防空集团军、11个军级和师级防空地域、14个防空歼击航空兵兵团；1943年6月共有1012个歼击机空勤组、3106门中口径高射炮、1066门小口径高射炮、2280挺高射机枪、1573部探照灯和1834个拦阻气球。[64] 规模较小的东防空方面军负责乌拉尔、伏尔加河中下游沿岸、高加索和外高加索诸地区关键目标的对空防御，编有外高加索防空地区、7个军级和旅级防空地域、8个歼击航空兵兵团；共有447个歼击机空勤组、2459门中口径高射炮、800门小口径高射炮、1142部探照灯、1814挺高射机枪和491个拦阻气球。[65]

为了改善战略性战役期间防空力量的指挥和控制，国土防空中央指挥部经常组建防空部队的特别集团。例如库尔斯克防御战役期间，在库尔斯克组建一个由沃罗涅日军级防空地域参谋长 V. S. 加夫里洛夫上校指挥领导的防空战役集群，集中指挥和使用全体防空部队，掩护库尔斯克及其相邻的铁路，协调该地域参加国土防空和军队防空的全体部队，并与遂行防御的中央方面军司令部和沃罗涅日方面军司令部保持密切联系。加夫里洛夫的战役集群共有 761 门高射炮、200 余架歼击机、558 挺高射机枪和 125 部探照灯。[66]

随着指挥控制方面的这些改善，再加上 1943 年防空部队获得大批新式武器装备，探测和击毁敌方空中目标的防空能力大幅度提高。然而，取消全体防空力量的统一指挥却是个错误，因为这不但增加红军炮兵主任的工作量，而且也难以协调庞大防空体系的行动。由于缺少能够统一指挥防空作战的司令员，有必要在 1944 年和 1945 年进一步改编防空力量的编制结构。

战争的前 30 个月里，国防人民委员部还对国土防空军的对空情报系统做出重大改善：从编制上组建新的对空情报师和独立无线电连；在作战手段上增加对空情报无线电定位雷达站的个数。到 1943 年年中，这些雷达站已经成为早期预警的主要手段，而目视观察哨越来越多地配置在直接通往关键空中目标的路径上，形成密集的观察哨网。[67]

除了利用空军和炮兵的教育体系之外，1941 年期间，国防人民委员部还在伏龙芝军事学院防空系的基础上组建红军防空高级军事学校。另外，还有许多防空部队指挥员在方面军和集团军的防空指挥机关和司令部，或者以执行防空任务的方式接受培训。

动员、军队补充和干部

根据 1939 年苏联颁布的《普遍义务兵役法》，国防委员会全权负责动员苏联公民服兵役，而 1941 年 7 月 29 日由国防人民委员部的动员局和总参谋部的军队补充与建设局合并组成红军预备力量组建总局（Glavnoe upravlenie formirovaniia reservov Krasnoi Armii，缩写为 Glavupraform），负责全部征集工作，招募全体公民履行与国防有关的其他职责，并处理各种其他人力事务。[68]该总局的第一任局长 G. M. 库利克元帅同时兼任副国防人民委员，是斯大林的亲密战友之一，1941 年 8 月 6 日由同样兼任副国防人民委员的 E. A. 夏坚科一级集团军政委级（不久改授中将军衔）接替。

夏坚科的漫长军旅生涯可以追溯到十月革命和国内战争时期，他组织和领导过顿巴斯地区的赤卫队，并成为顿河革命军事委员会的成员之一。察里津保卫战期间，他曾是斯大林的下属，后来历任第10集团军、布琼尼的骑兵第1集团军、骑兵第2集团军的军事委员会委员。20世纪20至30年代期间，夏坚科从工农红军军事学院毕业之后指挥过骑兵师，担任过伏龙芝军事学院负责政治事务的副院长和基辅军区政治局局长。1937年5月，他成为基辅军区军事委员会委员，1937年11月成为副国防人民委员兼国防人民委员部红军指挥干部局局长。战争开始后，他继续担任副国防人民委员兼红军预备力量组建总局局长［后改称红军军队组建与补充总局（GUFUKA）］，直到1943年9月改任南方面军（乌克兰第4方面军）军事委员会委员。[69]

除了负责动员和补充之外，红军预备力量组建总局还负责指挥人员和新入伍战士的训练、装备、给养和安置；组建步兵和空降兵的全部兵团和部队（坦克、航空兵和炮兵兵团，以及部队的组建工作另由其他总局负责）；编写和核准战略预备队和补充力量的武器需求，并组织将其派遣到红军作战军队；根据战役战术需要和总参谋部的指导，规划红军结构编制的人力需求；以登记或其他方式跟踪红军在战争期间的人员损失（减员）。[70]为了履行这些职能，红军预备力量组建总局下设组织局、军队补充与运用局、部队组建局、预备队与警卫部队局、作战训练局，以及武器与供应处、干部处和总务处。

尽管国防人民委员部1941年8月9日颁布新命令，把红军预备力量组建总局重新命名为"红军军队组建与补充总局"（Glavnoe upravlenie formirovaniia i ukompletovaniia voisk Krasnoi Armii，缩写为GUFUKA），大幅度扩充该总局的编制并赋予更多任务，可是该总局的这两个名称一直混合使用到战争结束。8月的这道命令把该总局的部队组建局扩编成兵团与部队组建局，并在该总局内成立新建兵团监察局、政治处、军队减员登记处和联络（行政管理）科。另外，命令还要求该总局负责组建除航空兵、汽车装甲坦克兵、摩托车部队和摩托化兵之外所有类型的兵团和部队，将其分配到作战方面军和集团军，并在其到达前线之后监督其表现。

因为上述责任与总参谋部保证红军战斗力的责任存在尖锐冲突，所以在实践过程中导致这两个机关之间出现相当紧张的关系。[71] 为了解决这个矛盾，国防人民委员部于 1942 年 6 月 20 日命令夏坚科就其总局的工作与总参谋部进行协调。最后，1943 年 4 月 23 日，国防人民委员部决定由红军军队组建与补充总局具体负责组建兵团和部队，而总参谋部负责其在作战中的使用。[72]

为了协助红军军队组建与补充总局开展工作，1941 年 7 月 29 日，国防人民委员部在总参谋部干部局的基础上成立国防人民委员部干部总局（Glavnoe upravlenie kadrov NKOUSSR，缩写为 GUK）。干部总局在其局长 A. D. 鲁缅采夫少将的领导下负责"指导红军指挥干部的选拔、登记和任用"，在向红军整个军队结构分配指挥干部的过程中发挥着关键的管控作用。[73] 另外，1941 年 9 月 20 日，国防人民委员部还在其下属的其他总局中全部成立平行的干部局和干部处，把全部军事教育设施和军事学校划归相应的干部局和干部处隶属，并命令干部总局在选拔、登记和任用指挥干部时与这些局和处密切协调。

军事教育和培训

战争开始时，军事院校局（Upravlenie voenno–uchebnykh zavedenii，缩写为 UVUZ）① 负责普及军事教育（特别是指战员的教育），并监督全体军事教育机构的工作。[74] 为此，该局负责领导 19 所军事学院、地方高等院校中的 10 个军事系、7 所高级海军学校和 203 所军事院校的工作。军事院校局在战争爆发后的第一任局长是 A. K. 斯米尔诺夫中将，他从 1940 年起担任这个职务，直到 1941 年 8 月改任某集团军司令员。[75] 在他的指导下，各军事院校改变原有的课程设置，以满足战时需要，从下属院系抽调经验丰富的指挥干部和参谋人员派往前线，并开始教育和培养红军新一代指挥人员的艰难历程。整场战争期间，其他在各自具体职能领域内负责相关院系和教学课程的每一个局，都要同军事院校局密切合作。

国防人民委员部内主要负责培训和教育指战员的中央管理机关当中，普及军训总局（Glavnoe upravlenie vseobshchego voennogo obucheniia，缩写为

---

① 译注：原文中的缩写多处作"GUVUZ"，即军事院校总局，这是该局1919—1924年和1968年以后的称呼。中文使用其1940—1946年的名称"军事院校局"。

GUVVO）的地位和作用最为重要。1941 年 9 月 17 日，国防委员会决定再度
实施普及军训（VSEVOBUCH）之后，成立该总局管理这项工作，普及军训
的宗旨是要求苏联全体公民接受强制性的普及军事教育。[76] 普及军训总局成
立之后，在副国防人民委员兼战时红军预备力量组建总局（红军军队组建与
补充总局）局长夏坚科一级集团军政委级的直接领导下开展工作。

　　新组建的普及军训总局负责在国家（中央）的级别管理全部普及军训事
务，并在军区、州（oblasti）、边疆区（krai）和加盟共和国的兵役委员会内
建立平行的普及军训处，执行同样职能。[77] 为了有效实现这个目标，普及军
训总局派出小型军事教官组，进驻上述地方兵役委员会当中从班到营的全部
各级分队，对所有 16 至 50 岁的男性实施共 110 小时的军事训练。普及军训
制度在战争期间共向大约 980 万人提供最基本的军事训练，这些人后来被用
于补充作战军队。普及军训总局的第一任局长是 N. N. 普罗宁少将。[78]

　　有一个名称是苏联国防及航空化学建设促进会（Obshchestvo sodeistviia
oborone, aviatsionnomu i khimicheskomu stroitel'stvu SSSR，缩　写　为
OSOAVIAKHIM）的独特组织，与红军预备力量组建总局（红军军队组建
与补充总局）的关系非常密切，对于苏联公民（特别是青年）的军事教育以
及在战前年代和战时训练潜在的战时预备队作出了重大贡献。[79]1941 年 6 月
22 日，国防及航空化学建设促进会共有 1400 万名接受过训练的会员，划分
成 32.9 万个基层组织[①]、15.6 万个小组、26680 个小队和 350 个大队，其中有
260 万名具有军事专业知识的人员。[80] 战争刚开始的几个月里，国防及航空
化学建设促进会有半数以上的会员或者加入红军，或者参与组建民兵、内务
人民委员部歼击部队、游击部队和支队。

　　后来，国防及航空化学建设促进会从中央到地方的各级组织都积极参加
对公民的普及军事训练、防空和防化学训练，并帮助军工生产收集所需的资
金、装备和其他物资。[81] 最后，除了在国家级的军事院校开展普及军事教育
和训练之外，每个军兵种还都各自创办并管理复杂的军事教育和训练机构网。

---

　　① 译注：原文为329，根据《苏联军事百科全书》订正。

通信

战争开始时，红军通信局（Upravlenie sviazi Krasnoi Armii，缩写为USKA）在 N. I. 加皮奇通信兵少将（兼任红军通信兵主任）的领导下全方位负责通信工作，特别是通信装备的研制、供应和修理。尽管职责有限，但加皮奇通过通信局对红军内部通信程序和手段的管理还是聊胜于无。[82] 战争开始时，加皮奇直接掌握的唯一通信资源是统帅部无线电通信部队，当时认为这些部队足以保证总参谋部与各军区（战时方面军）联系。

因为红军缺少应有的通信装备（特别是无线电台），而苏联工业生产和交付新式无线电台的速度又慢得惊人，所以通信局的战略战役通信网主要由邮电人民委员部运营的民用地面有线网组成。再者，通信局本身没有掌握作为预备队的通信部队或分队，也就没有可供分配给红军作战方面军和集团军的兵力，导致作战军队根本没有必要的通信装备来实施战争初期以运动战为基本特点的一系列战役。而全体指挥人员和参谋人员几乎是出于本能反应，忽视和拒绝了解现有的通信资源，更不会有效使用它们，从而使上述缺陷进一步加剧。整个局面是如此严重，以至于国防人民委员部特地在 1941 年 7 月 23 日颁布命令，描述这些普遍存在的缺陷，并要求指挥员采取纠正措施，集中、规范和改善指挥控制体系的通信。[83]

同一天，国防委员会任命 I. T 佩列瑟普金上校接替加皮奇担任红军通信兵主任。时年 37 岁的佩列瑟普金是一位经验丰富的通信兵指挥员，曾加入红军参加过国内战争时期的战斗，经过短暂的复员生活，1923 年重新参加红军，1924 年毕业于军事政治学校，1937 年毕业于军事电工技术学院。1939 年 3 月，斯大林任命佩列瑟普金为红军通信局副局长，1939 年 5 月担任苏联邮电人民委员，他兼任后一个职务直到 1944 年 11 月。[84]

佩列瑟普金同时领导军事通信和民用通信，可以打破体制的障碍，消除两者之间人为设置的条条框框，从而为改善作战方面军和集团军之间的通信铺平道路。不久，斯大林还任命佩列瑟普金兼任负责通信事务的副国防人民委员，1941 年 12 月又越级晋升他为通信兵中将军衔。[85] 这些措施也为最终解决战争初期困扰红军的通信问题铺平了道路。

佩列瑟普金担任通信兵主任后不久，国防人民委员部于 7 月 28 日把实力薄弱的通信局扩充成规模庞大的红军通信总局（Glavnoe upravlenie sviazi Krasnoi Armii，缩写为 GUSKA），仍然由佩列瑟普金上校担任局长。通信总局下设指挥司令部、作战技术局、装备局、装备供应局、国防人民委员部通信中心，以及动员处、财务处、干部处、防御作业处、通信监察处、总务科和保密科。[86] 另外，佩列瑟普金还立即着手在通信总局与交通人民委员部通信处和内务人民委员部通信处之间建立起更密切合作，并与其他关键性的全联盟人民委员部协调通信事务。[87]

佩列瑟普金的新总局负责组织和确保大本营的不间断通信，组织进出红军所有军团、兵团和部队及其之间的安全可靠通信，准备和充分利用全部民用通信手段满足军事需要，编制和处理发往苏联工业的通信装备订单，保养和修理通信装备，为红军全军供应通信装备和培训使用这些装备的通信人员，检查通信兵的战备水平，选拔和培训高级通信干部并将其派往红军各部。[88]

佩列瑟普金改组红军通信体系的效果非常明显。例如，截至 1941 年 12 月 1 日，国防人民委员部和交通人民委员部[①] 已共同建成许多个提供基本民用通信和军用通信的新部门和新部队，其中一部分编入最高统帅部预备队，以便大本营能够组建备用通信中心，建立或重建总参谋部与各作战方面军和集团军之间的通信。[89] 国防人民委员部 1942 年 4 月 29 日颁布的新命令，标题是《关于改进无线电通信的使用，保障军队指挥控制》，要求在方面军和集团军内更广泛地运用有组织的无线电通信，从而推动这类改进工作在 1942 年和 1943 年继续进行。[90]

1943 年 1 月，国防委员会颁布决议，明确通信总局与内务人民委员部之间的责任划分和工作关系，改善两者的协调程度。从这时起，内务人民委员部的通信部队只负责高频（HF）通信的运用，总参谋部作战局负责提供总参谋部及其下属军队策划战役时的内部通信，而通信总局负责管理总参谋部与作战方面军之间的通信。

另外，该法令还规定方面军通信局和集团军通信处的编制表，进一步加

---

① 译注：原文是 NKPS，即交通人民委员部的缩写，但从本句内容看，这个词似是邮电人民委员部 NKS。

强两者的工作能力；方面军设通信主任和副主任，前者负责方面军与下属集团军的通信，后者负责开设和指导方面军辅助指挥所；集团军通信处内成立分别负责无线通信、有线通信等通信方式的独立科室。[91]

通信总局还致力于在红军内建立切实有效的航空通信。鉴于空军领率机关和民航总局提供给总参谋部用于同方面军（集团军）司令部联络的飞机仅有区区一架，事实证明根本起不到作用。大本营于1941年12月成立独立航空通信第233大队并将其编入通信总局，负责执行联络任务。后来，大本营还指定由莫斯科特种飞行集群的第2飞行大队保障总参谋部的联络需要。[92]

不过，这两个大队的力量仍然无法满足总参谋部的联络需要，1942年12月3日，国防人民委员部在民用航空队的特别航空通信集群（编有2个航空兵团、1个运输飞行队和1个外场勤务营）基础上组建独立航空通信第3师，并将其划归佩列瑟普金隶属，用于提供总参谋部与作战方面军（集团军）之间的空中通信。同时，国防人民委员部还为每个作战方面军配属1至2个航空兵大队，每个大队有19至20架U-2和R-5飞机；为每个集团军配备由6架U-2飞机组成的小型通信飞行大队，供方面军和集团军用于内部和对外通信；1943年10月又把这些大队扩编成团。[93]

上述全部措施大幅度提高每一级领率机关中的通信兵数量和质量。通信兵的总人数在战争期间增加到原来的四倍，到1945年已占红军编制总人数的10%。战略通信和战役通信的效果也明显改善，主要原因是实现国家通信和军事通信的统一管理，同时也应归功于佩列瑟普金及其通信总局的工作。

最后，通信（总）局还拥有一系列自己的军事学院、军事学校、地方学校、指挥干部和技术干部训练班。最高级的通信兵教育机构是战争期间位于列宁格勒和托木斯克的S. M. 布琼尼军事通信电工技术学院。战争期间，该学院毕业生中先后有30余人担任方面军通信局局长，40余人担任集团军通信处处长。

军事交通（铁路、公路、水路和空中运输）

战争前夕，有三类部门共同负责管理苏联境内陆路、水路和空中交通线路，并在平时和战时利用它们通过火车、汽车、船舶和飞机运送人员和装备：

政府民事部门管理、保养和监督交通线路的使用，军事部门使用交通线路运送人员和物资，而安全部门负责保卫工作。

例如，交通人民委员部管理和运营下的发达铁路网，是战争期间向红军作战军队运送人员、武器和其他作战装备、弹药、日用品、给养和其他物资的主要手段。[94]另外，交通人民委员部铁道兵特别军编成内的铁道兵负责在红军后面跟进，修复铁路，建造和运营铁路的前方路段，增加铁路运力，在防御战役中遮断铁路，理论上也负责保卫前线接近地带内的铁路。尽管如此，国防人民委员部下属的另一批铁道兵同样分担一部分保养铁路的责任，而内务人民委员部的铁路保卫部队负责守卫铁路。

另一方面，由于战争前夕苏联欠发达的道路网相当粗劣和简陋，汽车道路运输在运送人员和材料（特别是笨重的军用物品）方面远不能像铁路那样发挥重大作用。然而，对于人员、装备和物资的前送来说，使用战役后方通往战术前沿地段的土路和苏联为数不多的几条碎石公路干线（shosse），实施战术级的道路运输却非常重要。与铁路的情况不同，没有一个部门能够从宏观上统一领导苏联道路网上的汽车运输。例如，总参谋部后方组建与供应局的道路处，与国防人民委员部总汽车装甲坦克局共同负责供应、修理汽车车辆和装备；国防人民委员部和内务人民委员部公路干线总局都编有一些仅保留基干力量的道路部队，这些部队在和平时期保持缩编状态，计划在战时扩充成完整的道路管理团、道路修建营、桥梁建筑营和前方道路基地。[95]

河运人民委员部（Narodnyi komissariat rechnogo flota，缩写为 NKRF）负责在战时管理用于军事运输的水路（包括可通航的河流、湖泊和运河）和滨海地区的运输。不过，河运人民委员部对水路运输的运用不但必须紧密结合铁路运输和公路运输，而且水路运输本身受到季节条件（尤其是封冻和解冻）的影响，常常具有间歇性。最后，在空运这块，国防人民委员部和红军空军编成内都没有专门负责军事空运的管理局或部队，大多数运输机属于民用航空部门。

在军事方面，国防人民委员部内有两个部门负责沿这些交通线路运送军队的人员、武器、装备和其他物资。第一个是红军军事交通（VOSO）勤务部门，该部门受过专业训练的汽车兵和道路兵，在国防人民委员部派驻军区和集团军的一系列军事代表办事处、管理局和处组成的军事交通网指挥和监督下，负责准备铁路运输、公路运输和空中运输所需的兵力和装备，并实施具体运输工作。第二个部门是总参谋部军事交通中央局（Tsentral'noe upravlenie voennogo soobshcheniia，缩写为 TsUVS），负责组织和指挥军事交通，保障战略计划和战役计划顺利实施。该局在战时的第一任局长是 P. A. 叶尔莫林少将。[96][①]

军事交通中央局的主要工作机关有：隶属于军区（方面军）军事交通和铁路水路军事运输主任的军事交通局（UVSs），负责铁路路段、车站和水路区段的军事代表办事处。军事交通中央局及其领导下的各军事交通局集体负责评价苏联和潜在敌国境内的交通运输线路，规划这些线路在大规模军队调动时的用途，与其他运输部门协商计划并提交审批。计划一旦得到批准，军事交通中央局就应监督军队的调动，并与野战领率机关和其他运输机关共同提供物资、财政、技术和卫生保障，确保计划能够完成。

战争开始后，军事交通中央局在防空部队、国防人民委员部道路兵（1942年1月以前）、军用给养供应站和道路纠察站的帮助下，把野战军事运输机构展开到作战方面军（集团军）以及管理机关和供应站组成的庞大网络内。然而，这场战争还给军事交通中央局带来一系列全新的交通任务，比如把西方轨距的铁路改造成苏联轨距，建设和组织装卸区和转运站，并为自身缺少防御手段的列车组织对空防御。

另外，为了促进铁路运输，联共（布）中央政治局于6月30日命令交通人民委员部向作战方面军派出特别代表，与方面军军事交通局各部门协调工作。这些代表虽然直接隶属交通人民委员部的下属部门，但是能促进铁路重建、建设和修复中的协调工作，从而对方面军司令员的需求做出更积极反应。交通人民委员部还为其派驻方面军的代表配备一些建筑部队，用于修复和遮断作业，并帮助向东部疏散工业企业。[97]最后，为了改善空中运输，国防委员会还在6月23日把民航总局及其局长 R. N. 莫尔古诺夫航空兵少将划

---

① 译注：1.第二个部门的名称应是"军事交通局"［Управления военных сообщений，缩写为 УВС(UVS)］，作者在第九章铁道兵小节也是这样写的。军事交通中央局（центральное управление военных сообщений）是1918年建立到1925年之间的名称。似乎作者有意在本章采用这个词，以利与军区军事交通局（UVSs）和8月以后的 UPVOSO 区分，译文亦照此添加"中央"。2.该局战时首任局长应是特鲁别茨科伊，见本处原注及其译注。

归国防人民委员部隶属。[98] 莫尔古诺夫的总局把运输航空兵部队从民用航空队（Grazhdanskii vozdushnyi flot，缩写为 GVF）中抽调出来，改编成保障大本营、方面军和舰队的独立航空兵群和飞行队。[99]

尽管国防人民委员部和总参谋部之间理论上有这样明确的运输责任划分，也有大量运输资源可供使用，但在战争最初的几个星期里，红军的交通运输体系还是因内部条块分割而表现拙劣。例如，战争初期，铁道兵的动员工作彻底乱作一团。截至 7 月底，这项工作虽然名义上已经完成，但大多数铁路兵团都是由未经训练的新入伍战士组成。因此，这些兵团不但无法按要求完成铁路的遮断计划，而且在德国人快速推进的过程中遭受严重损失。

运输力量在指挥控制上出现的大规模混乱，再加上铁路和道路勤务在战争第一个月遭受的巨大损失，促使国防委员会采取一系列改善指挥控制的纠正措施。例如，7 月 16 日，国防委员会在总参谋部军事交通中央局内新成立一个汽车道路局（Avtomobil'no-dorozhnoe upravlenie，缩写为 ADU[①]），由 Z. I. 孔德拉季耶夫少将担任局长，相应地在作战方面军内成立汽车道路处，负责监督方面军及其作战集团军编成内的汽车分队、部队和兵团。[100]

两个星期之后，国防委员会于 8 月 1 日设置红军后勤主任的职务，任命 A. V. 赫鲁廖夫军需勤务中将担任这个职务，并成立红军后勤总局（GUTA KA）作为赫鲁廖夫的主要工作机关。同时，国防委员会还把总参谋部军事交通中央局改组成新的军事交通局（UPVOSO），任命 I. V. 科瓦廖夫一级军事工程师接替叶尔莫林担任局长[②]，并把该局（及其管辖范围内有关交通的局，如总汽车道路局）划归赫鲁廖夫隶属。通过这次改组，军事交通局成为国防人民委员部协调军事交通运输的主要工具。

除了安排总汽车道路局从总参谋部转隶军事交通局之外，国防人民委员部还在方面军和集团军内成立由军事交通局领导的汽车运输与道路勤务处。孔德拉季耶夫继续担任总汽车道路局局长，总参谋部原汽车道路处处长 A. A. 斯拉温旅级担任他的副职。[101]1941 年剩余时间里，总汽车道路局监督军用和

---

① 译注：原文中的缩写均为 GADU，第九章称该局成立不久便成为总局，以下按 GADU 称"总汽车道路局"。
② 译注：科瓦廖夫应是 7 月接替鲁特特鲁别茨科伊，注释 96 处的译注。

民用车辆的大规模动员，组建许多个汽车运输旅、团、营和连，并着手建立军用汽车路（VAD）组成的道路网（见第九章）。[102]

然而，上述以集中指挥控制的方式解决红军运输问题的尝试未能成功，很大程度上是因为运输军队人员和物资的责任仍然分散在各种各样的供应勤务机关和管理局当中，红军各军兵种和国防人民委员部各局也仍然我行我素，单独制定一切有关汽车运输的计划。[103] 除了浪费时间和资源外，这种工作方式基本上未见成效。因此，为了更好满足战时需要，国防人民委员部开始改组军事交通局。例如，8月19日，国防人民委员部在该局内专门成立一个负责按照物资种类策划、指导战役运输和物资供应运输的处，9月又专门成立一个医疗后送处。与此同时，军事交通局还在作战方面军和集团军内成立专门管理物资供应的科。[104]

同一时期，国防委员会试图改善铁路运输交通，例如，9月16日，交通人民委员部奉命将其军事动员局的修复处扩编成一个完整的管理局，并在方面军辖境和方面军后方地区利用其自身建制内的流动性修复兵团组建19个军事修复勤务处。[105] 尽管如此，到1941—1942年冬季红军转入进攻的时候，铁道兵的实力还是过于薄弱，技术能力也很低下，不能满足修复施工的要求，军事交通局的铁路运输编制结构也在实践中证明同样不够完善。[106]

1942年1月3日，国防委员会试图解决这个问题，指定交通人民委员部负责修复和清理损毁的铁路线，并把国防人民委员部下属的全部铁道兵划归交通人民委员部指挥。[107] 国防委员会的决议还在交通人民委员部内成立军事修复工程总局（Glavnoe upravlenie voenno-vosstanovitel'nykh rabot，缩写为GUVVR）和该总局下属的铁道兵局（Upravlenie zheleznodorozhnykh voisk）。N. A. 普罗斯维罗夫少将（1944年2月晋升中将）从1942年2月起担任交通人民委员部铁道兵主任，直到战争结束。[108]

除了铁道兵局之外，军事修复工程总局还在作战方面军下设军事修复与障碍工程局（UVVRs），在交通人民委员部代表的监督下负责承担方面军的全部铁路修复和障碍物施工，另外还设置若干个用于维持和确保必要物资供应的前方基地。[109] 军事修复与障碍工程局的局长在一般情况下隶属于方面军司令员，但在具体作战时隶属于军事修复工程总局局长。相应地，方面军军事修复与障碍工程局编成内的前方修复处，负责监督集团军一级的修复施工和修复部队。

虽然方面军司令员和交通人民委员部的对口部门共同负责全部铁路修复工程，但实际指挥交通人民委员部各铁路团在方面军辖境内施工的部门，既不是军事修复工程总局和军事修复与障碍工程局，也不是只负责监督所有铁路修复工作和铁路运营的交通人民委员部代表，而是方面军司令部的作战局。于是，交通人民委员部铁道兵就变成需要遵守红军共同条令的正规部队。[110]到最后，国防委员会只好明令禁止方面军司令员使用交通人民委员部的铁道兵和专业兵团执行除修复铁路之外的任何任务。[111]

1942 年 2 月，国防委员会以撤销交通人民委员部驻方面军代表的方式理顺铁路修复工作的指挥和控制。从这时起，方面军军事修复与障碍工程局局长虽然按照官方的说法仍隶属于交通人民委员部军事修复工程总局局长，但是实际上隶属于方面军司令员。不过，交通人民委员部仍然决定向方面军分配其所需资源的多寡，制定军事修复与障碍工程局的修复工作指标，并根据方面军司令员的计划调整交通人民委员部的资源分配。这项措施确实改善了铁路修复工作的指挥控制和技术质量，并能稳步提高铁路修复的速度和质量。[112]

为了在 1941—1942 年冬季战局结束后进一步改善运输的组织和协调，联共（布）中央政治局在国防委员会内设立一个特别运输委员会，其成员都是与交通运输有关的军政要员，由斯大林担任主席。该委员会的任务是以动员和理顺各种运输手段的方式，协调各种类型运输的运作，确保更有效地制订计划，并规范军事运输和国民经济运输；简化运输资源的指挥和控制；转变军事交通局的工作内容，以便加强其与总参谋部的联系。[113]后来，除了规划和领导全部军事运输工作以外，军事交通局还成为国防委员会运输委员会的工作机关，负责组织和实施军事运输，发展交通运输线路，满足其他人民委员部提出的运输要求。从这时起，军事交通局局长科瓦廖夫能以国防委员会代表的身份更有效地组织军事运输。

国防委员会还在 1942 年年初结束国防人民委员部和内务人民委员部对道路警卫和修复工作的双重领导，从而进一步理顺道路运输体系。具体采取的措施是在 5 月 8 日把军事交通局的汽车道路局改组成国防人民委员部的红军汽车运输与道路勤务总局（Glavnoe upravlenie avtotransportnoi i dorozhnoi sluzhby Krasnoi Armii，缩写为 GUADSKA）。这个新的总局全面负责监督所有道路运输、道路勤务、作战方面军（集团军）的技术保障和后送，内务人民委员部领导的道路保卫部队也全部转隶这个总局。[114] 另外，汽车运输与道路勤务总局还接管方面军（集团军）编成内与汽车道路有关的局（处），以及内务人民委员部设在作战方面军的许多道路勤务局和基地。[115] 作为这一年完善过程的最后一步，5 月 22 日，国防人民委员部把红军汽车运输与道路勤务总局下设在方面军（集团军）的汽车道路局（汽车道路处）划归方面军（集团军）后勤主任及其管理局隶属，并把方面军（集团军）后勤主任提升为负责后勤事务的副司令员。[116]

1943 年，国防委员会和大本营继续理顺红军的交通运输。整个完善过程的最重要一步发生在 1 月 31 日，大本营把军事交通局改组成军事交通中央局（Tsentral'noe upravlenie voennykh soobshchenii，缩写为 TsUPVOSO），不再隶属于红军后勤主任，划归总参谋部，并在方面军、军区和集团军建立军事交通运输处，直接向方面军、军区和集团军的参谋长负责。[117] 然而，军事交通运输的这种指挥控制结构实际上却行不通，3 月 7 日，国防人民委员部又安排军事交通中央局及其下设在方面军（集团军）的军事交通处从总参谋部转隶红军后勤主任和方面军（集团军）负责后勤事务的副司令员。另外，国防人民委员部还加强军事交通中央局的实力，将其改编成分别负责总体规划、战役运输、物资运输（弹药、武器装备、燃油和润滑材料、军需物资和给养）、医疗后送和其他次要职能的若干个具体的处。

这一轮改组完成后，军事交通中央局负责按照总参谋部和红军后勤主任的计划制定交通人民委员部的军事运输计划，并在该计划得到批准之后予以执行。另外，当国防委员会的运输委员会预见到军队调动可能会出现问题时，军事交通中央局应制订解决这些问题的方案。

总体上看，这种新的指挥控制结构明显改善红军的军事运输体系。军事交通中央局肩负起规划和管理军事交通、保质保量完成战役运输计划的重要任务，国防委员会和国防人民委员部持续监督该局的工作并向其提供帮助，责成所有运输部门无条件地迅速满足该局提出的兵力运输要求。国防委员会还禁止方面军辖境内的铁路勤务首长干预军用列车的调度次序。[118]

　　因为铁路运输在保障红军 1943 年作战时发挥的作用最为显著，所以军事交通局（军事交通中央局）必须同管理所有铁路和铁路运输的交通人民委员部密切合作。因此，军事交通中央局和交通人民委员部的代表组成联合作战组，通常由军事交通中央局的局长或副局长、交通人民委员部派出的同级别首长担任组长，到现地全面帮助正在保障重大战役的方面军铁路。[119] 他们的共同努力也极大改善军队调动时运送物资的实际效果。

　　另外，军事交通中央局还拥有自己的军事力量，为铁路线和重要铁路设施提供对空防御。截至 1944 年 1 月 1 日，这批军队中已有 10 个高射炮兵团（每个团有 40 挺高射机枪）和 14 个独立高射炮兵营（每个营有 20 挺高射机枪），全部统一由该局的防空处领导。这些部队用于护送军用列车和最重要的轨道车。[120]

　　在此期间，铁路交通领域内还采取过另一些改进措施。例如，国防人民委员部于 1943 年年初撤销交通人民委员部的前方修复区段，因为这些区段已变得可有可无。后来，随着当年全年铁路修复的规模越来越大，方面军在确定运输需求和修复需求方面的作用也不断增加，而交通人民委员部各军事修复与障碍工程局的重要性明显降低。例如，到 1943 年年中，军事修复工程总局只有在不止一个方面军参加重大战略性进攻战役的情况下，才直接向铁道兵分配任务。到这时，铁路的修复计划通常只需要经过方面军军事交通处处长的审核，再由方面军司令员批准生效。

　　1943 年年内，铁道兵的组织结构也有所完善，交通人民委员部在方面军军事修复与障碍工程局内成立供应建筑材料和技术装备的勤务处，并加强后勤保障处的实力。例如，国防委员会于 2 月批准标准铁路旅的新版编制表，并按照该表改编原铁道兵特别军下属的全部铁路旅。[121] 这一年的剩余时间，国防人民委员部还在铁路旅和营中编入各种新型分队，从而显著提高其施工能力。[122] 道路勤务在承担修复施工的同时，还把工作重点放在恢复和提高重要铁路枢纽的轨道通行能力，采用的主要方式是建设邻近的铁路支线，使列车在必要时可以绕过枢纽，并增加前送的整体交通流量。铁路修复部队承担的另一项重要任务是建设转运区，以便绕过遭到遮断、毁坏或正在修复的部分铁路线。[123]

要维持铁路交通不间断，最重要的考虑因素之一是巧妙地运用火车机车，特别是在策划和实施进攻战役的时候。为此，交通人民委员部组织蒸汽机车纵列和蒸汽机车修理列车（parovozoremontnye poezda，缩写为 PRP）。前者由 15 至 30 台机车组成，在前线和后方均可使用，具有相当大的机动性，不固定在任何一个铁路货场和车站。这项措施非常成功，以至于交通人民委员部从 1942 年开始组建独立蒸汽机车纵列预备队（ORPKs）。这种预备队是独立作战的实体，其乘员就在铁路车厢里住宿。例如，交通人民委员部曾在斯大林格勒会战期间使用过 500 余台机车组成的独立蒸汽机车纵列预备队，而在库尔斯克会战期间使用的独立蒸汽机车纵列预备队有 600 台机车。[124]

1943 年，红军的道路运输和道路勤务进一步合理化。例如，继指派汽车运输与道路勤务总局负责监督、修复和保养全部军用道路之后，为了从整体上改善红军机动车辆修理和技术保养的组织工作，国防人民委员部于 1 月 15 日把该总局的汽车道路局改组成汽车道路勤务的总汽车局（Glavnoe avtomobil'oe upravlenie，缩写为 GAVTU），负责修理和供应机动车辆和拖拉机装备。

后来到 6 月 9 日，国防委员会采取提高汽车运输和道路勤务效率的最后步骤，解散后勤总局，将其原来所辖的总局和局（包括汽车运输与道路勤务总局、总汽车局）都改为直接隶属于红军后勤主任。这项措施实际上是成立两个新的总局，即红军总汽车局（Glavnoe avtomobil'noe upravlenie Krasnoi Armii，缩写为 GAVTU KA）和红军总道路局（Glavnoe dorozhnoe upravlenie Krasnoi Armii，缩写为 GRU KA），两个总局都在中央设有各自的机关、设施和部队，在作战方面军和集团军设有各自的局和处。[125] 从这时起，这两个总局在战争剩余阶段彼此密切合作，特别是军用汽车路（VAD）的组建、使用和保养。[126] 经过汽车运输和道路勤务的这次改组，中央、方面军和集团军各级都把道路的筹备、修复和保养集中到同一个部门，这种做法一直有效运作到战争结束。道路兵本身最终成为红军的一个专业兵种，其编制结构也在战争结束以前始终发挥着积极作用。

在水路运输方面，河运人民委员部（NKRF）组建若干个军事修复局和修复大队，用于在从德国军队手中解放的河流流域恢复交通，这项工作从

1942年后期开始，并在1943年紧锣密鼓地展开。不过，国防委员会在1943年夏季把这项任务交给海军，海军又进而将其分配给新成立的江河流域船舶救捞作业局。[127] 与此同时，1942年11月，河运人民委员部还组建由河运人民委员部中央军事修复局（Tsentral'noe voenno–vosstanvitel'noe upravlenie）和每个河流流域的独立军事修复局共同组成的江河运输修复勤务部门。[128]

最后，在空中运输方面，军事交通局于1942年11月将其下属的特别航空兵群改编成团，飞行队改编成大队，莫斯科特种航空兵群成为航空运输第1师，各航空兵群随后改编为师，从而理顺军事空中运输的结构并提高工作效率。整场战争期间，空中运输部门的主要任务是空投或空运空降兵，运输装备和物资供应军队，运送军人和后送伤病员，保障游击队的作战行动，主要保障对象是以合围或其他方式在德军后方战斗的军人。另外，空中运输部队还向列宁格勒、斯大林格勒、塞瓦斯托波尔和敖德萨紧急运送物资，并为国防工业运送各种稀缺仪器和零部件。[129]

整场战争期间，军事交通局（军事交通中央局）及其相关交通勤务部门在运送军队和物资的工作中成就斐然。例如，从1941年到1945年，这两个局总共通过铁路运送超过1970万车厢，通过水路和空中运送270万车厢，其中有4.5万车厢运送军队的人员和作战装备。[130] 莫斯科、斯大林格勒和库尔斯克这三场会战准备阶段的运输活动最为频繁，曾有1500—1700列铁路列车按照中央计划的调度同时运行，还不包括方面军内部开行的列车和多达1—1.2万台其他车辆。到战争结束时，为保障方面军群战役而运送人员和物资的铁路运输，最多可达每天450—500列列车。[131]

同一时期，国防人民委员部的35个铁路旅和交通人民委员部的其他专业兵团，总共修筑和修复约12万公里长的铁轨、2756座大中型铁路桥梁，铺砌近7.1万公里长的交通线路，修复2345座供水站、182个蒸汽机车仓库、7990座火车站和铁路支线，并在整场战争期间排除和销毁200余万枚地雷。[132] 最后，红军道路勤务部门在整场战争期间共修筑、修复或加固大约10万公里长的道路和总长超过1000公里的桥梁。[133]

战争时期，负责教育和培训红军运输指挥员的最高级教育机构是位于列宁格勒和科斯特罗马的军事运输学院。该学院毕业生当中有曾任苏联交通人民委员的 I. V. 科瓦廖夫、副河运人民委员 S. M. 巴耶夫、红军军事交通勤务副主任 Z. I. 孔德拉季耶夫和 A. V. 斯科利亚罗夫。整场战争期间，该学院的院长始终是 V. M. 菲利奇金技术兵少将（1943 年 12 月晋升中将）。[134]

后勤（后勤保障）

战争前夕，后勤、武器和供应机构局（Upravlenie ustroistva tyla, vooruzheniia i snabzheniia）松散地领导着苏联武装力量的全部后勤部门，其中包括各军区陆海军建制内一系列令人眼花缭乱的后勤部队和后勤机构，存放军事储备物资的基地、供应站和仓库，铁路、汽车和道路的修理部队，国防人民委员部下属的工程兵，还有负责机场建设、卫生、兽医的后勤部队和后勤机构。[135] 该局的战时首任局长是 P. A. 叶尔莫林少将。

除了领导总军需局、卫生局、兽医局和一些次要供应部门之外，叶尔莫林的这个局还与其他几个部门保持密切合作，其中有独立的油料供应局，负责组织铁路运输、水路运输和疏散、修复和遮断铁路的红军军事交通勤务部门，还有通过军区（战时方面军）和集团军的军事交通局和处领导并监督铁路网和水路网的总参谋部军事交通中央局（TsUVS）。

1940 年成立的总军需局（Glavnoe intendantskoe upravlenie，缩写为 GIU）是后勤、武器和供应机构局下属实力最强、最有威望的组成部分，是向红军各部供应被装、个人装备、辎重和给养，并管理军队营房的主要机关。按照每一种供应勤务的类型，总军需局下设相应的管理局，并领导各军区、舰队和集团军当中对应的管理局和处，A. V. 赫鲁廖夫军需勤务中将担任该总局的局长，从 1941 年年初开始还兼任红军总军需官[①]。[136]

总军需局的辎重被装供应局（Upravlenie veshchevogo snabzheniia，缩写为 UVS）负责按照国防委员会的要求和计划采购、储存、分发军服和被装，其局长是 N. N. 卡尔平斯基旅级军需。[137] 为此，卡尔平斯基的局负责领导军区（方面军）的辎重被装供应处、集团军的辎重被装供应科、旅和团的辎重

---

① 译注：英语是 "chief quartermaster of the Red Army"，与《苏联军事百科全书》的说法不同，俄语是 "Главному интенданту Красной Армии" 这个职务名称经常出现在国防人民委员部的命令中。

被装供应主任，而他们共同运作一个由仓库、被装和鞋类的修理机构，以及供应部门组成，遍布军队每一级的复杂体系。另外，卡尔平斯基的辎重被装供应局还就军队所需辎重被装的生产和分发，保持与工业企业的密切合作。除了在战区收集和保证辎重被装储备之外，该局还利用地方资源保障作战军队，并从战场上和敌人那里收集缴获的战利品装备。

　　为数百万人的红军提供给养的关键性任务由总军需局的红军给养供应局（Upravlenie prodovol'stvennogo snabzheniia Krasnoi Armii，缩写为 UPS KA）承担。V. F. 别洛乌索夫军需勤务少将从战争前夕开始担任该局局长，直到1942 年 2 月。[138]该局管理军区和集团军军需局的给养供应处、军和师的给养供应科、团的给养供应主任。战争开始时，给养供应链从"中央"经方面军、集团军、师（旅）、团、营和连，一直延伸到单个战士。给养供应局和各级给养勤务部门还管理着一大批野战设施，如方面军、集团军、师和团的给养仓库，固定面包厂和面包房，还有牲畜饲养站甚至大型饲养农场。

　　发挥同样关键性作用的油料供应局（Upravenie snabzheniia goriuchim，缩写为 USG）是一个独立的局，但与后勤、武器和供应机构局的合作关系非常密切。P. V. 科托夫装甲坦克兵少将担任油料供应局局长直到 1942 年。该局负责采购、运输、保存和向红军全军分发所需的燃料油和润滑材料。[139]

　　除了总军需局之外，后勤、武器和供应机构局编成内还有两个局，负责向编入红军和为红军工作的人畜提供医疗保障。其中第一个是卫生局（Sanitarnoe upravlenie，缩写为 SU），整场战争期间由 E. I. 斯米尔诺夫中将（1943 年起为上将）担任局长。他 1932 年毕业于军事卫生学院，1938 年毕业于伏龙芝军事学院，1941 年时仅 37 岁。[140]斯米尔诺夫的卫生局还领导和管理红军的军队卫生勤务部门（Voenno-sanitarnaia sluzhba，缩写为 VSS），该部门通常简称为"卫勤部门"，由负责保护军人健康的全体卫生部队、分队和机构组成。战争前夕，卫勤部门正在根据从哈桑湖（1938 年）和哈拉哈河（1939 年）的武装冲突以及苏芬战争（1939—1940 年）中吸取的教训进行改编。

　　第二个与医疗保障有关的局是红军兽医局（Veterinarnoe upravlenie Krasnoi Armii，缩写为 VUKA），整场战争期间由 V. M. 列卡列夫兽医勤务中将担任局长。[141]兽医局的地位之所以特别重要，是因为马匹在红军骑兵、炮兵和后勤运输体系中发挥着关键作用。兽医局还领导和管理红军的军事兽医勤务部门（Voenno-veterinarnaia sluzhba），该部门由指挥控制机关、兽医分队和兽医机构组成，负责获得、救治和照料马匹和其他动物，并将其分配到战斗部队和保障部队。[142] 转入战时状态之后，兽医局通过方面军兽医局（集团军兽医处）领导方面军（集团军）管辖范围内所有的兽医机构和在其中工作的兽医。军、师和团以及拥有马匹的其他部队和设施也都编有兽医。[143]

和平时期，后勤、武器和供应机构局及其下属（或相关）各局和处，通过军区（战时方面军）、集团军、军、师和团负责后勤事务的副参谋长（或副指挥员或指挥员助理）领导各自相应处和科，从而管理红军的后勤部队和设施。红军总参谋部负责制定战时使用这些部队和设施的计划。[144]

然而，战争前夕，还有一些关键性后勤职能并不在后勤、武器和供应机构局的管辖范围之内。例如，交通人民委员部负责通过铁道兵特别军运营和管理铁路，内务人民委员部负责使用内卫部队保证铁路安全，并进行局部的修复和修理，而这些内卫部队将在战时隶属于方面军司令员。[145] 战争开始时的实践证明，缺少对后勤的集中指挥是红军的许多个致命缺陷（"阿喀琉斯之踵"）之一。

战争前夕，红军后勤系统的另一个主要缺点是中央供应部门和身处战场的物资接收者之间不能实现供应的连续性。例如，军区和集团军编成内的勤务主任和军兵种主任及其供应部门负责向各自的军队提供火炮、工程设备、防化装备、通信设备、军需物资（给养、饲料、辎重被装和其他物资）、燃料油和润滑材料，并通过各级指挥机关中负责后勤事务的副参谋长支付。然而，这些主任一旦卷入其他事务，就几乎没人有时间制定后勤保障的计划。更糟糕的是，这些级别的司令员（指挥员）并不直接负责供应，因为供应勤务部门并不归他们指挥。[146] 因此，虽然国防人民委员部内有一套后勤编制结构，但是整个军事指挥体系中并不存在后勤保障的统一指挥和控制。

红军在战争前夕面临的其他问题还有辎重被装的供应标准偏低，燃料油和润滑材料的分发制度效率低下。虽然国防人民委员部在1941年6月颁布关于战时辎重被装需求的新版教令，并为苏联工业制定新的辎重被装产量标准，但是供应部门在战争最初的几个月内无法达到这些标准的要求（见第十三章）。[147] 同样，向作战军队分发燃料油和润滑材料的工作混乱，分发的数量也不够，这导致战争刚开始便立即出现极其严重的油料短缺。

战争爆发之前不久，国防人民委员部试图解决后勤问题，指派总参谋长朱可夫负责指导后勤、武器和供应机构局，军事交通局和油料供应局，副国防人民委员 S. M. 布琼尼元帅协调总军需局、卫生局、兽医局和物资储备处的工作。然而，这项措施既没有实现统一指挥，也未能提高国防人民委员部后勤系统的效率。[148]

因此，战争和动员开始之后，作战方面军和集团军没有得到任何形式的后勤保障。部分原因是国防人民委员部未能预见到战时的后勤需求，部分原因是其原有后勤在德国人的迅猛攻击下土崩瓦解。随着红军的溃退，大多数供应仓库和供应基地都沦陷敌手，当时聊胜于无的后勤保障因此彻底中断。例如，战争最初的两个月里，国防军在迅速推进的过程中不仅严重破坏红军的给养、被装和油料的供应和分发，还缴获大多数前方供应基地和浅近纵深的供应基地。同时，苏联的动员和大规模军队调动也造成给养物资的分发陷于瘫痪。红军全军都出现大规模物资短缺，部队和小股战士不得不以强制征用和偷窃的方式"就地取材"。

面对上述巨大的后勤困难，大本营只是简单地在 6 月下旬临时指派新组建的国防委员会成员负责履行具体的供应职能。[149] 战争开始一个月之后，为响应国防委员会 7 月 28 日颁布的决议，国防人民委员部于 8 月 1 日从根本上改变红军后勤保障的结构编制，设置红军后勤主任的职务，并组建其领导的红军后勤总局（Glavnoe upravlenie tyla Krasnoi Armii，缩写为 GUTA KA）。后勤总局接管原属国防人民委员部的后勤、武器和供应机构局，军事交通局和原属总参谋部的汽车道路局，后勤监察局也划归后勤总局；而总军需局、油料供应局、卫生局和兽医局改为直接隶属于红军后勤主任，斯大林任命 A. V. 赫鲁廖夫军需勤务中将担任这个关键职务①。[150] 从这时起，赫鲁廖夫和后勤总局负责组织全体红军的后勤保障，向作战方面军供应各类物资和装备，向后

---

① 译注：按照该命令第一条和第二条的内容，这实际上是两个职务：红军后勤主任（начальника тыла Красной Армии）兼任红军后勤总局局长（начальник Главного управления тыла Красной Армии）。随着后勤总局1943年解散，后一个职务也相应撤销。

方疏散伤病员和损毁装备。[151]

除了在国防人民委员部内建立统一的后勤结构编制之外，8 月的命令还把方面军（集团军）的后勤部门替换成方面军（集团军）后勤主任（即负责后勤事务的副司令员）领导下的后勤局（后勤处），并在空军设置后勤主任职务。例如，油料供应局直接在赫鲁廖夫的领导下工作，通过建立在作战方面军的油料供应处，方面军下属的集团军或独立集团军、军、师、旅和团的油料供应勤务主任，向作战军队供应燃料油和润滑材料。燃料油和润滑材料从中央分发基地（1942 年改称方面军基地）经过方面军仓库和集团军仓库，分发到数量逐渐增加的师级野战供应站和部队野战供应站。随着这个体系的发展，野战供应站和作战部队之间的距离越来越短，从而实现更顺畅的连续供应，保证作战更加持久。[152]

最后，国防人民委员部在 8 月 19 日推动这次改组达到高潮，把卫生局扩编成总军队卫生局（Glavnoe voenno-sanitarnoe upravlenie，缩写为GVSU），以便解决救治和后送伤病员过程中遇到的严重问题，这些问题在红军业已遭受的灾难性减员面前无异于雪上加霜（见第十三章）。德国人在"巴巴罗萨"行动期间的迅猛推进，摧毁苏联西部各军区多达 50% 的红军医院基地，迫使其余 50% 疏散到苏联内地，并打乱动员的进行。因此，到 1941 年8 月，红军各作战方面军已经损失接近一半的资源，只能依靠数量有限的团级卫生站、卫生营、野战医院和驻军医院实施卫勤保障。[153]

斯米尔诺夫的总军队卫生局和相关的卫生勤务部门负责医疗救护和后送，抗击流行病，采取医疗卫生措施医治病患，并预防军队中出现大规模疾疫。为了履行这些职责，该总局在从方面军到连级的整个军队结构中建立和监督一个由卫生机构、卫生部队和医疗设施组成的复杂网络。[154]

战争最初四个月里红军面临的供应问题，主要表现在给养消耗标准和口粮分配制度的缺陷，国防人民委员部试图在 1941 年 9 月通过建立更严格，但更及时的口粮分配方式来弥补这个缺陷。[155]国防人民委员部颁发的训令根据军队的实有人数（而不是编制人数）及其实际承担的战斗任务，建立向军人分配 14 种给养和饲料的逐月消耗标准（见第十三章）。[156]1941 年秋季，国防委员会还成立红军给养和被装供应委员会，由联共（布）领袖 A. I. 米高扬担任主席，执行国防委员会关于供应工作的训令，集中指挥整个供应系统并重建其秩序。该委员会的工作虽进展缓慢，但仍能有效完成。

联共（布）对后勤事务的强烈关注，表现在国防人民委员 1941 年 11 月 20 日颁布的命令要求方面军和集团军的军事委员会委员也肩负起后勤工作，具体是采取措施保证军事委员会的相关命令得到执行，并与方面军和集团军辖境内联共（布）地方机关和委员会协调后勤事务。[157]

1941 年和 1942 年年初，国防委员会和国防人民委员部对红军后勤保障的改组和改革缓慢地持续进行。随着中央、方面军和集团军下属的局和处精简编制但提高效率，指挥和控制更加稳定可靠，后勤部队和后勤机构也更加机动灵活和高效。同时，方面军和集团军后勤区域的纵深减小，后勤机构的展开位置越来越靠近要保障的军队。当时采用的新供应制度也有利于实现上述改善，这种制度基于"自上而下推动"物资的原则，即由较高级部门负责向其下属军队供应物资。随着运输车辆的数量越来越多（其中大部分是《租借法案》提供的[①]），物资也有条件实现更大程度的集中分配。

与此同时，国防委员会和国防人民委员部在 1942 年继续改组武装力量的后勤结构，特别是改进其指挥和控制。例如，1 月 27 日，国防委员会把给养供应勤务部门划离总军需局，改组成一个独立的红军给养供应总局（ Glavnoe upraulenie prodovol'stvennogo snabzheniia Krasnoi Armii，缩写为 GUPS KA ），并任命原贸易人民委员 D. V. 巴甫洛夫担任局长[②]。同时，方面军和集团军的给养供应处也扩编成完整的局，改为直接隶属于方面军和集团军后勤主任，并任命 P. I. 德拉切夫将军担任红军总军需官。[158]

此后不久，国防人民委员部于 4 月 19 日[③]解散红军后勤总局，将其下属各指挥机关、局和处改为隶属于红军后勤主任。[159] 因此，给养供应总局和其

---

　① 俄译注：1941年只有400辆租借汽车运到苏联，1942年只有3.25万辆。与此同时，红军共有27.26万辆不同类型的汽车，1942年年底之前又从国民经济和工业接收大约32万辆。因此，在此期间，租借运输车辆只占红军实有车辆总数的5%。总体上看，在本书所考虑的时间段内（即1943年年底以前）向苏联发运的租借车辆占整场战争期间总数的大约40%。但要强调的是，发运并不代表收到，因为有些物资会在途中损失，而装备和材料无论如何也只能在发运后几个月才能到达前线。

　② 译注：巴甫洛夫此前担任俄罗斯苏维埃加盟共和国的贸易人民委员。

　③ 译注：这个日期是错误的，这天关于后勤的命令内容并非解散后勤总局，见第十三章注释58。本章注释125提到解散日期1943年6月9日是正确的，并能得到命令实际内容的证实。

他有关后勤事务的（总）局全部改为直接隶属于赫鲁廖夫。[160]

5 月 22 日，改组工作继续进行，国防委员会任命赫鲁廖夫兼任副国防人民委员，设立海军后勤主任职务，并任命 S. I. 沃罗比约夫海岸勤务中将担任该职。同一天，国防委员会还改组红军的后勤结构编制，理顺和强化作战方面军和集团军的后勤主任职权，让他们成为作为方面军和集团军的副司令员，并在全部的军和师设置负责似职务。① 该命令赋予这几级后勤主任（副司令员和副指挥员）管理其职权范围内的所有后勤保障工作的责任，包括其下属后勤部门的武器、装备和物资的供应、后送和后勤保障。[161] 最后，国防委员会建立一个类似于后勤管理方式的集中化卫生体系，任命 N. N. 布尔坚科院士担任红军外科主任，并在国防人民委员部、方面军和集团军各级任命一大批其他医学专科的主任。[162]

这方面的改组在 1943 年年内继续进行，国防委员会于 1 月把给养供应局扩编成为一个完整的总局，但到 6 月又将其缩编成红军后勤主任下属总军需局的一个局。[163] 因此，到 1943 年年中，建立起一种直接由给养供应局负责，再通过总军需局局长向红军后勤主任汇报的新给养供应体系，并一直沿用到战争结束。[164] 最后，1943 年国防人民委员部组建空军集团军时，同样在每个空军集团军建立集团军后勤，并在国土防空军的全部军团内建立后勤的部队、机构和部门。赫鲁廖夫继续担任红军后勤主任，并在整场战争期间监督革新后的后勤系统。他在 1942 年 11 月晋升上将，1943 年 11 月晋升大将。[165]

从每一个角度来衡量，红军后勤主任和国防人民委员部相关各局局长在战争时期向红军作战方面军和集团军提供的后勤保障规模都大得令人难以置信。除了总道路局建筑和修复的 10 万公里道路、交通人民委员部建筑和修复的 11.7 万公里铁路之外，其他后勤部队还构筑 6000 余座机场，并向苏联游击队和地下抵抗力量提供物资。[166]

同时，后勤主任领导的各总局及其下属局共为前线收集、储存和分发 1000 余万吨弹药、大量粮秣和其他物资。仅卡车运输就运送超过 1.45 亿吨

---

① 译注：方面军（集团军）后勤主任从1941年8月1日开始已经是方面军（集团军）副司令员，上文也是这样写的。这时是军和师的后勤主任同样成为副军长和副师长，详见本处注释引用的国防人民委员命令。

货物，另外还有铁路运输的 1900 万铁路车厢。辎重被装供应局尽管能从苏联轻工业获得红军的大部分被装，还是从苏联产业工人和平民当中自愿募集或根据征用令收集衣物。例如，辎重被装供应局在战争期间共向红军军人提供 3800 万件军大衣、7000 万套军装、1.17 亿套衬衣、6400 万双皮靴、200 万件羊皮大衣、2000 万套棉衣和棉裤。[167]

截至 1942 年年中，给养供应局设法积累的口粮储备已能保证供应军区 20 天，作战方面军 30 天，师、快速军和旅 5 天，营和武器乘员组 1.5 天到 3 天，并在战士的个人背包里保存 1 天的供应量。[168] 整体而言，红军的军人和牲畜在整场战争期间共消耗大约 4000 万吨口粮和饲料，其中大部分是谷物等农产品和未经加工的肉类。这个总量当中有 430 万吨来自《租借法案》，以关键性给养为主，例如有 61 万吨的糖和 66.49 万吨极为重要的肉类罐头（包括无处不在的午餐肉）。租借物资虽然只占苏联粮秣总产量的 10%，但是包含维持红军长期实施军事行动所需的高质量给养。例如，糖类的交货量相当于苏联总产量的 41.8%，肉类罐头占苏联肉类总交货量的 18% 以上。[169]

油料供应是整场战争后勤保障中最重要的方面之一，因为红军的整体胜利取决于其装甲坦克和机械化兵的战役胜利，而 1942 年 11 月以后红军实施高度机动性的进攻战役导致对燃料油和润滑材料的巨大需求。例如，红军平均每月的燃料油消耗量从 1942 年的 22.2 万吨增加到 1943 年的 32 万吨，1944 年夏季更是高达惊人的 42 万吨。截至战争结束时，红军消耗的燃料油共计 1630 万吨。[170] 整体而言，油料供应局在整场战争期间向红军提供的燃料油和润滑材料共计 2000 万吨。[171]

在卫勤保障方面，总军队卫生局把红军的军医人数从 1942 年 7 月的 44729 人增加到 1944 年 7 月的近 61000 人，并在同一时期把红军的全部医务人员从略多于 9.3 万人增加到近 12.2 万人。[172] 然而，归根到底，红军军人的卫生保障和医疗保健在整场战争期间仍然非常薄弱。因此，经总军队卫生局下属机构医治的红军和红海军伤病案例共有略多于 2200 余万起，其中有 760 万起是各类疾病造成的。[173] 疾病造成的巨大减员人数明显高于正常水平，直接原因是野战卫生条件差，医疗手段平庸，药品和其他医疗设备普遍短缺。

最后，兽医局有 62.5% 的兽医和 97.2% 的兽医助理（fel'dsher）是来自民用部门的征召人员，该局领导的军事兽医勤务部门照料伤病马匹，将其后送到兽医医院，并在后送的每个阶段实施救治。[174] 这些伤病马匹占红军 1941 年和 1942 年马匹总数的 46.9%，1943 年的 44.3%，1944 年的 27.4%。整场战争期间，经军事兽医勤务部门救治并归队的马超过 210 万匹，总治愈率达到 86.9%.[175]

红军后勤主任及其下属各（总）局还管理一个由军事学院、军事学校和训练班组成的庞大体系。其中最重要的有：位于莫斯科和加里宁的红军军需学院（1942 年 9 月改称后勤供应学院）、位于列宁格勒和撒马尔罕的基洛夫军事医学院、位于古比雪夫的古比雪夫军事医学院，以及位于莫斯科、阿拉尔斯克和撒马尔罕的军事兽医学院。

政治事务

红军总政治局（Glavnoe politicheskoe upravlenie Krasnoi Armii，缩写为 GlavPU）是国防委员会领导下负责确保红军思想纯洁和执行联共（布）纪律的主要机关。该总局成立于 1941 年 7 月 16 日，由 L. Z. 梅赫利斯一级集团军政委级担任局长，其前身是 1919 年成立的共和国革命军事委员会（REVOENSOVET）政治处，1921 年成为工农红军政治局，1940 年 6 月改称红军政治宣传总局（Glavnoe upravlenie politicheskoi propagandy Krasnoi Armii，缩写为 GUPP KA）。[176]

联共（布）中央政治局和国防委员会赋予总政治局的一系列任务包括：在红军的军队结构中建立和监督政治部门，不断实施政治教育和教导，保证红军指战员的忠诚和士气。[177] 总之，总政治局作为联共（布）的主要政治管理机关，几乎涉及红军指战员生活的方方面面。

整场战争期间，联共（布）中央委员会多次通过国防委员会制定和完善总政治局的组织编制。起初，总政治局下设负责组织工作、政治指导、宣传鼓动、政工干部、共青团和其他党政工作的局和处。而到 1941 年年底，国防委员会在总政治局内设置一个新的处，负责在德占领土上的游击队员和平民当中开展政治工作，1944 年又成立特别宣传局。另外，1942 年，国防委员会还在总政治局内组织一个军事政治宣传特别委员会。该委员会由总政治局局长兼联共（布）中央书记 A. S. 谢尔巴科夫、联共（布）中央书记 A. A.

日丹诺夫、联共（布）中央委员 D. Z. 马努伊利斯基和 E. M. 雅罗斯拉夫斯基组成，负责搜集和整理战争经验，改善总政治局的整体工作效果。

总政治局还成立并派出若干个长期或临时的特别鼓动（演讲）小组，通常包括一些著名的党、国家、社会和文化领袖人物，他们的任务是在红军的整个指挥体系中开展宣传鼓动。[178]

1942 年 6 月，斯大林任命联共（布）中央书记兼联共（布）中央政治局候补委员 A. S. 谢尔巴科夫担任总政治局局长。谢尔巴科夫于 1943 年晋升上将军衔，并担任该总局局长直到战争结束。[179]

侦察（情报）

就其职能的重要程度而言，总侦察局（GRU，即"格鲁乌"）堪称国防人民委员部内最重要的总局之一，尽管该总局直到 1942 年 10 月才改为由国防人民委员部直接领导。战前年代里，国防人民委员部于 1934 年 11 月 22 日组建侦察局（RU，又称第五局），作为组织和监督红军侦察勤务的中央机关。不过，1940 年 7 月 26 日，国防人民委员部又把该局划归总参谋部，该局在总参谋部内履行同样的关键职能，并迎来战争的开始。[180]

鉴于情报收集处理工作的重要性和复杂程度不断增大，1942 年 2 月 16 日，国防人民委员部在保持侦察局继续隶属总参谋部的情况下，将其改组成总侦察局，大幅度加强其组织结构，并赋予其开展战略侦察、战役侦察和军队侦察的任务。然而，由于这次改组未能改善总侦察局的工作效果，国防人民委员部在 1942 年 10 月 23 日再次进行改组，将其划离总参谋部，改为直接隶属国防人民委员部。具体方式是，国防人民委员部安排总参谋部新成立的军队侦察局（Upravlenie voiskovoi razvedki，缩写为 UVR）从总侦察局手中接管军队侦察的所有职能，而总侦察局划归国防人民委员部直属之后，只负责"针对国外和暂时的敌占苏联领土上的外国军队，开展谍报侦察"。[181]

改组后的总侦察局下设负责国外谍报活动的第一局和负责在暂时的敌占苏联领土上开展谍报活动的第二局。同时，国防人民委员部还把总侦察局第二局的密码处转隶内务人民委员部，并把总侦察局的军事书报检查处分离出来，改组成直属国防人民委员部的一个独立处。

鉴于这次改组还是未能理顺情报的收集和处理，达到大本营预期的水平，1943 年 4 月 13 日，国防人民委员部又一次改组苏联的中央军事侦察机关，把总参谋部的军队侦察局（UVR）改组成侦察局，并指派该局负责指导方面军的军队侦察和谍报侦察，定期了解关于敌人动向和意图的情报，并使用虚拟情报欺骗敌人。[182]

因此，1943 年 4 月的这次改组确定由总参谋部侦察局及其下属的方面军侦察处负责在暂时的敌占苏联领土上开展谍报侦察和破坏活动；同时，解散原来领导敌占苏联领土谍报侦察的国防人民委员部总侦察局第二局，并把总侦察局设在这些地区的间谍网移交给总参谋部侦察局。从这时起，总侦察局只负责在国外开展谍报侦察。情报收集和处理工作的这种结构后来一直沿用到战争结束。[183]

反间谍

正如总政治局从内部保卫苏联不受政治和意识形态的颠覆一样，军事反间谍机关在内务人民委员部国家安全机关的密切配合下保卫国家安全，不受来自苏联境外之敌的颠覆，发挥着同样重要的作用。战争开始时，国防委员会把全部反间谍机关划离国防人民委员部和海军人民委员部，改编成作战方面军、舰队和集团军编成内的所谓"特别处"（缩写为 OO），并在业务上归内务人民委员部第三局（即特别处管理局）领导。尽管指挥和控制方面有这样的安排，但国防委员会还是把特别处视为国防人民委员部的一个组成部分。

苏联资料这样描述特别处的责任：

军事反间谍人员[kontrarazvechiki]依靠苏联人民和苏联陆海军军人的高度觉悟及其对祖国的忠诚，配合各级指挥部和政治机关，建立起一整套发现和制止敌人的破坏活动、揭露其间谍的有效措施。法西斯德国的侦察机关企图针对苏联展开广泛的颠覆活动。他们在苏德战场上建立130余个间谍破坏机构和约60所特别间谍破坏学校。实事求是地说，苏军挫败了这些破坏别动队和恐怖分子。苏联军事反间谍机关在战斗行动地域和军事目标所在地积极甄别敌方间谍，及时获得有关敌人密派间谍和破坏分子的情报，并成功打入敌人侦察机关和反间谍机关的内部。[184]

为了提高反间谍机关响应大本营和政治领袖要求的积极性，1943 年 4 月 14 日，国防委员会把内务人民委员部的特别处管理局改组成反间谍总局（Glavnoe upravlenie kontrrazvedki，缩写为 GUK），并在名义上划归国防人民委员部领导。尽管如此，反间谍总局还是像原来一样在业务上归内务人民委员部指挥。[185] 该总局广为人知的俗称是"锄奸部"（SMERSH），字面意思是"间谍之死"，在战争的后续阶段与内务人民委员部和国家安全人民委员部保持密切配合。[186] 同年 4 月 21 日，国防委员会任命长期从事安全工作的 V. S. 阿巴库莫夫担任反间谍总局局长并兼任副国防人民委员，他担任上述职务直至战争结束。

在阿巴库莫夫高效而经常坚决无情的领导下，"锄奸部"与内务人民委员部和国家安全人民委员部一道：

> 制定和实施业务计划，与活动在前线、苏联后方和暂时敌占区的敌方侦察机关作斗争。"锄奸部"各部门依靠苏联军人的警惕性，同［红军］各级指挥机关紧密协同，阻止敌方间谍打入［红军］各部队、兵团和军团的内部，同敌间谍机关在苏联后方的颠覆活动进行斗争，在前线和德军后方组织谍报侦察和反间谍工作。他们破获了数千名敌特人员，并为夺取战争胜利做出应有的贡献。[187]

从控制处在困境中苦战的苏联国家及其武装力量这个角度来看，"锄奸部"还指导红军和海军全部政治机关的活动，并作为维持军队纪律的首要工具，发挥着同等重要的作用。[188]

内务人民委员部部队

正如国防人民委员部负责保卫苏联不受外国的侵略一样，内务人民委员部负责维持这个国家的内部治安。因此，这两个人民委员部的职能当然会在某些方面相互重叠，并相辅相成。例如，内务人民委员部下属有几种不同类型的部队，作为苏联武装力量的组成部分之一，负责保卫诸如政府设施、工业企业、主要交通中心、铁路和国境线这样的"重要国家目标"，看守和管理苏联庞大的劳动改造营地体系（GULAG），与活动在苏联领土上的敌方破坏分子和间谍作斗争，并通过实施反间谍行动从整体上保障苏联武装力量（参阅第五章）。

根据其具体任务不同，这些部队分别隶属内务人民委员部的六个职能总局，具体是：边防军总局、保卫重要工业企业的内务人民委员部部队总局、内务人民委员部押运部队总局、保卫铁路设施的内务人民委员部部队总局、内务人民委员部供应总局和苏联内务人民委员部部队总军事建筑局。[189]一位负责部队事务的副内务人民委员负责管理和协调这六个总局的工作，并在作战时统一指挥各总局的下属部队。[190]

德国军队的侵略刚一开始，联共（布）中央政治局和苏联人民委员会（SNK）便迅速把内务人民委员部部队投入苏联国界沿线和国土纵深处的艰苦战斗。6月23日，即"巴巴罗萨"行动开始后的第二天[①]，苏联人民委员会把保卫红军作战方面军和集团军后方安全的责任赋予内务人民委员部边防军总局（Glavnoe upravlenie pogranichnykh voisk，缩写为 GUPV），并在内务人民委员部内设立内卫部队总局（Glavnoe upravlenie vnutrennikh voisk，缩写为 GUVV），负责保卫红军作战方面军的"深远后方"。

与此同时，苏联人民委员会命令红军各作战方面军以在其前身（即战前的军区）辖境内作战的边防军局为核心，组建其下属的方面军后方警卫局（Upravleniia okhrany tyla fronta，缩写为 UOTFs）。方面军后方警卫局的局长负责确保方面军后方的整体安全，并保卫方面军作战地区内的全部铁路及其沿线的建筑和设施、通信中心、通信线路和关键的工业设施。为此，国防委员会授权他们在作战时指挥其所在方面军作战地区内行动的所有内务人民委员部内卫部队、边防军、民警部队和分队。[191]

然而，说起来容易做起来难。截至6月23日，国防军已在苏联西部国

---

① 译注：《苏联军事百科全书》中的日期是1941年6月25日。

界沿线的战斗中歼灭内务人民委员部的许多个边防总队，而仅仅几个星期之内，红军前方防御的崩溃导致其后方也陷入彻底混乱。因此，从德国最初一轮猛攻中幸存下来的内务人民委员部军人当中，有许多人最终作为步兵与红军指战员并肩战斗，其他人后来陆续也在动员过程中被吸收加入红军队伍。尽管如此，内务人民委员部还是一直在为完成所受领的警卫任务，开展其作战部队的动员。

战争最初的六个月里，根据红军作战方面军的数量和敌人在每个方面军后方作战的能力不同，内务人民委员部后方警卫部队的组织结构也会相应有所调整。不过，一般情况下，每个方面军的后方都有内务人民委员部的 4 至 9 个团执行警卫任务，具体到每个集团军的后方有 1 个团或独立营承担同样的任务。[192] 这些部队虽然在行政关系上仍然隶属各自的内务人民委员部机关，但是实际作战时归方面军司令员和集团军司令员指挥，许多部队还积极参加战斗行动。

随着 1941 年后期和 1942 年前期内务人民委员部后方警卫部队的规模和实力显著增加，国防委员会也向其分配更多任务。例如，除了协同红军各部在方面军作战地区执行警卫任务，保卫关键性的交通线路和其他目标之外，国防委员会于 1942 年 1 月 4 日要求内务人民委员部的后方警卫部队承担从德国占领下解放出来的城市和大型城镇的卫戍勤务，并协助内务人民委员部其他机关在曾经被德国占领过的领土上根除敌方间谍和通敌分子。[193] 为此，同年 4 月 4 日，国防委员会命令内务人民委员部在内卫部队总局之下成立保卫作战苏军后方的内务人民委员部部队局（Upravlenie voisk NKVD po okhrane tyla deistvuiushchei Sovetskoi Armii），以改善对这部分军队的指挥和控制。

红军 1942—1943 年转入全面进攻以后，国防委员会除了拓展内务人民委员部后方警卫部队与德国侦察破坏小组作斗争的职能之外，还赋予它们新的任务，监督防御地区和防御地幅的建设，疏散工业企业，押送和看守战俘以及被苏联法庭宣判犯有叛国罪的红军指战员。为了有效实现这个要求，国防委员会于 1943 年 5 月把保卫作战苏军后方的内务人民委员部部队局改组成一个完整的总局。

1943 年后期和 1944 年期间，内务人民委员部部队的责任急剧增加，除了当时已有的大量任务之外，国防委员会还指派它们负责在面积越来越广大的红军解放领土上维持秩序，打击"反革命分子"和"反社会主义分子"，尤其是在白俄罗斯、乌克兰、克里米亚和加里西亚。最后，除了在整场战争期间使用 53 个师、20 个旅和 30 列装甲列车支援红军之外（见第五章），内务人民委员部还从内卫队选拔并组建特别狙击手部队，并将其派往主要的方面军和集团军。[194] 因此，像总侦察局和反间谍总局一样，这支"军中之军"也在苏联国家及其红军内部，以及战前位于苏联国界之外的大片新解放领土上维持治安和铁的纪律。

红军总参谋部（GSHKA）

作为斯大林制定战争计划和指挥作战的主要机关，战争前夕的红军总参谋部下设共 12 个局和 3 个处，负责为大本营制定全部战略计划，指导战争时期在前线作战的苏联武装力量。这些局和处负责苏联武装力量内部的全部作战、动员和组织事务，只有国防人民委员部负责的军事教育和训练工作除外（见表 11.2）。[195]

因为总参谋部是大本营负责规划和实施军事行动的主要工作机关，所以战争开始后，国防委员会便把许多不直接涉及作战的局划离总参谋部，使之能够集中精力处理作战事务。例如，6 月 28 日，国防委员会把总参谋部的组织局、动员局、军队补充与建设局、军事交通局、汽车道路局、后方与物资计划局，以及总参谋部通信中心划归国防人民委员部和其他人民委员部。[196] 改组后的总参谋部下设作战局、侦察局、战役后方组建局、筑垒地域建设局、军事地形测量局和密码勤务局，以及总务处、军事历史处和干部处。

然而，随着战争继续进行，国防委员会也真正搞清楚哪些部门对于监督和保障军事行动是必要的，于是又在总参谋部内成立几个新的局。例如，总参谋部对组织事务的参与非常重要，以至于到 1942 年 4 月，国防委员会又在总参谋部内成立一个新的组织局。另外，国防委员会 1941 年 7 月下半月组建的汽车道路局也曾短时间隶属总参谋部，后来又在总参谋部内成立新的隐蔽指挥处、战争经验利用处和特别任务处。[197] 到战争结束的时候，其中有些处（如战争经验利用处和特别任务处）已扩编成完整的局，而另外一些局（如战役后方组建局）反过来缩编成处。

毫无疑问，因为总参谋部和国防人民委员部当中有几个局和处的职能非常类似，所以这些机关在履行其职责时需要彼此密切配合。例如，在军队组织方面，总参谋部通常会协调红军预备力量组建总局（红军军队组建与补充总局）共同确定红军最有效的组织结构。

战争刚一开始，红军兵力的严重损失和混乱的动员就在总参谋部内部引发巨大人事动荡，严重干扰其业务运作，并降低工作效率。例如，从 1941 年 6 月下旬到 7 月上旬，国防人民委员部从总参谋部抽调 393 位高级和上级参谋人员，下到红军作战方面军和集团军任职，8 月 18 日又抽调 449 人。因此，总参谋部长期缺少合格的参谋人员，满编率从 1941 年的 78% 到 1942 年后期的 29% 不等，从 1943 年中期开始才达到 100%，并保持到战争结束。因此，总参谋部尽管能在战争最后两年里配齐全部人员，但整场战争的平均满编率还是只有大约 85%。[198]

最后，像其他人民委员部和主要政府部门一样，总参谋部在战争时期也曾经为了应付不同军事局势而几次搬迁。例如，1941 年 6 月和 7 月德国人从空中攻击莫斯科时，总参谋部被迫在莫斯科市内几度易址，而 10 月德国国防军各部逼近莫斯科的时候，总参谋部整体搬迁到安全的古比雪夫市。总参谋部不在莫斯科的这段时间，A. M. 华西列夫斯基领导部分参谋人员组成一个作战组留在莫斯科，不间断地支持大本营的工作。

作战

总作战局（Glavnoe operativnoe upraolenie，缩写为 GOU）[①] 又称第一局，是总参谋部当中最重要的一个局；其局长兼任第一副总参谋长，也是最重要的高级参谋人员。总作战局负责按照大本营和总参谋长的指示拟定所有战役计划，收集和分析与前线局势有关的全部情报，并确保大本营训令得

---

① 译注：原文只有本节首尾两处和表11.2全称总作战局，通常使用缩写GOU，但其他章节和本章注释均称作战局，译文未作改动。按照表11.2，该局似在1939年—1941年7月之间成为总局。但战争时期的命令（如国防委员会1941年8月10日、国防人民委员1942年4月25日改组总参谋部的命令，晚至《国防人民委员1945年7月9日的第0139号命令》）仍称作战局。该局应是1946年3月在什捷缅科担任局长期间成为总局。

到应有的执行。

根据大本营训令，总作战局同大本营成员和总参谋长一起策划、准备和实施红军的战略性战役，草拟这些战役的总体规划，为军队确定合理的目标和任务，确定在实施战役时使用军队的最有效方法。大本营批准这些战役计划并发布相应的训令之后，总作战局应帮助作战方面军策划和准备方面军战役；然后，协助具体负责的大本营代表监督战役实施过程，或者派遣总参谋部自己的代表到参战方面军和集团军出谋划策。因为总参谋长向斯大林和大本营汇报情况时，能陪同他出席的参谋人员只有总作战局局长和两位副局长这三个人选，所以他们必须了解总参谋部掌管的几乎每一项事务，总参谋部其他的局也都要紧密配合总作战局的工作。[199]

战争开始时，总作战局按照职能和军兵种编组成 12 个独立的处；而到1941 年 8 月，国防委员会将其改组成 8 个处，每个处编有 1 位处长、1 位副处长、5 至 10 位作战参谋，共同负责红军当时 8 个作战方面军的所有作战事务。另外，国防委员会还以更具体的形式规定总作战局及其下属各处的职责，安排它们基本上按照北、西北、西、中央、西南、南、近东和远东诸战略方向（轴线）负责可能出现的每一项作战事务。[200]

因此，随着作战方面军的个数从 1941 年秋季的 8 个，增加到 1942 年 5 月的 10 个、1942 年 11 月的 14 个、1943 年夏季的 13 个，以及 1943 年秋季至战争结束的 26 个 [①]，总作战局下属处的个数也相应发生变化。[201] 最后，总作战局还在战争结束之前成立分别协调波兰和罗马尼亚盟军配合红军作战的2 个处。另外，总作战局还下设许多个按照职能编组的处，如组织登记处、战役训练处、战役运输处、汽车装甲坦克兵（装甲坦克和机械化兵）处、交通处和战争经验利用处，国防委员会在战争期间把其中许多个处划归国防人民委员部的其他局，或者扩编成完整的局。

像其他的局一样，总作战局下属的参谋人员昼夜轮班执勤，确保能够不间断地履行各自的工作职责，并适应斯大林特有的作息习惯，这种习惯要求

---

① 译注：应是16个。

总参谋长和（或）总作战局局长每天在上午 10 时至 11 时、下午 16 时至 17 时、晚上 21 时至凌晨 3 时向最高统帅斯大林汇报。[202] 这样的工作方式几乎适用于总参谋部的每一个局，特别是其工作与作战方面军直接有关的那些局，只在具体细节上略有不同。[203]

这样严格而不规律的工作时间表意味着睡眠在总参谋部内是一种"奢侈品"。例如，副总参谋长每昼夜必须工作 17 至 18 个小时，只能从早上 5 时或 6 时休息到中午 12 时，而总作战局局长每天只能从下午 14 时休息到 18 时或 19 时。[204] 副总参谋长和总作战局局长的工作量之所以如此繁重，至少在某种程度上是因为整场战争期间历任 ① 总参谋长共花费 22 个月的时间在前线。[205]

总作战局在战争时期共有 9 位局长，依次是 1941 年 2 月至 6 月的 G. K. 马兰金中将、1941 年 7 月的 V. M. 日洛宾中将、1941 年 8 月至 1942 年 6 月 26 日的 A. M. 华西列夫斯基少将（期间 1941 年 10 月晋升中将，1942 年 5 月晋升上将）、1942 年 6 月至 7 月的 P. I. 博金中将、1942 年 7 月的 N. F. 瓦图京中将、1942 年 7 月至 12 月 10 日的 V. D. 伊万诺夫中将、S. M. 捷列什金中将 ②、1942 年 12 月 11 日至 1943 年 5 月的 A. I. 安东诺夫中将（期间 1943 年 4 月晋升上将）、1943 年 5 月至战争结束的 S. M. 什捷缅科中将（期间 1943 年 11 月晋升上将）。[206]

侦察

因为准确的侦察是成功实施军事行动的先决条件，所以战争开始时总参谋部当中第二重要的局是侦察局（RU），又称第二局，负责收集、处理和分

---

① 译注：原文的总参谋长是复数，故译成"历任"。但有资料称仅华西列夫斯基一人便在代理和担任总参谋长的34个月期间有22个月在前线。

② 译注：华西列夫斯基和安东诺夫之间的这几位作战局长存在不同说法。1.第十章称博金的任职时间是4月—12月。这种观点认为博金在4月25日就任作战局局长，即华西列夫斯基就任第一副总参谋长的同时。博金从6月27日到7月23日临时担任西南方面军和斯大林格勒方面军的参谋长，然后回到总参谋部，8月23日担任外高加索方面军参谋长直至11月牺牲。4月—12月的其他人选都是临时代理，博金牺牲后才开始真正寻找接班人。2.S. M.什捷缅科著《战争年代的总参谋部》中译本第87页（旧版第109页）："先后担任局长的有P. I. 博金、A. N. 博戈柳博夫（曾两次担任）和V. D. 伊万诺夫。在人员更换期间，季霍米罗夫、韦奇内伊少将和格尼阿图林曾临时代理过局长。"3.本处"S. M. 捷列什金中将"应是时任作战局西方向处处长的S. I. 捷列什金少将（1942年5月21日晋升少将），什捷缅科在书中没有提到他，译者认为他可能就是书中因工作失误被降职外派的那位方向处长，见中译本第606页（旧版第二部第266页）。4.伊万诺夫当时是少将，1943年4月晋升中将，什捷缅科（中译本第76页，旧版第96页）称他1942年9月就任作战局局长，官方生平仅称其从1942年7月起任副总参谋长；另外，博戈柳博夫的官方生平也仅称他担任过副局长和第一副局长。

析情报，保障红军作战。为了改善红军的侦察保障，1942 年 2 月 16 日，国防人民委员部把侦察局扩编成总参谋部总侦察局（GRU），大幅度加强其组织结构，并责成其开展战略侦察、战役侦察和军队侦察。具体而言，新的总侦察局下设谍报局（第一局）和情报局（第二局），并新成立负责处理职能事务的 8 个直属处（见表 11.3）。

然而，情报收集和处理工作中的问题仍然存在，于是国防委员会在 1942 年 10 月 23 日改组侦察机关，把总侦察局划离总参谋部，改为直属国防人民委员部。总侦察局在国防人民委员部领导下负责实施国内外的谍报活动，而国防委员会把开展军队侦察（voiskovaira razvedka）的任务交给总参谋部新成立的军队侦察局（UVR）。

新的军队侦察局负责领导红军作战方面军和集团军编成内的全部侦察处（razvedivatel'nye otdely，缩写为 RO），并被明令禁止开展任何谍报侦察，军队侦察局局长兼任副总参谋长。另外，国防人民委员部 10 月颁发的这道命令还把原属总侦察局第二局的密码处划归内务人民委员部，并把总侦察局直属的军事书报检查处改为直属国防人民委员部的独立处。

1943 年 4 月 19 日，国防委员会又一次理顺作战方面军和集团军的侦察工作，把军队侦察局改组成侦察局（RU），赋予该局的任务是指导方面军的军队侦察和谍报侦察，定期［收集］敌人动向和意图的情报，并散布虚拟情报欺骗敌人。[207] 实际上，这次改组赋予总参谋部的新侦察局及其领导下作战方面军侦察处的任务是，在暂时被敌人占领的苏联领土上开展谍报侦察和破坏活动，但禁止集团军侦察处执行同样的任务（见表 11.4）。这次改组还解散原来负责在暂时的敌占苏联领土上实施谍报侦察的国防人民委员部总侦察局第二局，并把该任务移交给总参谋侦察局的间谍网。从这时起，总侦察局只负责在国外开展谍报活动。

这次改组还理顺国防人民委员部总侦察局、总参谋部侦察局和国防人民委员部 1943 年 4 月 13 日新成立的反间谍总局（"锄奸部"）三者之间的关系。具体而言，这次改组命令总参谋长"组成一个以戈利科夫上将同志为首的指挥员小组，其任务是从全体侦察机关和反间谍机关（国防人民委员部、内务人民委员部、海军人民委员部、反间谍总局和游击运动中央司令部）手中接收关于敌人的情报，并加以归纳和分析"。[208] 反间谍总局向侦察局、方面军和集团军的侦察处提供有资格看押和审讯战俘的专家，并就敌人运用间谍的具体事务（包括其组织方式、运作手段和联系途径）与侦察局展开密切合作，而侦察局应把有关敌人间谍活动的所有情报传递给反间谍总局。1943 年 4 月以后，侦察局的组织结构出现的唯一一次实际变动是，国防人民委员部在1943 年 8 月 18 日把直属的军事书报检查处划归该局。[209]

从 1943 年 5 月直到战争结束，侦察局及其领导的侦察处共向敌人后方派出 1200 余个特种（SPETSNAZ）侦察—破坏小组，共计 1 万余人，并吸收 1.5万余名当地居民作为其情报收集工作中的间谍或其他类型的特工人员。这些小组和间谍发回大量关于德国人的军事意图和计划、德国军队及其预备队的实力和配置、国防军发动战役和军队调动的时间安排等宝贵情报。[210] 侦察局（总侦察局）战时的历任局长是 A. P. 潘菲洛夫装甲坦克兵少将、I. I. 伊利切夫中将和 F. F. 库兹涅佐夫上将。[211]

组织、动员和军队编制

战争开始时，总参谋部的组织局、动员局、军队补充与建设局负责监督红军的军队组织、动员、征集和补充工作，并与国防人民委员部一道起草国防委员会关于这类事务的许多决议。[212] 然而，关注这些事务就会分散总参谋部对军事行动的注意力和领导力。[213] 因此，国防委员会于 1941 年 7 月 28 日解散这三个局，并将其职能移交国防人民委员部红军预备力量组建总局，即后来的红军军队组建与补充总局。[214]

尽管红军预备力量组建总局（红军军队组建与补充总局）全面负责红军的军队组织和补充，但在军事行动之前或期间向军事交通局下达运输军队的任务时，其下属的军事训练处和战役输送处还是要与总参谋部作战局密切合作。总参谋部保留的唯一一组织职能是由其组织登记处承担的数据统计、人力登记和军队配置。[215]

然而，随着总参谋部越来越多地参与红军的组织和补充事务，1942 年 4月 25 日，总参谋部又成立自己的组织局（Organizatsionnoe upravlenie，缩写为 OU），负责同红军军队组建与补充总局一起处理军队结构方面的事务。红军军队组建与补充总局制定红军的编制表（shtat），而总参谋部组织局编写组织训令，监督其执行情况，并跟踪前线军人的人数变化。组织局还接管原来隶属作战局的组织登记处，并承担起红军军队组建与补充总局原有的部分组织责任，不过后者仍然领导红军的组织人事处。[216]

国防人民委员部和总参谋部当中存在两个相互平行的组织局，不可避免地会引发重大摩擦和混乱，有鉴于此，1942 年 6 月，斯大林亲自过问该问题，并重新定义每个机关的具体职能。[217] 因为这种做法未能彻底理顺组织工作，所以斯大林又在 1943 年 4 月 29 日至 5 月 4 日期间解散红军军队组建与补充总局的组织人事处，取而代之以在总参谋部成立一个完整的总组织局（GOU），下设负责军兵种事务和总参谋部具体组织任务的若干个独立职能处。[218] 实际上，这道命令赋予红军军队组建与补充总局的任务是组建红军的兵团和部队，而总参谋部的任务是分配并在作战中使用这些兵团和部队。A. G. 卡尔波诺索夫中将从 1942 年 4 月起担任组织局局长，并继续担任新成立的总组织局局长直至 1946 年。[219]

军事交通

战争前夕，P. A. 叶尔莫林少将担任局长的军事交通中央局（TsUVS）负责通过军区（方面军）和集团军军事交通主任领导的军事交通局，监督苏联境内所有沿陆路和水路的军事交通，而这些军事交通主任共同负责红军作战军队内的全部交通运输。然而，这些军事交通局在责任上与领导和管理铁路的交通人民委员部、使用军事交通勤务部门和内卫部队修理并保卫铁路的国防人民委员部和内务人民委员部都有所重叠。

战争开始后，国防委员会尝试在 1941 年 8 月 1 日解决军事交通方面的问题，把军事交通中央局（TsUVS）改组成军事交通局（UPVOSO），并与 7 月 16 日组建的总参谋部总汽车道路局（GADU）一起划归新任命的红军后勤主任赫鲁廖夫及其新组建的国防人民委员部红军后勤总局（GUTA KA）隶属。然而，即使经过这次改组，总参谋部组织局还是在运输部队的组织方面发挥着顾问作用。

经过无数次组织编制上的变化，1941 年剩余时间和 1942 年，铁路运输、道路运输和水路运输仍旧由国防人民委员部和交通人民委员部共同负责。不过，大本营在 1943 年 1 月 31 日把军事交通局改组成新的军事交通中央局（TsUPVOSO），并把这个新的局从总后勤局划归总参谋部，从而提高交通系统的效率，更能满足大本营的需要。与此同时，大本营还在红军所有方面军、军区和集团军编成内成立军事交通处，这些处直接向方面军和集团军的参谋长负责，也要在业务上与新的军事交通中央局密切合作。[220]

然而，试图以这种相对简单的方式领导军事交通部门的努力，同样没有达到预期目的。因此，国防人民委员部于 1943 年 3 月 7 日把军事交通中央局由总参谋部划归红军后勤主任隶属，并把方面军和集团军司令部下属的军事交通处，划归方面军和集团军后勤主任隶属，这种隶属关系一直沿用到战争结束。[221]

后勤供应和战役后方

战争爆发以前，红军的后勤保障主要由其军事指挥体系中的各级领率机关负责，特别是方面军司令部和集团军司令部。通过总参谋部的协调，这些司令部负责在方面军和集团军负责后勤事务的副参谋长领导下制定物流计划，监督后勤工作，组织必要的兵力运输和供应运输。这种工作方式适用于物资技术保障，以及炮兵、工程兵、防化兵、通信兵、军需（给养、饲料、被装）、行政管理、燃料油和润滑材料各方面的供应和偿付。

整个后勤系统由国防人民委员部后勤、武器和供应机构局领导，总参谋部后方与物资计划局（Upravlenie tyla i planirovaniia material'nykh sredstv）负责处理总参谋部内的所有后勤事务，而军区（方面军）、集团军和军的后勤处在其负责后勤事务的副参谋长领导下处理全部后勤事务。[222] 通过与国防人民委员部后勤、武器和供应机构局密切配合，总参谋部后方与物资计划局主要负责战时向位于前线的红军部队供应武器装备，估计动员资源和需求，核对战时武器装备和供应物资生产的消息。[223] 另外，战争前夕，总参谋部还编有一个战役后方组建局（Upravlenie ustroistva operationogo tyla），直接负责建立一个能保证红军方面军和集团军持续作战的供应体系。

1941 年 8 月 1 日设置红军后勤主任职务的同时，国防委员会还把总参谋部的后方与物资计划局、汽车道路局编入后勤主任领导的红军后勤总局（GUTA KA）。尽管这项措施把这两个主要后勤部门从总参谋部划走，成为国防人民委员部的新部门，但总参谋部的其他局和处还是有必要同它们保持密切协调，尤其要同留在总参谋部编制内的战役后方组建局保持密切协调。

后来，总参谋部后勤机关的组织结构在战时根据军事需要曾有几次变动。例如，战役后方组建局一度在 1943 年 6 月缩编成处，但到 1944 年 12 月又重新扩编成完整的局。整场战争期间，该局（处）负责起草训令，确定作战方面军和集团军的基本后勤组织结构，并派遣其代表领导方面军和集团军的后勤工作，主要是军事供应运输方面的工作。战争时期，汽车运输的总量大约相当于 1200 万车厢补给品和 1.45 亿吨货物。[224]

军事地形测量

战争爆发前和整场战争期间，军事地形测量局（Voenno-topograficheskoe upravlenie，缩写为 VTU）负责通过现地勘测和空中观察，绘制、更新和发放红军各级司令部和指挥部使用的全部地图。[225] 其中包括大本营和总参谋部使用的大比例尺战略地图，方面军和集团军使用的一比二十万比例尺战役地图，军、师和团使用的一比十万和一比五万比例尺战术地图。

最初六个月的战争使军事地形测量局的工作变得格外复杂，因为国防军长驱直入地缴获了储存在苏联西部仓库中的大约 9600 万份军事地形图，造成红军严重缺少准确的战役地图和战术地图，而军事地形测量局直到 1942 年年初才能解决这个问题。后来，该局还定期派出地形测量员到步兵师和骑兵师，帮助它们绘制新地图和修改现有地图。

整场战争期间，军事地形测量局的绘图员和地形测绘专家一共侦察、拍摄和绘制了 520 万平方公里土地的地图，整理和制作了 1.65 万个新的地图系列，印制了 8 亿份地形图和特别地图，以及与地形的军事用途有关的其他文件。[226]M. K. 库德里亚夫采夫中将在战争时期一直担任军事地形测量局局长。

筑垒地域

筑垒地域建设局（Upravlenie ustroistva ukreplennykh raionov，缩写为UUUR）负责战前和战争期间有关筑垒地域、野战防御地区和防御地幅建设和运用的一切事务。除了监督沿苏联 1939 年西部国界建造的"斯大林防线"上一系列筑垒地域建设和维护之外，1941 年 6 月战争爆发时，筑垒地域建设局还在沿苏联西部的新国界建设一条由筑垒地域组成的新防御地区。

虽然国防军短短几天之内便一举突破这些防御地区，但是战争最初的三个月内，筑垒地域建设局又策划和组织在苏联国土纵深处依托布设在德国人可能推进方向上的筑垒地域，构筑完成大约 2.5 万公里长的新防御地区，并计划在 1942 年构筑同样长度的防御地区。

除了防御性建筑施工之外，筑垒地域建设局还在 1943 年编印关于择地构筑野战筑垒阵地和防御地区的新版教令和条令。方面军司令员和集团军司令员依旧负责各自防御地区内的筑垒化阵地建设，而总参谋部负责在纵深处构筑大纵深的梯次防御。在筑垒地域建设局的监督下，红军的作战方面军和集团军及其他建筑部队在战争结束之前建造的野战防御地区总长度接近 8 万公里，建成标准筑垒地域和野战筑垒地域共有 36 个。从 1943 年夏季起，随着红军几乎不间断地实施进攻，防御地区的重要性明显降低，国防委员会把筑垒地域建设局缩编成作战局下属的一个处。

密码与隐蔽指挥

整场战争期间，密码勤务局（Upravlenie shifroval'noi sluzhby，缩写为UShS）是总参谋部内相对不引人注目但又最重要的管理局之一，该局简称密码局，又称第八局，战时的局长是 P. N. 别柳索夫中将。密码勤务局的战时工作量非常繁重，基本责任是组织大本营、总参谋部和红军作战军队的密码通信，培训用于通信传输的译码干部，领导军队隐蔽指挥的组织工作。[227] 从结构编制上看，密码勤务局下设若干个单独按照职能编组的专业处，管理军区（方面军）和独立集团军的密码处和密码科。

除了密码工作之外，国防委员会还在 1942 年指派密码勤务局负责领导军队隐蔽指挥（skrytnyi upravlenie voiskami，缩写为 SUV）。具体要求是在实施大规模进攻战役之前，确保军队秘密实施战略变更部署和战役变更部署，妥善安排隐蔽指挥和控制，并隐瞒策划和协调这些战役的大本营代表和总参谋部军官的身份。[228]密码勤务局还负责一切指挥军队所必要的安全措施和相关密语、密码等安全技术的运用，而这项工作进而要求该局同交通人民委员部、总参谋部作战局和国防人民委员部军事交通中央局密切合作。[229]

密码勤务局还向战斗在敌人后方的红军空降兵、袭击部队、侦察破坏（SPETSNAZ）小组和小队、游击队提供可靠的通信保障，因为与这些军队的通信几乎不断受到德国反间谍机关的监视。整场战争期间，密码勤务局处理的密码通信量不断增长，共计超过 160 万条消息，平均每天达到 1500 条。[230]

除了例行职责之外，密码勤务局还监督生产红军使用的全部密写材料，制定实施和确保战役保密的程序并发布相关条令和教令，在策划和实施军事行动期间领导各级指挥机关的战役保密。密码勤务局在这方面对苏联整体战争活动所做的最重要贡献之一，是 1943 年 5 月发布确定红军怎样开展司令部密码勤务的新版综合条令。

战争经验

总参谋部在战时履行的另一个不太具体但至关重要的职能是收集、分析、总结和运用战争经验。1941 年年底和 1942 年年初，有几个作战方面军（尤其是朱可夫的西方面军）成立由方面军参谋长领导的新部门，具体负责收集和分析作战经验，吸取教训，力求改善军队的战斗表现。[231]这种做法的效果很快引起红军领导层的关注。

国防委员会确信，学会怎样更有效地战斗不但大有裨益，而且可能是必由之路，于是在 1942 年 4 月 25 日指示总参谋部以其原有的战役训练科为核心，组建战争经验利用处（Otdel' po ispol'zovaniiu opyta voiny，缩写为 OPIOV），由 P. P. 韦奇内伊少将担任首任处长，总参谋长赋予战争经验利用处的任务是研究和总结战争经验，编写关于实施战斗和战役的诸兵种合成条令和教令，并为国防人民委员部各总局和中央局编写关于运用战争经验的指导性命令。[232]最终，韦奇内伊的处通过命令、训令、教令、野战教范和全方位战斗研究的方式，把整理所得的战争经验传播到红军全军。[233]另外，这些战争经验也为大量发表在总参谋部内部机关刊物《军事思想》(Voennaia mysl')上的文章提供依据。

1942 年 8 月[①],战争经验利用处的第一批《战争经验选集》分两期出版问世,并分发到红军的团和团以上级别的全体司令员和指挥员。事实证明,这两期选集在军队中发挥的作用立竿见影。例如,第一期选集成为著名的《关于坦克和机械化部队和兵团战斗使用的第 325 号命令》的依据,而第二期选集刊登出该命令的全文。斯大林和总参谋部对战争经验利用处的工作大为赞赏,并下令加快出版后续选集的进度。[234] 另外,战争经验利用处还从 1943 年年初开始编写和出版一系列内容广泛的《战术战例选集》和《情况通报》,全方位地详细论述战术战斗和各种武器的战术运用。

由于认识到战争经验利用处发挥的重要作用,1944 年 3 月,国防人民委员部将其扩编成战争经验概括利用局(Upravlenie po obobshcheniiu i ispol'zovaniiu opyta voiny,缩写为 UPOIIOV),韦奇内伊继续担任局长。后来,该局在 1945 年 5 月以前共出版 17 期《战争经验选集》、10 期长篇的《战术战例选集》和 33 期《情况通报》。[235]

战争经验利用处(及其扩编成的战争经验概括利用局)在完成其工作的同时,还与作战局保持密切联系,并经常派人下到作战方面军,而方面军参谋长管理之下也有设在方面军和集团军两级的类似部门。同时,战争经验利用处也与总参谋部军事历史处一起工作,协助后者编写许多部详细的战役研究作品,其中大部分在战争结束后发行。

编写战争经验作品的过程中,著述最多的军事分析家主要有 N. A. 塔连斯基少将、P. D. 科尔科季诺夫少将、N. M. 扎米亚京少将、F. D. 沃罗比约夫上校、P. G. 叶绍洛夫上校、P. S. 博尔德列夫上校、I. P. 马里耶夫斯基中校[②]、N. G. 帕甫连科中校和 I. V. 帕罗季金中校。而包括 E. A. 希洛夫斯基中将和 F. A. 萨姆索诺夫炮兵中将在内的另一批人编辑的研究作品篇幅更大,他们在战争结束后成为杰出的军事历史学家。[236]

---

① 译注:原文似有缺字,第二期的出版时间是11月。
② 译注:应是上校。

特别任务处（外事处）

总参谋部还有一项重要而微妙的工作是处理苏联武装力量与外国（尤其是同盟国武装力量）的关系，特别是在战争后期。鉴于作战局已经在例行的繁重工作中忙得不可开交，无暇跟踪苏联各盟国的行为并分析其后果，总参谋长单独成立一个特别任务处（Otdel' spetsial'nukh zadanii，缩写为 OSZ），负责考察同盟国军队的战役并处理对外事务。

战争初期，这种对外接触次数非常有限，内容也只是互相通报军事行动的情况，交流战争经验，交换某些情报和技术资料。但到 1942 年和 1943 年，随着苏联与同盟国的合作日益密切，召开会议的次数越来越多（如 1942 年的莫斯科会议、1943 年的德黑兰会议、1945 年年初的雅尔塔会议），围绕租借物资的合作不断加强，特别任务处也变得不堪重负。继小幅度扩编特别任务处未能达到理想效果之后，国防人民委员部于 1944 年 9 月 23 日将其改组成一个完整的局，并把原来归国防人民委员部直属的对外关系处也划归该局。特别任务局受领的任务有两部分，一部分是执行与苏联各盟国有关的特别任务，另一部分是处理总参谋部按照苏联对外政策开展活动时遇到的全部问题。[237] 新的特别任务局主要负责与美国和英国的军事代表团，以及自由法国政府、挪威和捷克斯洛伐克流亡政府、南斯拉夫民族解放委员会派出的代表保持接触和协调。

另外，特别任务处（特别任务局）还协调苏联向主要战区的盟军司令部派驻军事代表团的工作，这些代表团直接隶属于大本营。N. V. 斯拉温中将担任特别任务处处长时在这个领域做过较大贡献，后来又继续担任特别任务局局长，M. P. 库图佐夫少将担任他的副职。[238]

从 1943 年起，总参谋部还通过特别任务处向苏联的盟国分享关于大本营的战略意图和对德国、日本侦察的情报。这种分享尤其有利于下列工作：在接近红军先头部队战斗的地区协调盟军的空中活动，提供乌克兰境内的空军基地供盟军用于对德占区实施穿梭轰炸，并解决在红军和盟军之间（主要是在巴尔干地区）划定非轰炸分界线的棘手问题。

总参谋部军官团

1941 年年底，总参谋部用作战局的参谋军官组成一个特别小组，作为总参谋部代表前往红军的主要野战领率机关（如方面军和独立集团军）执行各种联络任务。这些军官负责帮助方面军和集团军的司令员贯彻大本营、国防人民委员部和总参谋部的训令、命令和指示，监督这些训令、命令和指示的执行情况，核实战役态势和这些军队及其军人的战斗准备水平，确保其物资保障，帮助这些司令部组织战斗行动，并向总参谋部报告关于战斗态势、军事行动的现状和发展趋势、后勤保障等全部事宜。[239]

1942 年年底，国防委员会把这个参谋军官特别小组从作战局独立出来，改称总参谋部独立军官团，并先后任命 N. I. 杜比宁少将和 S. N. 格尼阿图林少将担任军官团团长，F. T. 佩列古多夫少将担任负责政治事务的副团长。[240]大本营派遣总参谋部军官团的军官以半永久性方式常驻方面军、集团军，甚至军和师。另外，这些军官还帮助训练战争时期作为红军军队结构组成部分之一的盟国军队，例如捷克和波兰的旅、师和军，甚至集团军。1943 年年中，国防委员会把总参谋部军官团重新划归总参谋部总作战局，从而使之对总参谋部制定的计划做出更积极响应。[241]

数据表

表 11.1 战争时期的副最高统帅和红军各军兵种首长

职务	设置日期	司令员
副最高统帅	1942年8月28日	G. K. 朱可夫大将
空军司令员	1941年7月29日	P. F. 日加列夫中将、A. A. 诺维科夫中将（1942年5月起）
炮兵主任	1941年7月19日	N. N. 沃罗诺夫上将
装甲坦克和机械化兵司令员	1942年12月14日	Ia. N. 费多连科中将（1942年12月起为上将）
近卫火箭炮兵部队司令员	1941年9月	V. V. 阿博连科夫少将（1943年3月起为中将）、P. A. 杰格佳廖夫炮兵少将（1943年9月起为炮兵中将）
空降兵司令员	1941年8月29日	V. A. 格拉祖诺夫少将
工程兵主任	1941年11月28日	L. Z. 科特利亚尔少将、M. P. 沃罗比约夫中将（1942年4月起）
国土防空军司令员	1941年11月9日	M. S. 格罗马金中将
后勤主任	1941年8月1日	A. V. 赫鲁廖夫中将

资料来源：V. A. 佐洛塔廖夫主编，《国防人民委员 1941》，收录在《俄罗斯档案：伟大卫国（战争）》第 13 卷第 2 册第 2 分册（莫斯科：特拉出版社，1997 年版），第 29—30、41—43、75、287、379—380 页。

表 11.2 红军总参谋部的组织结构，1941 年 6 月 22 日至 1944 年 1 月

1939 年	1941年7月
局	**局**
作战局 侦察局 组织局 动员局 军队编制与建设局 军事交通局 汽车道路局 后方组建与军队供应局 军事地形测量局 战役后方组建局 筑垒地域建设局 密码勤务局	总作战局 侦察局（RU） 战役后方组建局 筑垒地域建设局 军事地形测量局 密码勤务局
处	**处**
总务处 筑垒地域处 军事历史处	总务处 军事历史处 干部处

1942年4月	1943年1月
局	**局**
总作战局	总作战局
总侦察局（GRU）	军队侦察局（UVR）
组织局	军事交通局（1943年1月31日至5月）
战役后方组建局	组织局
筑垒地域建设局	战役后方组建局
军事地形测量局	筑垒地域建设局
密码与隐蔽指挥局	军事地形测量局
	密码与隐蔽指挥局
处	**处**
总务处	总务处
军事历史处	军事历史处
干部处	干部处
战争经验利用处	战争经验利用处
	特别任务处

1943年7月	1944年1月
局	**局**
总作战局	总作战局
侦察局（RU）	侦察局（RU）
总组织局	总组织局
筑垒地域建设局	军事地形测量局
军事地形测量局	密码与隐蔽指挥局
密码与隐蔽指挥局	
处	**处**
总务处	总务处
军事历史处	军事历史处
干部处	干部处
战争经验利用处	战争经验利用处
战役后方组建处	战役后方组建处
特别任务处	特别任务处

表 11.3 总参谋部总侦察局的组织结构，1942 年 2 月 20 日

部门	负责地区
第一局	**谍报活动**
第一处	德国
第二处	欧洲
第三处	远东
第四处	近东
第五处	破坏活动
第六处	方面军、集团军和军区的侦察
第七处	作战装备
第八处	谍报通信和无线电侦察（radiorazvedka）

第二局	情报
第一处	德国
第二处	欧洲
第三处	远东
第四处	近东
第五处	编辑出版
第六处	军队情报
第七处	解密（脱密）

处[①]

政治处
对外关系处
特别通信处
特别任务处
干部处
军事书报检查处
财务管理处
物资技术保障处

资料来源：V. A. 佐洛塔廖夫主编，《国防人民委员 1941》，收录在《俄罗斯档案：伟大卫国（战争）》，第 13 卷第 2 册第 2 分册（莫斯科：特拉出版社，1997 年版），第 154 页。

表 11.4 总参谋部侦察局及其下属侦察处的组织结构，1943 年 5 月 1 日

级别和主要情报部门	下属处和科	责任
总参谋部：侦察局（RU）	第一处	军队侦察
	第二处	谍报侦察
	第三处	指挥方面军的谍报侦察
	第四处	战役情报
	第五处	无线电侦察和拦截敌方无线电台
	第六处	无线电和通信
	第七处	干部
	第八处	密码
	行政处	
方面军：侦察处（RO）	特别科（虚拟情报）	军队侦察
	作战装备科	谍报侦察
	财务科	破坏活动
	调查科	情报
	秘书科	航空兵侦察
	航空兵支队	无线电侦察
	通信中心	谍报装备
	谍报训练学校	密码
	第一科	
	第二科	
	第三科	
	第四科	
	第五科	
	第六科	
	第七科	
	第八科	
	调查室	
	行政室	
	干部科	

---

① 译注：原文为"总处"，经核对该命令原文，本处文字是"红军总参谋部总侦察局各处"。

	财务室	
	保密室	
	无线电中心	
	摩托化侦察连	
集团军：侦察处（RO）	第一科	军队侦察
	第二科	情报
	调查室	
	档案室	
军：侦察处（RO）	军侦察主任（负责侦察的参谋长助理）	
	负责军队侦察的侦察处高级副处长	
	负责情报的侦察处高级副处长	
	两名翻译	
师：侦察科	师侦察科科长	
	师侦察科科长助理	
	翻译	
	侦察连	
团：侦察股	负责侦察的参谋长助理	
	翻译	
	徒步侦察排	
	乘骑侦察排	

资料来源：V. A. 佐洛塔廖夫主编，《国防人民委员 1943》，第 125—127 页。

注释

1. "国防人民委员部"（Narodnyi komissariat oborony）词条，见M. M. 科兹洛夫主编，《伟大卫国战争1941—1945年：百科全书》，第480页。

2. "苏联国防部"（Ministerstvo oborony SSSR）词条，见A. A. 格列奇科主编，《苏联军事百科全书》第五卷，第294—296页，以及I. D. 谢尔盖耶夫主编，《军事百科全书（八卷本）》，第五卷，第133—135页；"国防人民委员部"（Narodnyi komissariat oborony）词条，见M. M. 科兹洛夫主编，《伟大卫国战争百科全书》，第480页。

3. V. A. 佐洛塔廖夫主编，《国防人民委员1941》，第29—30页。关于沃罗诺夫的更多内容，见"沃罗诺夫，尼古拉·尼古拉耶维奇"（Voronov, Nikolai Nikolaevich）词条，A. A. 格列奇科主编，《苏联军事百科全书》第二卷，第262—263页。

4. 关于总炮兵局的更多详情，见P. N. 库列绍夫撰"总炮兵局"（Glavnoe artilleriiskoe upravlenie）词条，A. A. 格列奇科主编，《苏联军事百科全书》第二卷，第561—562页；M. E. 佩姆金撰"总火箭炮兵局"（Glavnoe raketno-artilleriiskoe upravlenie），见I. D. 谢尔盖耶夫主编，《军事百科全书》第二卷，第421—422页。国内战争时期的察里津保卫战中成为斯大林的一员爱将之后，库利克从1937年起一直担任总炮兵局局长直到战争开始前不久，他在说服斯大林1940年撤销炮兵主任这个职务时发挥了重要作用，主要原因是他对沃罗诺夫的嫉妒。有关库利克和雅科夫列夫军旅生涯的更多详情，见"库利克，格里高利·伊万诺维奇"（Kulik, Grigorii Ivanovich）词条，A. A. 格列奇科主编，《苏联军事百科全书》第四卷，第517页，"雅科夫列夫，尼古拉·德米特里耶维奇"（Iakovlev, Nikolai Dmitrievich）词条，A. A. 格列奇科主编，《苏联军事百科全书》第八卷，第658页，"雅科夫列夫"词条，M. M. 科兹洛夫主编，《伟大卫国战争百科全书》，第824页。另见约翰·埃里克森，《通往斯大林格勒之路》，第15—17页。1944年晋升炮兵元帅军衔之后，雅科夫列夫继续担任总炮兵局局长兼红军炮兵军事委员会委员，直至战争结束。

5. 正常情况下，国防人民委员部在战争开始前向作战军队分发武器弹药，从该人民委员部的中央基地和仓库直接运往集团军供应中心，集团军再将其分发到师的弹药堆积所和存放点。然而，未能按要求有步骤地实施动员，再加上计算方法的错误和国防军快速推进造成的混乱，导致整个体系彻底崩溃，许多基地和堆积所也沦陷敌手。

6. 红军的军队编制当中，业务上由总炮兵局领导的职能部门如下：

指挥机关级别	总炮兵局领导的部门
方面军	炮兵供应局 炮兵武器与弹药仓库（供应站） 移动式火炮修理厂 野战拖拉机修理基地 独立修理营
集团军	炮兵供应处 集团军炮兵武器与弹药供应站 集团军炮兵与拖拉机修理厂
步兵军	炮兵装备登记和分发科
步兵师	炮兵供应科 移动式火炮修理厂（卡车车载）

步兵团	炮兵供应主任
	团炮兵仓库和修理厂
步兵营和步兵连	弹药存放点

出自"炮兵供应勤务"（Sluzhba artilleriiskogo snabzheniia）词条，见M. M. 科兹洛夫主编，《伟大卫国战争百科全书》，第654页。

7. "总炮兵局"词条，见A. A. 格列奇科主编，《苏联军事百科全书》第二卷，第561页。炮兵供应勤务的新体系包括建立在方面军一级的新型炮兵武器供应站和炮兵弹药供应站、集团军一级的新型综合野战供应站，它们共同向师及以下原有的各级供应部门提供物资。以这种方式建立的供应链，先是从总炮兵局的总供应基地到方面军的分发中心，再到达方面军供应站或直达集团军供应站；然后，汽车运输部队把物资从方面军供应站运到集团军供应站，进而运到师的堆积所、团和火力连。由于缺少可以全天候使用的道路，整个过程极为复杂。

8. 同上。战争期间，仅计集团军修理厂的修复量，便有小型武器550余万件、机枪62万挺、火炮和迫击炮31.2万门。

9. 同上，整场战争期间，这个数字相当于43万余车厢的弹药。

10. 关于国防人民委员部战时教育和培训制度的更多详情，见戴维·M. 格兰茨，《苏德战争期间红军的教育和培训制度，1941—1945年》（宾夕法尼亚州卡莱尔：自费出版，2004年）。

11. 阿博连科夫1942年1月19日晋升少将军衔，1943年3月25日晋升中将。P. A. 杰格佳廖夫炮兵少将1943年4月接替阿博连科夫，1943年9月晋升中将军衔。

12. "火箭炮兵"（Artilleriia reaktivnaia）词条，见M. M. 科兹洛夫主编，《伟大卫国战争百科全书》，第68页；"近卫迫击炮兵部队"（Gvardeiskie minometnye chasti）词条，见A. A. 格列奇科主编，《苏联军事百科全书》第二卷，第492—493页，V. G. 克留科夫撰"近卫迫击炮兵部队"（Gvardeiskie minometnye chasti）词条，见I. D. 谢尔盖耶夫主编，《军事百科全书》第二卷，第361—362页。

13. "装甲坦克和机械化兵"（Bronetankovye i mekhanizirovannye voiska）词条，见M. M. 科兹洛夫主编，《伟大卫国战争百科全书》，第68页。红军总汽车装甲坦克局（GABTU KA）成立于1940年7月，由国防人民委员部在1934年12月成立的汽车装甲坦克局基础上扩建而成，后者的前身则是1929年红军开始试验坦克兵和机械化兵之后不久成立的工农红军摩托化和机械化管理局。

14. "费多连科，雅科夫·尼古拉耶维奇"（Fedorenko, Iakov Nikolaevich）词条，见A. A. 格列奇科主编，《苏联军事百科全书》第八卷，第263页。

15. 同上。

16. "装甲坦克勤务（部门）"（Bronetankovaia sluzhba）词条，见M. M. 科兹洛夫主编，《伟大卫国战争百科全书》，第112页。

17. N. I. 瓦卡洛夫撰"总装甲坦克局"（Glavnoe bronetankovoe upravlenie）词条，见I. D. 谢尔盖耶夫主编，《军事百科全书》第二卷，第417页。

18. 后来，国防委员会先后于1944年3月在费多连科的管理局内成立坦克修理总局，1945年1月成立自行火炮局。

19. "装甲坦克勤务（部门）"（Bronetankovaia sluzhba）词条，见M. M. 科兹洛夫主编，

《伟大卫国战争百科全书》，第112页。I. V. 巴洛拜撰"总汽车局"（Glavnoe avtomobil'noe upravlenia）词条，见I. D. 谢尔盖耶夫主编，《军事百科全书》第二卷，第416页。

20. "装甲坦克勤务（部门）"（Bronetankovaia sluzhba）词条，见M. M. 科兹洛夫主编，《伟大卫国战争百科全书》，第112页。这些保障部队和分队包括：

指挥机关级别	修理部队/分队
坦克营	技术保障排（保养和小修）
坦克旅	技术保障连（保养和小修）
坦克军	移动式坦克修理基地（小修和中修）
坦克集团军	独立坦克修理营（中修）
方面军	移动式坦克组装厂和坦克修理厂（中修和大修）

21. O. A. 洛西克撰"（马利诺夫斯基）装甲坦克兵学院"（Voennaia akademiia bronetankovykh voisk），见A. A. 格列奇科主编，《苏联军事百科全书》第二卷，第172页。

22. "工程勤务（部门）"（Inzhenernaia sluzhba）词条，见M. M. 科兹洛夫主编，《伟大卫国战争百科全书》，第299页。总军事工程局于1940年7月在原红军工程局的基础上组建，该总局的第一任局长是A. F. 赫列诺夫旅级[①]，1941年3月由科特利亚尔将军接任该职。赫列诺夫卸任后，战争期间继续担任几个关键方面军的工程兵主任，并有出色表现。

23. "科特利亚尔，列昂尼德·扎哈洛维奇"（Kotliar, Leonid Zakharovich）词条，见M. M. 科兹洛夫主编，《伟大卫国战争百科全书》，第373页。

24. S. Kh. 阿加诺夫主编，《苏军工程兵1918—1945年》，第175页。

25. A. D. 齐尔林等编，《为苏维埃祖国而战的工程兵》，第384页。该报告的标题是《关于忽视工程勤务和错误使用工程人员及装备》。

26. V. A. 佐洛塔廖夫主编，《国防人民委员1941》，第126—127页。

27. "沃罗比约夫，米哈伊尔·彼得罗维奇"（Vorob'ev, Mikhail Petrovich），见A. A. 格列奇科主编，《苏联军事百科全书》第二卷，第354—355页。

28. 同上，第354页。

29. 根据20世纪30年代的广泛试验，国防人民委员部建立起一支由军和独立旅组成的庞大空降兵，负责从垂直的立体维度实施机动，保障装甲坦克兵、机械化兵和骑兵在地面实施的战役机动。然而，这些军和旅不但仓促组建，而且缺少大部分空中运输用的飞机和其他专业装备，全都未能做好全面战斗准备。因此，方面军和集团军司令员通常把它们当成普通步兵使用。关于苏联空降兵在战争初期和后续阶段的组织结构和使用，见戴维·M. 格兰茨，《苏联空降兵史》，第47—60页。

30. 该命令的编号是第0329号，内容见V. A. 佐洛塔廖夫主编，《国防人民委员1941》，第75页。

31. 该命令的编号是第0083号，内容见同上，第80—82页。

---

① 译注：当时的军衔是工程兵少将。

32. "空降兵"（Vozdushno-desantnye voiska）词条，见M. M. 科兹洛夫主编，《伟大卫国战争百科全书》，第165页。

33. M. N. 科热夫尼科夫，《1941—1945年伟大卫国战争中的苏军空军司令部》，第26页。战争前夕，空军指挥系统中的巨大动荡比其他军兵种更加严重，先后领导空军的几任首长都遭到逮捕，包括1937年至1939年在职的A. D. 洛克季奥诺夫上将和1939年至1940年在职的Ia. V. 斯穆什克维奇中将。另外，1941年4月以前一直担任空军总局局长，后来领导空军指挥部的雷恰戈夫成为空军在战争最初几个星期惨败的替罪羊，受到审判并被枪决。另见理查德·沃夫著《斯大林的幽灵》，收录在哈罗德·舒克曼主编，《斯大林的将军们》，第362页。[①]

34. 1935年，国防人民委员部把海军航空兵划离空军，成为红海军的一个兵种；1941年6月以前，又把空军的40个航空兵团划归国土防空部队，用于保卫后方关键目标。关于空中力量发展的更多细节，见P. S. 库塔霍夫撰"空军"（Voenno-vozdushnye sily）词条，A. A. 格列奇科主编，《苏联军事百科全书》第二卷，第203—208页。

35. P. S. 杰伊涅金撰"空军"（Voenno-vozdushnye sily）词条，见I. D. 谢尔盖耶夫主编，《军事百科全书》第二卷，第144页；库塔霍夫撰"空军"词条，见A. A. 格列奇科主编，《苏联军事百科全书》第二卷，第204页。

36. M. N. 科热夫尼科夫，《1941—1945年伟大卫国战争中的苏军空军司令部》，第64页。

37. 同上，第77页。

38. "戈洛瓦诺夫，亚历山大·叶夫根尼耶维奇"（Golovanov, Aleksandr Evgen'evich）词条，见M. M. 科兹洛夫主编，《伟大卫国战争百科全书》，第210页。

39. N. M. 斯科莫罗霍夫撰"（加加林）空军学院"（Voenno-vozdushnaia akademiia）词条，见A. A. 格列奇科主编，《苏联军事百科全书》第二卷，第200页。

40. 防空总局成立于1940年12月，前身是工农红军防空局。科兹洛夫离任后，前往外高加索军区担任司令员。

41. N. 斯韦特利申，《1941年夏秋战局中防空部队的使用》，刊登在《军事历史杂志》第4期（1968年3月刊），第27页；A. 科尔杜诺夫，《根据伟大卫国战争初期的经验谈对空防御的组织与实施》，刊登在《军事历史杂志》第4期（1984年4月刊），第13页。

42. 苏联政治领袖担心一旦发生战争，本国最重要的政治和经济中心有可能因遭到空中攻击而出现大规模破坏。

43. 2月训令的标题是《关于加强苏联的防空》。

44. V. D. 索济诺夫撰"国土防空"（Protivovozdushnaia oborona strany）词条，见A. A. 格列奇科主编，《苏联军事百科全书》第六卷，第588—589页；P. F. 巴季茨基撰"国土防空军"（Voiska protivovozdushnoi oborony strany）词条，见A. A. 格列奇科主编，《苏联军事百科全书》第二卷，第316—321页；"国土防空"（Protivovozdushnaia oborona strany）词条，见M. M. 科兹洛夫主

① 译注：P. V. 雷恰戈夫于1941年6月24日被捕，官方公布的撤职原因是空军事故率过高和缺少训练（不包括飞行学校），非官方原因是与斯大林发生公开冲突。A. D. 洛克季奥诺夫的撤职原因是滥用权力和挪用国家财产。

编，《伟大卫国战争百科全书》，第589—590页；A.科尔杜诺夫，《根据伟大卫国战争初期的经验谈对空防御的组织与实施》，第12—13页。1941年6月，沿苏联边境分布的各防空区及其司令员是：北防空区—— F. Ia. 克留科夫炮兵少将，西北防空区——M. M. 卡尔林上校，西防空区——S. S. 萨佐诺夫炮兵少将，基辅防空区——A. I. 丹尼洛夫少将，南防空区——G. A. 布里琴科夫师级，外高加索防空区——I. F. 科罗连科上校。见N. 斯韦特利申，《1941年夏秋战局中防空部队的使用》，第27页。

45. 同上。

46. "对空情报（对空观察、报知和通信）部队"（Voiska VNOS (vozdushnogo nabliudeniia, opoveshcheniia i sviazi)）词条，见M. M. 科兹洛夫主编，《伟大卫国战争百科全书》，第167页。

47. A.科尔杜诺夫，《根据伟大卫国战争初期的经验谈对空防御的组织与实施》，第15页；以及"对空情报部队"词条，见M. M. 科兹洛夫主编，《伟大卫国战争百科全书》，第167页。

48. N. 斯韦特利申，《1941年夏秋战局中防空部队的使用》，第28—30页。1941年6月22日的国土防空部队包括：分别保卫莫斯科、列宁格勒和巴库的防空第1军、第2军和第3军，驻基辅的防空第3师和驻利沃夫的防空第4师，分别驻里加（第10旅）、维尔纽斯（第12旅）、考纳斯（第14旅）、明斯克（第7旅）、别罗斯托克（第13旅）、德罗戈比奇（第11旅）、敖德萨（第15旅）和巴统（第8旅）的诸防空旅。举例来讲，1941年夏季在明斯克和斯摩棱斯克，后来在维亚济马和莫斯科参加战斗的M. Z. 科季科夫上校的防空第7旅，编有高射炮兵第188团和第741团、独立高射炮兵第30营和第191营、对空情报第5团。

49. "对空情报部队"词条，见M. M. 科兹洛夫主编，《伟大卫国战争百科全书》，第167页；以及N. 斯韦特利申，《1941年夏秋战局中防空部队的使用》，第30页。

50. 施特恩于1941年10月28日被处以死刑。

51. "对空情报部队"词条，见M. M. 科兹洛夫主编，《伟大卫国战争百科全书》，第167页。

52. S. A. 秋什克维奇主编，《苏联武装力量》（Sovetskie vooruzhennye sily，莫斯科：军事出版社，1978年版），第289页；以及A.科尔杜诺夫，《根据伟大卫国战争初期的经验谈对空防御的组织与实施》，第17—18页。该决议的标题是《关于在苏联领土上扩充和加强防空》。该局后来改称防空总局（Glavnoe upravlenie protivovozdushnoi oborony，缩写为GUPVO）。

53. 1942年年初，国防人民委员部又组建了三个师级防空地域。

54. 该命令的编号是第056号，内容见V. A. 佐洛塔廖夫主编，《国防人民委员1941》，第141页。

55. 同上，第290页。

56. S. A.秋什克维奇主编，《苏联武装力量》，第289页。莫斯科防空方面军后来改编成莫斯科特别防空集团军的命令编号是第00087号，见V. A. 佐洛塔廖夫主编，《国防人民委员1943》，第408页和第165页。

57. 该命令的编号是第0058号，内容见V. A. 佐洛塔廖夫主编，《国防人民委员1941》，第184—185页。

58. 这是国防人民委员第0439号命令，内容同上，第247页。负责训练和训练设施的国土防空军副司令员，分管战斗训练局、教育处和枪炮战术委员会；负责武器和物资供应的国土防空军副司令员，分管武器局、物资局和建设局，以及供应处、工程处、运输处和科学研究处。

59. 这是国防人民委员第0894号命令，内容见同上，第369页。

60. 这是国防人民委员第0443号命令，内容见同上，第248页。另见I. M. 马利采夫，《伟大卫国战争期间防空部队指挥控制体系的完善》（Sovershenstvovanie sistemy upravleniia Voiskami protivovozdushnoi oborony v gody Velikoi Otechestvennoi voiny），刊登在《军事历史杂志》第4期（1986年4月刊），第24—25页。

61. 见V. A. 佐洛塔廖夫主编，《国防人民委员1941》，第330页。

62. N. 斯韦特利申，《1943年夏秋战局中的国土防空军》（Voiska PVO Strany v letne-osennei kampanii 1943 goda），刊登在《军事历史杂志》第9期（1971年9月刊），第24页。该命令的全文，另见V. A. 佐洛塔廖夫主编，《国防人民委员1943》，第408页。

63. 同上。

64. S. A.秋什克维奇主编，《苏联武装力量》，第325页。

65. 同上。

66. N. 斯韦特利申，《1943年夏秋战局中的国土防空军》，第25页。

67. N. 斯韦特利申，《关于国土防空军使用的若干问题》（Nekotorye voprosy primeneniia voisk PVO strany），刊登在《军事历史杂志》第12期（1969年12月刊），第17—18页。

68. V. A. 佐洛塔廖夫主编，《国防人民委员1941》，第40—41页。这是国防人民委员第245号命令。

69. "夏坚科，叶菲姆·阿法纳西耶维奇"（Shchadenko Efim Afanas'evich）词条，见A. A. 格列奇科主编，《苏联军事百科全书》第八卷，第550页。

70. 更多详情见I. D. 谢尔盖耶夫主编，《军事百科全书》第二卷，第423页。该卷由P. S. 格拉切夫编辑。另见S. A. 伊利延科夫，《关于苏联武装力量不可归队损失的战时登记，1941—1945年》，刊登在《斯拉夫军事研究杂志》总第9年第2期（1996年6月），第440—441页；以及亚历山大·A. 马斯洛夫，《陨落的苏联将星：1941—1945年阵亡的苏联将级军官》（伦敦：弗兰克·卡斯出版社，1998年版），第xvi—xvii页。

71. 同上。

72. 这是国防人民委员第00126号和第0317号命令，全文见V. A. 佐洛塔廖夫主编，《国防人民委员1943》，第141—143、第405页。

73. V. A. 佐洛塔廖夫主编，《国防人民委员部1941》，第40—41页。

74. I. D. 谢尔盖耶夫主编，《军事百科全书》第二卷，第423页。军事院校局1919年1月19日组建时是总局，1924年改为红军监察局的下属局，1936年起成为国防人民委员部直属局。从这时起，该局继续履行同样的职能直到1968年。

75. A. A. 格列奇科主编，《苏联军事百科全书》第二卷，第257页。

76. V. A. 佐洛塔廖夫主编，《国防人民委员1941》，第88—89页。普及军训制度创立于1918年，作为训练红军预备役人员的一种手段，1923年废弃。

77. "普及军训"（VSEVOBUCH）词条，见M. M. 科兹洛夫主编，《伟大卫国战争百科全书》，第182页；P. N. 德米特里耶夫撰"普及军训"（VSEVOBUCH）词条，见A. A. 格列奇科主编，《苏联军事百科全书》第二卷，第395页。

78. S. A.秋什克维奇主编，《苏联武装力量》，第278页。

79. "国防及航空化学建设促进会"（OSOAVIAKHIM）词条，见N. V. 奥尔加科夫主编，《军事百科词典》，第525页；同名词条见A. A. 格列奇科主编，《苏联军事百科全书》第六卷，第141页。这个"苏联群众志愿成立的大规模社会性军事爱国主义组织"成立于1927年，是由1920年在伏龙芝、伏罗希洛夫和图哈切夫斯基等人倡议下成立的军事科学协会（Voenno-nauchnoe obshchestvo）扩建而成。随着时间的推移，这个协会从最初的全军性协会发展成一个全民性的群众组织，1925年改称"苏联国防后援协会"（Obshchestvo sodeistviia oborone SSSR，缩写为OSO）。1927年，该协会与其他类似组织合并，成立国防及航空化学建设促进会，其主要任务包括：为加强苏联的国防能力而在工人中开展群众性国防工作；协助发展航空和化学工业；在人民群众当中传播军事知识；并用苏维埃爱国主义精神教育他们。

80. 同上。

81. 战争结束后，国防及航空化学建设促进会先是细分成支援陆军、空军和海军的三个独立组织，1951年又合并成为全苏支援陆海空军志愿协会（Dobrovol'noe obshchestvo sodeistviia armii, aviatsii i flot，缩写为DOSAAF）。

82. A. I. 列昂诺夫主编，《战争与和平时期的军事通信兵》，第121—123页。

83. 同上，第136页。该命令是国防人民委员第0243号命令，标题是《关于改善红军的通信》，其内容另见V. A. 佐洛塔廖夫主编，《国防人民委员1941》，第34—35页。

84. "佩列瑟普金，伊万·捷连季耶维奇"（Peresypkin, Ivan Terent'evich）词条，见A. A. 格列奇科主编，《苏联军事百科全书》第六卷，第291页。

85. 同上。

86. 这是国防人民委员第0251号命令，内容见V. A. 佐洛塔廖夫主编，《国防人民委员1941》，第38—39页。

87. A. I. 列昂诺夫主编，《战争与和平时期的军事通信兵》，第140—141页。

88. 同上。

89. 详情见V. 索科洛夫，《战争年代通信兵组织结构的发展》（Razvitie organizatsionnoi struktury voisk sviazi v gody voiny），刊登在《军事历史杂志》第4期（1981年4月刊），第20—27页。1942年1月，佩列瑟普金以邮电人民委员的身份在邮电人民委员部内成立一个军事重建局，作为大本营和总参谋部的一个备用通信中心。

90. "通信兵"（Voiska sviazi）词条，见M. M. 科兹洛夫主编，《伟大卫国战争百科全书》，第168页。国防人民委员第0338号命令的内容，见V. A. 佐洛塔廖夫主编，《国防人民委员1941》，第221—222页。大本营1942年5月30日发布的第00107号命令内容与此相似，内容见V. A. 佐洛塔廖夫主编，《最高统帅部大本营1942》，第227—228页。

91. V. 索科洛夫，《战争年代通信兵组织结构的发展》，第24—25页。

92. 这个大队后来改编成民用航空队（Grazhdanskii vozdushnyi flot，缩写为GVF）的一个特别航空通信集群。

93. A. I. 列昂诺夫主编，《战争与和平时期的军事通信兵》，第126—127页。

94. 1940年，铁路运输量占苏联货物运输总量的85.1%。见F. F. 古萨罗夫、L. A. 布塔科夫，《对铁路的技术掩护》，刊登在《军事历史杂志》第4期（1988年4月刊），第51页。

95. V. 索科洛夫，《战争年代通信兵组织结构的发展》，第21页。[①]

96. "军事交通勤务（部门）"（Sluzhba voennykh soobshchenii）词条，见M. M. 科兹洛夫主编，《伟大卫国战争百科全书》，第655页。1941年8月军事交通中央局转隶国防人民委员部并改称军事交通局（UPVOSO）时，N. I. 特鲁别茨科伊技术兵中将接替叶尔莫林担任局长，并领导军事交通勤务。I. V. 科瓦廖夫一级军事工程师1941年年底接替特鲁别茨科伊，并于1942年12月晋升技术兵少将，1943年9月晋升技术兵中将[②]。V. I. 德米特里耶夫技术兵少将1944年接替科瓦廖夫。特鲁别茨科伊、科瓦廖夫和德米特里耶夫都在担任军事交通局局长期间领导军事交通勤务，而A. V. 赫鲁廖夫大将1944年担任后勤主任期间，也曾短时间领导过军事交通勤务。

97. 例如，见F. F. 古萨罗夫、L. A. 布塔科夫，《对铁路的技术掩护》，第52页。

98. 这是国防人民委员第0047号命令，全文见V. A. 佐洛塔廖夫主编，《国防人民委员1941》，第19—20页。由于某种未知原因，命令中"莫尔古诺夫"的姓氏被斯大林亲笔划掉并改为"沃利斯基"。

99. 举例来说，按照国防人民委员7月9日命令组建的特别航空兵群的编成和任务，见同上，第20—21页。

100. 这是国防人民委员第0055号命令，全文见V. A. 佐洛塔廖夫主编，《国防人民委员1941》，第26—27页。

101. N. 斯特拉霍夫，《沿着军用汽车路》（Na voenno-avtomobil'nykh dorogakh），刊登在《军事历史杂志》第11期（1964年11月刊），第67页。

102. N. 波波夫，《战争年代运输保障体系的完善》，刊登在《军事历史杂志》第8期（1982年8月刊），第22页。举例来说，1941年9月，西方面军汽车第15团的下属车辆分散在17个不同的管理局和勤务部门当中，而西方面军汽车第106团和第65团的下属分队分布在相距数百公里远的24个不同工作地点。

103. N. 马柳金，《战争年代方面军和集团军的汽车运输》，刊登在《军事历史杂志》第2期（1971年2月刊），第88页。

104. A. S. 克列明，《伟大卫国战争期间的军事交通》（Voennye soobshcheniia v gody Velikoi Otechestvennoi voiny），刊登在《军事历史杂志》第3期（1985年3月刊），第70页。

105. 同上，第52—53页。

106. 同上。例如，莫斯科会战期间，铁路第1、第4、第6和第26旅负责保障西方面军；同一时期，铁路第5、第13、第19、第25、第27、第28和第29旅保障西南方面军。因此，修复铁路的实际速度只能达到每天2.5至3.5公里，根本不足以保障军队的进攻。另见M. K. 马卡尔采夫，《伟大卫国战争期间铁道兵组织结构的完善》（Sovershenstvovanie organizatsii zheleznodorozhnykh voisk v

gody Velikoi Otechestvennoi voiny），刊登在《军事历史杂志》第9期（1985年9月刊），第81页。

107. 这是国防委员会第1095c号命令和国防人民委员1月10日的第018号命令，全文分别见V. A. 佐洛塔廖夫主编，《国防人民委员1941》，第135—136页。国防委员会命令的标题是《关于铁路的修复》。

108. "铁道兵"（Zheleznodorozhnye voiska）词条，见M. M. 科兹洛夫主编，《伟大卫国战争百科全书》，第267页。

109. F. F. 古萨罗夫、L. A. 布塔科夫，《对铁路的技术掩护》，第54页。

110. N. 波波夫，《战争年代运输保障体系的完善》，第25页。

111. M. K. 马卡尔采夫，《伟大卫国战争期间铁道兵组织结构的完善》，第82页。

112. 同上，第83页。

113. 同上，第69页。该运输委员会的成员包括：该委员会副主席A. A. 安德烈耶夫、人民委员会副主席A. I. 米高扬、交通人民委员L. M. 卡冈诺维奇、副国防人民委员兼红军后勤主任A. V. 赫鲁廖夫、军事交通勤务主任I. V. 科瓦廖夫、海运人民委员P. P. 希尔绍夫、河运人民委员Z. A. 沙什科夫、副交通人民委员G. B. 科瓦廖夫和总参谋部作战局副局长A. G. 卡尔波索诺夫。

114. 见N. 马柳金，《战争年代方面军和集团军的汽车运输》，第88页；以及V. K. 维索茨基主编，《苏军后勤》，第152—154页。

115. 这是国防人民委员第0370号命令，全文见V. A. 佐洛塔廖夫主编，《国防人民委员1941》，第227—228页。

116. 同上，第237—239页。

117. 这是国防人民委员第076号命令，全文见V. A. 佐洛塔廖夫主编，《国防人民委员1943》，第50页。

118. A. S.克列明，《伟大卫国战争期间的军事交通》，第71页。

119. 军事交通中央局的副局长有P. A. 巴库林、V. I. 德米特里耶夫、I. G. 卡谢耶夫−肖明、S. A. 斯捷潘诺夫和V. V. 斯托利亚罗夫。

120. A. S.克列明，《伟大卫国战争期间的军事交通》，第72页。

121. 这种新的铁路旅下设1个旅部、4个轨道营、1个桥梁营、1个机械化营和1个保障连。所有轨道营都编有负责侦察铁路线的小组。

122. 这些新编入的分队包括：为每个旅增加1个交通修复连（后来扩充为1个完整的营），用于承担修复交通线路时的艰巨任务；另外还增加1个重建供水系统的给水连。见M. K. 马卡尔采夫，《伟大卫国战争期间铁道兵组织结构的完善》，第84页。新增分队可以确保每个铁道兵旅在1个铁路区段上独立完成全部修复工作。与此同时，国防人民委员部还在每个铁道修复营中新增1个桥梁修复小队，并组建用于修理重型桥梁的独立木工营和重型起重机连。每个木工营编有4个木工连和1个重型起重机连。铁道兵编制得到这些完善之后，没有再做进一步改进，一直沿用到战争结束。

123. N. 波波夫，《战争年代运输保障体系的完善》，第25页。这类任务包括诸如1941年和1942年在阿列克辛、1942年在巴尔文科沃—洛佐瓦亚、1943年在克列缅丘格、1944年在莫吉廖夫—波多利斯克、1945年在托仑、华沙和巴亚建立转运区。除了这种大面积的修复工作之外，铁路修复部队还采取各种就便措施，在短时间内提高铁路的轨道通行能力。这些措施包括使用特别编制的高效运行图，"实时"调整行车间隔，组织列车的单向运行和编队运动。

124. 同上，第26页。

125. 同上，第22页。这是国防委员会第300c号命令，全文见V. A. 佐洛塔廖夫主编，《国防人民委员1943》，第172—175页。[①]

126. N. 斯特拉霍夫，《沿着军用汽车路》，第50页。

127. N. 波波夫，《战争年代运输保障体系的完善》，第22页。

128. 同上，第25页。

129. N. 斯特拉霍夫，《沿着军用汽车路》，第23页。[②]

130. "军事交通勤务（部门）"（Sluzhba voennykh soobshchenii）词条，见M. M. 科兹洛夫主编，《伟大卫国战争百科全书》，第655页。

131. 同上。

132. M. K. 马卡尔采夫，《伟大卫国战争期间铁道兵组织结构的完善》，第85页；以及N. 波波夫，《战争年代运输保障体系的完善》，第25页。

133. N. 波波夫，《战争年代运输保障体系的完善》，第25页。

134. 同上。

135. "武装力量后勤"（Tyl vooruzhennykh sil）词条，见M. M. 科兹洛夫主编，《伟大卫国战争百科全书》，第735页。更多细节，另见V. K. 维索茨基主编，《苏军后勤》，第83—110页。

136. V. K. 维索茨基主编，《苏军后勤》，第89—91页。

137. 卡尔平斯基于1942年5月晋升军需勤务少将军衔。

138. "给养供应勤务"（Sluzhba prodovol'stvennogo snabzheniia）词条，见M. M. 科兹洛夫主编，《伟大卫国战争百科全书》，第655页。D. V. 帕夫洛夫旅级工程师1942年2月接替别罗乌索夫担任该职，并于1943年1月晋升军需勤务少将。

139. 关于油料供应局的更多详情，见I. N. 巴扎诺夫，《伟大卫国战争第三阶段各方面军的油料供应》（Obespechenie frontov goriuchim v tret'em periode Velikoi Otechestvennoi voiny），刊登在《军事历史杂志》第3期（1987年3月刊），第50—56页；V. 尼基京，《库尔斯克反攻期间的军队油料供应》（Obespechenie voisk goriuchim v kontrnastuplenii pod Kurskom），刊登在《军事历史杂志》第8期（1979年8月刊），第25—30页。M. I. 科尔米利岑旅级工程师于1942年接替科托夫担任油料供应局局长，1943年1月晋升技术兵少将，并领导油料供应局直到战争结束。见"油料勤务"（Sluzhba snabzheniia goriuchim）词条，M. M. 科兹洛夫主编，《伟大卫国战争百科全书》，第655—656页。

140. "斯米尔诺夫，叶菲姆·伊万诺维奇"（Smirnov, Efim Ivanovich）词条，见M. M. 科兹洛夫主编，《伟大卫国战争百科全书》，第656页。

141. "军事兽医勤务"（Voenno-veterinarnaia sluzhba）词条，见M. M. 科兹洛夫主编，《伟

---

① 译注：这是国防委员会1943年6月9日的第3543 c 号命令，其内容是"关于修改1941年7月31日颁布的国防委员会第300 c 号命令"。命令编号当中的 c 是西里尔字母，转写成英语应是S。副国防人民委员1943年6月12日的第0379命令转发该命令。

② 译注：原文如此，正文内容是空中运输。

大卫国战争百科全书》，第146—147页。

142. 作战军队中，由红军兽医局领导的机构有：

指挥机关级别	红军兽医局领导的机构
方面军	若干个兽医医院 兽医检验所 兽医仓库
集团军	兽医后送医院 野战前方（移动式）兽医检验所 野战兽医仓库
师和团	兽医检验所

143. 同上。

144. 同上，第89页。

145. 同上，第108页。

146. 同上，第90页。

147. "辎重被装供应勤务"（Sluzhba veshchevogo snabzheniia）词条，见M. M. 科兹洛夫主编，《伟大卫国战争百科全书》，第654—655页。

148. 同上。国防人民委员部1941年6月的教令建立一个从"中央"（国防人民委员部和工业部门）经方面军、集团军和师（旅），到团、连和单个战士的新供应体系，并确定被装分发的优先顺序。

149. 同上。另见A. 赫鲁廖夫，《伟大卫国战争中战略后勤的建立》（Stanovlenie strategicheskogo tyla v Velikoi Otechestvennoi voine），刊登在《军事历史杂志》第6期（1961年6月），第66—67页。例如，A. I. 米高扬负责油料、给养和物资供应，联共（布）中央书记A. A. 安德烈耶夫负责铁路运输，国家计划委员会（GOSPLAN）主席N. A. 沃兹涅先斯基负责弹药生产和供应，另外还有许多位联共（布）领袖负责动员其他方面的经济。

150. 这是国防人民委员第0257号命令，全文见V. A. 佐洛塔廖夫主编，《国防人民委员1941》，第41—45页。另见A. 赫鲁廖夫，《伟大卫国战争中战略后勤的建立》，第68—69页。M. V. 扎哈罗夫少将和P. A. 叶尔莫林少将担任赫鲁廖夫的副职，P. V. 乌特金军需勤务少将担任赫鲁廖夫的参谋长，M. P. 米洛夫斯基少将和P. I. 德拉切夫军需勤务中将担任副参谋长。

151. V. K. 维索茨基主编，《苏军后勤》，第114页。

152. 另外，油料供应局还建立起一个不断扩大的野战检验所网，用于保证对燃料油，尤其是航空兵用燃料油实施更严格的质量控制。油料供应局的代表也监管苏联国土纵深处燃料油生产设施组成的庞大体系。

153. "军队卫生勤务"（Voenno-meditsinskaia sluzhba）词条，见M. M. 科兹洛夫主编，《伟大卫国战争百科全书》，第152页。与总参谋部战时动员计划的要求相比，作战方面军缺少40.1%的野战医院、48.8%的汽车卫生连、44.8%的后送站。虽然卫生局从1941年7月中旬开始动员医院，但是其病床数量并不足以满足军队日益增长的需求。为了帮助解决卫勤保障中存在的灾难性问题，国防委员会于7月7日下令动员更多的后送医院。截至1941年10月1日，这些医院的床位总数已达100万张，并继续稳步增长。尽管如此，红军的卫勤保障显然还是很糟糕，导致1941年和1942年的伤亡率高得异常。尽管国防人民委员能在1942年年初建立起一套卫勤保障的合理编制，但这个新体系仍然有待于战争后续阶段的大幅度改善。

154. 总军队卫生局通过其下设在各方面军的军队卫生局，管理红军作战方面军内部的卫生勤务。方面军最重要的卫生设施是方面军后送站（FEP）、地方后送站（MEP）和野战后送站（PEP）。每一种后送站的编成内都有自己的医院以及包括若干个汽车卫生连、卫生运输车队、军用卫生列车和卫生航空兵部队在内的军队卫生运输部队。另外，方面军还有一些其他卫生机构，包括方面军医务仓库，以及医疗化验所、野战移动式传染病医院、流行病防治队、沐浴消毒连和卫生检查站等消毒装备和防疫设施。

1942年建立起卫勤保障的新体系之后，由若干个方面军后送医院和野战移动医院组成方面军后送站，每个方面军后送站再派出所谓的前方医院，直接配合集团军医院基地开展工作。地方后送站在方面军后方、靠近集团军医院基地的位置展开自己的后送医院。从整体上看，这个由方面军后送站、地方后送站和野战后送站及其相关医院综合在一起，组成方面军医院基地（GBF），负责长达90天的卫生治疗。需要更长时间治疗的伤病员应后送到位于后方的医院。从1941年到1943年，方面军医院基地的收治能力显著增长。例如，1941年12月5日的莫斯科反攻前夕，西方面军和加里宁方面军的医院分别有7.5万张和2.62万张床位。斯大林格勒反攻前夕，斯大林格勒方面军的医院有6.24万张床位。而1943年8月的斯摩棱斯克战役开始前，西方面军共有157750张床位。苏联的统计数字显示，卫生勤务总共治愈归队红军72%的伤员和90%的病员。

在方面军以下，由卫生处负责提供集团军的卫生保障。每个集团军的卫生处领导野战后送站（PEP）以及相关的医院、独立卫生连、医务仓库、流行病防治设施，它们共同组成集团军的医院基地（GBA）。集团军医院基地通常拥有5000至6000个床位。师级的卫生保障通常包括1名指挥该师卫生营的师军医、若干名高级团军医和各分队的卫生工作者（医务人员）。团级的卫生保障是由1名高级别的团军医指挥1个卫生连以及下属各营的卫生排和各连的卫生班。坦克团和炮兵团中的营连级卫生分队，会比步兵团的同类分队稍小。

在更低的级别，由卫生连组成的团救护所负责在战斗期间实施伤员的基本救护和及时后送，并采取卫生保健和流行病防治措施。营级的卫生保障是由军医助理（fel'dsher）指挥的1个卫生排向伤病员提供初步医疗救护，并将其送往团级救护所作进一步救护。连级的卫生保障是由卫生指导员指挥的卫生班执行大致相同的任务。

1942年以前，红军的军队医院在数量上有所增加，也日趋成熟。战争开始时，集团军只有一种类型的野战移动医院。然而，这种医院的人员编制和数量差别很大，其中许多医院因动荡不安的战斗条件而遭到破坏。到1942年年底，新的医院已经取代了那些被摧毁或废弃的医院，总军队卫生局开始组建新型专业机构（包括内科和外科野战移动医院）照料越来越多的伤残军人。另外，该总局还开始组建用于治疗轻伤员的新医院，使战士们能够快速痊愈并重返战斗部队，而无需长期逗留在方面军和集团军的医院基地。另一方面，这也代表红军开始遭到人力短缺的困扰。另见V. I. 谢利瓦诺夫、N. A. 维什涅夫斯基，《莫斯科反攻期间军队卫生保障的组织工作》（Organizatsiia meditsinskogo obespecheniia voisk v kontmastuplenii pod Moskvoi），刊登在《军队卫生杂志》（Voenno-meditsinskii zhurnal）第1期（1992年1月刊），第47—49页；以及德米特里·洛扎主编，詹姆斯·F. 格布哈特英译，《为苏维埃祖国而战：东线战场的回忆》（林肯：内布拉斯加大学出版社，1998年版），第189—203页。

155. 例如，建立红军给养供应标准的国防人民委员第312号和第313号命令，见V. A. 佐洛塔廖夫主编，《国防人民委员1941》，第95—103页。

156. 尽管极为严格，但新的给养标准和消耗标准还是只能最低限度地满足军队要求。这14类给养既有野战厨房制作的不耐储存食品，又有通常用来制作粥汤和炖菜的土豆、燕麦（kasha）、肉类（通常是肉干或香肠）、通心粉和蔬菜，还有最重要并且无处不在的黑面包，以及大部分从根本上来自租借物资供应的奶粉和罐装食品。当时某位现役中级指挥人员针对给养供应和制作的详细描述，见德米特里·洛扎主编，《为苏维埃祖国而战》，第176—188页。

157. V. K. 维索茨基主编，《苏军后勤》，第114页。这是国防人民委员第0437号命令，全文见V. A.佐洛塔廖夫主编，《国防人民委员1941》，第124页。

158. V. A. 佐洛塔廖夫主编，《国防人民委员1941》，第148—149页，有国防人民委员第080号命令（以及国防委员会命令）的全文。[①]

159. "武装力量后勤"（Tyl vooruzhennykh sil）词条，见M. M. 科兹洛夫主编，《伟大卫国战争百科全书》，第735页。

160. V. A. 佐洛塔廖夫主编，《国防人民委员1941》，第215页。

161. "武装力量后勤"（Tyl vooruzhennykh sil）词条，见M. M. 科兹洛夫主编，《伟大卫国战争百科全书》，第735页。这是国防人民委员第0409号命令，全文另见V. A. 佐洛塔廖夫主编，《国防人民委员1941》，第236—239页。

162. A. 赫鲁廖夫，《伟大卫国战争中战略后勤的建立》，第73页。

163. S. A.秋什克维奇主编，《苏联武装力量》，第292页。

164. "给养供应勤务"（Sluzhba prodovol'stvennogo snabzheniia）词条，见M. M. 科兹洛夫主编，《伟大卫国战争百科全书》，第655页。举例来说，作战方面军军需局下设专门的给养供应处；集团军军需处下设给养供应科；坦克（机械化）军、师和旅的后勤部门下设给养和饲料供应科；团设给养和饲料供应主任；而分发时位于体系最基层的营，其供应排编成内有给养供应班和饲料供应班。

165. 同上。

166. "武装力量后勤"（Tyl vooruzhennykh sil）词条，见M. M. 科兹洛夫主编，《伟大卫国战争百科全书》，第735页。

167. "给养供应勤务"（Sluzhba prodovol'stvennogo snabzheniia）词条，见M. M. 科兹洛夫主编，《伟大卫国战争百科全书》，第655页。

168. 同上；另见德米特里·洛扎主编，《为苏维埃祖国而战》，第177页。

169. 相关资料有很多，可参阅鲍里斯·V. 索科洛夫，《苏联军事成就中的租借物资》，刊登在《斯拉夫军事研究杂志》总第7年第3期（1994年9月），第579—580页；以及V. 沃尔辛，《<租借法案>的援助》（Pomoshch' po Lend-Lizu），刊登在《武装力量后勤》第10期（1991年10月刊），第29—30页。

170. "给养供应勤务"（Sluzhba prodovol'stvennogo snabzheniia）词条，见M. M. 科兹洛夫主编，《伟大卫国战争百科全书》，第655页。

171. 同上，第656页。

172. 1942年到1945年，红军的医务人员数量如下：

---

① 译注：该命令中没有提及德拉切夫的内容。

	1942年7月	1943年7月	1944年7月	1945年1月	1945年5月
军医	44729	49939	60988	65632	67507
助理军医和护士	37435	39715	49477	45814	48186
牙医	3001	2552	3036	2835	2857
药剂师	7979	7491	8437	8316	8505
合计	93114	99697	121938	122597	127055

摘自F. I. 科马罗夫、O. S. 洛巴斯托夫，《伟大卫国战争期间苏军卫生保障的主要结论与教训》（Osnovnye itogi i uroki meditsinskogo obespecheniia Sovetskoi armii v gody Velikoi Otechestvennoi voiny），刊登在《军事卫生杂志》第5期（1990年5月刊），第10页。

173. 同样，病员所占的百分比达到战时经总军队卫生局登记救治的红军卫生减员总人数的大约三分之一，占作战方面军上报战斗减员总人数（共2900万人）的大约四分之一。[①] 这里的战斗减员总人数包括不可归队的减员，即被认定为死亡、被俘或作战失踪造成的减员。这些数字还表明，病员在救治的卫生减员总人数当中所占的百分比1944年上升到40%以上，而1945年有所下降。病员的平均住院天数是34.5天。经总军队卫生局医疗机构救治的红军和红海军伤病员人数见下表（按类别和年度）：

	合计	武器致伤、烧伤、冻伤和患炮弹休克症的人数	病员人数	病员所占比例（%）
1941	2 118 666	1 712 981	405 685	19.1
1942	5 573 484	3 625 351	1 948 133	35.0
1943	6 299 955	4 124 093	2 175 862	34 5
1944	5 901 524	3 520 203	2 381 321	40.4
1945	2 433 276	1 702 965	730 311	30.0
总计	22 326 905	14 685 593	7 641 311	34.2

摘自G. F. 克里沃舍耶夫主编，《解密的保密文献：苏联武装力量在历次战争、作战行动和军事冲突中的损失》（莫斯科：军事出版社，1993年版），第134页。

174. "兽医"（Veterinariia）词条，见M. M. 科兹洛夫主编，《伟大卫国战争百科全书》，第126页。

175. 同上。除了马匹，红军兽医局和兽医勤务部门还收治军犬和数十万头用于向军队提供给养的其他牲畜。紧张而细致的战时兽医工作，防止马匹和牲畜之间爆发大规模的疾病和疫情，并保护战士们避免感染动物传播的传染病。海军和内务人民委员部各自有其独立的兽医勤务部门。

176. G. V. 斯列金撰"总政治局"（Glavnoe politicheskoe upravlenie）词条，见A. A. 格列奇科主

---

① 俄译注：作者忽视了本处引用资料中的一段话：经军队医院治疗的病员中有一半以上是未参加战斗的平民和准军人，这些人不应计入战斗减员。也就是说，上述总减员人数里没有考虑到这些病员。因此，作者在下文所列1944年的病员比例增长，只能反映军队医院医治的平民人数增长。

编，《苏联军事百科全书》第二卷，第562页。1941年7月以前，由A. I. 扎波罗热茨领导红军总政治局。

177. 总政治局的主要任务是在全体红军中组织和监督各种各样的政治工作，具体任务还有：指导红军中的政治组织和党团组织，在军人日常生活中全方位地扩大党的影响；处理好关于党的建设、思想工作和党政团组织的结构等一切重要事务，使之符合战争的需要，贯彻执行联共（布）、政府和国防人民委员部的法令，以及国防人民委员部的命令和训令，在军队和游击队中组织思想工作，制定和批准军事教育机构开展社会科学的各项计划和项目，在敌方军队和人民当中开展宣传，总结和推广党政工作的先进经验，及时确定和满足军人在精神和士气方面的需求，确保军人得到的物资保障和文化"服务"，调查、选拔和委派党政工作干部，指导军事政治教育机构，培训和复训政工干部，编写和修改党政机构的编制表（shtat），并按照军队花名册组织和实施联共（布）党员和共青团员的登记。

178. 斯列金撰"总政治局"（Glavnoe politicheskoe upravlenie）词条，见A. A. 格列奇科主编，《苏联军事百科全书》第二卷，第562—563页.

179. "工农红军总政治局"（Glavnoe politicheskoe upravlenie Raboche-Krest'ianskoi Krasnoi Armii）词条，见M. M. 科兹洛夫主编，《伟大卫国战争百科全书》，第208页。

180. V. A. 佐洛塔廖夫主编，《国防人民委员1941》，第394页。

181. 同上，第348—349页。这是国防人民委员第00222号命令。

182. 这是国防人民委员第0071号命令，见V. A. 佐洛塔廖夫主编，《国防人民委员1941》，第124—127页。

183. 同上。1945年5月苏德战争结束后，国防委员会把国防人民委员部总侦察局和总参谋部侦察局合并成一个新的总侦察局，并再次将其划归总参谋部隶属。

184. "苏联军事反间谍"（Sovetskaia voennaia kontrrazvedka）词条，见M. M. 科兹洛夫主编，《伟大卫国战争百科全书》，第662页。

185. 同上。同时，国防委员会还在海军人民委员部内成立一个类似的管理局。

186. 关于红军反间谍机关战时组织编制和活动的详细描述，见罗伯特·W. 斯蒂芬，《斯大林的秘密战争：1941—1945苏联针对纳粹的反间谍工作》（劳伦斯：堪萨斯大学出版社，2004年版）。

187. V. A. 佐洛塔廖夫主编，《国防人民委员1943》，第405页。

188. 描述"锄奸部"作用和活动的另一份详细作品，见迈克尔·帕里什，《较小的恐怖》，第111—145页。迈克尔·帕里什同样承认，关于"锄奸部"及其兄弟机关总侦察局的可靠细节难得一见。

189. V. F. 涅克拉索夫，《内卫部队组建的基本阶段》（Osnovnye etapy stroitel'stva vnutrennikh voisk），刊登在《军事历史杂志》第11期（1986年11月刊），第83页。内务人民委员部（全联盟内务人民委员部）1934年7月10日组建时，其编成内随之设立边防内卫总局（（Glavnoe upravlenie pogranichnoi i vnutrennei okhrany），后来改称内务人民委员部边防与内卫部队总局。然而，20世纪30年代后期紧张的国际环境和日益复杂的安全任务，迫使联共（布）和苏联政府不得不改组内务人民委员部部队的结构编制。联共（布）中央政治局1939年2月2日颁布、3月生效的一项法令，将边防与内卫部队总局划分成6个独立的总局，每个总局承担内务人民委员部的一项具体任务。①

---

① 译注：《苏联军事百科全书》称是将其划分成4个独立的总局。

190. 同上，第83页。I. I. 马斯连尼科夫、A. N. 阿波罗诺夫和S. N. 佩列沃特金三位将军曾先后在战争开始前担任过这个职务。1939年9月1日颁布的《苏联普遍义务兵役法》承认内务人民委员部部队是苏联武装力量的组成部分之一。

191. Iu. 皮柳金，《战争期间地面交通的掩护》（Okhrana sukhoputnykh kommunikatsii v khode voiny），刊登在《军事历史杂志》第9期（1983年9月刊），第31页。

192. 举例来说，1941年6月，南方面军共有内务人民委员部边防军和内卫部队的9个团、1个边防大队和1个独立营。1941年秋季，西方面军共有6个内务人民委员部的团，1944年8月，乌克兰第2方面军有4个边防团、内卫部队的3个团和1个营，而乌克兰第3方面军有4个边防团。见Iu. 皮柳金，《战争期间地面交通的掩护》，第31页；以及S. A.秋什克维奇主编，《苏联武装力量》，第293页。

193.I. K. 雅科夫列夫撰"内务"（Vnutrenniaia sluzhba）词条，见A. A. 格列奇科主编，《苏联军事百科全书》第二卷，第165页。

194. 和平时期，内务人民委员部部队的每个排都有2名受过训练的狙击手，战争爆发后，特别是从1942年5月开始，狙击手的训练和使用更加轰轰烈烈地展开。从1942年5月到1943年5月，内务人民委员部共训练27604名狙击手，其中14989名在红军各部服役，这些狙击手总共报称击毙敌军182445人。见V. F. 涅克拉索夫，《内卫部队对苏联人民在伟大卫国战争中获胜的贡献》，刊登在《军事历史杂志》第9期（1985年9月刊），第33页。

195. V. D. 丹尼洛夫，《战前年代的工农红军总参谋部（1936年至1941年6月）》，刊登在《军事历史杂志》第3期（1980年3月刊），第70页。20世纪30年代初，作战训练局曾经是总参谋部的组成部分之一，但在1936年4月划离总参谋部，改组成直属国防人民委员部的红军作战训练局。总参谋部在战前时期的最后一次改组发生在1940年3月，联共（布）中央委员会召开的全体会议重新详细规定了总参谋部每一个局的具体职能，更加强调总参谋部在制定战争计划时的作用。

196．V．A．佐洛塔廖夫主编，《伟大卫国战争中的总参谋部：1941年的文献与材料》（General'nyi shtab v gody Velikoi Otechestvennoi voiny: Dokumentyi materialy 1941 goda，以下简称《总参谋部1941》），收录在《俄罗斯档案：伟大卫国（战争）》第23卷，第12册第1分册（莫斯科：特拉出版社，1996年版），第7页。这是总参谋部第300号命令。

197. 例如，1941年7月16日，国防人民委员部在总参谋部内组建新的汽车道路局，由Z. I. 孔德拉耶夫少将担任局长，并在每个作战方面军组建相应的汽车道路处，监督红军作战方面军和集团军编成内的汽车分队、部队和兵团。然而，过了不到三个星期，国防委员会又在8月1日把汽车道路局划归新成立的后勤总局。这是国防人民委员第0055号命令，全文见V. A. 佐洛塔廖夫主编，《国防人民委员1941》，第26页。

198. 另见V. A. 佐洛塔廖夫主编，《总参谋部1941》，第11页。

199. 更多详情，见A. P. 安东诺夫，《伟大卫国战争期间的总参谋部作战局》（Operativnoe upravlenie General'nogo shtaba v gody Velikoi Otechestvennoi voiny），刊登在《军事历史杂志》第5期（1988年5月刊），第12—18页。

200. 同上。从那时起，作战局负责收集有关战斗局势、红军兵力状况和战斗能力及其后勤保障的信息，监督大本营、总参谋部和作战局致各方面军的命令、训令和教令的及时编写，从方面军接收和分析作战汇报、战役的最终报告和其他消息，为作战局局长编写关于使用大型军团的提案，向斯大林和大本营提供标明每个方面军战役态势和整体战略态势的地图，并协调与有关方面军或海军部队以及总参谋部下属兄弟局和处的一切合作事宜。除了负责西部和南部两个战区之外，作战局还负责确保远东和苏联内地军区的安全。为此，该局每天会收到远东方面军和外贝加尔方面军参谋长发来的当日报告；从1941年10月开始，总参谋部通信中心建立起这两个方面军司令部与作战局之间的直接有线通信联系，每天分别从下午14时至16时30分和13时30分至18时30分通信。后来，作战局远东处的参谋人员搬迁到古比雪夫。从1941年10月25日开始，从这两个方面军发出有关作战事务的一切通信，均直接送达位于莫斯科的作战局，而其他关于供应、组织和武器的通信则发往位于古比雪夫的远东处。

201. A.P. 安东诺夫，《伟大卫国战争期间的总参谋部作战局》，第12—13页；N. 洛莫夫、V. 戈卢博维奇，《关于总参谋部的组织结构与工作方法》，刊登在《军事历史杂志》第2期（1981年2月刊），第5页。

202. A.P.安东诺夫，《伟大卫国战争期间的总参谋部作战局》，第18页.

203. 同上。作战局局长通常在每天上午10时至11时之间向斯大林做第一次报告，一般通过电话方式报告。下午16时至17时之间，副总参谋长或者当面或者通过电话向斯大林报告。最后到午夜过后，副总参谋长和作战局局长会前往斯大林的住处做当面汇报，使用一比二十万比例尺的方面军态势地图作为这次详细汇报的基础。只有当斯大林收到全面涵盖当天全天24小时内前线战况的最终版战斗报告之后，总参谋部的工作日才会在每天清晨时分结束。汇报结束后，斯大林将会批准、修改或者驳回供他签署的命令、训令、教令或其他文书。如果斯大林驳回某些提案，那么负责的参谋只有根据斯大林的要求修改完材料之后，才能结束自己当天的工作。

204. S. M.什捷缅科，《战争年代的总参谋部》第1卷，第182页。

205. N. 洛莫夫、V. 戈卢博维奇，《关于总参谋部的组织结构与工作方法》，第18—19页。

206. 担任总参谋部作战局副局长的将军有：A. A. 格雷兹洛夫中将和N. A. 洛莫夫中将，负责政治事务的副局长是I. N. 雷日科夫少将。最著名的处长有：M. A. 克拉斯科维茨少将、S. I. 古涅耶夫少将、G. M. 丘马科夫少将、V. D. 乌特金少将、V. F. 梅尔诺夫少将、S. M. 叶纽科夫少将、N. E. 索科洛夫少将、N. V. 波斯特尼科夫少将、K. F. 瓦西里琴科少将、Iu. A. 库采夫少将（后来成为作战局副局长）、远东事务专家M. N. 科切罗金少将、中东事务专家S. A. 彼特罗夫斯基少将、负责起草报告的S. P. 普拉托诺夫中将、先后负责海军事务的V. I. 苏明和V. A. 卡萨托诺夫海军少将、负责炮兵和防空的N. M. 马连尼科夫少将、先后负责装甲坦克兵的P. I. 卡利尼琴科（后来担任某坦克集团军参谋长）、V. N. 巴斯卡科夫和L. M. 基塔耶夫装甲坦克兵少将、先后负责空军的N. G. 列列斯尼科夫和N. V. 沃罗诺夫少将、负责通信兵的K. I. 尼古拉耶夫少将、负责工程兵的V. A. 波利亚特科少将，以及负责与总侦察局联络的L. V. 奥尼亚诺夫中将。见S. M.什捷缅科，《战争年代的总参谋部》第1卷，第197页。

207. 见V. A. 佐洛塔廖夫主编，《国防人民委员1943》，第124—127页。这是国防人民委员第0071号命令。

208.同上，第125页。

209. 同上，第206页。这是国防人民委员第0420号命令。

210. V. A. 佐洛塔廖夫主编，《总参谋部1941》，第8页。

211. S. M.什捷缅科，《战争年代的总参谋部》第1卷，第194页。库兹涅佐夫1943年4月19日接替伊利切夫担任总侦察局局长以前，曾担任第60集团军军事委员会委员和沃罗涅日方面军军事委员会委员。1945年5月苏联西部战区的战事结束后，所需的侦察工作量明显减少。因此，国防委员会把国防人民委员部总侦察局和总参谋部侦察局合并成一个新的机关——总侦察局，并再次将其划归总参谋部。见迈克尔·帕里什，《较小的恐怖》，第238页。

212. 其中包括起草动员法令，削减后勤部队、机构和设施的数量，组建120个步兵师、17个骑兵师和50个独立步兵旅以及大批坦克旅和坦克营，并且补充位于前线和预备队的现有兵团。

213. N. 洛莫夫、V. 戈卢博维奇，《关于总参谋部的组织结构与工作方法》，第19页。

214. 同上，第14页提到，红军预备力量组建总局于7月28日组建。

215. S. M.什捷缅科，《战争年代的总参谋部》第2卷，第13页。

216. N. 洛莫夫、V. 戈卢博维奇，《关于总参谋部的组织结构与工作方法》，第14页。

217. S. M.什捷缅科，《战争年代的总参谋部》第2卷，第15页。

218. 总参谋部总组织局中最重要的处及其处长有：

处	处长
步兵和空降兵处	A. N. 内尔科夫上校 F. F. 特里申上校（1944年）
骑兵和装甲坦克兵处	S. V. 斯列坚斯基少将
炮兵和迫击炮兵处	P. I. 卡纽科夫少将
专业兵处（工程兵、通信兵和交通部队等）	P. A. 维什尼亚科夫上校 P.A. 波利蒂科上校（1944年）
空军处	I. S. 阿列克谢耶夫上校 N. K. 叶尔马科夫上校（1944年）
军队指挥处	F. M. 阿尔希波夫上校 A. I. 瑟切夫少将（1945年）
训练中心和军事院校处	N. O. 斯克沃尔佐夫上校 A. V. 戈尔德科夫上校（1944年）
后勤部队处	I. M. 叶先科上校
组织计划处	I. A. 基谢廖夫上校 S. N. 里亚博科伊尔科上校 P. V. 杜多拉多夫上校 I. I. 伊利琴科上校 A. A. 博奇科夫上校 M. N. 科斯京上校
军队实力处	S. M. 波多利斯基上校（后升少将）
军旗统计和颁发处	I. V. 斯米尔诺夫上校
军队补充处	I. I. 左特金上校 P. V. 杜多拉多夫上校（1944年）
运输次序处	I. K. 特卡琴科上校
军队配置处	A. K. 涅姆奇莫夫上校
监察处	A. N. 舒米洛夫上校
监督参谋	V. N. 赫鲁斯塔廖夫少校 I. I. 祖布科夫大尉

见S. M.什捷缅科，《战争年代的总参谋部》第1卷，第197页。[①]

[①] 译注：原文如此，这部分内容在该书中译本第二卷的第一章。

219. 同上，第16—17页。从1943年5月起，直到战争结束，卡尔波诺索夫的副职是N. I. 切特韦里科夫中将，切特韦里科夫有长达25年组织事务的工作经验积累，同时还领导该局的组织处。S. M.什捷缅科对卡尔波诺索夫的军旅生涯和后来命运的描述，可以生动体现斯大林经常随心所欲和朝令夕改的做法给总参谋部工作带来的难度：

从1942年4月到1946年10月，主管组织问题的部门由A. G.卡尔波诺索夫中将领导。他是一位真正的总参谋部军官：聪明、勤奋、工作能力强、彬彬有礼，尽管温和得有些胆怯。他能熟练掌握自己的业务，工作娴熟而仔细，并且总是直言不讳说出真相。然而，由于某种原因，他的军旅生涯未能善始善终。有些人天生就是"不走运"的人：他们的每一个过失都会被人大书特书，即便不是他们的过错而是代人受过，他们也没有机会为自己辩护。如果预备队没有及时到达前线，那么就会认为是卡尔波诺索夫的过错，尽管实际上是交通运输部门的疏误。如果红军预备力量组建总局没有及时给各师补充兵员，卡尔波诺索夫又会再次遭到指责，因为没有及时提出补充的申请。我和A. I. 安东诺夫不止一次听到斯大林埋怨卡尔波诺索夫，尽管最高统帅知道他熟悉自己的职责并能出色地工作。每当斯大林建议用另一位将军替换他时，安东诺夫都一次又一次地为他辩护。

远东的战事结束后不久，斯大林又一次谈到这个话题。

"应当把总参谋部获得的经验传授给各军区，"他按照习惯，一边在自己的办公桌后面故意来回踱着步子，一边说："总参谋部现在应当精减人员，精简下来的所有军官都应当派到各军区去。您那位红人卡尔波诺索夫也该走了。让他也下去传授经验吧。您打算把他安排到哪里？"他突然转过身，面对着安东诺夫问道。

安东诺夫一时不知所措。他想过为卡尔波诺索夫辩护，但斯大林提出问题的方式已经打消了提出反对意见的可能性。每当他不想讨论事情的时候，就经常这么做。

"请允许我考虑一下。"安东诺夫回答说。

"很好。在某个军区给他选个军区副参谋长的职务。"

1946年10月20日，卡尔波诺索夫被任命为伏尔加河沿岸军区副参谋长。他这个职务上一直工作到去世。

220. 这是国防人民委员第076号命令，全文见V. A. 佐洛塔廖夫主编，《国防人民委员1943》，第50页。

221. S. M.什捷缅科，《战争年代的总参谋部》第1卷，第194页。战争结束后，军事交通中央局又一次划归总参谋部隶属。然而，在隶属关系不断改变的整个过程中，由于军事需要，总参谋部始终与不同版本的军事交通中央局（军事交通局）保持着密切联系。

222. 1940年夏季，国防人民委员部曾在总参谋部内成立后方组建与供应局（Upravlenie ustroistva tyla i snahzhenii，缩写为UUTS），并于1941年年初将其改组成后方与物资计划局，从而强调总参谋部在策划方面的首要作用。

223. 同上，第195页。据现有资料所知，后方与物资计划局仅有两位局长，A. I. 希莫纳耶夫和N. P. 米哈伊洛夫。

224. V. A. 佐洛塔廖夫主编，《总参谋部1941》，第10页。

225. "军事测绘勤务（部门）"（Voenno-topograficheskaia sluzhba）词条，见M. M. 科兹洛夫主编，《伟大卫国战争百科全书》，第158页。

226. V. A. 佐洛塔廖夫主编，《总参谋部1941》，第10页。

227. S. M. 什捷缅科，《战争年代的总参谋部》第1卷，第194页。

228. 同上，第196页。

229. 同上，第2卷，第38—40页。1944年后期，随着大本营放弃沿最重要的战略方向使用大本营代表协调方面军群作战的做法，密码勤务局的任务变得更加复杂。这就要求总参谋部与这些不设大本营代表的主要方面军保持不间断通信，并从莫斯科直接指挥这些方面军，例如沿华沙—柏林方向作战的白俄罗斯第1方面军和乌克兰第1方面军。位于其他地方的大本营代表继续协调若干个方面军的行动，例如S. K. 铁木辛哥元帅协调乌克兰第2和第3方面军，华西列夫斯基元帅协调波罗的海沿岸第1和第2方面军，I. A. 戈沃罗夫元帅协调波罗的海沿岸第1和第2方面军的行动。[①]

230. 同上，第11页。

231. 20世纪20年代后期和30年代，红军总参谋部曾经系统研究过战争经验，例如西班牙内战的经验，但很明显，这种做法到30年代后期已经废止或者在很大程度上流于形式。

232. 这是国防人民委员第0324号命令，全文见V. A. 佐洛塔廖夫主编，《国防人民委员1941》，第216—217页。1943年12月11日颁布的国防人民委员第0443号命令，见V. A. 佐洛塔廖夫主编，《国防人民委员1943》，第228—231页，该命令就怎样利用战争经验的问题，确定该处与红军作战方面军（集团军）之间的详细工作关系。

233. S. M. 什捷缅科，《战争年代的总参谋部》第2卷，第20—24页。在许多其他资料当中，可参阅S. A. 格拉德什，《伟大卫国战争第一阶段战争经验的研究和使用》（Obobshchenie i ispol'zovanie boevogo opyta v pervom periode Velikoi Otechestvennoi voiny），刊登在《军事历史杂志》第7期（1987年7月刊），第14—20页。

234. 有意思的是，战争经验利用处卓有成效的工作也使其处长韦奇内伊少将受益，有利于让人们忘记他曾直接参与红军1942年5月在克里米亚的惨败。

235. 1948年以前，战争经验概括利用局共出版26期《战争经验选集》、22期长篇的《战术战例选集》和70期《情况通报》。例如，可参阅《战争经验研究材料选集》第1—26期，《根据伟大卫国战争经验的战术战例选集》（Sbornik takticheskikh primerov po opytu Otechestvennoi voiny）第1—23期（莫斯科：军事出版社，1943—1947年版）。1948年以后，战争经验概括利用局也没有停止工作。例如，从1947年开始，直到1960年，战争经验概括利用局（及其继承者军事科学院）编撰并出版43册关于伟大卫国战争的《战斗文书选集》。可参阅《伟大卫国战争战斗文书选集》第1—43册（莫斯科：军事出版社，1949—1960年版）。除了涉及军事话题（进攻、防御、追击等）之外，这套选集还曾有过一个雄心勃勃的计划——按照方向总指挥部和方面军，以时间顺序收集整理战斗命令和报告。不幸的是，总参谋部到20世纪60年代初放弃这项工作，把军事历史事务移交给军事历史研究所，而后者随即停止汇编这种选集。战争结束后，总参谋部军事历史局于1951年成为总参谋部新成立的总军事科学局下属的局，1953年缩编成总参谋部军事科学局下属的处，并以《伟大卫国战争军事历史材料选集》为标题，从1949年到1968年先后出版一系列共19册详细的战役研究丛书。见《伟大卫国战争军事

---

① 译注：戈沃罗夫协调波罗的海沿岸第2、第3方面军和列宁格勒方面军的行动。

历史材料选集》，第1—19册（莫斯科：军事出版社，1949—1968年版）。

236. S. M.什捷缅科，《战争年代的总参谋部》第2卷，第22—23页。

237. 把特别任务处扩编成特别任务局的国防人民委员第0318号命令，全文见V. A. 佐洛塔廖夫主编，《国防人民委员1943》，第315页。

238. 1942年11月，特别任务处在莫斯科与同盟国军事代表团建立第一次接触，随着盟军1943年在北非、西西里和意大利扩大军事行动的规模，这类接触也明显增加，尤其是1944年6月盟军终于在法国开辟第二战场之后。到最后，特别任务处（局）与同盟国派驻红军总参谋部的军事代表团密切合作，其中包括J. R. 迪恩准将领导的美国军事代表团、伯罗斯将军领导的英国军事代表团、让·德·拉特尔·德·塔西尼将军领导的法国军事代表团，以及来自挪威、捷克斯洛伐克共和国和南斯拉夫民族解放委员会的小型军事代表团。

斯拉温领导的这个局还负责向各盟国的总参谋部派出苏联军事代表团，代替驻该国大使，直接与该国统帅部打交道。苏联向英国派出的第一个军事代表团于1941年7月到达伦敦，其首任团长是F. I. 戈利科夫中将。但几天之后，N. M. 哈拉莫夫海军少将接替戈利科夫担任这个职务，直到1944年11月A. F. 瓦西里耶夫将军接替他并担任该职直到战争结束。

1944年夏季，总参谋部任命原西方面军第10集团军炮兵主任I. A. 苏斯洛帕罗夫少将，前往法国担任其驻同盟国远征军司令部的代表。苏斯洛帕罗夫一直担任这个敏感的职务，直到1945年5月德国投降。苏联派驻地中海战区和太平洋战区盟军司令部的代表，分别是A. A. 基斯连科少将和伊万诺夫斯基海军少将。更多详情，见S. M.什捷缅科，《战争年代的总参谋部》第2卷，第27—36页。

239. 洛莫夫、V. 戈卢博维奇，《关于总参谋部的组织结构与工作方法》，第17页。

240. S. M.什捷缅科，《战争年代的总参谋部》第1卷，第205页。

241. 关于总参谋部军官团的更多详情，见《红军总参谋部军官代表团工作的条例和细则》，刊登在《军事历史杂志》第2期（1975年2月刊），第62—66页；N. D. 萨尔特科夫，《胜利（伟大卫国战争中总参谋军官代表团）》，刊登在《军事历史杂志》第12期（1988年12月刊），第23—28页；N. D. 萨尔特科夫，《总参谋部代表》，刊登在《军事历史杂志》第9期（1971年9月刊），第54—59页；以及I. 库利科夫，《库尔斯克防御战役中的总参谋部军官一代表》（Ofitsery-predstaviteli General'nogo shtaba v oboronitel'nom srazhenii pod Kurskom），刊登在《军事历史杂志》第8期（1976年8月刊），第79—84页。

第十二章

军官团和指挥干部

从危机到复苏

战争前夕

1939年9月进军波兰东部和1939年年底至1940年年初苏芬战争期间，红军暮气沉沉的战斗表现证明这支军队正在努力克服许多严重问题，甚至早在"巴巴罗萨"行动开始之前，这些问题就已经对其战备状态造成不利影响。红军面临的最严重问题是几乎每一级司令部和指挥部都极度缺少训练有素、经验丰富、称职能干的指挥干部和参谋军官，这既是1937年到1941年期间红军军官团①遭到蓄意破坏的结果，又是这支军队从1938年到1941年6月急剧扩充的自然后果。无论哪一种原因造成的短缺，都向红军军官团提出不可能满足的需求，并导致苏联红军和苏联国家1941年6月22日以后遭受的灾难。

除了大约5万名最优秀、最有成就的军事首长和军事理论家被捕或强制退伍之外，战争开始后仍未结束的逮捕还给红军中留任的军官造成巨大影响，令他们陷入瘫痪：[1]

---

① 译注：officer corps，俄文版直译为"Офицерский корпус"。这是个借用名词，指全体军官组成的团体，原意特指普鲁士和两次世界大战中德国的全体军官。为便于阅读，除少数专有名词外，本章原文中的"officer"按照苏联1967年以后的含义译作军官，泛指尉官、校官、将军和元帅，不再转换成苏联当时实际使用的词汇。

波及全体人民的镇压浪潮造成无法挽回的损失。这种损失不但意味着数十万无辜者失去生命，其中有些人还是包括军队在内的所有职能领域中最有价值的专家，而且在很大程度上表现为继续留任的指挥干部诚惶诚恐，不敢越雷池一步，并丧失在上级指挥机关面前独立做出决定的能力。许多司令员和指挥员变得害怕表现出主动性，不敢承担合理风险。[2]

因此，对德战争最初的18个月里，红军的军官团和指挥干部不仅要经历军事上的一场场惨败，还不得不忍受一系列调查和逮捕及其引发的朝不保夕的气氛。这些措施通常由斯大林授意，并由 V. I. 贝利亚和 V. S. 阿巴库莫夫这样的"酷吏"实施，战争期间曾使许多位红军高级将领蒙难，也有的是在战争结束之后。

战争期间遭到惩处的军官可以分成五种类型。[3]第一类人是"替罪羊"，其中包括战争开始时的西方面军司令员和一位集团军司令员，他们被认为应当对西方面军在战争初期令人绝望的几个星期里全军覆没负责；第二类人是"破坏分子"，是指被认定没有以足够的积极主动精神实施反突击或反冲击的集团军司令员和军长。[4]第三和第四类人的罪状被认为比上面两类有过之而无不及。第三类人是"叛将"，他们率领的集团军在战斗中被国防军击败后，本人阵亡或被俘；第四类人包括弗拉索夫和追随他的"弗拉索夫分子"，A. A. 弗拉索夫曾地担任沃尔霍夫方面军突击第 2 集团军的司令员，1942 年 6 月他的集团军在柳班附近全军覆没，他本人被俘，后来又从德国战俘营里为自己组织的俄罗斯解放军（RDA）招募了一些军官。[5]

最后的第五类人，也是迄今已知数量最多的一类，他们的人事记录中包含着以种种方式敌视苏联政权和政策以及斯大林本人的蛛丝马迹。这类人的来源范围很广，有数十位高级将领来自作战军队和军事院校，甚至还有人来自国防人民委员部各中央局，这些人以这样或那样的方式激怒了国家安全机关和反间谍机关的积极分子。整体上，除了战争开始前遭到逮捕和强制退伍的数万名军官之外，至少还有 100 余位高级将领在 1953 年之前遭遇同样命运，其中大多数人沦为与伟大卫国战争并无直接关联的无辜受害者。[6]

除了逮捕和强制退伍导致军官团中出现的大规模缺口之外，红军在战前三年里迅速扩充和战争开始后数以百万计地大规模动员预备役军官，迫使国防人民委员部安排经验相对欠缺的军官走上他们不够资格担任的指挥岗位。例如，随着军队规模从 1935 年的 93 万人扩充到 1938 年年底的 151.3 万人，进而达到 1941 年 1 月 1 日的 420 万人（含内务人民委员部部队在内），各军事院校和训练班的毕业生只能满足全军所需的受训军官总数的 40%—45%，其中曾在自己将要就任的指挥级别上有过任何战斗经验的人更是微乎其微。[7]

因此，到 1940 年 5 月，红军缺少所需军官总数的 35%，大约 70% 的指挥干部在当前岗位任职尚不超过 6 个月。更糟糕的是，全军 50% 的营长、多达 68% 的连长和排长只在各军兵种开办的培训学校和训练班接受过 6 个月训练，只有少数团长和略多于 26% 的师长有实战经验。军长和集团军司令员的情况也仅仅稍有改善。以 1940 年为例，集团军的司令员、副司令员、参谋长和兵种主任只有 30% 是参加过第一次世界大战和国内战争的老战士，不过其中有大约 70% 的人曾在指挥岗位或参谋岗位上参加过苏芬战争、西班牙内战和哈拉哈河的对日冲突。[8]

为了解决上述问题，1940 年 5 月 7 日，斯大林重新设置苏联元帅和将军军衔，并晋升 G. I. 库利克、B. M. 沙波什尼科夫和 S. K. 铁木辛哥为元帅，6 月 4 日又晋升 982 位将军。[9] 其中有些人是斯大林的爱将，但还有许多人入选的唯一原因是对联共（布）的忠诚，多数人并没有值得一提的战斗经验。后来在战争期间，他们当中有许多比较年轻的军官最后成长为称职的、甚至是功成名就的野战司令员，这不得不说是一个奇迹。[10]

随着战争阴云笼罩整个欧洲，斯大林于 1941 年 1 月再次改组红军的指挥结构，任命 G. K. 朱可夫大将为总参谋长，K. A. 梅列茨科夫为负责军事训练的副国防人民委员，I. P. 阿帕纳先科、M. P. 基尔波诺斯、M. M. 波波夫、A. I. 叶廖缅科、S. G. 特罗菲缅科和 P. L. 罗曼年科担任军区司令员和集团军司令员，另外还有许多位"1940 级将军班"成员担任集团军司令员、军长和师长，或相应的参谋长。正如他们后来的经历所示，这 982 位将军当中会有许多人在战争中幸存下来并发挥重要作用（红军主要指挥干部的职务见《<巨人重生>资料篇》的附录二）。[11] 尽管如此，从事后分析的眼光来看，事实证明这些措施不过是表面文章，仅仅掩盖而不能真正解决各级司令部和指挥部全都缺少资深军官的严重问题。

1940 年和 1941 年年初提前晋升军衔和升迁职务的同时，国防人民委员部也在加快军官的专业培训进度，把军校数量增加了一倍，并大幅度增加现有军事学院、军事学校和指挥人员训练班的毕业生人数。尽管如此，红军在 1940 年夏季所需训练有素的军官人数是如此之多，以至于国防人民委员 S. K. 铁木辛哥只好申请重新调查 300 多位身陷囹圄的高级将领。因此，国防人民委员部设法使 250 位处在半逮捕状态的军官重返现役，其中包括 K. K. 罗科索夫斯基、A. V. 戈尔巴托夫、A. I. 托多尔斯基、A. V. 戈卢别夫、N. A. 叶尔内斯特和 V. A. 什塔利。① 另外，截至 1941 年 1 月 1 日，国防人民委员部和国家安全机关还为 1.2 万名因"政治上不可靠"而遭到逮捕②的指挥员和政治军官恢复名誉，并使他们重返现役。12

尽管付出上述艰苦努力来弥补军官短缺，但到 1941 年年初，红军距离编制要求还是缺少 8 万名指挥干部。因此，国防人民委员部命令伏龙芝军事学院、炮兵军事学院、步兵战术学院（Vystrel）③ 和其他步兵学校把 1941 届毕业生的毕业时间从 6 月下旬提前到 5 月。另外，国防人民委员部还安排 7.5 万名军官参加 1941 年 5 月和 6 月举行的特别训练演习，并命令红军各部就地开展特别训练演习和开办训练班。13

1941 年 6 月 1 日之前，尽管上述措施确实能在一定程度上缓解指挥干部的数量短缺，但到 1941 年 6 月战争开始的时候，红军军官团（特别是高级指挥干部）还是存在严重缺陷，不仅是人数上的短缺，还更明显地表现为素质上的欠缺。例如，1941 年 6 月 22 日，尽管红军和红海军共有大约 60 万名军官，预备役还有 91.6 万名军官，但到动员开始的时候，红军的陆军和空军距离编制要求还是缺少 3.6 万名（占 14%）基干军官，预备役还缺少 5.5 万名关键战斗领域和技术领域的专业军官。

---

① 译注：V. A. 什塔利是空军气象学家，这里可能是原步兵第35师师长 Iu. M. 什塔利（Юлиус Мартынович Шталь）。A. I. 托多尔斯基并未获释，他的15年徒刑到1953年6月期满，但继续流放，1955年从流放中获释和平反。

② 俄译注：这个词应该是"强制退伍"。

③ 译注：高级步兵学校，1921年改称"第三国际工农红军指挥人员高级步兵战术学校"，1924年改称"共产国际高级步校工农红军指挥人员步兵战术进修班"，1932年至1954年称"步兵战术学院"，后改称"沙波什尼科夫高级军官学校"。

红军战前的大逮捕和急剧扩充造成的另一个不利影响是其军官团的年龄结构严重失衡。例如，1941年6月22日，红军有28.6%的指挥干部年龄不超过25岁，45岁以上的指挥干部占1.4%，另外，有12.4%的指挥干部没有受过任何形式的正规军事教育。更糟糕的是，高级指挥人员当中有57.6%的人不到45岁，52.6%接受过高级军事教育，47.2%仅接受过中级军事教育，高达91%的人入伍服役不满20年。另外，全体预备役军官当中年龄在40岁以下的仅占39%。

因此，战争前夕，红军中的许多（甚至大多数）指挥干部缺少足够经验，不能胜任他们所担任的指挥职务。这种类型的军官虽然遍布几乎每一级司令部和指挥部，但是在军区（方面军）和集团军的司令部最为严重。例如，1941年6月22日，指挥波罗的海沿岸特别军区的F. I. 库兹涅佐夫上将到任不满一年；D. G. 巴甫洛夫上将1940年12月才就任西部特别军区司令员；而指挥基辅特别军区的M. P. 基尔波诺斯上将，直到1941年1月朱可夫奉命升任总参谋长时才接替他担任军区司令员。[14] 而在红军指挥结构的基层，有近70%的师长和团长、80%的营长到6月22日指挥自己的部下还不满一年。

总之，虽然有些军官（主要是中级军官）能够经受住战争初期的可怕考验，并在战争后续阶段成长为优秀的高级将领，但是还有许多人的表现很快证明自己根本无法应付面前的艰巨任务。

战争的挑战

国防军突然而毁灭性地侵略苏联，并使红军及其军官团遭受灾难性损失，这两个事件立即从红军指挥干部及其有效实施军事行动的角度给国防人民委员部带来两个旷日持久的挑战。第一个挑战是，国防人民委员部必须从红军基层或预备力量中选拔培训新的司令员和指挥员，填补战前留下的缺口，并接替战争最初几个月里牺牲的司令员和指挥员。第二个同样艰巨的挑战是必须设法提高现役指挥干部和参谋军官的素质。

国防人民委员部试图实现上述目标的过程中遇到过一系列巨大障碍，其中最令人望而生畏的障碍是苏联的动员制度全面缺乏效率。动员计划制定得既拙劣又不完整，再加上德国人入侵造成严重破坏，使国防人民委员部和总参谋部无法向新动员的集团军和师提供必要的指挥干部，更谈不上用新指挥干部和参谋军官补充已经投入战斗的军团和兵团。例如，国防军的突然袭击和后续快速推进，导致和平时期居住在西部各军区的预备役军官当中有44%—56%未能在动员期间前往执勤地点报到。只有列宁格勒军区和敖德萨军区的大多数预备役军官能够按要求报到，其他军区实施的动员都仓促而杂乱无章。[15]

尽管面临混乱的动员和灾难性的军事局面，大本营还是设法为作战方面军和集团军临时拼凑出一个因陋就简的新指挥控制结构，保证它们能在1941年剩余时间里继续战斗。例如，从1941年6月到9月，大本营使用大约3万名军官建成3个方向总指挥部、11个方面军和29个集团军。另外，截至1941年12月31日，国防人民委员部还建成286个新的师，改编22个师，解散124个师，后者中的大多数已在战斗中被国防军歼灭；还建成数百个旅、团和营（其中包括250个滑雪营）。包括1941年6月22日军队结构中原有的兵力在内，红军1941年拥有的全部军队相当于821个师。[16]12月31日以前，国防人民委员部已从1941年6月22日的预备役人才库中征召军官总数的大约75%加入现役。[17]

1942年全年和1943年的大部分时间，国防人民委员部继续以白热化的速度动员军队。例如，从1942年1月1日到11月1日，共新组建16个诸兵种合成集团军、4个坦克集团军、28个坦克军、8个机械化军、50个步兵师和骑兵师，以及数百个专业化的坦克、炮兵、工程兵和空军兵团和部队，并补充67个步兵师和骑兵师；从1942年11月1日到1943年12月31日，又新组建2个诸兵种合成集团军、3个坦克集团军、42个步兵师和44个各种类型的旅。[18]可想而知，这个过程无疑在选拔、任用和培训这批军队的指挥人员方面向国防人民委员部提出极其庞大的需求。

更糟糕的是，战争刚一开始，军官（特别是中级和初级指挥干部）的伤亡率就居高不下，又给国防人民委员部选拔培训军官的体系带来异常沉重的压力。例如，整场战争期间，红军军官的减员总数超过200万人，其中有63.1万人阵亡，39.2万人作战失踪，100余万人重伤。这个令人毛骨悚然的军官减员总数分解到各年，依次是1941年的31.6万人、1942年的54.4万人、1943年的57.7万人、1944年的45万人和1945年的16.6万人，其中绝大多数（占80.2%）担任指挥干部（阵亡和战斗中失踪的人数见表12.1）。[19]

重建军官团：教育和培训

通过征召预备役军官，从非战斗岗位抽调军官到战斗岗位，从军队基层选拔，改组、改革和扩充军事教育体系，国防人民委员部最终得以克服怎样获得军官和指挥干部这个巨大难题：

来源	军官人数（1941—1945年）
征召预备役	722586
军事学校培训	882790
军事学院培训	80860
指挥人员训练班培训	322327
从政工岗位调到指挥岗位	122310
从其他人民委员部抽调	21473
伤愈归队	721511
从基层（战士和军士）提拔	266891[20]

与此同时，国防人民委员部还采取措施，加强军官团的权威，改善其物质条件，并提振其士气。

整场战争期间，国防人民委员部从预备役、军事学院、军事学校和指挥人员训练班，以及结束疗养假期和从医院伤愈归队的伤病员当中，获得大部分补充军官和指挥干部。由于各种原因，上述每个类别的军官人数在不同年度有相当大变化。例如，1941 年和 1942 年，国防人民委员部在改革和扩建教育体系的同时，还从军事院校的行政岗位和教学岗位、后勤部队和后勤设施的指挥部和参谋岗位、各级兵役委员会和行政勤务部门的工作岗位，以及遍布红军全军的政工岗位获得大多数补充军官。另外，1943 年以前，国防人民委员部和海军人民委员部（NKVMF）还征召 8 万名女军官进入红军和红海军服役。[21]

1941 年 9 月 17 日苏联全境实施普及军训之后，国防人民委员部增加军官和指挥干部的数量，并提高其素质，从而大幅度强化获得军官的手段；因为如果不能实现这一点，就意味着继续保持较高的军官自然减员率，必然会导致战场上的失败。为此，大本营和国防人民委员部以增加教育培训设施数量和增强其实力的方式，改组、改革和大幅度扩充军事教育体系，从 1941 年

6月22日到1943年仲夏，教学和训练设施培养军官的能力总共增加了67%。

战争开始时，红军和红海军共有教育高级指挥干部的19所军事学院、7所高级海军学校、地方高等教育机构中的10个军事系，培训中级指挥干部的203所中等军事学校（voennye uchilishcha），数百所军事学校（voennye shkoly）和68所各类教育培训机构中的"指挥人员进修班"（kursy usovershenstvovaniia ofitserskogo sostava）。[22] 这些教育机构的教学期限分别是：军事学院3—5年，中等军事学校2—4年，军事学校4—9个月，进修班2—12个月。共有大约24万名学员（其中大部分曾经接受过某些中等普通教育或技术教育）进入这203所中等军事学校，毕业后担任排长并获得少尉军衔。[23]

国防人民委员部军事院校局（UVUZ）负责管理这些军事教育机构，但1941年9月20日以后，这个责任也由国防人民委员部各军兵种总局和局分担。国防人民委员部教育大多数高级指挥干部的场所不仅有军事院校局继续领导的伏罗希洛夫总参军事学院、伏龙芝军事学院和步兵战术学院（Vystrel），还有红军各军兵种管理的军事学院。这些军事学院的主要任务是通过现代化革新其课程和精简课时，克服红军高级指挥干部的短缺，并改善自身教学质量和毕业生素质，而这项任务在战争最初的18个月里绝非易事。

伏罗希洛夫总参军事学院在1942年年初改称伏罗希洛夫高等军事学院，战争时期位于莫斯科和乌法，最终共有1178位军官从该学院的主要训练班毕业，有176位从高级指挥干部进修班毕业。[24] 除了在培养高级指挥干部方面发挥关键作用之外，高等军事学院还作为一个"智库"，负责全面分析作战行动和发展新的战役战术理论，不仅为所有军兵种编写修订版的战斗条令，还针对战时所有类型的军事行动（特别是战略和战役级别的行动）编写了一大批深入研究的著作。例如，整场战争期间共编写详尽的军事科学著作和历史研究作品1700余部，其中包括大量批评性分析莫斯科、斯大林格勒、库尔斯克、白俄罗斯和柏林等会战的作品。[25]

伏龙芝军事学院的正式名称是以M. V. 伏龙芝命名的军事学院，战争时期位于莫斯科和塔什干，截至1943年12月已将6000余名毕业生派往前线，战争结束前又有1.1万人毕业。[26] 像高等军事学院一样，伏龙芝军事学院也致力于总结战争经验，从战争经验中吸取教训，并将其纳入研究课程。[27]

与教授诸兵种合成课程的伏罗希洛夫总参军事学院和伏龙芝军事学院不同，位于莫斯科以西的索尔涅齐戈尔斯克和车里雅宾斯克州克什特姆的红军高级指挥人员进修班，合称为步兵战术学院（Vystrel），主要向其毕业生提供步兵的复训进修课程。鉴于步兵在红军中占主导地位，步兵战术学院针对未来的中、高级军事和政治指挥干部以及军事学校教员提供初步培训。[28] 另外，步兵战术学院的教员还在研究战争经验的基础上，参与编写红军《1942 年战斗条令》、兵种战术手册和教令。战争结束前，步兵战术学院已为红军培养 2 万余名初级指挥干部。[29]

除了上述诸兵种合成和步兵的军事院校之外，国防人民委员部的教育培训体系还包括一些具体军兵种的军事院校和训练班，它们在各自所属兵种（炮兵、装甲坦克和机械化兵、工程兵等）的总局直接领导下开展工作。这些教育机构尽管全都要在 1941 年后期向东疏散其教育设施，1942 年全年还是有 56.4 万名军官毕业。

1943 年，受训军事干部的人数和素质都得到显著提高。随着红军开始更加雄心勃勃地实施更大规模进攻，军官团积累更多战斗经验，军事院校和训练班的总数也在 1943 年 12 月 31 日增加到 250 所，其中包括 30 余所高级军事学校和 200 余个指挥人员训练班。1943 年全年，大约有 36 万名年轻的军官、指挥员和政工人员从这些教育机构毕业并开赴前线，另有 1.25 万名军官从各军兵种的高级军事学校毕业。[30] 1943 年还有 25 万名军官从医院伤愈和结束疗养归队，有 7000 名军官从预备役转入现役。[31]

到 1943 年 7 月，国防人民委员部选拔军官的艰苦努力及其军事教育体系已经造就出足够数量的军官，能够满足红军当时对指挥干部的全部需求。截至这时，各军兵种还建立起一个由 9.35 万名经验丰富、训练有素的军官组成的储备人才库，其中 4.1 万人分配到红军军队组建与补充总局（GUFUKA）和军区，其他人分配到作战方面军和集团军。[32] 经过 1943 年下半年的进一步完善，到该年年底，国防人民委员部的军事教育培训体系已经达到 17 所军事学院和军兵种军事学院、2 个军事研究所、地方教育机构中的 8 个军事系、184 所中等军事学校和军事学校，以及 200 余个独立的训练班，它们开足马力为红军各军兵种和各级司令部（指挥部）的专业部队教育培训军事干部。[33]

另外，在总参谋部战争经验利用处（后来成为战争经验概括利用局）的主持下，国防人民委员部的军事教育机构还在分析战时战斗经验的基础上，编写出数百份研究各种形式战斗行动和保障行动的作品。这些研究作品成为总参谋部、国防人民委员部、大本营和国防委员会随后发布命令、训令和教令，改善红军军官团、指挥干部和军队的组织结构和战役战术效果的基本依据。

最后，除了克服军官和指挥干部短缺之外，从战争最初几个月开始，斯大林、联共（布）中央委员会、国防委员会和国防人民委员部还颁布一系列法令，把授予军衔的权力下放到较低级别的领率机关，并公开表彰军官在战斗中的优异表现和功绩，从而提高军官团的声誉和地位，提振军官的士气。例如，1941年8月和9月，国防委员会授权方面军和集团军的军事委员会可以颁发最高为少校的军衔，国防人民委员部各总局的局长可以任命最高为团长的指挥员。[34]

同样，1941年10月，国防委员会开始承认红军战士个人的英勇壮举，授权方面军和舰队的军事委员会以苏联最高苏维埃主席团的名义，向在战斗中有优异表现的战士授予勋章和奖章。到1942年，这项权力又进一步下放到集团军和舰队的军事委员会、军长、师长和团长。[35] 这些措施综合在一起，可以加快军衔的晋升速度，提高军官团的升迁流动性，改善军官团的地位和素质。当然，这场战争带来的血腥伤亡如同大浪淘沙，保证只有最称职和最有战斗力的军官才可以生存下来，从而也有利于改造军事干部。[36]

苏联最高苏维埃主席团在改善军官团的地位和素质方面实施的另一个主要步骤是，1942年10月9日在红军内正式废除政治委员制，恢复采用一长制（edinonachalie）的原则，并于10月13日在海军和内务人民委员部内采取同样的做法。[37] 按照新的一长制原则，司令员（指挥员）全权负责指挥其部属，各级司令部（指挥部）中负责政治事务的副司令员（副指挥员）代替原来的政治委员。因此，这项措施可以证明联共（布）对红军指挥干部的可靠程度更有信心，但不会削弱政治教育。

1943年5月下旬，国防委员会加速在全军推行一长制原则，在连一级撤销负责政治事务的副连长，同时还减少军、师、旅、防空地域和筑垒地域中负责政治事务的副参谋长人数，在兵团和军事院校用政治处处长代替负责政治事务的副指挥员或副参谋长。这些措施不仅能缓解政治委员和政治指导员制造的压抑气氛，还腾出 12.2 万余名有丰富战斗经验的政工人员，担任一线战斗指挥职务。[38]

为了进一步"强化军人的精神面貌"，1942 年后期，国防委员会颁布新的《军队荣誉条令》，授权以苏联最高苏维埃主席团的名义，向在战斗中有突出表现的红军军团、兵团和部队以及指战员个人颁发特定的荣誉奖励。随着时间的推移，伟大卫国战争勋章、苏沃洛夫勋章、库图佐夫勋章和亚历山大·涅夫斯基勋章等荣誉奖励相继问世。[39]

最后，苏联最高苏维埃主席团于 1943 年年初采用新的军人识别标志，突出军官与众不同的肩章，并于 7 月确立新的军衔和等级结构，以"增强指挥—领导干部的权威及其履行军事义务时的责任心"。[40] 从这时起，从少尉到上校的全部指挥人员和主管人员都被称为军官。1943 年 1 月和 10 月，苏联最高苏维埃主席团还强化这项改革，为主要兵种的首长设置新军衔，其中包括航空兵、炮兵、装甲坦克兵、工程兵和通信兵的元帅和主帅。[41]

指挥干部

出于几个原因，至今仍然很难，甚至根本不可能综合评价那些构成红军高级指挥干部的将军和元帅在战争的前 30 个月里表现出的能力和战斗力，更谈不上评价他们在整场战争期间的表现。第一，苏联和俄罗斯的军事历史很少透露这些司令员和指挥员的性格和品行，并经常在较小程度上隐瞒他们的部分战时经历。第二，虽然这些司令员和指挥员当中有许多人写过回忆录，并成为一本或几本个人传记的主角，但是这些作品中一切有可能使苏联国家及其武装力量感到难堪，或有损这些司令员和指挥员本人声誉的内容，都会在出版时人为地仔细删除，特别是在战争结束之后位高权重的那些人。

第三，这些战后回忆录和传记中关于个人经历的具体描述，还要反映创作这些作品时苏联内部的政治格局和权力关系。例如，1953 年去世之前，斯大林禁止高级将领撰写回忆录[①]，至少一部分动机是要长期保持赫鲁晓夫后来

---

① 俄译注：这种说法不准确，这种回忆录确实存在，有时甚至专门邀请高级将领做访谈。只不过，这些回忆录直到特定年份（如20世纪50年代末）才公开出版，或者收录在归类为"机密"的军事历史作品选集里。

所谓的"对斯大林的个人崇拜",维护这位最高领袖精心策划之下他自己是胜利的唯一缔造者的声誉。斯大林去世后,1953 年到 1958 年之间出版发行的回忆录和传记仍是涓涓细流,1958 年到 1964 年之间已形同洪水泛滥。这些作品虽然比它们的前辈更加准确和坦率,但是代表着苏联的新领袖 N. S. 赫鲁晓夫使苏联"去斯大林化"而做出的努力,强调斯大林的错误(如"巴巴罗萨"行动期间的错误),并诋毁斯大林最钟爱的司令员(如朱可夫)的声誉,同时又要避免包含有损于赫鲁晓夫及其战时同事声誉的信息。

1964 年,赫鲁晓夫的政敌把他赶下台之后,苏联的回忆录、传记和其他历史著作继续长期反映当时的政治现实。例如,朱可夫很快又声誉日隆,至少在一定程度上是因为他反对赫鲁晓夫,并支持克里姆林宫的新领袖;20 世纪 70 年代,历史学家也大肆宣扬苏联新领袖 L. I. 勃列日涅夫的战时功绩;20 世纪 80 年代后期,戈尔巴乔夫本着他的新"公开性"政策的精神,又揭露一些关于战时红军及其高级将领的新信息,往往也是令人不快的负面信息。然而,尽管"去斯大林化"和"公开性"政策新揭露的关于红军的信息更加准确,但笼罩在这种开诚布公周围的政治动机,还是令这些作品的准确性值得怀疑。

即使是今天,所有限制历史研究和准确性的枷锁都似乎已经在苏联 1991 年解体之后的近十几年里不复存在,可是还有更古老的禁忌在限制着历史准确性,现在又有一种新倾向在推波助澜,这种倾向不仅要捍卫在传统观念中红军所获得苏德战争胜利的辉煌程度,还要捍卫那些"伟大统帅"的声誉,他们早已被原来的历史认定是胜利的真正缔造者。对于一个"时无英雄"的国度,要继续把这些人物作为当代人的偶像,就需要进一步改写历史事实。[42]

还有一个原因同样导致至今难以准确认识战时红军高级将领的真实性格和才能,是他们遭到刻板化形象的抹黑,而这种形象是德国国防军的一代军官在战后岁月里撰写其回忆录时刻意炮制出来的。为了一心一意地强调希特勒是国防军失败的罪魁祸首,或者是出于自我辩解的需要,这些军官大多对自己的对手——红军的军事实力嗤之以鼻,只有少数值得注意的例外。下文是这种刻板化形象中一个措辞比较温和的版本:

俄国人的优良军事素质,在某种程度上被反应迟钝、思想僵化和懒惰的天性所抵销。但在战争期间，他们一直在进步，高级指挥官和参谋人员从德国人那里和他们自己的经验中学到了许多东西。他们变得能够因地制宜、积极主动和随机应变。当然，俄国拥有像朱可夫、科涅夫、瓦图京和华西列夫斯基这样极高水平的集团军司令和集团军群司令。而初级军官和中间指挥阶层中的许多人仍然笨手笨脚，不能当机立断；因为严格的纪律让他们害怕承担责任。彻底刻板化的训练使较低级的指挥官习惯于遵从教范和条令，剥夺了他们的积极性和主动性，而对一位优秀的战术家来讲，这些素质至关重要。在士兵队伍里，群居的本能是如此之强烈，以至于单个士兵总是被淹没在"人群"当中。俄军士兵和初级指挥官本能地意识到，一旦自己单独行动，就会完全不知所措。根据这样的群居本性，不仅可以找到他惊慌的根源，还可以找到非凡的英雄主义壮举和自我牺牲行为的根源。[43]

最后一个原因是，在苏德战争中的特定阶段，例如"巴巴罗萨"行动和"蓝色"行动，与军事行动同步发生的大规模混乱是如此非同寻常，以至于很难甚至不可能准确评价红军司令员和指挥员的实际能力，特别是斯大林的政治失误已经把他们置于根本无可作为的境地。例如，是不是可以合理地设想，假如1941年夏季红军还有任何一位像图哈切夫斯基、乌博列维奇、加马尔尼克、亚基尔和科尔克这样杰出的军事首长健在，就能比1939年和1940年他们的波兰、法国和英国同行们更有效地抗击德国国防军呢？没有人知道答案，但我们确实知道，"巴巴罗萨"行动造成的独特局面使红军全体指挥干部都不知所措，无论他们称职还是无能。

鉴于以上事实，在没有得到完整履历资料的情况下，评判红军高级将领能力的最好方法，甚至是唯一方法，是根据他们在指挥岗位上的成就和他们在下属指战员心目中的形象。

方向总司令

战争开始后不久，1941年7月斯大林委派他的三位爱将——苏联元帅伏罗希洛夫、铁木辛哥和布琼尼指挥新成立的西北、西和西南方向总指挥部，负责领导沿着三个关键方向战斗的红军各部。虽然他们是斯大林眼中最值得信赖、最富有经验，大概也是最称职的高级将领，但是这三个人无一例外，都没能制止国防军的进攻。他们行事呆板，甚至听天由命，始终未能掌握局面，而他们试图执行的防御计划也在德国人的闪击战战术面前彻底无所作为。

苏联元帅谢苗·米哈伊洛维奇·布琼尼曾在国内战争时期因指挥著名的骑兵第1集团军而声誉卓著。战争结束后，他从1924年到1937年担任骑兵总监察员，1937年到1939年任莫斯科军区司令员，1940年到1941年任第一副国防人民委员。[44] 作为斯大林最欣赏的一名骑兵，布琼尼却在试图应付1941年夏秋各场战役中标志性的现代化运动战时无所适从。因此，虽然7月到9月指挥的是西南方向，9月到10月指挥的是预备队方面军，但在7月的西乌克兰，8月的乌曼和基辅，10月的维亚济马和布良斯克，布琼尼仿佛巧合般地一再成为相当被动的旁观者，坐视灾难降临到他的军队头上。

因为不满意布琼尼1941年的平庸表现，斯大林于1942年年初[①]委派他指挥新成立的北高加索方向总指挥部，但不久又在他主持下发生1942年5月著名的克里米亚大溃败。尽管指挥军队时屡战屡败，布琼尼还是从1942年5月到8月继续指挥北高加索方面军。后来，斯大林明升暗降地让他担任红军骑兵司令员和国防人民委员部最高军事委员会委员这两个主要是礼仪性的职务，直到战争结束。虽然国内战争时期的布琼尼是一位技艺娴熟、胆识过人、极为成功的骑兵司令员，但到1941年，他显然已经落后于时代。正如他的经历所表明的那样，他根本没有能力在现代机械化战争中有效地指挥大兵团作战。[45]

像布琼尼一样，苏联元帅克利缅特·叶夫列莫维奇·伏罗希洛夫也成名于国内战争时期，察里津保卫战期间做过斯大林的助手，后来参与组建布琼尼的骑兵第1集团军，并担任军事委员会委员。[46]1921年协助镇压喀琅施塔得叛乱之后，伏罗希洛夫从1921年到1924年先后指挥北高加索军区和莫斯科军区，1925年帮助M. V.伏龙芝改编和改革红军，1925年到1934年担任陆海军人民委员期间，帮助斯大林巩固其苏联最高领袖的地位。作为对他忠诚的奖赏，伏罗希洛夫从1934年到1940年年初担任国防人民委员，但对红

---

① 译注：北高加索方向总指挥部的组建日期是4月21日，即克里米亚战败之前仅17天。

军在苏芬战争期间的惨淡表现负主要责任。斯大林虽然在战争结束后用铁木辛哥代替伏罗希洛夫，但仍保留伏罗希洛夫担任人民委员会（SNK）副主席和人民委员会防御委员会主席，他担任这两个职务一直到战争爆发。

"巴巴罗萨"行动开始后，伏罗希洛夫表现得比不幸的布琼尼好不到哪去。1941 年 7 月、8 月和 9 月上旬作为西北方向总司令，他率领下属军队极不光彩和代价高昂地一路败退到列宁格勒郊区，朱可夫接替他之后便在 9 月间拯救了这座城市。斯大林继续任用伏罗希洛夫在 1942 年组织游击运动，1943 年 1 月与朱可夫一起作为大本营代表，协调解除德国对列宁格勒的封锁，1943 年 12 月协调从克里米亚肃清德国军队的作战。

由于意识到伏罗希洛夫在前线已经不能发挥实际作用，斯大林在战争结束前委派他担任一些主要是礼仪方面的职务，例如让他作为随行人员之一参加在德黑兰举行的"三巨头"会议。伏罗希洛夫为斯大林服务时的坚决无情、对这位大元帅的逢迎态度和在职业军事方面的明显不称职，使他得到"斯大林的模范亲信"这个并不光彩的称号。仅仅这个优点，就足以使他的前途高枕无忧。[47]

苏联元帅谢苗·康斯坦丁诺维奇·铁木辛哥是这三位方向总司令当中最有军事才能的人，他在苏德战争期间的表现也仅比另两位同僚略胜一筹。作为一名参加过第一次世界大战和国内战争的骑兵老兵，铁木辛哥也同斯大林一起参加过察里津保卫战，并在布琼尼的骑兵第 1 集团军指挥一个师。[48] 国内战争结束后，他从 1925 年到 1933 年指挥骑兵第 3 军，从 1933 年到 1937 年先后担任白俄罗斯军区和基辅军区的副司令员，从 1937 年到 1939 年先后指挥哈尔科夫军区和基辅特别军区，并在此期间的 1939 年 9 月率领乌克兰方面军进军波兰东部。苏芬战争期间，他指挥西北方面军成功实施进攻，从而火中取栗般地替伏罗希洛夫解决了面临的难题，后来，斯大林于 1940 年 5 月任命铁木辛哥接替伏罗希洛夫出任国防人民委员。随后，铁木辛哥在战争前夕致力于对红军实施大规模改革，但以失败告终 ①。

---

① 俄译注：作者之所以认为铁木辛哥改革失败，是因为其未能完成。但这次改革本来也没有计划在 1941 年完成，而是 1942 年。因此，斯大林才会不惜一切代价推迟战争爆发。总的来说，铁木辛哥在战前担任苏联武装力量的管理者和改革者期间的功绩远远超过战前其他任何指挥人员，而历史学家并未对此给予应有的赞扬。

"巴巴罗萨"行动开始时，斯大林于1941年6月23日任命铁木辛哥为新组建的统帅部大本营主席，6月30日在保留他兼任副国防人民委员的同时，改任西方面军司令员，7月10日兼任西方向总司令。在此期间，性格坚韧和镇定从容的铁木辛哥只能无助地看着德国军队彻底消灭他的西方面军。尽管事态已明显超出他力所能及的控制范围，但铁木辛哥还是于7月在斯摩棱斯克地区组织防御，8月和9月上旬针对斯摩棱斯克周围的德国军队组织红军首次实施协调一致的反突击和反攻，从而促使希特勒暂时放弃向莫斯科的进攻，转兵南下进攻基辅。斯大林不顾朱可夫的警告，为时过晚地委派铁木辛哥代替布琼尼指挥西南方向，而铁木辛哥也只能无助地看着国防军在基辅附近合围并歼灭他的军队。

尽管1941年内发生这些惨败，铁木辛哥还是继续指挥西南方向和西南方面军，直到1942年5月在哈尔科夫又一次惨败。他虽然屡战屡败，但是其中大多数失败并不是他凭一己之力所能挽回，斯大林委派他从1942年10月到1943年3月指挥西北方面军，并在战争结束之前的几场重大军事行动中担任大本营代表。

值得赞扬的是，与伏罗希洛夫不同，铁木辛哥没有在20世纪30年代镇压红军军官团的过程中发挥明显作用；面对斯大林时，他也不像伏罗希洛夫、布琼尼等许多高级将领一样巧言令色。尽管在军事上多次失败，但事实证明铁木辛哥还是斯大林心腹小圈子里最称职的一位成员。[49]正如他的一位同事后来所写的那样："［铁木辛哥］拥有优秀而坚强的素质、无可指责的个人英勇和明智的批判性思维，但他并不适于担任国防人民委员这样的高级职务，而斯大林知道这一点。"[50]在较小程度上，这句话对于铁木辛哥担任方向总司令的经历同样适用。

方面军司令员

红军的战时军队结构中规模最大也最重要的军团，是大本营认为有能力执行战略任务和战役任务的作战方面军和非作战方面军。方面军或独立作战，或起初在方向总司令的松散领导下，后来在大本营代表的更严格控制下编组成群，在红军的战略性防御战役和战略性进攻战役中发挥最关键作用。因此，方面军司令员是红军在战略和战役两级最重要的高级指挥干部。然而，正如他们的战斗表现所示，很少甚至没有哪位方面军司令员能在战争初期充分做好准备，成功对抗德国的闪击战战术。

像任何一支突然连续遭遇军事灾难的军队一样，战争最初 18 个月的战斗如同一场残酷的"自然选择"，很快把称职和无能的人区分开来。红军当中有许多位方面军司令员无法应付 1941 年和 1942 年的一系列军事失败，表现不合格，但也有多得出人意料的另一些人，能够设法克服自身缺陷并继续留任指挥职务，尽管并非都能留任方面军司令员。有些人之所以未能满足大本营的期望，是因为他们不能适应现代化运动战，而另一些人只是被战争拖累得身心俱疲。斯大林迅速、坚决和经常无情地淘汰这两种人，只有少数人例外。然而，令人好奇的是，有时不完全称职的方面军司令员只要表现出不寻常的政治觉悟，就能使斯大林有充分理由保留他们的指挥职务，即使他们的糟糕战斗表现早已明确显示换人势在必行。

1941 年

除了少数值得注意的例外，1941 年 6 月到 12 月这灾难性的 6 个月里在职的红军方面军司令员当中，能经受住考验并继续担任指挥职务的比例高得令人意外，只是部分人降到较低的指挥级别。战争开始时，红军有 3 个方面军（西北、西和西南），战争最初两天新增 2 个方面军（北和南），接下来的两个月里又新增 5 个方面军（7 月 14 日的预备队方面军，7 月 24 日的中央方面军，8 月 16 日的布良斯克方面军，8 月 23 日的外高加索方面军，8 月 23 日在北方面军的基础上组建卡累利阿方面军和列宁格勒方面军）。8 月到 10 月上旬红军在斯摩棱斯克和维亚济马战败后，大本营解散中央方面军和预备队方面军，但 10 月 16 日又组建加里宁方面军，12 月 17 日组建沃尔霍夫方面军，12 月 30 日把外高加索方面军改编成高加索方面军。

战争最初的 6 个月里，大本营把红军的作战方面军个数翻了一番，从 5 个增加到 10 个，但先后担任过方面军司令员的将帅共有 25 位。这 25 位方面军司令员中，有 4 人（K. A. 梅列茨科夫、G. K. 朱可夫、I. S. 科涅夫和 S. K. 铁木辛哥）一直担任方面军司令员或大本营代表，直到战争结束；另外 4 人（A. I. 叶廖缅科、G. F. 扎哈罗夫、I. V. 秋列涅夫和 R. Ia. 马利诺夫斯基）先抑后扬，继成功担任集团军司令员之后，在战争结束时仍然指挥方面军。因此，在令人触目惊心的战争前 6 个月里担任过方面军司令员的红军将帅当中，有 8 人（占 32%）的表现足够出色，能指挥方面军迎来战争结束。

另外，战争最初 6 个月里担任过方面军司令员的红军将帅中，还有 15 人（占 60%）指挥方面军之后不久便改任较低级的指挥或参谋职务，并在这种职务上阵亡或坚持到战争结束。其中包括 I. I. 费久宁斯基、P. A. 库罗奇金和 M. G. 叶夫列莫夫（集团军司令员），I. A. 波格丹诺夫（坦克集团军司令员）[①]，P. A. 阿尔捷米耶夫、V. A. 弗罗洛夫、M. S. 霍津和 F. I. 库兹涅佐夫（军区司令员），Ia. T. 切列维琴科和 D. I. 里亚贝舍夫（步兵军军长），M. M. 波波夫（方面军参谋长），D. T. 科兹洛夫和 F. Ia. 科斯坚科（方面军副司令员），P. P. 索边尼科夫（集团军副司令员）和 S. M. 布琼尼（红军骑兵司令员）。

最后，上述在战争最初 6 个月里担任过方面军司令员的将帅当中还有 2 人（占 8%）在 1941 年丧生（后来 1942 年又有 2 人牺牲）。这 4 人当中有的死于德国人之手，有的则是自己人：M. P. 基尔波诺斯于 1941 年 9 月在基辅附近率领整个西南方面军陷入国防军的合围并全军覆没，他本人也随之阵亡；长期成功指挥第 33 集团军的 M. G. 叶夫列莫夫于 1942 年 4 月在维亚济马附近自杀，避免被德国人俘虏；F. Ia. 科斯坚科于 1942 年 5 月担任西南方面军副司令员时在哈尔科夫附近的合围圈中阵亡；而 1941 年 6 月下旬指挥西方面军在明斯克以西陷入合围和全军覆没后，D. G. 巴甫洛夫被判玩忽职守并处以死刑。

频繁更换司令员引发的指挥动荡往往会削弱一支军事力量的战斗力，正如红军的战斗表现清楚所示；1941 年和 1942 年两个夏秋战局中，红军不惜一切代价试图制止国防军高歌猛进的时候，作战方面军的指挥动荡次数也异常多。例如，1941 年下半年，随着红军作战方面军的个数从 5 个增加到 10 个，在这些方面军新上任和接替职务的司令员共有 28 人次，平均每个方面军有 2.8 任司令员，按 12 个月换算成全年，每个方面军有 5.6 任司令员。[51]

---

① 译注：应是集团军副司令员。这是混淆了两位波格丹诺夫。原预备队方面军司令员伊万·亚历山德罗维奇·波格丹诺夫中将，1942 年 7 月 19 日担任第 39 集团军副司令员时阵亡。后来的坦克集团军司令员 S. I. 波格丹诺夫在 1941 年是上校军衔的坦克师师长。

　　评价战争初期 6 个月里担任过方面军司令员的 25 位将军个人能力的最准确方法，是根据他们过去的军事经验，考察他们在战争最初 6 个月内红军各场防御战役和进攻战役中的表现。首先，这 25 位将军中的 24 人（I. P. 阿帕纳先科、P. A. 阿尔捷米耶夫、I. A. 波格丹诺夫、Ia. T. 切列维琴科、M. G. 叶夫列莫夫、A. I. 叶廖缅科、V. A. 弗罗洛夫、M. S. 霍津、M. P. 基尔波诺斯、I. S. 科涅夫、F. Ia. 科斯坚科、M. P. 科瓦廖夫、D. T. 科兹洛夫、P. A. 库罗奇金、F. I. 库兹涅佐夫、R. Ia. 马利诺夫斯基、K. A. 梅列茨科夫、D. G. 巴甫洛夫、M. M. 波波夫、D. I. 里亚贝舍夫、P. P. 索边尼科夫、I. V. 秋列涅夫、G. F. 扎哈罗夫和 G. K. 朱可夫）是著名的"1940 级将军班"成员，这批人在 1940 年 6 月晋升到他们战争开始时佩戴的军衔。[①]

　　上述 24 人中的 15 人早在 1940 年 6 月以前便已成为将军。其中包括 1940 年 6 月这一批晋衔的朱可夫、梅列茨科夫和秋列涅夫 3 位大将，阿帕纳先科上将和巴甫洛夫装甲坦克兵上将，叶廖缅科、叶夫列莫夫、基尔波诺斯、科涅夫、科斯坚科、科瓦廖夫、科兹洛夫、库兹涅佐夫、波波夫和里亚贝舍夫 10 位中将。因此，上述将军在战争开始时至少还有一些军事经验。然而，另外 9 人在 1940 年 6 月才晋升少将军衔，即战争开始仅一年之前还只是上校，所以缺少担任高级指挥干部的重要经验，他们是：阿尔捷米耶夫、波格丹诺夫、切列维琴科、弗罗洛夫、霍津、库罗奇金、马利诺夫斯基、索边尼科夫和扎哈罗夫。[②]

　　战争刚一开始，大多数"1940 级"将军严重缺乏经验的状况就从他们的表现里暴露无遗。虽然有些方面军司令员有能力避免在边境交战、斯摩棱斯克交战和基辅防御以及随后的红军夏秋季防御战局期间发生彻头彻尾的灾难，但是只有朱可夫、梅列茨科夫、切列维琴科和未来的方面军司令员 N. F. 瓦图京能取得出类拔萃的成就。总之，1941 年担任过方面军司令员的 24 位

----

　　① 译注：1. 这 25 人是将军衔，与上文 25 位方面军司令员不同。减少布琼尼和铁木辛哥两位元帅，增加远东方面军司令员阿帕纳先科和外贝加尔方面军司令员科瓦廖夫，这是两个非作战方面军。2. 第 25 人是 1941 年 8 月 12 日晋少将的费久宁斯基。3. 最后一句不正确，战争开始前的 1941 年 2 月 22 日还有一批人晋升军衔，阿帕纳先科和巴甫洛夫晋升大将，基尔波诺斯、切列维琴科、库兹涅佐夫晋升上将。

　　② 译注：1940 年 6 月 4 日以前，这 9 人都已经不是上校。其中 3 人原来的军衔是师级（阿尔捷米耶夫、波格丹诺夫和库罗奇金），2 人是军级（切列维琴科和弗罗洛夫），霍津是二级集团军级。这次授衔，上述 6 人晋升、改授或降为中将，其余 3 人（马利诺夫斯基、索边尼科夫和扎哈罗夫）从旅级晋升少将。

"1940 级将军班"成员中，有 11 人能留任这级指挥职务到该年年底。

朱可夫的无与伦比的才能充分展示在 9 月的列宁格勒和 11—12 月的莫斯科这两场顽强、成功但血腥的防御战役中，梅列茨科夫于 11 月和 12 月指挥第 4 集团军在季赫温击败德国军队，切列维琴科于 11 月和 12 月指挥南方面军在罗斯托夫赢得自己的标志性胜利。同时，瓦图京先后于 7 月和 8 月在索利齐和旧鲁萨、10 月在加里宁策划的反冲击和反突击，虽以失利告终但在其他方面造成深远影响，使他原来作为一位出类拔萃的总参谋部军官的声誉更加卓著。同样，科涅夫、科斯坚科、库罗奇金和马利诺夫斯基（以及梅列茨科夫在较小程度上）帮助红军在莫斯科反攻和随后的冬季战局中取得胜利。[52]

马尔基安·米哈伊洛维奇·波波夫上将[①]可以作为典型，代表成功经受住 1941 年风暴的考验，并在战争后续阶段继续干练地担任指挥职务的方面军司令员。他在战前便已经树立自己作为无畏斗士的美名，并在军旅生涯早期曾与朱可夫共事。[53]战争开始后，时年 41 岁的波波夫面临着指挥北方面军保卫列宁格勒的严峻挑战，而这个任务原本只需要向北防御从芬兰通往这座城市的陆上接近地。然而，应当防御列宁格勒南接近地的西北方面军迅速崩溃，最终迫使波波夫在保卫列宁格勒时要同时抗击来自南北两个方向的突击。尽管曾经有不称职的上级伏罗希洛夫不断干涉，但最终在朱可夫帮助下，波波夫还是以妥善方式完成了这项具有挑战性的任务。

1941 年年底和 1942 年先后指挥列宁格勒方面军、第 61 集团军和第 40 集团军，并在斯大林格勒会战期间担任斯大林格勒方面军和西南方面军参谋长[②]之后，波波夫在 1942 年年底指挥新组建的突击第 5 集团军，并在 1943 年 2 月攻向顿巴斯地区的一场大胆，但未能取胜的进攻战役中，指挥一个以他的姓氏命名的实验性快速集群。斯大林认识到波波夫的才干，在库尔斯克会战的准备阶段先后委派他指挥预备队方面军和草原军区，并在库尔斯克会战打响之前改任布良斯克方面军司令员。1943 年 8 月和 9 月，他指挥该方面

---

① 译注：1943 年 4 月 23 日晋升上将，8 月 26 日升大将。本章原文有几位将领的军衔既不符合本书默认的 1943 年年底视角，又不符合语句的具体时间。相应文字可能来自描写库尔斯克会战的作品。

② 译注：按照官方生平应是副司令员。

军成功实施进攻并解放布良斯克。从这时起，波波夫指挥波罗的海沿岸方面军和波罗的海沿岸第2方面军，后来担任列宁格勒方面军和波罗的海沿岸第2方面军的参谋长，直到战争结束。

有一位同僚虽然很少称赞红军将领，但指出：

> 波波夫……则是一个性格迥异的人。他身材高大，姿容良好，一头金发，五官端正。他面貌年轻、健谈而且风趣幽默，还是一位热心的体育健将。波波夫思维敏捷、逻辑清楚，深受官兵们一致爱戴；不过，他在战争中的运气却总是很差。虽然他可以在战场上夺取胜利，有时还是非同寻常的胜利，但是与斯大林关系密切的人却不喜欢他。可能斯大林本人就不喜欢他。波波夫曾先后两次从方面军司令员的职务上被撤职，后来，他还要在崔可夫这位最平庸、冒失和粗鲁的首长手下渡过余生。在远东地区服役后，我不止一次见到过波波夫。战争期间，我曾在他麾下波罗的海沿岸第2方面军的某集团军服役过一段时间……我对这个人抱有最崇高的敬意。[54]

朱可夫在他的回忆录里刻意避免提到波波夫，而什捷缅科盛赞波波夫是"我军最杰出的将领之一"。[55]

战争最初的6个月里，大本营对方面军司令员所抱的期望往往不切实际，其中最典型的代表人物是安德烈·伊万诺维奇·叶廖缅科。战争开始时，这位经验丰富的中将正值49岁，是红军中颇负盛名的红旗远东第1集团军司令员。根据他以前在进军波兰东部时担任骑兵军军长的表现，叶廖缅科得到一个绰号："俄国的古德里安"。[56]

1941年7月，大本营从远东的岗位上召回叶廖缅科，任命他为西方面军副司令员。叶廖缅科在斯摩棱斯克交战初期担任这个职务后，斯大林于8月下旬委派他指挥布良斯克方面军，并赋予他一项不切实际①的任务——阻止

---

① 俄译注：8月下旬赋予叶廖缅科的任务是非常现实的，古德里安的第二装甲集群南下以后，布良斯克方面军在人数上占有对当面德军至少两倍的优势，而大本营拒绝从基辅后退，也是希望布良斯克方面军能在第二装甲集群侧翼取得胜利，但叶廖缅科没有兑现自己的诺言。

国防军向基辅推进。古德里安的第二装甲集群随后在9月的激烈战斗中一举击溃兵力兵器方面居于绝对劣势的叶廖缅科方面军，后来10月又在布良斯克地区合围并歼灭该方面军大部，并在此过程中击伤叶廖缅科本人。

叶廖缅科伤愈之后，斯大林于1941年12月安排他指挥新成立的突击第4集团军，1942年1月，叶廖缅科率领该集团军向国防军后方纵深处的斯摩棱斯克发起一场气势恢宏的进攻。作为他在1941—1942年冬季期间取得成就的奖励，斯大林于1942年7月任命叶廖缅科指挥东南方面军（即后来的斯大林格勒方面军），命令他制止国防军向斯大林格勒继续推进。由于这位司令员的坚韧不拔，到9月和10月，叶廖缅科的军队已成功地把德国第六集团军拖在斯大林格勒的瓦砾堆里。

1942年11月和12月策划和实施红军在斯大林格勒地区的进攻时，叶廖缅科发挥了积极的推动作用，为奖励他的成就，斯大林于1943年1月和2月委派他指挥南方面军，后来指挥1943年10月的加里宁方面军，1943年10月11月的波罗的海沿岸第1方面军，1944年4月的独立滨海集团军，1944年4月至1945年3月的波罗的海沿岸第2方面军，1945年3月至战争结束时的乌克兰第4方面军。[57] 除了在斯大林格勒取得重大胜利之外，叶廖缅科还成功策划1943年10月的涅韦尔进攻战役，并在1944年和1945年波罗的海沿岸地区的艰苦战斗中击败国防军一部。

叶廖缅科从1942年年底到战争结束的辉煌战绩，很大程度上可以抹去与他1941年遭遇惨淡失败有关的大多数不愉快记忆。朱可夫在他的回忆录里几乎没有提到叶廖缅科作为司令员的素质特点，可能是因为后者曾在斯大林格勒与赫鲁晓夫过从甚密；不过，什捷缅科指出，叶廖缅科在这〔他担任波罗的海沿岸第2方面军司令员〕之前先后指挥过6个方面军，他的名字与苏联军队在斯大林格勒取得的辉煌成就密切相关。[58] 叶廖缅科的战斗记录所表明的最重要内容是，无论在什么样的对手面前，他都是一名娴熟而顽强的斗士。

尽管战争最初的6个月里担任集团军司令员和方面军司令员时屡次遭受灾难性的失败，但伊万·斯捷潘诺维奇·科涅夫大将还是在莫斯科会战期间脱颖而出，他指挥的加里宁方面军成为红军取胜的先锋之一。后来，科涅夫在战争结束前声誉鹊起，成为红军最优秀、最有成就的方面军司令员之一，并明显成为用来制衡朱可夫的人物。[59]

战争开始后，时年 56 岁的科涅夫在失利的斯摩棱斯克防御期间指挥第 19 集团军，并在 1941 年 10 月维亚济马周围的交战中指挥被国防军歼灭的西方面军。[60] 部分得益于朱可夫替他斡旋，科涅夫没有因斯大林的愤怒而遭到惩处，在莫斯科防御和后来的莫斯科进攻战役期间担任加里宁方面军司令员。又是在朱可夫的指导下，1942 年夏季和秋季科涅夫指挥加里宁方面军和西方面军，1942 年 11 月和 12 月与朱可夫一起在命运多舛的"火星"行动严重受挫，而朱可夫再一次施以援手，使科涅夫免受贬黜。

1943 年春季，科涅夫曾短暂地指挥西北方面军，然后根据朱可夫的推荐于 6 月接管草原军区，而他从此时来运转。除了 7 月和 8 月在库尔斯克的胜利期间指挥草原方面军之外，科涅夫还率领他的方面军（已改称乌克兰第 2 方面军）在 9 月一路长驱直入，追击德国军队至第聂伯河，10 月又夺占该河对岸几处相当规模的登陆场，不过其所部未能按照命令在同年晚些时候把德国军队赶出克里沃罗格地区。继 1943 年取得令人瞩目的成就之后，科涅夫又以杰出的表现先后率领乌克兰第 2 方面军和乌克兰第 1 方面军，直到战争结束。

虽然他的同僚形容科涅夫"情绪暴躁"，但是也有人指出："在困难的情况下表现出的个人勇气和积极主动精神，是科涅夫在整场战争中作为一位军事首长的典型特征……科涅夫尤其喜欢钻研军事历史，究其一生，他都认为这是成功的必要因素之一。"另外有人指出科涅夫经常严以御下，自视甚高，容易对同僚产生嫉妒心理。[61] 还有些人称赞他下定决心和付诸行动时雷厉风行，并不过度约束部下。尽管"他的行为还可以让人接受"，但有时候"成为他发火的对象还是有些令人恐惧……在他手下服役过的人，全都对科涅夫的脾气多有诉病。不过，他们并没有指责他会像崔可夫那样侮辱人"。[62]

1942 年

红军在 1942 年不得不再次经历磨难的考验，但这次承受的痛苦比 1941 年小得多。因此，到 1942 年年底，大本营已经选拔出最后指挥红军夺取战争胜利的大多数高级指挥干部。以经受住 1941 年考验而继续留任的 4 位方面军司令员为核心，大本营又找到另外 5 位将会继续任职到战争结束的方面军司令员。

1942 年 1 月 1 日的军事行动开始时，大本营共有 10 个作战方面军（卡累利阿、列宁格勒、沃尔霍夫、西北、加里宁、西、布良斯克、西南、南和高加索），1942 年冬季战局期间又把高加索方面军拆分成克里米亚方面军和外高加索军区。1942 年 4 月和 5 月克里米亚方面军在刻赤遭受可耻的失败后，大本营于 5 月 20 日将其残部改编成北高加索方面军，并把外高加索军区改编成完整的方面军。

1942 年 6 月下旬和 7 月上旬的"蓝色"行动初期，国防军粉碎和歼灭西南方面军的主力以后，大本营解散该方面军，代之以 7 月 7 日和 14 日组建的沃罗涅日方面军和斯大林格勒方面军，命令这两个新的方面军沿顿河一线和斯大林格勒方向实施防御。南方面军在国防军的无情重压之下垮台后，7 月 28 日，大本营解散该方面军，将其军队编入新的北高加索方面军，命令这个新的方面军防御高加索地区的接近地。作为制止国防军快速挺进斯大林格勒的最后一步尝试，8 月 7 日，大本营使用在斯大林格勒方面军左翼展开的几个集团军组建东南方面军，命令该方面军防御斯大林格勒东南方的接近地。

随着俄罗斯南部局势的恶化，国防军进抵斯大林格勒并长驱直入高加索地区，大本营于 9 月 1 日把北高加索方面军改编成外高加索方面军黑海集群。后来，当 9 月 28 日德国军队突破到斯大林格勒市区时，大本营把实际防御顿河沿线的斯大林格勒方面军改称顿河方面军，实际防御斯大林格勒市区的东南方面军改称斯大林格勒方面军。最后，随着国防军进攻势头减弱，大本营于 10 月 22 日重新组建西南方面军，并将其展开在顿河方面军和沃罗涅日方面军的接合部，为今后在斯大林格勒地区实施进攻做准备。

综上所述，尽管番号频繁变更，大本营实际上还是把红军的作战方面军从 1942 年 1 月 1 日的 10 个增加到 1942 年 12 月 31 日的 12 个。[63] 包括 1941 年留任的 4 人在内，共有 21 位将帅在 1942 年担任过方面军司令员。这 21 位中的 9 位（L. A. 戈沃罗夫、K. A. 梅列茨科夫、G. K. 朱可夫、I. S. 科涅夫、M. A. 普尔卡耶夫、K. K. 罗科索夫斯基、S. K. 铁木辛哥、N. F. 瓦图京和 I.

V. 秋列涅夫）会继续担任方面军司令员或大本营代表，直到他本人去世或战争结束，另外 2 位（A. I. 叶廖缅科和 R. Ia. 马利诺夫斯基）继成功担任集团军司令员之后，会指挥方面军迎来战争结束。因此，1942 年担任方面军司令员的红军将帅中有 11 人（占 52%）表现良好，能指挥方面军迎来战争结束，相比之下，1941 年的百分比是 32%。

另外，1942 年担任过方面军司令员的红军将帅中，其余 10 人（占 48%）指挥方面军之后不久便改任较低级的指挥或参谋职务，并在这种职务上阵亡或直到战争结束，相比之下，1941 年的比例是 60%。这 10 人当中包括 P. A. 库罗奇金和 V. N. 戈尔多夫（集团军司令员），V. A. 弗罗洛夫、M. S. 霍津和 M. A. 列伊捷尔（军区司令员），F. I. 戈利科夫（国防人民委员部的总局局长），D. T. 科兹洛夫和 F. Ia. 科斯坚科（方面军副司令员），以及 Ia. A. 切列维琴科（步兵军军长），最后一位是布琼尼，斯大林让他担任徒有其名的红军骑兵司令员直到战争结束。1942 年的这批方面军司令员共有 2 人在战争期间牺牲，一位是 1942 年 5 月哈尔科夫交战期间阵亡的 F. Ia. 科斯坚科，另一位是 1944 年 2 月下旬担任乌克兰第 1 方面军司令员时被乌克兰游击队重伤致命的 N. F. 瓦图京。

尽管 1942 年方面军内的指挥动荡次数有所减少，但还是相对较高，因为这些方面军的编制在抗击"蓝色"行动时急剧变化。因此，虽然 1942 年红军作战方面军仅从 10 个略微增加到 12 个，但在这些方面军新上任和接替职务的司令员共有 21 人次，平均每个方面军有 2.0 任司令员，而 1941 年的 6 个月是每个方面军有 2.8 任司令员，1941 年全年 5.6 任。[64] 同一时期，红军的指挥岗位上又涌现出许多最杰出的战时司令员，特别是斯大林格勒会战的胜利和随后的 1942—1943 年冬季战局期间。

1942 年年内，"1940 级将军班"又有 7 位毕业生（L. A. 戈沃罗夫、F. I. 戈利科夫、V. N. 戈尔多夫 M. A. 普尔卡耶夫、M. A. 列伊捷尔、K. K. 罗科索夫斯基和 N. F. 瓦图京）加入 1942 年年初担任司令员的 12 名班级成员行列（I. P. 阿帕纳先科、Ia. T. 切列维琴科、A. I. 叶廖缅科、V. A. 弗罗洛夫、M. S. 霍津、M. P. 科瓦廖夫、D. T. 科兹洛夫、I. S. 科涅夫、P. A. 库罗奇金、R. Ia. 马利诺夫斯基 K. A. 梅列茨科夫和 I. V. 秋列涅夫）。但到这年年底，这 19 人当中还有 13 人（阿帕纳先科、叶廖缅科、弗罗洛夫、戈沃罗夫、科瓦廖夫、科涅夫、马利诺夫斯基、梅列茨科夫、普尔卡耶夫、列伊捷尔、罗科索夫斯基、瓦图京和秋列涅夫）仍旧留任方面军司令员。其余 6 位 "班级成员"（切列维琴科、戈利科夫、戈尔多夫、霍津、库罗奇金和科兹洛夫）已在年底之前降级成集团军司令员，因为他们担任方面军司令员的表现未能满足斯大林的期望。

根据他们的战斗记录和个人素质，1942 年新上任方面军司令员中最有能力，也最有建树的红军将领，当数 K. K. 罗科索夫斯基、N. F. 瓦图京、R. Ia. 马利诺夫斯基和 L. A. 戈沃罗夫。

康斯坦丁·康斯坦丁诺维奇·罗科索夫斯基大将从 1942 年 7 月开始担任方面军司令员，时年 45 岁的他已经为自己树立起一位异常仁慈和优秀司令员的声誉。[65]1941 年 6 月下旬，罗科索夫斯基率领麾下兵微将寡的机械化第 9 军在乌克兰的杜布诺地区，向德国装甲先头部队发起一场组织良好但毫无进展的反冲击，第一次展示出他的战斗技巧和英勇精神。从西南方向调到西方向之后，7 月上旬，罗科索夫斯基巧妙地指挥亚尔采沃战役集群（"罗科索夫斯基"集群），为挫败德国人合围斯摩棱斯克周围红军兵力的企图做出了贡献，并促成希特勒推迟向莫斯科的进攻，转而寻求歼灭基辅地区的红军兵力。

1941 年后期和 1942 年上半年指挥西方面军第 16 集团军的时候，罗科索夫斯基在 1941 年 11 月的莫斯科防御、12 月的莫斯科进攻战役、接下来 1941—1942 年冬季的全面总攻和 1942 年夏季为迟滞国防军向斯大林格勒推进而发起的牵制性进攻期间扮演关键角色。这一时期，作为朱可夫麾下最可信赖和最有战斗力的集团军司令员，罗科索夫斯基经常质疑朱可夫的判断，战后又批评他的冷酷无情和对伤亡的漠视。[66]然而，尽管他对朱可夫的指挥风格有所保留，但罗科索夫斯基还是继续平步青云。1942 年 7 月指挥布良斯克方面军时，他策划针对沃罗涅日地区德国守军的几场进攻战役，这些战役虽然未能取胜，但是对红军随后在斯大林格勒成功实施防御做出重大贡献。为了表彰他的成就，斯大林于 1942 年 9 月任命罗科索夫斯基担任新组建的顿河方面军司令员，而他在斯大林格勒会战期间出色地指挥这个方面军。

歼灭不可一世的德国第六集团军于斯大林格勒之后，罗科索夫斯基在 1943 年 2 月和 3 月的奥廖尔—布良斯克—斯摩棱斯克进攻战役期间率领新组建的中央方面军，试图粉碎国防军的防御并进抵第聂伯河。尽管冬季的气象条件极为恶劣，罗科索夫斯基还是斩获颇丰，直到受阻于 1943 年 3 月中旬的糟糕天气以及冯·曼施泰因在顿巴斯和哈尔科夫地区的反攻，著名的库尔斯克突出部就此形成，可以看作是他胆识过人并能充分利用有限兵力取得最大战果的有力见证。

1943 年 7 月在库尔斯克，罗科索夫斯基再度使自己作为一名精明强干的方面军司令员美名远扬，他的巧妙防御挫败国防军装甲兵精锐，使其未能突破自己的战术防御地幅。罗科索夫斯基的方面军尽管在库尔斯克的激烈战斗中受到严重削弱，还是参加 8 月和 9 月铲除德军奥廖尔突出部的进攻。乘奥廖尔战役之胜，罗科索夫斯基随即于 9 月上旬在谢夫斯克附近一举粉碎国防军的防御并实施深远突破，到 10 月上旬，已彻底分割国防军在苏德战场的防御，使他的方面军前出至第聂伯河并成功渡河。

1943 年秋季，罗科索夫斯基在红军试图解放白俄罗斯的失利中也同样战功赫赫，相比之下，其友邻方面军的司令员如索科洛夫斯基只是屡战屡败。[67]后来，罗科索夫斯基指挥白俄罗斯第 1 和第 2 方面军在战争结束前多次取得胜利，从而使他的辉煌战争经历登峰造极。令人好奇的是，苏联和俄罗斯历史学家虽然习惯于隐瞒战斗失败，但是同样闭口不谈罗科索夫斯基的某些最辉煌的战役胜利。[68]

罗科索夫斯基在其他红军将领中享有崇高声誉，许多德国将领也称他是"俄国陆军最好的将军"。[69]最重要的是，与红军的许多高级将领不同，他能赢得战士们的尊重。例如，第 21 集团军（后来的近卫第 6 集团军）司令员 I. M. 奇斯佳科夫这样写道："总的来说，我每次见到罗科索夫斯基时都会感到一种感染力。康斯坦丁·康斯坦丁诺维奇总是全神贯注地倾听自己同事的意见，要求苛刻但公平。他从不挫伤下级的自尊心，说话时也从不提高嗓门。可想而知，并不是每个人都具备这样的素质。"[70]

另一位当代的传记作者补充道："罗科索夫斯基集杰出的专业能力、不露锋芒的谦逊态度和对传统军事价值观的认同感于一身。这场战争期间，尽管苏德双方都致力于用最野蛮的手段互相报复，但面对曾经强大的对手和绝望的德国平民遭受苦难时，罗科索夫斯基还是表现出人道主义和同情心。"[71]

尼古拉·费奥多罗维奇·瓦图京大将是大本营的"神童"，直接从主要参谋岗位迅速崛起为 1942 年 11 月斯大林格勒会战期间的西南方面军司令员。作为一位年仅 42 岁的大将，瓦图京被誉为红军中最敢于冒险的将领，可谓实至名归。[72] 战前在总参谋部工作期间，他按照朱可夫和沙波什尼科夫的指导，在制定国防计划和动员计划的过程中发挥了重要作用。战争爆发后，斯大林不顾瓦图京本人的反对，开始使用他作为关键作战地段的私人代表。

1941 年 6 月下旬，斯大林任命瓦图京为西北方面军参谋长，瓦图京这时第一次表现出自己的过人胆识。他以这个身份策划 1941 年 7 月和 8 月红军在索利齐和旧鲁萨的猛烈反击，虽代价高昂但迟滞国防军向列宁格勒推进，并为拯救这座城市做出贡献。同样，10 月的莫斯科防御期间，瓦图京组建并率领一个特别战役集群，把国防军的推进制止在加里宁，使其未能切断至关重要的莫斯科—列宁格勒铁路线。

红军的 1941—1942 年冬季总攻期间，瓦图京作为派驻西北方面军的大本营代表，协调该方面军各部把德国的两个军合围在杰米扬斯克地区，但未能将其歼灭。1942 年 5 月，瓦图京奉命回到莫斯科，担任华西列夫斯基在总参谋部的副职；1942 年 7 月，根据瓦图京的请求，斯大林委派他指挥沃罗涅日方面军。1942 年夏末，瓦图京在沃罗涅日地区对国防军实施几场旷日持久的反突击，但未能取胜，斯大林随后选择他指挥新的西南方面军，在红军 11 月的斯大林格勒反攻中担任先锋。瓦图京的军队以他特有的巧妙和大胆方式在顿河沿岸一举击溃罗马尼亚军队，11 月合围德国第六集团军于斯大林格勒；经过短暂的战役间隙，12 月又沿顿河中游粉碎意大利第八集团军，彻底终结德国人解救困境中的第六集团军的任何希望。取得斯大林格勒地区的胜利之后，1943 年 2 月，瓦图京率领西南方面军气势恢宏但莽撞地突入顿巴斯。虽然瓦图京因兵力过度分散而最终被冯·曼施泰因击败，但是他的进攻一度令德国守军罕见地感到恐慌。

瓦图京的许多同事认为他是斯大林格勒胜利的主要缔造者。他的部下——第 21 集团军（后改编为近卫第 6 集团军）司令员 I. M. 奇斯佳科夫后来写道：

那些同他打交道的人早已意识到，他拥有多么深厚的军事文化底蕴和宽广的战役视野！N. F. 瓦图京能够仔细分析局势状况并预见事态的发展趋势，同样重要的是，能以惊人简单明确的方式来激发人们对计划成功的信心……［瓦图京］还有一个值得注意的素质：他可以倾听别人的意见，而不受军衔和权力的影响。我们这些部下和他在一起时感到很放松，可想而知，这能激发我们的主动性。[73]

　　由于赏识瓦图京的优秀组织技巧和作为一名斗士的胆量，朱可夫和华西列夫斯基选择他的方面军在 1943 年 7 月库尔斯克会战防御阶段扼守最危险地段，8 月又率先发起哈尔科夫进攻战役。出色地完成这两项任务之后，瓦图京于 9 月率部前出至第聂伯河，11 月上旬通过一场同样出色的奇袭占领基辅。到这年年底，瓦图京已经当之无愧地成为红军最积极好斗和最坚韧不拔的方面军司令员。

　　作为一位方面军司令员，瓦图京的标志性特点是他十分欣赏细致参谋工作的价值，并在指挥作战时有敢于冒险的热情。他的对手——德国装甲兵专家冯·梅伦廷指出："俄国人拥有像朱可夫、科涅夫、瓦图京和华西列夫斯基这样高水平的集团军司令和集团军群司令。"与红军的许多方面军司令员不同，无论下属的指挥员还是普通战士都非常尊敬瓦图京。

　　罗季翁·雅科夫列维奇·马利诺夫斯基大将的战时经历因 1941 年和 1942 年年初的屡战屡败而备受牵累，他在 1942 年后期从早期的失败中崛起，成为红军在战争后续阶段最可信赖的方面军司令员之一。[74] 马利诺夫斯基同样是参加过第一次世界大战和国内战争的老兵，战争开始时担任敖德萨军区步兵第 48 军军长。虽然 1941 年夏季和秋季他的部下在国防军的猛攻之下一再败退，但是马利诺夫斯基作为该军军长和第 6 集团军司令员的表现还是相当值得信赖，于是，斯大林在 1941 年 12 月任命他为南方面军司令员。

　　1941—1942 年冬季，马利诺夫斯基在巴尔文科沃—洛佐瓦亚进攻战役的局部胜利中发挥关键作用，但后来又成为 1942 年 5 月红军在哈尔科夫惨败的罪魁祸首之一。尽管如此，斯大林还是让他在方面军司令员的职务上留任一整个夏季，并在斯大林格勒会战初期委派他指挥顿河战役集群和第 66 集团军。45 岁的马利诺夫斯基在顿河沿线的顽强防御，使自己得以指挥新组建的强大的近卫第2集团军,这是大本营在斯大林格勒进攻战役期间的主要战役预备队。

这场进攻战役的后期,马利诺夫斯基的集团军制止并挫败德国国防军解救斯大林格勒合围圈之内第六集团军的企图,然后在经罗斯托夫直扑米乌斯河的迅猛推进中一马当先。为了表彰他在这几场进攻战役中的出色表现,斯大林于1943年2月委派马利诺夫斯基指挥南方面军,并从3月起指挥西南方面军。虽然马利诺夫斯基未能在2月克服国防军沿米乌斯河布设的坚固防御,但是到1943年夏末,他的方面军(改称乌克兰第3方面军)胜利完成这项任务,随后于8月和9月解放顿巴斯,10月解放第聂伯罗彼得罗夫斯克这座重要城市,并夺取第聂伯河对岸的几处登陆场。从那时起,马利诺夫斯基先后指挥乌克兰第3和第2方面军直到战争结束。

马利诺夫斯基后来在20世纪60年代升任苏联国防部长。他性格坚定且善于思考,是一位能力卓著但绝非夸夸其谈的指挥人员。他成长为方面军司令员的主要原因是作为一名顽强斗士的声誉,其风格与朱可夫如出一辙。用一位传记作家的话说,马利诺夫斯基的能力、勇气和敏捷才智都出类拔萃,但他同样地固执、雄心勃勃和爱慕虚荣,有时在特定环境下也会冷酷无情。一旦下定决心,他就毫不动摇地按自己的方式坚持到底。[75]

虽然因在历史学家认为的次要地区服役而经常受到他们的忽视,但是列昂尼德·亚历山德罗维奇·戈沃罗夫担任方面军司令员的经历丝毫不比那些更著名的同僚们逊色。作为一名国内战争时期的老战士和专业炮兵,戈沃罗夫在苏芬战争期间出色地指挥第7集团军炮兵,因战功卓著于1940年升任红军炮兵副总监察员,1941年5月任捷尔任斯基炮兵学院院长,并担任该职直到战争开始。[76]

1941年7月,戈沃罗夫离开教学岗位,斯摩棱斯克交战期间先后担任西方向炮兵主任和预备队方面军炮兵主任。他的表现在这场堪称乏善可陈的战役中鹤立鸡群,因此,国防人民委员部于8月下旬任命他为莫扎伊斯克防御线副司令员和西方面军炮兵主任,在首都的防御期间充分利用他的炮兵知识。10月国防军在维亚济马歼灭西方面军和预备队方面军之后,大本营委派戈沃罗夫指挥为了保卫莫斯科而刚刚重新组建的第5集团军。这位炮兵宿将在莫斯科防御和随后莫斯科进攻战役期间的积极表现,促使斯大林于1942年4

月任命戈沃罗夫为列宁格勒方面军军队集群司令员，1942 年 6 月任列宁格勒
方面军司令员，而他一直担任该职直到战争结束。

作为列宁格勒方面军司令员，1943 年 1 月，戈沃罗夫打破国防军对列宁
格勒的封锁，1944 年 1 月和 2 月策划实施大规模进攻，彻底解除列宁格勒的
围困，并解放列宁格勒地区的南部，1944 年 6 月和 7 月又在卡累利阿地峡精
心策划进攻，从芬兰控制下解放该地区并最终迫使芬兰退出战争。

戈沃罗夫不仅是一位有耐心且有条不紊的指挥员，还是使用炮兵的大师，
无论独立使用，还是作为现代化诸兵种合成集体的组成部分。像罗科索夫斯
基和瓦图京一样，他同样能赢得下属指战员的一致爱戴：

> 戈沃罗夫在军队中享有崇高而当之无愧的威望。他曾担任横跨明斯克公
> 路战斗的第5集团军司令员，在莫斯科会战中发挥突出作用。1943年，列宁格
> 勒方面军在他的指挥下与友邻方面军一起击破敌人对列宁格勒这座城市的致
> 命封锁。戈沃罗夫过于沉默寡言，甚至表面上看起来还有一点阴沉，第一次
> 见面时会给人留下不太好的印象，但是所有在他手下工作过的人都知道，在
> 严厉的外表下隐藏着豁达而善良的俄罗斯性格。[77]

作为对这一判断的响应，朱可夫后来指出："我注意到，在所有方面军
司令员当中，斯大林最尊敬苏联元帅罗科索夫斯基、戈沃罗夫和科涅夫，以
及大将瓦图京……［戈沃罗夫是］一位畅晓炮兵知识的高级军事专家。不仅
是炮兵，他还同样精通战役战术问题。"[78]

1943 年

红军凭借 1942 年 11 月在斯大林格勒的胜利重新掌握战略主动权，并开
始其新的冬季战局之后，红军的作战方面军结构趋于稳定，方面军级的指挥
动荡明显减少。这种趋势体现在整个 1943 年夏季，特别是库尔斯克会战结
束后，斯大林已经选拔和确定新一批完全称职的方面军司令员，他们将率领
红军夺取 1945 年的最后胜利。

1943 年 1 月 1 日红军开始军事行动时，共有 12 个作战方面军［卡累利

阿、列宁格勒、沃尔霍夫、西北、加里宁、西、布良斯克、顿河、沃罗涅日、西南、南（1943 年 1 月 1 日前称斯大林格勒方面军）和外高加索〕。1942—1943 年冬季战局期间，大本营于 1943 年 1 月 24 日把外高加索方面军的北方军队集群改编成北高加索方面军，2 月 15 日又在原顿河方面军的基础上组建中央方面军。[79]

冬季总攻结束后，大本营一面仓促构筑新的战略防御，一面准备 1943 年夏季重新发起进攻。这个时期，大本营在 3 月中旬的短时间内把布良斯克方面军先后改编成库尔斯克方面军和奥廖尔方面军，3 月 28 日又改编成新的布良斯克方面军；4 月 6 日组建新的预备队方面军，4 月 15 日改称草原军区，作为大本营新战略预备队的核心。最后，库尔斯克会战期间的 7 月 9 日，大本营把草原军区改编成草原方面军，命令该方面军制止国防军在库尔斯克的进攻，并随后发动己方的战略进攻。

1943 年秋季，大本营一面扩大进攻战役的规模，一面改编和改称许多个作战方面军，使之与其不断变化的任务和地理责任范围相匹配。于是，10 月 10 日，大本营解散布良斯克方面军，将其下属兵力转隶西方面军和中央方面军，使用其领率机关作为新的波罗的海沿岸方面军的核心。后来，大本营于 10 月 20 日下令波罗的海沿岸方面军改称波罗的海沿岸第 2 方面军，加里宁方面军改称波罗的海沿岸第 1 方面军，中央方面军改称白俄罗斯方面军，沃罗涅日、草原、西南和南方面军分别改称乌克兰第 1、第 2、第 3 和第 4 方面军。最后到 11 月 20 日，大本营解散西北方面军，并把北高加索方面军改称独立滨海集团军。另外，虽然外高加索方面军仍然保留方面军的职能，但是大本营于 1943 年 2 月将其定义成非作战方面军。

不考虑频繁变更番号，以及 3 月和 4 月大本营几度在库尔斯克地区仓促改编的方面军，红军的作战方面军从 1943 年 1 月 1 日的 12 个减少到 1943 年 12 月 31 日的 11 个。[80]含 1942 年留任的 12 人在内，1943 年共有 19 位将帅担任过方面军司令员。这 19 人当中，有 11 人（L. A. 戈沃罗夫、K. A. 梅列茨科夫、S. K. 铁木辛哥、I. S. 科涅夫、M. A. 普尔卡耶夫、I. Kh. 巴格拉米扬、K. K. 罗科索夫斯基、N. F. 瓦图京、R. Ia. 马利诺夫斯基、F. I. 托尔布欣和 I. V. 秋列涅夫）将一直担任方面军司令员或大本营代表，直到他本人去世或战争结束，另有 2 人（A. I. 叶廖缅科和 I. I. 马斯连尼科夫）继成功担任集团军司令员之后也将在战争结束时指挥方面军。因此，1943 年担任方面军司令员的红军将领中有 13 人（占 68%）表现良好，能指挥方面军迎来战争结束，相比之下，1941 年的百分比是 32%，1942 年是 52%。

另外，1943 年担任过方面军司令员的其他 6 位红军将帅（占 32%），指挥方面军之后不久便改任较低级的指挥或参谋职务，并在这种职务上阵亡或直到战争结束，相比之下，1941 年的百分比是 60%，1942 年是 48%。这 6 人当中包括 P. A. 库罗奇金（集团军司令员）、V. A. 弗罗洛夫和 M. A. 列伊捷尔（军区司令员）、V. D. 索科洛夫斯基（方面军副司令员）、M. M. 波波夫和 I. E. 彼得罗夫（方面军参谋长）。最后还要提到 N. F. 瓦图京，他在被敌对游击分子击伤后，1944 年 4 月上旬去世。[①] 因此，截至 1943 年夏季，斯大林已经确定战争胜利时方面军司令员队伍的核心成员，其中大部分人将在 1945 年 5 月入选"胜利元帅"的行列。

鉴于 1943 年斯大林已经基本建成方面军司令员的胜利队伍，这年全年方面军内部的指挥动荡次数明显减少。因此，随着红军的作战方面军从 12 个减少到 11 个，而在这些方面军新上任和接替职务的司令员仅有 9 人次，平均每个方面军有 1.7 任司令员，而相比之下，1941 年的 6 个月是每个方面军 2.8 任司令员（换算成全年是 5.6 任），1942 年是每个方面军 2.0 任。[81]

这一年全年，"1940 级将军班"又有 7 位毕业生（I. Kh. 巴格拉米扬、I. I. 马斯连尼科夫、I. E. 彼得罗夫、V. D. 索科洛夫斯基和 F. I. 托尔布欣，以及东山再起的 P. A. 库罗奇金和 M. M. 波波夫）加入年初已经担任方面军司令员的 13 位班级成员行列（阿帕纳先科、叶廖缅科、弗罗洛夫、戈沃罗夫、科瓦廖夫、科涅夫、马利诺夫斯基、梅列茨科夫、普尔卡耶夫、列伊捷尔、罗科索夫斯基、瓦图京和秋列涅夫）。到 1943 年年底，这 20 位 1940 年授衔的将军中，还有 14 位（巴格拉米扬、弗罗洛夫、戈沃罗夫、科瓦廖夫、科涅夫、马利诺夫斯基、梅列茨科夫、彼得罗夫、普尔卡耶夫、罗科索夫斯基、

---

① 译注：官方生平中瓦图京的去世日期是 15 日，但也有一种说法是 4 月 5 日。

索科洛夫斯基、托尔布欣①、瓦图京和秋列涅夫）仍旧担任方面军司令员。其余6位"班级成员"中，年底之前有4人（叶廖缅科、库罗奇金、波波夫和马斯连尼科夫）改任集团军司令员，2人（阿帕纳先科和列伊捷尔）改任方面军副司令员和军区司令员。

尽管这些新的方面军司令员基本上都能满足斯大林的期望，可是有两位值得在这里单独介绍：第一位 I. Kh. 巴格拉米扬可以作为战争中期涌现出那种铁石心肠的方面军司令员的典型代表；而第二位 V. D. 索科洛夫斯基能生动地解释，为什么一位优秀的方面军参谋长不能自动成为一位优秀的方面军司令员。

1941年6月22日战争开始时，伊万·赫里斯托福罗维奇·巴格拉米扬是一位45岁的少将②和经验丰富的骑兵，担任基辅特别军区作战处处长兼副参谋长。他是战时在红军中脱颖而出并身居高位，也最著名的两名亚美尼亚人之一（另一位是坦克军军长 A. Kh. 巴巴贾尼扬）。[82]经历过战争刚开始时悲惨的两三个月之后，巴格拉米扬的声誉在1941年9月急转直下，新到任的西南方向总司令铁木辛哥派他面见西南方面军司令员基尔波诺斯，传达从基辅向东撤退军队，以免遭到德国人合围的命令。基尔波诺斯在没有书面命令的情况下拒绝撤退，后来与他的整个方面军一起罹难，而巴格拉米扬设法带着自己的参谋死里逃生。

1941—1942年冬季战局期间，巴格拉米扬先后担任西南方面军作战处处长和参谋长，后来兼任铁木辛哥的西南方向总指挥部参谋长，协助策划1942年1月局部获胜的巴尔文科沃—洛佐瓦亚进攻战役。但是这年春季，他同样参与策划5月在哈尔科夫雄心勃勃的进攻战役，不但徒劳无功还招致灭顶之灾。鉴于巴格拉米扬对哈尔科夫的惨败负有部分责任，斯大林在6月解除他的职务，起初任命他为第61集团军副司令员③，后来7月升任西方面军第16集团军（后改

---

① 译注：原文有库罗奇金，与下文重复，缺托尔布欣。根据实情订正。

② 译注：原文如此。巴格拉米扬1941年8月12日才从上校晋升少将。所以，他也不应出现在前文"1940级将军班"的名单中。

③ 译注：他6月27日担任第28集团军参谋长，不久因德国人7月7日轻易占领罗索什而再次处境危险，险些上军事法庭；经未可夫斡旋，他到第61集团军任副司令员，旋即于7月13日升任第16集团军司令员。官方生平没有提及这段较短而不光彩的经历。

编为近卫第 11 集团军)司令员,从这时起,巴格拉米扬才开始重新树立他的声誉。

巴格拉米扬的集团军于 1942 年 7 月参与挫败国防军旨在铲除维亚济马—苏希尼奇突出部的进攻战役("旋风"行动),8 月又参与策划西方面军的博尔霍夫进攻战役,成功将德国军队击退到日兹德拉河对岸[①]。1943 年 2 月和 3 月,巴格拉米扬的集团军为了支援中央方面军和布良斯克方面军的奥廖尔—布良斯克—斯摩棱斯克进攻战役,向奥廖尔以北的国防军防御发起猛烈而血腥的强击,但未能取胜;7 月和 8 月,又成功发起西方面军针对奥廖尔突出部的进攻。作为对他所获战果的奖励,斯大林于 1943 年 11 月委派巴格拉米扬指挥波罗的海沿岸第 1 方面军。

后来,从 1943 年 10 月到 1944 年 3 月红军攻击德国中央集团军群失利的白俄罗斯进攻战役期间,巴格拉米扬的方面军几乎合围国防军作为要塞防守的维捷布斯克市;并在 1944 年和 1945 年年初红军取得巨大成功的白俄罗斯、里加、梅梅尔和东普鲁士等进攻战役中发挥主导作用。从 1945 年 2 月直到战争结束,巴格拉米扬先后指挥"泽姆兰德"军队集群和白俄罗斯第 3 方面军在柯尼斯堡地区击败国防军一部。

两次荣膺苏联英雄的亚美尼亚人巴格拉米扬,是仅有一位晋升到方面军司令员职务的非斯拉夫族裔将领[②]。一位传记作者后来写道:

　　早在1935年,他的聪明才智就得到认可,总参军事学院直接从学员中把他选拔成教员,而朱可夫、铁木辛哥和斯大林后来对他的赏识显然也是因为高度评价他的能力……

　　他〔指挥第16集团军,原本已是红军最优秀的集团军之一〕的表现无疑是出类拔萃的。他又很幸运,因为在他成为方面军司令员之前,战争显然已稳操胜券,人力资源和物力资源都很丰富,但他能物尽其用,并取得非同一般的成就。[83]

---

　　① 译注:这两次战役的时间颠倒,博尔霍夫进攻战役在7月,德国的"旋风"行动8月11日才开始。详见第三章"战役机动"小节处的译注。

　　② 译注:本句不成立。还有一位是1942—1943先后担任布良斯克方面军和预备队方面军司令员的马克斯·安德烈耶维奇·列伊捷尔,拉脱维亚族。

另一个极端是瓦西里·丹尼洛维奇·索科洛夫斯基上将[①]，他与朱可夫的密切关系从苏德战争一直持续到冷战时期。[84] 战争开始时，44 岁的索科洛夫斯基担任朱可夫的副总参谋长，不久到西方面军和西方向担任朱可夫[②]的参谋长，并在莫斯科会战期间再次担任朱可夫的参谋长。

根据朱可夫的推荐，斯大林于 1943 年 2 月委派索科洛夫斯基指挥西方面军，接替同年 6 月将要指挥草原军区的 I. S. 科涅夫[③]。1942 年 11 月和 12 月的"火星"行动中，索科洛夫斯基担任参谋长的西方面军表现拙劣；1943 年秋季和冬季，该方面军又在他的指挥下进攻白俄罗斯的德国守军时屡战屡败，表现不佳并招致重大损失，导致他被解除方面军司令员的职务。这两件事使他作为一名杰出组织者的声誉受到相当大影响。[85] 尽管索科洛夫斯基作为方面军司令员有缺陷，可是在战争后续阶段继续担任高级参谋职务。更重要的是，战争结束后，他成为赫鲁晓夫时代的总参谋长和苏联国防部部长[④]，并撰写著名的《军事战略》，清楚阐述核时代的苏联军事战略。历史学家之所以隐瞒索科洛夫斯基在战争年代担任方面军司令员时的糟糕表现，主要是因为他与朱可夫的密切关系和友谊，也因为他在战后年代担任的职务位高权重。

虽然在朱可夫、科涅夫、罗科索夫斯基等比较著名的战时红军"伟大统帅"映衬之下，有许多位将领的名声没有那么显赫，也相对不引人注意，但是他们同样称职地在 1943 年和战争后续阶段指挥方面军。这些将领当中有 F. I. 托尔布欣、I. V. 秋列涅夫、I. E. 彼得罗夫、F. I. 戈利科夫、M. A. 普尔卡耶夫、K. A. 梅列茨科夫、V. A. 弗罗洛夫和 P. A. 库罗奇金，其中有 2 人（梅列茨科夫和托尔布欣）在战争期间晋升苏联元帅军衔，另有 1 人（戈利科夫）也在战后成为元帅。

费多尔·伊万诺维奇·托尔布欣是参加过第一次世界大战和国内战争的老兵，苏德战争开始时，这位 51 岁的少将正担任外高加索军区参谋长。1941 年和 1942 年，托尔布欣先后担任外高加索方面军、高加索方面军和克里米

---

① 译注：1942年6月13日晋升上将，1943年8月27日晋升大将。

② 译注：应是铁木辛哥。

③ 译注：注意这句话跳过科涅夫3月14日至6月22日指挥西北方面军的经历。

④ 译注：应是国防部第一副部长。

亚方面军参谋长，斯大林于 1942 年 5 月下旬把他降职为斯大林格勒军区副司令员，很大程度上是因为他受到克里米亚灾难性惨败的拖累[①]。然而，"蓝色"行动、斯大林格勒防御和红军的斯大林格勒进攻战役期间，托尔布欣出色地指挥第 57 集团军，使自己从此时来运转。大本营对托尔布欣的顽强和战斗精神印象深刻，1943 年 2 月委派他指挥新的第 68 集团军，该集团军预定在朱可夫指挥的"北极星"行动中担任先锋。后来，托尔布欣先后指挥南方面军、乌克兰第 4 和第 3 方面军直到战争结束，并在此过程中成为荣获胜利勋章的8 位方面军司令员之一。

战争开始时，伊万·弗拉基米罗维奇·秋列涅夫是一位 49 岁的大将，军衔比他的许多同僚都高，也是斯大林眼中政治上最可靠的高级将领之一。1941 年 7 月上旬，秋列涅夫组建南方面军，并指挥该方面军，直到 8 月他的两个集团军在乌曼地区遭到合围后覆没，斯大林解除他的指挥职务。[86] 尽管有这次指挥失败，斯大林还是从 1941 年 11 月开始委派可靠的秋列涅夫先后指挥第 28 集团军和外高加索军区，并从 1942 年 5 月起指挥外高加索方面军直到战争结束。作为斯大林的爱将之一，秋列涅夫在 1942 年年底高加索地区的防御中发挥关键作用。从这时起直到战争结束，秋列涅夫还主持对该地区"不忠诚"的少数民族进行坚决清算，其中包括强制流放车臣人和卡尔梅克人等许多族群。

方面军司令员伊万·叶菲莫维奇·彼得罗夫的命运令人心情沉重，也同样引人注目，可以当作一个典型案例来研究政治因素怎样妨碍许多指挥人员的军事生涯前途。彼得罗夫同样是一名参加过国内战争的老战士，苏德战争开始时，这位 45 岁的少将正在指挥中亚细亚军区的机械化第 27 军。6 月 22日以后，他先后指挥骑兵第 2 师和步兵第 25 师，从 1941 年 10 月起指挥独立滨海集团军直到 1942 年 7 月，在此期间著名的敖德萨防御和塞瓦斯托波尔防御中有突出表现。后来，从 1942 年 7 月到 1945 年 4 月，他先后指挥第44 集团军、外高加索方面军黑海军队集群、北高加索方面军、第 33 集团军、

---

① 译注：托尔布欣已在 3 月 10 日离任克里米亚方面军参谋长，不应受 5 月战败的牵连。

乌克兰第2和第4方面军。[87] 彼得罗夫经常在方面军司令员和集团军司令员之间起起落落，不仅可以反映斯大林并不信任他，还有斯大林的党羽和亲信梅赫利斯几乎不断在干涉他的事务。某位斯大林的批评者后来指出：

> 也许我［对彼得罗夫］的钦佩是因为他作为敖德萨防御和后来塞瓦斯托波尔防御的组织者而广受赞誉。

不过，尽管彼得罗夫是我们最有才华的军事首长之一，可是他的军旅生涯中也打过不少败仗。斯大林不喜欢他。彼得罗夫曾不止一次被降职。后来，他又在战争即将结束时被解除乌克兰第4方面军司令员的职务。他的接班人叶廖缅科尽管指挥这个方面军才刚刚18天，但还是作为"喀尔巴阡山的英雄"参加了胜利大阅兵。彼得罗夫在最困难的条件下率领他的军队翻越整个喀尔巴阡山脉，但在阅兵式上没有一个字提到他。[88]①

虽然菲利普·伊万诺维奇·戈利科夫担任方面军司令员的时间相对较短，但是仅仅由于他在整场战争期间所担任职务种类的广泛性，便值得加以介绍。苏德战争开始时仅有41岁的戈利科夫同样是一名参加过国内战争的老战士，1933年毕业于伏龙芝军事学院。1940年7月，他奉命担任副总参谋长兼总参谋部侦察局（RU）局长。戈利科夫虽然在战争前夕恢复了苏联军队侦察的活力，但是对1941年6月的情报工作失败负有一定责任，因为他觉察到希特勒的战争准备，却没有向斯大林和盘托出。战争开始后，戈利科夫作为斯大林的使节，在为同盟国打造未来战时同盟的过程中发挥重要作用。[89]

1941年后期，当莫斯科受到威胁的时候，斯大林委派戈利科夫指挥预备第10集团军，而他在接下来的莫斯科进攻战役期间出色地率领该集团军。作为对他所获成就的奖励，斯大林于1942年4月任命戈利科夫指挥布良斯克方面军，这也是"蓝色"行动开始时他指挥的方面军。后来，戈利科夫在1942年7月、1942年10月至1943年3月两度指挥沃罗涅日方面军，这两

---

① 俄译注：叶廖缅科从1945年3月27日开始指挥该方面军，距离5月9日还有一个半月。彼得罗夫被撤职也是因为在喀尔巴阡山地区战绩不佳，但不妨碍他在5月29日成为苏联英雄。

个任期之间的 1942 年 7 月至 10 月担任近卫第 1 集团军司令员兼东南（斯大林格勒）方面军副司令员。尽管戈利科夫在斯大林格勒会战期间有出色表现，但斯大林还是把他当作 1942 年夏季自己诸多失误的替罪羊。

1943 年 2 月和 3 月，国防军在哈尔科夫地区击败他的沃罗涅日方面军之后，戈利科夫作为野战司令员的任期在 4 月彻底结束。后来，戈利科夫领导国防人民委员部总干部局直到战争结束，还要负责处理从国外遣返苏联公民这种经常棘手而不光彩的任务，其中许多人最终被送去劳动改造。他在 1941 年的情报工作失误和 1942 年春夏红军几场失败中所扮演的角色，一直以来都是许多战时话题的争论焦点。

最默默无闻的战时方面军司令员之一是马克西姆·阿列克谢耶维奇·普尔卡耶夫，尽管他一直担任方面军司令员直到战争结束。作为一名参加过国内战争的老战士和伏龙芝军事学院 1936 届毕业生，普尔卡耶夫在战争开始时担任基辅特别军区参谋长。1941 年 9 月西南方面军在基辅地区全军覆没时，普尔卡耶夫幸免于难，并在莫斯科进攻战役和 1941—1942 年冬季战局期间指挥新组建的第 60（突击第 3）集团军，后来先后指挥加里宁方面军和远东（远东第 1）方面军直到苏德战争结束。虽然他的方面军未能在"火星"行动中夺取胜利，但是他在夺取大卢基的战斗中的顽强表现，确保自己能获得一名斗士的美誉，并有利于赢得在 1945 年 8 月红军的满洲进攻战役期间指挥远东第 2 方面军的机会。[90]

没有哪位红军方面军司令员的军旅生涯，能比帕维尔·阿列克谢耶维奇·库罗奇金更丰富或者更曲折，整场战争期间以及战后年代，他始终在集团军和方面军两级担任司令员，并撰写过一些关于红军战时战役最详细和最透彻的分析作品。[91]战争开始时，41 岁的库罗奇金正指挥奥廖尔军区。战争期间，1941 年 7 月和 8 月他先后担任第 20 集团军和第 43 集团军司令员，1941 年 8 月到 1942 年 10 月先后担任驻西北方面军的大本营代表、西北方面军司令员和副司令员，1942 年 11 月到 1943 年 3 月任第 11 集团军司令员，1943 年 3 月到 6 月任第 34 集团军司令员，1943 年 6 月到 11 月重新担任西北方面军司令员，1943 年 12 月到 1944 年 2 月任乌克兰第 1 方面军副司令员，1944 年 2 月到 4 月任白俄罗斯第 2 方面军司令员，1944 年 4 月到 1945 年 5

月任第 60 集团军司令员。[92]

　　库罗奇金之所以在战争结束前未能长期保持方面军司令员的职务，主要是因为 1942 年和 1943 年未能击败并歼灭杰米扬斯克的德国守军，1944 年年初担任白俄罗斯第 2 方面军司令员时，他的方面军又未能粉碎被合围在科韦利的德国军队。

　　同样令人饶有兴趣的是基里尔·阿法纳西耶维奇·梅列茨科夫的曲折战时经历，战前他曾飞升成为朱可夫的前一任总参谋长，但在战争初期遭到内务人民委员部的羁押和拷打，又在战争结束之前成为不折不扣的苏联元帅、方面军司令员和胜利勋章获得者。

　　梅列茨科夫的战时经历从 1941 年 1 月到 9 月担任负责训练的副国防人民委员开始，同时兼任驻西北方面军和卡累利阿方面军的大本营代表，直到 1941 年 9 月被捕入狱（并遭到毒打），其罪名可能是玩忽职守，也可能涉嫌蓄意背叛。10 月突然获释之后，如惊弓之鸟般的梅列茨科夫却发现自己要在 10 月指挥位于卡累利阿地区的独立第 7 集团军，11 月和 12 月指挥第 4 集团军，而他指挥后者在季赫温赢得一场罕见但意义重大的胜利。1941 年 12 月到 1942 年 5 月，梅列茨科夫升任沃尔霍夫方面军司令员，策划和实施命运多舛的柳班进攻战役，导致该方面军的突击第 2 集团军陷入合围。因这场失败而被撤职之后，梅列茨科夫在 5 月和 6 月短时间担任西方面军第 33 集团军司令员，斯大林又在 6 月委派他重新指挥沃尔霍夫方面军，因为突击第 2 集团军已在其继任者霍津的主持下全军覆没。

　　梅列茨科夫从此时来运转，先是指挥沃尔霍夫方面军直到 1944 年 1 月，又从 1944 年 2 月开始指挥卡累利阿方面军，直到 1945 年 8 月。在此期间，他的方面军参与 1943 年 1 月打破对列宁格勒的封锁，并在 1944 年 1—2 月的列宁格勒—诺夫哥罗德进攻战役中击败德国北方集团军群，1944 年 6 月和 7 月从芬兰控制下解放卡累利阿地峡。到那时，梅列茨科夫已经成为一位在森林密集地带作战的专家，被斯大林选中参加 1945 年 8 月的满洲进攻战役，指挥远东第 1 方面军攻入满洲东部。[93]

　　梅列茨科夫是一位称职的方面军司令员，他入狱的经历可以证明他对斯大林的忠诚，甚至是阿谀奉承，而他执行斯大林的命令时也一丝不苟，并不惜一切代价。某位同事形容梅列茨科夫"天生就是一个非常善于交际和精力充沛的人"，并且"很容易就能掌控局面"。[94]

最后提到的是瓦列里安·亚历山德罗维奇·弗罗洛夫，他从 1941 年 9 月到 1944 年 2 月一直指挥卡累利阿方面军，创下了担任方面军司令员的时间长度记录，他的整个军旅生涯几乎都在卡累利阿和北极地区服役。几乎没有弗罗洛夫的传记存在，关于他的性格和能力的评论也非常罕见，就像他在服役地区的物产一样稀少。弗罗洛夫在战争开始时是一位 46 岁的中将，指挥位于北极地区的北方面军第 14 集团军。[95]1941 年 8 月和 9 月，他担任过卡累利阿方面军副司令员之后升任司令员，1944 年 2 月到 11 月重新担任副司令员，而这时的司令员是梅列茨科夫。后来，弗罗洛夫继续留在北方，担任白海沿岸军区司令员直到战争结束之后。[96]

集团军司令员

从战役和战术角度看，红军在战争最初 30 个月中的战斗表现直接取决于集团军、快速军和坦克集团军这几级指挥干部的能力。残酷而毁灭性的"巴巴罗萨"行动期间，虽然国防军的入侵迫使这些将领竭尽所能也往往无力回天，许多人也在磨难当中丧生，但是到战争第 18 个月结束时，大浪淘沙的效果和求生的欲望最终使集团军司令员当中有 8 位出色和称职的骨干脱颖而出。

战争最初的 18 个月里红军处境的特点之一，是每一个指挥级别都有极高的人员损失率和严重的指挥动荡，但在集团军这一级尤其严重。例如，1941 年夏季和秋季，国防军于 6 月在明斯克以西、8 月和 9 月在乌曼和基辅、10 月在维亚济马和布良斯克以大规模合围战役的方式，并在战线其他地段以较小规模的合围，歼灭苏联的许多个集团军，许多位集团军司令员也不幸罹难。然而，在这个可怕过程的同时，大本营设法组建和派遣新集团军的速度甚至还能快于国防军歼灭它们的速度。

虽然随着 1941—1942 年冬季期间红军持续进攻，这种歼灭和重建的模式几乎彻底停止，但是到 1942 年夏季国防军发起"蓝色"行动时又重新上演。然而，经过这段过渡时期，大本营已经确定新一批集团军司令员，他们不但经历过战争最初 6 个月的血腥洗礼，而且展示出赢得胜利的手段和愿望。

因此，1942 年夏季国防军的破坏机器一面摧毁苏联更多个集团军，一面使红军受到指挥动荡的困扰，但红军集团军司令员的能力已比 1941 年大有改善。总之，经历过"巴巴罗萨"行动和"蓝色"行动考验并继续留任的红军集团军司令员代表队，会在 1942 年 11 月和 12 月的斯大林格勒地区向国防军乃至全世界展示，自己有能力以任何方式战胜国防军，至少是在特定时间和战线的特定地段。

尽管如此，这支军队长时间发展斯大林格勒胜利的能力又完全是另一回事，正如 1942—1943 年冬季红军一系列进攻战役所表明的那样。虽然斯大林格勒的胜利证明红军集团军司令员有能力粉碎罗马尼亚和意大利的集团军，并在此过程中迂回、合围和歼灭一个完整的德国集团军，但是接下来在顿巴斯和哈尔科夫的失败同样证明，这些集团军司令员还不具备在整个战局期间成功地连续进攻的能力。因此，随着红军第一场名副其实的战略进攻在 1942—1943 年冬季后期停滞不前，事实证明红军的高级指挥干部（尤其是集团军司令员）还有很多东西要学习。

从 1942—1943 年冬季战局开始，更大程度上是 1943 年 7 月和 8 月的库尔斯克会战之后，大本营能够选拔和委派堪当大任的将领担任集团军司令员，并让他们以这样的身份服役到战争结束。实现这点的同时，大本营也在某种程度上建立起集团军这个指挥级别的稳定性，这种稳定性同样会持续到战争结束，只有少数例外。

1941 年

战争开始时，红军的作战军队和战略预备队共有 21 个集团军，其中 15 个编入 4 个作战方面军。[97] 尽管国防军在明斯克以西合围并歼灭 3 个集团军（第 3、第 10 和第 13），在维捷布斯克、斯摩棱斯克和罗斯拉夫利地区又歼灭 4 个集团军（第 16、第 19、第 20 和第 28），但大本营通过动员还是在 8 月 1 日以前把集团军总数增加到 29 个。同样，尽管红军在 8 月的乌曼合围中损失 2 个集团军（第 6 和第 12），9 月的基辅合围中损失 4 个集团军（第 5、第 37、第 26 和第 21），10 月的维亚济马—布良斯克的合围中又损失 7 个集团军（第 19、第 20、第 24、第 32、第 3、第 13 和第 50）的主力，但大本营还是能把集团军总数先后增加到 10 月 1 日的 37 个，12 月 1 日的 48 个和 12 月 31 日的 50 个。[①]

综上所述，包括损失和新动员的集团军在内，大本营在战争最初的 6 个月里共使用过 76 个集团军。共有 101 位将领在此期间担任过集团军司令员，平均每个集团军有 1.3 位司令员，按全年 12 个月计算每个集团军有 2.6 位司令员。虽然与战斗的激烈程度和红军遭受的巨大破坏相比，这个指标看似较低，但实际上集团军级的指挥动荡非常严重，因为国防军歼灭或重创的集团军占大本营使用集团军总个数的三分之一以上。举例来说，战争开始时已经存在和战争最初 6 个月里组建的共 76 个集团军当中，新上任和接替职务的司令员共有 119 人次，平均每个集团军有 1.6 任司令员，按 12 个月换算成全年是每个集团军 3.2 任司令员。[98]

1941 年担任过集团军司令员的这 101 位将领的个人命运如下：1942 年 1 月 1 日以前有 18 人（占 18%）阵亡、被俘、遭到逮捕或解除职务，69 人（占 68%）这天还在担任方面军、集团军或军区司令员，其余 14 人（占 14%）改为担任参谋或较低级指挥职务。损失和撤职的 18 人中，有 7 人阵亡或重伤不治（M. I. 波塔波夫、P. M. 菲拉托夫、A. K. 斯米尔诺夫、V. Ia. 卡恰洛夫、K. I. 拉库京、M. P. 彼得罗夫和 P. S. 普申尼科夫），1 人死因不明（I. D. 阿基莫夫）[②]，5 人被俘（I. N. 穆济琴科、P. G. 波涅杰林、M. F. 卢金、F. A. 叶尔沙科夫和 S. V. 维什涅夫斯基），4 人被捕（A. A. 科罗布科夫、F. S. 伊万诺夫、K. M. 卡恰诺夫和 P. P. 索边尼科夫），其余 1 人不再担任指挥职务（N. I. 普罗宁）[③]。

1941 年年底继续担任集团军或以上级别指挥职务的 69 位将领中，有 8 人升任方面军司令员（K. A. 梅列茨科夫、R. Ia. 马利诺夫斯基、Ia. T. 切列维琴科、V. A. 弗罗洛夫、I. S. 科涅夫、P. A. 库罗奇金、F. Ia. 科斯坚科和 M. S. 霍津），58 人继续担任集团军司令员，其余 3 人担任军区司令员。最后，

---

① 译注：还有一些集团军虽然没有陷入上述合围，但是因损失过大而撤销番号，后来重建。例如第 4 集团军 7 月下旬撤销，9 月下旬重建。

② 译注：应是 S. D. 阿基莫夫。斯捷潘·德米特里耶维奇·阿基莫夫中将是第 43 集团军司令员，1941 年 10 月 29 日死于飞机失事。

③ 译注：应是 N. N. 普罗宁，即与普及军训总局局长是同一人。下文还有一处。尼古拉·尼洛维奇·普罗宁 8 月 3 日卸任第 34 集团军司令员，9 月 15 日担任普及军训总局局长，亦可归入降级任用的类别。这个错误来自《苏联军事百科全书》"第 34 集团军"词条，该词条也把军衔错写成旅级，实际已在 1940 年 6 月 4 日晋升少将。

从集团军司令员降级任用的 14 位将领中，后来有 7 人成为步兵师师长或步兵旅旅长，7 人担任方面军和集团军的参谋长或副司令员，或者到国防人民委员部任职。

因为这些集团军司令员在战争最初 6 个月里面对的战斗局面极其严峻，许多局面并不是他们凭一己之力所能挽回的，所以评价其指挥素质和战斗表现的有效依据，只能是仔细检查他们在防御和进攻中发挥的作用，以及斯大林和大本营对待他们的方式，如晋升和未来的任命。

以国防军沿西北和西方向快速推进，红军布置在这两个方向的军队总崩溃为背景，有几位集团军司令员曾在边境交战和红军沿第聂伯河一线的防御中有突出表现，尽管他们的所作所为收效甚微。例如，西北方面军第 8 集团军司令员 P. P. 索边尼科夫、第 11 集团军司令员 V. I. 莫罗佐夫和西方面军第 3 集团军司令员 V. I. 库兹涅佐夫不顾他们面临的灾难性局面，分别设法在凯尔梅、拉塞尼艾和格罗德诺实施反突击。虽然这些反突击全部以失败告终，但是他们的表现足以保证自己继续留任集团军司令员，索边尼科夫和库兹涅佐夫还升任方面军司令员。另一方面，西方面军第 4 集团军司令员 A. A. 科罗布科夫遭到逮捕并处以死刑，因为他丧失了对自己军队的领导，而在那种情况下，没有任何一位司令员能做得到。

同样，在朱可夫和基尔波诺斯策划之下以反突击迟滞国防军推进的西南方向，M. I. 波塔波夫的第 5 集团军和 I. N. 穆济琴科的第 6 集团军通过坚守罗夫诺、卢茨克和布罗德地区，实施强有力的抵抗，明显迟滞国防军的前进达几个昼夜，直到他们的集团军迫于德国人的无情压力向东退却。但后来，穆济琴科的集团军于 8 月在乌曼陷入合围并全军覆没，他本人被俘，而整个夏季一直令德国人如芒在背的波塔波夫在 9 月的基辅合围期间牺牲。

国防军粉碎红军的前方防御以后，从 7 月上旬到 9 月上旬，有些集团军司令员在斯摩棱斯克地区的战斗中表现非常积极，并经常能获得一定战果，其中有 V. A. 霍缅科（第 30 集团军）、S. A. 加里宁（第 24 集团军）、I. S. 科涅夫（第 19 集团军）、K. K. 罗科索夫斯基（亚尔采沃集群和第 16 集团军）、V. A. 卡恰洛夫（第 28 集团军）、P. A. 库罗奇金（第 20 集团军）、卢金（第 16 集团军）和拉库京（第 24 集团军）。例如，卢金设法把他的集团军从斯摩棱斯克的合围圈中解救出来，但到 10 月国防军歼灭他的集团军于维亚济马时不幸被俘。同样，罗科索夫斯基曾在 6 月下旬杜布诺附近的战斗中相当巧妙地指挥严重缺员的机械化第 9 军，7 月和 8 月又在亚尔采沃实施积极防御，相当有力地协助红军各部成功突出斯摩棱斯克合围圈。稍后，9 月上旬，拉库京在叶利尼亚取得红军在这场战争中首场重大胜利，但他在 10 月的维亚济马合围圈中牺牲。

同一时期，卡恰洛夫率领他的集团军在斯摩棱斯克以南发起一场英勇但自杀性的反突击时牺牲，科涅夫尽管在斯摩棱斯克以西的战斗中损失他的集团军主力，后来又在维亚济马的惨败中指挥西方面军，可是他从这些考验中生还，并从 10 月下旬开始指挥加里宁方面军。最后，霍缅科、罗科索夫斯基和库罗奇金经过斯摩棱斯克交战后继续留任集团军司令员，而斯大林任命加里宁为西方面军副司令员。

边境交战结束后，指挥集团军沿西北和西南方向作战的将领命运迥异。例如，西北方面军 8 月在旧鲁萨的反突击结束后，斯大林解除第 34 集团军司令员 N. I. 普罗宁的职务，但第 11 集团军司令员 V. I. 莫罗佐夫和第 27 集团军司令员 N. E. 别尔扎林继续留任。在西南方向，经历 8 月和 9 月的乌曼和基辅两次灾难性合围后，R. Ia. 马利诺夫斯基的第 6 集团军、I. V. 加拉宁的第 12 集团军、V. Ia. 科尔帕克奇的第 18 集团军和 Ia. T. 切列维琴科的第 9 集团军在 9 月下旬和 10 月通过乌克兰向东巧妙地实施退却。斯大林对这 4 位司令员的奖励是先后任命马利诺夫斯基和切列维琴科指挥南方面军，并让加拉宁和科尔帕克奇在战争后续阶段一直担任集团军司令员。

后来，红军于 10 月和 11 月在列宁格勒、季赫温、莫斯科和罗斯托夫成功实施防御，后来 11 月和 12 月在上述地区发起进攻，大幅度提高许多位集团军司令员的威望。其中包括 I. I. 费久宁斯基（第 54 集团军）和 K. A. 梅列茨科夫（第 4 集团军），他们在列宁格勒和季赫温取得胜利之后，斯大林任命他们为方面军司令员，而 V. Ia. 科尔帕克奇（第 18 集团军）、A. I. 洛帕京（第 37 集团军）和 F. M. 哈里托诺夫（第 9 集团军）在罗斯托夫击败德国军队后继续指挥自己的集团军。

与此同时，许多集团军司令员，包括 D. D. 列柳申科（第 30 集团军）、V.

I. 库兹涅佐夫（突击第 1 集团军）、A. A. 弗拉索夫（第 20 集团军）、K. K. 罗科索夫斯基（第 16 集团军）、L. A. 戈沃罗夫（第 5 集团军）、M. G. 叶夫列莫夫（第 33 集团军）、K. D. 戈卢别夫（第 43 集团军）、I. G. 扎哈尔金（第 49 集团军）、I. V. 博尔金（第 50 集团军）和 F. I. 戈利科夫（第 10 集团军），都在莫斯科会战期间为自己赢得或积累更多声誉。罗科索夫斯基、戈沃罗夫和戈利科夫后来成功地担任方面军司令员，列柳申科、库兹涅佐夫、戈卢别夫、扎哈尔金和博尔金在战争后续阶段继续有力地指挥集团军规模的军队。另外，12 月在莫斯科以南的叶列茨指挥布良斯克方面军各集团军的三位将领，成功地让自己作为优秀集团军司令员的美名远扬。其中第一位 F. Ia. 科斯坚科指挥作为这场进攻战役主力的特别战役集群，后来升任方面军司令员，但 1942 年在哈尔科夫牺牲；第二位 Ia. G. 克列伊泽尔（第 3 集团军）留任集团军级的指挥职务直到战争结束；第三位 A. M. 戈罗德尼扬斯基（第 13 集团军）留任集团军司令员直到 1942 年在哈尔科夫牺牲。

另一方面，随着 1942 年 2 月叶夫列莫夫的集团军在维亚济马以东陷入合围，他的光明前途也随着他本人牺牲而告终；弗拉索夫接管突击第 2 集团军之后不久，1942 年 6 月在柳班附近陷入合围并全军覆没，他本人被俘后同德国人合作，作为红军战时最著名的叛徒。

1942 年

1942 年 1 月红军开始军事行动时共有 50 个集团军，其中 48 个集团军编入作战方面军，2 个集团军编入最高统帅部预备队。国防军先后歼灭或重创第 6 和第 57 集团军于 5 月的哈尔科夫，第 44 和第 51 集团军于 5 月的克里米亚，突击第 2 集团军于 6 月的柳班，第 39 集团军于 8 月的勒热夫以西，重建的突击第 2 集团军于 9 月的锡尼亚维诺。尽管有这些损失，但通过动员新集团军，大本营还是把诸兵种合成集团军总数先后增加到 1942 年 6 月 1 日的 63 个，10 月 1 日的 66 个和 12 月 31 日的 67 个。[99]

综上所述，包括损失和新动员的集团军在内，1942 年全年大本营共使用过 83 个集团军。在此期间，共有 133 位将领担任过集团军司令员，平均每个集团军有 1.6 位司令员，1941 年全年的同一数字是每个集团军 2.6 位司令员。

尽管集团军司令员的平均任期在 1942 年有所延长，指挥动荡还是始终困扰着红军，直到 11 月的斯大林格勒进攻战役结束之后。例如，这一年年初原有的和全年新动员的共 83 个集团军中，新上任和接替职务的司令员共有 117 人次，平均每个集团军有 1.4 任司令员，相比之下，1941 年全年每个集团军有 3.2 任司令员。[100]

1942 年担任过集团军司令员的这 133 位将领的个人命运如下：1943 年 1 月 1 日以前有 10 人（占 8%）阵亡、被俘、遭到逮捕或解除职务，88 人（占 66%）这天还在担任方面军、集团军或军区司令员，8 人（占 6%，分别是 P. A. 伊万诺夫、M. A. 帕尔谢戈夫、A. N. 佩尔武申、A. A. 赫里亚谢夫、A. M. 库兹涅佐夫、A. G. 巴秋尼亚、D. N. 尼基舍夫和 N. A. 莫斯克温）下落不详，[①] 其他 27 人（占 20%）降为参谋职务或较低级指挥职务。损失和撤职的 10 人中，有 5 人阵亡或伤重不治（A. M. 戈罗德尼扬斯基、M. M. 伊万诺夫、Ia. I. 布劳德、K. P. 波德拉斯和 V. N. 利沃夫），1 人被俘（A. A. 弗拉索夫），1 人自杀以免被俘（M. G. 叶夫列莫夫），1 人遭到逮捕（I. F. 达希切夫），另有 2 人被解除指挥职务（M. A. 安东纽克和 G. G. 索科洛夫）。[②]

1942 年年底继续担任集团军或以上级别指挥职务的 88 位将领中，有 7 人升任方面军司令员（L. A. 戈沃罗夫、F. I. 戈利科夫、K. K. 罗科索夫斯基、M. A. 列伊捷尔、I. V. 秋列涅夫、M. A. 普尔卡耶夫和 A. I. 叶廖缅科），78 人继续担任集团军司令员，其余 3 人担任军区司令员。最后，从集团军司令员降级任用的 27 位将领中，有 11 人担任步兵军军长，3 人担任步兵师师长或步兵旅旅长，其余 13 人在方面军和集团军担任参谋职务或副指挥员，或到国防人民委员部任职。

---

① 译注：1943年年初（及战争结束时）的职务分别是：P. A. 伊万诺夫任总参谋军事学院高级讲师（近卫第11集团军副司令员），M. A. 帕尔谢戈夫任远东方面军副司令员兼炮兵主任，A. N. 佩尔武申中国伤住院（敖德萨军区副司令员），A. A. 赫里亚谢夫任第45集团军参谋长，A. M. 库兹涅佐夫任第51集团军参谋长（伏龙芝军事学院军队侦察处处长），A. G. 巴秋尼亚进入总参谋军事学院学习（近卫第1集团军参谋长），D. N. 尼基舍夫任伏龙芝军事学院的处长，N. A. 莫斯克温后来历任集团军参谋长、步兵师师长和步兵团团长（敖德萨军区副参谋长）。

② 译注：由于第44集团军司令员 A. N. 佩尔武申负伤，I. F. 达希切夫于1942年1月16日担任司令员，因指挥不当于21日被捕，官方资料中的该集团军司令员名单里面没有收录他。安东纽克从1943年4月起先后担任草原军区、草原方面军和波罗的海沿岸第2方面军副司令员。索科洛夫1942年3月至1943年11月任莫斯科防区副司令员，1944年6月起回到内务人民委员部担任局长。

　　像 1941 年的情况一样，评价这些集团军司令员指挥素质和战斗表现的最准确依据是，仔细检查他们的战斗记录，以及斯大林和大本营对待他们的方式，如晋升和未来的任命。

　　除了那些在莫斯科会战期间声名远扬的集团军司令员之外，还有许多人在接下来的冬季战局中有杰出表现。例如，A. I. 叶廖缅科和 M. A. 普尔卡耶夫在 1 月成功的托罗佩茨—霍尔姆进攻战役中分别有力地领导突击第 3 和第 4 集团军，于是到 8 月，斯大林提拔他们指挥西南方面军和加里宁方面军。同样，M. M. 波波夫（第 61 集团军）、P. I. 巴托夫（第 3 集团军）和 N. P. 普霍夫（第 13 集团军）在 1 月和 2 月的奥廖尔—博尔霍夫进攻战役中进一步巩固自己作为优秀集团军司令员的声望，而同一时期，K. P. 波德拉斯（第 40 集团军）和 V. N. 戈尔多夫（第 21 集团军）在奥博扬—库尔斯克进攻战役中使自己更加声誉卓著。后来，斯大林于 7 月委派戈尔多夫指挥斯大林格勒方面军，波波夫、巴托夫和普霍夫留任集团军司令员，而波德拉斯在 5 月哈尔科夫的惨败中罹难。

　　另外，A. G. 马斯洛夫（第 38 集团军）、A. M. 戈罗德尼扬斯基（第 6 集团军）、D. I. 里亚贝舍夫（第 57 集团军）、A. I. 洛帕京（第 37 集团军）、F. M. 哈里托诺夫（第 9 集团军）和 K. A. 科罗捷耶夫（第 12 集团军）在 1 月和 2 月的洛佐瓦亚—巴尔文科沃进攻战役中积极作战。鉴于他们在这场进攻战役中的良好表现，大本营于 1942 年春季委派马斯洛夫指挥一个新组建的坦克军，其他将领继续担任集团军司令员。

　　另一方面，5 月发生在哈尔科夫和克里米亚的双重灾难令许多参战的集团军司令员付出声誉甚至生命的代价。例如，戈罗德尼扬斯基（第 6 集团军）和波德拉斯（第 57 集团军）在哈尔科夫交战期间牺牲，而里亚贝舍夫（第 28 集团军）的声誉从此一蹶不振，他后来担任集团军司令员的时间较短，作为一名步兵军军长迎来战争结束。从积极的方面看，K. S. 莫斯卡连科（第 38 集团军）在哈尔科夫交战期间和之后的表现良好，作为一位成功的集团军司令员迎来战争结束。与此同时，在克里米亚，V. N. 利沃夫（第 51 集团军）被降为上校军衔，后来在 5 月的这场灾难中牺牲，与利沃夫一样担任集团军司令员的 S. I. 切尔尼亚克（第 44 集团军）和 K. S. 科尔加诺夫（第 47 集团军）

分别降至步兵师师长和步兵军军长的身份迎来战争结束。

红军在"蓝色"行动中的长期防御堪称是埋葬某些集团军司令员声誉的墓地，但也使另一些人得到不朽的荣耀。例如，虽然在这个艰苦的时期，A. I. 帕尔谢戈夫（第40集团军）、D. I. 里亚贝舍夫（第28集团军）、F. A. 帕尔霍缅科（第9集团军）、V. V. 齐加诺夫（第56集团军）和M. A. 安东纽克（第60集团军）丢失自己的集团军司令员职务，但是另一些人如K. S. 莫斯卡连科（第38和第40集团军）却从这场磨难中赢得更高的声誉。另一方面，红军在"蓝色"行动期间的成功防御和斯大林格勒的辉煌胜利同样为新一代有能力的集团军司令员脱颖而出创造了机会，他们当中的许多人将会继续指挥自己的集团军直到战争结束。其中包括I. M. 奇斯佳科夫（第21集团军）、V. F. 格拉西缅科（第28集团军）、原方面军司令员P. M. 科兹洛夫（第37集团军）、A. A. 格列奇科（第12集团军）、F. M. 卡姆科夫（第18集团军）[①]、A. I. 雷若夫（第56集团军）、V. I. 崔可夫（第64和第62集团军）和M. S. 舒米洛夫（第64集团军）。

"蓝色"行动和斯大林格勒争夺战激烈上演的同时，另一些集团军司令员也在战线其他地段的战斗中为自己原有的声誉锦上添花。其中的I. D. 切尔尼亚霍夫斯基（第60集团军）和N. E. 奇比索夫（第38集团军）于7月和8月率领各自的集团军在沃罗涅日附近不断实施反突击；K. K. 罗科索夫斯基（第16集团军）、P. A. 别洛夫（第61集团军）和I. Kh. 巴格拉米扬（第16集团军）指挥的集团军同时在奥廖尔和日兹德拉地区猛烈攻击国防军的防御，并取得不同程度的战果。与此同时，在北面的莫斯科地区，8月加里宁方面军和西方面军攻击国防军勒热夫—维亚济马突出部的进攻战役期间，D. D. 列柳申科（第30集团军）、V. S. 波列诺夫（第31集团军）、M. A. 列伊捷尔（第30集团军）、I. I. 费久宁斯基和原方面军司令员M. M. 霍津（第33集团军）指

---

① 译注：1.指挥第37集团军的P. M. 科兹洛夫没有担任过方面军司令员，应是与D. T. 科兹洛夫混淆。2.F. M. 卡姆科夫应与下文提到的骑兵军军长F. V. 卡姆科夫是同一人。费多尔·瓦西里耶维奇·卡姆科夫在苏德战争爆发时担任骑兵第5军军长，1941年11月起先后指挥第18和第47集团军直到1943年1月，1944年2月起历任第40集团军副司令员、某骑兵—机械化集群副司令员、近卫骑兵第4军军长至战争结束，参阅下文1941年的骑兵军军长小节。原文似因拼错父名，把作为集团军司令员和骑兵军军长的卡姆科夫当成两个人。

挥各自的集团军取得明显但有限的进展。因此，斯大林先后于7月和9月任命罗科索夫斯基指挥布良斯克方面军和顿河方面军，9月任命列伊捷尔指挥布良斯克方面军。最后，F. N. 斯塔里科夫（第8集团军）、N. I. 古谢夫（涅瓦河战役集群①）和V. P. 斯维里多夫（第55集团军）在8月和9月列宁格勒方面军的锡尼亚维诺进攻战役期间有足够积极的表现，可以继续指挥集团军直到战争结束。

11月和12月，大本营在勒热夫和斯大林格勒两地同时实施的两场战略性进攻战役巩固了大多数参战集团军司令员的声誉，但并非每一位。唯一的例外是N. I. 基留欣，他指挥的第20集团军在"火星"行动中担任西方面军的先锋，但未能突破国防军的防御，他本人再也没能重返集团军级的指挥岗位，其他大多数参战的集团军司令员都在1943年年初留任，或者升任近卫集团军或方面军的司令员。

例如，D. D. 列柳申科（近卫第1和第3集团军）、I. M. 奇斯佳科夫（第21集团军）、P. I. 巴托夫（第65集团军）、I. V. 加拉宁（第24集团军）、A. S. 扎多夫（第66集团军）、V. I. 崔可夫（第62集团军）、M. S. 舒米洛夫（第64集团军）、F. I. 托尔布欣（第57集团军）、N. I. 特鲁法诺夫（第51集团军）、V. F. 格拉西缅科（第28集团军）、F. M. 哈里托诺夫（第6集团军）、M. M. 波波夫和V. D. 茨韦塔耶夫（突击第5集团军）、V. I. 库兹涅佐夫（近卫第1集团军）和R. Ia. 马利诺夫斯基（近卫第2集团军）全都在斯大林格勒进攻战役、随后的顿河中游进攻战役和科捷利尼科夫斯基进攻战役中有出色表现。为了表彰他们的功绩，斯大林于1943年3月委派托尔布欣指挥南方面军，马利诺夫斯基指挥西南方面军，4月委派波波夫指挥预备队方面军。

同时，K. N. 加利茨基（突击第3集团军）在大卢基赢得胜利后，使自己作为一名斗士的名声更加响亮，而G. F. 塔拉索夫（第41集团军）、V. A. 尤什克维奇（第22集团军）、A. I. 济金（第39集团军）、V. Ia. 科尔帕克奇（第30集团军）、V. S. 波列诺夫（第30集团军）和E. P. 茹拉夫廖夫（第29集团军）在"火星"行

---

① 译注：原文如此，N. I. 古谢夫这时但任第4集团军司令员，但第4集团军没有参加锡尼亚维诺进攻战役；涅瓦河战役集群这两个月的司令员是I. F. 尼基京，但他后来只担任过集团军副司令员和步兵军军长。

动中表现得足可信赖，至少能在一段时间内留任集团军司令员，不过，他们后来的成就始终无法与战斗在斯大林格勒地区的那些同事们相提并论。

1943 年

1943 年 1 月 1 日红军开始军事行动时共有 67 个集团军，其中 65 个集团军编入作战方面军，2 个集团军编入最高统帅部预备队。不过与前两年不同，1943 年全年国防军只歼灭苏联的 1 个集团军，即 3 月在顿巴斯地区覆没的第 6 集团军，但大本营旋即在夏季到来之前重建这个集团军。尽管大本营在这一年变更一些集团军的番号，并改编和解散几个集团军，还是在 6 月 1 日把诸兵种合成集团军的个数增加到 69 个，但 12 月 31 日又减少到 61 个。

综上所述，包括损失和新动员的集团军在内，1943 年全年大本营共使用 75 个诸兵种合成集团军。在此期间，共有 106 位将领担任过集团军司令员，平均每个集团军有 1.4 位司令员，相比之下，1942 年的同一数字是 1.6 位，1941 年全年是 2.6 位。1942—1943 年冬季的指挥动荡仍然比较频繁，但到 7 月和 8 月库尔斯克会战结束后的次数明显减少。例如，这一年开始时原有、新动员或变更番号的 75 个集团军中，新上任和接替职务的司令员只有 82 人次，平均每个集团军有 1.1 任司令员，相比之下，1942 年的同一数字是 1.4 任，1941 年全年是 3.2 任。[101]

1943 年担任过集团军司令员的这 106 位将领的个人命运如下：1944 年 1 月 1 日之前有 4 人（占 4%）阵亡，76 人（占 71%）这天还在担任方面军、集团军或军区司令员，2 人（占 2%，G. A. 哈柳津和 V. M. 沙拉波夫）下落不详 ①，其他 24 人（占 23%）降为参谋职务或较低级的指挥职务。损失的 4 人包括 P. P. 科尔尊、F. M. 哈里托诺夫、A. I. 济金和 V. A. 霍缅科，他们在这一年阵亡或伤重不治。

1943 年年底继续担任集团军或以上级别指挥职务的 76 位将领中，有 3 人升任方面军司令员（I. Kh. 巴格拉米扬、F. I. 托尔布欣和 R. Ia. 马利诺夫斯

---

① 译注：1944 年年初（及战争结束时）两人的职务分别是：G. A. 哈柳津任步兵第 89 军军长（近卫步兵第 9 军军长），原文把姓氏错拼为 "Khaziulin"；V. M. 沙拉波夫任第 40 集团军参谋长（1945 年 3 月起住院）。

基），70人继续担任集团军司令员，其余3人担任军区司令员。最后，从集团军司令员降级任用的24人当中，有7人担任步兵军军长，1人担任步兵师师长，其余16人在方面军和集团军担任参谋长或副司令员，或到国防人民委员部任职。

另外，1944年1月1日继续担任集团军司令员的70位将领当中，还有4人（K. N. 列谢利泽、I. F. 尼古拉耶夫、I. G. 扎哈尔金和G. F. 塔拉索夫）在1944年的战斗中牺牲 [①]，1人（I. D. 切尔尼亚霍夫斯基）在1945年牺牲；战争结束前曾有2人（I. D. 切尔尼亚霍夫斯基和I. I. 马斯连尼科夫）升任方面军司令员，1人（D. D. 列柳申科）升任坦克集团军司令员；战争结束时仍担任集团军司令员的还有52人。

如前所述，这些集团军司令员在1943年的战斗表现和后来的事业成就是衡量其能力的最有效手段。与前两年不同，斯大林没有因2月和3月在顿巴斯、哈尔科夫和奥廖尔诸地区的失败而解除任何一位集团军司令员的职务，主要原因是这些人当时在不折不扣地执行他的命令，向退却中的国防军最大限度地施加压力。相反，尽管遭受这些失败，3月和4月斯大林还是委派当时他手下最成功的3位集团军司令员：托尔布欣（第57和第68集团军）、马利诺夫斯基（近卫第2集团军）和波波夫（突击第5集团军和"波波夫"战役集群）分别指挥南方面军、西南方面军和预备队方面军，并于11月委派 I. Kh. 巴格拉米扬（第16集团军）指挥波罗的海沿岸第1方面军。

冬季战局结束后的4月16日，斯大林下令把第24、第66、第21、第64、第62、第30和第16集团军改编成近卫集团军，分别授予近卫第5—第8、第10和第11集团军的番号，有的集团军司令员留任，有的换成他手下最有才华的将领。这批7个近卫集团军中的5个，再加上原来4个近卫集团军（近卫第1—第4）中的1个，从1943年直到战争结束都只有1位司令员。这些司令员是 A. A. 格列奇科（近卫第1集团军，1943年12月起）、A. S. 扎多夫（近卫第5集团军，1943年4月起）、I. M. 奇斯佳科夫（近卫第6集团军，1943年4月起）、

---

① 译注：I. F. 尼古拉耶夫1944年7月18日死于心脏病发作。

M. S. 舒米洛夫（近卫第 7 集团军，1943 年 4 月起）、V. I. 崔可夫（近卫第 8 集团军，1943 年 4 月起）和 K. N. 加利茨基（近卫第 11 集团军，1943 年 11 月起）。

集团军级的指挥稳定性在 1943 年度有所改善的另一个证据是，有 34 位在这一年担任集团军司令员的将领能指挥自己的集团军直到战争结束或者该集团军解散（某些人的任期有短时间中断）。因此，1943 年 12 月 31 日红军编成内的 61 个集团军中，会有 39 个（占 64%）集团军在仅有的一位司令员率领下战斗直到或接近战争结束。最后提到的是，1943 年年底以后，大本营还提升 I. I. 马斯连尼科夫、P. A. 库罗奇金和 I.D. 切尔尼亚霍夫斯基为方面军司令员，马斯连尼科夫和库罗奇金在 1944 年分别指挥波罗的海沿岸第 3 方面军和白俄罗斯第 2 方面军，切尔尼亚霍夫斯基在 1944 年和 1945 年指挥白俄罗斯第 3 方面军。

根据他们战斗记录的记载，整场战争期间，红军中涌现出许多位称职的集团军司令员，但其中最杰出的是 P. I. 巴托夫、A. S. 扎多夫、V. I. 崔可夫、I. M. 奇斯佳科夫、M. S. 舒米洛夫、N. P. 普霍夫、K. N. 加利茨基、K. S. 莫斯卡连科、I. M. 马纳加罗夫、N. I. 克雷洛夫、A. V. 戈尔巴托夫、A. A. 格列奇科、V. Ia. 科尔帕克奇、S. G. 特罗菲缅科、F. I. 斯塔里科夫、I. I. 费久宁斯基、K. A. 科罗捷耶夫和 P. A. 别洛夫；另外，至少就其指挥任期之长而言，还可以加上 I. V. 博尔金。

快速军军长

除了方面军和集团军司令员，红军最重要的指挥干部是 1941 年 6 月指挥机械化军、坦克师和骑兵军，从 1942 年到 1945 年指挥骑兵军、坦克军、机械化军和坦克集团军的将校。[102] 红军的整体进攻和防御能否成功，都直接取决于其快速兵种司令员和指挥员的战斗表现。

战争开始时，红军的机械化军和独立坦克师构成其快速突击力量和机动力量的核心，而 1941 年夏季它们解散之后，一度只剩下脆弱的骑兵军能在战争后续阶段继续承担这个重要职能。

1941 年

战争开始时，红军的快速力量由 30 个机械化军和 4 个骑兵军组成，其中 25 个机械化军和 3 个骑兵军编入作战方面军和战略预备队，5 个机械化军和 1 个骑兵军编入军区和非作战方面军。[103] 这支力量包括 61 个坦克师，其中 58 个师编入 29 个机械化军的建制，另外 2 个师位于远东地区，松散地编入部分组建完毕的机械化第 30 军。①

国防军在"巴巴罗萨"行动初期歼灭或重创红军的大多数机械化军、骑兵军和坦克师以后，到 9 月 1 日，红军的作战方面军只保存下来 4 个快速军，其中有机械化军和骑兵军各 2 个，共 21 个坦克师和 25 个骑兵师。然而，秋季激烈战斗造成的严重消耗使这支力量进一步减少到 12 月 31 日的 5 个骑兵军，共 48 个骑兵师和 3 个坦克师。

战争最初的 3 个月里，共有 32 位将领指挥过红军的这 30 个机械化军（见《＜巨人重生＞资料篇》的附录二）。但是，鉴于大多数机械化军军长很快在激烈战斗中与自己的军同归于尽，指挥动荡对各军的战斗没有造成任何实际影响，除了 1 个机械化军（第 22）有过 3 任军长之外，其他的军全都只有 1 位军长。②

1941 年担任过机械化军军长的 32 位将领的个人命运如下：1942 年 1 月 1 日之前有 9 人（占 28%）阵亡或因玩忽职守遭到逮捕，16 人（占 50%）这天还在担任集团军、军或师级的指挥职务，4 人（占 13%，M. L. 切尔尼亚夫斯基、I. I. 卡尔佩佐、A. D. 索科洛夫和 M. A. 米亚斯尼科夫）下落不详③，其余 3 人（占 9%）担任参谋职务。损失的 9 人当中，有 7 人阵亡或伤重不治（I. P. 阿列克先科、M. G. 哈茨基洛维奇、N. M. 舍斯塔帕洛夫、P. N. 阿赫柳斯京、S. M. 孔德鲁谢夫、V. N. 西姆沃洛科夫和 V. I. 奇斯佳科夫④），其余 2 人遭到逮捕（S. I. 奥博林和 V. S. 塔姆鲁奇）。

---

① 译注：战争前夕的机械化军应是 29 个，1941 年 5 月 7 日外贝加尔军区的机械化第 29 军解散，各师成为独立师。机械化第 30 军的建制相对比较完整。详见《泥足巨人》中译本第 277 页。

② 译注：实情并非如此。机械化第 12 军也有 3 任军长——N. M. 舍斯塔帕洛夫少将、V. Ia. 格林贝格上校和 I. T. 科罗夫尼科夫大校（旅级）；机械化第 9 军有 2 任军长——K. K. 罗科索夫斯基少将和 A. G. 马斯洛夫少将。这 32 人名单没有提到的 3 人当中，V. Ia. 格林贝格 1941 年 11 月 15 日牺牲，I. T. 科罗夫尼科夫从 1942 年 4 月起指挥第 59 集团军至战争结束，A. G. 马斯洛夫担任过集团军司令员和坦克军军长，上下文均有提及。

③ 译注：1942 年年初（及战争结束时）的职务分别是：M. L. 切尔尼亚夫斯基任汽车装甲坦克兵训练局副局长和局长（波罗的海沿岸第 2 方面军装甲坦克和机械化兵司令员）；I. I. 卡尔佩佐伤愈后任南乌拉尔军区步兵监察员（中亚细亚军区副司令员）；A. D. 索科洛夫 1941 年 8 月被停后死于战俘营；M. A. 米亚斯尼科夫伤愈后任普及军训总局第 2 处长（第 31 集团军代司令员）。

④ 译注：奇斯佳科夫 1941 年 7 月 1 日死于心脏病发作。

年底继续担任集团军、军和师级指挥职务的 16 位将领中，有 7 人升任集团军司令员（A. A. 弗拉索夫、D. I. 里亚贝舍夫、K. K. 罗科索夫斯基、M. P. 彼得罗夫、D. D. 列柳申科、I. E. 彼得罗夫和 V. V. 诺维科夫），7 人成为坦克军、机械化军和骑兵军军长的人选（A. V. 库尔金、I. G. 拉扎列夫、D. K. 莫斯托文科、N. V. 费克连科、S. M. 克里沃舍因、N. Ia. 基里琴科和 M. I. 帕韦尔金），1 人指挥步兵军（V. S. 戈卢博夫斯基），剩下 1 人指挥步兵师（Iu. V. 诺沃谢利斯基）。担任方面军或集团军参谋长的 3 位将领是 V. I. 维诺格拉多夫、P. V. 沃洛赫和 A. G. 尼基京。

另外，从 1941 年 6 月 22 日到这年年底，共有 67 位将校[①]指挥过红军建成的 71 个独立坦克师和机械化军编成内的坦克师。[104]这 67 人当中，有 10 人（占 15%）牺牲或被俘，45 人（占 67%）继续在 1942 年担任各级指挥职务，还有 12 人（占 18%，分别是 M. I. 门德罗、P. S. 福特琴科夫、F. U. 格拉乔夫、L. V. 布宁、A. O. 阿赫马诺夫、S. Z. 米罗什尼科夫、V. P. 克雷莫夫、M. V. 希罗博科夫、S. I. 卡普斯京、D. A. 雅科夫列夫、K. F. 什韦佐夫和 A. A. 科特利亚罗夫）下落不详。损失的 10 人中有 6 人阵亡或伤重不治（E. N. 索利扬金、A. G. 波塔丘尔切夫、S. V. 博尔济洛夫、T. A. 米沙宁、I. V. 瓦西里耶夫和 V. P. 普加诺夫），3 人牺牲或者可能被俘（F. F. 费多罗夫、N. P. 斯图德涅夫和 N. M. 尼科福罗夫），1 人被俘（S. Ia. 奥古尔佐夫）。[②]

1942 年继续担任各级指挥职务的 45 位将校中，有 29 人起初指挥坦克旅，后来指挥坦克军或机械化军（A. I. 利久科夫、G. I. 库济明、E. G. 普希金、I. P. 科尔恰金、I. D. 瓦西里耶夫、F. T. 列米佐夫、M. E. 卡图科夫、M. I. 切斯诺科夫、M. F. 帕诺夫、I. D. 切尔尼亚霍夫斯基、S. I. 波格丹诺夫、F. G. 阿尼库什金、V. I.

---

① 译注：原文用词是上校，但其中有些人是旅级或少将军衔。

② 译注：下落不明的 12 人当中：M. I. 门德罗、P. S. 福特琴科夫和 F. U. 格拉乔夫均在 1941 年夏季阵亡；L. V. 布宁 8 月 1 日被撤职；A. O. 阿赫马诺夫后来任方面军装甲坦克和机械化兵司令员助理和副司令员，战争结束时是坦克第 23 军军长；S. Z. 米罗什尼科夫 9 月 30 日退伍；V. P. 克雷莫夫 1941 年夏季被停后因伤去世；M. V. 希罗博科夫 1942 年任坦克第 19 军副军长，后任乌克兰第 4 方面军装甲坦克和机械化兵司令员至 1945 年 4 月 16 日；S. I. 卡普斯京 9 月 29 日被停于罗斯拉夫利；D. A. 雅科夫列夫因 8 月下旬放弃大卢基被判死刑；K. F. 什韦佐夫作战失踪；A. A. 科特利亚罗夫 11 月 20 日因战斗失利自尽。

后 4 位损失人员当中：F. F. 费多罗夫上校后来担任某装甲坦克兵学校校长，1945 年 1 月病逝，原文可能与 1941 年 8 月牺牲的 G. I. 费多罗夫炮兵少将混淆；N. P. 斯图德涅夫 1941 年 6 月牺牲于格罗德诺附近；N. M. 尼科福罗夫 1941 年 6 月作战失踪。S. Ia. 奥古尔佐夫 1941 年 8 月被俘，1942 年 4 月后逃脱并参加游击队，同年 10 月 28 日牺牲。

波洛兹科夫、G. S. 罗金、V. T. 奥布霍夫、N. I. 沃耶伊科夫、V. A. 科普佐夫、K. A. 谢缅琴科、P. P. 巴甫洛夫、M. D. 索洛马京、B. S. 巴哈罗夫、V. M. 巴达诺夫、V. G. 布尔科夫、V. M. 阿列克谢耶夫、M. D. 西年科、B. M. 斯克沃尔佐夫、A. F. 波波夫、S. A. 伊万诺夫和 V. A. 米舒林），7 人指挥坦克旅（V. I. 巴拉诺夫、N. A. 诺维科夫、G. G. 库兹涅佐夫、S. A. 卡利霍维奇、N. V. 斯塔尔科夫、I. G. 齐宾和 P. G. 切尔诺夫），7 人指挥坦克师或摩托化步兵师（G. M. 米哈伊洛夫、I. D. 伊拉里奥诺夫、A. S. 别洛格拉佐夫、S. P. 切尔诺拜、P. N. 多姆拉切夫、I. V. 舍夫尼科夫和 A. L. 格特曼），2 人指挥步兵师（K. Iu. 安德烈耶夫和 T. S. 奥尔连科）。①

这些机械化军军长和坦克师师长中有许多人在战争最初 6 个月的惨败中曾有英勇表现，有时甚至是巧妙的表现。例如，战争最初几个星期里，A. V. 库尔金在立陶宛的拉塞尼艾附近以他的机械化第 3 军实施过一次坚决有力但彻底失败的反冲击；D. K. 莫斯托文科的机械化第 11 军在白俄罗斯的格罗德诺附近也有类似表现；而 D. I. 里亚贝舍夫的机械化第 8 军、K. K. 罗科索夫斯基的机械化第 9 军和 N. F. 费克连科的机械化第 19 军在乌克兰西部的杜布诺附近参加这场战争中第一场大规模坦克交战。因此，斯大林不久提升里亚贝舍夫和罗科索夫斯基为集团军司令员，1942 年年初又任命费克连科为坦克军军长。

1941 年指挥过坦克师的将校当中，在战争后续阶段声誉鹊起并获得更高军衔的比例高得令人意外。例如，继在莫斯科会战期间成功指挥步兵第 2 军之后，I. I. 利久科夫先后指挥坦克第 5 集团军和坦克第 2 军，直到 1942 年 7 月在沃罗涅日附近的战斗中牺牲。② 另有 7 人（G. I. 库济明、E. G. 普希金、F. G. 阿尼库什金、V. I. 波洛兹科夫、P. P. 巴甫洛夫、V. A. 科普佐夫、B. S. 巴哈罗夫和 V. M. 阿列克谢耶夫）③ 继 1941 年下半年成功担任坦克旅旅长之后，在战争后续阶段担任坦克军或机械化军的军长。但后来其中有 6 人在战争中阵

---

① 译注：原坦克第3师师长安德烈耶夫后来担任步兵第225师师长；T. S. 奥尔连科指挥坦克第20旅，1941年10月在莫斯科会战中牺牲。

② 译注：前半句的"步兵第2军"应该是近卫步兵第2军，在利久科夫指挥下改编成坦克第2军。利久科夫从后来坦克第5集团军司令员降为坦克第2军军长，这是按照最高统帅部大本营1942年7月15日的第170511号训令，但他不久于23日阵亡，包括官方生平、本书《资料篇》在内的资料均未提及这次降职。

③ 译注：原文如此，名单实际是8人。F. G. 阿尼库什金担任坦克军军长直到1944年10月，战争结束时是哈尔科夫军区装甲坦克和机械化兵副司令员。

亡，而第7人 P. P. 巴甫洛夫于 1943 年 2 月下旬被俘。

1941 年指挥过坦克师的另一些将校甚至表现得更好。例如，I. D. 切尔尼亚霍夫斯基后来有力地领导第 60 集团军和白俄罗斯方面军，直到他 1945 年 2 月阵亡；E. E. 卡图科夫、S. I. 波格丹诺夫、M. D. 索洛马京、V. M. 巴达诺夫和 M. D. 西年科在战争结束前指挥过坦克集团军；而 I. P. 科尔恰金、I. D. 瓦西里耶夫、M. F. 帕诺夫、G. S. 罗金、V. T. 奥布霍夫、N. I. 沃耶伊科夫、V. G. 布尔科夫、V. A. 米舒林、B. M. 斯克沃尔佐夫、A. F. 波波夫、S. A. 伊万诺夫和 A. L. 格特曼后来担任坦克军或机械化军的军长时也都有良好表现。这些人多数通过在莫斯科会战和 1941 年年底的其他进攻战役期间指挥坦克旅，为红军羽翼未丰的汽车装甲坦克兵积累了成长经验。[105]

虽然 1941 年 6 月 22 日红军各作战方面军编成内的 3 个骑兵军（第 2、第 5 和第 6）在更加强大的汽车装甲坦克兵面前仅仅是辅助力量，但是方面军司令员在整个夏季一直使用它们奔袭国防军后方，这年年底又用它们发展突击集团取得的各种胜利。骑兵第 2 军和第 5 军从"巴巴罗萨"行动中幸存下来，而骑兵第 6 军在战争的最初几天里被国防军一举歼灭在别罗斯托克的合围圈中。

继 1941 年夏秋两季使用 2 个骑兵军和 2 个暂编骑兵集群作战之后，大本营于 11 月组建骑兵第 3 军，后来又把骑兵第 2 军和第 3 军分别改编成近卫骑兵第 1 军和第 2 军。12 月，红军的骑兵力量得到进一步扩充，骑兵第 5 军改编成近卫骑兵第 3 军，重建骑兵第 6 军，新组建骑兵第 1 军（一度称独立骑兵军），骑兵军的个数因此在年底以前增加到 5 个。

红军 1941 年动用的这 6 个骑兵军先后共有 7 位军长。[106] 其中 2 位军长阵亡或被俘，包括 11 月在保卫莫斯科的战斗中阵亡的近卫骑兵第 2 军军长 L. M. 多瓦托尔①，6 月骑兵第 6 军在别罗斯托克地区覆没时被俘的军长 I. S. 尼基京。其余 5 位骑兵军长（F. A. 帕尔霍缅科、P. A. 别洛夫、I. A. 普利耶夫、F. V. 卡姆科夫②和 A. F. 贝奇科夫斯基）全都在 1942 年 1 月 1 日继续指挥自己的军。

① 译注：下文又称他牺牲的日期是 12 月 11 日，官方生平中是 12 月 19 日。
② 译注：原文如此，卡姆科夫 11 月 20 日卸任骑兵第 5 军军长，11 月 25 日升任第 18 集团军司令员，由下文出现的 V. D. 克留乔金接替。因此，本段第一句的军长总数应该是 8 位。

1941 年夏季和秋季红军的许多场战役惨败中，有几位骑兵军军长或暂编骑兵集群司令员大胆率领自己的部下取得相当可观的战果。例如，多瓦托尔的暂编骑兵集群编有骑兵第 50 和第 53 师，在 8 月下旬的斯摩棱斯克交战期间深入德国中央集团军群的后方，实施一次壮观但仅部分成功的纵深奔袭，10 月又在西方面军的维亚济马失败之后掩护方面军右翼。作为奖励，大本营在 11 月把多瓦托尔的集群先后改编成骑兵第 3 军和近卫骑兵第 2 军。

别洛夫的近卫骑兵第 1 军和多瓦托尔的近卫骑兵第 2 军在 11 月和 12 月上旬的莫斯科防御期间不断向推进中的德国军队实施牵制性攻击，12 月上旬分别在莫斯科以北和以南担任红军成功实施反突击时的先锋。12 月 11 日多瓦托尔在战斗中牺牲后，原骑兵第 50 师（近卫骑兵第 3 师）师长普利耶夫接替他担任军长。同时，V. D. 克留乔金的骑兵第 5 军（后改编成近卫骑兵第 3 军）组成科斯坚科战役集群的核心，在红军获胜的叶列茨进攻战役中担任先锋。

战争的后续阶段，这些骑兵将领当中许多人的声望有增无减。例如，别洛夫在 1941—1942 年冬季战局期间指挥近卫骑兵第 1 军向维亚济马地区实施纵深奔袭之后，斯大林委派他指挥第 61 集团军，而他会在这个职务上迎来战争结束。同样，普利耶夫接连指挥近卫骑兵第 2、第 3 和第 4 军直到 1944 年 11 月，又先后在 1944 年后期和 1945 年巴尔干、匈牙利和满洲的几场进攻战役中指挥骑兵—机械化集群，他的漫长军旅生涯顶峰出现在 20 世纪 60 年代初，指挥驻古巴的苏联火箭军。[①]

另外，战争结束以前，帕尔霍缅科指挥过骑兵军和步兵军，克留乔金指挥过几个诸兵种合成集团军和某坦克集团军，而 F. V. 卡姆科夫一直指挥近卫骑兵第 4 军到 1945 年 5 月。[②] 最后，担任过西南方面军骑兵监察员和第 31 集团军副司令员之后，不走运的 A. F. 贝奇科夫斯基在 1943 年被捕，罪名是玩忽职守或者蓄意背叛。除了贝奇科夫斯基之外，其余每一位从战争中生还的 1941 年骑兵军军长，都为战争的结束做出了杰出贡献。

---

① 译注：普利耶夫实际担任驻古巴苏军的最高首长。1958 年 4 月 15 日至 1968 年 6 月 27 日任北高加索军区司令员期间，他中途于 1962 年 7 月到 1963 年 5 月化名前往古巴，官方生平中没有这段经历。

② 译注：按照本书《资料篇》，他从 1945 年 4 月 12 日才开始指挥该军。

1942 年

1942 年的军事行动开始时，红军各作战方面军编成内共有 5 个骑兵军、48 个骑兵师和 3 个坦克师。1942 年上半年，大本营通过 1 月和 2 月组建新的小型骑兵军、春季和夏初组建新型坦克军的方式，扩充红军的快速力量。尽管许多个新的骑兵军不久便告解散，但作战方面军和最高统帅部预备队编成内的快速军还是在 6 月 1 日以前增加到 28 个（其中 10 个骑兵军和 18 个坦克军），9 月 1 日以前达到 30 个（其中 6 个骑兵军和 24 个坦克军）。[107] 最后，随着从 9 月开始组建新型机械化军，秋季又有某些坦克军改编成机械化军，作战方面军和最高统帅部预备队编成内的快速军个数稳步上升到 12 月 31 日的 34 个，其中有 8 个骑兵军、18 个坦克军和 8 个机械化军。[108]

综上所述，包括那些刚组建不久便解散的军在内，1942 年全年大本营共动用 19 个骑兵军。在此期间共有 35 位将领担任过骑兵军军长，平均每个军有 1.8 位军长；在这些军新上任和接替职务的军长共有 42 人次，平均每个军有 2.2 任军长。

1942 年担任过骑兵军军长的 35 位将领的个人命运如下：1943 年 1 月 1 月以前有 3 人（占 8%）阵亡或被俘，23 人（66%）这天还在担任集团军司令员或军长，有 8 人（占 23%，分别是 S. T. 什穆伊洛、I. F. 鲁涅夫、G. T. 季莫费耶夫、N. I. 古谢夫、V. F. 特兰京、A. I. 杜特金、A. I. 赫沃斯托夫和 L. D. 伊林）下落不详，[①] 其中大多数人只短时间指挥过骑兵军，其余 1 人（占 3%）担任参谋职务。损失的 3 人当中，B. A. 波格列博夫和 G. A. 科瓦廖夫分别在 3 月和 5 月阵亡，A. A. 诺斯科夫在 5 月被德国人俘虏。

1942 年年底继续担任集团军和军级指挥职务的 23 位将领中，有 9 人升任集团军司令员（P. A. 别洛夫、V. D. 克留乔金、A. A. 格列奇科、K. S. 莫斯卡连科、I. M. 马纳加罗夫、P. P. 科尔尊、A. S. 扎多夫、K. S. 梅利尼克和 M. F.

---

① 译注：1943 年年初（及战争结束时）的职务分别是：S. T. 什穆伊洛任近卫骑兵第 3 军参谋长（近卫骑兵第 10 师师长）；I. F. 鲁涅夫任第 3 集团军后勤副主任（第 6 集团军后勤副主任）；G. T. 季莫费耶夫任高加索方面军骑兵监察员（近卫骑兵第 4 副军长）；V. F. 特兰京在总参军事学院学习（步兵第 58 军军长至 1945 年 3 月）；A. I. 杜特金任近卫骑兵第 4 军参谋长（伏龙芝军事学院骑兵处处长）；A. I. 赫沃斯托夫任步兵第 5 军军长（步兵第 51 师师长）；L. D. 伊林任顿河方面军骑兵监察员（白俄罗斯第 1 方面军骑兵监察员）。N. I. 古谢夫见下文译注。

马列耶夫），10 人继续留任骑兵军军长（V. K. 巴拉诺夫、V. A. 盖杜科夫、M. D. 鲍里索夫、I. A. 普利耶夫、V. V. 克留科夫、T. T. 沙普金、F. V. 卡姆科夫、S. V. 索科洛夫、N. Ia. 基里琴科和 A. G. 谢利瓦诺夫），还有 2 人后来改任步兵军军长（F. A. 帕尔霍缅科和 V. F. 丹贝格），其余 2 人降职使用，分别是后来担任步兵师师长的 M. A. 乌先科和任职于某方面军司令部的 A. F. 贝奇科夫斯基。[①]

1941—1942 年冬季战局期间，有几位骑兵军军长通过袭击国防军后方的方式，建立不朽的功勋。例如，1 月下旬和 2 月上旬，得到加强的别洛夫近卫骑兵第 1 军与空降兵协同动作，从卡卢加奔袭维亚济马地区。虽然别洛夫没能夺取他的目标维亚济马，并深陷合围直到 1942 年 6 月率部突围，但是他的骑兵干扰国防军交通线长达四个月之久。同一时期，骑兵第 11 军在 G. F. 季莫费耶夫和 S. V. 索科洛夫的指挥下袭击斯摩棱斯克西北的国防军后方一个多月；K. S. 莫斯卡连科的骑兵第 6 军、F. A. 帕尔霍缅科的骑兵第 1 军和 A. A. 格列奇科的骑兵第 5 军在哈尔科夫以南率先发起取得局部获胜的巴尔文科沃—洛佐瓦亚进攻战役。后来，作为奖励，大本营提升别洛夫、莫斯卡连科和格列奇科，以及 A. S. 扎多夫和 I. M. 马纳加罗夫等几位在 1942 年年初短时间指挥过骑兵军的将领担任集团军司令员。然而，同一时期，N. I. 古谢夫的骑兵第 13 军突破国防军沿沃尔霍夫河的防御之后，6 月与弗拉索夫的突击第 2 集团军一起陷入合围并全军覆没。[②]

这年晚些时候，V. V. 克留科夫指挥近卫骑兵第 2 军在 8 月的勒热夫—瑟乔夫卡进攻战役中担任西方面军的快速集群，但 11 月和 12 月在同一地区实施的"火星"行动中严重受挫。[109] 同样在 11 月，M. D. 鲍里索夫的骑兵第 8 军、I. A. 普利列夫的近卫骑兵第 3 军和 T. T. 沙普金的骑兵第 4 军在合围德国第六集团军于斯大林格勒的过程中发挥重要作用。

包括损失和改编成机械化军的那一批坦克军在内，1942 年全年大本营共有 28 个坦克军。其中有 5 个坦克军改编成机械化军，年底以前又新组建 3 个机械化军，坦克军和机械化军的总数达到共 31 个。[110] 在此期间，共有 46

---

① 译注：贝奇科夫斯基先是担任方面军骑兵监察员，后来 1942 年 7 月至 1943 年 1 月升任第 31 集团军副司令员。

② 译注：原文还称 N. I. 古谢夫在这场战役中牺牲，上文另两处一说他在 8 月和 9 月指挥涅瓦河战役集群，一说他的最终命运不详。他从 1942 年 6 月到 1943 年 10 月任第 4 集团军司令员，后来历任几个集团军的司令员直到战争结束，1945 年 5 月 5 日晋升上将。

位将校担任过坦克军或机械化军的军长，平均每个军有 1.5 位军长。但在"蓝色"行动期间，由于大本营尽力寻找哪些指挥员能够有效运用快速军，这些军的指挥动荡程度极高。例如，这 31 个坦克军和机械化军中，新上任和接替职务的军长共有 58 人次，平均每个军有 1.9 任军长。[111]

1942 年担任过坦克军或机械化军军长的 46 位将校当中，1943 年 1 月 1 日以前有 4 人（占 9%）阵亡或解除指挥职务，32 人（占 69%）这天还在担任集团军司令员或军长，10 人（占 22%，分别是 S. P. 马尔采夫、D. K. 莫斯托文科、K. A. 谢缅琴科、V. V. 布特科夫、A. V. 库尔金、M. I. 切斯诺科夫、N. N. 拉德克维奇、M. I. 帕韦尔金、V. V. 科舍廖夫和 F. T. 列米佐夫）下落不详，不过他们都没有再继续担任军或师级的指挥职务。[①]

损失的 4 人当中，有 3 人阵亡或伤重不治（G. I. 库济明、I. A. 利久科夫和 P. E. 舒罗夫），1 人被解除指挥职务（N. V. 费克连科）。库济明的坦克第 21 军 5 月在哈尔科夫覆没，他以身殉职；利久科夫 7 月在沃罗涅日附近率领他的坦克第 2 军时牺牲；舒罗夫随着他的坦克第 13 军在"蓝色"行动最初几天里覆没而阵亡；而费克连科由于指挥坦克第 17 军在沃罗涅日以西的战斗中表现不力，7 月上旬被解除指挥职务。[②]

1942 年年底继续担任集团军和军级指挥职务的 32 位将校中，有 1 人升任集团军司令员（I. D. 切尔尼亚霍夫斯基），24 人担任坦克军军长（V. G. 布尔科夫、I. G. 拉扎列夫、A. G. 克拉夫琴科、A. M. 哈辛、M. D. 西年科、V. A. 米舒林、A. L. 格特曼、P. A. 罗特米斯特罗夫、A. A. 沙姆辛、A. F. 波波夫、S. I. 波格丹诺夫、T. I. 塔纳斯奇申、V. A. 科普佐夫、A. G. 马斯洛夫、B. S. 巴哈罗夫、P. P. 波卢博亚罗夫、S. A. 韦尔什科维奇、D. M. 格里岑科、M. V. 沃尔科夫、E.

---

① 译注：战争结束时，6人担任方面军（或军区）装甲坦克和机械化兵司令员：D. K. 莫斯托文科（波兰人民军）、A. V. 库尔金（乌克兰第2）、M. I. 帕韦尔金（乌克兰第3）、F. T. 列米佐夫（乌克兰第4）、N. N. 拉德克维奇（远东）、K. A. 谢缅琴科（1945年10月列宁格勒军区）；V. V. 科舍廖夫（1942年中校军衔，临时代理军长）任近卫坦克第8军参谋长；S. P. 马尔采夫上校1943年2月6日在伏罗希洛夫格勒进攻战役中牺牲；M. I. 切斯诺科夫上校1942年12月28日牺牲。N. N. 拉德克维奇1943年还担任过坦克第11军军长，原文写错他的姓氏，可能当作两个人；V. V. 布特科夫担任坦克第1军军长到战争结束，原文似乎也把他与V. G. 布尔科夫、M. V. 沃尔科夫有所混淆，经常搞错他们的父名和职务，或在名单中缺少其中的一两人。拉德克维奇和布特科夫的详情见1943年小节。

② 译注：费克连科后来在1942年7月担任装甲坦克训练中心主任，1943年7月担任草原方面军装甲坦克和机械化兵司令员，同年12月起担任红军装甲坦克和机械化兵组建与战斗训练总局局长。

G. 普希金、V. M. 巴达诺夫、P. P. 巴甫洛夫、A. G. 罗金和 G. S. 罗金），6 人担任机械化军军长（M. E. 卡图科夫、M. D. 索洛马京、I. P. 科尔恰金、V. T. 沃利斯基、I. N. 鲁西亚诺夫和 K. V. 斯维里多夫）。①

通过大本营的选拔，1942 年指挥坦克军和机械化军的大多数将校都曾经担任过坦克师师长或坦克旅旅长。但是他们在 1942 年前 8 个月里常见的拙劣表现，证明他们在有效指挥、控制和运用大型坦克和机械化兵团方面还有很多课程要学习。总之，正如在哈尔科夫、沃罗涅日、日兹德拉和斯大林格勒接近地的激烈战斗所示，11 月之前，红军的坦克军和机械化军仍然全方位落后于国防军的装甲师。[112]

但到 11 月和 12 月，这些坦克军和机械化军的军长已能在斯大林格勒地区的进攻战役中表现出更强大的战斗力。例如，（坦克第 5 集团军编成内）布特科夫的坦克第 1 军和罗金的坦克第 26 军，克拉夫琴科的坦克第 4 军、马斯洛夫的坦克第 16 军、塔纳斯奇申的坦克第 13 军和沃利斯基的机械化第 4 军成功地在 11 月的斯大林格勒进攻战役中担任先锋，波卢博亚罗夫的坦克第 17 军、巴哈罗夫的坦克第 18 军、巴达诺夫的坦克第 24 军、巴甫洛夫的坦克第 25 军和鲁西亚诺夫的近卫机械化第 1 军在 12 月的顿河中游进攻战役取得同样辉煌的战果，罗特米斯特罗夫的坦克第 7 军、塔纳斯奇申的坦克第 13 军、斯维里多夫的近卫机械化第 2 军、沃利斯基的近卫机械化第 3 军和波格丹诺夫的机械化第 6 军成功地在 12 月的科捷利尼科夫斯基进攻战役中一马当先。

尽管取得上述整体上的胜利，但到发展突破阶段，这些坦克军和机械化军突入国防军的防御纵深独立作战时，还是受到自身机械损耗和国防军娴熟

---

① 译注：1.含切尔尼亚霍夫斯基在内的名单仅31人，缺坦克第12军军长V. A. 米特罗法诺夫。2.这时的M. V. 沃尔科夫（第5）和S. I. 波格丹诺夫（第6）以及后来的A. M. 哈辛（第8）都是机械化军军长。3.G. S. 罗金、V. A. 米舒林和A. M. 哈辛这时都不担任军级指挥职务。

根据本书《资料篇》等文献：1943年1月1日，20个坦克军的军长（番号）是：V. V. 布特科夫（第1）、A. F. 波波夫（第2）、M. D. 西年科（第3）、A. G. 克拉夫琴科（第4）、M. G. 沙赫诺（第5，当天任职）、A. L. 格特曼（第6）、A. A. 沙姆辛（第9）、V. G. 布尔科夫（第10）、I. G. 拉扎列夫（第11）、V. A. 米特罗法诺夫（第12）、T. I. 塔纳斯奇申（第13）、V. A. 科普佐夫（第15）、S. A. 马斯洛夫（第16）、P. P. 波卢博亚罗夫（第17）、B. S. 巴哈罗夫（第18）、S. A. 韦尔什科维奇（第19）、D. M. 格里亚科（第20）、E. G. 普希金（第23）、P. P. 巴甫洛夫（第25）、A. G. 罗金（近卫第1）、V. M. 巴达诺夫（近卫第2）、P. A. 罗特米斯特罗夫（近卫第3）。

8个机械化军的军长（番号）是：M. D. 索洛马京（第1）、I. P. 科尔恰金（第2）、M. E. 卡图科夫（第3）、M. V. 沃尔科夫（第5）、S. I. 波格丹诺夫（第6）、I. N. 鲁西亚诺夫（近卫第1）、K. V. 斯维里多夫（近卫第2）和V. T. 沃利斯基（近卫第3）。

抵抗的综合作用而损失惨重。例如，12 月上旬，德国第 11 装甲师在奇尔河沿岸几乎令布特科夫的坦克第 1 军全军覆没，12 月下旬，第 6 装甲师和第 11 装甲师又在塔钦斯卡亚使巴达诺夫的坦克第 24 军遭受同样命运。因此，许多坦克军和机械化军的军长虽然能在勒热夫和斯大林格勒周围的一系列进攻战役中有出色表现，但是会在 1942—1943 年冬季战局期间经受更加严峻的考验。

1943 年

1943 年的军事行动开始时，红军各作战方面军和最高统帅部预备队编成内共有 34 个快速军，其中有 8 个骑兵军、18 个坦克军和 8 个机械化军，大本营在 1943 年上半年把作战方面军和最高统帅部预备队中的快速军增加到 6 月 1 日的 37 个（7 个骑兵军、21 个坦克军和 9 个机械化军），到 12 月 31 日又增加到 43 个（7 个骑兵军、24 个坦克军和 12 个机械化军）。[113] 这意味着在 1943 年仲夏之前，大本营有足够的快速军可供调遣，为沿主要战略方向实施进攻的每个方面军配属若干个独立的坦克军、机械化军和骑兵军，并为沿主要突击方向作战的每个集团军配属至少 1 个快速军。

综上所述，包括 1943 年当中仅短期存在的 2 个军（第 4 和第 19）在内，大本营全年共动用 9 个骑兵军。有 13 位将领在此期间担任过骑兵军军长，平均每个军有 1.4 位军长，相比之下 1942 年的数字是每个军 1.8 位军长；在这些军新上任和接替职务的军长仅有 7 人次，平均每个军有 1.3 任军长，相比之下 1942 年每个军有 2.2 任军长。[114]

1943 年曾担任过骑兵军军长的 13 位将领的个人命运如下：有 2 人（占 15%）在 1944 年 1 月 1 日以前去世或被俘，7 人（占 54%）这天还在指挥骑兵军，4 人（占 31%，分别是 R. I. 戈洛瓦诺夫斯基、Ia. S. 沙拉布尔科、M. F. 马列耶夫和 N. Ia. 基里琴科）下落不详，不过他们都没有再继续担任军或师级的指挥职务。[①] 损失的 2 人中，南方面军骑兵第 4 军军长 T. T. 沙普金 3 月

---

① 译注：1944 年年初（及战争结束时）的职务分别是：R. I. 戈洛瓦诺夫斯基任梁赞炮兵学校校长（列宁格勒第 3 炮兵学校校长）；Ia. S. 沙拉布尔科任近卫步兵第 2 军副军长（步兵第 93 军军长）；M. F. 马列耶夫担任近卫骑兵第 5 军副军长；N. Ia. 基里琴科因奔袭彼列科普时行动迟缓于 1943 年 11 月 3 日被撤职（高级骑兵军官学校校长）。下一句中的 T. T. 沙普金 1943 年 3 月 22 日因病去世。

去世，原因不明；另一位是骑兵第8军（近卫骑兵第7军）军长 M. D. 鲍里索夫，1943年2月他的军在顿巴斯地区杰巴利采沃附近遭到合围并大部被歼，他本人被德国人俘虏。

1943年年底继续指挥骑兵军的7位将领是：S. V. 索科洛夫、M. P. 康斯坦丁诺夫、V. K. 巴拉诺夫、V. V. 克留科夫、N. S. 奥斯利科夫斯基、I. A. 普利耶夫和 A. G. 谢利瓦诺夫。战争后续阶段，索科洛夫、巴拉诺夫、奥斯利科夫斯基和普利耶夫还会在1944年和1945年的一系列战略性进攻战役中作为成功的骑兵—机械化集群司令员，为自己赢得更崇高的声誉。

上述骑兵军军长当中，有许多人在1943年的表现也非常出色。例如，1943年年初，基里琴科的近卫骑兵第4军和谢利瓦诺夫的近卫骑兵第5军在北高加索和罗斯托夫两地成功率领红军发起进攻，索科洛夫的骑兵第7军（近卫骑兵第6军）在1月和2月沃罗涅日方面军的奥斯特罗戈日斯克—罗索什进攻战役和哈尔科夫进攻战役中担任先锋，直到2月下旬和3月在顿巴斯和哈尔科夫地区受挫。同一时期，克留科夫的近卫骑兵第2军率领中央方面军攻向杰斯纳河，直到3月被击退至库尔斯克地区。

秋季的气象条件恶化之后，这些骑兵军军长又一次在红军前出至第聂伯河并强渡至河对岸的过程中担任先锋。例如，奥斯利科夫斯基的近卫骑兵第3军和索科洛夫的近卫骑兵第6军在8月至9月率领加里宁方面军和西方面军经斯摩棱斯克向前推进，奥斯利科夫斯基的军队10月和11月又在维捷布斯克地区支援加里宁（波罗的海沿岸第1）方面军的进攻。同一时期，克留科夫的近卫骑兵第2军在布良斯克方面军9月解放布良斯克的胜利中发挥重要作用，10月和11月又与马列耶夫的近卫骑兵第7军一起有力地率领中央（白俄罗斯）方面军前进，渡过第聂伯河并进入白俄罗斯东部。

稍往南面一点，8月至9月，巴拉诺夫的近卫骑兵第1军和基里琴科的近卫骑兵第4军巧妙地支援西南方面军和南方面军攻入顿巴斯地区，巴拉诺夫的军还在10月和11月争夺基辅的激烈战斗中支援沃罗涅日（乌克兰第1）方面军长达两个月之久。最后，基里琴科的近卫骑兵第4军和谢利瓦诺夫的近卫骑兵第5军为南（乌克兰第4）方面军10月和11月夺取梅利托波尔的胜利做出重大贡献。因为这些骑兵军军长在1943年秋季非常出色的表现，所以大本营从 1944 年年初开始把骑兵军和坦克军(或机械化军)合编成骑兵—机械化集群，在骑兵军军长的统一指挥下发展胜利。

1943 年开始作战时，各作战方面军和最高统帅部预备队编成内共有 18 个坦克军和 8 个机械化军，大本营在这一年里又新组建 7 个坦克军和 4 个机械化军，并把 1 个坦克军（第 13）改编成机械化军，到该年年底，坦克军和机械化军的总数已达到 37 个。在此期间，有 68 位将校担任过坦克军或机械化军的军长，平均每个军有 1.8 位军长，相比之下，1942 年每个军有 1.5 位军长。然而，与其他兵种不同，红军装甲坦克和机械化兵的指挥稳定性非常高。例如，这 37 个坦克军和机械化军中新上任和接替职务的军长只有 42 人次，其中大部分是在 1942—1943 年冬季，平均每个军有 1.1 任军长，相比之下，1942 年每个军有 1.9 任军长。[115]

1943 年担任过坦克军和机械化军军长的 68 位将校中，后来有 15 人（占 22%）阵亡、伤重不治或被俘，42 人（占 62%）在 1944 年 1 月 1 日继续担任集团军司令员或军长，9 人（占 13%，分别是 N. N. 帕尔科维奇、I. P. 苏霍夫、A. B. 洛佐夫斯基、K. F. 苏列伊科夫、K. V. 斯科尔尼亚科夫、A. V. 叶戈罗夫、S. A. 韦尔什科维奇、N. A. 尤普林和 A. K. 波戈索夫）下落不详[①]，其余 2 人（占 3%）改任步兵师师长或坦克集团军副司令员。

从 1943 年开始，坦克战的激烈程度愈演愈烈，具体表现是战斗减员的 15 位军长中，1943 年有 6 人阵亡或伤重不治（G. S. 鲁琴科、M. I. 津科维奇、V. A. 科普佐夫、D. Kh. 契尔年科、A. V. 库库什金和 A. P. 沙拉金），1944 年又有 5 人阵亡或伤重不治（V. M. 阿列克谢耶夫、T. I. 塔纳斯奇申、B. S. 巴哈罗夫、V. I. 波洛兹科夫和 E. G. 普希金）[②]，1943 年另有 3 人在战斗中负伤

---

① 译注：所谓的 N. N. 帕尔科维奇（姓氏写作"Parkevich"，《资料篇》称1943年担任坦克第11军军长）其实是上文1942年小节提到的坦克第14军军长 N. N. 拉德克维奇（Radkevich），1943年12月—1945年10月担任远东方面军装甲坦克和机械化兵司令员。战争结束时，K. V. 斯科尔尼亚科夫任白俄罗斯第3方面军装甲坦克和机械化兵副司令员；N. A. 尤普林（乌克兰第3）和 A. V. 叶戈罗夫（卡累利阿）担任方面军装甲坦克和机械化兵副司令员；A. B. 洛佐夫斯基任近卫坦克第10军参谋长，K. F. 苏列伊科夫任近卫步兵第8军军长；S. A. 韦尔什科维奇任坦克第9旅旅长（波兰坦克第1军坦克第2旅旅长）；A. K. 波戈索夫任坦克第20军政治副军长。I. P. 苏霍夫1943年10月—1944年4月任近卫坦克第3集团军司令员助理，然后任机械化第9军军长至1945年12月。

② 译注：因为这5人是1944年的减员，1944年1月1日还担任军长职务，应当归入"担任集团军或军级指挥职务"，所以上一段68人的构成应当修订为：1944年1月1日以前减员10人（占15%）、这天还在担任集团军或军级指挥职务47人（占69%）、下落不详9人（占13%）和降级任用2人（占3%）。

后未能重返军长岗位（V. G. 布尔科夫、K. G. 特鲁法诺夫和 P. K. 日德科夫），同年还有 1 人被俘（P. P. 巴甫洛夫）。

科普佐夫和库库什金在 1943 年 2 月和 3 月顿巴斯和哈尔科夫地区的战斗中牺牲；7 月和 8 月的库尔斯克会战期间，契尔年科阵亡，布尔科夫负伤；鲁琴科、津科维奇和沙拉金在红军后来向第聂伯河追击和强渡该河时牺牲，特鲁法诺夫重伤。1944 年，塔纳斯奇申和普希金在 3 月乌克兰的激烈战斗中阵亡，巴哈罗夫和波洛兹科夫在 7 月和 8 月的白俄罗斯进攻战役期间牺牲，阿列克谢耶夫在 8 月的雅西—基什尼奥夫进攻战役期间牺牲。

继续担任集团军或军级指挥职务的 42 位将领当中，有 9 人后来升任坦克集团军司令员（M. D. 西年科、A. G. 克拉夫琴科、S. I. 波格丹诺夫、A. G. 罗金、V. M. 巴达诺夫、P. A. 罗特米斯特罗夫、M. D. 索洛马京、M. E. 卡图科夫和 V. T. 沃利斯基），21 人留任坦克军军长（V. V. 布特科夫、A. F. 波波夫、N. M. 捷利亚科夫、M. G. 萨赫诺、A. A. 沙姆辛、A. N. 潘菲洛夫、I. G. 拉扎列夫、D. M. 格里岑科、V. A. 米特罗法诺夫、F. N. 鲁德金、S. A. 伊万诺夫、V. E. 格里戈里耶夫、P. P. 波卢博亚罗夫、I. D. 瓦西里耶夫、F. G. 阿尼库什金、I. F. 基里琴科、G. S. 罗金、M. F. 帕诺夫、A. S. 布尔杰伊内、I. A. 沃夫琴科和 I. V. 杜博沃伊），12 人留任机械化军军长（A. N. 富尔索维奇、I. P. 科尔恰金、S. M. 克里沃舍因、M. V. 沃尔科夫、B. M. 斯克沃尔佐夫、F. G. 卡特科夫、A. M. 哈辛、K. A. 马雷金、I. N. 鲁西亚诺夫、K. V. 斯维里多夫、V. T. 奥布霍夫和 A. I. 阿基莫夫）。[116] 另外，改任其他职务的 2 人是，担任坦克集团军副司令员的 A. L. 格特曼和战争结束时指挥步兵师的 A. G. 马斯洛夫。

只要红军选择组建更多个坦克集团军，就会有更多的"1943 年级"坦克军和机械化军军长成为优秀的坦克集团军司令员，这个事实在生动地强调另一个事实——这些快速军军长已经具备足够素质，能击败经验丰富但越来越因循守旧的国防军。

坦克集团军司令员

红军在 1941 年和 1942 年夺取的胜利当中，快速军做出的贡献最大，而从 1942 年 11 月开始直到战争结束，最大的贡献来自坦克集团军。像坦克军和机械化军的情况一样，从 1942 年年底开始，红军的整体胜利也直接取决于坦克集团军及其司令员的战斗表现。

1942 年

1942 年夏季，大本营试验性地组建首批 4 个"第一次组建、混合编成"的坦克集团军（第 1、第 3、第 4 和第 5），把它们当作"蓝色"行动期间在战线最关键地段发动进攻的主要突击力量。1942 年 7 月，坦克第 1、第 4 和第 5 集团军在沃罗涅日附近和斯大林格勒以西的顿河沿岸参加战斗，但实战表现极其拙劣并损失惨重；8 月，坦克第 3 集团军在博尔霍夫附近的进攻也几乎如出一辙。但是完成彻底改编之后，坦克第 5 集团军在 11 月成功发起斯大林格勒进攻战役，并从此名垂青史。

共有 6 位将军在 1942 年下半年指挥过红军的这 4 个坦克集团军，平均每个集团军有 1.5 位司令员，换算成全年 12 个月是每个集团军有 3 位司令员。同一时期，这 4 个集团军中新上任和接替职务的司令员共有 8 人次，平均每个集团军有 2 任司令员，换算成全年是每个集团军有 4 任司令员。[117] 这年年内，有 1 位坦克集团军司令员阵亡，其他 5 位在 1943 年 1 月 1 日继续指挥集团军。坦克第 5 集团军的首任司令员 A. I. 利久科夫，被解除司令员职务并奉命指挥坦克第 2 军之后，7 月下旬在沃罗涅日附近阵亡。另一方面，曾在 1942 年 7 月到 10 月之间指挥坦克第 1 集团军的 K. S. 莫斯卡连科和坦克第 4 集团军的 V. D. 克留乔金，该年年底之前已改为指挥诸兵种合成集团军；而 P. L. 罗曼年科、P. S. 雷巴尔科和 M. M. 波波夫相当成功地分别指挥坦克第 2、第 3 和第 5 集团军，直到该年年底。[118]

1943 年

鉴于 1942 年下半年组建混合编成的坦克集团军表现得差强人意，大本营从 1943 年 1 月开始组建更有战斗力的新型坦克集团军，同时作为过渡手段，在冬季战局后续阶段使用旧编制的坦克第 2、第 3 和第 5 集团军实施战役发展。尽管如此，就像 1942 年后期的情况一样，这些旧编制的坦克集团军只能取得有限战果。例如，成功地在奥斯特罗戈日斯克—罗索什进攻战役和哈尔科夫进攻战役中担任先锋之后，雷巴尔科的坦克第3集团军3月在哈尔科夫附近损失殆尽，不久改编成第57集团军；与此同时，大本营于1月和2月从波波夫的坦克第5集团军编成内撤出快速军，4月将其改编成第12集团军。2月中旬在库尔斯克以西率领中央方面军发起进攻之后，罗金的坦克第2集团军虽在3月上旬进攻受挫，但退至库尔斯克地区时几乎完好无损。后来，大本营在1943年春季和初夏组建4个新型坦克集团军，即坦克第1集团军、近卫坦克第3集团军、坦克第4集团军和近卫坦克第5集团军，并按照新编制改编坦克第2集团军。

鉴于大本营实际是把1943年2月顿兵折戟于顿巴斯的"波波夫"快速集群当成1个坦克集团军组建和使用，所以包括该集群在内，1943年大本营先后共使用过9个坦克集团军。在此期间，共有9位将军担任过坦克集团军（或快速集群）司令员，平均每个坦克集团军1位司令员，相比之下，1942年全年是3位。3个采用旧编制的坦克集团军都经历过相当大的指挥动荡，而新编制的坦克集团军却没有出现任何变动。[119]①

1943年指挥过坦克集团军（或快速集群）的9位将军的个人命运如下：没有人在战争结束前阵亡或被俘，8人在1944年1月1日继续担任方面军或集团军的司令员，1人在1943年结束时在方面军司令部任职。1943年年底仍在集团军或以上级别担任司令员的8位将军有：升任方面军司令员的M. M. 波波夫，继续担任坦克集团军司令员的M. E. 卡图科夫、S. I. 波格丹诺夫、P. S. 雷巴尔科、V. M. 巴达诺夫和P. A. 罗特米斯特罗夫，改任诸兵种合成集团军司令员的P. L. 罗曼年科和I. T. 什列明。其余1人是在1943年年底以前改任方面军装甲坦克和机械化兵司令员的A. G. 罗金。

1943年这批坦克集团军司令员身上的荣誉光环大都没有在战争结束前褪色。例如，到1945年5月，卡图科夫、波格丹诺夫和雷巴尔科仍然分别在指挥近卫坦克第1、第2和第3集团军，罗特米斯特罗夫在1944年大多数时间出色地指挥近卫坦克第5集团军之后，战争结束时担任红军装甲坦克和机

---

① 译注：这种说法不成立，原文的理由和不当之处，详见本处注释及其译注。

械化兵副司令员。其余 5 人在战争结束时的职务是罗曼年科任军区司令员，什列明任集团军司令员，波波夫任方面军参谋长，罗金历任几个方面军的装甲坦克和机械化兵司令员，而巴达诺夫担任红军装甲坦克和机械化兵的军事院校和作训局局长。

无论作为个人还是集体，这些坦克集团军司令员都在 1941 年和 1942 年指挥坦克师、坦克旅和坦克军过程中经历战火洗礼和战斗教育，进而成长为红军最优秀和最有能力的将领：

只有最有才干、最勇敢和最坚定，敢于对自己的行为负全部责任而不向后方寻求支援的将军，才能成为坦克集团军司令员的人选；也只有这样的人，才能完成坦克集团军所肩负的任务，因为这种集团军通常会投入到在敌人防御配系中强行打开的突破口，并脱离方面军主力在战役纵深内独立作战，粉碎敌人的预备队和后勤机构，破坏其指挥系统，夺取有利地区和关键目标。[120]

P. S. 雷巴尔科、M. G. 卡图科夫、P. A. 罗特米斯特罗夫和 S. I. 波格丹诺夫是 1943 年乃至整场战争期间红军最有能力的坦克集团军司令员。[121]

帕维尔·谢苗诺维奇·雷巴尔科从 1942 年 10 月到 1943 年 4 月指挥坦克第 3 集团军，并在战争最后两年里指挥近卫坦克第 3 集团军，对战争期间红军的许多场最重大胜利做出主要贡献。例如，1943 年 7 月和 8 月，雷巴尔科的坦克集团军粉碎奥廖尔周围国防军的防御配系，9 月担任沃罗涅日方面军冲向第聂伯河的先锋，11 月夺取基辅，并在 12 月深入乌克兰腹地。进一步使雷巴尔科声誉鹊起的是，他的坦克集团军又在 1944 年 3 月—4 月的普罗斯库罗夫—切尔诺夫策进攻战役和 7 月—8 月的利沃夫—桑多梅日进攻战役中担任乌克兰第 1 方面军的先锋，并在 1945 年 1 月、4 月和 5 月的维斯瓦河—奥得河战役、柏林战役和布拉格战役中为该方面军立下汗马功劳。鉴于他的一系列成就，雷巴尔科在战争期间两次荣获苏联英雄称号，并在战争结束后不久收到装甲坦克兵元帅的“元帅星”证章。

简而言之，“[雷巴尔科]指挥坦克集团军的时间比任何人都长。他是一位学识渊博、意志坚定的人。战争刚结束的几年里，他领导我军全部装甲坦克兵,并辛苦而积极地工作,为装甲坦克兵的改编和更新装备做出了巨大贡献。"[122]

　　作风硬朗、雷厉风行的"大锤"雷巴尔科,把自己足智多谋、直截了当的风格全方位灌注到他的司令部里。同下级打交道时,他可以用一种得体而略带讽刺意味的幽默来鼓舞人心,有时也会急躁和粗鲁。他总是很公正。他的作战方式快速多变,使他与美国的乔治·S. 巴顿将军的作战风格极其相似。雷巴尔科充分了解大型坦克部队的特点和潜力,掌握坦克的技术能力和局限性,这是他作为一名坦克兵司令员的突出特点。雷巴尔科适应能力强,足智多谋,再加上有钢铁般的神经,使他能够在失败的边缘坚持战斗……战争结束时,雷巴尔科已是首屈一指的坦克兵司令员,在横扫波兰和勇敢夺取柏林的速度竞赛中令其他坦克兵司令员黯然失色。[123]

　　就指挥时间长短和战果而言,仅比雷巴尔科稍逊一筹的坦克集团军司令员是从 1943 年 1 月组建到 1945 年强击柏林一直率领坦克第 1(近卫坦克第 1)集团军的米哈伊尔·叶菲莫维奇·卡图科夫。在此过程中,卡图科夫的坦克集团军于 1943 年 7 月参与击败国防军挥舞在库尔斯克突出部南线的装甲铁拳,1943 年 12 月在基辅以西击败冯·曼施泰因的装甲兵,并在 1944 年 3 月和 4 月乌克兰第 1 方面军的普罗斯库罗夫—切尔诺夫策进攻战役中长驱直入国防军后方 500 公里,于行进间合围并几乎歼灭德国第一装甲集团军,建立了不朽的功勋。卡图科夫的辉煌戎马生涯的顶峰是 1944 年 7 月巧妙迂回利沃夫的德国守军,8 月夺取维斯瓦河对岸的登陆场,1945 年 1 月摧枯拉朽般横跨波兰直抵奥得河,并在 4 月和 5 月一举粉碎国防军沿尼斯河的防御,促成合围并占领柏林。

　　战争结束之前,卡图科夫同样已是两次苏联英雄称号的获得者,后来在 1959 年获得迟到的装甲坦克兵元帅军衔。正如一位同事指出的那样:"米哈伊尔·卡图科夫是一位真正的战士,也是对装甲坦克兵的战斗训练和战术非常内行的专家。他在莫斯科会战中指挥的坦克旅是苏军第一个荣获近卫称号的坦克旅。从伟大卫国战争的第一天到最后一天,卡图科夫从未离开过战场。"[124]

　　作为一个保守的冒险者，卡图科夫为自己赢得的名声是一位谨慎仔细的指挥员和司令员，总是事先制订计划，权衡战役后果，从预备队当中抽调哪怕一辆坦克之前，都要考虑可能会有什么样的结果。这种谨小慎微在战争初期尤其明显，他是在那时养成了自己的战斗技巧。他倾向于按照自己的方式，在熟悉的地形坐以待敌。卡图科夫喜欢掌控全局，也喜欢稳定的局面。他很快就意识到苏联装甲坦克兵能够集中利用己方的战术优势，因为他们占有坦克机动性方面的优势。后来，作为一位军长和集团军司令员，他想方设法避免采取单纯以数量取胜的直接方法解决战役战术问题。他宁可撬锁，决不挥舞大锤去砸。卡图科夫喜欢在袭击战中使用先遣支队，预先判断形势并先发制人。

　　卡图科夫的指挥风格和他对参谋的使用，使他成为苏联军事理念推崇的集体指挥方法的绝佳样板。从战争的第一天到最后一天，卡图科夫经常在战役中巧妙地率领他的坦克近卫军作为先锋，"亮剑迎战"坦克战领域的大师，并战而胜之［原文如此］。[125]

　　也许是因为他的表现不符合斯大林的标准，他的个人野战生涯在1944年夏季戛然而止，但1943年年底之前，帕维尔·阿列克谢耶维奇·罗特米斯特罗夫还是红军最著名的坦克集团军司令员，主要是因为他麾下近卫坦克第5集团军是库尔斯克会战期间普罗霍罗夫卡郊外原野上的胜利者。1943年8月支援草原方面军占领哈尔科夫以后，罗特米斯特罗夫的坦克集团军在9月率领草原（乌克兰第2）方面军向第聂伯河沿岸追击，1943年年底和1944年年初通过血腥的争夺战夺取克里沃罗格和第聂伯河大弯，并在1944年1月和2月的科尔孙—舍甫琴柯夫斯基合围并部分歼灭德国的两个军。1944年3月和4月率领乌克兰第2方面军横跨乌克兰，迅猛进抵罗马尼亚边境之后，罗特米斯特罗夫的坦克集团军在1944年4月下旬和5月乌克兰第2和第3方面军攻入罗马尼亚的失败尝试中失利于特尔古弗鲁莫斯。

　　1944年5月下旬，罗特米斯特罗夫的坦克集团军变更部署到白俄罗斯，6月下旬和7月在红军规模宏大的白俄罗斯进攻战役中担任先锋。斯大林之所以这时解除罗特米斯特罗夫的指挥职务，可能是因为他的集团军在这场进攻战役（特别是维尔纽斯的争夺战）中损失过大。尽管遭到撤职，后来在费多连科的手下担任红军装甲坦克和机械化兵副司令员，罗特米斯特罗夫的指挥表现还是赢得较高赞誉，至少在他退休之前：

> 罗特米斯特罗夫拥有一种不可思议的能力，能够迅速判明局势，并为下定决心而设计出创造性的解决方法。当机立断对于罗特米斯特罗夫是小事一桩，总之，他天生就富有建设精神。作为一位权威的理论家和实践者，他积极参加苏联坦克集团军的改编和构建。有时，这会使他与高级首长有意见分歧——特别是当他相信自己的主意更好的时候。罗特米斯特罗夫很清楚批评他的人有什么样的资历，但并不为军衔或职务所动。他是最高级的实用主义者。
>
> 罗特米斯特罗夫的战斗风格是以猛烈、直接而迅速的打击使敌人措手不及。他充分利用坦克部队的机动性，击溃敌军主力，将其合围并分割歼灭。他表现出的博学多才和他在战场上大胆果断的主动精神结合在一起，使他迅速崛起。红军在为生死存亡而奋斗的过程中，可以允许自己的坦克近卫军有这样一位风格古怪的顶级理论家和缔造者。[126]

罗特米斯特罗夫的一位同事谨慎地避免提到他在战时的具体贡献，补充道："帕维尔·罗特米斯特罗夫无疑也是我军最杰出的坦克兵将领之一。他依靠在战场上积累的丰富的实践经验和广博的理论知识，同样对战后坦克技术装备的发展和坦克指挥员的培训做出了重大贡献。"[127]1944年解除坦克集团军的指挥职务以后，罗特米斯特罗夫同样为时过晚地在1962年成为装甲坦克兵元帅，1965年又成为苏联英雄。

这四位著名的战时坦克集团军司令员当中的最后一位是谢苗·伊里奇·波格丹诺夫，他从1943年9月起指挥坦克第2（近卫坦克第2）集团军直到战争结束。波格丹诺夫和他的坦克集团军初露峥嵘是1943年7月在库尔斯克突出部北线的顽强防御，9月的谢夫斯克进攻战役中又一举粉碎国防军的防御配系，迫使其仓皇撤退到第聂伯河。经过几个月的休整，波格丹诺夫的坦克集团军在1944年1月和2月参加科尔孙—舍甫琴柯夫斯基的血腥苦战，

1944 年 3 月和 4 月在乌克兰第 2 方面军横跨乌克兰的进攻中担任先锋，但 1944 年 4 月和 5 月也在罗马尼亚北部的特尔古弗鲁莫斯失利。

1944 年参加卢布林的争夺战负伤并康复以后，1945 年 1 月，波格丹诺夫率领他的集团军气势恢宏地横扫波兰直抵奥得河，并在强击柏林的最后一战中与卡图科夫的近卫坦克第 1 集团军并肩战斗。[128] 像他的同僚雷巴尔科一样，波格丹诺夫也在战争期间两次荣获苏联英雄称号，并在 1945 年晋升装甲坦克兵元帅。至于他作为司令员的表现，按照一位同事的说法："近卫坦克第 2 集团军司令员谢苗·波格丹诺夫胆识过人。从 1943 年 9 月起，他的集团军几乎参加了这场战争中所有的决定性战役。他在战后任装甲坦克和机械化兵军事学院院长期间同样展示出卓越的才能，并担任苏联武装力量装甲坦克和机械化兵司令员近 5 年。" [129]

关于他的指挥风格，一位传记作者指出：

波格丹诺夫将军作为一位优秀组织者和英勇无畏的个人，被德军指挥官们誉为红军最优秀的坦克兵司令员……只要战斗一开始，波格丹诺夫就化身为一位勇敢和高效的骑士，在战场上勇往直前，确保他下属的指挥员能够清楚自己的任务和使命。他的身先士卒不仅可以起到鼓舞和激励的作用，还能够当场纠正问题，清楚和准确地规定任务。从出现在战场上的第一天起，直到最后几天，他那坚韧不拔的毅力和活力与日俱增。波格丹诺夫是普遍意义上伟大战斗领袖的典范，这种领袖必须手持利剑，站在队伍最前列。波格丹诺夫能最大限度地利用敌军的错误，在战场上寻找哪里的敌人正在后退，而他就在那里大批投入自己的坦克兵。[130]

红军的高级将领当中，除了最著名的大本营代表和方面军司令员之外，没有人能比这些杰出的坦克集团军司令员为赢得战争胜利做出更多贡献。

工程兵、炮兵和国土防空军指挥员

鉴于交战过程中最引人注目和积极活跃的战斗兵种是步兵、坦克和骑兵，这些兵种及其司令员和指挥员（红军的方面军和集团军司令员，坦克军、机械化军和骑兵军军长）当然会在战时和战后年代比保障兵种的同事们获得更高的声望和荣誉。然而，尽管这些策划和实施苏德战争中最著名会战和战役的"伟大统帅"，凭借红军赢得的胜利赢得大多数公众的赞誉，可是他们的战斗胜利还在很大程度上直接取决于航空兵、炮兵、工程兵、高射炮兵等类型战斗保障的规模大小和力度强弱。总之，红军的"伟大统帅"在苏德战争大部分时期严重依赖炮兵和工程兵，并在较小程度上依赖航空兵、专业兵和保障部队，抗衡国防军官兵一贯占有优势的战役战术手段。

工程兵

国防军之所以能在"巴巴罗萨"行动期间高歌猛进，红军之所以在战争最初18个月的大多数场合无法抗衡更有经验的对手，部分是因为红军缺少旗鼓相当的装甲坦克和机械化兵军团和兵团，无法在战场上抗衡国防军不可一世的装甲集团军、装甲集群、装甲军和装甲师，只能重视战略、战役和战术的防御建设，迟滞和制止入侵之敌。因此，像"斯大林防线"、卢加河沿岸防御地区、莫扎伊斯克防御线、列宁格勒防御地幅和莫斯科防御地幅这样的著名防御工程，对于红军在"巴巴罗萨"行动期间成功实施防御起到重要作用。与此类似，俄罗斯南部的防御地区（特别是斯大林格勒市及其周围的防御地区）帮助红军在下一年的"蓝色"行动期间击败轴心国军队。

建设这些防御地区和相关筑城工事的大部分功劳，属于构筑它们的高级军官，个别情况下还是军衔低得令人意想不到的军官，具体而言是红军1941年10月至12月间组建，1941年10月至1942年10月间不同时期使用的10个工兵集团军的司令员。虽然工兵集团军的实践效果不够理想，国防人民委员部在1942年用其他军事建筑部队取而代之，但是工兵集团军的存在期正值这场战争最关键和最危险的阶段，发挥的作用堪称举足轻重，甚至具有关键性。有一大批从红军工程兵和国家安全部门，甚至国民经济部门挑选的各类军官曾在工兵集团军的存在期内担任过司令员。

1941年10月到1942年10月这12个月间，有4个工兵集团军（第2、第5、第9和第10）仅存在4个月便告解散，1个（第4）存在6个月，1个（第1）存在8个月，2个（第3和第7）存在10个月，其余2个（第6和第8）分别存在 11 个月和 12 个月。在此期间，共有 24 位军官担任过工兵集团军司令员，平均每个集团军 2.4 位司令员，换算成全年，每个集团军有 5 位以上的司令员。同时，在这些工兵集团军新上任和接替职务的司令员共有 28 人次，平均每个集团军有 2.8 任司令员，换算成全年，每个集团军近 6 任，这个数字相对偏高。与红军的其他军团和兵团相比，工兵集团军的指挥动荡是一个严重问题。[131]

另一方面，国防人民委员部任命的大多数工兵集团军司令员，都在建设防御地区和防御地幅方面具有相当丰富的经验。例如，这 24 位司令员中有 12 人原先担任过方面军工程兵主任、方面军防御建筑局（UOSs）局长、国防人民委员部防御建筑局（UOS）局长或内务人民委员部防御作业局（UOR）局长，5 人担任过方面军防御建筑局副局长，还有 4 人直接来自古比雪夫军事工程学院。另外，这些司令员结束在工兵集团军的任期之后，大部分人继续在红军的工程建设中发挥关键性作用，直到战争结束。

例如，1941 年 12 月到 1942 年 3 月指挥工兵第 1 集团军的 M. P. 沃罗比约夫，后来担任红军工程兵主任；1942 年 6 月至 8 月指挥工兵第 1 集团军的 N. P. 巴拉诺夫，后来成为红军工程兵总监察员。另外，V. V. 科萨列夫和 A. S. 贡多罗夫成为方面军和军区的工程兵主任，还有 5 人担任方面军防御建筑局局长，其他几人领导国防人民委员部和内务人民委员部的各种工程管理局。

炮兵

没有任何一个战斗保障兵种能在红军的战争活动中证明自己比炮兵更重要。特别是进攻中，如果没有红军炮兵粉碎国防军的战术防御，并从中开辟通道，那么任何步兵、骑兵、装甲坦克和机械化兵都不能突破国防军的防御地幅并席卷其战役后方。到 1943 年年中，红军已习惯于使用其数量庞大的炮兵，以直接和高效的方式履行这个关键性职能。

1942 年年底和 1943 年年初，红军已拥有一大批各式各样的炮兵团、炮兵旅和炮兵师，但最重要和最有战斗力的大型炮兵兵团是 1943 年组建的 6 个突破炮兵军。国防人民委员部继 1943 年 3 月组建首个突破炮兵军（第 3）之后，4 月又组建 5 个这样的军，并调来最优秀的炮兵军官担任军长。

作为这样重要的一支力量，国防人民委员部当然会在战争后续阶段把突破炮兵军的指挥动荡保持在最低水平。例如，忽略 4 月至 5 月突破炮兵第 4 军和第 5 军组建时在这两个军接受培训的 3 位军长不计，这 6 个突破炮兵军在 1943 年全年各只有 1 位军长。另外，其中 2 位将军（具体是 N. V. 伊格纳托夫和 P. M. 科罗利科夫）还分别指挥突破炮兵第 4 和第 5 军直到战争结束，而 M. M. 巴尔苏科夫指挥突破炮兵第 2 军直到 1944 年 4 月该军解散。

国土防空军

像地面炮兵的情况一样，红军国土防空军的结构也表现出相当大的指挥稳定性。除了战争开始时的 3 个防空军之外，国防人民委员部在 1942 年 4 月和 5 月组建莫斯科防空方面军、巴库防空集团军和列宁格勒防空集团军，后来又在 1943 年 6 月和 7 月把国土防空军改编成东防空方面军和西防空方面军，以及西防空方面军编成内的莫斯科特别防空集团军。因此，包括 1941 年 6 月 22 日原有的防空军在内，从 1941 年 6 月到 1943 年 7 月，红军共有 9 个防空方面军、防空集团军和防空军。在此期间，共有 7 位高级炮兵军官担任过防空方面军司令员、防空集团军司令员和防空军军长，平均每个军团（兵团）不到 1 位司令员（指挥员），甚至换算成全年也仍旧少于 1 位。另外，由于在这些军团（兵团）新上任和接替职务的司令员（指挥员）只有 9 人次，指挥动荡的程度同样很低。

从 1941 年到 1943 年，甚至整场战争期间，主要防空军团（兵团）的指挥连续性更是令人印象深刻。例如，D. A. 茹拉夫廖夫在战争开始时担任驻莫斯科的防空第 1 军军长，1941 年 11 月 19 日奉命指挥莫斯科军级防空地域，1942 年 4 月 5 日指挥莫斯科防空方面军，1943 年 7 月指挥莫斯科特别防空集团军。他的同僚 G. S. 扎希欣从战争开始起 [①] 一直担任驻列宁格勒的防空第 2 军军长，1942 年 4 月奉命指挥列宁格勒防空集团军，1943 年 6 月 29 日指挥东防空方面军，1944 年 3 月 29 日指挥南防空方面军，1944 年 12 月 24 日起指挥西南防空方面军直到战争结束。

---

① 译注：时间与上下文冲突，根据本书《资料篇》，应是从1941年11月起。

同样，P. E. 古德缅科从 1941 年 6 月到 1944 年年初 ① 指挥驻巴库的防空第 3 军，1944 年至 1945 年指挥外高加索防空方面军；1940 年指挥防空第 1 军的 M. S. 格罗马金，1941 年和 1942 年成为负责防空的副国防人民委员兼国土防空军司令员，后来从 1943 年 6 月起先后指挥西防空方面军、北防空方面军和中央防空方面军直到战争结束。另外，1941 年年底至 1942 年年初指挥驻巴库防空第 3 军的 P. M. 别斯克罗夫诺夫，1942 年起指挥巴库防空集团军直到 1944 年年初，后来指挥防空第 8 军直到战争结束。别斯克罗夫诺夫的同僚，1941 年年中 ② 指挥驻列宁格勒防空第 2 军的 M. M. 普罗茨韦特金，后来指挥防空第 79 师和防空第 13 军直到战争结束。总体上看，1943 年指挥红军主要防空军团（兵团）的 7 位将军中，有 6 人不但在战争结束时担任同样重要的指挥职务，而且将在战争结束后继续留任。[132]

空军集团军司令员和航空兵军军长

战争开始之前，红军空军（VVS）几位高级将领的遭遇在该军种指挥结构中引发极有破坏性的动荡。[133] 战争开始后，又有几位空军高级将领因战争初期的失败而成为"替罪羊"。[134] 除了这种指挥动荡带来的破坏性影响，入侵的国防军在战争最初的几个月里彻底摧毁红军空军原来不堪一击和支离破碎的军队结构，致使其指挥控制陷入彻底混乱。

战争开始时，红军空军编成内有统帅部预备队的 5 个远程轰炸航空兵军、方面军航空兵的 58 个各种航空兵师和集团军航空兵的 3 个混成航空兵师。大本营在"巴巴罗萨"行动期间解散其中 2 个航空兵军，并缩减航空兵师及其建制内航空兵团的数量和规模。寻找能更有效保障作战方面军的空军新组织结构时，大本营先后尝试过 1941 年年底和 1942 年年初的预备航空兵群、1942 年 3 月至 6 月的突击航空兵群，直到 1942 年 5 月决定使用新的空军集团军保障作战方面军。

---

① 译注：应是 1941 年 1 月至 12 月，12 月起改为指挥外高加索防空地区，率该防空地区 1944 年 3 月改编成外高加索防空方面军，注意《苏联军事百科全书》"古德缅科"词条把后一个时间写成 1943 年 4 月。

② 译注：应是从 1940 年年中到 1941 年 11 月。

1942 年

1942 年 5 月，大本营组建首批 5 个空军集团军（第 1、第 2、第 3、第 4 和第 8），6 月和 7 月又组建 4 个（第 5、第 6、第 14 和第 15），8 月组建 5 个（第 16、第 12、第 9、第 10 和第 12），11 月的最后一批有 3 个（第 7、第 13 和第 17）。另外，大本营还在 7 月组建歼击航空兵第 1 和第 2 集团军、轰炸航空兵第 1 集团军，归最高统帅部预备队直接指挥，不过这些集团军的存在时间很短。[135]

因此，不计这 3 个歼击航空兵集团军和轰炸航空兵集团军，大本营在 1942 年共动用 17 个空军集团军。在此期间，共有 19 位航空兵将领担任过空军集团军司令员，平均每个集团军有 1.1 位司令员，换算成全年的话还会略有增加。这些集团军中新上任和接替职务的司令员共有 21 人次，平均每个集团军有 1.2 任司令员，这可以反映空军的指挥稳定性高于其他军兵种。（可参阅《＜巨人重生＞资料篇》的附录二）。[136]

与其他军兵种的高级指挥干部不同，有几位航空兵将军（如空军第 3 集团军司令员 M. M. 格罗莫夫、空军第 8 集团军司令员 T. T. 赫留金、空军第 12 集团军司令员 T. F. 库采瓦洛夫和空军第 15 集团军司令员 I. G. 皮亚特欣）在战争开始之前已经成为苏联英雄。[137]更令人惊讶的是，1942 年指挥空军集团军的 19 位将领不仅没有任何人在战争期间去世，还有多达 11 人（占 65%）将会指挥自己原来的或其他某个空军集团军迎来战争结束，或者直到 1944 年后期集团军解散或编入大本营预备队，仿佛就是要证明空军具有极高的指挥稳定性。这 11 位司令员是 S. A. 克拉索夫斯基（第 2）、N. F. 瑙缅科（第 4）、S. K. 戈留诺夫（第 5）、I. M. 索科洛夫（第 7）、T. T. 赫留金（第 8）、V. A. 维诺格拉多夫（第 10）、V. N. 比比科夫（第 11）、T. F. 库采瓦洛夫（第 12）、S. D. 雷巴利琴科（第 13）、I. P. 茹拉夫廖夫（第 14）和 S. I. 鲁坚科（第 16）。

指挥任期长和职务相对稳定，同样是担任航空兵军军长的将领在履历中表现出的特点。例如，包括 1941 年 6 月 22 日已建成但同年 8 月解散的 4 个远程轰炸航空兵军（但不包括在远东未完全建成的第 5 军）在内，红军空军在 1941 年和 1942 年共有 20 个航空兵军。这 18 个月当中，共有 22 位将领担任过航空兵军军长，平均每个军有 1.1 位军长，按照 12 个月换算成全年，每个军每年有 0.7 位军长；在这些军新上任和接替职务的军长共有 19 人次，平均每个军每年不到 1 人次。[138]

更明显的是，这 22 位航空兵军军长当中有 8 人（占 36%）到战争结束时仍在指挥自己原来的军，还有 2 人升任空军集团军司令员，其中 K. N. 斯米尔诺夫在 1942 年和 1943 年指挥空军第 2 集团军，V. A. 苏杰茨指挥空军第 17 集团军直到战争结束。

1943 年

空军集团军的指挥稳定性以同样方式延续到 1943 年。例如，这一年全年共有 21 位将领担任过 17 个空军集团军的司令员，平均每个集团军 1.2 位司令员；这些集团军中新上任和接替职务的司令员有 24 人次，平均每个集团军只有 1.4 任司令员。[139] 另外，这些空军集团军司令员不仅没有任何人在战争期间去世，还有 16 人（占 94%）会继续指挥自己原来的或其他某个空军集团军直到战争结束，他们是 S. A. 胡佳科夫（第 1）、S. A. 克拉索夫斯基（第 2 和第 17）、N. F. 帕皮温（第 3）、K. A. 韦尔希宁（第 4）、N. F. 瑙缅科（第 4 和第 15）、S. K. 戈留诺夫（第 5）、F. P. 波雷宁（第 6）、I. M. 索科洛夫（第 7）、T. T. 赫留金（第 8）、V. A. 维诺格拉多夫（第 10）、V. N. 比比科夫（第 11）、T. F. 库采瓦洛夫（第 12）、S. D. 雷巴利琴科（第 13）、I. P. 茹拉夫廖夫（第 14）、S. I. 鲁坚科（第 16）和 V. A. 苏杰茨（第 17）。

另外，韦尔希宁、茹拉夫廖夫和鲁坚科在 1944 年成为苏联英雄，克拉索夫斯基、戈留诺夫、苏杰茨和赫留金在 1945 年成为苏联英雄，其中赫留金是第二次获得该称号。[140] 战争结束前，斯大林晋升胡佳科夫和鲁坚科为航空兵元帅，而苏杰茨、克拉索夫斯基和韦尔希宁也在 20 世纪 50 年代晋升为航空兵元帅。

忽略频繁更换的航空兵军番号不计，大本营把红军空军编成内的航空兵军个数从 1943 年 1 月 1 日的 16 个增加到这年年底的 40 个。共有 48 位将领在此期间担任过航空兵军军长，平均每个军有 1.2 位军长，相比 1942 年同一数字是不到 1 位；这些军里新上任和接替职务的军长共有 32 人次，平均每个军仅有 0.8

任新军长，与 1942 年大致相当。[141] 至于 1943 年担任过航空兵军军长的 48 位将领的个人命运，有 28 人（占 58%）在战争结束时仍指挥航空兵军，而苏杰茨于 1943 年 3 月升任空军第 17 集团军司令员，并指挥该集团军直到战争结束。

正如他们在指挥职务上的较长任期所示，到 1943 年，斯大林已经找到一批有能力的空军集团军司令员和航空兵军军长的骨干，其中大多数人将在战争后续阶段有出色表现。

作为结论，与普遍公认的观点相反，除了红军的方向总指挥部、工兵集团军和部分诸兵种合成集团军之外，红军内部的指挥稳定程度比原来预想的程度高得多，指挥动荡的破坏程度也比原来预想的程度低得多，这不但适用于 1942 年 11 月以后，而且同样适用于战争最初的 18 个月。从另一个角度看，指挥稳定性最高的红军方面军，关键性的集团军，装甲坦克和机械化兵的军团（兵团），空军、炮兵和国土防空军中编制最大的军团（兵团），同样也是红军军队结构的最重要组成部分。

更重要的是，即使 1941 年和 1942 年指挥最不稳定的时候，斯大林还是能够考察和选拔将来能够在战争后两年率领红军走向胜利的主要司令员（指挥员）。例如，经受住战争的考验并在 1945 年成为"胜利将帅"的朱可夫、科涅夫、马利诺夫斯基、梅列茨科夫、罗科索夫斯基、托尔布欣、戈沃罗夫、铁木辛哥和华西列夫斯基这些红军"最伟大的统帅"，早在 1941 年就已经担任主要的指挥职务或参谋职务。以同样的方式，卡图科夫、波格丹诺夫、雷巴尔科、列柳申科、罗特米斯特罗夫和克拉夫琴科这些红军最著名的坦克集团军司令员全都在 1941 年和 1942 年以担任坦克旅旅长、坦克军或机械化军军长的方式，渡过自己的"学徒期"，先后在 1942 年、1943 年或 1944 年升任坦克集团军司令员，并指挥坦克集团军直到 1944 年年底或战争结束。红军骑兵、工程兵、炮兵、国土防空军和航空兵当中最杰出司令员（指挥员）的经历，同样能体现出这样的特点。

总之，1945 年 5 月率领红军取得胜利的大多数元帅和将军都已在 1941 年 6 月 22 日战争开始时作为将军和上校走上所负责的指挥岗位。令人意外的是，他们当中有较大比例的人能从 1941 年和 1942 年国防军的残酷教育课程中幸存下来，成为 1945 年红军凯旋队伍里功成名就的司令员和指挥员。

数据表

表 12.1 阵亡或作战失踪的红军军官，1941—1945 年

年度	阵亡（人）	失踪（人）	合计（人）
1941年	50884	182432	233316
1942年	161857	124488	286345
1943年	173584	43423	217007
1944年	169553	36704	206257
1945年	75130	5038	80168
合计（人）	631008	392085	1023093

资料来源：A. A. 沙巴耶夫，《伟大卫国战争中红军军官的损失》（Poteri ofitserskogo sostava Krasnoi Armii v Velikoi Otechstvennoi voine），刊登在《军事历史档案》第 3 期（1998 年 3 月刊），第 183 页。

注释

1. 关于逮捕和强制退伍的详情，见O. F. 苏韦尼罗夫，《1937—1938年工农红军的悲剧》（Tragediia RKKA 1937-1938，莫斯科：特拉出版社，1998年版）。

2. R. M. 波图加尔斯基，《伟大卫国战争期间苏联武装力量的指挥干部》（莫斯科：VAF，1991年版），第8页，密级"仅供官方使用"。

3. 更多细节，见亚历山大·A. 马斯洛夫，《陨落的苏联将星：1941—1945年阵亡的苏联将级军官》（伦敦：弗兰克·卡斯出版社，1998年版）；以及亚历山大·A. 马斯洛夫，《被俘的苏联将领：1941—1945年被德国人俘虏的苏联将军之命运》（伦敦：弗兰克·卡斯出版社，2001年版）。

4. 这些"替罪羊"包括不幸的西方面军司令员D. G. 巴甫洛夫、西方面军第4集团军司令员A. A. 科罗布科夫和巴甫洛夫的几位高级参谋人员。"破坏分子"包括西北方面军第34集团军司令员K. M. 卡恰诺夫和卢加河沿岸防御地区司令员K. P. 皮亚德舍夫，前者的集团军1941年8月参加西北方面军在旧鲁萨的反突击时以失败告终，后者负责的防御地区在国防军8月向列宁格勒推进时被轻易突破。卡恰诺夫和皮亚德舍夫都因玩忽职守而被处以死刑。[1]

5. "叛将"当中有分别担任西南方面军第6集团军和第12集团军司令员的I. M. 穆济琴科和P. G. 波涅杰林，他们的集团军在1941年8月遭到国防军合围和歼灭。他们两人未能逃脱"叛徒"的罪名，战争结束时从德国战俘营还后又被判处死刑。另一位"叛将"是西方面军第28集团军司令员V. Ia. 卡恰洛夫，他的集团军在斯摩棱斯克交战期间被国防军歼灭，卡恰洛夫也不幸阵亡，但同样被判叛国并处以死刑。这种事情并没有随着1941年结束而消失。例如，乌克兰第4方面军第44集团军司令员V. A. 霍缅科1943年11月率领他的集团军追击退却中的国防军时阵亡，但仍被判犯叛国罪，他的许多下属遭到逮捕，第44集团军解散并彻底撤销番号。[2]

6. 更多细节，见迈克尔·帕里什，《较小的恐怖》，第69—95页。关于20世纪20至30年代红军战士的一部巧妙而有洞察力的研究作品，是罗格·R. 里斯的《斯大林的顽强战士：1925—1941年红军的社会史》（劳伦斯：堪萨斯大学出版社，1996年版）。

7. R. M. 波图加尔斯基，《伟大卫国战争期间苏联武装力量的指挥干部》，第8—9页。

8. 同上，引用档案的索引号是TsAMO, f. 4, op. 14, d. 2371, l. 37。

9. 其中包括G. K. 朱可夫、K. A. 梅列茨科夫和秋列涅夫晋升大将，I. P. 阿帕纳先科、O. I. 戈罗多维科夫、A. D. 洛克季奥诺夫、G. M. 施特恩、D. G. 巴甫洛夫、N. N. 沃罗诺夫和V. D. 格连达利晋升上将，另有120人（包括内务人民委员部的6人）晋升中将，852人晋升少将。

10. "1940级将军班"的详细分析，见I. I. 库兹涅佐夫，《1940年的元帅、将军和海军将领》（Marshaly, generaly i admiraly 1940 goda，伊尔库茨克：出版者不详，2000年版）。

---

[1] 译注：皮亚德舍夫被判有期徒刑10年（有资料称5年），1944年6月在狱中去世。

[2] 俄译注：穆济琴科未被判刑，1946—1947年进入总参军事学院学习，1947年10月退役。波涅杰林被俘后，苏联1941年8月16日根据德国的声明和出版物宣布其为叛敌，1945年将其逮捕，1950年8月25日执行死刑。卡恰洛夫脱离部队，在试图乘KV坦克单独突围的途中阵亡，但其司令部成功突围，因此误以为他主动投敌。战后发现他牺牲在坦克里，即恢复其名誉。作者没有提供霍缅科下属被捕的例子，也没有提供资料来源。

11. 同上，第10—14页。关于1940年获得将军军衔（"1940级将军班"）的982人后来的命运，其中10人被捕，100人阵亡，80人在战争期间被俘。792位战争生还者当中，有8位战时晋升苏联元帅（G. K. 朱可夫、A. M. 华西列夫斯基、L. A. 戈沃罗夫、I. S. 科涅夫、R. Ia. 马利诺夫斯基、K. A. 梅列茨科夫、K. K. 罗科索夫斯基和F. I. 托尔布欣），7位战后晋升苏联元帅（S. S. 比留佐夫、F. I. 戈利科夫、M. V. 扎哈罗夫、A. I. 叶廖缅科、K. S. 莫斯卡连科、V. D. 索科洛夫斯基和V. I. 崔可夫），10位战时晋升兵种元帅（F. A. 阿斯塔霍夫、M. P. 沃罗比约夫、N. N. 沃罗诺夫、S. F. 扎沃龙科夫、A. A. 诺维科夫、P. S. 雷巴尔科、F. Ia. 法拉列耶夫、Ia. N. 费多连科、M. I. 奇斯佳科夫和N. D. 雅科夫列夫），3位战后晋升兵种元帅（P. F. 日加列夫、V. I. 卡扎科夫和S. A. 克拉索夫斯基），16位战时晋升大将（P. I. 巴托夫、N. F. 瓦图京、G. K. 马兰金、I. I. 莫斯卡连科、P. A. 库罗奇金、M. M. 波波夫、M. A. 普尔卡耶夫、A. N. 安东诺夫、K. N. 加利茨基、A. S. 扎多夫、G. F. 扎哈罗夫、V. D. 伊万诺夫、M. I. 卡扎科夫、D. D. 列柳申科、I. E. 彼得罗夫和A. V. 赫鲁廖夫）[1]。其中有36位战时的方面军司令员（I. P. 阿帕纳先科、P. A. 阿尔捷米耶夫、A. I. 波格丹诺夫、Ia. T. 切列维琴科、A. I. 叶廖缅科、M. G. 叶夫列莫夫、V. A. 弗罗洛夫、L. A. 戈沃罗夫、F. I. 戈利科夫、V. N. 戈尔多夫、M. S. 霍津、M. P. 基尔波诺斯、M. P. 科瓦廖夫、D. T. 科兹洛夫、I. S. 科涅夫、F. Ia. 科斯坚科、P. A. 库罗奇金、F. I. 库兹涅佐夫、R. Ia. 马利诺夫斯基、I. I. 马斯连尼科夫、K. A. 梅列茨科夫、D. G. 巴甫洛夫、I. E. 彼得罗夫、M. M. 波波夫、M. A. 普尔卡耶夫、M. A. 列伊捷尔、K. K. 罗科索夫斯基、D. I. 里亚贝舍夫、P. P. 索边尼科夫、V. D. 索科洛夫斯基、F. I. 托尔布欣、I. V. 秋列涅夫、A. M. 华西列夫斯基、N. F. 瓦图京、G. F. 扎哈罗夫和G. K. 朱可夫），50位战时的集团军副司令员或参谋长[2]，130位战时的步兵师师长，5位战时的坦克集团军司令员（V. T. 沃利斯基、D. D. 列柳申科、K. S. 莫斯卡连科、V. V. 诺维科夫、P. L. 罗曼年科和P. S. 雷巴尔科），18位战时的空军集团军司令员，2位战时的总参谋长（A. M. 华西列夫斯基和A. I. 安东诺夫），9位战时的胜利勋章获得者（A. I. 安东诺夫、L. A. 戈沃罗夫、I. S. 科涅夫、R. Ia. 马利诺夫斯基、K. A. 梅列茨科夫、K. K. 罗科索夫斯基和F. I. 托尔布欣各一次，G. K. 朱可夫和A. M. 华西列夫斯基各两次），以及80位战时的苏联英雄称号获得者（其中有13位两次获得，G. K. 朱可夫四次获得）。[3]

12. R. M. 波图加尔斯基，《伟大卫国战争期间苏联武装力量的指挥干部》，第9—10页。

13. 同上，第10—11页，引用档案的索引号是TsGASA, f. 4, op. 14, d. 2781, l. 119。

14. 库兹涅佐夫1940年6月[4]才接替后来被捕的A. D. 洛克季奥诺夫上将担任司令员。波罗的海沿岸军区本身也是个新事物，1940年7月11日成立，同年8月17日改编成波罗的海沿岸特别军区。

15. R. M. 波图加尔斯基，《伟大卫国战争期间苏联武装力量的指挥干部》，第12页。

16. 计算时把两个旅当作一个师。

17. R. M. 波图加尔斯基，《伟大卫国战争期间苏联武装力量的指挥干部》，第13页；另见S. A.

---

① 译注：这里"战时"两字有误，马兰金、莫斯卡连科和库罗奇金等人战后才晋升大将。

② 译注：原文如此，从方面军司令员直接到集团军副司令员或参谋长。

③ 译注：朱可夫在苏德战争期间两次荣获该称号，其余两次是1939年8月29日和1956年12月1日。

④ 译注：原文如此，应是1940年12月18日。

秋什克维奇主编，《苏联武装力量》，第296页。

18. 其中有预备第1—第10集团军，坦克第1、第3、第4和第5集团军，第27和第53集团军，内务人民委员部第70集团军，近卫第1、第2和第3集团军。更多细节见戴维·M. 格兰茨，《苏联和平时期和战时的动员1924—1942年：概况》（宾夕法尼亚州卡莱尔：自费出版，1998年版），第48—54页。

19. R. M. 波图加尔斯基，《伟大卫国战争期间苏联武装力量的指挥干部》，第12页。总体损失见G. F. 克里沃舍耶夫主编，《解密的保密文献：苏联武装力量在历次战争、作战行动和军事冲突中的损失》，第128—325页。

20. R. M. 波图加尔斯基，《伟大卫国战争期间苏联武装力量的指挥干部》，第14页。

21. 同上。

22.K. V. 普洛沃罗夫和A. P. 波罗欣撰"军事院校"（Voenno-uchebnye zavedeniia）词条，见A. A. 格列奇科主编，《苏联军事百科全书》第二卷，第255—256页；"军事院校"（Voenno-uchebnye zavedeniia）词条，见M. M. 科兹洛夫主编，《伟大卫国战争百科全书》，第159页。

23. "军事学校"（Voennye uchilishcha）词条，见M. M. 科兹洛夫主编，《伟大卫国战争百科全书》，第159页。关于红军军官教育和培训制度，见戴维·M. 格兰茨，《1941—1945年苏德战争时期的红军教育和培训制度》（宾夕法尼亚州卡莱尔：自费出版，2004年版）。

24. "总参军事学院"（Akademiia General'nogo shtaba）词条，见M. M. 科兹洛夫主编，《伟大卫国战争百科全书》，第44页。

25. 伏罗希洛夫总参军事学院战时的历任院长是：V. K. 莫尔德维诺夫中将、E. A. 希洛夫斯基中将（1941年8月3日起）、F. I. 库兹涅佐夫上将（1942年4月30日起）和苏联元帅B. M. 沙波什尼科夫（1943年6月25日至战争结束）。

26. R. M. 波图加尔斯基，《伟大卫国战争期间苏联武装力量的指挥干部》，第20页。

27. 同上，第18—19页。

28. D. A. 德拉贡斯基主编，《野战军事学院：以苏联元帅B. M. 沙波什尼科夫命名，荣获列宁勋章、十月革命勋章的红旗高级军官学校（高级步兵学校）史》（莫斯科：军事出版社，1983年版），第137页。1941年至1945年期间的步兵战术学院院长是S. A. 斯米尔诺夫少将（1944年晋升中将），1941年他接替的战前最后一任院长是V. V. 科夏金少将。

29. 同上。

30. 同上，第331页。

31. 同上。例如，陆军所有的军事学校（除军事地形测绘和军需学校外）都像培训新少尉的课程一样把学制从一年延长到两年。高级军事院校的教育和培训期限延长更有成效。专业兵的教育从1942年年底由速成班转变成完整的普通班，诸兵种合成军事学院也在1943年5月采取同一措施。同时，教职员和学员也远比他们的前辈有经验。

32. 同上。这又进一步允许国防人民委员部延长军事教育和培训体系中的许多课程。

33. 另外，海军还有2所军事学院、5所高级海军学校、2所普通学校中的海军系、8所海军学校和7个指挥人员进修班。

34. S. A. 秋什克维奇主编，《苏联武装力量》，第297页。例如，1941年8月18日，苏联最高苏维埃主席团颁布命令，授权方面军军事委员会颁发大尉至少校、营政委级和相应级别的军衔；并授权集团军军事委员会颁发上尉、上尉政治指导员级（politruki）和相应级别的军衔。1941年9月，国防委员会授权国防人民委员部的局长可以任命团（含）以下级别的指挥员。后来，国防委员会又把这种提前晋升部下的权力扩大到方面军军事委员会、集团军司令员、军长、师长和团长。1941年年底和1942年年初颁布的数道国防委员会命令进一步缩短作战队伍的指挥人员和主管人员晋升到更高级军衔所需的服役年限。这些命令还赋予军事委员会权力，在特定情况下可以把其管辖范围内有资格人员的提前晋升当作奖励措施。

35. V. A. 佐洛塔廖夫主编，《国防人民委员1941年6月22日—1942年的命令》（以下简称《国防人民委员1941》），第342页。

36. S. A. 秋什克维奇主编，《苏联武装力量》，第298页。

37. 同上，第302—307页。另见M. N. 季莫费耶切夫撰"一长制"（Edinonachalie）词条，A. A. 格列奇科主编，《苏联军事百科全书》第三卷，第301—302页；另见V. A. 佐洛塔廖夫主编，《国防人民委员1941》，第326页。苏联最高苏维埃主席团废除政治委员制的前提，是认为国防人民委员部总政治局实施的政治教育已经达到目的，红军和红海军的指挥人员已经像政治委员一样可靠。

38. S. A. 秋什克维奇主编，《苏联武装力量》，第330页。

39. 同上，第308页。

40. 这是国防人民委员第24、第25和第258号命令，内容分别见V. A. 佐洛塔廖夫主编，《国防人民委员1943》，第24、第30和第191—192页。

41. S. A. 秋什克维奇主编，《苏联武装力量》，第311页；这是国防人民委员第32、第38和第39号命令，见V. A. 佐洛塔廖夫主编，《国防人民委员1943》第32、第35和第57页。这些命令晋升G. K. 朱可夫、N. N. 沃罗诺夫和S. M. 布琼尼为苏联元帅军衔。[1]

42. 举例来说，从1991年起，俄罗斯人开始出版许多回忆录的未删改版本（如K. K. 罗科索夫斯基的回忆录），这些回忆录深刻揭露出许多原来在20世纪60年代和70年代出版时讳莫如深的内容。另外，他们还解密一批与军事行动有关的文书选集，特别是此前编写历史时闭口不谈的失利。但是大约从1998年开始，这项工作的进度放慢，显然是因为真相令人们难以愉快地接受。可参阅K. K. 罗科索夫斯基，《战士的责任》（莫斯科：声音出版社，2000年版），并对比该书1970年出版的删改版本。[2]

43. F. W. 冯·梅伦廷，《坦克战：第二次世界大战中装甲兵使用的研究》，H. 贝茨勒英译，（诺曼：俄克拉荷马大学出版社，1956年版），第295页。

44. 布琼尼的传记较多，可参阅他的官方生平"布琼尼，谢苗·米哈伊洛维奇"（Budenny, Semen Mikhailovich）词条，见A. A. 格列奇科主编，《苏联军事百科全书》第一卷，第615—617页。

---

[1] 译注：原文如此。国防人民委员第32号命令设置兵种元帅军衔（在第32页），第38号命令晋升朱可夫为苏联元帅，第39号晋升沃罗诺夫为炮兵元帅（这两道命令都在第35页）。"S. M. 布琼尼"和"第57页"是多余的错字，该书第57页内容与此无关，第39页有任命布琼尼为骑兵司令员的国防人民委员第57号命令。

[2] 译注：俄文版译者认为20世纪90年代后期解密进度放慢，是因为苏联时代创作的未出版或删改的回忆录和研究作品已经公开无余，而非人为限制。另外，罗科索夫斯基的回忆录实际上可能是苏联大规模删改回忆录的仅有例子，主要是因为在手稿中直接而尖锐地批评朱可夫。

45. 维克托·安菲洛夫，《谢苗·米哈伊洛维奇·布琼尼》，收录在哈罗德·舒克曼主编，《斯大林的将军们》，第57—65页；另见"布琼尼，谢苗·米哈伊洛维奇"词条，N. V. 奥尔加科夫主编，《军事百科词典》，第117页。

46. 伏罗希洛夫的官方生平见"伏罗希洛夫，克利缅特·叶夫列莫维奇"，A. A. 格列奇科主编，《苏联军事百科全书》第二卷，第363—365页。

47. D. 沃尔科戈诺夫，《克利缅特·叶夫列莫维奇·伏罗希洛夫》，收录在哈罗德·舒克曼主编，《斯大林的将军们》，第313—324页。

48. 见铁木辛哥的官方生平"铁木辛哥，谢苗·康斯坦丁诺维奇"，见A. A. 格列奇科主编，《苏联军事百科全书》第八卷，第43—44页。

49. 见维克托·安菲洛夫，《谢苗·康斯坦丁诺维奇·铁木辛哥》，收录在哈罗德·舒克曼主编，《斯大林的将军们》，第239—253页。

50. I. I. 库兹涅佐夫，《1940年的元帅、将军和海军将领》，第6页。

51. 指挥动荡次数在不同方面军之间有较大差异，1941年，卡累利阿方面军和加里宁方面军都只有1位司令员，加里宁方面军、布良斯克方面军、中央方面军和西南方面军各有2任司令员，西北方面军、西方面军和预备队方面军各有3任司令员，而列宁格勒方面军先后有4任司令员。①

52. 但与此同时，1942年春季和夏季红军的许多场失败也令不少方面军司令员含恨蒙羞，特别是：梅列茨科夫受到他麾下突击第2集团军在柳班悲剧性覆没的牵累，库罗奇金的西北方面军未能歼灭杰米扬斯克合围圈内德国的两个军，而科斯坚科和马利诺夫斯基与1942年5月红军在哈尔科夫的重大失败有关。

53. 波波夫1920年参加红军，作为普通战士参加国内战争。和平建设时期，他先后毕业于指挥人员高级步兵战术学校和伏龙芝军事学院，20世纪30年代加入初创不久的机械化兵，担任某机械化旅和机械化第5军的参谋长。1939年他追随朱可夫来到远东，担任红旗远东独立第1集团军司令员；②1941年1月朱可夫担任总参谋长时，斯大林委派波波夫指挥列宁格勒军区。见"波波夫，马尔基安·米哈伊洛维奇"词条，A. A. 格列奇科主编，《苏联军事百科全书》第六卷，第453—454页。

54. 彼得罗·G. 格里戈连科，《回忆录》（纽约：诺顿出版社，1982年版），第113页。

55. S. M. 什捷缅科，《战争年代的总参谋部》第一卷，第233页。

56. 叶廖缅科1913年参加沙皇军队，1918年参加红军。国内战争时期，他担任过骑兵旅参谋长和骑兵团副团长。战争结束后，他先后毕业于高级骑兵学校（1923年）、指挥干部进修班（1925年）、伏龙芝军事学院（1935年）。就学的间歇期内，他从1929年12月开始指挥骑兵团，1937年8月指挥骑兵师，1938年指挥骑兵第6军，1939年9月率领该军进入波兰东部。国防人民委员部于1940年6月委派叶廖缅科指挥红军新组建的机械化军之一，1940年12月改任红旗远东第1集团军司令员，他担任这个职务直到战争开始。叶廖缅科于1940年6月晋升中将军衔。见N. V. 奥尔加科夫主编，《军事百科词

① 译注：原文两次提到加里宁方面军，缺少南方面军。加里宁方面军1941年只有1位司令员（科涅夫），南方面军有4任司令员。

② 译注：官方生平称：波波夫1938年6月到远东先后担任该集团军副司令员和参谋长，1939年7月升任司令员。朱可夫1939年6月1日以前还是白俄罗斯军区副司令员，6月6日才到远东。似乎作者只注意到波波夫担任司令员的时间，而忽略波波夫此前的任职。

典》，第165页。

57. M. M. 科兹洛夫主编，《伟大卫国战争百科全书》，第260页。

58. S. M. 什捷缅科，《战争年代的总参谋部》第一卷，第361页。

59. 作为参加过第一次世界大战的老兵，1918年参加红军以后，科涅夫在国内战争时期担任过装甲列车政委、步兵旅政委、步兵师政委、远东共和国人民革命军司令部政委。国内战争结束时，他参加过平定莫斯科和喀琅施塔得海军基地的反布尔什维克叛乱。20世纪20年代担任滨海步兵第17军政委和步兵第17师政委之后，他参加红军高级指挥干部进修班（KUVNAS），毕业后担任团长和副师长。20世纪30年代，科涅夫在伏龙芝军事学院学习后，指挥过步兵师、步兵军和红旗远东第2集团军。虽然1937年以后被控叛国，但是他逃脱了许多同事遭遇的厄运，并于1940年和1941年先后指挥外贝加尔军区和北高加索军区。不幸的是，科涅夫的回忆录——I. S. 科涅夫著《方面军司令员笔记》（莫斯科：军事出版社，1981年版）只从1943年1月开始落笔。另见R. M. 波图加尔斯基，《I. S. 科涅夫元帅》（莫斯科：军事出版社，1985年版）。这两部作品和其他作品都刻意忽略科涅夫在"火星"行动中扮演的角色，也几乎没有他在1941年和1942年行为和表现的任何信息。

60. 战争开始前，国防人民委员部秘密地让科涅夫的第19集团军从北高加索军区展开到基辅地区，命令该集团军在德国军队以任何方式向基辅推进时攻击其侧翼。然而，德国向斯摩棱斯克的突飞猛进迫使大本营向北变更部署科涅夫的集团军，而德国军队在斯摩棱斯克交战初期不折不扣地"粉碎"了这个集团军。

61. 对于科涅夫个性的正负两方面评价，见奥列格·勒热舍夫斯基，《科涅夫》，收录在哈罗德·舒克曼主编，《斯大林的将军们》，第91—107页。勒热舍夫斯基是揭露出科涅夫曾经在1937年以后遭到指控的第一人。

62. 彼得罗·G. 格里戈连科，《回忆录》，第112—113页。

63. 这年12月31日，红军的12个方面军分别是卡累利阿、列宁格勒、沃尔霍夫、西北、加里宁、西、布良斯克、沃罗涅日、西南、顿河、斯大林格勒和外高加索方面军。

64. 像1941年一样，指挥动荡次数在不同方面军之间有较大差异，卡累利阿方面军、沃尔霍夫方面军、顿河方面军、南方方面军、高加索方面军、克里米亚方面军、北高加索方面军和外高加索方面军都只有1位司令员，列宁格勒方面军、西北方面军、加里宁方面军和西方方面军各有2任司令员，沃罗涅日方面军有3任司令员，而布良斯克方面军、西南方面军（第1和第2次组建）和东南（斯大林格勒）方面军各有4任司令员。①

65. 可以参阅K. K. 罗科索夫斯基，《战士的责任》（莫斯科：进步出版社，1970年版），与本书的完整版本《战士的责任》（莫斯科：声音出版社，2000年版）。罗科索夫斯基作为普通士兵和少尉军官参加过第一次世界大战，并在国内战争时期担任骑兵中队长、骑兵营营长和骑兵团团长。20世纪20年代，他指挥过骑兵团和骑兵旅，毕业于伏龙芝军事学院，1929年参加过满洲的中东路事件。20世纪30年代后期，罗科索夫斯基继续在骑兵服役，先后指挥骑兵第7师（朱可夫在该师任团长）、骑兵第

---

① 译注：1942年，西南方面军应该有3任司令员：科斯坚科（年初至4月）、铁木辛哥（4至7月）、瓦图京（10月至年底），7月至10月该方面军不存在。戈利科夫在沃罗涅日方面军、叶廖缅科在东南（斯大林格勒）方面军均两度担任司令员，故按照人次计算各是2任。

15师、列宁格勒军区骑兵第5军。1937年，罗科索夫斯基被控"蓄意破坏"和"削弱战备"，遭到逮捕并因这些莫须有的罪名关押3年，直到1940年3月获释，旋即重新担任骑兵第5军军长。晋升少将之后，罗科索夫斯基参加1940年的进军比萨拉比亚，从1940年10月起指挥基辅特别军区新组建的机械化第9军，并指挥该军迎来1941年6月的战争爆发。

66. 例如，朱可夫命令罗科索夫斯基的第16集团军于1942年7月攻击日兹德拉附近的德军防御，结果证明是一场失败，这个决定遭到罗科索夫斯基的强烈批评。

67. 巴格拉米扬的加里宁（波罗的海沿岸第1）方面军在维捷布斯克地区进展甚微，索科洛夫斯基的西方面军面对白俄罗斯东部的德军防御一无所获的同时，罗科索夫斯基却只使用有限的装甲坦克和机械化资源达成重大战果。他的方面军（1943年10月20日改称白俄罗斯方面军）采用有效的伪装欺骗措施，10月在戈梅利突破第聂伯河沿岸的德军重兵防御，11月把该登陆场扩大到战略规模，12月挫败德国人的一次坚决反突击。新的一年来临之后，罗科索夫斯基的军队占领莫济里和卡林科维奇，威胁中央集团军群左翼，并有可能切断中央集团军群与南方集团军群之间的联系，还在普里皮亚季沼泽以北德国第二集团军的防御配系中打入几个危险的楔子。如果能够得到友邻方面军司令员在北面更有力的支援，那么罗科索夫斯基的秋季进攻战役很可能导致白俄罗斯境内的德军防御崩溃。然而，这一切只能再等6个月才得以实现。

68. 例如，这些历史学家故意避免提及1943年秋季（尤其是这年冬季）罗科索夫斯基在白俄罗斯南部第聂伯河以西成功实施的一系列进攻战役，也许是为了避免损害西方面军司令员V. D. 索科洛夫斯基的声誉，后者虽在这个冬季结束时被免除司令员的职务，但战争结束后位高权重。关于罗科索夫斯基所获这些战果的详情，见戴维·M. 格兰茨，《被遗忘的战役》第五卷和第六卷。

69. 理查德·沃夫，《康士坦丁·康斯坦丁诺维奇·罗科索夫斯基》，收录在哈罗德·舒克曼主编，《斯大林的将军们》，第177页。

70. I. M.奇斯佳科夫，《我们为祖国服务》（莫斯科：军事出版社，1975年版），第83页。

71. 理查德·沃夫，《康士坦丁·康斯坦丁诺维奇·罗科索夫斯基》，第177页。

72. Iu. D. 扎哈罗夫，《瓦图京大将》（莫斯科：军事出版社，1985年版）；另见戴维·M. 格兰茨，《尼古拉·费多罗维奇·瓦图京》，收录在哈罗德·舒克曼主编《斯大林的将军们》，第287—298页。瓦图京1920年加入红军，国内战争期间的服役时间很短。20世纪20年代他先后在参谋机关、军事学校和步兵中任职，后来进入伏龙芝军事学院学习，并引起院长沙波什尼科夫的注意。1937年从总参军事学院提前毕业后，瓦图京历任基辅特别军区参谋长、总参谋部作战局局长兼第一副总参谋长。同时代的人评价他是一位完美的参谋人员，他却长期渴望担任指挥职务。精力充沛的瓦图京制定过1939年9月进军波兰和1940年6月吞并比萨拉比亚的计划。

73. I. M.奇斯佳科夫，《我们为祖国服务》，第89页。

74. 第一次世界大战期间，马利诺夫斯基在驻法国的俄罗斯远征军参战，后来开了小差。途经符拉迪沃斯托克（海参崴）回国之后，马利诺夫斯基参加红军，并在远东的战斗中得到提拔，20世纪20年代担任分队级的指挥员，1930年进入伏龙芝军事学院学习。此后，马利诺夫斯基先后担任骑兵参谋和指挥职务，直到作为"志愿者"加入国际纵队参加西班牙内战。1938年，他从西班牙回国时没有受到权力斗争的影响，前往伏龙芝军事学院任教。见V. S. 戈卢博维奇，《马利诺夫斯基元帅》（莫斯科：军事出版社，1984年版）；另见约翰·埃里克森，《罗季翁·雅科夫列维奇·马利诺夫斯基》，收录在哈罗德·舒克曼主编，《斯大林的将军们》，第117—124页。

75. 理查德·沃夫，《康士坦丁·康斯坦丁诺维奇·罗科索夫斯基》，第187页。[①]

76. 戈沃罗夫先后毕业于炮兵进修班（1926年），高级军事学院速成班（1930年），伏龙芝军事学院（1933年），总参军事学院（1938年）。第一次世界大战期间，1916年12月他应征加入沙皇军队，就读于康斯坦丁炮兵学校，并在托木斯克的某臼炮连担任初级军官。1918年10月被征入高尔察克海军上将的白军，他与自己的臼炮连一起开小差加入赤卫队，1920年参加红军。后来，他在东方方面军和南方面军参加战斗，并升任炮兵营营长。国内战争结束后，从1924年起，他在著名的彼列科普步兵第51师先后担任炮兵营营长和炮兵团团长。20世纪30年代的非在校时间，戈沃罗夫担任过步兵第14和第15军以及雷布尼察筑垒地域的炮兵主任，并在捷尔任斯基炮兵学院任教。见N. V. 奥尔加科夫主编《军事百科词典》第二卷，第438页。

77. S. M.什捷缅科，《战争年代的总参谋部》第一卷，第368页。

78. G. K. 朱可夫，《回忆与思考》第一卷，第371、第381和第385页。

79. 中央方面军以顿河方面军领率机关及其第65集团军和第21集团军为核心组建，并得到大本营预备队的坦克第2集团军和第70集团军的加强，目的是在库尔斯克以西发起奥廖尔—布良斯克—斯摩棱斯克进攻战役。

80. 红军1943年12月31日的方面军是卡累利阿、列宁格勒、沃尔霍夫、波罗的海沿岸第2、波罗的海沿岸第1、西、白俄罗斯、乌克兰第1、乌克兰第2、乌克兰第3和乌克兰第4方面军。

81. 这年全年，卡累利阿方面军、列宁格勒方面军、沃尔霍夫方面军、西方方面军、顿河（中央和白俄罗斯）方面军、沃罗涅日（乌克兰第1）方面军、草原（乌克兰第2）方面军和西南（乌克兰第3）方面军都只有1位司令员，布良斯克（波罗的海沿岸和波罗的海沿岸第2）方面军、北高加索方面军和南（乌克兰第4）方面军各有2任司令员，西北方面军、加里宁（波罗的海沿岸第1）方面军各有3任司令员。

82. 见M. M. 科兹洛夫主编，《伟大卫国战争百科全书》，第73页；另见N. V. 奥尔加科夫主编，《军事百科词典》第一卷，第337—338页。第一次世界大战期间担任过沙皇军队的初级军官之后，巴格拉米扬1920年参加红军，国内战争时期帮助布尔什维克巩固在亚美尼亚和格鲁吉亚的政权。他在20世纪20年代和30年代是一名骑兵指挥员，1934年毕业于伏龙芝军事学院，1938年毕业于总参军事学院并留校任教四年。虽然与朱可夫和叶廖缅科那些著名的骑兵杰出人物相比，巴格拉米扬的最初经历可谓黯然失色，但是在朱可夫的帮助下，1940年年初巴格拉米扬担任朱可夫麾下基辅特别军区的第12集团军作战处处长，三个月之后又改任基辅特别军区作战处处长，而这就是1941年6月战争爆发时，巴格拉米扬上校担任的职务。

83. 杰弗里·朱克斯，《伊万·赫里斯托弗罗维奇·巴格拉米扬》，收录在哈罗德·舒克曼主编，《斯大林的将军们》，第32页。

84. "索科洛夫斯基，瓦西里·达尼洛维奇"（Sokolovsky, Vasilii Danilovich）词条，见A. A.

---

① 译注：原文如此，正文内容是对马利诺夫斯基的评价。这个错误出自作者与乔纳森·M. 豪斯合著《库尔斯克会战》，见该书中译本第51页。

格列奇科主编，《苏联军事百科全书》第七卷，第436—437页。索科洛夫斯基是国内战争时期的老战士、工农红军军事学院1921届毕业生。和平建设时期，他在中亚细亚地区同巴斯马奇分子（游击队）作战，并先后在几个步兵师、某步兵军、伏尔加河沿岸军区、乌拉尔军区和莫斯科军区担任主要参谋和指挥职务。1941年2月，朱可夫把他调到自己手下担任副总参谋长。

85. 关于索科洛夫斯基的战时经历中删改的部分，见M. A. 加列耶夫，《关于苏联军队在伟大卫国战争中若干失败的进攻战役：根据未公布的国防委员会文献》，刊登在《新闻与当代史》第1期（1994年1月刊），第3—27页。虽然加列耶夫是详细描述1943年秋季和1943—1944年冬季白俄罗斯战役失败隐情的第一人，但他没有提到加里宁（波罗的海沿岸第1）方面军也参加过这场进攻战役。

86. 秋列涅夫同样是参加过第一次世界大战和国内战争的老兵，1922年毕业于工农红军军事学院，1929年毕业于高级指挥干部进修班，1940年以前担任莫斯科军区司令员。

87. A. A. 格列奇科主编，《苏联军事百科全书》第六卷，第312—313页。

88. 彼得罗·G. 格里戈连科，《回忆录》，第151页。另见S. M.什捷缅科，《战争年代的总参谋部》第一卷，第319页，可作为对格里戈连科所作评价的印证。

89. 见M. M. 科兹洛夫主编，《伟大卫国战争百科全书》，第210页；另见加布里埃尔·戈罗杰茨基，《菲利普·伊万诺维奇·戈利科夫》，收录在哈罗德·舒克曼主编，《斯大林的将军们》，第77—78页。

90. 见M. M. 科兹洛夫主编，《伟大卫国战争百科全书》，第594—595页。

91. 库罗奇金参加过国内战争，1932年毕业于伏龙芝军事学院，1940年毕业于总参军事学院，苏芬战争期间指挥步兵第28军。

92. 同上，第393页。

93. 同上，第444页；另见杰弗里·朱克斯，《基里尔·阿法纳西耶维奇·梅列茨科夫》，收录在哈罗德·舒克曼主编，《斯大林的将军们》，第127—134页。

94. S. M.什捷缅科，《战争年代的总参谋部》第二卷，第373页。

95. 弗罗洛夫是参加过国内战争的老战士，1924年毕业于高级步兵学校，1932年毕业于伏龙芝军事学院，苏芬战争期间指挥第14集团军。

96. M. M. 科兹洛夫主编，《伟大卫国战争百科全书》，第763页。

97. 另外，哈尔科夫军区编成内还有1个集团军，外贝加尔军区和远东方面军编成内共有5个集团军，这使集团军的总数增加到27个。

98. 例如：连同那些全部或大部被歼的集团军在内，大本营三次组建或重建的集团军共有4个（第10、第16、第19和第26），两次组建或重建的集团军有12个（第3—第6、第12、第13、第20、第21、第24、第28、第31和第37）。更糟糕的是，从指挥动荡的角度来看，有1个集团军（第8）先后有6任司令员，平均每个月1任；5个集团军（第4、第13、第21、第42和第43）有5任司令员；2个集团军（第34和第38）有4任司令员，14个集团军（第3、第5、第10、第12、第18、第19、第22、第23、第24、第31、第32、第50、第51和第54）有3任司令员。只有9个集团军（第11、第27、第40、第49、第57、第59、第60、突击第1和突击第2）仅有1位司令员，不过其中的大多数集团军都到这年的较晚时间才组建。

99. 到1942年12月31日，红军还有8个集团军驻扎在内地军区或编入非作战方面军。

100. 例如，连同全部或大部被歼的集团军在内，有1个集团军（突击第2）经历过三次组建或改编，10个集团军（第6、第24、第28、第38、第39、第44、第51、第57、第58和近卫第1）经历过两次组建或改编。整场战争期间，有1个集团军（第44）先后有8任司令员，2个集团军（第24和第47）有6任司令员，3个集团军（第9、第51和第57）有5任司令员，6个集团军（第28、第38、第40、第58、第66和突击第2）有4任司令员，13个集团军［第3、第4、第5、第8、第18、第21、第31、第33、第46、第62、突击第1、突击第4和近卫第1（第一次组建）］有3任司令员。只有14个集团军［第19、第23、第26、第27、第42、第43、第48、第49、第55、第63（第二次组建）、第67、第70、近卫第1（第三次组建）和独立滨海］仅有1位司令员。

101. 例如，1943年，只有第6和第37集团军经历过两次组建，其他的集团军在这年保持相对稳定。1943年间，有1个集团军（第47）先后有6任司令员，2个集团军（第9和第20）有5任司令员，6个集团军［第18、第24（近卫第4）、第46、第53、第70和突击第4］有4任司令员，10个集团军［第5、第11、第16（近卫第11）、第30（近卫第10）、第34、第37、第51、第56、近卫第2和近卫第3］有3任司令员。另一方面，共有25个集团军［第4、第8、第10、第13、第14、第21（近卫第6）、第23、第29、第32、第33、第41、第43、第44、第45、第50、第55、第58、第60、第61、第62（近卫第8）、第64（近卫第7）、第65、第66（近卫第5）、突击第5和独立滨海］仅有1位司令员。

102. 战争期间担任军级和师级（含坦克旅）指挥职务的全体指挥员及其任期的详细名单，见《1941—1945年伟大卫国战争期间苏联武装力量的军级和师级指挥员》（莫斯科：伏龙芝军事学院，1964年版）。该书提供用于分析战争期间这两级指挥职务的全部数据。

103. 另外，驻扎远东地区的机械化第30军，从来没有作为一个完整的军在战斗中发挥作用。

104. 这些坦克师包括战争开始时编入机械化军的61个坦克师和10个所谓"100系列"坦克师，后者是大本营1941年8月主要在旧坦克师的基础上组建。但到这年年底，大本营已经解散其中的大多数坦克师，或者将其改编成规模更小的新型坦克旅。

105. 红军最杰出的坦克师师长之一是A. L. 格特曼，1941年12月他的坦克第112师曾与P. A. 别洛夫麾下大名鼎鼎的骑兵第1军一道在莫斯科以南深入古德里安的第二装甲集群后方，实施著名的纵深战斗。

106. 这个数字包括骑兵第3（近卫骑兵第2）军的2位军长和其他5个军的各1位军长。

107. 1942年6月1日，红军还有3个骑兵军和3个坦克军在军区和非作战方面军的编成内，全军总计有13个骑兵军和19个坦克军。9月1日，红军还有3个骑兵军和3个坦克军在军区和非作战方面军编成内，全军总计有33个快速军。

108. 12月31日，红军还有2个骑兵军和2个坦克军在军区和非作战方面军的编成内，全军共有38个快速军。

109. 近卫骑兵第2军某师曾突破德军防御并在其后方坚持战斗长达一个月，然后成功设法返回红军战线。

110. 1942年下半年，国防人民委员部把坦克第8、第14、第22、第27和第28军分别改编成机械化第3、第6、第5、第1和第4军，组建机械化第2军、近卫机械化第1和第2军，后来又把机械化第4军改编成近卫机械化第3军。

111. 在此期间，有1个坦克军（第2）有过6任军长，2个军（第17和第23）有4任军长，2个军［

第8（机械化第3）和第18〕有3任军长。另一方面，11个坦克军和机械化军（坦克第5、第6、第10、第15、第19、第20、第21和第25军，机械化第2军、近卫机械化第1和第2军）仅有1位军长，不过其中有1个坦克军（第21）在建成后不久的首次进攻战役中即全军覆没。

112. 这条规则的唯一例外发生在7月和8月西方面军的勒热夫—瑟乔夫卡进攻战役期间，格特曼的坦克第6军和索洛马京的坦克第8军，与近卫骑兵第2军一起组成由西方面军军队集群副司令员 I .V 加拉宁指挥的快速集群，成功突破国防军的防御，直到在瓦祖扎河沿岸受到猛烈反冲击而停止前进。另外，11月的"火星"行动中，索洛马京的机械化第1军和卡图科夫的机械化第3军在加里宁方面军的指挥下进展顺利，不过，由于西方面军在其进攻地段未能取胜，使卡图科夫和索洛马京的努力付之东流，并导致这两个军损失殆尽。

113. 6月1日，红军还有2个骑兵军、3个坦克军和3个机械化军在军区和非作战方面军的编成内，全军总计有45个快速军；12月31日，红军还有1个骑兵军和1个机械化军在军区和非作战方面军编成内，总计仍是45个快速军。

114. 有1个骑兵军〔第8（近卫第7）〕有5任军长，2个军（第4和近卫第4）各有2任军长，其他6个军都只有1位军长。

115. 例如，有2个军〔坦克第15（近卫坦克第7）和第18〕各有5任军长，4个军〔坦克第9、第12（近卫坦克第6）、第16和20〕各有4任军长，5个军（坦克第3、第10、第11、第19 和近卫坦克第1）各有3任军长。另一方面，14个军〔坦克第1、第2（近卫坦克第8）、第4（近卫坦克第5）、第5、第6（近卫坦克第11）、第13（近卫机械化第4）、第23、第30（近卫坦克第10），机械化第1、第2（近卫机械化第7）、第5（近卫机械化第9），近卫机械化第1、第2和第6〕都只有1位军长。

116. 后来，卡图科夫一直指挥坦克第1（近卫坦克第1）集团军，罗金和波格丹诺夫先后指挥过坦克第2（近卫坦克第2）集团军，巴达诺夫曾指挥坦克第4集团军，罗特米斯特罗夫、索洛马京、沃利斯基和西年科先后指挥近卫坦克第5集团军，克拉夫琴科指挥坦克第6（近卫坦克第6）集团军。[①]

117. 在此期间，坦克第5集团军曾有4任司令员，坦克第3集团军有2任，坦克第1和第4集团军各有1位司令员。

118. 从那时起，莫斯卡连科先后指挥近卫第1、第40和第38集团军直至战争结束；雷巴尔科指挥近卫坦克第3集团军从库尔斯克会战一直打到柏林会战；罗曼年科先后指挥第48集团军和东西伯利亚军区直到战争结束；克留乔金指挥过第69和第33集团军，战争结束前已成为方面军副司令员；波波夫先后指挥过预备队方面军、布良斯克方面军、波罗的海沿岸方面军和波罗的海沿岸第2方面军，战争结束时担任方面军参谋长。

119. 例如，1943年年内，采用旧编制的坦克第2集团军先后有3任司令员，首次组建的坦克第5集团军有2任司令员，"波波夫"快速集群和坦克第3集团军都只有1位司令员。另一方面，采用新编制的

---

① 译注：原文缺索洛马京，根据本书《资料篇》补充。

5个坦克集团军〔第1、第3（近卫第3）、第4和近卫第5〕全都只有1位司令员。[①]

120. S. M.什捷缅科，《战争年代的总参谋部》第一卷，第479页。

121. 1944年，D. D. 列柳申科、A. G. 克拉夫琴科和V. T. 沃利斯基成为同样优秀的坦克集团军司令员。

122. S. M.什捷缅科，《战争年代的总参谋部》第一卷，第479页。

123. 更多详情，见理查德·N.阿姆斯特朗，《红军坦克指挥员：装甲近卫军》（宾夕法尼亚州阿特格伦：希弗军事与航空史出版社，1994年版），第332页。

124. S. M.什捷缅科，《战争年代的总参谋部》第一卷，第479页。

125. 理查德·N.阿姆斯特朗，《红军坦克指挥员》，第94—95页。

126. 同上，第376—377页。

127. S. M.什捷缅科，《战争年代的总参谋部》第一卷，第479页。

128. 1944年7月和8月充满争议的卢布林—布列斯特进攻战役发展阶段，波格丹诺夫的副司令员A. I. 拉济耶夫斯基指挥坦克第2集团军直抵华沙城下。国防军的猛烈反突击阻止该坦克集团军突入市内解救已占领部分城区的波兰地下组织，并在此过程中重创该坦克集团军。

129. S. M.什捷缅科，《战争年代的总参谋部》第一卷，第479页。

130. 理查德·N. 阿姆斯特朗，《红军坦克指挥员》，第155页。

131. 例如，有1个工兵集团军（第8）在12个月内共有5任司令员，2个集团军（第3和第6）分别在12个和11个月内各有4任司令员，3个集团军（第1、第4和第7）分别在8个、6个和10个月内各有3任司令员，2个集团军（第5和第9）在4个月内各有2任司令员，只有2个工兵集团军（第2和第10）在其存在的4个月内仅有1位司令员。

132. 例如，从战争结束到1954年，D. A. 茹拉夫廖夫先后指挥西防空区和西北防空区，并担任过国土防空军副司令员、国土防空军雷达技术部队和对空情报勤务[②]主任。他的同僚M. S. 格罗马金从1950年到1954年担任国土防空军司令员；G. S. 扎希欣先后担任防空区司令员和防空地域司令员，直到1950年去世；P. E. 古德缅科从1946年到1948年指挥西北防空区，后来担任其他防空区和防空地域的副司令员，1953年去世。

133. 例如，战争开始前不久，斯大林命令内务人民委员贝利亚逮捕原来领导过空军的A. D. 洛克季奥诺夫上将、Ia. V. 斯穆什克维奇和P. V. 雷恰戈夫航空兵中将，1941年10月28日以叛国罪名执行枪决。更糟糕的是，同样的命运降临在莫斯科军区空军司令员P. I. 蓬普尔航空兵中将身上，他1941年5月31日因莫须有的叛国罪名被捕，1942年2月或3月间执行枪决。[③]

---

① 译注：原文如此。1.坦克第3集团军采用旧编制，近卫坦克第3集团军采用新编制。2.坦克第2集团军没有经历过解散—重建，改用新编制时也没有变更番号；1943年先后有3任司令员：罗曼年科、罗金、波格丹诺夫，在罗金任职期间从旧编制改成新编制，即新旧编制下各有1.5位司令员。原文似乎把全年的坦克第2集团军都看成旧编制，故新编制的集团军凑不够5个。

② 译注：1952年起成为一个兵种——国土防空军对空情报雷达兵。上半句的原文"1954 and later"错误，1954年8月是他的退役时间。

③ 译注：具体日期是1942年2月23日。

134. 例如，西方面军在战争最初几天内一败涂地的时候，西方面军空军副司令员A. I. 塔尤尔斯基航空兵少将也遭到逮捕，1941年7月22日同不幸的西方面军司令员D. G. 巴甫洛夫一起被处死刑。塔尤尔斯基之所以会如此有如此下场，只是因为他的主官西方面军司令员I. I. 科佩茨航空兵少将预见到斯大林会有什么样的反应，并在战争的第三天自杀。详见迈克尔·帕里什，《较小的恐怖》，第76—81页。

135. 大本营组建的第一批5个空军集团军具体用于保障红军1942年春季的进攻战役；第二批9个空军集团军用于巩固夏季的防御，最后一批3个空军集团军用于保障11月和12月的进攻战役。

136. 例如，1942年年内，空军第1、第2、第4和第16集团军各有2任司令员，其他集团军都只有1位司令员。

137. 赫留金在1938年哈桑湖击败日本军队时有出色表现，同年2月成为苏联英雄；库采瓦洛夫在哈拉哈河战役期间指挥歼击航空兵第56团，飞行59架次，击落9架日机，1939年11月成为苏联英雄。皮亚特欣在苏芬战争期间担任西北方面军轰炸航空兵第15旅旅长时表现突出，1940年4月荣膺苏联英雄。而格罗莫夫早在1934年就因创造一项不间断飞行12000公里的记录而成为苏联英雄。可参阅I. N. 什卡多夫主编，《苏联英雄（两卷本）》（莫斯科：军事出版社，1987年版）。

138. 防空歼击航空兵第6、第7和第8军各有2任军长，其他17个航空兵军都只有1位军长，不过其中许多个军不是在1941年8月解散，就是1942年后期才组建。

139. 在此期间，空军第1、第2、第3、第4、第6、第15和第17集团军各有2任司令员，其他集团军都只有1位司令员。

140. 赫留金在柏林会战期间英勇无畏地领导白俄罗斯第3方面军空军第1集团军，1945年4月再次荣获苏联英雄称号。

141. 有7个航空兵军（轰炸航空兵第1和第2，混成航空兵第2和第5，歼击航空兵第5和第6，防空歼击航空兵第7）各有2任军长，其他33个航空兵军都只有1位军长。

第十三章

红军战士

征集

战争前夕

随着 20 世纪 30 年代中后期的战争阴云在欧洲和亚洲聚集，苏联受到的军事威胁与日俱增，斯大林确信倘若红军不能以足够快的速度扩充足够兵力，一旦发生战争就不能保证苏维埃国家的安全。[1] 于是，他决定从 1935 年年初开始转变红军和平时期的编制和兵员补充制度，使红军能够更有效地从和平状态向战争状态过渡。这个年代后期爆发一系列危机的同时，斯大林也从 1937 年年初开始扩充红军的规模和实力。

1935 年年初，红军的组织基础是所谓地方民兵制与基干制的混合，这是 M. V. 伏龙芝 10 年前担任苏联陆海军人民委员时建立的一种制度。按照该制度的规定，红军共编成 100 个师，其中一部分是由 26 个步兵师和 16 个骑兵师组成的基干军（常备军），根据国防人民委员部的具体要求在和平时期保持着不同水平的基干实力；另一部分是由 58 个步兵师、山地师和骑兵师组成的地方民兵，按照地域特点驻扎在苏联全境，其中的人员是受过部分训练的征召人员和地方预备役军人。至少在理论上，国防人民委员部计划在战争临近或开始的情况下，通过动员地方民兵师的方式把红军规模扩充数倍。[2]

但到这时，斯大林已经对这项制度能否充分保卫苏维埃国家失去信心：

值得注意的是，到20世纪30年代中期，武装力量建设和组织中的地方民兵制与基干制的混合体制已经力不从心，并成为影响军队提高战斗力的绊脚石。我军的组建方式过渡到单一的基干制已成为当务之急。其中一个主要原因是，临时参训人员在地方民兵部队和兵团接受的短期集训，已不能保证他们能充分掌握复杂的新技术，并学会在不断变化的环境中如何使用它……转换成单一的基干制，在相当程度上是由于战斗和动员准备的要求越来越高，因为同法西斯德国发生战争的危险与日俱增。[3]

有鉴于此，1935年5月，斯大林命令国防人民委员部在1939年1月1日以前把红军的组织方式从地方民兵制和基干制的混合转变成单一的基干制。[4]这项措施在接下来四年当中分步实施，有些地方民兵师解散，有些改编成常备师，基干军的实力也从49个师增加到98个师又5个独立旅。[5]这次转变虽然没有明显增加全部师的个数，但是从根本上改变了红军和平时期的编成和结构，以及从和平向战争过渡期间的扩充方式。[6]

仿佛是为了证明斯大林未雨绸缪的合理性，1937年和1938年年初苏联轻描淡写地卷入几场国际危机之后，便更积极地首先在1939年9月配合希特勒的国防军入侵波兰，然后在1939年后期挑起同芬兰的战争，而红军在这场战争中的表现出人意料地极其拙劣。因此，1940年和1941年上半年，斯大林只满足于吞并波罗的海沿岸诸国和罗马尼亚的比萨拉比亚，而坐视希特勒的国防军这时征服西欧的大半部分地区。[7]

以红军在波兰和苏芬战争期间的惨淡战斗表现作为对比，国防军1939年9月在波兰、1940年春夏两季在西欧和斯堪的纳维亚半岛的辉煌胜利令斯大林深感恐惧和苦恼。由于担心国防安全，他采取的对策是大规模扩充红军的规模和实力，同时命令他的新国防人民委员苏联元帅S. K. 铁木辛哥改革红军的组织结构和作战手段，并换装新式武器。因此，斯大林从1939年9月开始执行一种"悄悄爬入战争"的政策，希望能够以此改善苏联的安全态势。这项政策和铁木辛哥的相关改革都预定在1942年夏季之前完成。

为了提供扩充红军所需的人力，苏联最高苏维埃于1939年9月1日颁布新版《普遍义务兵役法》，通过拓展有资格服役人员的范围，大幅度增加可征集入伍的男性人数，同时还把普通战士和初级指挥人员（军士）的服役年限延长到三年，并设想将来为红军战士提供更广泛的训练。因此，红军的规模和实力从 1938 年 1 月 1 日的 1 个集团军、38 个军、138 个师，共 150 万人，扩充到 1940 年 12 月的 20 个集团军、34 个军、206 个师，共 420 万人，最后达到 1941 年 6 月 22 日的 27 个集团军、95 个军、303 个师，500 余万人（见表 13.1）。

1940 年和 1941 年，尽管铁木辛哥尽最大努力推动红军的改编、改革和换装，但军队的快速扩充和从地方民兵—基干制转变成单一的基干制，还是对军人的个人训练和集体训练造成极其严重的负面影响。例如，1941 年 6 月，原本按照地方民兵—基干制可以完成全部训练的大多数预备役军人，实际都基本没有接受过训练，而红军快速扩充导致过多的人事变动，也会妨碍新战士开展训练。总之，正如后来的战斗表现所示，即使能够动员多达 1400 万受过部分训练的预备役军人和征召人员，1941 年 6 月 22 日的红军还是一个站在泥质双足上的庞然大物。

甚至早在希特勒 6 月 22 日开始"巴巴罗萨"行动之前，作为一项预防措施，斯大林就已启动苏联复杂而效率低下的军事动员制度。例如，1941 年 4 月和 5 月，驻扎在内地各军区的几个集团军完成动员，并开进到西部各军区后方沿第聂伯河构筑的预备阵地。另外，斯大林还在 5 月下令以大规模训练演习（bol'shie uchebnye sbory，缩写为 BUS）的名义，征召 805264 名预备役军人，开始把红军从和平状态转入战时状态。不过，虽然大规模训练演习使苏联武装力量的总人数增加到 5707116 人，但是国防人民委员部未能在 1941 年 6 月 22 日之前把大部分新征集的军人分配到作战军队。更糟糕的是，即使战争开始后不久这些新战士下到了部队，其中大多数人还是缺少许多应有的武器和其他装备。[8]

随着"巴巴罗萨"行动的开始和第一阶段动员的完成，截至 1941 年 7 月 1 日，苏联武装力量的总人数已达 963.8 万人，其中作战军队有 353.3 万人，各军区有 556.2 万人，海军有 53.2 万人。[9] 后来，整场战争期间的后续动员又使红军的兵力新增 28769636 人，其中包括 49 万名女战士和 8 万名女指挥人员。[10]

战争初期

"巴巴罗萨"行动刚一开始，急剧恶化的军事形势便迫使斯大林展开一场与德国人之间你追我赶的危险比赛。一方面是德国国防军的战争机器不断重创红军，而另一方面，斯大林和他的战友们热火朝天地动员红军全面达到战时应有的实力，并弥补红军不断遭受的惨重损失。根据斯大林的指示，国防委员会和大本营在战争最初的 8 个月里共颁布数十道关于动员的特别决议和训令。这个过程从 6 月 24 日开始，为了同德国破坏分子和空降兵作斗争，斯大林这天下令在所有地区组建歼击（istrebitel'nye）营。根据这项决定，7 月 31 日以前共建成 1755 个歼击营，每个营有 100 至 200 人，总人数共 32.8 万人，并最终在年底之前达到 40 万人。随后，国防委员会于 6 月 28 日批准列宁格勒城防委员会（gorodskoi sovet，缩写为 GORKOM）组建 7 个民兵师的请求，最后总共在列宁格勒建成 10 个民兵师和 16 个独立民兵机炮营，共计 13.54 万人。

随着 6 月下旬红军边境防御的崩溃，国防委员会于 7 月 4 日下令在莫斯科州再组建共 27 万人组成的 25 个民兵师（其中 12 个师应在 7 月 7 日前组建完毕），并在其他州、区和市组建类似的民兵兵团。[11] 四天后的 7 月 8 日，为了加强红军的实力，国防委员会命令国防人民委员部"尽快"另行组建 50 个步兵师和 10 个骑兵师，共 60 万人。然而，截至 7 月 23 日，国防人民委员部只建成其中的 34 个师，即 28 个步兵师和 6 个骑兵师。[12] 最后，除了驻扎在莫斯科军区的 2 个机械化军之外，大本营于 7 月 15 日解散全部机械化军，并命令国防人民委员部使用这些机械化军中尚存的坦克师，组建 10 个新型 100 系列番号的坦克师。[13]

这种近乎疯狂的军队组建工作在夏末和秋季更加白热化。例如，8 月 11 日，国防委员会命令国防人民委员部在秋季结束之前再新组建 85 个步兵师和 25 个骑兵师，共计 110 万人；8 月 24 日，又命令国防人民委员部解散大部分 100 系列番号的坦克师，并使用其坦克组建 65 个新的小型坦克旅、若干个独立坦克团和坦克营。[14] 10 月 15 日，甚至早在这一批新的师加入红军之前，国防委员会命令国防人民委员部使用主要从西伯利亚军区、中亚细亚军区、高加索军区和伏尔加河沿岸军区抽调的 50 万人，再组建 50 个新的步兵师；三天后，又下令组建共有 15 万人的 25 个步兵旅，作为将来组建步兵师的核心。

[15] 最后，由于红军在 10 月间遭受的巨大损失，国防委员会于 11 月 26 日命令国防人民委员部从红军的"非陆军成分"中抽调人员组建共有 70 万人的 70 个步兵师和共有 30 万人的 50 个步兵旅，用于加强作战方面军。[16] 作为军队扩充的最后步骤，国防委员会于 1942 年 2 月 16 日命令国防人民委员部组建 120 个新的小型坦克旅。[17]

因此，战争开始时，红军的一线战斗实力共有大约 373.4 万人，编成 303 个师（198 个步兵师、61 个坦克师、31 个摩托化师和 13 个骑兵师）和 22 个各种类型的旅；从 1941 年 6 月 22 日到 12 月 31 日，国防委员会一共动员超过 600 万人，其中至少有 402 万名步兵和骑兵直接分配到红军，另有 267 万人是全国各级兵役委员会和其他地方政府征召的民兵，其中大多数人后来也作为 36 个民兵师的成员，在 1941 年加入红军队伍。[18] 另外，联共（布）中央政治局做出的决定还授权内务人民委员部在 1941 年组建相当数量的歼击营，总人数达 32.8 万人。[19]

红军在战争最初 6 个月里遭受的巨大人力损失，再加上为弥补这些损失而不断动员新锐的步兵、骑兵和装甲坦克兵，使苏联人力资源紧张到崩溃的边缘。面对这个难题，红军不但要深度挖掘可以合法征集的庞大人力资源，而且要动员许多原本不列入征集范围的公民入伍。因此，迫于弥补红军战斗损失的需要，国防人民委员部从战争最初几天开始，夏末和秋季在更大程度上断然放弃原先对征集苏联公民入伍的许多设想和限制，吸收原本认定不适于服兵役的人，特别是年龄较大的预备役军人、少数民族和女性入伍服役（见下文）。

例如，早在 7 月 4 日国防委员会下令莫斯科等地组建民兵师的同时，还指示各军区"以动员年龄在 17 岁至 55 岁之间工人的方式组建民兵师"。[20] 后来到 8 月 20 日，国防人民委员部命令各作战方面军、集团军和军区在 9 月 1 日以前把后勤部队、分队和设施中年龄不超过 35 岁的全体战士移交战斗兵团和部队，并使用 35 岁以上的低素质战士代替他们（见《〈巨人重生〉资料篇》的附录一，其中收录着关于战时红军的若干文献）。[21] 不久，国防人民委员部又把这项放宽年龄限制的措施推广到正规武装力量。例如，某位最终军衔是军士长的红军战士回忆道："1941 年 10 月，我从十年级应征入伍，那正是恐慌情绪、破坏和抢劫行为在莫斯科蔓延的日子。尽管我刚刚庆祝完自己的 17 岁生日，还是被征召入伍——好像这样就能给德国人少留下一个潜在的士兵。"[22]

从这时起直到 1943 年年底，国防人民委员部逐步放宽红军战斗人员和非战斗人员的役龄限制，吸收更年轻、更年长和不适于入伍的预备役军人和征召人员，并最终征集年龄小于 18 岁和大于 55 岁的人参加红军作战军队（见表 13.2）。尽管有新的法定役龄限制，但到 1943 年年底，还是有许多战士不符合这些限制。按照当时某位团参谋长的说法：

根据我的经验，我知道在某些战役中［战士们的］年龄差异很大，从18或20岁直到50岁，还有一些人将近60岁。分配时的原则是：年龄大的人留在后方，去供应、后勤和卫生部队。挑选人的过程通常是这样：补充人员到达后的第一件事是问话："谁是炮手？出列！谁会驾驶车辆？出列！"首先选出专业人员，选出全部专业人员之后，剩下的人根据不同年龄区别对待。如果某人的年龄确实很大，他就不用上前线。不然的话，只要发起冲击，他就会累得跟不上，况且他还会体弱多病。某些特殊情况下，年龄较大的人不是留在后面，而是离开自己的岗位上前线。但通常伤愈归队的那些人就会成为指挥人员［军士］，因为参加过战斗的战士就有资格担任班长。我们非常爱护自己的战士，就像有人说的那样，我们合理而有效地使用他们。[23]

强制征召

1941—1942 年冬季总攻期间，红军开始采用强制征召（实际上是抓壮丁）的方式补充兵力，这时斯大林第一次认识到新解放的领土具有为红军提供新人力的潜力。1942 年 2 月 9 日，大本营命令作战方面军征集"解放领土上满足 17 岁至 45 岁之间役龄，但战争期间的前几个月内未被征集加入红军的公民"，并将其分配到"所有集团军的预备步兵团，具体执行过程中，这些团必须从所属集团军的作战地带内挑选和征集这类人员，并开展战斗训练"。[24]然而，由于红军在冬季总攻期间未能将国防军击退至斯摩棱斯克地区，1942年夏季和秋季的"蓝色"行动中国防军又再度向前推进，斯大林 1942 年 2月发布的这道命令基本上没有产生实际效果。

1942—1943 年冬季夺取斯大林格勒会战的胜利以后，国防人民委员部重新开始强制征召兵员，补充红军队伍；而 1943 年夏末和秋季库尔斯克会战结束后，随着战线开始势不可挡地西移，这项措施项开展得更加紧锣密鼓，主要是为了获得红军迫切需要的新人力，维持大规模进攻继续进行。在此期间，红军从新解放的德占区居民中强制征召大批役龄青年，无论其是否俄罗斯人。当时跟随红军一道前进的内务人民委员部内卫部队负责完成这项重要任务。

例如，1943 年 2 月和 3 月参加中央方面军奥廖尔—布良斯克—斯摩棱斯克进攻战役的某步兵师报告如下：

我师［第60集团军步兵第121师］先后参加过争夺沃罗涅日、库尔斯克和利戈夫的战斗。由于前任师长 M. A. 布申［上校］缺乏熟练的领导能力，我师在夺取卢卡舍夫卡—索尔达茨科耶一线的战斗中遭受惨重损失，布申因此被解除职务。我师1943年3月25日的兵力有7025人，其中作为补充人员加入我们的5573人来自刚从德国侵略者手中解放的库尔斯克地区实施的一次动员［征集］。[25]

大致同一时期，第 60 集团军学员步兵第 248 旅报告如下：

［我旅］1943年1月30日编入第60集团军，参加过争夺库尔斯克和利戈夫的战斗。我旅在利戈夫战斗期间的行动尤其巧妙和积极。奉命前出至集团军侧翼［沿斯瓦帕河西岸］的下丘帕希诺—科诺普里亚诺夫卡一线之后，我旅从北面威胁雷利斯克，从而有利于占领利戈夫。在此期间，U-2飞机［轰炸机］为我旅供应弹药，师利用当地资源向我旅供应给养。1943年3月25日，我旅兵力共有2389人，其中有774名补充人员，有些人是我们从法西斯侵略者手中解放库尔斯克地区之后动员的，有些人来自解散的"德罗兹多夫"游击支队。[26]

尽管这种征集手段能产生明显效果，可是战斗报告显示这些"征召人员"并非都愿意入伍服役。例如，1943 年 3 月 16 日，布良斯克方面军第 13 集团军命令负责防止军人（尤其新的征召人员）开小差的拦截支队采取下列措施，保证这些征召人员留在队伍里：

来自新解放敌占区的补充人员正在加入红军队伍。为了同可能出现的开小差和逃避兵役现象作斗争，集团军司令员命令：

1. 加强集团军拦截支队的拦截本职工作；

2. 系统地对所有居民点的全体男性人口实施全面检查；

3. 彻底搜查所有森林和果园，检查所有干草堆和无人居住的建筑物，特别是位于旧防御工事沿线的掩蔽部；

4. 加强针对往来居民点的行人和［其他］可疑人员的证件查验。

1943年3月25日以前报告采取的全部措施。

第 13 集团军参谋长 彼得鲁舍夫斯基少将[27]

这年晚些时候，随着红军进攻的波及范围扩大到从大卢基到黑海沿岸的整条战线，10月15日，大本营发布斯大林签署的关于从白俄罗斯东部和乌克兰中部新解区征集人力的具体细则：

1. 只有集团军军事委员会才有权从新解放的德占区征集战士并编入预备团，师长和团长不得实施这种征集［动员］。

2. 红军预备力量组建总局局长根据我向每个方面军提供补充人员的计划，确定每个方面军可以征集［动员］的人数。

3. 方面军超额动员的全部战士均应移送红军预备力量组建总局局长下属的预备部队。[28]

随着红军继续向西推进，11月16日，大本营进一步明确所谓"就地征集工作的集中管理"，同时也能清楚证明解放区动员工作的庞大规模。

11月期间，授权下列方面军从新解放的德占领土动员下列数量的战士补充其军队：波罗的海沿岸第1方面军1.5万人，西方面军3万人，白俄罗斯方面军3万人，乌克兰第1方面军3万人，乌克兰第2方面军3万人，乌克兰第3方面军2万人，乌克兰第4方面军3万人，合计18.5万人。

方面军军事委员会应将超额征集的人员移送隶属于军区司令员的预备旅，按照红军预备力量组建总局规定的细则实施训练。红军后勤主任应根据为每个方面军规定的征召人数，向方面军分发这些人员所需的被装［军装］。[29]

大本营每个月发出的这种命令可以证实红军"西征"过程中动员工作的巨大规模。虽然大多数这种命令尚未解密，但是红军每个月从解放区征集的战士至少有 20 万人，也许更多。正如官方的某些红军师史当中生动描述的那样，这些师在干草堆和地窖里搜寻潜在的征召人员，一经发现，便立即送往训练营。1943 年剩余阶段和 1944 年，红军可能以这种方式征集多达 280 万名战士入伍，主要来自乌克兰、白俄罗斯、波罗的海沿岸地区和摩尔达维亚，1945 年又以同样的方式征集多达 100 万人。

红军利用这个不断扩大的新人力资源库所带来的另一个好处是，减少战争后期对非斯拉夫少数民族和女性作为兵源的依赖。因此，随着 1944 年和 1945 年从红军解放的领土上征集的乌克兰人、白俄罗斯人和摩尔达维亚人急剧增多，同期应征入伍的非斯拉夫战士人数急剧下降（见表 13.2）。[①]

罪犯和政治犯

红军（尤其是作战方面军）在战争最初 6 个月严重缺少人力的标志之一，是国防委员会从 1941 年夏季开始并在 1942 年年初加速从"这个帝国判处有罪的最后预备队"，即因从事各种政治活动和犯罪行为而流放到苏联劳动改造营地的 200 余万男女犯人当中，征集总共多达数十万名男性。[30] 其中大部犯人是在战前逮捕和流放的富农（kulak）。[31][②]

这些犯人当中，除了因禁期间去世的以外，1941 年参加红军的可能有

---

① 译注：原文如此，摩尔达维亚人不属于斯拉夫民族。

② 译注：俄文版译者指出，流放不代表成为被监禁或定罪的犯人，也不会进入劳动改造营地。流放富农只是在流放地定居的特别移民，其子女年满16岁后自动撤销特别移民身份，可以获得护照并选择居住地，也可以入伍服役。由于混淆流放、劳动改造和监禁，又进一步把这类人与少数民族和其他限制服役者混在一起，本节提到的人数有所夸大。俄译注引用的资料是V. N. 泽姆斯科夫著《苏联的特别移民，1930—1960年》（Спецпоселенцы в СССР 1930–1960，莫斯科：科学出版社，2003年版）。除此之外，他还指出，本节所引曼加泽耶夫作品的可信程度值得怀疑。这位记者通常不引用档案文献，并称它们是捏造的，其作品主要根据当事人的回忆和传闻，第三段提到的"极地"步兵师更是子虚乌有。本节俄译注处数较多，不再一一引用。

42万人，1942年甚至更多。另外，1941年和1942年年初，苏联国防委员会和最高苏维埃主席团还颁布特别措施，释放15.7万余名政治犯并移送红军。最新的估计表明，有97.5万名这样的犯人在战争结束前得到"释放"，并最终加入红军服役。[32] 不过，目前尚不清楚这些犯人中有多少人在战争结束后又回到劳动改造营地。

显示红军在战斗中大规模使用这些犯人的第一份记录出现在1941年夏末，参加保卫北极地区摩尔曼斯克的"极地"步兵师"基本上由犯人组成，包括其指挥人员"。这些军人"佩戴沃尔库塔营地的数字编号，而不是星、杠标志……即使到了现在，他们基本上还是无名氏"。[33] 斯大林的最初动机是把这些营地的犯人当成红军战士（或者更恰当的称呼是"炮灰"），代替战争最初6个月里损失的280万名军人，而到莫斯科会战获胜之后，他又需要这种人填补红军的薄弱队伍来实施和维持进攻。因此，1942年4月11日，国防委员会命令内务人民委员部"从工作定居点征集50万名适合服现役的男性"，7月26日又命令从同类犯人中再征集50万名男性。[34]

起初，国防委员会计划在这些流放移民入伍服役满一年后，从内务人民委员部的官方流放名单里删除其本人和家属的姓名。但为了提高士气，内务人民委员部1942年10月22日下令所有应征入伍的劳动移民及其直系亲属（妻子和子女）都不再列入劳动流放名单，不受限制地签发护照，并从其应得工资中扣除5%，用于支付劳动流放行政管理机关的运营费用。[35]

因为没有事先预见到这项措施，所以国防委员会从名单中"除名"已入伍流放移民及其家属的进度非常缓慢。截至1942年12月10日，只有47116名流放移民因入伍得到除名，其中包括17775名征召人员和29341名家属；1943年又有102250名征召人员及其家属得到除名。由于这种征召和除名，留在营地和各种施工项目上的劳动移民数量已从1942年1月1日的911716人减少到1944年1月1日的69687人。[36]①

西伯利亚军区组建红军兵团的过程，可以准确显示征集犯人的范围和影

---

① 俄译注：这是作者或他引用资料的笔误，应是669687。见V. N. 泽姆斯科夫著《苏联的特别移民》，第106页。

响。例如，1942 年 7 月，国防人民委员部、联共（布）西伯利亚党组织和西伯利亚军区联合组建以"斯大林"命名的志愿者步兵第 6 军。新西伯利亚州党委会和西伯利亚军区从 7 月 8 日开始组建西伯利亚志愿者步兵第 1 师，作为这个新步兵军的核心，国防人民委员部后来授予该师步兵第 150 师的番号。

接下来的 6 个星期里，7 月 17 日，西伯利亚军区在鄂木斯克建立独立斯大林西伯利亚步兵旅（后来由国防人民委员部授予步兵第 75 旅的番号）；8 月 24 日建立特别西伯利亚阿尔泰志愿者第 1 旅（后来由国防人民委员部授予独立斯大林阿尔泰西伯利亚第 74 旅的番号），并把这两个旅都编入志愿者步兵第 6 军。[37]1942 年 9 月和 10 月，西伯利亚军区完成充实这个军的工作，把克拉斯诺亚尔斯克西伯利亚志愿者步兵第 78 旅、斯大林特别西伯利亚志愿者步兵第 91 旅编入该军。[38]这个步兵军的战士有很大一部分来自劳动移民，但国防人民委员部确保大多数指挥人员是联共（布）党员或共青团员，从而保证整个军的可靠性。[39]

除了征集劳动营地的犯人参加红军之外，1943 年 4 月 6 日，国防人民委员部还把征集范围扩大到原先因法律问题或犯罪行为而未被征集的全体役龄公民。[40]这道命令授权内务人民委员部各部门、兵役委员会和其他地方部门征集"因丧失公民权而未被征集的 50 岁及以下所有男性，不包括正在服刑的反革命罪犯（指有实际犯罪者本人①）和土匪"，同时"登记服刑期间丧失权利（除反革命罪犯和土匪之外）的，以及经医学证明为不宜服役但可从事体力劳动的 55 岁及以下所有男性"。[41]

清空监狱和劳动营地，移送犯人补充红军队伍，这样的做法不可能给纪律带来正面影响。最好的证据是 1943 年 8 月 21 日斯大林签署的一道要求加强红军纪律的国防人民委员命令。该命令大幅度增加有权判处移送惩戒部队的指挥人员人数，准许：

作战军队的团长（独立部队指挥员）、军区和非作战方面军的师长（独

---

① 译注：命令括号内的原文是 "кроме недоносительства"（包庇罪除外）。

立旅旅长）及其同级别人员……在针对上述过失行为采取普通纪律措施未见成效的情况下……有权不经审判……将无故缺勤、开小差、不服从命令、挥霍和盗窃财产、违反卫戍勤务条令、犯有其他军事罪行的军士和普通战士送往作战军队的惩戒部队。[42]

后来，国防人民委员部 1944 年 1 月 26 日颁布的命令还暴露出把罪犯和政治犯征集入伍引发的另一个问题，要求军事法庭甄别罪犯服兵役时应更加谨慎：

某些案件中，司法部门毫无根据地针对已经被判有反革命、土匪、强盗、抢劫和盗窃罪行的罪犯，过去曾被多次定罪的惯犯和屡次从红军开小差的逃兵，缓期执行判决并将已决犯移送作战军队。另外，在向作战军队移送缓期执行的已决犯时，没有必要的秩序。［结果导致］许多已决犯有机会再次开小差和实施犯罪。[43]

为了消除这些司法制度的缺陷，国防人民委员部禁止法院和军事法庭引用俄罗斯苏维埃社会主义联邦共和国法典第 28 条注释 2 的规定，［移送］犯有反革命、土匪、强盗、抢劫和多次盗窃罪行的已决犯，以及过去曾多次定罪和屡次从红军开小差的人［加入红军服役］。[44]

上述决议、法令和命令单独或整体提供法律依据，使成千上万名原来的罪犯和政治犯离开监狱和劳动改造营地应征参加红军。不过，在红军庞大但经常无法满足的人力需求驱使下，形形色色的应征服役人员中还有大批少数民族和宗教少数群体、许多超过正常役龄的公民和数百万女性，而本节所述的征召人员只是冰山一角。

少数民族（非斯拉夫族裔）战士

战前

根据法律和传统，1941 年 6 月 22 日以前，苏联的政治领袖和军事首长严格限制吸收非斯拉夫少数民族、宗教少数群体和女性加入武装力量，而战争开始后，国防委员会试图继续采用这种做法。虽然 1935 年以前红军编成内曾经按照地方民兵制编组过许多支风格各异的民族部队，但是国防人民委员部开始按照常备的基干制改造军队的同时，也把民族部队改编成俄罗斯人（斯拉夫人）牢固控制下各民族混编的基干部队。这至少在一定程度上是因为斯大林像沙皇一样担心军队中的民族部队是否可靠，尤其是战争时期。

落实常备—基干兵员补充原则的时候，国防人民委员部把那些获准进入红军服役的非斯拉夫少数民族混编到以斯拉夫人（俄罗斯人、白俄罗斯人和乌克兰人）为主的兵团和部队；而大多数非斯拉夫战士履行其军事义务的方式是参加非战斗兵种，如军事建筑部队和铁道兵。同样的普遍限制也适用于在军队中服役的女性，她们的作用仅限于担任卫生勤务部门的护士，或者文书和专职驾驶员（见下文）。

尽管国防人民委员部从 1935 年开始在红军中改行基干制，民族部队还是继续保留到 1938 年 3 月 7 日，国防人民委员部这天下令实行跨地区兵员补充原则，不久便把民族部队改编成与红军整体一样的全苏性机构。[45] 当时，红军共有 13 个师、1 个旅和 10 个团主要由少数民族组成，其中大多数是专业的山地步兵或骑兵（见表 13.3）。

随着红军在 1939 年至 1941 年之间"悄悄爬入战争"，需要越来越多的兵员充实不断扩充的军队，苏联最高苏维埃主席团不得不制定关于斯拉夫人和非斯拉夫人可以平等服役的新法律。例如，1939 年 9 月 1 日颁布的《普遍义务兵役法》增加征集少数民族入伍的人数，并延长他们的服役期限："1939 年 9 月 1 日颁布关于普遍义务兵役的新法律，取消对兵役的阶级限制，并建立兵役的新秩序。为了国家安全的利益，迫切需要统一按照不分种族和民族的跨地区兵员补充原则，建立一支数百万人组成的基干军。"[46]

战时

"巴巴罗萨"行动开始后仅几个月，战争的需要已经把征集非斯拉夫少数民族（以及犹太人和原教旨主义穆斯林等宗教少数群体[①]）入伍的许多限制

---

① 俄译注：1939年9月1日的《普遍义务兵役法》并未对这些宗教团体的服役施加任何限制。

一扫而光。总之，1943 年以前，红军对更多兵员的不断需求已经使它彻底变成一支由男性和女性共同组成的多民族军队。

战争期间征集非斯拉夫少数民族并将其编入红军的过程，有两种密切相关的实施方式：第一，直接组建新的民族部队；第二，以个人或集体形式，把非斯拉夫少数民族战士编入兵团和部队。1941 年 11 月国防军逼近莫斯科时，联共（布）中央委员会政治局决定同时采用这两种方式。这样做的理由和该决定的后果显而易见：

人们经常会遇到这样的观点：苏联人民抵抗外国侵略，保卫自己的祖国俄罗斯——这既正确，但又不完全正确。这种愿望属于全体人民。但在苏联历史上，事实证明不同民族的爱国主义是与对俄罗斯"长兄"和"家庭团结感"的认同密不可分的。为了使自己不受奴役，每个人都要与其他人一道捍卫同一个祖国——苏联，乌兹别克人和哈萨克人、鞑靼人和楚瓦什人等许多民族都在这里建立起自己的政府，创办自己的工业，并得到发展本民族语言和文化，培养民族干部等机会。

同侵略者的积极战斗遍及所有受到占领的各加盟共和国。位于纵深后方的各地区接纳和安置疏散企业。中亚细亚和哈萨克斯坦的公民在兵役委员会的号召下加入"工人集团军"，但由于种种原因未能奉命上前线。他们在乌拉尔和西伯利亚的建筑工地和工业企业工作。民族部队在战争的最危险时刻组建起来。其中第一支是 1941 年 12 月在莫斯科参加战斗的拉脱维亚步兵第 201 师。1941 年 11 月 13 日，国防委员会决定在中亚细亚共和国、哈萨克斯坦共和国、巴什基尔共和国、卡巴尔迪诺—巴尔卡尔共和国、卡尔梅克共和国、车臣—印古什共和国组建民族部队和兵团。整体而言，这些民族部队中的战士和这些民族加入红军的战士，都为战胜敌人做出了自己的贡献。[47]

1941 年 11 月以后，特别是 1941 年和 1942 年间，国防人民委员部建成的红军民族部队堪称不计其数；而在整场战争期间动员的共 3400 余万名军人当中，有多达 800 万名非斯拉夫军人加入红军队伍作战（见表 13.2、13.4、13.5 和 13.6）。

　　1941 年年底和 1942 年加入红军的非斯拉夫少数民族军人数量最多，1943 年年初相对较少。因此，到 1943 年年底，红军已经是一支成员年龄下至 17 岁上至 55 岁，几乎可以代表苏联每个民族和宗教群体的多民族军队。实际上，战争后期需要的时候，红军还会从战争开始时居住在苏联境外的其他少数民族群体（如加里西亚人）[①] 征集兵员。因此，一位指挥人员描述他所在步兵师的人员构成可以代表全体红军的典型特征：

　　我们的团和师［步兵第343师是1941年8月］在［北高加索军区的］斯塔夫罗波尔组建。它属于战争开始后建立的第二梯队。我们师在斯塔夫罗波尔组建的时候，基干军已经投入战斗，我们要通过征集和动员获得一部分补充人员。至于［战士的］年龄，我想说这很稳定：40岁、38岁、集体农庄（kolkhoz）主席、区执行委员会（raiispolkom）主席、区委员会（raikom）秘书等等，但他们并不年轻。

　　后来，人员的构成有所变化。我必须告诉你，我们团在整场战争期间且战且进7500公里，只有16名在斯塔夫罗波尔入伍的老战士幸存下来。而且，我不得不说，我把他们当成"珍贵文物"保存下来，根本不让他们参加战斗。所以说，这个团的人员变动相当频繁。损失相当大，我们先后死了上万人，伤了几千人；出于这个原因，年龄差异很大。

　　多大年龄？有些人达到40岁和45岁。［1943年10月］我在扎波罗热担任连长时，已经是个"老人"。我当时22岁，却要率领一群45岁的父辈。当然，我关心他们，确保他们能吃饱穿暖。这种构成在民族成分上也有很大变化。各民族的人都有：哈萨克人、乌兹别克人、鞑靼人、亚美尼亚人、格鲁吉亚人和阿塞拜疆人；这是个差异很大的群体。

　　这个团的成员来自多达25个民族，但在此期间没有出过任何问题。这是一个没有民族界限的团。我们共同战斗，共同完成我们受领的任务：尽快粉碎敌人。从没出过问题。这是一个友好的大家庭——团级的大家庭。

---

　　① 俄译注：1941年6月22日，加里西亚（西乌克兰）已属苏联，而人们普遍认为加里西亚居民属于乌克兰人。

团里也有［女性］。其中有举世闻名的玛利亚·布哈尔斯卡娅。她是一位得过南丁格尔奖章的护士，但我不记得是因为什么事情。她是一名卫生员，也是卫生排的排长。她先后从战场上抢救回来500个人。另外，还有其他护士。也有些［女］通信员、军医和卫生员，数量不多，但无论如何，团里总是有10—15名女性。[48]

上述描述在强调这些红军师的队伍中明显存在民族多样性的同时，也暴露出苏联官方和历史学家长期回避的另一个话题：女性在红军最终胜利中扮演的角色。

红军中的女性

关于战时红军成分的最模糊和最有争议的话题之一，是国防委员会和国防人民委员部在多大范围内征集女性服役，无论参加战斗还是执行更传统的非战斗任务。直到当代，大多数苏联和俄罗斯的战争记述作品都刻意忽略女性在战争期间的战斗贡献[①]，而是把重点放在她们作为护士和车辆驾驶员的贡献，并强调她们在保持苏联经济运行方面所起的作用，主要是代替男性从事工业和农业活动。[49]

例如，当有人问到是否有女性在他的部队服役时，一位老战士的回答可以作为典型代表："我们部队没有。曾经有过一些报务员，但她们最后都嫁给了军官。后来，我在莫斯科举办的一次团战友聚会上见到过这些原来的报务员，她们早已成为我们团军官的妻子很多年。想当年我以为她们不过是逢场作戏，但事实证明，他们的夫妻关系一直延续终生。"[50] 另一方面，俄罗斯最新的官方战争史能更加公正但仍相当敷衍地描述俄罗斯女性在整体战争活动中做出的贡献。这部历史提到有"超过55万名女性"应征参加防空部队、卫生勤务部门、通信部队、道路勤务部门，担任狙击手和其他非战斗专业兵，参加3个女航空兵团、各种游击队和地下抵抗组织。[51]

---

① 俄译注：准确说法是，这个话题在苏联并不流行，那时不像当代西方历史学那样关心性别话题。

现在非常清楚，1941 年后期和 1942 年红军经历的严重人力短缺迫使斯大林允许女性在整体战争活动中更积极地发挥作用。例如，莫斯科防御战役之前不久，斯大林于 1941 年 10 月 8 日签署一道国防人民委员命令，要求空军于 1941 年 12 月 1 日以前在恩格斯机场组建歼击航空兵第 586 团和夜间轰炸航空兵第 588 团，在卡缅卡组建近程轰炸航空兵第 587 团，"以便充分利用女飞行—技术干部"。[52] 这 3 个航空兵团的全体指战员都是女性，后来在整场战争期间创造了令人敬畏的战斗记录。

面对持续而严重的人力短缺，1942 年春季继授权红军从解放区就地征集人力之后，斯大林指示国防委员会和国防人民委员部征集女性代替非战斗兵种的男性，以便用这些男性充实作战方面军的战斗兵种。这些措施的综合效果是使身穿军装的女军人数量急剧增加。这个过程的第一步发生在 1942 年 3 月 25 日，国防委员会命令国防人民委员部动员 10 万名女共青团员，代替防空部队和对空情报勤务部队的男红军战士。这道命令不仅安排其中许多人执行非战斗任务，如电话接线员、电报报务员、侦察员、观测手、文书、厨师、专职驾驶员和卫生护理员，还具体分配另一些人实际担任高射机枪手，并指示国防人民委员部按照红军预备力量组建总局的计划，使用腾出来的男红军战士补充那些已撤离前线的步兵师和步兵旅。[53]

大约一个星期以后的 4 月 3 日，国防委员会命令国防人民委员部进一步开展这类工作，有计划、有步骤地用女性替换后勤部队和后勤机构中的大批男性战士。这项决议要求方面军、独立集团军、预备集团军和军区的司令员，红军总局和中央局的局长最迟在 1942 年 4 月 15 日之前，从后勤部队和后勤机构抽调 80828 名完全适合到前线服役的男性，并用女性代替他们。[54]①

相应的司令员和局长应通过解散某些部队，缩减另一些部队的编制实力来完成这项任务，而在军队卫生机构方面，应使用女性或不适于前线服役的男性代替抽调去执行战斗任务的 20352 名男性。该决议要求上述司令员和局长不迟于 4 月 20 日把替换下来的人员派遣到相应军区的军事委员会，按照

---

① 译注：命令中的这句话在第1条，没有"并用女性代替他们"这半句。命令全文只有第7条提到女性："从军队卫生部门抽调的男军人，应同时使用女性或因健康原因不能服兵役的男性代替，以免中断对伤病员的照料。"

红军预备力量组建总局的计划组建炮兵、坦克、航空兵和迫击炮兵的部队，并补充那些已撤离前线的步兵师。[55]

4月13日，用女性替换男性的工作继续进行，国防委员会命令国防人民委员部征集3万名女性加入通信勤务部门代替男性。这道命令的具体内容分配女军人担任（"博多"式、ST–35式和摩尔斯码式）电传打字机、电话、无线电台、电报机的报务员和技术员，野战邮政工作人员，仓库办事员，绘图员，秘书，厨师，医疗助理，图书管理员，裁缝，金属工人和机床操作工。[56] 作为正当理由，命令还补充："首要一点是，使用从方面军和集团军通信部队替换下来的男通信兵，补充步兵师和步兵旅以及位于前线的炮兵、坦克和迫击炮兵部队的通信兵并弥补其损失。使用剩下的男性专业通信兵，按照红军预备力量组建总局的计划补充那些已撤离前线的步兵师和步兵旅的通信部队。"[57]

4月19日，征集女性入伍的进度进一步加快，国防人民委员部又颁布两道关于使用女军人的命令，"以便腾出兵源补充战斗部队"。第一道命令大幅度削减或彻底解散方面军和集团军军事委员会"在没有得到国防人民委员部具体授权的情况下"组建的一大批后勤部队和后勤机构，并列举另一些专门由女军人担任的具体职务。[58] 所有上述措施应当在5月15日前生效，国防人民委员部一如既往地指示："腾出来的人员应当用于补充步兵师、步兵旅、坦克旅和炮兵团。"[59]

国防人民委员部的第二道命令当中，斯大林命令9月1日以前再动员4万名女军人分阶段替换在空军服役的男性。除了填补非战斗岗位（如"博多"式、ST–35式和"摩尔斯"式电传机报务员，电话接线员，无线电台和电报机的报务员，仓库的经理、经理助理和保管员，产品经理，办公室职员，厨师，食堂经理，消防员，图书管理员，记账员，会计，"行政—内务勤务的其他专业兵"，文书和专职驾驶员）之外，这些女性还担任拖拉机驾驶员和"武器操作员"。斯大林又一次补充道："按照方面军司令员的指示，使用从一线空军部队中腾出来的红军战士和军士补充方面军的陆军和空军部队，位于军区的由红军预备力量组建总局全面管理。"[60]

4月25日，国防人民委员部完成这一轮用女性代替男性军人的工作，这天下达的命令要求其总局和中央局、军区司令部缩减各自的编制表（shtats），用不适合或比较不适合上前线服役的大龄军人或女性，替换适合前线服役的指挥人员和主管人员。虽然这道命令没有具体指出波及的准确人数有多少，但是国防人民委员部成立一个特别委员会，负责排查红军队伍里还有哪些岗位可以任命女军人。这个委员会由国防人民委员部总干部局局长 A. D. 鲁缅采夫少将担任主席，成员包括国防人民委员部所有相关各局的局长，其任务是在 1942 年 5 月 5 日以前清查符合这道命令要求的所有人员，并向斯大林汇报全体替换人员的名单。[61] 目前尚未发现关于该委员会工作的文献证据，但它无疑会在红军的行政编制中增加数以千计的女军人。

随着 1942 年秋末和 1942—1943 年冬季红军转入进攻，国防委员会加大使用女性的力度，替换更多男军人补充红军的战斗兵种，尤其是进攻中担任先锋的装甲坦克和机械化兵。因此，1943 年 1 月 3 日，国防人民委员部下令在 1 月 15 日以前缩减坦克旅、坦克教导团和诸兵种合成集团军汽车坦克仓库的规模，并用大龄军人和女性替换其中的大批男军人，结尾处具体要求使用腾出来的人员，按照红军装甲坦克和机械化兵司令员的指示，补充装甲坦克和机械化兵的部队和兵团。[62] 该命令的附件虽然列出女军人数量和她们应担任的确切职务，但是尚未解密，大多数职务应当属于非战斗性质，也可能有些会与战斗有关。

最近解密的档案文献还表明，红军中服役的女军人增多还间接造成一个相当令人感兴趣的后果，具体是为了改善前方地区卫生条件而提出更多需求，有的也许是迫切要求。例如，1943 年 4 月 11 日，国防人民委员部下令把女军人的肥皂供应标准增加 50%，称根据国防委员会 1943 年 4 月 3 日的第 3113ss 号决议，除按照 1941 年国防人民委员第 312 号命令规定的供应标准以外，自 1943 年 4 月 1 日起每个月为每名女军人额外配给 100 克肥皂。[63]

从 1942 年 3 月到 1943 年 1 月，国防委员会和国防人民委员部颁布的决议和命令总共征集超过 25 万名女性加入红军，而更多尚未解密的命令很可能会使红军的女军人数量再增加数万名。例如，俄罗斯的官方资料称，战时共有 49 万名女战士和 8 万名女军官在红军和红海军服役，1945 年 1 月 1 日在红军和红海军服役的女军人有 463503 名。[64] 其中约有 30 万名女军人在地方防空部队（MPVO）服役，占入伍女性的大多数，但还有超过 15 万名女性担任后勤、空军和通信兵的非战斗岗位，较少数人参加航空兵、装甲坦克和机械化兵，有些还担任战斗岗位。然而，这个数字提到的 50 余万名女军人并不包括在医疗机构担任护士、医疗助理和卫生护理员，以及在地方防空部队的保障部门服役的许多女性。包括这些辅助人员在内，整场战争期间，可能有超过 100 万名女性身穿军装为她们的祖国服务。[65]

战士的生活

像沙皇时代的先辈一样，红军战士的日常生活显然是斯巴达式的简朴，无论他们是男是女，是斯拉夫人还是非斯拉夫人，是东正教徒、犹太教徒、穆斯林还是彻底的无神论者，也无论用哪一种标准来衡量。[66] 尽管俄共 / 联共（布）长期致力于把红军转变成一件有社会觉悟的可靠工具，用于保卫社会主义制度和新生苏维埃国家，但 20 世纪 30 年代的红军基本上还是一支农民武装，军队成员的物质生活条件仅仅比其沙皇军队中的先辈略有改善。[67] 更糟糕的是，经过 20 世纪 30 年代后期红军的内部动荡和快速扩充，大批涌入队伍的新征召人员虽人数众多但在政治上未必可靠，因为许多人的家庭曾在集体化和工业化进程中吃苦受难。[68]

虽然衡量红军战士生活质量的方法有很多种，但最明显的方法是看他们的给养和被装，而同时作为另一个单独的课题，是看红军怎样在战士当中维持秩序和纪律，保持士气状况以及推动他们服役、战斗和经常在此过程中献身牺牲的动机。

给养

既然"军队吃饱肚子才能行军"，那么衡量战士生活质量的最准确标准就是看他们的伙食好不好。因为苏联整体上在整场战争期间（特别是最初两年）经历严重的粮食短缺，红军后勤系统又因"巴巴罗萨"行动而崩溃，所以从这时起，红军战士长期遭受严重和持续的给养短缺。

战争开始时，国防人民委员部按照 1941 年 5 月 24 日颁布的命令，根据执行不同种类军事任务的战士应该在食物中需要多少热量、蛋白质、脂肪、碳水化合物和维生素成分，规定红军战士每天的给养供应标准，具体细化成每天发放给养的确切数量。[69] 多年以来，甚至几个世纪以来，这种给养的主要成分一直都是面包、土豆、卷心菜和去壳燕麦（用来制作麦片粥一样的麦糊 kasha），次要成分是肉类和鱼类，还有少量调味品如盐、胡椒、芥末、香叶和其他佐料。

然而，由于严重的粮食短缺，国防人民委员部于 1941 年 9 月 22 日重新制定给养标准，继续根据战士们的具体任务分配给养，但同时大幅度减少日供应标准（见表 13.7）。根据这个更严格的新供应标准，作战军队战斗部队的战士每天可以获得 3450 卡路里的热量，编入作战军队后勤部门的战士每天 2954 卡路里。根据其承担的任务不同，编入预备部队、后方部队、建筑部队和警卫部队的战士每天可以得到 2659—2722 卡路里，通常在实践中证明根本不足以维持他们的健康水平：

根据他们得到的卡路里、蛋白质、脂肪、碳水化合物、维生素的含量和给养种类，第一类和第二类 [作战军队的战士] 供应标准完全可以满足作战军队人员的能量消耗。同时，从他们的食物营养值来看，后方部队服役人员的给养供应标准（第三类和第四类）处于最低水平，并不总能匹配后方部队承担的工作量。按照后方勤务的标准供应给养时（例如在外贝加尔方面军），出现过若干起因饮食失调和虚弱而患病的事例。战争期间，有几种给养的日供应标准得到提高和改善。[70]

除了一些细微的修改，国防人民委员部基本上把这个配给制度沿用到战争结束，战斗部队的战士每天得到给养的数量最多。像大多数军队一样，前方机场和后方驻军的空勤人员得到的给养最丰富多样，而正在医院康复的战士能得到必要的特别类型给养，帮助他们从伤病中康复。然而，国防人民委员部 1941 年 9 月制定的日供应标准只是一种理想，战士们实际上长期缺乏足够的给养，尤其是 1941 年夏季、初秋和 1942 年不断退却的时候，而 1943 年进攻时又处在漫长而脆弱的后勤供应线末梢作战。总之，除了战线相对静止的时期以外，战士们只能寄希望于自行觅食，找到什么就吃什么，或者干脆忍饥挨饿。一位战士回忆说：

我们跟随地面部队一起撤退，直到［1942年］夏末战线沿顿河稳定下来，我们就展开在这条河的河岸上，直到反攻开始。那是个艰苦时期。弹药奇缺，我们也吃不饱。我们的头两道食物是整颗麦粒或豌豆煮的汤或粥，用乌兹别克棉籽油刚煮出来的时候看起来像生了铁锈。有一次我们甚至连盐都没有，那真让人难受。我们就这样凑合了大约一个月。[71]

红军战士很快就学会怎样自食其力地觅食，并把拾荒发展成一门高级艺术，同时也充分利用同盟国按照《租借法案》援助的给养，以至于他们的日常词汇中增加"spam"（午餐肉）这个词。战争结束前，这种情况一直没有出现重大改变：

说到给养，我们在战争最后阶段主要依靠战利品（缴获物资）活下来。甚至连面包也总是不一样：有时是黑面包，有时是白面包，有时是粗面粉做的，有时是细面粉做的，取决于缴获的仓库和据点里面有什么。有时我们还会收到干面包——真正的干面包，而不是我在国内战线的食物配给站收到的那种"邪恶发明"，那只是干面团。他们解释它（干面团）之所以要弄成那个样子，是要防止它在战士的背包里碎成渣。我可以证明这样一个事实，即便你背起装着干面团的背包穿过整个欧洲，也不会有任何面包渣。不可能掰断或咬碎这种像石头一样硬的东西。也许你可以用嘴吸吮，但它又塞不进嘴里去……即使到了现在，我还是想知道到底是谁想出来的这个主意。

供应的肉不是腌肉就是罐头，我们都吃腻了。我们的供应人员以及战斗部队的战士都去设法找被人丢弃和无人认领的牛。虽然春季到来之前和期间都谈不上会有什么蔬菜，但是我们经常在废弃居民点的地窖里发现大量水果和蔬菜。其中有些居民点原来住着德国人，随着他们的撤退部队一起逃走了；有些居民点原来属于波兰人，但被德国人赶走。当然，我们很好地利用了这些东西。

我们在波兰南部［缴获］的战利品仓库到处都堆着糖。我的侦察员把热茶倒进大半瓶子糖里，制成一种非常浓的糖浆。到了需要在FOP［前沿观察所］轮班的时候，这种浓缩溶液就可以帮我们大幅度补充体力。给养供应的这种状况是可以理解的：首先，我们的运输只勉强够为我们供应弹药和燃料；其次，国内战线的食物也不富裕。一切就像［俄罗斯诗人］特瓦尔多夫斯基［在他的作品里］描述的那样："防御时勉强糊口，进攻时忍饥挨饿！"[72]

为了弥补食物的长期短缺，帮助战士们忍受与战地生活有关的其他物资匮乏，尤其是随时可能突然降临的死神，国防人民委员部还规定烈酒的日供应标准，这里供应的是俄罗斯伏特加，与英国皇家海军依靠格洛格酒激励水手们纵横七海的做法有异曲同工之妙。国防人民委员部从 1941 年 8 月 25 日开始提出为红军战士设定伏特加日供应标准的设想，命令方面军和集团军从 1941 年 9 月 1 日起，每天向作战军队的［每名］一线红军战士和指挥人员发放 100 克 40 度伏特加，并且向红军空军一线部队中执行战斗任务的空勤组、在作战军队野战机场服役的工程技术人员发放同样克数的伏特加。[73] 该命令指定方面军和集团军的军事委员会负责组织发放伏特加，并由其派出"特别人员"根据方面军的整体需求看守和分发伏特加，并登记分发情况。

这种不分青红皂白向全体军人发放伏特加的做法是否合理，军事当局显然经过再三考虑。1942 年 5 月 11 日，国防委员会指示国防人民委员部停止全面发放伏特加，并制定新的发放办法，只用于奖励和庆祝。相应的命令由斯大林签署并于 5 月 15 日生效，指示方面军停止每天向作战军队的军人大规模发放伏特加……只向在战斗中有突出表现的部队的一线战士发放当天的伏特加配给，不过，这些战士获得的配给量增加到每天 200 克。另外，方面军编成内的集团军应在特定的节假日期间每天向前线战士发放 100 克伏特加。[74]

由于伏特加很快成为红军战士手中的虚拟货币，滥用职权的情况悄然而生，指挥员经常不按照国防人民委员部的要求正常发放。事实上，这种滥用职权现象非常普遍，以至于 1942 年 6 月 12 日，国防人民委员部向负责该事务的司令员（指挥员）发出一份措辞严厉的警告：

尽管三令五申、明确要求严格按照既定供应标准向作战军队发放伏特加，可是非法发放伏特加的事件至今屡禁不止。伏特加正在发到本来无权接收的指挥部、指挥人员和分队。一些部队和兵团的指挥员、指挥部和管理局中的指挥人员利用职务之便，毫不顾忌秩序和既定程序，擅自从仓库里拿走伏特加。方面军和集团军的军事委员会对伏特加的分发工作疏于管理，部队和仓库的伏特加储存管理也不能令人满意。[75]

也许担心原来的命令对士气有不利影响，1942 年 11 月 13 日，即红军发动大规模进攻的数天之前，国防人民委员部又一次修订发放伏特加的规定，这次是增加配给量。具体内容是，诸兵种合成集团军可以发给：

每人每天100克：发给其部队实施直接战斗行动和位于前沿阵地堑壕的分队，实施侦察的分队，配属和支援步兵以及配置在射击阵地上的炮兵部队和迫击炮兵部队，完成其战斗任务的作战飞机空勤组；

每人每天50克：发给团和师的预备队，在前沿阵地执勤的战斗保障分队和部队，特殊情况下完成本职任务（冒着敌人的炮火在特殊工作条件下建筑和修复桥梁、道路等）的部队，并遵照医嘱发给在野战卫生勤务机构中住院的伤员……

外高加索方面军在发放时可以用200克"烈性"［勾兑酒精的］葡萄酒或300克佐餐葡萄酒代替100克伏特加，用100克烈性葡萄酒或150克佐餐葡萄酒代替50克伏特加。[76]

这道命令还规定从 1942 年 11 月 25 日到 12 月 31 日分配到各作战方面军的伏特加总量：

方面军和独立集团军	消耗限额（单位：升）	占总量的比例（%）
卡累利阿方面军	364000	6.4
独立第7集团军	99000	1.7
列宁格勒方面军［列宁格勒城防委员会］	533000	9.4
沃尔霍夫方面军	407000	7.2
西北方面军	394000	6.9
加里宁方面军	690000	12.1
西方面军	980000	17.2

布良斯克方面军	414000	7.3
沃罗涅日方面军	381000	6.7
西南方面军	478000	8.7
顿河方面军	544000	9.6
斯大林格勒方面军	407000	7.1
合计（伏特加）	5691000	100
外高加索方面军（烈性葡萄酒）	1200000	

如果把伏特加的发放量作为一种标志，衡量下一步进攻行动的重要程度，那么西方面军和加里宁方面军的发放量最多，接下来依次是顿河、列宁格勒和西南方面军。[77]

随着红军 1942—1943 年冬季扩大进攻的规模，国防人民委员部也扩大伏特加的发放范围。例如，可能是收到来自航空兵的投诉之后，国防人民委员部于 1943 年 1 月 13 日下令作战军队的空军部队和驻扎在军区境内的空军部队应作为红军部队一视同仁，其空勤人员和技术人员都能得到每人每天 50 克的伏特加配给，不过仅限于执行战斗任务的飞行日当天。[78] 最后，冬季总攻结束后的 5 月 2 日，国防人民委员部把军人在前线参加进攻战斗的伏特加配给量和全体军人在公众节假日的伏特加配给量都增加到每人每天 100 克。[79]。

尽管国防人民委员部对伏特加的发放严加控制，可是还有人继续滥用职权。例如，在瑟乔夫卡地区担任西方面军进攻先锋的第 20 集团军近卫步兵第 8 军某政治委员，在其 1942 年 12 月 7 日的报告中抱怨"战士们按供应标准收到伏特加的时间极不规律"。[80] 另外，定量供应伏特加虽然在国防人民委员部看来似乎是维持士气的关键因素，但是有时也会对纪律、军事行动的进程和结果带来明显的不利影响，正如第 60 集团军步兵第 121 师 3 月 31 日发布的一道命令称：

最近，我们在师属各部队观察到令红军指战员难以接受的许多起事件（包括酗酒狂欢），并已经在指挥人员当中蔓延到相当大的范围。某些情况下，部队和分队的指挥员不但没有制止这种不必要现象，反而鼓励这些人，并经常亲自参与这种酒后闹事，这就导致一些红军战士丧失军人应有的精神状态，并在另一些情况下泄露军事秘密。现已出现酗酒者在过量饮酒的状态下使用武器，并因此造成不必要和毫无理由减员的案例。1943年3月27日，步兵第383团某自动武器连连长列米佐夫上尉便在醉酒状态下无故使用冲锋枪扫射两名红军战士。

步兵第 121 师师长拉德金少将

步兵第 121 师参谋长格涅拉洛夫中校 [81]

除了这些文书之外，德国档案还记录着俄国军人在伏特加或其他酒精手段的激励下发起强击的许多事例，例如，1943 年 11 月占领日托米尔市的同时，乌克兰第 1 方面军近卫骑兵第 1 军还解放了德国第四装甲集团军存放葡萄酒、白兰地和杜松子酒的若干个仓库。数天之内，德国人便向这些他们形容为"彻底醉醺醺的骑兵"发起反击，重新占领这座城市。

被装

红军从 1939 年到 1941 年的大幅度扩充、战争开始后的混乱动员和"巴巴罗萨"行动期间国防军推进时造成的巨大破坏，共同导致红军大面积缺少被服装具。例如，仅在西方面军的地段内，国防军便在战争的第一个星期占领 60 座后勤仓库，缴获 40 余万套军装。结果导致红军在 1941 年整个夏季和秋季严重缺少军装和其他装具，迫使新动员的集团军和师在只得到部分军装，缺少大部分武器和其他装备的情况下集结和投入战斗。

例如，早在 6 月 25 日，西方面军步兵第 2 军便报告说："我军各部队……没有运输汽车，许多战士没有军装。" [82] 一个月之后的 7 月 26 日，第 20 集团军司令员 P. A. 库罗奇金中将报告他那仍在动员的集团军"严重缺少人员和后勤部队……使用掉队战士和军士补充集团军的尝试没有效果，因为这些［战士］大多数都没有武器和军装，集团军也没有储备的武器和军装"。[83] 7 月 31日，西南方向总司令布琼尼元帅向斯大林抱怨道："所有的师都根本没有背包、毛巾、包脚布、钢盔、雨衣、饭盒（第 301 师除外，该师缺少 3729 个）、腰带和给养袋。""各骑兵师根本没有马刀、自动武器、火炮、弹药、工程装备、通信设备、马裤、军服上衣、钢盔、雨衣……"他接着报告，"敖德萨军区组建的各师同样不能令人满意。步兵第273师……没有任何武器、工程设备、装备和被服。"布琼尼在结论中通知斯大林："总参谋部规定的组建期限已不可能实现，在按照编制表为组建中的各师提供所需各种装备和设备的过程中，中央供应管理部门毫无作为。"[84]

一名分配到某民兵师的战士回忆道，秋季的情况并未有所好转：

1941年10月，我发现自己加入了莫斯科的民兵（narodnoe opolchenie）。我当时上八年级，住在阿尔巴特街。我们中学位于波特利哈街，就在莫斯科电影制片厂街附近，有一天，全校师生都集合到操场上。他们发给我们小口径猎枪，每五个人一支，还给我们五把军刀。就这些！没有军装，每个人来时穿的什么，就穿着同一套衣服去参加战斗。我们的语文老师是一位对学生很和蔼的美男子，成了我们的指挥员。[85]

因此，整个夏季和秋季，为了使正在动员的军人度过即将来临的冬季，国防委员会和国防人民委员部采取非常措施供应必要的军装，特别是厚实的冬装。例如，7月3日，国防委员会命令远东方面军和外贝加尔军区从其应急供应仓库中调拨50万套冬装和内衣、103万套包脚布和厚实的冬季手套到鄂木斯克、车里雅宾斯克、斯维尔德洛夫斯克和契卡洛夫的仓库。[86]后来，国防人民委员部在8月11日命令兵役委员会"暂时停止向红军后勤机构、地方军事管理局的部门、地区和中央的机关、医院、仓库、军事院校及其他设施的人员发放被服装具"，并"于8月25日以前将所有［上述］新的被服装具……就近送至中央被装仓库或地区被装仓库，用于保障即将派往前线的部队"。[87]

9月，人民监察委员会检查军队仓库，发现被服装具的保管和分发方面存在许多缺陷，国防人民委员部随后于10月11日解除一系列相关指挥人员的职务，责成被装供应局局长N. I. 库兹涅佐夫①师级军需和其他负责的主管

---

① 译注：经核对原注引用的资料，此人姓名应是N. I. 库图佐夫。

人员建立更严格的仓库管理制度。同时，命令乌拉尔军区司令员和伏尔加河沿岸军区司令员从后勤人员手中回收军装，并将其上交中央仓库和地区仓库，以便分发给作战方面军的战士。[88]

即使解决战争初期的大量这类被装供应问题之后，国防人民委员部还是在 1942 年 3 月 3 日颁布命令，强调作战方面军和前方地域挪用和挥霍军用被服装具的可耻事件。斯大林声称："人民财产经常遭到直接负责其保卫和存放人员的盗窃……潜入红军内部的各种敌对分子还利用仓储、运输和手推车运输过程中的疏忽，浪费相当数量的军用被装。"他把这种现象归咎于某些指挥员、政治委员、政治指导员和勤务主任，认为他们"丧失了对祖国所托付人民财产的责任感"。

鉴于"犯罪分子和敌人的各种直接或间接走狗正在不断地从数百万人的红军当中自我暴露出来，今后还会有更多"，斯大林宣称："指挥员、政治委员、政治指导员和供应人员的首要任务是防止盗窃和管理不善，及时揭发窃贼、诈骗分子和游手好闲者，并毫不留情地按照苏联法律从严惩处。"[89]

为了响应斯大林的严厉批评，国防委员会于 4 月 4 日颁布关于被服装具发放的若干新规定，针对所有军用物资的储存和发放建立更严格控制，并责成各级指挥员和主管人员负责执行这些规定。例如，规定要求部队和兵团的指挥员"对所有丢失、浪费或挪用物资现象以及战斗损失进行调查。如发现有蓄意浪费物资者应移送刑事诉讼并由其承担责任，而这些物资应根据调查证明从账簿中删除"。[90]

尽管有这样的警告和新规定，缺少某些种类的厚实冬装还是令红军备受困扰。作为这个事实的证据，国防人民委员部于 1942 年 4 月 4 日命令各军区、方面军和集团军停止向后勤部队和后勤机构的战士和军士，以及某些种类的战士发放大衣，而是发给他们［双面的］棉衣。[91]并且再次威胁："违反这项要求的人将按照《关于战时保护红军财产》的法律严格追究责任。"[92]虽然供应问题一直存在，但是诸如此类的措施能保证红军战士比国防军士兵得到更好保护，不受 1941—1942 年冬季严寒的猛烈侵袭。

军装短缺在 1942 年出现很大缓解，部分原因是苏联工业开始生产出足够数量的军装和其他种类的被装，部分原因是租借物资的数量有所增加。[93]

许多红军老战士还记得供应状况不断得到改善。例如，编入海军步兵第77旅，1943年12月在卡累利阿北部作战的一名战士这样回忆他的生活条件：

> 天气冷得吓人，也很难熬。到［摄氏］零下20度到30度的冰天雪地过上大约三个星期试试！没错！我们穿得很厚实，外面有毡靴（valenki）、棉裤和冬季伪装服；里面是棉衣、我们的军装、保暖的法兰绒内衣，甚至再往里还有一层普通的亚麻内衣。他们给我们伏特加，还给我们每人每天100克面包①。我们有美国的肉罐头。好吃得要命！大个的罐头里会有油脂，你可以把它涂在面包片上，中间再夹起拳头大的那么一片肉。总的来说，我们饿不着……［我们还有］萨洛（salo），一种干面包。我们还有所谓的"按—压"式油灯。这是一个小铁罐，就像那种存放东西的罐子，里面装着用酒精稀释的硬脂［油］。如果你点燃这种混合物，它会燃起无色的火焰。可以用它加热食物和烧水。可是为什么要烧酒精——那是应该拿来喝的！这就是我们要用碎布伸进去蘸湿再拿出来拧干的原因。这样大概一次能搞到50克酒精喝，既然我们有好几个这种罐子，就能好好喝一顿，尽管它的味道当然会令人反胃；无论如何，剩下的蜡油都能燃烧。[94]

另一位年轻军官回忆说：

> 直到战争结束，初级军官、军士和普通战士都收到同样的军装、用钩扣代替纽扣的军大衣和防水帆布面料的靴子，与一般的看法相反，这种靴子一点也不重，反而比普通的皮靴还轻。不过，这种靴子的顶端很快会在褶皱处磨损，使用两个月以后甚至更早，就会渗水。许多人都有肩章（军官的肩章上有星星）、军帽和自制的飞行员帽。能工巧匠会用"第二战场"（美国肉罐头tushonka）的罐头盒切成星星和标志，并用线把它们缝好。那些会舞针弄线的人用白线把星星缝在肩章上，不过白线很快会染成与肩

---

① 译注：原文如此，这个数字非常少，参阅表13.7的供应标准。

章同样的颜色。

靠近前沿阵地的地方，几乎没有人戴自己的大檐帽。我们都生活在相同的条件下，就像是一个大家庭，军官、军士和普通战士都不折不扣地用同样的饭盒吃东西，用同样的水壶喝水，同样用两件大衣分别铺盖着睡觉。我们的外表看起来没有多大区别，直到近距离才能分得清。这种亲密取决于我们的战友情谊，也完全符合伪装和安全的要求。

战争结束前，我们师（也许还有其他师）接收［战争结束前］最后一批军装的时候，军官们收到用一种浅丝绸砂色布料制成的裤子和上衣，这与军士和普通战士通常收到的卡其棉布军装有很大区别。[95①]

秩序和纪律
政治工作

关于苏德战争最令人困惑的问题之一是，为什么斯大林的红军能比第一次世界大战中的沙皇军队承受更有破坏力的失败和更惨痛的损失，并最终战胜希特勒的国防军，而不是像 1917 年年底的沙皇军队那样土崩瓦解。例如，1914 年夏末的坦能堡战役和马祖里湖战役中，沙皇损失 2 个集团军和 245000人；而"巴巴罗萨"行动最初的两个星期，斯大林损失 3 个集团军和 748850人。另外，沙皇在整场战争期间共损失 2254369 人，他的军队在 1917 年 5月 1 日仍有 6752700 人；从 1941 年 6 月 22 日到 1942 年 11 月 18 日，斯大林至少损失 6155000 人，从 1942 年 11 月 19 日到 1943 年 12 月 31 日又损失2553400 人，合计损失 8708400 人，而他的军队在战争结束之前投入的军人总数是 2900 万人。[96②]

至少在一定程度上，这个问题的答案来自政治方面。沙皇的军队之所以会在 1917 年瓦解，是因为他进行的战争越来越得不到人民的拥护，也是因为巧妙而坚决的政治鼓动消磨士兵的斗志和士气，引发哗变和大规模开小差，

---

① 俄译注：作者删去了原文接下来的一句话："有传言说军官的减员开始增加。是的，我不能证实这一点，但认为这很有可能。"

② 译注：这个数字不同于作者通常使用的口径，本书一般称这个数字是3500万人，2900万人是苏德战争期间苏联军人的总减员数。

最终在敌人的沉重打击下和革命变局中全面瓦解。相反，斯大林的军队尽管遭受的失败和损失更大，但整场战争期间始终还是一支团结一致、不断进步和可靠的军事力量，因为有一大批政治委员和政治指导员实施最严格的政治控制，军事法庭和其他安全部门也毫不留情地采取严厉的惩罚措施，坚决有效地在红军队伍中执行纪律①。同样重要的是，斯大林的战士既是为了保卫祖国，抵抗外国侵略者而战，又别无选择，只能这样做。

联共（布）通过精心设计的、几乎遍及红军每个指挥级别的政治委员和政治指导员（politruki）体系开展政治工作。像苏联政府、工业、农业和社会每个部门内的政治机构一样，这些政治工作人员作为联共（布）的代表，随时随地监察军人的政治可靠性和士气，并在必要时采取有力措施加强组织纪律性。苏联最高苏维埃主席团于1941年7月16日建立这个全方位的政治监察体系，下令实施政治委员制，包括建立一个政治委员和政治指导员组成的复杂网络，负责监察指战员的忠诚和受领任务的执行情况，并在每个指挥级别的军队内维持严格军纪。⁹⁷

这个政治工作制度一直沿用到1942年10月，那时联共（布）认为安全形势已允许用一长制（edinonachalie）的原则代替它。具体做法是，国防人民委员部命令把部队、兵团、指挥部、军事院校、国防人民委员部中央局和总局中的全体政治委员，分队中的全体政治指导员从指定的职务岗位上解放出来，作为上述指挥员（主管人员）负责政治事务的副职，方面军和集团军的司令员②应在一个月之内按照这些政治工作人员获得的权利，授予其军事指挥军衔。⁹⁸

这道命令在撤销政治委员制的同时，并没有从实质上明显改变红军政治工作的格局，军事委员会继续领导红军的方面军和集团军，其他每个指挥级别中负责政治事务的副指挥员履行的许多职能也与原来政治委员的相同。然

---

① 译注：本章原文多次出现这类说法，遭到俄文版译者的强烈抨击。他指出，1.政工人员负责的是政治教育，而不是监察。另有其他机关负责监察（包括非正式负责监察），而它们也不是仅有惩罚的职能。2.使用惩罚措施维持纪律，是一种便于其支持者使用的原始"极权主义理论"说法，但并不能解释许多众所周知的事实和现象，例如，为什么第一次世界大战中的俄军不能像伟大卫国战争中的红军一样涌现出许多激烈、长期和大规模抵抗的事例。3.1917年3月之前，俄国军队中没有出现大规模反战和反政府的宣传，2月革命的起因是在于军方——彼得格勒起义的士兵和迫使沙皇退位的将军。军队进一步瓦解的速度表明，瓦解的种子是2月之前播种的，不是任何人鼓动的结果。

② 译注：应是军事委员会。

而，这项措施确实无声地强调，斯大林相信高级指挥人员的政治可靠性已经达到令人满意的水平。

纪律条令

象征沙皇军队和斯大林军队之间巨大差异的标志性事件，是 1914 年 9 月德国人在坦能堡战役中歼灭亚历山大二世沙皇的第 2 集团军时，该集团军司令萨姆索诺夫将军于战场上的败军之中自杀身亡；相比之下，1941 年 7 月国防军歼灭红军的西方面军时，该方面军司令员巴甫洛夫将军直接被以叛国罪处死。与沙皇的军队不同，红军自始至终无情地执行铁的纪律，因为斯大林只有这样做才能避免重蹈亚历山大二世的覆辙。

斯大林有充分理由担心这种可能性。首先，1941 年和 1942 年红军遭受的惨败和战斗减员自然会削弱红军战士的士气。其次，正如无数起个人甚至集体开小差、常常在自认命令不合理时抗命不遵、通常利用自残逃避战斗、大量情节轻微的违反条令和公然犯罪所显示的那样[1]，红军战士较高的阵亡可能性，他们不得不忍受的匮乏物质条件，再加上数百万名富农和集体化农民的子女对苏联政权心怀不满，会蚕食许多红军战士的士气和忠诚。

1941 年 7 月 10 日大本营发往西北方面军的一道训令，可以生动地体现这个问题：

统帅部大本营和国防委员会对西北方面军的工作非常不满意。

首先，您至今还没有惩罚那些未履行我们命令的司令员和指挥员，还有那些像罪犯一样随意丢弃自己的阵地，在没有得到命令的情况下擅自撤离自己防御阵地的司令员和指挥员。以这样的放任态度对待懦弱，您无法实施防御。

到目前为止，您的歼击支队还没有投入战斗，它们也没有明显发挥

---

① 译注：俄文版译者认为，这些现象在第二次世界大战初期其他同盟国（波兰、比利时、荷兰、法国、英国和美国）的军队中亦非罕见。而在轴心国方面，德国和日本的军队之所以能在韧性和纪律方面表现得更好，很大程度上是因为原有的军事传统和战争第一阶段屡战屡胜的积累，其他大多数轴心国（意大利、罗马尼亚、匈牙利）的军队既没有这样的传统，又没有赢得过这种胜利，其战斗韧性就差得多。

作用。西北方面军的部队正在不断向后方退却，因为方面军的各位师长、军长和集团军司令员以及方面军司令员都没有积极行动起来。这种可耻的做法应该到此为止。立即积极行动起来，首先，在夜间使用小型支队开展歼击行动。

方面军司令员、军事委员会委员、军事检察长和第三处［特别处］处长应立即前往一线部队，就地惩处懦夫和罪犯。现地组织旨在消灭德国人的积极行动，并在夜间攻击和消灭他们。

总参谋长 G. K. 朱可夫[99]

铁木辛哥元帅指挥的西方面军 7 月 16 日丢失斯摩棱斯克市并有相当数量军队陷入合围之后，斯大林代表国防委员会指责他和他手下的司令员和指挥员轻易把城市交给敌人，表现出一种"逃跑倾向"。斯大林宣称这样的司令员和指挥员是背叛祖国的罪犯，要求他们用铁腕手段把这种有损红军荣誉的倾向扼杀在萌芽状态，并要不惜一切代价守住斯摩棱斯克。[100] 一位当代的俄罗斯历史学家可以证实这个问题：

实际上，敌装甲集群突破我防御以后，某些指挥员丧失理智，不知所措。在这种情况下，他们要么没有得到命令就擅自放弃自己的阵地，要么向东运动，试图藏身于森林里。内务人民委员部向国防委员会报告称，从军事行动开始到 7 月 20 日，内务人民委员部设在各方面军和集团军的特别处共制止 103876 名脱离自己部队并沿道路无秩序后退的散兵游勇。大多数被拦截的人都后来用于组建新的军事部队，并作为这些部队中的成员送回前线。[101]

罗科索夫斯基指挥的亚尔采沃集群曾在斯摩棱斯克交战期间防止了西方面军彻底崩溃，并帮助无数红军战士逃离斯摩棱斯克合围圈。他后来这样形容纪律的全面崩溃：

令我感到非常遗憾的是，我在战士们当中遇到一大批胆小懦弱、惊慌失措、开小差和自残逃避战斗的事例，而我没有权利对此保持沉默。起初，那种所谓的"左撇子"出现了，［他们］向自己的左手手掌开枪，或者打掉左手的一个或几个手指。后来，我们注意到又开始出现"右撇子"，用同样的方式伤及右手。还有一种自残行为是事先约定的，两名战士互相射击对方的手。不久，颁布了一项法律，规定对开小差、逃避战斗、"开枪自残"和在战斗条件下不服从上级的行为处以最高刑罚（死刑）。[102]①

第28集团军司令员卡恰洛夫将军在斯摩棱斯克以南率领他的集团军实施反突击时英勇牺牲以后，7月16日，斯大林发布著名的第270号命令称："第28集团军司令员卡恰洛夫中将在同他的一批参谋一起遭到德国法西斯分子包围时，表现得胆小懦弱并束手就擒。"[103] 其他方面军的状态也大同小异。例如，7月29日，西南方面军第6集团军步兵第6军军长 I. I. 阿列克谢耶夫少将严厉批评他的部下面临敌人攻击时缺乏纪律，称："要传达到全体人员：在没有得到上级命令的情况下，任何人都没有权力从自己占领的防御阵地后退一步。"[104] 几个星期之前的7月3日，西南方面军政治宣传局曾向红军政治宣传总局局长列夫·梅赫利斯一级集团军政委级抱怨，阿列克谢耶夫的步兵军开小差人数过多，称："1941年6月29日至7月1日这几天，西南方面军第三处（特别处）逮捕共697名逃兵，其中有6名指挥人员。而在军事行动期间，我们已总共逮捕多达5000名来自步兵第6军的逃兵。"[105]

后来在斯摩棱斯克周围激战期间，斯大林和朱可夫9月4日的一次电话交谈，可以表明他们看待这个问题的态度：

朱可夫：我会把步兵第211师当作预备队使用，不会让这个师闲着睡大觉。我请求您允许我逮捕和审判您提到的所有惊慌散布者。完毕。

斯大林：7日［作为进攻日期］会比8日更好。我们欢迎并允许您充分严厉地审判他们。完毕，再见。

---

① 俄译注：作者省略了原著接下来解释采取这种措施的理由："祖国的利益高于一切，并需要以这种名义采取最严厉的措施。任何对自私行为的宽容不但多余而且有害。"

朱可夫：祝您健康。[106]

斯大林在国防委员会7月16日的决议中明确阐述他期望指战员遵守的标准。他宣称虽然"在大多数情况下，红军各部队高举苏联政权的伟大旗帜，在抗击法西斯掠夺者保卫祖国的斗争中表现得令人满意，有时非常英勇"，但是也"有些指战员表现得不够坚定、惊慌失措和可耻的懦弱，他们丢弃自己的武器，忘记自己对祖国承担的责任，他们粗暴地违背自己的誓言，在肆无忌惮的敌人面前把自己变成四散奔逃的羊群"。因此，国防委员会将"采取严厉措施对付懦夫、惊慌散布者和逃兵……保护红军战士的伟大职业不受玷污"。他说："从现在起，我们将使用铁腕手段制止红军队伍中出现任何胆怯和无组织的现象。要记住，铁的纪律是红军战胜敌人的最重要条件。"[107]

7月16日的决议还列出9位因犯有上述罪行而受到惩处的高级将领姓名，从而向红军全体指战员发出一个明确信号，红军将不惜一切代价执行纪律。后来，没有达到上述要求的高级将领及其主要下属都被迅速定罪并判处死刑，特别是那些允许自己被俘的人。[108]

军事法庭

苏联军事司法的主要管理工具是一个复杂的军事法庭体系，它们在各级军事检察员（苏联版的公诉人或检察官）的领导下开展工作。1941年6月23日国防委员会和国防人民委员部把苏联转入战争状态之后，这个军事法庭体系负责执行法律和军纪。国防人民委员部同时颁布的条例作为军事法庭体系的法律依据，规定其组织结构、所在地域和司法管辖范围，并叙述其应遵循的具体工作程序：[109]

根据《苏联司法制度法》第57章以及加盟共和国和自治共和国的相应法律，军事法庭的管辖范围是：a）军区、方面军和海军舰队内；b）集团军、军和其他兵团及军事化机构内。苏联司法人民委员部应将铁路运输和水路运输的线路法院改组成对应该铁路和水路交通线的军事法庭。[110]

就其职权而言，军事法庭应"根据俄罗斯苏维埃社会主义联邦共和国刑法第 27 条和其他加盟共和国刑法的相应条款，检察与其管辖内容有关的事项"，而军区、方面军、舰队、集团军和区舰队的军事法庭应"根据苏联中央执行委员会（TsIK）1934 年 7 月 10 日颁布的条例检察与其管辖内容有关的事项"。这些条例在详细说明法庭的具体司法管辖范围之后，规定法庭应当运用的具体权力、组成方式和工作程序。[111]

简而言之，上述条例授权由三位常任成员组成的军事法庭"有权在接收被告后 24 小时内开始调查案件"，并"向军区、方面军和集团军的军事委员会，军长和师长通报与相应军团和兵团内犯罪行为作斗争的有关工作"。虽然军事法庭的判决"不得上诉"，但是军区、方面军和集团军的军事委员会，军区、方面军和集团军的司令员可以"行使暂缓执行死刑（枪决）的权利，同时通过适当渠道将其对此事的意见以电报方式告知苏联最高法院军事审判厅厅长、红军总军事检察长和海军总军事检察长，以便进一步解决"。[112]

除了通过使用快速、严厉和经常是即决的司法手段来查明、铲除罪犯和"逃避者"，执行军事秩序和纪律外，军事法庭还使用红军中普遍存在的惩戒部队（纪律部队）体系，在不浪费宝贵人力的情况下执行纪律。

惩戒部队（纪律部队）

战争开始时，红军保持着一个相当发达的纪律营体系，用来收容被查出有各种犯罪行为的军人。根据苏联最高苏维埃主席团 1940 年 7 月 6 日有关命令的定义，纪律营是一种由定期服役军人组成的"特别"军事部队，这些人因在武装力量服役期间犯下各种罪行而服刑，特别是多次未经请批准的缺勤。[113]

然而，鉴于红军在战争最初几个月遭受的严重损失，斯大林于 8 月决定解散这种纪律营，以便腾出新的兵员补充红军作战方面军。按照他的指示，苏联最高苏维埃主席团于 8 月 12 日颁布一项法令，宣布："授权方面军、[军]区和舰队的军事委员会释放纪律营的全体军人，并将这些释放的[军人]送到红军和红海军的作战部队，但军事委员会认为不可靠和对前线有害的人不在此列。"[114]

这道命令（并不适用于苏联东部地区）要求国防人民委员部从解散的纪律营中释放犯罪军人，将其送往红军的正规兵团或者作战方面军的所谓惩戒

（shtrafnye）部队。不过，因为命令中没有正式规定惩戒部队的实际编成或职能，所以 1941 年秋季和 1942 年上半年，个别方面军司令员曾经使用因违反纪律守则而被判刑的指战员，临时组建和使用惩戒部队。尽管这种惩戒部队曾有许多支，可是关于其活动的文献基本上不存在，国防人民委员部也没有在全体红军中把它们的编制和使用方式系统化。

　　然而 1942 年夏季的"蓝色"行动中，红军又一次遭受重大伤亡并导致纪律涣散时，斯大林得出结论，有必要采取严厉措施恢复纪律，同时需要为红军提供新的人力。因此，除了放宽役龄限制之外，斯大林于 1942 年 8 月 28 日发布著名的第 227 号命令，即所谓的"一步不退"命令。该命令不仅要解决纪律严重涣散的问题，还授权在红军队伍中使用犯罪分子（包括政治犯①和普通罪犯），从而有利于解决严重的人力短缺问题。

　　斯大林首先强调局势的严重程度，承认："敌人正在向前线投入新的兵力，并全然不顾自己越来越大的损失继续向前推进，深入苏联的领土纵深，占领新的地区，摧毁和夷平我们的城市和村庄，强奸、掠夺和杀害我们的人民。"[115]他确信，"前线有些愚蠢的人正在自我安慰，认为我们可以继续向东退却，因为我们还有广袤领土、大片耕地和众多人口，而且我们总会有充足的面包［粮食］。"他指责这些心存幻想的军人想为自己在前线的可耻行为辩护，并补充道："这种说法是彻头彻尾的欺骗和谎言，它只会对我们的敌人有利。"[116]

　　因此，他宣布："我们必须从根本上铲除这样一种说法：我们有机会不停地退却，因为我们的领土幅员辽阔，我们的国家伟大富饶，我们的人口众多，面包永远充足。"因为，"这种说法是有害的谎言，只会削弱我们并增强敌人的力量，因为如果我们不停止退却，就会没有面包，没有石油，没有金属，没有原材料，没有磨坊和工厂，也没有铁路。"斯大林做出结论，"结束退却"的时候到了，并宣布口号"一步也不后退！"，他要求，"我们必须顽强地保卫每一座阵地和苏联的每一寸领土，直到流尽我们最后一滴血，我们必须牢牢掌握苏联的每一块土地，并为之全力战斗。"[117]

---

　　① 译注：该命令中没有提到政治犯。

为了直击问题的核心，斯大林提出设问："我们缺少什么？"然后回答："我们的连、营、团、师，我们的坦克部队和航空兵大队缺少秩序和纪律。这是我们现在的主要缺点。如果我们要扭转局势，保卫祖国，就必须在我们的军队中建立最严格的秩序和铁的纪律。"因此，鉴于"我们不能再容忍那些让自己的部队和兵团轻易放弃阵地的指挥员、政治委员和政治指导员……我们不能再容忍指挥员、政治委员和政治指导员把战场局面的决定权交给一小撮惊慌散布者，使他们能引诱其他战士退却并向敌人敞开战线"，这些"惊慌散布者和懦夫必须被就地消灭"。[118]

斯大林宣布无论连长、营长、团长和师长，还是相应级别的政治委员和政治指导员，只要没有得到上级司令部的命令，擅自撤离战斗阵地，就是"祖国的敌人"，也必须被当作"祖国的敌人"对待，要求全体指挥员和政治委员"为了保卫我们的土地，拯救祖国，消灭和战胜可恨的敌人"，采取一系列严厉措施，恢复红军队伍内部"铁的纪律"。[119]

具体而言，斯大林命令所有方面军司令员、集团军司令员、军长和师长"无条件地铲除军队中的退却情绪，停止宣传我们必须并能够继续向东退却，以及这样的退却没有坏处等言论"，应当"把那些在没有得到〔其上级司令员和指挥员〕命令许可的情况下擅自允许其军队退却的集团军司令员〔军长、师长、团长和营长〕和政治委员撤职，并将其移交大本营〔或方面军〕接受军事法庭的审判"。[120]

另外，斯大林还下令红军每个作战方面军和集团军都要组建新一代的惩戒营和所谓的拦截支队，前者用来"让其成员有机会用鲜血洗刷自己对祖国所犯下的罪行"，而后者"在发生惊慌失措和擅自退却的情况下就地击毙惊慌散布者和胆怯的懦夫"（见下文）。具体方式是，命令要求方面军根据自身情况建立 1 至 3 个惩戒营（每个营 800 人），把各军兵种因胆怯或不够坚定而有违纪行为的中级和上级指挥人员以及相应级别政工人员编入惩戒营，并把这些营配置在方面军的最危险地段，要求集团军建立 5 至 10 个惩戒连（每个连 150—200 人），把因胆怯或不够坚定而有违纪行为的普通战士和军士分配到惩戒连，并把这些连配置在集团军的最危险地段。[121]

第 227 号命令颁布三天后，斯大林于 8 月 1 日命令莫斯科军区、伏尔加河沿岸军区、斯大林格勒军区和内务人民委员部开始按照"强击步兵营"的编制建立惩戒营，每个营由 929 名关押在内务人民委员部特别营地的原（连级及以上级别）指挥干部组成，斯大林命令在前线战斗最激烈的地段使用他们，使他们有机会"用手中的武器表达自己对祖国的忠诚"。一位当代的俄罗斯历史学家指出："这些原来的指挥员能从特别营地获释实属幸运，毕竟他们能以某种方式达到前线。"因为，"虽然他们知道大多数人会献出自己的生命，但是这样的死亡也提供能使自己及家庭摆脱耻辱和惩罚的希望，这种耻辱和惩罚都在他们作为犯人的羁押期间或周围环境中构成威胁。"[122]①

第一批关于惩戒服役的命令颁布后，9 月 28 日，国防人民委员部又不公开地下达一道命令，正式在全体作战军队中建立惩戒营和惩戒连，并颁布规定其确切编成的三个官方编制表。[123] 根据详细确定其目的、隶属关系和使用方式的上述规定，这些惩戒部队可以"向所有军兵种当中因胆怯或不够坚定而有违纪行为的中、上级的指挥人员、政工人员和主管人员本人提供一个机会，通过在战斗行动最艰难的地段上与敌人展开英勇斗争，用自己的鲜血在祖国面前赎回自己的荣誉"。[124] 在相应军事委员会的直接监督下，方面军应建立 1 至 3 个惩戒营，集团军应建立 5 至 10 个惩戒连，前者配属步兵师和独立步兵旅，后者配属步兵团。

这两级军事委员会还负责具体规定每个惩戒营（连）的战斗地段，并向其委派可靠的指挥人员和政工人员。具体而言，应当委派在战斗中表现最突出的指挥员和政治指导员担任惩戒营（连）的政治委员、排长和排政治指导员，以及其他常设的指挥干部。[125] 担任这些职务的人有权"采取一切实际措施直至就地处决［击毙］不服从命令、自残、临阵脱逃或试图变节投敌的人"。[126] 由于担任这种职务经常面临危险，作为补偿，这些分配到惩戒部队的指挥人员和政工人员不但只需服满正规步兵营（连）相应职务的一半服役时间，而且他们在惩戒部队服役的每个月将来都可以按照正规步兵营（连）的 6 个月计算

---

① 俄译注：该命令明确指出关押在这种甄别营地里的人是"相当长时间滞留在敌占区，但没有参加游击队的指挥人员"。作者并未引述这句话，而是在中间插入历史学家的那一句，因此在某种程度上掩盖了实情：在敌后坚持武装斗争，并手持武器返回的指挥人员就不会被送到这个营地。

退伍补贴。在权威方面，这些指挥人员和政工人员拥有比实际指挥级别高两级对应职务的"纪律权威"。[127]

对于作为罪犯的军人（惩戒军人 shtrafniki）自己而言，他们不但必须在惩戒营（连）服刑 1 至 3 个月才能获释，而且要有足够的运气经受住磨难和考验。另一方面，惩戒军人也可以被营（连）长提升为一等兵、下士或中士；幸运的惩戒军人如果在战斗中有突出表现，还可以获得战斗嘉奖，甚至提前获释。[128] 除了那些在惩戒部队服满刑期的人以外，在战斗中负伤的惩戒军人也可以被判服刑期满，恢复军衔和所有权利，伤愈后会被送回正规战斗部队；而伤残退伍者会按照他进入惩戒部队之前的工资领取退伍补贴。最后，阵亡惩戒军人的家属将会领到与普通现役军人家属大致相等的抚恤金。[129]

批准全面组建惩戒部队一个月以后的 10 月 16 日，国防人民委员部把惩戒服役的范围扩大到涵盖在苏联各内地军区服刑的全体军人，特别是逃兵。通过重申斯大林在第 227 号命令中提到的理由，国防人民委员部把同样的准则适用到几乎苏联全境的全体犯罪军人，特别是那些被军事法庭定罪但缓期到战争结束后执行的军人。为了运送这些犯人到前线，国防人民委员部要求具体军区组建由犯罪军人组成的若干个行军连（指挥部），一个连对应一个具体要补充的作战方面军。[130] 十天后的 10 月 20 日，国防人民委员部进一步拓展组建和使用惩戒部队的法律基础，命令驻守和配置在后方交通线沿线的军队将其"问题战士"送往惩戒部队。给出的理由是：

最近，我们注意到一些后方地区（特别是火车站）的驻军当中多次发生违反军纪的事件。某些军人过量饮酒，同首长和高阶军人对话时公然违反着装规范和条令要求，成群结队地在街道和集市上游荡。我们还注意到，有些军人在市场上出售被装和物资，有些军人四处乞讨，尽管经常是各种地痞无赖和可疑分子装扮成军人行乞……从医院出院的伤病员和从前线开小差的军人，应当在相当程度上为违反军纪事件和上述可耻行为负责。

这种情况之所以存在，不仅是因为指挥员对其下属约束不力，忽视纪律事务，还因为指挥干部和国防人民委员部各部门的失误，没有以应有方式同上述不符合要求的现象作斗争。[131]

为了解决上述问题，国防人民委员部在驻军、交通线沿线、市场和集市建立严格的秩序和纪律，"坚决与开小差行为作斗争"，采取的主要方式是沿铁路建立"截留点和拦截警备队［komendatura］"，并派巡逻队进入城镇和乡村逮捕各种违法乱纪者，其中包括：

> 逃兵，未经准假擅自离开列车和指挥部者，恶意违反军纪和败坏红军名誉者（即流氓、醉汉和那些有同指挥员争执行为的人），执行上级命令时明显违反上级具体要求的军人……不向首长和高阶军人敬礼，以及那些衣着邋遢和违反着装规定的军人……犯有乞讨罪行的军人，装扮成军人行乞的平民，因逃避兵役登记或征集而被拘留过的负有军事义务的平民，因售卖军用被装而被判有罪的军人。[132]

1943 年 1 月 30 日，国防人民委员部生动地展示上述纪律命令是怎样执行的，因为"诽谤上级"把沃尔霍夫方面军第 4 集团军步兵第 310 师的一名中级指挥人员送往惩戒营。这起案件的当事人是一位名叫 S. O. 卡拉马利金的少尉，他曾向军报《红星报》写信，要求到莫斯科报告"一些可以揭露大人物的严重事实"。在莫斯科[①]期间，卡拉马利金"批评自己的所有上级，从连长开始直到集团军司令员和方面军司令员"，并且"在没有出示任何证据的情况下，声称许多司令员和指挥员担任指挥职务的唯一原因是为了获得更高权威来苟全自己的性命"。因此，国防人民委员部指控卡拉马利金"只是手掌受到一处几乎看不见的擦伤……便迫不及待地离开前线"，并且他试图"在没有直接参加战斗的情况下……捕风捉影地利用虚假消息指控其上级"，最后宣判"由于举报不实，企图诽谤他的上级，破坏他所在分队的纪律，谢苗·奥西波维奇·卡拉马利金的军衔降为列兵，并被送往某惩戒营，为期三个月"。[133]

虽然这些严厉的惩罚措施确实能加强军纪，但是同时使用的另一些措施

---

① 俄译注：把卡拉马利金召回莫斯科的这个事实表明，他的举报起初便有些特殊，但他受到惩罚不是因为单纯举报上级，而是因为明显带有欺骗性和逃避参加战斗，这种惩罚仍然非常宽容。从这个案例中，我们可以得出的结论是，红军领导人非常关注军队的状况，并密切监控各种问题的举报和表现。实际上，该命令描述的情况是政治监管的一个例子，作者对此的描写显然更加恐怖，但事实并非如此。

（如继续严格地强制征召）却倾向于破坏纪律。例如，试图夺取雷利斯克失利之后的 1943 年 3 月 12 日，第 60 集团军步兵第 121 师报告："进攻性军事行动期间，人员的纪律急剧下降。"因为"战士及其指挥员不能保持应有的军容仪表，既不把裤脚塞进靴筒，又不向上级敬礼"，所以师长下令组织"师所有部队的全体人员每天进行一小时军事训练，主要集中在着装方面（如正确佩戴军帽，穿戴大衣、腰带、装备和绑腿等）"。[134]

尽管上述违纪行为看似情节轻微，可是其他报告提到的战士甚至指挥人员酗酒和自残事件更加严重。例如，参加的奥廖尔—布良斯克—斯摩棱斯克进攻战役失利以后，1943 年 3 月 25 日，中央方面军第 65 集团军司令员巴托夫将军报告："集团军各部队中的不坚定分子在胆怯的驱使下犯下各种罪行，特别是普遍存在的自残行为。"巴托夫称，三月上半月，"仅步兵第 246 师便揭发和认定 22 人为自残者。"他补充道："近卫步兵第 37 师、步兵第 246 和第 354 师最经常发生自残行为。"[135]

根据上述法令和命令的规定，从 1942 年 8 月 1 日到战争结束，国防人民委员部共组建和派出 200 余个编入作战方面军的惩戒营，另外编入作战集团军的惩戒营和惩戒连可能多达 400 个。包括某些地方的特殊编制在内，每个惩戒营平均编有 2 至 3 个步兵连、1 个重机枪连、1 个轻机枪连、1 个反坦克步兵连、1 个反坦克炮兵排、1 个迫击炮兵排、1 个工兵排和 1 个通信排，兵力约有 800 人。独立惩戒连编有 3 至 6 个步兵排、1 个机枪排、1 个迫击炮兵排和 1 个反坦克炮兵排，兵力有 150—200 人，个别情况下多达 700 人。

像红军的正规部队一样，随着战争的进行，方面军和集团军也为惩戒部队加强更多的反坦克炮和冲锋枪，并增编 1 个侦察排，从而改善其侦察能力。到 1943 年年中，这些加强措施已把惩戒连的平均实力增加到 200 余人。当然，这些犯人的"专属部队"在执行通常的危险任务时会遭受高得惊人的减员率。

现有档案记录显示，不计非犯人的常设干部，在惩戒部队服役的惩戒军人总数从 1942 年的 24993 人增加到 1943 年的 177694 人，然后减少到 1944 年的 143457 人和 1945 年的 81766 人，战时总计 427910 人。[136] 不过，这些数字并不包括 1942 年 8 月 1 日以前在"非正式"惩戒部队服役的数千名惩戒军人。

除 1944 年以外的其他战时年份并不存在准确统计数据，而俄罗斯档案文献显示，1944 年作战方面军编成内的惩戒营总数最多是 1 月的 15 个，最少是 5 月的 8 个，平均每个月有 11 个，每个惩戒营的全年平均兵力是 227 名惩戒军人。同年，作战集团军编成内的惩戒连总数最多是 9 月的 301 个，最少是 4 月的 199 个，平均每个月有 243 个，每个惩戒连的全年平均兵力是 102 名惩戒军人。

同一份文献显示他们的伤亡情况是，1944 年内共有 170298 名在惩戒部队服役的惩戒军人牺牲、重伤、轻伤或患病。按月统计，这年所有惩戒部队的常设干部和惩戒军人平均每月减员 14191 人，占每月平均实力 27236 人的 52%。这个残酷的减员率比红军的全体正规部队在 1944 年每月进攻战斗中的平均减员率高出三至六倍。[137]①

至于他们的战斗使用情况，正如斯大林要求的那样，大多数方面军和集团军在各自"最危险"的地段使用惩戒部队执行最艰难任务，其中包括对筑垒化阵地的强击——这是英军在拿破仑战争期间使用过的"敢死队"（Forlorn Hope）概念的红军版本；冲击先头部队绕过的防御支撑点；发起进攻之前和进攻期间"手工"②清理地雷场。由于明显原因，很少有方面军司令员和集团军司令员会在进攻战役的发展突破阶段使用惩戒部队，因为这样会使他们个人或集体得到更多逃跑机会。作为对执行上述危险任务的回报，国防人民委员部将把有幸完成惩戒服役期的惩戒军人送回正规红军部队，并在他们的服役记录上写道："他已经用他的鲜血为自己赎罪。"[138]

现在可以看到许多记载着红军怎样使用惩戒部队的档案记录，不过，并非总能得到积极结果。例如，1943 年 3 月 18 日，中央方面军司令员罗科索夫斯基将军称该方面军在库尔斯克以西实施进攻期间，惩戒连的

---

① 俄译注：这里并没有用一线正规部队的减员率来与惩戒部队做比较，而是使用包括后勤和预备队在内的整体减员率。

② 译注：原文是带引号的manually，并非指真正的手工排雷，而是用身体"蹚地雷"。俄译者没有看出其中奥妙，去掉引号并注释称参加强击的步兵部队都会手工清除地雷。"有许多这种使用惩戒营和连的谣传。而最常见的是它们充当某种'炮灰'的神话。这不是事实。在伟大的卫国战争年代，惩戒营和连的作战任务实际上与步兵分队的任务相同……在进攻过程中，惩戒军人不得不克服各种自然和人为的障碍物，包括地雷场在内。因此，长期以来，他们'用自己的身体清除地雷场'便成为一个神话。"出自弗拉基米尔·代涅斯著《伟大卫国战争年代红军的惩戒和拦截》（Штрафбаты и заградотряды Красной Армии в годы Великой Отечественной войны），见俄罗斯国防部网站http://stat.mil.ru/winner_may/history.htm。

表现非常糟糕：

经过对第13、第70、第65和第48集团军发生背叛祖国行为的调查，证明惩戒连和惩戒营训练和教育时的纪律薄弱，组织工作不力，并公然违反国防人民委员部第227号命令中关于怎样使用惩戒部队的规定。第13集团军步兵第148师师长米先科少将派出第179惩戒连实施侦察，导致19人变节投靠德国人的事件尤其令人难以接受。步兵第148师师长严重违反国防人民委员部第227号命令，该命令要求在特别困难的任务中使用惩戒部队时，必须安排拦截支队紧随其后。而步兵第148师并没有这样做。惩戒军人表现怯懦，其中一部分人逃离战场，19人投降敌人。该连的指挥人员没有按照要求训练他的部下，特别处的代表显然也未能有效发挥作用，因为他们没有事先察觉那个班变节投敌的预谋。[139]

罗科索夫斯基在训令的结论部分要求下属各集团军司令员："只有在条件允许拦截支队紧跟在惩戒部队后面的情况下，才使用惩戒部队。"[140]

另外，许多位原惩戒军人现在还会以不同程度的怀念之情，回忆起各自在惩戒部队服役的经历。例如，V. V. 卡尔波夫曾是步兵第134师的一名战士，1944年荣膺苏联英雄称号，他回忆说：

我到达惩戒营后参加过多次冲击。我很幸运，从来没有负过伤。第一个连原来有198名战士，最后只有6人生还。然后，我就转到另一个连服役，但又没有负伤。他们把我们投入最危险的地段，令我们几乎必死无疑，一开始甚至没有炮火掩护。后来的情况有所改善。惩戒连和其他连一起参加战斗，但他们仍然战斗在最前面。[141]

另一名战士（这是一位中士）也回忆起他在惩戒部队的服役经历：

我被送到一个大约有150人的惩戒连。我们只装备步枪，既没有冲锋枪〔SMG〕又没有机枪。全体军官都是正规指挥员，不是犯人；但战士和军士都是犯人。如果想要活着离开惩戒营，就得负伤或者在战斗中获得指挥员的批准，他建议撤销你的判决。是的，［我的判决撤销了。］那是在南方面军，我在塔甘罗格参加过一次战斗侦察。由于情况孤注一掷，我只好努力执行战斗任务，而这办法很管用。战斗刚刚结束，他们就建议撤销对我的判决，几天后，我奉命来到设在师指挥所的军事法庭，他们撤销了对我的判决。后来，我被送到正规部队。［我在惩戒部队的时间］总共有三个星期。

最糟糕的事情是冲击——那是最艰难的考验。你知道自己也许会被打中，但你必须继续前进——那很可怕！很难从地上爬起来，大多数人觉得自己会再也回不来。那确实很难。迫击炮火和机枪火力一样可怕。那可真够人受的。曳光弹从高处打过来的时候，你只能看到那条光亮的线朝你落下来，越来越低，现在它将要到达你的高度，并把你劈成两半。好了，总之，战争就是战争，有什么可谈的呢？[142]

最后，乌克兰第 1 方面军第 52 集团军步兵第 73 军步兵第 213 师的一名退伍军人回忆起该师编成内曾有过一个惩戒连的经历：

1945 年 4 月里，我们在格利茨周围接收过一个惩戒连。那是什么意思？那些人基本上是罪犯、土匪、窃贼和撤职的军官，不过大多数都是违抗命令的战士。情况是这样的，惩戒连的每名成员都要用自己的鲜血赎回自己的生命。如果负伤，他就可以免除罪责。这个连在格利茨附近的一座小山上占领阵地，卧倒，然后把他们的胳膊和腿暴露在德军火力之下，希望因此负伤而获得自由。

这个惩戒连的连长要听命于我们营长。他首先关心的事情是没有任何人变节投靠德国人。他和连里的任何正规军官都有权当场开枪打死企图这样做的人（正规部队里面不存在这样的权力）。这个连作为我们的友邻共有两个星期，而我知道这位连长打死他部下的事就有四回（四个人）。[143]

没有全面“战斗序列”能表明红军在战争期间使用的惩戒部队数量，但现存不完整的俄罗斯和德国档案材料表明，作战方面军和集团军战时使用的惩戒营和惩戒连多达 600 个（见表 13.3）。[①]

拦截支队

除了使用惩戒部队在红军队伍中执行纪律外，国防人民委员部还授权组建和使用所谓的拦截支队（zagraditel'nye otriady），防止红军战士个人或整支部队在敌人炮火下退缩，并搜索逃兵和潜在的征召人员。例如，第 227 号命令要求每个集团军建立 3 至 5 个拦截支队，每个支队多达 200 人，并让他们紧跟在"不够坚定"的师后面，在有人惊慌失措或未经命令擅自撤退的情况下"当场射杀惊慌散布者和懦夫"。[144②]

实际上，早在 1941 年秋季，红军的野战指挥员便已开始临时使用拦截支队防止临阵脱逃，恢复军队内部的稳定性。例如，1941 年 9 月 24 日，著名的近卫步兵第 2 师的师长 A. Z. 阿基缅科少将[③]报告，该师在抗击古德里安推进中的装甲兵，保卫格卢霍夫市的时候，曾经采取类似严厉措施，制止该师的一部分人变节投敌：

步兵第 395 团正在顽强地坚守阵地，并以火力支援步兵第 875 团。但是，一大群（70—80 辆）敌坦克从霍洛普科沃村以北的火车站出发，攻击步兵第 535 和第 395 团的接合部。尽管它们楔入并突破了这两个团的战斗队形，但这两支部队还是在顽强地实施防御。然而，突如其来的混乱和意外事件发生在我军战斗队形中间。

坦克攻击我军阵地并突入这两个团的战斗队形时，大约有 900 名来自库尔斯克的补充人员背叛了我们的祖国。就像得到命令一样，整群人站起来，扔掉自己的步枪，高举着双手向敌坦克走去。敌坦克迅速向叛徒们开过来，并开始在坦克掩护下把他们带走。这起事件严重影响我军士气。虽然我在自

---

① 译注：根据苏军总参谋部 1962 年的统计，伟大卫国战争期间共组建 65 个独立惩戒营和 1028 个独立惩戒连，合计总数 1093 个。但这个数字只统计 1942 年 9 月至 1945 年 5 月惩戒部队合法存在的时间段。

② 俄译注：命令中完整的这句话是："一旦该师部队出现惊慌失措和擅自退却，应立即向惊慌散布者和懦夫射击，从而帮助该师的忠诚战士履行自己对祖国的职责。"因此，这种措施的目的不是为了擅自退却而射杀当事人，而是为了防止怯懦和恐慌情绪蔓延。

③ 译注：当时是上校，1942 年 1 月 10 日晋升少将。

己的观察所里目睹这个事件的发生，但是我没有必要的兵力和手段做出补救并控制这些叛徒，以便我们苏联的有关部门能惩罚他们。但叛徒就是叛徒，就应该当场受到惩罚。因此，我命令两个炮兵营向叛徒和敌坦克开火。于是，有相当数量的叛徒被打死或打伤，敌坦克也四处逃散。我已用加密电传向最高统帅部大本营报告这起非同寻常的事件。

我师是从库尔斯克市的一个预备旅接收的这批叛徒。当时，近卫步兵第2师共接收5000人，这些人没有受过像样的训练，思想上的准备甚至更差。我们已将此事件通知库尔斯克州（oblast'）党委会。联共（布）的州委员会（obkom）应当对人民的政治培训和思想准备负责任。[145]

几星期前的9月5日，刚刚重新出任总参谋长的 B. M 沙波什尼科夫特别授权布良斯克方面军司令员叶廖缅科将军在罗斯拉夫利地区的进攻行动中使用拦截支队。"大本营已经详细了解您的报告，并允许您在那些表现得不够可靠的师里组建拦截支队。"沙波什尼科夫称，"建立这种拦截支队的目的是防止部队未经许可擅自退却，并在发生战斗时使用一切必要的武器制止他们。"不过，他补充道："关于为每个炮兵营分配1个步兵连的问题，我们还在讨论，稍后将会向您通报大本营的决定。"显然叶廖缅科为了确保炮兵营的可靠，曾提出过这样的请求。[146]

因此，第227号命令要求按常规使用拦截支队，只是肯定红军早已广泛使用的做法。另外，负责建立拦截支队的不仅有红军正规军，还有内务人民委员部。一名红军老战士这样回忆：

战士们很清楚，进攻的时候，内务部[①]军人就在前进中的步兵后方3公里处跟进，所有落在后面的人都被枪毙。有一次是在1945年3月，我们接近一条高架铁路的路基以后，发现路基下面的几处通道被重重障碍物堵住。营长命

---

① 译注：内务部MVD是内务人民委员部1946年3月15日改用的名称。俄译者认为，这个错误和国防人民委员部在1944年10月29日停止使用拦截支队的事实（参阅注释149的内容）使这种回忆的真实性值得怀疑。而实际上，正是这样的回忆产生了许多神话和传说，并不时地移植到正规的学术研究中。

令我留下拆除路障，以便后勤部队通行。就在这时，内务部的人赶到了。如果不是师作战科一名认识我的代表在场，那么我会被枪毙。他们可能只在乎一件事——我为什么落在后面。[147]

中央方面军第 13 集团军参谋长彼得鲁舍夫斯基少将 1943 年 3 月 16 日编写的一份报告，强调使用拦截支队的必要性，称不可靠的"来自新解放敌占区的补充人员正在加入红军队伍"。彼得鲁舍夫斯基指出，有必要加大力度同可能出现的开小差和逃避兵役现象作斗争，并代表集团军司令员命令下属指挥员加强集团军拦截支队的拦截本职工作；系统地对所有居民点的全体男性人口实施全面检查；彻底搜查所有森林和果园，检查所有干草堆、无人居住的建筑物，特别是位于旧防御工事沿线的掩蔽部；并且加强针对来往居民点的行人和可疑人员的证件查验。[148]

至少按照官方说法，到 1944 年年底，国防人民委员部似乎已在红军正规军中废除使用拦截支队的做法。[149] 然而，正如档案证据和无数目击者的叙述所证实的那样，某些司令员和指挥员继续使用拦截支队执行军纪，直到战争结束，但这时，主要由内务人民委员部和内务部的军人执行这种可怕的任务。

激励和士气

现在非常清楚的是，苏联高级政治领袖和军事首长所要求和执行的铁的纪律是克服恶劣战斗条件，使红军成为团结一致的战斗力量生存下来，并夺取最后胜利的"黏合剂"。正如一位俄罗斯军人描述的那样："射击、杀戮、埋葬、继续进攻、侦察——这是战争。饥饿的女人们赤着脚四处游荡，上帝才知道她们的行囊和饥饿的孩子究竟在何处；老人、难民、那些在熊熊战火中失去一切的人们——这是战争的恐怖。"[150]

这场战争中常见的惧怕心理和始终存在的暴行用两种截然不同的方式激励着红军战士。一方面，面对残酷敌人时的惧怕和畏缩往往会在红军队伍内制造惊慌失措和开小差事件。一名 1941 年 8 月应征入伍的战士直接来到红军最著名的步兵师之一参加战斗，他沉痛地描述这种惧怕和畏缩：

一天，我在工作日刚刚过半的时候接到通知。他们叫我去办公室。我到了以后，他们说："把你的东西收拾一下，舍列波夫。明天早上到纸条上的地址去。"那是在1941年8月，但我不记得具体日期，这真是令人意外……

那时候，我住在基涅什马，那是位于伊万诺沃附近的一个小镇。多好的风景啊！伏尔加河沿岸！他们把我们召集起来，送到位于伊万诺沃的［步兵］学校。

他们起初告诉我们会有三个月的训练。不过，显然是由于德国人突破了战线，两个星期后，我们全副武装地乘卡车前往火车站。然后，我们直接从火车站到达斯摩棱斯克附近的前线。

我们步兵第161师编入［西方面军的］步兵第2军。[151]夜幕降临之前，我们收到第一批口粮，第二天早上，全团在没有任何炮火保障的情况下强击德国人的阵地。

［提问：只有一个团？］[①]

我不知道，也可能整个师都参加了。那感觉相当强烈。就像一小时以前，我还是个平民，可现在却手执步枪，我知道战争是可怕的，但从未想到会是这样无处不在的恐怖。告诉你们这件事纯属浪费时间，因为这根本没法用语言形容。那感觉是你既没有过去又没有未来，现在就要把你的一辈子过完。后来有段时间，我发誓我都被吓得甚至不能动弹。当然，连长一边走来走去，一边提醒我们将在黎明时发起冲击。可是，所有事情都以某种非常奇怪的方式进行。我不知道为什么我想不起来战斗的细节。有些战斗仍然保存在我的记忆里，就好像是昨天刚刚发生，而我第一场战斗的经历却非常模糊。我总是分不清它们。

我们几个班在浅浅的堑壕里挤在一起，用树枝掩蔽自己，这样德国人就不会发现我们。我以为会有人喊"前进！"而我们齐声高呼"乌拉！"并开始冲击，但一切都不是这样。我们连长轻声地说："走吧，伙计们！"然后翻过胸墙出去了，而我也这么做。我不由自主地跟着他，但不知道自己在

---

① 译注：为便于阅读，以下文字根据本书俄文版的做法恢复访谈录的形式。

干什么。我们悄悄地站起来，只是往前走。我们甚至都没有跑，只是走。没有人喊"乌拉！"没有声响，没有喊叫。我们只是站起来，前进。天很黑，地面上笼罩着雾。周围死一般寂静，只有我们的武器轻轻地咔嗒作响。我不记得是怎么回事，但突然间换了一个场景。原来是有人疯狂地朝我们射击，先是用步枪，然后是两挺机枪。到底那是不是机枪？见鬼，我记不清了。然后，我们都猫着腰向前跑起来。我跟在一个家伙后面，但我不知道他的名字。整个冲击过程，我都只记得他背着个背包，别的什么都不记得。

我尽可能地快跑，但不知道会跑到哪里去。一声"前进"的喊声在脑海里响起，但我想我并没有真正喊出来。我不知道跑了多久，也许一秒钟，也许甚至一个小时，因为时间对我来说已经停止。突然有什么东西从旁边打到我的身上。我想自己甚至飞到空中，然后摔到地面。我跳起来但再次摔倒，这次因为疼痛。我的脚！我的脚疼得直抽搐。我试着回身去看脚怎么样，但看不见。我继续匍匐前进，然后想起来："等等！为什么要向前爬？应该回去找卫生队。"可是有很长一段时间，我都分不清哪边是"前方"，那边是"后方"。周围到处都是烟，爆炸、射击和撞击的声响连绵不断。整个战场上随处可见因疼痛而抽搐的人们和各种残骸。

我找到正确方位，然后向后方爬去。绝望之余，我一度以为再也回不到我方战线。后来有人抓住我的脚拖起来。那时我可能疼得失去了知觉，不知道最后怎么回到堑壕的。政委就在那里！他说："你到底在这里干什么，胆小鬼！"我说我不是胆小鬼，只是脚受了伤。"伤口在哪里？"他大叫道。我自己找不到伤口，但一名卫生员快步跑过来摸摸我的脚，大声笑着说："这是脱臼，现在我要拽着你的脚把它复位！"我还没来得及喊妈妈，他就抓住我的脚拽起来！我骂得很难听，政委听得直摇头。我都不知道自己能骂得这么恶毒。

［提问：他下令调查您了吗？］

哦，不！政委没有下令调查。既然他需要我，为什么要这么做？他只是问我是哪个部队的，然后便扔下我不管。卫生员得知我来自前一天夜里刚下车的第三连之后，态度变得友好起来，他说我们连正在撤回来。"又是这样，一切都是白费力气，真见鬼！白白损失这么多人。""你爬到你的战友那里去，"他说，"当心点，因为德国人现在要出动他们的空军。"他还补充道："你今天确实很走运。记住这一天！你的战友们现在全都快死了。"

［提问：那天您没有再参加冲击吗？］

没有，因为没剩下多少人能发起冲击。算上中尉在内，整个连只剩下10—12个人。军士长被打死了，我还记得姓丘米林。提到他，我感到很难过，不知道为什么，但就是很难过。他当时只有20岁，头发却已经灰白，还缺一根手指。但我对他的其他情况一无所知。

［提问：那您后来也没有再参加冲击吗？］

怎么没有！后来我参加过更多次冲击，实际上有两次。

［提问：两次？？？您真幸运！］是的，从战争中生还的每个人都是幸运的，因为他们的命运非同寻常。那些命运平凡的人都牺牲了，甚至没开过一枪，又没见过德国人。[152]

另一位生还的战士这样描述：

我们害怕死亡。死亡就在我们身边——每天，每个小时，来自四面八方。你想静静地坐着，喝点茶，都可能会有一发流弹打到你身上。想要习以为常是不可能的。但这并不代表我们每个人都会坐立不安，惶惶然地等待死亡随时到来。死亡只是简单地来或不来。大规模空袭的时候就很吓人，人们因害怕而失去理智。那感觉就好像每一枚炸弹都会直接砸到你的头上。很可怕！天上飞着庞大的机群，有两、三百架飞机，炸弹呼啸着像冰雹一样落下。真恐怖！我记得，有个叫涅克拉索夫的人几乎疯掉。空袭结束后，到处都找不到他。后来我们在某处堑壕里找到他。可他拒绝出来！他的眼睛里充满了恐怖！

那些从战争中生还的人要么成了宿命论者，要么皈依上帝。没有其他任何地方能像战争一样这么清晰、严格和不可抗拒地体现出命运的力量。我不但亲身经历过，而且不止一次。[153]

也许在现实生活中，最令战士们感到惧怕的事情是他意识到战斗中的牺牲者可能会彻底成为无名氏：

> 我们在夜里埋葬牺牲的同志。尸体用防水布包裹好，放置在一段略直、半填满的堑壕里。这些人是我们甚至没有时间认识的战友。发表两段简短的致辞。泥土落下时发出沉闷的声音。军官们鸣枪致敬时的闪光几度照亮黑暗。我和其他人一起举手敬礼。这座坟墓虽然在指挥员的地图上做了记号，但是现场没有留下标志。谁也不知道明天哪一方会控制这片土地。[154]

另一方面，这种敌人引起的常见惧怕和畏缩不但会折磨红军战士，而且能加强他们绝不被德国人俘虏的决心。一系列关于德国人暴行的报告只会进一步坚定这种决心，例如，1942 年 11 月 27 日勒热夫附近的战斗期间，步兵第 8 军政治委员的一份报告称："步兵第 148 旅的战士们亲眼见证了希特勒匪徒残忍处死三名红军伤员的暴行。对三具尸体的检查表明，这些原来受过枪伤的伤员后来是被活活烧死的。法西斯野兽用浸有可燃液体的旧衣服和毛巾把伤员裹起来，然后扔进火堆里。"[155]

不过，惧怕是两方面的，因为许多红军战士也同样惧怕（有时憎恨）自己的指挥员和政治委员。用一位老战士的话说：

> 如果实施冲击，你就要一路跑到底，永远不要卧倒找掩护！如果你卧倒，你就再也不会把屁股从地上抬起来。你还会从连长那里得到一颗子弹，因为他有这个权力①。让你进攻是他的职责，如果他开枪打人的话，无论营长还是团长都不会责怪他。我们连长曾经直截了当地警告过我们，只要我们敢卧倒，他就把我们全都打死，而他确实朝一些人开过枪。从那以后，我们再也不敢卧倒。[156]

虽然对敌人以及己方指挥员和政治委员的明显惧怕、全方位的持久宣传

---

① 译注：本书作者引用的另一段文字称，正规部队不存在这种权力。本段的原注有错误，俄文版译者认为与注释142和153同出一处，因此这段文字应指惩戒部队。

和政治鼓动、严格纪律和惩戒措施的威胁都能激励红军战士，但是他们之所以坚韧不拔地继续战斗，还因为他们是爱国主义者。无论他们是否支持苏联政权，都像其先辈一样认识到外国人正在侵略他们的祖国（rodina）。即便原来把德国人当作解放者欢迎的人也迟早会认识到，德国人不是要从"布尔什维克的束缚"下解放苏联人民，而是进行一场雅利安人奴役"斯拉夫劣等种族（untermenschen）"的征战。德国人对待占领区居民的野蛮行径，令后者认清这个事实真相。

因此，像抵抗过蒙古鞑靼人、条顿骑士团、立陶宛人、瑞典人、法国人、波兰人和德国人的先辈一样，俄罗斯人再次奋起抵抗侵略者，只是这次高举着红旗，而不是沙皇王室的旗帜。出于对这种感觉的认识，也许还有某种程度的孤注一掷，斯大林亲自启用俄罗斯昔日"伟大统帅"的名号、俄军的传统军衔、勋章和奖章，并在较小程度上使用一度遭到冷遇的俄罗斯东正教旗帜，动员它们为夺取胜利服务。更不寻常的是，生活在苏联境内的少数民族显然愿意参加斯大林的反纳粹主义征战，至少能在一定程度上体现联共（布）克服民族分歧，造就真正一体化苏联人民的工作效果。

无论出于什么原因，是发源于泛斯拉夫主义、传统的俄罗斯民族主义、对苏联国家不同程度的忠诚，还是对德国侵略者的刻骨仇恨，自然产生的爱国主义精神都在实践中证明是红军队伍内强大的联系纽带和推动力量。正如一名女军人所述：

我17岁便成为联共（布）党员。这很容易：先当三个月的预备党员，然后成为正式党员。我必须承认，大多数党员在战争期间都能保持自己的尊严。入党之前，必须先填写一份很难填的调查表。其中有个问题是："家庭出身是哪个阶级？"我非常明智，诚实地写道："出身贵族。"[157]突然间，我接到命令到我们师政治处处长那里报到。当我站在他那锐利的目光之下时，他问我："姑娘，你明白你写了些什么吗？你疯了？"我受过高等教育，并回答列宁本人就是个贵族。无论如何，他都没让我重新填写那份调查表。

爱国主义是真实存在的，这并不夸张。我们每个人都为祖国而战。我从未在战斗期间听过任何人喊"斯大林万岁！"，甚至没有人喊"乌拉！"，许多人佩戴着十字架。有些人把圣像绣在脖子挂的荷包上。军队主要由农民组成。人们会试图寻找逃避入伍的办法，也许年轻人不这样想，但他们的父母明白，前线就意味着死亡。[158]

当被问到是什么动机激励着她战斗时，列宁格勒保卫者当中的一位女青年补充道：

尽管遭受巨大的人员损失，但作为年轻人和全体人民的一分子，我还是相信我们必胜，根本没有考虑过列宁格勒要不要投降。我周围所有从事家务、工作和服役的那些人都保持着高昂的斗志。我们在战争年代的一切努力和思考全部都是为了胜利。我们相信斯大林和我们的军事首长，也相信这句格言："我们的胜利是正义的，胜利一定属于我们。"

许多年后，有人说我们当时应该让列宁格勒投降，从而避免损失这么多人。但如果你问我这件事，我还是会回答"不！"，宁可死亡也不愿活在德国人的统治下。我们听说过很多关于死亡集中营和毒气室的事情。无论对我们所有人还是我个人来说，德国人都是残酷的敌人。现在我已77岁，这种感情已经变得迟钝，当然，德国人也已变得完全不一样，并忏悔过去发生的事情。但上帝不会允许这样的战争再次发生。[159]

为了解释什么在激励他战斗，一位年轻的中尉后来写道："也许这些笔记能够帮助人们了解那些年的具体细节和整体环境，如果我能成功的话，还会使他们全面了解那种乐观主义精神、悲剧色彩和英雄气概，那时的大多数人都知道并坚信：'我们的事业是正义的，胜利一定属于我们。'"[160]

最后，如果惧怕、严格纪律和强烈的爱国主义火焰未能激励战士继续战斗，那么战争造成的麻木不仁也会使他们产生某种惯性，驱使他们这样做。就像在痛苦的医疗手术之前要给病人注射麻醉药品一样，战争的声响、景象和痛楚会使战士们沉浸其中并为之着迷，使他们在战争的恐怖面前无力退缩。从本质上讲，战争本身会使许多战士变得铁石心肠，并把他们变成战争特有的傀儡，直到他们被战火吞噬或作为幸存者重返社会。用另一位老战士发人深省的话说："战争时期，一切事情都从战争的角度出发。难道除了战争的野蛮法则之外，还有别的什么东西吗？有时候，同情心也要被重新打造成更符合战争的东西。我并不比战争更高级、更明智、更卑鄙或更纯洁，我属于它。"[161]

结论

战争时期红军中的全体军人共同构成一幅复杂的马赛克拼图，其中有些人迫不得已，有些人充满热忱，但许多人两者都不是；他们代表着男性和女性，也代表着农民、蓝领和白领工人、游牧牧民、官僚、罪犯、行为怪异者和市井无赖，甚至还有苏联统治阶层（nomenklatum）的子女。这些军人来自居住在苏联广袤领土上的每一个民族和宗教群体，甚至包括生活在苏联战前边境之外的人群，无论他们是志愿者、征召人员，还是被强制征召的平民。

这些肩并肩一起服役和战斗的人们，年龄低至 17 岁以下，高达 55 岁以上；既有忠诚的联共（布）党员和共青团员，又有对政治毫无兴趣的人、前贵族和富农的子女、流放的少数民族族群成员、赦免和定罪的"政治犯"。无论是否受过教育，教育程度高低，身体是否健康，战斗技能是否熟练，所有人都要在这场令他们付出巨大代价的战争中共同分担和承受艰难困苦。

战时先后共有近 3500 万人加入红军。从 1941 年 6 月 22 日到 1943 年 12 月 31 日这段时间，红军的规模从 27 个集团军、95 个军和 303 个师中服役的 540 万人最终增加 94 个集团军、253 个军和 838 个师中服役的近 1000 万人。[162] 在此期间，红军遭受不可归队的战斗减员和非战斗减员共有 870 万人，伤病员大约有 1970 万人，并在战斗中损失超过 250 个师和相当于师的兵团。

战时在红军中服役的 3500 万名军人中，有 2100 余万人（占 67%）来自俄罗斯联邦，其中有 1900 万人（占其中的 90%）属于俄罗斯族；有 640 万人（占 19%）主要是在乌克兰和白俄罗斯境内征集的斯拉夫人；其余 690 万人来自苏联的其他加盟共和国和自治共和国，其中有多达 350 万[①] 名非斯拉夫人，

---

① 译注：原文如此。这样求和无法得出800万的总数。实际数字参见表13.6。

从而使非斯拉夫军人总数接近 800 万人。另外，红军当中大约有 100 万女军人服役，其中至少有 50 万人加入以防空部队、地方防空部队和航空兵为主的战斗部队，其余 50 万女性身着军装在传统的非战斗岗位或保障部队服役。

红军军人虽然在民族、社会出身、教育程度、思想水平和性格等方面存在较大差异，但是有许多共同的经历。首先也最重要的是，无论何时、何地、以何种方式战斗，他们都属于同一支遭受巨大伤亡的军队，很大程度上是因为军队的高级首长经常（甚至习惯）利用这个国家看似用之不竭的人力资源，以无情挥霍军人生命的方式保卫祖国。其次，战争最初 18 个月里忍饥挨饿地战斗之后，他们还要在战争后续阶段依靠自行觅食和"乞讨"来补充每天给养的不足。对于大多数军人来说，奢侈的定义就是每天能有一条面包、一两个土豆和一块肥肉。更糟糕的是，除了长时间忍饥挨饿之外，他们还都缺少武器、被服和应有的装备，至少在战争最初的 6 个月里是这样，尽管他们的德国同行在这方面表现得同样不尽如人意。

总之，全体红军军人都过着斯巴达式的简朴生活，并学会在勉强度日的基础上生存。虽然每天定量配给的伏特加能在一定程度上缓解痛苦，提振士气，坚定战斗意志，但是也经常破坏纪律，并使他们赖以生存的战斗技能变得迟钝。

全体红军军人还在同一个军事制度下生活和战斗，管理这个制度的是一个政治委员和政治指导员（以及后来负责政治事务的副指挥员）组成的复杂而庞大的网络，遍布红军从方面军到连级的整个军队结构，并全方位管理军人的政治生活。通过不断的政治教育、鼓动、鼓励和使用纪律措施相威胁，并通过自己的独立指挥编制和军事汇报制度，这些"监察员"确保队伍中的良好纪律和秩序，发现并铲除任何分歧。与此同时，检察司法体系中的检察机关和法庭，还与国家安全机关的代表一起严格执行纪律，雷厉风行地对违纪者实施惩处和刑罚。

司令员（指挥员）和政治委员还利用苏联严格的法律法规和红军简单高效的军事法庭制度，在其下属军队内维持秩序和纪律，同时在秩序和纪律遭到破坏时利用移送惩戒部队的措施恢复其权威。最后，司令员（指挥员）还依靠拦截支队防止抗命不遵和临阵脱逃，起初作为一种终极手段，后来变成惯例。

最后，那些在战争中生还的红军军人之所以能忍受严格纪律、惧怕和威胁，主要是因为他们习惯于这样。与西方军队的士兵不同，红军军人来自苏联社会，社会生活的许多内容以多种方式复制到军队生活当中。从和平年代的内部护照、各种轻重刑罚和平民受到的其他限制，发展到军人在战时面临的政治措施、纪律措施、个人或集体惩罚仅仅是一步之遥。总之，正如许多平民习惯在苏联社会中生存一样，红军军人也会习惯在苏联军队中生存。其间的主要区别是，红军军人在战争期间还要学会怎样在国防军面前生存。

无论工人、农民还是官僚，斯拉夫人还是非斯拉夫人，男性还是女性，东正教徒、穆斯林、犹太人还是无神论者；无论出于"苏维埃爱国主义""大俄罗斯民族主义"、对祖国的诚挚热爱，还是对德国侵略者的天然憎恨，大多数红军军人经受住前所未有和难以想象的物资匮乏考验，在人类经历过的最可怕的战争中幸存下来。实现这一点的同时，他们也完成一项非凡的壮举，在付出巨大的生命代价后，令人惊讶地在短短四年之内击败欧洲最强大的军事机器。

数据表

表13.1 红军的扩充，1939—1941年

军团和兵团（个）	1938年1月1日	1939年9月1日	1940年12月	1941年6月22日
集团军	1	2	20	27
步兵军	27	25	30	62
步兵师	71（基干）、35（地方民兵）	96	152	198
摩托化（机械化）师	0	1	10	31
骑兵军	7	7	4	4
骑兵师	32	30	26	13
步兵旅	0	5	5	5
机械化（坦克）军	4	4	9	29
坦克师	0	0	18	61
筑垒地域	13	21	21	57
空降兵军	0	0	0	5
空降兵旅	6	6	12	16
总兵力（人）	151.3万	152万	420.7万	537.3万

来源：I. Kh. 巴格拉米扬主编，《战争史和军事艺术史》（莫斯科：军事出版社，1970年版）；A. 雷扎科夫，《关于20世纪30年代红军装甲坦克兵的组建问题》，刊登在《军事历史杂志》第8期（1968年8月刊）；《苏军的作战编成，第一部（1941年6月—12月）》。

表13.2 部分红军师的战士年龄和民族成分，1941—1945年

师的番号	日期	构成
63集步1师	1942年7月	40%惩戒军人（1942年12月近步58师）
69集步4师（二）[①]	1944年7月	50%年轻的俄罗斯人、50%年长的乌克兰人
突3集步7师（二）	1943年5月	81%爱沙尼亚人
步8师	1941年6月	许多哈萨克人
18集步8师（二）	1944年3月	80%俄罗斯人、10%乌克兰人、10%亚洲人
步16师（二）	1943年2—6月	36.5%立陶宛人，75%犹太人（1943年10月：10%早于1908年度，40%属1908—1924年度，50%属1925年度）。
步23师	1943年2月	50%俄罗斯人、50%亚洲人（1903—1925年度）（1943年3月近步71师）

① 译注：括号内数字是指第几次组建。

64集步29师（二）	1942年8月	50%俄罗斯人，30%乌克兰人，20%哈萨克人（1943年3月近步72师）
40集步38师（三）	1944年5月	70%俄罗斯人，20%乌克兰人，10%非斯拉夫人
62集步45师	1941年6月	95%乌兹别克人（1942年10月50%乌兹别克人，20%哈萨克人，15%鞑靼人，15%俄罗斯人）（90%属1897—1922年度，10%属1923—1924年度）（1943年3月近步74师）
38集山步58师	1943年11月	95%俄罗斯人（90%属1925年度）（1944年8月50%乌克兰人）
步63师	1942年11月	30—40%俄罗斯人，60%—70%土库曼人（1943年9月20%俄罗斯人，80%土库曼人）（1942年11月近步52师）
13集步70师（二）	1944年9月	80%亚洲人（80%属1900—1909年度）
步76师	1942年11月	70%俄罗斯人，30%阿塞拜疆人（1942年11月近步51师）
58集步77师	1942年9月	66%阿塞拜疆人（1942年10月步216师）
13集步81师（二）	1943年2月	60%土库曼人，40%俄罗斯人（多数属1900—1924年度）
山步83师	1941年6月	95%土库曼人（1943年10月近步128师）
步89师（二）	1941年12月	95%亚美尼亚人
51集步91师（二）	1942年4月	95%属1924年度的俄罗斯人和乌克兰人
21集步91师（二）	1943年7月	70%—80%土库曼人
59集步92师（二）	1945年1月	67%俄罗斯人，33%乌克兰人
41集步93师（二）	1942年9月	50%哈萨克人（1902—1912年度），许多惩戒军人和劳动营犯人
步95师	1943年3月	60%土库曼人，40%俄罗斯人（1943年3月近步第75师）
步96师	1942年1月	70%俄罗斯人，30%亚洲人（1942年1月近步14师）
21集步96师（二）	1942年7月	全部是西伯利亚人（1943年2月近步68师）
远东方面军步98师	1941年8月	70%西伯利亚人（1902—1922年度，1941年9月解散）
步99师	1943年4月	70%俄罗斯人，30%亚洲人（1943年4月近步88师）
40集步100师（二）	1942年3月	80%俄罗斯人，20%鞑靼人和拉普人（1942年4月75%是1898—1923年度的俄罗斯人）
远东方面军步102师（三）	1942年11月	70%俄罗斯人，10%乌克兰内务人民委员部（70%属1918—1923年度，30%属1903—1917年度）
6集步103师（二）	1942年5月	50%—60%俄罗斯人，20%—30%吉尔吉斯人，20%乌兹别克人（90%属1901—1905年度，10%属1920—1923年度）（1942年5月覆没）
独滨海集步109师	1942年3月	2534名俄罗斯人（43%），1613名乌克兰人（28%），459名格鲁吉亚人（8%），309名阿塞拜疆人（5%），301名亚美尼亚人（5%），249名犹太人（4%），141名鞑靼人（2%），63名列兹金人，58名奥塞梯人，50名白俄罗斯人，23名摩尔达维亚人，21名卡尔梅克人，20名乌兹别克人（5841人）（1942年5月覆没）
步110师	1941年9月	90%是工人，60%是党员（民兵师）（1941年9月覆没）
步111师	1943年3月	40%亚洲人（1943年3月近步24师）
预1集步112师（二）	1942年4月	多数西伯利亚俄罗斯人（1923年度），许多惩戒军人（1943年2月60%土库曼人，30%俄罗斯人，10%乌克兰人，1925—1927年度）

近2集步118师（三）	1943年5月	50%俄罗斯人，20%乌克兰人，30%非斯拉夫人（1944年3月50%俄罗斯人，20%乌克兰人，30%非斯拉夫人）
步119师（二）	1942年11月	50%俄罗斯人，50%亚洲人和乌克兰人（1942年12月近步54师）
38集步121师	1944年5月	80%征集的乌克兰人
步124师（二）	1942年11月	80%俄罗斯人，20%亚洲人（1942年11月近步50师）
16集步126师	1941年9月	俄罗斯人和乌兹别克人（1941年12月解散）
步126师（二）	1943年5月	75%乌兹别克人、鞑靼人和哈萨克人
步127师（二）	1943年1月	60%俄罗斯人，40%亚洲人（1943年1月近步62师）
步127师（三）	1943年5月	90%俄罗斯人，8%乌克兰人，1%白俄罗斯人和犹太人（1944年4月60%乌克兰人，30%俄罗斯人）
步129师（二）	1943年11月	70%属1924—1925年度
乌拉尔军区步131师（二）	1942年1月	90%俄罗斯人
60集步132师	1944年4月	50%俄罗斯人，50%乌克兰人（1944年7月50%俄罗斯人，50%乌克兰人，多数属1924—1925年度）
步136师（三）	1944年4月	70%乌兹别克人，15%俄罗斯人，15%乌克兰人（60%属1904及更早年度）
48集步137师	1944年11月	90%白俄罗斯人，10%乌克兰人
步140师（四）	1943年2月	50%俄罗斯人，15%乌克兰人，35%各种非斯拉夫人（内务人民委员部）
近1集步147师（二）	1944年3月	90%是征集的乌克兰人
60集步148师	1944年9月	65%俄罗斯人（1904—1924年度），35%乌克兰人（1924年度）
13集步149师（二）	1943年12月	80%乌克兰人
28集步152师（二）	1944年12月	60%布科维纳人，30%乌克兰人，10%俄罗斯人
63集步153师（二）	1942年7月	40%惩戒军人（1942年12月近步57师）
27集155师（二）	1944年1月	60%是征召的乌克兰人
44集步157师	1941年12月	77%俄罗斯人、白俄罗斯人和乌克兰人，23%亚美尼亚人和格鲁吉亚人（1942年1—3月用俄罗斯人和乌克兰人替换）（近步76师）
乌拉尔军区步162师（二）	1942年1月	70%俄罗斯人，20%乌克兰人（20%惩戒军人）（1942年7月解散）
65集步162师（三）	1944年2月	35%乌克兰人，35%哈萨克人，20%俄罗斯人，10%其他民族（50%属1923年度）（1944年7月80%乌克兰人，多数属1904年度）
13集步172师（二）	1944年7月	65%乌克兰人，35%俄罗斯人（70%属1900—1914年度，30%属1914—1925年度）
西伯利亚军区步175师（二）	1942年3月	95%西伯利亚人、巴什基尔人和鞑靼人（多数属1900—1909年度），30%惩戒军人（1942年9月解散）
乌拉尔军区步175师（三）	1942年11月	70%俄罗斯人，25%乌克兰人（多数属1913—1923年度）（1944年10月90%征集的乌克兰人和白俄罗斯人）
38集步180师（二）	1943年9月	50%征集的乌克兰人（1894—1926年度）
27集步181师	1941年7月	50%拉脱维亚人（1941年9月解散）

预7集步181师（二）	1942年7月	（共12719人）2271名党员（18%），297名老战士（2%），1530名富农惩戒军人（12%），8864名俄罗斯人（70%），2616名乌克兰人（21%）, 298名犹太人（2%），182名白俄罗斯人（1%），168哈萨克人（1%），139鞑靼人（1%），89名亚美尼亚人（2602人不满20岁，1515人20—25岁，2043人26—30岁，2178人31—35岁，2280人36—40岁，2043人41—45岁，81人超过45岁）（1942年8月覆没）
11集步183师	1941年8月	50%拉脱维亚人（1943年7月60%土库曼人，15%俄罗斯人，25%其他民族）
62集步193师（二）	1942年5月	50%俄罗斯人，50%阿塞拜疆人、吉尔吉斯人、西伯利亚人和哥萨克（1942年9月50%俄罗斯人，30%乌兹别克人和哈萨克人，20%是党员（内务人民委员部）
伏尔加河沿岸军区步195师	1941年10月	50%哈萨克人（1941年12月解散）
乌拉尔军区步196师（二）	1942年1月	80%哈萨克人，20%俄罗斯人
70集步202师	1943年7月	30%属1925年度
远东方面军步204师	1941年11月	95%哈萨克人和乌兹别克人（1943年3月近步78师）
27集步206师（二）	1944年7月	80%哈萨克人，20%俄罗斯人
远东方面军步208师	1941年10月	60%阿塞拜疆人，40%俄罗斯人和远东人（1942年8月解散）
13集步211师（二）	1943年11月	70%属1893—1902年度
乌拉尔军区步212师	1942年8月	哈萨克人、乌兹别克人、鞑靼人和乌克兰人（1899—1923年度）（1942年12月解散）
近7集步213师	1943年9月	50%俄罗斯人和乌克兰人，50%中亚细亚人
69集步214师（二）	1944年9月	50%乌克兰人，25%俄罗斯人，25%乌兹别克人
58集步216师	1942年11月	60%阿塞拜疆人（步77师）
57集步219师（二）	1943年6月	30%俄罗斯人，30%乌克兰人，40%亚洲人
乌拉尔军区步221师	1942年3月	75%乌兹别克人、哈萨克人和吉尔吉斯人，25%俄罗斯人（1942年11月解散）
44集步223师	1941年9月	95%阿塞拜疆人（1905—1921年度）（1941年8月覆没）
66集步226师	1942年9月	80%乌兹别克人、巴什基尔人、塔吉克人和乌克兰人，20%俄罗斯人（1943年5月近步95师）
60集步226师（二）	1943年7月	90%俄罗斯人（1944年6月85%乌克兰人，5%俄罗斯人，5%鞑靼人，5%乌兹别克人，60%属1893—1904年度，40%属1905—1916年度）
60集步232师（二）	1942年5月	60%俄罗斯人，30%哥萨克，10%阿塞拜疆人
步233师（二）	1942年4月	75%阿塞拜疆人，25%俄罗斯人（1943年4月60%乌兹别克人和哈萨克人）（大约10%惩戒军人）
44集步236师	1942年1月	40%俄罗斯人，20%白俄罗斯人和乌克兰人，40%非斯拉夫人（1942年2月解散）
11集步238师（二）	1943年8月	70%属1924年度
28集步244师	1942年1月	90%属1900年度（1942年6月解散）
6集步244师（二）	1942年10月	33%属1905—1923年度，其余人年龄更大
28集步248师（二）	1942年5月	60%俄罗斯人，40%吉尔吉斯人和卡尔梅克人（1942年6月覆没）

28集步248师（三）	1942年8月	80%俄罗斯人（1923—1925年度）
突3集步249师（二）	1943年6月	63%爱沙尼亚人
24集步252师	1942年8月	60%雅库特人，40%俄罗斯人（1943年1月50%哈萨克人和乌兹别克人，50%雅库特人和俄罗斯人）
24集步258师（二）	1942年12月	50%俄罗斯人，50%土库曼人，20%惩戒军人（1943年5月近步96师）
47集步260师（二）	1944年3月	70%俄罗斯人，30%亚洲人和土库曼人
伏尔加河沿岸军区步266师（三）	1942年8月	30%惩戒军人
11集步273师（二）	1944年4月	70%乌克兰人，20%俄罗斯人，10%非斯拉夫人
9集步276师	1942年10月	70%格鲁吉亚人
近3集步279师（二）	1943年2月	50%俄罗斯人，50%土库曼人
52集步294师	1944年4月	65%征集的乌克兰人
53集步297师（二）	1944年5月	80%乌克兰人（1888—1924年度）
53集步299师（二）	1943年8月	60%乌兹别克人，40%俄罗斯人
60集步303师（二）	1942年3月	40%俄罗斯人，60%西伯利亚人和其他民族
67集步308师（三）	1944年7月	主要是拉脱维亚人
步310师	1941年6月	主要是哈萨克人
步312师	1941年7月	主要是哈萨克人
16集步316师	1941年10月	90%哈萨克人和吉尔吉斯人，10%俄罗斯人[②]
66集步316师（二）	1942年7月	95%吉尔吉斯人和哈萨克人，少数人会讲俄语，平均年龄35—50岁（1942年11月解散）
58集步319师（二）	1942年8月	70%高加索人（1942年12月解散）
远东方面军步321师（二）	1942年3月	85%雅库特人和布里亚特人（1943年3月近步82师）
预10集步322师	1941年10月	90%俄罗斯人，8%是党员
10集步324师	1941年10月	90%俄罗斯人
10集步325师	1941年10月	90%俄罗斯人（1943年5月近步90师）
10集步326师	1941年10月	60%俄罗斯人，40%鞑靼人
10集步328 师	1941年10月	90%俄罗斯人（1942年5月近步31师）
45集步328师（二）	1942年7月	50—60%高加索人（主要是亚美尼亚人）（1944年11月75%白俄罗斯人，20%乌克兰人，5%俄罗斯人）
10集步330师	1941年10月	90%俄罗斯人

---

② 译注：1941年11月近步8师。

10集步332师	1941年8月	100%俄罗斯人（民兵师）
44集步345师	1941年12月	38%俄罗斯人，62%中亚细亚人和高加索人（1942年7月解散）
坦3集步349师	1943年2月	70%俄罗斯人，30%土库曼人和高加索人
60集步352师	1941年8月	大批鞑靼人
46集步353师	1943年11月	40%俄罗斯人，60%塔吉克人、乌兹别克人和土库曼人
列宁格勒军区步367师	1941年12月	基本上35—41岁
西伯利亚军区步368师	1941年9月	主要是西伯利亚人
69集步370师	1945年2月	50%白俄罗斯人，25%俄罗斯人，25%乌克兰人和摩尔达维亚人
59集步372师	1941年9月	90%西伯利亚人
步385师	1941年11月	主要是吉尔吉斯人
61集步387师	1941年11月	主要是哈萨克人
近3集步389师	1944年5月	50%俄罗斯人，40%乌克兰人，10%非斯拉夫人
步390师	1941年8月	50%俄罗斯人，50%亚美尼亚人（1942年4月解散）
61集步391师	1941年9月	主要是哈萨克人
46集步392师	1941年8月	主要是格鲁吉亚人（1944年1月90%格鲁吉亚人）
外高加索方面军步394师	1941年8月	主要是格鲁吉亚人
51集步396师	1941年9月	70%高加索人（1942年1月解散）
44集步396师（二）	1942年11月	10%俄罗斯人，20%乌克兰人和白俄罗斯人，30%阿塞拜疆人，40%格鲁吉亚人
外贝加尔军区步399师	1942年3月	主要是西伯利亚人（1941年7月解散）
45集步402师	1941年9月	90%阿塞拜疆人（1944年1月50%阿塞拜疆人）
44集步404师	1941年12月	主要是高加索人（1942年6月解散）
46集步406师	1941年9月	主要是格鲁吉亚人
45集步408师	1941年8月	31%俄罗斯人和乌克兰人，25%格鲁吉亚人，23%阿塞拜疆人，21%亚美尼亚人（1942年11月解散）
45集步409师	1941年8月	95%亚美尼亚人
远东军区步413师	1941年9月	主要是西伯利亚人和哈萨克人
44集步414师	1942年2月	95%格鲁吉亚人（1942年2月解散）
44集步414师（二）	1942年4月	95%格鲁吉亚人
步415师	1942年1月	70%格鲁吉亚人
44师步416师（二）	1942年3月	95%阿塞拜疆人
外高加索军区步446师	1942年1月	95%亚美尼亚人（改称第二次组建的步328师）

13集近空降2师	1943年9月	60%俄罗斯人，40%土库曼人（1923—1925年度）（1945年3月33%俄罗斯人，33%比萨拉比亚人，33%立陶宛人）
13集近空降4师	1943年8月	60%俄罗斯人，40%土库曼人（80%属1925年度）
近空降5师	1943年5月	50%俄罗斯人、白俄罗斯人和乌克兰人，50%非斯拉夫人（50%早于1903年度，20%属1903—1913年度，30%属1914—1925年度）
近5集近空降6师	1943年10月	40%俄罗斯人，35%乌克兰人，25%非斯拉夫人（1944年5月60%征召的乌克兰人，40%俄罗斯人，另有300名惩戒军人）
13集近步6师	1944年2月	40%俄罗斯人，50%乌克兰人，10%亚洲人（25%属1925年度，40%属1904—1924年度，35%早于1904年度）（原步120师）
近4集近空降7师	1943年9月	50%乌克兰人，40%俄罗斯人，10%乌兹别克人（70%属1918—1932年度，20%属1901—1913年度，10%属1910—1913年度）（1944年1月80%乌克兰人）
16集近步8师	1941年12月	95%吉尔吉斯人和哈萨克人（1942年6月70%吉尔吉斯人和哈萨克人，30%乌兹别克人）（原步316师）
近5集近空降9师 近空降10师	1945年3月 1943年12月	70%俄罗斯人和乌克兰东部人，30%乌克兰西部人，（1896—1926年度） 主要属1925—1926年度（1944年2月主要是1926年度）
53集近步14师	1944年1月	50%俄罗斯人，50%亚洲人（1944年8月25%俄罗斯人，50%乌克兰人，15%摩尔达维亚人，10%亚洲人（50%属1914年度）（原山步96师）
近7集近步15师	1943年4月	50%俄罗斯人，50%塔吉克人和中亚细亚人（1944年11月90%乌克兰人）（1945年1月66%俄罗斯人，33%乌克兰人）
28集近步24师	1943年9月	50%亚洲人（原步111师）
近7集近步25师	1945年1月	60%比萨拉比亚人和摩尔达维亚人
近1集近步27师	1943年7月	50%俄罗斯人，50%其他民族
近步31师	1942年5月	90%俄罗斯人
近2集近步33师	1942年12月	95%俄罗斯人和乌克兰人（1922—1928年度）（1943年8月30%巴什基尔人）
近8集近步35师	1943年11月	70%乌克兰人（1943年12月主要属1925—1926人）
近8集近步39师	1945年1月	40%俄罗斯人，50%乌克兰人，10%乌兹别克人
突5集近步40师	1943年4月	10%吉尔吉斯和土库曼的惩戒军人
近4集近步41师	1944年7月	20%俄罗斯人，80%征召的乌克兰人
40集近步42师	1944年1月	80%乌克兰人，20%土库曼人（80%属1893—1913年度，20%属1914—1923年度）
6集近步47师	1943年10月	60%俄罗斯人（1943年12月30%鞑靼人）（1944年11月50%俄罗斯人，30%乌克兰人，20%其他民族）
57集近步48师	1943年6月	80%亚洲人（1943年7月40%俄罗斯人，30%乌克兰人，30%土库曼人）
51集近步50师	1943年5月	70%俄罗斯人，30%亚洲人（原第二次组建的步124师）
近6集近步51师	1943年7月	50%俄罗斯人，50%亚洲人（原步76师）
近6集近步52师	1943年7月	30—40%俄罗斯人，60—70%土库曼人（1943年9月20%俄罗斯人，80%土库曼人）（原步63师）
近3集近步54师	1943年3月	50%俄罗斯人，50%亚洲人和乌克兰人（1944年5月70%俄罗斯人，30%其他民族）（原第二次组建的步119师）

近3集近步61师	1943年6月	95%哈萨克人，5%俄罗斯人
37集近步62师	1943年10月	40%俄罗斯人，60%亚洲人（60%属1923—1924年度）（原第二次组建的步127师）
近5集近步66师	1943年10月	80%乌克兰人（1895—1926年度）（1944年2月90%是征集的1897—1907年度乌克兰人，10%属1925年度）
近4集近步68师	1942年6月	西伯利亚人和土库曼人（50%属1918—1924年度）（原步96师）
38集近步70师	1944年9月	50%俄罗斯人（1894—1927年度），50%亚洲人
近6集近步71师	1943年4月	50%俄罗斯人，50%亚洲人（1903—1925）（1944年7月90%乌克兰人）（原步23师）
近6集近步72师	1943年4月	50%俄罗斯人，30%乌克兰人，20%哈萨克人
57集近步73师	1944年4月	95%乌克兰人
近步74师	1943年3月	50%乌兹别克人，20%哈萨克人，15%鞑靼人，15%俄罗斯人（原步45师）
13集近步75师	1943年9月	80%土库曼人，20%俄罗斯人（1924—1925年度）（第二次组建的步95师）
61集近步76师	1943年3月	10%是惩戒军人
69集近步77师	1944年6月	50%俄罗斯人
近7集近步78师	1943年5月	80%亚洲人，20%俄罗斯人（1943年7月60%俄罗斯人，40%亚洲人）（原步204师）
近8集近步79师	1943年10月	60%俄罗斯人，20%乌克兰人，20%其他民族（1903—1926年度）
近4集近步80师	1943年8月	50%俄罗斯人（1898—1925年度）（1943年12月50%俄罗斯人，25%乌克兰人，25%其他民族）
近步82师	1943年4月	70%雅库特人和布里亚特人（原步321师）
近2集近步87师	1943年7月	50%俄罗斯人，50%哈萨克人和亚洲人（1924—1925年度）
近8集近步88师	1943年7月	70%俄罗斯人，30%亚洲人（原步99师）
近步90师	1943年5月	90%俄罗斯人（步325师）
37集近步92师	1943年9月	70%俄罗斯人，30%亚洲人（1925年度）
69集近步93师	1943年7月	60%俄罗斯人，40%亚洲人（1924—1927年度）
69集近步94师	1943年7月	30%俄罗斯人，70%亚洲人
近5集近步95师	1944年7月	60%乌克兰人，40%俄罗斯人
近2集近步96师	1943年5月	50%俄罗斯人，50%土库曼人（1943年9月50%属1925年度）（原步258师）
近5集近步97师	1943年8月	75%俄罗斯人和乌克兰人，25%土库曼人（1944年11月67%乌克兰人，50%属1900—1914年度）
37集近步110师	1943年9月	70%亚洲人，30%俄罗斯人，（1944年6月是85%征召的乌克兰人）（1945年3月67%是1926—1937年度的俄罗斯人，33%乌克兰人）
18集近步117师	1944年1月	20%俄罗斯人，45%乌克兰人，35%亚美尼亚人（40%属1924—1925年度，35%属1903—1908年度，35%年龄更大）
13集近步121师	1944年8月	70%乌克兰西部人，30%俄罗斯人

乌克兰第4方面军近步128师	1944年6月	95%土库曼人（1944年9月30%俄罗斯人，30%乌克兰人，40%高加索人和土库曼人（原山步83师）
38集近步129师	1943年12月	60%高加索人，40%俄罗斯人（45%属1926年度）（1945年4月50%俄罗斯人，30%乌克兰人，20%比萨拉比亚人）
45集山骑1师	1941年7月	95%库班哥萨克
9集骑2师	1941年6月	95%库班哥萨克
骑5军骑3师	1941年6月	95%比萨拉比亚人（1941年12月近骑5师）
骑6军骑4师	1941年6月	95%库班—捷列克哥萨克
骑9军骑4师	1942年4月	95%库班哥萨克（1942年4月扩编成骑7军）
骑2军骑5师	1941年8月	95%高加索人（1941年11月近骑1师）
骑6军骑6师	1941年6月	95%顿河（琼加尔）哥萨克（1941年8月覆没）
骑8师	1941年8月	95%哈萨克人（直到战争结束）
骑2军骑9师	1941年6月	95%克里米亚人（1941年11月近骑2师）
北高加索军区骑10师	1942年1月	95%库班哥萨克（1942年4月并入骑12和13师）
伏尔加河沿岸军区骑11师	1941年9月	95%哈萨克人（1942年1月近骑8师）
北高加索军区骑12师	1941年2月	95%库班哥萨克（1942年8月近骑9师）
骑17军骑13师	1942年2月	95%库班哥萨克（1942年8月近骑10师）
骑14师	1941年6月	95%亚洲人（1941年12月近骑6师）
骑17军骑15师	1942年2月	95%库班哥萨克（1942年8月近骑11师）
山骑17师	1941年7月	95%高加索人和乌兹别克人（1942年7月解散）
山骑18师	1941年11月	95%土库曼人（1942年7月解散）
山骑19师	1941年7月	95%乌兹别克人（1941年7月覆没）
山骑20师	1941年11月	95%塔吉克人（1943年8月近骑17师）
骑8军山骑21师	1942年1月	95%乌兹别克人（1943年2月近骑14师）
骑6军骑29师	1941年6月	95%哥萨克（1942年3月解散）
骑31师	1941年7月	95%俄罗斯人（1942年1月近骑7师）
骑44师	1941年7月	95%乌兹别克人（1942年4月并入骑17师）
骑50师	1941年7月	95%顿河哥萨克（1941年11月近骑3师）
骑53师	1941年7月	95%顿河哥萨克（1941年11月近骑4师）
骑55师（二）	1942年7月	95%土库曼人（1943年2月近骑15师）
骑57师	1941年8月	95%亚洲人（1942年2月并入近骑1师）
山骑83师	1941年12月	95%中亚细亚人（1943年1月近骑13师）

骑97师	1942年12月	95%土库曼人（1943年4月解散）
骑98师	1941年12月	95%土库曼人（1942年4月解散）
骑99师	1942年1月	95%乌兹别克人（1942年7月解散）
骑100师	1942年1月	95%乌兹别克人（1942年7月解散）
骑101师	1942年1月	95%乌兹别克人（1942年7月解散）
骑102师	1942年1月	95%乌兹别克人（1942年6月解散）
骑103师	1942年1月	95%乌兹别克人（1942年3月解散）
骑104师	1941年12月	95%塔吉克人（1942年7月解散）
骑105师	1942年1月	95%哈萨克人（1942年7月解散）
骑106师	1942年1月	95%哈萨克人（1942年3月解散）
骑107师	1942年1月	95%吉尔吉斯人（1942年8月解散）
骑108师	1942年1月	95%吉尔吉斯人（1942年3月解散）
骑109师	1942年1月	95%吉尔吉斯人（1942年5月解散）
骑110师	1942年5月	95%卡尔梅克人（1943年1月解散）
骑111师	1942年3月	95%卡尔梅克人（1943年4月解散）
骑112师	1942年4月	95%巴什基尔人（1943年2月近骑16师）
骑113师	1941年12月	95%巴什基尔人（1942年3月解散）
骑114师	1942年1月	95%来自车臣—印古什（1942年3月步255团）
骑115师	1942年3月	95%来自卡巴尔迪诺—巴尔卡尔（1942年10月解散）
骑17军骑116师	1942年3月	95%顿河哥萨克（1942年8月近骑12师）
近骑1军近骑1师	1943年10月	大多数是俄罗斯人（1944年2月60%俄罗斯人，30%乌克兰人，10%其他民族）（1944年8月50%乌克兰人）
近骑1军近骑2师	1941年11月	95%克里米亚人（原骑9师）
近骑2军近骑3师	1941年11月	95%顿河哥萨克（原骑50师）
近骑2军近骑4师	1941年11月	95%库班哥萨克（原骑53师）
近骑5师	1942年5月	95%高加索、顿河和库班哥萨克（原骑3师）
近骑6师	1941年12月	95%亚洲人（原骑14师）
13集近骑7师	1944年2月	50%俄罗斯人，50%非斯拉夫人（70%属1918—1926年度，30%属1913—1917年度）（1945年1月60%俄罗斯人，20%亚洲人，15%乌克兰人，5%属1920—1924年度的其他民族）（原骑31师）
13集近骑8师	1944年2月	90%俄罗斯人（30%属1914—1924年度，40%属1904—1913年度，30%属1896—1903年度）
近骑9师	1942年8月	95%库班哥萨克（原骑12师）

近骑10师	1942年8月	95%库班哥萨克（1945年4月大多数是俄罗斯人，50%属1920—1926年度）（原骑13师）
近骑5军近骑11师	1943年5月	30%卡尔梅克人，30%哥萨克，40%俄罗斯人（1898—1923年度）（原骑15师）
近骑12师	1942年8月	95%顿河哥萨克（原骑116师）
近骑13师	1943年1月	90%中亚细亚人（原山骑83师）
近骑14师	1943年2月	95%乌兹别克人（原山骑21师）
近骑15师	1943年2月	95%土库曼人（原第二次组建的骑55师）
近骑16师	1943年3月	95%巴什基尔人（原骑112师）
近骑17师	1943年8月	95%塔吉克人（原山骑20师）

注释：年度是指战士达到18岁役龄的具体年份。[①]

资料来源：罗伯特·G.波里尔、阿尔伯特·Z.康纳，《伟大卫国战争中红军的战斗序列》，未出版的手稿，1985年。这些数据来自1941—1945年德国东线外军处（Fremde Heere Ost）的报告，以及亚历山大·A.马斯洛夫，《被俘的苏联将领：1941—1945年被德国人俘虏的苏联将军之命运》（伦敦：弗兰克·卡斯出版社，2001年版）。

表13.3 红军民族部队的实力，1938年1月1日

番号	指挥人员（人）	人数（人）	少数民族（人）	演变过程
格鲁吉亚人				
斯大林格鲁吉亚山地步兵第47师	413	3739	3693	格鲁吉亚步兵师（1922年），格鲁吉亚步兵第1师（1924年），以斯大林命名（1930年），改为山地步兵（1931年），步兵第47师（1936年）
伏龙芝格鲁吉亚步兵第63师	566	3516	1664	格鲁吉亚步兵第1师（1924年4月），改为地方民兵师（1924年11月），以伏龙芝命名（1927年），山地步兵第63师（1936年），步兵第63师（1940年6月）
格鲁吉亚骑兵第24团	41	561	336	（1922年5月），1929年重新命名
高加索步兵第1师	603	3491	1715	（1921年）
格鲁吉亚步兵第7团	35	411	320	（1919年），1940年重新命名
高加索步兵第16团	52	539	341	（1920年），1939年重新命名
高加索步兵第1团	47	491	397	（1922年），1939年重新命名
亚美尼亚人				
伏罗希洛夫山地步兵第76师	433	3575	3284	亚美尼亚步兵师（1931年），步兵第76师（1936年）

① 译注：这句话不合理。上表中年度最早的是1888年，这一年满18岁的人到1944年已是74岁。年度应该是战士的实际出生年份，因为最晚的年度与统计日期基本上保持18年。

骑兵第22团	51	366	337	（1920年），1939年重新命名
阿塞拜疆人				
奥尔忠尼启则阿塞拜疆山地步兵第77师	392	3711	3192	阿塞拜疆混编步兵第1师（1920年），阿塞拜疆步兵师（1922年），改为山地步兵师（1929），以奥尔忠尼启则命名（1930年），奥尔忠尼启则步兵第77师（1936年）
阿塞拜疆山地步兵第34师	401	2989	2071	（1920年），以奥尔忠尼启则命名（1930年）
巴库工农第3团	51	601	423	（1920年），1940年重新命名
乌兹别克人和哈萨克人				
乌兹别克山地骑兵第19师[①]	110	1137	847	乌兹别克山地步兵第6师（1922年），乌兹别克山地步兵第19师（1936年），山地步兵第19师（1940）
哈萨克骑兵第48团	60	573	415	（1920年），1940年重新命名
土库曼人				
土库曼山地骑兵第18师	87	1145	735	土库曼山地骑兵第4师（1932年），土库曼山地骑兵第18师（1936年）
土库曼山地骑兵第21师	47	603	367	突厥斯坦山地骑兵第8师（1932年），土库曼山地骑兵第21师（1936年）
土库曼山地步兵第72师	450	3011	2719	独立突厥斯坦步兵第4旅（1922年），土库曼步兵第4师（1922年），土库曼山地步兵第72师（1936年）
突厥斯坦山地步兵第1师	307	2906	2112	（1922年），突厥斯坦山地步兵第83师（1936年）
骑兵第3团	41	517	406	（1923年），突厥斯坦山地骑兵团（1931年），山地骑兵第81团（1935年），1938年重新命名
吉尔吉斯人				
吉尔吉斯地方民兵骑兵第53团	53	386	197	（1922年），1939年重新命名
塔吉克人				
塔吉克山地骑兵第20师	246	2580	1548	（1935年）
哥里人[②]				
骑兵第127团	52	397	321	（1921年），1939年重新命名
布里亚特蒙古人				
布里亚特蒙古骑兵旅	166	1664	872	（1929年）

　　资料来源：V. V. 格拉多谢利斯基，《红军中的民族部队（1918—1938年）》，刊登在《军事历史杂志》第10期（2001年10月刊），第4页。

---

　　① 译注：原文如此，最右格是步兵。
　　② 译注：原文是"Gori"，一般指格鲁吉亚城市，斯大林的出生地。

表 13.4 红军民族部队的实力，1941 年 6 月 22 日—1943 年

番号	组建日期	战斗记录
阿塞拜疆人		
山步77师（一）	1920年，1942年5月25日改称步77师	从1941年12月战斗至1942年3月
步77师（二）	1942年10月19日	战斗至战争结束
步402师	1941年8月15日	从1942年10月1日战斗至1943年3月30日（外高加索方面军），担任方面军预备队至战争结束
步416师（二）	1942年3月15日	从5月15日战斗至战争结束（44集、58集、28集、近3集、突4集和突3集）
步223师（二）	1941年10月18日	战斗至战争结束（44集、58集、37集和近7集）
亚美尼亚人		
山步76师	1922年，1941年12月7日改称步76师，1942年11月23日近步51师	战斗至战争结束
步409师	1941年8月19日	从1942年12月战斗至战争结束（44集、37集、46集和57集）
步408师	1941年9月1日	战斗至1942年11月25日，因损失较大解散
步89师	1941年12月15日	战斗至战争结束
格鲁吉亚人		
斯大林山步47师	1922年	从1941年9月战斗至1942年6月，1942年5月25日在6集编成内陷入合围并覆没（哈尔科夫）
伏龙芝山步63师	1924年	从1941年9月战斗至1942年6月，1942年5月13日在44集编成内陷入合围并覆没（克里米亚）
步414师（二）	1942年4月18日，外高加索方面军	从1942年4月战斗至战争结束（44集、37集、58集和46集）
步406师	1941年9月1日，外高加索方面军	1942年1月17—28日、同年5—12月参加战斗（46集），担任方面军预备队至战争结束
步296师（二）	1943年7月16日，外高加索方面军	担任方面军预备队至战争结束
步392师（一）	1941年8月18日，外高加索方面军	从1941年12月战斗至1942年1月（44集）、1942年5—9月（37集）损失较大
步392师（二）	1942年12月7日，外高加索方面军	担任方面军预备队至战争结束
步276师（二）	1942年9月11日，外高加索方面军	战斗至战争结束
步349师（二）	1942年9月	担任方面军预备队至战争结束
山步9师	1921年高加索步1师，1939年5月4日山步9师，1943年9月5日普拉斯通步9师	从1943年9月战斗至战争结束
高加索步306团	1939年高加索步1团，1936年步25团，1939年步306团，1943年摩步36团，属摩步9师	战斗至战争结束
塔吉克人		

山骑20师	1935年，1943年9月18日近骑17师	战斗至战争结束
骑104师	1941年11月13日	1942年7月15日解散
步98和99旅	1941年12月	1942年3月解散

土库曼人

骑18师	1932年	从1941年11月战斗至1942年8月7日，因损失较大解散
山步83师	1922年土库曼山步1师，1936年山步83师，1943年10月9日近步128师	战斗至战争结束
骑97师	1942年12月7日	1943年3月4日解散
骑98师	1941年11月27日	1942年4月27日解散
独步87营[1]	1941年12月，1943年4月20日步76师（二）	从1942年10月战斗至1943年4月9日（27集，11集），步76师（二）战斗至战争结束
独88营	1941年12月	1942年4月解散
山步72师	1922年	战斗至1941年9月19日，因损失较大解散

乌兹别克人

骑19师	1936年	1941年7月参加战斗，合围中覆没并解散
独步90营	1941年12月	从1942年10月战斗至1943年1月（3集），损失较大，解散
独步94营	1941年12月	从1942年10月战斗至1943年1月（3集），损失较大，解散
独步89、91、92、93、95、96、97营	1941年12月	1942年年初解散
骑99师	1941年12月22日	1942年4月27日解散
骑100师	1941年12月22日	1942年7月7日解散
骑101师	1941年12月22日	1942年7月9日解散
骑102师	1941年12月25日	1942年6月10日解散
骑103师	1941年12月19日	1942年3月10日解散

哈萨克人

独步100营	1941年12月，1943年12月8日步1师（二）	从1942年10月战斗至1943年9月，步1师（二）至战争结束
骑105师	1941年12月13日	1942年7月15日解散
骑106师	1941年12月25日	1942年3月16日解散

---

① 译注：本表中有若干个"Sep. RBn"按照原文译作独立步兵营，但实际很可能是旅。例如：土库曼人的"独立步兵第87营"扩编成师显然不合理，而东北抗日联军退到苏联后使用的番号无疑是独立步兵第88旅。《苏军的作战编成》显示，1941年年底，步兵第87、第88、第89、第90、第91、第92、第93、第94、第95、第96、第97、第98、第99和第100旅组建于中亚细亚军区，步兵第101旅组建于南乌拉尔军区，步兵第102和第103旅组建于北高加索军区。

独步101旅	1941年12月	从1942年10月战斗至1944年7月（突4集）解散
独步102旅	1941年12月	从1942年10月战斗至1944年7月解散

吉尔吉斯人

骑107师	1941年12月8日	1942年8月15日解散
骑108师	1941年12月25日	1942年3月16日解散
骑109师	1941年12月19日	1942年5月11日解散

爱沙尼亚人

步8军（指挥部）	1942年9月25日，1945年5月近步41军	从1942年12月战斗至战争结束
步249师（二）	1942年5月6日，1945年5月近步122师	从1942年6月战斗至战争结束（42集，突1集）
步7师（二）	1941年12月27日，1945年5月近步118师	战斗至战争结束（突3集，突1集，8集，42集）

立陶宛人

步16师	1942年4月3日	从1942年12月战斗至战争结束（坦2集，48集，10集，近6集，突4集）

拉脱维亚人

步130军（指挥部）	1944年6月5日	战斗至战争结束
步201师	1941年8月13日，1942年10月5日近步43师	从1941年12月战斗至战争结束（33集，突1集）
步308师（三）	1944年7月1日	战斗至战争结束

卡尔梅克人

骑110师	1942年5月20日	1942年5月参加战斗，因损失较大解散
骑111师	1942年3月31日	1942年4月19日解散

巴什基尔人

骑112师	1942年4月28日，1943年2月14日近骑16师	战斗至战争结束
骑113师	1941年11月13日	1942年3月3日解散

来自车臣—印古什

骑114师	1942年1月1日	独骑255团（1942年3月3日）

来自卡巴尔迪诺—巴尔卡尔

骑兵第115师	1942年2月2日	1942年5—10月参加战斗（51集）损失较大，1942年10月19日解散

来自中国

独步88营	1942年8月（远东方面军）	1945年8月9日至9月2日在远东第2方面军编成内参加战斗

资料来源：《苏军的作战编成，1941—1945 年（五卷本）》；V. V. 格拉多谢利斯基，《伟大卫国战争中的民族部队》，刊登在《军事历史杂志》第 1 期（2002 年 1 月刊），第 18—24 页。

表 13.5 红军民族部队的实力，1941—1945 年

民族	（山地）步兵师	骑兵师	团、旅和营	合计
阿塞拜疆人	5	0	0	5
亚美尼亚人	4	0	0	4
格鲁吉亚人	10	0	1	11
塔吉克人	0	2	2	4
土库曼人	2	4	2	8
乌兹别克人	0	6	9	15
哈萨克人	0	2	3	5
吉尔吉斯人	0	3	0	3
爱沙尼亚人	2	0	0	2
立陶宛人	1	0	0	1
拉脱维亚人	2	0	0	2
卡尔梅克人	0	2	0	2
巴什基尔人	0	2	0	2
来自车臣—印古什	0	1	0	1
来自卡巴尔迪诺—巴尔卡尔	0	1	0	1
来自中国	0	0	1	1
合计	26	23	18	67

资料来源：V. V. 格拉多谢利斯基，《伟大卫国战争中的民族部队》，刊登在《军事历史杂志》第 1 期（2002 年 1 月刊），第 18—24 页。

表 13.6 战时红军的民族成分和牺牲人数（按民族统计）

	军人数量（人）	牺牲人数（人）
动员人数	29574900	不详
服役总人数	34476700	8668400
俄罗斯联邦	21187600（67%）	5756000
鞑靼人		187700
摩尔多瓦人		63300
楚瓦什人		63300
巴什基尔人		31700

乌德穆尔特人		23200
马里人		20900
布里亚特人		13000
科米人		11600
达吉斯坦人		11100
奥塞梯人		10700
波兰人		10100
卡累利阿人		9500
卡尔梅克人		4000
来自卡巴尔迪诺—巴尔卡尔		3400
希腊人		2400
来自车臣—印古什		2300
芬兰人		1600
保加利亚人		1100
来自捷克斯洛伐克		400
来自中国		400
来自南斯拉夫		100
其他		33700
乌克兰人	5300000	1376500
白俄罗斯人	1100000	252900
哈萨克人	1000000	125500
乌兹别克人	1200000（6000名女性）	117900
亚美尼亚人	600000	83700
格鲁吉亚人	800000（16000名女性）	79500
阿塞拜疆人	600000	58400
摩尔达维亚人	300000	53900
吉尔吉斯人	400000	26600
塔吉克人	400000	22900
土库曼人	400000	21300
爱沙尼亚人	270000	21200

拉脱维亚人	90000	11600
立陶宛人	70000	11600
犹太人	800000	142500
其他加盟共和国合计	13289100	
总计		8668400

资料来源：《伟大卫国战争中苏联的人员损失》，第75—81页；G. F. 克里沃舍耶夫主编，《20世纪战争中的俄罗斯和苏联及其武装力量的损失：统计调查》（莫斯科：奥尔马出版社，2001年版），第238页；V. A. 佐洛塔廖夫主编，《1941—1945年伟大卫国战争：军事历史论文集》第四卷，第13—14、第290页；恩德斯·S. 温德布什、亚历山大·阿列克谢耶夫，《红军中的少数民族：财富还是负担》（科罗拉多州博尔德：西方观点出版社，1988年版），第55页。

表13.7 红军军人每天的给养供应标准，1941年9月22日

编入不同部队的军人每天得到的给养有：

给养（单位：克）[①]	作战军队						
	战斗部队	后勤部队	预备部队	后方部队和警卫部队	空勤组（参战）	空勤组（驻军）	医院
面包							
冬季（10月—3月）	900	800	750	700	400	400	300
夏季（4月—9月）	800	700	650	600	400	300	300
二级小麦面粉	20	10	10	10	40	20	20
一级小麦面粉	—	—	—	—	—	—	10
马铃薯粉	—	—	—	—	5	5	5
去壳燕麦	140	120	100	100	90	80	60
粗粒小麦粉	—	—	—	—	—	—	20
大米	—	—	—	—	50	30	20
通心粉	30	20	20	100	50	20	30
肉	150	120	75	75	350	300	120
鸡肉	—	—	—	—	40	—	—
鱼	100	80	120	100	90	70	50
白软干酪	—	—	—	—	20	20	25
酸奶油	—	—	—	—	10	10	10

[①] 译注：译文略去英文版中的盎司数。

项目							
鲜奶	—	—	—	—	200	100	200
炼乳、咖啡或可可粉	—	—	—	—	20	—	—
鸡蛋（个）	—	—	—	—	0.5	0.5	—
大豆粉	15	—	—	—	—	—	—
黄油	—	—	—	—	90	60	—
奶酪	—	—	—	—	20	20	—
动物油	30	25	20	20	—	—	10
牛油	—	—	—	—	—	—	40
植物油	20	20	20	20	5	5	5
糖	35	25	25	20	80	60	50
茶	1	1	1	1	40（每月）	1	1
咖啡（天然/代用）	—	—	—	—	—	—	0.3 / 3
盐	30	30	30	30	30	30	30
蔬菜	820	820	920	920	885	835	735
马铃薯	500	500	600	600	500	500	450
卷心菜	170	170	170	170	200	200	150
胡萝卜	45	45	40	40	55	40	40
甜菜根	40	40	45	45	40	30	30
洋葱	30	30	30	30	40	30	30
根茎、青菜、黄瓜	35	35	35	35	45	35	35
果脯	—	—	—	—	20	20	—
果汁	—	—	—	—	3	3	—
果汁/浆果提取物	—	—	—	—	—	—	10 / 0.5
果脯/蜜饯	—	—	—	—	—	—	20 / 75
番茄酱	6	6	6	6	8	6	6
香叶	0.2	0.2	0.2	0.2	0.2	0.2	0.2
胡椒	0.3	0.3	0.3	0.3	0.3	0.3	0.3
醋	2	2	2	2	2	2	2
芥末	0.3	0.3	0.3	0.3	0.3	0.3	0.3
香烟或烟草（盒）	—	—	—	—	25	—	—

烟叶	20	20	—	—	—	—	—
火柴（盒/月）	3	3	—	—	10	—	—
卷烟纸（本/月）	7	7	—	—	—	—	—
肥皂（每月）	200	200	200	200	300	300	200

注释：横线代表当时未作规定。

1. 对于正在康复的红军战士和指挥员，每天提供800克面包的供应标准，包括400克黑麦面包和400克小麦面包。

2. 从作战军队到医院治疗的伤病员，每人可以得到每天25支三等香烟（papirosy）、每月3盒火柴，或者15克烟草。

资料来源：V. A. 佐洛塔廖夫主编，《国防人民委员1941》，收录在《俄罗斯档案：伟大卫国（战争）》，第13卷第2册第2分册（莫斯科：特拉出版社，1997年版），第97—102页。

表13.8 已知番号的红军惩戒部队及其隶属关系，1942—1945年

分队番号	隶属关系	确认时间
惩戒第5营	西北方面军	1942年8月
惩戒第8营	顿河方面军、中央方面军	1942年10月
惩戒第9营	大本营预备队	1942年
惩戒第12营	列宁格勒方面军	1942年
惩戒第20营	西方面军、白俄罗斯第1方面军	1942年
惩戒第22营	加里宁方面军、波罗的海沿岸第1方面军	1942年
惩戒第34营	沃罗涅日方面军	1943年年中
惩戒第38营	中央方面军	1943年6月
惩戒第76营	南方面军	1943年6月
惩戒第123营	（乌克兰第3方面军、白俄罗斯第1方面军）突击第5集团军	1944年
惩戒第156营	中央方面军或西方面军	1943年年中
惩戒第216营	西南方面军	1943年年中
惩戒第3连	西方面军第31集团军	1942年年底
惩戒第7连	第24集团军	1942年年底
惩戒第10连	中央方面军第60集团军	1943年5月
惩戒第67连	顿河方面军	1942年年底
惩戒第100连	西南方面军近卫第1集团军	1942年年底
惩戒第131连	第3集团军	1943年
惩戒第138连	第31集团军	1943年

惩戒第179连	第13集团军	1943年
惩戒第186连	第48集团军	1944年
惩戒第259连	第65集团军	1944年
惩戒第275连	第22集团军	1944年

注释

1. M. V. 伏龙芝的改革完成后，1928年的红军由作为基干军（常备军）的28个步兵师和11个骑兵师，以及45个地方民兵师组成。基干军按照全苏（全联盟）方式组成，和平时期保持两种编制水平，准备在战时编入红军作战军队的20个步兵军。地方民兵师按照地域方式组成，和平时期保持三种编制水平，战时用于补充红军的20个常备步兵军，并在必要时组建更多个步兵军。一线的常备（基干）师由6300名常设基干人员和12300名动员人员组成，二线的基干师由604名常设基干人员和11750名动员人员组成。一、二、三线的地方民兵师分别由2400名、604（或622）名、190名基干人员和10681名、11734名、12000余名预备役军人组成。某些情况下，个别地方民兵师可以作为组建3个新师的核心。可参阅I. 别尔欣，《论苏军的地方民兵建设》，刊登在《军事历史杂志》第12期（1960年12月刊），第15—16页。

2. 见S. V. 利佩茨基，《1924—1925年的军事改革》，刊登在《共产主义者》第4期（1990年3月刊），第60和第105页称："地方民兵兵团配置在内地军区，主要是人口密度足够大的经济发达地区。按照惯例，各师、团和营的配置区域边界应当与各省（gubemii）、县（uezdy）和区（volosti）的边界相对应。这为武装力量与广大劳动人民群众和各级苏维埃建立融洽的密切联系创造了条件。"

伏龙芝的改革还包括一部《苏联普遍义务兵役法》，要求年龄在19岁至40岁之间的全体男性公民在当地兵役委员会接受为期2年的征集前训练，并在入伍服役2到5年后转入预备役。分配到地方民兵兵团的人员中，多达90%是居住在该地区的征召人员，他们在服役期第1年中的3个月、服役期后4年中每年的1—2个月应在其部队和分队接受战斗训练和政治培训。地方民兵的军人在5年服役期内的非训练时间住在自己家里，从事原来的正常职业。

3. I. G. 帕夫洛夫斯基，《苏联陆军》，第65—68页。

4. N. A. 马利采夫，《基干制还是民兵制》，刊登在《军事历史杂志》第11期（1989年11月刊），第38页。根据该计划，到1938年1月1日，红军应由106个师组成，其中有71个基干师；到1939年年初把所有的师都改编成基干师。

5. 见I. G. 帕夫洛夫斯基，《苏联陆军》，第65页。1937年1月1日，红军共有49个基干步兵师、4个基干山地步兵师、35个地方民兵师、4个混编步兵师和2个独立地方民兵团；1939年1月1日共有85个基干步兵师、14个基干骑兵师和5个独立旅。

6. 同上。

7. 例如，西班牙内战（1937—1939年）期间，苏联提供大批军用武器和物资，积极支持共和政府与佛朗哥民族主义分子作斗争，而希特勒及其盟友墨索里尼以同样的方式支持佛朗哥。后来，第二次世界大战开始时，随着斯大林和希特勒通过谈判达成震惊世界的《苏德互不侵犯条约》，红军于1939年9月会同国防军一起攻入波兰东部；而在世界的另一端，1939年8月和9月，朱可夫指挥红军的一个军在蒙古东部的哈拉哈河击败日本的两个师团。最后，红军在1939年年底和1940年年初与芬兰爆发一场血腥但令人尴尬的战争，后来又占领波罗的海沿岸地区和罗马尼亚的比萨拉比亚。

8. I. G. 帕夫洛夫斯基，《苏联陆军》，第65—68页；以及G. F. 克里沃舍耶夫主编，《20世纪战争中的俄罗斯和苏联及其武装力量的损失：统计调查》，第220页；关于BUS（大规模训练演习）的定义，见戴维·M. 格兰茨，《泥足巨人》，第101页。1941年6月22日，苏联武装力量由红军和红海军的4826907人、任职于国防人民委员部的74945人，以及参加大规模训练演习并正等待分配到各动员部队的805264人组成，共计5707116人。

9. A. G. 连斯基，《战前年代的工农红军陆军》（圣彼得堡：出版者不详，2000年版），第59页。

10. G. F.克里沃舍耶夫主编，《20世纪战争中的俄罗斯和苏联及其武装力量的损失：统计调查》，第247页。

11. 7月4日的决议编号是10ss，题为《关于莫斯科和莫斯科州劳动人民自愿动员组建民兵师》。根据其他决议还在克拉斯诺达尔边疆区建立库班哥萨克骑兵第1、第2和第3师（后来分别被授予骑兵第10、第12和第13师的番号），在克里米亚建立4.8万人组成的4个步兵师①，以及斯大林格勒州的某个（无番号）步兵师和骑兵第15师，罗斯托夫州的顿河哥萨克骑兵第116师，伊万诺沃的步兵第49和第332师，雅罗斯拉夫利的步兵第234师，摩尔曼斯克的步兵第186师，哈尔科夫和第聂伯罗彼得罗夫斯克的2个混编步兵军，伏罗希洛夫格勒、斯大林斯克—苏梅州、克列缅丘格和基洛夫格勒的8个步兵师，维捷布斯克的1个步兵师——共计60个师，其中36个师最终编入红军。国防委员会7月16日的第172ss号决议使用10万人组建由10个民兵师组成的2个集团军，每个集团军各有5个师，并将其派往莫扎伊斯克防御线。国防委员会的这项决议和后续决议，见尤里·戈里科夫，《国防委员会决议（1941—1945年）：数字与文献》，第117—121页。

12. 同上，第118页。国防委员会这项决议的编号是第48ss号，题为《关于组建更多个步兵师》。

13. 每个100系列番号的坦克师编有217辆坦克。

14. 尤里·戈里科夫，《国防委员会决议（1941—1945年）：数字与文献》，第118页。这两项国防委员会决议的编号分别是第459ss号和第570ss号，后者题为《关于坦克部队》。步兵师应在11月15日以前做好战斗准备，骑兵师应在12月15日以前做好战斗准备；为了加快组建工作，国防委员会下令它们的组建地点应当设在主要城市，而不是分散在加盟共和国。每个新的坦克旅编有93辆坦克。

15. 同上。关于步兵师的国防委员会决议是第796ss号，命令国防人民委员部"尽快"将这些师集中到莫斯科地区。第二项国防委员会决议是第810ss号，题为《关于组建独立步兵旅》。②

16. 同上，第120页。国防委员会这项决议是第966ss号，题为《关于缩减军队［编制］》③

17. 同上，第122页。国防委员会这项决议是第1295ss号，题为《关于在1942年3月至4月组建坦克旅》。每个这种新坦克旅编有46辆坦克。

18. A. D. 科列斯尼克，《伟大卫国战争年代的俄罗斯联邦民兵兵团》（莫斯科：科学出版社，1988年版），第7—38页。

19. 上述数字按照每个民兵师1万人计算。这些民兵师加入红军时有自己独特的番号，但有36个师得到红军授予的新番号。战争结束前，国防委员会和国防人民委员部共建成661个各种类型的师，其中有490个步兵师、18个空降兵师、91个骑兵师、1个摩托化师、13个内务人民委员部师、11个坦克师和37个民兵师，总兵力约有661万人。按照年度计算，国防委员会1941年共组建419个师，1942年126个师，1943年92个师，1944年22个师，1945年2个师。另外，国防委员会还在1941年和1942年建立666个旅，其中有313个步兵旅、22个空降兵旅、48个摩托化旅、32个机械化旅和251个坦克旅，另外还有128个旅尚未组建

---

① 俄译注：克里米亚只建成2个师：克里米亚第2师（内务人民委员部第184师）和克里米亚第3师（摩托化第172师），前者没有运输车辆和火炮。

② 俄译注：前一个决议中没有使用"尽快"这个词，后一个决议的名称是《关于组建25个独立步兵旅》。

③ 俄译注：标题实际上是《关于新的组建工作》（О новых формированиях）。

完毕便已将其兵力编入其他兵团，总兵力333万人（按照每个旅5000人，每个师1.2万人计算）。因此，按照2个旅相当于1个师，国防委员会在战争开始时的兵力相当于303个师，战争结束前新增的兵力相当于981个师。然而，战争期间，主要在最初的18个月中，国防军共摧毁红军的297个师和85个旅，其中包括215个步兵师、45个骑兵师、12个摩托化师、25个坦克师，以及51个步兵旅、2个空降兵旅、6个摩托化步兵旅、2个机械化旅和24个坦克旅。见尤里·戈里科夫，《国防委员会决议（1941—1945年）：数字与文献》，第117页；《伟大卫国战争中苏联的人员损失：文章选集》（圣彼得堡：俄罗斯科学院，1995年版），第72页。

20. N. S. 吉什科，《国防委员会决议》，刊登在《军事历史杂志》第2期（1992年2月刊），第34页。

21. 见V. A. 佐洛塔廖夫主编，《国防人民委员1941》，第71页。这是国防人民委员《关于替换后勤部队和机构中的年轻首长和青年战士》的第55号训令。①

22. 尤里·科里亚欣，《战争的回忆》，收录在《战争的回忆：红军退伍军人在伟大卫国战争中的经历》，第八卷（宾夕法尼亚州卡莱尔：自费出版，2001年），第1页。

23. 戴维·M. 格兰茨，《红军军官的言论：1945年1月—2月维斯瓦河—奥德河战役参战人员访谈录》，第60页。这篇访谈的对象是原步兵第107师步兵第504团参谋长V. A. 东佐夫，该团当时隶属第60集团军步兵第15军。

24. 这是大本营第089号命令。见V. A. 佐洛塔廖夫主编，《最高统帅部大本营1942》，第88—89页。

25. 《步兵第121师的战斗特点》（Boevaia kharakteristika na 121 sd），出自《沃罗涅日方面军司令部的战斗号令》（Boevye rasporiazheniia shtaba Voronezhskogo fronta），档案索引号是TsAMO, f. 417, op. 10564, d. 252, l. 12。

26. 《独立学员步兵第248旅的战斗特点》（Boevaia kharakteristika na 248 otdel'nuiu kursantskuiu strelkovuiu brigadu），出自《沃罗涅日方面军司令部的战斗号令》，档案索引号是TsAMO, f. 417, op. 10564, d. 252, l. 13。

27. 《1943年3月16日致集团军第1、第2和第3拦截支队队长的第0224号》《Komandiram 1, 2, 3 armeiskikh zagradotriadov. 16.3.43g. No. 0224》，出自《最高统帅部大本营1943年1月2日至7月20日致布良斯克方面军和第13集团军的训令》（Direktivy SVGK, GSh, KA voiskam Brianskogo fronta, 13A, 2.1–20.7.43），档案索引号是TsAMO, f. 361, op. 6079, d. 173, l. 105。②

28. 见V. A. 佐洛塔廖夫主编，《国防人民委员1943》，第216页。这是第0430号命令。

29. 同上，第219页。③

30. 见伊戈尔·曼加泽耶夫，《加里宁方面军的一个"惩戒"军》，刊登在《斯拉夫军事研究杂志》，总第15年第3期（2002年9月），第123页。1940年3月，内务人民委员部的劳动改造营地（GULAG）系统由53个独立劳动改造营地和施工项目组成，共有1668200名犯人和107000名看守人员，到1941年6月22日，犯人总数增加到200万—230万之间。其中许多犯人受到政治镇压或者作为苏联社会的"不可靠分

---

① 译注：实际是第0308号命令（ПРИКАЗ），该命令在书中的文献序号是第55号。

② 译注：英语原文中的文献标题如此，没有翻译出俄语"GSh"（总参谋部）。另外，第13集团军是该训令的实际发布者，四个名称之间应该是并列关系，即《1943年1月2日至7月20日最高统帅部大本营、总参谋部、布良斯克方面军和第13集团军的训令》。注释148处与此相同。

③ 译注：国防人民委员1943年11月16日的第00141号命令。

子"被大规模流放，这种分子代表苏联当局认为他们属于对苏联国家构成威胁的少数民族或宗教群体。

除了在20世纪20年代后期和30年代抵制强制集体化措施的农民以外，这些犯人当中还有从伏尔加河沿岸等地区迁徙的日耳曼人，后来还有克里米亚的鞑靼人、车臣人等流放民族，因为他们有接受德国宣传或不忠于苏联政权的表现。从1941年到1944年，苏联当局把数以万计的这种人流放到位于苏联偏远地区的营地，如哈萨克斯坦和西伯利亚。不过，1944年6月1日以前，劳动改造营地和其他施工项目中的犯人数量大幅度减少到约120万人。①

31. 同上，第123页。1934年以前称呼这些富农的词汇是"特别移民"（spetspereselentsy），从1934年到1944年3月称"劳动移民"（trudposelentsy），1944年3月以后称"出身富农分子的特别移民"（spetspereselentsy kontingenta byvshie kulaki'）。

32. 同上，第120—121页。

33. 同上，第120页。

34. 同上，第123页。这是国防委员会第1575ss号决议。

35. 同上，第124页。这是内务人民委员部《从劳动流放名单中删除应征加入红军的劳动移民及其家庭成员》的第002303号命令。

36. 同上。

37. 同上，第124—125页。鄂木斯克步兵第75旅有1200名西伯利亚劳动移民。

38. 1942年7月在库兹涅茨克盆地（库兹巴斯Kuzbas）地区组建的步兵第74旅，主要由所谓的特别志愿者组成，他们实际上是内务人民委员部各营地和劳动定居点的犯人。

39. 同上，第126、第136页。例如，共有6720人的步兵第91旅当中的每3个人就有1名党员或团员。地方的记录还显示，步兵第6军的总兵力是37500人，44%是产业工人或矿工，26.6%是农民，29.4%是白领工人，该军有38.6%的人是党员或团员，来自原劳动移民的特别志愿者多达40%。为了证明这个事实，2002年担任阿尔泰共和国军事委员②的米哈伊尔·伊万诺维奇·雷布金上校称，在战争期间"每个人——年轻人和老年人、病人和健康人、男性和女性、志愿者和不愿战斗的人——都被征召入伍。总共从厄鲁特自治州征召42268名男性入伍。"

40. 该命令的标题是《关于为已服满大部分刑期且年龄符合征召或动员条件的人员提前恢复被剥夺权利》，是对1月7日国防委员会决议的响应。③

41. 同上，第109—110页。

42. V. A. 佐洛塔廖夫主编，《国防人民委员1943》，第198页。这是《关于授予部队和兵团指挥员

---

① 译注：俄译者在这里共添加四条译注，除指出曼加泽耶夫的作品可信度存疑之外，其他内容整理如下：1.部分少数民族之所以被流放并不是因为"有接受德国宣传或不忠于苏联政权的表现"，而是与侵略者合作，组建部队参与德国的军事行动，广泛参与反游击队作战。尽管因部分人的行为让整个民族负责的做法（集体责任原则）是否合法存在争议，可是隐瞒少数民族团体与纳粹合作（不仅发生在苏联）的做法，将会歪曲第二次世界大战的历史。2.流放移民从未被列为囚犯或被定罪，也不会进入劳动改造营地。3.根据V. N. 泽姆斯科夫在《社会学研究》（Социологические исследования）（1991年第6期）第11页中的数据，劳动改造营地和其他施工项目中的犯人数量分别是1941年1月1日的1929729人（其中420293名政治犯）；1942年1月1日的1777043人（其中407988名政治犯），另有487739人收押在监狱；1944年1月1日的1179819人（其中268861名政治犯）。

② 译注：这个职务名称原文如此。俄罗斯联邦阿尔泰共和国即当时的厄鲁特自治州。

③ 译注：这是国防人民委员第158/24号命令，全文见V. A. 佐洛塔廖夫主编，《国防人民委员1943》，第109—110页，引用的依据是苏联最高法院1月7日的决议，在该书第110—111页，并非国防委员会决议。

全权将判处犯有某些罪行的军士和普通战士不经审判直接移送惩戒连》的第0413号命令。

43. 同上，第214—242页。这是副国防人民委员第004/0073/006/23ee号命令，题为《关于苏维埃社会主义联盟法典第28条注释2（以及各加盟共和国法典中的相应条款）的适用秩序和移送被定罪者到作战军队》。[①]

44. 同上。

45. 更多详情，见V. V. 格拉多谢利斯基，《红军中的民族部队（1918—1938年）》，刊登在《军事历史杂志》第10期（2001年10月刊），第4页。1938年3月7日联共（布）中央委员会《关于工农红军民族部队和兵团的决定》把全体部队、军事院校按照跨地域的原则改编成全苏性机构。

46. 同上，第4页。

47. V. A. 佐洛塔廖夫主编，《1941—1945年伟大卫国战争：军事历史论文集》第四卷（莫斯科：科学出版社，1999年版），第13—14页。

48. 戴维·M. 格兰茨，《红军军官的言论》，第116—117页。这篇访谈的对象是原近卫步兵第97师近卫步兵第289团团长Iu. A. 瑙缅科，该师当时隶属近卫第5集团军近卫步兵第32军。

49. 历史学家仅仅刚开始揭开这个主题周围的神秘面纱。他们当中有创作《战争中的女性与抵抗：苏联女军人传记选》等几部作品的卡济米拉·J. 科塔姆，创作最新研究作品《机翼、女性和战争：战斗在第二次世界大战中的苏联女飞行员》的雷娜·彭宁顿。她们都在很大程度上依赖口述历史来记录战争期间俄罗斯女性的战斗成就和非战斗成就。[②]

50. 西米恩·阿里亚，《从坦克到喀秋莎》，收录在《战争的回忆》第五卷，第21页。

51. M. M. 科兹洛夫主编，《伟大卫国战争1941—1945年：百科全书》，第269—270页这样写道：

战争最初几天里，妇女就参加到苏军队伍当中，自愿加入民兵师。根据国防委员会1942年3月25日、4月13日和23日的决议在妇女中开始大规模动员。仅征集的女共青团员就有55余万名爱国者——来自全国各民族的代表——成为军人。30余万名妇女应征加入国土防空军（超过该军种全体军人数量的四分之一），数十万妇女在苏军卫生勤务的军队卫生机构、通信兵、道路部队和其他勤务部门服役。

1942年5月，国防委员会颁布决议，动员2.5万名妇女参加海军。联共（布）先后在女党员中实施过5次动员。通过红十字会的渠道，有30万妇女受训获得护士的专业特长，30万人担任卫生护理员，50余万人担任地方防空部队的卫生助理。有22万名女狙击手、通信操作员和其他专业人员在普及军训（Vsevobuch）的青年分队受训过。

有3个航空兵团由妇女组成，其中一个由苏联英雄M. M. 拉斯科娃指挥。苏联英雄V. S. 格里佐杜博娃指挥远程航空兵第101团。［驻扎在莫斯科的］女志愿者独立步兵第1旅、女预备步兵第1团和中央女狙击手训练学校相继建成，还有一批妇女参加红军的决定性战役。另外，超过10万名妇女在游击运动和地下党团组织中战斗。

超过15万名妇女荣获战斗勋章和奖章，以表彰她们在同德国法西斯侵略者的斗争中表现出的大无畏精

[①] 译注：根据命令内容增加"副"字并订正命令编号。
[②] 俄译注：苏联战争作品中的女性主题从来都不秘密，有许多艺术作品和回忆录都致力于表现女性。当代之所以大肆宣传，是因为西方社会科学中以"性别"为主题的普遍流行。

神。有200余人先后荣获二级和三级光荣勋章，N. A. 茹尔金娜、N. P. 彼得罗娃、D. Iu. 斯塔尼利耶涅和M. S. 涅切波尔丘科娃成为全部等级光荣勋章的获得者。[①]有86人荣膺苏联英雄的称号，其中包括29名飞行员、26名游击队员和17名卫生勤务工作者，其中18人是牺牲后追授。

按照科塔姆著《战争中的女性与抵抗》第xx页[②]的内容，最新出版的俄罗斯统计数据显示，共有22万名女性通过普及军训接受军事训练，其中至少有6097名迫击炮手、4522名重机枪手、7796名轻机枪手、15290名冲锋枪手、102333名狙击手和49509名通信专业兵，共计有185547名女军人。

52. 见V. A. 佐洛塔廖夫主编，《国防人民委员1941》，第112—113页。这是国防人民委员《关于组建红军空军的女航空兵团》的第0099号命令。

53. 同上，第184—185页。这是国防人民委员《关于征集女共青团员加入防空部队》的第0058号命令。

54. 同上，第195—196页。这是国防人民委员《关于从红军后勤部队和机构抽调适合野战任务的军人》的第0065号命令，该命令的根据是国防委员会第1562ss号决议。

55. 同上。

56. 同上，第212—213页。这是国防人民委员《关于动员女通信兵替换男红军战士》的第0284号命令。

57. 同上。

58. 这些"多余人员"包括所有超出现行编制表规定的人员、分配到具体军需仓库和物资仓库（该命令附录中列有仓库清单）的男性，并来自原来为近卫步兵军额外提供的大部分卫生保障。

59. V. A. 佐洛塔廖夫主编，《国防人民委员1941》，第213—214页、第396页注释40。这是国防人民委员《关于缩减红军部队和机构编制表，用女性替换军事部队和设施中担任个别任务的男性》的第0296号命令。

60. 同上，第214—215页。这是国防人民委员《关于动员4万名女性加入空军代替男红军战士》的第0297号命令，是对1942年4月18日国防委员会第1618ss号决议的响应。

61. 同上，第217—218页。这是国防人民委员《关于缩减国防人民委员部各总局和中央局、军区司令部的编制表，暨使用体力有限、不适于前线服役的大龄军人和女性替换适于前线服役的指挥人员和主管人员》的第0325号命令。

62. V. A. 佐洛塔廖夫主编，《国防人民委员1943》，第13—14页。这是国防人民委员《关于在红军装甲坦克和机械化兵的部队和兵团中减少男军人，并用女性和大龄男性替换》的第002号命令。该命令的依据是1942年12月20日颁布的国防委员会第2640ss号决议。该命令要求装甲坦克和机械化兵司令员从1943年1月10日开始每三天向斯大林报告一次替换下来的确切人数。

63. 同上，第115页。

64.《伟大卫国战争中苏联的人员损失》，第74页。

65. 无数的资料（有些是传闻轶事但也有档案文献）中带有部队的报告和战时照片，表明迄今不明数量的女军人曾在战斗部队执行战斗任务。不过，在彻底解答"有多少女性曾在战斗中服役？"和"她们服

---

① 译注：光荣勋章只授予战士、军士和空军少尉，按照三级、二级、一级的顺序依次授予。荣获全部一、二、三级光荣勋章者可以享受许多优待和特权。

② 译注：正文之前的第20页。

役多久？"之前，至关重要的事情是获得更多档案材料。[①]

66. 这个传统根植于14世纪后期伊凡一世（大帝）的后封建军队和15世纪中叶伊凡四世（恐怖的伊凡）的军队。与西方军队的士兵在这个世纪逐渐从农奴演变成自由民不同，俄国士兵缓慢而不可避免地深陷农奴制。后来，在17世纪和18世纪罗曼诺夫王朝早期诸沙皇、彼得一世（大帝）沙皇、叶卡捷琳娜二世（大帝）的统治下，征集的农奴始终构成俄国军队的骨干，直至在亚历山大一世和他的继任者统治下进入19世纪大规模军队的时代。这段漫长的时间里，士兵在长期服役期间的生活条件和待遇反映着他们基本的社会地位、经济地位和政治地位。

尽管19世纪中叶俄军在克里米亚战争中的失败引发军事改革，1861年解放农奴，20世纪初的经济改革导致俄国出现资产阶级和工人阶级，但与西方标准相比，俄国士兵的生活还是特别艰苦。至少在一定程度上，俄罗斯帝国军队中服役士兵简陋和粗犷的生活特点，与这支军队在日俄战争（1904—1905年）和随后的第一次世界大战期间遭受的失败和巨大伤亡综合在一起，导致1905年的政治动荡、1917年的革命和军队最终解体，而布尔什维克也在这时夺取政权。

随着1917年沙皇军队瓦解，1918年和1919年以布尔什维克的赤卫队催生出的新红军取而代之，士兵的生活并未出现实质性的改变。尽管布尔什维克大声宣布在俄国建立新的社会秩序和经济秩序，建立一支充满工农意识的新红军，但由于受到资本主义世界的外来围攻，资产阶级的危险影响造成内部威胁，红军只能成为一支联共（布）严密掌控下的群众性军队。

67. 例如，可参阅罗格·R. 里斯，《斯大林的顽强战士：1925—1941年红军的社会史》（劳伦斯：堪萨斯大学出版社，1996年版）。

68. 有人认为红军从本质上是一支不重视人的生命和生活条件的亚洲军队；而另一些人则声称红军战士所忍受的恶劣条件只是反映他们所服务国家的特点。如果可以彻底查明的话，真相很可能介于两者之间。[②]

69. 这是国防人民委员第208号命令。

70. V. A. 佐洛塔廖夫主编，《国防人民委员1941》，第393页。[③]

71. G. V. 舒茨，《战争的回忆》，收录在《战争的回忆：红军退伍军人在伟大卫国战争中的经历》，第四卷（宾夕法尼亚州卡莱尔：自费出版，2001年），第17—18页。

72. 叶夫根尼·莫纽什科，《苏德战争回忆录，第四部分：1945年在西里西亚和捷克斯洛伐克的红军中服役》[J].《斯拉夫军事研究杂志》，总第15年第3期（2002年9月），第193页。

73. V. A. 佐洛塔廖夫主编，《国防人民委员1941》，第73页。这是国防人民委员《关于每天向红军前线服役的军人发放100克伏特加》的第0320号命令。

74. 同上，第228—229页。这是国防人民委员《关于向红军作战军队发放伏特加》的第0373号命令。发放伏特加的节日包括伟大的十月社会主义革命周年纪念日（11月7日和8日）、苏联宪法节（2月

---

① 俄译注：档案馆也不可能对这些问题给出完整而明确的答案，因为女性（除医务人员外）主要只在紧急情况下担任战斗部队的职务，因此不会纳入任何统计。尽管如此，通信兵、司令部和狙击手中有很多女性——众所周知，就许多心理生理特征而言，女性通常比男性更适应这种角色。交通秩序几乎完全由女性管理，但是直接在作战部队的战斗岗位上服役的女性确实很少。所有回忆录和"秘密"资料都可以明确证实这一点。

② 俄译注：请注意，真理决不能介于两个宣传神话之间，即使它与两者之间的距离相等。

③ 译注：这是该书第25号注释。1941年9月22日《关于制定红军新给养供应标准的第312号命令》在该书第95—102页。

5日）、元旦（1月1日）、红军节（2月23日）、国际劳动节（5月1日和2日）、全苏体育节（7月19日）、全苏航空节（8月16日）、国际青年节（9月6日）和该部队的成立纪念日。[①]

75. 同上，第252—253页。这是国防人民委员《关于储存和向作战军队发放伏特加》的第0470号命令。该命令重申发放伏特加的规定，要求负责的指挥员派出卫兵看守伏特加仓库，防止未经批准的领取，并将执行命令的具体责任分摊到主要的指挥员和参谋人员。

76. 同上，第365—366页。这是国防人民委员《关于自1942年11月25日起向红军作战军队发放伏特加》的第0883号命令。

77. 这大概能体现这个时期西方面军和加里宁方面军实施的"火星"行动（勒热夫—瑟乔夫卡进攻战役），西南方面军、顿河方面军和斯大林格勒方面军实施的"天王星"行动（斯大林格勒进攻战役）相对重要的地位。

78. V. A. 佐洛塔廖夫主编，《国防人民委员1943》，第28页。这是国防人民委员《关于宣布供应标准并向作战军队空军技术人员发放伏特加》的第031号命令。

79. 虽然没有更多文献提到伏特加的消耗量，但是根据推测，发放数量应当随着红军进攻战役规模的扩大而增加。

80.《近卫步兵第8军的政治报告》（Politdoneseniia 8Gv SK），档案索引号是TSAMO，f. 825, Op. 1, d. 411, ll. 185—186。

81.《1943年3月31日致步兵第121师各部队的第074号命令》（Prikaz chastiam 121 sd No. 074. 31. 3. 43g），出自《致第60集团军各兵团的战斗命令（1943年）》（Boevye prikazy soedinenii 60A (1943g.)），档案索引号是TsAMO, f. 417, op. 10564, d. 251, l. 6。

82. 戴维·M. 格兰茨，《泥足巨人》，第114页。

83. 同上，第209页。

84. 同上，第214页。

85. 弗拉基米尔·多尔马托夫，《战争的回忆》，收录在《战争的回忆：红军退伍军人在伟大卫国战争中的经历》第四卷，第1页。

86.《国防委员会决议》，第33页。

87. V. A. 佐洛塔廖夫主编，《国防人民委员1941》，第49页。[②]

88. 同上，第114—116页。这是国防人民委员《关于莫斯科、奥廖尔、哈尔科夫和伏尔加河沿岸各军区的国防人民委员部中央仓库、地区仓库和部队单位检查被装供应的安全、节约、修理和统计工作的结果》的第0404号命令。

89. 同上，第165—167页。这是国防人民委员1942年3月3日《关于加强保卫措施和制止挪用浪费军装的措施》的第0169号命令。

90. V. A. 佐洛塔廖夫主编，《国防人民委员1941》，第191—193页。这是国防人民委员《关于颁布国防委员会决议〈红军战时的被装分发顺序〉》的第0240号命令。

---

① 译注：宪法节的2月应是12月的笔误。命令中的原文是"12月"（декабря），苏联的1936年宪法在12月5日通过。
② 译注：国防人民委员第0280号命令。

91. 同上，第193—194页。这道国防人民委员命令的依据是国防委员会第1492ss号命令。

92. 同上，第194页。

93. 例如，不计其数的苏联将军、其他级别指挥人员（通常站在他们的"威利斯"吉普车旁边）、坦克乘员组和飞行员的照片，都显示他们穿着美国陆军和陆军航空兵中随处可见的皮质坦克手夹克或飞行员夹克。

94. 尤里·科里亚欣，《战争的回忆》，第3页。

95. 叶夫根尼·莫纽什科，《苏德战争回忆录》第四部分，第192—193页。

96. 见G. F.克里沃舍耶夫主编，《20世纪战争中的俄罗斯和苏联及其武装力量的损失：统计调查》，第96—100页、第263页；以及《伟大卫国战争中苏联的人员损失》，第74页。沙皇军队因战斗行动损失1890369人，军队总人数从1914年10月1日2711253人到1917年5月1日的6752700人不等。

97. 该命令题为《关于改组政治宣传机关和在工农红军中建立政治委员制》。

98. 见V. A.佐洛塔廖夫主编，《国防人民委员1941》，第326—327页。这是国防人民委员《关于在红军中建立完全的一长制和废除政治委员制》的第307号命令。

99. 见V. A.佐洛塔廖夫主编，《最高统帅部大本营1941》，第62页。该训令题为《统帅部大本营致西北方面军司令员关于积极实施军事行动的训令》。

100. V. A.佐洛塔廖夫主编，《1941—1945年伟大卫国战争》第一卷，第174页。

101. 同上。

102. K. K.罗科索夫斯基，《战士的责任》，刊登在《军事历史杂志》第6期（1989年6月刊），第52页。

103. V. A.佐洛塔廖夫主编，《1941—1945年伟大卫国战争》第一卷，第179页。卡恰洛夫的这段经历虽然不光彩和耻辱，但是对他的指控在战争结束后撤销，并为他恢复名誉。

104. 亚历山大·A.马斯洛夫，《被俘的苏联将领》，第57页。

105. 伊戈尔·曼加泽耶夫，《加里宁方面军的一个"惩戒"军》，第132页。

106. V. A.佐洛塔廖夫主编，《最高统帅部大本营1941》，第162—163页。该文献题为《最高统帅、总参谋长和预备队方面军司令员之间的专线通话记录》。这个事例中提到步兵第211师与大本营原先收到的一条消息有关，该消息称这个师惊慌失措地放弃阵地，把友邻的步兵第149师置于危险处境。朱可夫报告说，他"正在亲自掌握情况"。

107. 同上，第388页。该决议的编号是第169ss号，全文见N. S.吉什科，《国防委员会决议》，刊登在《军事历史杂志》第4—5期（1992年4—5月合刊），第19—20页。

108. 详情见亚历山大·A.马斯洛夫，《被俘的苏联将领》。

109. 苏联最高苏维埃主席团于1941年6月23日发布法令，宣布苏联进入军事管制（voennoe polozhenie）。该国防人民委员命令是第219号，题为《关于宣布军事管制的地区和作战地区的军事法庭条例》，见V. A.佐洛塔廖夫主编，《国防人民委员1941》，第11—13页。

110. 同上，第15页。这是国防人民委员第218号命令，即比上面提到的第219号命令小一号，通过规定国家在军事管制状态行使职能的机制，确立战时状态，题为《关于宣布苏联最高苏维埃法令（关于在宣布军事管制的地区和作战地区军事法庭的有关情况）和〈军事法庭的有关情况〉》。

111. 同上，第15—16页。

112. 同上，第16页。

113. 同上，第390页。根据1940年7月6日的命令，"由于无故缺勤2小时以内但超过1次，或者（24小时内）仅缺勤1次但连续超过2小时，而被判处6个月至2年的刑期"的全体战士和初级指挥人员，应当被送往纪律营。1940年7月30日，苏联人民委员会发布《红军纪律营条例》，规定纪律营用来供经过军事法庭判决后的定期服役战士和军士、从预备役征集服现役6个月至2年的军人服刑。按照该条例，这些服刑人员在纪律营度过的时间不计入服役期内，他们在纪律营服刑期间仍然保留原部队的军籍。条例还要求纪律营中的服刑人员每天工作12小时，包括9小时的杂役和建筑工作、3小时的政治培训。自军事法庭宣判之日起，直到从纪律营释放，纪律营中的服刑人员及其家属都将丧失为军人及其家属规定的一切权利和特权。最后，纪律营本身按照一个特别编制表组建，直接隶属于军区司令员或集团军司令员。

114. 同上，第50页。这是国防人民委员《关于宣布苏联最高苏维埃主席团法令〈关于释放纪律营中的军人〉》的第265号命令。苏联最高苏维埃主席团主席M. 加里宁和秘书A. 戈尔金共同签署该法令。

115. 同上，第276—278页。该命令由斯大林签署，题为《关于加强红军纪律和秩序，防止从战斗阵地擅自退却的若干措施的第227号命令》。

116. 同上。

117. 同上。

118. 同上，第278—279页。

119. 同上。

120. 同上。

121. 同上。

122. V. A. 佐洛塔廖夫主编，《1941—1945年伟大卫国战争》第一卷，第356页。

123. 同上，第312—315页。这是国防人民委员《关于宣布惩戒营和连状况以及红军惩戒营、连、拦截支队指挥部》的第298号命令。国防人民委员部还为惩戒部队颁布三个官方的编制表，编号分别是第04/393号、第04/ 392号和第04/391号，但其确切内容尚未解密。①

124. 同上，第312—313页。

125. 同上。

126. 同上。

127. 同上。例如，在惩戒部队服役的营长、连长和排长分别行使相当于师长、营长和连长的权力，副营长可行使相当于团长的权力。

128. 惩戒军人的每月薪饷是8卢布50戈比。提前释放需要惩戒营营长［惩戒连连长］提供书面陈述，并由方面军军事委员会批准。

129. V. A. 佐洛塔廖夫主编，《国防人民委员1941》，第313—314页。

130. 同上，第332—333页。这是国防人民委员《关于把被军事法庭判处缓期至战争结束时执行判决

---

① 译注：1.名称应是《关于颁布作战军队惩戒营和连条例，暨惩戒营、连和拦截支队编制表的命令》（ПРИКАЗ С ОБЪЯВЛЕНИЕМ ПОЛОЖЕНИЙ О ШТРАФНЫХ БАТАЛЬОНАХ И РОТАХИ ШТАТОВ ШТРАФНОГО БАТАЛЬОНА, РОТЫ И ЗАГРАДИТЕЛЬНОГО ОТРЯДА ДЕЙСТВУЮЩЕЙ АРМИИ）。"ПОЛОЖЕНИЙ（条例）"是个多义词，此处不该英译成"Situation（状况）"；英语的"Headquarters"可能把"ШТАТОВ（编制表）"看成"ШТАВ（指挥部）"；"作战军队（ДЕЙСТВУЮЩЕЙ АРМИИ）"也不是红军。2.出处是《国防人民委员部1941》第312—315页，第04/393号、第04/ 392号和第04/391号依次是惩戒营、惩戒连和拦截支队的编制表。

的军人移送惩戒部队》的第323号命令。

131. 同上，第351—353页。该国防人民委员命令的内容与第323号命令基本相同，编号是第0860号，题为《关于加强驻军和交通沿线的军队纪律》。

132. 同上。

133. V. A. 佐洛塔廖夫主编，《国防人民委员1943》，第45—46页。这是《关于S. O. 卡拉马利金少尉因批评其首长而被降衔至列兵并移送惩戒营》的第47号命令。

134. 见《1943年3月12日致步兵第121师各部队的第0044号命令》（Prikaz chastiam 121sd no. 0045. 12. 3. 43.），出自《第60集团军各兵团的战斗号令和命令（1942—1943年）》（Boevye prikazy i pazporiazheniia soedinenii 60A (1942-1943 gg.)），档案索引号是TsAMO，f. 417，op. 10564，d. 215，l. 67。

135. 摘自《第65集团军1943年3月25日的第4号命令》（Prikaz 65A no.4. 25. 3. 43g），出自《第65集团军档案文献》（Dokumenty iz fondov 65A），档案索引号是TsAMO，f. 422，op. 10496，d. 81，l. 12。

136. G. F.克里沃舍耶夫主编，《20世纪战争中的俄罗斯和苏联及其武装力量的损失：统计调查》，第441页。

137. 同上。

138. 关于第123惩戒连的更多详情，见S. 霍缅科，《纪律营投入战斗》，刊登在《军人生活》第11期（1990年11月刊），第36—38页。

139. 《中央方面军军事委员会1943年4月18日的第027号训令》（Direktiva voennogo soveta Tsentral'nogo fronta no. 027 ot 18.4.43g.），l. 166。[①]

140. 同上。

141. 伊戈尔·曼加泽耶夫，《加里宁方面军的一个"惩戒"军》，第122页。

142. 西米恩·阿里亚，《从坦克到喀秋莎》，收录在《战争的回忆》第五卷，第22—24页。

143. 戴维·M. 格兰茨主编，《1986年战争艺术研讨会：从维斯瓦河到奥得河：1944年10月—1945年3月苏联的进攻战役》（宾夕法尼亚州卡莱尔：美国陆军军事学院，1986年版），第70页。

144. V. A. 佐洛塔廖夫主编，《国防人民委员1941》，第278页。

145. 亚历山大·A. 马斯洛夫，《苏联的拦截支队是怎样使用的？》刊登在《斯拉夫军事研究杂志》总第9卷第2期（1996年6月），第430—431页，档案索引号是TsAMO，f. 1047，op. 1，d. 12，ll. 11—12。师长的观察所位于沙雷吉诺村西郊的克列文河左岸。

146. V. A. 佐洛塔廖夫主编，《最高统帅部大本营1941》，第164页。这是《最高统帅部大本营致布良斯克方面军司令员允许组建拦截支队的第001650号训令》。

147. 戴维·M. 格兰茨主编，《1986年战争艺术研讨会：从维斯瓦河到奥得河》，第72页。

148. 《1943年3月16日致集团军第1、第2和第3拦截支队队长的第0224号》，出自《最高统帅部大本营1943年1月2日至7月20日致布良斯克方面军和第13集团军的训令》，档案索引号是TsAMO，f.

① 译注：原文如此，缺少出处和档案索引号的大部分。

361，op. 6079，d. 173，l. 105。

149. 例如，1944年10月29日斯大林签署的国防人民委员第0349号命令指出："随着前线总体形势的变化，已经没有必要在前线继续维持拦截支队的存在。"因此，该命令要求所有方面军司令员和集团军司令员"从今年11月15日起解散独立拦截支队"，并把"支队解散后的人员用于加强步兵师"。上述司令员应于1944年11月20日之前向国防人民委员部报告解散其拦截支队的进度。见V. A. 佐洛塔廖夫主编《国防人民委员1943》，第326页。

150. 叶连娜·勒热夫斯卡娅，《道路与时日》，第57页[①]。

151. 1941年9月18日，步兵第2军的步兵第161和第100师因1941年7月和8月在敌人火力下表现出的英勇和坚韧不拔而荣膺红军的第一批近卫军。

152. 伊万·伊格纳季耶维奇·舍列波夫，《像在战争中一样谈起战争》，收录在《战争的回忆》第七卷，第28—31页。舍列波夫是步兵第161师的一名中士。[②]

153. 西米恩·阿里亚，《战争的回忆》第一卷，第20页。

154. 叶夫根尼·莫纽什科，《苏德战争回忆录，第二部分：西伯利亚，前线和医院，1942—1944年》，刊登在《斯拉夫军事研究杂志》总第15年第2期（2002年6月），第155—156页。

155.《摘自米哈伊洛夫·帕沙1942年11月27日的政治报告》（Iz politdoneseniia Mikhailova Pasha, ot 27.11.42），出自《近卫步兵第8军向上级政治机关发出的政治报告文件夹》（Papka iskhodiashchikh politdonesenii 8GvSK v vyshestoiashchie politorgany），档案索引号是TsAMO, f. 825, op. 1, d. 411, l. 187。

156. 同上，第33页。

157. 这位女退伍军人是贵族议会的一名成员，贵族议会是一个登记旧贵族的组织。

158. 同上，第11—12页。

159. 出自对瓦莲京娜·费奥多罗芙娜·科兹洛娃的采访，收录在戴维·M. 格兰茨，《列宁格勒会战》，第138—139页。

160. 叶夫根尼·莫纽什科，《苏德战争回忆录》，第180页。

161. 叶连娜·勒热夫斯卡娅，《道路与时日》，第63页。勒热夫斯卡娅先后在空降兵第4军和第30集团军担任翻译，直到战争结束。

162. 1943年12月31日，红军共有94个集团军（70个诸兵种合成集团军、5个坦克集团军、18个空军集团军和3个防空集团军）、253个军（161个步兵军、8个骑兵军、24个坦克军、13个机械化军、6个炮兵军、7个防空军和34个航空兵军）、838个师（489个步兵师、16个空降兵师、26个骑兵师、2个坦克师、26个炮兵师、7个近卫火箭炮兵师、78个高射炮兵师、14个防空师和180个航空兵师）。

---

① 俄译注：这篇回忆文章发表在《民族情谊》（Дружба народов）杂志1996年第6期。

② 译注：他的访谈录英文版版本见https://iremember.ru/en/memoirs/infantrymen/ivan-shelepov/。原文中的姓氏错写成"Shepelov（舍佩洛夫）"。

方向总司令

▲ S. M. 布琼尼

▲ K. E. 伏罗希洛夫

▲ S. K. 铁木辛哥

方面军司令员

▲ F. I. 库兹涅佐夫

▲ D. G. 巴甫洛夫

▲ M. P. 基尔波诺斯

▲ M. M. 波波夫

▲ A. I. 叶廖缅科

▲ I. S. 科涅夫（右）

▲ K. K. 罗科索夫斯基

▲ N. F. 瓦图京

▲ R. Ia. 马利诺夫斯基

▲ V. D. 索科洛夫斯基

▲ I. Kh. 巴格拉米扬

▲ I. V. 秋列涅夫

▲ F. I. 托尔布欣

▲ I. E. 彼得罗夫（左一）

▲ F. I. 戈利科夫

▲ M. A. 普尔卡耶夫

▲ P. A. 库罗奇金

▲ K. A. 梅列茨科夫

▲ V. A. 弗罗洛夫

▲ P. S. 雷巴尔科

▲ M. E. 卡图科夫

▲ S. I. 波格丹诺夫

▲ P. A. 罗特米斯特罗夫（中）

第十四章

结论

战争进程

　　红军在苏德战争最初的 30 个月里艰难承受着国防军给予的严峻考验和代价高昂的教育。战争开始仅 3 个月，和平时期的红军就在希特勒入侵军队的打击下几乎全军覆没，军队结构变得支离破碎，牺牲、被俘和因伤致残的军人接近 300 万人，大多数武器装备遭到摧毁或破坏，严重动摇苏联政治领袖和军事首长对己方夺取战争胜利的信心。战争开始后 6 个月之内，红军的减员人数已接近 500 万，不但包括和平时期的大部分兵力，而且占"巴巴罗萨"行动开始后数百万动员军人的相当一部分。更糟糕的是，到这个时候，苏联已经丧失接近一半的工业生产能力和最有价值的农业中心地带，无法生产成功进行战争所需的军用武器装备，甚至不够为其军队和人民提供充足口粮。

　　面对上述严峻现实，红军 9 月和 11 月在列宁格勒、12 月在罗斯托夫和莫斯科取得的胜利堪称奇迹。在斯大林不屈不挠的意志和孤注一掷的心理以及战士个人的坚定决心推动下，红军动用大批仓促动员、缺乏训练和装备粗劣的预备队，经受惊人的损失并赢得这几场胜利。尽管红军能令希特勒当时战无不胜的国防军遭受空前失败，并阻止其实现"巴巴罗萨"行动的宏伟目标，可是也用鲜血为这几场短暂的胜利付出巨大代价。

　　斯大林试图最大限度地发展红军在莫斯科取得的胜利，下令 1942 年春季继续乘胜进攻，但哈尔科夫和克里米亚两场出乎意料的惨败向他证明，红军要接受的现代战争教育课程还远未结束。更令他清醒的是，国防军随后在"蓝色"行动中再度长驱直入并重创红军，明确显示国防军尽管在冬季处于弱势，但在夏季还是几乎不可战胜。1942 年夏季和秋季，红军在国防军的打击下又遭受 600 余万人的伤亡，迫使斯大林重新执行 1941 年使用过的同一种防御战略，尽管心理上不再那么孤注一掷。

陷入困境中的红军经过漫长、令人痛苦和代价高昂的且战且退，1942 年 10 月下旬终于把国防军的前进步伐制止在斯大林格勒的废墟和高加索山麓的崎岖丘陵，但只是得益于组建和动用一大批新的预备集团军。一个月以后，斯大林冒着相当大的风险，安排力量有所加强的红军同时针对勒热夫和斯大林格勒的德国军队发起两场大规模进攻战役。虽然未能在勒热夫地区得手，但是红军在斯大林格勒地区设法合围并彻底歼灭 3 个轴心国集团军，这在苏德战争中尚属首次，这场胜利是一项前所未有的壮举，向全世界宣告希特勒已不可能按照任何方式赢得这场战争。

受到斯大林格勒会战胜利的鼓舞和激励，斯大林命令红军在 1942—1943 年冬季连续实施攻击。而红军也以越来越大胆的方式勇往直前，12 月进抵米列罗沃和罗斯托夫，1 月和 2 月上旬进入哈尔科夫地区和顿巴斯，2 月下旬和 3 月逼近旧鲁萨、奥廖尔、布良斯克、杰斯纳河和第聂伯河，最终使战火蔓延到由列宁格勒至高加索的整条战线。然而，困兽犹斗，伤痕累累的国防军又一次展示出自己经久不衰的军事造诣，2 月下旬和 3 月击败兵力分散的红军，一举扭转顿巴斯、哈尔科夫和奥廖尔以南的局面。红军尽管取得收复大片领土的战果，可是初春时节遭受的严重挫折证明它要接受的教育还远未结束。

大本营和国防人民委员部充分利用 1943 年 3 月上旬至 6 月下旬整条战线出现的战役间隙，研究上一个冬季红军取得的经验，并将其打造成一支更有战斗力的快速作战力量，有能力在一年内任何一个季节向实力明显越来越弱的国防军不间断地实施进攻。它们的努力成果清楚地展示在 1943 年 7 月库尔斯克市南北两侧的丘陵平原上，彻底完成改编、改组和换装的红军击败希特勒针对它所能集结的实力最强大和装备最精良的"无敌舰队"。库尔斯克会战期间，红军在这场战争中第一次证明自己不仅有能力挫败国防军精心策划的进攻，还可以拒德国装甲兵于己方战役纵深之外。

为了把这场前所未有的壮举推向新高度，7 月 12 日，甚至在希特勒撤销他的库尔斯克进攻战役之前，红军便已以牙还牙地针对奥廖尔和哈尔科夫的国防军防御地幅发动大规模进攻，粉碎这里的防御并迫使其守军退向第聂伯河沿线的安全地带。令德国人感到雪上加霜的是，又经过一个月的激烈战斗，红军于 10 月下旬和 11 月突破国防军沿第聂伯河构筑的强大的"东部壁垒"，夺取戈梅利、基辅、克列缅丘格和第聂伯罗彼得罗夫斯克等城市，并利用这些城市在第聂伯河西岸和南岸建成乌克兰和白俄罗斯境内至关重要的战略规模登陆场。似乎是为了强调自己在库尔斯克获得的胜利预示希特勒终将彻底失败的这个事实，红军最终在 11 月下旬完成了斯大林 2 月下达的任务。从这时起，红军势不可挡地一路西进，直到战争结束。

红军艰难地学完战争最初 18 个月内炼狱般的教育课程之后，1943 年年内充分运用所学知识在 7 月和 8 月库尔斯克周围的战场上以优异成绩毕业，后来又成功地发展这个教育过程的胜利，继续迈向 1945 年 5 月的最后胜利。[1]

被遗忘的战争

苏德战争结束后的 50 多年里，尽管全世界有数百家出版社出版过成千上万本有关的书籍，但关于这场战争和红军在其中发挥作用的历史记录还是存在重大缺失。大多数历史学家虽然能相当准确地记录战争的整体进程，叙述最著名的战役和军事行动，但是出于各种动机，忽视、模糊或者蓄意忽略许多事件和话题。其中有许多历史学家之所以根本没有觉察到这些事件的发生和这些话题的存在，是因为他们不能获得政府允许去查阅相关档案文献；但另一些人则是故意回避这些事件和话题，因为事实证明它们令人不快或对自己民族的精神和历史传统有所冒犯，或者认为它们有损自己国家和军队的声誉。最后，具体到许多苏联和俄罗斯的历史学家，他们在书籍中使用的某些文字还会在出版前被直接删除，以免败坏红军或主要民族领袖的声誉，无论过去还是现在。

---

[1] 译注：英语"exploit"一词双关，既有充分运用的含义，又指战役学的发展胜利（发展突破）。

这批人当中的一个极端是德国历史学家以及那些从德国视角或几乎完全依赖德国资料描述这场战争的人，他们更倾向于关注国防军在战争最初 30 个月里取得的辉煌胜利，从而避免涉及更令人尴尬的话题，比如德国的战争罪行和国防军 1943—1945 年期间的可耻失败。[1] 作为另一个极端，俄罗斯历史学家几乎集中全部注意力讲述红军在莫斯科、斯大林格勒、库尔斯克的辉煌胜利和 1944—1945 年的胜利征程，从而避免涉及战争最初 18 个月里红军的可耻表现、西方人笔下苏联官兵顽固不化的刻板形象、西方人描绘斯大林指挥战争时的无能和阴险狡诈以及经常表现出的残忍无情，以及那种认为德国东线的战争只是一场血腥的落后战争，不值得认真分析的观点。

历史学的这两个"流派"都把苏德战争描述成欧洲两支最强大军队之间的一场规模空前和旷日持久的残酷斗争。由于战场面积广大，地理环境复杂，气候极端并有季节性，这场斗争具有时断时续的基本特点。正如这些历史流派所描述的那样，这场战争可以划分成苏德双方交替实施的一系列进攻战役或战局，中间穿插着相对平静的战役间隙，这些进攻战役或战局包括国防军 1941 年实施的"巴巴罗萨"行动、1942 年的"蓝色"行动和 1943 年的"堡垒"行动，红军的 1941—1942 年冬季战局、1942—1943 年冬季战局、1943 年夏秋战局、1944 年夏秋战局和 1945 年冬春战局，每次都以一场重大战役或交战拉开序幕，如国防军 1941 年 6 月和 1942 年 6 月的两场突然进攻，红军获得胜利的莫斯科会战、斯大林格勒会战、库尔斯克会战、白俄罗斯战役、维斯瓦河—奥得河战役和整场战争结束时规模宏大的柏林会战。

这两个"流派"的历史学家虽然能就整场战争的进程和基本特点达成一致意见，但是针对究竟发生过什么事件及其起因这两个问题，却给出截然不同的答案。更不幸的是，他们编写的历史带有"选择性"，从整体上视而不见苏德战场多达 40% 的战斗行动。这种严重歪曲的叙述和演绎因为掩盖了苏德战争的本来面貌，所以在客观性方面具有更大破坏性，会投西方人所好，使他们更加认为东方的这场战争只不过是西方各战区那些更引人注目、更有重大意义的战役（如阿拉曼战役、"火炬"行动、萨勒诺战役、安齐奥战役、诺曼底的"霸王"行动和突出部战役）的血腥背景。最后，这些"选择性"的历史还有利于产生另一种完全错误的印象，即认为苏联的西方同盟国在实际上赢得对纳粹德国的战争胜利。

　　无论其观点如何，这些历史作品中的大多数都存在两个重要方面的严重缺失。首先，它们虽然能够准确描述苏德战争整体战况的跌宕起伏，但是以残缺、扭曲或其他方式不恰当地叙述这场战争中最著名的战役、会战和战局，如"巴巴罗萨"和"蓝色"行动以及斯摩棱斯克、列宁格勒、莫斯科、斯大林格勒、库尔斯克、白俄罗斯和柏林等战役，掩盖这些著名事件的真实特点、过程和意义。其次，甚至更有破坏性的是，这些历史作品贬低、忽视或者蓄意忽略另一大批规模各异的大小战役，它们的存在、潜在意义和最终结果可能会从根本上改变战争期间实际发生过什么事件及其原因的传统描述。

　　例如，德国历史学家和较少数俄罗斯历史学家虽然经常质疑希特勒在"巴巴罗萨"行动中改变进军路线是否明智，但是极力贬低或者彻底忽视红军在此期间发动的许多场反击、反突击和反攻，进而把"巴巴罗萨"行动描绘成一个国防军马不停蹄地从苏联西部边境挺进列宁格勒、莫斯科和罗斯托夫的过程。他们的叙述不但严重轻描淡写红军在"巴巴罗萨"行动期间的抵抗，而且歪曲大本营在这个时期的战略规划和意图，使人们在这个残缺背景下无法准确评价红军后来在莫斯科取胜的原因和特点。同样，俄罗斯历史学家以遮遮掩掩或其他方式忽略 1941—1942 年冬季红军的莫斯科进攻战役和其他进攻战役中的关键环节，掩盖大本营的战略意图，并夸大红军在此期间取得的战果。

　　同样，俄罗斯历史学家长期隐瞒红军 1942 年春季在哈尔科夫和克里米亚、7 月和 8 月在"蓝色"行动初期一系列战败的规模和影响，从而隐瞒红军在此期间遭受灾难的规模大小，掩盖大本营在此期间的战略规划和意图，并为接下来的斯大林格勒会战提供一个不完整背景。更糟糕的是，以红军 11 月在斯大林格勒获胜的进攻战役为背景，俄罗斯历史学家彻底闭口不谈己方 11 月下旬在勒热夫附近的战略性失败，以及与斯大林格勒的胜利同时进行但影响较小的一些战役失败，例如 1942 年 12 月在奇尔河沿岸的失利。

　　俄罗斯历史学家沿用这种掩盖手段，迟来地轻描淡写红军 1943 年 2 月和 3 月在顿巴斯和哈尔科夫地区遭受的挫折，同时全方位隐瞒同一时期发生在库尔斯克以西、列宁格勒地区和杰米扬斯克地区的几场失败。即使红军

1943 年 7 月和 8 月在库尔斯克大获全胜，1943 年 9 月至 12 月势不可挡地进抵并渡过第聂伯河之后，俄罗斯历史学家还是蓄意掩盖或彻底无视红军的无数次战败，尤其是 10 月为夺取白俄罗斯东部和基辅而展开的旷日持久和代价高昂的争夺战，以及 11 月和 12 月争夺顿河下游克里沃罗格和尼科波尔的较小规模交战。

无论出于什么动机，战争的编年史有意无意地遗漏（或掩盖）这些"被遗忘的战役"，导致我们既不能准确分析军事行动的发生原因和实际次数，又不能认清这些行动的实际意义或潜在意义，从而歪曲整个苏德战争史。这使我们无法充分了解战时红军的基本特点和成就，而且还妨碍我们正确评价红军"伟大统帅"的领导素质和这支军队对整场战争的全面贡献。

军队

虽然从规模、军队结构和表面上的战斗力看，战争前夕的红军确实像一个巨人，但是国防军在"巴巴罗萨"行动期间取得的辉煌战果无疑可以证明，这个巨人的双脚是用泥土制成的。希特勒麾下久经战阵、经验丰富的国防军，充分利用红军在高度机动化的战争中控制或运用其军队的能力欠缺，在战争最初 6 个月里彻底粉碎这个外强中干的巨人，斯大林和他的大本营别无选择，不得不在 1942 年从零开始重建红军。简而言之，战争最初 6 个月的战斗表明，经验不足的红军指挥干部不能在战斗中有效地指挥和控制这支军队。

因此，1941 年年底和 1942 年年初，大本营用小型化的军队代替国防军在 1941 年夏秋摧毁的笨重巨人，作为权宜之计，保证指挥员能够更有效地运用下属军队。这个引人注目的转变是用几乎只有基本兵力的缩编步兵师、相当于半个师的所谓步兵旅、坦克数量少得可怜的坦克旅和坦克营，代替解散的大型机械化军、步兵军、步兵师和坦克师。然而，1941—1942 年冬季的战斗表明，新型红军虽然是培训新指挥员掌握现代战争艺术和军事科学的理想途径，但是没有持续实施进攻的能力。

因此，从 1942 年春季开始并持续到整个夏季，大本营和国防人民委员部缓慢而煞费苦心地重建军队，使其能够实现上述关键目标。相继建成工兵集团军、坦克集团军、空军集团军、新型坦克军和机械化军、歼击师和歼击旅以及一大批各种各样的其他保障部队之后，红军于 1942 年 11 月在斯大林格勒首开纪录，赢得自己的第一场决定性战略胜利，这也是苏德战争期间红军第一次能在突破轴心国防御地幅的同时，长期维持进攻直至合围轴心国的重兵集团。

经过充分研究斯大林格勒的胜利和随后冬季战局经历的胜败起伏，大本营和国防人民委员部在 1943 年 7 月之前建成一支更有战斗力的新型红军，终于能够实现苏联军事理论家 20 世纪 30 年代提出的"大纵深战斗"和"大纵深战役"理论设想，并贯彻实施"炮兵进攻"和"航空兵进攻"的新概念。红军于 7 月和 8 月在库尔斯克展示出这样的能力，先是在这场战争中第一次把国防军的进攻制止在战役纵深之外，然后又向国防军的战役后方纵深持续发展胜利，并与其装甲预备队打成平手。

在斯大林的不断监督下，大本营和国防人民委员部改革、改编和重新装备红军的艰苦努力在 1943 年 7 月以前达到高潮，建立起一支以庞大的装甲坦克和机械化兵为核心，由数量众多、种类惊人的炮兵、空军和工程兵提供保障的更现代化新型军队。从库尔斯克和奥廖尔周围的起伏平原到第聂伯河河岸，这支军队很快便用战场上的一连串胜利证明，其创建者付出的辛勤工作没有白费。

尽管几乎任何苏德战争史都没有提到，可是还有一支由 50 余万名内务人民委员部边防军人、作战人员、押运兵、铁道兵和建筑兵共同组成的强大军队，在与这支新型红军并肩作战，并为战胜希特勒的国防军作出了重大贡献。这支"神秘之师"当中，边防军在 1941 年 6 月国防军入侵时率先参战；作战部队的师和旅在战争前两年里给予红军作战军队大力帮助，旅和团在战争期间组成拦截支队帮助维持红军内部的钢铁纪律，严格保证其后方安全，并在解放区征集人力补充红军的残缺队伍；铁路部队和建筑部队守卫红军至关重要的交通网，并在必要时动员劳动力，为红军构筑难以逾越的防御地区和防御地幅。

军事指挥

战争前夕，作为联共（布）第一书记和人民委员会主席，斯大林在苏联国家和红军当中享有无上权力和绝对权威。但是，由于国防人民委员部和红军总参谋部要分担一部分指挥和管理红军的责任，这支军队没有实现成功进行战争所必需的集中指挥。战争开始后，斯大林马上通过成立国防委员会和（最高）统帅部大本营的方式解决这个问题，授予前者领导全国的最高权力，而后者负责与总参谋部一起指挥国家的整体战争活动。尽管有这些变化，可是作为国防委员会主席和大本营主席，政治和军事的权力杠杆仍旧掌握在斯大林手里。

大本营以及作为其工作机关的国防人民委员部和总参谋部可以从国家层面保证整体战争活动的集中指挥，但无法直接指挥和协调红军的作战方面军，于是，斯大林在战争开始后不久成立大本营直接领导下的方向总指挥部，行使这项职能。鉴于这些方向总指挥部没有发挥应有的作用，斯大林在1942年年底以前陆续将其解散，逐步改用驻作战方面军的大本营代表来指挥和协调方面军实施的战役。通过与国防人民委员部和总参谋部内不断增多的管理局和处密切协调，大本营及其代表在1943年以前建成一个有效的集中指挥控制系统，用于在战争的后续阶段策划、指挥和协调军事行动。

红军在大本营的密切指挥下作战，但在执行严格纪律，确保部队凝聚力和红军队伍以及整个国家的忠诚方面，国防人民委员部各局和其他人民委员部同样发挥着至关重要的作用。例如，内务人民委员部的军人和特别处一起维持国家和军队内部的秩序和安全；国防人民委员部总政治局使用设在每一个指挥级别的军事委员会、政治委员和政治指导员（以及后来负责政治事务的副指挥员）组成一个无所不在的复杂系统，确保对红军和红海军实行全方位的政治领导；国防人民委员部总检察院管理着一个由军事检察长（军法检察员）、军事法庭和相关惩戒部队组成的同样复杂的系统，运用苏联法律法规坚决维持军队的严格秩序和纪律。最后，不同时期隶属国防人民委员部和总参谋部的总侦察局，以及1943年4月后的国防人民委员部反间谍总局，还负责与红军队伍内部的国内外间谍活动和流言挑拨行为作斗争。

这个集中指挥体系虽能有效指挥红军作战，但也存在缺陷，因为决策权过多地集中在斯大林的手里。特别是战争的第一年（后几年只是程度较小），斯大林经常强行否决或推翻国防委员会和大本营其他成员的意见，要求红军按照他认为合适的方式作战，往往招致不必要的损失。因此，除了要对"巴巴罗萨"行动期间红军遭受的惨败负责以外，斯大林还要对红军1941年和1942年大部分时间的另一些惨败负直接责任，包括1941年夏季几场失利的反突击和反攻，1941年8月至10月乌曼、基辅、维亚济马和布良斯克的几场灾难性合围，1942年5月哈尔科夫和克里米亚的惨败，"蓝色"行动前夕导致严重后果的情报工作失误。

然而，这种情况逐渐得到改善，斯大林钢铁般的意志和顽强决心促成红军1941年年底在莫斯科获得胜利，但这位最高统帅从1942年年底开始更愿意听从最高级幕僚的劝告，这一点在很大程度上促成红军取得斯大林格勒的胜利，以及1943年年内和以后获得的一系列辉煌胜利。

如果斯大林、大本营和国防人民委员部不能选拔称职的指挥人员，并委派他们指挥军队，那么无论斯大林的军事指挥和控制系统多么有效率，红军都不可能指望在战场上击败国防军。这是战争前18个月中这些领导者面临的最严峻挑战，而对红军指挥人员的详细考察表明，他们无疑是赢得这场挑战赛的大师。尽管红军在"巴巴罗萨"行动大部分时间都表现得很糟糕，战争初期的几位方向总司令也难堪大任，可是还有一大批红军将校从1941年的大浪淘沙中幸存下来，运用逐步积累的经验，令人信服地指挥军队，直到他们牺牲或迎来战争结束。

例如，1941年的三位方向总司令后来都合理地淡出一线，而1941年担任过方面军司令员的25位将帅中，有23位在战争后续阶段继续指挥方面军，其中8位任职到战争结束。同样，1942年担任过方面军司令员的21位将帅中，有19位在战争后续阶段仍然指挥方面军，其中9位任职到战争结束；1943年担任过方面军司令员的19位将帅中，有18位留任到1944年，其中11位在战争结束时仍然指挥方面军。这个现象并非仅限于方面军这一级。例如，1941年指挥过集团军的101位将军中，有65位在这一年结束时继续指挥方面军或集团军；而1942年指挥过集团军的133位将军中有86位，1943年指挥过集团军的106位将军中有74位，同样在当年年底继续指挥方面军或集团军。

指挥稳定性在关键的快速力量内部表现得更加明显，特别是从1942年年中一直战斗到战争结束的独立坦克军和机械化军以及坦克集团军，甚至连战争前夕组建的机械化军也是如此。例如，1941 年 6 月和 7 月指挥过命运多舛的机械化军的 32 位将校中，有 15 位在 1942 年继续指挥集团军或军；1941 年指挥过坦克师的 67 位将校中，有 36 位在 1942 年继续指挥坦克旅或坦克军。更令人印象深刻的是，1941 年指挥过骑兵军的 7 位将军中，有 5 位在 1942 年继续保留他们的指挥权；1942 年指挥过骑兵军的 35 位将军中，有 22 位 [①] 在 1943 年指挥集团军或骑兵军或步兵军；而 1943 年指挥过骑兵军的 11 位将军中，有 7 位在 1944 年指挥骑兵军或骑兵—机械化集群。

另外，1942 年指挥过坦克军或机械化军的 46 位将校中，有 32 位在 1943 年指挥坦克集团军、坦克军或机械化军；1943 年指挥过坦克军或机械化军的 68 位将校中，有 43 位在 1944 年指挥坦克集团军、坦克军或机械化军，其中许多人一直任职到战争结束。最后，1942 年指挥过坦克集团军的 6 位将军中，有 5 位在战争结束时继续指挥坦克集团军或诸兵种合成集团军；1943 年指挥过坦克集团军的 9 位将军中，有 8 位在战争结束时分别指挥方面军、坦克集团军或诸兵种合成集团军，其中有 3 位仍旧指挥自己原来的坦克集团军。

除了一些值得注意的例外，上述指挥职务的例子明确显示，战时红军的指挥稳定性远远高于原来的估计，而指挥动荡程度低得多。更重要的是，这种稳定性最明显地表现在其军队结构的最重要组成部分——方面军和关键的集团军、红军装甲坦克和机械化兵以及骑兵当中。总之，早在 1941 年年底和 1942 年年初，大本营和国防人民委员部已有能力选拔和培养领导红军走向 1945 年胜利的关键指挥人员。这个教育过程虽然费时费力，但是最终证明卓有成效。

虽然红军长期形成的刻板形象是一支庞大而僵化的军队，只会不惜一切代价，运用毫无技巧的"压路机"战术取得胜利，但是从 1942 年开始，到 1943 年已毫无疑问，红军实际上可以划分成性质、特点和指挥人员截然不同

---

① 译注：按照第十二章，应是23位。

的两支军队。一方面，红军总兵力的 80%（包括诸兵种合成集团军、步兵军、步兵师、步兵旅和步兵团编成内的步兵、炮兵和工程兵）在许多方面符合这种不讨人喜欢的刻板形象。这支庞大军队构成红军的笨重大棒，用来在防御中顿挫国防军装甲先头部队，在进攻中以缜密死板的方式，经常简单直接并不惜一切代价地突破国防军防御地幅。

然而，这种做法也有其道理，突破有充分准备的大纵深防御地幅是一种艰巨挑战，不然也不会专门设置战役的发展阶段，这种挑战也迫使集团军司令员、军长、师长和团长都要精确地按照详细计划完成各自所受领的任务，就像精密机械装置中的一个个齿轮，以免导致突破交战失利。鉴于整场战役的成败取决于能否有效达成突破，这些军队都要在各自严格规定的作战分界线内实施防御或攻击，确保以微乎其微的偏差沿简单路线依次实现目标。

然而，红军内部还有一支规模可观的军队在与上述军队并肩作战，这是由坦克集团军、坦克军、机械化军、骑兵军、骑兵—机械化集群，以及独立的坦克旅、自行火炮旅和反坦克歼击炮兵旅组成的快速力量，虽然其兵力仅占红军总兵力的 20%，但构成为全军提供持续进攻动力的轻捷利剑。因为其作用是负责在通常快速多变的条件下制止或牵制国防军装甲兵的突破和发展，并发展红军在突破交战中的胜利，所以快速力量如果要取得胜利就必须随机应变，并在战术战役上都具有相当大的主动精神。

鉴于红军能否取得整体胜利直接取决于快速力量的战斗效果，快速力量的首长在何时、何地以及如何执行任务方面应该有较大自由度。因此，不但快速力量通常要在频繁变动的作战分界线内大面积地针对区域目标和点状目标实施作战，而且根据形势需要，其首长应该在意外获得战役战术机会时表现出主动性。总之，这支快速力量不仅充当红军至关重要和不可或缺的先锋，还会最终决定苏联夺取战场胜利的速度和规模，从而打破一切刻板形象。

这便可以解释下列说法中的内在矛盾：一方面，"初级军官和［红军］中间指挥阶层中的许多人仍然笨手笨脚，不能当机立断……害怕承担责任"，而另一方面，"高级指挥官和参谋人员……变得能够因地制宜、积极主动和随机应变……当然，俄国拥有像朱可夫、科涅夫、瓦图京和华西列夫斯基这样极高水平的集团军司令和集团军群司令。"正如这种自相矛盾的说法和战争胜利所表明，与根深蒂固的刻板形象相反，红军有许多方面军司令员、集团军司令员和军长拥有的指挥能力和军事才华足以使他们在战场上击败国防军。另外，这些"伟大统帅"取得的作战胜利，还直接取决于同样有能力和想象力的指挥员在指挥各自麾下师、旅、团和营时的作战表现。

部属

可悲的是，历史经常忽视和遮掩，某些情况下还会彻底忘记苏德战争期间3500余万男女军人在红军中战斗、牺牲、生还或者以其他方式艰难服役时所做的贡献。俄罗斯历史学家在纪念该国许多"伟大统帅"和红军最杰出英雄所做贡献的同时，出于种种原因，一般不愿直言不讳地讲述绝大多数指挥人员和数百万战士的个人经历。就像政治和意识形态在维护某些人名誉的同时，需要贬损一些人的名誉一样，这种不愿公开谈论军人个人生活和命运的缄默能反映许多种动机，包括谈论他们的惊人伤亡率，战争期间必须忍受的基本生活条件和他们的不同种族、宗教和性别时引发的极度尴尬。①

红军确实是一支由男军人组成的民族成分和宗教多元化的军队，但也有数量惊人的女军人。他们来自社会各行各业，有的自愿入伍，有的应征入伍，有的是被强制征召。最终入伍服役的3500万军人中，大约有2600万斯拉夫人和800万非斯拉夫人，近100万人是女性。这些军人至少有870万人，可能多达1470万人牺牲，至少还有1000万人负伤或患病，还经常不止一次。

不论其民族成分、经济地位和社会特点如何，红军的大多数军人在许多方面都有同样经历。正如庞大减员人数所表明的那样，他们所在军队的大本营和高级指挥人员经常漠视人的生命，甚至对此无情地全然不顾。战士们不但要与饥饿对抗，特别是在战争最初的18个月里，后来又把搜寻食物和"拾荒"行为发展成一门艺术；而且他们经常在没有足够被服装具的情况下战斗，

---

① 译注：俄译者以嘲讽语气指出，在西方（尤其是美国）的第二次世界大战史学当中，所谓的个人（口头）历史占有重要地位，这种个人历史包括国家层面的新闻报道和时事评论，但主要是艺术文学。而作者显然不知道苏联的战争亲历者从20世纪40年代后期开始大量创作军事散文（военной прозы）的存在。在这种情况下，令人感兴趣的并非他不知道，而是他从中得出的深刻结论。

至少在战争最初的 6 个月里如此。他们过着斯巴达式的简朴生活，不过已学会在维持基本生计的基础上生存。伏特加的定量供应虽然能帮助他们克服艰难困苦，鼓舞士气和决心，但是也经常破坏纪律，使他们赖以生存的战斗技能变得迟钝。

红军军人还在一个负责政治教育、发动群众、执行军事纪律并惩治各种犯罪行为的制度下生活和战斗。政工人员负责提高军人觉悟和统一思想，保证队伍内的政治思想状况；司法机关和军事法庭及时惩处各种犯罪或违纪行为。即使出现移送惩戒部队的威胁也不能保证队伍秩序和纪律的情况，拦截支队还是可以制止抗命不遵或临阵脱逃。简而言之，尽管敌人手中掌握的死亡幽灵随时有可能到来，但由于政治工作和纪律措施的存在，大多数红军军人还是继续坚持服役、战斗、牺牲或生还，同时还因为他们作为苏联社会的一员，早已习惯于服从命令。

归根结底，无论经济地位、社会出身、民族成分、宗教信仰和性别如何，无论是出于惧怕德国人还是自己人，无论是受到"苏联爱国主义"、与生俱来的"大俄罗斯民族主义"、对祖国的诚挚热爱，还是对外国侵略者的固有仇恨的鼓舞，大多数红军军人忍受着难以想象的物资匮乏，其中有大批人从艰苦磨难中生还，并且为在略少于 4 年的较短时间内征服欧洲最强大的军事机器做出了贡献。

战争的代价

从军队的人员和武器两个方面看，红军在伟大卫国战争中付出的代价都非常高昂。除了战争最初两年里的惨败确实导致灾难性损失之外，较高的损失数字几乎一直持续到战争结束，这在一定程度上可以解释为什么红军在战争结束前一直受到人力短缺和纪律问题的困扰。高伤亡率首先表现在红军的一线步兵部队，特别是那些几乎在每场进攻中组成牺牲性突击队的惩戒部队。按照某位原机枪连连长的话说："每场战役过后，我们就只剩下不到一半的人。快到战争结束时，每个连只有 60—70 人。我们没有大型连队。我们过去有 150 人的大型连队，但现在只有 60—70 人，每个师有 7000—8000 [人]。" [2] 这位军官和其他人非常肯定在其参加过的每一场突破交战中，自己的团通常都会遭受大约 50% 的伤亡 ①，无论是在战争的哪一年。因此，红军和红海军在战争最初的 30 个月里共有 1900 多万人伤亡，包括近 900 万人牺牲、作战失踪和成为战俘（见表 14.1）。

按季度分析，无论在战争的哪一年，红军的大多数战斗减员都发生在进攻期间，每天的减员率比较稳定。例如，红军在 1942 年第一季度的冬季总攻期间大约有 46 万名军人阵亡，1943 年第一季度的冬季总攻期间大约有 55 万名军人阵亡，1943 年夏末又有 67 万名军人在库尔斯克会战及其后的一系列反攻中阵亡，1943 年第四季度在第聂伯河沿岸实施进攻时大约有 49 万军人阵亡。这样的战斗减员在 1944 年和 1945 年同样居高不下。例如，红军在 1944 年第三季度的重大进攻战役期间大约有 45 万人阵亡，1945 年第一季度的进攻期间又有 48.8 万人阵亡。[3]

红军在国防军进攻胜利面前且战且退时被俘和作战失踪导致的减员人数最多，这不难理解。例如，继 1941 年第三季度几场灾难性的合围战役期间因阵亡和作战失踪减员近 170 万人之后，红军又在 1941 年 10 月和 11 月维亚济马和布良斯克的两处合围圈中被俘或失踪大约 63.6 万人，1942 年 5 月的哈尔科夫和克里米亚惨败期间又有 53 万人被俘或失踪，国防军进军斯大林格勒期间，在顿巴斯的合围圈中还有 68.5 万人被俘或失踪。尽管这个原因导致的减员相当严重，但红军的被俘和作战失踪人数还是从 1941 年的 230 万多人大幅减少到 1942 年的约 150 万人，1943 年的近 37 万人，1944 年的 17 万人，1945 年的不到 6.9 万人。

关于被俘军人的人数，俄罗斯资料称 1941 年有 2335482 名红军军人因被俘、作战失踪或其他原因而下落不明，1942 年有 1515221 人，1943 年有 367806 人，战争最初的 30 个月合计 4218509 人不知所踪。这些军人中的许多人实际上是在战斗中牺牲或开小差，但被俘人员中的大部分如果能足够幸运地从关押初期的痛苦日子里幸存下来，就能最终在德国的战俘营或劳动营

---

① 俄译注：应当注意，连长在其职务上无法获得这种信息。任何目击者都有这样一个特点，如果受害者多达他无法计算的限度，就有可能夸大受害者的人数。这个现象毫无例外地适用于所有的战争和军队，也适用于对任何重大灾难的口头描述。

里迎来战争结束。从对方的角度看，德国的档案记录表明关押在德国战俘营里的红军战俘人数在具体时间各不相同，最少时大约有80万人，最多时超过200万人（见表14.2）。

现在不可能准确查明有多少被俘的红军军人在前往战俘营的途中死亡；但据不完整的证据显示，这种可怕的损失方式导致至少25万人，最多可达100万人死亡。例如，德国国防军统帅部（OKW）1944年5月1日签发的几份文件声称：总共已有3291157名红军战俘在被俘期间丧生，其中包括1981000人死于战俘营，1030157人因试图逃跑被枪杀，280000人在向战俘营押解的途中死亡。[4]另一方面，俄罗斯文献称，战争期间曾在德国或其他地点关押的近450万①红军军人中，有1836562人最终在战争结束后返回苏联，其中有339000人又被关押到内务人民委员部的劳动营地，他们主要被控在战俘营期间"不够忠诚"。[5]②

由于服役条件恶劣和红军卫勤保障能力不足，战时因重病和传染性疾疫导致的减员人数急剧上升，从1941年下半年的略多于6.6万人（换算成整年是13万人）和1942年近57.7万人，增至1943年的91.5万人和1944年的110余万人。另一方面，加强纪律和训练大大减少冻伤导致的减员人数，从1941年的大约13500人（换算成整年是27000人）和1942年的58268人，减至1943年的14742人和1944年的3227人，这些数字表明国防人民委员部为军人提供适当被装的能力有所改善。

除了大批减员以外，红军还损失数量众多的武器，特别是在1941年和1942年（见表14.3）。红军损失武器和其他装备数量最多的年度是1941年，这不难理解，按照武器类别，这年损失率最高的主要是高达56%的步兵武器、34%—70%的火炮、73%的坦克和略多于50%的作战飞机。由于明显

---

① 俄译注：该资料（在第461页）估计德军抓获的苏联战俘总数超过500万，因为1941年还有近50万名新动员的军人尚未下到部队便被俘，所以未计入这些部队的减员人数。该资料还指出，这个数字不包括被德军抓获并当作战俘的役龄青年平民。根据各种资料引用的德国数据，整场战争期间在东线俘房的战俘总数达到570万人。

② 俄译注：33.9万这个数字是全部被判通敌罪的人数，引用资料称送往劳动营地的前红军军人只有23.34万人。请注意，这个数字比国防军统计从战俘中招募的"志愿辅助人员（добровольных помощников）"少很多，甚至还少于德国人从战俘中创建武装团体的全体参与人数。因此，没有理由断言大多数定罪者是无辜受到惩罚，或者因为莫须有的"妥协行为"受到惩罚。另外，大多数合作者（即上述为避免在战俘营中遭受饥饿威胁而加入国防军中服役的"志愿辅助人员"）通常没有受到监禁的惩罚。

原因，前线军人使用的武器损失率最高，例如近60%的步枪、62%—65%的轻型和中型机枪、56%的地面火炮、近70%的反坦克炮、超过60%的迫击炮、73%的坦克和近60%的作战飞机，后者中有一半以上是被德国空军击毁在地面上^①。

1942年和1943年间，红军的武器损失明显持续减少；但是，按年度计算，某些武器类别的损失比例在这两年里仍然很高。例如，1942年反坦克炮的损失率高达40%以上，这两年的坦克损失率达42%—50%以上，1943年的歼击机和强击机损失率超过40%。这些损失数字用任何标准来衡量都是空前的，再加上同样巨大的平民伤亡，凸显出苏联为了战胜纳粹德国而付出的巨大代价。因此，毫不奇怪，"Никто не забыт ничто не забыто"（勿忘一人，勿忘一事）至今仍然是当代俄罗斯人的口号。

经过不懈努力并付出巨大代价之后，苏联政治领袖和军事首长能够在伟大卫国战争最初的30个月当中使红军从一个外强中干的泥足巨人重获新生。在此过程中，红军也从一件几乎不能满足苏联最基本国防要求的军事工具，转变成能够击败欧洲有史以来最强大军队（即希特勒的国防军）的军事工具，并将在战争剩下的16个月里恣意地以坚决无情、鲁莽任性和极具破坏性的方式继续击败它。

---

① 译注：与表14.3的注释结合在一起，可以看出最后这句话是把引用资料中的战斗损失误解为空战损失，所以才把其余损失理解成地面上的损失。而战斗损失相对于非战斗损失而言，后者指在后方因机械损耗、故障和事故造成的损失。

数据表

表 14.1 红军和红海军的减员人数，1941—1943 年

单位：人	不可归队的减员				卫生减员				总计
	死亡		作战失踪或被俘	合计	战斗负伤	病员	冻伤	合计	
	阵亡	非战斗原因							
1941年									
第3季度	277052	153526	1699099	2129677	665961	21665	0	687626	2817303
第4季度	289800	81813	636383	1007996	590460	44504	13557	648521	1656517
合计	566852	235339	2335482	3137673	1256421	66169	13557	1336147	4473820
1942年									
第1季度	459332	34328	181655	675315	1011040	117007	51410	1179457	1854772
第2季度	288149	26294	528455	842898	552237	154210	0	706647	1549545
第3季度	486039	53689	685767	1224495	1146667	136395	0	1283062	2507557
第4季度	360322	38842	120344	515508	765577	169461	6858	941896	1457404
合计	1593842	149153	1515221	3258216	3475721	577073	58268	4111062	7369278
1943年									
第1季度	552386	30200	144128	726714	1181338	230055	14299	1425692	2152406
第2季度	154221	15231	22452	191904	252954	237683	0	490637	682541
第3季度	673729	14413	115714	803856	1829666	231139	0	2060805	2864661
第4季度	489128	15315	85512	589955	1349890	217607	443	1567940	2157895
合计	1869464	75159	367806	2312429	4613848	916484	14742	5545074	7857503
1943年以前总计	2160694	459651	4218509	8708318	9345990	1625895	86567	10992283	19700601

资料来源：G. F. 克里沃舍耶夫主编，《解密的保密文献：苏联武装力量在历次战争、作战行动和军事冲突中的损失》，第 146 页。

表 14.2 德国国防军统帅部（OKW）统计的红军战俘人数，1942—1944 年

单位：人	战俘营（Lager）	德国工业	合计
1942年2月1日	1020531	147736	1168267
1942年3月1日	976458	153674	1130132
1942年4月1日	643237	166881	810118
1942年6月1日	734544	242146	976690

1942年9月1日	1675626	375451	2051077
1942年10月1日	1118011	455054	1573065
1942年11月1日	766314	487535	1253849
1943年1月1日	1045609	不详	不详
1943年2月1日	1038512	493761	1532273
1943年7月1日	647545	505975	1153520
1943年8月1日	807609	496106	1303709
1943年12月1日	766314	564692	1331006
1944年3月1日	861052	594279	1455331

资料来源：G. F. 克里沃舍耶夫主编，《20世纪战争中的俄罗斯和苏联及其武装力量的损失：统计调查》，第460页。

表14.3 红军战斗损失的武器数量，1941—1943年

	1941年			1942年			1943年		
	实有数	损失数	损失率（%）	实有数	损失数	损失率（%）	实有数	损失数	损失率（%）
步兵武器									
左轮手枪	1370000	440000	32.1	1100000	390000	35.5	1080000	80000	7.4
步枪	9310000	5550000	59.6	7800000	2180000	27.9	9470000	1260000	13.3
冲锋枪	200000	100000	50	1660000	550000	33.1	3170000	530000	16.7
轻机枪	215700	134700	62.4	253800	76700	30.2	427300	82800	19.4
中型机枪	84700	547000	64.6	88000	24500	27.8	154000	21000	13.6
重机枪	3600	1400	38.9	9600	4900	51	19100	900	4.7
反坦克枪	17700	8800	49.7	257900	86900	33.7	335500	46600	13.9
合计	11200000	6290000	56.2	11170000	3310000	29.6	14060000	2020000	14.4
火炮、迫击炮和火箭炮									
高射炮	12000	4100	34.2	14700	1600	10.9	25300	800	3.2
25毫米	300	100	33.3	400	0		0	0	
37、40毫米	2800	1200	42.8	5400	600	11.1	11700	400	3.4
76、85、90毫米	8900	2800	31.5	8900	900	10.1	11800	300	2.5
反坦克炮	17400	12100	69.5	25800	11500	44.6	37700	5500	14.6
45毫米	17000	12000	70.6	25500	11300	44.3	35700	5200	14.6
57毫米	400	100	25	300	200	66.7	2000	300	15

地面火炮	43300	24400	56.3	49000	12300	25.1	58800	5700	9.7
76毫米	21800	12300	56.4	33100	10100	30.5	39600	5000	12.6
100、107毫米	1000	400	40	600	100	16.7	500	0	5.6
122毫米榴弹炮	10000	6000	60	8500	1500	17.6	10800	600	
122毫米加农炮	1600	900	56.2	1000	0	13.3	1500	0	
152毫米榴弹炮	4100	2600	63.4	1500	200	12.1	1400	0	
152毫米加农榴弹炮	3700	2100	56.8	3300	400		4000	100	2.5
203毫米以上	1100	100	9.1	1000	0		1000	0	
迫击炮	98500	60500	60.5	268300	82200	30.6	254000	26700	10.5
50毫米	59500	38000	63.9	125900	37300	29.6	106100	13300	12.5
82毫米	31100	18500	59.5	113100	34800	30.8	111900	10300	9.2
107、120毫米	7900	4000	50.6	29300	10100	34.5	36000	3100	8.6
火箭炮	1000	0		4300	700	16.3	6900	2100	30.4
BM—8式	400	0		1300	300	23.1	1400	500	35.7
BM—13式	600	0		3000	400	13.3	5500	1600	29.1
坦克和自行火炮									
坦克	28200	20500	72.7	35600	15000	42.1	43500	22400	51.5
重型（KV—1、2）	1500	900	60	3200	1200	37.5	2900	1300	44.8
中型（T—34）	3100	2300	74.2	14200	6600	46.5	23900	14700	61.5
轻型（T—60、70）	23600	17300	73.3	18200	7200	39.5	16700	6400	38.3

	1	2	3	4	5	6	7	8
自行火炮	23900	0	100	100	100	4400	1100	25
重型		0	30	30	100	1300	500	38.5
中型		0	0	0		800	100	12.5
轻型		0	70	70	100	2300	500	21.7
装甲汽车	12.5	300	31100	9000	28.9	32700	12500	38.2
飞机								
轰炸机	66/42.2	7200/4600	7800	2500/1600	32/20.5	10400	3600/1700	34.6/16.3
强击机	73.3/40	1100/600	7600	2600/1800	34.2/23.7	16000	7200/3900	45/24.4
歼击机	54.9/29.1	9600/5100	18600	7000/4400	37.6/23.7	28600	11700/5600	40.9/19.6
作战飞机小计	59.9/34.4	17900/10300	34000	12100/7800	35.6/22.9	55000	22500/11200	40.9/20.4
其他飞机	25/2.3	3300/300	15600	2600/1300	16.7/8.3	18100	4200/500	23.2/2.8
合计	49.2/24.6	21200/10600	49600	14700/9100	29.6/18.3	73100	26700/11700	36.5/16
车辆和无线电台								
车辆	33.3	159000	470000	66200	14.1	563000	67000	11.9
无线电台	55.1	23700	46800	7000	15	89300	17700	19.8

注释：上述分数中的分子表示飞机损失数和总损失数和比例，分母是空战损失数和比例。[①]

资料来源：G. F. 克里沃舍那夫主编，《20 世纪俄罗斯和苏联战争中的损失：统计调查》，第 473—481 页。

① 译注：分母是战斗损失数。

注释

1. "德国流派"强调的其他话题包括：德国将军们长期带有悲剧色彩但时运不济地反抗希特勒专断独行和极端错误的非理性战争指导，德国士兵在自己被动卷入的这场战争中表现出的勇敢和荣誉，近年来还包括斯大林应当分担发动战争的罪责。

2. 戴维·M. 格兰茨，《红军军官的言论》，第22页。这是K. A. 鲍里索夫的回忆，他是原步兵第172师某机枪连连长，该师当时隶属第13集团军步兵第102军。

3. G. F. 克里沃舍耶夫主编，《解密的保密文献：苏联武装力量在历次战争、作战行动和军事冲突中的损失》，第146页。

4. G. F. 克里沃舍耶夫主编，《20世纪战争中的俄罗斯和苏联及其武装力量的损失：统计调查》，第457页。

5. 同上，第463页。

参考文献

缩略语表

JSMS（The Journal of Slavic Military Studies）：《斯拉夫军事研究杂志》

TsPA UMLTsentral'nyi partiinyi arkhiv Instituta Marksizma-Leninizma：苏联马列主义研究所中央党内档案馆

VIZhVoenno-istoricheskii zhurnal：《军事历史杂志》

原始资料 ①

Armeiskie operatsii (Boevye deistviia obshchevoiskovoi armii v gody Velikoi Otechestvennoi voiny) [Army operations (Combat operations of the combined-arms army in the Great Patriotic War)]. Moscow: Frunze Academy, 1989. Classified for faculty use only.

《集团军战役：伟大卫国战争中诸兵种合成集团军的战斗行动》[M]. 莫斯科：伏龙芝军事学院，1989. 仅供教员使用.

Barvenkovo-Lozovaia operatsiia (18-31 ianvaria 1942 g.)[The Barvenkovo-Lozovaia operation (18-31 January 1942)]. Moscow: Voenizdat, 1943. Classified secret.

《巴尔文科沃—洛佐瓦亚战役（1942年1月18日—31日）》[M]. 莫斯科：军事出版社，1943.机密级.

"Boevoi opyt ukreplennykh raionov (UR)" [Combat experiences of fortified regions]. In Sbornik materialov po izucheniiu opyta voiny [Collection of materials for the study of war experience], no. 3 (November-December 1942), pp. 122-32. Moscow: Voenizdat, 1942. Classified secret.

《筑垒地域的战斗经验》[G]//《战争经验研究材料选集》第3册（1942年11月—12月）第122—132页.莫斯科：军事出版社，1942. 机密级.

Boevoi i chislennyi sostav vooruzhennykh sil SSSR v period Velikoi Otechestvennoi voiny (1941-1945 gg.): Statisticheskii sbornik no. 1 (22 iiunia 1941 g.) [The combat and numerical composition of the USSR's armed forces in the Great Patriotic War (1941-1945): Statistical

---

① 译注：译文格式参照GB/T 7714—2005《文后参考文献著录规则》。为便于阅读，文献名称处增加书名号，页码前后增加"第……页"。

collection no. 1 (22 June 1941)]. Moscow: Institute of Military History, 1994.

《苏联武装力量在1941—1945年伟大卫国战争中的作战与编成数据：统计资料汇编第1号（1941年6月22日）》[M]. 莫斯科：军事历史研究所，1994.

Boevoi sostav Sovetskoi armii, chast' 1 (iiun'–dekabr' 1941 goda) [The combat composition of the Soviet Army, part 1 (June–December 1941)]. Moscow: Voroshilov Academy of the General Staff, 1963. Classified secret.

《苏军的作战编成，第一部（1941年6月—12月）》[M]. 莫斯科：伏罗希洛夫总参军事学院，1963. 机密级.

Boevoi sostav Sovetskoi armii, chast' 2 (ianvar'–dekabr' 1942 goda) [The combat composition of the Soviet Army, part 2 (January–December 1941)]. Moscow: Voenizdat, 1966. Classified secret.

《苏军的作战编成，第二部（1942年1月—12月）》[M]. 莫斯科：军事出版社，1966. 机密级.

Boevoi sostav Sovetskoi armii, chast' 3 (ianvar'–dekabr' 1943 goda) [The combat composition of the Soviet Army, part 3 (January–December 1943)]. Moscow: Voenizdat, 1972. Classified secret.

《苏军的作战编成，第三部（1943年1月—12月）》[M]. 莫斯科：军事出版社，1972. 机密级.

Boevoi sostav Sovetskoi armii, chast' 4 (ianvar'–dekabr' 1944 goda) [The combat composition of the Soviet Army, part 4 (January–December 1944)]. Moscow: Voenizdat, 1988. Classified secret.

《苏军的作战编成，第四部（1944年1月—12月）》[M]. 莫斯科：军事出版社，1988. 机密级.

"Boevye deistviia Sovetskikh voisk na Kalininskom napravlenii v 1941 gody (s oktiabria 1941 po 7 ianvaria 1942 g.)" [Combat operations of Soviet forces on the Kalinin axis (from October 1941 through 7 January 1942)]. In Sbornik voenno–istoricheskikh materialov Velikoi Otechestvennoi voiny [Collection of military–historical materials of the Great Patriotic War], no. 7. Moscow: Voenizdat, 1952. Classified secret.

《苏联军队在加里宁方向的战斗行动（1941年10月—1942年1月7日）》[G]//《伟大卫国战争军事历史材料选集》第7册. 莫斯科：军事出版社，1952. 机密级.

Chugunov, A. I., ed. Pogranichnye voiska v gody Velikoi Otechestvennoi voiny 1941–1945: Sbornik dokumentov [Border guards forces in the Great Patriotic War 1941–1945: A collection of documents]. Moscow: Nauka, 1968.

A. I. 丘贡诺夫，编. 《1941—1945年伟大卫国战争中的边防军：文献选集》[M]. 莫斯科：科学出版

社，1968.[①]

"Dokumentypoispol'zovaniiu bronetankovykh i mekhanizirovannykh voisk Sovetskoi Armii v period s 22 iiunia po sentiabr' 1941 g. vkliuchitel'no" [Documents on the employment of armored and mechanized forces of the Soviet Army in the period from 22 June to September 1941, inclusively]. In Sbornik boevykh dokumentov Velikoi Otechestvennoi voiny [A collection of combat documents of the Great Patriotic War], no. 33. Moscow: Voenizdat, 1957. Classified secret.

《1941年6月22日至9月（含）期间苏军装甲坦克和机械化兵使用情况的若干文献》[G]//《伟大卫国战争战斗文书选集》第33册，莫斯科：军事出版社，1957. 机密级.

"Dokumenty nemetskogo komandovaniia po voprosam podgotovki voiny" [Documents of the German command on issues of preparing for war] and "Dokumenty nemetskogo komandovaniia po voprosam vedeniia voiny" [Documents of the German command on issues of the conduct of the war]. In Sbornik voenno-istoricheskikh materialov Velikoi Otechestvennoi voiny [Collection of military-historical materials of the Great Patriotic War], no. 18. Moscow: Voenizdat, 1960. Classified secret.

《德军司令部关于战争准备的若干文献》和《德军司令部关于战争指导的若干文献》[G]//《伟大卫国战争军事历史材料选集》第18册. 莫斯科：军事出版社，1960. 机密级.

Dushen'kin, V. V., ed. Vnutrennie voiska v Velikoi Otechestvennoi voine 1941–1945 gg. : Dokumenty i materialy [Internal forces in the Great Patriotic War 1941–1945: Documents and materials]. Moscow: Iuridicheskaia Literatura, 1975.

V. V. 杜申金，编.《1941—1945年伟大卫国战争中的内卫部队：档案与材料》[M]. 莫斯科：法律专题文学出版社，1975.

Eletskaia operatsiia (6–16 dekabria 1941 g.)[The Elets operation (6–16 December 1941)]. Moscow: Voenizdat, 1943. Classified secret.

《叶列茨战役（1941年12月6日—16日）》[M]. 莫斯科：军事出版社，1943. 机密级.

Gishko, N. S. "GKO postanovliaet" [The GKO decrees].VIZh, no. 2 (February 1992): 31–34; VIZh, no. 3 (March 1992): 17–20; and VIZh, no. 4–5 (April–May 1992): 19–23.

N. S. 吉什科，《国防委员会决议》[J]. VIZh, 1992, 2（2）：第31—34页；1992, 3（3）：第17—20页；1992, 4/5（4/5）：第19—23页.

---

① 俄译注：该书的总编是P. I. 济里亚诺夫、A. I. 丘贡诺夫是起草组的组长。1976年，该出版社发行本书修订版，共两卷，每卷900页，书名是《伟大卫国战争中的苏联边防军：文献与材料选集》（Пограничные войска СССР в Великой Отечественной войне. Сборник документов и материалов）。

Gor'kov, Iurii. Gosudarstvennyi Komitet Oborony postanovliaet (1941 –1945 Tsifry, dokumenty [The State Defense Committee decrees (1941–1945): Numbers and documents]. Moscow: Olma-Press, 2002.

尤里・戈里科夫.《国防委员会决议（1941—1945年）：数字与文献》[M]. 莫斯科：奥尔马出版社，2002.

Guide to Foreign Military Studies 1945-54. Historical Division, United States Army, Europe.

《1945—1954年外国军事研究指南》[M]. 美国陆军欧洲司令部历史部.

Guide to German Archival Records Microfilmed at Alexandria, Va. Washington, DC: National Archives and Records Administration, 1974–1979.

《存放在弗吉尼亚州亚历山大的德国档案记录指南》[M]. 华盛顿特区：国家档案和记录管理局，1974—1979.

Ianchinsky, A. N. Boevoe ispol'zovanie istrebitel'no–protivotankovoi artillerii RVGK v Velikoi Otechestvennoi voine [The combat employment of destroyer antitank artillery of the Stavka Reserve in the Great Patriotic War]. Moscow: Voroshilov Academy of the General Staff, 1951. Classified secret.

A. N. 扬钦斯基.《伟大卫国战争中最高统帅部预备队反坦克歼击炮兵的战斗使用》[M]. 莫斯科：伏罗希洛夫总参军事学院，1951. 机密级.

Komandovanie korpusnogo i divizionnogo zvena Sovetskikh vooruzhennykh sil perioda Velikoi Otechestvennoi voiny, 1941–1945 gg. [Commanders at the corps and division level in the Soviet armed forces during the Great Patriotic War, 1941–1945]. Moscow: Frunze Academy, 1964. Classified secret.

《1941—1945年伟大卫国战争期间苏联武装力量的军级和师级指挥员》[M]. 莫斯科：伏龙芝军事学院，1964. 机密级.

"Oborona" [Defense]. In Sbornik boevykh dokumentov Velikoi Otechestvennoi voiny [Collection of combat documents of the Great Patriotic War], no. 1. Moscow: Voenizdat, 1947: 54–61. Classified secret.

《防御》[G]//《伟大卫国战争战斗文书选集》第1册. 莫斯科：军事出版社，1947：第54—61页. 机密级.

Rostovskaia operatsiia, noiabr'–dekabr' 1941 g. [The Rostov operation, November–December 1941]. Moscow: Voenizdat, 1943. Classified secret.

《罗斯托夫战役，1941年11月—12月》[M]. 莫斯科：军事出版社，1943. 机密级.

Sbornik boevykh dokumentov Velikoi Otechestvennoi voiny [Collection of combat documents of the Great Patriotic War], vols. 1–43. Moscow: Voenizdat, 1949–1960. Classified secret.

《伟大卫国战争战斗文书选集》，第1—43册[M]. 莫斯科：军事出版社，1949—1960. 机密级.

Sbornik materialov po izucheniiu opyta voiny, no. 5 (mart 1943 g.)[Collection of materials for the study of war experience, no. 5 (March 1943)]. Moscow: Voenizdat, 1943. Classified secret.

《战争经验研究材料选集》，第5册（1943年3月）[M]. 莫斯科：军事出版社，1943. 机密级.

Sbornik materialov po izucheniiu opyta voiny, no. 6 (aprel'-mai 1943 g.)[Collection of materials for the study of war experience, no. 6 (April–May 1943)]. Moscow: Voenizdat, 1943. Classified secret.

《战争经验研究材料选集》，第6册（1943年4—5月）[M]. 莫斯科：军事出版社，1943. 机密级.

Sbornik materialov po izucheniiu opyta voiny no. 7 (iiun'-iiul' 1943 g.)[Collection of materials for the study of war experience, no. 7 (June–July 1943)]. Moscow: Voenizdat, 1943. Classified secret.

《战争经验研究材料选集》，第7册（1943年7—8月）[M]. 莫斯科：军事出版社，1943. 机密级.

Sbornik materialov po izucheniiu opyta voiny, no. 10 (ianvar'-fevral' 1944 g.) [Collection of materials for the study of war experience, no. 10 (January–February 1944)]. Moscow: Voenizdat, 1944. Classified secret.

《战争经验研究材料选集》，第10册（1944年1—2月）[M]. 莫斯科：军事出版社，1944. 机密级.

Sbornik materialov po izucheniiu opyta voiny, no. 14 (sentiabr'-oktiabr' 1944 g.)[Collection of materials for the study of war experience, no. 14 (September–October 1944)]. Moscow: Voenizdat, 1945. Classified secret.

《战争经验研究材料选集》，第14册（1944年9—10月）[M]. 莫斯科：军事出版社，1945. 机密级.

Sbornik takticheskykh primerov po opytu Otechestvennoi voiny [Collection of tactical examples based on the experience of the Patriotic War], nos. 1–23. Moscow: Voenizdat, 1943–1947. Classified secret.

《根据伟大卫国战争经验的战术战例选集》，第1—23册[M]. 莫斯科：军事出版社，1943—1947. 机密级.

Sbornik voenno-istoricheskikh materialov Velikoi Otechestvennoi voiny [Collection of military-historical materials of the Great Patriotic War], no. 1. Moscow: Voenizdat, 1949. Classified secret.

《伟大卫国战争军事历史材料选集》，第1册[M]. 莫斯科：军事出版社，1949. 机密级.

Sbornik voenno-istoricheskikh materialov Velikoi Otechestvennoi voiny [Collection of military-historical materials of the Great Patriotic War], no. 2. Moscow: Voenizdat, 1949. Classified secret.

《伟大卫国战争军事历史材料选集》，第2册[M]. 莫斯科：军事出版社，1949. 机密级.

Sbornik voenno-istoricheskikh materialov Velikoi Otechestvennoi voiny [Collection of military-historical materials of the Great Patriotic War], no. 7. Moscow: Voenizdat, 1952. Classified secret.

《伟大卫国战争军事历史材料选集》，第7册[M]. 莫斯科：军事出版社，1952. 机密级.

Sbornik voenno-istoricheskikh materialov Velikoi Otechestvennoi voiny [Collection of military-historical materials of the Great Patriotic War], no. 9. Moscow: Voenizdat, 1953. Classified secret.

《伟大卫国战争军事历史材料选集》，第9册[M]. 莫斯科：军事出版社，1953. 机密级.

Sbornik voenno-istoricheskikh materialov Velikoi Otechestvennoi voiny [Collection of military-historical materials of the Great Patriotic War], no. 12. Moscow: Voenizdat, 1953. Classified secret.

《伟大卫国战争军事历史材料选集》，第12册[M]. 莫斯科：军事出版社，1953. 机密级.

Sbornik voenno-istoricheskikh materialov Velikoi Otechestvennoi voiny [Collection of military-historical materials of the Great Patriotic War], no. 13. Moscow: Voenizdat, 1954. Classified secret.

《伟大卫国战争军事历史材料选集》，第13册[M]. 莫斯科：军事出版社，1954. 机密级.

Sbornik voenno-istoricheskikh materialov Velikoi Otechestvennoi voiny [Collection of military-historical materials of the Great Patriotic War], no. 14. Moscow: Voenizdat, 1954. Classified secret.

《伟大卫国战争军事历史材料选集》，第14册[M]. 莫斯科：军事出版社，1954. 机密级.

Scherff, Walter. OKW, WFST, Kriegsgeschichtlichen Abteilung, Kriegstagebuch. Nurnberg: International Military Tribunal Document 1809 PS.

瓦尔特·舍夫.《德国国防军统帅部作战部战争史处，战争日志》[C]. 纽伦堡：国际军事法庭第1809 PS号文件.

Schramm, Percy E. Kriegstagebuch des Oberkommandos der Wehrmacht (Wehrmachtfuehrungsstab). 2 vols. Frankfurt: Bernard and Graefe, 1961-1965.

佩尔西·E. 施拉姆.《德国国防军统帅部战争日志（国防军作战部）》，2卷本. [M]. 法兰克福：贝尔纳德与格雷费出版社，1961—1965.

Shaposhnikov, B. M., ed. Razgrom nemetskikh voisk pod Moskvoi [The defeat of German forces at Moscow]. Parts 1, 2, and 3. Moscow: Voenizdat, 1943. Classified secret.

B. M. 沙波什尼科夫，编.《德国军队在莫斯科的失败》，第1—3部. [M]. 莫斯科：军事出版社，

1943. 机密级.

"State Defense Committee Decree of 11 September 1941." TsPA UML. F. 644, op. 1, d. 9.
《国防委员会1941年9月11日的决议》[M].苏联马列主义研究所中央党内档案馆全宗644，目1，卷宗9.

Stepashin, S. V., ed. Organy gosudarstvennoi bezopasnosti SSSR v Velikoi Otechestvennoi voine: Sbornik dokumentov, tom 1: Nakanune, kniga vtoraia (1 ianvaria–21 iiunia 1941 g.) [Organs of state security of the USSR in the Great Patriotic War: A collection of documents, volume 1: On the eve, book 2 (1 January to 21 June 1941)]. Moscow: Kniga i Biznes, 1995.
S. V. 斯特帕欣，编.《伟大卫国战争中的苏联国家安全机关：文献选集，第1卷：战争前夕，第2册（1941年1月1日—6月21日）》[M]. 莫斯科：图书与商业出版社，1995.

Truppen-Ubersicht und Kriegsgliederungen Rote Armee: Stand August 1944 [Troop summary and order of battle of the Red Army: August 1944]. Ic-Unterlagen Ost, Merkblatt geh. 11/6, Pruf.-Nr.: 0157. National Archives Microfilm (NAM) T–78, roll 495.Classified secret.
《红军的军队概况和作战序列：1944年8月的状态》东线情报参谋资料，编制日期6月11日，第0157号调查结果[M]. 美国国家档案馆微缩胶卷（NAM）T–78，第495卷. 机密级.

Vasil'ev, A. V. Rzhevsko-Viazemskaia operatsiia Kalininskogo i Zapadnogo frontov (ianvar'-fevral' 1942 g.)[The Kalinin and Western Fronts' Rzhev-Viaz'ma operation (January–February 1942)]. Moscow: Voroshilov Academy, 1949. Classified secret.
A. V. 瓦西里耶夫.《加里宁方面军和西方面军的勒热夫—维亚济马战役（1942年1—2月》[M]. 莫斯科：伏罗希洛夫总参军事学院，1949. 机密级.

Zabaluev, A. A., and S. G. Goriachev.Kalininskaia nastupatel'naia operatsiia [The Kalinin offensive operation]. Moscow: Voroshilov Academy, 1942. Classified secret.
A. A. 扎巴卢耶夫，S. G. 戈里亚切夫.《加里宁进攻战役》[M]. 莫斯科：伏罗希洛夫总参军事学院，1942. 机密级.

Zolotarev, V. A., ed. "General'nyi shtab v gody Velikoi Otechestvennoi voiny: Dokumentyi materialy 1941 goda" [The General Staff in the Great Patriotic War: Documents and materials from 1941]. In Russkii arkhiv: Velikaia Otechestvennaia [The Russian archives: The Great Patriotic (War)], 23, 12 (1). Moscow: Terra, 1997.
V. A. 佐洛塔廖夫，编.《伟大卫国战争中的总参谋部：1941年的文献与材料》[G.]//《俄罗斯档案：伟大卫国（战争）》第23卷，第12（1）册. 莫斯科：特拉出版社，1996.

––––––––. "General'nyi shtab v gody Velikoi Otechestvennoi voiny: Dokumentyi materialy

826

1942 goda" [The General Staff in the Great Patriotic War: Documents and materials from 1942]. In Russkii arkhiv: Velikaia Otechestvennaia [The Russian archives: The Great Patriotic (War)], 23, 12 (2). Moscow: Terra, 1999.

V. A. 佐洛塔廖夫，编.《伟大卫国战争中的总参谋部：1942年的文献与材料》[G.]//《俄罗斯档案：伟大卫国（战争）》第23卷，第12（2）册. 莫斯科：特拉出版社，1999.

————————. "General'nyi shtab v gody Velikoi Otechestvennoi voiny: Dokumentyi materialy 1943 goda" [The General Staff in the Great Patriotic War: Documents and materials from 1943]. In Russkii arkhiv: Velikaia Otechestvennaia [The Russian archives: The Great Patriotic (War)], 23, 12 (3). Moscow: Terra, 1999.

V. A. 佐洛塔廖夫，编.《伟大卫国战争中的总参谋部：1943年的文献与材料》[G.]//《俄罗斯档案：伟大卫国（战争）》第23卷，第12（3）册. 莫斯科：特拉出版社，1999.

————————. "Preludiia Kurskoi bitvy" [Prelude to the Battle of Kursk]. In Russkii arkhiv: Velikaia Otechestvennaia [The Russian archives: The Great Patriotic (War)], 15 (4–3). Moscow: Terra, 1997.

V. A. 佐洛塔廖夫，编.《库尔斯克会战的前奏》[G.]//《俄罗斯档案：伟大卫国（战争）》第15卷，第4—3册. 莫斯科：特拉出版社，1997.

————————. "Stavka VGK: Dokumenty i materialy 1941 goda" [The Stavka VGK: Documents and materials of 1941]. In Russkii arkhiv: Velikaia Otechestvennaia [The Russian archives: The Great Patriotic (War)], 16, 5 (1). Moscow: Terra, 1996.

V. A. 佐洛塔廖夫，编.《最高统帅部大本营：1941年的文献与材料》[G.]//《俄罗斯档案：伟大卫国（战争）》第16卷，第5（1）册. 莫斯科：特拉出版社，1996.

————————. "Stavka VGK: Dokumentyi materialy 1942" [The Stavka VGK: Documents and materials of 1942]. In Russkii arkhiv: Velikaia Otechestvennaia [The Russian archives: The Great Patriotic (War)], 16, 5 (2). Moscow: Terra, 1996.

V. A. 佐洛塔廖夫，编.《最高统帅部大本营：1942年的文献与材料》[G.]//《俄罗斯档案：伟大卫国（战争）》第16卷，第5（2）册. 莫斯科：特拉出版社，1996.

————————. "Stavka Verkhovnogo Glavnokomandovaniia: Dokumenty i materialy 1943 goda" [The Stavka VGK: Documents and materials of 1943]. In Russkii arkhiv: Velikaia Otechestvennaia [The Russian archives: The Great Patriotic (War)], 16, 5 (3). Moscow: Terra, 1999.

V. A. 佐洛塔廖夫，编.《最高统帅部大本营：1943年的文献与材料》[G.]//《俄罗斯档案：伟大卫国（战争）》第16卷，第5（3）册. 莫斯科：特拉出版社，1999.

————————. "Stavka VGK: Dokumentyi materialy 1944-1945" [The Stavka VGK: Documents and materials of 1944-1945]. In Russkii arkhiv: Velikaia Otechestvennaia [The Russian archives: The Great Patriotic (War)], 16,5 (4). Moscow: Terra, 1999.

V. A. 佐洛塔廖夫，编.《最高统帅部大本营：1944—1945年的文献与材料》[G.]//《俄罗斯档案：伟大卫国（战争）》第16卷，第5（4）册. 莫斯科：特拉出版社，1999.

次生资料：书籍

Aganov, S. Kh., ed. Inzhenernye voiska Sovetskoi armii 1918-1945 [Engineer forces of the Soviet Army 1918-1945]. Moscow: Voenizdat, 1985.

S. Kh. 阿加诺夫，编.《苏军工程兵1918—1945年》[M]. 莫斯科：军事出版社，1985.

Alekseev, P. D., and V. B. Makovsky.Pervaia oboronitel'naia operatsiia 4-i armii v nachale Velikoi Otechestvennoi voiny [The initial defensive operation of the 4th Army in the beginning of the Great Patriotic War]. Moscow: Frunze Academy, 1992.

P. D. 阿列克谢耶夫，V. B. 马科夫斯基.《伟大卫国战争开始时第4集团军的初步防御行动》[M]. 莫斯科：伏龙芝军事学院，1992.

Allen, W.E.D., and Paul Muratoff. The Russian Campaign of 1944-1945. Harmonds-worth, England: Penguin, 1946.

W. E. D. 艾伦，保罗·穆拉托夫.《1944—1945年俄国战局》[M]. 英格兰哈蒙兹沃思：企鹅出版社，1946.

Altukhov, P. K., ed. Nezabyvaemye dorogy: Boevoi put' 10-i gvardeiskoi armii [Unforgettable roads: The combat path of the 10th Guards Army]. Moscow: Voenizdat, 1974.

P. K. 阿尔图霍夫，编.《难忘的道路：近卫第10集团军的战斗历程》[M]. 莫斯科：军事出版社，1974.

Anan'ev, I. M. Tankovye armii v nastuplenii [Tank armies in the offensive]. Moscow: Voenizdat, 1988.

I. M. 阿纳尼耶夫.《坦克集团军进攻》[M]. 莫斯科：军事出版社，1988.

Anfilov, V. A. Krushenie pokhoda Gitlera na Moskvu 1941 [The ruin of Hitler's march on Moscow 1941]. Moscow: Nauka, 1989.

V. A. 安菲洛夫.《希特勒1941年进攻莫斯科的破产》[M]. 莫斯科：科学出版社，1989.

Armstrong, Richard N. Red Army Tank Commanders: The Armored Guards. Atglen,PA: Schiffer, 1994.

理查德·N. 阿姆斯特朗.《红军坦克指挥员：装甲近卫军》[M]. 宾夕法尼亚州阿特格伦：希弗军事与航空史出版社，1994 .

Armstrong, Richard N., ed. Red Army Combat Orders: Combat Regulations for Tank and Mechanized Forces 1944. Trans. Joseph G. Welsh. London: Frank Cass, 1991.

理查德·N. 阿姆斯特朗，编.《红军作战命令：1944年装甲坦克和机械化兵战斗条令》[M]. 约瑟夫·G. 韦尔什，译. 伦敦：弗兰克·卡斯出版社，1991.

Babich, Iu. P. Podgotovka oborony 62-i armii vne soprikosnoveniia s protivnikom i vedenie oboronitel'noi operatsii v usloviiakh prevoskhodstva protivnika v manevrennosti (po opytu Stalingradskoi bitvy) [The preparation of the 62nd Army's defense outside contact with the enemy and the conduct of a defensive operation with a more maneuverable enemy (based on the experience of the Battle of Stalingrad)]. Moscow: Frunze Academy, 1991.

Iu. P. 巴比奇.《第62集团军与外线之敌接触时的防御准备工作，暨面对更具机动性之敌实施的一次防御行动（根据斯大林格勒会战的经验）》[M]. 莫斯科：伏龙芝军事学院，1991.

------. Vstrechnye boi soedinenii 3-go mekhanizirovannogo korpusa v raione Akhtyrki 19-20 avgusta 1943 g. v kontrnastuplenii pod Kurskom [Meeting engagements of the 3rd Mechanized Corps' formations in the Akhtyrka region on 19-20 August 1943 in the Kursk counteroffensive]. Moscow: Frunze Academy, 1990.

Iu. P. 巴比奇.《1943年8月19日至20日库尔斯克反攻中机械化第3军各兵团在阿赫特尔卡地域的遭遇战》[M]. 莫斯科：伏龙芝军事学院，1990.

Babich, Iu. P., and A. G. Baier. Razvitie vooruzheniia i organizatsii sovetskikh sukhoputnykh voisk v gody Velikoi Otechestvennoi voiny [The development of Soviet ground forces' weaponry and organization during the Great Patriotic War]. Moscow: Izdanie Akademii, 1990).

Iu. P. 巴比奇，A. G. 巴耶尔.《伟大卫国战争中苏联陆军武器和组织结构的发展》[M]. 莫斯科：学院出版社，1990.

Bagramian, I. Kh., ed. Istoriia voin i voennogo iskusstva [A history of war and military art]. Moscow: Voenizdat, 1970.

I. Kh. 巴格拉米扬，编.《战争史和军事艺术史》[M]. 莫斯科：军事出版社，1970.

----. Tak shli my k Pobede [As we went on to victory]. Moscow: Voenizdat, 1977.

I. Kh. 巴格拉米扬.《我们这样走向胜利》[M]. 莫斯科：军事出版社，1977.

Bartov, Omer. The Eastern Front, 1941-45: German Troops and the Barbarisation of Warfare.

New York: St. Martin's Press, 1986.

　　奥默·巴尔托夫.《东线1941—1945年：德国军队与战争的野蛮化》[M]. 纽约：圣·马丁出版社，1986.

Beevor, Antony. Stalingrad: The Fateful Siege: 1942-1943. New York: Viking, 1998.

　　安东尼·比弗.《斯大林格勒：命运攸关的围困：1942—1943年》[M]. 纽约：维京出版社，1998.

Bellamy, Chris. Red God of War: Soviet Artillery and Rocket Forces. London: Brassey's, 1986.

　　克里斯·贝拉米.《红色战争之神：苏联的炮兵和火箭炮兵》[M]. 伦敦：布拉西防务出版公司，1986.

Berdnikov, G. I. Pervaia udarnaia [The First Shock (Army)]. Moscow: Voenizdat, 1985.

　　G. I. 别尔德尼科夫.《突击第1（集团军）》[M]. 莫斯科：军事出版社，1985.

Bialar, Sewelyn, ed. Stalin's Generals. New York: Pegasus, 1969.

　　休厄林·比亚勒，编.《斯大林的将军们》[M]. 纽约：飞马座出版社，1969.

Blau, George. The German Campaign in Russia: Planning and Operations, 1940-1942. Department of the Army Pamphlet 20-261a. Washington, DC: Government Printing Office, 1955.

　　乔治·布劳.《德国人的俄国战局：策划和行动，1940—1942年》[M].//陆军部手册第20-261a号. 华盛顿特区：政府出版办公室，1955.

Burdick, Charles, and Hans-Adolf Jacobsen.The Halder War Diary, 1939-1942. Novato, CA: Presidio, 1988.

　　查尔斯·伯迪克，汉斯-阿道夫·雅克布森.《哈尔德战争日记，1939—1942年》[M]. 加利福尼亚州诺瓦托：要塞出版社，1988.

Carell, Paul. Hitler's War on Russia 1941-1943. London: Harrap, 1964.

　　保罗·卡雷尔.《希特勒的对俄战争1941—1943年》[M]. 伦敦：乔治·哈拉普出版社，1964.[1]

--------. Scorched Earth: The Russian-German War 1943-44. London: Harrap, 1970.

　　保罗·卡雷尔.《焦土：希特勒的对俄战争1943—1944年》[M]. 伦敦：乔治·哈拉普出版社，1970.

Chaney, Otto P. Zhukov. Norman: University of Oklahoma Press, 1971.

　　奥托·P. 钱尼.《朱可夫》[M]. 诺曼：俄克拉荷马大学出版社，1971.

---

① 译注：即《东进》。

Chistiakov, I. M. Sluzhim otchizne [We serve the fatherland]. Moscow: Voenizdat, 1975.

I. M. 奇斯佳科夫.《我们为祖国服务》[M]. 莫斯科：军事出版社，1975.

Chuikov, V. I. The Battle for Stalingrad. New York: Holt, Rinehart and Winston, 1964.

V. I. 崔可夫.《斯大林格勒会战》[M]. 纽约：霍尔特、莱因哈特和温斯顿出版社，1964.

Clark, Alan. Barbarossa: The Russian-German Conflict 1941-45. New York: William Morrow, 1966.

艾伦·克拉克.《巴巴罗萨：苏德战争1941—1945年》[M].纽约：威廉·莫罗出版社，1966.

Cottam, Kazimiera J. Women in War and Resistance: Selected Biographies of Soviet Women Soldiers. Nepean, Canada: New Military, 1998.

卡济米耶拉·J. 科塔姆.《战争中的女性与抵抗：苏联女军人传记选》[M].加拿大内皮恩：新军事出版社，1998.

Craig, William. Enemy at the Gates: The Battle for Stalingrad. New York: Dutton, 1973.

威廉·克雷格.《兵临城下：斯大林格勒会战》[M]. 纽约：达顿出版社，1973.

Dallin, Alexander. German Rule in Russia, 1941-1945. New York: St. Martin's, 1957.

亚历山大·达林.《德国在俄国的统治，1941—1945年》[M]. 纽约：圣·马丁出版社，1957.

Das Deutsche Reich und der Zweite Weltkreig. 10 vols. Stuttgart: Deutsche Verlags-Anstadt, 1981-1995.

《德意志帝国与第二次世界大战》，10卷本[M]. 斯图加特：德意志出版社，1981—1995.

Degtiarev, P. A., and P. P. Ionov."Katiushi" na pole boia [Katiushas on the field of battle]. Moscow: Voenizdat, 1991.

P. A. 杰格佳廖夫，P. P. 约诺夫.《战场上的"喀秋莎"》[M]. 莫斯科：军事出版社，1991.

Demin, A. A., and R. M. Portugal'sky.Tanki vkhodiat v proryv: Boevoi put' 25-go tankovogo korpusa [Tanks enter the penetration: The combat path of the 25th Tank Corps]. Moscow: Voenizdat, 1988.

V. A. 杰明，R. M. 波图加尔斯基.《坦克群进入突破口：坦克第25军的战斗历程》[M]. 莫斯科：军事出版社，1988.

Deutsch, Harold C., and Dennis E. Showalter, eds. What If? Strategic Alternatives of WWII. Chicago: Emperor's Press, 1997.

哈罗德·C. 多伊奇，丹尼斯·E. 肖沃尔特，编.《假如？第二次世界大战的其他战略选择》[M].芝加哥：皇帝出版社，1997.

Dragunsky, D. A., ed. Polevaia akademiia: Istoriia vysshikh ofitserskikh ordena Lenina i Oktiabr'skoi Revoliutsii Krasnoznamenykh kursov "Vystrel" imeni Marshala Sovetskogo Soiuza B. M. Shaposhnikova [Field academy: A history of the "Vystrel" Order of Lenin and October Revolution, Red Banner higher officers courses in the name of Marshal of the Soviet Union B. M. Shaposhnikov]. Moscow: Voenizdat, 1983.
D. A. 德拉贡斯基，编.《野战军事学院：以苏联元帅B. M. 沙波什尼科夫命名，荣获列宁勋章、十月革命勋章的红旗高级军官学校（高级步兵学校）史》[M]. 莫斯科：军事出版社，1983.

Dunn, Walter S., Jr. Hitler's Nemesis: The Red Army, 1930-1945. New York: Praeger, 1994.
小沃尔特·S. 邓恩.《希特勒的克星：红军1930—1945年》[M]. 纽约：普雷格出版社，1994.

Egorov, P. A., I. V. Krivoborsky, I. K. Ivlev, and A. I. Rogalevich. Dorogami pobed: Boevoi put' 5-i gvardeiskoi tankovoi armii [Roads to victory: The combat path of the 5th Guards Tank Army]. Moscow: Voenizdat, 1969.
P. Ia. 叶戈罗夫，I. V. 克里沃博尔斯基，N. K. 伊夫列夫，A. I. 罗加列维奇.《胜利之路：近卫坦克第5集团军的战斗历程》[M]. 莫斯科：军事出版社，1969.

Eremenko, A. I.The Arduous Beginning. Moscow: Progress, 1966.
A. I. 叶廖缅科.《艰难的开始》[M]. 莫斯科：进步出版社，1966.

Erickson, John.The Road to Berlin. Boulder, CO: Westview Press, 1983.
约翰·埃里克森.《通往柏林之路》[M]. 科罗拉多州博尔德：西方观点出版社，1983.

——————. The Road to Stalingrad. New York: Harper & Row, 1975.
约翰·埃里克森.《通往斯大林格勒之路》[M]. 纽约：哈珀与罗出版社，1975.

——————. The Soviet High Command 1918-1941. London: Frank Cass, 2001.
约翰·埃里克森.《苏联统帅部1918—1941年》[M]. 伦敦：弗兰克·卡斯出版社，2001.

Erickson, John, and Ljubica Erickson.The Soviet Armed Forces, 1918-1992: A Research Guide to Soviet Sources. Westport, CT: Greenwood Press, 1996.
约翰·埃里克森，柳比卡·埃里克森.《苏联武装力量，1918—1992年：苏联资料研究指南》[M]. 康涅狄格州韦斯特波特：格林伍德出版社，1996.

Ershov, A. G. Osvobozhdenie Donbassa [The liberation of the Donbas]. Moscow: Voenizdat, 1973.

A. G. 叶尔绍夫.《顿巴斯的解放》[M]. 莫斯科：军事出版社，1973.

Frolov, B. P. Forsirovanie rek Desny i Dnepra, osvobozhdenie Chernigov voiskami 13-i armii v Chernigovsko-Pripiatskoi operatsii (sentiabr' 1943 g.)[The forcing of the Desna and Dnepr rivers and the liberation of Chernigov by the 13th Army in the Chernigov-Pripiat' operation (September 1943)]. Moscow: Frunze Academy, 1989.

B. P. 弗罗洛夫.《第13集团军在1943年9月的切尔尼戈夫—普里皮亚季河战役中强渡杰斯纳河和第聂伯河及解放切尔尼戈夫》[M]. 莫斯科：伏龙芝军事学院，1989.

Gaglov, I. I. General Antonov. Moscow: Voenizdat, 1978.

I. I. 加格洛夫.《安东诺夫将军》[M]. 莫斯科，军事出版社，1978.

Gan'shin, V. I. Tankovye voiska v moskovskoi operatsii [Tank forces in the Moscow operation]. Moscow: Voroshilov Academy, 1948. Classified secret.

V. I. 加内申.《莫斯科战役中的坦克兵》[M]. 莫斯科，军事出版社，1948. 机密级.

Gareev, M. A. Marshal Zhukov: Velichie i unikal'nost' polkovodicheskogo iskusstva [Marshal Zhukov: The greatness and uniqueness of a commander's art]. Moscow and Ufa: Eastern University, 1996.

M. A. 加列耶夫.《朱可夫元帅：指挥艺术的伟大和独特》[M.] 莫斯科和乌法：东方大学，1996.

Glantz. David M. Atlas of the Battle of Smolensk, 7 July-10 September 1941. Carlisle, PA: Self-published, 2001.

戴维·M. 格兰茨.《斯摩棱斯克交战地图集，1941年7月7日—9月10日》[M]. 宾夕法尼亚州卡莱尔：自费出版，2001.

———————. Barbarossa: Hitler's Invasion of Russia in 1941. Charleston, SC: Tempus, 2001.

戴维·M. 格兰茨.《巴巴罗萨：希特勒1941年入侵俄国》[M]. 南卡罗来纳州查尔斯顿：坦帕斯出版社，2001.

———————. The Battle for Leningrad 1941-1944. Lawrence: University Press of Kansas, 2002.

戴维·M. 格兰茨.《列宁格勒会战1941—1944》[M]. 劳伦斯：堪萨斯大学出版社，2002.

———————. The Battle for Smolensk, 7 July-10 September 1941. Carlisle, PA: Self-published, 2001.

戴维·M. 格兰茨.《斯摩棱斯克交战, 1941年7月7日—9月10日》[M]. 宾夕法尼亚州卡莱尔: 自费出版, 2001.

———————. Deep Attack: The Soviet Conduct of Operational Maneuver. Carlisle, PA: Self-published, 1998.
戴维·M. 格兰茨.《大纵深攻击: 苏联人实施的战役机动》[M]. 宾夕法尼亚州卡莱尔, 自费出版, 1998.

———————. Forgotten Battles of the German-Soviet War (1941-1945), volume 1: The Summer-F all Campaign (22 June-4 December 1941). Carlisle, PA: Self-published, 1999.
戴维·M. 格兰茨.《1941—1945年苏德战争中被遗忘的战役, 第1卷: 夏秋战局（1941年6月22日—12月4日）》[M]. 宾夕法尼亚州卡莱尔: 自费出版, 1999.

———————. Forgotten Battles of the German-Soviet War (1941-1945), volume 2: The Winter Campaign (5 December 1941-April 1942). Carlisle, PA: Self-published, 1999.
戴维·M. 格兰茨.《1941—1945年苏德战争中被遗忘的战役, 第2卷: 冬季战局（1941年12月5日—1942年4月）》[M]. 宾夕法尼亚州卡莱尔: 自费出版, 1999.

———————. Forgotten Battles of the German-Soviet War (1941-1945), volume 3: The Summer Campaign (12 May-18 November 1942). Carlisle, PA: Self-published, 1999.
戴维·M. 格兰茨.《1941—1945年苏德战争中被遗忘的战役, 第3卷: 夏季战局（1942年5月12日—11月18日）》[M]. 宾夕法尼亚州卡莱尔: 自费出版, 1999.

———————. Forgotten Battles of the German-Soviet War (1941-1945), volume 4: The Winter Campaign (19 November 1942-21 March 1943), Carlisle, PA: Self-published, 1999.
戴维·M. 格兰茨.《1941—1945年苏德战争中被遗忘的战役, 第4卷: 冬季战局（1942年11月19日—1943年3月21日）》[M]. 宾夕法尼亚州卡莱尔: 自费出版, 1999.

———————. Forgotten Battles of the German-Soviet War (1941-1945), volume 5, parts 1 and 2: The Summer-Fall Campaign (1 July-31 December 1943), Carlisle, PA: Self-published, 2000.
戴维·M. 格兰茨.《1941—1945年苏德战争中被遗忘的战役, 第5卷第1部和第2部: 夏秋战局（1943年7月1日—12月31日）》[M]. 宾夕法尼亚州卡莱尔: 自费出版, 2000.

———————. From the Don to the Dnepr: Soviet Offensive Operations, December 1942-August 1943. London: Frank Cass, 1991.
戴维·M. 格兰茨.《从顿河到第聂伯河: 1942年12月至1943年8月的苏联进攻战役》[M]. 伦敦: 弗兰克·卡斯出版社, 1991.

834

————————. A History of Soviet Airborne Forces. London: Frank Cass, 1994.

戴维·M. 格兰茨.《苏联空降兵史》[M]. 伦敦：弗兰克·卡斯出版社，1994.

————————. Kharkov 1942: The Anatomy of a Military Disaster. London: Ian Allen, 1998.

戴维·M. 格兰茨.《哈尔科夫1942：一场军事灾难的剖析》[M]. 伦敦：伊恩·艾伦出版社，1998.

————————. The Military Strategy of the Soviet Union: A History. London: Frank Cass, 1992.

戴维·M. 格兰茨.《苏联军事战略：一段历史》[M]. 伦敦：弗兰克·卡斯出版社，1992.

————————. Red Army Officers Speak: Interviews with Veterans of the Vistula–Oder Operation (January–February 1945), Carlisle, PA: Self-published, 1997.

戴维·M. 格兰茨.《红军军官的言论：1945年1月—2月维斯瓦河—奥德河战役参战人员访谈录》[M]. 宾夕法尼亚州卡莱尔，自费出版，1997.

————————. The Siege of Leningrad 1941–1945: 900 Days of Terror. London: Brown Partworks, 2001.

戴维·M. 格兰茨.《1941—1945年列宁格勒的围困：恐怖的900天》[M]. 伦敦：布朗·帕特沃克斯出版社，2001.

————————. The Soviet Conduct of Tactical Maneuver: Spearhead of the Offensive. London: Frank Cass, 1991.

戴维·M. 格兰茨.《苏联战术机动的实施方法：进攻的先锋》[M]. 伦敦：弗兰克·卡斯出版社，1991.

————————. Soviet Defensive Tactics at Kursk (July 1943), Carlisle, PA: Self-published, 1998.

戴维·M. 格兰茨.《苏联在库尔斯克的防御战术（1943年7月）》[M]. 宾夕法尼亚州卡莱尔：自费出版，1998.

————————. The Soviet-German War 1941–1945: Myths and Realities: A Survey Essay. Carlisle, PA: Self-published, 2001.

戴维·M. 格兰茨.《苏德战争1941—1945年：神话与现实：一篇概述论文》[M]. 宾夕法尼亚州卡莱尔：自费出版，2001.

————————. Soviet Military Deception in the Second World War. London: Frank Cass, 1989.

戴维·M. 格兰茨.《第二次世界大战中苏联的军事欺骗》[M]. 伦敦：弗兰克·卡斯出版社，1989.

————————. Soviet Military Intelligence in War. London: Frank Cass, 1990.

戴维·M. 格兰茨.《战争中的苏联军事情报工作》[M]. 伦敦：弗兰克·卡斯出版社，1990.

--------. Soviet Military Operational Art: In Pursuit of Deep Battle. London: Frank Cass, 1991.
戴维·M. 格兰茨.《苏联军队的战役法：寻求大纵深战役》[M]. 伦敦：弗兰克·卡斯出版社，1991.

--------. Soviet Mobilization in Peace and War, 1924-1942: A Survey. Carlisle, PA: Self-published, 1998.
戴维·M. 格兰茨.《苏联和平时期和战时的动员1924—1942年：概况》[M]. 宾夕法尼亚州卡莱尔：自费出版，1998.

---------. Soviet War Experiences: Tank Operations. Carlisle, PA: Self-published, 1998.
戴维·M. 格兰茨.《苏联战争经验：坦克战》[M]. 宾夕法尼亚州卡莱尔：自费出版，1998.

---------. Stumbling Colossus: The Red Army on the Eve of War. Lawrence: University Press of Kansas, 1998.
戴维·M. 格兰茨.《泥足巨人：苏德战争前夕的苏联军队》[M]. 劳伦斯：堪萨斯大学出版社，1998.

----------. Zhukov 's Greatest Defeat: The Red Army 's Epic Disaster in Operation Mars. Lawrence: University Press of Kansas, 1999.
戴维·M. 格兰茨.《朱可夫的最大失败：红军1942年在"火星"行动中的史诗般失败》[M]. 劳伦斯：堪萨斯大学出版社，1999.

----------, ed. 1984 Art of War Symposium: From the Don to the Dnepr: Soviet Offensive Operations, December 1942-August 1943. Carlisle, PA: U.S. Army War College, 1984.
戴维·M. 格兰茨，编.《1984年战争艺术研讨会：从顿河到第聂伯河：1942年12月—1943年8月的苏联进攻战役》[C]. 宾夕法尼亚州卡莱尔：美国陆军军事学院，1984.

----------. 1985 Art of War Symposium: From the Dnepr to the Vistula: Soviet Offensive Operations, November 1943-August 1944. Carlisle, PA: U.S. Army War College, 1985.
戴维·M. 格兰茨，编.《1985年战争艺术研讨会：从第聂伯河到维斯瓦河：1943年11月—1944年8月的苏联进攻战役》[C]. 宾夕法尼亚州卡莱尔：美国陆军军事学院，1985.

----------. 1986 Art of War Symposium: From the Vistula to the Oder: Soviet Offensive Operations, October 1944-March 1945. Carlisle, PA: U.S. Army War College, 1986.
戴维·M. 格兰茨，编.《1986年战争艺术研讨会：从维斯瓦河到奥德河：1944年10月—1945年3月的苏联进攻战役》[C]. 宾夕法尼亚州卡莱尔：美国陆军军事学院，1986.

----------. The Initial Period of War on the Eastern Front, 22 June–August 1941. London: Frank Cass, 1993.

戴维·M. 格兰茨，编.《东线战争初期：1941年6月22日至8月》[M].伦敦：弗兰克·卡斯出版社，1993.

Glantz, David M., and Jonathan House.The Battle of Kursk. Lawrence: University Press of Kansas, 1999.

戴维·M. 格兰茨，乔纳森·M. 豪斯.《库尔斯克会战》[M]. 劳伦斯：堪萨斯大学出版社，1999.

----------. When Titans Clashed: How the Red Army Stopped Hitler. Lawrence: University Press of Kansas, 1995.

戴维·M. 格兰茨，乔纳森·M. 豪斯.《巨人的碰撞：红军怎样阻止希特勒》[M]. 劳伦斯：堪萨斯大学出版社，1995.

Glantz, David M., and Harold S. Orenstein.The Battle for Kursk: The Soviet General Staff Study. London: Frank Cass, 1999.

戴维·M. 格兰茨，哈罗德·S. 奥伦斯坦.《库尔斯克会战：苏联总参谋部研究报告》[M]. 伦敦：弗兰克·卡斯出版社，1999.

Golubovich, V. S. Marshal Malinovsky. Moscow: Voenizdat, 1984.

V. S. 戈卢博维奇.《马利诺夫斯基元帅》[M]. 莫斯科：军事出版社，1984.

Gachev, P. S., ed. Voennaia entsiklopediia v vos'mi tomakh [Military encyclopedia in eight volumes]. Vols. 2–3. Moscow: Voenizdat, 1994–1995.

P. S. 加切夫.《苏联军事百科全书（八卷本）》，第2卷和第3卷[M]. 莫斯科：军事出版社，1994—1995.

Great Patriotic War of the Soviet Union 1941–1945. Moscow: Progress, 1974.

《1941—1945年苏联的伟大卫国战争》[M].莫斯科：进步出版社，1974.

Grechko, A. A. Battle for the Caucasus. Moscow: Progress, 1971.

A. A. 格列奇科.《高加索会战》[M]. 莫斯科：进步出版社，1971.

----------, ed. Istoriia Vtoroi Mirovoi voiny 1939–1945 v dvenadtsati tomakh [A history of World War II 1939–1945 in twelve volumes]. Moscow: Voenizdat, 1973– 1982.

A. A. 格列奇科，编.《第二次世界大战史1939—1945（十二卷本）》[M]. 莫斯科：军事出版社，1973—1982.

－－－－－－－－－. Sovetskaia voennaia entsiklopediia v vos'mi tomakh [Soviet military encyclopedia in eight volumes]. Moscow: Voenizdat, 1976–1980.

A. A. 格列奇科，编.《苏联军事百科全书（八卷本）》[M]. 莫斯科：军事出版社，1976—1980.

Grenkevich, Leonid. The Soviet Partisan Movement 1941–1944. London: Frank Cass, 1999.

列昂尼德·格连克维奇.《1941—1944年的苏联游击运动》[M]. 伦敦：弗兰克·卡斯出版社，1999.

Grigorenko, Petro C. Memoirs. New York: Norton, 1982.

彼得罗·G. 格里戈连科.《回忆录》[M]. 纽约：诺顿出版社，1982.

Hardesty, Von. The Red Phoenix: The Rise of Soviet Air Power 1941–1945. Washington, DC: Smithsonian Institute Press, 1982.

范·哈德斯蒂.《红色凤凰：1941—1945年苏联空中力量的崛起》[M]. 华盛顿特区：史密森学会出版社，1982.

Heiber, Helmut, and David M. Clantz.Hitler and His Generals: Military Conferences 1942–1945. New York: Enigma Books, 2003.

赫尔穆特·海贝尔，戴维·M. 格兰茨.《希特勒和他的将军们：1942—1945年的军事会议》[M]. 纽约：艾尼格玛（谜）图书，2003.

Heinrici, Gotthardt. "The Campaign in Russia."Vol. 1.Trans. Joseph Welch.National Archives manuscript in German. Washington, DC: United States Army G–2, 1954.

戈特哈德·海因里希.《俄国战局》，第1卷[M]. 约瑟夫·韦尔奇，译. 原为美国国家档案馆中的德语手稿. 华盛顿特区：美国陆军主管情报的副参谋长办公室，1954.

－－－－－－－－－. "Citadel: The Attack on the Russian Kursk Salient." Manuscript. Washington, DC: U.S. National Archives, n.d.

戈特哈德·海因里希.《堡垒：攻击俄国的库尔斯克突出部》，手稿[M]. 华盛顿特区：美国国家档案馆，日期不详.

Istomin, V. P. Smolenskaia nastupatel'naia operatsiia (1943 g.)[The Smolensk offensive operation (1943)]. Moscow: Voenizdat, 1975.

V. P. 伊斯托明.《斯摩棱斯克进攻战役（1943年）》[M]. 莫斯科：军事出版社，1975.

Ivanov, S. B., ed. Voennaia entsiklopediia v vos'mi tomakh [Military encyclopedia in eight volumes]. Vol. 6. Moscow: Voenizdat, 2002.

S. B. 伊万诺夫，编.《军事百科全书（八卷本）》，第6卷[M]. 莫斯科：军事出版社，2002.

838

Jones, Robert H. The Roads to Russia: United States Lend-Lease to the Soviet Union. Norman: University of Oklahoma Press, 1969.

罗伯特·H. 琼斯.《通往俄国之路：美国对苏联的租借物资》[M]. 诺曼：俄克拉荷马大学出版社，1969.

Kalashnikov, K. A., V. I. Fes'kov, A. Iu. Chmykhalo, and V. I. Golikov. Krasnaia Armiia v iiune 1941 goda [The Red Army in June 1941]. Tomsk: Tomsk University Press, 2001.

K. A. 卡拉什尼科夫，V. I. 费瑟科夫，A. Iu. 奇梅哈洛，V. I. 戈利科夫.《1941年6月的红军》[M]. 托木斯克：托木斯克大学出版社，2001.

Kamalov, Kh. Kh. Morskaia pekhota v boiakh za rodinu [Naval infantry in battles for the homeland]. Moscow: Voenizdat, 1966.

Kh. Kh. 卡马洛夫.《为祖国而战的海军陆战队》[M]. 莫斯科：军事出版社，1966.

Khametov, M. I. Bitva pod Moskvoi [Battle at Moscow]. Moscow: Voenizdat, 1989.

M. I. 哈梅托夫.《莫斯科会战》[M]. 莫斯科：军事出版社，1989.

Kholiavsky, G. L., ed. Entsiklopediia tankov: Polnaia entsiklopediia tankov mira 1915-2000 gg. [An encyclopedia of tanks: A complete encyclopedia of the world's tanks, 1915-2000]. Moscow: n.p., 1998.

G. L. 霍利亚夫斯基，编.《坦克百科全书：1915—2000年世界坦克百科大全》[M]. 莫斯科：出版者不详，1998.[1]

Khorobrykh, A. M. Glavnyi marshal aviatsii A. A. Novikov [Chief Marshal of Aviation A. A. Novikov]. Moscow: Voenizdat, 1989.

A. M. 霍罗布雷赫.《航空兵主帅A. A. 诺维科夫》[M]. 莫斯科：军事出版社，1989.

Kir'ian, M. M., ed. Fronty nastupali: Po opytu Velikoi Otechestvennoi voiny [The fronts were attacking: Based on the experience of the Great Patriotic War]. Moscow: Nauka, 1987.

M. M. 基里扬，编.《方面军进攻：根据伟大卫国战争的经验》[M]. 莫斯科：科学出版社，1987.

Kirpichnikov, Lieutenant General [initials unknown]. Osnovy boevykh deistvii krupnykh kavaleriiskikh soedinenii v tylu protivnika [The bases of combat operations by large cavalry formations in the enemy's rear]. Moscow: Voroshilov Academy, 1944. Classified secret.

---

① 译注：出版方是明斯克的收获（Харвест）出版社。

[本名和父名不详]基尔皮奇尼科夫中将.《大型骑兵兵团进入敌人后方时的作战基地》[M]. 莫斯科：伏罗希洛夫总参军事学院，1944. 机密级.[①]

Kolesnik, A. D. Opolchenskie formirovaniia Rossiiskoi Federatsii v gody Velikoi Otechestvennoi voiny [Militia formations of the Russian Federation during the Great Patriotic War]. Moscow: Nauka, 1988.

A. D. 科列斯尼克.《伟大卫国战争年代的俄罗斯联邦民兵兵团》[M]. 莫斯科：科学出版社，1988.

Kolpakidi, A. I., and D. P. Prokhorov.Vneshniaia razvedka Rossii [Russia's foreign intelligence]. Moscow: Olma-Press, 2001.

A. I. 科尔帕基季，D. P. 普罗霍罗夫.《俄罗斯的对外侦察》[M]. 莫斯科：奥尔马出版社，2001.

Koltunov, G. A., and B. G. Solov'ev.Kurskaia bitva [The Battle of Kursk]. Moscow: Voenizdat, 1983.

G. A. 科尔图诺夫，B. G. 索洛维耶夫.《库尔斯克会战》[M]. 莫斯科：军事出版社，1983.

Kondrat'ev, Z. I. Dorogi voiny [Roads of war]. Moscow: Voenizdat, 1968.

Z. I. 孔德拉季耶夫.《战争之路》[M]. 莫斯科：军事出版社，1968.

Konev, I. S. Zapiski komanduiushchego frontom [Notes of a front commander]. Moscow: Voenizdat, 1981.

I. S. 科涅夫.《方面军司令员笔记》[M]. 莫斯科：军事出版社，1981.

Kovalev, I. V. Transport v Velikoi Otechestvennoi voine [Transport in the Great Patriotic War]. Moscow: Nauka, 1981.

I. V. 科瓦廖夫.《伟大卫国战争中的运输》[M]. 莫斯科：科学出版社，1981.

Kozhevnikov, M. N. Komandovanie i shtab VVS Sovetskoi Armii v Velikoi Otechestvennoi voine 1941-1945 gg.[The command and staff of the Air Force of the Soviet Army in the Great Patriotic War 1941-1945]. Moscow: Nauka 1977.

M. N. 科热夫尼科夫.《1941—1945年伟大卫国战争中的苏军空军司令部》[M]. 莫斯科：科学出版社，1977.

① 译注：作者应是阿列克谢·弗拉基米罗维奇·基尔皮奇尼科夫（Aleksei Vladimirovich Kirpichnikov）中将，时任伏罗希洛夫总参军事学院将官组组长。

Kozlov, M. M., ed. Akademiia General'nogo shtaha [The General Staff Academy]. Moscow: Voenizdat, 1987.

M. M. 科兹洛夫，编.《总参军事学院》[M]. 莫斯科：军事出版社，1987.

————. Velikaia Otechestvennaia voina 1941-1945: Entsiklopediia [The Great Patriotic War 1941-1945: An encyclopedia]. Moscow: Soviet Encyclopedia, 1985.

M. M. 科兹洛夫，编.《伟大卫国战争1941—1945年：百科全书》[M]. 莫斯科：苏联百科全书出版社，1985.

Kravchenko, I. M., and V. V. Burkov.Desiatyi tankovyi dneprovskii: Boevoi put' 10-go tankovogo Dneprovskogo ordena Suvorova korpusa [The 10th Dnepr Tank: The combat path of the 10th Tank Dnepr, Order of Suvorov Corps]. Moscow: Voenizdat, 1986.

I. M. 克拉夫琴科，V. V. 布尔科夫.《第聂伯河坦克第10：荣获苏沃洛夫勋章的第聂伯河坦克第10军的战斗历程》[M]. 莫斯科：军事出版社，1986.

Krivosheev, G. F., ed. Grif sekretnosti sniat: Poteri Vooruzhennykh sil SSSR v voinakh, boevykh deistviiakh i boevykh konfliktakh, statisticheskoe issledovanie; translated into English and republished as Colonel-General G. F. Krivosheev, ed., Soviet Casualties and Combat Losses in the Twentieth Century, trans. by Christine Barnard (London: Greenhill Books, 1997).

G. F. 克里沃舍耶夫，编《解密的保密文献：苏联武装力量在历次战争、作战行动和军事冲突中的损失》，英译本作G. F. 克里沃舍耶夫中将，编《二十世纪苏联的伤亡与战斗损失》[M]. 克里斯蒂娜·巴纳德，译. 伦敦：格林希尔图书，1997.[1]

————. Rossiia i SSSR voinakh XX veka, poteri vooruzhennykh sil: Statisticheskoe issledovanie [Russia and the USSR in twentieth-century wars and the losses of the armed forces: A statistical investigation]. Moscow: Olma-Press, 2001.

G. F. 克里沃舍耶夫，编《20世纪战争中的俄罗斯和苏联及其武装力量的损失：统计调查》[M]. 莫斯科：奥尔马出版社，2001.[2]

Kudriashov, O. N. Proryv ohorony protivnika i razvitie uspekha v operativnoi glubine soedineniiami 5-i tankovoi armii. Sryv popytok protivnika deblokirovat' okruzhennuiu gruppirovku [Penetration of the enemy defense and development of success in operational depth by the

---

① 译注：俄语版的出版方是莫斯科：军事出版社，1993年版。

② 译注：2010年再版，书名是《二十世纪战争中的俄罗斯和苏联：损失丛书》（Rossiia i SSSR v voinakh XX veka: Kniga poteri）。

formations of the 5th Tank Army: The disruption of the enemy's attempt to relieve the encircled grouping]. Moscow: Frunze Academy, 1987.

O. N. 库德里亚绍夫.《坦克第5集团军各兵团突破敌防御并在战役纵深的发展胜利：粉碎敌人解救被合围集团的企图》[M]. 莫斯科：伏龙芝军事学院，1987.

Kudriashov, O. N., and N. M. Ramanichev.Boevye deistviia Sovetskikh voisk v nachal'nom periode Velikoi Otechestvennoi voiny [Combat operations of Soviet forces in the initial period of the Great Patriotic War]. Moscow: Frunze Academy, 1989.

O. N. 库德里亚绍夫，N. M. 拉马尼切夫.《伟大卫国战争初期苏联军队的作战行动》[M]. 莫斯科：伏龙芝军事学院，1989.

Kumanov, G. A. Sovetskii tyl v pervyi period Velikoi Otechestvennoi voiny [The Soviet rear in the first period of the Great Patriotic War]. Moscow: Nauka, 1988.

G. A. 库马诺夫.《伟大卫国战争第一阶段的苏联后方》[M]. 莫斯科：科学出版社，1988.

———. Voina i zheleznodorozhnyi transport SSSR [War and railroad transport of the USSR]. Moscow: Nauka, 1988.

G. A. 库马诺夫.《战争与苏联的铁路运输》[M]. 莫斯科：科学出版社，1988.

Kurochkin, P. A., ed. Obshchevoiskovaia armiia na nastuplenii: Po opytu Velikoi Otechestvennoi voiny 1941–1945 gg. [The combined-arms army in the offensive: Based on the experience of the Great Patriotic War 1941–1945]. Moscow: Voenizdat, 1966.

P. A. 库罗奇金，编.《诸兵种合成集团军进攻：根据1941—1945年伟大卫国战争的经验》[M]. 莫斯科：军事出版社，1966.

Kuz'min, A. V., and I. I. Krasnov. Kantemirovtsy: Boevoi put' 4-go gvardeiskogo tankovogo Kantemirovskogo ordena Lenina Krasnoznamennogo korpusa [The men of Kantemirovka: The combat path of the 4th Guards Kantemirovka, Order of Lenin, Red Banner Tank Corps]. Moscow: Voenizdat, 1971.

A. V. 库济明，I. I. 克拉斯诺夫.《坎捷米罗夫卡人：荣获列宁勋章的近卫红旗坎捷米罗夫卡坦克第4军的战斗历程》[M]. 莫斯科：军事出版社，1971.

Kuznetsov, I. I. Marshaly, generaly i admiraly 1940 goda [Marshals, generals, and admirals of 1940]. Irkutsk: n.p., 2000.

I. I. 库兹涅佐夫.《1940年的元帅、将军和海军将领》[M]. 伊尔库茨克：出版者不详，2000.

Kuznetsov, N. G. Kursom k pobede [The path to victory]. Moscow: Golos, 2000.

N. G. 库兹涅佐夫. 《胜利之路》[M]. 莫斯科：声音出版社，2000.

Lensky, A. G. Sukhoputnye sily RKKA v predvoennye gody [RKKA ground forces in the prewar years].Saint Petersburg: n.p., 2000.

A. G. 连斯基. 《战前年代的工农红军陆军》[M]. 圣彼得堡：出版者不详，2000.

Leonov, A. I., ed. Voennye sviazisty v dni voiny i mira [Military signalmen during war and peace]. Moscow: Voenizdat, 1968.

A. I. 列昂诺夫，编. 《战争与和平时期的军事通信兵》[M]. 莫斯科：军事出版社，1968.

Liudskie poteri SSSR v Velikoi Otechestvennoi voine [Personnel losses of the USSR in the Great Patriotic War]. Saint Petersberg: Insititut Rossiiskoi Istorii, 1995.

《伟大卫国战争中苏联的人员损失》[M]. 圣彼得堡：俄罗斯历史研究所，1995.

Losik, O. A., ed. Stroitel'stvo i boevoe primenenie Sovetskikh tankovykh voisk v gody Velikoi Otechestvennoi voiny [The formation and combat use of Soviet tank forces during the Great Patriotic War]. Moscow: Voenizdat, 1979.

O. A. 洛西克，编. 《伟大卫国战争时期苏联坦克兵的组建和战斗运用》[M]. 莫斯科：军事出版社，1979.[1]

Loza, Dmitry. Attack of the Airacobras: Soviet Aces, American P-39s, and the Air War against Germany. Lawrence: University Press of Kansas, 2002.

德米特里·洛扎. 《空中眼镜蛇的攻击：苏联王牌飞行员、美国P-39与对德空战》[M]. 劳伦斯：堪萨斯大学出版社，2002.

————————, ed. Fighting for the Soviet Motherland: Recollections from the Eastern Front.Trans. James F. Gebhardt. Lincoln: University of Nebraska Press, 1998.

德米特里·洛扎，编. 《为苏维埃祖国而战：东线战场的回忆》[M]. 詹姆斯·F. 格布哈特，译. 林肯：内布拉斯加大学出版社，1998.

Lukashev, E. K., and V. I. Kuznetsov.Podgotovka i vedenie nastupleniia 5-i gvardeiskoi armii vo vzaimodeistvii s podvizhnoi gruppoi fronta v kontrnastuplenii pod Kurskom [The preparation and conduct of the offensive by the 5th Guards Army in cooperation with the front mobile group in the counteroffensive at Kursk]. Moscow: Frunze Academy, 1991.

---

① 译注：中译本名为《苏军坦克兵作战经验》。

E. K. 卢卡舍夫，V. I. 库兹涅佐夫.《近卫第5集团军在协同方面军快速集群发起库尔斯克反攻时的进攻准备工作和实施》[M]. 莫斯科：伏龙芝军事学院，1991.

Luttichau, Charles V. P. von.The Road to Moscow: The Campaign in Russia 1941. Center for Military History Project 26-P. Currently being prepared in two volumes by David M. Glantz. Washington, DC: Office of the Chief of Military History, 1985. Now being prepared for publication in two volumes by David M. Glantz.

查理·V. P. 冯·吕蒂肖.《通往莫斯科之路：1941年在俄国的战局》.军事历史研究中心项目26—P. 现由戴维·M. 格兰茨分成两卷编写.[M]. 华盛顿特区：军事历史主管办公室，1985. 正准备出版戴维·M. 格兰茨的两卷本.

Mackintosh, Malcolm. Juggernaut: A History of the Soviet Armed Forces. London: Secker and Warburg, 1967.

马尔科姆·麦金托什.《洪流：苏联武装力量史》[M]. 伦敦：塞克和沃伯格出版社，1967.

Malygin, K. A. V tsentre boevogo poriadka [In the center of the combat formation]. Moscow: Voenizdat, 1986.

K. A. 马雷金.《在战斗队形中央》[M]. 莫斯科：军事出版社，1986.

Manstein, Erich von.Lost Victories. Chicago: Henry Regnery, 1958.

埃里希·冯·曼施泰因.《失去的胜利》[M]. 芝加哥：亨利·莱格尼里出版社，1958.

Maslov, Aleksander. Captured Soviet Generals: The Fate of Soviet Generals Captured by the Germans, 1941-1945. London: Frank Cass, 2001.

亚历山大·A. 马斯洛夫.《被俘的苏联将领：1941—1945年被德国人俘虏的苏联将军之命运》[M]. 伦敦：弗兰克·卡斯出版社，2001.

—————————. Fallen Soviet Generals: Soviet General Officers Killed in Battle, 1941-1945. London: Frank Cass, 1998.

亚历山大·A. 马斯洛夫.《陨落的苏联将星：1941—1945年阵亡的苏联将级军官》[M]. 伦敦：弗兰克·卡斯出版社，1998.

Mellenthin, F. W. von.Panzer Battles: A Study of the Employment of Armor in the Second World War. Norman: University of Oklahoma Press, 1956.

F. W. 冯·梅伦廷.《坦克战：第二次世界大战中装甲兵使用的研究》[M]. 诺曼：俄克拉荷马大学出版社，1956.

Memories of War: The Experiences of Red Army Veterans of the Great Patriotic War. 8 vols. Carlisle, PA: Self-published, 2001.

《战争的回忆：红军退伍军人在伟大卫国战争中的经历》，8卷本. [M]. 宾夕法尼亚州卡莱尔，自费出版，2001.

Meretskov, K. A. Serving the People. Moscow: Progress, 1971.

K. A. 梅列茨科夫.《为人民服务》[M]. 莫斯科：进步出版社，1971.

Moiseev, M. A., ed. Sovetskaia voennaia entsiklopediia v vos'mi tomakh [Soviet military encyclopedia in eight volumes]. Vol. 1. Moscow: Voenizdat, 1990.

M. A. 莫伊谢耶夫，编.《苏联军事百科全书（八卷本）》，第1卷. [M]. 莫斯科：军事出版社，1990.

Morozov, V. P. Zapadnee Voronezha [West of Voronezh]. Moscow: Voenizdat, 1956.

V. P. 莫罗佐夫.《沃罗涅日以西》[M]. 莫斯科：军事出版社，1956.

Moskalenko, K. S. Na iugo-zapadnom napravlenii [Along the southwestern axis]. Vols. 1-2. Moscow: Nauka, 1969.

K. S. 莫斯卡连科.《在西南方向》，第1—2卷. [M]. 莫斯科：科学出版社，1969.

Motter, T. Vail.The Persian Corridor and Aid to Russia. Washington, DC: Government Printing Office, 1952.

韦尔·T. 莫特.《波斯走廊与对俄援助》[M]. 华盛顿特区：政府印刷办公室，1952.

Muriev, D. Z. Proval operatsii 'Taifun' [The defeat of Operation Typhoon]. Moscow: Voenizdat, 1966.

D. Z. 穆雷耶夫.《"台风"行动的失败》[M]. 军事出版社，1966.

"Nachalo, 22 iiunia-31 avgusta 1941 goda" [The beginning, 22 June to 31 August 1941], vol. 2, book 1.In Organy gosudarstvennoi bezopasnosti SSSR v Velikoi Otechestvennoi voine [The organs of state security of the USSR in the Great Patriotic War]. Moscow: Rus', 2000.

《开端，1941年6月22日至8月31日》.共2卷，第1册.[M]//《伟大卫国战争中苏联的国家安全机关》.莫斯科：罗斯出版社，2000.

Nachal'nyi period Velikoi Otechestvennoi voiny [The initial period of the Great Patriotic War]. Moscow: Voroshilov Academy of the General Staff, 1989.

《伟大卫国战争初期》[M]. 莫斯科：伏罗希洛夫总参军事学院，1989.

Nersesian, N. G. Kievsko-Berlinskii: Boevoi put' 6-go gvardeiskogo tankovogo korpusa [Kiev-Berlin: The combat path of the 6th Guards Tank Corps]. Moscow: Voenizdat, 1974.

N. G. 涅尔谢相.《基辅—柏林：近卫坦克第6军的战斗历程》[M]. 莫斯科：军事出版社，1974.

Nevzorov, B. I. Vozrastanie ustoichivosti ohorony i osobennosti nastupleniia s khody v bitve pod Moskvoi (noiahr'-dekabr' 1941 g.) [Growth in the durability of the defense and characteristics of the offensive from the march in the battle at Moscow]. Moscow: Frunze Academy, 1982.

B. I. 涅夫佐罗夫.《莫斯科会战中防御稳定性的完善和从行进间发起进攻的特色（1941年11月至12月）》[M]. 莫斯科：伏龙芝军事学院，1982.

Ogarkov, N. V. ed. Sovetskaia voennaia entsiklopediia, v vos'mi tomakh [Soviet military encyclopedia, in eight volumes]. Moscow: Voenizdat, 1976—1989.

N. V. 奥尔加科夫，编.《苏联军事百科全书（八卷本）》[M]. 莫斯科：军事出版社，1976—1989.

----------. Voennyi entsiklopedicheskii slovar' [Military-encyclopedic dictionary]. Moscow: Voenizdat, 1983.

N. V. 奥尔加科夫，编.《军事百科词典》[M]. 莫斯科：军事出版社，1983.

Orekhov, O. A. "Maloizvestnye stranitsy Velikoi Otechestvennoi voiny: Velikolukskaia nastupatel'naia operatsiia" [Little-known pages from the Great Patriotic War: The Velikie Luki offensive operation]. Unpublished study based on archival materials. Moscow, n.d.

O. A. 奥列霍夫.《伟大卫国战争中鲜为人知的一页：大卢基进攻战役》[M]. 莫斯科：根据档案材料的未发表研究作品，日期不详.

Orenstein, Harold S., ed. and trans. The Evolution of Soviet Operational Art, 1927-1991: The Documentary Basis, volume 1: Operational Art, 1927, 1964. London: Frank Cass, 1995.

哈罗德·S. 奥伦斯坦，编译.《苏联战役法的演变，1927—1991年：文献依据，第一卷：战役法，1927—1964年》[M]. 伦敦：弗兰克·卡斯出版社，1995.

----------. Soviet Documents of the Use of War Experience, volume 1: The Initial Period of War; volume II: The Winter Campaign; and volume III: Military Operations 1941 and 1942. London: Frank Cass, 1991-1993.

哈罗德·S. 奥伦斯坦，编译.《关于使用战争经验的苏联文献（第一卷：战争初期）（第二卷：冬季战局）（第三卷：1941年和1942年的军事行动）》[M]. 伦敦：弗兰克·卡斯出版社，1991—1993.

Pan'kin, V. E. 1941 god—opyt planirovaniia i primenenie voenno-vozdushnykh sil, uroki i vyvody [1941: The experience of planning and employing the air force, lessons and conclusions]. Moscow:

Center for the Operational-Tactical Employment of the VVS, USSR Ministry of Defense, 1989.

V. E. 帕尼金.《1941年：规划和使用空军的经验、教训和结论》[M]. 莫斯科：苏联国防部空军战役战术运用中心，1989.

Pankov, F. D. Ognennye rubezhi: Boevoi put' 50-i armii v Velikoi Otechestvennoi voine [Fiery lines: The combat path of the 50th Army in the Great Patriotic War]. Moscow: Voenizdat, 1984.

F. D. 潘科夫.《火线：第50集团军在伟大卫国战争中的战斗历程》[M]. 莫斯科：军事出版社，1984.

Panov, M. F. Na napravlenii glavnogo udara [On the main attack axis]. Moscow: n.p., 1995.

M. F. 帕诺夫.《在主要突击方向》[M]. 莫斯科：出版者不详，1995.

Parotkin, I., ed. The Battle of Kursk. Moscow: Progress, 1974.

I. 帕罗特金，编.《库尔斯克会战》[M]. 莫斯科：进步出版社，1974.

Parrish, Michael. Battle for Moscow: The 1942 Soviet General Staff Study. London: Brassey's, 1989.

迈克尔·帕里什.《莫斯科会战：苏联总参谋部1942年研究作品》[M]. 伦敦：布拉西防务出版公司，1989.

—————. The Lesser Terror: Soviet State Security, 1939-1953. Westport, CT: Praeger, 1996.

迈克尔·帕里什.《较小的恐怖：苏联国家安全，1939—1953年》[M]. 康涅狄格州韦斯特波特：普雷格出版社，1996.

—————. The USSR in World War II : An Annotated Bibliography of Books Published in the Soviet Union, 1945-1975,with an Addendum for the Years 1975-1980. 2 vols. New York: Garland, 1981.

迈克尔·帕里什.《第二次世界大战中的苏联：苏联出版的图书目录注解版 1945—1975年，增补 1975—1980年内容》，共两卷. [M]. 纽约：加兰德出版社，1981.

Pavlovsky, I. G. Sukhoputnye voiska SSSR [Ground forces of the USSR]. Moscow: Voenizdat, 1985.

I. G. 帕夫洛夫斯基.《苏联陆军》[M]. 莫斯科：军事出版社，1985.

Pennington, Reina. Wings, Women, and War: Soviet Airwomen in World War II Combat. Lawrence: University Press of Kansas, 2001.

雷娜·彭宁顿.《机翼、女性和战争：战斗在第二次世界大战中的苏联女飞行员》[M].劳伦斯：堪萨斯大学出版社，2001.

Petrov, Iu. P., ed. Istoriia Velikoi Otechestvennoi voiny Sovetskogo Soiuza 1941-1942 v shesti tomakh [A History of the Great Patriotic War of the Soviet Union 1941-1945 in six volumes].Vol. 3. Moscow: Voenizdat, 1961.
Iu. P. 彼得罗夫，编.《1941—1945年苏联伟大卫国战争史（六卷本）》，第3卷.[M]. 莫斯科：军事出版社，1961.

Pevnevets, M. P. Boevoe primenenie Sovetskikh voenno-vozdushnykh sil v gody Velikoi Otechestvennoi voiny [The combat employment of the Soviet Air Force during the Great Patriotic War]. Moscow: Frunze Academy, 1984.
M. P. 佩夫涅韦茨.《伟大卫国战争期间苏联空军的战斗使用》[M]. 莫斯科：伏龙芝军事学院，1984.

Platonov, S. P., ed. Vtoraia mirovaia voina 1939-1945 gg.[The Second World War 1939-1945]. Moscow: Voenizdat, 1958.
S. P. 普拉托夫.《第二次世界大战1939—1945年》[M]. 莫斯科：军事出版社，1958.

Pogrebnoi, S. A. Lavinoi stali i ognia: Boevoi put' 7-go mekhanizirovannogo Novoukrainsko-Khinganskogo ordena Lenina, Krasnoznamennogo, ordena Suvorova korpusa [In an avalanche of steel and fire: The combat path of the 7th Novoukraine-Khingan Order of Lenin, Red Banner, Order of Suvorov Mechanized Corps]. Moscow: Voenizdat, 1980.
S. A. 波格列布诺伊.《排山倒海般的钢铁与火焰中：荣获列宁勋章和苏沃洛夫勋章的红旗新乌克兰卡—兴安机械化第7军的战斗历程》[M]. 莫斯科：军事出版社，1980.

Poirier, Robert G., and Albert Z. Conner. "Red Army Order of Battle in the Great Patriotic War." 2d ed. Unpublished manuscript, 1985.
罗伯特·G. 波里尔，阿尔伯特·Z. 康纳.《伟大卫国战争中红军的作战序列》，第2版. [M]. 未出版的手稿，1985.

Portugal'sky, R. M. Komandnye kadry Sovetskikh vooruzhennykh sil v gody Velikoi Otechestvennoi voiny [The command cadre of the Soviet Armed Forces during the Great Patriotic War]. Moscow: VAF, 1991.
R. M. 波图加尔斯基.《伟大卫国战争期间苏联武装力量的指挥干部》[M]. 莫斯科：VAF，1991.

--------------. Marshal I. S. Konev. Moscow: Voenizdat, 1985.
R. M. 波图加尔斯基.《I. S. 科涅夫元帅》[M]. 莫斯科：军事出版社，1985.

848

Portugal'sky, R. M., and P. Ia. Tsygankov.Voennoe iskusstvo Sovetskikh voisk v boiakh za Stalingrad [The military art of Soviet forces in the battles for Stalingrad]. Moscow: Frunze Academy, 1983.

R. M. 波图加尔斯基，P. Ia. 齐甘科夫.《斯大林格勒会战中苏联军队的军事学术》[M]. 莫斯科：伏龙芝军事学院，1983.

Portugal'sky, R. M., and L. A. Zaitsev.Voennoe iskusstvo Sovetskikh voisk v bitve zaLeningrad [Military art of Soviet forces in the battle for Leningrad]. Moscow: Frunze Academy, 1989.

R. M. 波图加尔斯基，L. A. 扎伊采夫.《列宁格勒会战中苏联军队的军事学术》[M]. 莫斯科：伏龙芝军事学院，1989.

Pospelov, P. N., ed. Istoriia Velikoi Otechestvennoi voiny Sovetskogo Soiuza 1941– 1945 v shesti tomakh [A history of the Great Patriotic War of the Soviet Union 1941–1945 in six volumes]. Moscow: Voenizdat, 1960–1965.

P. N. 波斯佩洛夫，编.《1941—1945年苏联伟大卫国战争史（六卷本）》[M]. 莫斯科：军事出版社，1960—1965.

Radzievsky, A. I., ed. Armeiskie operatsii (Primery iz opyta Velikoi Otechestvennoi) [Army operations (Examples from the experience of the Great Patriotic [War])]. Moscow: Voenizdat, 1977.

A. I. 拉济耶夫斯基，编.《集团军战役[来自伟大卫国（战争）经验的战例]》[M]. 莫斯科：军事出版社，1977.

——————————. Taktika v boevykh primerakh (diviziia) [Tactics in combat examples (the division)]. Moscow: Voenizdat, 1976.

A. I. 拉济耶夫斯基，编.《从战例学战术（师）》[M]. 莫斯科：军事出版社，1976.

——————————. Taktika v boevykh primerakh, polk [Tactics in combat examples, the regiment]. Moscow: Voenizdat, 1974.

A. I. 拉济耶夫斯基，编.《从战例学战术（团）》[M]. 莫斯科：军事出版社，1974.

Ramanichev, N. "The Red Army, 1940–1941: Myths and Realities." Unpublished draft manuscript. Moscow, 1996.

N. 拉马尼切夫.《红军 1940—1941：神话与现实》[M]. 莫斯科，未出版的手稿，1996.

Reese, Roger R. Stalin's Reluctant Soldiers: A Social History of the Red Army, 1925-1941. Lawrence: University Press of Kansas, 1996.

罗格·R. 里斯.《斯大林的顽强战士：1925—1941年红军的社会史》[M]. 劳伦斯：堪萨斯大学出版

社，1996.

Reinhardt, Klaus. Moscow—The Turning Point: Failure of Hitler's Strategy in the Winter of 1941-42. Oxford: Berg, 1992.
克劳斯·莱因哈特.《莫斯科——转折点：1941—1942年冬季希特勒战略的失败》[M]. 牛津：伯格出版社，1992.

Riazansky, A. P. V ogne tankovykh srazhenii [In the fire of tank battles]. Moscow: Nauka, 1975.
A. P. 梁赞斯基.《在坦克战的火焰中》[M]. 莫斯科：科学出版社，1975.

Rodionov, I. N., ed. Voennaia entsiklopediia v vos'mi tomakh [Military encyclopedia in eight volumes].Vol. 1. Rev. ed. Moscow: Voenizdat, 1997.
I. N. 罗季奥诺夫，编.《军事百科全书（八卷本）》，第1卷修订版. [M]. 军事出版社，1997.

Rokossovsky, K. A Soldier's Duty. Moscow: Progress, 1970.
K. K. 罗科索夫斯基.《战士的责任》[M]. 莫斯科：进步出版社，1970.

————————————. Soldatskii dolg [A soldier's duty]. Moscow: Golos, 2000.
K. K. 罗科索夫斯基.《战士的责任》[M]. 莫斯科：声音出版社，2000.

————————————, ed. Velikaia bitva na Volge [The great battle on the Volga]. Moscow: Voenizdat, 1965.
K. K. 罗科索夫斯基，编.《伏尔加河上的伟大会战》[M]. 莫斯科：军事出版社，1965.

Salisbury, Harrison E. The 900 Days: The Siege of Leningrad. New York: Harper & Row, 1969.
哈里森·E. 索尔兹伯里.《900天：列宁格勒的围困》[M]. 纽约：哈珀与罗出版公司，1969.

Samsonov, A. M. Ot Volgi do Baltiki: Ocherk istorii 3-go gvardeiskogo mekhanizirovannogo korpusa 1942-1945 gg. [From the Volga to the Baltic: Study in the history of the 3rd Guards Mechanized Corps 1942-1945]. Moscow: Nauka, 1973.
A. M. 萨姆索诺夫.《从伏尔加河到波罗的海：1942—1945年近卫机械化第3军的历史研究》[M]. 莫斯科：科学出版社，1973.

————————————. Stalingradskaia bitva [The Battle of Stalingrad]. Moscow: Nauka, 1960.
A. M. 萨姆索诺夫.《斯大林格勒会战》[M]. 莫斯科：科学出版社，1960.

————————, ed. Proval gitlerovskogo nastupleniia na Moskvu [The defeat of Hitler's offensive on

Moscow]. Moscow: Nauka, 1966.

A. M. 萨姆索诺夫，编.《希特勒进攻莫斯科的失败》[M]. 莫斯科：科学出版社，1966.

————. Stalingradskaia epopeia [The Stalingrad epic]. Moscow: Nauka, 1968.

A. M. 萨姆索诺夫，编.《斯大林格勒史诗》[M]. 莫斯科：科学出版社，1968.

Sandalov, L. M. Pogorelo-Gorodishchenslcaia operatsiia [The Pogoreloe-Gorodishche operation]. Moscow: Voenizdat, 1960.

L. M. 桑达洛夫.《波戈列洛耶戈罗季谢战役》[M]. 莫斯科：军事出版社，1960.[1]

Sarkis'ian, S. M. 51-aia armiia [The 51st Army]. Moscow: Voenizdat, 1983.

S. M. 萨尔基相.《第51集团军》[M]. 莫斯科：军事出版社，1983.

Savushkin, R. A., ed. Razvitie Sovetskikh vooruzhennykh sil i voennogo iskusstva v Velikoi Otechestvennoi voine 1941-1945 gg.[The development of the Soviet Armed Forces and military art in the Great Patriotic War 1941-1945]. Moscow: Lenin Political-Military Academy, 1988.

R. A. 萨武什金，编.《苏联武装力量和军事学术在1941—1945年伟大卫国战争期间的发展》[M].莫斯科：列宁政治学院，1988年.[2]

Scheibert, H. Panzer Zwischen Don und Donez: Die Winterkampfe 1942/1943 [Panzers between the Don and Donets: The winter battle of 1942-1943]. Freidberg: Podzun-Pallas-Verlag, 1979.

H. 沙伊贝特.《顿河与第聂伯河之间的德国装甲兵：1942—1943年的冬季战斗》[M]. 弗赖堡：波尊—帕拉斯出版社，1979.

Schroter, Heinz.Stalingrad. London: Michael Joseph, 1958.

海因茨·施罗特.《斯大林格勒》[M]. 迈克尔·约瑟夫出版社，1958.

Schulz, Friedrich. Reverses on the Southern Wing (1942-1943). MS #T-15. Headquarters, United States Army, Europe, Historical Division, n.d.

弗里德里希·舒尔茨.《南翼的逆转（1942—1943年），MS #T-15》[M]. 美国陆军欧洲司令部历史部总部，出版日期不详.

---

① 译注：波戈列洛耶戈罗季谢是当时有2500人口的小镇，在勒热夫以东，1942年7月30至8月23日第一次勒热夫—瑟乔夫卡进攻战役的主要突击地段中央。

② 译注：英语中的军政学院是1923年以前的用名。1938年以列宁的名字命名。

Seaton, Albert. The Battle for Moscow 1941–1942. London: Rupert Hart–Davis, 1971.

阿尔伯特·西顿.《1941—1942年莫斯科会战》[M]. 伦敦：鲁珀特·哈特—戴维斯出版社，1971.

----------. The Russo–German War 1941–1945. New York: Praeger, 1971.

阿尔伯特·西顿.《苏德战争1941—1945》[M]. 纽约：普雷格出版社，1971.

Sechkin, G. P. Pogranichnye voiska v Velikoi Otechestvennoi voine [Border guards forces in the Great Patriotic War]. Moscow: Order of Lenin Red Banner Higher Border Guards Command Courses of the KGB USSR, 1990.

G. P. 谢奇金.《伟大卫国战争中的边防军》[M]. 荣获列宁勋章的红旗苏联克格勃高级边防军指挥培训班，1990.

Sekretov, A. N. Gvardeiskaia postup' [Guards gait]. Dushanbe: Donish, 1985.

A. N. 谢克列托夫.《近卫军人的步伐》[M]. 杜尚别：多尼什出版社，1985.[1]

Semonov, G. G. Nastupaet udarnaia [The shock army attacks]. Moscow: Voenizdat, 1988.

G. G. 谢莫诺夫.《突击集团军攻击》[M]. 莫斯科：军事出版社，1998.

Sergeev, I. D., ed. Voennaia entsiklopediia v vos'mi tomalch [Military encyclopedia in eight volumes]. Vols. 4–5. Moscow: Voenizdat, 1999–2001.

I. D. 谢尔盖耶夫，编.《军事百科全书（八卷本）》，第4—5卷. [M]. 莫斯科：军事出版社，1999—2001.

Shirokorad, A. B. Entsiklopediia Otechestvennoi artillerii [An encyclopedia of national artillery]. Minsk: Kharvest, 2000.

A. B. 希罗科拉德.《国家炮兵百科全书》[M]. 明斯克：收获出版社，2000.

Shkadov, I. N., ed. Geroi Sovetskogo soiuza v dvukh tomakh [Heroes of the Soviet Union in two volumes]. Moscow: Voenizdat, 1987.

I. N. 什卡多夫，编.《苏联英雄（两卷本）》[M]. 莫斯科：军事出版社，1987.

Shtemenko, S. M.The General Staff at War, 1941–1945. Moscow: Progress, 1970.

S. M. 什捷缅科.《战争年代的总参谋部，1941—1945年》[M]. 莫斯科：进步出版社，1970.

---

[1] 译注：该书副标题是《组建于塔吉克斯坦，荣获苏沃洛夫勋章和库图佐夫勋章的近卫红旗莫济里骑兵第17师在1941—1945年伟大卫国战争时期的战斗历程》。

852

—————————— .The Last Six Months. Garden City, NY: Doubleday, 1977.

S. M. 什捷缅科.《最后六个月》[M]. 纽约花园城：道布尔迪出版社，1977.

——————————. The Soviet General Staff at War 1941–1945. 2 vols. Moscow: Progress, 1985.

S. M. 什捷缅科.《战争年代的苏联总参谋部，1941—1945年》，两卷本. [M]. 莫斯科：进步出版社，1985.

Shukman, Harold, ed. Stalin's Generals. London: Weidenfeld and Nicolson, 1993.

哈罗德·舒克曼，编.《斯大林的将军们》[M]. 伦敦：韦登费尔德与尼科尔森出版社，1993.

Shutov, Z. A. Puti dostizheniia ustoichivosti i aktivnosti ohorony v gody Velikoi Otechestvennoi voiny [Paths to the achievement of durability and dynamism in the defense during the Great Patriotic War]. Moscow: Frunze Academy, 1990.

Z. A. 舒托夫.《伟大卫国战争期间防御稳定性和积极性的发展历程》[M]. 莫斯科：伏龙芝军事学院，1990.

Skomorokhov, N. M. Voenno-vozdushnaia akademiia imeni Iu. A. Gagarina [The Iu. A. Gagarin Air Force Academy]. Moscow: Voenizdat, 1984.

N. M. 斯科莫罗霍夫.《Iu. A. 加加林空军学院》[M]. 莫斯科：军事出版社，1984.

Smirov, A. F ., and K. S. Ogloblin. Tanki za Vislou: Boevoi put' 31-go tankovogo korpusa [Tanks beyond the Vistula: The combat path of the 31st Tank Corps]. Moscow: Voenizdat, 1991.

A. F. 斯米尔诺夫，K. S. 奥格洛布林.《坦克跨过维斯瓦河：维斯瓦河坦克第 31 军的战斗历程》[M]. 莫斯科：军事出版社，1991.

Smirnov, E. I. Voina i voennaia meditsina [War and military medicine]. Moscow: Meditsina, 1979.

E. I. 斯米尔诺夫.《战争和军事医学》[M]. 莫斯科：军事出版社，1979.

Stephan, Robert W. Stalin's Secret War: Soviet Counterintelligence against the Nazis, 1941–1945. Lawrence: University Press of Kansas, 2004.

罗伯特·W. 斯蒂芬.《斯大林的秘密战争：1941—1945年苏联针对纳粹的反间谍工作》[M]. 劳伦斯：堪萨斯大学出版社，2004.

Strokov, A. A., ed. Istoriia voennogo isskustva [A history of military art]. Moscow: Voenizdat, 1966.

A. A. 斯特罗科夫，编.《军事学术史》[M]. 莫斯科：军事出版社，1966.

Sukhinin, Iu. M., and Iu. N. Iarovenko. Oborona 1-i Tankovoi armii pod Kurskom (6-11 iiulia 1943 g.)[The 1st Tank Army's defense at Kursk (6-11 July 1943)]. Moscow: Frunze Academy, 1989.

Iu. M. 苏希宁，Iu. N. 亚罗文科.《坦克第1集团军在库尔斯克的防御（1943年7月6日—11日）》[M]. 莫斯科：伏龙芝军事学院，1989.

Suvenirov, O. A. Tragediia RKKA 1937-1938 [The tragedy of the RKKA 1937-1941]. Moscow: Terra, 1998.

O. F. 苏韦尼罗夫.《1937—1938年工农红军的悲剧》[M]. 莫斯科：特拉出版社，1998.

Sychev, K. V., and M. M. Malakhov.Nastuplenie strelkogo korpusa [Rifle corps offensive]. Moscow: Voenizdat, 1958.

K. V. 瑟切夫，M. M. 马拉霍夫.《步兵军进攻》[M]. 莫斯科：军事出版社，1958.

Tarrant, V. E. Stalingrad. New York: Hippocrene Books, 1992.

V. E. 塔兰特.《斯大林格勒》[M]. 纽约：希波克里尼图书，1992.

Terekhin, K. P., and A. S. Taralov.Gvardeitsy zheleznodorozhniki [Guards railroad men]. Moscow: Voenizdat, 1966.

K. P. 捷廖欣，A. S. 塔拉洛夫.《近卫铁道兵》[M]. 莫斯科：军事出版社，1966.

Tiushkevich, S. A., ed. Sovetskie vooruzhennye sily [Soviet Armed Forces]. Moscow: Voenizdat, 1978.

S. A. 秋什克维奇，编.《苏联武装力量》[M]. 莫斯科：军事出版社，1978.

Tolubko, V. F., and N.I .Baryshev.Na iuzhnom flange: Boevoi put' 4-go gvardeiskogo mekhanizirovannogo korpusa (1942-1945 gg.)[On the southern flank: The combat path of the 4th Guards Mechanized Corps (1942-1945)]. Moscow: Nauka, 1973.

V. F. 托卢布科，N. I. 巴雷舍夫.《在南侧翼：近卫机械化第4军的战斗历程（1942—1945年）》[M]. 莫斯科：科学出版社，1973.

Tsirlin, A. D., P. I. Biriukov, V. P. Istomin, and E. N. Fedoseev, eds. Inzhenernye voiska v boiakh za sovetskuiu rodinu [Engineer forces in combat for the Soviet homeland]. Moscow: Voenizdat, 1970, 1976.

A. D. 齐尔林，P. I. 比留科夫，V. P. 伊斯托明，E. N. 费多谢耶夫，编.《为苏维埃祖国而战的工程兵》[M]. 莫斯科：军事出版社，1970，1976.

Ustinov, D. F ., ed. Istoriia Vtoroi Mirovoi voiny 1939-1945 v dvenadtsati tomakh [A history of the World War II in twelve volumes]. Vol. 8. Moscow: Voenizdat, 1977.
D. F. 乌斯季诺夫，编.《第二次世界大战史（十二卷本）》，第8卷. [M]. 莫斯科：军事出版社，1977.

Vasilevsky, A. M. Delo vsei zhizni [Life's work]. Moscow: Politizdat, 1971. Translated as A Lifelong Cause. Moscow: Progress, 1976.
A. M. 华西列夫斯基.《毕生的工作》[M]. 莫斯科：政治出版社，1971. 英译本改名《毕生的事业》.莫斯科：进步出版社，1976.

Vilenko, S. I. Na okhrane tyla strany: Istrebitel'nye batal'ony i polki o Velikoi Otechestvennoi voine 1941-1945 [In protection of the country's rear area: Destruction battalions and regiments in the Great Patriotic War 1941-1945]. Moscow: Nauka, 1988.
S. I. 维连科.《守卫祖国的后方：1941—1945年伟大卫国战争中的歼击营和歼击团》[M]. 莫斯科：科学出版社，1988.

Vinogradov, V. S., ed. Krasnoznamennyi pribaltiiskii pogranichnyi [Red Banner Baltic border guards]. Riga: Abots, 1988.
V. S. 维诺格拉多夫，编.《红旗波罗的海沿岸边防军》[M]. 里加，阿博茨出版社，1988.

Vladimirsky, A. V. Na kievskom napravelenii [On the Kiev axis]. Moscow: Voenizdat, 1989.
A. V. 弗拉基米尔斯基.《在基辅方向》[M]. 莫斯科：军事出版社，1989.

Vnutrennie voiska v gody mirnogo sotsialisticheskogo stroitel'stva, 1922-1941 gg.[The internal forces in the years of peaceful Socialist construction 1922-1941]. Moscow: Iuridicheskaia Literatura, 1977.
《1922—1941年社会主义和平建设时期的内卫部队》[M]. 法律专题文学出版社，1977.

Voennoe isskustvo vo Vtoroi Mirovoi voine [Military art in World War II]. Moscow: Voroshilov Academy, 1973.
《第二次世界大战中的军事学术》[M]. 莫斯科：伏罗希洛夫总参军事学院，1973.

Volkogonov, Dmitri. Stalin: Triumph and Tragedy. Rocklin, CA: Prima, 1992.
迪米特里·沃尔科戈诺夫.《斯大林：胜利与悲剧》[M]. 加利福尼亚州罗克林：普瑞玛出版社，1992.

Volkov, A. A. Kriticheskii prolog: Nezavershennye frontovye nastupatel'nye operatsii pervykh kampanii Velikoi Otechestvennoi voiny [Critical prologue: Incomplete front offensive operations in the initial campaigns of the Great Patriotic War]. Moscow: Aviar, 1992.

A. A. 沃尔科夫.《关键性的序幕：伟大卫国战争中第一批战局中未完成的方面军进攻战役》[M].莫斯科：航空出版社，1992

Vysotsky, V. K., ed. Tyl Sovetskoi Armii [The rear of the Soviet Army]. Moscow: Voenizdat, 1968.

V. K. 维索茨基，编.《苏军后勤》[M]. 莫斯科：军事出版社，1968.

Wagner, Roy, ed. The Soviet Air Forces in World War II: The Official History.Trans. Leland Fetzer. Garden City, NY: Doubleday, 1973.

罗伊·瓦格纳，编.《第二次世界大战中的苏联空军：官方历史》[M]. 利兰·费策尔，译. 纽约花园城：道布尔迪出版社，1973.

Warlimont, Walter. Inside Hitler's Headquarters.New York: Praeger, 1961.

瓦尔特·瓦利蒙特.《在希特勒的指挥部》[M]. 纽约：普雷格出版社，1961.[1]

Whaley, Barton.Codeword Barbarossa. Cambridge, MA: MIT Press, 1973.

巴顿·惠利.《代号巴巴罗萨》[M]. 马萨诸塞州坎布里奇：麻省理工学院出版社，1973.

Windbush, S. Enders, and Alexander Alexiev.Ethnic Minorities in the Red Army: Asset or Liability. Boulder, CO: Westview Press, 1988.

恩德斯·S. 温德布什，亚历山大·阿列克谢耶夫.《红军中的少数民族：财富还是负担》[M]. 科罗拉多州博尔德：西方观点出版社，1988.

Zakharov, Iu. D. General armii Vatutin [Army General Vatutin]. Moscow: Voenizdat, 1985.

Iu. D. 扎哈罗夫.《瓦图京大将》[M]. 莫斯科：军事出版社，1985.

Zaloga, Steven J., and Leland S. Ness. Red Army Handbook 1939-1945. Gloucestershire, UK: Sutton, 1998.

史蒂文·J. 扎洛加，利兰·S. 内丝.《1939—1945年红军手册》[M]. 英国格罗斯特郡：萨顿出版社，1998.

---

① 译注：中译本名称是《国防军统帅部大本营》。

Zetterling, Niklas, and Anders Frankson.Kursk 1943: A Statistical Analysis. London: Frank Cass, 2000.

尼可拉斯·泽特林，安德斯·弗兰克森.《库尔斯克1943：统计分析》[M]. 伦敦：弗兰克·卡斯出版社，2000.

Zhilin, P. A., ed. Besprimernyi podvig [An unprecedented deed]. Moscow: Nauka, 1968.

P. A. 日林.《史无前例的壮举》[M]. 莫斯科：科学出版社，1968.

Zhuk, A. B. Strelkovoe oruzhie [Rifle weapons]. Moscow: Voenizdat, 1992.

A. B. 茹克.《步兵武器》[M]. 莫斯科：军事出版社，1992.

Zhukov, G. Reminiscences and Reflections. 2 vols. Moscow: Progress, 1985.

G. K. 朱可夫.《回忆与思考》，共二卷.[M]. 莫斯科：进步出版社，1985.

Ziemke, Earl F. The German Northern Theater of Operations, 1940–1945.Washington, DC: Government Printing Office, 1959.

厄尔·F. 齐姆克.《德国的北部战区，1940—1945年》[M]. 华盛顿特区：政府印刷办公室，1959.

–––––––––. Stalingrad to Berlin: The German Defeat in the East. Washington, DC: Office of the Chief of Military History United States Army, 1968.

厄尔·F. 齐姆克.《从斯大林格勒到柏林：德国在东线的失败》[M]. 华盛顿特区：美国陆军军事历史主管办公室，1968.

Ziemke, Earl F., and Magna E. Bauer.Moscow to Stalingrad: Decision in the East. Washington, DC: Office of the Chief of Military History United States Army, 1987.

厄尔·F. 齐姆克，马格纳·E. 鲍尔.《从莫斯科到斯大林格勒：东线的决策》[M]. 华盛顿特区：美国陆军军事历史主管办公室，1987.

Zolotarev, V. A., ed. Velikaia Otechestvennaia voina 1941–1945: Voenno–istoricheskie ocherki v chetyrekh tomakh [The Great Patriotic War 1941–1945: Military–historical essays in four volumes]. Moscow: Nauka, 1998–1999.

V. A. 佐洛塔廖夫，编.《1941—1945年伟大卫国战争：军事历史论文集（四卷本）》[M]. 莫斯科：科学出版社，1998—1999.

Zvartsev, A. M. 3–ia gvardeiskaia tankovaia: Boevoi put' 3–i gvardeiskoi tankovoi armii [The 3rd Guards Tank: The combat path of the 3rd Guards Tank Army]. Moscow: Voenizdat, 1982.

A. M. 兹瓦尔采夫.《近卫坦克第3：近卫坦克第3集团军的战斗历程》[M]. 莫斯科：军事出版社，1982.

次生资料：文章

Alekseenkov, A. "Vnutrennie voiska: Pravda i vymysel–Na trekh frontakh" [Internal forces: Truth and fantasy—on three fronts]. Voennye znaniia [Military knowledge], no. 1 (January 1991): 3-4.

A. 阿列克谢延科夫.《内卫部队：真理与幻想——在三条战线上》[J].《军事知识》，1991，1（1）：第3—4页.

Altunin, Evgenii. "ALSIB: On the History of the Alaska–Siberian Ferrying Route."JSMS 10, no. 2 (June 1997): 85-97.

叶夫根尼·阿尔图宁.《ALSIB：阿拉斯加—西伯利亚运输航线史》[J].《斯拉夫军事研究杂志》，1997，6（10，2）：第85—97页.[①]

Antonov, A. P. "Operativnoe upravlenie General'nogo shtaba v gody Velikoi Otechestvennoi voiny" [The General Staffs Operational Directorate during the Great Patriotic War].VIZh, no. 5 (May 1988): 12-18.

A. P. 安东诺夫.《伟大卫国战争期间的总参谋部作战局》[J]. VIZh，1988，5（5）：第12—18页.

Bazanov, I. N. "Obespechenie frontov goriuchim v tret'em periode Velikoi Otechestvennoi voiny" [Fuel provision to the fronts in the third period of the Great Patriotic War].VIZh, no. 3 (March 1987): 50-56.

I. N. 巴扎诺夫.《伟大卫国战争第三阶段各方面军的燃料供应》[J]. VIZh，1987，3（3）：第50—56页.

Berkhin, I. "O territorial'no–militsionnom stroitel'stve v Sovetskoi Armii" [On territorial–militia construction in the Soviet army].VIZh, no. 12 (December 1960): 1-20.

I. 别尔欣.《论苏军的地方民兵建设》[J]. VIZh，1960，12（12）：第1—20页.

Cheremnykh, A. "Razvitie voenno–uchebnykh zavedenii v predvoennyi period (1937-1941) [The development of military–educational institutions in the prewar period (1937-1941)], VIZh, no. 8 (August 1982): 75-80.

A. 切列姆内赫.《战前时期军事教育机构的发展（1937—1941年）》[J]. VIZh，1982，8（8）：第75—80页.

---

① 译注：该杂志1988年创刊时名为《苏联军事研究杂志》，1993年起改用现名。期号处前面的数字指创刊后的第10年，后面的数字指当年第2期，因是季刊，故于6月出版。

Danilov, V. D. "General'nyi shtab RKKA v predvoennye gody (1936-iiun' 1941 g.)" [The RKKA General Staff in the prewar years (1936 to June 1941)]. VIZh, no. 3 (March 1980): 68–73.

V. D. 丹尼洛夫.《战前年代的工农红军总参谋部（1936年至1941年6月）》[J]. VIZh，1980，3（3）：第68—73页.

———————. "Glavnye komandovaniia napravlenii v Velikoi Otechestvennoi voine" [Main direction commands in the Great Patriotic War]. VIZh, no. 9 (September 1987): 17–23.

V. D. 丹尼洛夫.《伟大卫国战争中的方向总指挥部》[J]. VIZh，1987，9（9）：第17—23页.

———————. "Razvitie sistemy organov strategicheskogo rukovodstva v nachale Velikoi Otechestvennoi voiny" [The development of a system of strategic leadership organs in the beginning of the Great Patriotic War]. VIZh, no. 6 (June 1987): 25–30.

V. D. 丹尼洛夫.《伟大卫国战争初期战略领导机关的体系完善》[J]. VIZh，1987，6（6）：第25—30页.

———————. "Stavka VGK, 1941–1945." Zashchita otechestva [Defense of the fatherland], no. 12 (December 1991): 1–39.

V. D. 丹尼洛夫.《最高统帅部大本营，1941—1945年》[J].《保卫祖国》，1991，12（12）：第1—39页.

Dzhelaukhov, Kh. M., and B. M. Petrov. "K voprosu v strategicheskikh operatsiiakh Velikoi Otechestvennoi voiny 1941–1945 [Concerning the question of strategic operations of the Great Patriotic War 1941–1945]. VIZh, no. 7 (July 1986): 46–48.

Kh. M. 杰劳霍夫，B. M. 彼得罗夫.《1941—1945年伟大卫国战争的战略性战役问题》[J]. VIZh，1986，7（7）：第46—48页.

Gareev, M. A. "O neudachnykh nastupatel'nykh operatsiiakh Sovetskikh voisk v Velikoi Otechestvennoi voine. Po neopublikovannym dokumentam GKO" [On the unsuccessful offensive operations of Soviet forces in the Great Patriotic War: Based on unpublished GKO documents]. Novaia i noveishshaia istoriia [New and recent history], no. 1 (January 1994): 2–28.

M. A. 加列耶夫.《关于苏联军队在伟大卫国战争中若干失败的进攻战役：根据未公布的国防委员会文献》[J].《新闻与当代史》，1994，1（1）：第2—28页.

Gladysh, S. A. "Obobshchenie i ispol'zovanie boevogo opyta v pervom periode Velikoi Otechestvennoi voiny" [The exploitation and use of war experience in the first period of the Great Patriotic War]. VIZh, no. 7 (July 1987): 14–20.

S. A. 格拉德什.《伟大卫国战争第一阶段战争经验的研究和使用》[J]. VIZh，1987，7（7）：第

14—20页.

Glantz, David M. "The Failures of Historiography: Forgotten Battles of the German-Soviet War (1941-1945)." JSMS 8, no. 4 (December 1995): 768-808.

戴维·M. 格兰茨.《历史编纂学的失败：1941—1945年苏德战争中被遗忘的战役》[J].《斯拉夫军事研究杂志》，1995，12（8，4）：第768—808页.

------. "Newly Published Works on the Red Army, 1918-1991." JSMS 8, no. 2 (June 1995): 319-32.

戴维·M. 格兰茨.《有关红军的最新出版著作，1918—1991年》[J].《斯拉夫军事研究杂志》，1995，6（8，2）：第319—332页.

------. "Prelude to Kursk: Soviet Strategic Operations, February-March 1943." JSMS 8, no. 1 (March 1995): 1-35.

戴维·M. 格兰茨.《库尔斯克的前奏：苏联的战略性战役，1943年2月—3月》[J].《斯拉夫军事研究杂志》，1995，3（8，1）：第1—35页.

------. "Soviet Military Strategy during the Second Period of War (November 1942-December 1943): A Reappraisal." Journal of Military History, no. 60 (January 1996): 115-50.

戴维·M. 格兰茨.《战争第二阶段（1942年11月—1943年12月）的苏联军事战略：一次重新评价》[J].《军事历史杂志》，1996，1（60）：第115—150页.[1]

Gradosel'sky, V. V. "Natsional'nye voinskie formirovaniia v Krasnoi Armii (1918-1938 gg.) [National military formations in the Red Army (1918-1938)].VIZh, no. 10 (October 2001): 2-6.

V. V. 格拉多谢利斯基.《红军中的民族部队（1918—1938年）》[J]. VIZh，2001，10（10）：第2—6页.

------. "Natsional'nye voinskie formirovaniia v Velikoi Otechestvennoi voine" [National military formations in the Great Patriotic War], VIZh, no. 1 (January 2002): 18-24.

V. V. 格拉多谢利斯基.《伟大卫国战争中的民族部队》[J]. VIZh，2002，1（1）：第18—24页.

Gurkin, V. V. "Liudskie poteri Sovetskikh vooruzhennykh sil v 1941-1945: Novye aspekty" [Personnel losses of the Soviet Armed Forces in 1941-1945: New aspects]. VIZh, no. 2 (March-April 1999): 2-13.

---

[1] 译注：这不是苏联/俄罗斯的VIZh，而是一份美国杂志。正文注释出现时，添加（美国）字样。

V. V. 古尔金.《苏联武装力量在1941—1945年的人员损失：新的面貌》[J]. VIZh，1999，3—4（2）：第2—13页.

——————. "'Mars' v orbite 'Urana' i 'Saturna': O vtoroi Rzhevsko-Sychevskoi nastupatel'noi operatsii 1942 goda" ["Mars" in the orbit of "Uranus" and "Saturn": On the second Rzhev-Sychevka offensive operation]. VIZh, no. 4 (July-August 2000): 14-19.

V. V. 古尔金.《"天王星"和"土星"轨道上的"火星"：1942年的第二次勒热夫—瑟乔夫卡进攻战役》[J]. VIZh，2000，4—8（4）：第14—19页.

Gurkin, V. V., and M. I. Golovnin."K voprosu o strategicheskikh operatsiiakh Velikoi Otechestvennoi voiny 1941-1945 gg" [Concerning the question of strategic operations of the Great Patriotic War 1941-1945].VIZh, no. 10 (October 1985): 10-23.

V. V. 古尔金，M. I. 戈洛夫宁.《关于1941—1945年伟大卫国战争的战略性战役问题》[J]. VIZh，1985，10（10）：第10—23页.

Gusarov, F. F., and L. A. Butakov."Tekhnicheskoe prikrytie zheleznykh dorog" [Technical protection of the railroads].VIZh, no. 4 (April 1988): 51-58.

F. F. 古萨罗夫，L. A. 布塔科夫.《对铁路的技术掩护》[J]. VIZh，1988，4（4）：第51—58页.[1]

Il'enkov, S. A. "Concerning the Registration of Soviet Armed Forces' Wartime Irrevocable Losses, 1941-1945." JSMS 9, no. 2 (June 1996): 440-42.

S. A. 伊利延科夫.《关于苏联武装力量不可归队损失的战时登记，1941—1945年》[J].《斯拉夫军事研究杂志》，1996，6（9，2）：第440—442页.

"Itogi diskussii o strategicheskikh operatsiiakh Velikoi Otechestvennoi voiny 1941-1945 gg."[Results of the discussion on strategic operations of the Great Patriotic War 1941-1945].VIZh, no. 10 (October 1987): 14-20.

《有关1941—1945年伟大卫国战争中战略性战役问题的讨论结果》[J]. VIZh，1987，10，（10）：第14—20页.

Ivanov, S. P., and N. Shekhovtsov."Opyt raboty glavnykh komandovanii na teatrakh voennykh deistvii" [Experience in the work of main commands in theaters of military operations].VIZh, no. 9 (September 1981): 11-18.

S. P. 伊万诺夫，N. 舍霍夫佐夫.《战区总指挥部的工作经验》[J]. VIZh，1981，9，（9）：第

---

① 译注：副标题为《根据伟大卫国战争第一阶段的经验》。

11—18页.

Khomenko, S. "A Disciplinary Battalion Joins Battle." Soviet Soldier, no. 11 (November 1990): 36–38.

    S. 霍缅科.《纪律营投入战斗》[J]. VIZh，1990，11，（11）：第36—38页.

Khor'kov, A. G. "Nekotorye voprosy strategicheskogo razvertyvaniia Sovetskikh vooruzhennykh sil v nachale Velikoi Otechestvennoi voiny" [Some questions concerning the strategic deployment of the Soviet Armed Forces at the beginning of the Great Patriotic War].VIZh, no. 1 (January 1986): 9–15.

    A. G. 霍里科夫.《伟大卫国战争开始时苏联武装力量战略展开的若干问题》[J]. VIZh，1986，1，（1）：第9—15页.

Khrulev, A. "Stanovlenie strategicheskogo tyla v Velikoi Otechestvennoi voine" [The establishment of a strategic rear in the Great Patriotic War].VIZh, no. 6 (June 1961): 64–86.

    A. 赫鲁廖夫.《伟大卫国战争中战略后勤的建立》[J]. VIZh，1961，6，（6）：第64—86页.

Klemin, A. S. "Voennye soobshcheniia v gody Velikoi Otechestvennoi voiny" [Military communications during the Great Patriotic War].VIZh, no. 3 (March 1985):66–74.

    A. S. 克列明.《伟大卫国战争期间的军事交通》[J]. VIZh，1985，3，（3）：第66—74页.

Koldunov, A. "Organizatsiia i vedenie protivovozdushnoi oborony po opytu nachal'nogo perioda Velikoi Otechestvennoi voiny" [The organization and conduct of antiaircraft defense based on the experience of the initial period of the Great Patriotic War].VIZh, no. 4 (April 1984): 12–19.

    A. 科尔杜诺夫.《根据伟大卫国战争初期的经验谈对空防御的组织与实施》[J]. VIZh，1984，4（4）：第12—19页.

Komarov, F. I., and O. S. Lobastov."Osnovnye itogi i uroki meditsinskogo obespecheniia Sovetskoi armii v gody Velikoi Otechestvennoi voiny" [The main conclusions and lessons of Soviet Army medical support during the Great Patriotic War].Voenno–meditsinskii zhurnal [Military–medical Journal], no. 5 (May 1990): 3–20.

    F. I. 科马罗夫，O. S. 洛巴斯托夫.《伟大卫国战争期间苏军卫生保障的主要结论与教训》[J].《军事卫生杂志》，1990，5（5）：第3—20页.

Kornienko, N. "Boevoe primenenie bronepoezda PVO" [The combat employment of the PVO armored train], VIZh, no. 4 (April 1979): 31–34.

    N. 科尔尼延科.《防空装甲列车的战斗使用》[J]. VIZh，1979，4（4）：第31—34页.

Korol', V. E. "The Price of Victory" JSMS 9, no. 2 (June 1996): 417–26.

V. E. 科罗利.《胜利的代价》[J].《斯拉夫军事研究杂志》，1996，6（9，2）：第417—426页.

Kulikov, V. "Strategicheskoe rukovodstvo vooruzhennymi silami" [The strategic leadership of the armed forces].VIZh, no. 6 (June 1975): 12–24.

V. 库利科夫.《武装力量的战略领导》[J]. VIZh，1975，6（6）：第12—24页.

Kunitsky, P. T. "O vybore napravleniia glavnogo udara v kampaniiakh i strategicheskikh operatsiiakh" [On the selection of the main attack axis in campaigns and strategic operations].VIZh, no. 7 (July 1986): 29–40.

P. T. 库尼茨基.《论战局和战略性战役中主要突击方向的选择》[J]. VIZh，1986，7（7）：第29—40页.

Kuznetsov, I. I. "Stalin's Minister V. S. Abakumov 1908-54." JSMS 12, no. 1 (March 1999): 149–65.

I. I. 库兹涅佐夫.《斯大林的部长V. S. 阿巴库莫夫，1908—1954年》[J].《斯拉夫军事研究杂志》，1999，3（12，1）：第149—165页.

Lavrent'ev, K. "Voiskovaia PVO v gody voiny" [Force air defense in the war years], Voennyi vestnik [Military herald], no. 10 (October 1989): 48–51.

K. 拉夫连季耶夫.《战争年代的军队防空》[J].《军事通报》，1989，10（10）：第48—51页.

Lipitsky, S. V. "Voennaia reforma 1924–1925 godov" [The military reforms of 1924–1925]. Kommunist [Communist], no. 4 (March 1990): 104–6.

S. V. 利佩茨基.《1924—1925年的军事改革》[J].《共产主义者》，1990，3（4）：第104—106页.

Lomov, N., and V. Golubovich."Ob organizatsii i metodakh raboty General'nogo shtaba" [About the organization and work methods of the General Staff].VIZh, no. 2 (February 1981): 12–19.

N. 洛莫夫，V. 戈卢博维奇.《关于总参谋部的组织结构与工作方法》[J]. VIZh，1981，2（2）：第12—19页.

Lotosky, S. "Iz opyta vedeniia armeiskikh nastupatel'nykh operatsii v gody Velikoi Otechestvennoi voiny" [From the experience of the conduct of army offensive operations during the Great Patriotic War].VIZh, no. 12 (December 1965): 3–14.

S. 洛托茨基.《从伟大卫国战争期间实施集团军进攻战役的经验谈起》[J]. VIZh，1965，12（12）：第3—14页.

Mairov, A. M. "Strategicheskoe rukovodstvo v Velikoi Otechestvennoi voine" [Strategic leadership in the Great Patriotic War].VIZh, no. 5 (May 1985): 28–40.

A. M. 迈罗夫.《伟大卫国战争中的战略领导》[J]. VIZh，1985，5（5）：第28—40页.

Makartsev, M. K. "Sovershenstvovanie organizatsii zheleznodorozhnykh voisk v gody Velikoi Otechestvennoi voiny" [Improvement of the organization of railroad forces during the Great Patriotic War].VIZh, no. 9 (September 1985): 80–85.

M. K. 马卡尔采夫.《伟大卫国战争期间铁道兵组织结构的完善》[J]. VIZh，1985，9（9）：第80—85页.

Malan'in, K. "Razvitie organizatsionnykh form sukhoputnykh voisk v Velikoi Otechestvennoi voine" [The development of ground forces' organizational forms in the Great Patriotic War]. VIZh, no. 8 (August 1967): 28–39.

K. 马拉宁.《伟大卫国战争中陆军组织方式的发展》[J]. VIZh，1967，8（8）：第28—39页.

Malinovsky, G. V. "Sapernye armii i ikh rol' v pervyi period Velikoi Otechestvennoi voiny [Sapper armies and their role in the initial period of the Great Patriotic War].In Voenno–istoricheskii arkhiv [Military–historical archives], vol. 2 (17), pp. 146–79. Moscow: Tserera, 2001.

G. V. 马利诺夫斯基.《伟大卫国战争初期的工兵集团军及其作用》[M]//《军事历史档案》第2卷（17）：第146—179页. 莫斯科：谷神星出版社，2001.

Maliugin, N. "Avtomobil'nyi transport frontov i armii v gody voiny" [Automobile transport of fronts and armies in the war years].VIZh, no. 2 (February 1971): 87–91.

N. 马柳金.《战争年代方面军和集团军的汽车运输》[J]. VIZh，1971，2（2）：第87—91页.

––––––. "Nekotorye voprosy tylovogo obespecheniia stalingradskogo fronta v kontranastuplenii" [Some questions about the rear support of the Stalingrad Front during the counteroffensive].VIZh, no. 8 (August 1977): 98–104.

N. 马柳金.《反攻期间斯大林格勒方面军后勤保障的若干问题》[J]. VIZh，1977，8（8）：第98—104页.

Mal'tsev, I. M. "Sovershenstvovanie sistemy upravleniia voiskami protivovozdushnoi oborony v gody Velikoi Otechestvennoi voiny" [The improvement of the command and control systems of air defense forces during the Great Patriotic War].VIZh, no.4 (April 1986): 22–31.

I. M. 马利采夫.《伟大卫国战争期间防空部队指挥控制体系的完善》[J]. VIZh，1986，4（4）：第22—31页.

Mal'tsev, N. A. "Kadrovaia ili militsionnaia" [Cadre or militia].VIZh, no. 11 (November 1989): 30-40.

N. A. 马利采夫.《基干制还是民兵制》[J]. VIZh，1989，11（11）：第30—40页。

Mangazeev, Igor. "A 'Penal' Corps on the Kalinin Front."JSMS 15, no. 3 (September 2002): 115-45.

伊戈尔·曼加泽耶夫.《加里宁方面军的一个"惩戒"军》[J].《斯拉夫军事研究杂志》，2002，9（15，3）：第115—145页。

Maslov, A. A. "How Were Soviet Blocking Detachments Employed?"JSMS 9, no. 2 (June 1996): 427-35.

亚历山大·A. 马斯洛夫.《苏联的拦截支队是怎样使用的？》[J].《斯拉夫军事研究杂志》，1996，6（9，2）：第427—435页。

Matsulenko, V. "Razvitie taktiki nastupatel'nogo boia" [The development of offensive battle tactics].VIZh, no. 2 (February 1968): 28-46.

V. 马楚连科.《进攻战斗的战术发展》[J]. VIZh，1968，2（2）：第28—46页。

Medvedev, N. E. "Artilleriia RVGK v pervom periode voiny" [Artillery of the Stavka Reserve in the initial period of the war], VIZh, no. 11 (November 1987): 81-87.

N. E. 梅德韦杰夫.《战争初期的最高统帅部预备队炮兵》[J]. VIZh，1987，11（11）：第81—87页。

Mikhailovsky, G., and I. Vyrodov."Vysshie organy rukovodstva voinoi" [The higher organs for directing the war].VIZh, no. 4 (April 1978): 16-26.

G. 米哈伊洛夫斯基，I. 维罗多夫.《指挥战争的高级机关》[J]. VIZh，1978，4（4）：第16—26页。

Mikhalev, A. I., and V. I. Kudriashov."K voprosu o strategicheskikh operatsiiakh Velikoi Otechestvennoi voiny 1941-1945 gg" [Concerning the question of strategic operations of the Great Patriotic War 1941-1945].VIZh, no. 5 (May 1986): 48-51.

A. I. 米哈廖夫，V. I. 库德里亚绍夫.《关于1941—1945年伟大卫国战争的战略性战役问题》[J]. VIZh，1986，5（5）：第48—51页。

Moniushko, Evgenii. "Memoirs of the Soviet-German War, part 2: Siberia, the Front and Hospital, 1942-1944."JSMS 15, no. 2 (June 2002): 100-80.

叶夫根尼·莫纽什科.《苏德战争回忆录，第二部分：西伯利亚，前线和医院，1942—1944年》[J].《斯拉夫军事研究杂志》，2002，6（15，2）：第100—180页。

————————. "Memoirs of the Soviet-German War, part 4: Red Army Service in Silesia and Czechoslovakia during 1945." JSMS 15, no. 3 (September 2002): 146-202.

叶夫根尼·莫纽什科.《苏德战争回忆录，第四部分：1945年在西里西亚和捷克斯洛伐克的红军中服役》[J].《斯拉夫军事研究杂志》，2002，9（15，3）：第146—202页.

Nekrasov, V. F. "Osnovnye etapy stroitel'stva vnutrennikh voisk" [Basic stages in the formation of internal forces].VIZh, no. 11 (November 1986): 81-84.

V. F. 涅克拉索夫.《内卫部队组建的基本阶段》[J]. VIZh，1986，11（11）：第81—84页.

————————. "Vklad vnutrennikh voisk v delo pobedy sovetskogo naroda v Velikoi Otechestvennoi voine" [The internal forces' contribution to the victory of the Soviet people in the Great Patriotic War].VIZh, no. 9 (September 1985); 29-35.

V. F. 涅克拉索夫.《内卫部队对苏联人民在伟大卫国战争中获胜的贡献》[J]. VIZh，1985，9（9）：第29—35页.

Nikitin, V. "Obespechenie voisk goriuchim v kontrnastuplenii pod Kurskom" [Fuel provision for forces during the counteroffensive at Kursk].VIZh, no. 8 (August 1979): 25-30.

V. 尼基京.《库尔斯克反攻期间的军队燃料供应》[J]. VIZh，1979，8（8）：第25—30页.

Orlov, A. S. "Operatsiia 'Mars': Razlichnye traktov," [Operation Mars: Different roads]. Mir istorii [World of history], no. 4 (April 2000): 1-4. On the Internet at http://www.tellur.ru/~historia/orlov.htm.

A. S. 奥尔洛夫.《"火星"行动：不同的道路》[J].《世界历史》，2000，4（4）：第1—4页.可上网查阅：http://www.tellur.ru/~historia/orlov.htm.

Parrish, Michael. "The Last Relic: Army General I. E. Serov."JSMS 10, no. 3 (September 1997): 109-29.

迈克尔·帕里什.《最后的遗物：I. E. 谢罗夫大将》[J].《斯拉夫军事研究杂志》，1997，9（10，3）：第109—129页.

Pavlenko, N. "Na pervom etape voiny" [During the first stage of the war]. Kommunist [Communist], no. 9 (June 1988): 90-96.

N. 帕夫连科.《战争第一阶段期间》[J].《共产主义者》，1988，6（9）：第90—96页.

Peresypkin, I. "Sviaz' General'nogo shtaba" [General Staff communications].VIZh, no. 4 (April 1971): 19-25.

I. 佩列瑟普金.《总参谋部的通信》[J]. VIZh，1971，4（4）：第19—25页.

Petrov, M. "Predstavitel' Stavki" [Stavka representative].VIZh, no. 2 (February 1981): 50–56.

M. 彼得罗夫.《大本营代表》[J]. VIZh, 1981, 2（2）：第50—56页.

Piliugin, Iu. "Okhrana sukhoputnykh kommunikatsii v khode voiny" [The protection of ground communications during the war].VIZh, no. 9 (September 1983): 31–36.

Iu. 皮柳金.《战争期间地面交通的掩护》[J]. VIZh, 1983, 9（9）：第31—36页.

"Polozhenie i instruktsiia po rabote korpusa ofitserov-predstavitelei General'nogo shtaba Krasnoi Armii" [Regulation and instruction on the work of officers corps Red Army General Staff representatives].VIZh, no. 2 (February 1975): 62–66.

《红军总参谋部军官代表团工作的条例和细则》[J]. VIZh, 1975, 2（2）：第62—66页.

Ponomarev, A. Ia., and V. G. Smirnov."Zagrazhdenie zheleznykh dorog v pervom perioda voiny" [The obstruction of railroads in the initial period of the War].VIZh, no. 3 (March 1986): 77–81.

A. Ia. 波诺马廖夫，V. G. 斯米尔诺夫.《战争第一阶段铁路的遮断》[J]. VIZh, 1986, 3（3）：第77—81页.

Popov, N. "Razvitie samokhodnoi artillerii" [The development of self-propelled artillery].VIZh, no. 1 (January 1977): 27–31.

N. 波波夫.《自行火炮的发展》[J]. VIZh, 1977, 1（1）：第27—31页.

–––––––. "Sovershenstvovanie sistemy transportnogo obespecheniia v gody voiny" [Improvement of the transport support system in the war years].VIZh, no. 8 (August 1982): 20–26.

N. 波波夫.《战争年代运输保障体系的完善》[J]. VIZh, 1982, 8（8）：第20—26页.

"Prikaz NKO No. 306 ot 8 oktiabria 1942 g." [People's Commissariat of Defense Order No. 306 of 8 October 1942]. VIZh, no. 9 (September 1974): 62–66.

《国防人民委员部1942年10月8日的第306号命令》[J]. VIZh, 1974, 9（9）：第62—66页.

Radzievsky, A. "Proryv oborony v pervom periode voiny" [The penetration of a defense in the initial period of the war].VIZh, no. 3 (March 1972): 15–23.

A. 拉济耶夫斯基.《战争初期的防御准备工作》[J]. VIZh, 1972, 3（3）：第15—23页.

Ryzhakov, A. "K voprusu o stroitel'tsve bronetankovykh voisk Krasnoi Armii v 30-e gody" [Concerning the question of the formation of the Red Army's armored forces in the 1930s]. VIZh, no. 8 (August 1968): 105–11.

A. 雷扎科夫.《关于20世纪30年代红军装甲坦克兵的组建问题》[J]. VIZh, 1968, 8（8）：第

105—111页.

Saltykov, N. D. "Podvig (Korpus ofitserov-predstavitelei General'nogo shtaba v Velikoi Otechestvennoi voine)" [Victory (Officers corps General Staff representatives in the Great Patriotic War)].VIZh, no. 12 (December 1988): 23-28.

N. D. 萨尔特科夫.《胜利（伟大卫国战争中总参谋军官代表团）》[J]. VIZh, 1988, 12（12）: 第23—28页.

-----. "Predstaviteli General'nogo shtaba" [General Staff representatives]. VIZh, no. 9 (September 1971): 56-59.

N. D. 萨尔特科夫.《总参谋部代表》[J]. VIZh, 1971, 9（9）: 第56—59页.

Selivanov, V. I., and N. A. Vishnevsky. "Organizatsiia meditsinskogo obespecheniia voisk v kontmastuplenii pod Moskvoi" [The organization of medical support of forces during the counteroffensive at Moscow]. Voenno-meditsinskii zhurnal [Military-medical journal], no. 1 (January 1992): 47-49.

V. I. 谢利瓦诺夫，N. A. 维什涅夫斯基.《莫斯科反攻期间军队卫生保障的组织工作》[J].《军队卫生杂志》, 1992, 1（1）: 第47—49页.

Shabaev, A. A. "Poteri ofitserskogo sostava Krasnoi Armii v Velikoi Otechestvennoi voine" [Red Army officer cadre losses in the Great Patriotic War].Voenno-istoricheskii arkhio [Military-historical archives] (Moscow) 3 (1998): 173-89.

A. A. 沙巴耶夫.《伟大卫国战争中红军指挥人员的损失》[J].《军事历史档案》（莫斯科）, 1998（3）: 第173—189页.

Shlomin, V. "Dvadtsat' piat' morskikh strelkovykh" [25th Naval Infantry].VIZh, no. 7 (July 1970): 96-99.

V. 什洛明.《二十五支海军步兵》[J]. VIZh, 1970, 7（7）: 第96—99页.[①]

Shlomin, V. S. "K voprosu o strategicheskikh operatsiiakh Velikoi Otechestvennoi voiny 1941-1945 gg" [Concerning the question of strategic operations of the Great Patriotic War 1941-1945]. VIZh, no. 4 (April 1986): 49-52.

V. S. 什洛明.《关于1941—1945年伟大卫国战争的战略性战役问题》[J]. VIZh, 1986, 4（4）: 第49—52页.

---

① 译注：英文版将书名翻译成序数词，不符合原文。

Sokolov, Boris V. "Lend-Lease in Soviet Military Efforts." JSMS 7, no. 3 (September 1994): 567-86.

鲍里斯·V. 索科洛夫.《苏联军事成就中的租借物资》[J].《斯拉夫军事研究杂志》，1994，9（7，3）：第567—586页.

Sokolov, V. "Razvitie organizatsionnoi struktury voisk sviazi v gody voiny" [The development of the organizational structure of signal forces in the war years].VIZh, no. 4 (April 1981): 20-27.

V. 索科洛夫.《战争年代通信兵组织结构的发展》[J]. VIZh，1981，4（4）：第20—27页.

Soskov, A. A. "Sovershenstvovanie organizatsionnoi struktury inzhenernykh voisk v gody Velikoi Otechestvennoi voiny" [Improvement in the organizational structure of engineer forces during the Great Patriotic War].VIZh, no. 12 (December 1985): 66-70.

A. A. 索斯科夫.《伟大卫国战争期间工程兵组织结构的完善》[J]. VIZh，1985，12（12）：第66—70页.

Strakhov, N. "Na voenno-avtomobil'nykh dorogakh" [On military automobile roads]. VIZh, no. 11 (November 1964): 63-64, and no. 8 (August 1965): 45-57.

N. 斯特拉霍夫.《沿着军用汽车路》[J]. VIZh，1964，11（11）：第63—64页；1965，8（8）：第45—57页.

Svetlishin, N. "Iz opyta boevoi podgotovki voisk PVO strany v gody Velikoi Otechestvennoi voiny" [From the experience of military training for PVO Strany forces during the Great Patriotic War]. VIZh, no. 4 (April 1982): 10-17.

N. 斯韦特利申.《从伟大卫国战争时期国土防空军的军事训练经验谈起》[J]. VIZh，1982，4（4）：第10—17页.

————————. "Nekotorye voprosy primeneniia voisk PVO strany" [Some questions on the employment of PVO Strany forces].VIZh, no. 12 (December 1969): 17-28.

N. 斯韦特利申.《关于国土防空军使用的若干问题》[J]. VIZh，1969，12（12）：第17—28页.

————————. "Primenenie Voisk protivovozdushnoi oborony v letne-osennei kampanii 1941 goda" [The employment of air defense forces in the summer-fall campaign of 1941].VIZh, no. 3 (March 1968): 26-39.

N. 斯韦特利申.《1941年夏秋战局中防空部队的使用》[J]. VIZh，1968，3（3）：第26—39页.

————————. "Voiska PVO strany v letne-osennei kampanii 1943 goda" [The forces of PVO Strany in the summer-fall campaign of 1943].VIZh, no. 9 (September 1971): 23-31.

N. 斯韦特利申.《1943年夏秋战局中的国土防空军》[J]. VIZh, 1971, 9（9）：第23—31页.

Tereshchenko, M. N. "Na zapadnom napravlenii: Kak sozdavalis' i deistvovali glavnye komandovaniia napravlenii [On the Western Direction: How Main Direction commands were created and functioned]. VIZh, no. 5 (May 1993): 9–17.

M. N. 捷列先科.《在西部方向：方向总指挥部怎样组建和运作》[J]. VIZh, 1993, 5（5）：第9—17页.

Tsirlin, A. "Voennye stroiteli v Velikoi Otechestvennoi voine" [Military constructors in the Great Patriotic War]. VIZh, no. 5 (May 1968): 107–12.

A. 齐尔林.《伟大卫国战争中的军事建设者》[J]. VIZh, 1968, 5（5）：第107—112页.

Tur, M. "Razvitie protivovozdushnoi oborony voisk v Velikoi Otechestvennoi voine" [The development of antiaircraft defense for forces in the Great Patriotic War]. VIZh, no. 1 (January 1962): 15–24.

M. 图尔.《伟大卫国战争时期军队防空的发展》[J]. VIZh, 1962, 1（1）：第15—24页.

"Tyly deistvuiushchei armii okhraniali voiska NKVD" [NKVD forces protected the rear areas of the operating army]. VIZh, no. 6 (November–December 1998): 16–25.

《保卫作战军队后方的内务人民委员部部队》[J]. VIZh, 1998, 11—12（6）：第16—25页.

Vorsin, V. "Pomoshch' po Lend-Lizu" [Assistance under Lend-Lease]. Tyl vooruzhennykh sil [Rear of the armed forces], no. 10 (October 1991): 28–31.

V. 沃尔辛.《<租借法案>的援助》[J].《武装力量后方》, 1991, 10（10）：第28—31页.

Vyrodov, I. "Rol' predstavitelei Stavki VGK v gody voiny. Organizatsiia i metody ikh raboty" [The role of Stavka VGK representatives in the war years: Their organization and work methods]. VIZh, no. 8 (August 1980): 25–33.

I. 维罗多夫.《最高统帅部大本营代表在战争年代中的作用：他们的组织和工作方法》[J]. VIZh, 1980, 8（8）：第25—33页.

Zakharov, M. "Strategicheskoe rukovodstvo vooruzhennymi silami" [Strategic leadership of the armed forces]. VIZh, no. 5 (May 1970): 23–34.

M. 扎哈罗夫.《武装力量的战略领导》[J]. VIZh, 1970, 5（5）：第23—34页.

Zemskov, V. "Nekotorye voprosy sozdaniia i ispol'zovaniia strategicheskikh rezervov" [Some questions on the creation and employment of strategic reserves]. VIZh, no. 10 (October 1971):

12–19.

V. 泽姆斯科夫.《关于组建和使用战略预备队的若干问题》[J]. VIZh，1971，10（10）：第12—19页.

部分苏联专有名词列表

苏联人名和军衔表

本节由译者根据英文版索引的主要内容编写,并加以说明和勘误,正文中不再一一译注。

译文优先参照《苏联军事百科全书》(北京:解放军出版社,1986年版),其他人名按照《俄语姓名译名手册》(北京:商务印书馆,1982年4月版)和《世界人名翻译大辞典》(北京:中国对外翻译出版公司,1993年版)的译法。

军衔主要来自https://www.generals.dk和https://encyclopedia.mil.ru等资料。

格式:原文——原文直译(说明和勘误、战时和战后的军衔)

A

Abakumov,V. S.——V. S. 阿巴库莫夫(内务人民委员部)(1940年3月14日起为国家安全上校,1941年7月9日起为三级国家安全政委级,1943年2月4日起为二级国家安全政委级,1945年7月9日起为上将)

Aborenkov,Lieutenant General V. V.——V. V. 阿博连科夫中将(1942年1月19日起为炮兵少将,1943年3月25日起为炮兵中将)

Akhliustin,Major General P. N.——P. N. 阿赫柳斯京少将(1940年6月4日起)

Akhmanov,Colonel O. A.——O. A. 阿赫马诺夫上校(应为A. O. 阿赫马诺夫,本名和父名是Aleksei Osipovich,1943年9月10日起为装甲坦克兵少将,1944年9月13日起为装甲坦克兵中将)

Akimenko,Major General A. Z.——A. Z. 阿基缅科少将(1942年1月10日起为少将。正文称他1941年9月是少将)

Akimov,Lieutenant General A. I.——A. I. 阿基莫夫中将(1942年5月21日起为少将,1943年12月15日起为中将)

Akimov,Lieutenant General I. D.——I. D. 阿基莫夫中将(应是S. D. 阿基莫夫,本名是Stepan,1940年6月4日起)

Alekseenko,Major General I. P.——I. P. 阿列克先科少将(1940年6月4日起为装甲坦克兵少将)

Alekseev,Lieutenant General of Tank Forces V. M.——V. M. 阿列克谢耶夫装甲坦克兵中将(1942年5月13日起为装甲坦克兵少将,1943年12月15日起为装甲坦克兵中将)

Alekseev,Major General I. I.——I. I. 阿列克谢耶夫少将(1940年6月4日起)

Andreev,Major General K. Iu.——K. Iu. 安德烈耶夫少将(应是上校,1938年起)

Antoniuk,Lieutenant General M. A.——M. A. 安东纽克中将(1940年6月4日起)

Antonov,Colonel General A. I.——A. I. 安东诺夫上将(1940年6月4日起为少将,1941年12月27

日起为中将，1943年4月4日起为上将，1943年8月27日起为大将）

Anikushkin, Major General of Tank Forces F. G.——F. G. 阿尼库什金装甲坦克兵少将（1942年11月10日起）

Apanasenko, Lieutenant General I. P.——I. P. 阿帕纳先科中将（应为大将，1941年2月22日起）

Armaderov, Major General G. A.——G. A. 阿尔马杰罗夫少将（1940年6月4日起）

Artem'ev, Lieutenant General P. A.（NKVD）——P. A. 阿尔捷米耶夫中将（内务人民委员部）（1940年6月4日起为中将，1942年1月22日起为上将）

Astakhov, Army General F. A.——F. A. 阿斯塔霍夫大将（应是航空兵军衔，1940年6月4日起为航空兵中将，1943年4月30日起为航空兵上将，1944年8月19日起为航空兵元帅）

B

Babadzhanian, Major General A. Kh.——A. Kh. 巴巴贾尼扬少将（战争期间最高军衔是上校，1945年7月11日起为装甲坦克兵少将，1953年8月3日起为装甲坦克兵中将，1956年12月28日起为装甲坦克兵上将，1967年10月28日起为装甲坦克兵元帅，1975年4月29日起为装甲坦克兵主帅）

Badanov, Lieutenant General of Tank Forces V. M.——V. M. 巴达诺夫装甲坦克兵中将（1941年12月27日起为装甲坦克兵少将，1942年12月26日起为装甲坦克兵中将）

Bagramian, Colonel General I. Kh.——I. Kh. 巴格拉米扬上将（1941年8月12日起为少将，1941年12月27日起为中将，1943年8月27日起为上将，1943年11月17日起为大将，1955年3月11日起为苏联元帅）

Bakharov, Major General of Tank Forces B. S.——B. S. 巴哈罗夫装甲坦克兵少将（1942年10月14日起）

Baranov, Lieutenant General V. K.——V. K. 巴拉诺夫中将（1941年7月24日起为少将，1943年9月15日起为中将）

Baranov, Major General of Engineer Forces N. P.——N. P. 巴拉诺夫工程兵少将（1940年6月4日起为工程兵少将，1943年9月1日起为工程兵中将）

Baranov, Major General of Tank Forces V. I.——V. I. 巴拉诺夫装甲坦克兵少将（1940年6月4日起为装甲坦克兵少将，1943年12月15日起为装甲坦克兵中将）

Barsukov, Lieutenant General of Artillery M. M.——M. M. 巴尔苏科夫炮兵中将（1940年6月4日为炮兵少将，1943年6月7日为炮兵中将，1944年7月15日为炮兵上将）

Baskakov, Major General V. N.——V. N. 巴斯卡科夫少将（1943年6月7日起为装甲坦克兵少将，1955年8月8日起为中将，1968年2月19日起为上将）

Batiunia, Lieutenant General A. G.——A. G. 巴秋尼亚中将（1941年11月9日起为少将，1943年11月17日为中将，1958年2月18日起为上将）

Batov, Lieutenant General P. I.——P. I. 巴托夫中将（1940年6月4日起为中将，1944年6月29日起为上将，1955年3月11日起为大将）

Bazhanov, Marshals of Artillery Iu. P.——Iu. P. 巴扎诺夫炮兵元帅（1942年3月24日起为炮兵少将，1944年8月22日起为炮兵中将，1958年2月18日起为炮兵上将，1965年6月18日起为炮兵元帅）

Belik, Army General P. A.——P. A. 别利克大将（1941年1月13日起为少校，1941年后期为中校，1943年1月11日起为上校，1949年5月11日为少将，1958年2月18日起为中将，1962年4月27日起为上将，1969年2月21日起为大将）

Beliusov, Lieutenant General P. N.——P. N. 别柳索夫中将（1942年5月21日起为少将，1943年10月7日起为中将）

Beloglazov, Colonel A. S.——A. S. 别洛格拉佐夫上校

Belousov, Major General of the Quartermaster Service V. F.——V. F. 别洛乌索夫军需勤务少将（1940年6月4日起为军需勤务少将，1944年5月11日起为军需勤务中将）

Belov, Lieutenant General P. A.——P. A. 别洛夫中将（1940年6月4日起为少将，1942年1月2日起为中将，1944年7月26日起为上将）

Beria, L. P.——L. P. 贝利亚（1938年9月11日起为一级国家安全政委级，1941年1月30日为国家安全总政委级，1945年7月9日起为苏联元帅）

Berzarin, Lieutenant General N. E.——N. E. 别尔扎林中将（1940年6月4日起为少将，1943年4月28日起为中将，1945年4月20日为上将）

Beskrovnov, Major General of Artillery P. M.——P. M. 别斯克罗夫诺夫炮兵少将（1942年5月3日起为炮兵少将，1954年5月31日起为炮兵中将）

Bibikov, Lieutenant General of Aviation V. N.——V. N. 比比科夫航空兵中将（1942年10月17日起为航空兵少将，1954年5月31日起为航空兵中将）

Biriuzov, Lieutenant General S. S.——S. S. 比留佐夫中将（1940年6月4日起为少将，1943年8月30日起为中将，1944年5月16日起为上将，1953年8月3日起为大将，1955年3月11日起为苏联元帅）

Bodin, Lieutenant General P. I.——P. I. 博金中将（1940年6月4日起为少将，1941年11月9日起为中将）

Bogdanov, Lieutenant General I. A.（NKVD）—— I. A. 波格丹诺夫中将（内务人民委员部）（1940年6月4日起）

Bogdanov, Lieutenant General S. I.——S. I. 波格丹诺夫中将（1942年7月21日起为装甲坦克兵少将，1943年6月7日起为装甲坦克兵中将，1944年4月24日起为装甲坦克兵上将，1945年6月1日起为装甲坦克兵元帅）

Boldin, Lieutenant General I. V.——I. V. 博尔金中将（1940年6月4日起为中将，1944年7月15日起为上将）

Boldyrev, Colonel P. S.——P. S. 博尔德列夫上校

Boliatko, Major General V. A.——V. A. 波利亚特科少将（1944年7月29日起为工程兵少将，1953年9月29日起为中将，1959年5月25日起为上将）

Borisov, K. A. ——K. A. 鲍里索夫

Borisov, Major General M. D. ——M. D. 鲍里索夫少将（1942年5月3日起）

Borzilov, Colonel S. V. ——S. V. 博尔济洛夫上校（应为装甲坦克兵少将，1940年6月4日起）

Brezhnev, L. I.——L. I. 勃列日涅夫（1941年6月团政委级，1941年旅政委级，1942年12月15日起为上校，1944年11月2日起为少将，1953年8月3日起为中将，1974年3月22日起为大将，1976年5月7日

起为苏联元帅）

Broud, Lieutenant General Ia. I.——Ia. I. 布劳德中将（应为炮兵少将，1940年6月4日起）

Budenny, Marshal of the Soviet Union S. M.——S. M. 布琼尼苏联元帅（1935年11月20日起）

Bulgannin, N. A.——N. A. 布尔加宁（1942年12月6日起为中将，1944年7月29日起为上将，1944年11月18日起为大将，1947年11月3日起为苏联元帅，1958年11月26日降为上将）

Bunin, Colonel L. V.—— L. V. 布宁上校

Burdeiny, Major General of Tank Forces A. S.——A. S. 布尔杰伊内装甲坦克兵少将（1943年8月31日起为装甲坦克兵少将，1944年11月2日起为装甲坦克兵中将，1961年5月9日起为上将）

Burdenko, N. N.——. N. N. 布尔坚科（1943年2月1日起为卫生勤务中将，1944年5月25日起为卫生勤务上将）

Burichenkov, Komdiv G. A. ——G. A. 布里琴科夫师级（1935年11月26日起为师级，1942年11月17日起为少将）

Burkov, Lieutenant General of Tank Forces V. G.——V. G. 布尔科夫装甲坦克兵中将（1942年5月3日起为装甲坦克兵少将，1943年6月7日起为装甲坦克兵中将）

Burlachko, Major General F. S. ——F. S. 布尔拉奇科少将（1940年6月4日起）

Butkov, Major General of Tank Forces V. V.—— V. V. 布特科夫少将（1942年5月3日起为装甲坦克兵少将，1943年6月7日起为装甲坦克兵中将，1958年2月18日起为装甲坦克兵上将）

Bychkovsky, Major General A. F. ——A. F. 贝奇科夫斯基少将（1941年7月24日起）

C

Cherevichenko, Lieutenant General Ia. T. ——Ia. T. 切列维琴科中将（应为上将，1940年6月4日起为中将，1941年2月22日起为上将）

Cherniak, Lieutenant Genera S. I.——S. I. 切尔尼亚克中将（1940年6月4日起为中将，1944年6月3日降为少将）

Cherniakhovsky, Colonel General I. D.——I. D. 切尔尼亚霍夫斯基上将（1941年4月起为上校，1942年5月3日起为少将，1943年2月14日起为中将，1944年3月5日起为上将，1944年6月26日起为大将）

Cherniavsky, Major General M. L.——M. L. 切尔尼亚夫斯基少将（1940年6月4日起为装甲坦克兵少将，1943年6月7日起为装甲坦克兵中将）

Chernienko, Major General of Tank Forces D. Kh.——D. Kh. 契尔年科装甲坦克兵少将（1943年6月7日起）

Chernobai, Colonel S. P.——S. P. 切尔诺拜上校（1942年10月14日起为装甲坦克兵少将）

Chernov, Colonel P. G.——P. G. 切尔诺夫上校（1942年5月3日起为装甲坦克兵少将）

Chertverikov, Lieutenant General N. I.——N. I. 切特韦里科夫中将（1940年6月4日起为少将，1943年7月11日起为中将，1958年2月18日起为上将）

Chesnokov, Colonel M. I.——M. I. 切斯诺科夫上校

Chibisov, Lieutenant General N. E.——N. E. 奇比索夫中将（1940年6月4日起为中将，1943年

11月7日起为上将）

Chistiakov, Lieutenant General I. M.——I. M. 奇斯佳科夫中将（1942年1月17日起为少将，1943年1月18日起为中将，1944年6月28日为上将）

Chistiakov, Major General V. I.——V. I. 奇斯佳科夫少将（1940年6月4日起）

Chistiakov, Marshal of Artillery M. N.——M. N. 奇斯佳科夫炮兵元帅（1940年6月4日起为炮兵少将，1942年11月17日起为炮兵中将，1944年4月3日起为炮兵上将，1944年9月25日起为炮兵元帅）

Chuikov, Colonel General V. I.—— V. I. 崔可夫上将（1940年6月4日起为中将，1943年10月27日起为上将，1948年11月12日起为大将，1955年3月11日起为苏联元帅）

Chumakov, Major General G. M. ——G. M. 丘马科夫少将（1944年11月3日起）

D

Damberg, Major General V. F.——V. F. 丹贝格少将（1943年3月31日起）

Danilov, Major General A. I.——A. I. 丹尼洛夫少将（1940年6月4日起，1943年10月27日起为中将）

Dashichev, Major General I. F. ——I. F. 达希切夫少将（1941年7月24日起）

Degtiarev, Lieutenant General of Artillery P. A.——P. A. 杰格佳廖夫炮兵中将（1942年7月25日起为炮兵少将，1943年9月28日起为炮兵中将）

Diakov, Major General G. S.——G. S. 季亚科夫少将（1940年6月4日起）

Dmitriev, Major General of Tank Forces V. I.——V. I. 德米特里耶夫装甲坦克兵少将（应是技术兵少将，1941年4月26日起为旅级工程师，1943年2月22日起为技术兵少将，1945年4月20日起为技术兵中将，1955年8月8日起为技术兵上将）

Domrachev, Colonel P. N.——P. N. 多姆拉切夫上校

Donskov, Colonel S. I.——S. I. 东斯科夫上校（内务人民委员部）（1942年5月3日起为少将，1958年2月18日起为中将）

Dovator, Major General L. M.——L. M. 多瓦托尔少将（1941年9月11日起）

Drachev, Lieutenant General of Quartermaster Service P. I. ——P. I. 德拉切夫军需勤务中将（1940年6月4日起为军需勤务少将，1942年11月17日起为军需勤务中将，1944年5月11日起为军需勤务上将）

Dubinin, Major General N. I.——N. I. 杜比宁少将（1940年6月4日起）

Dubovoi, Major General of Tank Forces I. V.——I. V. 杜博沃伊装甲坦克兵少将（1943年7月16日起）

Dudkin, Colonel A. I. ——A. I. 杜德金上校（应是A. I. 杜特金，姓氏是Dutkin，1942年10月1日起为少将）

Dzerzhinsky, F. E.——F. E. 捷尔任斯基

E

Efremov, Lieutenant General M. G. ——M. G. 叶夫列莫夫中将（1940年6月4日起）

Eniukov, Major General S. M. ——S. M. 叶纽科夫少将（1943年3月13日起）

Epishev, Lieutenant General of Tank Forces A. A. ——A. A. 叶皮谢夫装甲坦克兵中将（主要从事政治工作，并非装甲坦克兵，只有两个军衔，1943年5月26日起为少将，1962年5月11日起为大将）

Eremenko, Army General A. I. ——A. I. 叶廖缅科大将（1940年6月4日起为中将，1941年9月11日起为上将，1943年8月27日起为大将，1955年3月11日为苏联元帅）

Ermakov, Major General A. N.——A. N. 叶尔马科夫少将（1940年6月4日起为少将，1944年2月22日起为中将）

Ermolin, Major General P. A.——P. A. 叶尔莫林少将（1940年6月4日起为少将，1943年1月19日起为中将）

Ern'st, Major General N. A.——N. A. 叶尔内斯特少将（1943年11月5日起为装甲坦克兵少将）

Ershakov, Lieutenant General F. A. ——F. A. 叶尔沙科夫中将（1940年6月4日起）

Esaulov, Colonel P. G. ——P. G. 叶绍洛夫上校（1944年11月3日起为少将）

Ezhov, N. I.——N. I. 叶若夫（1937年1月28日起为国家安全总政委级）

F

Falaleev, Colonel General of Artillery F. Ia.——F. Ia. 法拉列耶夫炮兵上将（应是航空兵军衔，1940年6月4日起为航空兵少将，1942年3月27日起为航空兵中将，1943年3月17日起为航空兵上将，1944年8月19日起为航空兵元帅）

Fediuninsky, Lieutenant General I. I.——I. I. 费久宁斯基中将（1941年8月12日起为少将，1942年6月13日起为中将，1944年10月5日起为上将，1955年8月8日为大将）

Fedorenko, Colonel General of Tank Forces Ia. N.——Ia. N. 费多连科装甲坦克兵上将（1940年6月4日起为装甲坦克兵中将，1943年1月1日起为装甲坦克兵上将，1944年2月21日为装甲坦克兵元帅）

Fedorov, Colonel F. F.——F. F. 费多罗夫上校（1938年12月11日起为上校）

Feklenko, Major General N. F. ——N. F. 费克连科少将（1940年6月4日起为装甲坦克兵少将，1943年11月5日起为装甲坦克兵中将）

Filatov, Lieutenant General F. M. ——F. M. 菲拉托夫中将（应是P. M. 菲拉托夫，本名是Petr，1940年6月4日起）

Filichkin, Lieutenant General of Technical Forces V. M.——V. M. 菲利奇金技术兵中将（1940年6月4日起为技术兵少将，1943年12月20日起为技术兵中将）

Fotchenko, Colonel P. S. ——P. S. 福特琴科夫上校（应是P. S. 福特琴科夫，姓氏是Fotchenkov）

Frolov, Lieutenant General V. A. ——V. A. 弗罗洛夫中将（1940年6月4日起为中将，1943年4月28日起为上将）

Frunze, M. V.——M. V. 伏龙芝

Fursovich, Major General of Tank Forces A. N.——A. N. 富尔索维奇装甲坦克兵少将（1944年1月17日起）

G

Gaidukov, Major General V. A.——V. A. 盖杜科夫少将（1942年10月1日起为少将，1944年2月22日起为中将）

Galanin, Lieutenant General I. V.——I .V 加拉宁中将（1940年6月4日起为中将，1943年1月27日起为中将）

Galitsky, Lieutenant General K. N. ——K. N. 加利茨基中将（1940年6月4日起为少将，1943年1月30日起为中将，1944年6月28日起为上将，1955年8月8日起为大将）

Gamarnik, Army Commissar 1st Rank Ia. B.——Ia. B. 加马尔尼克一级集团军政委级

Gapich, Major General of Signals N. I.——N. I. 加皮奇通信兵少将（1940年6月4日起）

Gavrilov, Colonel V. S. ——V. S. 加夫里洛夫上校（1943年10月10日起为少将）

Geniatullin, Major General S. N.——S. N. 格尼阿图林少将（1940年6月4日起）

Gerasimenko, Lieutenant General V. F.——V. F. 格拉西缅科中将（1940年6月4日起）

Getman, Lieutenant General A. L.——A. L. 格特曼中将（1942年5月30日为装甲坦克兵少将，1943年8月21日为装甲坦克兵中将，1953年8月3日为装甲坦克兵上将，1964年4月13日为大将）

Glazunov, Major General V. A. ——V. A. 格拉祖诺夫少将（1940年6月4日起为少将，1944年3月19日为中将）

Golikov, Colonel General F. I.——F. I. 戈利科夫上将（1940年6月4日起为中将，1943年1月19日起为上将，1959年5月8日起为大将，1961年5月6日起为苏联元帅）

Golovanov, Lieutenant General of Aviation A. E.——A. E. 戈洛瓦诺夫航空兵中将（1941年10月25日起为航空兵少将，1942年5月5日起为航空兵中将，1943年3月26日起为航空兵上将，1943年8月3日为航空兵元帅，1944年8月19日为航空兵主帅）

Golovanovsky, Major General R. I. ——R. I. 戈洛瓦诺夫斯基少将（1943年3月7日起为炮兵少将）

Golubev, Lieutenant General A. V. ——A. V. 戈卢别夫中将（1939年5月17日起为旅级，后续军衔不详）

Golubev, Lieutenant General D. K. ——D. K. 戈卢别夫中将（应是K. D. 戈卢别夫，本名和父名是Konstantin Dmitrievich，1940年6月4日起为少将，1942年6月13日起为中将）

Golubovsky, Major General V. S.——V. S. 戈卢博夫斯基少将（1939年4月25日起为师级，1940年6月4日起为中将）

Golushkovich, Lieutenant General V. S. ——V. S. 戈卢什科维奇中将（1940年2月20日起为旅级，1942年1月2日起为少将，1962年4月27日起为中将）

Gorbatov, Lieutenant General A. V.——A. V. 戈尔巴托夫中将（1935年11月26日起为旅级，1941年12月27日起为少将，1943年4月28日起为中将，1944年6月29日起为上将，1955年8月8日起为大将）

Gordov, Lieutenant General V. N. ——V. N. 戈尔多夫中将（1940年6月4日起为少将，1942年7月22日起为中将，1943年9月9日起为上将）

Goriunov, Lieutenant General of Aviation S. K. ——S. K. 戈留诺夫航空兵中将（1940年6月4日起为航空兵少将，1943年5月28日起为航空兵中将，1944年3月25日起为航空兵上将）

Gorodniansky，Lieutenant General A. M.——A. M. 戈罗德尼扬斯基中将（1940年6月4日起为少将，1942年3月27日起为中将）

Gorodovikov，Colonel General O. I.——O. I. 戈罗多维科夫上将（1940年6月4日起）

Govorov，Army General L. A.——L. A. 戈沃罗夫大将（1940年6月4日起为炮兵少将，1941年11月9日为炮兵中将，1943年1月15日为上将，1943年11月17日为大将，1944年6月18日为苏联元帅）

Grachev，Colonel F. U.——F. U. 格拉乔夫上校

Grechko，Lieutenant General A. A.——A. A. 格列奇科中将（1941年7月10日起为上校，1941年11月9日起为少将，1943年4月28日起为中将，1943年10月9日起为上将，1953年8月3日起为大将，1955年3月11日为苏联元帅）

Grendal'，Colonel General V. D.——V. D. 格连达利上将（1940年6月4日起）

Grigor'ev，Major General of Tank Forces V. E.——V. E. 格里戈里耶夫装甲坦克兵少将（1942年6月4日起为上校，1943年6月7日起为装甲坦克兵少将）

Gritsenko，Colonel D. M.——D. M. 格里岑科上校（1943年11月5日起为装甲坦克兵少将）

Gromadin，Colonel General M. S.——M. S. 格罗马金上将（1940年6月4日起为少将，1941年10月28日起为中将，1943年11月17日起为上将）

Gromov，Lieutenant General of Aviation M. M.——M. M. 格罗莫夫航空兵中将（1942年5月3日起为航空兵少将，1943年4月30日起为航空兵中将，1944年8月19日起为航空兵上将）

Gruneev，Major General S. I.——S. I. 古涅耶夫少将（1942年11月23日起）

Grylzov，Lieutenant General A. A.——A. A. 格雷兹洛夫中将（1942年11月23日起为少将，1943年12月20日起为中将，1956年11月26日起为上将）

Gudymenko，Lieutenant General of Artillery P. E.——P. E. 古德缅科炮兵中将（1940年6月4日起为炮兵少将，1942年5月3日起为炮兵中将）

Gundorov，Lieutenant General of Engineer Forces A. S.——A. S. 贡多罗夫工程兵中将（1940年6月4日起）

Gusev，Major General N. I.——N. I. 古谢夫少将（1939年11月14日起为旅级，1941年12月8日起为少将，1943年9月25日起为中将，1945年5月5日起为上将）

I

Iakir，Komandarm 1st Rank I. E.——I. E. 亚基尔一级集团军级

Iakovlev，Colonel D. A.——D. A. 雅科夫列夫上校

Iakovlev，Lieutenant General N. D.——N. D. 雅科夫列夫中将（1940年6月4日起为炮兵中将，1941年2月22日起为炮兵上将，1944年2月21日起为炮兵元帅）

Iaroslavsky，E. M.——E. M. 雅罗斯拉夫斯基

Ignatov，Lieutenant General of Artillery N. V.——N. V. 伊格纳托夫炮兵中将（1943年1月29日起为炮兵少将，1944年11月2日起为炮兵中将）

Il'ichev，Lieutenant General I. I.——I. I. 伊利切夫中将（1939年11月14日起为旅政委级，1942年12月6日起为中将）

Il'in，Major General L. D.——L. D. 伊林少将（1941年11月9日起）

Iuplin，Colonel N. A.——N. A. 尤普林上校（1945年4月19日起为装甲坦克兵少将）

Iushkevich，Lieutenant General V. A.——V. A. 尤什克维奇中将（1935年11月26日起为师级，1941年8月7日起为少将，1942年3月21日起为中将，1945年7月11日起为上将）

Ivanov，Lieutenant General F. S.——F. S. 伊万诺夫中将（1940年6月4日起）

Ivanov，Lieutenant General P. A.——P. A. 伊万诺夫中将（1940年6月4日起为少将，1943年10月29日起为中将）

Ivanov，Lieutenant General V. D.——V. D. 伊万诺夫中将（1940年6月4日起为少将，1943年4月23日起为中将，1945年9月8日起为上将，1961年5月5日起为大将）

Ivanov，Major General of Tank Forces S. A.——S. A. 伊万诺夫装甲坦克兵少将（1943年6月7日起）

Ivanovsky，Real Admiral——伊万诺夫斯基海军少将

K

Kachalov，Lieutenant General V. Ia.——V. Ia. 卡恰洛夫中将（1940年6月4日起）

Kachanov，Lieutenant General K. M.——K. M. 卡恰诺夫中将（应是少将，1940年6月4日起）

Kaganovich，L. M.——L. M. 卡冈诺维奇

Kalinichenko，Major General of Tank Forces P. I.——P. I. 卡利尼琴科装甲坦克兵少将（1940年中校，1941年4月8日起为上校，1944年2月18日起为装甲坦克兵少将，1955年8月8日起为装甲坦克兵中将）

Kalinin，Lieutenant General S. A.——S. A. 加里宁中将（1940年6月4日起）

Kamkov，Lieutenant General F. M.——F. M. 卡姆科夫中将（应是F. V. 卡姆科夫，父名是Vasilevich，1940年6月4日起为少将，1942年3月27日起为中将）

Kapustin，Colonel S. I.——S. I. 卡普斯京上校

Karlin，Colonel M. M.——M. M. 卡尔林上校（1943年6月7日起为炮兵少将）

Karpezo，Lieutenant General I. I.——I. I. 卡尔佩佐中将（1940年6月4日起为少将，1946年7月5日起为中将）

Karpinsky，Brigade Quartermaster N. N.——N. N. 卡尔平斯基旅级军需（1939年12月31日起，1942年5月3日起为军需勤务少将，1944年5月11日起为军需勤务中将）

Karponosov，Lieutenant General A. G.——A. G. 卡尔波诺索夫中将（1941年10月28日起为少将，1943年1月30日起为中将）

Kasatonov，Rear Admiral V. A.——V. A. 卡萨托诺夫海军少将

Katkov，Major General of Tank Forces F. G.——F. G. 卡特科夫装甲坦克兵少将（1943年12月15日起为装甲坦克兵少将，1945年5月29日起为装甲坦克兵中将）

Katukov，Lieutenant General of Tank Forces M. E.——M. E. 卡图科夫装甲坦克兵中将（1938年2月17日起为上校，1941年11月10日起为装甲坦克兵少将，1943年1月18日起为装甲坦克兵中将，1944年4月10日起为装甲坦克兵上将，1959年10月5日起为装甲坦克兵元帅）

Kazakov，Lieutenant General M. I.——M. I. 卡扎科夫中将（1940年6月4日起为少将，1943年1月19日起为中将，1944年9月13日起为上将，1955年8月8日起为大将）

Kazakov，Lieutenant General V. I.——V. I. 卡扎科夫中将（1940年6月4日起为炮兵少将，1942年11月17日起为炮兵中将，1943年9月18日起为炮兵上将，1955年3月11日起为炮兵元帅）

Kalikhovich，Major General of Tank Forces S. A.——S. A. 卡利霍维奇装甲坦克兵少将（应是上校）

Kharitonov，Lieutenant General F. M.——F. M. 哈里托诺夫中将（1940年6月4日起为少将，1942年12月20日为中将）

Kharlamov，Rear Admiral N. M.——N. M. 哈尔拉莫夫海军少将

Khasin，Major General of Tank Forces A. M.——A. M. 哈辛装甲坦克兵少将（1942年7月21日起）

Khatskilovich，Major General M. G. ——M. G. 哈茨基洛维奇少将（1940年6月4日起）

Khaziulin，Lieutenant General G. A.——G. A. 哈久林中将（应是G. A. 哈柳津，姓氏是Khaliuzin，1940年6月4日起为少将，1944年1月17日起为中将）

Khomenko，Lieutenant General V. A.（NKVD）——V. A. 霍缅科中将（内务人民委员部）（1940年6月4日起为少将，1943年5月18日起为中将）

Khozin，Lieutenant General M. S. ——M. S. 霍津中将（1939年2月8日起为二级集团军级，1940年6月4日起为中将，1943年1月19日起为上将）

Khriashchev，Major General A. A.——A. A. 赫里亚谢夫少将（1940年6月4日起）

Khriukhin，Lieutenant General of Aviation T. T. ——T. T. 赫留金航空兵中将（1940年6月4日起为航空兵少将，1943年3月17日起为航空兵中将，1944年5月11日起为航空兵上将，姓氏应拼作Khriukin）

Khrulev，Army General of Quartermaster Services A. V. ——A. V. 赫鲁廖夫军需勤务大将（1940年6月4日起为军需勤务中将，1942年11月17日起为军需勤务上将，1943年11月7日起为大将，大将不应带兵种）

Khrushchev，N. S.——N. S. 赫鲁晓夫（1943年2月12日起为中将）

Khudiakov，Lieutenant General of Aviation S. A.——S. A. 胡佳科夫航空兵中将（1941年10月29日起为航空兵少将，1943年3月17日起为航空兵中将，1943年6月10日起为航空兵少将，1944年8月19日起为航空兵元帅）

Khvostov，Colonel A. I. ——A. I. 赫沃斯托夫上校（1944年6月3日起少将）

Kirichenko，Major General N. Ia. ——N. Ia. 基里琴科少将（1940年6月4日起为少将，1942年8月27日起为中将）

Kiriukhin，Lieutenant General N. I. ——N. I. 基留欣中将（1940年6月4日起为少将，1944年1月17日起为中将）

Kirponos，Colonel General M. P. ——M. P. 基尔波诺斯上将（1940年6月4日起为中将，1941年2月22日起为上将）

Kislenko，Major General A. A.—— A. A. 基斯连科少将（应是A. P. 基斯连科，父名是Pavlovich，本书引用的S. M.什捷缅科著《战争年代的总参谋部》即有此错误。1943年1月27日起为少将）

Kitaev，Major General L. M. ——L. M. 基塔耶夫少将（1945年5月2日起为少将，1955年8月8日为中将）

Kolesnikov，Majors General N. G.——N. G. 科列斯尼科夫少将（1943年12月20日起为航空兵少将）

Kolganov，Lieutenant General K. S. ——K. S. 科尔加诺夫中将（1940年6月4日起为少将，1942年6月降至上校，1943年5月18日起为少将，1943年10月29日起为中将）

Kolpakchi，Lieutenant General V. Ia.——V. Ia. 科尔帕克奇（1940年6月4日起为少将，1943年2月14日起为中将，1944年11月2日起为上将，1961年5月5日起为大将）

Kondrat'ev，Major General Z. I.——Z. I. 孔德拉季耶夫少将（1940年6月4日起为技术兵少将，1943年9月1日起为技术兵中将）

Kondrusev，Major General S. M. ——S. M. 孔德鲁谢夫少将（1940年6月4日起）

Konev，Colonel General I. S. ——I. S. 科涅夫上将（1940年6月4日起为中将，1941年9月11日起为上将，1943年8月26日起为大将，1944年2月20日起为苏联元帅）

Konstantinov，Major General M. P. ——M. P. 康斯坦丁诺夫少将（1940年6月4日起为少将，1944年7月26日起为中将，1958年2月18日起为上将）

Kopets，Major General of Aviation I. I.——I. I. 科佩茨航空兵少将（1940年6月4日起）

Koptsov，Major General of Tank Forces V. A.——V. A. 科普佐夫装甲坦克兵少将（1941年9月11日起）

Korchagin，Lieutenant General of Tank Forces I. P. ——I. P. 科尔恰金装甲坦克兵中将（1942年5月3日起为装甲坦克兵少将，1943年1月18日起为装甲坦克兵中将）

Korchagin，Major General M. N. ——M. N. 科尔恰金少将（姓氏应为科切尔金Kochergin，出处在S. M.什捷缅科著《战争年代的总参谋部》）

Kork，Komandarm 2nd Rank，A. I.——A. I. 科尔克二级集团军级

Korkodinov，Major General P. D.——P. D. 科尔科季诺夫少将（1940年4月2日起为旅级，1942年10月1日起为少将）

Korobkov，Lieutenant General A. A.——A. A. 科罗布科夫中将（1940年6月4日起）

Korolenko，Colonel I. F.——I. F. 科罗连科上校（1944年11月18日起为炮兵少将）

Korol'kov，Lieutenant General of Artillery P. M. ——P. M. 科罗利科夫炮兵中将（1943年2月7日起为炮兵少将，1943年11月16日起为炮兵中将）

Koroteev，Lieutenant General K. A. ——K. A. 科罗捷耶夫中将（1940年6月4日起为少将，1943年4月28日起为中将，1944年9月13日起为上将）

Korzun，Lieutenant General P. P. ——P. P. 科尔尊中将（1940年6月4日起为少将，1942年5月3日起为中将）

Kosarev，General of Engineer Forces V. V. ——V. V. 科萨列夫工程兵将军（1943年2月14日起为工程兵少将，1944年9月13日起为工程兵中将）

Koshelev，Major General V. V. ——V. V. 科舍廖夫少将（1942年9月10日起为中校，1943年1月11日起为上校，1943年12月15日起为装甲坦克兵少将）

Kosiakhin, Major General V. V. ——V. V. 科夏金少将（1940年6月4日起为少将，1942年1月22日为中将）

Kostenko, Lieutenant General F. Ia.——F. Ia. 科斯坚科中将（1940年6月4日起）

Kotikov, Colonel M. Z.——M. Z. 科季科夫上校（1943年4月9日起为炮兵少将）

Kotliar, Major General of Engineer Forces L. Z. ——L. Z. 科特利亚尔工程兵少将（1940年6月4日起为工程兵少将，1943年3月19日起为工程兵中将，1944年3月19日起为工程兵上将）

Kotliarov, Colonel A. A. ——A. A. 科特利亚罗夫上校（1941年10月7日起为装甲坦克兵少将）

Kotov, Major General of Tank Forces P. V.——P. V. 科托夫装甲坦克兵少将（1940年6月4日起）

Kovalev, Colonel G. A. ——G. A. 科瓦廖夫上校

Kovalev, G. B. ——G. B. 科瓦廖夫

Kovalev, Lieutenant General M. P. ——M. P. 科瓦廖夫中将（1940年6月4日起为中将，1943年5月7日起为上将）

Kovalev, Military Engineer 1st Rank I. V. ——I. V. 科瓦廖夫一级军事工程师（1941年12月27日为技术兵少将，1943年9月15日起为技术兵中将）

Kozlov, Major General D. T. ——D. T. 科兹洛夫少将（1940年6月4日起为中将，1942年6月4日降为少将，1943年1月19日起为中将）

Kozlov, Lieutenant General P. M.——P. M. 科兹洛夫中将（1940年6月4日起为少将，1944年1月17日起为中将）

Kozlova, Valentina Fedorovna——瓦莲京娜·费奥多罗芙娜·科兹洛娃

Kraskovets, Major General M. A.—— M. A. 克拉斯科维茨少将

Krasovsky, Lieutenant General of Aviation S. A. ——S. A. 克拉索夫斯基航空兵中将（1940年6月4日起为航空兵少将，1942年12月20日起为航空兵中将，1944年2月4日起为航空兵上将，1959年5月8日起为航空兵元帅）

Kravchenko, Lieutenant General of Tank Forces A. G.——A. G. 克拉夫琴科装甲坦克兵中将（1942年7月21日起为装甲坦克兵少将，1943年6月7日起为装甲坦克兵中将，1944年9月13日起为装甲坦克兵上将）

Kreizer, Lieutenant General Ia. G.——Ia. G. 克列伊泽尔中将（1941年8月7日起为少将，1943年2月14日起为中将，1945年7月2日起为上将，1962年4月27日起为大将）

Krenov, kombrig A. F.——A. F. 克列诺夫旅级（应是A. F. 赫列诺夫，姓氏是Khrenov，1940年3月21日起为旅级，1940年6月4日起为工程兵少将，1942年12月7日起为工程兵中将，1944年11月2日起为工程兵上将）

Kriuchenkin, Lieutenant General V. D. ——V. D. 克留乔金中将（1940年6月4日起为少将，1943年6月28日起为中将）

Kriukov, Lieutenant General V. V. ——V. V. 克留科夫中将（1940年6月4日起为少将，1943年10月16日起为中将）

Kriukov, Major General of Artillery F. Ia.——F. Ia. 克留科夫炮兵少将（1940年6月4日起）

Krivoshein, Lieutenant General S. M.——S. M. 克里沃舍因中将（1940年6月4日起为少将，1943

年8月21日起为装甲坦克兵中将）

Kruglov, Commissar of State Security 3rd Rank S. N. ——S. N. 克鲁格洛夫三级国家安全政委级（1939年9月4日起为三级国家安全政委级，1943年2月4日起为二级国家安全政委级，1945年7月9日起为上将）

Krylov, Lieutenant General N. I. ——N. I. 克雷洛夫中将（1941年12月27日起为少将，1943年9月9日起为中将，1944年7月15日起为上将，1953年9月18日起为大将，1962年4月28日起为苏联元帅）

Krymov, Colonel V. P. —V. P. 克雷莫夫上校

Kudriavtsev, Lieutenant General M. K.——M. K. 库德里亚夫采夫中将（1940年4月25日起为旅级工程师，1942年5月21日起为技术兵少将，1943年9月1日起为技术兵中将）

Kukushkin, Major General of Tank Forces A. V. ——A. V. 库库什金装甲坦克兵少将（1942年11月10日起）

Kuleshov, Marshal of Artillery P. N.——P. N. 库列绍夫炮兵元帅（1942年3月24日起为炮兵少将，1944年11月18日起为炮兵中将，1958年2月18日起为炮兵上将，1967年10月28日起为炮兵元帅）

Kulik, Marshal of Soviet Union G. I.——G. I. 库利克苏联元帅（1940年5月7日起为苏联元帅，1942年3月17日起降为少将，1943年4月15日起为中将，1945年7月9日起降为少将，1957年9月28日起恢复苏联元帅军衔）

Kurkin, Major General of Tank Forces A. V. ——A. V. 库尔金装甲坦克兵少将（1940年6月4日起为装甲坦克兵少将，1943年2月7日起为装甲坦克兵中将，1944年4月24日起为装甲坦克兵上将）

Kurkotkin, Lieutenant General of Tank Forces S. K.——S. K. 库尔科特金装甲坦克兵中将（战时仅是坦克旅代理旅长，1950年4月20日起为上校，1955年5月5日起为装甲坦克兵少将，1963年2月22日起为装甲坦克兵中将，1967年2月24日起为上将，1972年11月3日起为大将，1983年3月25日起为苏联元帅）

Kurochkin, Lieutenant General P. A. ——P. A. 库罗奇金中将（1940年6月4日起为中将，1943年8月27日起为上将，1959年5月8日起为大将）

Kutsev, Major General Iu. A. ——Iu. A. 库采夫少将（应是Ia. A. 库采夫，本名是Iakov，1943年8月7日起为少将，1958年2月18日起为中将）

Kutsevalov, Lieutenant general of aviation T. F. ——T. F. 库采瓦洛夫航空兵中将（1940年6月4日起为航空兵少将，1941年10月29日起为航空兵中将）

Kuz'min, Major General F. S. ——F. S. 库济明少将（应是F. K. 库济明，父名是Kuzmich，1940年6月4日起为少将）

Kuz'min, Major General G. I. ——G. I. 库济明少将（1941年11月9日起为装甲坦克兵少将）

Kuznetsov, Admiral N. G.——N. G. 库兹涅佐夫海军上将（1940年6月4日起为海军上将，1944年5月31日起为海军元帅，1948年2月10日起降为海军少将，1951年1月27日起为海军中将，1953年5月13日起为海军元帅，1955年5月3日起为苏联海军元帅，1956年2月17日起为海军中将，1988年7月26日追授苏联海军元帅）

Kuznetsov, Colonel General F. F. ——F. F. 库兹涅佐夫上将（1939年9月2日起为军政委级，1941年11月7日起为二级集团军政委级，1942年12月6日起为中将，1944年7月29日起为上将）

Kuznetsov, Colonel General F. I. ——F. I. 库兹涅佐夫上将（1940年6月4日起为中将，1941年2月22日起为上将）

Kuznetsov, Colonel G. G. ——G. G. 库兹涅佐夫上校（1944年8月2日起为装甲坦克兵少将）

Kuznetsov, Division Quartermaster N. I.——N. I. 库兹涅佐夫师级军需（应是N. I. 库图佐夫，姓氏是Kutuzov，1938年2月22日起为师级军需，1942年11月10日起为军需勤务少将）

Kuznetsov, Lieutenant general V. I. ——V. I. 库兹涅佐中将（1940年6月4日起为中将，1943年5月25日起为上将）

Kuznetsov, Major General A. M.——A. M. 库兹涅佐少将（1944年2月22日起）

Kutuzov, Major General M. N.——M. N. 库图佐夫少将（应是M. P. 库图佐夫，父名是Pavlovich，1940年6月4日起为少将）

L

Lazarov, I. G. Lieutenant General of Tank Forces——I. G. 拉扎罗夫装甲坦克兵中将（应是I. G. 拉扎列夫，姓氏是Lazarev，1940年6月4日起为装甲坦克兵少将，1943年6月7日起为装甲坦克兵中将）

Lekarev, Lieutenant General of the Veterinary Service V. M. ——V. M. 列卡列夫兽医勤务中将（1939年11月4日起为师级兽医，1943年2月1日起为兽医勤务中将）

Leliushenko, Lieutenant General D. D. ——D. D. 列柳申科中将（1940年6月4日起为少将，1942年1月2日起为中将，1944年5月11日起为上将，1959年5月8日起为大将）

Lenin, V. I.——V. I. 列宁

Leselidze, Lieutenant General K. N. ——K. N. 列谢利泽中将（1942年1月2日起为炮兵少将，1942年10月14日起为中将，1943年10月9日起为上将）

Liziukov, Lieutenant General A. I.——A. I. 利久科夫中将（应是少将，1942年1月10日起）

Liubyi, Major General I. S.——I. S. 柳贝少将（内务人民委员部）（1940年64月4日起为少将，1944年11月17日起为中将）

Loktionov, Lieutenant General of Aviation A. D. ——A. D. 洛克季奥诺夫航空兵上将（应是上将，他虽一度主管过空军，但出身步兵，1938年2月22日起为二级集团军级，1940年6月4日起为上将）

Lomov, Lieutenant General N. A.——N. A. 洛莫夫中将（1943年8月7日起为少将，1945年5月2日起为中将，1960年5月7日起为上将）

Lopatin, Lieutenant General A. I. ——A. I. 洛帕京中将（1940年6月4日起为少将，1942年3月27日起为中将）

Lozovsky, Lieutenant General A. V. ——A. V. 洛佐夫斯基（应是A. B. 洛佐夫斯基，父名是Borisovich，1942年5月17日起为中校，1943年7月11日起为上校，1945年6月27日起为装甲坦克兵少将）

Lukin, Lieutenant General M. F.——M. F. 卢金中将（1940年6月4日起）

Lunev, Colonel I. F. —I. F. 鲁涅夫上校（1942年12月20日起为军需勤务少将，1943年10月29日改授少将）

L'vov, Lieutenant General L. N. ——L. N. 利沃夫中将（应是V. N. 利沃夫，本名是Vladimir，1940

年6月4日起）

M

Malandin，Lieutenant General G. K.——G. K. 马兰金中将（1940年6月4日起为中将，1945年8月31日起为上将，1948年11月12日起为大将）

Maleev，Major General M. F.——M. F. 马列耶夫少将（1940年6月4日起）

Malenkov，G. M.——G. M. 马林科夫（1943年2月12日起为中将）

Malinovsky，Colonel General R. Ia.——R. Ia. 马利诺夫斯基上将（1940年6月4日起为少将，1941年11月9日起为中将，1943年2月12日起为上将，1943年4月28日起为大将，1944年9月10日起为苏联元帅）

Maltsev，Major General S. P.——S. P. 马尔采夫少将（应是上校，1942年起）

Malygin，Major General of Tank Forces K. A. ——K. A. 马雷金装甲坦克兵少将（1940年9月10日为中校，1941年晋升上校，1943年2月7日起为装甲坦克兵少将）

Managarov，Lieutenant General I. M. ——I. M. 马纳加罗夫中将（1940年6月4日起为少将，1943年8月29日起为中将，1945年5月29日起为上将）

Mangul'sky，D. Z.——D. Z. 曼努伊尔斯基（姓氏拼写应是Manuil'sky）

Marievsky，Lieutenant Colonel I. P. ——I. P. 马里耶夫斯基中校（应是上校，全名是Ivan Pavlovich Marievsky。）

Maslennikov，Lieutenant General I. I. ——I. I. 马斯连尼科夫中将（1940年6月4日起为中将，1943年1月30日起为上将，1944年8月28日起为大将）

Maslennikov，Major General N. M.——N. M. 马斯连尼科夫少将（1942年5月21日起为炮兵少将）

Maslov，Lieutenant General of Tank Forces A. G. ——A. G. 马斯洛夫装甲坦克兵中将（1940年6月4日起为技术兵少将）

Mekhlis，L. Z.——L. Z. 梅赫利斯（1939年2月8日起为一级集团军政委级，1942年6月4日起为军政委级，1942年12月6日起为中将，1944年7月29日起为上将）

Mel'nik，Major General K. S.——K. S. 梅利尼克少将（1937年6月14日起为旅级，1942年1月10日起为少将，1943年4月28日起为中将）

Mel'nikov，Major General of Technical Forces P. G.——P. G. 梅利尼科夫技术兵少将（1940年6月4日起）

Meretskov，Marshal of Soviet Union K. A. ——K. A. 梅列茨科夫苏联元帅（1940年6月4日起为大将，1944年10月26日起为苏联元帅）

Merkulov，V. N. ——V. N. 梅尔库洛夫（1938年9月11日起为三级国家安全政委级，1943年2月4日起为一级国家安全政委级，1945年7月9日起为大将）

Mernov，Major General V. F. ——V. F. 梅尔诺夫少将（1961年5月9日起为中将）

Miasnikov，Major General M. A.——M. A. 米亚斯尼科夫少将（1940年6月4日起）

Mikheev，A. N. ——A. N. 米赫耶夫（1939年9月7日起为国家安全少校，1941年7月19日起为三级国家安全政委级）

Mikoian, A. I.——A. I. 米高扬

Milovsky, Major General M. P. ——M. P. 米洛夫斯基少将（1940年6月4日起为少将，1943年1月19日起为中将，1960年5月7日起为上将）

Miroshnikov, Colonel S. Z. ——S. Z. 米罗什尼科夫上校

Mishanin, Colonel T. A.——T. A. 米沙宁上校

Mishchenko, Major General A. A.——A. A. 米先科少将（1942年10月1日起）

Mishulin, Major General of Tank Forces V. A. ——V. A. 米舒林装甲坦克兵少将（1941年7月24日起为装甲坦克兵中将）

Mitrofanov, Major General of Tank Forces V. A. ——V. A. 米特罗法诺夫装甲坦克兵少将（1943年6月7日起为装甲坦克兵少将，1945年6月27日起为装甲坦克兵中将）

Molotov, V. M.——V. M. 莫洛托夫

Mordvinov, Lieutenant General V. K.——V. K. 莫尔德维诺夫中将（1940年6月4日起）

Morgunov, Major General of Aviation R. N.——R. N. 莫尔古诺夫航空兵少将

Morozov, Lieutenant General V. I. ——V. I. 莫罗佐夫中将（1940年6月4日起）

I. I. Moskalenko——I. I. 莫斯卡连科（1941年9月10日起为国家安全少校，1942年6月25日起为国家安全上校，1943年2月14日起为三级国家安全政委级，1943年5月26日起为少将，1944年7月31日起为中将）

Moskalenko, Lieutenant General K. S. ——K. S. 莫斯卡连科中将（1940年6月4日起为炮兵少将，1943年1月19日起为中将，1943年9月19日起为上将，1953年8月3日起为大将，1955年3月11日起为苏联元帅）

Moskvin, Lieutenant General N. A. ——N. A. 莫斯克温中将（1942年5月3日起为少将）

Mostovenko, Major General of Tank Forces D. K. ——D. K. 莫斯托文科装甲坦克兵少将（1940年6月4日起为装甲坦克兵少将，1943年2月7日起为装甲坦克兵中将，1946年7月11日起为装甲坦克兵上将）

Muzychenko, Lieutenant General I. M. ——I. M. 穆济琴科中将（1940年6月4日起）

Myndro, Colonel M. I.——M. I. 门德罗上校

N

Naumenko, Iu. A.——Iu. A. 瑙缅科

Naumenko, Lieutenant General of Aviation N. F. ——N. F.瑙缅科航空兵中将（1941年10月29日起为航空兵少将，1943年5月28日起为航空兵中将，1944年8月19日起为航空兵上将）

Nedelin, Chief Marshal of Artillery M. I.——炮兵主帅M. I. 涅杰林（1942年5月13日起为炮兵少将，1943年9月25日起为炮兵中将，1944年4月3日起为炮兵上将，1953年8月3日起为炮兵元帅，1959年5月8日起为炮兵主帅）

Nikishev, Major General D. N. ——D. N. 尼基舍夫少将（1940年6月4日起）

Nikitin, Major General A. G. ——A. G. 尼基京少将（1940年6月4日起）

Nikitin, Major General I. S.——I. S. 尼基京少将（1940年6月4日起）

Nikoforov, Colonel N. M.——N. M. 尼科福罗夫上校

Nikolaev, Lieutenant General I. F. ——I. F. 尼古拉耶夫中将（1940年6月4日起为少将，1942年5

月3日起为中将）

Nikolaev, Major General K. I.——K. I. 尼古拉耶夫少将（1943年12月20日起为通信兵少将）

Nikol'sky, Major General N. A. ——N. A. 尼利利斯基少将（内务人民委员部）（应是N. P. 尼科利斯基，父名是Petrovich，1940年6月4日起）

Noskov, Major General A. A.——A. A. 诺斯科夫少将（1942年3月27日起）

Novikov, Colonel N. A. ——N. A. 诺维科夫上校（1942年5月13日起为装甲坦克兵少将，1943年12月15日为装甲坦克兵中将，1944年8月2日起为装甲坦克兵上将）

Novikov, Lieutenant General A. A.——A. A. 诺维科夫中将（1940年6月4日起为航空兵少将，1941年10月29日起为航空兵中将，1943年1月18日起为航空兵上将，1943年3月17日起为航空兵元帅，1944年2月21日起为航空兵主帅）

Novikov, Lieutenant General V. V.——V. V. 诺维科夫中将（1940年6月4日起为少将，1945年6月27日起为装甲坦克兵中将）

Novosel'sky, Lieutenant General Iu. V. ——Iu. V. 诺沃谢利斯基中将（1940年6月4日起）

O

Oborin, Major General S. O. ——S. O. 奥博林少将（应是S. I. 奥博林，父名是Iliich，1940年6月4日起为少将）

Obukhov, Lieutenant General of Tank Forces V. T. ——V. T. 奥布霍夫装甲坦克兵中将（1940年6月4日起为少将，1943年11月5日起为装甲坦克兵中将，1955年8月8日起为装甲坦克兵上将）

Odintsev, Marshal of Artillery G. F. ——G. F. 奥金采夫炮兵元帅（应是G. F. 奥金佐夫，姓氏是Odintsov，1942年5月3日起为炮兵少将，1943年6月7日起为炮兵中将，1944年6月22日起为炮兵上将，1968年2月22日起为炮兵元帅）

Ogurtsov, Colonel S. Ia. ——S. Ia. 奥古尔佐夫上校（应是少将，1939年2月17日起为上校，1940年3月21日起为旅级，1940年6月4日起为少将）

Onianov, Lieutenant General L. V.——L. V. 奥尼亚诺夫中将（1942年5月30日起为少将，1944年7月30日起为中将）

Orlenko, Major General T. S. ——T. S. 奥尔连科少将（应是上校，晋升时间不详）

Oslikovsky, Lieutenant General N. S. ——N. S. 奥斯利科夫斯基中将（1942年1月2日起为少将，1943年11月13日起为中将）

P

Panfilov, Major General of Tank Forces A. N. ——A. N. 潘菲洛夫装甲坦克兵少将（1940年6月4日起为装甲坦克兵少将，1944年3月11日起为装甲坦克兵中将）

Panov, Major General of Tank Forces M. F. ——M. F. 帕诺夫装甲坦克兵少将（1943年6月7日起为装甲坦克兵少将，1945年4月19日起为装甲坦克兵中将）

Papivin, Lieutenant General of Aviation N. F. ——N. F. 帕皮温航空兵中将（1941年10月29日起为航空兵少将，1943年9月28日起为航空兵中将，1944年8月19日起为航空兵上将）

Parkevich, N. N. ——N. N. 帕尔科维奇（姓氏拼写错误，应是N. N. Radkevich，见该词条）

Parkhomenko, Lieutenant General F. A. ——F. A. 帕尔霍缅科中将（1940年3月31日起为旅级，1941年8月7日起为少将，1945年4月19日起为中将）

Parotkin, Lieutenant Colonel I. V.——I. V. 帕罗季金中校

Parsegov, Major General M. A. ——M. A. 帕尔谢戈夫少将（1940年3月31日起为军级，1940年6月4日起为炮兵中将，1958年2月18日起为炮兵上将）

Pavlenko, Lieutenant Colonel N. G. ——N. G. 帕甫连科中校

Pavelkin, Major General of Tank Forces M. I. ——M. I. 帕韦尔金装甲坦克兵少将（1940年6月4日起为装甲坦克兵少将，1945年4月19日起为装甲坦克兵中将）

Pavlov, Colonel General D. G.——D. G. 巴甫洛夫上将（应为大将，1940年6月4日起为装甲坦克兵上将，1941年2月22日起为大将）

Pavlov, D. V. ——D. V. 巴甫洛夫（原俄罗斯加盟共和国贸易人民委员，1943年1月19日起为军需勤务少将，1944年5月11日起为军需勤务中将）

Pavlov, Major General of Tank Forces P. P.——P. P. 巴甫洛夫装甲坦克兵少将（1940年3月5日起为上校，1942年5月3日起为装甲坦克兵少将）

Peregudin, Major General F. T. ——F. T. 佩列古京少将（应是F. T. 佩列古多夫，姓氏是Peregudov，1942年12月20日起为少将）

Peresypkin, Colonel General I. T. ——I. T. 佩列瑟普金上将（1941年12月27日起为通信兵中将，1943年3月31日起为通信兵上将，1944年2月21日起为通信兵元帅）

Pervushkin, Major General A. N. ——A. N. 佩尔武什金少将（应是A. N. 佩尔武申，姓氏是Pervushin，1942年1月1日起少将）

Petrov, Colonel General I. I. ——I. I. 彼得罗夫上将（实际是下一条的I. E. 彼得罗夫）

Petrov, Lieutenant General I. E.——I. E. 彼得罗夫中将（1940年6月4日起为少将，1942年10月14日起为中将，1943年8月27日起为上将，1943年10月9日起为大将，1944年2月4日起降为上将，1944年10月26日起为大将）

Petrov, Lieutenant General M. P.——M. P 彼得罗夫中将（应是少将，1940年6月4日起）

Petrovsky, Major General S. A.——S. A. 彼特罗夫斯基少将（1944年7月29日起）

Piadyshev, Major General K. P. ——K. P. 皮亚德舍夫少将（应是中将，1940年6月4日起）

Piatykhin, Lieutenant General of Aviation I. G.——I. G. 皮亚特欣航空兵中将（1940年6月4日起为航空兵少将，1944年5月11日起为航空兵中将）

Platonov, Lieutenant General S. P.——S. P. 普拉托诺夫中将（1942年5月21日起为少将，1949年5月11日起为中将）

Pliev, Lieutenant General I. A. ——I. A. 普利耶夫中将（1941年9月11日起为少将，1943年10月29日起为中将，1945年5月29日起为上将，1962年4月27日起为大将）

Plushnin, Major General N. I.——N. I. 普卢什宁少将（应是N. I. 普柳斯宁，姓氏拼作Pliusnin，1940年6月4日起）

Podlas, Lieutenant General K. P.——K. P. 波德拉斯中将（1935年11月26日起为旅级，1941年8

月12日起为少将，1941年11月9日起为中将）

Pogosov, Major General of Tank Forces A. K.——A. K. 波戈索夫装甲坦克兵少将（1953年为少将）

Pogrebov, Colonel V. A. ——V. A. 波格列博夫上校（应是B. A. 波格列博夫少将，本名是Boris，1940年6月4日起）

Polenov, Lieutenant General V. S. ——V. S. 波列诺夫中将（1941年7月15日起为少将，1943年2月14日起为中将）

Polozkov, Major General of Tank Forces V. I. ——V. I. 波洛兹科夫装甲坦克兵少将（1943年12月15日起为装甲坦克兵少将）

Poluboiarov, Major General of Tank Forces P. P. ——P. P. 波卢博亚罗夫装甲坦克兵少将（1942年11月10日起为装甲坦克兵少将，1943年3月19日起为装甲坦克兵中将，1949年5月11日起为装甲坦克兵上将，1962年4月28日起为装甲坦克兵元帅）

Polynin, Lieutenant General of Aviation F. P. ——F. P. 波雷宁航空兵中将（1940年6月4日起为航空兵少将，1943年5月28日起为航空兵中将，1945年8月9日起为波兰陆军中将，1946年7月11日起为航空兵上将）

Ponedelin, Lieutenant General P. G. ——P. G. 波涅杰林中将（应为少将，1940年6月4日起）

Ponomarenko, Lieutenant General P. K. ——P. K. 波诺马连科中将（白俄罗斯共产党（布）中央委员会书记，1943年3月25日授衔中将。）

Popov, Lieutenant General M. M. ——M. M. 波波夫中将（1940年6月4日起为中将，1943年4月23日起为上将，1943年8月26日起为大将，1944年4月20日起因酗酒降为上将，1953年8月3日起为大将）

Postnikov, Major General K. V. ——K. V. 波斯特尼科夫少将（应是N. V. 波斯特尼科夫，本名是Nikolai，1945年5月2日起为少将）

Potachurchev, Colonel A. G. ——A. G. 波塔丘尔切夫上校（应是装甲坦克兵少将，1940年6月4日起）

Potapov, Lieutenant General M. I. ——M. I. 波塔波夫中将（1940年6月4日起为装甲坦克兵少将，1954年8月2日起为中将，1961年5月9日起为上将）

Pronin, Lieutenant General N. I.——N. I. 普罗宁中将（《苏联军事百科全书》"第34集团军"词条称1941年7月至8月的司令员是N. I. 普罗宁（旅级），姓名应是Nikolai Nilovich Pronin，即与1941年9月的普及军训总局局长是同一个人。见下一词条）

Pronin, Lieutenant General N. N.——N. N. 普罗宁中将（1937年11月4日起为旅级，1939年2月5日起为师级，1940年6月4日起为少将，1944年11月2日起为中将）

Prosvirov, Major General N. A. ——N. A. 普罗斯维罗夫少将（1940年6月4日起为技术兵少将，1944年2月22日起为技术兵中将）

Protsvetkin, Major General of Artillery M. M. ——M. M. 普罗茨韦特金炮兵少将（1940年6月4日起为少将，1943年9月1日起为炮兵少将）

Pshennikov, Lieutenant General P. S. ——P. S. 普申尼科夫中将（1940年6月4日起）

Puganov, Colonel V. P.——V. P. 普加诺夫上校（应是装甲坦克兵少将，1940年6月4日起）

Pukhov, Lieutenant General N. P. ——N. P. 普霍夫中将（1940年6月4日起为少将，1943年2月14日起为中将，1944年8月26日起为上将）

Pumpur, Lieutenant General of Aviation P. I. ——P. I. 蓬普尔航空兵中将（1940年6月4日起）

Purkaev, Colonel General M. A. ——M. A. 普尔卡耶夫上将（1940年6月4日起为中将，1942年11月18日起为上将，1944年10月26日起为大将）

Pushkin, Major General of Tank Forces E. G. ——E. G. 普希金装甲坦克兵少将（1942年3月27日起为装甲坦克兵少将，1943年1月18日起为装甲坦克兵中将）

R

Radkevich, Major General N. N. ——N. N. 拉德克维奇少将（1938年11月5日起为上校，1942年5月13日起为装甲坦克兵少将，1954年5月31日起为装甲坦克兵中将）

Radzievsky, Lieutenant General A. I.——A. I. 拉济耶夫斯基中将（1943年11月17日起为少将，1944年11月2日起为中将，1954年8月3日起为上将，1972年11月2日起为大将）

Rakutin, Lieutenant General K. I. （NKVD）——K. I. 拉库京中将（内务人民委员部）（应是少将，1940年6月4日起）

Reiter, Lieutenant General M. A. ——M. A. 列伊捷尔中将（1940年6月4日起为中将，1943年1月30日起为上将）

Remizov, Major General F. T. ——F. T. 列米佐夫少将（1940年6月4日起为装甲坦克兵少将，1943年6月7日起为装甲坦克兵中将）

Riabyshev, Lieutenant General D. I. ——D. I. 里亚贝舍夫中将（1940年6月4日起）

Rodin, Lieutenant General of Tank Forces A. G. ——A. G. 罗金装甲坦克兵中将（1938年8月为上校，1942年5月3日起为装甲坦克兵少将，1943年2月4日起为装甲坦克兵中将，1944年7月15日起为装甲坦克兵上将）

Rodin, Lieutenant General of Tank Forces G. S.—— G. S. 罗金装甲坦克兵中将（1942年8月4日起为装甲坦克兵少将，1943年6月7日起为装甲坦克兵中将）

Rokossovsky, Colonel General K. K. ——K. K. 罗科索夫斯基上将（1940年6月4日起为少将，1941年9月11日起为中将，1943年1月15日起为上将，1943年4月28日起为大将，1944年6月29日起为苏联元帅，1949年11月5日起为波兰元帅）

Romanenko, Lieutenant General P. L. ——P. L. 罗曼年科中将（1940年6月4日起为中将，1944年7月15日起为上将）

Rotmistrov, Lieutenant General of Tank Forces P. A. ——P. A. 罗特米斯特罗夫装甲坦克兵中将（1942年7月21日起为装甲坦克兵少将，1942年12月29日起为装甲坦克兵中将，1943年10月20日起为装甲坦克兵上将，1944年2月21日起为装甲坦克兵元帅，1962年4月28日起为装甲坦克兵主帅）

Rudenko, Lieutenant General of Aviation S. I. ——S. I. 鲁坚科航空兵中将（1941年10月29日起为航空兵少将，1943年1月27日起为航空兵中将，1944年5月11日起为航空兵上将，1955年3月11日起为航空兵元帅）

Rudchenko, Major General of Tank Forces G. S. ——G. S. 鲁琴科装甲坦克兵少将（1943年8月

31日起为装甲坦克兵少将，原文有一处错拼成Rudenko鲁坚科）

Rudkin，Major General of Tank Forces F. N. ——F. N. 鲁德金装甲坦克兵少将（1943年6月7日起为装甲坦克兵少将）

Rumiantsev，Major General A. D.——A. D. 鲁缅采夫少将（1940年6月4日起为少将，1946年7月5日起为中将）

Russiianov，Lieutenant General of Tank Forces I. N. ——I. N. 鲁西亚诺夫装甲坦克兵中将（1940年6月4日起为少将，1943年6月7日起为中将）

Rybal'chenko，Lieutenant General of Aviation S. D. ——S. D. 雷巴利琴科航空兵中将（1941年10月29日起为航空兵少将，1943年8月7日起为航空兵中将，1944年11月2日起为航空兵上将）

Rybalko，Colonel General P. S. ——P. S. 雷巴尔科上将（1940年6月4日起为少将，1943年1月18日起为中将，1943年12月30日起为上将，1945年6月1日起为装甲坦克兵元帅）

Rychagov，Lieutenant General of Aviation P. V.——P. V. 雷恰戈夫航空兵中将（1940年6月4日起）

Ryshov，Lieutenant General A. I. ——A. I. 雷绍夫中将（应是A. I. 雷若夫，姓氏是Ryzhov，1940年6月4日起为少将，1944年11月2日起为中将）

Ryzhkov，Major General I. N.——I. N. 雷日科夫少将（1942年12月20日起）

Rzhevskaia，Elena——叶连娜·勒热夫斯卡娅

S

Sakhno，Major General of Tank Forces M. G. ——M. G. 萨赫诺装甲坦克兵少将（1943年2月7日起）

Samsonov，Lieutenant General of Artillery F. A.——F. A. 萨姆索诺夫炮兵中将（1941年12月27日起为炮兵少将，1943年6月7日起为炮兵中将，1944年11月18日起为炮兵上将）

Sazanov，Major General of Artillery S. S. ——S. S. 萨扎诺夫炮兵少将（应是S. S. 萨佐诺夫，姓氏是Sazonov，1940年6月4日起）

Selivanov，Major General A. G. ——A. G. 谢利瓦诺夫少将（1942年5月3日起为少将，1944年2月18日起为中将）

Semenchenko，Major General K. A. ——K. A. 谢缅琴科少将（1940年6月4日起为装甲坦克兵少将）

Serov，Lieutenant General I. E.（NKVD）—— I. E. 谢罗夫中将（内务人民委员部）（应是I. A. 谢罗夫，父名是Aleksandrovich，1939年9月4日起为三级国家安全政委级，1943年2月4日起为二级国家安全政委级，1945年7月9日起为上将，1955年8月8日起为大将，1963年3月12日起降为少将）

Shamshin，Major General of Tank Forces A. A. ——A. A. 沙姆辛装甲坦克兵少将（1942年5月13日起）

Shapkin，Major General T. T. ——T. T. 沙普金少将（应为中将，1940年6月4日起）

Shaposhnikov，Marshal of Soviet Union B. M. ——沙波什尼科夫苏联元帅（1940年5月7日起）

Sharaburko，Major General Ia. S. ——Ia. S. 沙拉布尔科少将（1940年6月4日起）

Sharapov, Lieutenant General V. M. ——V. M. 沙拉波夫中将（内务人民委员部）（1940年6月4日起为少将，1944年9月13日起为中将）

Sharogin, Major General A. P. ——A. P. 沙罗金少将（应是A. P. 沙拉金，姓氏是Sharagin，1942年3月27日起为少将）

Shashkov，Z. A. ——Z. A. 沙什科夫

Shavrov, Army General I. E. ——I. E. 沙夫罗夫大将（1937年为上尉，1941年12月为大尉，1942年4月为少校，1942年为中校，1943年9月9日起为上校，1954年5月31日起为少将，1959年5月25日起为中将，1967年2月22日起为上将，1973年11月3日起为大将）

Shchadenko, Lieutenant General E. A.——E. A. 夏坚科中将（1939年2月8日为一级集团军政委级，1942年12月6日起为上将）

Shcherbakov，A. S. ——A. S. 谢尔巴科夫（1942年12月6日起为中将，1943年9月17日起为上将）

Shelepin，A. N. ——A. N. 谢列平

Shestapalov, Major General N. M. ——N. M. 舍斯塔帕洛夫少将（1940年6月4日起）

Shevnikov,, Major General I. V. ——I. V. 舍夫尼科夫少将（1944年8月2日起为装甲坦克兵少将）

Shilovsky, Lieutenant General E. A. ——E. A. 希洛夫斯基中将（1940年6月4日起）

Shilovsky, Lieutenant General Ia. A. ——Ia. A. 希洛夫斯基中将（该处原文引用的《战争年代的总参谋部》中是E. A. 希洛夫斯基，即与上一条是同一人）

Shirmakher，Major General A. G.——A. G. 希尔马赫尔少将（1940年6月4日起）

Shirobokov, Colonel M. V. ——M. V. 希罗博科夫上校（1944年2月18日起为装甲坦克兵少将）

Shirshov，P. P. ——P. P. 希尔绍夫

Shlemin, Lieutenant General I. T. ——I. T. 什列明中将（1940年6月4日起为少将，1943年3月19日起为中将）

Shmuilo, Colonel S. T. ——S. T. 什穆伊洛上校（1944年9月13日起为少将）

Shtal', Major General V. A. ——V. A. 什塔利少将（正文中似是步兵第35师师长I. M. 什塔利，1938年2月17日起为旅级，1938年2月24日被捕，1940年2月获释。V. A. 什塔利是空军气象学家。）

Shtemenko, Lieutenant General S. M.——S. M. 什捷缅科中将（1942年11月23日起为少将，1943年4月4日起为中将，1943年11月17日起为上将，1948年11月12日起为大将，1953年8月降为中将，1956年11月26日起为上将，1968年2月22日起为大将）

Shtern, Colonel General G. N. ——G. N. 施特恩上将（应是G.M. 施特恩，父名是Mikhailovich，《苏联军事百科全书》俄文版的"国土防空军"词条将其父名错写成N。姓氏又译作什特恩，1940年6月4日起为上将）

Shvetsov, Colonel K. F. ——K. F. 什韦佐夫上校

Shumilov, Lieutenant General M. S. ——M. S. 舒米洛夫中将（1940年6月4日起为少将，1942年12月31日起为中将，1943年10月20日起为上将）

Shurov, Colonel P. E. ——P. E. 舒罗夫上校（应是装甲坦克兵少将，1940年6月4日起）

Simvolokov, Major General V. N. ——V. N. 西姆沃洛科夫少将（1940年6月4日起）

Sinenko, Lieutenant General of Tank Forces M. D. ——M. D. 西年科装甲坦克兵中将（1942年11月10日起为装甲坦克兵少将，1945年7月11日起为装甲坦克兵中将）

Skliarov, Lieutenant General A. V. ——A. V. 斯科利亚罗夫中将（应是技术兵少将，1942年5月3日起）

Skorniakov, Major General of Tank Forces K. V. ——K. V. 斯科尔尼亚科夫装甲坦克兵少将（1943年9月10日起为装甲坦克兵少将，1944年9月13日起为装甲坦克兵中将）

Skvortsov, Major General of Tank Forces B. M. ——B. M. 斯克沃尔佐夫装甲坦克兵少将（1943年2月7日起）

Slavin, Kombrig A. A. ——A. A. 斯拉温旅级（1940年4月5日起为旅级，1943年2月4日起为少将）

Slavin, Lieutenant General N. V. ——N. V. 斯拉温中将（1943年10月7日起为少将，1945年5月2日起为中将）

Smirnov, Colonel General of the Medical Services E. I. ——E. I. 斯米尔诺夫卫生勤务上将（1939年11月4日起为旅级军医，1943年2月1日起为卫生勤务中将，1943年10月10日起为卫生勤务上将）

Smirnov, Lieutenant General A. K. ——A. K. 斯米尔诺夫中将（1940年6月4日起）

Smirnov, Lieutenant General I. K. ——I. K. 斯米尔诺夫中将（1940年6月4日起）

Smirnov, Lieutenant General of Aviation K. N. ——K. N. 斯米尔诺夫航空兵中将（1942年10月17日起为航空兵少将，1944年10月26日起为航空兵中将）

Smirnov, Major General S. A. ——S. A. 斯米尔诺夫少将（1940年6月4日起为少将，1944年1月17日起为中将）

Smushkevich, Lieutenant General of Aviation Ia. V. ——Ia. V. 斯穆什克维奇航空兵中将（1940年6月4日起）

Sobennikov, Lieutenant General P. P. ——P. P. 索边尼科夫中将（1940年6月4日起为少将，1941年10月16日降为上校，1943年4月17日起为少将，1944年2月22日起为中将）

Sokolov, Lieutenant General A. D. ——A. D. 索科洛夫中将（最终军衔为师级，1935年11月28日起为旅级，1936年7月21日起为师级，1940年1月12日降为上校，1940年8月9日起为师级）

Sokolov, Lieutenant General G. G. ——G. G. 索科洛夫中将（1940年6月4日起）

Sokolov, Lieutenant General of Aviation I. M. ——I. M. 索科洛夫航空兵中将（1941年10月29日起为航空兵少将，1943年5月28日起为航空兵中将，1944年11月2日起为航空兵上将）

Sokolov, Major General A. Ia. ——A. Ia. 索科洛夫少将（1940年6月4日起）

Sokolov, Major General N. E. ——N. E. 索科洛夫少将（1944年11月3日起）

Sokolov, Lieutenant General S. K. ——S. K. 索科洛夫中将（应是S. V. 索科洛夫，父名是Vladimorovich。1942年7月21日起为少将，1943年12月20日起为中将。）

Sokolovsky, Colonel General V. D. ——V. D. 索科洛夫斯基上将（1940年6月4日起为中将，1942年6月13日起为上将，1943年8月27日起为大将，1946年7月3日起为苏联元帅）

Soliankin, Colonel E. N. ——E. N. 索利扬金上校（应为装甲坦克兵少将，1940年6月4日起）

Solomatin, Lieutenant General of Tank Forces M. D.——M. D. 索洛马京装甲坦克兵中将（1935年11月28日起为旅级，1941年8月12日起为装甲坦克兵少将，1943年1月18日起为装甲坦克兵中将，

1944年10月26日起为装甲坦克兵上将）

Stalin, I.（Joseph）S.——I.（约瑟夫）S. 斯大林（1943年3月6日起为苏联元帅，1945年6月27日起为苏联大元帅）

Starikov, Lieutenant General F. I.——F. I. 斯塔里科夫中将（应是F. N. 斯塔里科夫，父名是Nikanorovich，1940年6月4日起为少将，1942年11月10日起为中将）

Starkov, Colonel N. V.——N. V. 斯塔尔科夫上校

Stepanov, Lieutenant General G. A.——G. A. 斯捷潘诺夫中将（内务人民委员部）（1940年6月4日起）

Studnev, Colonel N. P.——N. P. 斯图德涅夫上校

Sudets, Lieutenant General of Aviation V. A.——V. A. 苏杰茨航空兵中将（1942年6月3日起为航空兵少将，1943年3月17日起为航空兵中将，1944年3月25日起为航空兵上将，1955年3月11日起为航空兵元帅）

Sukhov, Major General of Tank Forces I. P.——I. P. 苏霍夫装甲坦克兵少将（1940年6月4日起为装甲坦克兵少将，1944年2月18日起为装甲坦克兵中将，1955年8月12日起为装甲坦克兵上将）

Sumin, Rear Admiral, V. I.——V. I. 苏明海军少将

Susloparov, Major General I. A.——I. A. 苏斯洛帕罗夫少将（1940年6月4日起为炮兵少将）

Svechin, Alexander——亚历山大·斯韦钦（即A. A. 斯韦钦，1935年12月16日起为师级）

Sviridov, Lieutenant General K. Z.——K. Z. 斯维里多夫中将（应是K. V. 斯维里多夫，父名是Vasilevich，1942年10月1日起为少将，1943年6月7日起为中将）

Sviridov, Lieutenant General V. P.——V. P. 斯维里多夫中将（1940年6月4日起为炮兵少将，1943年8月29日起为中将）

T

Talensky, Major General N. A.——N. A. 塔连斯基少将（1943年3月13日起）

Tamruchi, Major General V. S.——V. S. 塔姆鲁奇少将（1940年6月4日起为装甲坦克兵少将，1941年11月9日起为装甲坦克兵中将）

Tanaschishin, Major General of Tank Forces T. I.——T. I. 塔纳斯奇申装甲坦克兵少将（1942年12月7日起为装甲坦克兵少将，1943年8月30日起为装甲坦克兵中将）

Tarasov, Lieutenant General G. F.——G. F. 塔拉索夫中将（应是少将，1941年7月15日起）

Taursky, Major General of Aviation A. I.——A. I. 塔尤尔斯基航空兵少将（姓氏拼写应是Tayursky，1940年6月4日起为航空兵少将）

Teliakov, Major General of Tank Forces N. M.——N. M. 捷利亚科夫装甲坦克兵少将（1944年2月18日起为装甲坦克兵少将，1945年7月11日起为装甲坦克兵中将）

Teteshkin, Lieutenant General S. M.——S. M. 捷列什金中将（应是S. I. 捷列什金少将，父名是Ivanovich，1942年5月21日起为少将，1954年5月31日起为中将）

Timofeev, Major General G. T.——G. T. 季莫费耶夫少将（1940年6月4日起）

Timoshenko, Marshal of Soviet Union S. K.——S. K. 铁木辛哥苏联元帅（1940年5月7日起）

Tiulenev，Army General I. V. ——I. V. 秋列涅夫大将（1940年6月4日起）

Todorsky，Major General A. I. ——A. I. 托多尔斯基少将（1935年11月20日起为军级，1955年为中将）

Tolbukhin，Colonel General F. I.——F. I. 托尔布欣上将（1940年6月4日起为少将，1943年1月19日起为中将，1943年4月28日起为上将，1943年9月21日起为大将，1944年9月12日起为苏联元帅）

Tolubko，Lieutenant General of Tank Forces V. F.——V. F. 托卢布科装甲坦克兵中将（1944年为上校，1953年8月3日起为装甲坦克兵少将，1958年12月18日起为装甲坦克兵中将，1960年以前成为上将，1970年4月30日起为大将，1983年3月25日起为炮兵主帅）

Triandafillov，V. K.——V. K. 特里安达菲洛夫

Trofimenko，Lieutenant General S. G.——S. G. 特罗菲缅科中将（1940年6月4日起为少将，1942年6月13日起为中将，1944年9月13日起为上将）

Trubetskoi，Lieutenant General of Technical Forces N. I. ——N. I. 特鲁别茨科伊技术兵中将（1940年6月4日起）

Trufanov，Major General of Tank Forces K. G. ——K. G. 特鲁法诺夫装甲坦克兵少将（1942年8月4日起）

Tsibin，Colonel I. G.——I. G. 齐宾上校（1943年11月5日起）

Tsvetaev，Lieutenant General V. D.——V. D. 茨韦塔耶夫中将（1940年6月4日起为中将，1943年9月18日起为上将）

Tsyganov，Lieutenant General V. S. ——V. S. 齐加诺夫中将（应是V. V. 齐加诺夫，父名是Viktorovich，1940年6月4日起为少将，1943年10月16日起为中将）

Tukhachevsky，Marshal of Soviet Union M. N. ——M. N. 图哈切夫斯基苏联元帅（1935年11月20日起）

U

Uborovich，Komandarm 1st Rank I. P.——乌博列维奇一级集团军级（姓氏拼写应是Uborevich，1935年11月20日起）

Ul'rich，V. V. ——V. V. 乌利奇（1935年11月20日起为集团军级军法官，1943年3月11日起为司法上将）

Usenko，Major General M. A. ——M. A. 乌先科少将（1940年6月4日起为少将，1942年5月16日降为上校，1943年5月2日起为少将）

Utkin，Major General of the Quartermaster Service P. V. ——P. V. 乌特金军需勤务少将（1940年6月4日起）

Utkin，Major General V. D. ——V. D. 乌特金少将（1945年5月2日起）

V

Vasil'chenko，Major General K. F. ——K. F. 瓦西里琴科少将（1939年11月29日起为上校，1942年11月23日起为少将）

Vasil'ev, Lieutenant General A. F. ——A. F. 瓦西里耶夫中将（1939年11月10日起为上校，1943年2月14日起为少将，1944年10月24日起为中将）

Vasil'ev, Lieutenant General of Tank Forces I. D. ——I. D. 瓦西里耶夫装甲坦克兵中将（1943年2月7日起为装甲坦克兵少将，1943年10月27日起为装甲坦克兵中将，1958年2月18日起为装甲坦克兵上将）

Vasilevsky, Marshal of Soviet Union A. M. ——A. M. 华西列夫斯基苏联元帅（1940年6月4日起为少将，1941年10月28日起为中将，1942年5月21日起为上将，1943年1月18日起为大将，1943年2月16日起为苏联元帅）

Vatutin, Lieutenant General N. F. ——N. F. 瓦图京中将（1940年6月4日起为中将，1942年12月7日起为上将，1943年2月12日起为大将）

Vechnyi, Major General P. P. ——P. P. 韦奇内少将（1940年6月4日起为少将，1944年7月29日起为中将）

Vershinin, Lieutenant General of Aviation K. A. ——K. A. 韦尔希宁航空兵中将（1941年10月22日起为航空兵少将，1943年3月17日起为航空兵中将，1943年10月23日起为航空兵上将，1946年6月3日起为航空兵元帅，1959年5月8日起为航空兵主帅）

Vershinin, Lieutenant General of Tank Forces V. G. ——V. G. 韦尔希宁装甲坦克兵中将（应是B. G. 韦尔希宁，本名是Boris，1940年6月4日起为装甲坦克兵少将，1942年12月7日起为装甲坦克兵中将）

Vershkovich, Lieutenant Colonel S. A. ——S. A. 韦尔什科维奇中校（1944年晋升上校）

Vinogradov, Lieutenant General of Aviation V. A.—— V. A. 维诺格拉多夫航空兵中将（1942年10月17日起为航空兵少将，1953年8月3日起为航空兵中将）

Vlasov, Lieutenant General A. A.——A. A. 弗拉索夫中将（1940年6月4日起为少将，1942年1月24日起为中将）

Voeikov, Major General N. I. ——N. I. 沃耶伊科夫少将（1941年9月11日起为装甲坦克兵少将）

Volkov, Lieutenant General of Tank Forces M. M. ——M. M. 沃尔科夫装甲坦克兵中将（应是M. V. 沃尔科夫，父名是Vasilevich，1942年5月13日起为少将，1943年11月5日起为装甲坦克兵中将）

Vol'sky, Major General of Tank Forces V. T.——V. T. 沃利斯基装甲坦克兵少将（1940年6月4日起为装甲坦克兵少将，1943年2月7日起为装甲坦克兵中将，1944年10月26日起为装甲坦克兵上将）

Vorob'ev, Colonel F. D. ——F. D. 沃罗比约夫上校

Vorob'ev, Lieutenant General of Coastal Services S. I. ——S. I. 沃罗比约夫海岸勤务中将（1940年6月4日起为海岸勤务中将，1944年1月22日起为海岸勤务上将）

Vorob'ev, Lieutenant General of Engineer Forces M. P. ——M. P. 沃罗比约夫工程兵中将（1940年6月4日起为工程兵少将，1943年3月29日起为工程兵中将，1943年9月16日起为工程兵上将，1944年2月21日起为工程兵元帅）

Voronov, Colonel General N. N. ——N. N. 沃罗诺夫上将（1940年6月4日起为炮兵上将，1943年1月18日起为炮兵元帅，1944年2月21日起为炮兵主帅）

Voronov, Major General of Aviation N. V. ——N. V. 沃罗诺夫航空兵少将（1942年11月10日起为航空兵少将，1960年5月7日起为航空兵中将）

Voroshilov, Marshal of Soviet Union K. E. ——K. E. 伏罗希洛夫苏联元帅（1935年11月20日起）

Vovchenko, Major General of Tank Forces I. A.——I. A. 沃夫琴科装甲坦克兵少将（1943年2月22日起）

Voznesensky, N. A. ——N. A. 沃兹涅先斯基

Z

Zakharkin, Lieutenant General I. G. ——I. G. 扎哈尔金中将（1940年6月4日起为中将，1943年9月18日起为上将）

Zakharov, Lieutenant General G. F. ——G. F. 扎哈罗夫中将（1940年6月4日起为少将，1942年12月20日起为中将，1944年5月16日起为上将，1944年7月28日起为大将）

Zakharov, Major General M. V. ——M. V. 扎哈罗夫少将（1940年6月4日起为少将，1942年5月30日起为中将，1943年10月20日起为上将，1945年5月29日起为大将，1959年5月8日起为苏联元帅）

Zamiatin, Major General N. M. ——N. M. 扎米亚京少将（1944年7月29日起为少将）

Zaporozhets, A. O. ——A. O. 扎波罗热茨（应是A. I. 扎波罗热茨，父名是Ivanovich，1940年4月4日起为二级集团军政委级，1941年2月22日起为一级集团军政委级，1942年10月8日降为军政委级，1942年12月6日起为中将）

Zashikhin, Lieutenant General of Artillery G. S. ——G. S. 扎希欣炮兵中将（1941年5月21日起为海岸勤务少将，1943年7月1日起为炮兵中将，1944年11月18日起为炮兵上将）

Zhadov, Lieutenant General A. S. ——A. S. 扎多夫中将（1940年6月4日起为少将，1943年1月27日起为中将，1944年9月25日起为上将，1955年8月8日起为大将）

Zhavoronkov, Lieutenant General of Aviation S. F. ——S. F. 扎沃龙科夫航空兵中将（1940年6月4日起为航空兵中将，1943年5月31日起为航空兵上将，1944年9月25日起为航空兵元帅）

Zhdanov, A. A. ——A. A. 日丹诺夫（1943年2月12日起为中将，1944年6月18日起为上将）

Zhidkov, Colonel P. K. ——P. K. 日德科夫上校（1943年晋升上校）

Zhigarev, Lieutenant General of Aviation P. F. ——P. F. 日加列夫航空兵中将（1940年6月4日起为航空兵中将，1941年10月22日起为航空兵上将，1953年8月3日起为航空兵元帅，1955年3月11日起为航空兵主帅）

Zhlobin, Lieutenant General V. M. —— V. M. 日洛宾中将（1940年6月4日起）

Zhukov, Marshal of Soviet Union G. K. ——G. K. 朱可夫苏联元帅（1940年6月4日起为大将，1943年1月18日起为苏联元帅）

Zhuravlev, Lieutenant General E. P.——E. P. 茹拉夫廖夫中将（1940年6月4日起为少将，1943年9月9日起为中将）

Zhuravlev, Lieutenant General of Artillery D. A.——D. A. 茹拉夫廖夫炮兵中将（1940年6月4日起为炮兵少将，1941年10月28日起为炮兵中将，1944年11月18日起为炮兵上将）

Zhuravlev, Lieutenant General of Aviation I. P. ——I. P. 茹拉夫廖夫航空兵中将（1941年10月29日起为航空兵少将，1943年4月30日起为航空兵中将）

Zin'kovich, Major General of Tank Forces M. I. ——M. I. 津科维奇装甲坦克兵少将（1943年2月4日起）

Zygin, Lieutenant General A.I.——A.I.济金中将（1941年8月7日起为少将，1943年1月30日起为中将）

苏联管理局名称对照表

本节由译者根据正文出现的各种管理局（总局、中央局）的名称编写，并补充俄文版中的名称。

中文译名省略原文略写当中的红军（KA）或工农红军（RKKA）。

国防人民委员部

军兵种

（包括其他人民委员会和军区[方面军]的部分管理局，这时在名称前面说明其上级部门，同时列入正文提到的苏联国防及航空化学建设促进会等组织。）

英语名称	俄语名称（罗马字母）	缩写	中文	本书俄文版中的名称（西里尔字母）	缩写	说明
Main Directorate for Artillery	Glavnoe artilleriiskoe GAU upravlenie		总炮兵局	Главное артиллерийское управление	ГАУ	旧译"总军械部"
Directorate for Ammunition Supply	Upravlenie snabzheniia boepripasami	USB	弹药供应局	Управление снабжения боеприпасами	УСБ	1941年7月29日成立
Directorate for Artillery Weapons Supply	Upravlenie snabzheniia artilleriiskim vooruzheniem	USAV	炮兵武器供应局	Управление снабжения артиллерийским вооружением	УCAB	1941年7月29日成立
Main Directorate for Guards-mortar Units	Glavnoe upravlenie guardeiskikh minometnykh chastei	GUGMCh	近卫火箭炮兵部队总局	Главное управление гвардейских минометных частей	ГУГМЧ	1941年9月9日成立
Directorate for Mechanized Tractors and Self-propelled Artillery			机械化拖拉机和自行火炮局	Управление механической тяги и самоходной артиллерии		1942年12月7日成立
Directorate for Auto-Armored of the Red Army	Avtobronetankovoe upravlenie	ABTU	汽车装甲坦克局	Автобронетанковое управление РККА	АБТУ	1940年6月成为总局

English	Russian	Abbrev.	中文	Русский	Аббр.	备注
Main Auto-Armored Directorate of the Red Army	Glavnoe avtobronetankovoe upravlenie Krasnoi Armii	GABTU KA	总汽车装甲坦克局	Главное автобронетанковое управление Красной Армии	ГАБТУ	1942年12月成为司令员管理局
Directorate for Commander of Armored and Mechanized Forces of the Red Army	Upravlenie komanduiushchego bronetankovymi i mekhanizirovannymi voiskami KA	UKBMV KA	装甲坦克和机械化兵司令员管理局	Управление командующего бронетанковыми и механизированными войсками КА	УКБТиМВ КА	
Main Directorate for Armored	Glavnoe bronetankovoe upravlenie	GBTU	总装甲坦克局	Главного бронетанкового управления	ГБТУ	1942年12月成立
Main Directorate for Armored Formation and Combat Training			装甲坦克和机械化兵组建与战斗训练总局	Главное управление формирования и боевой подготовки бронетанковых и механизированных войск КА		1942年12月成立
Main Directorate of Repair of Tanks			坦克修理总局	Главное управление ремонта танков		1944年3月成立
Main Directorate for Military-Engineer	Glavnoe voenno-inzhernernoe upravlenie Krasnoi Armii	GVIU KA	总军事工程局	Главное военно-инженерное управление Красной Армии	ГВИУКА	
Directorate for Engineer Supply			工程供应局	Управлением военно-инженерного снабжения и заказов		俄语全称是：军事工程供应和采购局
Military-Engineer Inspectorate			军事工程监察局	Военно-инженерная инспекция		
Main Directorate for Defensive Construction	Glavnoe upravlenie oboronitel'nogo stroitel'stva	GUOS	防御建筑总局	Главному управлению оборонительного строительства	ГУОС	1941年7月初改编成军事野战建筑局。1941年10月下旬由NKVD重建。
Military Directorate for Field Construction	Upravlenie voenno-polevogo stroitel'stva	UVPS	军事野战建筑局	Управление военно-полевого строительства	УВПС	
Directorate for defensive construction	upravlenie oboronitel'nogo stroitel'stva	UOS	防御建筑局	Управлению оборонительного строительства	УОС	1943年升级成总局

English	Transliteration	Russian	Chinese	Abbreviation	Note
Main Directorate for Hydro-Technical Work	Glavgidrostroi	Главное управление гидротехнического строительства	（内务人民委员部）水利技术作业总局	Главгидрострой	1941年8月23日改组成防御作业总局
Main Directorate for Defensive Work	GUOBR	Главное управление оборонительных работ	（内务人民委员部）防御作业总局	ГУОБР	10月27日移交国防人民委员部
Directorates of chiefs of construction	UNS / upravlenie nachal'nika stroitel'stva	Управлений начальников строительства	（军区）建筑主任管理局	УНС	1941年7月初改编成军事野战建筑局
Directorate for Airborne Forces	UVDV / upravlenie vozdushno-desantnye voiska	Управления воздушно-десантных войск	空降兵局	УВДВ	
Directorate of the Commander of the Red Army's Airborne Forces	UKVDV KA / Upravlenie komanduiushchego vozdushno-desantnykh voisk Krasnoi Armii	Управлению командующего воздушно-десантных войск Красной Армии	空降兵司令员管理局	УКВДВ КА	1941年9月20日成立
Main Directorate of the Air Force of the Red Army	GUVVS KA / Glavnoe upravlenie Voenno-vozdushnykh sil Krasnoi Armii	Главное управление военно-воздушных сил	空军总局	ГУ ВВС	
Main Directorate for PVO Strany	GUPVO KA / Glavnoe upravlenie protivovozdushno i oborony strany Krasnoi Armii	Главном управлении противовоздушной обороны	国土防空总局	ГУПВО страны	1940年12月成为总局，1942年5月31日解散
Directorate for Commander of PVO Strany Forces	UKVPVO Strany / Upravlenie komanduiushchego voiskami PVO Strany	Управление командующего войсками ПВО страны	国土防空军司令员管理局	УКВПВО страны	1941年11月成立，1943年解散
Directorate for Signal (Communications)	USKA / Upravlenie sviazi Krasnoi Armii	Управление связи Красной Армии	通信局	УС КА	1941年7月28日升级为红军通信总局
Main Directorate for Signal (Communications)	GUSKA / Glavnoe upravlenie sviazi Krasnoi Armii	Главном управлении связи Красной Армии	通信总局	ГУС КА	

英语名称	俄语名称（罗马字母）	缩写	中文	本书俄文版中的名称（西里尔字母）	缩写	说明
Directorate for Military–Chemical Defense	Upravlenie voenno–khimicheskoi zashchity	UVKhZ	军事化学防护局	Управления военно-химической защиты	УВХЗ	
Main Directorate for Military–Chemical Defense	Glavnoe voenno–khimicheskoe upravlenie	GVKhU	总军事化学局	Главного военно-химического управления	ГВХУ	

动员、军队补充、干部和教育培训

英语名称	俄语名称（罗马字母）	缩写	中文	本书俄文版中的名称（西里尔字母）	缩写	说明
Main Directorate for Formation of Red Army Reserves	Glavnoe upravlenie formirovaniia reservov Krasnoi Armii	Glavupraform	预备力量组建总局	Главное управление формирования и укомплектования войск	Главупраформ	1941年7月29日成立，1941年8月9日改称
Main Directorate for the Formation and Manning of the Red Army	Glavnoe upravlenie formirovaniia i ukompletovaniia voisk Krasnoi Armii	GUFUKA	军队组建与补充总局	Главное управление формирования и укомплектования войск Красной Армии	ГУФУ КА	1941年8月9日红军预备力量组建总局改称
mobilization directorate			动员局	Мобилизационного управления НКО		1941年7月29日并入红军预备力量组组建局
Directorate for Formation of Units			部队组建局	Управление формирования частей		
Directorate for the Formation of Formations and Units			兵团与部队组建局	Управление формирования соединений и частей		1941年8月由部队组建局扩充
Main Directorate for Cadre	Glavnoe upravlenie kadrov NKO USSR	GUK	干部总局	Главным управлением кадров	ГУК	1941年7月29日基于总参谋部干部局组建
Inspectorate for New Formations			新建兵团监察局	инспекцию новых соединений		
Directorate for Military–Educational Institutions	Upravlenie voenno–uchebnykh zavedenii	UVUZ	军事院校局	Управление военно-учебных заведений Красной Армии	УВУЗ	1941年8月成立

英语名称	俄语名称（罗马字母）	缩写	中文	本书俄文版中的名称（西里尔字母）	缩写	说明
Main Directorate for Universal Military Education	Glavnoe upravlenie vseobshchego voennogo obucheniia	GUVVO	普及军训总局	Главное управление всеобщего военного обучения	ГУВВО	
Society for Assistance to Defense, Aviation and Chemical Structuring of the USSR	Obshchestvo sodeistviia oborone, aviatsionnomu i khimicheskomu stroitel' stvu SSSR	OSOAVIAKHIM	苏联国防及航空化学建设促进会	Общество содействия обороне, авиационному и химическому строительству СССР	ОСОАВИАХИМ	
Directorate for Military Training			（总参谋部）作战训练局	Управление военной подготовки		1936年4月前
Directorate of Combat Training of the Red Army			作战训练局	Управление боевой подготовки Красной Армии		1936年4月后

军事交通和汽车道路

英语名称	俄语名称（罗马字母）	缩写	中文	本书俄文版中的名称（西里尔字母）	缩写	说明
Central Directorate for Military Communications	Tsentral'noe upravlenie voennogo soobshcheniia	TsUVS	（总参谋部）军事交通中央局	Центральное управление военных сообщений	ЦУВС	
Directorate for Military-Communications	Upravlenie voennykh soobshchenii	UPVOSO	军事交通局	Управление военных сообщений	УПВОСО	1941年8月1日由总参谋部军事交通中央局改组
Central Directorate for Military Communications (Routes)	Tsentral'noe upravlenie voennykh soobshchenii	TsUPVOSO	（总参谋部/后勤主任）军事交通中央局	Центральное управление военных сообщений	ЦУП ВОСО	1943年1月31日由军事交通局改组
Directorate for Automobile-Road (Transport)	Avtomobil'no-dorozhnoe upravlenie	ADU	（总参谋部军事交通中央局）汽车道路局	Автодорожное управление	АДУ	1941年7月16日成立，8月1日编入后勤总局
Main Directorate for Automobile-Road	Glavnoe avtomobil'no-dorozhnoe upravlenie	GADU	总汽车道路局	Главное автомобильно-дорожное управление	ГАДУ	第九章称汽车道路总局，成立不久成为总局，第十一章缩写亦称GADU

英文	转写	拉丁缩写	俄文	中文	俄文缩写	备注
Main Directorate for Auto-Transport and Road Services of the Red Army	Glavnoe upravlenie avtotransportnoi i dorozhnoi sluzhby Krasnoi Armii	GUADSKA	Главное управление автотранспортной и дорожной службы Красной Армии	汽车运输与道路勤务总局	ГУАДСКА	1942年5月8日由总汽车道路局改组
Main Automobile Directorate of Automobile and Road Service	Glavnoe avtomobil'oe upravlenie	GAVTU/GLAVTU	Главное автомобильное управление и дорожную службу（正文和俄文版的名称似乎都有缺字）	汽车道路勤务总/汽车局	ГАВТУ	1943年1月15日由红军汽车运输与道路勤务总局的汽车道路局改组，吸收总装甲坦克局的汽车部门
Main Directorate for Automobile of the Red Army	Glavnoe avtomobil'noe upravlenie	GAVTU KA	Главное автомобильное управление Красной Армии	总汽车局	ГАВТУ КА	1943年6月9日直接表属于红军后勤主任
Directorate for Main Road, Red Army		GRU KA	Главное дорожное управление Красной Армии	总道路局	ГДУ КА	1943年6月9日直接表属于红军后勤主任
Main Directorate of the Civil Air Fleet	Grazhdanskii vozdushnyi	GVF、GUGVF	Главное управление Гражданского воздушного флота	民用航空队管理总局（民航总局）	ГВФ、ГУ ГВФ	1941年6月23日划归国防人民委员部
Directorate for Ship-Raising and Salvage Works in River Basins			Управление подъема судов и спасательных работ в бассейнах рек	（海军人民委员部）江河流域船舶救捞作业局		
Central Directorate for Military Reconstruction	Tsentral'noe voenno-vosstanitel'noe upravlenie		Центрального военно-восстановительного управления	（河运人民委员部）中央军事修复局		
Directorates of Military Mobilization			Военно-мобилизационного управления	（交通人民委员部）军事动员局		
Main Directorates of Military Reconstruction Work	Glavnoe upravlenie voenno-vosstanovitel'nykh rabot	GUVVR	Главное управление военно-восстановительных работ	（交通人民委员部）军事修复工程总局	ГУВВР	1942年1月3日成立
Directorate for Railroad Troops	Upravlenie zheleznodorozhnykh voisk		Управление железнодорожных войск	（交通人民委员部军事修复工程总局）铁道兵局		1942年1月3日成立
Directorate for Military Communications (Routes)	Upravlenie voennogo soobshcheniia	UVS	Управления военных сообщений	（军区）军事交通局	УВС	

英语名称	俄语名称（罗马字母）	缩写	中文	本书俄文版中的名称（西里尔字母）	缩写	说明
Directorates of military roads	voenno–dorozhnie upravlenie	VDU	军用道路局	военно-дорожных управлений	ВДУ	

后勤

英语名称	俄语名称（罗马字母）	缩写	中文	本书俄文版中的名称（西里尔字母）	缩写	说明
Directorate for Organization of the Rear (Rear Services) "Weapons and Supply"	Upravlenie ustroistva tyla, vooruzheniia i snabzheniia		后勤、武器和供应机构局	Управление устройства тыла, вооружения и снабжения		英语简写作 Directorate for Rear Services Organization and Supply
Main Directorate for Quartermaster	Glavnoe intendantskoe upravlenie	GIU	总军需局	Главное интендантское управление	ГИУ	
Directorate for Clothing Supply	Upravlenie veshchevogo snabzheniia	UVS	辎重被装供应局	управления вещевого снабжения	УВС	
Directorate for Food Supply	Upravlenie prodovol'stvennogo snabzheniia Krasnoi Armii	UPSKA	给养供应局	Управление продовольственного снабжения Красной Армии	УПСКА	1942年1月27日成为总局
Main Directorate for Food Supply of the Red Army	Glavnoe upravlenie prodovol'stvennogo snabzheniia Krasnoi Armii	GUPS KA	给养供应总局	Главное управление продовольственного снабжения Красной Армии	ГУПСКА	
Directorate for Fuel Supply	Upravlenie snabzheniia goriuchim	USG	油料供应局	Управления снабжения горючим	УСГ	
Directorate for Medical (Sanitary)	Sanitarnoe upravlenie	SU	卫生局	Санитарное управление	СУ	1941年8月19日升级总军事卫生局
Main Military–Medical Directorate	Glavnoe voenno–sanitarnoe upravlenie	GVSU	总军队卫生局	Главное военно-санитарное управление	ГВСУ	1941年8月19日由卫生局升级

英语名称	俄语名称（罗马字母）	缩写	中文	本书俄文版中的名称（西里尔字母）	缩写	说明
Directorate for Veterinary	Veterinarnoe upravlenie Krasnoi Armii	VUKA	兽医局	Ветеринарном управлении Красной Армии	ВУКА	
Main Directorate for Rear (Services) of the Red Army	Glavnoe upravlenie tyla Krasnoi Armii	GUTA KA	后勤总局	Главное управление тыла Красной Армии	ГУТА КА	1941年8月1日成立，1943年6月9日解散

政治、侦察和反间谍

英语名称	俄语名称（罗马字母）	缩写	中文	本书俄文版中的名称（西里尔字母）	缩写	说明
Main Directorate for Political	Glavnoe politicheskoe upravlenie Krasnoi Armii	GlavPU	总政治局	Главное политическое управление Красной Армии	ГлавПУ	
Main Directorate for Political Propaganda in the Red Army	Glavnoe upravlenie politicheskoi propagandy Krasnoi Armii	GUPP KA	政治宣传总局	Главным управлением политической пропаганды Красной Армии	ГУППКА	1940–1941
Main Directorate for Political, Fleet		GlavPU VMF	（海军）总政治局			
Directorate for Intelligence		RU	侦察局	Разведывательное управление	РУ	1934—1940年属国防人民委员部，1940—1942年属总参谋部
Main Directorate for Intelligence		GRU	（总参谋部）总侦察局	Главное разведывательное управление	ГРУ	1942年2月成为总局，同年10月划归国防人民委员部
Directorate for Force Intelligence	upravlenie voiskovaira razvedka	UVR	（总参谋部）军队侦察局	Управление войсковой разведки	УВР	1942年10月至1943年4月
Directorate for Intelligence		RU	（总参谋部）侦察局	Разведывательное управление	РУ	1943年4月由军队侦察局改组
Directorate for Special Departments			特别处总管理局	Управления особых отделов		
Main Directorate for Counterintelligence	Glavnoe upravlenie kontrrazvedki	GUK/SMERSH	反间谍总局（锄奸部）	Главное управление контрразведки / "Смерть шпионам"	ГУК/СМЕРШ	1943年4月14日后

内务人民委员部

英语名称	俄语名称（罗马字母）	缩写	中文	本书俄文版中的名称（西里尔字母）	缩写	说明
Main Directorate of Border Guard Troops	Glavnoe upravlenie pogranichnykh voisk	GUPV	边防军总局	Главное управление пограничных войск	ГУПВ	
Main Directorate of NKVD Forces for the Protection of Important Industrial Enterprises			保卫重要工业企业的内务人民委员部部队总局	Главному управлению войск НКВД по охране особо важных предприятий промышленности		
Main Directorate for NKVD Escort Troops（Convoy Forces）			内务人民委员部押运部队总局	Главному управлению конвойных войск НКВД		
Main Directorate of NKVD Forces for Protecting Railroad Facilities			保卫铁路设施的内务人民委员部部队总局	Главному управлению войск НКВД по охране железнодорожных сооружений		
Main Directorate for NKVD Supply			内务人民委员部供应总局	Главному управлению военного снабжения НКВД		
Main Military-Construction Directorate of NKVD Forces of the USSR			苏联内务人民委员部军事建筑局	Главному военно-строительному управлению войск НКВД		
Main Directorate for Internal（Operational）Forces	Glavnoe upravlenie vnutrennikh voisk	GUVV	内卫部队总局	Главное управление внутренних войск	ГУ ВВ	1941年6月23日成立
directorates for front rear area security	Upravleniia okhrany tyla fronta	UOTFs	方面军后方警卫局	управления охраны тыла фронта	УОТФ	1941年6月23日以军区的边防军局为核心成立
Directorate of NKVD Forces for the Security of the Soviet Field Armies	Upravlenie voisk NKVD po okhrane tyla deistvuiushchei Sovetskoi Armii		保卫作战苏军后方的内务人民委员部部队局	Главному управлению внутренних войск Управление войск НКВД по охране тыла действующей Советской Армии		1942年4月4日组建，5月成为总局，俄文版直接称总局
Main Directorate for（Labor）Camps	Glavnoe upravlenie lagerei	GULAG	（劳动改造）营地总局	Главное управление (исправительно-трудовых) лагерей	ГУЛАГ	
Main Directorate of Main Highways			公路干线总局	Главным управлением главных шоссе при НКВД		
Main Directorate for State Security	Glavnoe upravlenie gosudarstvennoi bezopasnosti	GUGB	国家安全总局	Главным управлением государственной безопасности	ГУГБ	

英语名称	俄语名称（罗马字母）	缩写	中文	本书俄文版中的名称（西里尔字母）	缩写	说明
Main Directorate for Local Air Defense		GUMPVO	地方防空总局	Главному Управлению Местной противовоздушной обороны		
State Political Directorate（Directorate for State Political）		OGPU	（苏联人民委员会）国家政治保安总局	Объединенное Государственное Политическое Управление при СНК	ОГПУ	1934年成为内务人民委员部国家安全总局

总参谋部

英语名称	俄语名称（罗马字母）	缩写	中文	本书俄文版中的名称（西里尔字母）	缩写	说明
mobilization directorate			动员局	мобилизационного управления		1941年7月28日解散
Organizational Directorate	Organizatsionnoe upravlenie	OU	组织局	организационноеуправления	ОУ	1941年7月28日解散，1942年4月25日重建
Directorate for Manning and Constructing Forces			军队补充与建设局	Управлениеукомплектованияистроительных войск（经过订正）		俄文版一处业措当成两个局，一处译成建筑部队
Directorate for Force Manning			军队补充局	Управления комплектования войск Генерального штаба		1941年7月29日（6月28日）并入红军预备力量组建总局
Main Organizational Directorate	Glavnoe Organizatsionnoe upravlenie	GOU	总组织局	Главное организационное	ГОУ	1943年4月29日至5月4日成立
Directorate for Formation of the Rear and Supply	Upravlenie ustroistva tyla i snahzheniia	UUTS	后方组建与供应局	Управление устройства тыла и снабжения	УУТС	1940年夏季组建，1941年年初改称后方与物资计划局
Directorate for Rear and Supply Planning	Upravlenie tyla i planirovaniia material'nykh sredstv		后方与物资计划局	Управление тыла и планирования материальных средств		

English	Transliteration	Abbr.	中文	Русский	Сокр.
					1941年7月29日改组成国防人民委员部总干部局
Directorate for Cadre			干部局	Управления кадров Генштаба	
Main Operations Directorate	Glavnoe operativnoe upraolenie	GOU	总作战局	Главное оперативное управление	ГОУ
Directorate for Organization (Formation) of the Operational Rear	Upravlenie ustroistva operationogo tyla		战役后方组建局	Организации оперативного тыла	
Military–Topographical Directorate	Voenno–topograficheskoe upravlenie	VTU	军事地形测量局	Военно-топографическое управление	ВТУ
Directorate for Construction of Fortified Regions	Upravlenie ustroistva ukreplennykh raionov	UUUR	筑垒地域建设局	Управление устройства укрепленных районов	УУУР
Directorate for Cipher Service	Upravlenie shifroval'noi sluzhby	UshS	密码勤务局	Управление шифровальной службы	УШС
Department for the Exploitation of War Experience	Otdel' po ispol'zovaniiu opyta voiny	OPIOV	战争经验利用处	Отдел по использованию опыта войны	ОПИОВ
Directorate for Generalization and Exploitation of War (Military) Experience	Upravlenie po obobshcheniiu i ispol'zovaniiu opyta voiny	UPOIIOV	战争经验概括利用局	Управление по обобщению и использованию опыта войны	УПОИОВ
Department of Special Missions (Foreign Relations)	Otdel' spetsial'nukh zadanii	OSZ	特别任务处（外事处）	Отдел специальных задач	ОСЗ
Directorate for Special Missions			特别任务局（外事局）	управлением специальных задач	